项目名称

1. 洛阳师范学院旅游管理国家级一流本科专业建设点

2. 洛阳师范学院旅游管理河南省特色骨干学科

3. 河南省重点研发与推广专项软科学研究重点项目（232400411024）

4. 河南省教师教育课程改革重点项目（2022JSJYZD022）

5. 河南省高等教育学会高等教育研究重点项目(2021SXHLX152）

基地名称

1. 中国旅游研究院县域旅游研究基地

2. 智慧旅游河南省工程技术研究中心

3. 智慧旅游河南省协同创新中心

课程思政融入
中学地理教学协同机制研究

RESEARCH ON THE COLLABORATIVE
MECHANISM OF INTEGRATING IDEOLOGICAL
AND POLITICAL EDUCATION
INTO GEOGRAPHY TEACHING IN SECONDARY SCHOOL

程金龙 等／著

社会科学文献出版社
SOCIAL SCIENCES ACADEMIC PRESS (CHINA)

前　言

课程思政是实现德育与智育相统一，知识传授、能力培养与价值塑造相统一的重要着力点。地理学科因其独特的学科内容与属性，在课程思政教育中扮演着重要角色。中学地理的课程思政功能丰富、全面，教学内容包括世界地理、中国地理、自然地理、人文地理、区域地理等，涵盖丰富的思政教育内容，如自然环境、社会生活、资源能源、国家战略等，对中学课程思政的贡献率很高，对一般的中学课程思政具有示范效应，尤其是在思政理论、国情国力、家国情怀、生态文明、国家安全、国家战略和国际理解等方面。在中学地理新课标提出的地理学科核心素养中，人地协调观、综合思维、区域认知和地理实践力与课程思政中的国家安全和生态文明、思政理论和国际理解、国情国力和家国情怀、国家战略和国家意识，均密切相关。如何在中学地理课堂中进行思政教育，使课程思政在中学地理教学中更好实施，已成为新时代地理教育者亟须解决的重要课题。

《课程思政融入中学地理教学协同机制研究》全书共分为九章，从理论和实践两个层面对课程思政融入中学地理教学进行系统论述。第一章课程思政融入中学地理教学背景阐释，介绍本书写作的背景与意义；在对国内、国外同领域研究进展回顾的基础上展开述评。第二章课程思政融入中学地理教学内涵解读，辨析地理课程思政相关概念，阐释地理课程思政的内涵特征、价值判断、发展趋势，陈述课程思政融入中学地理教学的理论依据。第三章课程思政融入中学地理教学现状分析，通过教师和学生两个层面，调查课程思政融入中学地理教学的现状，指出问题与成因，提出相应策略。第四章课思政融入初中地理教学实践应用，内容包括教材分析、思政元素挖掘与融入、教学设计等。第五章课程思政融入高中地理教学实践应用，内容包括教材分析、思政元素挖掘与融入、教学设计等。第六章课程思政融入中学地理教学实施路径，内容包括课程思政融入中学地理教学的思路、主体、方式、方法、步骤。第七章课程思政融入中学地理教学典型模式，从课堂教学、实验实习教学、野外实践教学、研学旅行教学等方面，陈述其建构依据、构建策略和教学设计。第八章课程思政融入中学地理教学机制，内容包括组织领导机制、教师研修机制、教学实践机制、考核评价机制。第九章课程思政融入中学地理教学典型示例，提炼总结"大人物"、国家倡议、"大国工程"、实际生活、国情教育等方面的案例，介绍基本概况、主要做法和特色亮点，为课程思政融入中学地理教学提供参考依据和经验借鉴。

全书由程金龙提出写作思路、拟定框架结构并负责统稿和组织撰写，由史智文协助统稿和书稿校对。洛阳师范学院学科教学（地理）硕士研究生史智文、沙婉玉、方梦蝶、王竞逸、汪晓龙、蒋菊、何思涵、尚宁宁、李雨洁参与了书稿各章节的撰写。第一章由方梦蝶、程金龙撰写；第二章由程金龙、汪晓龙撰写；第三章由程金龙、尚宁宁撰写；第四章由沙婉玉、程金龙撰写；第五章由王竞逸、程金龙撰写；第六章由史智文、程金龙撰写；第七章由程金龙、何思涵撰写；第八章由程金龙、李雨洁撰写；第九章由程金龙、蒋菊撰写。

本书得到洛阳师范学院旅游管理河南省特色骨干学科、旅游管理国家级一流本科专业建设点、文旅文创融合发展河南省本科高校课程思政教学团队项目、河南省科技厅重点研发与推广专项软科学重点项目（232400411024）、河南省教师教育课程改革研究重点项目（2022JSJYZD022）、河南省高等教育学会重点项目（2021SXHLX152）、中原英才计划－中原教育教学领军人才项目、河南省教学名师工作室项目的资助，对此表示感谢。此外，本书在撰写过程中，参阅引用了大量国内外学者的相关研究成果，在此深表谢意。

程金龙

2022 年 12 月

目　录

第一章
课程思政融入中学地理教学背景阐释

如何找到中学地理教学与思想政治教育的结合点，充分发挥学科德育、学科育人的功能，如何提升中学地理课程思政育人成效，目前还没有系统成熟的经验可循。中学地理作为人文属性明显的学科，重在突出价值引领和优秀文化传承。中学地理教材中的思政元素在教学中运用得当，才能起到画龙点睛的作用，从而达到理想的效果。

第一节　研究背景

教育是民族振兴、社会进步的重要基石，是国之大计、党之大计。青少年是祖国的未来、民族的希望，把其教育好、培养好，是教育的神圣使命。课程思政融入中学地理教学，需以习近平新时代中国特色社会主义思想为指导，坚持知识传授和价值引领相结合，恰当融入理想信念、价值取向、政治信仰、社会责任等方面的题材与内容，全面提高中学生缘事析理、明辨是非的能力，让其成为德才兼备、全面发展的人才。

一　政策背景

（一）全面推进课程思政建设是新时代党和国家对大中小学教育提出的要求

基础教育课程承载着党的教育方针和教育思想，规定了教育目标和教育内容，是国家意志在教育领域的直接体现，在立德树人中发挥着关键作用。我们党历来高度重视对学生的思想教育和政治引领，着眼长远，立足

中国社会现实需要，着力培养德智体美劳全面发展的社会主义建设者和接班人。教育是社会大系统中的一个重要子系统，教育目标、教育制度、教育内容和教育方式等，无不受到经济、文化等其他子系统的影响，中学地理课程作为中学教育的重要组成部分，同样会受到这些因素的影响。中学地理课程的发展要想紧跟时代潮流，就必须符合社会、经济、文化发展的新要求，体现时代特征，顺应时代发展方向。当前，我们正处在中华民族伟大复兴战略全局和世界百年未有之大变局的历史交汇点，人类命运共同体理念深入人心，新一轮科技革命和产业变革深入发展，意识形态领域斗争更加激烈，西方思想文化强势冲击。因此，做好中学思想政治工作，重视中学生的世界观、人生观、价值观教育显得十分重要。我们要深刻认识到，课程思政建设的逻辑起点，就是要在达成中学地理课程的思想政治教育目标上，实现与思想政治理论课同向同行的协同效应，为党育人，为国育才，培养既具备深厚学科知识、精深技术技能、较强专业素养和实践动手能力，又具有家国情怀、国际视野、创新精神和使命担当的堪当民族复兴大任的时代新人。

（二）全面推进课程思政建设是新时代全面贯彻落实党的教育方针的必然要求

党的教育方针是党的理论和路线方针政策在教育领域的集中体现，是我国教育事业发展的根本指南。党的十八大以来，以习近平同志为核心的党中央，将教育视为国之大计、党之大计，提出了"培养德智体美劳全面发展的社会主义建设者和接班人"的总体要求。2018年9月，习近平总书记用"九个坚持"总结和概括了我国教育事业发展的新理念、新思想、新观点①，深化了对我国教育事业的规律性认识，为指导我国教育改革发展提供了根本遵循。思想政治工作从根本上说是做人的工作，必须围绕学生、关照学生、服务学生，不断提高学生思想水平、政治觉悟、道德品质、文化素养，让学生成为德才兼备、全面发展的人才。全面推进课程思政建设是加强和改进新时代我国高校思想政治工作的创新性战略安排，其重点内

---

① 《牢牢把握教育改革发展的"九个坚持"——论学习贯彻习近平总书记全国教育大会重要讲话》，人民网，http://edu.people.com.cn/2018/0914/c1053-30294281.html。

容是紧紧围绕坚定学生理想信念，以爱党、爱国、爱社会主义、爱人民、爱集体为主线，围绕政治认同、家国情怀、文化素养、法治意识、道德修养等优化课程思政内容供给，系统进行中国特色社会主义和中国梦教育、社会主义核心价值观教育、法治教育、劳动教育、心理健康教育、中华优秀传统文化教育。课程思政建设的重点内容充分表明，这一安排事关新时代全面贯彻党的教育方针，事关党的领导和国家事业后继有人，事关中华民族的伟大复兴和国家长治久安，是一项为党育人、为国育才的系统工程，其意义十分重大。2019 年 8 月，为了全面贯彻习近平在学校思想政治理论课教师座谈会上的重要讲话精神，中共中央办公厅、国务院办公厅印发《关于深化新时代学校思想政治理论课改革创新的若干意见》（简称《意见》），对新时代如何增强思想政治理论课的实效性、如何将立德树人根本任务以及习近平关于教育的重要论述融入思想政治理论课等做出了专门部署。《意见》强调要全面加强思想政治理论课的教材体系建设。除此之外，《意见》在加强教师队伍建设、增强思政课的思想性、加强党对思政课建设的领导等方面也做出了详细而具体的规定，为推进新时代思想政治理论课改革创新提供了重要理论和政策指导。

（三）全面推进课程思政建设是新时代提高地理学科人才培养质量的根本保证

建设中国特色社会主义，实施科教兴国战略，决定了我国中学教育必须选择以提升教育质量为核心的内涵式发展道路。教育兴则国家兴，教育强则国家强。在我国已经全面建成小康社会，开启全面建设社会主义现代化国家新征程的现阶段，教育的基础性、先导性、全局性作用更加凸显。实现从教育大国走向教育强国的发展目标，必须把关注的重点放到提高教育质量上来，增强质量意识，丰富质量内涵，为实现中华民族伟大复兴奠定牢固基础。一是实现中华民族伟大复兴是近代以来中华民族最伟大的梦想，培养社会主义事业的建设者与接班人，需要坚持中国特色社会主义道路自信、理论自信、制度自信、文化自信。课程思政是全员育人、全程育人、全方位育人的有力抓手与有效实施路径。二是中国特色社会主义进入新时代，新时代需要新担当，新担当需要新作为。中学教育在传授知识与

培养能力的过程中，需要培养学生的时代担当、法治意识、科学精神，将经济社会发展与立德树人根本任务结合，使学生建立正确的人生观、世界观、价值观。三是中学地理课程思政以国家人才培养目标和思政理论为引领，以国情国力和家国情怀为基础，以生态文明和国家安全为特色优势，以国家战略和国际理解为应用方向，可引导学生通过思政认知、思政思辨、思政培根、思政铸魂、思政践行等进阶提升，从知国之学到爱国之情，再到报国之行，有效推进地理专业思政课程的整体建设，从而提高地理学科人才培养质量。

二 实践背景

（一）中学地理课程必须落实立德树人根本任务

2012 年，党的十八大将立德树人确立为教育根本任务。2014 年，教育部提出每个学科都要遵循立德树人这一重大任务，将德育与课业有机结合在一起。"培养什么人""怎样培养人""为谁培养人"，历来是教育的根本问题，基础教育阶段的学校课程是落实立德树人根本任务的载体，中学地理课程也不例外。培养学生必备的地理学科核心素养，构建以地理学科核心素养为主导的地理课程，创新培育地理学科核心素养的学习方式，建立基于地理学科核心素养发展的学习评价体系，是地理课程人才培养的基本理念。它们分别从课程价值、课程结构和内容、教学方式、评价方式四个维度表述，每一条理念均围绕地理学科核心素养确立，体现了地理课程以地理学科核心素养的培养为纲的教育思路。中学地理教师要时刻牢记立德树人根本任务，持续进行课程改革，在地理教学实践中，进行课程思政教学，只有这样，才能充分发挥地理教学的真正作用。各级各类学校都要落实立德树人根本任务，通过以德立身、以德立学、以德施教，促进学生的德行成长。立德树人的关键是"培养什么人"。就中学地理而言，立德树人的主要对象是广大中学生，他们身上寄托着国家的未来和民族的希望。全面推进课程思政建设的目的，就在于帮助学生塑造正确的世界观、人生观和价值观，发挥所有课程的育人功能，让所有教师都承担起育人责任，使各类专业课程与思政课程同向同行，形成协同育人效应，构建起全员全程全方位育人大格局；就是要以问题为导向，落实立德树人的根本任务，把思想政治工作贯穿地理教育教学全过程，推动思想政治工作传统优势与地理信息技术的深度融合，实现全员育人、全程育人、全方位育人，为中国特色社会主义事业培养德智体美劳全面发展的建设者和接班人。从我国以往的中学教育实践来看，影响和制约立德树人成效的一个重要原因，就在于把对学生的思想政治教育重任，主要压在思政课程和思政教师的肩上，在很大程度上忽视了各类专业课程的思想政治教育功能和专业教师对学生的思想政治教育责任，甚至许多学校存在专业教师只管教书而不顾育人的现象。全面推进课程思政建设，就是要在充分发挥思政课程和思政教师的立德树人关键作用的同时，让各类专业课程和专业教师也承担起守好一段渠、种好责任田的育人责任，使专业课程与思政课程形成协同育人效应。每位专业教师都应当自觉做到教书与育人相统一、传道与授业解惑相统一。

（二）中学地理教学必须开启素养导向的地理课程改革

个体的兴趣、情感、道德、意志、气质等非智力因素，也是全面发展的重要标志。[①] 地理学习活动除对学生自信心、责任心、意志力等品质的培养有重要影响外，对学生兴趣、情感、道德意识的发展，也有着独到的价值。从地理学科的属性及其内容来看，该学科是落实立德树人任务的关键科目。中学地理在这一阶段的课堂教学中，应当做好融入思政要素相关内容的准备。2020 年修订的新课标，在教学理念上体现了从以知识为本到以学生发展为本的转变；在课程目标上更关注学生态度的形成、价值观的提升和情感的陶冶；在课程内容上注重现代地理科学观念素材选择、现代信息技术应用与乡土地理知识教育；在课程结构上突出人地关系主线，培养学生正确的人口观、资源观、环境观和发展观；在课程选择上为学校创造性实施国家课程、因地制宜开发学校课程提供保障；在课程评价上实行学生学业成绩与成长记录相结合的综合评价方式，建立教育质量监测机制。新课标中也明确提出了新时期中学地理课程建设的要求，即培育学生

---

① 袁孝亭等编著《地理课程与教学论》（第二版），东北师范大学出版社，2020。

热爱自己的国家、尊重自然、弘扬优秀传统文化的基本思想及态度，利用学习的地理知识，坚持人类与地理环境协调发展的观念，爱护共同的家园，更好地为国家服务，促进美丽中国的建设。因此，在地理课程中融入思想政治要素，是落实立德树人的关键一步，也是一项需要长期坚持的任务。

（三）地理高考评价体系中涉及思政的内容逐渐增多

2020 年的高考地理试题体现了对立德树人根本任务的坚持，命题素材渗透着思政信息。例如全国Ⅰ卷 1～3 题，通过黄土高原土地治理模式与地理环境间的相互关系，考查了我国生态文明的建设，以及走可持续发展道路的措施。第 43 题，通过我国景泰蓝这一非物质文化遗产，考查了学生对我国优秀传统文化的态度，重点在保护优秀传统文化资源，促进对我国历史文化遗产的开发与保护。全国Ⅱ卷 4～6 题，通过具体的翻耕等农业劳动环节，培养学生关注、热爱劳动和崇尚、尊重劳动的思想素质。试题充分体现了立德树人目标与课程思政的基本要求，也反映了地理学科的特色本质，体现了教育引领的价值导向以及核心素养，符合高考"立德树人、服务选才、引导教学"的核心功能。因此，如今的地理高考试题选取的素材更倾向于学生对国家最新的政治事件的了解，通过精选反映时代精神和地域特色的材料，引导学生弘扬生态文明、传承优秀传统文化和崇尚劳动精神等。

三　时代背景

（一）课程思政契合时代发展对现代教育的现实需要

习近平总书记强调，"培养什么人"是教育的首要问题。[1] 扎根中国大地办中学，就要把立德树人的成效作为检验人才培养工作的根本标准，切实解决好中国特色社会主义建设者和接班人的培养问题。当前，中学思想政治工作面临的环境更加复杂多样，教育主体、教育对象、教育内容和教

---

[1] 《教育的"首要问题"和我国教育的"根本任务"》，人民网，http://theory.people.com.cn/n1/2018/1015/c40531 – 30342116. html。

育方法都发生了一系列新变化，单纯依靠思政课程已经很难适应思想政治工作的现实需要和立德树人目标的实现，迫切需要深入挖掘各专业课程的思政教育资源，完善贯穿思想政治工作体系的高水平的人才培养体系，发挥专业课的育人功能和价值。课程思政是实现"三全育人"的有益探索和创新实践，学校要紧紧抓住教师队伍主力军、课程建设主阵地、课堂教学主渠道，让所有教师、所有课程、所有课堂都承担好育人责任，各自守好一段渠、种好责任田，使各类专业课程与思政课程同向同行、同频共振。在信息爆炸的时代，学生接触的信息复杂无序，作为建设祖国的后备力量，他们必须拥有适应时代发展的坚定理想信念。中学生的心理和生理素质十分具有可塑性，需要正确的思想观念和道德意识引导，学校是影响学生理想信念、品德修养、全面发展的极其重要的场所，对于培养学生的民族自信、家国情怀，使学生形成健全人格、积极价值取向，意义重大。教育是中华民族实现伟大复兴的动力源，也是中国特色社会主义生机与活力的供应基地。学校作为教育的主体，要把立德树人任务贯穿于教育教学的各项工作中，为学生提供积极向上的学习生活环境。将思想政治教育贯穿各学科课堂教学和生活实践，符合新时代学生培养的要求，也是引导学生树立正确价值观的有效渠道，能促进学生综合素质的提升，激发学生潜在的创新活力，利于学生的全面发展。

（二）课程思政是促进中学地理教学方式变革的有效手段

基础教育课程实践是国家教育理念的现实体现，也是对国家教育目标与教育内容的具体落实，对教育工作秉承立德树人的原则起到了重要的促进作用。① 随着社会的飞速发展，社会对优秀人才的需求也日益增大，教育改革是大势所趋。基于时代发展需求，地理课程标准和教学理念也在不断发展和完善。新版地理课标提出，要逐步培养学生必要的地理学科素养，提升学生的地理学科品格与综合能力，引导学生树立起家国情怀与宏大的世界眼光，建立起重视地方、国家与世界自然地理健康发展的意识。新版地理课标明确提出了四个地理学科核心素养，即人地协调观、综合思维、

---

① 林昆仑、雍怡：《自然教育的起源、概念与实践》，《世界林业研究》2022 年第 2 期。

区域认知、地理实践力。这四个地理学科核心素养体现了地理学科和地理课程的"综合性""区域性""人地关系"等基本属性，体现了地理学科的价值、重要思想和方法，以及实践性强的特点。通过中学地理课程的学习，学生可以强化自身人类与环境协调发展的观念，提升自身地理综合思维能力、区域认知能力和地理实践力，培养家国情怀和世界眼光，形成关注地方、国家和全球地理问题及可持续发展问题的意识，为做一个有责任感、能够承担民族复兴大任的时代新人打好基础。由此可见，思想政治教育在地理教学中加大比重逐步被提上日程，思想政治教育只存在于政治学科的常规被打破。

（三）课程思政是中学地理推进思政教育的着力点

根据我国的教育方针与教育发展规划，各学科根据自身学科特点，秉持立德树人的理念出台了各类课程教学标准。新版地理课标给出的地理学定义是，对自然地理环境、人类活动和自然地理环境关系进行深入研究的科学，蕴含着家国情怀和国际视野、人类命运共同体和全球意识、人地关系和环境责任感等。地理课程是开展思想政治教育的优质平台，可以为国家培养出具有强烈社会责任意识的社会主义建设者，要在教学过程中将课程思政教学理念予以落实。2019 年习近平总书记主持召开学校思想政治理论课教师座谈会并发表讲话，总书记指出，青少年阶段是人生的"拔节孕穗期"，也是最需要学校精心培育与正确引导的时期，"蒙以养正，圣功也"。总书记语重心长地指出，青少年的心智正处于发展完善阶段，他们的思维最活跃，教育青少年就要引导他们走正确的路，形成正确的思想。[①] 这足以说明思想政治教育的重要性，而学校思想政治教育工作不是单纯一条线的工作，而应该是全方位的，是所有学科的集体渗透与融合，这是达成立德树人根本任务的必要条件。

---

① 《习近平：用新时代中国特色社会主义思想铸魂育人 贯彻党的教育方针落实立德树人根本任务》，人民网，http://cpc.people.com.cn/n1/2019/0319/c64094-30982234.html。

四　学术背景

课程思政作为落实立德树人根本任务的重要举措，是近年教育教学改革的热点。自 2019 年 8 月中共中央办公厅、国务院办公厅印发《关于深化新时代学校思想政治理论课改革创新的若干意见》以来，各学校围绕立德树人中心环节，以提升人才培养能力为导向，把思想政治工作体系贯穿于学科体系、教学体系、教材体系和管理体系，对课程思政的实现路径、开发设计、教学方法与资源建设进行了广泛的探讨和实践，取得了宝贵的成果和有借鉴意义的经验。[①]

（一）理论研究：学习、研究、凝练、深化为一体的建设机制

学校要把学习党的创新理论和教育教学基本原理相融合，建立思政课教师和专业课教师相互协作的课程思政研究团队，依托研究课题，多层面开展课程思政理论研究和实践探索，形成"课程思政是什么、为什么、怎么干、怎么看"的理论认知，解决课程思政建设过程中遇到的思想认识问题。

课程思政是什么？课程思政是对新时代教育更好发挥"四个服务"功能的理念创新、制度创新和实践创新，核心是把思想政治教育融入课程教学全过程、各方面，使各类课程与思政课程同向同行，构建全员全程全方位的育人大格局。课程思政的主体是学校所有课程，地位是主渠道，作用是守好一段渠、种好责任田，内容是"做人做事的基本道理、社会主义核心价值观的要求、实现民族复兴的理想与责任"等，方式是有机融入、润物无声，功能是同向同行，与思想政治理论课形成协同效应。

课程思政为什么？课程思政建设是对学校思想政治工作规律、教书育人规律、学生成长规律的整体把握和综合运用。学校开展课程思政建设，是坚持和发展中国特色社会主义的必然要求，是推进中国特色社会主义学校建设的应有之义，是更好满足学生成长发展需求和期待的有效选择。

---

① 楚国清：《以提升人才培养能力为导向的课程思政探索与实践》，《北京联合大学学报》（人文社会科学版）2022 年第 4 期。

课程思政怎么干？课程思政是落实立德树人的基础性和全面性工作，学校在具体实践中，要确立"校院整体推进、系（部）主导、教师主体"的工作思路，形成"学校有氛围、院系（部）有特色、专业有特点、课程有品牌、讲授有风格、教师有榜样、成果有固化"的"七有目标"和"七要工作法"。学校要从实践探索中凝练指导理论，永葆源头活水，坚持理论与实践同行；强化顶层设计，制定全面推进课程思政建设的"路线图"，确保课程思政的系统性和可操作性；紧紧抓住教师这个课程思政的关键环节，不断提升教师课程思政建设的能力和水平。

课程思政怎么看？即课程思政的评价问题，课程思政评价的重点在工作评价、在课程思政规范化水平提升的评价。对课程思政评价，主要评价课程思政建设是否开展、推进是否规范、落实部署要求是否到位的情况，这是课程思政立德树人成效的客观要求，也是对深化课程思政建设的监督和检查。

（二）课程建设：专业思政、课程思政一体化设计与实施

课程思政是对所有课程发挥育人功能的总要求，是全课程育人的新时代教育理念，其指向的是具体课程。学校在推进和深化课程思政建设过程中，要紧紧抓住课程的关键要素、课程建设的内在要求，按照"思政课程引领课程思政、课程思政建设、专业思政建设"的逻辑，从思政课程、专业课程、专业学科三个角度逐步探索思想政治教育融入教育教学全过程的方法。

思政课程引领课程思政。在课程思政初建阶段，针对教师"想干但不会干"的问题，学校选择具有思政特点的课程为拟选树课程，按照党和国家对中学教育人才培养的新定位和"春风化雨、润物无声"的要求，分析拟选树课程的特点与存在的问题，由思政课教师和专业课教师共同组成专家组反复打磨，形成课程思政示范课程，向全校教师进行展示。

思政元素融入课程各要素。在课程思政推进阶段，学校整体规划课程的思政资源，打破四年一次修订培养方案和课程大纲的常规做法，修订人才培养方案和课程大纲，开展基于立德树人导向和成果导向的教学改革，

将思政元素融入课程目标，突出课程的教育性和价值性。在课程思政内容体系建设上，依据课程归属或服务的学科和专业，结合学生未来所从事工作的职业素养要求、中国特色社会主义伟大实践、国际国内时事，着力挖掘课程中蕴含的"做人做事的基本道理、社会主义核心价值观的要求、实现民族复兴的理想与责任"等育人元素。学校优化课程内容，丰富教学资源，设计课程思政评价标准，从课程设计、教学方法、教学资源、教师风貌等方面，全面设计课程思政教学评价指标，完善课程思政教学评价体系。

专业思政、课程思政一体化实施。在课程思政深化阶段，把课程思政建设纳入专业思政的层面去实施，对所有专业课程进行梳理，分类推进课程思政建设。课程是专业的核心，专业课程因专业需求而设置和调整，因此，课程建设要以专业建设为依托，要满足专业思政建设的要求，课程思政与专业思政应保持方向和内容的一致。在专业思政建设方面，学校选取某个专业开展课程思政、专业思政一体化设计与实施试点，再推广到学校所有专业。学校严格遵循专业建设规律，强化一体化设计和一体化实施，坚持把思想政治教育贯穿于专业建设各个环节。在专业培养目标上，学校要明确人才培养规格的思想政治素质要求，课程体系、教学规范、师资队伍、教学条件、质量保障等各要素要与培养目标相衔接，体现专业思政的内容和要求。学校要加强教材建设，将党的创新理论成果、科学技术最新突破、学术研究最新进展融入教材，为课程思政教学提供资源支持。此外，学校要组织各专业教师编写课程思政案例集，共享课程思政资源；推进现代信息技术在课程思政教学中的应用，借助虚拟现实、大数据等技术，实现课程思政建设的数字化、可视化、系统化和标准化。

第二节　研究意义

中学教育作为落实立德树人教育根本任务的重要一环，应积极探索课程思政教学与中学学科教学的融入路径与方式。地理学科蕴含人地协调观、

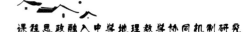
综合思维等核心素养，更能成为进行"四个自信"等政治认同教育的载体。提升学生的地理素养能够支撑学生认同感的形成，引导学生形成可持续发展的能力。

一 理论意义

（一）坚持社会主义办学方向

习近平总书记在全国高校思想政治工作会议上强调："我国高等教育发展方向要同我国发展的现实目标和未来方向紧密联系在一起，为人民服务，为中国共产党治国理政服务，为巩固和发展中国特色社会主义制度服务，为改革开放和社会主义现代化建设服务。"① 这彰显了教育的人民立场和政治属性。思政课是巩固马克思主义在学校意识形态领域指导地位、坚持社会主义办学方向的重要阵地。办中国特色社会主义学校，就要用习近平新时代中国特色社会主义思想铸魂育人，引导学生增强中国特色社会主义道路自信、理论自信、制度自信、文化自信，厚植爱国主义情怀，把爱国情、强国志、报国行自觉融入坚持和发展中国特色社会主义事业、建设社会主义现代化强国、实现中华民族伟大复兴的奋斗之中。在中学地理课堂中融入思政元素，能够反映现今的教育思想和理念，关注信息化环境下的教学改革，关注学生个性化、多样化的学习和发展需求，促进人才培养模式的转变，发展学生的核心素养。学校要根据经济社会发展新变化、科学技术新成果，及时更新教学内容和话语体系，反映新时代中国特色社会主义理论和建设新成就。

（二）完善地理课程思政研究内容

思想政治教育是促进国家繁荣和民族团结的有效手段，是引导人民尤其是学生群体培养家国情怀和社会责任感的重要举措。思政教育已经被提升到前所未有的高度，但其有关教学方面的研究内容普遍局限于政治学科，形式较为单一，这必然会对思想政治教育的全面开展和推进产生一定影响。

---

① 《遵循"四个服务"方向 发展新时代高等教育》，光明网，https://m. gmw. cn/baijia/2019 – 01/01/32276343. html。

将思政教育嵌入其他学科文化知识的教学实践中，能够有效弥补中学思政课程的缺口，是新时代提出的教学要求，也是在其他学科中融入思政教学的最佳手段，更是引导学生形成敏锐观察力、建立正确价值观的有效途径。

（三）深化地理学科育人价值

地理学的育人价值是多方面的，大致可以概括为帮助学生树立正确的人地观念、培养学生的家国情怀和国际视野、增强学生的社会责任感、培养学生的地理学综合思维、提高学生的区域认知能力。党和国家对教育的发展愈加重视，出台的政策也逐渐成熟，提出了立德树人根本任务，鼓励学校承担起教书育人的责任使命。对于地理学科来说，育人的价值重点体现在帮助学生形成正确的环境观、资源观与人地观等，培养学生的综合思维、家国情怀和国际视野等。在地理学科中渗透思想政治教育是为了使学生正确看待宇宙地球，正视全球国际关系和地理问题，用发展的眼光看待世界，与立德树人教育根本任务殊途同归。因此，研究中学地理课程思政内容，可以深化地理学科的育人价值。

二 实践意义

（一）培养家国情怀和世界眼光

不同的学科对于人的发展、成长，具有不同的价值。地理学注重宏观的空间概念，关注空间格局、时空关系及其相关性，强调人与自然环境的相互关系，这是其他学科不具备的特点。目前，人类所面临的人口、资源、环境等问题，都需要地理知识、地理分析能力和地理观念才能被正确认知。我们处在经济全球化的年代，贸易、金融和人力在国际上大量流动，但是这样大量的国际迁移，掺杂着由冲突造成的难民潮和恐怖主义的阴影。近年来，欧美一些国家面临经济全球化的冲击，本土主义、孤立主义、保守主义逐渐浮出台面。面对当前的国际形势，地理学肩负着认识世界、增进国际理解的重任。地理学能够开阔学生的国际视野，使其以全球的视角看待问题，培养其家国情怀，增强其社会责任感。在中学地理教学实践中既要向学生广泛地传授地理知识，使学生掌握地理学科的基本技能，稳步提

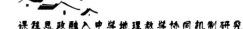
升学生的地理素养，也要积极主动引导学生关注环境治理，关心时事热点，关爱实际生活，引导学生关注国家大事小情和国际问题，并对其进行深入的讨论，让学生站在更高的角度、以更广阔的视野来分析解决问题。对国土概况、产业布局、人口民族的学习，可以使学生关心国家建设大事，有助于培养学生的家国情怀。对世界地理、全球问题、资源环境的学习，有利于学生形成全球意识，培养学生的世界眼光。因此，学校要帮助一线地理教师借助教材，将课程思政内容有机融入课堂教学中，并为之提供有效的参考意见，为落实立德树人根本任务提供有效的途径和方法。开展中学地理课程思政教学，有利于培养学生热爱祖国、热爱自然的思想意识，帮助学生在认识自然的基础之上合理对待自然。总体来讲就是在让学生掌握基础知识的基础上，做到一些地理课程思政要素方面的情感、态度及价值观的培养，增强学生的生态意识，教育学生在现实生活中采取一些行动，尽到一些应尽的责任，培养地理核心素养。

（二）营造浓郁立德树人氛围

首先，教师要理解自身所讲授的课程，主动挖掘思想政治教育的元素，寻找课程中所蕴含的做人做事的基本道理、社会主义核心价值观的要求、民族复兴的责任和理想等育人内容。教师通过"课程思政"，通过学习、备课，深化了对课程的理解，讲课内容丰富了。从学生的角度来讲，课堂氛围活跃了。习近平总书记指出，培养什么人，是教育的首要问题。① 我们要培养的是担当民族复兴大任的时代新人，必须牢牢把握须臾不可动摇的政治方向，抓住根本任务，这样才能真正办出中国特色教育。育人为本，德育为先。思政课是全面贯彻落实党的教育方针，培养德智体美劳全面发展的、担当民族复兴大任的时代新人的主干渠道。培养担当民族复兴大任的时代新人，需要运用的思想教育途径多种多样，但都要围绕思政课这个主干渠道形成相应体系；需要开展的立德树人工作千头万绪，但都要通过思政课这个龙头形成合力。办好思政课，用习近平新时代中国

---

① 《为党育人 为国育才 以更大作为服务教育强国建设》，百度百家号"党建网"，https://bai-jiahao. baidu. com/s? id = 1710521361775005723&wfr = spider&for = pc。

特色社会主义思想铸魂育人、立德树人，是实现这一育人目标的根本途径。

（三）形成育人新生态

思政课关系党的千秋伟业后继有人。我们党自成立以来，就以实现民族伟大复兴为己任，以实现共产主义为最高理想。党的事业就是在一代代有理想、有道德、有文化、有纪律的优秀青年的艰苦奋斗、前仆后继中，不断取得革命、建设、改革的伟大成就的。党要实现民族伟大复兴的千秋伟业，需要一代代社会主义合格建设者和可靠接班人接续奋斗，需要每一代青年人都跑好自己的历史接力棒、走好自己这代人的长征路。青年的价值取向决定了未来整个社会的价值取向，而青年又处在价值观形成和确立的时期，抓好这一时期的价值观养成十分重要。思政课正是进行社会主义核心价值观教育，帮助学生树立正确的世界观、人生观、价值观的核心课程。只有理直气壮、坚持不懈地办好思政课，才能培养一代又一代拥护中国共产党领导和我国社会主义制度、立志为中国特色社会主义事业奋斗终生的有用人才，才能让党的千秋伟业后继有人、薪火相传、生生不息。

第三节　研究述评

课程思政融入中学教学对于课程理念的更新、课堂教学方式的变革、教师的专业发展、学生学习方式的转变，具有重要的意义。近年来，国内外的地理课程改革持续推进，我国课程思政融入地理教学的做法，能为国际中学地理课程改革贡献新的理念与经验。

一　国内关于课程思政的研究

（一）课程思政的提出

首先，习近平总书记在全国高校思想政治工作会议上的讲话是"课程思政"认识的缘起。2016 年 12 月 7~8 日，全国高校思想政治工作会议在北京召开。在全国高校思想政治工作会议上，习近平总书记有几个非常重

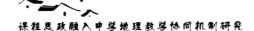

要的论断。① 第一，以学生为中心。习近平总书记指出，思想政治工作从根本上说是做人的工作，必须围绕学生、关照学生、服务学生，不断提高学生思想水平、政治觉悟、道德品质、文化素养，让学生成为德才兼备、全面发展的人才。第二，高校思想政治工作要遵循三个规律。习近平总书记指出，做好高校思想政治工作，要因事而化、因时而进、因势而新，要遵循思想政治工作规律、遵循教书育人规律、遵循学生成长规律，不断提高工作能力和水平。第三，用好主渠道。所有课堂都有育人功能，不能把思想政治工作只当作思想政治理论课的事，其他各门课都要守好一段渠、种好责任田。

其次，习近平总书记在北京大学师生座谈会上的讲话是"课程思政"认识的聚焦与深化。2018 年 5 月 2 日，习近平总书记在北京大学师生座谈会上的讲话包含对新时代中国高等教育的深入思考。② 这是党的十九大之后，习近平总书记第一次去高校发表的重要讲话，具有特殊的意义。习近平总书记指出，学校教育要培养德智体美全面发展的社会主义建设者和接班人，培养社会主义建设者和接班人，是我们党的教育方针，是我国各级各类学校的共同使命。为此，有三项基础性工作要抓好。第一项基础性工作，坚持办学正确政治方向。马克思主义是我们立党立国的根本指导思想，要抓好马克思主义理论教育，要坚持不懈培育和弘扬社会主义核心价值观，要把立德树人的成效作为检验学校一切工作的根本标准，要把立德树人内化到中学建设和管理各领域、各方面、各环节，做到以树人为核心，以立德为根本。第二项基础性工作，建设高素质教师队伍。要建设政治素质过硬、业务能力精湛、育人水平高超的高素质教师队伍。要坚持教育者先受教育，让教师更好担当起学生健康成长指导者和引路人的责任。评价教师队伍素质的第一标准应该是师德师风，要引导教师把教书育人和自我修养结合起来。

第三项基础性工作，形成高水平人才培养体系。

最后，习近平新时代中国特色社会主义思想是推进"课程思政"建设的根本指南。在党的十九大报告中，习近平总书记明确提出"要以培养担当民族复兴大任的时代新人为着眼点"。[①] 在 2018 年全国教育大会上，习近平总书记强调，培养德智体美劳全面发展的社会主义建设者和接班人。党的十八大之后，习近平总书记在不同场合对高校立德树人根本任务、对高校的青年成长发表过很多非常重要的讲话。

（二）课程思政的研究

首先，对课程思政时代价值的认识不断提升。立德树人是课程思政的价值旨归和活的灵魂[②]，必须从坚持和发展中国特色社会主义的战略高度，深刻把握课程思政是"培养什么人"的根本问题；必须从加快教育现代化、建设教育强国、办好人民满意的教育的理论深度，深刻把握课程思政是努力构建德智体美劳全面培养的教育体系、形成更高水平的人才培养体系的有效切入；必须从构建全员全过程全方位育人大格局的现实广度，深刻把握课程思政是完善"三全育人"工作体系和机制的重要抓手。

其次，对课程思政的实践探索逐步深入。提升立德树人成效是课程思政的出发点和落脚点。从上海、北京等地在点上各具特色的实践探索，到教育部印发《高等学校课程思政建设指导纲要》在面上的整体推进，课程思政建设已经实现了从外延到内涵的模式转变，并由个别地区部分院校的个案探索扩展为全国范围所有高校的共同实践，基本形成了"课程门门有思政、教师人人讲育人"的总体格局。2014～2018 年的实践之路，是课程思政实践探索不断深化的过程。对教师而言，课程思政基于课堂教学成为育人主渠道这一重大变化，拓展了课堂育人的内涵，教师开展课程思政使课堂育人由原本零散的、自发的、个体化的育人行为转变为系统的、自觉

---

① 《习近平：决胜全面建成小康社会 夺取新时代中国特色社会主义伟大胜利——在中国共产党第十九次全国代表大会上的报告》，中国政府网，http://www.gov.cn/zhuanti/2017 - 10/27/content_5234876. htm。

② 韩宪洲：《课程思政的发展历程、基本现状与实践反思》，《中国高等教育》2021 年第 23 期。

的、有组织的育人行为。对学校而言，课程思政是新时代的新任务、新要求，课程思政建设使学校不仅在把思想政治工作贯通人才培养体系，构建高水平人才培养体系上找到了有效切入点，在健全"三全育人"体制机制上抓住了重要抓手，而且找到了加强教师党支部建设和师德师风建设的新载体，初步破解了教师党支部建设和师德师风建设的难题。

最后，对课程思政理论的研究持续深化。扎实的理论研究是持续深入推进课程思政建设的前提和基础。关于研究方向，文献统计分析发现，当前的研究成果主要聚焦在课程思政的内涵特点、价值阐释、路径方法等方面，并对课程思政与课程思政建设、立德树人、三全育人等相关概念的关系进行了研究，为课程思政建设的推进提供了重要的理论基础。虽然如此，但是关于课程思政的概念范畴和科学内涵还需要进一步厘清，关于课程思政的内在特点和建设规律还需要进一步把握，关于课程思政的实践路径和育人功能还需要进一步优化。

二　国内关于中学地理课程思政教学的研究

当前，亟待解决的重大课题是，如何把思想政治工作有效贯通到中学地理教育体系和人才培养体系之中，以课堂教学为切入点，在课堂这个育人的主渠道，实现思想政治教育与知识教育的有机统一，坚持正确政治方向、价值取向，发挥思想政治工作在人才培养体系中的育人导向作用。

目前，关于中学地理课程思政教学的研究几乎没有，只有少数学者围绕地理教学中的思想（政治）教育进行研究，更多的学者侧重于围绕地理教学中的德育、爱国主义教育、环境教育、可持续发展观教育、法制教育等主要思政元素开展研究，但并未系统地将这些思政元素进行整合，从而有目的、有计划地将其融入地理教学工作。在大中小学课程思政建设一体化的背景下，如何有效地将中学地理教材中的思政元素归纳整合，并应用于实际教学，将成为新的研究方向。

（一）地理教学中的思想教育研究

关于地理教学中的思想教育研究，王树鹏和王玉兰认为，思想教育与地理教学是一个有机的整体，在课堂上要有意识地结合思想教育内容开展教学，但不能过度追求思想教育。[①] 李日永提出要重视乡土教育，通过课堂教学和校外实践教学相结合，强化学生的思想教育，培养学生的爱乡爱国情怀，落实立德树人的根本任务。[②] 段华庆和江茜从思想政治教育、空间意识和竞争意识、科学精神等角度，阐述了地理教学中思想教育的功能，并针对地理教学提出了合理的策略。[③] 综上所述，多元多类型的思想教育素材是地理学科的优势，是其他学科难以比拟的，但目前围绕中学地理课程融合思政资源开展教学实践的研究文献相对匮乏。

（二）地理课程中的学科德育研究

关于地理课程与学科德育，李远航等人分析了德育在中学地理课程中开展的可行性和必要性，围绕中学地理教学中德育目标的具体内涵、渗透路径及重要价值和意义进行了探讨。[④] 马岚和黄成林提出，中学阶段是学生"三观"形成的关键时期，但多数地理教师更重视智育而忽视了对学生德育的培养，提倡要在学生学习知识的同时，强化其思想道德素质教育。[⑤] 周晓霞认为，在中学地理教学中开展德育教育对中学生的成长发展具有重大意义，在地理课堂开展德育教育的同时，要注重利用好实际生活的课堂开展德育教育。[⑥] 由此可以看出，在地理课堂中开展学科德育更突出对学生的道德教育，相较于德育，课程思政更突出其政治性，两者在教学内容上存在一定的交叉，地理课程德育教育的开展，为地理课程思政的研究提供了思路。

---

① 王树鹏、王玉兰：《浅谈地理教学中的思想教育》，《课程教育研究》2019 年第 50 期。

② 李日永：《立足乡土，探究乡土，服务乡土——探索地理研究性学习的特色之路》，《中学地理教学参考》2008 年第 3 期。

③ 段华庆、江茜：《谈思想教育在地理教学中的重要性》，《中学地理教学参考》2014 年第 20 期。

④ 李远航、郭志永、姬璐璐：《初中地理教学中德育渗透路径初探》，《教育现代化》2018 年第 27 期。

⑤ 马岚、黄成林：《中学地理教育与学生社会责任感的培养》，《教育教学论坛》2011 年第 23 期。

⑥ 周晓霞：《浅谈德育教育在中学地理教学中的渗透》，《学周刊》2017 年第 12 期。

（三）地理教材中的爱国主义教育

关于地理教材中的爱国主义教育，鲁海凤通过挖掘教材内容、绘制简单地图、将相关知识编成歌曲等途径，在初中地理教学中融入爱国主义教育。① 简菊强调通过地理教材培养学生的民族自豪感、忧患意识和责任感、领土保护意识，以及爱国主义情感。② 翟花平认为，要运用中学地理教材中的相关知识点，采用多种教育方式，将爱国主义教育根植在学生心中。③

（四）地理教学中环境教育的渗透

关于环境教育渗透于地理教学，林津津从地理教学中环境教育的内涵着手，分析环境教育存在的资源不足问题，强调实施环境教育的重要性。④ 蔡国毅认为，在目前的中学地理环境教育中，地理教师更侧重理论教学，强调要加强地理课外实践课程等方面的建设，创新中学地理环境教育方式。⑤ 蔡志伟研究了环境教育在地理教学中的重要性，探讨了环境教育渗透的具体策略，期望通过环境教育提高教学质量，提高学生环境保护意识。⑥

三 国内研究述评

对已有课程思政研究的分析结果显示，目前课程思政研究大多在高校层面展开，主要是对高校专业课课程思政的融合以及高校课程思政建设的路径进行研究。相比较而言，中学教学课程思政研究薄弱。就中学地理教学来说，即使地理学科拥有培养学生爱国情怀、辩证思维的先天优势，在课程教学过程中对思政教育的融入重视程度仍旧不够。鉴于此，以中学地理为例开展课程思政研究，是在新时代中学地理课堂中落实立德树人根本任务的新途径。

① 鲁海凤：《初中地理教学中渗透爱国主义思想教育初探》，《青海教育》2018 年第 1 期。
② 简菊：《浅议地理教材中爱国主义情感的体现》，《地理教育》2013 年第 S1 期。
③ 翟花平：《在初中地理教学中渗透爱国主义教育》，《教育实践与研究》（B）2017 年第 12 期。
④ 林津津：《初中地理环境教育中人地协调观的提升路径》，《福建基础教育研究》2022 年第 1 期。
⑤ 蔡国毅：《浅谈中学地理教学中的环境教育实践与创新》，《课程教育研究》2018 年第 9 期。
⑥ 蔡志伟：《论地理课堂与地理环境相融的情景教育模式》，《文理导航》（上旬）2022 年第 9 期。

加强中学地理课程思政建设，不是局部性工作，而是全局性工作，不能只做"盆景"，而是要种好"责任田"，要按照"所有课程都具有育人功能，所有教师都负有育人职责"的要求，统筹规划、整体设计、全面建设。当前，全国高校正如火如荼地开展课程思政建设，但在持续高涨的课程思政建设热潮中，也存在一些令人担忧的问题。例如，在实践中，有的仅仅就课程思政论课程思政建设，忽视了课程思政建设与落实立德树人根本任务、建设高水平人才培养体系、健全"三全育人"体制机制的关系；有的仅仅就课程说思政，忽视了课程与专业、课程思政与专业思政的关系。这些问题既涉及课程思政建设的顶层设计，也关乎课程思政落实的"最后一公里"，是制约课程思政建设高质量发展的重要原因。而如何开展中学地理课程思政、实施地理课程思政的效果如何等诸多问题也需要进一步研究。因此，开展有关中学地理课程思政研究，探讨中学地理课程思政的实施情况，就显得尤为必要。

课程思政的效果评价是开展课程思政建设过程中的一个焦点问题。评价的必要性毋庸置疑，但如何评价却需要不断深入探讨，以发现评价工作中的短板和不足，解决相关问题。人才培养效果是课程思政建设评价的首要标准。有效开展课程思政的效果评价，一是必须采取科学谨慎的态度，在战略上高度重视，在战术上审慎推进，切忌操之过急、本末倒置，可以先把评价重点放在课程思政建设规范化上，不断提升课程思政建设的科学化、标准化水平，在此基础上再深入探讨课程思政的效果评价。二是必须采取系统整体的方案，深刻把握教书育人规律和学生成长规律，着眼于学生培养的总成效和学校"三全育人"的大效果，评价课程思政建设的效果，而不能仅仅局限于对某一门课程开展效果评价，那只是对教师开展课程思政的工作层面的评价。三是必须采取协同推进的方式，把课程思政建设融入"双一流"建设、学科评估、教育教学评估、一流专业建设、一流课程建设之中，评价课程思政的赋能价值与效果。

深化课程思政建设必须以落实立德树人根本任务为导向，依托"三全育人"格局构建，聚焦高水平人才培养体系建设，坚持专业思政与课程思

政一体化设计、一体化实施，以专业思政建设统领课程思政建设。第一，要正确认识课程思政和专业思政的关系。专业是课程的科学组合，是人才培养的基础平台。课程思政的重音在课程，专业思政的重音在专业，课程思政和专业思政分别是把思想政治工作贯穿教育教学全过程的最基本的重要抓手和平台。第二，要在专业人才培养方案中明确专业的思政总要求。专业的思政总要求要体现学校的定位，符合学校人才培养的总目标；要体现专业的共性，符合不同学校本专业的共性特点；要体现专业的个性，符合本校本专业的人才培养特色。第三，要整体设计专业思政的实现路径。要遵循专业建设规律，把本专业的思政总要求细化落实到课程体系（含实践教学）、教学规范、师资队伍、教学条件、质量保障等专业人才培养方案所涉及的各环节各方面。特别是要通过制定修订每门课程的教学大纲，把专业的思政总要求分解到具体课程之中，使本专业所设置的各门各类课程，充分体现对本专业所培养人才的核心素养的支撑。第四，要明确专业负责人在专业思政建设中的责任。专业思政是专业内涵建设的重要内容，专业负责人是专业思政建设的直接组织者。专业负责人要组织专业教师加强相关学习和培训，制定修订专业人才培养方案和课程教学大纲，一体化实施专业思政和课程思政。同时，要充分发挥所属党支部的引领和保障作用。

第二章
课程思政融入中学地理教学内涵解读

习近平总书记在全国高校思想政治工作会议上指出，要提升思想政治教育亲和力和针对性，满足学生成长发展需求和期待，各门课都要守好一段渠、种好责任田，使各类课程与思想政治理论课同向同行，形成协同效应。[①] 随着习近平总书记提出将思政教育贯穿到教育的整个过程之中，课程思政作为一个全新的教育理念逐渐受到各级各类教师的重视，课程思政的理念也为各科教师提供了教育方向，给整个教育体系带来重大影响。课程思政融入中学地理教学，有利于学生全面获得知识，有利于学生树立良好的人生观、价值观和世界观，有利于促进学生全面发展。

第一节　概念辨析

课程思政不同于思政课程，也不是专门的学科课程，而是一种符合社会主义发展方向的教育理念，这种理念能够促进学生全面发展，并且贯穿于整个立德树人的过程之中。目前，课程思政没有统一的概念，不同专家学者对此所秉持的观点不尽相同。因此，对课程思政与思政课程的概念进行辨析，是非常重要的。

[①] 《习近平在全国高校思想政治工作会议上强调 把思想政治工作贯穿教育教学全过程 开创我国高等教育事业发展新局面》，教育部网站，http://www.moe.gov.cn/jyb_xwfb/s6052/moe_838/201612/t20161208_291306.html。

一　课程思政与思政课程

（一）概念界定

1. 课程思政的概念

课程思政作为近几年思想政治教育领域的热门词语，热度仍在逐年攀升，尽管目前还没有明确的定义，但不同学者对其具体内涵，也都提出了自己的阐释，究其内容都有相似之处。简单来说，课程思政就是在各学科课程中嵌入系统全面的思政教育，而不是单一的思政课程，使教育的所有环节都能够体现出思想政治教育，以期建立起全面、完整、系统的育人体系。① 综上，在各学科课程中嵌入系统全面的思政教育，即是课程思政，其是落实立德树人根本任务的一种教育理念，是回答了"怎样立德树人"问题的一种中国教育模式。

2. 思政课程的概念

思政课程是指思想政治理论课程，是学校对学生进行思想政治教育的主要形式。习近平总书记指出，思政课是落实立德树人根本任务的关键课程，思政课作用不可替代，思政课教师队伍责任重大。② 但并非只有思想政治理论课具有思想教育功能，课程思政应运而生，与思政课程相互补充，二者充分发挥各自的思想政治教育优势，凝聚育人合力。课程思政理念的提出和实施，充实了学校思想政治教育工作，迎合了新时代的发展。

（二）主要内容

1. 课程思政的主要内容

课程思政与传统思政教育相比，更加侧重于突出以课程为主体的育人功能。课程思政的主要形式是将思想政治教育元素，包括思想政治教育的理论知识、价值理念以及精神追求等，融入各门课程中，潜移默化地对学生的思想意识、行为举止产生影响。

---

① 赵继伟：《"课程思政"：涵义、理念、问题与对策》，《湖北经济学院学报》2019 年第 2 期。
② 《青年大学习·大思政课 | 从总书记三年前这番话中，读懂思政课为何 "C 位" 进课堂》，中青在线，http://news.cyol.com/gb/articles/2022 - 03/19/content_ OYmJxSWyK. html。

（1）课程思政的本质是立德树人

课程思政在本质上是一种教育，是为了实现立德树人。"育人"先"育德"，注重传道授业解惑、育人育才的有机统一，一直是我国教育的优良传统。思想政治工作从根本上说是做人的工作，它始终坚持以德立身、以德立学、以德施教，注重加强对学生的世界观、人生观和价值观的教育，传承和创新中华优秀传统文化，引导学生树立正确的国家观、民族观、历史观、文化观，从而为社会培养更多德智体美劳全面发展的人才，为中国特色社会主义事业培养合格的建设者和可靠的接班人。

（2）课程思政的理念是协同育人

从课程思政的提出来看，其目的就是实现各类课程与思想政治理论课的同向同行，实现协同育人。不论是"三全育人"还是"十全育人"，其体现的都是协同育人的理念。依据我们党的教育方针和我国各级各类学校的共同使命，能不能为中国特色社会主义事业源源不断培养合格建设者和可靠接班人，能不能为实现中华民族伟大复兴中国梦凝聚人才、培育人才、输送人才，是衡量一所学校教育水平的重要指标。只有在培养社会主义建设者和接班人上有作为、有成效，学校才能在社会上有影响、有地位、有话语权。

（3）课程思政的结构是立体多元

课程思政本身就意味着教育结构的变化，即实现知识传授、价值塑造和能力培养的多元统一。现实课程教学往往由于各种原因而将三者割裂，课程思政从某种意义上来说，正是对三者重新统一的一种回归。课程思政要求教师在教育中积极探索实质性介入学生个人日常生活的方式，将教学与学生当前的人生际遇和心灵困惑结合，有意识地回应学生在学习、生活、社会交往和实践中遇到的真实问题和困惑，真正触及他们默会知识的深处，即他们认知和实践的隐性根源，从而对之产生积极的影响。①

（4）课程思政的方法是显隐结合

培养什么人、怎样培养人以及为谁培养人是人才培养的根本问题，国外的有益做法可以借鉴，但是从根本上讲必须扎根中国大地办教育，坚持

---

① 董勇：《论从思政课程到课程思政的价值内涵》，《思想政治教育研究》2018 年第 5 期。

社会主义办学方向。人才培养体系涉及教学体系、教材体系、学科体系、管理体系等，贯通其中的是思想政治工作体系。课程思政正是要立足于构绘这样一个育人蓝图，通过深化课程目标、内容、结构、模式等方面的改革，把政治认同、国家意识、文化自信、人格养成等思想政治教育导向与各类课程固有的知识、技能传授有机融合，实现显性与隐性教育的有机结合①，促进学生的自由全面发展，充分发挥教育教书育人的作用。

（5）课程思政的思维是科学创新

在社会大变革、文化大繁荣的时代，既要树立科学的思维，也要树立创新的思维。在全国高校思想政治工作会议上，习近平总书记提出了提高学生思想政治素质的明确要求，即"四个正确认识"，其要义就在于要学会用正确的立场、观点和方法分析问题，把学习、观察、实践同思考紧密结合起来，善于把握历史和时代的发展方向，把握社会的主流和支流、现象和本质，养成历史思维、辩证思维、系统思维和创新思维。

2. 思政课程的主要内容

思政课程的建设方向主要是遵循习近平总书记提出的"办好思想政治理论课，最根本的是要全面贯彻党的教育方针，解决好培养什么人、怎样培养人、为谁培养人这个根本问题"。②在学校思想政治理论课教师座谈会上，习近平总书记从党和国家事业发展的全局出发，深刻阐述了办好思政课的重大意义，深入分析了教师的关键作用，明确提出了推动思政课改革创新的重大要求。

（1）思政课程的本质是铸魂育人

从国际上看，世界正经历百年未有之大变局，大国博弈、社会文化与意识形态的竞争空前激烈。从国内来看，我国正处于实现中华民族伟大复兴的关键时期，必须加强对学生的思想政治教育，为学生打好中国底色，为国家和民族培养政治立场坚定、德才兼备的社会主义建设者和接班人。

---

① 巩茹敏、林铁松：《课程思政：隐性思想政治教育的新形态》，《教学与研究》2019 年第 6 期。
② 《习近平主持召开学校思想政治理论课教师座谈会》，中国政府网，http://www.gov.cn/xin-wen/2019 – 03/18/content_5374831. htm。

习近平总书记强调，"我们办中国特色社会主义教育，就是要理直气壮开好思政课，用新时代中国特色社会主义思想铸魂育人"，"思政课作用不可替代，思政课教师队伍责任重大"。① 上好思政课的关键在教师，思政课教师的教学实践是立德树人根本任务细化、实化和具体化的重要一环，发挥着铸魂育人的重要作用。

（2）思政课程的重点是为谁培养人

首先，中学思政课教师要明确"为谁培养人"。在众多课程中，思政课程与学生的思想具有最直接的关系，它不同于其他课程，对于学生的意识形态的塑造具有潜移默化的作用。思政课的意识形态属性强，思政课教师的立德树人任务重，主业主责是培养一代又一代拥护中国共产党领导和我国社会主义制度、立志为中国特色社会主义事业奋斗终生的有用人才。

（3）思政课程的焦点是培养什么人

新时代的中学思政课旨在培养学生的共产主义理想信念、爱国主义情怀、马克思主义世界观和方法论、法治意识、社会公德和个人品德。中学生处在人生的"拔节孕穗期"，中学思政课教师要为学生的精神铸魂、思想奠基，为学生注入中国"基因"，培养具有中国心、中国情的中国人。

（4）思政课程的难点是怎样培养人

中学思政课与立德树人具有一致的育人目标，因此，作为中学思政课教师，要自觉围绕立德树人来教，并引导学生围绕立德树人来学，真正把立德树人融入中学思政课教学实践的各环节和教学工作的全过程。

（三）区别与联系

1. 区别

（1）具体范畴不同

思政课程与课程思政的范畴不同。② 思政课程是一类具体的课程，而课

---

① 杨蓉：《新时代高校思政课教师队伍建设研究》，《辽宁省交通高等专科学校学报》2020 年第 2 期。

② 王景云：《论"思政课程"与"课程思政"的逻辑互构》，《马克思主义与现实》2019 年第 6 期。

程思政是一种教育教学理念，通过与其他课程的相互融合，达到思想政治教育目的。思政课程是显性教育，具有鲜明的系统性，注重学生培养的系统性，保障思想政治教育的统一性。课程思政是隐性教育，具有渗透性和潜隐性，更多是教育者在不知不觉中影响受教育者。课程思政不是上思政课程，而是将思想政治教育内容与专业知识有效结合。

（2）主要内容不同

思政课程与课程思政的内容有差异。思政课程侧重于对学生进行系统的马克思主义理论教育，形式主要为思想政治课，是社会或社会群体，用一定政治观点、道德规范，对其成员施加有目的、有计划、有组织的影响，使他们形成符合社会要求的思想品德。思政课程是国家在教育系统所进行的马列主义理论教育，包括党的路线、方针、政策教育，爱国主义、国际主义和革命传统教育，使学生了解并掌握中国特色社会主义理论的基本内容，树立辩证唯物主义和历史唯物主义的世界观，拥护党、拥护社会主义，培养现代社会公民意识。

课程思政侧重于使各类课程"思政化"。其首要特点是寓德于课。习近平总书记在全国高校思想政治工作会议上指出，"高校立身之本在于立德树人"，"要坚持把立德树人作为中心环节，把思想政治工作贯穿教育教学全过程，实现全程育人、全方位育人，努力开创我国高等教育事业发展新局面"。[①] 立德是课程的应有之义，课程思政寓德于课，从而为国家、社会和人民培养德才兼备之人。[②] 其核心特点是价值引领，将社会主义核心价值观融入课程教学过程中，在内容上集中凸显课程思政的价值引领特点。这种教育形式，可使学生树立正确的世界观、人生观和价值观，实现对学生的价值引领。

2. 联系

（1）总体目标一致

课程思政被提出主要有以下四个方面的原因。第一，思想政治理论课

① 《立德树人是中国特色社会主义大学立身之本》，人民网，http://dangjian.people.com.cn/n1/2017/0203/c117092-29056031.html。
② 胡洪彬：《课程思政：从理论基础到制度构建》，《重庆高教研究》2019年第1期。

与其他各门课程，在培养目标与培养对象的维度上，是具有高度一致性的。第二，思想政治理论课与其他各门课程，虽然在具体内容上存在一些差别，但是这些差别并不影响两者在知识与价值维度上的统一。第三，深度与广度的统一。思想政治教育不能只停留在课堂上宣讲、口号上宣扬的层面，还必须达到"进大脑"的层面。在深度上，让思想政治教育达到"进大脑"的层面，就要在广度上下功夫，即思想政治教育工作，不能仅仅在思想政治理论课上下功夫，还必须在其他各门课程上下功夫，全方位地进行育人。第四，任何课程的建设都离不开相应的具体学科的理论支撑，同样，任何学科的建设也都离不开作为载体的相应的具体课程，课程与学科相互统一。

思政课程的改革需要与时俱进，跟随中国时代大潮流，向更远处走，向更高处发展，而课程思政是对思政课程的强有力补充，两者共同发挥着对学生思想政治教育的引领作用。[①] 从思政课程到课程思政的延展，是教育教学方法的改革与创新，各类课程容易只注重知识传授而忽视价值塑造，导致在育人目标上出现模糊不清的现象，在一定程度上影响了思政课程的育人功效，这就需要通过课程思政对思政课程进行改善和补充。

（2）作用意义一致

课程思政和思政课程在政治方向、文化方向、价值观方向上具有一致性，二者都要在课堂教学中，培育学生的政治认同等。

课程思政与思政课程在引导学生培养独立人格、塑造道德品行以及培育公共精神方面发挥着重要价值。中学阶段是学生学习成长的重要阶段，是学生将来在社会上能够安身立命的重要准备期。所以，在中学这一阶段，学生不仅需要增加知识储备，还需要培养人格、塑造品行和培育公共精神。由于"培养人格、塑造品行和培育公共精神"相对于"增加知识储备"具有隐性的特征，所以常常被学生所忽视，而课程思政正好可以通过其隐性的思想政治教育功能，来解决这个问题。育人是课程思政的价值本源，课程思政促进了学校意识形态工作的有效开展，推动了学校育人模式创新，

---

① 陈会方、秦桂秀：《"课程思政"与"思政课程"同向同行的理论与实践》，《中国高等教育》2019 年第 9 期。

进而实现了各类课程与思政课的同向同行。课程思政是一种立足我国本土教育实践来进行通识教育改革的教育教学理念，是对课程育人价值的中国化诠释。它能促使学校深刻反思通识教育的价值取向，使通识教育真正成为育人的重要载体。

（3）两者相互推动

课程思政与思政课程相互推动。一是功能互补。思政课程的教学内容主要是马克思主义理论教育，是全面贯彻党的教育方针的核心课程；课程思政的开展，则更加凸显价值塑造和精神引领。二是方式互补。思政课程侧重于理论知识的系统性，课程思政则侧重于潜隐性和融合性，更加注重专业知识和思政元素的巧妙结合。三是内容互补。思政课程具有鲜明的政治性和中国特色，而课程思政的融入使课程内容更加丰富，专业更加明显，能够为学生的思想政治教育提供更广泛的内容。从思想政治教育所要达到的效果来看，思想政治教育所要达到的是立德树人的育人效果，这种育人效果需要思政课程与课程思政同时发力、同向发力，方能达成。

二　地理课程思政

（一）概念界定

地理课程思政就是在地理课堂教学的过程中，把思想政治教育渗透在地理知识传授的每一个环节，寓思政于地理课程中，形成协同效应，注重环境观、世界观、人口观、资源观、科学发展观、人地和谐观的价值引领，从而用正确的思政观念培养学生，使学生拥有正确的思想意识与规范的言行举止。

（二）主要内容

1. 地理课程思政的重点是融入思政理念

基于课程思政理念的释义，地理课程思政是地理教育者从辩证唯物主义基本观点出发，挖掘地理知识中蕴含的思政育人资源，遵循地理学人地关系等理念、德育教学原则，对学生进行价值引领的教育实践活动。在地理教学过程中，要注重地理知识传授与价值引导的结合，充分挖掘地理教材、地理活动中的地理思政课程资源，潜移默化地影响学生的思想政治认识，以使其形成科学的人生观、世界观和价值观。实际上地理课程本身就蕴含思政元素，只是在实施课程思政之前，教师发挥的是地理课程的地理知识传授功能，而没有深入挖掘地理课程隐含的利于价值引导的元素。挖掘中学地理课程中的思政元素，对学生进行思想政治教育，相比于专门的思政课程来说，更有利于激发学生的学习兴趣，提高学生的参与性，从而在潜移默化中影响学生的价值观念。因此，地理课程思政具有内隐性和渗透性的特点。但地理课程思政的内隐性特点，也在一定程度上增加了教师挖掘思政元素的难度，这需要地理教师本身具有较高的政治觉悟和人文素养。

地理课程思政建设不是简单的"课程＋思政"，它是将地理课程中蕴含的有关国家建设、国际视野等的思政元素提炼，通过地理知识理论与思政育人原则的融合，将地理知识与思政元素有效结合的育人方式。地理课堂在讲授地理知识的同时，剖析思政元素，有助于提升学生对地理知识的理解力。

2. 地理课程思政的目标是落实立德树人任务

地理课程思政的建设是落实立德树人任务，体现中学地理课程育人价值的途径。而地理思政元素是地理课程思政的价值指向，也是地理课程思政育人目标的落脚点；地理学基本原理与德育教学原则的融合，是地理课程思政建设应把握的基本教学原理，也是学生吸收育人理念的重要途径。因此，挖掘什么样的思政元素、遵循什么样的教学原则，就成为地理课程思政建设成效的关键所在。

地理课程思政基本内容是指地理学科课程承载着思想政治教育，将品德教育与地理科目结合，在地理课程基础知识讲授中开展品德教学。从事地理科目教学的教育者，在授课过程中以及在设计教学目标时，应将地理科目蕴含的思政要素，融入目标设计及课堂教学中。

3. 地理课程思政的关键是立足科目本身

地理学是研究人地关系、强调人类与自然环境相协调的一门学科，因

此特别强调人类活动与自然环境的关系。其中涉及自然理念、人文思想等，如资源观、环境观、发展观和人地协调观等，这些内容涉及广泛、延展性强、综合且复杂。

地理学科具有区域性、综合性和政治性的特性，地理学科的特性决定了地理教学内容中蕴含丰富的思政元素。地理学科的核心素养中有人地协调观，符合课程思政建设的方向。地理教学内容中渗透着政治思想。例如，国家版图的教育是开展爱国主义教育的重要时机，有利于加深学生对祖国的认识。

第二节 主要内容

教育是国之大计，民生之基，教育的根本问题是育人。而思政课程和课程思政彰显了新时代中国特色社会主义育人工作的优势。正确把握二者在政治思想、价值取向、育人方向上的一致性的"同向"价值内蕴，落实好显与隐相得益彰、轴心引领与合作共赢的"同行"实践，是有效解决课程教育和思政教育"两张皮"问题的有效武器。[①]

一 基本原则

中学地理与课程思政相结合，是贯彻落实新时代教育方针的实际举措，也是深化学校教学改革的重要任务。推动思想政治理论课改革创新，迫切需要把思政课程与课程思政结合起来，与日常教育管理贯通起来，把红旗插到教学前沿科研一线，刻在教育者和受教育者的心坎上。思想政治教育涉及的领域越来越多、涵盖的范围越来越广，迫切需要教育工作者适应社会环境和时代条件的变化，转变思想观念，更新教育理念，保持思想的敏锐性和开放性，推动思想政治理论课改革创新。推进思政课程与课程思政有机结合，就要在理直气壮讲好思政课的同时，将思政元素向专业课渗透，

---

① 张正玉、张艳艳：《对"课程思政"与"思政课程"同向同行的理论解析》，《才智》2022年第 8 期。

使专业课不仅有专业内容，还有温度和情怀，既形成惊涛拍岸的声势，也具有润物无声的效果。①

（一）找准方向，同向同行

确保课程思政建设的正确方向，就是要确保课程思政与中学地理课程同向发力，不消减、削弱思政课程。"同向同行"是习近平总书记针对课堂教学发挥育人主渠道作用提出的，包括两个方面，一是同向，二是同行。② 前者是后者的前提，后者是前者的目的，前者为后者创造条件，经由后者实现各课程之间的协同育人效应。要推动课程思政与中学地理课程同向，就要解决政治方向的一致性问题、育人方向的一致性问题、文化认同的统一性问题。

解决政治方向的一致性问题，就是确保中学地理课程的政治方向正确。中学地理课程要讲政治、顾大局，与课程思政政治同向，不抵牾、不拆台，将正确的国家观教育、政治观教育渗透于课堂教学之中，培养学生的政治认同。解决育人方向的一致性问题，就是确保中学地理课程的育人方向正确，解决好"为谁培养人、培养什么样的人"这一根本问题，与思政课程一起将自信传递给学生，引导学生增强中国特色社会主义道路自信、理论自信、制度自信、文化自信。解决文化认同的统一性问题，主要是确保中学地理课程传导、渗透社会主义核心价值观，与思政课程在价值观教育上保持同向，在学生文化认同、价值观认同上保持一致性。

学校是党领导下的学校，是中国特色社会主义学校，推动课程思政与中学地理课程同向，归根结底是要扎实办好中国特色社会主义学校。判断课程思政与中学地理课程是否同向，关键是要看中学地理课程是否坚持以马克思主义为指导，是否弘扬社会主义核心价值观，是否为学校和谐稳定注入正能量。

---

① 张鲲：《高校"课程思政"的时代命题与建设路向》，《北方民族大学学报》（哲学社会科学版）2019 年第 2 期。

② 邱仁富：《"课程思政"与"思政课程"同向同行的理论阐释》，《思想教育研究》2018 年第 4 期。

（二）系统谋划，统筹兼顾

所谓系统，就是按照"教育是一个系统工程"的思想，把地理课程思政建设当作一个系统工程，注意地理课程思政建设的整体性、相关性、目的性与动态性。地理课程思政建设的整体性，就是处理好整体与局部的关系，以整体协调局部、局部服从整体，实现地理课程思政建设整体最优。地理课程思政建设的相关性，就是处理好地理课程思政建设中客观存在的各种关系，考虑其相互联系、相互作用、相互影响。地理课程思政建设的目的性，就是从地理课程思政功能发挥的角度，分析其功能实现的现实性与可能性。地理课程思政建设的动态性，就是以动态、发展的眼光看课程思政建设，注意课程思政建议各个阶段侧重点的转移和流变。

贯彻系统性原则，一是要坚持系统谋划、整体思考，全面规划建设方案，将中学地理课程的积极性和潜力发挥出来，使之服务于整体方案，以实现整体综合最优。二是要处理好课程思政与中学地理课程的关系、课程思政与思政课程的关系，使之协调运作、密切配合。三是要着力研究课程思政建设不同阶段的具体目标，使各目标有机链接、无缝对接、有序实现，不超越阶段，不做无用功。四是要遵循中学教育规律、人才培养规律、思想政治教育规律，将阶段性要求和总体性目标相结合，根据不同教育阶段的具体情况，适时完善建设方案，及时修正建设目标。

（三）求真求实，润物无声

所谓求真求实，就是坚持一切从实际出发，根据本地区、本学校、本部门以及地理授课教师的具体情况，确定建设方案，做到因地制宜、因校制宜、因课制宜、因人制宜，不千篇一律、千人一面，灵活、机动、有效地推动课程思政建设。因地制宜，就是根据当地独特地理教育资源确定建设方案；因校制宜，就是根据学校地理教育资源确定建设方案；因课制宜，就是根据具体地理课程的背景资源确定建设方案；因人制宜，就是根据不同任课教师个人特质、不同学生实际情况确定建设方案。

贯彻求真求实的原则，要综合考虑各种现实因素，充分挖掘各种地理教育资源，以形成符合本校实际的建设方案。从各种现有方案或模式中，找到最适合自身状况的方案或模式。有的学校在进行课程思政建设时，由于没有考虑或考虑自身条件不够，盲目模仿别的学校的做法，不但没有达到课程思政建设的应然效果，反而使地理课的教学效果大打折扣。

在中学地理课中进行思政教育，与直接的思政课有所不同，需要教师在教授地理专业知识的同时，在课程中贯穿思政课的相关知识，让学生在不知不觉中受到感染与熏陶。这就要求教师有很高的学术造诣，同时还要有语言艺术，真正做到润物细无声。

二　主要特点

（一）预设性与生成性统一

课程思政在目标确立上，是预设性与生成性的统一。所谓预设性，是指在开发地理课程时，要根据思政教育要求及地理课程特点，确定地理课程思政教育目标。目标的确立，既为地理课程思政教育内容选择提供了依据，也为地理课程教学与评价提供了指南。所谓生成性，是指地理课程的思政教育目标不可能在开发时全面、具体地确定下来，因为实际课程教学过程中的环境、教师、对象、条件等都是变化的，每位中学地理教师都应根据教学过程中的具体情况，将思政教育目标灵活、艺术地融入地理教学过程中，即课程思政的教育目标和具体内容，需要在实际地理教学过程中生成。这反映了事物的运动变化特性和教育情境的多样性。课程思政预设性与生成性的统一带来的启示如下：第一，教师要重视课程思政教育目标的确立，并将此落实到课程开发与实施的全过程，同时不能将课程思政教育目标僵化、固化；第二，教师在地理课程教学过程中，要重视新的课程思政教育目标的生成与实现；第三，课程思政预设性和生成性的统一对地理教师的思政教育素养提出了挑战。

（二）独立性与依赖性统一

课程思政在存在形式上，是独立性与依赖性的统一。独立性是对课程思政教育目标设立而言的，地理课程可以明确自身思政教育目标。但从内容来看，课程思政不具有独立性，而是依存于地理课程本身的教学内容与

教学过程，从这个意义上来说，课程思政具有依赖性。独立性与依赖性统一于每门课程的开发与实施的全过程，可以用一个比喻进行说明，课程思政教育目标像盐，中学地理课教学内容像水，将盐溶入水的过程，就是课程思政教育开展的过程，这时已经看不到盐的存在，但具体教学内容这个水中，已经有了思政的咸味。

（三）时代性与历史性统一

课程思政在内容选择上，是时代性与历史性的统一。思政教育的时代性比较容易理解，因为思政教育在主要内容上体现了社会总体发展的历史进程，它不可能脱离社会而独立存在。我国目前地理课程思政的主要内容，是宣传马克思主义和马克思主义中国化的最新成果，以及党的路线、方针、政策，引导学生确立正确的世界观、人生观、价值观。这是课程思政时代性最鲜明的体现，要求处理好理论和现实的关系，既要提高马克思主义理论水平，更要提升运用这些理论研究解决现实问题、开展课程思政教育的能力，做到与时俱进。所谓历史性，是指地理课上的思政教育内容，包括历史创造的并经受历史检验的优秀人类价值观成果，这些成果来自中华优秀传统文化的丰厚滋养，来自社会主义核心价值观的弘扬与践行，来自对人类优秀文明成果的吸收与借鉴。作为新时代的地理教师，要善于将其与中学地理课程紧密结合，使学生通过地理知识的学习，增强对中华文明的认同感。在地理课程教学中，要主动将社会主义核心价值观融入教学的全过程，转化为学生的情感认同和行为习惯，实现课程思政的时代性与历史性的统一。

三 基本内容

课程思政建设内容要紧紧围绕坚定学生理想信念，以爱党、爱国、爱社会主义、爱人民、爱集体为主线，围绕政治认同、家国情怀、文化素养、宪法法治意识、道德修养等重点，优化课程思政内容供给。[①] 当前，国内学

---

① 《教育部关于印发〈高等学校课程思政建设指导纲要〉的通知》，中国政府网，http://www.gov.cn/zhengce/zhengceku/2020 - 06/06/content_5517606. htm。

术界关于地理课程思政中德育功能和思政元素的梳理，主要集中于价值引领、品格塑造、行为规范、审美熏陶等方面，思政内容主要表现在爱国主义、民族主义、探索精神、环保意识等方面，尚没有形成系统的内容体系，但可从以下维度进行发掘与整合。

（一）政治认同

建构政治认同是地理课程思政教育的重要目标。在课程语境下，地理的政治价值可作为育人的思政元素进行整合，内容主要包括拥护党的领导、坚定理想信念、增强四个自信、认同核心价值观四个方面。拥护党的领导，要求在中学地理课程中，充分理解中国地理发展史也是一部党的百年奋斗史，充分认识新中国成立以来的地理上的辉煌成就，是在党的坚强领导下取得的，继续坚定新时代实现地理发展的建设目标，必须坚持党的领导的政治自觉。坚定理想信念，要求在中学地理课程中，加强马克思主义环境观教育，将地理中的探索精神转化为信仰的力量，进而坚定马克思主义信仰、共产主义远大理想和中国特色社会主义共同理想。增强四个自信，要求在中学地理课程中，做到讲好中国故事和用地理讲好中国故事的统一，在充分认识新中国地理发展的辉煌成就基础上，让学生增强对中国特色社会主义道路、理论、制度和文化的自信。认同核心价值观，要求在中学地理课程中，把地理教学内容与社会主义核心价值观联系起来，通过地理知识传授和技能练习，把社会主义核心价值观的内容植入每个学生的头脑中。

（二）国家意识

国家意识是人们在历史进程中形成的对国家的态度、情感、认知以及信念、习俗、价值认同的复合存在形式。[①] 地理课程思政中的国家意识，包括国家主权意识、爱国主义意识、民族团结意识、国家利益意识、国家形象意识、国家安全意识等方面。地理的国际主义特征，让地理成为全球通用语言，但这并不意味着地理可以超越主权国家。在地理课程中，要通过地理领域的正反案例，加强学生的国家主权意识教育，切实增强学生维护

---

① 〔美〕亚历山大·温特：《国际政治的社会理论》，秦亚青译，上海人民出版社，2000，第356页。

祖国统一和领土完整的决心。地理教学是爱国主义教育的重要途径，地理课程要充分发掘典型的地理人物、地理故事等中的爱国主义元素，强化对学生的爱国主义教育。地理在促进民族团结方面具有独特作用，可通过中学地理教学，加深学生对不同民族文化的理解，铸牢中华民族共同体意识。国家利益至上是国家间地理交流的重要原则，地理课程要讲深讲透中国人在世界上坚持国家利益至上、为国争光的精彩故事，让学生感受国家利益的重量。同时，当前地理领域的政治斗争和意识形态风险日益加剧，国家间的斗争越来越多地以地理形式存在或在地理领域中表现出来，要在地理课程中加强国家总体安全观教育，增强捍卫国家安全的政治意识和责任担当。

（三）社会责任

地理课程思政元素中的社会责任，主要体现在勇于探索意识、环境保护意识、团结协作意识等方面。地理蕴含着为了国家安全勇于探索、无私奉献的精神品质，要把探索精神作为地理课程教学的重要内容和价值导向，帮助学生树立探索意识，引导学生正确认识探索的重要性，培养其独立自主的意识。环境保护是地理的灵魂，也是地理课程的重要教学内容和地理活动的基本要求，要把环境保护意识通过地理课程外溢到学生处理社会关系之中。地理的前提和基础是环境保护，没有环境保护不能称之为"地理"，环境保护是地理的生命线，地理课程教学的重要职责就是让学生在环境保护之下开展活动，进而把地理中的道德规则转化为学生对社会规范、法律法规、纪律规矩的尊崇与遵守。地理实践活动促进学生团结的功能更加凸显，需要每个人的团结协作，有助于学生团结意识和团队意识的培养。实施地理实践活动，需要师生分工协作、相互配合、彼此支持。

（四）健全人格

地理教育是培养健全人格的重要途径，地理课程思政具有塑造意志品质、培养健康心态、涵育审美意识等功能。在塑造意志品质上，地理教学要把地理实践活动中勇于吃苦、坚韧不拔的意志，不断传递给学生。在培养健康心态上，地理教学可以发挥缓解焦虑抑郁、调节情绪状态、减轻心理压力、克服心理障碍、完善心理素质等多元功能，让学生学会正确对待环境，形成积极进取、情绪稳定的健康心态，增强抗压抗挫能力。在涵育审美意识上，地理具有其他课程无可比拟的优势，具有美育功能，在地理知识的学习中，学生可以饱览祖国雄伟壮丽的大好河山，地理课程教学要把对地理事物的欣赏作为重要内容，发挥地理陶冶情操、培养学生审美意识和审美能力的功能。

四 关键环节

（一）打造高素质的课程思政教师队伍

教师是落实铸魂育人的重要力量，是实施课程思政的关键，要按照政治强、情怀深、思维新、视野广、自律严、人格正的要求，切实提高地理课程教师的思想政治素养。2020 年 9 月 16 日至 18 日，习近平在湖南考察时指出，要把课堂教学和实践教学有机结合起来，充分运用丰富的历史文化资源，紧密联系中国共产党和中国人民的奋斗历程，深刻领悟马克思主义中国化的内在道理，深刻领悟为什么历史和人民选择了中国共产党和社会主义，进一步坚定"四个自信"。[①]

1. 提升课程思政意识和强化责任担当

对于课程教师而言，思想政治教育在其专业领域以外。有的教师可能知道思想政治教育，但不在意、不重视，从而导致思想政治教育在现实教学中出现"靠边站"的尴尬局面。因此，要加强教师的课程思政意识培育。学校应通过会议、讲座、宣讲等多种形式，及时组织教师学习党和国家的相关政策和重要会议精神，使教师形成对课程思政的基本认知，产生课程思政意识；同时，通过课程思政考核评价制度的改革，提高教师的课程思政意识。思想政治教育本质上是一项育人活动，不管是课程教师还是思政课教师，作为一名教师，其使命就是教书育人，所以思想政治教育本身就是教师的使命。课程教师不能将课程思政看成是额外的负担，其原先的教

---

① 《让思政课成为一门有温度的课——重温习近平总书记关于思政课建设的重要论述》，央广网，https://news.cnr.cn/native/gd/20220319/t20220319_525770659.shtml。

学活动，在本质上就是一种思想政治教育活动，通过传道授业解惑，他们既影响着学生的知识建构，也影响着学生的价值选择。教师只有明白这一本质关系后，才能真正建立起自己的课程思政意识，从而主动参与到课程思政的建设当中。

2. 提高思想政治教育理论素养

习近平总书记指出，办好思政课关键在教师。教育大计，教师为本。一支可信可敬可靠、乐为敢为有为的思政课教师队伍，是塑造学生品格、品行、品位的"大先生"，是思政课建设的关键所在。要充分发挥教师的积极性、主动性、创造性，培养和造就一大批讲大局、有情怀的思政课教师；要做好思政课教师队伍的源头建设，鼓励教学名师、劳动模范、先进个人等优秀群体到思政课堂上讲课。① 课程思政就是要将思想政治教育元素融入课程教学中，而思想政治教育元素是十分丰富的，包括理想信念、理论知识和价值理念等内容。课程教师在对这些内容有一定的了解之后，才能运用这些内容去影响学生。目前，国家为了提高高校思政课教师的教学能力，开展了"思想政治理论课骨干教师研修班"等培训。各学校也可以自主举办内部或内外合作的课程思政教师培训活动。学校要统筹规划、合理安排，创设品牌培训讲座，开展全校性、学院性、学科性、专业性等多层次、立体化的培训。同时，也要注意发挥思政课教师的带动引领作用，通过加强其与课程教师的交流沟通，帮助课程教师解决思想困惑，指导他们快速掌握思想政治教育最基本、最核心的内容，尤其是关于政治理论素养的内容，坚定正确的政治方向，从而有效提升课程教师的思想政治教育理论素养，使课程教师与思政课教师同向同行。

3. 提高思想政治教育能力素养

掌握思想政治教育理论相对容易，难的是如何在教学过程中切实将之运用起来，这就涉及思想政治教育能力素养的问题。第一，教师要提高知识传授与价值引导结合的能力。虽然教育本身是要实现教书与育人的统一，

---

① 《【每日一习话】推动思政课建设内涵式发展》，央广网，http://news.cnr.cn/dj/20220318/t20220318_525769360.shtml。

但是在现实中随着学科专业的细化，教书与育人似乎也逐渐被割裂，教书成为一般课程的任务，育人则成了德育类课程的任务，知识性与价值性被割裂。思政课也存在这样的问题，但是相对其他课程来说，情况可能稍微好一些，因为思政课本身就是知识性与价值性的统一，尤其强调价值性。所以，课程教师可以适当去听一些思政课，学习、研究和借鉴思政课教师，是如何在知识传授过程中进行价值引导的。第二，教师要提高辨别、批判、抵制错误思潮和不良言论的能力。教师应该相信自己在思想政治教育过程中所获得的理论和价值，面对历史虚无主义、去意识形态化等思潮对课堂的侵蚀，要及时、坚决地予以揭露、批判和抵制。第三，教师要提高发现学生思想动态、与学生沟通的能力。教师要加强与学生之间，除学业之外思想、情感和生活等方面的交流，把握学生的思想动态，及时发现学生生活中存在的问题和困难，并予以解决。既做学生学术的引路人，也做学生生活的知心人、热心人。

（二）提高学生的思政政治素养

学生是实施课程思政的主体，教育的最终目标是培育新时代青年。习近平总书记指出，青少年阶段是人生的"拔节孕穗期"，这一时期心智逐渐健全，思维进入最活跃状态，最需要精心引导和栽培。①

1. 提高课程思政思维能力

在提高教师对课程思政重视程度的同时，要加强学生对课程思政的关注。在地理教学中发挥课程思政的功效，不仅需要教师的引导，学生主动认识接受思政教育也是必要的。缺少社会实践的思想政治教育，不能使学生产生较深的感触，容易导致学生掌握了知识却没有实践能力。在教学实践中，应发挥学生的主体作用，使他们积极行动起来，在教师的引导下自主发现问题，主动运用发散思维与应用地理知识来分析问题并解决问题，主动实现知识的意义建构。教师在教学中需要做好组织和引导工作，适时对学生的思想道德进行引导教育；要给学生时间去独立思考、自己感受，

---

① 《青年大学习·大思政课｜从总书记三年前这番话中，读懂思政课为何"C位"进课堂》，中青在线，http://news.cyol.com/gb/articles/2022-03/19/content_OYmJxSWyK.html。

为学生发挥其主观能动性提供支持，以促进他们的综合性思维与实践能力稳步提升；要将理论教育与社会实践相结合，将科学文化知识与学生生活中的人事物联系起来，使学生感到教育活动与其密切相关，使学生在思政教育中，感知思想道德内化后的触动；同时应注重培养学生的独立思考能力，这样他们才有实力在课堂教学中发现并解决问题。在地理课程中渗透思政教育的时候，教师要积极为学生创造宽松和谐的学习环境，活跃课堂气氛，缓解学生的思想压力，从而让他们能够放下思想包袱畅所欲言；另外，要鼓励学生积极提出疑问，并引导他们自主思考，这样能够使教学内容更扎实地落在学生的头脑之中，提升学生对思政内容的思考力，提高学生的思维能力，实现地理课程的育人功能。

2. 拓宽课程思政认识渠道

大部分学生对课程思政概念的认识比较模糊，对地理课程思政元素的认识与理解还比较浅显，学生通过义务阶段的教育，已经拥有比较浓郁的家国情怀，但是在道德修养、哲学思维、生态教育、全球视野、审美素养等方面仍存不足，思想道德水平有待进一步提升。

解决学生思政概念认识不清问题的措施有以下几个。首先，学生可通过课外读物、期刊拓宽了解课程思政的渠道。如《中学地理教学参考》《地理教育》《地理教学》等中学地理期刊，里面收录了有关中学地理课程思政的相关概念界定和实践研究，学生可从中充分认识融入式、渗入式的课程思政协同效应。其次，学生可通过公众号进一步了解课程思政，其中涉及的教师课程思政教学设计案例，以及思政入课程的相关方法探索，都可为学生了解课程思政提供借鉴。最后，学生可通过聆听教师的课程思政课，体会课程思政教学效果，学习和了解最新课程思政动态。

（三）健全学校思想政治教育体系

课程思政的建设有赖于完整的思想政治教育体系，主要包括课程体系、方法体系和教学体系等方面。值得注意的是，这种体系建设不应该局限于某一学校范围之内，应该从战略高度建构起大中小学一体化的体系。

1. 完善思想政治教育课程体系

学校的课程一般可以划分为专业教育课程、综合素养课程和思想政治理论课。要充分挖掘专业教育课程和综合素养课程中所蕴含的思想政治教育元素，建构起以思想政治理论课为核心的、完整的思想政治教育课程体系。第一，科学合理、实事求是地挖掘课程中所蕴含的思想政治教育元素。哲学社会科学课程的思想政治教育元素相对比较丰富，而自然科学课程的思想政治教育元素则相对较少，有的甚至很难找到，所以教师在挖掘的时候一定要实事求是，不能为了开展课程思政，而盲目甚至虚假创造思想政治教育元素。第二，按照课程分门别类地设计完整的课程体系。要根据课程的性质及课程教师的现实能力，设定相应的思想政治教育重点和目标。如借鉴上海市委所提出的高校思想政治理论教育课程建设方案，在三大类课程之下又将之划分为四个具体的课程类别，即思想政治理论课、通识教育公共基础课、哲学社会学课程和自然科学课程，分别发挥这些课程的引领、浸润、深化和拓展作用。在此基础上，可将其进一步细化到具体的学科甚至课程的方案建设上。

2. 完善思想政治教育方法体系

一是坚持以学生真学真懂真用为归宿，实现从"以教为中心"到"以学为中心"的转变。课程思政要针对学生的思想实际及学生所关心的问题，去深度关注学生的个性特点，实现个性化"滴灌"与总体性"漫灌"相结合。充分采用学生喜闻乐见的话语方式和教学方式，提升课程质量，满足一般意义上的知识传授和理论阐释的规范严谨，增强思想教育的生动性和感染力。二是构建各类专业课程体系新范式，实现课程由课堂内向课堂外的延伸。凸显课程思政整合第一课堂与第二课堂的特征和独特优势，为思想政治理论课与各类课程的深度整合提供资源和平台。将学术氛围、师生关系、校风学风、校园文化等要素，作为重要的教学资源整合进课程思政。三是鼓励教师在言传身教中落实立德树人任务，实现师生之间交流与沟通渠道的畅通。不同学科专业的教师，研究领域、讲授内容、教学方法各有不同，但育人的目标是一致的，要把教书与育人、言传与身教统一起来。教师应当通过课堂互动、课后答疑、小组讨论、网上交流、教学反馈、学业指导等方法，加强与学生的对话、交流和沟通，用好课堂讲坛、用好校

园阵地，增强学生的价值判断能力、价值选择能力、价值塑造能力，引领学生健康成长。

3. 完善思想政治教育教学体系

各教学单位和部门要围绕课程思政所要求的价值塑造、能力培养、知识传授三位一体的教学目标，为课程思政的建设提供相应的教学管理和教学服务条件。一方面，做好课程思政的教学管理工作。相关教学单位和部门要充分发挥好计划、组织、协调、控制、评价和监督等管理职能，建立一套完整的教学管理体系，健全课堂教学管理办法，完善课程设置管理和课程标准审核制度，优化教师培训和教学评价制度，落实领导和教学督导听课制度等，推动课程思政建设活动的开展。另一方面，做好课程思政的教学服务工作，包括硬件服务和软件服务。后勤部门尤其是教学设施管理部门，要做好教学场所多媒体设备的维护维修工作；网络通信部门要加强校园网络化和信息化建设，保证校园网高速通畅运行，为教学提供优质的网络服务；等等。学校要在教学管理和服务体系中，强化思想政治理论课显性教育功能，发挥综合素养课程和专业课程潜在的思想政治教育功能，实现全员育人、全过程育人和全方位育人。

（四）创造充满课程思政氛围的课堂

课堂是实施课程思政的主阵地，课程性质不一样，开展课程思政的方式方法也不一样。在某种程度上，课程教师可适时化隐性教育为显性教育，传输正确的价值观。

1. 开发显性思政教育资源

显性课程是以直接的、明显的方式呈现的课程。[①] 地理教材是为中学地理课程思政提供思政素材的重要资源，但需要注意的是，由于教材编写时间和出版时间的间隔较长以及更新频率较低等，教材中有些教学案例落后于时代的发展，而中学地理课程思政要求学生具有全球视野和国际眼光，所以在教学中，应将最新的国家方针政策和世界变化，融入地理课程思政中，其范围不仅包括人文地理和区域发展，还包括自然地理，如在学习自

---

① 陈澄主编《新编地理教学论》，华东师范大学出版社，2007，第25页。

然灾害时，可以以近期发生的自然灾害作为案例，进行讲解，使学生更有参与感。为培养学生用发展的眼光看世界，教师需要灵活处理教材内容，对教材中的一些活动或案例进行更新，在实践中落实教师要用"教材教"而不是"教教材"的教学要求。自然地理中涉及较多的地理原理和地理过程，可利用其提升学生的思政素养。如在学习月相的变化规律时，需要学生有较强的逻辑思维能力，教师可利用地理教具，运用演示法对不同时间的地球、月球和太阳之间的位置关系进行分析，同时观察月相在不同位置所呈现的状态，使学生可以更加直观地感受月相变化规律；将月相与古代诗歌结合，使学生感受地理的有序美，提升学生的审美情趣思政素养。在学习晨昏线的相关知识时，教师可运用晨昏线变化的地理教具，明确晨昏线的变化规律及其给地球带来的影响，帮助学生树立科学意识，提高其解决问题和思考问题的能力。

2. 利用隐性思政教育资源

隐性教学资源通常是以内隐的、间接的方式呈现。教师应充分利用教学环境这一隐性的教学资源，遵循地理课程思政的全面性原则，潜移默化地渗透地理思政教学。首先，在教室建立地理园地、地理图书角，运用准确的地图强化学生的领土意识和区域意识，培养学生的家国情怀。扩充地理图书、期刊、报纸范围，拓宽学生地缘政治的地理视角。其次，巧妙运用校园隐性地理环境资源，如植被、土壤、板报、地理学家名人走廊等，渗透科学精神、探索精神等思政元素。最后，教师还可利用本地工业园区、农业生产基地等校外地理资源，带领学生实地参观，增强学生地理实践力。课标对人文地理中农业、工业、服务业区位因素等相关内容的要求是结合实例，说明影响其发展的因素、其发展特点以及其和地理环境之间的关系。此时可收集所在地区的产业发展政策、地方政策，了解所在地区独特的自然环境特点，整合乡土地理资源融入地理课程思政教学中，引导学生形成建设家乡、感受家乡自然之美的家国情怀和审美情趣。

第三节　理论基础

　　中学阶段是一个人学习文化知识的初始教育阶段，也是塑造个人道德人格的重要阶段，所以在此时期加强思想政治教育，符合时代发展的需要，能够促进全社会构建起系统规范的育人格局，实现传授知识和价值引领的有机融合。国家始终高度关注思政教育，并要求利用好课堂教学主阵地。中学地理课程思政教学实践应以相关理论为遵循。

一　人本主义理论

（一）主要内容

1. 有意义的学习观

　　罗杰斯提出的学习观主要表现为有意义学习和无意义学习两种方式。[①]无意义学习是一种"在颈部以上发生的学习"，因为其很大一部分内容只涉及心智，而不涉及感情或个人意义，学习吃力且容易遗忘，不利于学生自我发展。有意义学习不仅是知识的学习，还是一种与每个人各部分经验融合的学习，是会使学习者自身的行为、态度、个性以及在未来选择行动方针时发生重大变化的学习，能够使个体全身心投入学习中去。这种学习方式能够帮助学生利用自我意识的发展，满足自我实现的需求。实现有意义学习，必须满足的基本条件是在以学生为中心的基础上，通过帮助学生察觉学习内容与自我的关系，营造轻松和谐的学习氛围，以做中学的方式，促进学生体验现实问题。有意义学习包含四个要素：①学习是全身心投入的过程，认知和情感要在学习中得到结合；②学生的学习动力来源于内在需求，来源于自我满足的实现；③学习过程是潜移默化的，学生的行为、态度、个性等在学习中都能得到改变；④学生是评价的主体，学生根据自己的目标，审视自己学习的成果。

---

　　① 　张琛：《基于罗杰斯人本主义理论的高中思想政治教学设计研究》，硕士学位论文，山东师范大学，2017。

2. 非指导性的教学观

在批判传统以教师为中心的教学观时，罗杰斯提出"以学生为中心"的教学观，即在教学中应以学生为第一位，满足学生的情感需要，实现学生的自我发展，重视和尊重学生。而这种教学观的实现主要基于"非指导性教学"的教学方法，即采用暗示、非命令的引导，教师主要是为学生提供学习资料，激发学生的求知欲、胜任力等内在需求，为学生营造轻松、愉快的学习氛围，学生主动追求知情统一、自我价值。[①] 这种教学观，有效地避开了传统教师观中教师教、学生学的弊端，摆脱了以教师为主导的教学过程，充分调动了学生的积极性，培养学生学习的兴趣，提升了教学效果。

3. 实际问题的课程观

罗杰斯的课程观又称人性中心课程观，它肯定人的情绪、情感的重要性，坚持课程应该追求"完整的人"，主张开发学生潜能，促进学生的自我实现。以人性为中心的课程设置，更多关注学生的情感部分，以促进学生的情感发展。为此，罗杰斯提出综合课程，主张学术性课程和情感课程统一，以求学生整体和谐发展。其中，更加重视的是情感课程的设置，以知识因素推动情感因素的发展，关注学生的内心需要，满足学生的情感需求，做到认知教育与情感教育相结合，并推动情感教育进一步发展，以实现心智和情感的共同发展。课程内容方面，罗杰斯认为学校课程要遵循适切性原则，同青少年的生活与现实的社会问题联系在一起。学生是社会上存在的独立个体，有自我价值实现的需求，当学生认识到课程内容与现实生活、社会实际关系密切时，自然就会调动自身的潜在动力，克服困难，高效率地完成学习任务，实现认知与情感的和谐发展，达到自我实现。

4. 移情性的师生观

为了打破传统的教学模式，推翻以教师为主体、学生为客体的教学管理方式，改变学生与教师之间的关系，帮助学生自由发展，罗杰斯依据非

---

① 陈春禹：《基于罗杰斯人本主义思想的高中思想政治教学应用研究》，硕士学位论文，贵州师范大学，2017。

指导疗法、当事人中心疗法，提出良好的师生关系是教学发展的关键。师生关系应该犹如音叉，应声而共鸣。首先，教师应真实地表现自己，让学生意识到教师是真的想要促进学生的发展。其次，教师应积极表达真实的情感，教师的情感流露，可以给学生传达出教师真诚的关心。教师应该无条件接纳每个学生，要珍视学生的学习兴趣，肯定学生的学习优势，相信每个学生都有实现自我价值的可能，接受学生的一切。移情性师生观还强调教师对学生的同情式理解，即教师从学生的角度出发，设身处地为学生着想，其目的就是解开学生的精神束缚，让学生体验到学习的乐趣，在相对宽松的环境之中发展自我。罗杰斯认为，"教师"的作用主要体现在以下方面：创设真诚、温暖、信任的课堂心理气氛，鼓励学生表现真实自我，让学生认清自己的价值，进而发掘自己的潜能；为学生提供丰富的学习资源，供学生自由使用；鼓励学生独立思考，帮助学生厘清自己想解决的问题和想做的事情。[①]

5. 独立自主的评价观

罗杰斯提出换位评价，鼓励学生进行个体内差异性评价。学习是一个长期的过程，学生身在其中，应重视自我目标的设定，进行自主评价。自主评价是由学习者对自己的学习做出评价，自己确定评分标准，看自己的行为是否达到预定目标的一种评价方式。罗杰斯认为，学习是学生个人的事，学生的学习目标、学习内容、学习方法都是自己选择和制定的，只有自己最清楚自己学得怎么样，是否达到了目标，只有学生自己才能做出最恰当的评价。他说："学习不仅仅为了得到一个分数，没有人能衡量我到底学会了多少，这只有自己才知道。我相信自己对学习的看法，已经从分数为中心转变为个人需要为中心了。"[②] 自己设定的目标，通常是根据自己的实际设定的，动力性较强，学习中容易获得成就感和自信心。

---

① 杨延昌：《基于人本主义心理学的有效教学策略研究》，硕士学位论文，四川师范大学，2010。
② 〔美〕卡尔·罗杰斯、杰罗姆·福雷伯格：《自由学习》，伍新春、管琳、贾容芳译，北京师范大学出版社，2006，第251页。

（二）指导意义

1. 培养学生的学习兴趣

人本主义强调爱、创造性、自我实现、自主性、责任心等心理品质和人格特征的培育，对现代地理教育产生了深刻的影响。马斯洛作为人本主义心理学的创始人，充分肯定人的尊严和价值，积极倡导人的潜能的实现。另一位重要代表人物罗杰斯，同样强调人的自我实现、情感与主体性接纳。人本主义教学思想不仅关注教学中认知的发展，更关注教学中学生情感、兴趣、动机的发展规律。

2. 营造良好的学习氛围

对于良好学习氛围的营造，要做到以下几点：①教师首先要有安全感，信任所有学生，做到真正的从容不迫，这样才能在教学中给予学生最大的自主权；②教师制定学习资料，它可以来自书籍，来自教师或者学生自身经验，来自社会；③学生自主形成学习计划，学生可以自己，也可以与伙伴一起，寻找感兴趣的内容，以此为中心展开学习；④营造一种学习氛围，通过教师的示范影响，逐渐由学生扩展开来，在同学间、班级中相互传播形成理想的班级气氛；⑤重视学习结果更重视学习过程，学习的收获不是完成学习任务，而是学会学习方法。[①]

3. 设置真实的问题情境

"以真实问题"为主的课程活动，应该重视情境的设置，以适当的活动完成教学内容的情境化、生活化以及活动化，引起学生的情感共鸣，使学生关注生活、关心身边的人和事。学校应重视活动型课程的设计，激发课堂活力。思想政治课作为意识形态传播的重要基地，具有独特的德育性，旨在帮助学生树立正确的三观，形成良好的个人品质，提升学生的思想道德修养和科学文化修养。

4. 构建和谐的师生关系

随着教育改革的不断深入，新课标要求将培养地理核心素养作为中学

[①]　陈春禹：《基于罗杰斯人本主义思想的高中思想政治教学应用研究》，硕士学位论文，贵州师范大学，2017。

地理教育目标，地理核心素养更关注学生的全面发展，这要求中学地理课堂教学管理也进行相应的改革。目前中学地理课堂教学管理存在教学环境单一、管理模式陈旧、管理效果有限等问题，其原因在于地理课堂教学管理理念滞后、课堂教学管理制度与策略僵化、学校对地理课堂教学管理不够重视、学生自我管理意识较低、学生缺乏对地理学习的热情、社会中应试教育观念的不断渗透等。针对这些问题与原因，不难看出在进行教学时要注重师生关系的培养，建立一个良好的师生关系，是解决这些问题的关键。人本主义关注学生主体地位的实现与综合素质的培养，以使地理教育工作者认识到学生主体地位的重要性，从而促进中学地理课堂教学管理水平的提高。

5. 优化教学评价方式

除了提倡个体内差异性评价，教师在评价中还需要注意以下三点：①关注个体差异，评价标准多样化，充分调动学生的积极性和主动性；②注重过程性，以学生发展为依据，查漏补缺，帮助学生调控学习方向；③以全面发展为目标，基于学生的过去，突出学生的现在，更着眼于学生的未来。[①]中学地理教学引入人本主义理论，对于优化课堂教学环境、转变传统课堂教育管理理念、实施多向性教学、改革课堂教学管理模式、强化学生自我管理意识、提高学生自我管理水平、多元化评价课堂教学管理效果，具有极其重要的作用。

二 马克思主义人的本质理论

（一）主要内容

1844 年夏至 1845 年春，是马克思的科学世界观形成的关键时期，这期间马克思所写的《1844 年经济学哲学手稿》和《关于费尔巴哈的提纲》，以不可抑制的思想喷涌，见证了他的实践唯物主义世界观的形成过程。与此同时，马克思怀着一种紧迫感，把哲学革命的变革成果融入哲学的最高

---

① 张艺：《人本主义教育思想在高中思想政治课中的运用》，硕士学位论文，重庆师范大学，2014。

问题。一方面对费尔巴哈直观唯物主义的人的本质思想进行清算，另一方面在新的实践唯物主义基础上，阐发科学的人的本质观。从 1844 年夏到 1845 年春，马克思连续做出了人的本质的五重规定，从人类生产、生活和人的本性等各个层面，圈定了对人的本质的基本看法。2019 年 3 月 18 日，习近平在学校思想政治理论课教师座谈会上谈到，马克思主义是在实践中形成并不断发展的，要高度重视思政课的实践性，把思政小课堂同社会大课堂结合起来，在理论和实践的结合中，教育引导学生把人生抱负落实到脚踏实地的实际行动中来，把学习奋斗的具体目标同民族复兴的伟大目标结合起来，立鸿鹄志，做奋斗者。①

1. 人的本质是人自身

马克思在《〈黑格尔法哲学批判〉导言》中批判了宗教关于人的虚幻本质，马克思认为，人不是脱离尘世的存在物，人就生活在人的世界，人生活在国家、社会中。传统宗教把人的本质归结为上帝，因此其对人的本质的解释不具有真正的现实性，相反真正现实的人却被忽视。正因为如此，马克思在《〈黑格尔法哲学批判〉导言》中揭示了人是人的本质，这一重要概念的真正内涵，即人的根本就是人本身。他在《〈黑格尔法哲学批判〉导言》中再次强调，德国人解放的立足点就是承认人是人的最高本质这一学说。上述马克思关于人的本质的论述说明，人的本质不是宗教而是现实的人，他超越了德国哲学抽象的人，以及费尔巴哈丢掉人的社会本质而仅仅强调人的自然本质的观点，以人的"国家特质""社会本质"来说明人，把人从神的统治和奴役下解放出来，把人的本质还原给人，并认为只有做到"人是人的最高本质"，德国才能求得解放，这里马克思提倡了一种价值理念，即人的最高价值在于人本身。

2. 人的本质是人的需要

马克思在《詹姆斯·穆勒〈政治经济学原理〉一书摘要》中，多次提

---

① 《让思政课成为一门有温度的课——重温习近平总书记关于思政课建设的重要论述》，央广网，https://news.cnr.cn/native/gd/20220319/t20220319_525770659.shtml。

到人的本质就是人的需要。① "因为对某种物的需要最明显、最无可争辩地证明：这种物属于我的本质；物的为我的存在、对它的占有，就是我的本质的属性和特点。"② 在原始社会，没有私人财产，人也没有异化，这时人的"需要"自然表现为真正的人的本质，生产者生产的物品刚好满足他的需要，就是说需求和供给刚好相等，不存在剥削和奴役，这种需要虽然简单，却反映了原始状态下人与人、人与自然的平等关系，人的本质没有被物所奴役、控制。

3. 人的本质是自由的有意识的劳动

"无论是在西方还是中国，每当人的价值和尊严遭到践踏或者人的感性与理性将发生分裂时，就会兴起一股反对人性的片面化或异化的人文主义潮流。"③ 19世纪的资本主义国家就处于危害人的尊严的严重境况，作为多数的工人阶级，劳动过程异常艰苦，生活十分悲惨，马克思十分同情工人阶级的遭遇，提出真正的人应该是自由的而不是被迫的，自主的而不是被动的，能选择的而不是给定的，即"一个种的整体特性、种的类特性就在于生命活动的性质，而自由的有意识的活动恰恰就是人的类特性"④。生产性实践活动，是在有目的、有意识的人的支配下，使自然界发生有益于人的变化，使自然界按照人的愿望发生改变，在这一过程中，人确证了自己是主体性、创造性的存在物地位，形成了区别于其他物种的特有本质，即"实践的本质却在于实践过程中表现出来的主体的能动性、自觉性、选择性和创造性等品质。这些品质特性是人之为人、人的活动与动物的无意识本能性活动相互区别的根本标志所在"⑤。人本来应该在劳动过程中，按照自己的意志，自由快乐地展开实践活动，不幸的是大多数人是被迫进行劳动，

① 《张国安：马克思关于人的本质的四重含义》，马克思主义研究网，http://myy.cass.cn/mk-szyjbyl/201607/t20160702_3096276.shtml。

② 《马克思恩格斯全集》第42卷，人民出版社，1979，第26页。

③ 《张国安：马克思关于人的本质的四重含义》，马克思主义研究网，http://myy.cass.cn/mk-szyjbyl/201607/t20160702_3096276.shtml。

④ 《马克思恩格斯选集》第1卷，人民出版社，2012，第56页。

⑤ 《张国安：马克思关于人的本质的四重含义》，马克思主义研究网，http://myy.cass.cn/mk-szyjbyl/201607/t20160702_3096276.shtml。

工人阶级在劳动过程中丧失了主动性，成为机器的附件，劳动不是快乐而是痛苦的，生产不是为了自己、强大自身而是伤害自己、强大资本。资本家也脱离了劳动的自由本质，他们把金钱、利润当作生产性实践活动的唯一目的，为了实现这一目的，他们残酷地盘剥工人，甚至达到了敲骨吸髓的地步，资本家也被金钱控制了。资本家和工人的活动都发生了异化，他们都丧失了自由的活动，都成为被强制的对象，都偏离了生产、生活的目的，背离了人的本质。

4. 人的本质不是单个人所固有的抽象物

"人的本质，在其现实性上，是一切社会关系的总和"这一观点强调了人的本质的现实性、社会性和受制约性。社会关系是因人的交往行为而发生的，一个人自生下来（甚至尚未出生时）就被动或主动地参与了各种人的交往，并因此与社会发生联系。不论是生理上的成长，还是思想上的完善，都受到这些社会关系的影响，所以，某种程度上可以说是社会决定了一个人会是什么样。但是，历史上有学者一度把这种关联性理解为，人的一切都是环境决定的，这实际上犯了机械唯物主义的错误，忽略了人的主观能动性。所谓单个人所固有的抽象物，实际上是自以柏拉图的"理型论"为代表的古希腊哲学开始的客观唯心主义对人"本质"的解释。此类客观唯心哲学认为，人的本质是不依附于个体、社会甚至物质世界而存在的特殊形态，而现实中的人是这种形态变化、完善、物化（现象化）的产物。但是辩证唯物主义认为，客观唯心对人本质的这种解释，是基于形而上的假设，只是一种空有逻辑表征而实际并不存在的思想产物。所谓"人的本质是一切社会关系的总和"，实际上包含两个基本的哲学命题，一个是"人的本质属性是社会属性"，另一个是"处在同一世界中的各种事物相互联系"。前者从人与其他生物的根本区别来界定人的本质，而后者强调人实际上所参与的社会关系，要远远超过直观所能掌握的有限数量，即一个社会中的任意一种关系，都会对其中任意个体的人发生作用。

（二）指导意义

1. 地理教学要关注学生自身

发挥学生的主体作用，跟学生有良好的互动，了解学生是前提。但我国

的中学地理课程多为大班教学，在大班教学中，要充分了解每个学生，在课堂教学中几乎不可能完成。因此在课程开始之前，教师可以通过问卷调查的方式了解学生的相关信息和学习背景，了解学生对这门课程的认识、学生的学习方式、学生需要的帮助和支持、学生不愿学习的原因、学生思想上的困惑等。地理教师要不断更新思维、开阔视野，在教学过程中与时俱进、因材施教。有针对性地教学，是提升学生学习主动性的关键。

2. 地理教学要关注学生需要

课程思政的推进在目标取向上，同马克思主义关于人的全面发展的理论本质上是同向同行的，后者是课程思政建设的内在理论根基和根本价值目标。学生是有思想的主体，教育工作要正确认识教育主体与教育客体。教育的过程就是两者双向互动的过程，教育主体是有目的地施加教育影响的教育者，处于主导地位。教育客体则是指受教育影响的受教育者，是教育的对象。两者有着明显的区别，但是又不能把两者绝对划分开来。在中学地理课堂教学的实践活动中，教育者是主体，受教育者是客体。这就要求教育主体即地理教师充分了解教育客体即学生的需要，充分认识学生在地理学习中的困难，对症下药，以更好地教育学生。

3. 地理教学要关注学生主体

人的最有代表性的活动，最能体现人与动物区别的活动就是劳动。中学地理课要提升学生的课堂参与率，调动学生的积极性，发挥学生在教育过程中的主体作用，变"要我学"为"我要学"。因为人的本质特点，决定人不是被动地接受外界赋予的思想，人总是结合自己的实际，有选择性地吸收转化外界的思想。在教育的过程中，如果不能发挥学生的主体作用，就无法达成良好的教学效果。

4. 地理教学要注重培养家国情怀

人的本质不是单个人所固有的抽象物，就是指人所有的一切，都是与社会和国家紧密联系的，这说明地理课程作为中学必修课程的一部分，必然担负着实施课程思政的责任。而且，地理学科的学科属性也具有开展课程思政教育的优势。比如在学习祖国山川河流是如何演进时，可注意培养学生的家国情怀，激发学生热爱祖国大好河山的爱国情感。

三　建构主义学习理论

（一）主要内容

建构主义源自关于儿童认知发展的理论，由于个体的认知发展与学习过程密切相关，所以利用建构主义可以较好地说明人类学习过程的认知规律，即能较好地说明学习如何发生、意义如何建构、概念如何形成，以及理想的学习环境应包含哪些主要因素等。总之，在建构主义思想指导下，可以形成一套新的比较有效的认知学习理论，并在此基础上，形成较理想的建构主义学习环境。

1. 强调个体的主动性

建构主义的最早提出者可追溯至瑞士的皮亚杰。他是认知发展领域最有影响力的一位心理学家，他所创立的关于儿童认知发展的学派，被人们称为日内瓦学派。皮亚杰的理论充满唯物辩证法，坚持从内因和外因相互作用的角度，来研究儿童的认知发展。他认为，儿童是在与周围环境相互作用的过程中，逐步建构起关于外部世界的知识，从而使自身认知结构得到发展的。

儿童与周围环境的相互作用涉及两个基本过程："同化"与"顺应"。同化是指把外部环境中的有关信息吸收进来，并整合到儿童已有的认知结构中，即个体把外界刺激所提供的信息整合到自己原有认知结构中的过程。顺应是指外部环境发生变化，而原有认知结构无法同化新环境提供的信息时，所引起的儿童认知结构发生重组与改造的过程，即个体的认知结构因外部刺激的影响而发生改变的过程。可见，同化是认知结构数量的扩充，而顺应则是认知结构性质的改变。认知个体就是通过同化与顺应，来达到与周围环境的平衡：当儿童能用现有图式去同化新信息时，他处于一种平衡的认知状态；当现有图式不能同化新信息时，平衡即被破坏，而修改或创造新图式的过程，就是寻找新的平衡的过程。儿童的认知结构就是通过同化与顺应过程逐步建构起来，并在"平衡—不平衡—新的平衡"的循环

中得到丰富、提高和发展的。这就是皮亚杰关于建构主义的基本观点。

2. 强调文化背景的重要性

在皮亚杰的上述理论的基础上，柯尔伯格在认知结构的性质与认知结构的发展条件等方面，做了进一步的研究。斯腾伯格和卡茨等人则强调个体的主动性在建构认知结构过程中的关键作用，并对认知过程中如何发挥个体的主动性做了认真的探索。维果斯基创立的"文化历史发展理论"则强调认知过程中学习者所处社会文化背景的作用，在此基础上以维果斯基为首的维列鲁学派，深入地研究了"活动"和"社会交往"在人的高级心理机能发展中的重要作用。所有这些研究，都使建构主义理论得到进一步的丰富和完善，为其实际应用于教学过程创造了条件。

3. 强调主体对知识的主导性

首先，知识不是对现实的纯粹客观的反映，任何一种传载知识的符号系统，都不是绝对真实的表征。它只不过是人们对客观世界的一种解释、假设或假说，它不是问题的最终答案，它必将随着人们认识程度的提高，而不断变革、升华和改写，出现新的解释和假设。

其次，知识并不能绝对准确无误地概括世界的法则，提供对任何活动或问题解决都适用的方法。在具体的问题解决中，知识是不可能一用就准、一用就灵的，需要针对具体问题的情景，对原有知识进行再加工和再创造。

最后，知识不可能以实体的形式存在于个体之外，尽管语言赋予了知识一定的外在形式，并且获得了较为普遍的认同，但这并不意味着学习者对这种知识有同样的理解。真正的理解只能是由学习者基于自己的经验背景而建构起来的，取决于特定情况下的学习活动过程，否则就不叫理解，而是叫死记硬背或生吞活剥，是被动的复制式的学习。

4. 强调学习的主动建构

首先，学习不是由教师把知识简单地传递给学生，而是由学生自己建构知识的过程。学生不是简单被动地接收信息，而是主动地建构知识的意义，这种建构是无法由他人替代的。

其次，学习不是被动地接收信息刺激，而是主动地建构意义，是根据自己的经验背景，对外部信息进行主动选择、加工和处理，从而获得自己的意义。外部信息本身没有什么意义，意义是学习者通过新旧知识经验间的反复的、双向的相互作用而建构的。

最后，学习意义的获得，是每个学习者以自己原有的知识经验为基础，对新信息进行重新认识和编码，建构自己的理解。在这一过程中，学习者原有的知识经验，因为新知识经验的进入而发生调整和改变。

5. 强调尊重主体的已有知识经验

首先，建构主义强调，学习者并不是空着脑袋进入学习情境中的。在日常生活和以往各种形式的学习中，他们已经形成了有关的知识经验，他们对任何事情都有自己的看法。即使有些问题他们从来没有接触过，没有现成的经验可以借鉴，但是当问题呈现在他们面前时，他们还是会基于以往的经验，依靠他们的认知能力，形成对问题的解释，提出他们的假设

其次，教学不能无视学习者的已有知识经验，简单强硬地从外部对学习者实施知识的"填灌"，应当把学习者原有的知识经验作为新知识的生长点，引导学习者从原有的知识经验中，生长新的知识经验。教学不是知识的传递，而是知识的处理和转换。教师不只是知识的呈现者、知识权威的象征，教师应该重视学生自己对各种现象的理解，倾听他们的看法，思考他们这些想法的由来，并以此为据，引导学生丰富或调整自己的解释。

最后，教师与学生、学生与学生之间，需要共同针对某些问题进行探索，并在探索的过程中相互交流和质疑，了解彼此的想法。由于经验背景差异，学习者对问题的看法和理解，经常是千差万别的。其实，在学习共同体中，这些差异本身就是一种宝贵的现象资源。建构主义虽然非常重视个体的自我发展，但是也不否认外部引导，即教师的作用。

（二）指导意义

1. 注重学生的主体性

正是由于当代先进的信息技术成果对学习环境的支持，建构主义思想越来越容易与教师们的中学地理课堂教学实践结合。即使是偏远地区的中学地理教师，也开始尝试用建构主义学习理论改变自己的课堂教学方式。

只不过尽管教师将中学地理学习过程中一些难理解的、特别抽象的概念，利用多媒体展示给学生，但是效果未必能够令人满意。一方面，很多教师只是简单地利用新技术来展示教学内容，教学内容的表现形式依然是静态的、无声的；另一方面，学生习惯了以教师为主体的教学方式，以接收知识取代建构知识，以个体记忆取代合作活动，严重脱离实践，且学习的功利性过于明显。大多数中学教师对建构主义的应用还仅仅是流于表面。如何转变学生的学习方式和态度，以学生为本，尽可能发挥学生的主观能动性，并提高相关地理能力，以促进教学效率提高，已成为众多一线中学地理教师在教学实践中一个急需解决的问题。建构主义学习理论视野下的中学地理学习，将学生看作学习的主体，学习的过程不再是老师简单地根据自身对地理知识的理解，将自然地理知识传递给学生，而是根据学生的认知结构特点进行教学设计，再由学习者依据原有的概念和原理以及学习习惯，积极主动参与地理学习活动，完成复杂知识的意义建构。

2. 创造有利的教学场景

建构主义理论提出，教师或他人协助学习者在一定情境下，利用必要的学习资料，通过意义建构获取的素质与技能，就是知识。该理论强调学习情境、人际协作和意义建构的重要性。学习情境应当为学生意义建构提供服务，课堂中创建贴合社会生活的情境，能更好地实现理论与实践的结合。地理课程思政的实施需要科学真实的情境，影响学生已有的知识和经验。在教学过程中，教师应运用时事热点或生活实例，创建真实的学习情境，引导学生进行小组讨论或积极发言，阐述自己对问题的认知。教师应当对学生观念进行动态的调整，为学生自主发现与分析解决问题，提供引领支持，最终使学生形成主动建构知识的能力。该理论提出学习需要依赖学习者储备的知识经验，主动接收外部信息，进而构建自己的理解。思政教育可利用对学习者思想与道德观念潜移默化的影响，通过国家社会的价值引领和学校家庭的逐步渗透，使其最终形成自己的价值观念。

3. 加强学生对知识的理解

中学地理知识复杂而且综合性强，建构主义学习理论认为，教师应对各章节不同的知识以及知识之间的联系有比较清晰的认识，并将这种知识传递给学生，再结合不同的知识的特点，选择合适的教学模式进行教学设计，创设真实合理的情境，促进学生的学习。中学自然地理知识的学习，以概念和原理的学习为主，在理解这些不同的概念和原理时，也要求学生掌握相应的技能。同时，部分章节也探讨了自然地理环境与人的相互影响，要求学生在学习的过程中，能增强环境保护意识，能针对具体的环境问题献计献策，增强社会责任感，树立可持续发展观念。针对这些不同的学习对象，教师需要结合具体的学习对象特点，选择合适的教学模式实施教学。

4. 培养学生的主动建构能力

特定的情景，可使问题与学生的经验产生联系，"同化"与"顺应"新知识，改组或重建认知结构，是学生主动学习的启动环节。因此，教师在上课之前，可通过简洁的导语，创设一个与学生学习相关的特定情景，让学生进入一个特定的学习氛围，使问题与学生的经验产生联系，这是培养学生主动建构能力的第一步。教师可根据具体的教学内容，提出问题，问题由浅入深、由易到难排列，便于学生获得成功的体验，成功的体验又能激发学生学习探究的兴趣，反过来，这种兴趣又会激励学生去主动探索。兴趣可以使学生主动、津津有味地学习知识，学生能够很快地学会和巩固知识。所以，创设情景，激发学生学习的兴趣，是培养学生主动建构能力的重中之重。

5. 提升学生的已有经验

既然学生不是空着脑袋进入教室的，这就要求教师在备课上课的过程中，充分考虑学生的已有经验，所以建构主义学习理论视野下的中学地理教学倡导交往和对话。知识对不同的学生来说，可能会有不同的理解，尤其是中学地理知识中，有许多是虽然客观存在但是受知识本身和学生生活阅历的影响，很难被实际观察到，而且在不同的情境中出现的知识，可能会让学生产生完全不同的理解。在这种情况下，有必要设计开放的课堂，促进生生、师生间的对话和交流，鼓励学生自主或以协作的方式探索，让学生在与网络、同学和教师的交往和对话中，全面地理解复杂的地理知识。

四　赫尔巴特"教育性教学"思想

（一）主要内容

教育性教学是指以培养德行为最高目的的教学。源于古希腊苏格拉底知识与道德合一的观点。19世纪德国赫尔巴特首次提出这一术语，认为德行之形成主要取决于心灵获得何种观念，而观念的积累和发展要靠教学调节，并认为教学若不进行道德教育，则只是一种没有目的的手段，而道德教育若无教学，就是失去了手段的目的。赫尔巴特的"教育性教学"思想博大精深，本书只取其与课程思政有关的方面进行论述。

1. 思想范围理论

思想范围理论是赫尔巴特"教育性教学"思想的心理学依据。思想范围的形成是由兴趣上升为欲望，继而依靠行动上升为意志品质的过程。[①] 赫尔巴特把思想范围的形成，称作教育最本质的部分，是人的性格、意志品质的形成，是对人整个心灵的触动。由此来看，思想范围理论从心理学的角度阐释了"教育性教学"存在的合理性与必要性，并且指出了"教育性教学"的心理学过程，是起于兴趣，依靠行为，最终实现意志品质的形成。基于思想范围理论，课程思政体现了"教育性教学"的教育价值。教师通过课程激发学生兴趣，在意志品质塑造、价值引领等方面与学生同频共振，触动学生心灵，课程最终成为思想范围形成发展的有效载体。因此，课程思政的价值体现并非知识的传授，而是将理想信念教育、价值引领融入课程知识的教学中，即实现"思想范围"的形成，引领学生的思想和精神。

2. 课程教学与教育的融合

赫尔巴特"教育性教学"概念的提出揭示了教学在传授知识的同时，还具有德育功能。课程是教学的主要载体和手段，因此课程教学中知识传授与道德教育、社会主义核心价值观教育的融合，才是"教育性教学"。由此，可以更好地阐释课程思政的特点与内在理论逻辑。一是课程思政具有教育性，其"教育性"就是育人功能和价值引领。二是课程是主要手段和

---

① 〔德〕赫尔巴特：《赫尔巴特文集》，李其龙、郭官义等译，浙江教育出版社，2002，第132页。

载体，"教育性"指育人，是灵魂。因此，基于对赫尔巴特"教育性教学"思想的理解，课程思政就是"教育性教学"，应依托课程教学，发挥教育价值，正如习近平总书记所强调的这是每门课程的"责任田"。

3. 意识阈理论与隐性教育

赫尔巴特提出了关于"阈"的概念，有学者把赫尔巴特的意识阈理论阐述为，观念从被抑制状态进入现实状态所跨越的界限，而观念是否被抑制，取决于是否与个体观念相和谐。① 赫尔巴特意识阈理论更强调潜移默化的隐性教育对学生的触动和影响，而显性教育的方式，有时会招致学生的心理抵触。由此对课程思政的隐性教育功能，有了科学的认识。课程思政的教育过程就是依托课程教学，使思想政治教育在学生无意识中发挥作用，这也为课程思政提供了心理学依据。

4. 教学与德育相结合

赫尔巴特认为，教学如果没有进行道德教育，就是一种没有目的的手段；道德教育如果没有教学，就是一种失去了手段的目的。赫尔巴特揭示了教学必然具有教育性的规律，并且强调了在教学中必须对学生进行品德教育，这在当时和今天都是正确的。赫尔巴特的"教育性教学"思想，对加强教学的教育性，仍有重要的现实意义。在推进和实施素质教育与课程思政的今天，教育要培养的是德智体美劳全面发展的人。教学过程既是学生的认识过程，也是促进学生身心全面发展的过程。学生掌握知识技能的全过程，始终是学生发展智力、体力，培养审美能力和政治思想品德的过程。教育学作为一种科学，是以实践哲学和心理学为基础的。前者说明教育的目的；后者说明教育的途径、手段与障碍。赫尔巴特在西方教育史上第一次明确提出"教育性教学"思想。在赫尔巴特之前，教育学家们通常把道德教育和教学分开进行研究和阐述，教育和教学通常被赋予不同的目的和任务。赫尔巴特的开创性贡献在于，阐明了教育和教学之间的联系。他明确指出，"不存在无教学的教育"，正如反过来，不承认有任何无教育

---

① 周晓静：《课程德育——走向整合的学校道德教育》，博士学位论文，南京师范大学，2006。

的教学，"德育问题是不能同整个教育分离开来的，而是同其他教育问题必然地、广泛深远地联系在一起的"①，从而使道德教育落实在学科教学的坚实基础上，也使学科教学具有了道德教育的任务。这成为教育的基本原则，进一步影响了今天所提出的课程思政与中学地理的融合。

（二）指导意义

赫尔巴特的教育思想，不仅对德国教育理论和实践的发展起到了推动作用，还对许多其他国家的教育产生了较大影响。20 世纪初，它曾借道日本传入中国，对当时中国教育观念的变革和教育实践的发展，起到了促进作用。

1. 提升"思想范围"的育人实效

地理课程思政是在课程教学中满足学生成长发展的需求，整合学生的学习经验，强调价值引领的完美契合，最终实现"思想范围"的形成。地理课程思政是教学手段与思政目的的融合统一，是能够引起学生兴趣、增加学生知识、引领学生价值观，从而实现"思想范围"形成发展的活动。把学生经验作为教学的基础，事物、形式和符号构成了地理教学的三个要素。地理教学中涉及的事物、形式、符号与学生经验相结合，才能更容易被学生所接受，起到教育的作用。因此，以学生为本，关注学生需求，整合学生经验，才能进入学生"思想范围"，实现同频共振的教学。地理课程思政与以往的课堂教学相比，不仅要关注地理教师以什么形式传递信息，还要关注地理教师如何帮助学生实现价值观的内化。从提高中学地理课教学实效性的角度来说，尊重、了解学生需求，整合学生经验，促进"思想范围"的形成，是中学地理课程思政建设的方向。

2. 提升地理课程合力育人的实效

基于赫尔巴特"教育性教学"思想，真正的地理课程教学是具有教育性的，而教育价值得以体现的主要手段和载体，一定是教学过程和教学活动。地理课是中学推进课程思政的重要阵地，但当前依然存在的难点是中学地理

① 〔德〕赫尔巴特：《普通教育学·教育学讲授纲要》，李其龙译，人民教育出版社，1989，第 32 页。

课思政元素的挖掘以及专业知识与思想政治教育的融合。融合课程教学与学科育人，是中学课程思政建设的有效策略。具体而言，一是中学领导要全盘部署，立足教育的根本任务长远布局，要把课程思政建设作为中学教学改革、人才培养以及教师培训的重要内容，整合资源。二是要把握地理课知识的学术逻辑，同向整合课程思政的基本要素。针对不同的地理知识，追溯地理知识体系的初心，深入挖掘最契合的育人元素。地理课程隐性存在的价值观、育人元素要与国家目标、社会目标以及个人目标相统一，在培养学生地理学科素养的同时，充分发挥其在社会主义核心价值观引领中的作用，最终实现"学科育人"与"课程教学"的隐性融合。三是要因校制宜，形成人才培养合力。地理思政教育要充分发挥中学办学特色，围绕学校人才培养目标，将地理课程教学、思政育人与人才培养相结合。

3. 提高地理教师隐性育人能力

课程思政的质量，根本上取决于教师的素质和能力。教师的能力水平构成课程思政建设的核心。[1] 因此，在地理课程思政的改革中，地理教师思政育人胜任力成为中学推进课程思政隐性教育的核心要素。教师思政育人胜任力特征，主要表现在高尚的师德、坚定的理想信念、正确的价值观、渊博的知识以及课程思政的融合能力等方面。由此可见，中学地理教师应深入挖掘自身所具有的知识、技术、能力、价值观、个性、动机等胜任力特征，针对不同能力水平的学生，开展更具针对性的教学，提升"思政育人"的能力，增强隐性教育的育人实效。

4. 推动思政教育融入地理教学

赫尔巴特所说的教育与德育相结合，是指思想政治教育应渗透在学生学习的整个过程中，这是各门课程的共同任务，中学地理课程也不例外。2020 年 10 月 10 日，习近平在中央党校中青年干部培训班开班式上强调：必须坚守一条，凡是有利于坚持党的领导和我国社会主义制度的事就坚定

---

① 何源：《高校专业课教师的课程思政能力表现及其培育路径》，《江苏高教》2019 年第 11 期。

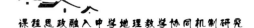

不移做，凡是不利于坚持党的领导和我国社会主义制度的事就坚决不做！①这就要求中学地理教师在做好地理知识传授的同时，做好学习和实践马克思主义的表率，培养拥护中国共产党领导和我国社会主义制度、立志为中国特色社会主义事业奋斗终生的建设者和接班人。

五　多元智能理论

（一）主要内容

多元智能理论是美国教育学家和心理学家加德纳提出的教育学理论。智能是多元的，每个人至少有语言智能、数理逻辑智能、音乐智能、空间智能、身体运动智能、人际交往智能、自我认识智能和认识自然的智能，每个人都是具有多种不同智能的个体。多元智能理论是自20世纪80年代中期风靡全球的国际教育新理念，是加德纳于1983年在其《智能的结构》一书中首先系统地提出，并在后来的研究中得到不断发展和完善的人类智能结构理论。多元智能理论自提出以来，在美国以及世界其他20多个国家和地区的教育工作者中引起强烈反响。由于该理论的内涵和我国目前正在倡导实施的素质教育有密切的内在联系，我国自20世纪90年代以来对多元智能理论予以较多介绍，并且越来越认识到多元智能理论的重要价值，认为多元智能理论是对素质教育的最好诠释。加德纳把多元智能归为如下三类。

1. 与对象有关的

个体在实际生活中为了解决问题或创造成果必须使用的对象。

视觉－空间智能，是指对视觉性（如色彩等）、空间性（如形状、线条等）的信息的感知能力及把感受到的信息表现出来的能力。表现为具有较强的形象思维能力，能解释图像、图表，并能借助图形表达空间信息。如画家、建筑师、雕刻家的视觉－空间智能较为突出。

数理－逻辑智能，是指具有较强的抽象思维能力，能有效地进行运算、量化、类比、命题思考和假设，是进行数理运算和逻辑推理的能力。表现

---

① 《习近平：年轻干部要提高解决实际问题能力 想干事能干事干成事》，新华网，http://www.xinhuanet.com/politics/leaders/2020 - 10/10/c_1126590854.htm。

为善于使用各种数学技能，乐于进行复杂的运算，识别抽象图形，发现联系及因果关系，并进行归纳和演绎推理。如数学家、物理学家、计算机程序员的数理－逻辑智能较为突出。

身体－运动智能，是指操作物体和精准调整自己身体动作以及体脑协调一致的能力。表现为在具体情境中能有效地控制身体去操作对象，做出反应，具有较强的协调性、灵活性和平衡能力，同时擅于利用身体来表达情感和思想。如运动员、舞蹈家、杂技演员的身体－运动智能较为突出。

自然观察智能，是指能敏锐地观察、辨别地理环境中的特征，并对其进行分类和利用的能力。表现为热衷户外活动并善于发现生态环境中的规律、特征或反常现象，根据这些规律、特征对自然中的物体进行分类和归纳。如植物学家、海洋学家、园艺设计家的自然智能较为突出。

2. 与对象无关的

反映个体语言结构，不受物质世界的影响。

言语－语言智能，是指对于文字的意义具有较强的敏感性，是挖掘语言的深层含义以及熟练驾驭语言的能力。表现为能高效利用语言表达思想、与人交流，利用语言激发情感或使自己的观点易于被人接受，可以通过阅读、书写、倾听来学习。有较强的语言能力的人，具有良好的语言表达和书面表达能力。如作家、主持人、记者的言语－语言智能较为突出。

音乐智能，是指敏锐地感知、辨别及记忆音调、旋律、节奏、音色和创造音乐的能力。表现为对各种声音和节奏较敏感，理解、鉴赏音乐，能通过创作曲调和节奏、演奏表达情感。如作曲家、音乐家、指挥家的音乐智能较为突出。

3. 个人形式的

个体平衡个体内部以及个体与外界人文环境的关系的能力。

人际交往智能，是与人相处和交往的能力。表现为能很好地与他人合作，察觉他人的情绪，看懂他人的意图并能进行良好的沟通，具有较强的组织、协商、人际交往能力。

自我认识智能，是指理解自己的情感变化，准确地自我感知和自我反

省，并能用情感规划和控制自己。表现为能察觉自己的意识，进行自我评价，清楚地认识到我是谁、我怎么样、我在做什么。如心理学家、哲学家、神学家的自我认识智能较为突出。

（二）指导意义

一般的学科教学更多考虑本学科的核心素养培养，忽略了其他方面智能的发展。因此，可从多元智能的视角出发，在地理教学中融合思政，开发学生的多种智能，促进学生全面发展。教师可通过丰富地理教学内容，渗透思政教育，结合学生认知发展的差异，用发展的眼光看待学生，促进学生思想政治修养与地理学科核心素养的提升。能够与地理相融合的思政内容非常丰富，在地理教学中融合思政，能广泛开发学生不同方面的智能和思维，提高学生的自信心和激发学生的求知欲，促进学生积极主动成长发展。

1. 地理教学要因材施教

多元智能理论认为人的智能是多元的，有的人八项全能，有的人某几项突出而其他几项表现不足。在人的发展过程中，只存在不同的人在不同方面聪明，而不存在谁比谁更聪明，每个人都是独特的，在不同的智能领域都有自己独特的发展过程。因此，教师的教学方法和手段，应根据不同的教学内容而有所不同。教师应按学生的智能特点而给予相应的教育，创造适合不同学生接受能力的教育方法，并能够促进每个学生的多元智能的发展。因材施教，针对不同学生的智能特点进行教学能让学生的潜能得到充分发挥。分层教学是对症下药式的教学方法，在地理教学中应研究学生的学法分层。地理教师应根据教学内容的不同和学生的不同，实施分层教学，针对不同的学生，采用不同的教学手段。由于学生在空间智能上存在差异，在地理教学方面要有针对性地对其优势智能和弱势智能，实行专门训练。如按表现形式空间智能可分为观察地图智能、分析地图智能、图图转化智能、图文互换智能。对空间智能强的学生可进行"专题式"的教学以凸显其"长势"智能，如地理地图的运用。对空间智能相对较弱、空间知觉能力较低的学生，教授空间性强的地理知识时多采用实验、模具、图片等直观性强的手段来辅助，以弥补其"短势"。

2. 地理教学要结合具体情境

加德纳指出，只要大脑没有受伤，如果有机会接触利于培养某一种智能的环境条件，几乎每个人都能在那一种智能的发展上，取得非常显著的效果。按照同样的理由，如果一个人根本不具备接触激发某种智能的环境，无论其生理潜能怎样都不可能激发出那种智能来。这表明了智能的情境化，智能是取决于个体所存在的文化背景中已被认识或尚未被认识的潜能和倾向。单一智能或多种智能，一直都是一定文化背景中学习机会和生理特征相互作用的产物，且所学知识要转化为能力必须在一定的社会文化情境之中才能够实现。多元情境化的地理教学就是要有效地将教学与生活实际、与学生的体验融合起来。基于"情境化"的智能观，地理课程和教学是情境化的，那么对于学生的评价也必须相应地采取"情境化"的方式。依据多元智能理论，智能是一个人在现实生活情境中解决问题的能力和创造新产品的能力。地理教学评价要为培养这种能力服务，真实有效地反映这种能力，必须在一种实际或类似实际的情境中进行。

3. 地理教学要注重教学民主

面对存在智能差异的学生，营造民主和谐的学习环境，能最大限度地调动学生的参与意识。只有在和谐的教学氛围中，学生对地理课堂教学才有一种安全感和愉悦感。所以在地理教学中教师要创设和谐、民主的教学氛围，千方百计让学生大胆发言、质疑问难，特别是让学生敢于发表不同见解，从而不断提高他们的参与意识。

4. 地理教学要多元与个性相结合

多元智能的核心是多元和个性，是学生感受的多元、表现形式的多元、作业形式的多元、课堂教学内容的多元。在多元的情境、过程和结果中，各具特色的学生都能以自己的智能强项去认识事物，自主选用适合自己智能特点的方式去解决问题，从而实现个性化教学。地理新课标下的教材，虽然仍保持了文字系统、图像系统、作业系统三个部分，但在表现方式上有很大突破。如图像系统，一方面图像的量大大增加，另一方面图像的类

型更加丰富，在以往的素描图、景观图基础上，增加了实物图、统计图、示意图，并由单一图发展到组合图。这些使学生在学习时能感受多元化的情境，说明地理教材在编写的过程中，已融入多元智能理论理念。

第四节　价值判断

处在中学阶段的受教育者，是祖国未来发展的重要群体，而地理教材中又恰好蕴含大量的思想政治内容。因此将课程思政融入中学地理教学，是具有深刻含义的，且具有极为重要的作用和意义。

一　目标识别

（一）课程思政利于地理学价值的实现

首先，地理学本身便具有科学价值，其很多研究方法都与其他学科相似，同时地理学的学科知识结构可为其他学科提供支持和借鉴，为培养学生的科学思维素养提供土壤。其次，地理学与其他学科不同之处在于，它所包含的教学内容具有社会价值，内容覆盖工农业发展、产业升级、国际合作、区域发展、国家安全、可持续发展等方面，为解决人类发展过程中出现的问题，提供理论支撑和科学根据，在现代国家经济和社会发展中，发挥着越来越重要的作用。其社会价值中所包含的内容与社会责任、全球意识等思政元素相吻合。因此，进行中学地理课程思政教学，更有利于实现地理学的社会价值。最后，每门学科都有对学生的育人价值，不过不同的学科其所侧重的方向不同，对于地理学来讲主要体现在帮助学生树立正确的观念，以及培养学生的家国情怀和国际视野、区域认知和综合思维能力等上。课程思政融入中学地理教学，以科学态度、审美情趣、社会责任、家国情怀和全球意识为思政元素，在此过程中实现地理的育人价值。

（二）课程思政利于地理核心素养的形成

首先，人地协调观注重地理环境对人类的影响，自然环境影响人类社会的发展，但是在不同的历史时期外界环境在不断地发生变化，学生需要动态地认识自然环境，形成正确的资源观，这与地理思政元素中的环境保护要求一致。在过去的历史进程中，人类对资源的不合理开发和利用，使自然环境遭受巨大损害的例子比比皆是，这就要求学生明确人类必须合理地利用自然、改造自然，树立可持续发展的绿色观念。人地协调观还注重协调人类和地理环境的关系，由于全球人口的不断增长，环境问题尤为突出。因此，人与自然和谐发展的观念，与地理课程思政中的生态文明和绿色发展，有着密不可分的关系。

其次，综合思维更注重学生分析地理问题的方法，在分析区位因素、区位选择时，既要从地、气、水、土、生等自然要素下手，也要从政策、市场、交通、劳动力、技术等人文因素着手进行分析，以独特的地理视角看待事物的发展变化，树立辩证唯物主义价值观。而地理课程思政教学中的科学态度，要求培养学生解决问题的科学思维，其中就包括对综合思维的培养。因此，进行中学地理课程思政教学，有利于提升学生的综合思维素养。

再次，区域性是地理学科的一大特点，具体体现在对地理事物尺度性的认知上。世界－国家－区域－地方的区域认知方法，充分体现了从"家"到"国"的思政情怀，以学习区域的视角培养学生从家国情怀到全球意识的思政素养，在潜移默化中帮助学生提升思政素养。在中学地理教学中，区域知识通常作为地理教学的载体，例如，在分析黄土高原地貌成因时，黄土高原的区域位置就是隐性的预备知识和整节课所依赖的载体，内含家国情怀和环境保护思政元素，学生可根据区域的划分来认识世界的组成。由此可见，将课程思政融入中学地理教学中，有利于在区域认知的基础上，培养学生的思政素养。

最后，探索地球所运用的主要手段在不同的时期也有较大的不同，在19世纪以前主要是通过地理考查、地理探险和野外考查等手段，来获取第一手的数据资料。我国古代著名的地理学家徐霞客、魏源等人，其书籍无一例外都是通过实地考察，再加上对之前资料的总结所著。这些地理学家在探访我国大好河山的同时，经历了无数挫折和困难，其在地理实践的过

程中体现出的不畏艰辛的科学精神和意志品质，是我国优秀的传统文化价值观，与地理课程思政元素中的科学态度适切性极高。而在现代，地理数据多来自地理信息系统，如 GIS、GNSS、RS 等技术的广泛应用，使人类可以更快速和准确地获取地理数据，做出更为详细的地理研究。由于获取的相关数据的时效性和空间性大大提升，这些数据多用于抗震救灾、农业监测等领域，成为制定更为科学的地理防灾预案的基础。地理数据获取手段的进步，也内含科学精神思政元素。在实际地理考查期间，壮丽秀美的自然景观和独特亮丽的人文景观共同构成了五彩斑斓的世界，而地理实践力这一地理核心素养，要求学生具备从地理的视角出发，感受美好事物的能力。可见地理教学可对学生的审美情趣进行熏陶，使学生的审美能力得到提高，最终体现其美育功能。因此，在地理教学中融入课程思政教学，能够充分落实地理课程思政中对审美情趣的培养要求。

（三）课程思政利于学生家国情怀的培养

开展中学地理课程思政教学，有利于培养学生热爱祖国、热爱自然的思想意识，使学生在认识自然的基础之上合理对待自然。总体来讲就是在让学生掌握基础知识的基础上，做到一些地理课程思政要素方面的情感、态度及价值观的培育，增强学生的生态意识，教育学生在现实生活中采取一些行动，尽一些应尽的责任，培养地理核心素养，从而成为真正对社会有用的人。地理学科作为高中的一门主要课程，有承担课程思政教育的义务。高中地理的教学内容、教学特征和教育方向，有助于推动课程思政建设，能够承担起课程思政理念的传输任务，有利于为实现中华民族的伟大复兴提供人才保障。

地理学是研究人地关系的一门学科，是兼具自然科学与社会科学属性的综合性学科，地理学科学习内容广泛，这也决定了地理学科是开展课程思政的最佳选择。地理学是研究人地关系、强调人类与自然环境相协调的一门学科，因此特别强调人类活动与自然环境的关系。其中涉及自然理念、人文思想等，例如资源观、环境观、发展观和人地协调观等，这些内容涉及广泛、延展性强、综合且复杂。这也决定了地理学科之中蕴含着丰富的

课程资源，能够为课程思政建设打下基础。

（四）课程思政利于社会育人格局的规范

国家始终高度关注思政教育，并要求利用好课堂教学主阵地，在改进中强化对学生的思政教育。各门学科在教学过程中应渗透思想政治教育，习近平总书记强调各学科应当与思政教育同向同行，建立起强大的协同效应。[①] 这是总书记对学校思政教育的殷切期望与具体要求，也是党和国家交给教育者立德树人的根本任务，是现代教育契合时代发展的客观实践。中学阶段是一个人学习文化知识的初始教育阶段，也是塑造个人道德人格的重要阶段，所以在此时期加强思想政治教育，符合时代发展的需要，能够促进全社会构建起系统规范的育人格局，实现传授知识和价值引领的有机融合。

关于思政课程的作用，习近平总书记有明确指示。他提出当前形势下，办好思政课，要放在世界百年未有之大变局、党和国家事业发展全局中来看待，要从坚持和发展中国特色社会主义、建设社会主义现代化强国、实现中华民族伟大复兴的高度来对待。我们正在为实现"两个一百年"奋斗目标而努力。未来30年，我们培养的人要能够完成"两个一百年"的伟业。这就是教育的历史责任。我们党立志于中华民族千秋伟业，必须培养一代又一代拥护中国共产党领导和我国社会主义制度、立志为中国特色社会主义事业奋斗终生的有用人才。这就要求我们把下一代教育好、培养好，从学校抓起、从娃娃抓起。在大中小学循序渐进、螺旋上升地开设思政课非常必要，是培养一代又一代社会主义建设者和接班人的重要保障。人的成长、成熟、成才不是一蹴而就的，而是一个渐进的过程，就跟人的生理发育一样，所以要把这几个阶段都铺陈好。办好思政课，就是要开展马克思主义理论教育，用新时代中国特色社会主义思想铸魂育人，引导学生增强中国特色社会主义道路自信、理论自信、制度自信、文化自信，厚植爱国主义情怀，把爱国情、强国志、报国行自觉融入坚持和发展中国特色社

---

① 《习近平在全国高校思想政治工作会议上强调 把思想政治工作贯穿教育教学全过程 开创我国高等教育事业发展新局面》，中国法院网络电视台网，https://tv. chinacourt. org/18176. html。

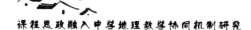
会主义、建设社会主义现代化强国、实现中华民族伟大复兴的奋斗之中。①

二 效益提升

中学阶段地理教学与课程思政融合拓宽了学科的价值，弥补了传统思政教育的局限，具有重要意义。

（一）创新地理学科育人模式

地理课程思政将可供挖掘的思政元素融入教学中，对学生的智育和德育的培养具有重要的作用。课程思政的引入能够深挖学科中的思想政治内涵，提高思政课堂的教学效果，将社会主义核心价值观的培育落实到每一门课程和每一个教学环节。与外在的思政课程不同的是，地理课程思政是内在的思想政治教育，可以促进学生在学习地理科目过程中的一些思想观念的形成，使学生既学习了地理知识，又提高了自身的道德修养，逐步成为对社会有用的人，这便是地理课程思政的意义。②

（二）提高地理学科育人价值

我国地理教育中蕴含的人口观、环境观以及资源可持续发展观的教育，符合当今社会发展的环境意识。地理教育中的理念不局限于此，还包括对学生的爱国思想、哲学思维、科学精神、合作意识等教育的价值。课程思政的范围囊括学生身心发展所需教育，地理学科也有着其独特的育人价值，包括生活教育、认知价值等。思想政治教育在地理课堂教学中的渗透，能最大限度地发挥地理课程的育人功能，可以进一步探索学生价值观的培养路径，促进学生不断建立自身的价值体系，使学生成为具备正确三观、践行社会主义核心价值观的人才，以自身所学回报社会。地理课程思政的育人功能还表现在可持续发展教育、公民教育与国际教育等方面。这使学生形成关注社会、关注国家以及关注世界的意识，从关注个人转变为留意环

---

① 《办好思政课，习近平这样强调》，人民网，http://politics. people. com. cn/n1/2022/0324/c1001－32382909. html。
② 何柳珊：《高中地理课程思政实践及其对学生价值观的影响研究》，硕士学位论文，海南师范大学，2020。

境，具备全局观念，不拘泥于细枝末节，积极为国家与社会服务，甘于为祖国奉献，成为新时代的共产主义接班人。

（三）提升学生地理学科认知

思政教育中单纯的说教，让学生对思政的兴趣降低，产生抵触心理，难以达到育人的效果。然而，地理课程思政加入地理学科中的思政元素，利用地理教学案例承担起思政教育中的育人功能，一方面可以提高学生的学习兴趣，另一方面可以提升学生对原本思政的认知。

（四）培养学生正确的价值观念

学生正确的价值观，对于学生的行为选择具有重要的作用。课程思政理念中的育人方向和地理学科中的素养，能够促进学生建立良好的人生观、世界观和价值观，促使学生成为社会主义建设者，为国家和社会贡献力量。

（五）弘扬中华民族传统美德

在课程思政的建设中，很重要的一点是培养学生的国家认同感，恰好在地理教育的内容中，有诸多传统文化和先辈思想值得去弘扬，有助于提升学生的国家认同感。

（六）推进中学地理课程改革

思政教育融入中学地理课程，有利于改善中学地理课程重知识教授、轻育人的现状。学生通过分析与地理相关的经济、社会热点问题，认识到课程中德智体美劳的内涵，有助于形成正确的价值观及人生态度等，实现素质教育的课程目标。

第五节　发展趋势

中国课程思政始于 2014 年，将德育纳入教育综合改革重要项目，逐步探索从思政课程到课程思政的转变。2015～2017 年课程思政进入发展阶段，2016 年 12 月，习近平总书记在全国高校思想政治工作会议上指出，使各类课程与思想政治理论课同向同行，形成协同效应。2017 年之后课程思政进入全面发展阶段，课程思政的研究也不断涌现。自 2016 年以来，课程思政

的研究日益增多，但是多集中于高校，中学课程思政的建设相对落后。由此可知，中学课程思政发展相对迟缓，也进一步说明了高校与中学之间的联系不够紧密。

中学课程思政建设虽长路漫漫，但诸多专家学者、一线教师正在努力探求课程思政的发展，以实现全方位育人，达到立德树人的根本目的。地理学科的综合性特征使其吸纳了诸多其他学科的要素，地理课程思政的开展已经具备一定基础，需要更多地理人投身地理课程思政的研究，推动地理课程思政生根发芽。在国家大政方针的支持下，地理课程思政的发展会越来越好，探索空间会越来越广泛，地理教学与课程思政的融合将更加深入，让地理课程思政体现出学科优势，实现立德树人的根本目的。

一　重点：讲透专业知识——深度与宽度并行

思想政治教育的重要性在各种事件中都有所显示，中学时期是青少年价值观形成的关键时期，正确把握其思想发展导向对国家的发展有重要意义，这些充分展现了实施思政教育的必要性。地理学科作为开展思政教育的优质平台，拥有丰富的思政教育资源，可以助力中学课程思政的推进，实现各学科同向同行的发展目标，为国家发展培养和储备现代高品质、高知识与高素质的综合型人才，这是今后地理课程思政发展的重点。地理专业知识既要有深度还要有宽度，这是讲好课程思政的根本前提。

（一）挖掘深度

首先是对于深度的把控，作为地理老师首先要博览群书，敬畏自己的专业，真正弄明白书中之机、书中之理、书中之道，确保对书中核心内容有深层次的理解，对知识的来龙去脉和它们内在的逻辑关系有一个清晰的认知，并通过一定的加工和重构，变成自己的见识。老师在与学生的沟通中传道解惑，道理要清晰，逻辑要严谨，一言一行都要体现自己的真知灼见，让学生真切感受到老师理论的魅力、思想的魅力、逻辑的魅力、人格的魅力等，真正做到"师者，教之以事而喻诸德者也"。如此，学生才能亲其师、信其道。比如中国地理，重点讲什么、怎么讲、讲到什么程度、布

置什么样的习题，老师要做到心中有数；拓展什么内容、拓展到什么地方、学生应该有什么反应，内心能有基本的把握。在课程教学中，把地理概念解析清楚，给学生一个清晰的地理轮廓，让学生真正明白其中的道理，逻辑上给出严密的理论推导和经典结论的来历，然后才是经典问题案例分析和在其他学科的发展应用等。学生听了之后，大脑中对相关知识有一个完整的知识链条，明白了许多道理。学生听得明白，对地理专业就会产生兴趣，然后再拓展一些思政元素，学生是很欢迎的。

（二）拓展宽度

当然，仅仅有深度是不够的，还要有宽度。如果地理老师在课程中都是给出结论性的定义以及一些典型的应试型例题，很少涉及具体的探究过程，学生学完仍然难以有效掌握和理解其内在的地理意义。还有照本宣科，讲授时仅仅传授点皮毛，花架子很足，让人眼花缭乱，但都是蜻蜓点水，不接触核心，像作一幅初级中国山水画，在知识核心的地方留下一片空白，让学生自己去猜想，学生听时云里雾里，此时再拓展其他方面的知识，即便老师口若悬河大谈理想情怀，再美的辞藻，学生也会有逆反心理，认为老师不务正业。在课程教学中，直接介绍相关地理知识的应用，告诉学生这个知识点的内容，然后举出几个例题，讲解怎么套用这个知识等，这样的教学模式，没有把相关知识的来龙去脉告诉学生，学生学过这方面的内容，如同走马观花，仅仅是到此一游，根本没有弄明白知识的内在魅力。考完试后，绝大多数的学生大脑中就剩一个概念。在此模式上拓展思政元素，大谈情怀，基本上没有思政效果。那究竟该如何去做呢？当教授新课的时候，老师可以以课前作业的形式，布置一些具有可操作性的作业，让学生在课前完成，类型有很多，如查阅资料、做 PPT、课外小组实验等，让学生在课前就对这节课要学习的内容有充分的了解，而后在课堂上师生就可以针对具体的问题进行深入的探究。宽度是建立在深度的基础之上的，学生深入理解知识之后，教师便可以根据具体的教学内容延伸出更多的内容，这样才能使学生产生共鸣，从而实现从深度到宽度的飞跃。

二 焦点：讲好中国故事——知识与情感相融

地理课程中引入思政元素，就是讲好中国故事，传播红色基因，需要有高度，需要教师在注重知识讲授的同时，融入民族情感，使学生在学习知识的同时，得到情感上的升华。

（一）传授知识

知识的传授可通过讲授中国故事来进行，这些故事的引入，要有大的历史观和唯物观，要站在中华民族的发展史、世界的发展史的角度，去解读中华民族奋斗史上发生的故事、解读中国共产党领导中国人民为中华民族的伟大复兴浴血奋斗的故事。坚持好这个底线，就能讲好中国故事，中国故事就能震撼人心，鼓舞学生积极向上。作为一项非常好的思政元素，怎么引入、怎么介绍，这牵涉到课程思政的效果。举个例子，如果把国土面积的重要性讲得如同百度出来的结果，就起不到很好的思政效果。如果把这件事放在中华民族发展的历史中和世界发展的大变局中去诠释，适度讲一下我们国家所在的国际环境，讲讲党中央决策的艰难、决策的深谋远虑以及这一决策对国家长远发展的影响，学生就会明白国家为何如此重视国土。国家现在发展怎么样、将来发展怎么样，取决于国家发展的大思维、大格局、大战略。

（二）抒发情感

如果一个国家一个民族，只有眼前，没有诗和远方，这个国家和民族注定是走不了多远的。新中国成立之初，中国只能生产面粉和火柴，面对的是四面封锁、工业技术极端落后的条件，但即便如此，党中央仍然高瞻远瞩布局"两弹一星"伟大历史工程。钱学森、钱三强、邓稼先、于敏等老一辈科学家为什么能听从党的召唤身先士卒、以身许国，全国人民为什么能众志成城，靠不充足的窝头和野菜，在很短的时间内从一片荒芜的沙漠中造出原子弹、氢弹，这里面的许多道理，是需要我们以及后代谨记和认真总结的。将这些思政元素引入中学地理教学，有助于学生全面了解新中国在党的领导下取得的伟大成就，有助于培养学生的文化自信、制度自

信、道路自信。例如，人教版必修二"城镇化"一节中，教师可利用地理信息技术演示本地近30年的城市面积的变迁，并提供相关资料，引导学生思考城镇化给我们的生活带来了怎样的变化，以辩证的眼光看待城镇化带来的影响。通过这样的形式，学生掌握了学科知识，也从地理的视角了解了家乡，提升了学生的归属感，激发了学生的担当精神，在开展教学的同时融入了思政教育。

三　热点：弘扬传统文化——古朴与现实聚焦

中华民族优秀传统文化是中华民族的基因、民族文化血脉和中华民族的精神命脉，是民族精神的源头，把中华民族优秀传统文化引入课程思政中，老师需要有文化厚度。

（一）语境古朴

中国古代先贤有对万事万物的思考，也有对日月的追问。早在春秋战国时期，寒秋时节，老子遥望苍穹思到，时有四季、月有亏盈、日有远近、天有长短，其源何物？唯道乃天地万物之源，道生一、一生二、二生三、三生万物。视之不见，听之不闻，搏之不得，惟兮惚兮，却浑然一体，其中有象，其中有物，同时也是宇宙万物普遍遵循的规律和自然法则。唐代李白以天地为家，想象无边，他那"朝辞白帝彩云间，千里江陵一日还"的诗句就蕴含着时随物变的道理。宋代苏轼远离庙堂，涉江湖之远，看山看水看人生，"横看成岭侧成峰，远近高低各不同"的诗句暗喻了宇宙之机、时空之妙，是对时空观的最早启蒙。到了南宋，朱熹独坐青石，天街夜色，满是星月："见人说四方无边，某思量也须有个尽处。如这壁相似，壁后也须有什么物事。其时思量得几乎成病。到而今也未知那壁后是何物"，也许"天地初间只是阴阳之气。这一个气运行，磨来磨去，磨得急了，便拶许多渣滓；里面无处出，便结成个地在中央。气之清者便为天，为日月，为星辰，只在外，常周环运转。地便只在中央不动，不是在下"。还有"坐地日行八万里，巡天遥看一千河"，先人对宇宙的想象，都是非常好的课程思政内容。将优秀的中华文化有机融入地理教学中，使课程思政

锦上添花，这对激发学生的民族精神、培养学生的文化自信非常有帮助。努力运用学生听得懂、听得进、喜欢听的通俗化语言讲好基础课程，让理论接地气，把基本原理讲成生动道理，是课程思政的一个重要方法。

（二）聚焦现实

就目前国内外情况可以看出，国外较为重视在地理等学科教学中实现思想政治教育，对于不同阶段的学生提出具体的思想政治教育目标并依此进行落实，以培养公民的地理情感观念和能力。国内有关地理课程思政的研究，侧重于研究地理学科与思政教育及思政元素相结合的方法并提出策略建议，进行实践探索，然大多以高校地理课程作为研究对象，论文的主题缺少实证研究和有效的数据依据，研究手段较为单一化和模式化。分析地理教学渗透思想政治教育的研究，多数立足于爱国主义教育、辩证唯物主义教育和国防教育等方面进行探讨，研究内容多集中于两个方面：一是地理学科进行思想政治教育的优势，哪些地理教学因素有助于达成思想政治教育目标；二是在地理教学中实施思想政治教育的途径，采用何种方法进行思想政治教育。总体来看，研究内容有待深入探讨，应以实践为支撑进一步展开研究。例如，在人教版必修二第五章"环境与发展"第二节"走向人地协调——可持续发展"的这一课中，可持续发展的内涵就可以利用自学窗讲述人地关系思想的演变史，让学生领悟我国优秀传统文化（天人合一），树立正确的人地协调观。

四　难点：坚持共享共创——教学与评价统一

课程思政既作为新的思政理念，对推动思政教育改革具有很强的指导意义，又作为重要的课程理念，赋予课程教学改革深远的价值。作为新时代的教育理念，课程思政同样需要顺应时代潮流，把握创新趋势，不断挖掘有效载体与路径，强化课程的育人功能。但不少教师在日常教学过程中依旧受旧教育理念影响，即片面化、表面化学习，推崇死记硬背学习方法，主张填鸭式教学等。这些旧育人理念，需要在时代潮流中逐渐改善，转变为新观念。学校的执行机制、质量保障机制、教师培训机制、教师评价考

核机制等，都需要随着课程思政的不断推进予以创新，适应课程思政的整体发展。总体而言，课程思政在融合创新上仍存在提升空间。因此，在课程思政的发展过程中，需要在教学方式和评价方式等方面创新，帮助课程思政顺应创新开放趋势。

（一）潜心教学

对于创新教学方式，教师要提升自己的政治素养，增强课程思政意识。地理教师既是地理知识的传播者，也是思政教育的实施者。在课程思政理念下，地理教师是保证思政教育渗透和落实到地理课堂的关键因素。因此，地理教师要不断地提升自身的思想政治素养，增强课程思政意识。"育人者，先育己"说的就是这个道理。中学地理教师要以课程思政的育人理念为指引，将思政教育融入平时的地理教学设计和实施之中。

第一，要密切关注社会发展动向，地理学科与人们的生产生活息息相关，中学地理教师不能"两耳不闻窗外事，一心只当教书匠"，要更多地关注社会的发展动向，响应党和国家提出的与地理学有关的政策、理念等，如创新、协调、绿色、开放、共享发展理念，向学生展示地理学科与社会的关系，真正做到融思政入地理、融地理入社会，具备较强的课程思政意识。

第二，中学地理教师要深入学习地理学科知识，挖掘学科知识中的思政元素，体现地理学科的本质和价值，展示地理学研究的独特视角，同时也要深入学习党和国家在不同历史时期的政策和决议，不断提升自身的政治素养。传道者必先明道、信道。地理教师只有具备良好的政治素养和较强的课程思政意识，才能在地理教学中自觉开展思政教育。

（二）科学评价

以学生成绩和升学率为主要评价标准的评价方式，使得思政教育在地理课堂中难以实施，且学生情感态度与价值观的培养成效，是难以通过考试和分数来评价的，因此创建能够全面评价情感态度及其他方面的新的评价机制尤为重要。教师不能把分数作为衡量学生的唯一标准，应将对学生的测评贯穿于整个地理教学过程，注重观察学生情感态度和价值观的发展，

以及提出问题、分析问题的能力等，将这些作为评价学生的重要依据。教师要在传统评价方式的基础上创新评价方式，以落实课程思政理念。教师可采用多元化评价方式，包括评价内容多元化、评价主体多元化和评价标准多元化等。

首先，评价不能一味关注学生的考试成绩和升学率，还要注重学生在地理活动中的具体表现。例如开展了基于地理实践力培养的乡土地理社会调查活动之后，教师不仅要对学生在活动中表现出来的观察能力、调查能力、团队合作能力和语言表达能力等进行评价，还要对学生的方案设计能力、热爱家乡的情感、为家乡发展建言献策的社会责任感进行评价。

其次，评价主体要包含学生，要发挥学生的主体作用。如针对社会调查活动，不仅要有教师评价，还应该有学生相互评价和自我评价。思政教育的效果是很难进行检测的，让学生自评有利于学生自我调整、自我提高。

最后，由于学生所接触的环境有差异、智力发展有快有慢，因此教师要综合考虑学生的知识水平和认知能力，分等级分标准对学生进行评价。学生的发展具有阶段性，教师在教学中不能"一刀切"，要因材施教，对学生的评价也应该有针对性。只有因材施教、创新评价方式，才能更好地落实对学生的思政教育。中学阶段是人生的一个重要阶段。中学生各方面发展还不成熟，具有较强的可塑性，容易受到外部环境的影响。中学地理教师要把握好学生的这个关键时期，在课程教学中对学生进行思政教育。

思政教育是一个循序渐进的过程，面对不同的学生，教师要做到因材施教。教师要创新教学方法和手段，深入挖掘地理教材中的思政元素，更好地将课程思政理念落实到地理学科教学中，发挥地理学科教学的育人功能。

第三章
课程思政融入中学地理教学现状分析

《义务教育地理课程标准（2022 年版）》明确指出，地理学对于解决当代人口、资源、环境和发展问题，维护生态安全，建设美丽中国具有重要作用。这不仅赋予了地理学科更为丰富的思想政治教育内涵，也对中学教师的实际教学提出了更高的要求。为更准确地把握现阶段中学地理课程思政融入情况，了解师生对课程思政的认知情况及态度，本章归纳梳理了课程思政开展过程中出现的问题与成因，以为后续研究提供实际依据。

第一节　调查分析

由于本研究处于新课程改革初期，课程思政没有在中学地理教学中全面开展，因此本次调查内容中，关于教师的调查研究，主要针对中学地理教师对地理课程思政的认知、中学地理教师对地理课程思政的态度、教师视角下地理课程思政的实施现状、中学地理教师对地理课程思政建设的期望等展开。而关于中学生的调查研究，主要针对中学生对地理课程思政的认知、中学生对地理课及地理课程思政的态度和中学生视角下地理课程思政的实施现状等展开。

一　调查对象与调查方法

本次调查选取的方法是分层抽样，目的是保证组间异质、组内同质[1]，

---

[1] 郝娟：《新课程背景下初高中数学教学衔接问题的研究与实践》，硕士学位论文，陕西师范大学，2010。

使得调查结果更具说服力。调查对象为初高中一线地理教师和初高中生。为了更加客观准确地了解现阶段课程思政融入中学地理教学的状况，以及学校、教师和学生对地理教学中融入思政内容的看法，在充分阅读相关文献资料的基础之上，设计了"课程思政融入中学地理教学的现状调查"问卷表（教师版和学生版），有计划地开展此次调查。本次的教师调查问卷和学生调查问卷都采用单选题与多选题相结合的方式，均包含一道主观题（非必答题）。其中，教师调查问卷共设置25道题，1~5题为教师基本信息，6~10题为教师对地理课程思政的认知情况，11~18题为教师视角下地理课程思政的实施现状，19~24题为教师对地理课程思政的态度，25题为教师对地理课程思政建设的期望（见表3-1）。

表3-1 地理教师调查问卷内容

问题内容	题目设置
教师基本信息	1、2、3、4、5
教师对地理课程思政的认知情况	6、7、8、9、10
教师视角下地理课程思政的实施现状	11、12、13、14、15、16、17、18
教师对地理课程思政的态度	19、20、21、22、23、24
教师对地理课程思政建设的期望	25

学生调查问卷共设置20道题，主要涉及中学阶段学生的基本信息、学生对地理课程思政的认知情况、学生视角下地理课程思政的实施现状、学生对地理课及地理课程思政的态度、学生对地理课程思政建设的期望（见表3-2）。

表3-2 学生调查问卷内容

问题内容	题目设置
学生基本信息	1、2
学生对地理课程思政的认知情况	4、5、6、7
学生视角下地理课程思政的实施现状	8、9、10、11、12、
学生对地理课及地理课程思政的态度	3、13、14、15、16、17、19
学生对地理课程思政建设的期望	18、20

　　此次调查采用电子问卷形式，通过问卷星网络平台进行数据统计与分析。课程思政融入中学地理教学的现状调查，对象选取的是洛阳市伊滨区一线初中地理教师和洛阳市部分一线高中地理教师，采用无记名调查方式。其中，初中地理教师调查问卷有效回收 53 份，高中地理教师调查问卷有效回收 67 份。接受调查的初中生，主要是洛阳市伊滨区双语实验学校的部分学生，问卷有效回收 163 份；接受调查的高中生，主要是洛阳市几所高中的学生，问卷有效回收 570 份。数据基本能反映当前学校课程思政融入中学地理教学的现状。通过对教师和学生的调查问卷进行分析和总结，发现目前中学阶段地理课程思政实施中存在一些问题。

二　教师对地理课程思政的认知与现状

（一）地理教师的基本情况

　　问卷调查的第一部分为初高中地理教师的基本情况调查，具体数据如表 3－3 所示。总体而言，本次调查对象包含不同性别、学历、任教年级、教龄和学习专业的地理教师，数据具有一定的参考价值。

表 3－3　中学地理教师的基本情况

单位：%

教师基本情况	类别		比例
		初中教师	高中教师
性别	男	24.53	35.82
	女	75.47	64.18
学历	本科	88.68	77.61
	大专	3.77	0.00
	研究生	7.55	22.39
任教年级	初一　　　　高一	22.64	50.75
	初二　　　　高二	77.36	19.40
	初三　　　　高三	0.00	29.85

续表

教师基本情况	类别	比例	
		初中教师	高中教师
教龄	3 年以下	28.30	22.39
	3~5 年	22.64	19.40
	5~10 年	20.75	13.43
	10 年及以上	28.30	44.78
大学所学专业	地理师范类	39.62	77.61
	地理非师范类	7.55	4.48
	非地理师范类	52.83	17.91

通过分析表 3-3 可以看出,初高中地理教师的基本情况有一定的相似之处,也有较大的不同之处。第一,从性别占比可以看出,不管是初中学校,还是高中学校,女教师的人数都是多于男教师的,且男女性别比例差异较大,这符合现实中初高中地理教师的性别分布。第二,初高中地理教师中本科学历占大多数,研究生和大专学历人数较少。第三,初中地理教师的教龄相对均衡,均在 25% 左右;高中地理教师教龄在 10 年及以上的占比较大。第四,从初高中地理教师大学所学专业可以看出,大学所学专业是地理师范类的地理教师中,高中教师所占百分比远高于初中教师。

（二）地理教师对课程思政的认知

问卷调查的第二部分为初高中地理教师对课程思政的认知情况调查。具体从以下四个方面开展调查:①初高中地理教师对课程思政的了解情况;②初高中地理教师所认为的课程思政元素;③初高中地理教师了解课程思政的途径;④初高中地理教师对课程思政融入地理教学目的的认识。

1. 地理教师对课程思政的了解有待加强

课程思政是一个新生事物,是近年来提出的教学理念,因此,很多基层教师对课程思政还不了解。[①] 从教师对课程思政的认知情况来看,初高中

---

① 刘颖:《高中地理教学与课程思政的有效融合探索与实证研究》,硕士学位论文,海南师范大学,2021。

地理教师对课程思政的了解还有待提高。如表 3 - 4 所示，当被问及 "您了解课程思政的概念吗?" 时，有 3.77% 的初中地理教师和 4.48% 的高中地理教师表示 "非常了解"；13.21% 的初中地理教师和 26.87% 的高中地理教师表示 "比较了解"；而表示 "有些了解" 的初中和高中地理教师占比分别为 26.42% 和 29.85%；表示 "不太了解" 的初中和高中地理教师占比分别为 56.60% 和 38.81%。在 "您认为课程思政的概念是什么?" 一问中，有 56.60% 的初中地理教师和 52.24% 的高中地理教师认为是思政课程的拓展和深化；88.68% 的初中地理教师和 88.06% 的高中地理教师认为是一种课程观，与各个学科融合的思政教育；24.53% 的初中地理教师和 22.39% 的高中地理教师认为是专门的思政课程之外的新课程；20.75% 的初中地理教师和 23.88% 的高中地理教师认为是思想政治教育的直接渠道；另外认为课程思政是普通的思政课和其他的初中地理教师分别占 7.55% 和 13.21%，高中地理教师分别占 1.49% 和 8.96%。

表 3 - 4 中学地理教师对课程思政的认知情况

单位：人，%

题项	选项	人数		比例	
		初中教师	高中教师	初中教师	高中教师
您了解课程思政的概念吗?	非常了解	2	3	3.77	4.48
	比较了解	7	18	13.21	26.87
	有些了解	14	20	26.42	29.85
	不太了解	30	26	56.60	38.81
您认为课程思政的概念是什么?(多选)	普通的思政课	4	1	7.55	1.49
	思政课程的拓展和深化	30	35	56.60	52.24
	一种课程观，与各个学科融合的思政教育	47	59	88.68	88.06
	专门的思政课程之外的新课程	13	15	24.53	22.39
	思想政治教育的直接渠道	11	16	20.75	23.88
	其他	7	6	13.21	8.96

由此可以看出，虽然高中地理教师相对于初中地理教师来说，对课程思政理念的了解要更深入，但总的来说，当前课程思政在中学教师中的宣传力度仍旧不够，很多地理教师处于一知半解的状态。认知是行为的先导，在对课程思政的认知不足的情况下，开展课程思政融入中学地理教学的建设，效果可想而知不会好，这也从侧面反映出当前中学地理课程融合课程思政的开展情况不太乐观。因此，课程思政与中学地理教学的融合取得良好效果，需要加强教师对课程思政的认知，让教师了解课程思政是什么、为什么，同时探索怎么做的问题。

进一步研究还可以发现，不同教龄的地理教师对课程思政的了解程度不同。从图 3 - 1 可以发现，对课程思政的概念表示"非常了解"的初中地理教师，教龄在 3 ~ 5 年和 5 ~ 10 年的教师占比较大，分别为 8% 和 9%，而教龄在 3 年以下和 10 年及以上的教师占比为 0。对课程思政的概念表示"比较了解"和"有些了解"的初中地理教师，教龄在 3 年以下和 10 年及以上的教师占比分别为 47% 和 46%，而教龄在 3 ~ 5 年和 5 ~ 10 年的教师占比分别为 25% 和 36%。这一统计数据表明，教龄在 3 年以下和 10 年及以上的初中地理教师对课程思政"比较了解"或者"有些了解"的人数所占比重较大，但了解不深入；而教龄在 3 ~ 5 年和 5 ~ 10 年的初中地理教师对课程思政的了解程度较高，但人数所占比重较小。

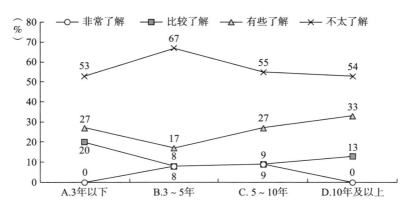

图 3 - 1　不同教龄的初中地理教师对课程思政的了解程度

对图 3 - 2 分析可知，对课程思政的概念表示"非常了解"的高中地理教师，教龄在 3 年以下和 10 年及以上的教师占比较大，均为 7%，而教龄在 3~5 年和 5~10 年的教师占比为 0。对课程思政的概念表示"比较了解"和"有些了解"的高中地理教师，教龄在 3 年以下和 10 年及以上的教师占比分别为 47% 和 60%，而教龄在 3~5 年和 5~10 年的教师占比分别为 69% 和 44%。这一统计数据表明，教龄在 3 年以下和 10 年及以上的高中地理教师对课程思政的了解均较深入，但教龄在 3 年以下的教师人数所占比重较小，10 年及以上的教师人数所占比重较大；教龄在 3~5 年和 5~10 年的高中地理教师对课程思政的了解不太深入，其中，教龄在 3~5 年的教师人数所占比重较大，教龄在 5~10 年的教师人数所占比重较小。

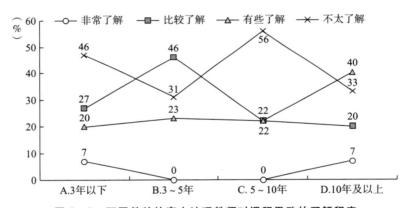

图 3 - 2　不同教龄的高中地理教师对课程思政的了解程度

综上所述，初高中地理教师对课程思政概念的了解程度在教龄上分布不统一，教龄在 3 年以下和 10 年及以上的高中地理教师对课程思政的了解程度更高，而初中地理教师教龄在 3~5 年和 5~10 年的对课程思政的了解程度更高。该现状一方面是因为初高中地理教师面对的学生群体身心发展状况、地理学习的深广度、考试要求等不同，对教育前沿问题比如课程思政的关注度不同；另一方面可能是因为调查样本数量有限并存在地域差异、城乡差异等，导致初高中地理教师对课程思政概念的了解程度在教龄上分布不统一。总之，课程思政的发展需要多方协同，要加强教师对课程思政认识的培训，提升地理教师的认知程度。

2. 地理教师对思政元素的挖掘不够充分

为了进一步了解地理教师对课程思政的认知情况，本问卷调查了教师对课程思政元素的了解情况。如图3-3所示，接受调查的初高中地理教师都认为课程思政元素应包含家国情怀，超过80%的初高中地理教师认为应包含全球意识、环境责任和社会责任，86.79%的初中地理教师和77.61%的高中地理教师认为应包含科学素养，认为应包含团队意识的初高中地理教师分别占77.36%和52.24%，认为应包含反思精神的初高中地理教师分别占52.83%和46.27%，认为应包含审美情趣的初高中地理教师分别占56.60%和35.82%，只有11.32%的初中地理教师和7.46%的高中地理教师认为思政元素还包括其他方面。总体而言，初高中地理教师对课程思政元素有一定的了解，这为课程思政融入中学地理教学奠定了良好的基础。

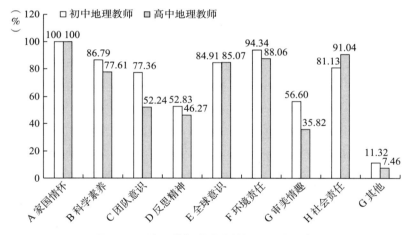

图3-3 地理教师所认为的课程思政元素

从图3-4来看，总会有意识地挖掘地理教材中所蕴含的思政元素的初高中地理教师分别占18.87%和14.93%；有时会挖掘地理思政元素的初高中地理教师分别占67.92%和74.63%；未来的备课或教学工作中，会挖掘地理教材中所蕴含的思政元素的初高中地理教师分别占11.32%和5.97%；不会有意识地挖掘地理思政元素的初高中地理教师分别占1.89%和4.48%。说明，大部分初高中地理教师在教学过程中，不注重挖掘地理教材中所蕴

含的思政元素，挖掘地理教材中思政教育资源的意识薄弱。由此可知，地理教材丰富的思想政治教育资源，没有被地理教师充分挖掘出来，而且地理学的隐性思想政治教育功能，也没有被真正发挥出来。

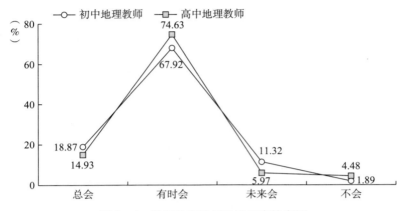

图 3 - 4　地理教师挖掘思政元素的意识

3. 地理教师了解课程思政的途径有限

从图 3 - 5 可以看出，只有 30.19% 的初中地理教师和 37.31% 的高中地理教师对课程思政的了解是通过领导开会传达得知的，超过 50% 的初高中地理教师是通过相关文件和会议、网络和其他新闻媒体来了解课程思政，而有近 20% 的初高中地理教师是通过其他途径，比如同行分享等得知课程思政这一提法的。可以看出，地理教师了解课程思政的途径有限，且学校在将课程思政理念向教师传达时，有落实不到位或者不重视、未传达的现象。

4. 地理教师对课程思政融入地理教学的目的认识清晰

在对课程思政融入中学地理教学的内容认识方面，大部分初高中地理教师认为课程思政融入地理教学可以从自然地理、人文地理以及区域地理等方面着手，并认为人文地理和区域地理的内容更容易与思政元素进行融合。从图 3 - 6 中可以看出，超过 78% 的初高中地理教师普遍认为课程思政融入地理教学的目的应该包括培养学生的家国情怀、增强学生的社会责任感、提高学生的环境意识，而对于提高学生的团队协作意识、培养学生的

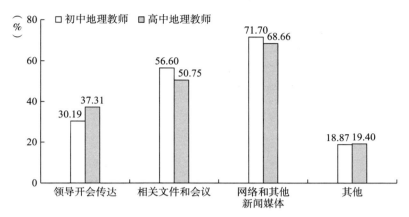

图 3 - 5　地理教师了解课程思政的途径

自我反思精神和提升学生的地理审美情趣等方面的关注度较低。总体来说，初高中地理教师对课程思政融入地理教学的目的有较清晰的认识。

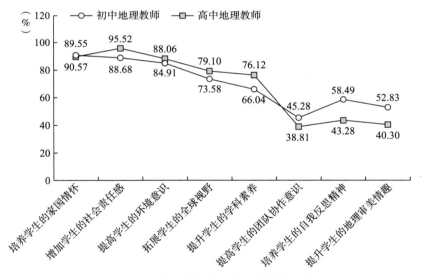

图 3 - 6　课程思政融入地理教学的目的

（三）地理教师对课程思政的态度

问卷调查的第三部分为初高中地理教师对课程思政的态度调查。具体从以下三个方面开展调查：①初高中地理教师对地理学科是否有必要做课

程思政建设的态度；②初高中地理教师是否会优先选择加入思政元素的地理教材；③初高中地理教师在未来的地理教学中是否愿意融入或继续融入课程思政。具体数据如表 3 - 5 所示。

表 3 - 5　中学地理教师对课程思政的态度

单位：人，%

题项	选项	人数		比例	
		初中教师	高中教师	初中教师	高中教师
您认为地理学科有必要做课程思政建设吗？	十分必要	22	21	41.51	31.34
	有必要	24	37	45.28	55.22
	一般	5	9	9.43	13.43
	没必要	2	0	3.77	0.00
在选择教材时，您愿意优先选择加入思政元素的教材吗？	十分愿意	16	13	30.19	19.40
	愿意	29	33	54.72	49.25
	一般	7	21	13.21	31.34
	不愿意	1	0	1.89	0.00
您在未来的地理教学中愿意融入或继续融入课程思政吗？	十分愿意	18	18	33.96	26.87
	愿意	29	38	54.72	56.72
	一般	4	10	7.55	14.93
	不愿意	2	1	3.77	1.49

1. 地理教师已认识到课程思政建设的必要性

从对课程思政融入中学地理教学的态度来看，尽管有部分中学地理教师对课程思政还不太了解，但大多数中学地理教师对地理课程思政建设的必要性十分认同。如表 3 - 5 所示，从对"您认为地理学科有必要做课程思政建设吗？"的回答来看，有 41.51% 的初中地理教师和 31.34% 的高中地理教师表示"十分必要"，45.28% 的初中地理教师和 55.22% 的高中地理教师表示"有必要"，9.43% 的初中地理教师和 13.43% 的高中地理教师表示"一般"，只有 3.77% 的初中地理教师认为"没必要"，即对这一问题持积极态度的初中和高中地理教师数量总占比分别为 86.79% 和 86.56%，数值

非常接近，表明初高中地理教师对地理课程思政建设的态度是一致的，都意识到了地理课程思政建设的必要性。

2. 地理教师对课程思政融入地理教学的意愿强烈

如表 3 - 5 所示，在提及"在选择教材时，您愿意优先选择加入思政元素的教材吗？"和"您在未来的地理教学中愿意融入或继续融入课程思政吗？"的问题时，持"十分愿意"和"愿意"这两种积极态度的初中地理教师数量占比分别为 84.91% 和 88.68%；高中地理教师数量占比分别为 68.65% 和 83.59%。从整体数据来看，初高中地理教师对课程思政融入地理教学的意愿强烈，在初高中阶段开展课程思政融入中学地理教学工作，会得到多数教师的支持与积极响应，具有广阔的发展前景。

（四）教师视角下地理课程思政的实施现状

问卷调查的第四部分为初高中地理教师视角下地理课程思政的具体实施现状调查。具体从以下六个方面开展调查：①初高中地理教师在平时的地理教学中融入课程思政元素的频率；②初高中地理教师在地理教学中，倾向于用哪种方式融入课程思政元素；③课程思政融入中学地理教学，主要在哪个环节；④在地理教学与课程思政融合中，初高中地理教师所用的时长是多久；⑤当前课程思政融入地理教学的实施过程中，所接收到的初高中生的反馈是什么；⑥在平时的地理教学中，课程思政融入地理学科的难点在哪里。

1. 地理教学融合课程思政元素的频率有待提高

从图 3 - 7 中可以看出，35.85% 的初中地理教师和 19.40% 的高中地理教师经常会在地理课堂教学过程中融入课程思政，有 39.62% 的初中地理教师和 59.70% 的高中地理教师有时会在地理课堂教学过程中融入课程思政，但仍有 24.52% 的初中地理教师和 20.90% 的高中地理教师很少会或完全不会将课程思政融入地理教学。因此，可以推测大部分初高中地理教师在地理教学过程中有融合课程思政的观念，课程思政普遍存在于地理课堂中，但也有部分教师完全忽视地理课程思政教学，反映出地理教学与课程思政融合的频率有待提高，地理课程思政的普及任重道远。

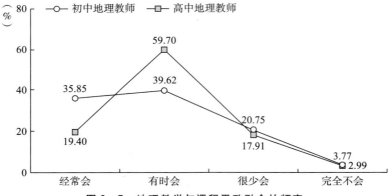

图 3 - 7 地理教学与课程思政融合的频率

2. 地理教学融合课程思政的方式多样

从表 3 - 6 中可以看出，在中学地理教学中在有效融合课程思政的方式选择上，大部分初中地理教师偏向于选择结合社会的时政热点问题（81.13%）和结合国家的大政方针（79.25%）；也有部分初中地理教师会采取结合教材本身的地理知识（77.36%）和结合乡土真实存在的问题（62.26%）的方式。而高中地理教师在地理教学融合课程思政的方式选择上，82.09% 的高中地理教师倾向于选择结合社会的时政热点问题；74.63% 的高中地理教师倾向于选择结合教材本身的地理知识；更倾向于选择结合乡土真实存在的问题和结合国家的大政方针的高中地理教师所占比例分别为 56.72% 和 53.73%。总体来说，地理教学融合课程思政的方式多样，符合初高中阶段学生的认知特点，有助于学生对地理课程思政内容的学习。

表 3 - 6 地理课程思政实施现状调查

单位：人，%

题项	选项	人数		比例	
		初中教师	高中教师	初中教师	高中教师
在地理教学中，您更倾向于用哪种方式融入课程思政元素？（多选）	结合教材本身的地理知识	41	50	77.36	74.63
	结合乡土真实存在的问题	33	38	62.26	56.72
	结合社会的时政热点问题	43	55	81.13	82.09
	结合国家的大政方针	42	36	79.25	53.73

续表

题项	选项	人数		比例	
		初中教师	高中教师	初中教师	高中教师
您在地理教学过程中融合课程思政，主要在哪个环节？（多选）	课堂导入	26	34	49.06	50.75
	教学过程	46	44	86.79	65.67
	课堂总结	12	21	22.64	31.34
	课后作业	5	7	9.43	10.45
	视具体情况而定	39	48	73.58	71.64
当前课程思政融入中学地理教学的实施过程中，您所接收的学生反馈是？	很受欢迎，帮助非常大	10	12	18.87	17.91
	受欢迎，有一定帮助	32	45	60.38	67.16
	不感兴趣，没帮助	9	3	16.98	4.48
	其他	2	7	3.78	10.45
您一般在地理课堂教学与课程思政的融合中，所用的时长是？	3 分钟以内	22	36	41.51	53.73
	3～5 分钟	25	30	47.17	44.78
	5～10 分钟	5	1	9.43	1.49
	10 分钟及以上	1	0	1.89	0

3. 地理课程思政实施时长不能一概而论

在课程思政融入中学地理教学时长的问题上，初高中地理教师的观点较为统一，但需根据不同的地理教学内容进行具体分析，不能一概而论。如表 3－6 所示，大部分初高中地理教师认为 3 分钟以内（分别占比 41.51% 和 53.73%）或 3～5 分钟（分别占比 47.17% 和 44.78%）比较合适，少数初高中地理教师认为 5～10 分钟（分别占比 9.43% 和 1.49%）较为合适，只有 1.89% 的初中地理教师认为地理课程思政教育时长应大于等于 10 分钟，高中地理教师没有人选择 10 分钟及以上的地理课程思政实施时长。因此，在地理课程思政实施的时长选择上，大部分初高中地理教师偏向于 5 分钟以内。但由于初高中地理课程的广度、深度和难度不同，不同地理课型的要求也不同，需根据具体地理课程商榷适宜的地理课程思政实施时长，切记"一刀切"。

4. 地理课程思政教学的全过程性较差

目前，在进行初高中地理课程思政教学时，教师普遍不能遵循全面性的原则将课程思政的内容融入教学的各个环节。[①] 从表 3 - 6 中可以看出，在课程思政融入中学地理教学的课堂环节选择上，课堂教学过程和视具体情况而定是大部分初高中地理教师的选择，初中地理教师所占比例分别为 86.79% 和 73.58%，高中地理教师所占比例分别为 65.67% 和 71.64%；而在课堂导入、课堂总结、课后作业等环节融入课程思政教育的初中地理教师所占比例分别为 49.06%、22.64% 和 9.43%，高中地理教师所占比例分别为 50.75%、31.34% 和 10.45%，说明地理课程思政的全过程性有待提高。

调查还发现，课程思政融入中学地理教学的实施过程中，79.25% 的初中生给教师的反馈是对融入课程思政的地理课堂有兴趣，只有 16.98 的初中生表示不感兴趣；85.07% 的高中生给教师的反馈是对融入课程思政的地理课堂有兴趣，只有 4.48% 的高中生表示不感兴趣。

5. 制约初高中地理课程思政实施的因素多样

调查中发现，目前地理教师认为课程思政融入地理教学的过程中存在一些难点。如图 3 - 8 所示，有 56.60% 的初中地理教师和 53.73% 的高中地理教师认为尚未找到两者融合的合适切入点；还有 35.85% 的初中地理教师和 37.31% 的高中地理教师担心过度思政化会影响学生学习地理的兴趣；64.15% 的初中地理教师和 74.63% 的高中地理教师认为，没有教学资源支撑是地理课程思政难以开展的原因；还有 18.87% 的初中地理教师和 22.39% 的高中地理教师认为，在地理学科中融入课程思政会浪费课堂时间。

需要指出的是，课程思政评价机制的缺乏也是阻碍课程思政融入中学地理教学的重要因素。目前，地理课程考试还是检验初高中地理教师教学效果的重要方式，而考试基本上只包括课程内容，反映不出课程思政教学的效果。

---

① 刘佳林：《课程思政融入高中地理教学的实践研究》，硕士学位论文，哈尔滨师范大学，2022。

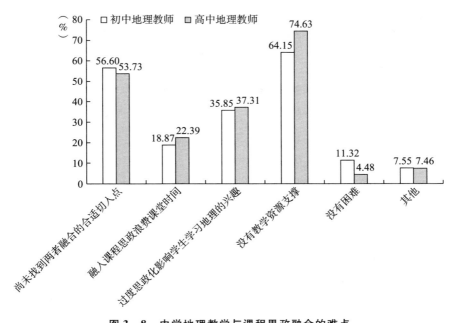

图 3 - 8　中学地理教学与课程思政融合的难点

（五）地理教师对课程思政建设的期望

问卷调查的第五部分为初高中地理教师对地理课程思政建设的期望调查。具体从以下三个方面开展调查：①对地理课程思政建设推进主体的期望；②对未来地理课程中，学生成绩包含课程思政考核的期望；③对学校未来推进地理课程思政建设的有效措施的期望。具体数据如表 3 - 7 所示。

表 3 - 7　中学地理教师对课程思政建设的期望

单位：人，%

题项	选项	人数		比例	
		初中教师	高中教师	初中教师	高中教师
您认为在地理教学与课程思政融合的有效开展中，哪些主体有助于推进其实施？（多选）	国家	17	33	32.08	49.25
	学校	9	26	16.98	38.81
	一线教师	45	59	84.91	88.06
	学生	12	15	22.64	22.39
	教学资源	27	35	50.94	52.24

续表

题项	选项	人数		比例	
		初中教师	高中教师	初中教师	高中教师
您认为在未来的地理课程中，学生成绩有必要包含课程思政方面的考核吗？	非常有必要	12	11	22.64	16.42
	有必要	32	46	60.38	68.66
	没必要	7	9	13.21	13.43
	无所谓	2	1	3.77	1.49
您认为学校未来推进地理课程思政建设的有效措施有哪些？（多选）	以会议或通知的形式传达建设要求	21	25	39.62	37.31
	公布课程思政建设方案或指南	29	37	54.72	55.22
	进行思政混合教学、交叉教学创新	45	43	84.91	64.18
	在综合素养课中开展课程思政建设	43	47	81.13	70.15
	在专业课中开展课程思政建设	32	35	60.38	52.24
	组织课程思政主题比赛或评优评奖	20	23	37.74	34.33
	设立课程思政专项科研项目、成立专门工作小组	22	24	41.51	35.82
	将课程思政教育成效纳入课程评价以及教师评价	17	19	32.08	28.36
	组织参加课程思政相关培训	36	34	67.92	50.75
	不清楚	6	5	11.32	7.46
	其他	1	2	1.89	2.99

1. 对全员主体协同育人模式的期待

中学地理教学与课程思政的融合建设工作，不是地理教师一个人的事，也不是道德与法治教师一个人的事，而是国家、学校、教师和学生等主体的共同责任。如表 3 - 7 所示，在问及"您认为在地理教学与课程思政融合的有效开展中，哪些主体有助于推进其实施？"时，超过 80% 的初高中地理

教师认为一线教师有助于推进地理教学与课程思政融合的有效开展；超过50%的初高中地理教师认为教学资源有助于推进其实施；除一线教师和教学资源这两大主体外，初高中地理教师认为国家、学校和学生等主体也对地理教学与课程思政融合的有效开展起着推动作用。

2. 对包含课程思政考核方式的期待

从表3-7中可以看出，在未来的地理课程中，关于学生成绩是否有必要包含课程思政方面的考核，有22.64%的初中地理教师和16.42%的高中地理教师认为非常有必要；有60.38%的初中地理教师和68.66%的高中地理教师认为有必要；有13.21%的初中地理教师和13.43%的高中地理教师认为没必要；还有3.77%的初中地理教师和1.49%的高中地理教师认为无所谓。总体而言，超过80%的初高中地理教师认为在未来地理课程中，学生成绩包含课程思政考核有必要，对此是抱有很大期待的。

3. 对地理课程思政建设多样化措施的期待

如表3-7所示，在问及"您认为学校未来推进地理课程思政建设的有效措施有哪些?"时，超过70%的初高中地理教师认为是在综合素养课中开展课程思政建设；超过64%的初高中地理教师认为是进行思政混合教学、交叉教学创新；超过54%的初高中地理教师认为是公布课程思政建设方案或指南；超过50%的初高中地理教师认为是在专业课中开展课程思政建设和组织参加课程思政相关培训；还有少部分初高中地理教师认为以会议或通知的形式传达建设要求，组织课程思政主题比赛或评优评奖，设立课程思政专项科研项目、成立专门工作小组，将课程思政教育成效纳入课程评价以及教师评价的措施也有助于推进地理课程思政建设。由此可见，一线初高中地理教师期望实施多样化的改进措施来促进地理课程思政工作的有效开展。

三 学生对地理课程思政的认知与现状

（一）学生的基本情况

问卷调查的第一部分为初高中生的基本情况调查。从性别和年级两个方面开展调查，具体数据如表3-8所示。

表 3 - 8　学生的基本情况

单位：人，%

学生的基本情况	类别		人数		比例	
			初中生	高中生	初中生	高中生
性别	男		68	227	41.72	39.82
	女		95	343	58.28	60.18
年级	初一	高一	24	275	14.72	48.25
	初二	高二	139	169	85.28	29.65
	初三	高三	0	126	0.00	22.11

从表 3 - 8 中可以看出，本次调查的对象包括初一、初二、高一、高二和高三年级的学生，体现了分层和分级抽样原则。其中，初一年级、初二年级人数分别占初中调查人数的 14.72% 和 85.28%，年级人数分布偏向于初二年级的学生，他们已经学习了初中地理的绝大部分内容，感触更为深刻；高一年级、高二年级和高三年级人数分别占高中调查人数的 48.25%、29.65% 和 22.11%。初高中生男女比例不均衡，均是女生较多、男生偏少，该现象出现的原因可能有我国人口性别比例不均衡、受原有的高中文理分科制度影响等。整体而言，统计数据具有一定的参考价值。

（二）学生对课程思政的认知

问卷调查的第二部分为初高中生对课程思政的了解状况调查。具体从以下四个方面开展调查：①初高中生对课程思政概念的了解情况；②初高中生了解课程思政的途径；③初高中生所了解的思政元素；④初高中生所认为的思政元素的作用。具体数据如表 3 - 9 所示。

表 3 - 9　学生对课程思政的认知情况调查

单位：人，%

题项	选项	人数		比例	
		初中生	高中生	初中生	高中生
你了解课程思政的概念吗？	非常了解	25	105	15.34	18.42
	比较了解	39	182	23.93	31.93

续表

题项	选项	人数		比例	
		初中生	高中生	初中生	高中生
	有些了解	54	170	33.13	29.82
	不太了解	45	113	27.61	19.82
你是通过什么途径了解到的课程思政?（多选）	老师讲解	149	483	91.41	84.74
	新闻媒体	83	284	50.92	49.82
	与周围人聊天	48	193	29.45	33.86
	微博、微信等软件	51	243	31.29	42.63
	其他	46	189	28.22	33.16
你认为课程思政主要包含哪些元素?（多选）	社会主义核心价值观	147	533	90.18	93.51
	中国传统文化精神	134	486	82.21	85.26
	工匠精神	90	392	55.21	68.77
	国际视野和开放包容精神	125	457	76.69	80.18
	礼仪道德	128	410	78.53	71.93
	其他	42	191	25.77	33.51
你认为课程思政元素的作用有哪些?（多选）	提升关心国家和社会的能力	151	525	92.64	92.11
	提升为人处世的能力	133	435	81.60	76.32
	增长知识、开阔视野	143	490	87.73	85.96
	培养问题意识和解决问题的能力	139	462	85.28	81.05
	提升科学人文素养	137	444	84.05	77.89
	没有作用	11	18	6.75	3.16
	其他	16	85	9.82	14.91

1. 学生对课程思政的了解程度偏低

从学生对课程思政的认知情况调查来看，初高中生对课程思政的了解程度偏低。如表3-9所示，当被问及"你了解课程思政的概念吗?"时，15.34%的初中生和18.42%的高中生表示"非常了解"，23.93%的初中生和31.93%的高中生表示"比较了解"，33.13%的初中生和29.82%的高中

生表示"有些了解",27.61%的初中生和19.82%的高中生表示"不太了解"。总体来说,学生对课程思政了解程度不高,反映出地理教师在课堂教学中对课程思政的融入是不到位的。

为了更加全面了解学生的情况,问卷设置了"你认为课程思政主要包含哪些元素"这一问题,了解初高中学生对地理课程思政元素的了解。学生对地理课程思政元素的了解,可间接地反映学生对中学阶段地理课程思政的认知程度,以探查地理教师是否在课堂教学中践行课程思政理念。

如表3-9所示,超过70%的初高中生都认为课程思政应包含社会主义核心价值观、中国传统文化精神、国际视野和开放包容精神、礼仪道德等元素,而对工匠精神了解比较少,较少的初高中生认为课程思政应该包含题目中未涉及的其他方面的思政元素。这也从侧面反映出学生对课程思政教育的认知还不是很清晰,学生对课程思政理念的了解程度偏低。

2. 学生了解课程思政的途径以教师讲解为主

从表3-9中可以看出,在"你是通过什么途径了解到的课程思政?"一问中,有91.41%的初中生和84.74%的高中生表示了解课程思政的途径是教师讲解;50.92%的初中生和49.82%的高中生是通过新闻媒体了解到的课程思政;31.29%的初中生和42.63%的高中生表示是通过微博、微信等软件了解到的课程思政;另外还有少部分初高中生是通过与周围人聊天或其他途径了解到的课程思政。初高中生了解课程思政的途径多样,但还是以教师讲解为主。

3. 学生已认识到课程思政的作用

尽管部分初高中生对课程思政的了解有待加强,但在问及"你认为课程思政元素的作用有哪些?"时,也都对课程思政的作用给予肯定,认识到了课程思政的必要性。如表3-9所示,超过80%的初高中生都认为思政元素的作用包括提升关心国家和社会的能力,增长知识、开阔视野,培养问题意识和解决问题的能力这三大方面,其中认为思政元素的作用是提升关心国家和社会的能力的比例最高,超过了初高中生总人数的90%;超过75%的初高中生认为思政元素的作用包括提升为人处世的能力和提升科学人

文素养两大方面；还有少部分初高中生认为思政元素具有其他方面的作用；只有极少部分学生认为思政元素没有作用。

由上述数据可以推测，当前课程思政在初高中阶段学生中的宣传力度并不够，很多学生处于较迷茫的状态，同时也从侧面反映出当前中学地理课程融合课程思政的情况不太乐观。学校、教师应该积极响应国家对课程思政融入其他学科教学工作的号召，加大宣传力度，使初高中生深刻意识到课程思政是什么、怎么样，以及课程思政融入中学地理教学的影响有哪些。

（三）学生对地理课及地理课程思政的态度

问卷调查的第三部分为初高中生对地理课及地理课程思政的态度调查。具体从以下四个方面开展调查：①初高中生对地理课的态度；②初高中生对课程思政融入地理课程的态度；③初高中生对地理课程思政对学习和全面发展是否有帮助的态度；④初高中生对后续地理课中融入思政教育的态度。具体数据如表3－10所示。

表3－10　学生对地理课及地理课程思政的态度调查

单位：人，%

题项	选项	人数		比例	
		初中生	高中生	初中生	高中生
你喜欢上地理课吗？	非常喜欢	76	155	46.63	27.19
	喜欢	54	239	33.13	41.93
	一般	29	169	17.79	29.65
	不喜欢	2	7	1.23	1.23
	非常不喜欢	2	0	1.23	0.00
你认为地理课程中有必要融入课程思政吗？	非常有必要	47	265	28.83	46.49
	有必要	84	282	51.53	49.47
	完全没必要	7	8	4.29	1.40
	无所谓	25	15	15.34	2.63

题项	选项	人数		比例	
		初中生	高中生	初中生	高中生
在后续地理课中融入思政教育你会愿意继续学习吗？	非常愿意	95	287	58.28	50.35
	比较愿意	61	256	37.42	44.91
	不愿意	3	8	1.84	1.40
	无所谓	4	19	2.45	3.33
你觉得地理课程思政对你的学习和全面发展有帮助吗？	非常有帮助	45	277	27.61	48.60
	有帮助	77	256	47.24	44.91
	没有帮助	23	9	14.11	1.58
	不清楚	18	28	11.04	4.91

1. 初高中生普遍喜欢地理课

对回收的有效问卷进行统计分析发现，参与调查的初高中生对地理课的态度，有 46.63% 的初中生和 27.19% 的高中生表示"非常喜欢"；33.13% 的初中生和 41.93% 的高中生表示"喜欢"；17.79% 的初中生和 29.65% 的高中生表示"一般"；而表示"不喜欢"和"非常不喜欢的"的初高中生占比均较少（见表 3-10）。此数据说明大部分初高中生对地理课的喜欢程度较高，其中初中生对地理课的喜欢程度高于高中生，可能与不同阶段地理学科的深度与难度有关。整体而言，大部分初高中生对地理课的喜欢程度较高，有利于课程思政融入中学地理教学工作的开展。

2. 学生对开展课程思政的认可度较高

在问及"你认为地理课程中有必要融入课程思政吗？"的问题时，初中生回答"非常有必要"和"有必要"的占比分别为 28.83% 和 51.53%，高中生觉得"非常有必要"和"有必要"的占比分别为 46.49% 和 49.47%，高中生对地理课程中融入课程思政的态度好于初中生（见表 3-10）。这一数据说明从整体来看，初高中生对地理课程与思政元素相结合的教学模式认可度还是比较高的，将思政元素融入地理教学符合绝大多数学生的学习倾向。

3. 学生对地理课程思政影响的认知有待深化

调查发现，虽然初高中生对地理课的喜欢程度较高，但是对于将课程思政融入中学地理教学所形成影响的认知还有待深化。如表 3 - 10 所示，在问及"你觉得地理课程思政对你的学习和全面发展有帮助吗？"的问题时，觉得"非常有帮助"的初中生占比只有 27.61%，高中生占比 48.60%；觉得"有帮助"的初高中生占比分别为 47.24% 和 44.910%；而觉得"不清楚"甚至是"没有帮助"的初高中生占比分别为 25.15% 和 6.49%。这一统计数据说明，学生对地理课程思政开展的影响力认知较为浅显，有待加强。

4. 学生对地理课程思政教学持积极态度

从表 3 - 10 中可以看出，面对"在后续地理课中融入思政教育你会愿意继续学习吗？"问题时，表示"非常愿意"的初高中生占比分别为 58.28% 和 50.35%；表示"比较愿意"的初高中生占比分别为 37.42% 和 44.91%；只有极少数的初高中生表示"不愿意"或"无所谓"。总体来看，大多数初高中生对于实施地理课程思政是持支持态度的，完善地理课程思政教学，激发每一个学生的学习兴趣，增强学生对地理课程思政的感知和认同，是每一位地理教师都应当重视并合理应对的现实课题。

（四）学生视角下地理课程思政的实施现状

问卷调查的第四部分为初高中生视角下地理课程思政的实施现状调查。具体从以下五个方面开展调查：①初高中生视角下，地理教师在课程中融入课程思政的程度；②初高中生视角下，地理教师在地理课堂中，对地理课程思政相关知识解释的详细程度；③初高中生视角下，地理教师在地理教学中进行课程思政教育所选用素材的丰富和新颖程度；④初高中生视角下，地理教师在课堂教学中贯穿课程思政教育的效果；⑤初高中生视角下，地理教学与课程思政融合过程中所存在的问题。

1. 地理课程思政的融合程度有待提高

如图 3 - 9 所示，有 19.63% 的初中生和 22.11% 的高中生认为地理教师

的课堂全部融入了课程思政理念；47.24%的初中生和53.33%的高中生认为地理教师的课堂大部分融入了课程思政；27.61%的初中生和22.28%的高中生觉得地理教师在课堂中融入的思政理念较少；只有5.52%的初中生和2.28%的高中生认为地理教师没有在课堂上融入思政理念。由此可推测，高中地理课堂与课程思政融合程度要高于初中，但地理课程思政融合程度仍有待提高。

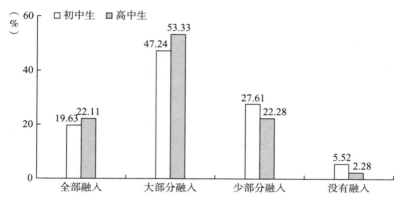

图 3 - 9　学生视角下地理课程融入课程思政现状

2. 地理教师阐述课程思政的详细程度有待提高

从图 3 - 10 中可以看出，对初高中生视角下"地理教师在地理课堂中，对地理课程思政相关知识解释的详细程度"的调查发现，31.29%的初中生和38.42%的高中生认为地理教师对地理课程思政相关知识的解释很详细；36.81%的初中生和43.51%的高中生认为地理教师对地理课程思政相关知识的解释比较详细；28.84%的初中生和16.32%的高中生认为地理教师对地理课程思政相关知识的解释处于一般水平；还有3.07%的初中生和1.75%的高中生认为地理教师对地理课程思政相关知识的解释不太详细。此数据表明，超过65%的初高中生对地理教师对地理课程思政相关内容解释的详细程度是认可的，但一线地理教师仍需加强自身对地理课程思政的理解，在地理课堂中，详细阐述地理课程思政知识，加深学生对课程思政的理解。

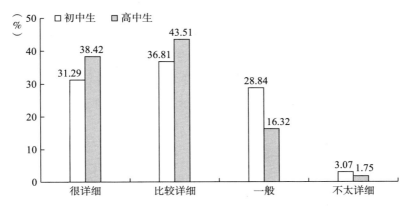

图 3-10　学生视角下教师对地理课程思政解释的详细程度

3. 地理课程思政素材有待丰富

如表 3-11 所示，对初高中生视角下"地理教师在地理教学中进行课程思政教育所选取的素材丰富和新颖吗？"这一问题进行调查发现，超过46%的初高中生认为地理教师选取的地理课程思政素材十分丰富且很新颖；超过45%的初高中生认为地理教师选取的地理课程思政素材丰富但新颖程度比较一般；不到5%的初高中生认为地理教师选取的地理课程思政素材不丰富且呆板陈旧；还有一小部分初高中生认为地理课程中十分缺乏地理课程思政的素材，且仅有的思政素材也比较乏味。

表 3-11　初高中生视角下地理课程思政的实施现状

单位：人，%

题项	选项	人数		比例	
		初中生	高中生	初中生	高中生
地理教师在地理教学中进行课程思政教育所选取的素材丰富和新颖吗？	十分丰富，很新颖	75	282	46.01	49.47
	丰富，比较一般	80	257	49.08	45.09
	不丰富，呆板陈旧	6	27	3.68	4.74
	十分缺乏，乏味	2	4	1.23	0.70

续表

题项	选项	人数		比例	
		初中生	高中生	初中生	高中生
地理教师在课堂教学中贯穿课程思政教育的效果如何?	非常好	56	261	34.36	45.79
	比较好	85	223	52.15	39.12
	一般	16	80	9.82	14.04
	差	6	6	3.68	1.05
你认为目前地理教学与课程思政融合过程中还存在哪些问题?(多选)	内容枯燥无味	50	170	30.67	29.82
	教学形式单一	70	229	42.94	40.18
	课程实践少	82	318	50.31	55.79
	老师经验不足	11	47	6.75	8.25
	课堂氛围差	41	115	25.15	20.18
	其他	43	174	26.38	30.53

4. 地理课程思政育人效果有待加强

在对"地理教师在课堂教学中贯穿课程思政教育的效果如何?"进行调查时发现,34.36%的初中生和45.79%的高中生认为地理教师在课堂教学中贯穿课程思政教育的效果非常好;52.15%的初中生和39.12%的高中生认为地理教师在课堂中贯穿课程思政教育的效果比较好;还有13.50%的初中生和15.09%的高中生对地理教师在课堂中贯穿课程思政教育的效果不满意,认为效果"一般"或"差"(见表3-11)。该数据表明,初高中地理教师在进行课程思政教育时,并没有充分发挥出地理课程思政的育人效果,学生的感知不明显,因此地理课程思政育人效果有待加强。

5. 地理课程思政融合过程存在问题较多

从表3-11中可以发现,初高中生认为目前地理教学与课程思政融合过程中存在一些问题。30%左右的初高中生认为内容枯燥无味是地理教学与课程思政融合过程中的主要问题;超过40%的初高中生认为其主要问题是教学形式单一;超过50%的初高中生认为其主要问题是课程实践少;超过20%的初高中生认为课堂氛围差是其主要原因;还有超过25%的初高中生

认为地理教学与课程思政融合过程中还有其他方面的问题；只有不到10%的初高中生认为老师经验不足是地理教学与课程思政融合过程中的主要问题。由上述分析可知，目前初高中阶段课程思政融入地理教学在实施过程中还存在许多有待改进和提升的地方。

6. 地理教学中开展课程思政频率存在差异

对"地理教师在课堂教学中融入课程思政情况"的调查发现，初高中地理教师开展地理课程思政的频率存在较大差异。如图3-11所示，大部分初高中生表示所在班级地理教师会在课堂教学时加入课程思政的内容。其中，20%左右的初高中生表示地理教师"经常开展"课程思政，超过52%的初高中生表示"有时开展"课程思政，超过22%的初高中生表示"偶尔开展"课程思政，只有4%以下的初高中生表示所在班级地理教师从没有开展过课程思政。说明大部分初高中地理教师会在地理课堂中加入一些课程思政内容，但是开展课程思政的频率存在差异。

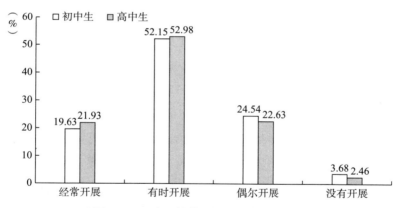

图3-11　地理教学开展课程思政的频率

第二节　问题与成因

目前，课程思政在高校中已经广泛实施，但大部分中学还没有开展课程思政工作。初高中地理课程思政的建设处于探索阶段，出现问题是在所难免的，应该正视问题。地理课程思政的建设主要存在课程思政重视程度

不够、课程思政理念落实效果不佳、传统教育观念影响根深蒂固、课程思政队伍建设薄弱、课程思政资源开发难度较大、课程思政考评体系不够科学等问题。

一　课程思政重视程度不够

（一）中学地理课程思政起步晚

大中小学都承担着课程思政建设的重要任务，应分层分类实现由高校到中小学的延伸，实现一体化建设，而当前高校与中小学课程思政的建设缺乏联系。[①] 高校各专业的课程思政建设都取得了颇多成绩，而中学地理课程思政的开展却相对落后，许多一线地理教师不了解课程思政理念，仍局限于思政课教师之外的学科教师无须思政教育的意识。中学地理课程思政的理论研究和实际落实均起步较晚，应从完善初高中地理课程思政理论体系开始，着重提高地理教师对课程思政理念的理解与把握，最终将其落实在实际教学中。[②]

（二）地理教师缺乏课程思政培训

目前部分初高中地理教师尚未接受课程思政相关课程的学习，且多数高校没有针对地理师范生和地理教育硕士生开设课程思政的课程，这也直接导致地理师范生和地理教育硕士生进入工作岗位后缺乏课程思政的理论基础。再者，由于课程思政仍处于政策范畴，各个教研活动还未对课程思政进行深入研究，所以在地理教师的在职培训中，有关课程思政的培训相对较少，这也引发了多数地理教师仍对课程思政理念的特点和内涵不清楚的问题。增设课程思政理念的培训，组织一线地理教师参加，其中最首要的是改变地理教师对课程思政理念的误解，课程思政的建设并非是简单的"教学＋思政"，并非是从课堂教学有限的时间中抽离出部分时间用作思政教育，而是以潜移默化的形式实现，更多由地理教师创造情境，学生在情

---

① 邱仁富：《推进大中小学课程思政一体化建设的着力点》，《中国德育》2020 年第 17 期。

② 苗司雨：《高中地理教学中课程思政元素的挖掘及应用研究》，硕士学位论文，安庆师范大学，2022。

境中自主领悟。

（三）学校不够重视课程思政教育

学校在课程思政教学中起着很重要的领导作用，学校对课程思政的态度以及重视程度，直接影响地理教师的课程思政实施效果。① 校领导作为课程思政实施的关键一方，在政策决策中必须统筹规划、设计课程育人的环节和实施步骤，指导地理教师在教学中合理巧妙地融入思政元素。只有学校高度重视立德树人、协同育人的理念，教师才能有效地去探索地理课程思政实施的过程。② 正是由于学校对课程思政教育的重视程度不够，地理教师才会对课程思政教育的关注度不高，在平时的地理教学中容易忽视课程思政教育。

二 课程思政理念落实效果不佳

（一）课程思政元素挖掘不深入

地理学科在培养学生爱国主义情感和价值观方面，具有其他学科无可比拟的优势。初高中地理课堂是培养学生可持续发展观、人口观、资源观和环境观的主阵地。有些地理教师对教材的理解深度不够，不重视深入挖掘教材背后的思政元素，只顾采用讲授法和 PPT 展示法教授地理教材内容，让学生单纯学地理教材、背地理教材。如此，课程思政理念难以得到有效落实。③

（二）地理课程思政融合不充分

一些初高中教师，虽然对课程思政教育有所重视，但并没有将其与课程特点充分结合，只是一直在讲大道理，没有明确的教学目标，或挖掘的思政元素例子不够多、范围不够广，一些老化的例子一直在重复讲，这就产生了强行思政说教的问题。加之初高中生心理不成熟，又恰好处于青春

① 黄佰宏：《"课程思政"视域下的大学英语教学改革与实践——以浙江理工大学为例》，《浙江理工大学学报》（社会科学版）2020 年第 4 期。
② 张先姣：《乡镇初中英语课程思政教育策略研究》，硕士学位论文，陕西理工大学，2021。
③ 张镇洋、海全胜：《课程思政理念在中学地理教学中的落实》，《中学教学参考》2022 年第 4 期。

叛逆期，对强行思政说教存在抵触心理，因此课程思政在地理教学中有效落实存在一定的困难。① 这说明在地理课程思政的实施过程中，地理教师仍有许多需要改进的地方。

（三）渗透思政教育的教学方法单一

对"教师进行地理课程思政教学常用的教学方法是什么？"的问题进行调查，发现超过 70% 的初高中生表示地理教师采用的最主要的方法是传统讲授法。尽管在地理教学的过程中，地理教师也会播放一些影视资料，或者采用情景教学法、案例分析法、实地考察法等方法，进行地理课堂教学，但是大多数时候，学生都是被动地接受地理教师传递的知识，并没有真正主动地进行情感体验。因此，学生对于课程思政与地理教学的结合内容缺乏主体感受，很难将其内化于自身的情感之中。

三　传统教育观念影响根深蒂固

（一）"重智育、轻德育"的现象广泛存在

调查问卷数据显示，大部分初高中地理教师表示，学校在选择地理教材时，不会去优先考虑加入思政元素内容的地理教材，仅有 30% 以上的地理教师明确表示学校会优先选择加入思政元素的地理教材。这说明我国相当一部分学校还认为重视智育远远比强调德育质量更重要。

德智体美劳全面发展是我国实施素质教育的一个重要的出发点。教育之重，德育先行。德育作为五育中的基础，应该始终被放于学校教育教学工作的首位。但现实情况往往并非如此，虽然有很多学校的课程及思政教育体系建设总体情况一直较好，但极个别的学校，仍存在"重智育、轻德育"的现象。学校本身就不大重视做好学生日常思政教育，更谈不上进行地理课程教学与课程思政的融合建设。如果不从根本上转变"重智育、轻德育"的落后教育观念，转变对地理思政教育的错误观念，认为"课程思政"和"德育"仅仅是思政课及思政教师的责任，其他学科只负责传

---

① 李婕：《高中地理教学中渗透思政教育的实践探索——以"环境问题、协调人地关系"为例》，《中学课程辅导》2022 年第 18 期。

授知识和培养能力，就难以使各门课程形成"同向同行、协同育人"的合力。①

（二）应试教育的功利性突出

应试教育是以提高学生考试成绩、培养学生解题能力为目标的教育，它以分数来衡量学生水平，是一种以把少数人从多数人中选拔出来送进更高一级学校为目的的教学模式，是与素质教育相对应的。尽管在应试教育模式下，确实也培养出了不少为国家建设做出贡献的人才，但应试教育的功利性，使得教育偏离了正常的轨道，脱离了预期设想，忽视了学生综合素养的培养，结果培养出来的学生只会考试，缺乏社会生活实践能力。② 在这种大环境影响下，地理课程思政的实施也摆脱不了应试教育功利性的干扰，思政教育效果欠佳。

（三）注重教师讲授，忽视学生参与

调查研究显示，在初高中阶段课程思政与地理教学的融合过程中，地理教师由于教学任务多、地理课时紧张等原因，为了完成地理教学进度，在课堂教学过程中，采用教师讲授为主的教学方式。在实际的地理课程思政教学中，往往没有给予学生足够的时间去思考、理解，忽视了学生是学习活动的主体，没有充分调动学生学习地理课程时的主体能动性，学生课程参与度低，只是被动地接受地理教师所传达的理论和知识，无法发挥地理课程思政的真正作用。

四　课程思政队伍建设薄弱

（一）教师课程思政素养参差不齐

教师作为有效课堂教学方案的实施者，对正常教学进度要求的把控和高质量课程教学效果目标的达成，具有重要影响，是推行有效课程思政工

---

① 张丽萍：《高职化工专业"课程思政"教学改革路径研究》，《现代职业教育》2019年第17期。

② 万灵敏：《应试教育下的功利性与社会发展对人文需求的矛盾》，《牡丹江大学学报》2010年第9期。

程的关键一环。只有真正强化每一位地理教师的主动育人意识，才能有效实现知识传授与价值引领的统一。实施地理课程思政活动，受教师个人因素等影响较大，有时教师只是在地理教学过程中，突然想起某些生活素材，便即兴地进行一些课堂性思政教育，导致课堂教学方式并不合乎规范，不能达到最佳教学组织效果。因此，必须提高地理教师课程思政意识，这是地理课堂教学中融入思政教育的前提和基础，也是落实立德树人根本任务的保证。

（二）教师缺乏思政教育意识

"师者，传道授业解惑也。"中学地理教师的教学素质和身心素质与初高中生的学习和成长密不可分。虽说在新课程改革的引导之下，地理教师的教育理念有了一定程度的更新，但是传统教育模式并没有得到优化与改变，整体还处于应试教育阶段，对学生各方面的评价也以分数为主。这就使得教师在升学、教学和家长压力的影响之下，没有时间和精力参与思政教学模式的优化，以致其缺乏思政教育意识，并且即使其能够意识到课程思政教育的意义，其也不能很好地将课程思政融入中学地理教学，更无法促成"全员育人"教育目标的达成。[①]

（三）地理教师思政知识储备不足

虽然在问卷调查中，初高中地理教师都提到课程思政是必不可少的，但是在实际课堂中涉及较少，这可能与年轻地理教师思政知识储备不足有关。通过问卷调查发现，部分初高中地理老师的课程思政教学，有的是在讲解专业知识的过程中渗透一定的思政知识，有的是把学科课程讲完之后再快速讲解思政知识，从整体来看，并没有实现课程与思政的有效融合，仅仅是硬性灌输思政内容。这不仅难以达到应有的教学效果，还反映了教师教学能力的不足。地理教师思政知识储备不足，还与专门的思政培训机会较少、现存的思政培训过于形式化、地理教师自我充实时间少等原因有关，在今后的地理教师思政培训过程中，要予以重视。

---

① 　王娜：《初中英语课程思政教育的研究与探索》，《考试周刊》2021 年第 66 期。

五　课程思政资源开发难度较大

（一）直击课程思政内容的考点较单一

从 2020 年入学的初一年级新生开始，河南将地理和生物科目纳入中考考试科目，统考时间安排在初二下学期期末，考试成绩计入学生次年中招录取总成绩。由于地理成为中考考试科目的时间并不长，河南地理中考试题中缺乏直接考查学生思政知识的考点。对于高中阶段的地理课程，由于课程思政理念属于新兴教育热点问题，没有在高中地理教材里过多涉及，高考地理试题中也缺乏直接考查学生思政知识的考点。目前初高中地理教师还存在思政教育只存在于思想政治课中的误解，导致教师忽视了地理课程思政方面的教学。

（二）地理教材缺乏系统课程思政知识

初高中阶段的地理教材中，涉及课程思政元素的内容相对较为隐晦，不具有系统性，仅有个别章节在本章的最后一节呈现思政相关的知识内容，但往往被认为不是重点知识，一带而过。长期以来，地理教科书对思政内容的不重视，直接导致地理教师忽略了这部分知识，而且在教学时间紧张和应试考试的双重压力下，地理教师将重点放在考试重难点上，更没有时间和精力挖掘教材深处的思政元素，致使地理课程思政的实施陷入困境。[①]

（三）课程思政资源开发激励机制欠缺

课程思政一直以来都是比较重要的一个课题，课程思政的主体为教师，载体为课程资源，因此课程资源对课程思政来说至关重要。通过问卷调查得知，课程思政在地理课堂中的实施效果并不是很好，除了课程、教师、学生等方面的影响，课程思政资源缺乏也是不可忽视的重要因素，这就需要大力开发地理课程思政资源。但就目前来说，专门开发地理课程思政的专业人员并不是很多，最主要的原因之一就是在课程资源开发方面，缺乏相应的激励机制，导致大多数人不重视课程思政资源的开发。在这种情况下，需要完善对课程思政资源开发的激励机制，促使更多的人员投入地理课程思政资源开发之中。

---

① 陶宛琪：《基于课程思政的高中地理教学设计研究》，硕士学位论文，石河子大学，2021。

六　课程思政考评体系不够科学

（一）课程思政考核评价体系不完善

通过问卷调查发现，虽然随着教育教学的改革，初高中阶段地理课程的思政教育越来越受到教育者的重视，但大多数学校没有完善的初高中地理课程思政的考核评价体系。在进行初高中地理课程思政教学效果评价时，评价仍然充满"个人色彩"。地理课程思政的相关评价体系不健全，导致其思想导向不一，而每个地理教师对思政教育的理解都不同，这就导致其思政方式和教育内容也不尽相同。再者，缺乏完善课程思政考核评价体系，亦导致地理教师在实施地理课程思政后，难以对思政教育的实施效果进行评判，进而无法对相应的教学方法和内容进行完善。因此，构建完善的初高中地理课程思政教学考核评价体系已成为重中之重，其目的是提升初高中地理课程思政教学效果。

（二）课程思政质量考核机制单一化

如果学校不从实际出发，有系统、有组织、有目的地对课程思政质量考核机制进行规划，地理课程思政建设就很容易陷入相互推诿、空洞抽象的局面。就目前来看，学校对全员在课程思政建设中所取得的成就，缺乏科学的质量考核，地理课程思政质量考核机制单一化，考核目的重结果而轻过程，考核内容重知识而轻能力，考核方式重笔试而轻面试。这容易使教学经验偏少、教学方法不得当的地理教师，因投入较多的时间和精力在地理课程思政教学上，却没有得到较好的教学质量成果，而自信心受挫，甚至降低教学能动性，也容易打击学生的学习积极性，不利于地理课程思政工作的阶段性开展。

（三）课程思政考核评价方式陈旧

部分中学地理教师，虽然能够意识到地理学科的思政教育价值，也在教学中融入了思政教育，但是由于现行的对学生的评价方式仍然以学生的分数、升学率为主要评价标准，考核评价方式陈旧老套，存在明显不足，所以对于课程思政理念在地理教学中的落实不够重视。没有评价就没有反思，没有反思就没有改进。课程思政理念没有融入评价环节，导致思政教

育很难渗透到日常的地理教学中。学生评价侧重考试分数，使得学生也注重考试成绩，通过做各种习题、报各种培优班来提高考试成绩。教学中的思政教育，得不到师生足够的重视。①

第三节　提升策略

基于课程思政理念在中学地理教学中融入爱国主义教育，培养学生爱家、爱党、爱国、爱社会主义的家国情怀，使中华文化赓续延绵，是教育者迫在眉睫的任务。目前，地理学科基于课程思政理念渗透爱国主义教育的理论与实践研究，主要集中于高等教育阶段，涉及中学阶段的研究相对较少。如何利用庞杂的思政元素，在中学地理教学中做到润物细无声的爱国教育是亟待研究的问题。

一　深化课程思政认识，关注核心素养

（一）加快推进中学地理课程思政建设

保障中学地理课程思政顺利实施，需结合中学课程的实际情况，完善中学地理课程思政体系建设。初高中学校要成立课程思政领导小组，负责全校课程思政工作的开展；与之相对应，地理学科组也要成立课程思政小组，贯彻落实学校有关思政教育的方案，针对地理学科的特点，有针对性地进行方案实施。学校还要采取措施，打造高素质的地理课程思政教师队伍，创新地理课程思政教育载体，创造良好的思政教育氛围，为中学地理课程思政建设的顺利推进保驾护航。

（二）加大地理教师课程思政培训力度

全面推进课程思政建设，教师是关键。课程思政建设既是一项教学革新运动，又是一项教师队伍素质提升工程，即突出强调"教育者必先受教育"，强调教师要"人人参与"。地理课程思政建设顺利进行，以及保障后

---

① 张镇洋、海全胜：《课程思政理念在中学地理教学中的落实》，《中学教学参考》2022 年第 4 期。

续地理课程思政的实施效果，落实立德树人的根本任务，需加大地理教师课程思政的培训力度。如学校应定期组织地理教师参加专业的课程思政相关培训活动，组织课程思政主题比赛或优质课程思政观摩课的听课、观课、议课活动，方便教师之间相互借鉴学习成功的实际操作经验。学校还要为地理教师提供有关课程思政的学习、交流平台，以拓宽交往面，提升地理教师的思政教育理论水平和地理教学实践能力。

（三）提高学校地理课程思政教育重视度

将课程思政融入各学科教育教学，是落实立德树人根本任务的主渠道。为此，各初高中学校应从立德树人的高度，提高学校对地理课程思政教育的重视程度。首先，要提高学校党委对地理课程思政的重视度，统一思想认识，增强责任感和使命感，把地理课程思政建设当作一项重要的政治任务。其次，要提高学校其他领导班子、各地理任课教师以及学生对地理课程思政的重视程度，并将其纳入考评机制，切实保障地理课程思政理念深入人心，实现全员、全程、全方位高度重视。

二　持续推进课程思政改革，重视落地实效

（一）注重课程思政元素挖掘

课程思政不是增加学时、另起炉灶，而是在现有地理学科知识讲解和课程活动的基础之上，进行思政理念的融入和升华。[1] 地理教材作为新课程理念的重要载体，不仅有丰富的知识，还蕴含情意要素。[2] 因此，需要教育者充分挖掘初高中地理教材中现有的思政元素，打通思政教育的"最后一公里"，建立丰富的课程思政教学资源库，在课堂教学中践行德育。结合课程教学大纲修订、撰写详细的课程思政教学指南，做到课程思政教学有纲可依，并确保能够落到实处。根据教学内容的重难点，选择恰当的课程思

---

[1] 段莉彬、江涌芝、郭程轩、陆柔斯：《春风化雨，践行德育——谈谈初中地理课程中的"思政性"》，《地理教学》2021 年第 9 期。

[2] 袁振国：《线上线下融合：实现大规模个性化的未来教育》，《中小学数字化教学》2020 年第 11 期。

政元素。结合教学内容，从科学发展、科学精神、爱国主义、生态文明等方面，将思政元素融入教学过程，使课堂有趣起来、活泼起来、丰富起来。

（二）丰富课程思政教学内容

课程思政是落实立德树人根本任务的关键环节。教师要坚定信仰、丰富学识，对社会生活中丰富而鲜活的地理思政素材，要广泛涉猎、深入挖掘、抽丝剥茧，将这些鲜活的素材有机融入地理课堂，提升地理思政课堂的感染力和实效性。[①] 教师要在充分挖掘地理课程中蕴含的思政元素的基础上，找准地理素材与课程思政的切合点，对二者进行有机自然的融合，让学生在完成地理知识学习的同时，形成正确的道德观念和价值观念，保障课堂教学效率的提升。地理教师可以采用设置教学情境、案例教学、组织实践活动等方式，为思政内容的融合提供前提条件，提高学生的理解能力；还可以利用信息技术，让学生在实践中学习，完善学生的"思政网"，真正做到课程思政与地理课程无缝衔接。

（三）创新课程思政教学方法

在提升学生核心素养背景下，教师首先要不断提升教学水平，进而创新地理课程思政教学方法，摒弃以往单一低效的教学模式，实现多元化的地理课堂教学。在地理教学中，教师应当根据每个学生的地理学习状况和能力，合理分配学习任务和把控教学进度，采用民主化的教学方法，进行多元化地理教学。[②] 教师可根据课型的不同，采用案例教学法、情境教学法、小组合作学习法、课堂讨论教学法、问题解决式教学法、启发式教学法等不同教学方法的组合模式。地理课有预习课、解决课、拓展课等多种课型；辩论比赛、模拟实验、角色扮演、研学考察、量化评价等多种评价方法。

三 转变课程思政教学理念，推进素质教育

（一）德智体美劳五育并举，协同发展

德智体美劳是学生素质定位的基本准则，也是教育的趋向目标。但是在

---

① 夏宇：《课程思政在初中地理教学中的设计研究》，硕士学位论文，青海师范大学，2022。
② 刘永胜：《核心素养背景下思政教育在高中地理教学中的渗透》，《智力》2021年第34期。

现实的教学过程中，部分教师还是把智育放在最前面，忽视了德育、体育、美育和劳动教育，这违背了引导学生全面发展的准则。在新的时代背景下，要顺应新课改趋势，推进五育并举、协同发展。在五育之中，德育起枢纽作用，因为德育既是引导学生树立正确的人生观、价值观，使学生具有良好的道德品质和正确的政治观念，以及形成正确的思想方法的教育，同时也能够与智育、体育、美育和劳动教育相互联系、密切协调。而德育的培养，不应仅仅依靠思想政治课来进行，更应该在课堂教学中融入课程思政元素，潜移默化地对学生进行思想政治教育，培养有德行的学生，促使学生形成正确的价值观念，从而更好地推进德智体美劳五育的融合。

（二）注重素质教育，弱化应试教育

在全面推进课程改革的大环境下，素质教育越来越受到人们的关注，但是在当下，依然存在部分学校或者教师过分注重填鸭式教学，没有从应试教育的思想观念之中脱离出来，把书本的知识灌输给学生，毫无创造性可言。长此以往，不仅会影响学生的全面发展，还会导致学生形成畸形的学习观念。事实上，应试教育所出现的唯分数论现象，正是忽视或放弃了其他方面的需要和其他素质的培养。素质教育能够打破应试教育的传统观念，注重和关心学生适应时代变化的素质培养，注重学生能力的发展，注重学生的思想道德素质培养、个性发展、身体健康和心理健康教育，强调全面提高培养人才的质量，以适应社会发展之需。

（三）重视学生在课堂中的主体地位

现代的教育理念认为，在课堂教学中，谁获取知识谁就是主体，学生是学习者，是获取知识的主体，因此在课堂教学中也居主体地位。但是在现阶段课程思政与地理教学的融合过程中，部分教师为了顺利完成教学任务，没有充分发挥学生的主体地位，只是被动地教给学生知识，没有让学生在课堂教学中通过自己的探索来掌握知识，导致地理课程思政的实施效果并不是很理想。为了改变这种现状，在教学过程中，教师要充分发挥其主导作用，培养学生主动学习的能力和主动进取的意识，坚持以学生为主，把主动权还给学生，让学生自主进行操作、观察等探究活动，从而领悟课

堂教学过程中教师引入的课程思政元素，不断提高自身的素养。

四　加强课程思政队伍建设，提高综合素养

（一）全面提升教师课程思政素养

全面提升地理教师的课程思政素养，是进行地理课程思政建设的关键环节，关系到思政教育事业的成功。提升地理教师课程思政素养，可以从提高地理教师的马克思主义理论水平入手。学校可以通过培训、宣讲、评估、监督等不断提高地理教师的课程思政素养；还可以鼓励地理教师参与社会实践活动，将自己的理论知识运用到实践中，在实践中进一步提升课程思政理论高度。学校应该抓紧制定和落实教师的思想政治道德规范，发挥监督管理作用，对于不符合教师德行规范的行为要追究到个人，督促其改正。

（二）增强教师课程思政育人意识

教师是课程思政建设的主力军，教师的课程思政育人意识深刻影响着课程思政的育人实效。具备课程思政育人意识的地理教师，才能充分调动学生学习地理课程思政的积极性，自觉把课程思政贯彻落实到教育教学的各个环节。在中学地理课程教学中实施课程思政的效果，同样取决于地理教师的育人意识和育人能力，地理教师要自觉树立牢固的课程思政育人意识和责任意识。一是培育课程思政理念。课程思政并不是一门或一类课程，而是一种整体性的课程观，要改变过去地理课只注重"授业、解惑"而忽视"传道"的局面，坚持教书和育人相统一。二是提高课程思政教学的艺术性，增强课程思政的说服力、亲和力和有效性，不生搬硬套，真正做到将地理知识传授、能力培养和思想政治教育融为一体，并坚持言传身教，不断加强师风师德建设，以身作则做好思想引导和行为示范。①

（三）增加教师思政知识储备

中学地理教师的思政知识储备不足，是影响中学地理课程思政实施效果的重要因素之一。学校应鼓励地理教师参加教育主管部门举办的思政教育培

---

① 陈阳建、李凤燕、张立飞、罗方：《"课程思政"在生物化学教学中的探索实践》，《管理观察》2018 年第 26 期。

训、专家讲座、思政知识比赛活动，扩充地理思政知识；同时，可组织观摩优秀教师的思政教育融合示范课，进行借鉴性学习。地理教师可通过教育实践，创造性地将思政知识转化为教育智慧，转化成教育教学能力。在工作之外，地理教师要勤于学习，充实自我，可通过图书馆或者信息技术获取思政知识。图书馆是地理教师获得思政知识的重要途径，而信息技术的应用给教师学习思政知识提供了捷径，减轻了教师在思政知识储备过程中收集、检索资料的负担，有利于地理教师进行自主学习。

五　分类整合课程思政资源，丰富思政元素

（一）思政元素多角度融入地理考点

地理教材中蕴含着丰富的德育资源，以初中人教版八年级上册地理为例，教材内容涉及中国的疆域、自然环境和经济发展等，这些内容是渗透爱国主义、人地协调观、环境保护意识等思政元素的重要素材。在考试出题时，可以根据地理知识考查的侧重点，多角度多方位有机融合思政元素。此外，时事地理既是地理课程资源也是思政教育素材，时事地理的"真实性"和"生活化"与地理核心素养的培养要求相契合，与立德树人的根本任务相切合，在出题时可灵活选取与目标主题相关的时事地理材料，将地理考点与思政元素自然融合。如在考查"洋流"和"环境污染与国家安全"的内容时，可结合日本加速向海洋中排放核废水引起世界多个国家抗议的新闻热点，既考查学生对地理考点的掌握情况，又考查学生的全球意识和环境保护意识。

（二）组建系统化地理思政知识资料库

为保证地理课程思政顺利实施，便于地理教师和学生寻找地理学科中蕴含的思政元素，解决现行中学地理教材中缺乏系统课程思政知识的问题，组建系统化的地理思政知识资料库，显得尤为重要。该资料库的建立，离不开学校层面的政策支持和资金扶持，离不开教师的地理思政资料收集与整合。可深度挖掘地理教材和时事地理以及其他地理资料中所包含的思政内容，进行归纳整理，建立地理思政知识资料库，并根据地理教材、地理

时事热点和其他地理素材的不断更新，进行定期补充和完善。

（三）健全课程思政研发激励机制

教育的根本任务是立德树人，教师的职责是为党育人、为国育才。持续推进课程思政育人体系建设，有赖于课程思政建设激励机制的强力支持，增强教师参与课程思政建设的荣耀感和归属感。[①] 初高中阶段地理课程思政最后成效如何，很大程度上取决于教育工作者在其中投入了多少精力。这要求初高中学校坚持从"人才培养中心地位"出发，健全课程思政研发激励机制，切实保障对教育工作者的精神激励和物质激励。对于在初高中地理课程思政中贡献大、投入多的教育工作者，在职称评定、绩效津贴等方面，给予适当的倾斜，并设立相应的初高中课程思政研发专项经费奖项，吸引更多人参与高中课程思政建设。

六　健全课程思政评价体系，实现以评促建

（一）做好顶层设计，完善评价体系

根据初高中课程思政立德树人的任务，学校应该在顶层谋划上，对各学科教学中课程思政的落实情况，进行科学合理的评价。构建完善的中学地理课程思政评价体系，需从地理知识学习、日常生活多维度考核评价学生。学校可采用过程性考核评价方式，将考核评价过程细分为课上表现、课下表现、阶段性测验、期末测验等，按比例生成最终成绩。在知识、技能考核评价内容的基础上，结合地理课程特点，增加课程思政相关内容，并将所有考核评价内容细化，梳理成量化指标，形成思政、知识、技能三者有机统一的考核评价内容。考核评价主体要多元化，评价主体由地理课教师、班主任、学习小组组长或同学、学生本人组成。

（二）优化课程思政质量考核机制

中学地理课程思政的质量，决定着中学地理课程思政建设水平，对地理课程思政的质量进行考核，应该从目的、内容、方式三重维度切入。质量考核目的既要重视结果更要重视过程；质量考核内容既要重知识更要重能力；

---

① 陈灿芬：《科学构建课程思政建设的三个机制》，《思想理论教育导刊》2021 年第 9 期。

质量考核方式既要重笔记更要重面试。还要从课程、教师、学生三个方面进行把关，对课程的实际价值、教师的综合能力、学生的认识实践，做出综合分析与考核。优化课程思政质量考核机制，建立注重学科专业知识能力、情感态度能力、价值观相互整合的多元化的学习成果质量考核机制。

（三）创新课程思政考核评价方式

传统的课程考核评价方式，是以学生成绩和升学率为主要评价标准的考核评价方式，使得思政教育在地理课堂中难以实施，且学生情感态度与价值观的培养成效，是难以通过考试和分数来评价的。因此，创建能够全面评价情感态度及其他方面的新的评价机制，尤为重要。教师不能把分数作为评价学生的唯一标准，应将对学生的测评，贯穿于整个地理教学过程，注重观察学生情感态度和价值观的发展，以及提出问题、分析问题的能力等，将这些作为评价学生的重要依据。教师要在传统的考核评价方式的基础上，创新考核评价方式，如采用评价内容多元化、评价主体多元化和评价标准多元化等多元化的评价方式，以落实课程思政理念。[①]

---

① 张镇洋、海全胜：《课程思政理念在中学地理教学中的落实》，《中学教学参考》2022 年第 4 期。

第四章
课程思政融入初中地理教学实践应用

2016 年 9 月，《中国学生发展核心素养》总体框架正式发布。核心素养以培养"全面发展的人"为核心，分为文化基础、自主发展、社会参与 3 个方面，综合表现为人文底蕴、科学精神、学会学习、健康生活、责任担当、实践创新六大素养，具体细化为国家认同等 18 个基本要点。[①] 课堂是高中课程学习的主阵地，是立德树人根本任务落实的主要载体。课程思政要真实和自然地与学科教学目标、教学活动、教学评价相融合。素养的核心是思维，发展核心素养就要培养学科的思维品质。只有从学科教学的课堂入手，课程思政与学科思维有机融合，在学科思维的培养过程中，自然融入课程思政，才能实现"立德树人，素养落地"的任务。

第一节　初中地理教材分析

"用心打造培根铸魂、启智增慧的精品教材，为培养德智体美劳全面发展的社会主义建设者和接班人、建设教育强国作出新的更大贡献。"党的十八大以来，以习近平同志为核心的党中央高度重视和关心教材建设。教材是学校教育教学的基本依据，是育人育才的重要载体，教育思想和理念、人才培养的目标和要求等，都集中体现在教材中。为此，弘扬正确价值导

---

① 《〈中国学生发展核心素养〉发布》，人民网，http://edu.people.com.cn/n1/2016/0914/c1053-28714231.html。

向，发挥教材在人才培养环节中的统领作用，帮助广大青少年学生从小打好中国底色、植入红色基因，成为每一位教材编审工作者的矢志追求。[①] 初中地理课程属于义务教育阶段课程，2001 年颁布的《义务教育课程设置实验方案》和 2022 年颁布的《义务教育课程方案和课程标准（2022 年版）》，坚持了正确的改革方向，体现了先进的教育理念，为基础教育质量提高做出了积极贡献。当今世界科技进步日新月异，网络新媒体迅速普及，人们生活、学习、工作方式不断改变，儿童青少年成长环境深刻变化，人才培养面临新挑战。

教材设计应坚持三大原则：目标导向、问题导向和创新导向。首先，准确理解和把握党中央、国务院关于教育改革的各项要求，全面贯彻习近平新时代中国特色社会主义思想，将社会主义先进文化、革命文化、中华优秀传统文化、国家安全、生命安全与健康等重大主题教育，有机融入课程，增强课程的思想性；其次，遵循学生身心发展规律，加强一体化设置，促进学段衔接，提升课程的科学性和系统性，细化育人目标，明确实施要求，增强课程指导性和可操作性[②]；最后，既注重我国课程建设的成功经验，也充分借鉴国际先进教育理念，进一步深化课程改革，提高课程综合性和实践性，推动育人方式变革，凸显学生主体地位，关注学生个性化、多样化的学习和发展需求，坚持与时俱进，反映经济社会发展新变化、科学技术进步性成果，更新课程内容，体现课程时代性。

人教版初中地理教材以人民为中心，扎根中国大地办教育；坚持德育为先，提升智育水平，加强体育美育，落实劳动教育；聚焦中国学生发展核心素养，培养学生适应未来发展的正确价值观、必备品格和关键能力，引导学生明确人生发展方向，成长为德智体美劳全面发展的社会主义建设者和接班人。

---

① 《用心打造培根铸魂、启智增慧的精品教材——党的十八大以来我国教材建设工作综述》，中国政府网，https://www.gov.cn/xinwen/2021 – 10/11/content_5641781.htm。

② 段莉彬、江涌芝、郭程轩、陆柔斯：《春风化雨，践行德育——谈谈初中地理课程中的"思政性"》，《地理教学》2021 年第 9 期。

一 教材版本分析

我国的中等教育阶段，实行"一标多本"的多样化教学体系，本书选取中图版和人教版两大版本的地理教材，从教材内容选取、教材表现形式、课文系统、图像系统和活动系统五个方面进行分析。

第一，在内容选取上，两大版本内容大同小异。不同之处在于，在认识国家时，人教版教材选择了亚洲的印度，中图版教材选择了非洲的埃及。两版教材内容编排结构不同，即先后顺序不同，内容的组织各有特色。所选相同内容在讲述时侧重点不一样。第二，教材表现形式。在栏目设置上，栏目数量差别较大。中图版教材栏目数量多于人教版教材。在版式设计上，两版教材的封面版式、内部整体形式设计差异较大，各具特色。中图版教材的版式设计更重视细节。第三，在课文系统中，两版教材章节标题中的章标题，因教材的编排组织结构不同而截然不同。正文中的教学指导语差别较大，人教版教材章前主要以问题的形式罗列出教学指导语，中图版教材在章前设有相对应的课题，节前设有探索活动。正文部分，语言简单明了、通俗易懂，且均设有目标题，均以人文地理知识为主，均与图像和活动系统结合紧密。人教版教材文字更加精简易读、科学合理。中图版教材正文内容略多，两版教材在相同的一节中阅读材料的数量不同，中图版教材阅读材料选取的内容广泛，更加重视阅读材料的使用。第四，在图像系统中，两版初中世界分区地理教材图像都较为丰富，种类多样，均注重图像的使用。在图像设计上，均注重图文组合、图像之间的配合使用。中图版教材阅读材料中，图像与文字结合更加紧密。中图版教材的图像比较美观，人教版教材的图像则是简单朴素。第五，在活动系统中，两版地理教材活动类型丰富多样，均与图像和课文系统结合密切，注重培养学生的读图分析能力。中图版教材体验探究类活动明显多于人教版教材，更加注重探究能力的培养。中图版教材无论是活动总数量，还是具体项目数，都要比人教版教材多。

（一）版本内容选择分析

义务教育阶段初中地理内容主要是区域地理，两版教材的世界分区地

理均以区域地理为主要内容，来组织编写地理课程。世界地理是义务教育地理课程体系的重要组成部分。就两版教材而言，人教版七年级上册为世界地理概况部分，下册为世界地理认识区域部分。中图版八年级上册为世界地理概况部分，下册为世界地理认识区域部分，是把整个世界大区域划分成若干个具体小区域进行学习。

从内容选择上看，两版教材的世界分区地理内容，都是根据义务教育地理课程标准编写的，包括认识大洲、认识地区和认识国家。首先，中图版和人教版教材在内容选择上具有两大相同点：一是所选择的区域数量完全相同，主要内容的选择基本相同；二是都很注重对学生解决实际问题的能力的培养。从选取的区域方位来看，覆盖了全世界的七个大洲，以点带面的使初中生对世界地理有大概认识。两版教材在每一个区域内容学习的过程中，均设置了很多活动，在每一节中均设置了合理数量的实际应用活动，来检验初中生运用教材中所学到的地理知识解决实际问题的能力，使初中生在现实生活中真正学到对生活有用的地理。此外，在活动的安排设置上，两版教材选取大量的贴近初中生生活实际的活动来呈现，把所学知识运用到实际生活当中，有利于初中生更轻松地掌握所学的地理知识，促使初中生提高运用所学的地理知识来解决实际生活中的问题的能力。其次，中图版和人教版教材在内容选择上存在两大不同点：一是在"认识国家"中选取了唯一一个不同的国家，人教版教材选择了亚洲的印度这个国家，中图版教材选择了非洲的埃及这个国家；二是相同内容的侧重点不同，例如两版教材都选择了欧洲西部这一区域内容，人教版教材侧重讲解"工业密集，发达国家集中""现代化的畜牧业"两个知识点，中图版在这一内容上则侧重讲解"深受海洋的影响""发达的经济""欧洲联盟"三个知识点。

（二）版本组织结构分析

对内容进行编排不仅要符合地理学科特点，还要考虑初中生的认知规律，科学合理的内容组织编排，对于学生形成知识结构起着举足轻重的作用。两版教材的世界分区地理在内容的组织编排方面，差别很大。

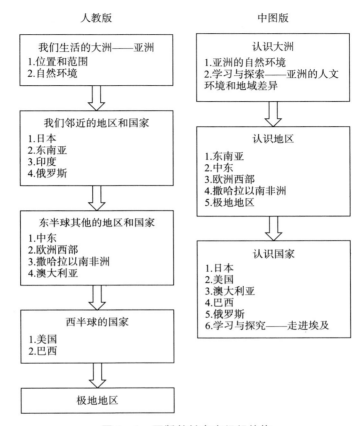

人教版

中图版

图4-1 两版教材内容组织结构

从图4-1来看，人教版教材是以一个中国人的角度，以大洲——亚洲开始，到邻近的地区和国家，再到不远的东西半球的其他的国家和地区，最后到遥远的极地地区，就这样在地理空间方位上以亚洲为中心呈放射式由近及远编排、组织结构，逐步展开学习。是从熟悉到陌生的探索学习过程，这样的编排组织遵循了初中生的认知规律。中图版则是完全以课标为参考依据编排组织区域，确保地理课程标准的落实。首先，从认识大洲开始，认识亚洲的地理环境特征；其次，范围缩小，认识地区，认识各地区的地理特征；最后，范围再次缩小，认识国家，深入认识若干国家的地理特征。在尺度上，范围依次缩小，从观望大洲到了解地区，再到近看国家。

区域的组织从宏观到微观，按照"大洲—地区—国家"的框架组织区域的编排，区域尺度范围逐渐变小，使初中生对空间尺度的认识更加深刻，是一个系统的探索学习过程。

二　教材形式分析

初中地理教科书的研究和编写工作，对中学地理课程具有深远而重大的意义。随着地理课程改革的进行，地理教材的编写设计也在不断优化创新。在"一纲多本"的政策背景下，各版本地理教材各具特色，呈现多元化的态势。教材编制以课程标准为依据，以转变学习方式为途径，以促进学生发展为目标。地理教材可分为广义和狭义两种。广义的地理教材是指在地理教学中学生获得的全部知识内容及其载体（或一切教学材料），包括地理教科书、地理地图册、地理填充图册、各种地理教具等教学手段及它们提供的知识。狭义的地理教材专指地理教科书，它是广义地理教材的核心和基础，是根据地理课程编写的、具有多种教育功能的知识体系。本书研究的是狭义的地理教材，即地理教科书。

初中地理教材中地理知识的表述方式主要有文字形式、图像形式、活动形式。这些表述方式并非简单地搭配在一起，或随意地在空间上结合，而是根据地理课程标准、根据学生的学习规律及学习心理等，形成一个相互渗透、相互联系的表层系统整体。

（一）封面与扉页分析

封面展现在整本教材的最外面，广大中学师生对地理教材的第一印象就是封面，一个美观精致、清新淡雅、富含地理特色的教材封面，可以快速捕获阅读者的眼球，提高其阅读的兴趣，从而使其喜欢上地理。人教版地理教材封面都有"教育部审定 2012（或 2013）""义务教育教科书""人民教育出版社"等字样（见图 4－2、图 4－3）。我国政府历来高度重视教材编写和建设工作，成立了专门部门对教材进行全面审查和指导，保证教材的育人导向和价值观念正确。初中阶段的四本地理教材封面都突出书本自然地理特色，都使用自然地理景观（或图片），主题鲜明。

图4-2 七年级上册人教版地理

图4-3 八年级上册人教版地理

扉页位于封面和目录之间，人教版扉页包含编者信息、出版印刷发行等相关数据。对比中图版、鲁教版、湘教版和人教版地理教材可知，它们的扉页都给出了详细的编写人员名单、审图号、图书在版编目数据、出版印刷发行单位以及时间版次等信息。人教版的扉页清楚地向学者和读者展示了该本教材的"成长历程"，便于读者更好地了解书本内容，掌握地理知识。

（二）图例与版式分析

地理学习离不开地图的识别，图例可以帮助学生进行地图识别，从而找出地理相关问题与知识。图例是地图上表示地理事物的符号，是地图上各种符号和颜色所代表内容与指标的说明，集中于地图一角或一侧。图例应符合完备性和一致性的原则，其具有双重任务，在编图时作为图解表示地图内容的准绳，用图时作为必不可少的阅读指南。它有助于使用者更方便地使用地图、理解地图内容。在地图上表示地理环境各要素，比如山脉、河流、城市、铁路等的符号叫作图例。这些符号所表示的意义，常注明在地图的边角上。图例是表达地图内容的基本形式和方法，是现代地图的语

言，是读图和用读所借助的工具。地图符号一般包括各种大小、粗细、颜色不同的点、线、图形等。符号的设计要能表达地面景物的形状、大小和位置，还要反映出各种景物的质和量的特征，以及相互关系。因此图例常设计成与实地景物轮廓相似的几何图形。

优秀的教材版式设计可以给读者美的感受，拉近教材与读者之间的距离。人教版初中地理教材采用的是16开本、有版心设计。版心是教材上呈现文字和内容的部分，有版心设计则有相对稳定的白边，图片、内容、页码等受版心影响，严格按照顺序排列，灵活性较差。而满版心设计则几乎不受版心约束，内容设置和排版灵活性高，文字和图像契合程度更高。人教版初中地理教材行间距大，版面留有较多空白，可以用来给学生记学习笔记。

三　教材框架分析

地理课程贴近生活，关注自然与社会，体现地理学特点，并具有很强的实践性，对培育学生的人地协调观、家国情怀、全球视野，以及批判性思维、创新精神和实践能力，具有重要价值。地理课程与小学科学、小学道德与法治等课程有关内容相衔接，与初中其他课程部分内容相关联，这些课程可为中学地理课程的学习奠定坚实基础。[1]

地理课程内容主体由认识全球和认识区域两大部分构成。认识全球部分分为三个主题，侧重认识地球的整体面貌；认识区域部分分为两个主题，侧重认识世界和中国不同空间尺度的区域，以及人们生产生活与区域地理环境的关系。在不同的主题中贯穿有地理工具应用和地理实践活动，以突出地理课程的实践性。教材体系结构，即教材每单元内容的构成及编排顺序。科学合理的教材体系结构，能够反映地理知识间的逻辑性和关联性，促进学生积极主动学习，利于学生自身的发展，提高学生获取地理知识的兴趣和能力。地理教材的章节结构，即每一章每一节的学习内容安

---

[1]　柳书迷：《基于人教版高中地理必修一的初高中地理教学衔接研究》，硕士学位论文，贵州师范大学，2020。

排。科学合理的章节结构设置，有利于引导教师和学生，了解本章知识的编排逻辑顺序，循序渐进地进行学习。

（一）学段学情分析

例如七年级地理教材中的经纬网、地球运动等地理"专业"知识，是地理学科的重点也是难点，对学生的空间思维、逻辑思维能力要求均较高。七年级的学生，虽然在小学学习了科学，对地理知识有了一些简单的了解，但空间思维能力、逻辑思维能力均不强，还不足以深刻理解这些知识。

教师需依据新课标、教材、学情、教学设备以及教师自身的经验、风格等，选择合适的教学方法。如"地球的运动"，这部分内容在整个学科体系中占有重要地位，有些教师就想当然地要把这部分内容挖深挖透，有可能就会对学生要求过高，而七年级的学生认知水平又达不到相应的层次，就会造成师生精力和时间付出很多，但教学效果并不理想。其实，对于这部分内容新课标只要求"用简单的方法演示地球自转和公转""用地理现象说明地球的自转和公转"，相应的"活动建议"也只是"开展地理观测"，例如观察不同季节（或一天内）太阳光下物体影子方向和长度的变化。可见，新课标对地球自转和公转的特点和产生的地理意义，只要求学生做感性的认识即可，"知道"一些生活现象与地球运动的某些特点有关即可，并未做过高的要求。

（二）课程内容分析

图像与课文的表述内容相同，即图像和课文表述的是同一地理内容。课文以文字表述的形式表达地理现象、地理观点及地理原理，文字能够准确定义，但是当面对的读者缺乏表象基础时，文字表述表现为一种抽象思维。而图像则有其独特的表达方式，"图"是"用线条、颜色描绘的事物形象"。课文与图像共同表述一个地理问题时，图像往往起着辅助说明的作用。新课标中活化课程内容的课程理念，要求人教版地理教材优选与学生生活和社会发展密切相关的地理素材。地理课程内容的选择，在体现地理学科发展的基础上，更加关注学生发展和社会需求，以形成融基础性与时代性、学科性与生活性于一体的课程内容体系，将丰富的地理素材与鲜活

的地理活动相结合，促使学生在做中学，获得并积累学习经验，关心并乐于探究现实中的地理问题。

地理课程从空间尺度视角对课程内容进行组织，按照"宇宙—地球—地表—世界—中国"的顺序，引导学生认识人类的地球家园。地理课程以认识宇宙环境与地球的关系、地理环境与人类活动的关系为主要线索，并将地理实践活动和地理工具的运用贯穿其中，形成将学科知识与学科活动融为一体的课程内容结构。认识全球部分，将地球整体作为学习对象，认识地球所处的宇宙环境、地球的自转和公转、地球表层的自然和人文环境。认识区域部分，将地球表层不同空间尺度的区域作为学习对象，认识大洲、地区、国家等不同区域的地理事物和现象，认识中国的整体面貌、不同分区及家乡的地理事物和现象。地理工具侧重地球仪、地图的基础知识和应用，地理实践则以多种方式贯穿全部课程内容（见图 4 - 4）。

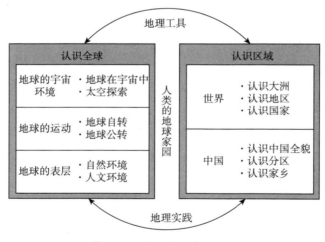

图 4 - 4　地理课程内容结构

四　教材内容分析

人教版初中地理教材内容主要分为四大部分：认识全球、认识区域、地理工具与地理实践。第一，认识全球包括地球的宇宙环境、地球的运动、地球的表层三大主题，主要涉及"地球在宇宙中、太空探索、

地球自转、地球公转、自然环境、人文环境"知识点。学习主题一地球的宇宙环境后，学生能够初步建立科学的宇宙观、说出中国太空探索取得的成就、形成科学探究的兴趣与情怀、提升民族自豪感和自信心。学习主题二地球的运动后，学生能够结合实例说出地球自转、公转产生的主要自然现象及其对人们生产生活的影响。学习主题三地球的表层后，学生能够通过分析地图和统计图描述世界地形和气候分布特点、说明其与人们生产生活的关系。第二，认识区域包括世界和中国两大主题，主要涉及"认识大洲、认识地区、认识国家、认识中国全貌、认识分区、认识家乡"知识点。学习主题一世界后，学生能够具有国际视野、区域认知能力。学习主题二中国后，学生能够增强国家版图意识、海洋权益意识、区域联系意识，体验乡土地理，增强热爱家乡、建设家乡的意识。

（一）活动阅读分析

为了引导教学，尤其是引导学生自主学习，教材在"活动"栏目前，用明显的字体写明了活动学习的目的，并以"任务型"的方式进行表达，语言简洁、目标明确。新教材的修改控制"活动"栏目的容量，每个"活动"里一般不超过3个大问题，每个大问题下也控制具体的设问量。特殊时，大问题可达4个，但其小问题则尽可能少，以确保合适的教学容量。

活动的开展大多数是贯穿在地理的课堂教学中，可操作性十分重要。例如，在绘制气温变化曲线图和降水柱状图活动中，如果只是简单地给出绘制步骤，没有配相应的题目练习，学生很多时候也只是简单地阅读，不动手实践。人教版在这部分除将绘制步骤介绍的更加详细外，还留有适当的练习题给学生做绘图练习。

（二）地图图像分析

教科书中采用不同区域地图的对比、不同地区景观图的对比，来体现地理事物空间差异。人教版教材在图像系统中增加了若干图像对比组合，如不同地形的景观图、不同气候下呈现的不同自然景观图，还有发达国家与发展中国家发展水平差异对比，出现在一组照片中。学生对比图片呈现

的内容差异，对于地理成因和地理演变规律的学习，具有重要的意义。地理教材中有多种形式的图像，如地图、示意图、统计图、景观图、遥感图和漫画等，新教材更加重视不同类型图像的组合使用。

教材中地图和景观图组合，如等高线地形图与山体景观图；地图与素描示意图组合，如分层设色地形图和地形素描示意图一起出现，帮助学生在地形图上更容易地判读出各种各样的地形及地势的起伏；统计图和景观图组合，气温曲线图和降水柱状图反映一个地区的气候特点，景观图呈现该地的房屋特点，两者结合分析得出民居与自然环境的关系。对地理图像进行观察、分析和运用，是地理学习的重要方法。人教版教材在图像系统中对部分地理图像设置了问题思考，随图提问，问题直接呈现在图片周围。

第二节 初中地理课程思政元素的挖掘与融入

中学生处在一生的"拔节孕穗期"，一定要对其悉心教导和用心指引。2014 年提出的课程思政是一种新的教育理念，要求每个学科每位教师每个过程都把"立德树人"当成根本目的[①]，渗透思想政治理论，并形成协同效应。其主要的方法是把思想道德培养渗透到各门课程，把相关的理论、观念融入课堂，对学生的意识形态和做事方式产生影响。课程思政所体现的教育意义，是要通过教师去完成的。这就需要每一位学科教师，既学习学科的基础知识，又学习并且传递学科背后的价值范式。也就是说，每一个学科都应该是思政学科，都应该处理好知识学习与思想政治教育的辩证关系，知识的学习是为了品德的养成。

地理作为学生义务教育阶段的一门重要学科，有着其本身的知识价值、精神价值。地理课程思政的含义，就是把地理课中的基本知识和观念引导进行组合，总结出家国情怀、自尊自信、坚持感恩等精神价值，让学生在课堂中培养正确的世界观和价值观，即在地理课程教学活动中，尤其

---

① 乔木：《太原市初中地理思政课的教学现状及改进对策研究》，硕士学位论文，西南大学，2021。

是在地理课堂上，发掘一些对学生认知、情感和行为有正面影响的内容，将思政元素利用课堂教学，更好地传递给学生。根据地理学科特性，在进行地理教学时，要注重从人地协调观、综合思维、区域认知和地理实践力四个方面展开教学和渗透思想政治教育。人地协调观是地理课程内容蕴含的最为核心的价值观，它包含正确的人口观、资源观、环境观和可持续发展观等。综合性和区域性是地理学的两大突出特点，由此形成的综合思维和区域认知，是学生分析和理解地理过程、地理规律、人地关系系统的重要思维方式和能力。地理课程有很强的实践性，在实践活动中运用综合思维和区域认知，是学生感悟、体验现实世界中人地关系的重要途径。

人教版初中地理教材思政元素体系见表 4 - 1。

表 4 - 1 人教版初中地理教材思政元素体系

核心素养	思政元素	教材体现	开展途径
人地协调观	人口观、资源观、环境观、可持续发展观	"人口与人种""自然资源的基本特征""土地资源""水资源""自然灾害"	利用数据图表、利用幽默漫画
综合思维、区域认知	文化自信、珍爱生命、民族团结	"发展与合作""从世界看中国""中国在世界中""民族"	角色扮演、举行主题班会、利用网络信息技术
地理实践力	爱国主义、保护环境	"海陆的变迁""我们生活的大洲——亚洲""祖国的首都——北京"	利用景观图片、实践活动、结合自然灾害图文材料、小组活动

一 人地协调观

（一）概述

人地协调观指人们对人类活动与地理环境之间的关系秉持的正确价值观，包括科学的人口观、资源观、环境观等。人和地理环境的关系是客观存在的。地理环境对人类的生存和活动有影响，同时地理环境的压力，也来自人类的生存和活动。所以学习地理知识，掌握基本规律，辩证理解自然环境对人类活动的影响，理性认知人类活动对地理环境的作用，拥有正

确的价值观，学生才能在以后的人生中做出更好的决策。人地关系是地理学研究的核心内容，协调人类活动与地理环境的关系，是建立人与自然生命共同体的需要。人地协调观的培养，有助于学生形成尊重和保护自然、绿色发展等观念，滋养人文情怀，增强社会责任感。

地理学科是研究人与地理环境关系的学科，具有自然科学和人文科学的双重性。地理学研究环境最终是为了人类更好地生存与发展。因此，人地关系是地理学研究的本质与核心。在人地矛盾恶化、灾难频发、疫情肆虐的今天，中学地理作为以培养人地协调观为核心的课程，需要重新审视人类活动与自然环境的关系，需要担当社会经济新发展赋予的新使命。

（二）教材体现

七年级和八年级的地理学习，有很多人地协调相关内容。七年级的地理学习围绕世界地理展开，重在了解世界地理环境的基本状态，并且分析一些地区和国家的自然环境与面临的问题。比如学习世界人口增长和分布，以及非洲地区人口增长带来的粮食、环境和发展的问题，可以让学生对人口的过度增长有深刻的思考。学习日本、西欧等发达国家和地区，人口增长过慢带来的社会负担、人口老龄化等问题，又可以让学生对人口的过慢增长产生新的思考，从而使学生形成科学的人口观。

八年级的地理学习涉及祖国环境的各个方面。我国是一个资源总量大，但是人均资源少的国家，地区之间存在资源分布的不平衡，有些地区过度开采矿产造成资源枯竭，有些地区不合理利用资源造成浪费和环境污染。这些内容的学习和思考，对学生形成科学的资源观、环境观有着深刻的影响。

从资源的过度开采和环境破坏，到近些年频发的沙尘暴、严重的水土流失等，无不与人口的增长、人类的需求密切相关。地理课程可让学生建立起人口的增长和人类的需求都应该与社会环境、自然环境协调适应的观念。培养学生的人地协调观，可以使学生在成长历程中，在面对新问题时，能把资源和环境纳入思考，尊重自然，理解并认识到人类社会想要更好的

发展，人类行为和地理环境之间一定要平衡，要根据各地的特点制定合适的政策。

案例一：八年级上册第三章第三节"水资源"主要包括两部分内容，第一部分，水资源时空分布不均；第二部分，合理利用与保护水资源。课标明确提出要了解我国水资源的基本国情，树立正确的资源观这一思政内容。

视频《地球一小时策划 | 北京到底有多缺水？为什么说全球面临水危机？| 零水日 cut》中提到，在过去 70 年中，北京的需水量是供水量的 40 倍之多。1949 年，北京只有 200 万人，短短几十年，北京人口迅速增长了十倍，爆炸性的人口增长，不仅仅增加了人们日常用水的消耗，还加大了对于粮食的需求，大量的土地变为耕地，也进一步激化了水资源匮乏的问题。[1] 目前国际标准人均水资源量在 300m³ 以下为极度缺水，而北京人均水资源量是 100m³。与 1998 年相比，北京地下水水位下降 12.58 米，地下水超采 65 亿 m³。

合作探究一：北京为什么如此缺水呢？小组讨论，然后上台展示，要求展示内容有理有据。

小结：我国水资源南丰北缺，北京年降水量较少；人口众多，工农业发达，用水量大；季节分配不均匀，夏秋多冬春少，使得北京春季更为缺水；生活中存在水污染和水浪费问题，使得水资源短缺问题雪上加霜。

合作探究二：如何解决北京缺水的问题呢？小组讨论，代表发言。一个小组代表发言完毕，其他小组评价其措施的合理性与可行性。

小结：可以兴修水库，可以跨流域调水，最根本的还是节约用水，如种植耐旱农作物、工业用水重复使用、家庭使用节水器等。

视频《甘肃白银农村有多缺水 看看田里枯萎的庄稼》反映的是宁夏农村的缺水状况。[2]

---

[1] 《地球一小时策划 | 北京到底有多缺水？为什么说全球面临水危机？| 零水日 cut》，哔哩哔哩网，https://www.bilibili.com/video/BV1hZ4y1B7x6/。

[2] 《甘肃白银农村有多缺水 看看田里枯萎的庄稼》，网易网，https://www.163.com/v/video/VZE6TVPGR.html。

合作探究三：北京与宁夏都是我国极度缺水的地方，它们缺水的原因一样吗？如果不同，请具体说明。

小结：北京所在的华北地区缺水，不仅有自然原因，还有社会经济原因，而宁夏所在的西北地区缺水，主要是自然原因。

通过观看这两个视频，学生对北京所在的华北地区和宁夏所在的西北地区的缺水状况有了明确的直观感受，知道我国是一个严重缺水的国家，尤其是华北地区和西北地区。学生了解到缺水的基本国情，知道了节水的必要性，从而树立了正确的资源观。北京所在的华北地区和宁夏所在的西北地区是两个不同的区域，不同区域有不同的特征，从而强化了学生的区域认知能力，使学生知晓不同地区的差异，树立正确的人地观。

案例二：八年级上册第一章第二节"人口"包括两部分内容，即世界上人口最多的国家和人口东多西少。课标要求了解我国人口的基本国情，理解我国的人口政策。

材料：根据 2020 年第七次全国人口普查结果，普查登记的中国 31 个省区市和现役军人的人口共 14.12 亿人，约占世界人口的 18.6%，是世界人口最多的国家。

通过这份材料，就可以了解我国的人口数量及世界地位这个基本国情。然后看我国人口增长示意图，了解我国人口的增长状况，其同样属于我国人口的基本国情。

问：这么多人口，有什么好处？有什么不好呢？

引出人口的合理容量。为了趋于人口的合理容量，各国都会制定适应本国国情的人口政策。

材料：1980 年我国实行独生子女政策，号召"每对夫妇只生育一个孩子"；2013 年底我国启动实施一方是独生子女的夫妇可生育两个孩子的政策，即"单独二孩"政策；2016 年我国全面实施一对夫妇可生育两个孩子的人口政策，即"全面二孩"政策；2021 年 5 月 31 日起，我国实施一对夫妻可以生育三个子女的人口政策。

合作探究：我国为什么要调整人口政策？一个小组代表发言，其他小

组补充。

通过讨论，明确我国人口政策的调整，是基于我国人口的基本国情。20世纪后期，我国之所以制定独生子女政策，是因为我国人口数量不仅多，而且增长快；随着独生子女政策的实施，我国人口增长持续下降，出现了劳动力数量下降及人口老龄化等问题，于是国家采取逐步放开的政策，先是"单独二孩"到"全面二孩"政策，再是三孩政策。这么多的人口在我们国家是如何分布的呢？过渡到人口分布。通过人口分布图的阅读，得出人口东多西少的分布特点，然后计算青海省和江苏省的人口密度，感受人口的东西差异，从而了解人口分布不均的基本国情。

二 国情、国策及爱国主义

（一）概述

国情是一个国家的基本情况，如自然环境、自然资源、科技教育、经济发展、政治社会、文化传统、国际环境和关系等。国情是国家方方面面要素的基本情况。国策是国家的基本政策。爱国主义是千百年来固定下来的人们对自己祖国的一种最深厚的感情。爱国就是对自己的国家有认同感。国情、国策及爱国主义的培养，是地理学科的优势。

"祖国"有广义和狭义之分，广义的"祖国"是指祖籍所在的国家，体现为个体自身对国家的归属感；狭义的"祖国"则指的是故乡，表现为人们对养育其成长的故乡故土的眷恋。爱国主义是一个复合概念，其具体含义可以从多个方面来阐释。从横向来看，爱国主义首先是一种自发情感，是个人对家乡故土、祖国山河、骨肉同胞及灿烂文化的热爱；其次是一种政治美德和道德规范，是个人或集体基于自身利益与国家利益相统一的"政治情感"与"政治道德"[1]；最后还是一个具体的行动纲领，是为维护国家利益而采取的一切或大或小的行动。情、德、行三方面是相互联系相互渗透的。从纵向来看，爱国主义的三层含义是由小到大、由低到高、由

---

① 宋泽宇：《"立德树人"背景下高中地理课程思政教学实践研究》，硕士学位论文，鲁东大学，2021。

近及远的，是一种感性情怀，而爱国主义作为政治美德和道德规范最后再落实到具体行动则是一种理性升华。当代我国把爱国主义界定为"公民或团体对祖国的无条件支持与拥护"，以民族自尊心和自信心为中心，为保卫祖国领土完整及边疆安全和争取祖国独立富强而献身的奋斗精神。相应地，爱国主义的主题是"建设中国特色社会主义社会，为社会主义建设和国家繁荣富强而奋斗"。

（二）教材体现

七年级的地理学习围绕不同地区和国家开展。学生了解发达的西欧、分析欠发达的撒哈拉以南非洲，都对区域发展有着更深的思考和认识，也更能在心里对比出祖国的伟大和一路风雨兼程的不易。

八年级的地理学习围绕中国地理开展。我国疆域辽阔、人口众多、美食琳琅、风景优美，各地区有着各自鲜明的自然环境和人文经济特点。教材中涉及疆域、人口分布、人口问题、民族分布、自然环境、自然资源、自然灾害、工农业生产活动及不同区域的特点和地域联系。还有根据我国相关地理方面的国情所制定的国家政策、基本的法律法规。课堂上学习相关的地理知识，感受祖国美好的山川，分析各地区发展的问题，了解发展的成果，展望美好的未来，都会让学生从心底油然而生美好的爱国情怀。

了解是热爱的前提，了解国家的基本情况，才能深刻理解国家政策制定的原因和其中的意义，才会激发出学生的爱国情感、学生对民族的认同感，并使其树立建设祖国的信心和坚定信念。

案例三：七年级上册第二章第一节"大洲和大洋"主要包括两部分内容，地球？水球？以及七大洲和四大洋。在处理教材内容时，可适当进行重整，围绕"我国70年所取得的辉煌成就"这一主题串联大洲和大洋的相关内容，形成一条主线。利用视频《史诗70年》导入新课，通过了解"我国70年所取得的辉煌成就"，增强学生的国家意识，弘扬爱国主义思想，增强学生的民族自信心与自豪感。

材料一：2003年10月15日，杨利伟乘神舟五号飞船首次进入太空。中国成为继美俄后第三个掌握载人航天技术的国家。2008年9月25日，翟

志刚等3人乘坐神舟七号飞船出征太空。9月27日，航天员翟志刚出舱实施中国首次空间出舱活动。这是中国历史上第一次迈出了"太空步"，标志着中国成为继美俄后第三个独立掌握空间出舱技术的国家。翟志刚走出舱门，回望地球，他看到了什么？

材料一串联了"地球？水球？"这部分内容。设计活动"慧眼识珠"，这一环节主要是根据概念辨析海、洋、海峡、大陆、岛屿、半岛，旨在培养学生的理解能力、读图能力及灵活运用知识的能力。

材料二：2019年5月16日，美国商务部宣布将中国企业华为列入"实体名单"，华为被美国政府"封杀"。5月20日，迫于特朗普政府压力，美国芯片巨头开始对华为断供。英特尔（Intel）、高通（Qualcomm）、赛灵思（Xilinx）、博通（Broadcom）等美国芯片厂商停止向华为供货。美方的"禁令"一并波及欧洲，德国芯片供应商英飞凌（Infineon Technologies）也暂停向华为供货。

美国为什么要"封杀"华为呢？原因很多，其中一条就是华为在5G领域冲击美国的领先地位，说明我国在通信领域取得了重大成就。

材料三：华为销售及服务网络遍及全球，产品销往欧洲的德国、法国、西班牙等，亚洲的日本、韩国、泰国等，北美洲的美国等，南美洲的巴西等，非洲的南非等，大洋洲的新西兰等，共70多个国家。

华为产品遍布全球，材料中涉及了几个大洲？六个。世界上有几大洲？七个。还少哪一个？南极洲。为什么没有南极洲呢？因为它是目前唯一没有定居人口的大洲。但我们国家在南极研究中也取得了重大成就。

材料四：南极昆仑站于2009年1月27日建成。它是世界上第六座南极内陆站，实现了中国南极科考从南极大陆边缘向南极内陆扩展的历史性跨越，中国成为第一个在南极内陆建站的发展中国家。

材料二、三、四串联了七大洲的内容。设计活动"火眼金睛"，这一环节的设计主要是辨析七大洲的轮廓，学生用自己的方法记忆大洲轮廓，激发学生的想象力和兴趣。

材料五：蛟龙号载人潜水器是一艘由中国自行设计、自主研制的载人

潜水器。2012 年在太平洋马里亚纳海沟创造了下潜 7062 米的中国载人深潜纪录，也是世界同类作业型潜水器最大下潜深度纪录。2014 年始赴印度洋下潜，2017 年蛟龙号完成在世界最深处下潜。目前，有三大核心技术世界领先。①具有先进的定位能力，在海底可以自由航行；②具有先进的技术，可适时传送水下信息；③具有多种高性能作业工具，确保完成复杂任务。

材料中提到了哪些大洋？你还知道哪些大洋？串联了四大洋的内容。串联所用材料都是视频《史诗70年》提到的内容，使得本节课具有较强的整体感，不仅让学生学习了大洲和大洋的内容，了解了我国取得的辉煌成就，还有效渗透了民族自豪感这一思政内容。

三　可持续发展观念

（一）概述

可持续发展观已经成为世界各国普遍接受的发展观。持续的意思就是不仅当代人要发展，也要考虑后代的发展。健康的经济发展不仅是利于社会进步的发展，更应该是保护生态环境的发展，需要尤其注意一切行为对生态和环境的影响。实现可持续发展需要遵循三个基本原则：公平性原则、持续性原则、共同性原则。公平是不同时间不同生命的公平；持续是经济和社会发展要能恒久；共同是全球的视野，世界上每一个国家民族的人类都有责任。

可持续发展在初中地理教材中表现为生态环保意识。生态环保意识就是人们对生态环境和生态环境保护的认识水平，表现为人在保护环境、爱护生态过程中不断进步调整的行为，既包括精神层面的对生态环境的认识程度，此中有内心、感知、思想、共情等因素；也包括行为层面，即是否可以在日常生活中践行自己的思想，是一种自觉程度。这两者相辅相成，缺一不可。

（二）教材体现

整个初中阶段的地理学习，可以说都是围绕可持续发展理念开展的。探讨人类活动与气候变暖；研究世界国家中发达国家和发展中国家不同的

特点；分析发展中国家落后的原因，还有不同国家和地区的不同发展问题和瓶颈。理解上述问题、解决上述问题，都会让学生对城市及国家，乃至地球如何发展、发展成什么样子，有更深的思考和更科学的观念。拥有可持续发展观念的学生，才是现在世界所需要的，教育是培养这样学生的主要渠道。

学习地理可以提高学生对于生态环境的认知水平，深入理解生态环境对于人类生存发展的重要性，从而指导学生在生活中的行为，还能引导其对身边的人进行积极的宣传。在天气相关的学习中，关于空气质量的学习，学生会主动查找空气污染的原因，并提出解决措施。在关于我国水资源的学习中，学生认识了我国水资源的数量特点和时空分布格局，更能在平时珍惜水资源，不浪费水资源，监督家里人一起节约用水。城市化进程加快、野生动物生活环境被侵吞、气候异常频发，严峻的生态现状、急需落实的生态理念，都需要具有生态环保意识的公民。

在教学过程中创设情境，可让学生以不同的角色参与教学的过程，使学生在参与中不断体验、学习、提高，这样的德育效果远比教师空洞死板的说教好得多。例如，在教授我国土地利用过程中存在的问题等时，可以利用教材的活动设计"土地专家门诊"情境，"假如你是一名'土地医生'，请针对我国土地资源利用过程中出现的问题，开出切实有效的'处方'"，让学生挑选角色展开讨论，或者是"耕地科医生"，或者是"草地科医生"，或者是"林地科医生"，或者是"建设用地科医生"，学生出谋划策，提出自己的看法和有创意的建议。通过角色扮演，学生深刻认识到了保护土地资源、珍惜和合理利用土地资源的重要性，增强了主人翁意识和使命感，也促进了思维的创新。

四 珍爱生命教育

（一）概述

我国自 20 世纪 90 年代开始全面实施素质教育，一般认为这是中国生命教育的开端。1997 年，叶澜教授《让课堂焕发生命活力》一文的发表唤醒

了我国教育研究者的"生命意识"。从此关于生命教育、生命与教育的关系以及如何对待教育中的生命等的研究，遍地开花。国内的专家、学者从生命教育的内涵，实施生命教育的必要性，生命教育的内容、实施策略和方法，以及生命教育对教师的要求等方面进行了探讨和论述，具有很强的理论指导意义。

生命教育是全社会关心的一个话题，其教学形式大致有两种，一种是专门的生命教育课，教学内容围绕生命而展开；另一种是在学科教学中渗透生命教育，以生命教育的眼光，发掘现有学科中有关生命教育的元素。《义务教育地理课程标准（2022年版）》在课程性质中指出：揭示自然环境要素之间、自然环境与人类活动之间的复杂关系，突出当今社会面临的人口、资源、环境和发展问题，阐明科学的人口观、资源观、环境观和可持续发展的观念，紧密联系生活实际，突出反映学生在生活中经常遇到的地理现象和可能遇到的地理问题，有助于提升学生的生活质量和生存能力。课标还在课程基本理念中指出，要学习对生活有用的地理、对终身发展有用的地理。可见，义务教育地理课程的内容和生命教育密切相关。

（二）教材体现

七年级上册第一章"地球和地图"主要阐述了人类对地球形状的逐步认识、对地球仪的认识及其用途、地球运动的形式及其对人类的影响、地图的阅读与使用以及地形图的判读等内容。该章中可以渗透生命教育的内容如表4-2所示。

表4-2　"地球和地图"中生命教育的体现

章节		生命教育体现	生命教育解读
地球和地球仪	生命意识	正文：地球的形状和大小，利用经纬网定位	了解地球是人类的家园，珍惜人类生存的栖息地。了解经纬网定位在航海、航空、交通、军事及气象观测等方面的广泛用途
	生存技能	活动：制作简易的地球仪	学会制作简易地球仪，提高实践能力
	人生价值	阅读材料：麦哲伦船队的环球航行	人类获得科学认识的艰辛，不惜付出生命的探索精神

续表

章节	生命教育体现		生命教育解读
地球的运动	生命意识	正文：地球的自转、地球的公转	了解地球运动产生了昼夜交替、四季变化、五带的划分，了解自然界的规律性变化
	生存技能	活动：演示地球自转、公转	通过演示活动，体验生活中自然界的变化和差异
	人生价值	阅读材料：是天转还是地转？	为了找寻科学的真相，一代代人前赴后继，为之奋斗终生
地图的阅读	生命意识	正文：学会阅读地图，选择适用的地图	了解地图是我们日常生活不可缺少的一部分
	生存技能	活动：阅读和绘制地图，根据需要选择地图	学会正确阅读地图和使用地图，提高了解时事、出行、游览的生活质量
	人生价值	阅读材料：地图家族一览	科学技术的发展推动地图的发展，重新演绎地图的价值
地形图的判读	生命意识	正文：等高线地形图、分层设色地形图	了解地表形态的高低起伏、陆地表面的地表形态，感受自然力量的伟大
	生存技能	活动：制作地形模型、绘制地形剖面图	识别等高线，判读不同地形，进而解决日常生活中的问题

七年级上册第二章"陆地和海洋"主要阐述了地球表面的海洋和陆地的分布、七大洲和四大洋的分布以及海陆分布的变化等内容。该章中可以渗透生命教育的内容如表4-3所示。

表4-3 "陆地和海洋"中生命教育的体现

章节	生命教育体现		生命教育解读
大洲和大洋	生命意识	正文：地球？水球？七大洲和四大洋	认识地球海陆面貌，懂得欣赏人类的家园，珍爱人类的家园
	生存技能	活动：认识七大洲、四大洋的位置和轮廓	了解七大洲、四大洋的相对位置，比较面积大小，说明轮廓特征，绘制简易世界地图
	人生价值	阅读材料：人类探索地球面貌的历程	人类进步的表现之一就是对赖以生存的地球的认识不断拓宽和加深

章节	生命教育体现		生命教育解读
海陆的变迁	生命意识	正文：沧海桑田，板块的运动	认识海陆的变迁、地壳的运动，体会地球生命的不断变化和自然力量的伟大
	生存技能	活动：运用大陆漂移说、板块构造学说，解释地理现象	了解板块运动的规律，分析其对人类生存的影响，感受人类的渺小和生命的脆弱
	人生价值	阅读材料：从地图上得到的启示	大胆设想、小心求证的科学态度，丰富人生的价值

五　文化自信导向

（一）概述

中华优秀传统文化内容涵盖自然、人文各个方面。人教版初中地理教材中，有许多中华优秀传统文化的内容，为学生了解传统文化提供了基础条件。分析人教版七年级和八年级地理教材，结合相关文献，可将地理学科中与传统文化最密切相关的内容，分为中华优秀传统精神文化、民俗文化、艺术文化、文字典籍文化、科学技术文化五大类[1]，通过整理分析，可进一步挖掘地理教材中能够融入的传统文化的教学内容。

民俗文化是民间形成的一些风俗习惯，是一种在长期生产生活中由一个民族形成并传承下来的生活文化。中华民族在长期历史发展中，形成了独特的民俗文化，它是传统文化的重要组成部分。不同的地质、地貌、气候、水文等地理要素组合，使地区之间差异较大，形成了不同的民俗文化。因此，民俗的形成与地理环境有着密切的关系。

（二）教材体现

传统交通工具有典型的区域特征，青藏高原地处高寒地区，地形复杂，交通不便，牦牛适应当地的自然环境，成为青藏高原主要的交通工具，被誉为"高原之舟"。南方地区河流湖泊密布，以舟和船为主要的交通工具。

---

[1]　乔木：《太原市初中地理思政课的教学现状及改进对策研究——以太原市第十八中学校为例》，硕士学位论文，西南大学，2021。

东北地区的雪橇、横断山的藤索桥、宁夏的羊皮筏等各地具有特色的交通工具，都与当地地理环境有着莫大的联系。地理教学中引入此类传统民俗，不仅贴近生活，通俗易懂，还能了解各地习俗，拓宽知识广度，激发学生的爱国之情。饮食、服饰、交通、生产、节日等相关文化都是受当地地理环境影响而形成的较为典型的民俗文化。

人教版地理教材中体现中国传统民俗文化的具体内容见表4-4。

表4-4 体现中国传统民俗文化的具体内容

年级	章节	名称	具体内容
八年级上册	第一章	从世界看中国	藏族雪顿节、蒙古族那达慕节和马奶节、回族开斋节、傣族泼水节、汉族元宵节
			蒙古族擅骑马；服饰为帽子、头巾、束腰带、长筒皮靴；饮食为牛羊肉、奶食品
			达斡尔族从事畜牧业、种植业；戴帽子和头巾、穿长袍；主食为加牛奶的稷米饭、荞麦面饼
	第二章	中国的自然环境	中国的地形地貌与民俗风情
	第四章	中国的经济发展	农业饮食文化："南稻北面"；黄土高原以高粱为主食，用醋进行中和、消化；青藏地区以青稞制成的酥油、茶叶、牛羊肉等食品为主
八年级下册	第五章	中国的地理差异	我国饮食习俗差异：苏锡以甜食为主；鲁、冀以及东北三省口味偏咸；湘、鄂、贵、川等喜辣；山西人口味偏酸，喜食醋
	第七章	南方地区	南方气候湿润，种植茶叶、棉花、油菜；盛产茶、竹、甘蔗、橡胶，以及柑橘、菠萝等热带、亚热带水果
			南方常见食材有莲藕、椰子、竹笋
			四川盆地种植稻米，盛产油桐、甘蔗、柑橘等亚热带经济作物
			台湾西部平原生产的粮食与经济作物有稻米、甘蔗、茶叶及热带和亚热带水果
	第八章	西北地区	新疆盛产葡萄、长绒棉
	第九章	青藏地区	藏族服饰为藏袍；交通工具是牦牛；种植青稞和小麦；日常饮食为酥油茶、青稞酒、牛肉和羊肉

因此，在挖掘地理教材中的中华优秀传统文化内容，并将其融入地理教学时，应当遵循课标要求，结合教材，在不增加学生课业压力的基础上，适时、恰当地补充有助于学生学习该知识点的有关中华优秀传统文化的内容，不能无原则地随意删减或增加学生学习内容。同时，在选取中华优秀

传统文化时，应根据教材与学生的情况，选择具有代表性的，与学生生活密切相关的中华优秀传统文化内容，便于学生理解。

第三节 初中地理课程思政教学设计

教学设计是教师对课堂教学的一种预先谋划，包括确定教学目标、进行教学分析、研究学生学情、收集教学资料、选用教学策略、设计教学过程、进行教学检测和评价等步骤。

一 珍爱生命教育、国际视野培养："从世界看中国"

（一）教学目标

为了让中华优秀传统文化更好地与地理教学相融合，以人教版八年级上册第一章第三节"民族"为例，进行教学设计。组织探究活动，可以帮助学生了解各民族的概况，使学生认识到我国是统一的多民族国家，自觉践行和遵守民族政策[①]；民族团结的实例，可以说明各民族不论大小一律平等，需相互尊重、团结互助。

（二）教学设计

第一章第三节"民族"的教学设计见表4－5。

表4－5 第一章第三节"民族"的教学设计

授课内容	第一章 第三节 民族
指导思想与理论依据	本节课主要选取身边的"民族"案例，引导学生了解各民族生活习惯、传统习俗，关心团结各民族同胞，培养学生的爱国主义情感，让学生学习对生活有用的地理，增强学生生存能力；学习对终身发展有用的地理，关注自然社会问题，树立可持续发展的基本理念。将中华优秀传统文化内容融入地理教学中，符合"立德树人"的根本目标和传承中华优秀传统文化的目的 本节课的设计主要依据初中生的心理发展特点，信息收集、获取、加工能力，从学生兴趣出发，选取经典民族图片、视频、文字等材料，设计探究与自主学习活动，逐步引导学生探索民族分布及民俗特点，符合构建开放的地理课程的课标要求

---

① 吴燕清：《初中地理教材表层系统及其内在联系研究——以人教版七年级（上册）为例》，硕士学位论文，福建师范大学，2015。

续表

授课内容	第一章　第三节　民族
课程标 准分析	课程标准要求运用中国民族分布图说出我国民族分布特征；收集并交流一些民族的风俗、服饰的图片和文字资料，描述、讲解这些民族的风土人情 课程标准解读：我国是统一的多民族国家，民族问题是维护各民族团结发展和国家稳定的关键所在，在初中阶段学习中国民族构成有利于增强学生的民族团结意识 课标要求运用中国民族分布图说出我国民族分布特征，有利于学生从空间分布上认识各民族分布特点，意识到各民族团结对祖国统一的重要性。除了运用中国民族分布图说明，还需要通过课本与补充的材料、图片来归纳、分析、概括各民族的分布特点，有利于提高学生的概括、分析、推理能力。从内容上来看，汉族人口众多，聚居地区相对集中，分布特点较容易掌握，而少数民族聚居区较为分散，不易掌握，在授课中需重点强调少数民族分布特点，并使学生了解民族自治的民族政策 组织探究活动，有利于学生了解各民族的概况，认识我国是统一的多民族国家，从而自觉践行和遵守民族政策。民族团结的实例，可以说明各民族不论大小一律平等，需相互尊重、团结互助
教材 分析	本章内容是八年级上册第一章"从世界看中国"的第三节，是中国地理的"疆域""人口"之后的一部分内容。从章节整体结构来看，是进行中国的疆域和人口的铺垫学习之后的民族地理概况介绍 将"民族"提到和"疆域""人口"并列的地位，原因在于我国是统一的多民族国家，民族问题关系国家稳定与繁荣发展，学习本节的基本目标就是了解各民族的基本概况与民族区域自治制度，增强民族团结意识和爱国主义精神。从教材内容设计上看，本节包含两个部分，第一部分"中华民族大家庭"中介绍了我国的民族构成和各民族的建筑、饮食、语言、风俗等优秀传统文化精粹，设计了丰富的阅读材料和活动探究，帮助学生建立对各民族组成及文化特色的感性认识；第二部分"民族分布特点"中，围绕中国民族分布图介绍了我国民族分布特点，以及在分布特点基础之上实施的民族区域自治制度，同时在教学中能够提升学生读图、析图的能力
学情 分析	本节内容为八年级上册内容，经过七年级一年的地理课程学习，学生已具有一定的地理知识积累，且具有一定的空间思维能力和析图能力。学生学习第一章前两节内容"疆域"与"人口"后，已基本了解我国领土概况、行政区划、人口分布状况，有助于学习本节内容。本节内容为人文地理知识，与学生生活联系较为密切，易于学生理解。湖南湘西地区为苗族等少数民族聚居区，学生对少数民族有一定的了解。同时，在课堂上运用较多的图片视频资料，丰富多彩、富有趣味性，易于激发学生的学习兴趣

续表

授课内容		第一章 第三节 民族
教学目标	知识与技能	1. 认识我国是一个统一的多民族国家，说明和理解各民族一律平等 2. 了解我国的民族构成和文化特色，引导学生形成各民族团结友爱的情感，自觉践行民族政策 3. 通过中国民族分布图分析归纳我国民族分布的特点，理解民族区域自治制度
	过程与方法	1. 通过《爱我中华》视频中展现的各民族的传统服饰，形成对各民族的感性认识，并认识中华民族的组成，强调各民族一律平等 2. 通过主题探究活动让学生了解各民族的传统文化习俗，加深对各民族概况的了解，尊重各民族文化，自觉践行民族政策 3. 通过中国民族分布图分析归纳我国民族的分布特点，重点强调少数民族的分布特点，并使学生了解民族区域自治制度
	情感态度与价值	1. 通过了解中华民族的组成以及各民族的传统文化精粹，增强学生的民族自豪感，使学生认识到各民族一律平等，树立各民族互相尊重团结的意识。同时，有利于促进中华民族传统文化的传承与发展 2. 通过图片了解各民族分布特点，加深学生对民族区域自治制度的理解，使学生认识到各民族对祖国统一、发展与稳定的重要性，促进民族团结
教学重难点	重点	1. 通过判读中国民族分布图了解我国的民族构成，说出我国民族分布特点，理解民族区域自治制度 2. 了解我国各民族传统文化习俗，形成各民族互相团结、相互尊重的意识
	难点	读图说出我国少数民族的地区分布特点
教学方法	教法	教学方法为多媒体课件演示、地图法、活动探究法 1. 多媒体课件演示。视频影音、图片等资料的运用，使地理课程更加生动，能够让学生更加直观地了解中华民族构成与各民族概况 2. 地图法。运用中国民族分布图等地图，进行民族分布特点教学 3. 活动探究法。组织学生进行民族传统文化精粹探索，加深学生对各民族的了解
	学法	探究活动法、合作学习法
教学资源	多媒体课件、中国地图	

二 爱国情怀、人地协调观培养："撒哈拉以南非洲"

（一）教学目标

教材用七年级下册第八章第三节中的"人口、粮食与环境"内容，来介绍撒哈拉以南非洲地区的人和自然的关系问题。通过"2005～2010年撒

哈拉以南非洲部分国家的平均人口自然增长率"[1] 示意图，直观地说明该地区人口增长过快。接着教材介绍了由于农牧业生产落后和气候干旱等原因，该地区粮食产量的增长速度远低于人口的增长速度，并用热带草原地区旱灾与饥荒的图片来说明粮食短缺问题。最后一段，教材阐明了人口、粮食与环境问题的相互关系。

第八章第三节"撒哈拉以南非洲"的教学目标见表4-6。

表4-6 第八章第三节"撒哈拉以南非洲"的教学目标

教学目标	地理核心素养
1. 运用地图和资料，了解撒哈拉以南非洲的地理位置和自然环境，知道该地区的主要人种，描述该区富有特色的文化习俗	区域认知 综合思维
2. 通过资料和实例，了解该地区经济发展与自然资源的关系以及经济发展方向	
3. 通过图表资料，说出该地区气候的主要特点及其对农业生产和生活的影响	
4. 通过实例和资料，认识该地区人口、粮食、环境等问题的严重性，理解问题产生的原因和解决途径，形成对人地关系的正确认识	人地协调观
拓展目标：课后搜集我国或世界其他地区的人地关系问题实例，尝试分析产生的原因及解决措施	地理实践力

（二）教学设计

第八章第三节"撒哈拉以南非洲"的教学设计见表4-7。

表4-7 第八章第三节"撒哈拉以南非洲"的教学设计

授课内容	第八章　第三节　撒哈拉以南非洲
指导思想与理论依据	众所周知，地理学是研究人与地理环境关系的学科，具有自然科学和人文科学的双重性。地理学研究环境最终是为了人类更好地生存与发展。因此，人地关系是地理学研究的本质与核心。人地协调观是人们对人地关系秉持的正确价值观，它是地理教育的核心观念。人地协调观在中学地理教育中具有重要意义和作用，整个中学教育体系，其实都是围绕"人地关系"这一核心展开的。在人地矛盾恶化、灾难频发、疫情肆虐的今天，中学地理作为以培养人地协调观为核心的课程，需要重新审视人类活动与自然环境的关系，需要担当社会经济新发展赋予的新使命

---

① 游英：《初中地理教学中的国家认同教育研究》，硕士学位论文，贵州师范大学，2021。

授课内容		第八章　第三节　撒哈拉以南非洲
课程标准分析		对于撒哈拉以南非洲地区，学生需要知道相关地理位置以及其自然地理特征。运用地图和相关资料，简要归纳撒哈拉以南非洲的地形、气候、人口、经济等地理特征。学生通过分析地图，对撒哈拉以南非洲的人文地理情况进行掌握
教材分析		教材之所以选择撒哈拉以南非洲作为一个学习区域，是遵循了《义务教育地理课程标准（2022 年版）》中"重视世界上地理问题突出的地区和国家"的要求。撒哈拉以南非洲在自然地理和人文地理方面均具有显著的特色，而在内容的设计上突出了人文地理的内容
学情分析		本节内容为七年级下册内容，经过七年级上半年的地理课程学习，学生已具有一定的地理知识积累，且具有一定的空间思维能力和析图能力，有助于学习本节内容。本节内容为人文地理知识，与学生生活联系较为密切，易于学生理解。同时，在课堂上运用较多的图片视频资料，丰富多彩、富有趣味性，易于激发学生的学习兴趣
教学目标	知识与技能	1. 认识撒哈拉以南非洲的地理位置 2. 了解该地区的自然环境与人文环境 3. 通过世界地区分布图，分析归纳撒哈拉以南非洲的特点，了解该地区的生态环境问题
	过程与方法	1. 通过视频中展现的撒哈拉以南非洲的人文自然风情，形成对该地区的感性认识 2. 通过主题探究活动让学生了解该地区的传统文化习俗，加深学生对撒哈拉以南非洲概况的了解
	情感态度与价值	撒哈拉以南非洲的人地关系问题给我们的警示是，只有尊重自然，树立科学的人口发展观和人地协调观，协调好经济发展与环境保护的关系，才能实现地区、国家乃至全球的可持续发展
教学重难点	重点	1. 通过判读世界地区分布图，了解撒哈拉以南非洲的地形地貌构成 2. 了解撒哈拉以南非洲特点，形成人地协调观
	难点	读图说出该地区的自然、人文特点
教学方法	教法	教学方法为多媒体课件演示、地图法、活动探究法 1. 多媒体课件演示。视频影音、图片等资料的运用，使地理课程更加生动，能够让学生更加直观地了解撒哈拉以南非洲 2. 地图法。运用地图，进行世界地区分布特点教学
	学法	探究活动法、合作学习法
教学资源		多媒体课件、世界地图

三 区域认知、传承传统文化培养："中国的地理差异"

（一）教学目标

世界地理的文化教学内容主要在七年级上册的教材中，其中"世界的语言和宗教""人类的聚居地——聚落""发展和合作"涉及丰富的文化地理教学内容。教材中蕴含的文化地理教学内容包括世界的语言、宗教信仰等意识文化；世界各国的风俗习惯等制度文化；世界的聚落与世界文化遗产等生计文化。在教学过程中要注重中国与世界文化的教学，树立文化自信。

（二）教学设计

中国地理的主要文化地理教学内容解析见表4-8。

表4-8 中国地理的主要文化地理教学内容解析

课程标准	文化地理教学内容	生计文化		意识文化			制度文化	
		生活	生产	语言	宗教信仰	艺术	风俗习惯	制度体系
运用数据说明我国人口增长趋势，理解我国的人口国策	我国的人口政策及背景 我国人口政策的优越性							√
运用中国民族分布图说出我国民族分布特征	中国民族的分布 我国独特的民族风俗 我国的民族政策	√			√	√	√	
运用地图和资料，说出长江、黄河的主要水文特征以及对社会经济发展的影响	长江、黄河的概况及孕育的文化 长江、黄河水利建设的成就 长江、黄河对我国经济发展的影响		√					
运用资料，说出我国土地资源的主要特点，理解我国的土地政策	我国的土地政策及背景 我国土地政策的优越性							√

课程标准	文化地理教学内容	生计文化		意识文化			制度文化	
		生活	生产	语言	宗教信仰	艺术	风俗习惯	制度体系
运用地图说出我国铁路干线的分布格局	我国交通运输业发展的巨大成就	√						
运用资料说出我国农业分布特点，举例说明因地制宜发展农业的必要性和科学技术在发展农业中的重要性	我国农业的发展现状 我国农业的发展成就 我国科学技术在农业发展中的运用 我国农耕文化发展历程		√					√
运用资料说出我国工业分布特点，了解我国高新技术产业发展状况	我国工业的发展现状 我国工业的发展成就 我国工业发展的各种政策		√					√

　　教材中蕴含了非常丰富的文化地理教学内容，主要包含我国南方、北方、青藏地区、西北地区这四大地理区域中不同地方的生计文化、意识文化和制度文化。在教学的过程中通过对中国各区域文化的教学，加深学生对中国各区域文化的理解，引导学生对中国各区域文化保持积极的态度，并坚定地认同中国文化，树立文化自信。当今的网络信息技术发达，利用信息技术，不仅可以拓宽学生的学习渠道，增强学生的直观认识，还可以达到很好的德育效果。例如，在学习长江时，可以通过播放《长江之歌》的视频，让学生感受长江的波澜壮阔、气势磅礴，学生热爱之情油然而生；通过播放关于长江的洪水灾害视频，又可以让学生身临其境，激发学生保护长江、保护环境、保护地球家园的责任感。

　　八年级下册第五章"中国的地理差异"的教学设计见表4-9。

表 4 – 9 第五章"中国的地理差异"的教学设计

授课内容		第五章 中国的地理差异
指导思想与理论依据		我国地域辽阔,自然环境复杂多样,人文现象千姿百态。自南向北,纬度逐渐升高,气温逐渐降低。南部的海南岛长夏无冬,四季鲜花盛开、瓜果飘香;北部的黑龙江长冬短夏,一年中有近半年天寒地冻、银装素裹。自东南沿海向西北内陆,距海越来越远,降水越来越少。东南沿海地区在湿润的环境下山清水秀;西北内陆地区在干旱的环境下沙漠、戈壁广布。自西向东,我国地势呈阶梯状分布,逐级下降。位于西部第一级阶梯上的青藏高原地高天寒、雪峰连绵;位于东部第三级阶梯上的长江三角洲地势低平,湿润温暖
课程标准分析		了解我国气温、降水、地市的分布呈现有规律的变化 在自然环境存在差异的基础上,人类活动也呈现明显的差异
教材分析		教材之所以选择"中国的地理差异"作为一个学习区域,是遵循了《义务教育地理课程标准(2022 年版)》中"重视国家地区特色"的要求。"中国的地理差异"在自然地理和人文地理方面均具有显著的特色,而且在内容的设计上突出了自然地理的内容
学情分析		本节内容为八年级下册内容,经过七年级一年的地理课程学习,学生已具有一定的地理知识积累,且具有一定的空间思维能力和析图能力,有助于学习本节内容。本节内容为自然知识,不易于学生理解,因此需要在课堂上运用较多的图片视频资料。丰富多彩、富有趣味性的图片视频资料易于激发学生的学习兴趣
教学目标	知识与技能	1. 认识中国地理分区和地理差异 2. 了解各地区的自然环境与人文环境 3. 通过中国地形等分布图,分析我国地势等特点,理解不同地区在自然环境差异基础上的人文表现
	过程与方法	1. 通过视频中展现的我国的人文自然风情,形成对各地区的感性认识 2. 通过主题探究活动让学生了解各个地区的传统文化习俗,加深学生对我国地理差异概况的了解
	情感态度与价值	尊重自然,树立科学的人口发展观和人地协调观,协调好经济发展与环境保护的关系,才能实现地区、国家乃至全球的可持续发展
教学重难点	重点	1. 通过判读中国地区分布图,了解我国地形地貌构成 2. 了解我国四大地理分区,形成人地协调观的意识
	难点	读图说出我国的自然、人文特点
教学方法	教法	教学方法为多媒体课件演示、地图法、活动探究法 1. 多媒体课件演示。视频影音、图片等资料的运用,使地理课程更加生动,能够让学生更加直观地了解中国的地理差异 2. 地图法。运用地图,进行中国的地理差异教学
	学法	探究活动法、合作学习法
教学资源		多媒体课件、中国地图

在全球化和信息化不断深化和发展的时代背景下，各国的交流也日益频繁，学生受到各类非主流观点的冲击比以前更大且更深刻，这使得当代年轻人的思想更为多元化，但也不可避免地产生了一些负面影响。如何在数字化时代，在学校教育和学科教学中加强对学生思想政治教育的培养，成为当前教育研究的热点。目前学者关于课程思政的研究主要集中于大学阶段的教育，初中作为人生观教育的一个重要阶段，相关的课程思政研究却相对较少。初中生处在人生观培养的关键时期，对世界具有较强的好奇心并且具备一定的探索世界的能力。但初中生的心智并未完全成熟，在初中开展课程思政不能照搬照用大学的经验，应从初中生的生活实际出发，设计符合初中生认知背景的教学方案，做到春风化雨地让学生接受思政教育。地理学科作为一个兼具自然科学和社会科学知识的学科，不仅关注社会生活，而且注重培养学生正确的人地观，与思政内容具有天然联系。

新课程标准强调学习生活中的地理，倡导"自主、合作、探究"学习，因此在初中地理教材活动式课文中设计了大量的小组活动内容，如在讲授我国旱涝与灾害的防治、长江的治理与开发、黄河的治理与开发等问题时，教材设计小组讨论探究的活动形式，让学生分组探讨黄河的忧患主要有哪些？不同的河段产生的环境问题分别是什么？产生这些环境问题的原因是什么？不同河段的环境问题分别应采取什么样的措施？让学生自主探究，为解决黄河的环境问题提出自己的建议，最后让学生学会客观地评价黄河的"功"与"过"，通过小组活动培养和发展学生的收集和处理信息的能力，自主探究、发现问题、分析问题、解决问题的能力，语言表达能力，交流与合作学习的能力。

第五章
课程思政融入高中地理教学实践应用

新课程改革对高中地理的课堂教学提出了新的要求，重视在地理教学中凸显育人功能。学生是国家和民族的希望，在其价值观念形成的关键时期，需要对其进行正向积极的引导。同时，高中生具有一定的思考和思维能力，在高中地理课堂上适当融入课程思政的教学，对其成长和发展意义深远。高中地理教材涉及国家主权、国家海洋利益、生态文明建设、国家重大发展战略、国家安全等内容，这些内容是高中地理课堂融合课程思政理念的重要载体。

第一节　高中地理教材分析

教材是教师教学的重要媒介和资源。[①] 随着社会经济的发展以及课程、教学改革的推进，教材也在不断优化和更新，逐渐从"一标一本"向"一标多本"转变。中学地理教材在不同时期和国情下，经历了"统一与仿苏""精简与破坏""重建与多样化""繁荣与转变"等发展阶段。[②] 自2001年第八次课程改革以来，高中地理可选用的教材包括人教版、湘教版、鲁教

---

① 赫兴无：《高中地理教材内容结构比较分析》，《中学地理教学参考》2015年第8期。
② 周维国、段玉山、张佳琦：《我国中学地理教材的演进特点与未来展望》，《课程·教材·教法》2020年第1期。

版和中图版四个版本。①

随着时间的推移，这四个版本的教材均进行了更新，包括 2004 年初审通过的老版教材和 2019 年版的新版教材。四个版本的新教材均依据《普通高中地理课程标准（2017 年版 2020 年修订）》编写，教材内容基本统一，但在章节结构、知识组织、栏目设计、素材选取等方面存在差异。②

一　高中地理教材形式分析

（一）封面分析

封面展现在整本教材的最外面，广大中学师生对地理教材的第一印象就是封面，一个美观精致、清新淡雅、富含地理特色的教材封面，可以快速捕获阅读者的眼球，提高其阅读兴趣，从而使其喜欢上地理。③ 2019 年人教版高中地理必修教材封面图像河流的对比解读如表 5 - 1 所示。

表 5 - 1　2019 年人教版高中地理必修教材封面的解读

封面图像	　图 1　2019 版高中地理必修一封面	　图 1　2019 版高中地理必修二封面

---

① 丁尧清、许少星：《高中地理新课程，〈地理 1〉4 个版本教科书内容及其特点分析》，《地理教学》2019 年第 16 期。

② 李梅梅、常珊珊、魏伊：《透视高中地理新教材之逻辑结构对比》，《地理教学》2020 年第 11 期。

③ 曾广伟：《基于新课程标准的高中地理新教材（必修 1）比较研究》，硕士学位论文，河北师范大学，2020。

续表

| 封面主题 | 高原曲流。封面河流为美国阿拉斯加州育空河的二级支流，发源于阿拉斯加州北部布鲁克斯山山麓，流经阿拉斯加中部的育空高原，向西南注入科尤库克河后汇入育空河 | 平原曲流。封面河流为珠江三角洲东侧的东宝河，又称茅洲河、洋涌河。东宝河属珠江口水系，发源于深圳市羊台山，流经深圳宝安区和东莞长安镇，在珠江口注入伶仃洋 |

2019年人教版高中地理必修教材共两册，第一册为自然地理，第二册为人文地理。教材封面是教材内容的窗口，透过这个窗口可以窥探教材内容之"一斑"。第一册自然地理教材是一幅自然地理航空图像，第二册人文地理教材则是一幅城市人文地理航空图像，两幅图像与教材的主要内容相吻合。更为巧合的是图像中各有一条曲流经过，且曲流的走势相似。两册教材封面图像的选取，可以说既有地理味，是教材主要内容的反映；又有趣味性，能够激发师生对教材内容的探究兴趣。两册教材封面放在一起，有异曲同工、画龙点睛的效果。必修一和必修二教材封面都有"国家教材委员会专家委员会审核通过2019""普通高中教科书"等字样。我国政府历来高度重视教材编写和建设工作，成立了专门部门对教材进行全面审查和指导，保证教材的育人导向和价值观念正确。

（二）扉页分析

扉页位于封面和目录之间。人教版教材扉页包含编者信息、出版印刷发行等相关数据，给出了详细的编写人员名单、审图号、图书在版编目数据、出版印刷发行单位以及时间版次等信息。

（三）版式分析

优秀的教材版式设计可以给读者美的感受，拉近教材与读者之间的距离。人教版高中地理教材采用的是16开本、有版心设计。版心是教材呈现文字和内容的部分，有版心设计则有相对稳定的白边，图片、内容、页码等受版心影响，严格按照顺序排列，灵活性较差。而满版心设计则几乎不受版心约束，内容设置和排版灵活性高，文字和图像契合程度更高。

（四）辅文分析

辅文是教材必不可少的辅助材料，可以帮助使用者更全面地了解和掌

握教材信息。人教版地理教材的辅文大多包括附录、图例、英汉地理词汇、后记、致谢等内容。教材后记大致由三部分组成，第一部分说明教材修订的背景和过程，第二部分展现教材的宗旨和理念，第三部分对教材编写有过帮助的专家学者和教研人员表示衷心感谢，并恳请师生和读者在使用过程中提供宝贵意见。①

二　高中地理教材结构分析

（一）知识结构分析

1. 人教版高中地理教材必修一知识结构分析

2019 年人教版高中地理教材必修一知识结构如表 5 - 2 所示，共包含 6 章 17 节。

表 5 - 2　2019 年人教版高中地理教材必修一知识结构

第一章 宇宙中的地球	第二章 地球上的大气	第三章 地球上的水	第四章 地貌	第五章 植被与土壤	第六章 自然灾害
第一节 地球的宇宙环境	第一节 大气的组成和垂直分层	第一节 水循环	第一节 常见地貌类型	第一节 植被	第一节 气象灾害
第二节 太阳对地球的影响	第二节 大气受热过程和大气运动	第二节 海水的性质	第二节 地貌的观察	第二节 土壤	第二节 地质灾害
第三节 地球的历史	问题研究 何时"蓝天"常在	第三节 海水的运动	问题研究 如何提升我国西南喀斯特峰丛山地的经济发展水平	问题研究 如何让城市不再"看海"	第三节 防灾减灾
第四节 地球的圈层结构		问题研究 能否淡化海冰解决环渤海地区淡水短缺问题			第四节 地理信息技术在防灾减灾中的应用
问题研究 火星基地应该是什么样子					问题研究 救灾物资储备库应该建在哪里

人教版高中地理教材必修一把地球科学基础知识嵌入自然地理学当中，按照自然地理要素重新构建教材知识结构，并根据地理核心素养培养要求，

---

① 李媚：《大陆与台湾地区高中〈地理Ⅰ〉教材比较研究——以人教版和泰宇版为例》，硕士学位论文，西北师范大学，2016。

选取实际生活中的案例作为研究对象。第一章通过开展简单的天文观测活动（日食、月食、月相等），帮助学生了解和掌握常见天文现象发生的基本原理和规律，并运用这些知识来指导生产生活实践。第二章到第五章则分别是大气、水、地貌、植被与土壤，与自然地理环境要素相对应。第二章有两个主题，一是大气的组成和垂直分层，主要是通过案例分析和活动探究，使学生科学看待大气组成和成分改变对人类活动的影响，引导学生关注大气污染并提出应对措施。二是大气受热过程和大气运动，运用示意图来演示大气受热过程，并用原理来解释实际生活中的大气现象，通过城市热岛效应案例，分析热力环流原理和风。大气运动是整本书中难度较大的知识点，人教版在组织上化繁为简、层层递进、深入浅出，通过原理加案例，帮助学生掌握大气运动规律。第三章主要讲述水循环、海水的性质和海水的运动，其中海水的性质（温度、密度、盐度）是教材新增内容，学生较为陌生，涉及不少物理化学等方面的知识，综合性强，难度较大。第四章为地貌，要求学生观察识别常见地貌，并掌握地貌特点和成因，给定材料结合所学知识，探究特殊地貌下的区域可持续发展问题。第五章分为两节，植被与土壤。教材打破以往介绍自然地理环境整体性和差异性的规律，注重学生认知规律，由表及里、由现象到规律，系统论述了植被土壤与自然环境的关系。第六章把地理信息技术和自然灾害优化整合，帮助学生理解常见的自然灾害特点和成因，了解如何运用地理信息技术防治自然灾害，降低自然灾害带来的损失。

2. 人教版高中地理教材必修二知识结构分析

2019年人教版高中地理教材必修二知识结构如表5-3所示，共包含5章14节。

表5-3 2019年人教版高中地理教材必修二知识结构

第一章 人口	第二章 乡村和城镇	第三章 产业区位因素	第四章 交通运输布局 与区域发展	第五章 环境与发展
第一节 人口分布	第一节 乡村和城镇 空间结构	第一节 农业区位因素 及其变化	第一节 区域发展对交通 运输布局的影响	第一节 人类面临的主要 环境问题

续表

第一章 人口	第二章 乡村和城镇	第三章 产业区位因素	第四章 交通运输布局 与区域发展	第五章 环境与发展
第二节 人口迁移	第二节 城镇化	第二节 工业区位因素 及其变化	第二节 交通运输布局 对区域发展的影响	第二节 走向人地协调—— 可持续发展
第三节 人口容量	第三节 地域文化与 城乡景观	第三节 服务业区位 因素及其变化	问题研究 城市交通 如何疏堵	第三节 中国国家发展 战略举例
问题研究 如何看待农民 工现象	问题研究 从市中心到郊区， 你选择住在哪里	问题研究 实体商店何去何从		问题研究 低碳食品知多少

（二）章节结构分析

2019 年人教版高中地理教材章节结构如图 5-1 所示。

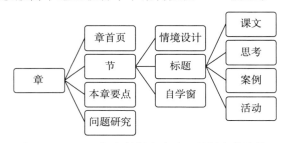

图 5-1　2019 年人教版高中地理教材章节结构

新教材继续采用章—节—目的体例，每一章开始都是章首页，不仅介绍本章的重要意义，而且列出了本章的学习目标（课标要求），重点突出、简洁明了。每一节的开始都巧妙构建真实有趣的地理情境，材料新颖，问题设计与正文知识内容相呼应，有利于激发学生学习兴趣，加深学生对地理知识的理解。[①] 课文内容严格按照新课标的要求精心组织和编排，图文并茂。与旧教材相比，读图思考部分更加注重图像本身，围绕图像精心设计问题和组织活动，培养学生读图和思考分析问题的能力。案例选取遵循典型性、新颖性、实用性、科学性的原则，案例内容更加精炼，主题突出，避免出现

---

① 万国平：《新课程高中地理教材（实验）比较研究》，硕士学位论文，华中师范大学，2006。

繁杂的概念和表达。新教材活动部分主题鲜明，内容详细，涉猎广泛，主要有地理实践、材料分析和问题讨论几种类型，为新课标和新课程改革贡献力量。在每节正文结束之后还有自学窗，自学窗内容属于兴趣拓展类素材，类似地理随笔，学生自学即可，教师可根据实际情况选择讲授，主要是为了开阔学生视野、培养学生地理思维。本章要点除了和章首页内容相呼应，还概括总结了本章全部内容，有利于教学和备考。[①] 在每章的章末都安排了问题研究，以此来引导学生进行综合性的探究活动，问题研究选取时代感强、人民群众关注度高的话题作为素材，有利于对学生爱国主义情感的培养。

三　高中地理教材内容分析

（一）教材内容构成

人教版高中地理教材一般由文字描述和数字符号构成，用来表述地理教材的信息和内容。虽然各版本教材章节框架的编排有所出入，但是大体都包括情境设计、基础知识、概念性语言、描述性语言、教学辅助材料等。由于篇幅限制，本书主要从情境设计、概念性语言和教学辅助材料三个方面介绍。

（二）情景设计分析

情境设计在每一节的开篇，具有引领作用，一般使用优美的语言、真实有趣的情境，吸引学生阅读，激发学生的探索兴趣，是教材新增的环节，是响应新课标引导学生在情境中学习的号召，有利于推动新课标精神理念进教材和进课堂。表5－4为人教版高中地理教材中的部分情境设计。

表5－4　人教版高中地理教材中的部分情境设计

教材	知识点	情景设计
必修一	地球的形成与演化	作为最容易辨认的恐龙之一，梁龙是巨型恐龙中的明星，它们体型巨大，最大的身长超过36米，脖子长度超过6米，尾巴长度更在10米以上。1.5亿年前，在北美洲大平原上，它们是最常见的巨型恐龙。然而，现在人们只能在博物馆通过化石骨架来认识它们。身材这么庞大的动物为什么没能继续在地球上生存下来呢？地球的环境都发生过什么样的变化？

---

① 许芳：《高中地理新教材（必修1）的比较与整合使用研究》，硕士学位论文，河北师范大学，2012。

续表

教材	知识点	情景设计
必修一	土壤的形成	早期的欧洲殖民者在巴西亚马孙河流域发现，当地印第安人在一种与自然土壤迥异的黑色土壤上种植。据研究，这种黑色土壤是人工土壤，主要成分是利用农作物秸秆等在一定条件下制作而成的生物炭。当地人用生物炭改良贫瘠的土壤，可能已有几千年的历史了。亚马孙河流域的自然土壤用于耕作时为什么贫瘠？你能举出改良土壤的其他案例吗？
必修二	人口迁移	2017年春运期间，我国铁路、公路、水路、民航共发送旅客约27亿人次，真是名副其实的全国人口大规模移动。这种春节期间回乡过年或外出旅行的人口移动属于人口迁移吗？人口迁移需要满足哪些条件？
	工业区位因素及其变化	1969年，根据政府决策，某汽车公司工厂选址在湖北武当山北麓的十堰市。2006年，公司总部迁到武汉。为什么该汽车公司要将总部从十堰迁到武汉？

从表5－4中可以得出，人教版情境设计，根据真实性和针对性两大原则，大多从历史事件和新闻时事方面选取材料，材料文字相对较长，注重设置与课文内容相关的悬念性问题。

（三）概念性语言分析

地理概念是地理教材知识系统的重要组成部分，也是学生学习和理解地理知识的关键。人教版高中地理教材部分概念性语言如表5－5所示。

表5－5　人教版高中地理教材部分概念性语言

教材	地理概念	概念性语言
必修一	牛轭湖	在地势平缓地区，常常看到呈"S"形弯曲的河道，即河曲。洪水泛滥时，河水可能冲断河曲的颈部，使弯曲部分与河道分离形成牛轭湖
	潮汐	潮汐是海水的一种周期性涨落现象，它的成因与月球和太阳对地球的引力有关。一天中，通常可以观察到两次海水涨落。古人将白天的海水涨落称为潮，夜晚的海水涨落称为汐，合称潮汐
必修二	人口合理容量	所谓人口合理容量，是指按照合理的生活方式，保障健康生活的水平，同时又在不妨碍未来人口生活质量的前提下，一个国家或地区最适宜的人口数量。人口合理容量是人口与资源、环境、经济、社会协调发展的必要条件，其数值要小于资源环境承载力
	城镇化	城镇化也称城市化，一般是指乡村人口向城镇地区集聚和乡村地区转变为城镇地区的过程。城镇化有三个主要标志：城镇人口增加、城镇人口占区域总人口的比例上升、城镇建设用地规模扩大。衡量城镇化水平的最重要指标是城镇人口占总人口的比例

从表5-5可以得知，人教版教材选用通俗、精炼、准确的语言来表述和解释地理概念，注重概念前后的逻辑关系。在地理概念的表达上全面具体、逻辑性强，注重形成过程，兼具内涵和外延，不仅详细说明地理概念本身，还介绍跟地理概念密切相关的内容。

（四）教学辅助材料

教学辅助材料大多采用文字和图像的形式，是对课文正文内容的补充，有利于教材内容系统的完善。教学辅助材料注重选材的针对性和真实性，强调内容的启发性和连贯性，可以在补充和完善地理知识系统的同时，提高学生的阅读兴趣和阅读能力。[①] 以人教版高中地理必修一第89页的土壤剖面构造为例，教材首先讲述土壤剖面相关定义和土层概念，再给出土壤剖面的土层垂直序列图，然后通过森林和耕作土壤剖面的图像这一教学辅助材料，让学生认识真实情境下的土壤垂直剖面分层。同时从土壤形成因素角度观察家乡土壤，涉及案例真实，情境材料真实有趣，既能开阔学生视野，又能培养学生热爱家乡热爱祖国的价值观念。

四　高中地理教材图像分析

（一）图像系统概述

1. 图像系统的概念

图像系统是由各种照片、地图、表格、漫画等组成的显示和分享地理信息的系统，具有形成地理表象、展示地理过程、培养地理素养的功能。地理图像是地理学习的重要工具，也是地理学科特殊的表达方式，对认识事物时空变化和趋势演变有重要作用。

2. 图像系统的数量和密度

人教版高中地理必修一图像数量与密度情况如表5-6所示。人教版高中地理必修一图像数量总计210幅，教材总页数是124页，图像密度为1.69幅/页。由此得出人教版高中地理必修一图像密度较大。图像数量少、

---

① 龙略宸：《教材图像系统在高中地理教学中的应用研究——以人教版地理必修一、必修二为例》，硕士学位论文，华中师范大学，2017。

密度低，会影响教材内容的表达和丰富程度。

表 5 - 6　2019 年人教版高中地理必修一图像统计

	教材总页数	图像数量	图像密度
数值	124 页	210 幅	1.69 幅/页

3. 图像系统的类型

人教版高中地理必修一图像系统的类型特点如下。

第一，种类齐全，样式丰富。人教版高中地理必修一中的图像以地图、景观图、示意图、统计图等形式呈现（见表 5 - 7），包括中国地图、世界地图、自然图像、人文图像、景观照片、遥感影像、自然地理过程示意图、统计图。

表 5 - 7　2019 年人教版高中地理必修一图像类型统计

单位：幅

	地图	景观图	示意图	统计图	合计
数量	17	111	60	22	210

第二，以景观图为主（见图 5 - 2），景观图数量高达 111 幅，占比为 53%，示意图（29%）、统计图（10%）和地图（8%）较少，仅占 47%。人教版高中地理必修一的景观图数量超过图像总数的一半，这也表明新版地理教材非常重视通过人们日常生活中的景观、照片、遥感影像来表达地理知识和内容，这对部分偏远艰苦、现代教育技术不发达地区的学生来说，远比地理景观素描图和单纯文字描述更直观生动，有利于学生更好地感受和体验地理世界，开阔学生地理视野。与其他类型图像相比，景观图华丽精美，蕴含信息复杂繁多。但是景观图地理特点并不明显，在非线性知识结构的构建和地理知识的可视化程度方面还有待提高，知识的组织性和转化性功能不强，可能会出现华而不实的问题。

第三，地图和统计图占比过低，两者合计仅占比 18%。地图是必不可少的地理语言和表达工具，统计图则有利于学生综合思维的训练，两者相辅相成，不可或缺。

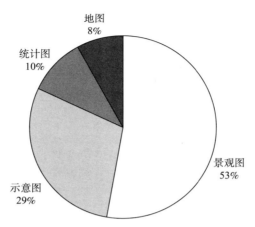

图 5 - 2　2019 年人教版高中地理必修一图像类型占比

4. 图像系统的分布

高中地理教材图像较多，但是各章节分布差距较大（见表 5 - 8）。从全书分配来看，图像主要集中在宇宙中的地球与自然地理要素及其现象这两大块内容中。其中，示意图主要集中在自然地理要素及其现象，以此来体现自然地理环境要素的物质交换和能量迁移，而景观图则更多集中在宇宙中的地球，以体现宇宙天体的面貌和相对位置。

表 5 - 8　2019 年人教版高中地理教材必修一各章节图像分布

单位：幅

	第一章	第二章	第三章	第四章	第五章	第六章
数量	39	26	39	35	30	41

（二）图像系统分析

1. 图文结合

图像和文字都是地理语言表达工具，两者结合更有利于地理信息的阐述和理解。如呼伦贝尔草原上的河曲和牛轭湖景观图，映入眼帘的是"S"形弯曲的河道，学生能够直观感受地势平缓地区河流地貌的韵味，再配合图上文字的解读和说明，学生在欣赏美景的同时，能够轻松理解河流地貌的知识；如在讲解地球圈层结构的时候，可用直观简洁的图像表示出地球

内部圈层的划分依据。总体来说，图文结合可以使深奥的地理概念通俗化、复杂的地理现象简易化，是教材内容表达和阅读效果提升的必要手段。

2. 图作结合

高考是高中师生教学考试的指挥棒，高考对地理图像考查的重视程度，决定了地理信息的获取和问题的解答离不开图像系统，图作结合非常有必要。例如，在人教版高中地理必修一第四章第一节中，教材编写者直接给出喀斯特、海岸和冰川三种地貌的景观图片，让学生在领略祖国秀美山川的同时，去思考地貌的特点和可能的分布地区，进一步引导学生去探索造成上述地貌差异的原因，为后面课文内容学习做铺垫。图像给作业的解答提供必要信息，作业为图像的判读提供重要思路，两者不可分割，缺一不可。图作高效结合，有利于教材内容的诠释和师生的教学提升。

3. 图文作结合

教材离不开图像、文字和作业的优化整合，高中地理教材按照图中有文、图作结合、优化整合的理念，精心科学设计。

（三）图像系统评价

1. 图像系统的优点

第一，图像美观丰富、图文作有机结合。地理教材采用多种图像类型，避免了文字内容过多、版面生硬呆板。在新版教材中，所有地图都由专业地图出版社绘制，部分地图增加了经纬线，合理调整用色，使之贴近教学需要，并且更加美观。示意图由专业美术编辑重新绘制，照片由专人负责精选，原教材中的照片几乎全部被更新替换。教材在照片、地图、遥感影像、示意图的组合上，及其与文字、作业的融合上狠下功夫、反复打磨，采用多种方式提升教材的表现形式。比如土壤形成这一节，人教版给出了森林土壤和耕种土壤剖面及各土层特点，并附加了详细的解释，还给出了砂土、壤土、黏土等土壤质地图，有利于师生在实际生活中，根据手指研磨土壤的感觉来判断土壤质地，增强地理实践效果。

第二，多图组合，简化图像要素，提高图像分析能力。为了展现地理事象的发展变化过程，地理教材采取了多图组合的方式，从大尺度时间和

空间范围，对地理事象进行观察和研究；为了突出地理事象的特征，地理教材采取了整体与局部图像组合的方式，详细刻画和描述地理事象的局部和全貌；为了突出教学重点，便于学生理解部分地理概念，地理教材简化了图像要素，并丰富和创新了示意图的表现形式。地理教材通过各种图像组合形式，提高学生的读图能力、从地图中提取信息的能力，以及分析处理地理信息的能力。

第三，图像新颖，时代性强。地理教材选取了最新颖的符合时代发展的图像，图像的时效性、专业性很强，能够展示地理科学最新进展和当前社会发展最近状况，时代性强且几乎没有冗余信息。

2. 图像系统的缺点

第一，图像分布不均匀，数量密度差异明显，图文作结合方式有待优化。以海水的性质和运动为例，洋流对沿岸气候的影响这一知识点，对于中学生来说有一定理解难度。人教版高中地理教材都是以文字直接描述为主，没有图像、材料、案例等形式的说明解释，缺乏说服力。

第二，图像的科学性、严谨性有争议。在水循环示意图中，地理教材把水循环的三个环节很好地呈现了出来。人教版高中地理必修一的水循环示意图不太完整，没有体现陆地水体的重要来源——积雪和冰川。冰川虽然占全球总水量的比例很低，但对于内流区的水循环有着至关重要的作用，冰川消融量的变化对内流区生态环境的影响深远。因此，建议人教版在修订的时候，把冰川这一陆地淡水的主要来源增加进来，使图像更有科学性和说服力。

第三，教材的部分图像的美感有待加强。图像在传递地理信息的同时，给人以文字不能替代的美感。人教版高中地理教材色调整体相对单调，图像色彩对比不够明显、饱和度不高，甚至出现部分图像模糊不清的现象。

五　高中地理教材活动分析

（一）活动系统概念

地理教材中的活动通常是以问题形式呈现，具有一定的任务指向，是

通过指导学生进行独立思考和实践性活动，来传递地理教学内容。广义的活动系统泛指一切培养地理核心素养、落实立德树人根本任务、提高学习和生存技能的活动。狭义的活动系统主要是指应对升学考试、提高分数和成绩的活动。本书研究的活动主要是指教科书中的作业、探究和练习题。

（二）活动系统的类型和作用

1. 活动系统的类型

活动是教材的重要组成部分，高中地理教材活动数量繁多、类型丰富。根据所处的位置，活动可以分为课前活动（开篇引入）、课中活动（正文部分）、课后活动（练习）。

2. 活动系统的作用

第一，提高区域定位能力，强化区域发展意识。

认识区域、评价区域开发利用状况，是我们理解地球表面复杂性的必备能力。以人教版高中地理必修一第四章第一节中的海岸地貌（第74页）材料为例，教材课文内容已经讲述了海岸地貌的概念、海岸地貌的分类以及形成原因，学生可以根据教材提供的信息，进行区域定位。

第二，拓展发散思维，培养综合性思维。

综合思维是一种思维方式，强调要素关联、发展变化和区域特性，旨在使学生全面客观动态辩证地看待地理事物和现象。在人教版高中地理必修一第一章第二节分析太阳黑子的变化周期活动中（第13页），教材给出了不同时间尺度的太阳黑子数变化情况。分析1970～2015年的太阳黑子数示意图可知，太阳黑子的波谷年份是1976年、1986年、1996年、2008年。分析18世纪以来太阳黑子数示意图可知，300年来太阳黑子共有29个波峰，综上可知太阳黑子数目变化大致以11年为周期。通过图像判断、数据计算、综合分析，学生能够从综合的角度看待问题。

第三，加强实践引导，增强地理实践力。

以人教版高中地理必修一第五章第一节的实践活动（第83页）为例，阐述实践活动对学生实践观念树立的作用。教材活动要求学生调查自己所在学校的树木与环境的关系，实则是探讨适应自然环境形成的植被特征。

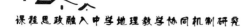
教材倡导学生走出课堂，亲近大自然，在实践中发现和理解地理现象、学习和获取地理知识，有利于对学生地理实践力的培养。

第四，渗透人地协调观念，促进可持续发展。

人地关系是地理核心概念之一，是学生学习地理知识、处理地理问题的出发点和落脚点。以人教版高中地理必修二第五章第一节认识过度垦荒带来的环境影响的活动（第98页）为例，阐述其对学生人地协调观念树立的作用。"人类对环境采取什么样的态度和行为，就会得到环境对人类的相应反馈。"该活动以过度垦荒引起的恶性循环的图片，来说明环境问题与人类活动密切相关。人类应合理和适度索取，树立人地和谐相处的理念。

（三）活动设计

人教版教材活动材料丰富，主题鲜明，重视区域生态环境建设和可持续发展研究。活动材料的选取遵循时代性、科学性、典型性原则，图像数量多质量高，文字篇幅长，蕴含信息量大。比如必修一第二章第二节何时"蓝天"常在的问题研究（第42页），教材提供了大气污染及其危害、我国近些年大气污染较为严重的原因、发达国家大气污染及治理案例等3个知识拓展，从认识天气污染现象到了解污染原因，再到进一步了解发达国家治理经验措施，引导学生为我国大气污染的治理提供建议，思路明确、条理清晰，不需要教师再补充其他资料，学生完全可以自己完成学习和探究。另外，教材的案例和活动也是课文内容的重要组成部分，有利于学生加深对课文的理解。我国地域辽阔，各地区经济社会发展存在较大差异，偏远农村地区教育资源较为稀缺，城乡教育存在明显差距，而丰富的案例和活动，满足了教育落后地区的教学需求，能够在一定程度上缩小两者差距。

第二节　高中地理课程思政元素的挖掘与融入

地理教学中的学科知识属于显性知识，而潜藏在地理学科知识背后、需要教师去挖掘并传递的教育思想属于隐性知识，这种隐性知识中的思想不局限于学科本身却高于学科本身。只有将显性知识和隐性知识同时体现

在教育的过程之中，才能够实现育人的目标，促进学生在思想上升华。

一　高中地理课程思政要求及其内涵

（一）课程思政要求

课程思政的基本要求，就是坚持社会主义办学方向，落实立德树人根本任务，教育学生热爱祖国，培养建设社会主义的高质量人才。将学生的国家观、社会观、公民观结合起来，坚持培育和践行社会主义核心价值观，引导学生传承中华优秀传统文化，使其成为拥有中国心、饱含中国情、充满家国情怀的社会主义合格建设者与可靠接班人。

（二）地理课程思政要求

地理教学是要教育学生了解和认识地球表层系统环境，提高学生思想认识，以使其更好地利用和保护环境。地理课程知识集理科的逻辑性思维与文科的发散性思维于一体，知识体系具有以下特性。

第一，高中地理是认识地球表层系统、研究以人地关系及其演变为基础的国情教育学科。人地关系贯穿始终，包含地学思辨、人文精神等，如宇宙观、人地观、世界观、发展观等，这些内容综合复杂，延展性强。这决定了高中地理学科中蕴含丰富的地学思辨、思想政治元素。

第二，高中地理知识生活性强。高中地理从宇宙空间出发，从探究地球所处宇宙环境，到人类赖以生存的自然环境与生产生活的社会关系剖析，再至区域可持续发展，课程内容涉及生活方方面面，丰富有趣。

第三，地理学科具有较强的政治属性。如地缘政治、国际视野、"一带一路"建设及当前日益突出的环境污染、生态破坏与资源短缺的问题，凸显着国家认同、全球视野、区域认知的教育，具有较强的政治任务，同时是课程思政开展、讲好中国故事的良好载体。

（三）地理课程思政内涵

地理课程思政是指在地理学科中开展课程思政建设，基于课程思政与专业课融合的理念，将地理教学内容与思政教育进行融合，是课程思政理念贯彻的"具体化"。地理课程思政建设要充分凸显学科特性，也就是进一

步挖掘地理教学中包含的思政元素，并将其适度深化，在教学的过程中，实现地理知识的传授与思想的熏陶，达到立德树人的目的。

地理教师应该根据高中地理学科性质和特点，以及高中生身心发展水平，挑选地理教材中蕴含的思政要素，这些思政要素需要具备一定的高中地理特色，之后才能将其有机融入地理教学中。在地理教学过程中，学生既可以掌握地理知识和技能，又可以潜移默化地接受地理教师进行的有目的、有计划的思政观念的熏陶，如此才是课程思政融入地理教学应该收到的良好效果。也可以根据高中地理基本教学内容，再结合高中地理自身学科特点，可以提取高中地理课程中的家国情怀、生态文明理念、哲学思维、国情教育、全球视野等思政元素，来对高中生进行思想政治教育。①

二 高中地理课程思政元素

思想政治教育的内容复杂且深邃，根据《教育法》规定，可包括爱国主义、集体主义、社会主义的教育，理想信念、道德情操、纪律法规、国防和民族团结的教育，传统文化的传授，以及心理教育和辩证思维的教育。教师在开展课程思政建设时，必须立足学科，不脱离学科知识对思政元素进行调整与取舍，不必将所有内容都体现在地理课程中。

地理学是一门研究地理环境以及人类活动与地理环境关系的科学，兼有自然科学和人文社会科学的性质。② 高中地理学科内容综合性强，涵盖宇宙环境、地球结构、地球圈层、地质地貌、自然灾害、人口变化、城乡发展、产业发展、可持续发展等内容，兼顾自然科学与人文科学。地理课程思政的建设，应以立德树人为任务、地理核心素养为导向，立足高中地理教材、地理课程标准，结合教学实际，发挥地理学科的优势和特色，充分挖掘蕴含其中的思想政治教育元素。结合前文分析，高中地理教学中的课

---

① 林悦、王健、钱伟、曹艳、李淑霞：《"课程思政"理念与高中地理教学的融合》，《中学地理教学参考》2021 年第 3 期。

② 中华人民共和国教育部制定《普通高中地理课程标准（2011 年版 2020 年修订）》，人民教育出版社，2020。

程思政元素包括道德情操、家国情怀、生态文明理念、科学精神、传统文化等。

（一）道德情操

1. 概述

道德情操是课程思政蕴含的最根本元素。培养学生的道德情操，是铸魂育人的基本工程，应融入教学全程、贯穿育人全程，使之成为青少年的塑德工程、铸魂工程。道德情操的培养，即以一定的原则，引导学生规范自己的品德态度、行为表现，其灵魂支柱是践行社会主义核心价值观。因此，要引导学生以社会主义核心价值观为思行原则，树立正确的人生观、价值观、世界观，提高学生的品德与素质，让学生以端正的态度立身行事、审时度势。道德情操培养的落脚点是学生的"德"，立德树人是教育的根本任务，立德不再局限于思政教师和班主任，各科教师都应承担起立德之责，挖掘学科教学中的道德情操元素，实现"育德"与"育人"协同共进。

2. 教材体现

地理课程标准要求在教学中，创设自然的、社会的、生活的情景。高中地理教材中选用的案例，多是学生日常生活可观可见的，学生道德情操正是展现于社会生活之中。教师除充分利用教材案例之外，还可结合乡土地理、时政热点，引导学生从地理的视角了解、认识并欣赏世界，带领学生分析案例，利用地理知识的同时，助力学生养成善良美好的品德、积极向上的情感态度、端正良好的行为习惯。[①] 例如，人教版地理教材在必修二"农业区位因素及其变化"一节中，展示了世界各国的农业景观，教师在讲解自然因素时，可带领学生回忆中国的自然地理特征，分析我国南北农业发展的差异，引导学生思考农业发展的影响因素，使学生从中感悟农业发展的不易，进而培养学生珍惜粮食的意识。只是在教学中增添道德情操元素是远远不够的，地理教师还需提高自身的品德修养，注重自己的一言一行，为学生树立品行优良的榜样。

---

① 卢凤琪：《从地理的视角认识和欣赏我们的世界》，《北京教育》（普教）2012 年第 11 期。

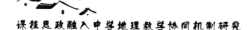

（二）家国情怀

1. 概述

家国情怀是一种重要的价值观念，其形成和强化会受到多方面的影响，它的本质是个人对国家和社会的认同感和责任感，这种价值观念来源于生活，也落实于生活，所以家国情怀的培育，需要在遵循学生身心发展规律的基础上进行，它具有长期性和多元性的特点。家国情怀属于一种特殊的人文情怀，它是在人地关系中产生的，并且家国情怀的发展，也离不开相应的地理环境。地理学科中关于人地关系的认识，体现着个人对地区的认同感，是培育家国情怀的重要切入点。[①] 高中地理具有较强的综合性，既具备人文科学的主观多元性，又具备自然科学的客观复杂性，地理课程中的许多观念，都体现其独特的育人价值，如人地协调观、人类命运共同体、可持续发展观等观念。最新高中地理课程标准，对地理课程的基本理念增添了新的内容，要求地理学科坚持正确的政治方向，要求教师在高中地理教学中，培养学生自觉践行社会主义核心价值观、自觉继承和弘扬中华优秀传统文化，加强对学生国家安全和民族团结的教育等。[②] 这些都反映了地理课程中蕴含着丰富的家国情怀元素。

2. 教材体现

地理课程从乡土地理出发，增强学生对家乡的责任感，培养学生的爱家之责，引导学生树立为家乡做贡献的理想信念。例如，必修二"城镇化"一节中，教师可利用地理信息技术演示本地近 30 年的城市面积的变迁，并提供相关资料，引导学生思考城镇化给我们的生活带来了怎样的变化，以辩证的眼光看待城镇化带来的影响。通过这样的形式，学生掌握了学科知识，也从地理的视角了解了家乡，增强了学生的归属感，激发了学生的担当精神，在开展教学的同时融入了思政教育。

---

① 张锦程、汪碧玲、钟伟杰：《"人类命运共同体"视域下思政元素在人教版高中地理教材中的体现——以"环境安全与国家安全"一章为例》，《中学地理教学参考》2022 年第 13 期。

② 连炜鑫、刘恭祥：《地理学科视角下"家国情怀"培育的四个指向》，《中学地理教学参考》2021 年第 20 期。

　　培养爱国之情应从国情教育出发，让学生准确知道我国的国土范围、自然资源、人文特点和周边邻国。只有准确认识我国的基本国情，才能更好地培养爱国之情。地理教材中有许多中国先进科技、科学伟人的案例。例如，必修一"常见地貌类型"中的活动介绍了世界最大球面射电望远镜——中国天眼"Fast"，教师在带领学生分析这一案例时，可以播放"Fast"介绍视频和工程师南仁东的纪录片，学生可以从其中领会中国的科技力量，感悟科学家的爱国奉献精神，激发其爱国热情。另外，在日常教学中要充分利用区域地理，严谨选择地图素材，提高学生的地理空间认知，增强学生的领土主权意识，自觉维护国家领土与主权的完整。[①]

　　（三）生态文明理念

　　1. 概述

　　习近平总书记提出的"良好生态环境是最普惠的民生福祉""绿水青山就是金山银山"等一系列重要论述，体现出了新时代生态文明建设的重要性。生态文明教育是可持续发展教育的重要内容，在地理教学中关注对学生的生态文明教育，有助于将地理教育提高到促进人类形成文明生活方式的高度。首先，高中地理课程标准提出的地理核心素养与课程目标中渗透了生态文明理念，体现了生态文明理念教育的可行性和重要性。培养学生的生态文明理念，也是地理教师的教育目标之一。[②] 其次，高中地理教材有着丰富的显性和隐性生态文明知识，包括教材中的图片、活动、案例以及自学窗都有一定体现。[③] 地理教师可以将生态文明理念元素，贯穿到教学的方方面面，充分体现地理的育人价值。生态文明理念要求学生尊重自然、顺应自然、保护自然，因此学生要树立正确的人地协调观、学习可持续发展理念和绿色发展理念、培养环境保护意识等。

---

① 阳登：《初中地理教学中领土主权意识教育现状与策略》，硕士学位论文，湖南师范大学，2019。

② 杨艳萍、王健、邵琼、孙雨红：《高中地理教学中如何渗透生态文明教育》，《科学咨询（教育科研）》2020 年第 9 期。

③ 高迎晓：《生态文明教育在地理课堂教学中的渗透》，《产业与科技论坛》2019 年第 9 期。

2. 教材体现

培养学生的人地协调观，就要引导学生正确地看待、分析、解决人与自然之间的关系问题，而地理学研究的最终目的就是详细了解地理环境，以更好地处理人与地理环境的关系。地理教材以正面或反面案例，向学生展现了正确对待人地关系的重要性。例如，城市热岛效应、海绵城市、产业区位因素等问题，均是人与自然相互影响在地理上的体现。教师除挖掘教材中已有的人地关系元素之外，还可补充桑基鱼塘等案例。学生通过案例学习获得知识，使抽象的理念具体化，从而更好地认识生态文明。

高中地理各部分内容都隐藏着环境保护的思想。从必修一第一章"宇宙中的地球"到第六章"自然灾害"，从无限的宇宙到地球上的大气、水、植被与土壤，再到对人类有很大影响的自然灾害，教师均可在开展知识教学的同时，融入环境保护意识的培养，使学生认识到地球是人类唯一的家园，有意识地保护身边的一草一木。教师在课堂中融入全面、系统的环境保护意识的培养，可使得新一代社会主义的建设者形成生态文明理念，利在千秋。[1]

（四）科学精神

1. 概述

学生的质疑求真、勇于探索等科学精神，不仅有利于地理课程的学习，还有利于增强学生面对新时代新挑战的勇气与力量。[2] 地理学科知识既有自然科学知识，又有人文科学知识，蕴含着丰富多样的思政素材，教师在教学过程中要合理运用这些素材，并设计合作探究、问题引导、实践探究等教学方案，将科学精神的培养融入教学中。以此，学生不仅收获了科学知识，也提高了其思维能力、动手操作能力，实现了科学精神"润物无声"式的培养。

---

① 徐淑梅、张冬有、林琳、王安琪：《生态文明教育："地球概论"课程思政研究》，《黑龙江高教研究》2019 年第 11 期。
② 李海权：《高考地理试题的分析与对策——基于科学精神的视角》，《地理教学》2020 年第 3 期。

2．教材体现

在地理教学中融入科学精神的培养，可以从问题式教学方法出发，将原本直接传授给学生的知识，转变为多层次的问题情境，引导学生逐层、自主地分析问题，再由教师与学生进行讨论，并鼓励学生勇于提出疑问、反复思考，使学生体验科学研究的过程，潜移默化地激发学生质疑求真、勇于探索的精神，锻炼学生的思维能力。[①] 例如，"地球的宇宙环境"一节中，关于地球存在生命的原因，教师可提供四颗类地行星信息，以及当前科学家对水星、金星、火星的最新研究成果，以有无大气层、有无液态水为主，引导学生以小组为单位，思考其他星球有无生命存在。小组问题式教学法，可使学生的思维在问题情境中自由遨游，学生能更深切地理解地球上存在生命的原因，锻炼了学生的综合思维，激发了学生勇于探索的精神。

地理学科中有许多科学技术，例如课程标准要求的地理信息技术——GIS、RS、GPS，教材中也以图片或案例的形式，补充了一些先进科学技术。例如，必修二"服务业区位因素及其变化"中介绍了机器人替代人工的现代物流业。教师通过在教学中直接向学生展示地理信息技术、带领学生实地考察等形式，继续挖掘地理学科中的科学精神元素，使学生感受地理与科学的魅力，提高学生对地理学习、科学研究的兴趣。

（五）传统文化

1．概述

传统文化元素的融入，即文化传承和文化精神的教育，包括弘扬中华优秀传统文化、地域文化，以增强学生的文化自信，并引导学生尊重文化差异。文化的传承不是简单的历史名人故事、传统习俗的讲述，而是精神、意识、信念的传承。中华优秀传统文化是中华民族的根与魂，是中华民族精神的标识，也是当代中国核心价值观的思想渊源。教师应在传统文化的基础之上，融入新时代的文化内涵，带领学生在地理的世界里，学习文化

[①] 黄嫣娜：《浸润科学精神的初中地理问题式教学设计》，《地理教学》2021 年第 12 期。

的精髓，促进学生的全面发展。① 对比新旧人教版地理教材可以发现，新教材的导入部分引用了许多诗词及古文，或以图片、活动、自学窗的形式展示了诸多文化元素，合理利用已有素材，并进一步补充，可以将传统文化与地理知识有机融合。

2. 教材体现

乡土地理是开展传统文化教育最为直观、贴切的方法。中国地大物博，地区文化更是千姿百态，传统文化的传承，应从接触最多的家乡文化出发，教师带领学生开启寻根之旅，从地理的角度，进一步了解自己身边的文化传统，感受文化的风韵。例如在人教版必修二"乡村和城镇空间结构"的教学中，教师可搜集当地乡村空间结构的特点、土地利用形式及其与当地习俗的关系，整理活动案例，带领学生分析总结乡村用地特点，使知识的讲解与文化的传承同步实现。

在许多诗词及古文中也能发现地理知识，如"橘生淮南则为橘，生于淮北则为枳"，这一诗句蕴含了地理知识——植被的地带性分布差异，淮南、淮北水热条件的差异使"橘"变"枳"。将诗词转变为地理问题，以此作为导入，激发学生的学习兴趣，实现了思政元素在地理教学中的融入。

除此之外，也需引导学生尊重不同地区、不同民族的文化差异，领悟文化的多样魅力。例如人教版必修二"地域文化与城乡景观"一节中，介绍了不同地域的文化对景观的影响，从地理的视角探寻了传统文化的影响，其中徽派傍水而建的村落布局与客家人聚族而居的土楼，体现了地域文化的差异，也展示了不同文化的独特魅力。

三 高中地理课程思政元素的融入

根据高中地理教学特征，本节选择了受众面积比较广的 2019 年人教版高中地理必修一和必修二两本教材，挖掘融入教材中的思政元素，以下思政内容的挖掘，是笔者结合目前经验所能想到的个案。

---

① 谢思婷、杨霞：《浅谈高中地理教学中思政教育的渗透》，《才智》2020 年第 17 期。

（一）地理必修一课程思政元素融入点

地理必修一以自然地理为主，前五章由远及近，由地球所处环境及结构到与人类生活密切相关的大气、水、地貌，再到自然中的植被与土壤，带领学生逐步认识地球；最后一章，将视角放至自然带来的灾害及人类面对自然灾害时的智慧与努力。无论是教材知识还是其中的图片与活动案例，都蕴含丰富多样的思政元素，本书从教材出发，整理了课程思政元素的融入点（见表5－9）。

表5－9　必修一课程思政元素融入点及教学案例

教材章节		课程思政融入点	教学案例	课程思政元素
第一章 宇宙中 的地球	第一节 地球的宇宙环境	地球所处的宇宙环境、探索宇宙的重要性	"筑梦天宫"——中国航天员入驻中国空间站	中华民族走向伟大复兴、爱国主义
	第二节 太阳对地球的影响	太阳黑子	我国古代对太阳黑子的记载	了解中国深厚文化底蕴、民族自豪感
	第三节 地球的历史	沉积岩地层、古生物化石和地质年代表、自学窗——古生物学研究	通过沉积岩地层、古生物化石示例，让学生判断地质年代	地球生命发展规律、科学求真精神
	第四节 地球的圈层结构	地球内部圈层结构	人类对地球的探索	探索精神
第二章 地球上 的大气	第一节 大气的组成和垂直分层	大气的组成	臭氧层的位置、作用	生态文明意识
	第二节 大气受热过程和大气运动	大气对太阳辐射的削弱作用	太阳能光伏发电站改变了西藏地区的供电形式	因地制宜、科教兴国的理念
第三章 地球上 的水	第一节 水循环	水循环的意义	淡水更新周期	环境保护意识
	第二节 海水的性质	盐场选址	天津长芦汉沽盐场	人地协调观
	第三节 海水的运动	洋流的影响	墨西哥湾石油泄漏事件	人类命运共同体理念

续表

教材章节		课程思政融入点	教学案例	课程思政元素
第四章 地貌	第一节 常见地貌类型	喀斯特地貌的成因与特点	中国"天眼"简介视频、南仁东纪录片	爱国情怀、科教兴国的理念
	第二节 地貌的观察	相对高度和绝对高度	根据等高线图计算相对高度	空间思维
第五章 植被与土壤	第一节 植被	植被与环境的关系	观察校园中的植被类型	保护校园的一草一木、尊重自然的意识
	第二节 土壤	土壤的养护	黄淮海平原盐碱地的综合治理分析、土壤的养护措施	国情教育：土地资源环境保护意识
第六章 自然灾害	第一节 气象灾害	我国洪涝灾害及干旱灾害的分布特点	结合区域地图，分析我国洪涝灾害与旱灾的时空分布特征	空间思维
	第二节 地质灾害	地震的概念及构造示意图	以汶川大地震为引，讲解地震，最后播放地震救援视频	珍惜生命、尊重生命的价值观
	第三节 防灾减灾	自救与互救	自救与互救的科普视频	树立防灾意识、积极向上的生活态度
	第四节 地理信息技术在防灾减灾中的应用	遥感技术的应用	课堂展示遥感图像，判读天气变化	领悟科技力量、激发探索精神、增强地理实践力

（二）地理必修二课程思政元素融入点

地理必修二以人文地理为主，包括人口、乡村和城镇、产业区位因素、交通运输布局与区域发展、环境与发展五大章节。教材介绍了人文地理主要模块及其相互关系，并最终将人口变化、城市发展、产业区位、交通运输、环境问题五大模块落地于"发展"，由此可见，必修二从地理的视角观察人与发展的动态变化，蕴含诸多思政元素。本书从教材出发，整理了课程思政元素的融入点（见表5-10）。

表 5－10　必修二课程思政元素融入点及教学案例

教材章节		课程思政融入点	教学案例	课程思政元素
第一章 人口	第一节 人口分布	影响人口分布的因素	结合我国东部、中部、西部人口分布示意图分析人口分布因素	了解我国人口分布特点，国情教育
	第二节 人口迁移	国内人口迁移	教材活动：调查家庭人口迁移情况	了解祖辈的奋斗历程，培养家国情怀
	第三节 人口容量	区域资源环境承载力	小型辩论赛：地球最大承载力是多少	树立正确的人地协调观
第二章 乡村和 城镇	第一节 乡村和城镇空间结构	城镇内部空间结构	研学旅行：参观本地城市空间规划馆	空间思维；认识家乡，培养家国情怀
	第二节 城镇化	城镇化的影响	结合乡土地理，分析本地的城镇化表现	对家乡的归属感、责任感
	第三节 地域文化与城乡景观	不同地域文化产生了不同城乡的景观	展示客家土楼、徽派建筑、北京四合院等多种景观及地域文化特点	中国地域文化的多样性，尊重文化差异
第三章 产业区 位因素	第一节 农业区位因素及其变化	农业区位因素	一碗米饭的来源：从播种到餐桌需要涉及的区位因素	培养珍惜粮食的意识
	第二节 工业区位因素及其变化	工业区位因素：社会因素	"十四五"期间的工业发展规划，分析政策对产业发展的推动作用	了解社会主义制度的优越性，增强制度自信
	第三节 服务业区位因素及其变化	服务业区位因素：新兴服务业的发展	机器人替代人工的现代物流业相关视频	感受科学的魅力，增强对科学的热爱
第四章 交通运 输布局 与区域 发展	第一节 区域发展对交通运输布局的影响	交通运输布局的一般原则：运输需求	教材活动：北京首都国际机场 补充：北京大兴国际机场	了解中国力量，增强国家自豪感
	第二节 交通运输布局对区域发展的影响	交通运输促进经济发展	"一带一路"的中国方案	社会主义核心价值观，开放包容的处事态度

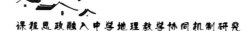
续表

教材章节		课程思政融入点	教学案例	课程思政元素
第五章 环境与发展	第一节 人类面临的主要环境问题	环境问题的表现：发达国家和发展中国家的不同	中国与美国人均碳排放对比	学习绿色发展理念
	第二节 走向人地协调——可持续发展	可持续发展的内涵	自学窗：人地关系思想的演变史	树立正确的人地协调观，领悟我国优秀传统文化：天人合一
	第三节 中国国家发展战略列举	维护海洋权益	在地图中标出我国领海范围、南海诸岛的位置	正确认识我国版图，增强领土主权意识

第三节　高中地理课程思政教学设计

本书基于新时代对青少年思想政治教育的迫切需要，将课程思政理念应用于地理课程教学，探讨高中地理课程思政的基本内涵及其开展的必要性，探索课程思政与高中地理教学融合的切入点，并以 2019 年出版的人教版高中地理教材为例，挖掘课程思政元素，以期为课程思政在地理教学中的落实提供借鉴。

一　高中自然地理课程思政教学设计案例

以人教版地理必修一第三章第一节"水循环"为例，展示完整的地理课程思政教学过程。

（一）教学准备

经分析，"水循环"的教学内容难度中等，案例中的内容与生活息息相关，蕴含的思政内容丰富且实施方式容易操作。最重要的是，该节与思想政治教育融合的难度很小，故而选择其作为课程思政的教学设计案例。"水循环"与实际生活相关，其所蕴含的思政元素自然也不少，包括哲学道理、探究精神、爱国情怀、环保意识等课程思政元素，能够充分指导学生的知、

情、意、行。①

1. 课标解读（2017 年版 2022 年修订）

课标要求：运用示意图，说明水循环的过程及其地理意义。

解读：从课标的基本构成来看，行为主体是学生，前置限定词为"运用示意图"，属于资料型，因此在教学过程中要提供足够的图文资料，从行为动词来看，是"说明"，属于理解水平，行为结果是"说明水循环的过程及其地理意义"，要求学生能够在绘制水循环示意图的基础上，说明水循环的过程，并结合生活中的实例，说明水循环的意义。

从育人价值上看，本节课主要培养学生的综合思维及人地协调观。水循环是一个联系的过程，包括蒸发、水汽输送、降雨、下渗等环节，各环节之间息息相关，需要学生从整体上把握。同时，水资源与我们人类的生活是紧密相关的，学生在掌握了相关的知识之后，要知道人类活动可以影响的水循环环节，从而为我们保护生活中的水资源出谋划策。

从质量水平上看，该标准对应的是学业质量标准的第 1、2 条，要求学生结合水循环示意图，说明水循环的过程，并结合实例，分析水循环的地理意义。

2. 教材分析

知识结构：本节课是高中地理必修一第三章第一节的内容，包括两个主题"水循环的过程及类型"和"水循环的地理意义"，主要讲述了水圈的相关知识，是继大气圈之后，学习的第二个自然圈层。通过本节课的学习，学生需要掌握水循环的环节及意义，掌握综合分析地理要素的技能，为后面岩石圈、土壤等知识的学习奠定方法基础。

能力结构：学生能够从水循环各环节相互联系的角度，说出水循环的概念，学会知识点的归纳方法及技能；结合水循环的概念画出相关的示意图，从而掌握图文互换的能力；通过课堂探究、小组合作等方式培养语言表达、合作解决问题等能力。

---

① 张华维：《课程思政在高中地理教学中的渗透——以"水循环"为例》，《中学地理教学参考》2022 年第 12 期。

图文结构：本节内容包括正文、一幅图片和一个活动，图文并茂，有助于帮助学生理解。正文部分思路明确但过于简洁，因此在教学过程中可以结合示意图帮助学生理解；图片展示了水循环的过程，由于不具有动态性，且涉及水循环地理意义的图片很少，不利于学生直观理解，因此教师在讲解过程中，可以通过视频等帮助学生理解；活动部分从题目行为动词来看，对学生要求较高，需要根据学生的具体学情确定是否使用。

3. 学情分析

学生处于高一年级，初中所学知识及生活经验，仅限于了解自然界中水体的简单存在形式，如液态水体——江、河、湖、海、雨，气态水体——水蒸气等，仍不能理解自然界中水的循环过程。水是学生日常生活中接触较为频繁的自然要素。学生从小接受的保护水资源等公民环境教育，也使他们对自然界中的水存在发自内心的关注与亲切感。经过适当引导，学生会产生强烈的学习动机与兴趣。但水循环过程的影响因素较多、较复杂，人类活动也会对水循环过程产生较大影响，学生很容易忽略或不能理解水循环过程的影响因素及环节，如蒸发、下渗等，这可能造成学习障碍。而且，水循环的部分过程，学生不能亲眼看见，无法身临其境，缺乏一定的地理感性认识，难以清晰地区分和顺利地理解这一过程。

4. 教学目标

区域认知：学生能够运用地理信息技术、地球科学的基础知识，说明水循环的环节、过程和类型；学生能比较不同区域、不同自然地理环境的水循环过程存在的差异，通过讨论，得出影响不同地区水循环过程的主要因素，发现不同地区水循环过程存在的问题，并能尝试提出自己的解决方案。

综合思维：学生能够通过阅读水循环示意图，说出地球表面各种水体的名称和含义及水循环各环节包含的概念，能用语言描述水循环过程，将水圈、大气圈、岩石圈联系起来，阐述自然界圈层和要素之间的联系及相互影响。

地理实践力：学生能够运用水循环示意图观察、识别、描述水循环现

象；学生会绘制水循环示意图。

人地协调观：学生能通过调查等方法，了解家乡的水体及其存在的问题，并能清晰地表达自己的看法与观点，能收集资料，表现出对家乡水体的关注，形成热爱家乡的情怀。

5. 教学重难点

重点：水循环的过程及意义、人类活动对水循环的影响。

难点：水循环的主要环节与意义。

6. 教学方法

基于课程思政理念，秉承以思政教育为先、发挥学生主体功能、展示教师主导作用的教学思想，在课堂教学实践中重点应用讲授法、讨论法和案例教学法等教学方法。

（二）教学过程

"水循环"课程思政教学过程见表 5 - 11。

表 5 - 11　"水循环"课程思政教学过程

环节	教师活动	学生活动	设计意图
新课导入	**情境**：江河奔流不息，最终注入大海，为什么大海的水没有增多？几千年来很多先贤都试图回答这一问题。公元 5 世纪，《宋书·天文志》中有人对此问题做了解释：太阳加热海水，使海水蒸发；河流注入大海，补充蒸发的消耗，使海水不会增多也不会减少 **问题**：这种对海水水量维持稳定的解释科学吗？蒸发的海水去哪儿了呢？	阅读《宋书·天文志》节选内容，思考并回答教师问题	引入课题，弘扬传统文化，激发学生问题意识和探究兴趣。引导学生辩证地看待古人思想，不断追求真理
新课讲授	展示水循环的概念，设问：水循环与地球的哪些圈层有关？水循环的环节有哪些？水循环有哪些类型？	学生朗读水循环概念并回答教师问题	引出水循环的概念，明确水循环发生的范围、环节和类型
	展示水循环示意图，并明确学生活动要求	学生分组绘制不同类型水循环示意图，并按要求描述水循环的过程	落实课标：运用示意图，说明水循环的过程；培养学生准确的地理表达能力和描述地理过程的能力

187

环节	教师活动	学生活动	设计意图
	检查学生在描述水循环过程时，环节是否完整、过程是否准确、是否准确运用学科术语，并引导学生小结。	学生自主纠正，对水循环的过程进行小结	及时反馈，使学生及时获取准确的学科知识和恰当学习方法
	深入学习了水循环，依次询问几个问题：同学们认为《宋书·天文志》对"为什么大海的水没有增多？"的解释科学吗？蒸发的海水去哪儿了呢？水循环的过程说明水体在大气、海洋、陆地以及全球的总量有什么特点？	学生依次回答，得到水循环维持全球水平衡的意义	与导入呼应，引入水循环的地理意义
	不同空间范围参与水循环的水量不同，导致不同区域人们生产、生活方式不同，人们利用水资源的方式差异也深刻影响着水循环	认真听讲	由不同类型水循环参与水量的差异，引出水循环与人类活动的关系
新课讲授	利用智慧课堂引导学生阅读并完成第48页的活动： 一、展示"中国的干湿状况分布图" 1. 利用智慧课堂发布任务，请学生指出宁夏平原的位置，并说出宁夏平原的干湿状况，说出该地干湿状况与水循环的关系 2. 思考宁夏平原的人们发展种植业首先要解决什么问题？ 3. 引导学生小结，水循环影响人类活动 二、观察课前实验、分析实验记录、联系对比活动图文材料完成活动 （一）分组讨论：全班分成两组，分别完成1、2小题，利用智慧课堂发布小组任务 1. 观察、对比模拟实验，分析砂石覆盖层对水的下渗的影响（见图1） 图1　模拟实验	学生观察"中国的干湿状况分布图"，完成智慧课堂，提交自己的答案，通过问题链得出结论：水循环影响人类活动	落实区域认知、综合思维、人地协调观、地理实践力等核心素养的培养。结合实例，学生能说明水循环与人类活动的相互影响，培养学生正确的资源观、环境观与人地协调观

续表

环节	教师活动	学生活动	设计意图
新课讲授	2. 读图2，比较砂田和裸田蒸发量的差异，说明砂石覆盖层对蒸发量的影响 图2　砂田和裸田的蒸发量 （二）全班自由讨论：完成第3小题 3. 读图3，比较4月末砂田和裸田土壤含水量，归纳砂田影响的水循环环节及作用 图3　4月末种植前砂田和裸田不同深度 土壤含水量	学生小组讨论完成活动内容，获得结论：人类活动对水循环各环节的影响巨大，并以此改善生产条件	
	引发思考：人类活动对水循环各环节的影响是否都是有利的呢？	学生思考并回答	引导学生思考人类活动对水循环的影响
	展示硬化地面、破坏植被、修建大坝等引起的河流水位变化曲线图，引导学生思考这些人类活动对水循环有哪些影响，可能造成怎样的结果 地面硬化前后河流水位变化 植被破坏前后河流水位变化	学生逐一讨论图片中不同人类活动对水循环蒸发、下渗、径流等环节的影响，及其可能造成怎样的结果	通过讨论，学生能了解人类活动对水循环的影响，从而培养学生正确的资源观、环境观与人地协调观

续表

环节	教师活动	学生活动	设计意图
	流量 建坝后 建坝前 时间 建坝前后下游河段水位变化		
课堂小结	引导学生构建知识框架 水循环 — 水循环的过程及类型 — 海陆间循环 / 陆地内循环 / 海上内循环；水循环的过程及类型 — 硬化地面 / 破坏植被 / 修建水坝；水循环的过程及类型 — 维持了全球水量的动态平衡 / 维持了热量的收支平衡 / 是海陆间联系的纽带 / 不断的塑造地表形态	学生构建知识框架，对本课内容进行小结	帮助学生构建知识框架，整体把握本节知识结构

（三）教学评价

新老课程标准和最新的课标教材，都明确指出本节课要掌握地球上的水是如何循环运动的和水循环主要有哪些地理意义，需要引导学生对水循环的各个环节有一个连续动态的认识，并掌握其产生的地理意义。从高考层面来讲，单纯考查该部分知识原理的试题并不多，更多是考查其中的某些环节及其自然和人为的影响因素、外力作用与地貌中的河流地貌的发育和喀斯特地貌等方面。①

（四）教学反思

对于新形势下的新高考学科素养渗透不到位，教师应多通过案例导入将理论与现实生活结合起来，让学生在情境体验中感受学习地理的乐趣和地理知识的实用性；通过不同案例，拓宽学生知识面，让学生学习对生活有用的

---

① 王志良：《新人教版高中地理"水循环"教学设计与新课程标准的有效衔接》，《地理教育》2022 年第 S1 期。

地理知识，体现地理实践力；充分利用数据资料，培养学生水资源的忧患意识，帮助学生树立科学的人地协调观。这些也是一名地理教师需要不断努力的方向。

（五）教学小结

本章节依据教学设计策略呈现具体的教学设计案例，展示完整的教学目标、教学过程和教学评价设计，并进行教学反思，为高中地理课程思政的实施，提供可参考的教学思路。

二 高中人文地理课程思政教学设计案例

以人教版地理必修二第五章第二节"走向人地协调——可持续发展"为例，展示完整的地理课程思政教学过程。

（一）教学准备

1. 课标解读（2017 年版 2022 年修订）

课标要求：运用资料，归纳人类面临的主要环境问题，说明协调人地关系和可持续发展的主要途径及其缘由。

解读：本节内容要求的行为条件是"运用资料"，即学生能够运用图文等资料对学习内容进行描述和说明；行为动词是"说明"，为知识的认知与探究水平，一方面学生要明确面临的生态环境问题，正确认识可持续发展是必然选择，另一方面学生要建立个人在其中需要坚持的环境态度与能够担当的社会责任的相关认知。教师可通过典型案例讨论等方式来推进教学内容的实施，让学生从不同的人物角色出发考虑不同的态度和观点，最终形成应该具有的环境价值观。

2. 教材分析

本节教学内容是在理解人地关系思想的演变基础上开展的，可以深刻认识国家实施可持续发展的背景、初衷。本节在意识和行为上对学生提出了明确的要求。本节有两大教学因子，第一个是走可持续发展道路的必然性，主要通过课文的系统阐述，结合数据、战略重点阅读和观点辨析活动说明我国人口、资源、环境的国情促使了《21 世纪议程》的发布，可持续

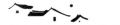
发展是必然要求。第二个是推行的可持续发展措施，通过传统与现代经济模式的对比分析来确定循环经济的优势；并以河南某酒精厂的循环经济条件下的生产和北京留民营的绿色农业发展为例，结合示意图和课文描述说明在工业中发展清洁生产、在农业中发展生态农业的途径；最后通过活动探究让学生从自身出发，考虑公众参与可持续发展的有效途径。

3. 学情分析

本节课知识的传授对象目前处于高中二年级，已经储备了基本的自然地理知识，能够掌握人文地理案例分析学习的方法，具备较强的迁移运用能力、分析归纳能力等地理学习能力。

本节教学之前学生已经掌握我国人口、资源、环境状况等相关基础知识，有关注国家政策方针、时事新闻的意识，并且有图文观察分析能力、案例分析能力、演变发展推理能力，能从不同角度分析地理问题，提出解决地理问题的方法并进行表达交流。

4. 教学目标

人地协调观：学生能够结合资料，理解实施可持续发展的重要意义；正确理解可持续发展战略，清晰认识到个人应当坚持的理念与担当的社会责任，树立人地可持续发展观，增强社会环境责任感。

综合思维：学生能够根据案例分析循环经济背景下的清洁生产与生态农业实施的流程和效益。

区域认知：学生能够结合实例，说明实施可持续发展的重要途径；结合我国基本国情及面临的问题，分析我国走可持续发展之路的必要性。

地理实践力：学生能够运用公众参与可持续发展的方法，设计或参与可持续发展活动。

5. 教学重难点

重点：国家实施可持续发展战略的现实意义和主要路径。

难点：循环经济背景下的清洁生产与生态农业实施的流程和效益。

6. 教学方法

基于课程思政理念，秉承着以思政教育为先、发挥学生主体功能、展

示教师主导作用的教学思想，在课堂教学实践中重点应用讲授法、讨论法和案例教学法等教学方法。

（二）教学过程

"走向人地协调——可持续发展"的教学过程见表 5 - 12。

表 5 - 12　"走向人地协调——可持续发展"课程思政教学过程

环节	知识内容	教师活动	学生活动	设计意图
新课导入	复习全球环境问题和可持续发展内涵	【复习导入】上节课学习了全球的环境问题及解决方案——可持续发展的提出，选取学生代表忆上节课的主要知识 【承转】提出疑问"中国现阶段已经成为世界最大发展中国家，同学们了解国家发展在人口、资源、环境方面存在什么问题吗？未来我们要选择什么样的发展道路呢？"	【回顾旧知】学生回忆巩固全球环境问题和可持续发展内涵旧知识，积极回答教师的问题 【自主思考】结合回顾的知识思考老师的问题	复习导入，符合学生认知学习规律，巩固已学知识更有利于新知识的学习 教学内容的无缝衔接，从全球环境问题到可持续发展的过渡，使教学具有系统性，学生也能更好地把握整本教材的逻辑
新课讲授	一、走可持续发展道路的必然性 1. 介绍国情，主要说明资源与环境现状、人口发展趋势等	引导学生讨论"我国的发展之路"，并通过谈话法与学生进行交流，将学生反馈的结果进行总结归纳	学生根据已学知识和自身经验积极参与讨论，明确自己的观点	通过谈话法让学生根据已学知识和生活经验，提出自己的观点，调动学生自主参与分析的兴趣、提高学生表达能力
		引导学生带着自己的观点观看我国人口、资源、环境现状等国情新闻视频	学生带着自己的观点观看国情相关新闻视频，获取我国人口、资源、环境等国情信息	视频的呈现更加新颖、科学，在形象直观地让学生了解国情的同时，引起学生对国家发展的重视，增强学生的爱国情感
		通过谈话法掌握学生思想观点，鼓励学生大胆表达。要求学生纠正并确定"我国发展之路"的观点看法并说出理由	比照视频信息和自己的观点，进行重新审视，纠正或者检验自己的观点；结合视频国情信息大胆表达自己的观点并说出理由	根据客观事实进行观点纠正和确定的设计，培养学生勇于改错的科学精神和实证精神

续表

环节	知识内容	教师活动	学生活动	设计意图
新课讲授	2.《21世纪议程》	师生共同总结回答问题"我国也存在严峻问题，也需要走可持续发展之路"指导学生阅读教材 利用《21世纪议程》相关内容和阅读栏目，验证上述知识点教学中师生讨论的结论	听取教师总结，回答教师问题，明确我国必须走可持续发展之路 学生认真阅读教材中《21世纪议程》相关内容，验证师生讨论结论	通过视频信息和分析解决教师提出的地理问题，培养解决问题能力。同时让学生在自己的回答中发现教学知识点 利用教材阅读栏目等资源，回归教材；国家方针政策对学习结果的验证，使可持续发展必然性有权威证据，更能提升学生对自己分析、解决问题能力的自信心
	二、实施可持续发展的途径 1. 介绍循环经济概念与特征	【承转】 确定绿色发展战略是我国的必然选择，那么这条路具体应该怎么走，有什么途径？ 【问题】 呈现传统经济相关内涵。什么叫循环经济？它和传统经济的差异体现在哪些方面？ 【分组讨论】 传统经济和循环经济两种经济模式的优势与劣势 表1 传统经济和循环经济的优势与劣势 | 项目	传统经济	循环经济
---	---	---
资源利用方式		
资源利用率		
废弃物处置		
物质流动		
结果				学生理解分析传统经济内涵。学生和教师讨论交流，确定表1中各个特征内容，最终对比各特征并理解循环经济的内涵和特征	呈现传统经济内涵，给定角度，让学生自己分析找出特征，引导学生增强通过文字阅读来发现关键信息的意识与能力 通过对比分析，深刻理解循环经济的内涵和特征，培养学生利用已有信息和知识经验解决地理问题的能力 表格形式的呈现使相关概念的教学清晰明确，使学生更好地认识循环经济能获得的经济、环境效益，了解可持续发展理念下的经济发展模式

续表

环节	知识内容	教师活动	学生活动	设计意图
新课讲授	2. 清洁生产和生态农业	师生讨论，总结各项特征并阐明循环经济内涵和特点 【案例分析1】 引导学生阅读河南某酒精厂的循环经济条件下的清洁生产范例资料 **图1　某酒精厂清洁生产工艺流程** 【问题】 生产产生了哪些"废弃物"？转入新生产环节再利用的有哪些？废弃物循环利用有哪些启示？该厂的生产工艺开发与循环利用了哪些能源？工业结构调整→推行清洁生产 【案例分析2】 **图2　北京留民营生态农业循环示意** 引导学生阅读北京留民营的生态农业案例材料 【分组讨论】 生产期间产生的衍生物去了哪里？废弃物是开发和利用哪些新能源？北京留民营村绿色农业采取了什么策略，突出的效益是什么？农业结构调整→推行生态农业	学生根据教师要求阅读相关文字材料，根据案例信息回答问题 小组讨论，结合案例1的探究方法进一步探究学习案例2	选取呈现教材案例的文字材料，引导学生建立科学求真意识，训练他们分析、解决问题的能力 在案例讨论的基础上加深对清洁生产是循环经济的认识，进一步理解可持续发展战略 利用最新掌握的探究方法和思路迁移探究相似案例，巩固强化探究方法 训练学生结合范例资料分析问题的能力，小组讨论激发学生参与的兴趣，在讨论的过程中达到思想的辩证与统一，理解生态农业的实质，分析实现生态农业的具体措施

续表

环节	知识内容	教师活动	学生活动	设计意图
		【迁移巩固】 图3 四位一体农业生态工程模式 (1. 厕所 2. 猪禽舍 3. 沼气池进料口 4. 溢流渠 5. 沼气池 6. 通风口 7. 日光温室) 呈现北方地区的四位一体生态农业模式材料，提问这种生态模式有什么好处？	结合材料说出四位一体生态农业模式带来的经济效益和生态效益	案例迁移，了解我国的生态农业模式，培养学生分析材料的能力，关注美丽中国、绿色发展和生态文明建设
课堂小结	公众参与途径	【角色扮演】 创设游戏情境，明确"从不同人物角色视角出发考虑如何参与我国的可持续发展"活动主题 设定工厂厂长、农民、商人、学生等不同的社会角色并预留思考时间，学生自愿选取所扮演的角色，并上台表演自己角色应有的认识和行为 师生认真观看后针对不同角色的表现进行评价交流，教师总结公众的参与途径	学生认真听取教师设定的社会角色，选取感兴趣的角色积极争取上台扮演 学生、教师、扮演者积极讨论交流，听取教师总结	以"角色扮演"游戏结课，既丰富了教学方法和形式，又吸引了学生的注意力 通过扮演不同角色并进行交流，学生能更好地感受理解公众参与的重要性和可持续发展的多种途径 学生通过学习理解现实中存在的地理知识，建立他们的社会责任意识，形成绿色发展理念，明确个人应当承担的社会责任与环境行为标准

（三）教学评价

教学目标是否达成、学生在学习过程中是否能够获得思想道德的培养和理想信念的升华，需要依托教学评价反馈，因此建立合理的评价体系才能更好地引导教学。在"走向人地协调——可持续发展"一节中，主要从

教师和学生两个层面开展教学评价。首先，通过同行专家听课、学生评价等形式对教师进行多途径教学评价，教师可以依据评价反馈改进教学方案。在听课评价表和学生评价表中，强调对课程思政教学情况的评估，如思政教学的融入是否自然、教学方法是否适当、教师课堂引导是否能够达到良好效果等。其次，通过学生的自我评价和小组互评以及成绩考核等方式展开对学生的教学评价。除了地理文化知识的评价，思政教学考核也要纳入课程考核体系中，学生在学习过程中的表现也作为考核的内容。主观题的考查能够更清晰地了解学生的思想情况，如我国作为最大的发展中国家在人口、资源、环境方面存在问题吗？我国需要走可持续发展之路吗？我国实施可持续发展的途径是什么？

（四）教学反思

教学目标设计与地理学科核心素养一一对应，学生在学习可持续发展相关知识点的同时，可增强爱国之情和关注时事国情的意识，形成环保意识与社会责任理念等个人价值取向。在地理教学中，注重思政教育的渗透，充分响应了课程思政理念。分组讨论和案例迁移的教学活动环节，可全面发挥学生主体作用，改变传统教学的单一讲授模式，使学生主动参与到课堂中，问题按梯度设计，为学生的多样化学习需求提供支持。角色扮演等教学活动，注重根据地理视角的尺度大小设计教学。概念特征的对比教学明确了新的概念内涵。换位思考更有助于学生树立可持续发展观和增强个人责任感。当然此设计还存在需要改进的地方，教学中多让学生发现、分析甚至明确提出自己观点，对学生的知识基础和能力要求较高，对教师的指导能力和组织能力要求较高，且过多的学生分析讨论费时较多，使课堂教学时间相对紧张。

（五）教学小结

本章节依据提出的教学设计策略呈现具体的教学设计案例，展示完整的教学目标、教学过程和教学评价设计，并进行教学反思，为高中地理课程思政的实施提供可参考的教学思路。

第六章
课程思政融入中学地理教学实施路径

中学地理课程是融入课程思政的理想载体，具有独特的优势和特色。中学地理教学内容包括自然地理、人文地理、区域地理等，涵盖我国的地形、地势、人口、资源能源、城乡发展、产业发展、区域发展、交通布局、国家战略等丰富的国情内容，这些内容与社会主义核心价值观、爱国主义教育等紧密相连。地理学科肩负着将学生培养成爱家、爱国、爱社会主义的未来建设者与接班人的重担，在中学地理教学中开展思想政治教育，让课程思政更好地融入中学地理教学之中，是新时代教育工作者亟须解决的重要课题。① 要想使课程思政更好的地融入中学地理教学之中，落实其实施路径是关键。因此，本章主要从课程思政融入中学地理教学的思路、主体、方式、方法以及步骤中，研究其实施路径，并为课程思政在中学地理教学中的落实提供一定的经验和参考。

第一节　课程思政融入中学地理教学的思路

保证中学地理教学课程思政工作顺利推进，需要把正确的指导思想、对规律的尊重、对原则的坚持放在重要位置。因此，中学地理教学课程思政工作的推进，应该在正确的指导思想的引领下进行，了解其主要任务，

---

① 林悦、王健、钱伟等：《"课程思政"理念与高中地理教学的融合》，《中学地理教学参考》2021 年第 3 期。

结合实际情况，切实提升中学地理教学课程思政工作开展的质量和水平。

一　课程思政融入中学地理教学的理念

为深入学习贯彻习近平总书记关于教育的重要论述，特别是在学校思想政治理论课教师座谈会上的重要讲话精神，认真落实全国中小学德育工作会议以及《中共中央宣传部 教育部关于印发〈新时代学校思想政治理论课改革创新实施方案〉的通知》（教材〔2020〕6 号），突出思想引领，落实立德树人根本任务，各学校要办好讲好中小学思政课，推动课程思政融入课程教学的高质量发展，全面提高课程思政质量和水平。

习近平总书记在学校思想政治理论课教师座谈会上强调，办好思想政治理论课，最根本的是全面贯彻党的教育方针，解决好培养什么人、怎样培养人、为谁培养人这个根本问题。① 这无疑对课程思政提出了明确的要求，为其指明了方向，将学校思想政治理论课教师推向了主战场，因为只有解决了关键人的问题，才能在解决关键事的过程中具有导向性、基础性的意义。各级教育行政部门和中小学校要充分认识中小学思政课一体化建设的重要意义，不忘立德树人初心，牢记为党育人、为国育才使命，统筹推进中小学思政课一体化建设，努力培养担当民族复兴大任的时代新人，培养德智体美劳全面发展的社会主义建设者和接班人。

更好地开展课程思政建设，必须寻求适应新时代发展的中学地理教学理念。本章将课程思政融入中学地理教学的理念主要概括为以下四个方面：一是坚守服务中学地理教学的宗旨；二是坚持科教融合与知行合一的思维；三是明确知识（全球视野）、能力（地理素养）和思政（家国情怀）相结合的目标；四是聚力实施理论课程群体化、教学资源多样化、教学内容时代化和教学方法多元化的中学地理教学改革方案，进而为中学地理教学培养具有"全球视野、家国情怀、地理素养"的专门人才。

---

① 《习近平主持召开学校思想政治理论课教师座谈会》，中国政府网，http://www.gov.cn/xinwen/2019－03/18/content_5374831.htm。

（一）坚守服务中学地理教学的宗旨

不同时期的中学地理教学有不同的宗旨，需要根据时代特征及时调整。当前，在中国取得瞩目成就的同时，全球发展面临重重困难，许多学生无法正确看待全球发展面临的治理失效、赤字挑战以及生态破坏等问题。为此，地理课程需要以服务中学地理教学为宗旨组织教学，使学生熟悉世界政治经济的格局和发展趋势，了解中国和平崛起的成就和面临的挑战，掌握运用相关理论知识解决全球发展问题的实践能力，最终实现知识、能力与思政"三位一体"的综合目标。

（二）坚持科教融合与知行合一的方法

1. 坚持科教深度融合，以研促教，寓教于研

当前，中学地理教学与课程思政的有机融合不尽如人意。事实上，科研与教学是相辅相成、相互促进的关系，中学地理的研究成果可为地理教学提供大量科学的数据和素材。应提升学术眼界和格局，通过科研反哺教学，提高教学深度。在课程中，一方面，教师制定系统化的教研融合实施方案，通过在教学中融入团队或领域最新的科研成果，使学生获得与时俱进的世界知识，建立中国文化自信，进而提高教学水平。另一方面，教师加强对学生的科研训练，调动学生参与科研竞赛或科研活动的积极性，进而提升学生的学习效果。

2. 坚持知行合一，互为补充，协同促进

当前，中学地理教学存在"重理论，轻实践"的问题，二者联系不紧密，未能形成有效互动，需要有意识地将理论与实践教学结合起来，以有效激发学生学习的主观能动性，深化学生对知识的理解，提高学生分析问题和解决问题的能力，提高学生的创新水平。理论授课与实践教学要相互渗透、互为补充、协同促进，特别是要聚焦中学地理实践课程，再造从课堂实验、课程实习、野外专业实习、室内模拟实习到毕业设计的全时段实践教学流程，通过高校联盟、校企合作和国际合作等形式，打造国内与国际共培、官产学研相融的实践课程体系。

（三）明确知识、能力和思政相结合的目标

知识传授、能力培养、价值引领都需要融入中学地理教学活动当中。

当前，中学地理教学的重点仍是知识传授，但是仅靠知识传授是不够的，还需要关注对学生的能力培养和价值引领。因此，在课程思政建设的要求下，课程教学不仅要激发学生的专业学习兴趣，还要帮助学生科学理解世界政治经济地理形势，拓展学生的全球视野，使学生建立科学的世界观；培养学生的家国情怀，使学生建立正确的价值观；培养学生理论联系实际、综合分析解决全球问题的批判创新能力，使学生建立经世致用的人生观。最终实现知识、能力和思政"三位一体"的综合目标。

（四）聚力实施教学手段"四化"并重的举措

1. 理论课程群体化

遵循理论教学与通识教学相结合、线上教学与线下教学相结合原则，按照一流课程建设标准，探索建立学科专业课程、实验实践课程、研学教育课程三大课程相互补充、自成体系的中学地理理论课程群。

2. 教学资源多样化

第一，积极扩充教材资源。一方面，中外兼蓄，积极引进和翻译国外优秀中学地理教材，补充和更新中国全球化发展的相关理论和知识，及时引入地理课程思政发展等发展理论，组织编写具有中国特色的中学地理教材。另一方面，收集和整理教学团队及中国学者的有关中学地理研究的成果，构建体现中国智慧、丰富多样的教辅资料体系，以鲜活的中国案例，帮助学生树牢"四个意识"、坚定"四个自信"，培养担当民族复兴重责的时代新人。第二，积极建设多元教学资源库。如结合全球政治经济热点，搭建全球政治经济地理事件库；梳理中学地理蕴含的思政元素，搭建课程思政元素库；引入中外纪录片等音视频资料，搭建视听资源库；收集中外中学地理科研成果，搭建科研成果库。将所有数据库资源有机融合起来，形成一套与时俱进的教学资源库。

3. 教学内容时代化

教学内容注重思政元素的融入，对照思政元素库重新调整教学内容架构，做到思政元素覆盖所有知识点，并对教学内容进行时代化调整。一方面，调整基础世界地理知识。教学内容基于教材，而又不拘泥于教材，顺

应学科发展，融入思政元素。随着时代发展与技术进步，各国的基本地理格局已经成为常识，不应将这些内容的学习作为中学地理教学的主要任务。课程在教学内容上做出重大调整，合理删减、浓缩和调整基础性知识或陈旧的教学内容，把握教学重点，避免过于宽泛。同时注重教学内容的多学科融合，中学地理课程不仅包含地理学知识，还包含经济学、管理学、政治学、国际关系学等诸多学科知识，课程应将这些学科知识融入中学地理教学之中。另一方面，及时融入时代元素，将国家大政方针和国家对外开放合作平台融入教学。随着我国和平崛起和人类命运共同体的提出，课程将教学内容聚焦在政治前沿地带，加强各个国家的自然、政治、经济和人文地理的教学，着重讲解中国与其他国家之间的政治、经济、文化交流与往来的内容，培养学生胸怀祖国、放眼世界的精神。同时注重强调问题导向，结合全球热点问题，将当前全球发展中面临的重大问题融入教学内容之中。引领学生分析当前全球热点问题，寻求解决思路和解决方式，提高学生利用所学地理知识解决全球发展面临的实际问题的能力。

4. 教学方法多元化

中学课程坚持线上教学与线下教学、教师授课与学生自学等多种教学方式相结合。如邀请国内外中学地理专家学者举办专题讲座，利用新兴信息技术组织线上教学与交流，引导学生对中学地理基础知识进行课下自学，结合全球时事热点问题开展案例分析与研讨等，组织学生进行分组讨论、交流和辩论等。同时在不同的教学阶段、不同的教学环节选择合适的教学方式，充分发挥不同教学方式的优势，进而提升教学效果。在注重理论课的同时，特别增强对实践课的关注。通过设计课外实习方案，打造田野调查与室内模拟双时段、国内与国际双通道的实践教学精品路线；组织学生到周边城市进行调研，进一步深化学生对当今复杂多变的政治经济形势的认识与判断，以培养学生对于理论的理解和使用理论解决实际问题的能力，实现以理论为指导、以实践促提高。课程实现教师引导、学生主导、小组辅导的有机结合，充分发挥教师的作用，激发学生的主观能动性，培养学生的小组协作创新精神。强调地图表达（地理知识）、案例研讨（实践能

力）、价值引领（德育思政）的有机融合。强调教师作为学生学习的引导者所发挥的作用，如在教学过程中引入新技术与新方法，依托地理模拟实验室，引导学生收集和整理周边区域社会经济和自然环境的第一手资料，构建社会经济、政治文化和自然环境数据库。组织学生绘制系列专题地图集，通过周边地区地理信息展演和图示化表达，增强学生对周边地区地理环境的直观感受，与此同时强化学生对于国家版图的认识，提升学生读图用图能力。

二　课程思政融入中学地理教学的任务

全面贯彻党的教育方针，落实立德树人根本任务。坚持用习近平新时代中国特色社会主义思想铸魂育人，坚持社会主义办学方向，坚持问题导向和目标导向相结合，坚持守正和创新相统一，统筹推进中学地理课程思政一体化建设。设计全面覆盖、类型丰富的教学体系，明确课程思政目标要求；着力培育特色鲜明的高水平课程，提升课程思政建设质量；利用地理课程思政教学第一第二课堂，创新课程思政教学方式；建设具有地理特色的课程思政资源，丰富课程思政内涵；增强地理教师课程思政教学意识和能力，确保课程思政落到实处；建立地理课程思政教学评价激励机制，提升课程思政实效性。

（一）设计全面覆盖、类型丰富的教学体系，明确课程思政目标要求

坚持将思想政治教育贯穿人才培养体系。围绕建设高水平人才培养体系，结合学校发展定位和人才培养目标，有针对性地修订人才培养方案，切实落实中学地理教学标准和基本要求，从学科专业建设、课程体系建设、课堂教学建设、教师队伍建设、实训环境建设、校园文化建设、评价激励机制等方面进行整体统筹和系统谋划。课程思政建设覆盖所有年级、所有班级和所有教师，实现专业教育和思政教育有机融合，寓价值塑造于知识传授、能力培养之中。

结合地理课程特点分类推进课程思政建设。准确理解和把握课程思政建设的目标要求和重点内容，完善课程思政内容体系，统筹规划课程思政建设，要把地理课程作为课程思政建设的重点。进一步梳理地理课程的价

值引领元素，深度挖掘地理课程的育人元素，研究制定地理课程的课程思政教学规范及评价标准，明确课程思政融入地理教学的切入点，科学设计课程思政的具体实施路径，通过潜移默化、春风化雨的方式，实现知识传授、能力培养和价值引领的有机融合，使地理教师在课程思政建设工作中找准自己的"角色"定位，干出自己的"特色"。

（二）着力培育特色鲜明的高水平课程，提升课程思政建设质量

全面推进特色鲜明的课程思政建设，着力打造既具有高阶性、创新性、挑战性，又具有育人时代性、针对性、实效性的地理课程，打造既传授专业知识，又塑造正确的世界观、人生观、价值观的精品地理课程，突出地理课程的价值引领作用。

强化示范引领，培育一批以中学地理课程为主体的课程思政示范课程，并优先从省级、国家级课程中遴选建设。鼓励学校重点建设或联合建设一批提高中学生思想道德修养、人文素质、宪法法治意识、国家安全意识、认知能力，培养学生的科学精神、劳动精神的优质地理思政课程。

（三）利用地理课程思政教学第一第二课堂，创新课程思政教学方式

将课程思政融入课堂教学建设。学校要将课程思政作为课程设置、教学大纲核准和教案评价的重要内容。地理教师要将课程思政融入地理课堂教学，落实到课程目标设计、教学大纲修订、教材编审选用、教案课件编写等各方面，贯穿于课堂授课、教学研讨、实验实训、课程考核各环节，创新地理课堂教学模式。以学生发展为中心，推进现代信息技术在中学地理课程思政教学中的应用，通过教学改革推进学习革命，激发学生学习兴趣，引导学生深入思考，鼓励采用案例式、互动式、探究式教学方法，大力推进智慧教室建设，构建线上线下相结合的教学模式。

强化地理第二课堂育人实效。充分挖掘区域优质育人资源，推动第一课堂和第二课堂合力育人，组织开展"课程思政进课堂"等系列讲座，邀请地方知名专家学者、优秀企业家、劳动模范、工匠名师和抗疫英雄为学生传播中国精神。有效利用各类红色场馆、基地等进行案例分析、实地考察、访谈探究，积极引导学生自主参与、体验感悟。深入开展"青年红色

筑梦之旅""百万师生大实践"等社会实践，大力弘扬思政精神，不断拓展课程思政教学新途径。

（四）建设具有地理特色的课程思政资源，丰富课程思政内涵

建设一批具有地理特色的课程思政资源。充分挖掘中学地理教材中的思政元素，将其体现在课堂教学之中。建设涵括视频、课件、习题、案例、实验实训（实践）项目、数字教材、数据集等的优秀教学资源库，推动中学地理课程思政资源的开发与创新，使之成为激励学校师生的思想库、加油站。

建设地理课程思政资源信息化平台。注重"互联网＋"等现代信息技术手段与方式的创新利用，基于学生学情进行地理课程思政信息化平台建设和在线课程资源的开发，满足不同年级学生的学习需求，主动及时地提供集思想性、科学性、时代性于一体的课程思政网络资源。探索建立中学地理课程思政教学资源共享平台，实现各类优质资源的协同共享。

（五）增强地理教师课程思政教学意识和能力，确保课程思政落到实处

聚焦育人意识，加强师德师风建设。坚持把师德师风作为第一标准，解决重科研轻教学、重教书轻育人、重理论轻实践等问题，将师德师风作为课程思政考核评估的首要标准，强化教师思想政治素质考察，落实新时代教师职业行为准则，健全教师荣誉制度，引导广大教师将教书育人和提高自我修养结合，做到以德立身、以德立学、以德施教，更好担当起学生健康成长指导者和引路人的责任。

聚焦能力培养，提高地理教师课程思政教学能力。加强对中学地理教师的思想政治理论教育，引导教师提升政治理论修养和思政教学能力，加深对习近平新时代中国特色社会主义思想、优秀传统文化和学校校史校情的认知。支持学校将课程思政纳入教师岗前培训、在岗培训和教学能力提升等工作。依托中学教师网络培训中心、教师教学发展中心等，深入开展马克思主义政治经济学、马克思主义新闻观、中国特色社会主义法治理论、法律职业伦理、工程伦理、医学人文教育、大国工匠及劳模精神等专题培训。在青年教师教学基本功大赛、课堂教学创新大赛及教师教学技能大赛

等活动中强化课程思政导向，以赛促建、以赛促教。鼓励搭建课程思政交流平台，建立健全优质资源共享机制，分区域、分学科开展典型经验交流、专题研讨、现场教学观摩、教学设计案例分享等活动，引导教师挖掘专业课程中的思政元素，自觉加强课程思政建设，不断提升课程思政教学能力。

聚焦教学教研，构建课程思政研究体系。充分发挥教研室、教学团队、课程组等基层教学组织作用，建立课程思政集体教研制度。鼓励支持思政课教师与地理课教师合作开展教学教研，鼓励支持高层次人才带头开展课程思政建设。加强课程思政建设重点、难点、前瞻性问题的研究。

（六）建立地理课程思政教学评价激励机制，提升课程思政实效性

紧抓机制建设，压实主体责任。建立健全多维度的地理课程思政建设成效考核评价体系和监督检查机制，在各类考核评价工作和深化学校教育教学改革中落细落实。落实党委主体责任，各级教育管理机构要将学校课程思政改革推进情况纳入教育述职评议范围，把课程思政建设成效作为中等教育教学分类评价、优质课程建设及教学工作业绩考核等的重要内容。

强调价值引领，优化评价体系。充分发挥各类专家组织的作用，研究制定科学多元的地理课程思政评价标准。在课程教学质量评价体系中突出价值引领，引导学校和教师将其融入地理课程目标和教学过程中，将学生的认知、情感、价值观等内容，作为课程教学效果的重要考量因素。通过学生评教、督导评课、同行和党政领导听课等方式，将客观量化评价与主观效度检验结合起来，综合考量课程思政的融入度和对学生的影响度，以科学评价提升课程思政育人效果。

完善教学内容，健全激励机制。建立地理课程思政示范课程建设激励机制，把教师参与课程思政建设情况和教学效果作为教师评优评先的重要内容。在教学成果奖、教材奖、教学名师等各类表彰奖励工作中，突出中学地理课程思政要求，加大对课程思政建设优秀成果的支持力度。

第二节　课程思政融入中学地理教学的主体

课程思政是在全面加强思想政治工作的大背景下，在改善学校思想政

治课程教育教学过程中，特别是在进一步强调其他课程必须与思想政治课程同向同行的形势下提出来的。而在地理教学中开展课程思政教育，就是要从地理学科体系的大局观出发，寻找地理学科与其他学科的关联，并将所寻得的关联结合思想政治教育展现在地理课堂中。中学实施课程思政是有计划、系统性、协调性的教学活动，是实践证明有效的思想政治教育方式。[①] 在当前我国的中学教育之中，学校是主战场，教师是主力军，学生是主人公，课堂是主渠道。因此，本节主要从学校、教师、学生和课堂四大主体着手，叙述其主要职责、工作内容。

一　学校是课程思政实施的主战场

课程思政实施要坚守学校主战场定位。课程思政有效实施的关键在学校，要紧紧围绕国家和区域发展需求，结合学校发展定位和人才培养目标，构建全面覆盖、类型丰富、层次递进、相互支撑的课程思政体系，着力提升学生的学习实效，从而确保将各门课程"同向同行、协同育人"的理念和举措真正落到实处。

（一）主要职责

1. 加强思政课程对地理课程思政的引领

认识思政课程与地理课程思政之间的内在联系与区别，是地理课程思政育人价值实现的前提。要从学理上厘清思政课程与地理课程思政之间的逻辑互构关系，探究如何在实践中实现逻辑互构，克服"两张皮"现象，切实推动二者同向同行。[②] 因此学校要加强思政课程引领地理课程思政，明确地理课程思政的建设方向以及建设目标，同时表明贯彻党的方针路线是培养社会主义建设者和接班人的根本保障。思政课程主要从政治方向、思想价值以及教学方法三个方面引领地理课程思政的建设。在政治方向方面，

---

① 李粤霞：《"课程思政"实施的理念与路径研究》，硕士学位论文，广东外语外贸大学，2020。

② 王景云：《论"思政课程"与"课程思政"的逻辑互构》，《马克思主义与现实》2009 年第6 期。

课程思政具有明确的政治属性，即通过思想政治教育实现对学生的爱国精神、家国情怀等的培育。而地理课程思政的建设目标同样是发挥地理课程的育人功能，实现对学生的价值引领，培养合格的建设者和接班人。在思想价值方面，地理课程思政的核心是寓价值塑造于知识传授、能力培养之中。思政课程是专门对学生进行思想政治教育的课程，思想政治理论知识中蕴含着丰富的理想信念、价值观念等。在教学方法方面，课程建设的有效推进很大程度上依赖于科学、合理的教学方法。推进地理课程思政建设的相关文件中虽然强调充分运用第二课堂、新媒体技术、实践教学、野外教学等，但并未明确规定地理课程思政采用何种教学方式以及如何实施。因此地理课程思政要以思政课程"八个统一"的要求为指导，增强育人指导性和时效性。

2. 加强地理课程思政对思政课程的拓展

目前各地中学都在积极推进课程思政建设，打破了课程仅传授知识、培养能力的思维定式，明确价值塑造同样是课程应承担的职责，丰富了学校课程发展的内涵，激发了思政课程的建设活力。因此地理课程思政需从师资力量、课程载体、教育资源三个方面拓展思政课程。在师资力量方面，地理课程思政强调育人价值的实现不仅是思政课教师的职责，更是全体教职工应承担的责任，要实现全员育人，拓宽师资队伍。在课程载体方面，思政课程的载体为"4＋1"系列课程，而地理课程思政的载体为综合素养课程、专业教育课程、实践类课程和实验类课程等，课程种类多、内涵丰富，实现了对育人载体的拓展。在教育资源方面，思政课程教学内容主要依托教材和时事等，教学方式单一，依赖教室课堂教学。课程思政理念的提出，不仅仅意味着承担育人职责的载体增多，更意味着教育平台的拓展。

3. 强化示范引领作用，遵循教育教学规律和人才培养规律

遵循教育教学规律和人才培养规律，科学合理设计课程思政教学体系。学校要结合中学地理教育特征，落实"立德树人"教育根本任务，对课程思政从源头开始要求，体现在人才培养方案制定、课程设置、教学设计和

教学评价等所有环节中，促进课程思政体系建设与教学标准、岗位素质、工作规范有效对接。不仅如此，学校还要结合中学地理课程的不同特点进行分类施策、统筹推进。例如，初中地理课程应侧重将理论知识与实际生活相结合；高中地理课程应侧重将显性教育和隐性教育相结合。从正确国情观、人生价值观、可持续发展观、人地协调观四观出发，把课程思政落实到专业素养类、技术应用类、实践技能类地理课程章节中。

（二）工作内容

1. 加强主体责任意识，落实课程思政建设工作

学校要增强思想政治教育的有效性，坚持校党委的统一领导，落实党对学校思想政治工作的领导权，充分发挥党委在学校教育工作中的重要作用。[1] 党委在思想政治工作中整合课程资源、学科资源和学术影响力的主要职责有待进一步加强，从而为思想政治工作建设开辟新路径。在思想引领上，学校党委要参照自身的办学传统、定位及特点，结合地理学科发展情况、人才培养目标及教学实际，坚持并巩固马克思主义在地理学科领域的指导地位。在工作方式上，以课程思政为抓手，实现全校各部门的全方位行动，形成党委、宣传教育部门的统一领导。在管理制度上，基层党组织要发挥战斗堡垒作用，各党员教师更要以先锋模范的标准要求自己。其中，党委肩负主体责任、发挥领导核心作用，二级党组织是具体的组织者、推动者，教工党支部是课程思政建设的坚强战斗堡垒，要充分调动各级党组织的积极性和战斗力，形成教书育人的新机制和新局面。

2. 调整教学目标重心，提升课程思政主体地位

思想政治教育意识是地理课程专业教师需要特别增强的方面，教师要对教学目标重心从三个方面进行转移。第一个方面，课程的体制决定实施的高度，高效合理的体制能把教学任务和教学目标结合起来，使教师成为塑造学生品格、品行、品位的"优秀教师"。第二个方面，学校要想把思想政治教育工作贯穿到整个教学环境中，就要对学校课程思政建设进行顶层

---

[1] 《上海财经大学党委书记许涛：全面推行课程思政的四个着力点》，上观网，https://www.jfdaily.com/news/detail?id=183906。

设计和总体规划，建立定期有效的领导机制、管理机制、运行机制和评估机制。第三个方面，学校要继续加强教学管理，完善教学质量保障体系，以党政领导为班子，探索建设的方向，摸索适合发展的制度。学校教务管理部门应当制定教学总体规划，出台课程思政建设规范和考核标准，学校人事部门应在人才引进、师资培训、职称评估等方面制定相应的激励机制。

3. 开展示范课程项目申报，拓展课程思政发展思路

针对地理教师授课的不同情况进行申报动员，结合地理课程实际，将思想政治教育纳入地理课程教学目标。在教学过程中，深入挖掘地理课程中蕴含的马克思主义基本原理、习近平新时代中国特色社会主义思想、社会主义核心价值观、中国优秀传统文化、科学人文精神等内容，将这些内容与专业知识进行有机结合，修订完善课程教学大纲，梳理课堂教学所有环节，创新教学方式方法，丰富课程思政教学资源，完善课程配套实践教学，并改革课程考核方式方法。具体的方法为做好课程思政的教学方案设计，挖掘和梳理课程中蕴含的思想政治教育元素；以立德树人为目标修订新教学大纲，并结合课程教学内容，将思想政治教育与专业教育、通识教育进行融合；根据新教学大纲制作具有课程思政特点的新课件、新教案等配套教学资源，教学单位每年要评选优质课程和优质教师作为示范典型，发挥优秀教师的示范带动作用，从而将有效经验进行传播。

4. 大力建设专业团队，扩大课程思政人才优势

学校要根据地理学科师资水平，大力进行专业队伍建设。首先，学校要在专业的基础上"以点带线，以线带面"分批次、多方面发展具有专业知识的教师，以建立课程思政体系内的专业导师团队。由学校的思想政治理论课教师做课程共建人，以共建教学团队为基础，将教学运行机制做到专门化、制度化和常态化。有针对性地开展地理思政讲堂、交流研讨、主题实践等活动，从而指导和帮助专业课、通识课教师深挖课程中蕴含的地理思政元素，形成具有特色且成熟的课程思政教学案例，将优秀的案例加以推广，最终形成比较完备的课程思政体系。其次，课程思政团队根据课程思政建设情况定期召开研讨会、交流会，共同分享课程思政建设经验，

提高全校整体课程思政建设水平。地理教研组开展课程思政集体备课和公开示范课活动，讨论课程思政的内容和开展方式，总结课程思政的成效。各教学单位定期开展教师参加的课程思政示范观摩听课活动等，重点把脉融入课堂教学的思想政治教育元素。

二　教师是课程思政实施的主力军

课程思政实施要建强教师队伍主力军。习近平总书记指出："建设政治素质过硬、业务能力精湛、育人水平高超的高素质教师队伍是大学建设的基础性工作。"① 学校要加强教师课程思政能力提升培训，将课程思政作为教师发展的必修内容，通过专题报告、教学工作坊、现场教学观摩和典型经验交流等多种方式，帮助教师提升课程思政教学教研能力，全面形成"课课有思政、人人讲育人"的良好氛围。

（一）主要职责

1. 做经师和人师统一的中学教师

在教育现代化的时代命题的影响下，国家、社会和学校对教师的要求越来越高，教师承担多方面的职责，面临众多挑战和巨大的压力。因此，对于现代中学教师而言，做经师已实属不易，做人师则更难。在课程思政建设背景下，明确教师要发挥教书育人的职责，从某种角度来看，也可以说是教师要做经师和人师的统一者。经师即专业知识广博、专业能力强的教师。首先，教师自身必须掌握专业知识的内容、结构和应用条件，这是教师在备课环节应做的工作，主要依靠教师的专业积累和教学经验。其次，教师要不断更新知识体系。社会在不断发生变化，教师教授给学生的内容应符合时代发展要求，这就要求教师的思维要跟上时代发展，而且要有超前意识，走在学术发展的前沿。最后，教师要在精通本学科知识、技能的基础上，培养跨学科的意识和能力。宽口径、厚基础的大类培养成为目前我国中学实行通才教育的一种模式，意在培养复合型人才。复合型人才的

---

① 杨兰英：《切实做好高校思想政治工作》，光明网，https://m.gmw.cn/baijia/2021-08/20/35095120.html。

培养对教师提出了更高的要求，即教师也要成为复合型教师。因此，教师要拓宽知识面，多角度地理解学科交叉与融合等，以终生学习为最终目标。

在教养的基础上进行教育，在已然成为经师的前提下实现向人师的升华。人师首先自身要有伟大的人格。教师要具有高尚的道德情操，树立良好的师德师风等，朝着成为一名德高望重的教师的方向努力。做一个对学生人格养成产生积极影响的教师，需要具备多方面的能力素养，但最基本、最重要的应是师德。我国有关教师职业道德的规章制度中，明确规定一名人民教师应具备正确的政治方向、崇高的道德品质、忠于职守的敬业精神等素养。作为一名中学教师，不仅要重视对学生的"教"，还要重视从思想层面对学生的"化"，真正实现对学生的教育与感化。

2. 做有境界、有情怀、有涵养的中学教师

"师者，所以传道授业解惑也"，这是求真境界。在求真境界的基础上，提升境界、涵养情怀，这是至善境界。提升境界于教师而言，即提升对育人的认知，不仅要关注学生的社会需求，还要关注学生的精神需求。"情怀"一词在课程思政背景下，更多讨论的是爱国情怀、家国情怀等对民族、人民的仁爱之情，很少提及于人这一个体本身而言，需要涵养怎样的情怀，而现代教师最缺少的恰恰是这份教育情怀。学校推进课程思政建设，需要教师有境界、有情怀，提升对育人的认知。教育的第一层面是求真——关注人的社会需求，即学生从学校毕业进入社会，成为一个社会人所需要的知识储备和掌握的生存技能。教师以社会需求为导向，针对性地传授给学生知识，把学生视为"工具人"的存在，教育只是给人提供立足于社会的外在基础所需知识。教育的第二层面是求善——关注人的精神需求。强调教师要将学生视为一个具有独立人格的个体，除了关注学生所需掌握的知识和技能，还要重视其所需秉持的情感态度和价值观。外界社会的快速发展让在校园中生活的大学生充满好奇，对其向往，然而当大学生初踏社会，发现社会并没有那么美好时，便会产生失落、不满足、自卑等消极情绪，这类学生通常会选择到虚拟、梦幻的网络世界倾诉与宣泄，久而久之会感到空虚乏味。

做有情怀的教师。首先，教师要有情怀。教师一生最伟大的事业就是教书育人，教师把教育作为志向，把学术作为追求。然而如今在功利熏陶下，教师将过多的注意力和精力逐渐转移到能在短期内取得成绩的科研和社会服务方面，育人初心淡化。当教师把教书育人作为自己的使命和职责时，便不会追求一时的得失，而是通过教学不断向学生传递纯粹的知识和人性的真善美，并在这个过程中提升素养，锤炼师德。其次，教师要引导学生有情怀。现代社会中，学生谈论的大多是金钱、权力等，很少有人谈及精神、德行，教育的真谛不是如此，教师应引导学生时刻保持清醒、向上，不沉陷于泥潭之中。所以，教师应该唤醒学生，使其不局限于眼前的利益，涵养超脱意识和大局观念，把超越性的价值作为最高的价值观。

（二）工作内容

1. 提升教师专业素养，提高教学水平

课程思政的建设离不开教师队伍，可以通过建立教师发展中心、组织教师学术沙龙、成立教学工作坊等方式，为教师们创造更多交流、分享的平台，开发完善全方位、多层次的教师培训与发展体系。加强师资队伍教育培训，拓宽地理专业课教师参加思想政治教育培训的渠道，鼓励教师学习，以达到整体提升师资水平的效果。对于教师技能而言，虽然是以提高学生的整体能力和学习水平为最终目的，但是达到此目的的前提便是提升自身的技能水平。

教师作为道德引领的重要群体，本身也是很好的教育素材。教师言谈举止得体，判断事物恰当，秉承科学精神，对学生亦是很好的引导。在课程思政体系中，教师应积极引导学生，向学生传递正能量，不断引导学生树立正确的人生观、世界观和价值观。当教师充满激情，对美好生活有着美好的向往时，对学生亦是一种无形的影响和感染。

2. 转变教师教学认知，引导课程方向

目前课程思政的实施或多或少存在几点误区："非思政课程"教师"不关己"的态度、"思政课程"教师的"孤军作战"和课程的"孤岛化"、学生存在"两只耳"学习的问题等。课程思政的覆盖面受到这些认知偏差的

影响，会大大降低教师的积极性。只有充分认识到课程思政的重要性，教师才会主动对非思政课程中的思想政治教学内涵进行研究与开发。地理教师在讲授本专业知识时，需要提升思想政治教育在其课程中的地位，增强人文社会科学的育人功能。从课程构建体系来看，打破传统思想政治教育观念的禁锢，既要创新教学载体，又要拓展教学内容。从教育本质和教学任务来看，以往的思想政治理论课是固定的教师以固定的形式向学生呈现知识，而其他学科课程中蕴含的思想政治教育资源少之又少，所以课程思政实施要转变教学思路、纠正认知偏差。

教师应端正自己的价值观念，不断吸收新知识新理论，不断丰富教学数据库，正视课程思政的重要性。首先，要遵循思想政治教育的原则。其次，要以学生为本，结合学生特点进行科学的引导，制定与学生兴趣相投的教学方案。教师应坚持以人为本的宗旨和理念，把学生的需求作为课堂设计的主要考虑因素，让学生的需求成为课程中思想政治教育的中心点。教师要根据时代发展的情况，制定创新学习专题，激发学生的兴趣，摒弃"填鸭式"的教学方法，充分利用新媒体技术，达到提升教学质量的效果。

3. 提高教师思维水平，创新教学方式

新媒体时代，教师要不断探索、创新、丰富思想政治教育的途径。强化显性教育中的隐性渗透，从教学内容层面引入与时代接轨的新话题。不断提高网络运用技能和网络思维能力，把学生比较关注的事件作为讨论课的话题，使学生在讨论中提升自我，在愉悦的环境中获得知识。拓展学生的视野，让学生获得更加及时有效的思想政治教育内容。

教师要提高开展课程思政的能力，提高教学水平，探索创新体制机制，凝聚起教书育人的热情和力量，成为教育家型教师，将教育情怀代代相传，共同把中国的教育事业做好。学校各部门和全体教师要认真学习、贯彻落实党中央关于思想政治教育工作的相关会议精神，总结经验，通力合作，在教书育人过程中自觉站在社会主义事业发展、民族振兴的层面上思考问题。继承和发扬"教书育人"的精神，为学生成长成才创造良好环境，为国家发展、民族复兴继续贡献新方案、注入新力量。

三　学生是课程思政实施的主人公

课程思政实施要强化学生主人公地位。课程思政建设的成效在学生。学校一切教育教学活动的根本目的在于培养出更高质量的人才。因此，课程思政改革的效果如何，最终必须以学生的获得感为检验标准。

（一）主要职责

1. 以学生利益为主，激发学生的学习自觉性

实施课程思政的根本任务就是立德树人，要以学生的利益为主。课程思政不是课程与思政的简单组合与叠加，关键在于尊重学生的主体地位，激发学生的学习自觉性，形成好学、乐学的习惯。教师要把握好思政元素融入的节点和时机，探索有效融入方式和渠道，实现专业知识与理想信念、品德修为、文化自信等的内在融合。因此，发挥学生在实践教学中的主体作用，同样是极其重要的。课程思政实践教学就是要把党和国家对学生的思想素质要求，内化为学生的品德和信仰，需要情感陶冶、内心感化，才能达到教育目的，这也是中学生品德养成的基本规律。

2. 调动学生的积极性，充分发挥学生的主体作用

在课堂教学中充分发挥学生的主体作用，调动学生参与课堂教学的积极性是前提。培养学生的核心素养，使学生确立正确的政治方向，增强学生参与社会的能力，是中学思想政治教学的主要目标。实现这一教学目标，首要的前提就是能够让学生参与到思想政治教学活动中去。在中学地理课程思政实施的过程中，要充分体现学生的主体地位，注重学生的参与权，以保障学生学习内容的完整性。以学生为本优化教学合作，以学生为本优化教学实践。课程思政的基本教学理念是尊重学生身心发展的规律，完善课堂教学的方式，为学生营造民主开放、轻松愉快的学习氛围。学生是课堂教学的主体，教师要站在学生的角度，平等地与学生交流，要尊重学生，给予学生话语权，这有利于课堂教学效果的提高。只有目标明确才能充分发挥学生在课程思政实施过程中的主体作用，才能着眼于未来，让学生进行积极思考，才能有助于学生的思维能力和行为能力的发展。

3. 注重理论与实践的结合，激发学生的主观能动性

中学的思想政治教育存在许多隐性问题，如更多注重理论，较少关注实践；更多重视社会的光明面，较少分析社会问题；更多进行理论灌输，较少对学生开展实践培训；对知识和概念的解释较多，对学生的道德修养指导不足。忽视社会实践锻炼的思想政治教育，不能使学生有较丰富的社会经验，容易使学生的学习和实践脱节，导致学生学习能力强，实践能力弱。为解决这些问题，思想政治教育必须改变认知教育观念，树立实践教育观念，在实践中培养学生的道德品德，增强其实践能力。特别是教师要主动发挥学生课堂教学活动的主体作用，为学生分配更多时间，让学生处理更多内容，教师要做好组织、设计、指导和启发工作，要让学生有发散思维，使学生依靠自己的智慧积极、独立思考。教师不能急于告诉学生方法，要给他们时间，让他们练习在实践中解决问题。这样，不仅可以真正发挥学生的主观能动性，还可以充分发挥学生的想象力，锻炼学生的实际操作能力。它主要是将理论教育与学生熟悉的事件和人物联系起来，将社会实践作为重要的教育方式，使学生感到教育活动与他们密切相关，让学生体验道德品格内化的乐趣。

（二）工作内容

1. 提高学生获取思想政治知识的积极性

学生在学习过程中难免会因为知识繁多、懒惰情绪等，减少学习的频率及降低获取知识的效率，对部分受此影响的学生来说，建立激励体系将有效改善这种状况，具体可以通过以下三个方面进行。第一，为了提升课程思政建设效果，学生应该养成积极学习思想政治知识的习惯。通过将思想政治知识与实践相结合，学生可以认识到思想政治教育与专业课程的紧密联系，从而自然而然成为学习思想政治知识的一员。第二，构建并不断完善外部奖罚惩处条例，对积极参加学校活动、投身社会实践、发表学术成果等行为进行奖励。奖励体系可从立场坚定、道德修养、学业水平、行为操守等方面做全面考虑。同时，学校通过多种形式对学生提供激励，使学生提升自身学业及做好人生规划。第三，建立学生自我激励制度，学生

通过自我管理、教育、决策、执行获得成就感，教师在此期间可适当给予鼓励、支持及引导，解决学生遇到的困难。在学习过程、科研活动、社会实践活动中，教师引导学生完成相应目标，通过潜移默化的工作，激励学生积极向上。

2. 提升学生对地理思想政治教育的思考力

学生在某些情况下，会通过其他人的帮助来获取知识。因此，当学生在课堂上学习基础知识时，要引导学生主动思考（会问），"会问"才能真正理解知识、吃透知识。也就是说，学习是从"有问题"到"没有问题"再到"想问问题"的过程。学习的真正起点是学会寻找"新问题"，而"没问题"不是终点。因此，教师应转变教学观念，努力营造民主、和谐、宽松的教学环境，使学生感受到"心理安全"和"心理自由"。同时，引导学生自学教材，提前了解自己的问题。

3. 加强学生对地理思想政治教育的转化能力

学生在学习过程中变得自觉积极，因为他们不再是知识和事物的被动接受者，他们渴望从旁观者变成参与者。过分强调单向的灌输教育，会使学生的主观能动性受到抑制，学生会反感，甚至引起学生潜在的逆反心理。这就要求教师转变单向灌输的教育观念，树立双向互动的教育观念，提高学生的教育教学参与度，充分发挥学生的积极性。在教育和教学过程中，双向互动的教育观念削弱了主体与客体之间的关系，教育的双方都是教育和教学活动的参与者。双向互动的概念强调民主与平等，体现对话与交流，不仅可以发挥教育者的主导作用，还可以调动学生的参与热情，有效增强思想意识的亲和力。课程思政的目的不是简单向学生灌输理论知识，而是对学生的思想政治素质进行培养，引导学生树立正确的学习理念，提升学生的思想道德素质，规范学生的道德行为。

四　课堂是课程思政实施的主渠道

课程思政实施要用好课堂教学主渠道。习近平总书记强调，"要用好课堂教学这个主渠道"，"其他各门课都要守好一段渠、种好责任田，使各类

课程与思想政治理论课同向同行，形成协同效应"。①

（一）主要职责

1. 深挖思政元素，有机融入地理教学

以往的课堂教学中，知识的传授和能力的培养是主旋律，除思政课和部分综合素养课、人文社科类课程等，其他课程并无对学生进行价值塑造的意识，教学中缺少价值引领方面的内容，这是对全课程育人理念认识不清晰造成的。课程思政教学内容的设计，并不是在课堂教学中徒增价值观的内容，而是在已有的书本内容、实践内容中挖掘所蕴含的思政元素，将思政元素与知识传授、能力培养有机融合，进而实现对学生的价值观念、理论素养、实践能力等的培育。

2. 丰富教学形式，融入学生成长环境

讲授、对话、交往是逐级递进的过程，表明师生的相处由浅入深，教师对学生的情感、态度和价值观有了清晰的认知。讲授，即依据现有教学内容，教师结合前沿热点、新闻时事，采用对比分析法、启发式讲授法、案例教学法等，向学生传授相关理论知识、实践技能，传递价值观念。此过程不掺杂教师个人的主观理念，以客观传授为主。对话，在对相关理论知识、实践技能和价值观念有了基本的认知后，教师和学生从各自的角度出发，依据个人的理解阐述对某一问题的具体观点。这一过程可以视为思想碰撞，能够避免个人陷入思想泥潭，便于师生站在对方的角度理解问题，开阔视野，促进教学活动更深入地开展。交往，即在教育活动中，教育者和受教育者以语言（包括肢体语言）为工具，以课程（包括显性的和隐性的课程）为媒介所进行的知识、技能、文化、情感、价值观等方面的交流与学习②，在对话的基础上进一步进行深入的探讨即为交往。此过程需要师生抛开各自在教学活动中的身份，将彼此视为思想、人格、行为等独立的

① 《习近平在全国高校思想政治工作会议上强调 把思想政治工作贯穿教育教学全过程 开创我国高等教育事业发展新局面》，人民网，http://cpc. people. com. cn/shipin/n1/2016/1209/c243247 - 28938971. html。

② 何玉海：《关于"易班"网络德育的几点思考》，《天津师范大学学报》（基础教育版）2016 年第 4 期。

个体，对教学中的某一方面展开自由的交流，从最基础的对知识、能力的讨论升华为情感沟通、价值塑造。基于此，秉持着以学生为中心的理念，教师基于学生成长需求，改良教学方式，促进学生更好地掌握知识、习得技能、养成正确的价值观念。

3. 更新教学手段，构建示范引领机制

注重启发式、融合式、讨论式教学，可按照课程特点探索情境教学、角色扮演、榜样示范等多元教学方式，加强现代信息技术在课程思政教学中的应用，激发学生学习兴趣，引导学生深入思考，不断提升课程思政育人的针对性和实效性。以学习为中心任务、以课堂教学为基础，将课内与课外、线下与线上等多种学习方式有机结合起来。同时，积极适应"互联网＋"环境下学生学习方式的转变，以"精品课程"为抓手，创新课程思政在线教学模式，围绕课程思政工作不断创新课程形式及教法；积极推进现代信息技术在课堂中的应用，不断拓展教学空间；依托学校精品在线课程项目建设，创新思政教育形式，每门课程均设计开发配套思政影音资源；以课程为载体，促进第一课堂与第二课堂联动、理论教学与实践教学融通、技能培训与岗位锻炼对接，不断拓展和创新课程思政的路径；进一步以"最美课堂"评选为契机，构建课程思政的典型示范引领机制，"最美课堂"评选通过在教学目标中增加德育目标、在教案设计中体现课程思政内容、在考核评价中融入思政教学评价指标，使课程思政融入得更深更透，从而提升思政育人水平。

（二）工作内容

1. 肃清不正之风，营造良好的学习风气

良好的学习风气，不仅能改善课程思政的发展模式，还能给予学生一个良好的学习氛围。如果学生中充斥着萎靡、低落声音，则会让心理薄弱的学生产生读书无用的观念。这些学生就会对学习产生厌恶心理，更加不会学习相关思想政治知识。肃清学校中的不正之风，一是学校要加大力度宣传社会主义核心价值观，建立良好学习氛围；二是对于先进典型的学生事迹要大力宣传，用榜样的力量引领学生的道德观念与行为方式的改善；

三是教师及学生都应言行举止文明，提高自身伦理道德水平，有效打压不良风气。此外，行政部门需坚决清理校园周边的网吧、游戏厅，开展反黑社会、反色情和反毒品工作，努力改变社会氛围，净化社会环境。作为家庭的主要成员，学生的思想、观念、行为等不可避免地受到家庭环境的影响。良好的家庭环境有助于增强学校思想政治教育的亲和力。为此，应指导家庭成员树立正确的政治思想观念，坚决抵制西方社会思潮的侵蚀。还应纠正家庭成员的非科学社会行为，劝告家庭成员不要参加封建迷信活动，并引导其行为朝着科学合理的方向发展。

2. 改善教学氛围，实现理论与实践结合

营造思想政治教育的良好环境。校园是社会的一部分，社会环境与校园环境相互渗透，校园环境相对简单，社会中经常有一些错误观念，这些观念污染了校园环境。保持校园环境清洁，确保学生思想环境的纯净，非常重要。因为良好的教学氛围能让课程思政的实施具备非常有利的前提条件，所以在实施措施中要更加注重以文化人、以文育人，广泛开展文明校园建设，开展健康向上、形式多样、格调高雅的校园文化活动，开展各类社会实践。要以社会实践活动为中心综合设计实践教学，深挖专业课程的知识点和课程思政元素的"触点"和"融点"，利用好本校或当地的思想政治教育资源，开展丰富多样的实践教学活动。要为学生创造开放的学术交流平台，要注意用舆论来引导，通过师生、生生间的交流与分享，培养学生深度思维状态下的专注力和团队协作精神。要在教学中通过经典案例的教学元素设计运用，以潜移默化的方式将正确的价值观、理想信念和爱国情怀等育人理念有效传递给学生，让学生在学习的过程中自然感知。另外，应该开展更多的活动，以提高学生的思想、道德和文化素质，在活动中培养学生的思维能力和实践能力，使学生树立正确的价值观。

3. 改变教学方式，建立融洽的师生关系

师生关系和谐对课程思政的实施具有关键作用，而改变思想政治教育方式，则要求教师和学生双方和谐相处，共同促进课程的发展。首先，教师应该多走下讲台接近学生，了解学生的状态和真实想法，公正客观地分

析、回答他们的疑问，不要回避或说些陈词滥调，并逐渐激发他们接受思想政治教育的热情，发挥他们的主观能动性。其次，学生作为已拥有独立人格的个人，在学习中同样需要尊重老师，谦虚、诚实地向教师表达自己的想法，这样教师就能清楚直接地了解他们的内心。双方亲切的交流能引起学生的共鸣，同时更重要的是，学生不会排斥或抵触思想政治教育。最后，双方应将思想政治教育的意义与今后的职业规划和生活前景结合起来，分层次、分重点地进行教育学习。教师的教学内容应反映社会对个人的思想政治表现和道德品格的基本要求，包括传统道德教育、公民道德教育、爱国主义教育和艰苦奋斗精神教育。随着时代的变迁和社会的发展，教师的教学内容应不断调整、充实和更新，包括诚实守信教育、心理健康教育、创新精神教育、生态道德教育和国防意识教育等。

第三节 课程思政融入中学地理教学的方式

每个学科都有其独特的学科属性和本学科的知识体系及思维方法，实施课程思政，必须尊重课程的学科属性，不能把学科课程都上成思政课程。因为不同课程的学科归属、课程性质、教材内容、教学内容各有侧重，学科课程在思想政治教育方面，不可能像思政课程那样追求完整性、理论性、深刻性，而应采用结合式、穿插式、渗入式的方法，把思想政治教育的内容巧妙地与专业知识学习结合，以多点辐射、有机贯通的方法，润物细无声地开展思想政治教育。近年来，大中小学都在推动思政课程改革，思政课堂已经大变样，思政课程的吸引力和育人实效有了较大提高。相比较而言，学科课程具有更为广泛、更为丰富的内容载体，落实课程思政的理念，应该采用比思政课程更为灵活、更为生动的教学方式，以取得更好的效果。[①] 本节主要从课程思政融入中学地理教学的途径、重点、流程等方面展开叙述，从而使课程思政更好地融入中学地理教学。

---

① 汪瑞林：《中小学"课程思政"的功能及其实现方式》，《课程·教材·教法》2020 年第 11 期。

一 课程思政融入中学地理教学的途径

课程思政融入中学地理教学最理想的方式就是"自然生成",即由课程某个知识点自然切入,做到水到渠成。切入方式巧妙自然,其中"巧妙"是指平滑过渡,不至于过于直白而变成说教;设计精巧,不至于因开口大而易放难收。本小节主要从理念层面、教学层面、协作层面、资源层面四个层面具体阐释课程思政融入中学地理教学的途径。

(一)以理念转变为先导

从理念层面来看,首先要从传统的思想政治教育向新型的课程思政转变。主体能够做到理念创新,对于课程思政有效实施起着极其重要的作用。主体主要包括政治课教师和其他教师两类,政治课教师主要进行政治理论教学,其他教师则承担各自的教学任务。这种具体的责任划分导致政治课教师对思想政治教育路径的认知在高考的压力下存在偏离,只注重课本知识教育而忽略了思想教育。另外,其他教师对课程思政的建设存在疑虑。教师会对自身职责范围进行界定,部分教师仅仅局限于专业知识的传授,无暇顾及思想政治教育。所以课程思政的建设首先要在理念层面强化理念引导,提升学校对于课程思政建设重要性的认知。政治课教师要强化自身的主体责任意识,明确课程思政理念;其他教师要打消对课程思政的疑虑,明确课程思政价值,掌握教学方法,充分实现教育内部的交流和研讨,找准自身定位。

以课程思政带动思想政治教育与专业课程协同推进,是中学思想政治教育的重要方略,也是课程思政落实的前提。虽然现阶段各学校已经结合教学方式改革,在各门课程建设中开展了思政示范课程实践,但是在课程思政理念与各学科自身特殊性相互衔接方面,仍然存在一些问题。此时,学校就需要立足实现课程思政的自我定位,从体制机制入手,"三维共进",构建大思政育人格局。

"三维共进"主要指顶层设计维度一体化、制度建设维度一体化、评价体系维度一体化等。顶层设计维度一体化主要是为了充分体现学校的人才

优势、学科优势、智力优势，系统解决社会发展进程中遇到的重大理论问题，依据统一设计、统一规划、统一指导的方针，汇集各学院党委、学生部门、教务部门，构筑全局性高势位大思政领导体制。制度建设维度一体化主要是给予课程思政协同育人专项经费支持，引入领导讲思政课制度、课程思政示范课选拔与推广制度、线下课程与网络课程同步推进制度、以教研室为单位的集体备课制度、全面落实马克思主义理论研究和制定工程建设制度，促使课程思政产生广泛的社会影响。① 在全校范围内聘请多名兼职教师和助课教师，从多个维度入手，集体备课，统一规格，通过问题提出者（关心国家发展的学生）、问题搜集者及主持人（助课教师）、问题解决者（主讲教师），各自任务的完成及作用的体现，以问题导向驱动协同创新，将社会现实成果转换为课程教学内容，切实增强其他各门课程在思政课程领域与社会互动的内生动力。评价体系维度一体化主要是以课程思政实现的育人效果为标准，进行科学考评，增加课程思政成绩在教学、社会服务、科研三维体系中的占比，并在教师年终考评、职称晋升、绩效奖励上体现，为课程思政协同联动、整体统筹、合力并行的整体格局形成注入活力。

（二）以教学改革为重点

将思想政治教育融入中学地理教学中，最主要的还是依靠教师教的能力和学生学的能力。地理教师的能力和水平情况，在一定程度上决定着课程思政的建设情况，课程思政所需要的不仅仅是专业的知识和技能，还有在课堂中融入课程思政的能力。这一能力包括三个方面：首先要具有一定的马克思主义基础理论知识，作为开展课程思政工作的基础；其次要有过硬的政治素质，保持高度的责任心和使命感，做到言、行、知一致；最后要有一定的思想政治教育技巧。大部分地理教师没有受过专业的思想政治理论教育训练，在专业知识优先的环境中，对思想政治教育不够重视，从而在教学中难以达到"真懂""真信""真教"的理想境界。因此课程思政

---

① 何丽萍、陈丽娇：《协同育人视域下"课程思政"建设的思考》，《高教论坛》2019 年第 4 期。

在推进的过程中，必须重视教师的能力培养。

在中学地理教学中落实课程思政理念，在教的层面应把握好以下两点。其一，在教的方式上要注重融合、整合。课程思政理念下学科教学的理想状态是思政元素如盐、学科知识如水，盐溶于水，看似无形却无处不在。达到这样的境界，需要教师围绕含有某一价值立意的教学目标，按照"为我所用"的原则和知识的内在逻辑，整合利用相关教学素材和资源，在教学方式上不空谈大道理，不进行单向的"满堂灌"。

这种融合、整合可从以下三个层面进行。一是学科知识与学生生活、社会时事热点建立联系。因为人总是生活在一定的社会环境和时代背景下，把生活与时事热点作为最真实的学习情境，让学科知识与学生的生活实际发生关联，才能激发其情感，触动其灵魂。二是打破学科知识壁垒，加强学科内部整合及进行跨学科整合，改变知识碎片化的教学倾向，让学生建构起全面、整体的认知，这样教学才能从"知识与技能"层面上升到"情感、态度、价值观"层面，诸如价值导向、文化传承、品德养成、科学精神与技术伦理这些方面的思政教育功能才有可能实现。三是要有更宽广的视野，人文与科技交融。人文与科技二者互相融合、互相促进，有利于避免科学教育陷入功利主义泥潭，有利于培养学生的完整人格。

其二，在学的方式上要注重实践、探究。"纸上得来终觉浅，绝知此事要躬行。"这启示我们，要实现课程思政建设的目标，就不能让学生死记硬背相关概念，而是要采用更多实践教学方式，让学生在亲身参与、体验中，将相关理论认知内化于心、外化于行。布卢姆将学习的认知过程分为六个层次：记忆（回忆）、理解、应用、分析、评价、创造。这六个层次反映了思维由低阶向高阶的过渡，与之相对应，在知识维度，则是从事实性知识、概念性知识向程序性知识和以价值观为核心的元认知知识过渡。[1] 培养学生的完整人格、促进学生的高阶思维发展，在教学过程中，就应注重让学生在分析、评价、创造的过程中，实现思想观念、价值观念的"进阶"，借鉴

---

[1] 洛林·W.安德森等编著《布卢姆教育目标分类学：分类学视野下的学与教及其测评》（修订版），蒋小平、张琴美、罗晶晶译，外语教学与研究出版社，2009，第22页。

综合课程及项目式学习（PBL）的学习方式，尽量创设情境，让学生动手动脑、亲身参与，或围绕某一课题或主题，综合运用所学的各学科知识去解决问题，完成任务。

（三）以多方协作为动力

课程思政是要在各门课程中进行思想政治教育，利用好课堂的主渠道作用，在课程中发挥协同效应。这种境界的达成，首先要解决的就是思政教师"单打独斗"的问题，这需要学校和教师达成共识，出台相应的实施方案和考核要求，加强课程思政的宣传；积极培养地理教师的政治素质，教给地理教师思想政治教育的一些教学技巧。教师与教师之间要主动分析和探讨协同育人方法，加强彼此间的协作。在教学中要加强教师与学生之间的交流协作，通过语言及其他方式进行思想政治教育，强化学生学习意识，增加学生学习机会。

课程思政不仅要突出思政课程核心育人功能，而且要找准其他专业课程、通识课对思政课程思想方法、基本立场、观点结论的有效支撑点，以多源合流的方式实现其他专业课程、通识课的思政教育功能。[①] 首先，要发挥课程思政的价值引领功能。课程思政是对学生进行思想政治教育的主渠道，在巩固其核心地位的基础上，学校可根植地理教学特色，把脉学生需求，打造独具特色的课程思政地理教学体系。其次，要发挥地理课程"以文化人"的导向功能。地理课程在传授知识的同时，应侧重于诠释知识背后的价值导向和人文精神，以开阔学生视野、健全学生人格并提升学生综合素质。最后，要发挥地理课程润物细无声的育人功能。开发并完善课程思政体系，将专业课程建设作为课程思政的重点。

课程的建设依托于课堂。为延展教学空间，形成育人合力，学校要充分利用好课堂教学、社会实践、互联网三维课堂。首先，发挥课堂教学的主渠道作用，通过巧妙设计课程内容、灵活运用多样化的教学方式，最大限度地发挥地理课堂的育人功能；其次，通过共建社会实践教学基地，开

---

① 郭玉秀、王云博：《协同育人视角下的"课程思政"实施路径》，《理论观察》2021年第 6 期。

展社会实践活动，丰富课堂实践形式，让学生在学中做、在做中学；最后，利用新媒体技术，开发微课、慕课等在线开放课程，着力建设集知识讲授和价值引领于一体的互联网教学平台，最终实现课堂内外、校园内外和线上线下的协同。

此外，为了打造功能多元集成的课程思政，教师可以将思想政治教育全方位融入实践类课程，通过课程思政与调查研究、实习见习问题探讨等诸多环节的融合，实现向上验证理论课程知识，向下勾连日常生活。[①]

（四）以思政资源为依托

课程思政在中学地理教学中顺利实施，离不开课程资源的积累和开发，思政课本身以意识形态为根基，其对思想政治教育资源的开发与利用是整体而直接的，但地理教学中的思想政治教育元素，并不是整体的、直观的，它具有隐蔽性、随机性和渗透性。教师在教学过程中，要注意挖掘隐藏的思想政治教育元素，根据不同知识背景和架构，对思想政治教育资源进行挖掘，有针对性地进行教授，避免教学实践中的盲目性，使受教育者在潜移默化中实现对思想政治教育的有效接收和内化。

"思政寓于课程，课程承载思政。"[②] 学校各类课程中都蕴含着丰富的思政资源、德育素材和哲学思想。因此，系统梳理并深入挖掘各类课程中的思想政治教育元素及价值属性，是推进课程思政建设的重点。[③] 第一，在地理课程中挖掘思政元素。各类课程总体上应以政治认同、家国情怀、公民意识、法治观念、文化自信、人文素养、职业精神等为重点内容，根据专业特点整体规划并分类设计课程教学内容。根据课程思政建设目标和内容，结合中学地理课程标准与地理学科特性，基于"政治方向""德育元素""地理课标""教育方向"等，提炼地理课程的思政元素。在教学设计和方法上，教师应将教学目标细化成"知识、能力、价值"三个维度，并结合

———————

① 郑文文：《协同育人视角下的"课程思政"实施路径探究》，《黄山学院学报》2019年第2期。

② 邱伟光：《课程思政的价值意蕴与生成路径》，《思想理论教育》2017年第7期。

③ 曹慧群：《高校"课程思政"的核心要义与实现方式》，《安庆师范大学学报》（社会科学版）2020年第4期。

情境体验、互动讨论等多种教学方法，将思政元素浸润到地理专业知识点中，确保教学目标的实现。第二，在课程思政中凸显地理专业要素。在地理课程思政教学设计中，可基于课程教学大纲和教学标准，努力构建与地理课程互为补充的教学内容体系。根据不同章节、不同内容、不同学生特点，适时、适当、适度纳入与知识相关的案例或要素，增强学生的认同感、获得感，从而提高地理课程思政的实效性。

二　课程思政融入中学地理教学的重点

课程思政的融入要坚持灌输与渗透相结合、显性教育与隐性教育相结合的原则。思想政治教育是一个系统工程，需要各个课程协同发挥作用，可从地理课程中提炼文化基因和价值范式，将其转化为社会主义核心价值观具体化、生动化的有效教学载体，在知识学习中，融入理想信念层面的精神指引。本小节主要从制度引导、目标导向、问题导向和评价导向四个方面，叙述课程思政融入中学地理教学的重点。

（一）坚持制度引导

课程思政所强调的价值塑造就是培养全面发展的人，即将对学生的价值塑造、知识传授、能力培养融为一体。推进课程思政建设的有效方式是明确全人培养的制度导向。学校的制度导向必须以培养全人为基础，强化培养全人的制度建设可以围绕校园氛围、课程设置、学生成长需求和教师职业发展需求等方面进行。首先，在校园氛围方面，明确规定每学期或每学年需要开展几次主题校园活动，说明活动目的、内容、参与学生等，以丰富多彩的校园活动营造和谐温馨的氛围。其次，在课程设置方面，明确规定课程的目标、内容、实施方式和评价机制等，以课程育人价值的实现帮助学生养成完整人格。最后，在学生成长需求和教师职业发展需求方面，明确规定学生的职责是学习科学文化知识、培养实践技能；教师的职责则是发挥教学、科研的功能，培育学生。将学生的关注点转移到追求精神和科学知识、技能的丰满上，将教师的关注点转移到培养全人上，以追求价值塑造、知识传授、能力培养的融合。

（二）强化目标导向

目标导向主要包括三个方面，即认知领域、情感领域、技能领域。在设计认知领域目标时，除注重学科知识外，还要注重将马克思主义立场观点方法、中国梦与现代化强国战略、"五位一体"总体布局、"四个全面"战略布局、"五大发展理念"等思政基本理论知识，以恰当的方式融进去；在设计情感领域目标时，除培养知识技能外，还要将接受和认同、积极参与和评价、正向价值判断和选择等方面的情感活动和积极变化融进去；在设计技能领域目标时，要将地理技能培养与提高政治水平、理论水平、审美水平等紧密结合。

（三）坚持问题导向

坚持问题导向，就是以解决问题为突破口，有什么问题就解决什么问题，什么问题突出就重点解决什么问题，在破解问题中推动事业发展。坚持问题导向是马克思主义的鲜明特点，我们党领导人民干革命、搞建设、抓改革，从来都是为了解决中国的现实问题。坚持问题导向，前提是正视问题。目前课程思政融入中学地理教学仍存在许多问题，例如，课程思政如何融入中学地理教学，融入方法、融入手段、融入方式都需要做进一步探讨，因此一定要敢于正视问题、勇于面对问题、善于解决问题。坚持问题导向，核心是找准问题。问题无处不在，表现形式多种多样，既要找准共性问题，也要找到个性问题；既要找准表面问题，也要找到深层次问题。坚持问题导向，关键是解决问题。正视问题、找准问题的最终目的是解决问题，在课程思政融入中学地理教学的过程中，要立足学生的专业和特点来设置问题，通过查阅资料、分组讨论，提高学生自主分析问题、解决问题的能力。

（四）坚持评价导向

坚持评价导向要打造点面结合的课程思政评价体系，推进课程思政评价标准研制工作，构建适合中学教学的课程思政评价体系，以具体课程开展评价试点入手，以点带面，以教师自评、督导评价、学生评价、社会评价等维度切入，细化量化标准，与评价方式相结合，提高教师的专业能力。

同时要建立地理课程思政考核评价与反馈机制，从教学过程、学习效果等方面制定多元课程思政评价标准，将过程性评价、终结性评价、描述性评价以及同伴互评相结合，重视学生的满意度和获得感，使专业课教师通过评价反馈不断提升课程思政育人效果。

三　课程思政融入中学地理教学的流程

课程思政融入中学地理教学的实施流程可分为三个不同阶段。初期是制定目标、明确主体、提炼元素、构建平台的推进阶段，实现课程定位与目标选取；中期是选定试点、打磨改良、评价交流、示范推动的试点探索阶段，实现课程试点与目标改革；后期是整体设计、优化特色、完善评价、形成品牌的全面铺开阶段，实现课程融入与目标优化。

（一）推进阶段

1. 制定目标

思想政治教育贯穿人才培养体系，应在目标制定中充分体现，制定课程思政融入中学地理教学的总体目标与各项具体目标。总体目标的制定需要从各中学的具体情况出发，坚持正确的政治方向，体现中等教育特点，围绕立德树人的根本任务，构建"三全"育人工作格局。各项具体目标包括人才培养目标、课程建设目标、师资培养目标等，应立足于不同专业育人目标，从品牌课程、教学名师、典型案例、考核评价等方面精准细化，让具体目标具有可操作性与可执行性。

2. 明确主体

明确主体是针对开展课程思政的主体，即地理课教师而言的，习近平总书记在学校思想政治理论课教师座谈会中强调，要培养一支政治强、情怀深、思维新、视野广、自律严、人格正的高校思政课教师队伍。[①] 对地理课教师的培养，应加强锻炼与培训，提升教师专业知识水平，提高教师政治素养与育德能力；配备一定数量的专家学者、专职思政教师，帮助教师

---

① 《习近平主持召开学校思想政治理论课教师座谈会》，中国政府网，http://www.gov.cn/xin-wen/2019-03/18/content_5374831.htm。

转变思路、提高能力，实现课程思政师资队伍专业互补、优势叠加、协同育人。

3. 提炼元素

提炼元素是一个关键点，即在每本地理书、每堂地理课中，最大化地提炼思政元素，职业道德、工匠精神、创新发展、行业先锋、社会责任等都是珍贵的思政元素。在地理课程教学中，需要把握这些思政元素的源头及最新发展情况，运用时也需懂得取舍并有所侧重。不同思政元素，在地理课程教学中创新搭配，将产生不同的育人效果。

4. 构建平台

课程思政在初期推进时，需要搭建多方联动的平台，既要学校在整体上统一布局、制定目标、整体推进，也要各二级部门积极参与，通过各大专业搭建重要平台，拟定课程思政与地理教学的育人计划，挖掘专业特色思政元素并科学设计各门课程，以地理教学课程为主阵地，把知识能力与价值理念融入各门课程，使各门课程、各类专业同向同行，实现多方联动并为课程思政的开展保驾护航。

（二）试点探索阶段

1. 选定试点

课程思政融入中学地理教学试点探索是尝试新品、改良更新、大众点评、练好技艺的过程。课程思政改革因涉及范围广，无法一蹴而就，需要脚踏实地持续积累。各教学单位大力开展课程思政试点探索工作，是当前推动课程思政融入中学地理教学的一个可行性高、操作性强的手段。试点探索的推进得出了"四个一"操作模式，即安排各中等学校至少要试点一个年级，每个年级至少要试点一门课程，每门课程至少要试点一个课堂，每个课堂至少要试点一个班学生，针对试点学校、试点年级、试点课程、试点课堂、试点学生，应制定课程思政改革方案，打造一批地理课程思政示范课。

2. 打磨改良

课程思政试点工程要定期开展课程教学需求分析和学情动态分析，合

理设置课程知识、能力、素养、价值等方面的目标。要剔除陈旧、落后的内容，准确把握科技、产业发展态势，将最新的知识、学术观点、研究成果、生产经验等及时引入课堂。要结合专业和课程特点，设置必要的学科交叉、产教融合等相关内容，突出中等学校教学的特点，提高课程内容的新颖性，以此激发学生的学习兴趣，引导学生创新知识。

3. 评价交流

在试点探索过程中，要定期举办课程思政研讨、交流活动，组织教师观摩示范课，邀请专家学者、思政教师听课评课。为避免观摩试点课程流于形式，在观摩次数、深入程度、教师交流等环节，进行规范、巩固与加强，重视思政专家及教师的反馈意见。另外，还需要开展学生评教活动，把学生的认可度、满意度列为试点课程的重要评价指标。通过总结经验、提出问题、交流意见、大众点评，让试点课程真正发挥其示范引领作用。

4. 示范推动

要通过试点工程初步培养出一支能扛大梁、肩使命的专业课教师队伍。这支队伍既要具备扎实的专业知识又要有深厚的家国情怀，能够在专业领域发挥价值引领、知识传授与能力培养的重要育人作用。与此同时，要建设课程思政示范课选拔与推广制度，使具有典型示范效果的课程及教师能够脱颖而出，形成广泛的影响效应，进一步推动课程思政在专业教学中的融合发展。

（三）全面铺开阶段

1. 整体设计

整合地理课程学习资源，优化课程思政教育理念，充分发挥每门课程、每个课堂的育人功能，系统整理和分析思政渗透点，有针对性地做好课程设计。地理课程应找准思政教学突破口，结合课程特点适时融入家国情怀、社会责任、道德规范、法治意识、历史文化、科学精神等思政元素，将价值引领融入地理课程教学之中。地理实践课程要打破课内与课外、校内与校外的界限，帮助学生内化知识，促进知行合一，确保地理实践课程的教学与思政元素精准融合，以发挥思政教育的功效。

2. 优化特色

首先要充分发挥中等学校人才培养的教学特色，在课程思政与地理教学的融合过程中，注入地理教学自身特色并进行打磨，把课程思政的课堂教学做扎实，发挥责任田的育人功能；其次要积极利用各种思政资源，大力推动人工智能、大数据等新技术支持下课堂教与学的模式变革和生态重塑，积极创造智慧教学环境，应用线上线下优质课堂资源进行"课堂翻转"，形成以"互联网＋"为支撑的混合式教学模式；最后要努力构建民主、平等、和谐的课堂文化，选择学生乐于接受的教学方式，灵活运用问题探究式、任务驱动式等教学方法，提高学生课堂参与度、抬头率，形成教师引导与学生探索相结合的新型教与学的优化模式。

3. 完善评价

强化课堂教学实践在课程评价中的作用。利用人工智能、大数据等技术分析学生的课堂学习状况，将学生课堂到课率、抬头率、参与度、获得感作为课程评价的重要参考。综合教师教学研究、教学设计、教学方式方法、教学工作投入、对学生的指导等，对课程开展质性评价。重点考察课程设计中的育人元素是否挖掘到位和是否与教学有机融合、教学内容是否新颖、教师备课是否充分、课堂上学生参与是否积极、学生学习成效是否明显等情况，促进教学决策和教学管理科学化。

4. 形成品牌

深入开展课程思政融入中学地理教学的各项试点工作及培优项目，以基础课、核心课、主干课为主阵地的课程思政建设，紧贴社会发展需求，创新人才培养模式，通过培育示范课程、打造示范课堂、塑造示范典型，推出一批落实立德树人根本任务的品牌课程。通过推动教学标准建设、名师团队建设、机制创新建设，实现以点带面、循序渐进的品牌建设过程，充分发挥示范引领作用，进一步提升中等学校的育人水平。

课程思政融入中学地理教学是一个庞大的系统工程，既需要学校发挥顶层设计、高度统筹的作用，又需要各部门、各专业协同并进，更需要每一位一线地理教师敢于探索、立德树人，立足学校进行人才培养。尤需指

出，要巧妙用活这个"融"字，使课程思政在中学地理教学中润物细无声却持续发力，充分彰显中等学校在人才培养中所发挥的重要作用。

第四节 课程思政融入中学地理教学的方法

根据教育部办公厅发布的《关于开展课程思政示范项目建设工作的通知》《高等学校课程思政建设指导纲要》中的要求，各课程的课程思政教学方法需体现先进性、互动性与针对性，而且要能激发学生的学习兴趣，引导学生深入思考。课程思政融入中学地理教学，必然需要教学模式的改革才能收到实效。因此，在教学中应积极探索、大胆创新教学模式，挖掘能够较好发挥学生主体作用、启发学生独立思考、达到最优教学效果、实现教学内容及目标最佳化的地理课程思政的教学方法。本研究根据现有教育教学方法和专业学者对地理课程思政的教学方法的运用研究，结合中学地理的课程特点和教学内容特点，初步总结出以下八种中学地理课程思政教学方法。

一 情景教学法

情景教学法是一种典型的教学方法，指在教师指导下，学生模拟某一角色，在教师创设的情境中学习技能，是调动学生积极性的互动教学方法。它使学生如闻其声，如见其人，仿佛置身其间，师生就在此情此景之中进行着一种情景交融的教学活动。其创新性与传统教学模式相比较更加明显，对提高中学地理课程的教学质量有显著效果。

教学过程主要包括创设教学情境，激发学生自主探究欲望；分角色扮演，激发学生积极性；课堂合作探究，训练学生主动学习的能力；课后留创新作业。例如，把班级当成一个剧组，需要其完成一个晚会演出，首先要选出总导演统筹规划，然后每个学生都担任特定的角色，有舞台总监、音乐总监、造型总监、化妆师、策划经理、支持人等，每个学生都各司其职、齐心协力策划演出。这种方法体现了以学生为主体、教师引导的教育

思想，能培养学生的创新意识，激发学生自主探究和学习的兴趣，使其获得知识、提高能力，培养其情感与态度，特别是能够培养其探索精神与创新能力。

在中学地理课程思政教学中运用情景教学法，可以激发学生的好奇心，调动学生的积极性，激发学生的情感，从而实现有效教学。情景教学法更注重学生的体验感、角色感，能够培养学生的独立思考能力。在教学过程中，教师应该根据教学任务、结合学生自身的特点，精心创设教学情境，从而激发学生的好奇心以及求知欲。例如在"大规模的海水运动"（人教版高中地理必修一）这一课，教师为学生创设问题情境："据新闻报道，在美国西海岸发现了印有汉字的塑料垃圾，在非洲西海岸发现了来自南美洲的垃圾残渣，这是为什么呢？它们是如何来到这些地方的？这是什么原因造成的呢？"在教学中设置悬念，就自然而然地创设了生动有趣的问题情境，从深层次激发了学生的学习热情，让学生全身心投入课堂学习之中。在理解了这些之后，教师又可以进一步提问，"这些跟我们当前的生态环境保护又有怎样的关系呢？"这样的学习可以使学生对知识点有更深刻的理解。

二 实践教学法

实践教学法是相对于课堂讲授法的一种教学形式，是寓知于行的方法，即通过引导学生有目的地参与一定形式的实践活动，帮助学生理解教学内容，加深其对教学内容的把握，进而提升其能力、磨炼其意志、优化其思想品行的教学方法。实践教学法是教学课堂中实现理论联系实际、增强教学的实效性和针对性、提高教学的吸引力和感染力的重要方式。应树立"以学生为本，突出学生在实践教学中的主体地位"这一现代教学的根本理念，帮助学生主动建构科学的知识体系；突出手、脑并用，促进理论与实践结合；突出研究探索，培养学生分析解决问题的能力；突出综合设计和多元分析结合，提高学生的综合素质；突出知、情、意、能的高级复合作用，引导学生进入更高的境界。

在教学方法上，全面实施基于问题、基于项目的教学方法改革，实行

小班、小组教学，注重学生的团队学习、团队研究和团队协作，引导学生自主学习、主动实践，全面推进人才培养模式的改革。将着力点放在努力为学生创造一个他自己也认为有意义的学习经历上，提高学生学习、探求、参与的积极性，使学生能根据自己的能力自主开展学习，养成自主学习的习惯，而不是靠老师消化之后传授给学生。打造以"自主式的教学活动"、"多层次的实践形式"、"综合性的能力培训"和"多维化的考核方法"为特征的实践教学模式。

地理课程是一门应用性和实践性非常强的课程，而中学又是以培养人才为主要教学目标，因而在教学过程中必须高度重视地理课程思政的实践教学。教师在地理课程思政教学过程中要充分利用实践来活跃课堂氛围，激发学生的好奇心。课内实践教学可以在课堂上直接以学生讨论、辩论、小品和演讲等形式开展，让学生学以致用，运用所学理论分析解决实际问题。例如在讲解人口迁移这一相关知识点的时候，教师可以指导学生对人口流动对迁出地和迁入地的影响进行讨论，或在教师的指导下，选择典型案件让学生进行讨论。学生参与讨论，培养和锻炼发现问题、分析问题和解决问题的能力，提高语言表达能力、组织协调能力，提升学习地理的兴趣和实践技能，同时还能检验知识的学习成果、相关知识的掌握程度、反应能力与思辨能力等。实践教学法可以成功吸引学生的兴趣，从而实现有效教学。校内实践教学主要采取模拟实验、环境探究等教学方式。校外实践教学就是指导和安排学生"走出去"参加校外社会实践活动或者研学旅行活动，通常以社会调查、"三下乡"、志愿者服务、生产劳动、参观访问等方式进行。例如，在地貌这一章的学习过程中，可以组织学生一起去当地地质地貌比较突出、符合课堂教学内容的地方进行研学探究，从而让学生在实践中更好地理解课本知识。

三　案例教学法

案例教学法是一种以案例为基础的教学方法，本质上是提出一种教育的两难情境，没有特定的解决之道，而教师在教学中扮演着设计者和激励

者的角色，鼓励学生积极参与讨论，不像传统的教学方法，教师是一个很有学问的人，扮演着知识传授者的角色。案例教学法属于一种开放式、互动式的新型教学方法。通常，案例教学要经过事先周密的策划和准备，要使用特定的案例并指导学生提前阅读，要组织学生进行讨论，形成反复的互动与交流。而且，案例教学一般要结合一定理论，通过各种信息、知识、经验、观点的碰撞，达到启示理论和启迪思维的目的。

案例教学中所使用的案例既不是编出来讲道理的故事，也不是写出来阐明事实的事例，而是为了达成明确的教学目的，基于一定的事实而编写的故事。它在用于课堂讨论和分析之后，会使学生有所收获，从而提高学生分析问题和解决问题的能力。

地理课程的理论知识较多、较抽象，学生理解起来会有一定的难度，从而影响教学实效。教师在讲解过程中，应充分利用典型案例进行讲解。这就要求地理教师在教学中，根据教学内容选择合适的教学案例，不仅要发挥组织者的作用，还要引导学生参与，让学生得到新体验，从而自主学习。运用案例讲解知识，不仅有助于调动学生的积极性，还能够丰富学生的课外知识，这对于提高地理课程思政教学效率很有帮助。比如在讲解水资源的相关内容时，可以向学生展示世界各地的水资源情况，引导学生思考"为什么有的地方多，有的地方少？这除了与自然因素有关，人文因素对其影响大不大？"，然后举出我国河西走廊水资源短缺的相关案例。首先用这个案例引导学生讨论河西走廊水资源短缺的原因，然后教师再指出，河西走廊水资源短缺的原因就是生态环境恶化，而造成这种现象的原因就是人们过度开发水资源、人口压力和经济利益的驱动等。人们的不合理开发，造成了对当地生态的破坏，进而导致当地水资源越来越短缺。讲解这个案例，可以让学生了解人类活动对水资源的影响，使学生注重对水资源的保护，从而最终实现有效教学。

四　教学设计法

教学设计是根据课程标准的要求和教学对象的特点，将教学诸要素有

序安排，确定合适的教学方案的设想和计划。一般包括教学目标、教学重难点、教学方法、教学步骤与时间分配等环节。其目的是提高教学效率和教学质量，使学生能够在单位时间内学到更多的知识，更大幅度地提高学生各方面的能力，从而使学生获得良好的发展。

教学设计特征有以下几个。第一，教学设计是把教学原理转化为教学材料和教学活动的计划，遵循教学过程的基本规律选择教学目标，以解决教什么的问题。第二，教学设计是实现教学目标的计划性和决策性活动，以计划和布局安排的形式，对怎样才能实现教学目标进行创造性的决策，以解决怎样教的问题。第三，教学设计通过把教学各要素看成一个系统，分析教学问题和需求，确立解决的程序纲要，使教学效果最大化，从而提高学习者获得知识、技能的效率和兴趣。第四，教学设计是教育技术的组成部分，它的功能在于运用系统方法设计教学过程，使之成为具有操作性的程序。

在地理课程思政教学中，可运用教学设计法，把课程育人目标、德育元素、思政点列入教学计划和课堂讲授的重点内容。学校可举行相关的课程思政比赛，锻炼教师的教学设计能力，引导其更好地将思政元素融入相关课程中。例如在讲解七年级下册第八章第四节"澳大利亚"这一节内容时，就可以进行如下设计：以角色扮演方式，从鄂尔多斯市市长的视角，构建到澳大利亚引进羊种这一情境，以"望国兴叹""为鄂引羊""按图索技"三个环节构建主情境，另外加入家国情怀和国际视野这一情感暗线，将学科育人价值润物细无声地渗透到知识中。首先，通过自主学习课本上的相关知识认识澳大利亚，了解澳大利亚的基本情况；其次，通过探寻牧羊带与气候的关系，学习澳大利亚的主要气候特征；最后，通过分析澳大利亚的矿产资源分布图以及相关资料，了解澳大利亚在发展经济的同时保护了生态。

五　显性引导法

显性引导法是指通过有组织的、有计划的、直接的、外显的教育活动，

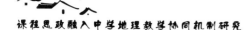
使受教育者自觉受到影响的有形教育的方法。显性教育最大的特点就是教育目的明确。显性教育发挥着主体作用，受教育者对道德知识的理解大多是通过课堂的显性教育完成的。

教育的显性教育功能是依照教育目的，教育在实际运行中所出现的与之相符合的结果。教育目的通常是正向、积极、有促进作用的，因此，依照这样的教育目的而实现的与之相符的结果，即显性教育功能也是正向的。

显性引导法要建好课程思政交流平台，对教师开设《新时代教育与课程思政》《课程思政与教育教学能力提升》等讲座，提升教师的政治素质，使教师树立正确的理想信念和拥有高尚的品格，帮助教师理解思政内涵和德育要素，使教师善于挖掘课程蕴含的德育元素和承载的育人功能。要让学生上好"地理核心素养提升"课程，并建好"课程思政展馆""丛游讲堂"等师生交流平台，引导学生以"信仰、态度、诚信、感恩、情怀"等价值观涵养自己，重视关注为人处事教育。比如在讲解高中地理选择性必修三第二章"资源安全与国家安全"的相关知识时，就可以通过直接列出我国当前的能源、耕地以及海洋空间资源等资源的现状，让学生更加直观、清楚地了解我国当前的资源情况，使学生对我国资源情况有一个更直接的感受，从而让学生在学习相关知识的同时，意识到资源保护的重要性，增强其爱国之情。

六　隐性融入法

隐性融入法是指在宏观主导下通过隐性的、无计划的、间接的、内隐的社会活动，使受教育者不知不觉地受到影响的教育方法。它实现教育目的于日常生活中，渗透教育过程于休闲逸致间，以"潜移默化""润物细无声"的方式，对受教育者的思想、观念、道德、态度、情感等产生影响。隐性教育的教育主体体现为"宏观性主导"，或者说隐性教育的"操作者"是"宏观性主导"。

所谓隐性教育，就是受教育者在心理上并未察觉的一种无意识教育方式。具体而言，就是教育者为了改变当前受教育者总是以被动、应付的态

度去接受教育的状况，按照预定的教育内容和方案，隐藏教育主题和教育目的，淡化受教育者的角色意识，将教育内容渗透到教育对象所处的环境、文化、娱乐、舆论、服务、制度、管理等日常生活氛围中，引导受教育者去感受和体会，潜移默化地接受预先所设定的教育内容的一种教育方式。其通常以课堂为主要依托，以专题教育、主题讨论、学习整改、文件报告等为主要形式，具有集中组织、目的明确、一定强制性等特点。地理课程思政的隐性教育，是指教育者将科学的世界观、人生观、价值观以及党的理论、路线、方针、政策等内容，以生动活泼、喜闻乐见的形式渗透进受教育者的课堂，使他们在不知不觉中受到熏陶的一种教育形式。

　　隐性融入法将德育元素无声地融进专业、课程，主推"课程思政示范课"、"项目制教学"、"三位一体"考核、"翻转课堂"、"体验式"教育教学等课堂教学改革创新。例如在讲解高中必修一第三章第一节"水循环"的拓展知识"水资源的合理利用"时，教师可创设调查性体验情境，引导学生结合课堂所学展开实践调查。首先，课程结束后，问同学们："我们周围的水资源越发稀缺，但仍然存在很多浪费水资源的现象，人们的用水习惯没有得到根本改善，大家想不想为水资源的合理利用贡献一分力量？"其次，结合书本内容，将全班学生分为三个小组，分别为"校内水资源浪费现象调查组""校外水资源浪费现象调查组""水资源科学应用宣传组"，每个小组都分配具体的调查任务。再次，为每个小组都安排一名老师，在老师的带领下学生深入了解各区域之后展开调查。最后，所有调查活动完成后，在全校举办一次"合理用水从我做起"的动员大会，各小组各尽所能，以汇报演出的形式向全校师生展示调查结果，引起大家爱护水资源、合理利用水资源的共鸣。

七　信息技术法

　　信息技术法是指在教学过程中，根据教学目标和教学对象的特点，通过教学设计，合理选择和运用现代教学媒体，并使之与传统教学手段有机组合，共同参与教学全过程，以多种媒体信息作用于学生，形成合理的教

学过程，达到最优的教学效果。

信息技术法运用"互联网＋"教学展开线上思政。一是不断提高新媒体信息技术辅助教学水平，丰富融入育人元素的教学材料展现形式。二是开展"互联网＋"教学，进行课程线上平台学习资料中思政元素的挖掘。三是推进小规模在线课程（SPOC）形式的线上线下混合教学实践，提高智慧教室利用率等。以此开展"互联网＋"教学资源库建设，探索"互联网＋"课程思政的有效教学形式。

在地理课程思政教学过程中，应大胆运用多媒体技术来进行教学。运用多媒体技术进行教学，可以使地理课堂更加人性化，可以使学生对所学知识有直观生动的理解，从而有助于加深学生对所学知识的了解。利用多媒体技术制作图文并茂的课件，可以提高学生的学习兴趣，收到良好的教学效果。例如在高中地理必修一第六章的"气象灾害"与"地质灾害"这两节课中，可以分别以2005年8月发生在美国东南部的"卡特里娜"飓风和2008年5月发生在我国四川汶川的大地震作为素材，利用媒体设备播放视频让学生通过视频体验自然灾害给人类带来的灾难，使学生深刻地感受自然力量的不可抗拒性，让学生意识到自然灾害的严重性。

八　思政认定法

思政认定法是指以"切入点""动情点""融合点"作为评判是否开展课程思政的基本标准，进行课程思政的认定。思政元素的切入要适时，思政元素要能够适用学科知识，思政元素要能引起学生的情感共鸣、触动学生的灵魂、启迪学生的思想。思政元素蕴含在教学内容之中，它们不是孤立存在的思政要求，而是与课程相伴生、与知识技能相伴随的元素。教师通过教学设计，把蕴含在教学内容之中的思政元素挖掘出来，让学生在掌握知识技能的同时，实现道德水平的提升和行为的转变。

课堂教学要实现思政目标，关键在于能够找到实施课程思政的途径和方法，分析出实施课程思政的契合点。首先要挖掘蕴含在教学内容中的思政元素，教学内容是思政元素的重要载体，文以载道，知识教育与道德教

育相统一，没有背离道德教育的知识教育，思想道德教育总是依附在知识教育之中。作为教师，要具有思政意识，明确教学的目标任务，把三全教育的课程教学任务落实到位。其次要架构与教学过程相关的思政元素，教学过程是师生交往、积极互动、共同发展的过程，教学过程的交往，也同样遵循社会交往的一般规则，是社会交往的一个特殊的缩影。教学过程的交往不仅可以考量一个人的道德品质，还能够使学生形成良好的思想道德品质。当然，课程教学必须践行社会主义核心价值观，培养学生的爱国主义情感，帮助学生树立正确的"三观"，使其成为具有家国情怀、科学精神的社会主义接班人。课程教学必须提升层次，把国家出台的文件、国家建设、国家领导人在此方面的言论等，渗透到学生的精神层面，提升学生的精神境界、认识水平，激发学生学习的积极性和紧迫性，提升学生的责任感，培养学生的家国情怀。

挖掘与社会生活相关的思政要素。课程教学和教学组织形式与社会生活密切相关，可以通过组织学生参加社会实践、分析感悟社会生活、自主学习拓展社会知识，寻找课程思政的切入点，实施课程思政。例如，在讲解高中地理必修二第一章第三节"人口容量"的相关内容时，就可以先挖掘这一节中的思政元素，主要包括思辨精神、环境意识、人地协调观、合理的人口观、合理的资源观等元素。之后可以将其与环境承载力的影响因素和人口合理容量等结合，从而让学生正确的认识世界人口问题，建立起正确的人口观。

第五节　课程思政融入中学地理教学的步骤

新课改背景下的中学地理课程内容，融入了国情教育、海洋意识、绿色发展、领土主权、国家安全等思政元素，研究课程思政与地理课堂教学的融合具有重要价值。全面推进课程思政建设是办好我国学校教育的内在要求，也是学校办学治校中的综合性问题。有效全面推进课程思政建设，需要各类学校形成广泛共识，提升教师队伍素质和能力，深化教育教学改

革，构建升级版的教学体系，提供科学有效的管理服务保障。实现地理学科的育人功能，在教师具有课程思政知识和开展课程思政的能力的基础上，科学的步骤是有效教学的关键。[①] 基于对地理课程标准和地理教学内容的分析，本节主要以课程思政为前提，以地理教学为主体，论述符合新时代教育发展要求的课程思政融入中学地理教学的步骤，主要包括地理教学中思政理念的确立、教学目标中思政目标的融入、教学内容中思政元素的融入以及教学设计中课程思政的体现等内容。

一　地理教学中思政理念的确立

要结合中学地理课程的特点与建设要求，找准课程中思政的映射与融入点，确立课程思政教学的核心理念，基于教学目标的刚性、教学内容的鲜活性和教学评价的多维性，开展课程思政工作。

要坚持"实事求是、创新思维、突出重点和注重实效"的原则，遵循中等教育规律、教书育人规律、思想政治工作规律等，创造性地开展工作。要用逻辑说话、用事实说话、用数据说话，力求内容科学、方法科学，不硬讲、不空讲。在价值传播中注意知识含量，知识传播中注意价值观引领，充分发挥地理课程所承载的育人功能，实现知识传授、能力培养和价值引领的有机统一。

课程思政教学设计不仅要遵循一般的社会科学研究原则，也要遵循思想政治教育的特殊性原则。根据地理课程思政的特点，地理课程思政教学设计主要遵循以下理念。

（一）灌输与渗透结合

灌输应注重启发，其是能动的认知、认同、内化，而非被动的注入、移植、楔入，更非"填鸭式"的教育。渗透应注重贴近实际、贴近生活、贴近学生，注重向社会环境、心理环境和网络环境等方向渗透。灌输与渗透相结合，就是坚持春风化雨的方式，通过不同的选择，从被动、自发的学习转向主动、自觉的学习，并将之付诸实践。

---

① 陶宛琪：《基于课程思政的高中地理教学设计研究》，硕士学位论文，石河子大学，2021。

（二）理论与实践结合

地理课程思政元素不是从抽象的理论概念中推理出来的，而是要从社会实践中寻找，从各学科的知识与社会实践结合中寻找，不是从理论逻辑出发来解释实践，而是从社会实践出发来解释理论的形成，依据实践来修正理论逻辑。要坚持理论与实践相结合，因事而化、因时而进、因势而新。

（三）历史与现实结合

历史是过去的现实，是现实的前身，现实是历史的延伸，是未来的历史。课程思政的教学设计，从纵向历史与横向现实的维度出发，通过正确认识世界与中国发展大势、中国特色与国际比较、历史使命与时代责任，使思政元素既源于历史又基于现实，既传承历史血脉又体现与时俱进。

（四）显性教育与隐性教育结合

课程思政教学设计，应坚持显性教育与隐性教育结合。显性教育和隐性教育二者不是具体单个方法的名称，而是一种类型的方法称谓。其中，前者指的是教师组织实施的、直接对学生进行公开的道德教育的正规工作方式的总和。后者指的是引导学生在教育性环境中，潜移默化地获取有益个体身心健康和个性全面发展的教育性经验的活动方式及过程。在此，可通过隐性渗透的方式寓道德教育于各门专业课程之中，通过润物细无声、滴水穿石的方式，实现显性教育与隐性教育的有机结合。

（五）共性与个性结合

任何事物的发展都是共性与个性、统一性与差异性的结合。就思想政治教育而言，教育内容的价值取向是一种共性、统一性，个体的独特体验则是事物的个性、差异性。课程思政教学设计，必须遵循共性与个性相结合的原则，既注重教学内容的价值取向，又注重学生在学习过程中的独特体验。

（六）正面教育与纪律约束结合

正面说服教育是指通过摆事实、讲道理，使学生明辨是非、善恶，提高认识，形成正确观念和道德评价能力的一种教育方法。课程思政教育和教学，必须坚持以正面引导、说服教育为主，积极疏导，启发教育，同时

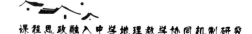
辅之以必要的纪律约束，引导学生品德向正确、健康方向发展。

二 教学目标中思政目标的融入

立德树人作为教育的根本任务，是教师必须遵循的教学理念，也是人才培养的最终目标。习近平总书记在 2019 年举行的学校思想政治理论课教育教师座谈会上强调，教师应当以"六要"为标准逐步提升自身的综合素养。这"六要"分别是人格要正、自律要严、视野要广、思维要新、情怀要深以及政治要强，地理教师在设计教学目标时要坚持以德育为先，寻找课程思政与地理学科的最佳结合点，创新课程思政的实现途径，提高地理教学的育人水平。以习近平新时代中国特色社会主义思想为指导，坚持知识传授与价值引领相结合，运用可以培养中学生理想信念、价值取向、政治信仰、社会责任的题材与内容，全面提高中学生缘事析理、明辨是非的能力，让学生成为德才兼备、全面发展的人才。

（一）教学目标设计原则

1. 注重核心素养与课程思政理念的融合

教师在设计教学目标时，容易将整个地理教学过程分割开来，注重知识的传授而忽略其他目标的实现，不利于地理教学工作的开展。确定地理学科核心素养是落实立德树人任务的具体体现，将其与教学内容整合在一起，可以为地理教学提供更为丰富的教学手段。基于此，教师应深入解读核心素养的外延与内涵，将核心素养与课程思政理念进行融合。

2. 遵循地理课程标准中的要求

教学目标的设计要依据地理课程标准中的要求进行，其中关于思想政治教育方面的内容，大多是能够说明地理教学内容的联系、意义等，以往在情感态度与价值观目标中出现频率较高的名词有民族主义、人地关系理念、国际眼光和爱国主义等。教师应当细读地理课程标准，对涉及思想政治教育的内容进行细化处理，结合学情制定符合学生实际情况的教学目标，教学目标的设计要与核心素养相对应，教学目标要可测量、可实现。

3. 突出体现思想政治教育的目标

在教学目标中要突出体现思想政治教育目标，显示出地理教学的育人

价值。通过联系社会生活实际，从纵向历史与横向现实出发，坚持正面教育，在呈现思想政治教育教学目标的同时，注重隐性教育，引导学生在潜移默化中获取有益身心健康的教育。

（二）教学目标设计思路

1. 明确教学目标设计依据

教育目标的设计主要以中学地理课程标准为理论依据，以当前教育现状，即现阶段教学内容和学情为现实依据，贯彻课程思政理念，在教学目标中体现思想政治教育，以实事求是的态度，进行科学的教学活动设计。

2. 理清教学目标设计步骤

应正确理解与认识地理课标，以其作为设计教学目标的理论依据，充分把握课程应达到的教学效果。然后分析教学内容，明确教学重难点，挖掘课堂内外的思政元素，以将思政教育嵌入知识教学。再者要了解学情，清楚学生的思想状况，预设学生在学习中会产生的思想变化，以便更合理地制定教学目标，从而把思政教育体现在教学目标中，实现教学目标和思政育人目标的有机融合。

以高中必修一第三章第三节"海水的运动"为例，介绍教学目标设计的具体环节。在人地协调观方面，结合生活实例，阐述地理环境与人类活动受到的洋流的影响；认识科学开发海洋资源、发展海洋经济的重要性，重视海洋环境，形成保护海洋的环境观和资源观。在综合思维方面，分析盛行风、洋流对我国海洋资源的影响；结合我国海域情况，分析建设海洋强国的战略意义。在区域认知方面，结合世界洋流分布图，说出不同区域的洋流名称及其对该地区的影响。在地理实践力方面，结合地图阐述洋流分布规律，绘出简要的世界洋流分布图。"海水的运动"一节的思政育人目标主要体现为以下三点：建立普遍联系的马克思主义基本思想体系，举例让学生了解某一地区的变化会影响其他地区的环境，渗透命运共同体理念，使学生形成自然环境的整体观念和思维方法；培育爱国情感和社会责任感，树立生态文明建设理念，使学生认识到海水运动对我国环境的影响与经济发展的重要意义；形成求真务实、开拓进取的科学态度，一

丝不苟的工匠精神，在学习过程中收集处理信息材料，进而分析、解决问题，在绘制世界洋流分布图时科学严谨，避免出现差错，在学习世界洋流的分布规律及其对地理环境和人类活动的影响过程中，向学生渗透我国海洋国情，引导学生认识到海洋是国家重要的经济资源，发展海洋经济和保护海洋资源是国家经济建设的重要组成部分。培养学生改善海洋环境、维护海洋安全的意识，是实现可持续发展的需要，也是保卫祖国领土与权益的需要。

三　教学内容中思政元素的融入

地理学科蕴含丰富的思政资源，教师要把握学科特点，积极探寻地理课程中的思政元素，将课程思政有效融入地理教学中。地理课程思政教学可以贴近社会生活实际，让地理教学与思政教育真实生动地结合，改善思想政治教育枯燥单一的教学氛围，培养学生的科学意识与担当精神，让学生主动自觉地用核心价值观来规范自身的言行，建立有地理学科特色的思政教育体系，全面提高地理学科的育人功能。

（一）地理课程思政元素的划分

教育的根本任务是立德树人，在课程思政建设的整个过程中，既要传授地理知识，也要在教育过程中融入思政教育的内容，促使学生在学会知识的同时，形成正确的思想观念。中学地理学科的教学，要在突出地理学科特征的基础上，融合思政元素。因此，落实地理课程思政离不开思政元素的挖掘。

本节根据课程思政建设的目标和内容，结合高中地理课程标准（2017年版2020年修订）与地理学科特征，基于"政治方向""德育元素""地理课标""教育方向"等，提炼出了地理课程思政的分类概况与思政元素。其中，政治方向的核心为家国情怀；德育元素的核心为道德修养；地理课标的内核是学科素养；科学精神、合作精神、哲学思维以及环境责任等属于教育方向。初中地理的思政元素主要包括科学人文精神（培养学生的科学态度）、区域地理教育（培养学生的家国情怀）、整体性教育（培养

学生的人地协调观）；高中地理的思政元素主要包括展现国情的爱国主义教育、辩证唯物主义的科学世界观教育、国际主义和全球观念教育。地理课程思政通过"品德修养与地理学、地理知识与人生哲理、思政话题与专业教育、地理教学与人类命运共同体、地理教学与审美观和爱国主义、地理环境与人类社会、地理学与国别教学"等几个模块的讲述，将宇宙天地的地理现象，同充满生活智慧的世界观、人生观有机链接，传导积极正向的价值，继而在地理教学过程中，潜移默化地影响学生，使其拥有优秀的思想品德。在不同地理课程思政分类下，则又可以细化出诸多次一级的思政元素（见表6-1）。

表6-1 中学地理课程思政分类与思政元素划分

地理课程思政分类	地理思政元素
家国情怀	国家认同；国情认知；全球视野；文化传承；理想信念
科学精神	科学求真；勇于探索；野外能力；地学思辨
合作精神	协作能力；合作意识；组织领导
环境责任	环境意识；合理的资源观；合理的人口观
道德修养	法治观念；家庭责任感；社会责任感
哲学思维	唯物主义；思辨精神；逻辑思维；因果关系
学科素养	综合思维；区域认知；地理实践力；人地协调观

（二）地理教学与地理思政元素的融合

综合分析地理教材中蕴含的思政元素，结合地理教学内容，可以将其分为马克思主义哲学原理、社会主义核心价值观和新时代科学精神素养三大类。

1. 马克思主义哲学原理

物质的运动特性、矛盾的特殊性、唯物辩证法等马克思主义思想方法，有助于培养学生的辩证思维和价值观。在高中地理教材必修一"太阳对地球的影响"一节的教学实践中，可以引导学生辩证认识太阳辐射与太阳活动对地球的影响，太阳的活动为地球提供能量，但如果其活动过于剧烈就会引发地球的自然灾害。引导学生不要只看问题的一个方面，要从整体辩

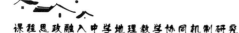

证地看待处理问题，形成辩证思维。除此之外，学习高中选择性必修一第三章第三节"气压带和风带对气候的影响"时，引导学生根据不同纬度、海陆位置对不同地区形成的气候进行具体问题具体分析，对气候成因进行综合分析，全面理解太阳辐射与大气环流等因子的不同作用，而不是一刀切地处理问题。在高中地理教材必修二"人口容量"一节的教学过程中，可以根教材内容来清晰界定环境承载力与人口合理容量的概念，并引导学生思考人口过多并最终超过地球最大承载力会引发哪些问题，让学生知道人类活动应该顺应事物自身的发展规律，否则人类会受到相应的惩罚，以此强化学生的可持续发展理念。

2. 社会主义核心价值观

基本国情、爱国主义精神、人文精神等有助于学生树立正确的价值观念和政治立场。高中地理教材必修二从人口政策、工农业布局、交通运输布局等方面展现了我国的基本国情，以及各有侧重的区域发展战略。各地区不同的资源环境形成了不同的产业布局，为带动社会经济发展也形成了如京津冀城市群、粤港澳大湾区与长三角城市群等区域的新型发展模式。教学中渗透有关国家发展的知识内容，可使学生认识到祖国已经成为世界上影响力较大的国家，祖国的国际地位得到持续的提升，在国际事务中已经具备了前所未有的话语权，同时也是国际舞台的中坚力量。身为中国公民，要不断增强爱国主义情感，爱国主义是公民对祖国的回馈与责任担当，是集合了对国家的忠诚与热爱的意志与行为，是强烈的民族意识，也是驱动祖国发展的强大精神动力。爱国主义精神是中华民族的传统美德，也是鼓舞民族斗志、振奋民族精神、凝聚民族力量的旗帜，是中华民族强大的精神支柱。同时在城市化对地理环境的作用教学实践中，也可以通过剖析本土的城市化趋势，来明确城市是人类突出影响自然环境的地方，也是人类显著改变自然环境的区域，从而能够形成生态文明发展的理念，秉承习近平总书记提出的"绿水青山就是金山银山"的绿色发展理念。

3. 新时代科学精神素养

科学精神、奉献精神、创新精神等道德素养，有利于培育学生求真务

实的态度和追求卓越的素质。讲授高中必修一第二章第二节"大气受热过程和大气运动"这一节时，可通过开展模拟实验活动，将抽象的热力环流原理直观地呈现给学生，帮助学生理解教学内容，培养学生的科学探究精神和求真精神。其实教材每章的问题研究，也是很好的思政教育素材，教材设置的问题，具备较强的开放性与趣味性，实现了时事热点与国家大事的有机结合。在课时允许的情况下，教师应对其充分利用，以实现课程思政的渗透，让学生在耳濡目染中接受思政教育。在学习高中选择性必修二第二章第三节"资源枯竭型城市的转型发展"中关于焦作转型之路的相关知识时，让学生感受焦作由工业城市向优秀旅游城市的经济转型，资源枯竭型城市最终都将面临转型，各城市要探索自身的转型之路，才能使经济重新焕发生机与活力。由此向学生渗透要时刻保持与时俱进，具备进取精神和创新精神，以在发展舞台上屹立不倒。

四　教学设计中课程思政的体现

课堂是实施地理课程思政的主要阵地，要体现出地理课程的育人功能，需要深入挖掘地理教材中的思政资源，引导学生深切感受其中蕴含的思想政治教育内容，增强其人地和谐共生意识，帮助其以全球视野准确认识中国、感受世界，从而为教育促进个人全面发展目标提供支持，建立起完整育人格局。教师可围绕课程思政目标，通过积极培育和践行社会主义核心价值观，运用马克思主义方法论，引导学生正确做人做事做学问。教学设计的方法有以下两个。

第一，从知识点中发掘思政元素，包括价值观、思想、思维、情感提炼。价值模块整合包含知识模块重组、广度延伸、深度解读、德育内涵发掘。将专业课程内容用一条思政线索串联起来，将思政点连接成思政线、思政面。

第二，发掘教学内容中所蕴含的哲学思想与元素，包括认识论、方法论、自然辩证法的思路和方法（历史思维、辩证思维、系统思维、创造思维）的启发与建立。一是讲好故事，利用教学内容涉及的大师成长道路、

学科发展史、教师个人经历等，引导学生从中发掘价值观。二是"反面教材"的应用，从多维度分析失败教训和警示性问题。三是剖析"流言"，引导学生进行思考和比较，不断提高学生辨识能力和社会责任意识。四是问题导向，以针对性问题为线索，提出问题和难点，找出解决办法，挖掘并呈现解决问题过程中所涉及的价值观和思维方式等思政元素。五是教学材料的选择，体现中国元素，中国政策、意识、文化等。六是挖掘实验课程中蕴含的思政元素，实验课是思政元素承载量最大、项目最多、频度最大的承载体，包含制度敬畏与自觉遵守，环保、生命、客观、严谨、细致的科学观训练，团队协作，发现与质疑，探索，创新思维，等等。七是制定与课程相关的制度、规范、仪式、教学流程。教学设计中的课程思政主要从以下几个方面体现。

（一）创设真实情境，深化价值观教育

研读地理课程标准后发现，有关思想政治教育的内容表述较为隐晦，大多要求学生能够运用图文资料分析说明问题。在地理教学中，可以根据教学内容创建真实的情境，通过分析教材中的活动与案例材料，并将其与社会生活相结合，提高学生对思想政治教育的理解能力，培养学生的思想道德素养。

1. 利用时事新闻创设导入情境

将创建情境引进新课导入环节，目标在于调动学生的主观能动性与积极性，突出他们的主体地位，使学生提高参与课堂情境的热情，自主思考建构知识框架。学生在学习科学文化知识的同时，有必要紧跟国内外时事动态，了解国家乃至世界的发展形势，这有利于家国情怀和民族社会责任感的培养。因此，选择时事热点来进行情境创建的新课导入效果更理想。例如学习高中地理必修一第一章第四节"地球的圈层结构"的相关知识时，教师可通过一则汶川地震的新闻导入新课，创设情境，使学生了解地震对人们生活的影响，进而引导学生思考地球内部的结构及物质组成。引用新闻实例贴合学生生活实际，使学生关心时事，把地理规律融入学生的生活经验，引起学生对新闻事件的关注，进而使学生对课堂内容产生兴趣，帮

助学生培养科学的求真精神和保护地球的观念。

2. 选取真实案例创设问题情境

新课标明确提出地理教学要强化问题教学的要求，在地理课程思政教学过程中要坚持问题导向，创建问题情境作为课堂导入环节，带领学生立足于地理角度剖析现实生活中的地理问题，将思想政治教育渗透其中，提高学生的地理核心素养和思想政治道德素养。例如在学习高中地理必修二第一章第三节"人口容量"这一小节时，教师可利用中国人口数量和人口增长率的相关材料，结合日常生活实际创设问题情境，让学生初步了解要学习的内容，让学生带着浓厚的兴趣开始学习新课程。在人口增长模式及其转型的演变进程中，对学生讲述国家实行的生育政策，可让学生了解国家实现人口可持续发展，应当契合地区的资源环境，以引导学生形成科学的人口观和强烈的社会责任感。

（二）采用合理方法，坚定思想信念

为避免实施地理课程思政的方法死板单一，教师要明确不同章节的思想政治教育要点，采用不同教学方法将知识传授与思想政治教育相结合，以促使学生在长期的学习过程中逐步构建思想价值观念。

1. 应用教学教具提升学生感官体验

地理课程中有部分内容较为抽象，对学生来说理解和掌握有一定难度，而教具作为辅助教学的用具，可以帮助教师更直观地展现教学内容。教师可结合课堂内容，借助教具，立足实际，突破教学难点，提升学生的感官体验，优化地理课程思政的课堂教学结构，有效提高教学质量。例如在学习高中地理必修一第二章第二节"大气受热过程和大气运动"这一节内容时，教师可在课堂上做模拟热力环流的实验，通过开展模拟实验活动，将抽象的热力环流原理直观地呈现给学生，为学生掌握教学内容、加深知识记忆提供帮助。也可让学生亲自操作，进而增强学生的地理实践力，使学生掌握在实践中检验真理和发展真理的方法，培养科学探究精神、求真精神和理性的怀疑精神。

2. 运用小组讨论探询学生思想状态

构建教师为主导、学生为主体的现代课堂教学模式，使学生成为学习

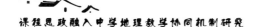

的主人，在课堂教学中全面发挥他们的主体功能，以更好地实现教学效果。可通过设置讨论小组来进行地理课堂内容的学习，学生可以各抒己见，每个学生的意见都能得到充分表达，教师可以在此过程中了解学生的思想状态。教师要有敏锐的观察力来发现问题，且可以协助学生逐步形成正确的思政观念。例如在学习高中地理必修一第二章"地球上的大气"的拓展知识"全球气候变化"相关内容时，可以小组讨论的方式找出全球气候变暖的可能影响。教师可以在学生小组讨论的过程中，巡视各小组的情况，对存在疑问的小组及时进行指导，学生发言结束后要就各小组的发言情况及时进行点评并纠正问题。引发学生对人类命运共同体的思考，使其树立全球变暖的危机意识，能够辩证地看待全球变暖带来的影响。

（三）借助信息化手段，强化感性认知

由于思政教育内容较为抽象且并非高考重要考点，学生在学习过程中极易忽视此部分内容，教师可以创新教学模式，借助信息化手段实施地理课程思政，激发学生学习兴趣，强化学生对思想政治教育的感性认知。

1. 利用纪录片渗透爱国主义教育

近年来国家注重通过媒体文化的舆论宣传手段加强国民的爱国主义教育，增强民族认同感，涌现了大量有关自然科学、生态文明、工匠精神的纪录片，如《航拍中国》《未发现的中国》等。中央宣传部、中央文明办等七部门根据国家制定的《新时代爱国主义教育实施纲要》，筛选出同类主题电影，联合向各界推荐"百部爱国主义教育影片"，这些影片成为生动形象的爱国主义教育艺术载体。教师可选取与教学内容相关的视频片段作为课程导入或进行案例分析，增强地理课堂的趣味性和科学性，强化核心价值观的渗透。

2. 使用互联网融合地理课程思政

目前在国内，互联网已经成为学生除课堂之外获取知识和信息的另一大渠道，多数中学生已经能够熟练运用计算机网络，大量学校开展开放式教学，校园网络建设日益成熟。因此，地理课程思政的实施不应拘泥于课堂，也要对第二课堂施以同样的重视，教育管理部门或学校可借助校园网

络或主流媒体，搭建思政教育传播的网络平台，通过设置学校特色思政教育公众号，鼓励学生积极投稿，通过发布渗透思想政治教育的地理信息文章和视频吸引学生，注重彰显正能量，影响学生的理想信念建设。

五　教学过程中思政方法的运用

在选择符合中学地理教学的方法时，要选择贴近学生思想特点的内容。思想政治教育要充分了解学生的内在需要和思想动态，贴近社会的客观实际和学生的思想实际，以使教与学双方产生心理共振，这样才能有良好的接受效果，可以采用的手段有以下几个：多元化的教学方法，如讲（课堂讲授）、查（查阅资料）、做（社会实践、调研、课件、微视频、数字故事）、演（演讲、报告、编剧演出）、论（论文、讨论、辩论、论坛），组织和引导学生积极参与和体验；通过课题项目设计，组织和引导学生积极参与，引起学生的情感共鸣，有效激励学生产生学习的内动力，加深学生对课程知识的理解，拓展教学时间与空间；通过课堂内外、学校内外和线上线下三个方面的协同教学，知名教授、专家、道德模范的协同教学，同系列课程的协同教学，在已经成熟的"教学模式"中融入思政教育；课程评价与反馈，通过一定的评价手段对学生进行评价，并根据评价结果进行针对性教育；社会资源的发掘和应用，通过校企合作、社会实践基地锻炼、社区体验等方式发掘与应用社会资源。

地理教师开展课程思政教学活动，首先要在思想观念上确立"四是四不是"：不是单纯为了"完成"上级要求，而是为了提高课堂教学质量和育人效果；不是要照搬思政课的概念或代替思政课，而是要结合地理课程挖掘思政元素，结合地理课程谈思想、说素养、讲故事；不是每节课都要搞思政元素融入，而是在适合有机联系、需要视角提升时，思政元素融入专业教学才有成效；不是一定要用较多理论术语分析思政内容，而是只要实际运用了马克思主义立场、观点和方法，用自己的语言把事情分析出来就很好。在教学过程中对思政方法的运用，有以下几个努力方向。

（一）掌握三大内容

思政元素从哪里挖掘？地理教师可以从三个方向努力。

第一，温习马克思主义哲学的基本观点及其运用方法，掌握人类思维工具。第二，学习习近平新时代中国特色社会主义思想、党的各种会议中的主要精神，掌握未来五年的基本政策依据。第三，结合专业方向，适当深入学习党和国家以及业务主管部门对应的经济、政治、文化、社会、生态或党建的相关理论。

（二）抓好三大平台

有了思政元素，从哪里入手将其融入专业教学中去？

第一，固有教学平台，即每个教师平常教学环节中固有的教学设计、知识讲授、规章讲解、教师提问、小组讨论、小组发言、发言点评、布置作业、点评作业、单元总结、学情分析、教师身教、顶岗实习等。只一个知识讲授环节，就有很多与素养相关的思想和故事可以讲出来。第二，潜在专业通道，即思政元素与教学要求存在联系、与教学环节可以贯通但以往教学没有显现的那些"潜在"通道，如讲解课程规章与法治思维关联、课程知识推进过程和物质运动理论关联、知识要点讲解和顺应事物规律关联、地理教育变迁史和事物发展观关联、地理学习难题和事物矛盾观关联、地理学习能力提高和实践出真知关联等。第三，创新教学环节，即地理教师从个人阅历、知识结构、育人思考实际出发，创造性地推出教学规章中没有的新的育人载体和方法，如安排学生预习教材并准备回答问题、鼓励学生对小组发言提出怀疑、布置贯穿整个学期的考核、制定外出行为规范条例、对学生在教室乱丢纸屑现象拍照后做出分析。

（三）实现三级联动

第一，学校进行顶层设计。思政元素融入地理教学涉及教育教学中的实施环节和资源、工作调度，只有学校管理层高度重视、积极研究和实践推动才有可能落实，可以通过建立融入指导小组、推动相关理论研究、开展教师融入培训、组织小组联合攻关、引导撰写课改方案、安排全校教改观摩、提炼总结融入方法等进行落实。

第二，分年级推动落实。如组织学习相关思政理论、讨论和挖掘地理教学中的思政元素、安排观摩思政元素融入专业课程的教学、组织师生撰

写和思想素养相关的各类案例（故事）、修订人才培养方案等。

第三，教师言传身教。比如要求学生不迟到，教师要提前到教室；要求学生上课不带手机，教师上课要戴手表不带手机；要求学生见了老师问好，老师被问好后要回复问好或点头示意；要求学生认真做作业，教师批改作业也要高度认真并有批语等。

方法决定质量，态度决定高度。思政元素融入地理课程，当然有一个融入方法的研究提炼问题，但态度还是第一位的，要把融入过程看成是为学生的发展服务，看成是为学生今后做人做事和未来职业生涯提供后劲支持，看成是教师教书育人的分内事。

六 教学反思中思政教育的总结

有效全面推进课程思政建设，需要学校形成广泛共识，推进教师队伍素质和能力提升，深化教育教学改革，构建升级版的教学体系，提供科学有效的管理服务保障。因此，在教学反思中对思政教育的总结主要包括以下四个方面。

（一）深化认识，形成课程思政的广泛共识是基础

课程思政是一种教育理念，对于课程思政的本体，应当深化三个方面的认识。其一，课程学习的终极目的不是学习课程知识，而是要使学生在学习知识的过程中，通过思维的训练，形成自己的判断，练就较强的思维能力，形成内心的信念，明确生活目标和人生方向，从而树立正确的价值观。因此，要充分认识和把握地理课程思政的独特育人功能。其二，学校是具有意识形态属性的教育机构，必须扎根中国大地办学校。教育必须培养社会发展、知识积累、文化传承、国家存续、制度运行所要求的人。其三，课程思政会因课程类别和教师的不同，而具有多样性的内容与呈现方式，这也使得价值性内容的"涵纳度"和价值性的"显示度"存在客观差别。[①] 由此，从学校到院系应通过多种途径和方式广泛组织干部和教师深入学习、宣传、研讨教育部印发的《新时代学校思想政治理论课改革创新实

---

① 高国希、叶方兴：《高校课程体系合力育人的理论逻辑》，《中国高等教育》2017 年第 23 期。

施方案》，总结地理课程思政的经验，明确教育理念和教育思想，树立正确的地理课程观，使课程思政的教育理念成为学校管理服务部门和广大教师的广泛共识，并转化为实际行动。

（二）综合施策，提升教师素质和能力是关键

课程思政建设落地落实、见功见效，有赖于教师育人的责任心、使命感和主动性，有赖于教师自身的思想政治素养，有赖于教师学术水平和将学科知识体系融会贯通所表现出的精湛业务能力，有赖于教师把握学科规律、教学规律、学生成长规律和思政规律而展现出的教育教学能力。地理教师队伍建设，在思想理念上，要始终坚持以人为本的宗旨，坚持正确的价值导向，做到严管与厚爱、规范与包容相结合，激发教师教书育人的内在动力。在选拔标准上，要坚持对思想政治素质的严格把关，把具有学术育人情怀和具有较高学术潜力或较好表现作为依据。在培养管理服务上，要坚持以强化尊重关心服务为基调，以强化思想政治工作有效性来提升教师的境界追求和思政素质为前提，以强化学术追求提供舞台发挥作用来提升教师的学科专业能力为基础，以强化教育培训实践的精准性来提高教师育人能力为支撑，不断提升教师课程思政的能力。

（三）提升站位，优化教育教学体系是方法

课程思政是新时代我国学校课程育人的新要求，也是强化课程质量的新维度。面对新形势新任务，学校必须把课程思政作为一种教育理念加以具体化、实践化，从而深化教育教学改革，一体化推进学科体系、课程体系、教材体系、教学体系和管理体系建设。把课程思政作为中学地理课程设置、教学大纲核准和教案评价的重要内容，落实到课程目标设计、教学大纲修订、教材编写审核选用、教案课件编写各方面，贯穿于课堂授课、教学研讨、实验实训、作业论文各环节。探索"以学生为中心"的教学模式，积极开展研讨互动式教学，促进学生深入思考、辨析，在知识传授、能力培养中实现价值引领。促进地理课程思政从第一课堂延伸到第二课堂，实现两者相互促进，从课堂内延伸到课堂外，加强课堂内与课堂外的师生交流，教师言传身教，从而推进价值引领、知识传授、能力培养三者融合

统一。

（四）遵循规律，提升管理服务水平是保障

课程思政是新时代坚持和加强党的全面领导，全面提高人才培养能力的重要抓手。各个学校要把握课程思政规律，遵循学科专业规律、教育教学规律、思想政治教育规律、学生成长规律，准确把握课程思政的内涵和精神要义，针对不同学校、不同年级、不同课程的特点，明确清晰地优化理念、思路和举措。要强化分类指导，鼓励各学校、各年级和广大教师积极探索地理课程思政建设，防止"一刀切"、简单化，体现统一性和差异性的要求。要提供优质的教育教学培训，强化教育教学研讨，提升教师课程思政的能力。要面向不同年级、不同学生和不同类型的课程，抓典型、推经验，发挥示范引领作用。要进一步加强制度保障，建立科学的地理课程思政建设成效考核评价机制与监督检查机制。

第七章
课程思政融入中学地理教学典型模式

课程思政融入地理教学是课程育人的有效途径，也是素质教育的要求。将思政教育融入地理教学中，对实现全员、全程、全方位育人具有重要意义。本章主要论述课程思政融入中学地理教学的四种模式，分别为课堂教学模式、实验实习教学模式、野外实践教学模式以及研学旅行教学模式。

第一节　课堂教学模式

教学模式是一定的教学理论或教学思想的反映，是一定理论指导下的教学行为规范。课堂教学模式，即教师在课堂上针对学生学习而使用的教学方法，课堂教学模式有多种，如抛锚式教学、范例教学、探究式教学等。

一　建构依据

（一）课堂教学的特点

1. 地理性

地理课堂教学模式区别于其他学科教学模式的关键，在于地理学的学科特性。地理学以地球表层的地理环境为研究对象，地理环境的变化受自然过程和人类活动的影响。因此，地理课堂教学以研究自然地理环境与人类活动关系作为出发点，探究自然、人文、区域、环境和全球变化等方面

的问题，遵循地理学科的综合性、地域性、开放性、实践性等学科特性，培养地理人才。

2. 发展性

地理课堂教学应着眼于为学生提供带有难度的内容，以调动学生的积极性，激发其潜能，也要适当提升教学速度，扩展学生的知识面，加深学生对地理事实和地理规律的理解，随后运用发散思维，实现知识的迁移，促进一般发展。地理课堂教学要求学生在理解知识的同时，理解如何学习知识，让学生学会学习，懂得把前后学习的知识进行串联，融会贯通，发展学生的认知能力，培养学生的自学能力。通过学习地理课程，学生具备了相关地理知识，有利于学生的自我发展和未来走向社会的发展。

3. 思政性

中学生的课程思政教育，要符合该阶段学生身心发展的特点和道德认知规律，以一个由浅入深、由表及里、从感性到理性的过程，逐步提高学生的道德水平。各类课程协同进行思政教育，对学生进行思想培养和能力启发，有利于学生形成正确的人生观、世界观、价值观。地理课程中蕴含着思政元素，不仅能丰富学生的地理知识、帮助学生掌握地理事物规律、培养学生的地理核心素养，而且可以让学生理解社会主义精神，培养他们的思想品德，让他们学会以辩证的方式看待事物。教师要善于挖掘教材中的思政元素，通过各种方式方法将其融入教学，在对学生进行地理教学的同时，通过潜移默化的方式，培养学生的思想修养，并促使他们在地理学习过程中树立远大的理想目标，为中国特色社会主义现代化的发展做出贡献。[1]

4. 双主性

学校教育坚持以教师为主导、学生为主体，提出"以人为本"教学理念，意在关注教学过程中学生的情感、态度、价值观的培养，以提升地理学科的基础教学质量。在教学过程中，教师是课程的组织者、设计者、引导者，应充分发挥主导作用实现教学目标，促进学生学习；教师应教会学

---

[1]　李青子：《中学地理融合思政教学的研究》，硕士学位论文，南京师范大学，2021。

生如何学，通过激发学生的学习兴趣、结合事实论述地理知识、创设学习情境和进行探究性实验等多种方式，促进学生学习与发展。学生是在教师指导下积极主动吸收知识、促进自我发展的求知者，具有独立性、创造性，是课堂的主体；学生在教师的引导下强化学习动机，激发自我潜能，养成自我意识，学会自主学习。课堂教学是教师的教与学生的学的双边互动活动，教师、学生缺一不可，在此基础上进行的师生互动和生生互动，能进一步促进课堂双主性的深化，提高教学的效率。

（二）思政教学的原则

新课标以习近平新时代中国特色社会主义思想为指导，落实立德树人根本任务，发展素质教育，坚持德育为先，培养学生适应未来发展的正确价值观、必备品格和关键能力，引导学生明确人生发展方向。[①] 2020 年 5 月，教育部印发了《高等学校课程思政建设指导纲要》，全面部署课程思政建设，进一步明确了高校课程思政建设的目标要求与内容重点，对全国所有高校、专业全面推进课程思政起到了规范和指导作用。课程思政教学设计的主要目的在于，通过课程思政使学生的思想修养得到提升。课程思政课堂教学模式，需依据人本主义原则、时代共进原则、同理心原则进行教学设计。

1. 人本主义原则

人本主义理论代表人物罗杰斯认为，学习的原则在尊重学生自己，在充分相信学生的基础上，给学生提供可以自主学习的环境，教师作为促进者，给学生提供一定的学习资源，并在他们需要帮助时给予关心与帮助，也就是说，学习过程是学习者充分发挥自我潜能的过程，并最终达到自我实现。[②] 人本主义理论是一种强调以人为本、重视个体差异、尊重人的个性发展的心理学理论。在思政教学中，从学生的角度出发，选择学生感兴趣的思政元素进行教学活动，可以激发学生的学习动机；从学生的实际出

---

① 中华人民共和国教育部制定《义务教育地理课程标准（2022 年版）》，北京师范大学出版社，2022，第 1 页。

② 车文博：《人本主义心理学》，浙江教育出版社，2003。

发，在了解学生认知水平的基础上，制订教学计划，可以更好地训练学生的学习能力，达到更好的学习效果。在教学过程中，教师需要"放开手"给予学生自我发展空间，在做到包容性约束的同时，当学生面临问题时，适时提出解决问题的意见，并对学生进行思想教育；学生在学习过程中，要直面自我的不足，锻炼迎难而上的能力，学习正确的思考方法，学会自我学习，逐步实现自我的目标。教学中的教与学都是围绕学习者而展开的。

2. 时代共进原则

在社会发展的大环境下，信息化时代到来，信息更新速度加快。课程思政作为需要大量素材佐证的思政教育，更是不能脱离实际，应做到与时代共进，推动文化创新，注重实效与实际结合。在互联网时代下，众多交互平台出现，教师可结合线上线下教学方式，将优秀的地理资源整合，呈现给学生。而学生也可通过各类平台搜索学习资料，通过手机、电脑、电视等多种途径，了解世界信息。因此，思政教育要对接现实环境，德育方式也需要与时俱进。

3. 同理心原则

每个人都是独立的个体，每个人都有独立认识世界的方法，对人、对事的情感、态度、价值观都会各有不同。实施课程思政的主要目的是培养品学兼优的人才，在开展思政教学的过程中，最重要的是让学生产生情感共鸣，在教学素材的讲解下，让学生体会到情感，并融入其中。例如，教师讲解中国地理部分时，播放纪录片《航拍中国》，学生了解到我国历史人文景观、自然地理风貌及经济社会发展，并以全景式俯瞰的方式观赏既熟悉又新鲜的美丽中国、生态中国、文明中国。学生会感叹祖国的秀美山川，内心油然而生爱国之情，激发其想踏遍秀美山河的梦想，并使其愿意为此付出努力。

二　构建策略

（一）基于课程标准，确定教学目标

地理课程思政教学模式，是基于新课程标准，为了培养中学生的地理核

心素养而设置的教学模式。一是在育人导向上，体现正确的价值观、必备的品格和关键地理能力的培养；二是在课程结构上，以习近平新时代中国特色社会主义思想为统领，基于地理核心素养发展要求，在主题内容选择、基础知识教学、课程设计等方面，增强课程内容与育人目标的联系；三是在不同学段上，根据学生的身心发展特点，结合课程内容，制定不同学段的学业质量标准，教师根据标准把握教材的深度与广度，并为教材的编写、使用和评价提供依据，便于教师备课、授课、课业布置以及课后评价反思。①

新课标下的地理课程目标要围绕地理核心素养确定，地理教学要求教师尽可能在教学过程中体现四个核心素养，可以根据课程内容的差异，选择地理核心素养的偏重方面，以地理核心素养确定课堂教学目标，也是判断教学成果的依据。在教学设计过程中，教学目标以"知识与技能、过程与方法、情感态度与价值观"三维目标形式呈现，三者可被视为一个有机的整体，与新课标中的"必备的品质、关键地理能力、正确价值观念"相对应，所以在确定教学目标的过程中，要依据课标要求，以地理核心素养为标尺来确定。②

（二）分析核心素养，融入思政教学

地理核心素养包括人地协调观、综合思维、区域认知、地理实践力等，是学生发展核心素养在地理课程中的具体化，其中所包含的思政元素，也正是地理课堂教学模式中思政教学设计的部分。地理教学素材中常常就包含思政元素，教师通过对素材的分析，以直接和间接的方式培养学生的地理核心素养，这也是在进行思政教学。在进行教学设计时，通过分析核心素养来提炼思政元素，是课程思政融入地理教学的实践方法。

人地协调观是人们对人类活动和地理环境之间的关系秉持的正确价值观念，人地关系是地理课程的核心内容，包括绿色发展理念、尊重和保护自然、关注人文情怀、增强社会责任感等。在实际的课程设计中，可通过

---

① 中华人民共和国教育部制定《义务教育地理课程标准（2022年版）》，北京师范大学出版社，2022，第3页。

② 章莉：《面向地理核心素养培养的主题教学模式研究》，硕士学位论文，华中师范大学，2018。

研究课本中存在的相关理念，找出适合设计课程思政的内容，利用相关素材融入人与自然关系的观念。例如，人教版七年级下册第九章第二节"巴西"，讲述亚马孙热带雨林是世界上最大的热带雨林，因产氧量占全球的1/10而被称为"地球之肺"，但是每年亚马孙热带雨林都遭受着人们的砍伐和毁坏，人为对雨林的破坏，对世界也造成一定影响。在此过程中，巴西政府积极制定相关制度，对砍伐雨林的行为进行制止。教师可通过课本知识以及一些素材，利用多媒体等多种形式，让学生感受到人与大自然的关系，并讲解巴西政府的解决措施对人类的益处。要让学生明白，自然提供给人类的资源不是取之不尽用之不竭的，所以人类需要将可持续发展观念落到实处，也需要将环保观念谨记于心，懂得保护和尊重自然。

综合思维指人们综合认识地理资源与环境，以及理解人地关系的思维方式和能力，人与自然是一个综合体，需要结合多种地理元素、时空变化等来认识。通过锻炼学生的综合思维，帮助其以辩证的方式看待事物，引导其利用马克思原理，分析地理事物、解决地理问题，培养钻研、创新精神。教师通过拓展教学，带领学生领悟地理课程的思想内涵，促进学生的自我发展。

区域认知指人们从空间－区域视角，认识地理环境及人地关系的思维方式和能力。地理环境较为复杂，人们将其划分成不同的空间和不同类型去认知。区域认知的教学，有助于学生建立地理空间概念，认识各区域的特色，增强学生的爱国之情和乡土之情，使学生逐步形成人类命运共同体意识，建构与完善学生的世界观。

地理实践力主要表现为进行地理实验、社会调查、野外考察等实践活动所具备的行动力和意志品质。此类活动中所需要的研究方法，是学习地理课程的重要方式。地理实践力的培养，有助于学生在真实环境中，运用适当的地理实践活动方式，观察和认识地理环境，感悟和体验人地关系，并在活动中做到知行合一、乐学善学、不畏困难。[1]

---

① 中华人民共和国教育部制定《义务教育地理课程标准（2022 年版）》，北京师范大学出版社，2022，第 5 页。

（三）创设问题情境，联系生活实际

在课堂教学中，可运用现实的复杂问题构建教学情境，以真实的案例贴近学生的实际生活，激发学生的兴趣。知识体系本身是抽象枯燥的，教师必须利用课堂活动，将抽象的知识转化为具体的知识，将理论变为实践。将知识应用到实际生活中，并且能让学生在社会生活中体验到学习的知识的价值，就是一个成功的课堂情境建立。教师通过创设问题情境，将情境中所包含的问题、知识转化为素养的搭建，学生通过学习内化理论知识，将问题回归于复杂的情境中，感受生活中的情景，这不仅可以激发学生的情感认同，也可以增强学生的学习动机。而情境中的问题，是将知识点分为若干个部分来进行学习，从低层次问题向高层次问题变化，形成递进关系。上述这种学习方式可培养学生联系实际和正确看待社会问题的能力，帮助学生学会分层学习。要注意问题与地理知识的内在关联，推进课堂的升华，并利用情境锻炼学生知识、思维、情感等方面的能力。

（四）拓展学习资源，挖掘思政元素

在课堂教学中，书本只是一个教学框架，地理课本上的知识是较为局限的，所以教师在教学过程中，要充分利用多媒体教学手段，选择视频、图片、书籍、纪录片、科学研究等课外地理教学资源，为课堂教学增光添色，为课堂营造一个轻松愉快的氛围，运用学生的感官体验增加学生兴趣，让学生更易融入教学。通过学习资源的拓展，思政教学的形式也随之增多，可通过小组讨论、情境角色扮演、小组比赛等多种课堂活动，构建课程思政教学。课程中的案例与所包含的思政元素，是以相辅相成的形式出现的，所以思政教学与地理教学是一个整体，二者缺一不可。以人教版八年级下册第七章第二节"'鱼米之乡'——长江三角洲地区"为例，此节内容中有"同城效应"一词，教师可以让学生扮演在苏州居住杭州上班的工作者，并提供通勤时间、交通费用、房价、工资让学生自由交流并思考："这种做法有什么好处？""是什么原因造成这种情况的发生呢？""如果是你，你会怎么选择？"通过三项设问，让学生在自由交流过后充分理解"同城效应"的意义以及形成此效应的社会原因，解释"同城效应"的背后是国家的强大、

科学技术的发展，并拓展思考长江三角洲地区未来的发展，由此可以联系到国家的政治建设、经济建设、文化建设、社会建设、生态文明建设"五位一体"建设理念，进一步升华思政教育内容。①

在课后也可以开展一些校内地理事物调查、校外博物馆参观、地理讲座等活动。在此类活动中，教师可以作为评判者，设置一些奖励进行主题研究，在此类学习中，学生既可以学习到专业知识，也可以进一步提高道德水平和动手能力、增强合作竞争意识。

（五）检验教学情况，丰富评价方式

在课堂教学模式中，首先，对于专业知识的考核是必不可少的，教师可以通过课堂检测、作业、周测、期中考试、期末考试等常规测验，对学生进行阶段性测评。检测的目的是检查学习效果，让教师可以及时发现问题，如果学生在课堂中出现问题，教师应该反思教学方法是否存在问题，了解学生具体情况后，对学生进行思想教育，再做出教学方面和对学生的指导方面的改正。

其次，在思政课堂中，对学生进行的思想道德行为评价，可以融入专业知识考核中，检验受教育者的思想水平和行为能力。小组讨论、情境角色扮演、小组比赛等课堂活动，是对学生进行思想道德行为评价的最好方式。这类课堂活动，一方面有检查学生专业知识学习情况的作用，另一方面也是学生进行思政课堂学习后的思想表达。学生通过这种方式，对自己学习的知识和自身的思想修养进行展示，而教师通过学生的行为方式和言语表达，对学生进行评价。这类课堂活动会成为教师对学生再教育的平台，及时纠错，可以帮助学生正确理解自身存在的问题，及时赞许，可以鼓励学生继续前行。课堂活动作为评价学生的一种方式，可以被更好地利用在教学中。

---

① 冯海晴：《思政教育融入高中地理教学的案例设计与研究——以新人教版地理必修一为例》，硕士学位论文，南宁师范大学，2021。

三　教学设计

（一）教材分析

以人教版高中必修一第三章第三节"海水的运动"为例，其主要内容是学习海水运动的形式——海浪、潮汐、洋流，以及其对人类活动的影响。教材主要以文字叙述、景观图像、案例分析、探究活动等进行呈现，以文字叙述为主，列举海浪、潮汐和洋流的概念及运动规律，以及其与人类活动的关系。

（二）思政元素挖掘

罗杰斯的人本主义学习观提倡"有意义学习"和"自由学习"。这节课，学生先通过自主学习了解学习内容，通过调查日本倾倒核废水事件的相关资料，研究此事件给现代社会以及全球环境带来的影响。随后，通过合作学习讨论此次事件，准备工作是学生学习过程中的必备环节，这能让学习更有意义。学生在讨论过程中，不是毫无目的地阐述观点，而是由教师引导学生针对议题的核心进行分析，激发学生对这类事件的自我判断和思考。在课堂活动中，学生根据同学们的不同角度和看法，进行自我调节，逐步完善自己的认知和思维方式，这正是"有意义的学习"。①

（三）核心素养与教学目标

第一，区域认知：能够运用图表等资料说明海水的运动规律，能够收集世界、全国资源、环境信息，利用信息解释水资源环境问题，从维护国家安全的高度，尝试提出解决倾倒核废水问题的建议。

第二，综合思维：能够运用海水的运动规律，说明相关的自然现象；分析水资源问题对国家安全的影响，并从国际合作的视角，理解解决全球性环境问题的重要性。

第三，地理实践力：观察、描述海水运动，具备一定的科学探究意识

---

① 冯海晴：《思政教育融入高中地理教学的案例设计与研究——以新人教版地理必修一为例》，硕士学位论文，南宁师范大学，2021。

和能力。

第四，人地协调观：通过对海水运动的认识，了解海水运动对海洋污染的影响，树立保护海洋的环境意识；能够从国家安全的高度，理解资源和环境安全对于人地协调发展的重要性，增强国际合作意识，形成和谐发展的观念。

（四）教学重难点

重点：掌握海水运动的基本形式——海浪、潮汐和洋流及其运动规律。

难点：掌握海浪、潮汐和洋流的成因和其对人类活动的影响。

（五）学情分析

这节课的教学对象是高一年级学生，由于学生对海洋的了解还停留在初中阶段，大部分同学只知道海水运动的两种形式，比如海浪和潮汐，对洋流一无所知。因此，针对高一学生地理基础知识薄弱、缺乏地理空间思维能力、阅读图和分析图的能力相对较差的特点，在教学中，尽可能地利用地图或图片，增强素材的直观性，利用问题引导学生观察、讨论、分析、归纳，让学生学会分析资料、提取信息，并利用学生较为熟悉的案例进行分析，提高学生的关注度，激发学生学习地理的兴趣。

（六）教学方法

讲解法、情景教学法、案例分析法、合作探究法。

（七）课程分析与设计

这节课以"日本倾倒核废水入太平洋"这一国际争议事件，作为课堂活动的主题，学生通过辩论，分析核废水排入太平洋对世界环境的危害，课程旨在培养学生的环境责任感和人类命运共同体意识。

设计思路：课堂活动议题为"日本倾倒核废水对各国的影响"，学生在课前需要调查核废水导入太平洋对各个国家会造成何种影响。课程详情：首先通过红墨水实验学习洋流的成因及海水运动，培养学生的动手实践能力；其次通过模拟联合国会议，将全班分为六个小组，每一个小组代表一个国家，发表对事件的意见。此项活动可让学生站在全球的视角看待海洋问题，海洋是属于世界的，不是单独属于任何一个国家的，任何国家对海

洋造成危害，实际上是在危害全球人民，这有助于培养学生的全球公民意识以及人类命运共同体意识。

（八）教学内容和步骤

课堂教学模式的教学内容和步骤见表7-1。

表7-1　课堂教学模式的教学内容和步骤

教学环节	教师活动	学生活动	设计意图	课程思政
创设情景	【课程导入】据《彭城晚报》报道，一游客在英国海滩上捡到一只漂流瓶，内有一封信。按信封上的地址，此信被送到一位74岁的名叫斯塔娜的老太太手里。这位老太太读着此信，声泪俱下。原来，此信是她56年前的情人——英军上尉乔治在军舰上写的，当时军舰在非洲以西佛得角遇到猛烈的风暴，乔治怕再也见不到朝思暮想的恋人，于是给斯塔娜写了一封信装入瓶内投入大海。不久，乔治殉职海底，谁想此瓶竟漂了56年。故事虽唯美感人，但我们今天研究的不是这个爱情故事，而是这个爱情漂流瓶 【问题】非洲与英国相隔遥远，而这个爱情漂流瓶是如何漂流到英国去的呢？途经哪些地区呢？要知具体详情，请看教材内容	进行讨论，根据漂流瓶的漂流情况和地图，回答设问	激起学生了解课本内容、学习新知识点的兴趣，为后续相关地理知识的学习做铺垫，引导学生进行讨论，培养学生主动思考交流的能力	从具体实情入手，激发学生探求新知和对世界万物的探求欲，培养地理实践力，在真实的地理情境中实现地理学科的育人价值
利用实验讲解知识点	【实验探究】洋流的形成实验：洋流是海水运动的一种形式，物体要运动就必须有动力，那么洋流的动力是什么呢？ 实验用具：一盆水、红墨水几滴、一台小风扇（或电吹风） 实验过程：请两位同学操作完成小实验，一位同学向盆中滴入几滴红墨水，另一位同学打开小风扇（或电吹风）开关吹拂水面 请学生认真观看实验并思考以下问题： ①水体运动的主要动力是什么？ ②当红墨水向对侧流动后，观察其方向会发生什么变化？为什么会发生这种变化？	学生动手操作完成实验，并回答问题，随后通过对实验的观察，学生发现风是海水运动的主要动力，并且水体在运动过程中受到物体阻挡，其方向会发生改变	利用实验方法调动学生兴趣，加深学生对知识点的印象和理解	加强学生的动手能力和实验能力。明确洋流与人类间的相互影响

教学环节	教师活动	学生活动	设计意图	课程思政
实例探讨	【会议模拟】模拟联合国会议，议题为"日本倾倒核废水对各国的影响"，请各位议员与各自国家的成员进行讨论，统一意见后派一位或几位代表来阐述本国对倾倒核废水的态度和原因 全班分为六个小组，分别代表中、俄、英、法、美、韩 【会议小结】教师通过记录各个国家对核废水危害的重要发言，总结在海洋运动过程中核废水通过洋流对全球海域造成的影响，总结海水运动的知识体系。核废水对世界生态系统造成严重危害，而核废水中含有的物质将影响到人类的生命安全。教师评价各小组学生在活动中的精彩表现，给予学生鼓励	进行小组辩论，根据课前搜集的资料，各小组阐述对日本倾倒核废水的态度及意见	借助真实新闻情境直观导入，采用议会辩论或讨论的形式，鼓励学生发表对日本行为的看法	培养学生的全球公民意识，使学生树立全球治理观、可持续发展观等人类命运共同体理念
归纳总结	【总结】自然要素影响洋流的形成，洋流同时也对气候、生物、航行等各方面产生影响，进而对人类生活产生影响。通过本节课议题的议论，核废水倾倒入海是不合理的，核废水排出可能会对环境造成不可逆的影响并给世界各国带来不同程度的危害 【提升】鼓励学生对本节课知识点和讨论结果进行汇总，制作知识点树状图	对本节课知识点内容进行思考并制作知识点树状图，以便复习与思考	通过课程学习洋流基本知识，认识到其肩负全球物质和能量循环重任	秉持人类命运共同体理念，坚持全球合作治理，树立可持续发展观，共同建设美好地球家园

（九）教学反思

依据课标要求，这节内容主要围绕海水运动展开，重点运用图表、实例、实验、辩论等方式，说明海水运动对人类活动的影响。海水运动的形式复杂多样，对于表层海水而言，其基本运动形式有海浪、潮汐、洋流。案例导入可激发学生学习的兴趣，活跃课堂的气氛，调动学生学习的积极性和主动性。

在知识点讲解后，通过实验让学生学习洋流的成因，有助于学生对知识的掌握、运用和理解。随后通过议题为"日本倾倒核废水对各国的影响"的辩论赛，让学生迸发思想的火花，在课前准备的基础上通过辩论赛的形

式对知识点进行消化和应用，使知识点成为自己的辩论观点，从而培养学生理论联系实际、分析和解决问题的能力。

第二节　实验实习教学模式

实验是为了检验某种理论或假设是否具有预想效果而进行的某种活动。也指实验的工作，比如实验课、做实验、科学实验等。实习是指把学到的理论知识放到实际工作中去应用和检验，以锻炼工作能力，也指实习活动，例如工厂实习。实验与实习都是将理论知识运用到实践中去，与自然和生活相沟通。

一　建构依据

通过查阅文献等资料，地理实验的定义有狭义和广义之分。狭义的地理实验，指通过地理课堂实物进行模拟演示实验，换言之就是运用一定的实验器材和设备，人为主动地把所要学习的地理现象、地理事物及地理变化的过程，在课堂中呈现出来，从而获得和验证地理知识的实验。广义的地理实验，指通过计算机或者室内的实物进行模拟演示以及室外观测和调查等方式，去发现和认识地理事物和现象，学习地理原理和规律。广义地理实验包括地理观察、地理制作和课堂实验。综上可以发现，狭义的地理实验仅限于地理课堂实物模拟演示，广义的地理实验涵盖的范围相对更广，教学形式更多。实验实习教学模式，是地理认知的重要方法，重视对地理问题的探究，提倡自主学习、合作学习、探究学习，通过地理观测、地理考察、地理实验、地理调查和地理专题实践研究等开展教学工作。

（一）实验实习教学特点

1. 学科性

地理作为一门包含人文社会和自然科学两个领域的学科，其学科特性区别于其他学科。地理作为包含内容广泛的学科，在学习过程中涉及物理、化学、生物、历史等学科的知识，这加强了学科间的横向联系。所以，在

进行地理学科教学和选择实验素材时，要做到突出地理学科特性，展示地理学科优势。例如，在讲解地区位置及其地形地貌时，运用 Google Earth 软件，以直观的方式，向学生展示具体位置和立体地形状态，这也能很好地展示地理学科特性。

2. 科学性

地理实验实习，是在科学的地理学科理论基础上，对环境中的地理现象以及地理事物状态变化进行的模拟和呈现。因此，在实验过程中，要保证实验的严谨性，合理控制变量、环境、固定因素，尽可能细致地对待实验，在教学过程中保持严肃的态度，才能保证实验的科学性、准确性，才能进一步培养学生的科学精神、严谨细致的工作态度。

3. 多样性

地理实验多种多样，各类教学资源选取对应着多样的地理实验。对地理实验实习教学资源进行开发，能在很大程度上促进教学质量的提升。在教学实验中，也可以看到地理实验实习教育功能的展现，其不仅能够传输知识，还锻炼着学生各方面的技术和能力。促进实验实习过程中的学科融合，是对学生情感、态度、价值观的培养。由此可以看到，实验实习教学的类型和教育功能具有多样性。

4. 可行性

可行性指在选取实验教学内容时，对素材选取、实验设计、实验过程、实验时间等实验步骤进行合理的安排，让实验达成一定的教学目标。课堂教学过程中的实验选择，要具有代表性，能突出教学中的重难点内容，帮助学生理解课本知识。关于实验方式，可以利用多媒体播放实验视频，也可以由学生自己动手做实验。实习活动是帮助学生应用在课堂中学习到的知识，通过校内校外的辅助，帮助学生找到学习地理学科的意义。

（二）思政教学设计依据

地理教师在实验实习教学设计过程中，要结合地理学科课程与专业的形成背景、发展历程、现实状况和未来发展趋势，地理学科专业原理、观

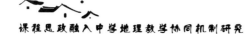

点以及与之相关的生活实践、教学实践、科技实践等，挖掘其中所蕴含的使命感、责任感、爱国精神、奋斗精神、开拓创新精神等思想政治教育元素，并使之内化为学生的精神追求、外化为学生的自觉行动。在这个过程中，学生不仅掌握了知识，而且体验到了合作的价值，并发现了自己的价值潜能，培养自己的创新能力和竞争意识。实验设计依据以下理论。

1. 多元智力理论

多元智力理论是由美国著名心理学家加德纳提出的，他认为智力的内涵是多元的，人的智力由七种相对独立的智力构成，每种智力都是一个独立的功能系统并且这些系统可以相互作用。加德纳所指的七种智力分别是言语智力、音乐智力、逻辑－数理智力、空间智力、运动智力、自知智力以及社交智力。① 对地理实验实习教学资源进行开发与应用，要充分依据和应用加德纳的多元智力理论，积极地去开发与锻炼学生的各种智力。地理实验实习教学资源的开发与应用，对学生各种智力的提高有很大的帮助。如通过实验教学资源的开发，培养学生的逻辑－数理智力以及空间智力；通过观察实验现象，培养学生的运动智力和自然观察智力；等等。

2. 学习动机理论

动机指激发、维持人的行为并使行为指向特定目的的一种力量，而学习动机则是指引发与维持学生的学习行为，并使之指向一定学业目标的一种动力倾向。学生的学习动机是在学习活动中的一种表现，学习动机理论主要包括强化理论、归因理论、需要层次理论、成就动机理论、自我价值理论、自我效能感理论等。学习动机理论的代表人物有马斯洛、阿特金森、海德等。地理实验实习教学资源的开发与应用，可以激发学生的学习动机，使学生获得一种成就感，从而激发学生的求知欲和学习兴趣，而且有利于增强学生学习的自信心和内部动机，强化和提升学生的学习效能。

---

① 霍力岩：《多元智力理论及其对我们的启示》，《教育研究》2000 年第 9 期。

二　构建策略

（一）依据课标学情，确定实验主题

课程标准是学科教学的纲领性文件，指导着地理学科的教与学。教师在开发实验实习教学资源的时候，要围绕课程标准进行精选，随之确定主题。地理实验实习教学资源是学校用于教育学生的各种条件，包括学校的硬件设施和教学软件条件。学校还可以通过开发校外资源，与校外公司、博物馆、水文局、气象局等建立合作关系，为学生提供实践和实习机会。而地理实验教学资源，则是依据地理课程标准及实际教学的需要，所开发的各种实验教学材料以及地理课程中可以利用的各种实验教学资源、工具和场所，主要包括地理模型、实验活动器材及其场所等。

教师们在集体备课时依据课标与学情，商讨、选择出该年龄阶段学生可以接受的实验，选择出能够直观观察到实验效果的地理实验且与地理知识点有紧密联系的相关课题，如褶皱断块山的形成、河漫滩和河谷三角洲的形成、土壤分层、地球的运动等。这有利于教师施展才华，编排出更加合理的实验课程，抓住教学重难点，提升教学水平。教师交流、合作、研习的学术氛围，也有利于教师能力素养的进一步提升。实验教学要坚持解决思想问题与解决实际问题相结合，实验教学的过程也是对学生进行思想教育的过程，涉及地理教学的各个方面。

实习教学一般会在课外进行，教师通过资源的确定，为学生安排一定的活动以及实习任务让学生完成。实习任务也是辅助主要教学的部分，学生运用知识完成实践任务。实习是检验课堂学习的一种方式，在实习过程中增加教学思政，可以锻炼学生的实践能力、提高学生的思想修养，有利于学生走进社会、适应社会，逐步与社会大环境接轨。

（二）制定教学目标，设置科学实验

通过研讨确定实验实习主题后，教师应仔细斟酌实验教学目标，不要让实验变成给学生的表演，而是要真正落到实处，让学生感受到实验在教学过程中的重要性。其中，对于实验教学的组织与实施部分，教师需要仔

细思考，并且制定好实验目标，让实验更有目的性。教材上出现的实验时常会出现以下情况，需要教师认识清楚：一是如果教材实验在课标要求下，但实际操作时长过长难度过大，不符合课堂开展条件，则不适宜开展课堂实验，可选择课后进行；二是即使课标要求的实验有难度，也需要给学生做实验；三是基于课标要求和教材内容，教师可以选用适宜部分进行实验设计，遵循地理实验教学的科学性，控制好实验时间，进行实验总结。

实验过程中所应用到的实验工具的选择，需要符合科学性原则，并在实验过程中，体现实验的科学性。通过实验体现教材知识点，其中实验材料、时间、地点要科学合理，实验过程要能清楚表达地理现象中蕴含的地理原理和规律。学生通过规范的实验养成严谨有序的行为规范，通过动手实践理解地理事物的发展规律、锻炼实践能力、丰富精神世界。

（三）提升学生兴趣，灵活调整实验

教师是课堂实验的规划者，而学生是课堂实验的主体，教师需要注重对学生的引导，让学生通过实验合作发现问题、探究问题、解决问题。在课堂实验进行时，原则上要求学生全员参与，需要对所有学生进行分组及任务分配，使得每个学生的任务和目标都是明确的。同时，学生要增强合作意识以及自主意识，进而完成教师设置的相关任务，最终得出实验结果。为了让实验对学生的学习更有效果，要从学生感兴趣的部分入手，推进实验，增强实验的趣味性，让学生更投入实验。实验的设置应处于学生的最近发展区内，学生可以通过合作学习或者老师提点等得到实验效果。课堂是动态变化的，所以教师在实验教学过程中，要及时调整学生的关注点，对于实验中出现的问题，需要给予学生一定的解决办法，这样有利于学生对地理知识的掌握。实验过程中如遇到突发事件，需要教师做好充分心理准备和理论基础准备，灵活调整，并找到突发事件的原因，妥善处理。对于实验结果有出入的情况，要从宏观的角度进行分析，帮助学生理解产生误差的原因，注重表达实验所反映出的地理原理和理论。因此，在进行地理实验时，既要谨遵科学的原则，也要灵活调整和处理。

（四）锻炼学生能力，进行实验总结

教师设计地理实验是为了让学生通过直观的地理实验学习相关的地理知识、原理和规律，锻炼学生的思维，提升学生动脑、动手、合作探究的能力，培养学生实践创新的能力。实验操作过程中，要谨遵实验的科学性，并在教授基础地理知识的同时，拓展相关的地理知识和思政理念。实验完成后，要对所获得的数据或者研究资料，进行归纳和整理，细致地统计分析整个实验，进行总结，得出实验的相关结论。教师在学生完成实验的情况下，要给予学生一定的鼓励，并为其解释实验过程中存在的问题，以及通过实验对学生进行思想政治教育。

三　教学设计

（一）教材分析

以人教版高中选择性必修一第二章第三节"河流地貌的发育"为例，高中地理必修一教材内容以自然地理为主，学生通过必修一已学习到内外力对地表形态的影响，内力作用源于地球内部，包括地壳运动、岩浆活动、变质作用等。外力作用塑造地表形态，主要以风化、堆积、搬运等方式进行。所以"河流地貌的发育"一节，是以河流地貌作为案例，来解释外力作用对地表形态的塑造过程。由于外力作用易用相关方法演示出来，所以此节内容用实验教学模式，能更加直观地让学生感受和理解外力作用。实验选择的实验材料和演示形式，要让学生易于动手操作，并且能加深对相关实验原理的理解。

（二）思政元素挖掘

教师重新认识和梳理"河流地貌的发育"这一节课程的结构、教学内容、教学教法等，对思想政治教育元素融入课程实验进行系统化、再造性的设计和实践，探求实验中可体现的思政元素，如科学思维方法、科学伦理、求真求实、探索未知、敬畏自然等，将思政元素体现到课堂教学、实践教学、学生自主学习之中，实现课程知识教育和思想政治教育的有机统一。

（三）核心素养与教学目标

课程标准：结合实例，解释内力和外力对地表形态变化的影响，并说明人类活动与地表形态的关系。

第一，区域认知：对相关河流地貌地区进行分析，了解实际地区的河流地貌。

第二，综合思维：通过模拟实验及相关资料，从外力作用的角度，分析不同河段地貌形态的形成原因及特点。

第三，地理实践力：通过野外观察和生活经验，识别常见的河流地貌形态。

第四，人地协调观：通过实地考察及相关资料，结合地表形态对聚落分布的影响，分析聚落与自然环境的关系，树立正确的人地协调观。

（四）教学重难点

从外力作用的角度，分析不同河段地貌形态的形成原因及特点和地表形态对聚落分布的影响。

（五）学情分析

这一节的部分内容专业性较强，有一些新概念，如溯源侵蚀、河漫滩等，而且主要体现了地理过程，对学生的认知能力要求较高，学生要具备较强的分析能力和想象能力。

高二的学生对于河流有一定的认识，也有对聚落的直观概念。同时，高中生思维开始由形象思维向抽象思维过渡，对抽象的概念和原理有一定兴趣，由机械记忆逐渐变为以理解记忆为主。通过前面的学习，高二的学生已掌握内外力作用的能量来源及主要表现形式，并具备了运用实例分析内力作用和外力作用对地表形态影响的能力。虽然这一章节存在一定难度，但基于学生的学习基础，是可以通过实例讲解和动手实验加深学生对知识点的理解和运用的。

（六）教学方法

讲解法、实验实习教学法、多媒体演示法。

（七）课程分析与设计

这节课以"长江三角洲"这一典型地区作为课堂导入，通过资料展

示和问题辩论，逐步引出长江三角洲的形成原因，从而开始探索河流堆积地貌知识点及其影响因素，旨在培养学生的环境责任感和探索自然的意识。

设计思路：准备两个课堂实验，在基础知识点讲解后，设置问题，随后通过实验探索问题的解决方法。教师对实验的演示是对知识点原理的直观展示，让学生从理解书面文字转变成观察实验，提高学生的学习兴趣，帮助学生深刻理解课本知识，培养学生的地理学科素养。

（八）教学内容和步骤

实验实习教学模式的教学内容和步骤见表7-2。

表7-2　实验实习教学模式的教学内容和步骤

教学环节	教师活动	学生活动	设计意图和课程思政
创设情景	【课程导入】给大家介绍一个地方，这里有很多你熟悉的城市、湖泊等，你知道这是哪里吗？（长三角地区） 资料一：长三角地区地图 资料二：这里是中国目前经济发展速度最快、经济总量规模最大、最具有发展潜力的经济地域。2004年统计数据表明，长三角地区占全国土地的1%，人口占全国的5.8%，创造了18.7%的国内生产总值、全国22%的财政收入和18.4%的外贸出口 承转：这真是块神奇的土地，现在换一幅地图，大家还可以找到长江三角洲吗？时间倒退几千年，我们会惊讶地发现，这块土地居然从地图上消失了 【提问】你知道这是怎么回事吗？这块土地又是如何从无到有的呢？ 请大家观察长江三角洲变迁示意图 （图略） 【思考】 1. 长三角不断向哪个方向扩展？ 2. 由此推断泥沙的来源是哪里？ 3. 大量泥沙在此堆积，使得海岸线不断向海洋推进，那泥沙为什么在入海口大量堆积呢？	观赏图片；思考河流堆积地貌的形成；归纳流水堆积的条件 针对材料进行小组活动，探究三个思考问题，并派代表回答问题	以学生了解的地方导入，拉近师生的距离，提高学生的兴趣。对于学生生活的地方，学生总有"不识庐山真面目，只缘身在此山中"的感觉，从而可激发学生的兴趣 学生在真实的地理情境中理解河流地貌的形成，对相关河流地貌地区进行分析，了解实际地区的河流地貌

教学环节	教师活动	学生活动	设计意图和课程思政
实验探究	【实验一】 探索河流的侵蚀类型与地形坡度之间的关系 1. 实验原理和实验目标 实验原理：土地侵蚀程度与坡度大小有关系 实验目标：探究坡度大小与河流侵蚀有何关系 2. 实验材料：光滑清洁平板、空饮料瓶、自来水、水槽、滴管、土等 3. 实验步骤 （1）将两块平板固定，铺上等量的土，并分别设置不同的坡度，放置在两个水槽中 （2）使两瓶等量的水从饮料瓶口均匀流出，对两个不同坡度的平板进行冲刷 （3）等水流完，观察平板上所剩余的土量和水槽中泥水的浑浊程度 【实验分析与总结】 1. 分析坡度与水流宽度的关系，说明地形坡度与河流的侵蚀类型的关系 2. 随着木板的倾斜度抬高，水流的冲击力变大，木板上的水流从弯曲逐渐变成直线形，坡度变陡，侵蚀变严重（见图1）。侵蚀也受植被情况、雨量大小、土壤结构等因素影响 图1 河流侵蚀实验	和老师一起动手操作，并回答问题，随后通过对实验的观察，回答实验探究的问题分析坡度与水流宽度的关系，说明地形坡度与河流的侵蚀类型的关系	以实验的方式讲解河流侵蚀的相关知识点以实例佐证，得出课堂知识与自然环境的联系，加强学生对自然的敬畏之情，使学生树立正确的世界观提升学生动脑、动手、合作探究的能力，培养学生实践创新的能力和实验操作能力，教授学生探究学习的方法

教学环节	教师活动	学生活动	设计意图和课程思政
实验探究	【知识点】河流堆积地貌 被河流搬运的物质，在河流搬运能力减弱的情况下，会沉积下来，形成沉积地貌 河流堆积地貌并不仅存在于河流中下游地区，当河流冲出山口时，由于地势逐渐趋向平缓，水流速度放慢，河流搬运的物质也会堆积下来形成冲积扇，多个冲积扇连接形成洪积——冲积平原 【实验二】探究山前冲积扇的形成 1. 实验原理和实验目标 实验原理：河流在流动过程中，会破坏和搬运地表物质，这些物质在河流的搬运下，会逐步沉积，易在河流下游、河谷、入海口等地区沉积下来形成沉积地貌，在山间地带河流携带大量泥沙流出山谷地区后容易形成冲积扇 实验目标：知道冲积扇的形成过程和山前冲积扇沉积物的分布特征 2. 实验材料：土、不同粒径的沙子、盒子、平板、水 3. 实验步骤 （1）将土放入盒子中堆砌成山坡模型，并堆塑一条河道，在出口处塑造河沟 （2）将不同粒径的沙子混合后铺洒在河道周围，平铺在沟谷中 （3）将盒子平放，将水从河道源头处缓慢倒入，至泥水沙混合物冲出沟谷 （4）随后补充泥沙物质，增大水量后再观察实验效果 【实验分析与总结】 1. 山前冲积扇如何形成及其分布规律 2. 河流冲积扇的形成与坡度、河流泥沙颗粒物质大小、流速都有关联，冲积扇的形态特殊，呈扇形堆积体（见图2） 图2　冲积扇实验	动手实验，探究山前冲积扇形成过程、原因和规律	利用实验的方式激发学生兴趣，直观实验方法可以加深学生对知识点的印象和理解深刻理解冲积扇的形成 提高学生的动手能力和实验能力，培养学生的地理实践力，在真实的地理情境中实现地理学科的育人价值

续表

教学环节	教师活动	学生活动	设计意图和课程思政
归纳总结	【总结】根据河流侵蚀实验可知地形坡度越大，水流的冲击力越大，侵蚀越严重，侵蚀也受植被情况、雨量大小、土壤结构等因素影响；根据冲积扇实验可知山前冲积扇的形成与坡度、河流泥沙颗粒物质大小等有关，主要形状为扇形堆积体 【课后活动】根据课堂实验活动，找寻生活中熟悉的河流地貌，进行资料查找和分析，以小组的形式进行汇报	总结课堂内容，完成课后合作作业	将书本知识与实践活动深度融合，引导学生在课后实践的过程中，多角度多渠道吸纳知识，对课本知识进行补充

（九）教学反思

这样的实验演示，将真实的地理现象展示出来，有利于学生直观、形象地观察地理现象，进而更好地理解地理原理，为下一步自然地理规律与自然地理原理的教学奠定基础。同时，教师通过演示实验，丰富了课堂教学资源，以实验为载体，调动了学生的学习兴趣，培养了学生的学习能力。

通过对地理原理的理解，设计贴近学生生活实际的实验，可让学生在实际现象的观测中更好地理解原理，深入浅出，这对学生的学习无疑是非常好的。形象、化难为易、化繁为简，这些教学策略的应用，都是对学生的学习有帮助的，应该提倡这样的活动设计与活动教学，让学生在课堂上模拟宏观的地理现象、复杂的地理过程，使地理课程成为学生进行地理考察的过程。这样，既有利于激发学生的学习热情，也有利于培养学生求真务实的科学态度。同时，对于这类实验，教师可以依据世界上存在的实际案例进行分析，例如长江从中上游携带大量泥沙，来到长江入海口处地势变缓，河流携带泥沙能力变弱，大量泥沙在长江入海口处沉积，加上海水的顶托作用从而形成了长江三角洲。

以问题为切入点，学生围绕教师提出的问题、解决问题的思路，利用类似于科学研究的方法进行探究式学习，在探究式学习中获得直接经验，提高学习能力。但是，这样的演示实验还是以教师为主体，以教师的演示为主导，学生还是被动地接受实验过程，学生是观察者，而不是实验的设计者、操作者。如果能够建立一种基于问题的探究实验设计教学模式，则

将最大限度地调动学生的积极性，锻炼学生的思维与动手能力。具体由教师提出问题，或者是由学生提出问题，教师引导学生设计一个实验来验证学生的猜想，再由学生在实验室或课堂通过实验操作来证明自己的猜想是正确的，从而得到有关自然地理规律与原理的结论。[①]

第三节　野外实践教学模式

野外实践教学模式是地理专业课程实习的常见模式，依托长期建立的野外实习基地，由本校相关课程的任课教师承担野外实践教学任务，指导学生开展以认识性实践为主的野外实习。让学生通过实践活动，了解和接触身边的地理现象，满足学生探索自然奥秘、认识生活环境、掌握现代地理科学技术方法等不同的学习需求。最终目标是让学生通过地理课程的学习，初步掌握探究地理问题的基本方法和技术手段，养成关注人口、资源、环境和区域发展等问题的习惯，正确认识人地关系，树立科学的人口观、资源观、环境观和可持续发展观。

一　建构依据

（一）野外实践教学特点

1. 典型性

野外实践教学的目的是培养中学生的地理实践力，应坚持典型性原则。就教学模式所围绕的野外实践教学主题而言，可以以中学地理教材中适合开展野外实践活动的教学内容为基础，结合学校周边典型的乡土地理资源、地理现象与地理事物，确定野外实践主题。典型的地理野外实践活动，不仅有利于中学生对已掌握的知识进行巩固，还可以最大限度地激发学生的好奇心与探究欲，顺利展开对新内容的探究学习，从而发现问题，并提出疑问。野外实践教学的典型性特点，能保证最大限度地提高中学生的知识

[①] 邵志豪：《高中地理课程中活动的设计与教学策略研究——以人教版高中地理实验教科书为例》，博士学位论文，东北师范大学，2012。

迁移和思维探究能力。

2. 可操作性

野外实践活动有很多步骤和环节,任何一个环节的缺失或变动,都会影响实践活动的整体效果,可谓"牵一发而动全身"。因此,野外实践活动设计要尽量使各程序、步骤与环节简明扼要,容易执行和操作。如设计短期的野外实践活动,从出发前的资料准备,到开展过程的各项任务,再到活动结束后室内的总结升华,都要有严格的设计过程和细致的执行程序。教学策略所构建的所有程序、步骤与环节在现有条件下,都应符合学生的身心发展水平和学生的认知水平,且是建立在现有地理知识和经验基础之上,能在计划的时间范围内进行的。

3. 梯度性原则

野外实践活动内容、时间、方式灵活多样,不代表其没有课程标准和教材的约束。野外实践活动教学策略在内容的设计上,同样要遵循梯度性原则,要综合考虑课程标准、地理实践力阶梯标准、当地教学水平、教学进度和学生身心发展水平,由简到难、由一般性体现到具体性实践、由能力目标要求较低到能力目标要求较高,循序渐进地设计层次分明、梯度合理的野外实践活动。野外实践活动,虽无可视化的教材为依据,但构建时要合理规划,制定层次性地理实践力评价标准,有计划、有目标地构建野外实践活动教学策略。[①]

(二)思政教学设计依据

各类教学模式在实际应用时,都需要依托相关的理论。野外实践教学与课程思政融合,给教师提出了更高的教学要求。教师要根据野外实践的特点以及实践地区的自然、人文背景情况,主动挖掘思政教育元素,将思政教学延伸到野外实践过程中,引导学生通过实践,学习专业知识和潜移默化地接受思政教育。

---

① 张凌童:《基于地理实践力培育的高中学生野外实践活动教学策略构建研究》,硕士学位论文,陕西师范大学,2018。

1. 马克思主义理论

马克思主义实践观和认识论，是中学地理野外实践的理论依据。实践是人类能动地改造客观世界的物质性活动。实践活动决定人的生存与发展，实践活动随社会历史条件的变化而发生变化。实践对认识起决定性作用，并且实践是认识发展的动力。[①]　人类的实践活动反复作用于客体，客体反作用于实践活动，使得实践活动和认识不断深入。野外实践教学模式以马克思主义实践观和认识论为理论指导，使学生走进自然亲身感悟野外实践的探索步骤和学习方式，在区别于课堂环境的真实条件下，对专业课进行崭新的认识。

2. 地理学理论

地理研究具有区域差异，野外考察是获取信息的重要手段。在地表景观和区域文化存在差异的情况下，由一个区域简单推导另一区域的特点是不正确的。所以，野外实践调查是探究地区差异的重要方式。地理景观是地理各要素在复杂的相互作用下的产物，地理野外实践教学通过地理学科，将自然、人文、区域等相关知识和地理信息技术，应用到野外实践活动中，培养中学生的地理素养。探究地理学问题，对学生进行思政教育，都要基于地理学基础知识的学习和应用。

3. 杜威教育理论

杜威作为实用主义教育家提出了"儿童中心""活动中心""经验中心"的"新三中心论"，教育措施是围绕学生而组织起来的，学生是教学过程的主体。[②]　地理野外实践教学模式是将社会生活与教学相联系的一种教学方式，这类教育是个人在社会中与人接触、相互影响、改进经验、养成道德品质、习得知识技能的过程。杜威主张"从做中学"，通过实践活动，学生的本能得到发展，做到知行合一，运用所学知识发展其能力。野外实践教学模式，能够对学生进行知识、技能、思想、实操等方面的培养，在学生有兴趣的基础之上，培养学生的合作、竞争、交流等社会能力，这有利

---

① 王孔雀：《对实践和认识关系的反思》，《甘肃理论学刊》2001 年第 2 期。

② 石中英：《杜威的价值理论及其当代教育意义》，《教育研究》2019 年第 12 期。

于学生的全方位发展。

二 建构策略

（一）确定实践目标，挖掘思政元素

野外实践教学模式利用野外教学的主阵地作用，使"地质地理野外实习"与思想政治理论同向同行，形成协同效应。教师精心构建的育人元素知识体系，既要体现课程思政教育理念，又要突出学科特色；既要激发学生主动学习专业知识的兴趣，又要实现培养学生品质、塑造学生正确价值观、提高学生思想政治水平和政治觉悟的积极育人目标。同时，野外实践是对课堂教学的检验，是对课堂知识的运用，通过地理工具的实际使用、地理事物的构成解读等，对课堂教学目标进行深化。

（二）建构实践原则，突出专业特点

1. 体现学科特色

育人元素知识体系不仅要从野外实习专业知识出发，体现地理基础知识的传授，还要回答好为什么要开展野外实习课程、该课程对于专业后续学习的作用是什么等问题，突出学科交叉，增强学生专业自信。教师要利用好地理学科特殊工具，如 GPS、地质罗盘、无人机等，做好课程研究和工具的教学使用，同时要结合多年教学经验，将课程思政着眼点放在学生不易理解的重点难点部分，从学生的角度出发，加深学生对知识点的理解。

2. 衔接当地文化

由于地域差异，不同学校地理类专业野外实践教学的场所不尽相同，在构建育人元素知识体系时，要结合实习基地的地质、地理文化背景，因地制宜地进行育人元素挖掘，让育人元素从当地生出，这样更能加深学生对当地风土人情的了解。同时，进行人文调查，增强学生与人交流和小组合作的能力，并通过与当地人的交流，让学生产生对当地文化的自我理解。

3. 突出专业知识

专业课程教学过程中融入思政教育，要努力发挥好专业课程的育人作用，但核心还应放在专业知识的传授上。授课教师可结合中学地理课标以

及课本内容，根据实地考察地区的具体情况，对专业知识进行讲授，在具体构建野外实践课程育人元素知识体系时，要考虑到课程思政不能占据实践教学本身过多时间，画龙点睛地起到思政育人的效果即可。同时还应考虑到野外现场教学的实际效果和学生的实际反应，随机应变，采取多种教学方式进行思政教育。

（三）规划实践路线，囊括典型地区

野外实践路线规划包括：①尽可能不走重复路；②尽量穿过实习区域的所有自然地理单元；③尽可能多的观察自然地理要素的类型；④穿过典型的剖面、类型、地点或露头，注意地貌走向的选择；⑤切过尽可能多的能够阐明实习地区地理结构的最有意义的地点；⑥实习路线中尽可能包含，如气象台、水电站、植物园等有利于地理知识讲解的场所。

（四）确定实践内容，完善实践设计

野外实践内容一般有五个部分：一是外动力地质作用，包括地面流水、地下水等地质营力的风化、剥蚀、搬运、沉积和成岩作用，以及形成的沉积岩和地貌产物；二是内动力地质作用，包括岩浆作用、变质作用和构造运动，以及形成的岩浆岩、变质岩和各种构造现象；三是气候气象变化，包括地区气候特点、地区气象影响以及气象灾害问题；四是资源、环境和地质灾害，包括煤炭资源的勘探开发、地质灾害的预防与治理、生态环境的保护；五是人文地理，包括实践区悠久的人文历史和优秀的传统文化。

各部分内容相互作用、相互联系，共同构成课程的基本知识体系，不仅涵盖内外动力地质作用，气候气象变化，资源、环境和地质灾害，人文地理等诸多知识，还蕴含丰富的育人元素，包括系统论、物质运动论、否定之否定论等哲学思维。当然还包括前辈在祖国资源勘查、地质灾害治理、基础理论研究的过程中所体现的家国情怀、专业使命和工匠精神；在悠久的人文历史长河中沉淀形成的优秀传统文化。[1]

---

① 杨震、赵志根、王世航、王磊：《论地质地理野外实习课程思政育人元素的挖掘与融入》，《中国地质教育》2021 年第 4 期。

（五）建立考评体系，做好总结汇报

建立完善、科学、合理的考核评价体系，在考核评价体系中，对实践过程和实践结果，按照一定的权重进行评价，如实践过程中的理论知识准备、表现出来的地理技能的掌握情况、地理实践的态度、野外实践教学的参与度等维度。还包括对实践预习情况、出勤状况、实习纪律、实习态度、罗盘和经纬仪地理工具的使用技能、观察能力、动手能力、表达能力、小组合作能力、发现和解决问题及构建知识体系的能力等小的方面，进行评价。建立一套多层次的考核评价体系，有利于提高野外实践教学的教学效果。

师生共同参与考评，在总成绩评定中学生给出的成绩占有一定比例，促使学生更加自觉地在实践活动中积极参与，主动探究、合作，积极与他人交流，更好地建立知识之间的联系。

可以采取多种形式构建探究性教学评价体系。评价手段包括老师提问、测验、考试等。在评价过程中，采用形成性评价（实践教学过程中）和终结性评价（实践教学结束时）结合的考核形式。形成性评价主要是对地理野外实践教学中，学生的实习态度、观察能力、动手能力、表达能力、小组合作能力等进行考评，以便老师根据学生的状态对后续的教学进行调整。终结性评价一般在野外实践活动结束返校后进行，用以确定野外实践教学的教学效果，像撰写野外实习报告、以班会形式汇报野外实习成果。

三　教学设计

（一）教材分析

此次野外实践教育包含大部分高中自然地理知识和部分人文地理知识，因此对教科书内容章节的选择，包括高中地理必修一与选择性必修一中的自然地理内容和必修二中的人文地理内容。野外实践与高中阶段学习和接触到的地理知识及课本的内容衔接紧密，通过野外实践教学教授给学生地理科学研究和野外勘查的基本方法。

（二）思政元素挖掘

基于杜威教育理论提出的"从做中学"，野外实践教学依据高校的野外实习活动，选择当地具有地理研究意义的地区作为考察地，既能在考察中培养学生能力，又能通过考察，进一步了解家乡地质、地貌、人文风光，培养学生的乡土之情。野外实践教学通过野外实验、科技教学、区域调查等方式，让学生在实践中学习，提高学生的调研能力。最后通过撰写调研报告的形式，汇总学生野外实践情况。

（三）核心素养与教学目标

1. 区域认知

学会对土壤剖面进行观测及对土壤组成、结构等特征进行描述，掌握土壤标本采集、土壤剖面图绘制的方法。了解实习区植被类型和代表性植物的种属，观察植物生态与环境的关系，学习掌握植物群落调查的方法。

2. 综合思维

学习掌握自然地理野外调查全过程的程序、方法和技能，包括自然地理野外调查报告撰写、资料搜集、野外观测记录、标本与样品的采集、资料综合分析整理等。

3. 地理实践力

初步掌握实践区域主要地貌类型、基本特征及其分布规律，并分析其成因，了解地质、水文、气候、土壤与植被等对地貌形成的影响。结合实际应用，验证课堂所学到的理论和知识，加深和巩固对教材内容的理解，将理论知识与实践相结合，培养自身的实践能力。

4. 人地协调观

撰写野外调查报告或论文，调查、探讨考察地相关问题，培养学生的科研能力。培养学生求真务实的工作作风和严谨的科学态度，以及严守纪律、团结协助的团队精神。

（四）教学重难点

重点：形成科学思想、科学思维、科学创新意识，掌握地理学科学研

究和野外勘查的基本工作方法。

难点：地理案例讲解、课本知识拓展延伸、研究方法技巧、地理学应用技术、文字报告编写、成果汇报等。

（五）学情分析

高二地理教学应遵循"教育要面向现代化、面向世界、面向未来"的方针，高二学习完成后，学生已经完整学习了整个中学阶段的9本教材。此时，学生对于高中的地理知识体系有相对完整的认识，这时候利用假期时间进行一次野外实践活动，不仅是对课程知识的理解与应用，更是提升高中生对地理的兴趣、培养优秀的地理人才的途径。"实践是检验真理的唯一标准"，在野外实践过程中，学生能学到普通课堂中学不到的地理技术应用、地理实验探究方法等。

（六）教学方法

讲授法、启发法、演示法、讨论法、观察法、小组合作探究法、参观教学法、自主学习法等。

（七）课程分析与设计

自然地理野外实践是在实践中学习的项目，不仅可以培养和锻炼学生的独立工作能力，而且可以让学生领略到祖国的秀丽风光，了解我国的基本国情，有助于培养学生的爱国主义精神。野外实践不同于校园生活，有时需要跋山涉水、风餐露宿、早出晚归，生活和工作条件比较艰苦，这有助于培养学生的吃苦耐劳、艰苦奋斗精神。自然地理野外实践，是以小组或小班为基本单位完成某项实习任务的，要靠全体同学有组织、有纪律的共同努力，这有助于培养学生的集体主义精神，增强其纪律性。

（八）教学内容和步骤

1. 实习考察时间

2020年7月1日至2020年7月7日。

2. 实习考察人员及情况

九江市某校高二3班的48名同学，在4位具有丰富野外考察经验的带队老师，以及多位具备专业的地理科学知识的教师的陪同下，进行此次野

外考察。班里同学以 8 人为 1 个小组，分为 6 个学习小组，进行小组合作活动。

3. 实习考察地点介绍

实习考察地点：江西省九江市庐山景区（见图 7 − 1）。

图 7 − 1　江西省九江市庐山景区

（1）地理位置

庐山位于江西省九江市庐山市境内，介于东经 115°52′ ～ 116°8′，北纬 29°26′ ～ 29°41′。山体南北长 29 千米，东西宽约 16 千米，山体面积 302 平方千米。庐山是世界文化遗产、世界地质公园、国家重点风景名胜区、国家 5A 级景区，拥有一大批地质地貌遗迹、丰富的动植物资源、丰富的人文景观，是开展地理野外实践活动的绝佳场所。

（2）地质地貌

在地质遗迹方面，庐山有地垒式断块山和第四纪冰川遗迹，以及第四纪冰川地层剖面和早元古代星子岩群地层剖面。冰川地质遗迹 100 余处，完整记录了冰雪堆积、冰川形成、冰川运动、侵蚀岩体、搬运岩石、沉积

泥砾的全过程，是中国东部古气候变化和地质特征的历史记录。① 庐山还发育有丰富的地貌遗迹，构造地貌包括断层崖、垂直节理和构造剥蚀作用形成的悬崖等；冰川地貌是最重要的地质遗迹之一，包括角峰、冰川"U"形谷、刃脊、冰隘口、冰桌；峡谷地貌有石门涧、锦绣谷、剪刀峡等；洞穴遗迹有砂岩潜蚀洞穴遗迹、岩块崩叠洞穴遗迹、石灰岩溶洞遗迹等。

（3）水文特征

水流在河谷发育裂点，形成许多急流与瀑布，瀑布 22 处，溪涧 18 条，湖潭 14 处。著名的三叠泉瀑布，落差达 155 米。庐山奇特瑰丽的山水景观具有极大的科学价值和旅游观赏价值。

（4）植物类型

庐山具有丰富的植物物种、古树名木和植物群落资源。普通植物从草本到乔木共 570 余种（其中珍稀濒危植物 16 种，残遗植物 3 种）；古树名木则以树龄 1600 余年的银杏和 1500 年的柳杉组成的"三宝树"为代表，还有龙首崖的"龙冠松"等，包括柳杉、银杏、罗汉松、黄山松等；植物群落资源涵盖常绿阔叶林、常绿落叶混交林、落叶阔叶林、针叶林和灌丛草甸等丰富的植被类型，且呈垂直梯度变化。②

（5）土壤

庐山的土壤同植被一样，受气候影响垂直分异，呈现明显的垂直地带性。山麓海拔在 800 米以下的地区以红壤、黄壤、山地黄壤为主；海拔在 800～1100 米的地区以山地黄棕壤为主；海拔在 1100 米以上的地区则以山地棕壤为主。③

（6）气象与气候

庐山位于中国亚热带东部季风区，山地气候特征明显，季节上呈现

① 刘细元、蒋金明、黄迅：《江西省主要城市地质遗迹景观资源特征》，《资源调查与环境》2008 年第 2 期。
② 刘新圣、李松志、莫申国：《庐山植物旅游资源及其开发利用》，《南方园艺》2015 年第 4 期。
③ 黄义雄：《庐山植物区系地理的初步研究》，《福建师范大学学报》（自然科学版）1989 年第 3 期。

"夏短冬长、春迟秋早"的特点。年平均降水 1917 毫米，平均气温 17 摄氏度左右，极端夏季高温为 32 摄氏度。此外，云海、佛光、蜃景等是庐山极具观赏价值的特殊气候现象，每年都吸引大量的游客来此观赏。[①]

（7）人文地理

庐山也是中国古代教育基地和宗教中心。1996 年 12 月江西庐山风景名胜区作为自然文化遗产被列入《世界遗产名录》，对庐山的世界性价值给予了充分的评价："庐山的历史遗迹以其独特的方式，融汇在具有突出价值的自然美之中，形成了具有极高的美学价值、与中华民族精神与文化生活紧密相连的文化景观。"[②]

4．实习考察线路

实习考察路线见表 7-3。

表 7-3　实习考察路线

序号	路线	实习内容
1	牯牛岭气象台—莲花谷源头—东谷源头	总览庐山整体构造，了解庐山气候及植被分布，学习地质罗盘仪的使用，将地形图和遥感影像与实地做对比
2	望江亭—小天池—王家坡谷地	实地了解冰川地貌及其形成原理、小天池小气候原理、王家坡谷地的形成过程
3	大月山—三叠泉瀑布	实地了解大月山地貌及发育，三叠泉瀑布的形成过程
4	飞来石—西谷—如琴湖—白居易草堂—仙人洞—大天池—龙首崖—石门涧	了解李四光冰川学遗迹，整个西谷走向及河流袭夺过程，庐山旅游状况问卷调查，大天池形成及其水源，龙首崖地质构造
5	庐山会议旧址—黄龙寺—芦林湖—庐山别墅群	实地了解东谷走向及河流分布，各国别墅的特点
6	含鄱口—五老峰—植物园—庐山博物馆	了解五老峰地质地貌，认识庐山植物园植物

---

① 祝必琴、蔡哲、叶清、肖金香：《庐山旅游气候资源及其舒适度评价》，《江西农业学报》2007 年第 11 期。

② 《庐山的山水文化》，江西政协新闻网，https://jxzx.jxnews.com.cn/system/2018/04/10/016850033.shtml。

5. 实习考察内容

考察以地质与地貌、水文与气象、植物、土壤、人文五个方面为主，每一地理要素的考察设置 1 天时间，通过课程、实操、实验、走访等多种形式进行。

（1）地质与地貌

庐山的地貌景观较为特殊，是一种多成因复合地貌景观，依次由断块山构造地貌景观、冰蚀地貌景观、流水地貌景观叠加而成。褶曲构造地貌主要发育于庐山北部，庐山北部的地貌形态主要受复背斜构造控制，形成三个背斜两个向斜，从西北往东南分别为虎背岭背斜、东谷向斜、大月山背斜、三叠泉向斜和五老峰背斜等褶曲构造（见图 7－2）。到达以上地点教师沿路讲解，教师讲解地质罗盘的使用方法，使用地质罗盘向同学演示如何测定这些典型地点的岩层走向、倾角和倾向，并讲解岩层产状要素的含义（由于是中学生，所以对于岩层产状要素的讲解不要求学生掌握，了解即可）。对各地质地貌典型地点拍照，要求学生以小组为单位做好各地点特征图片的拍摄和知识点的汇总。

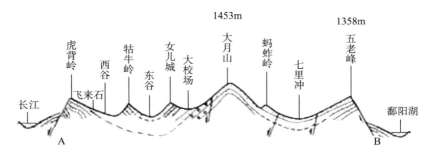

图 7－2　庐山地区构造地貌

资料来源：KS5U·智能组卷，http：//zujuan. ks5u. cn/home. aspx？mod = home&ac = show&op = paper&pID = 2514594。

【学生活动】

A. 自由拍照，对各典型地点进行拍摄。

B. 学习地质罗盘的使用方法。

C. 听老师讲解，运用课堂知识点、地理基本素养回答教师问题。

D. 在保证学生安全的前提下，每组派代表（1～2 名，不同景点不同代表）拿放大镜近距离观察该岩石的节理，学生可用笔记本记录。

E. 以小组为单位对各地点存在的地理知识点结合图片进行汇总，完成考察报告，准备考察结束后，在班会活动中展示。

（2）水文与气象

庐山地区水资源丰富，有着丰富的降水、地表水甚至地下水。庐山山顶山行行宽谷通过河流袭夺作用而沟通，下切"V"形谷多瀑布跌水转入山侧深邃的峡谷。庐山景区多借袭夺弯筑坝蓄水成湖，并建给排水系统调节用水，或借以发电补充供电，同时增加了水体风光旅游。庐山地处我国亚热带东部湿润季风区域，气候状况受大范围气候制约，具有典型的季风气候特征，并在不同地形中受特殊地形等自然因素对气候的反馈作用，表现出不同微气候特点。

参观牯牛岭气象台，在老师的讲解下，学生了解牯牛岭气象台的发展历程、庐山的气候特点以及庐山的气象景观，观察接触各种气象检测设备，了解有关仪器的使用原理以及仪器作用，为接下来的实习奠定扎实的基础。以小组合作的方式将庐山地形图和遥感影像与实地做对比。经过路线地点，教师给学生讲解李四光冰川学遗迹、河流袭夺和溯源侵蚀原理，通过观察庐山地区的水文特征，探究三叠泉的形成方式（见图 7-3）。教师提出疑问：①瀑布形成的地质地形条件；②若换在秋冬季节考察瀑布水量会如何？

【学生活动】

A. 记录庐山气象特点以及相关气象仪器的使用方法。

B. 小组合作完成地形图、遥感影像与实地的对比。

C. 记录有关庐山水文特征，以及理解河流地貌的相关知识原理。

D. 探究三叠泉的形成原理，回答老师提出的疑问，对水文与气象考察过程进行记录。

（3）植物

庐山植被属中亚热带常绿阔叶林向暖温带落叶阔叶林过渡类型，植被垂直分布比较明显。教师通过对沿途植被的介绍，引导学生观察植被状

图 7 - 3　庐山三叠泉

资料来源：《郭进拴 | 庐山三叠泉》，搜狐网，http://news.sohu.com/a/570930572_121124731。

态，学生根据对相关植物的兴趣采集一定的植物样本，记录在不同海拔高度出现的植物。教师带领学生参观庐山植物园，了解庐山的特色植物，要求学生在植物考察过程中掌握庐山地区的植被类型及其地带性植被，了解山地植被的演替现象。学生通过观察庐山不同区域的植被，了解植被与环境的关系；学会采集植物标本以及在野外进行样方调查的方法；认识 20 种植物。

【学生活动】

A. 了解植物类型，记录 20 种植物并且采集植物样本。

B. 记录庐山不同海拔的植物类型，野外实习后查找资料完善庐山在垂直带上的植物类型变化。

C. 完成考察报告。

（4）土壤

在气候上，庐山地区基带位于中亚热带的北缘，这决定了该区山地土壤垂直地带谱的特征。山地随着海拔高度增加，水热状况存在垂直差异，并具有明显的山地气候特征。教师通过带领学生调查土质情况，进行小组合作调查，在不同海拔高度对土壤进行采样，挖坑调查土质情况，发现不同海拔高度土质不同，完成材料汇总和野外实习手册的任务总结。通过调查发现，庐山土壤的垂直结构类型比较简单，从山麓至山顶，依次分布着红壤和黄壤、山地黄壤、山地黄棕壤、山地棕壤。

【学生活动】

A. 小组合作对不同海拔土质采样，对土坑中土质进行调查，记录土壤颗粒大小、质地、颜色等特性，对不同海拔土坑中土壤的土质进行对比。

B. 记录土壤特点，根据庐山特点，调查适合种植的植被类型与土质的关系。

（5）人文

结合该地资源，对地理教学中历史文化知识和旅游相关方面的内容及开发进行实践教学，具体内容如下。

教师带领学生来到庐山名人别墅，学生集体听教师讲解后，可以自由考察或者以小组为单位进行考察。感受不同国家别墅的风情，了解其对我们有何意义，并做好笔记。随后对美庐和黄龙寺进行细致的考察（见图7-4和图7-5），领略当地历史风情，形成古今对比，学习中国博大精深的历史文化，了解庐山佛教在历史上对社会思潮以及美学的影响，欣赏优美人文风光，提高学生的审美。随后对游客发放庐山旅游状况调查问卷，通过问卷情况进行分析，对增加该地旅游玩赏人数提出建议，提高其知名度，吸引更多的人学习庐山人文地理，从整体上增强国家的文化软实力。

【学生活动】

A. 运用地图分析各国别墅分布。

B. 走访考察各国别墅，总结各国别墅的特点，并做好笔记。

C. 听教师讲解以及自由考察和小组考察后，对黄龙寺的历史和文化进

图 7 - 4　庐山美庐

资料来源:《走进庐山"美庐"别墅,向你讲述它背后的故事》,腾讯网,https://new.qq.com/rain/a/20210322A085YA00。

图 7 - 5　庐山黄龙寺

资料来源:《魅力庐山【黄龙寺与乌龙潭】》,中关村论坛,https://bbs.zol.com.cn/dcbbs/d33987_8182.html。

行探究并回答教师问题。

D. 整理调查问卷和考察资料，对庐山旅游发展提出建议以及完成考察报告。

（九）教学反思

由于这是高二学生进行的地理野外考察实践活动，教师必须指导学生学习考察报告的撰写方法，然后让学生分组整理考察资料，撰写考察报告，而教师自己要及时完成相关的地理教学反思，设计相关教学案例。

展示考察成果：①以小组的形式上交考察报告；②通过组织班会活动，学生以小组为单位借助演示文稿幻灯片进行报告；③利用教室后排的黑板，举办小型的照片展览，或者利用教室的墙壁开设地理照片墙，可以是景观照、样本展示，也可以是探究的问题报告，可在照片旁附上简介，也可以把自己的报告以多样的形式呈现给大家。这样既可以让学生随时温习知识，营造团结和谐的氛围，也可以提高学生的创新能力。

第四节　研学旅行教学模式

2016 年，教育部等 11 部门印发《关于推进中小学生研学旅行的意见》，提到中小学生研学旅行是由教育部门和学校有计划地组织安排，通过集体旅行、集中食宿方式开展的研究性学习和旅行体验相结合的校外教育活动，是学校教育和校外教育衔接的创新形式，是教育教学的重要内容，是综合实践育人的有效途径。①

一　建构依据

（一）研学旅行教学特点

1. 规范性

教育与管理是相辅相成的，科学规范的管理可以起到理顺关系、化解

---

① 《教育部等 11 部门印发〈关于推进中小学生研学旅行的意见〉》，中国政府网，http://www.gov.cn/xinwen/2016－12/19/content_5149943.htm。

矛盾、促进社会活动有序开展的作用，这在客观上有助于营造良好的思想政治教育环境，有助于学生形成良好的思想品德及行为习惯。只有在科学管理的同时，加强对学生的思想政治教育，引导学生认同并自觉遵守法律、制度、纪律等，管理的作用才能更好地发挥。研学旅行教学模式中，教育与管理是支架部分，要求教师要有过硬的专业知识、较高的综合素养和高效的教学管理手段，教师的引导和教学串联在研学过程中，能使学生能力得到最大化的提升。

2. 全程性

研学旅行过程中的管理与评估，以研学手册为支架，包含以下几个方面的内容。

一是研学基本信息。如主题及意图说明、学生的研学申请、家长对学生的研学期待、研学装备清单、研学注意事项、研学基本行程、研学目的地的信息，以及与研学项目学习相关的准备。这部分内容，可以引导学生在行前，做好充分的思想和知识上的准备，明确研学目的和期待，同时在旅行过程中，方便学生回顾与查阅。

二是研学项目的学习记录。如选择的研学项目名称、项目任务及要求、学习记录、项目评估指标、相关学习提示等。这部分内容设计依据学生选择的研学体验项目进行，旨在跟进项目学习的进程，为学生提供必要的帮助与指导，记录学习结果，为研学项目的自主评估提供纪实性的依据。

三是研学小结部分，包括大事记、总结，不仅可以用文字记录，也可以采用制作微电影、简报等有趣的方式，回顾、交流并分享研学的过程和收获，也可包含家长感言，以及教师对学生在研学过程中能力发展的表现的评估及建议。

3. 实践性

根植于真实教学情境中的研学旅行是鲜活的、具体的，它超越了学校、课本、教室教学的局限，延伸到学生的生活中、大自然中与社会活动领域。研学旅行以问题为导向，把学生置于最真实的情境中，让他们尽情地认识与体验客观世界，走进自然、了解社会、寻找自我，并在研学过程中提升

发掘问题、分析和处理问题的实践能力。研学旅行要求学生亲力亲为去实践，只有通过这种方式，才可以激活课本知识，实现感性认识转化为理性认识，使知识内化为能力和智慧。凸显实践性，正是研学旅行的特点。研学旅行设计立足真实的乡土乡情、主题化活动形式，重点以"研"为突破口，将研究性学习的方式与旅行体验结合，有利于帮助学生形成终身发展所需的生活能力、生存能力和综合竞争力。而各种能力的内化依赖于研学旅行中多形式的深层体验，并在"研"的过程中将各种能力进行整合，使学生在润物细无声中实现能力的提高。因此，研学旅行过程中所体现的核心能力，显而易见是地理实践力，它的培养依赖于具体的地理实践活动。①

（二）思政教学设计依据

1. 建构主义学习理论

研学旅行课程是在实际的自然、社会环境中开展的课程，建构主义学习理论对研学旅行的开展有很大的启发意义。研学旅行有效弥补了课堂教学实践性不足的缺陷，构建了真实性强、生动有趣的教学情境，将学生从传统课堂中解放出来。教师要善于选取、应用研学环境中的教学资源，以学生为主体，循序渐进地引导学生在研学过程中主动发现问题、提出问题，运用已有的知识经验与他人沟通，并在小组合作与有效交谈中解决问题，形成新的认知。在教师的引导下，学生能够及时分析与整合获取的信息，构建知识体系，能够在以后的学习中迁移发散，培养综合思维能力。

2. 陶行知的生活教育理论

陶行知的生活教育理论，由"生活即教育"、"社会即学校"和"教学做合一"三部分内容组成。②

"生活即教育"，即生活教育是给生活以教育，用生活来教育，是出于生活向前向上的需要而进行的教育。"过什么生活便是受什么教育；过好的生

---

① 黄静秋：《高中地理研学旅行开展模式探究——以九江一中研学旅行为例》，硕士学位论文，江西师范大学，2019。

② 管锦宏：《开发博物馆课程，让学生在研学旅行中开展深度学习》，《中国民族博览》2019年第 3 期。

活，便是受好的教育，过坏的生活，便是受坏的教育。"

"社会即学校"，即教育的范围是整个社会活动，社会是教育的内容也是教育的场所。然而封闭的学校教育，把学校教育与社会生活隔开了，在学校与社会中间筑起了一道"高墙"。

"教学做合一"是"生活即教育"在教学方法上的具体化。陶行知说："教学做合一是生活法，也就是教学法。"①依据学生的学习方法确定教的方法，依据做的方法确定学的方法。事怎样做就怎样学，怎样学就怎样教。教与学都以做为中心。

3. 泰勒的现代课程理论

泰勒是美国著名的教育学家、课程理论专家和评价理论专家，是现代课程理论之父，更是科学化课程开发理论的集大成者。"泰勒原理"主要解决四个基本问题：第一，学校教育应该达到的教育目标是什么？第二，如何选择学习经验以达到这些教育目标？第三，如何对这些教育经验进行有效组织？第四，如何得知教育目标已经达成？即对学习经验的有效性进行评价。这四个基本问题可进一步归纳为"确定教育目标""选择教育经验""组织教育经验""评价教育计划"。泰勒的现代课程理论揭示了课程编制的四个阶段：确定目标、选择经验、组织经验和课程评价。这是现代课程理论最有影响的理论构架，对我国课程理论研究和实践工作具有重要的借鉴意义。泰勒的现代课程理论具有预设性、控制性、封闭性、操作性的特点。因此，在进行研学旅行课程设计时，泰勒课程原理理应成为其理论依据。②

二 建构策略

（一）依据核心素养，确定研学主题

研学主题是研学旅行的主线，是课程内容设计的依据，研学旅行设计的教学内容，意在培养学生的具体地理实践力。《普通高中地理课程标准

---

① 江苏省陶行知教育思想研究会、南京晓庄师范陶行知研究室合编《陶行知文集》，江苏教育出版社，2008，第285页。
② 朱洪秋：《"三阶段四环节"研学旅行课程模型》，《中国德育》2017年第12期。

（2017 年版 2020 年修订）》提出的四大地理学科核心素养，要求创新培育地理学科核心素养的学习方式，根据学生的地理核心素养培育过程和身心发展，科学设计地理教学过程，引导学生通过自主合作、探究等方式，在自然社会等真实情景中展开丰富多样的地理实践活动。

地理实践力是新课改中地理核心素养的亮点，它强调通过实践活动让学生在真实的情境中观察、感悟地理环境及其与人类活动的关系，进而增强社会责任感。① 研学旅行作为将地理教学由学校教育延展到校外教育的第二课堂，要求结合地理课本内容，参考地理学科知识以及教学内容的横向组合和学段培养。学生可以在研学过程中应用课本知识，验证课堂理论，体验学科乐趣，认识地理学科价值，提升对地理学科的学习兴趣。

研学旅行可从高中教材中，选取与当地环境相符合的部分作为主题基础，研学旅行的主题，可以具体表现在相关知识点上。主题的开发是研学旅行的初始环节，可利用活动主题，调动学生的积极性，鼓励学生探索相关课题，由老师对学生的活动期待进行整理，综合设计出研学旅行的相关活动，让研学旅行成为学生喜爱的学习模式。

（二）合理规划路线，明确研学重点

在研学旅行过程中，学校要对研学基地进行走访、调查等，对研学基地以及实践路线进行研究。合格的研学基地要具有研学的典型代表价值，符合既定的研学主题，学习资源丰富，且有可供开发的教学课程，适合学生的身心发展特点，能结合相关活动培养学生地理实践力，提升研学价值。

在研学路线设置中，根据研学主题侧重点的不同，在实践能力、调查能力、问题分析能力、检测能力、信息技术能力等方面的要求是不同的。例如，自然地理调查研学活动，路线和基地应包含自然地理要素，如地形、地貌、土壤、河流、地质、植物等，通过采样、实验、徒步考察学生的观测实验能力、问题分析能力、信息技术能力。研学实践活动课程的教学应与地理研学教材相呼应，所确定的研学路线和方向要覆盖研学活动需要考

---

① 中华人民共和国教育部制定《普通高中地理课程标准（2017 年版 2020 年修订）》，人民教育出版社，2020，第 4 页。

察的现象，并且尽量不要走重复路线。在研学路线设计完成后，最好进行试走，规划研学时间，制定研学任务，编制具体的研学实践手册以及实施建议，提升研学活动的合理性。在试走活动中，可以发现研学过程中存在的理论和实践问题，为研学活动顺利开展提供反馈。

（三）组织教师团队，合理安排活动

现阶段教师以培养课堂教学能力为主，在培养学生的实践能力方面比较缺乏。所以，要鼓励教师主动转变教学观念，渗透地理实践力的培养，通过研学旅行课程的研发，提升自我教学能力。在研学旅行中，教师要兼顾导师与导游的双重身份，必须有广博的知识和科学化的实践能力作为基础，高素质的教师团队需要学校的培养以及教师不断学习。例如，可通过座谈会以及学校研讨会等培训方式，提高教师驾驭实践活动的能力。在地区之间形成校校之间的合作和研学基地的合作。

研学旅行需要充分利用研学路线，进行地理学科的专业知识讲解。在研学旅行中，要配备研学导师和相关领域的学者，增强对地理实验操作、地理专业知识讲解、地理信息运用等方面的学科指导，剖析知识点背后的学科规律，便于学生学习和动手实践。研学过程中，生动严谨的讲解，可以激发学生的好奇心，但是教师若一味地讲解而不去操作，则会影响学生的积极性。所以，研学旅行要以学生为主体，教师则要有的放矢，有效组织实践活动，并在活动中体现思政元素，通过教师恰当的引导，培养学生的人际交往能力、反思思维、创造能力、实操能力等。

（四）汇报研学成果，建立多元评价

研学旅行教育情境中，单纯依靠老师的评价是片面的。学生对课堂内容以外的活动，会表现出很高的积极性。在研学实践活动各个环节中，学生可能会出现不同的问题，所以在研学过程中，适当的考核和评价制度，可以及时把学生拉回主线学习中。例如，学生在研学过程中对实验情况、调查情况的记录总结，研学笔记记录学生研学过程的实践情况，在后期的汇报整理中有很重要的作用。研学笔记是研学旅行的过程文件，教师可以通过研学笔记对学生进行过程评价。针对学生处理问题的能力、科学的学

习方法、任务研究程度和研学过程中的合作情况等，进行多元化评价。除过程评价外，也应该利用好家长评价、学生互评、学生自评、教师评价等多种评价方式。增强家长对研学旅行教学模式的了解，以及对教学实践的认可和关注，在研学旅行完成后，可以邀请家长、相关教师以及学校领导，对此次活动进行总结和评价。

三 教学设计

（一）教材分析

此次研学旅行主题以自然地理为重点，因此对教科书内容章节的选择，也是与之相近的人教版高中必修一第二章"地球上的大气"、第五章"植被与土壤"和选择性必修一第二章"地表形态的塑造"、第三章"大气的运动"。研学旅行课程与高中阶段所学习和接触到的地理知识及课本的内容衔接紧密，体现了地理学科的特性，有利于中学素质教育的开展。在设计研学旅行课程时，要注重在内容方面与学科结合，既要能很好地体现研学旅行的学科特色，又要能提升活动的综合效果。

（二）思政元素挖掘

就教育属性而言，此次研学活动设计，以高中地理新课标为基本要求，选取青海湖周边几个代表区域，全面考察其自然地理环境。理论与实践相结合，长距离不间断的考察活动，不仅有利于锤炼学生坚韧不拔的意志，也能提高学生解决真实情境下地理问题的能力。就地方属性而言，青海湖独特的自然地理景观，能让学生在研学中，感受祖国大好河山，培养家国情怀。就创意体验而言，研学活动中的水样采集、植被调查、土壤剖面挖掘等都需要实践操作。学生在亲身体验过程中，能加深对教材知识点的理解，不仅增加了研学活动的趣味性，也有助于所学知识的转化与应用。

（三）核心素养与教学目标

第一，区域认知。运用空间分析方法，解释青海湖自然环境的整体性与差异性，并分析该地区的自然地理特征与环境演变过程，评估其发展问题，提出科学决策的依据和较为可行的改进建议。

第二，综合思维。学生学会仔细观察自然地理要素的主要特征和重要自然地理现象，并准确、完整记录所观测到的现象、特征和数据；学会初步分析有关现象、特征形成的原因；初步具备观察和分析自然地理现象的能力。

第三，地理实践力。利用地理信息技术及相关工具、材料，分析与处理相关数据与信息，对地理事物进行科学解释与评价；搜寻不同类型区域的统计信息，收集相关区域发展规划，设计青海湖发展问题的调查方案；在地理实践中表现出较强的行动能力。

第四，人地协调观。强调通过实践活动，让学生在真实的情境中观察、感悟地理环境及其与人类活动的关系，进而增强学生的社会责任感。

（四）教学重难点

重点：学生走出课堂，在社会和大自然中探索知识，促进地理学综合能力的发展。

难点：学生掌握地理探究方法、提升合作意识、学习地理应用技术和实验方法。

（五）学情分析

此次研学旅行针对已完成高中地理学习的高二学生，学生已经在日常教学中，初步接触了研学活动的基本情况，对这门课程有了理论上的初步认知和最基本的实践经验。高二学生对自然、社会和自己周边的生活产生了自我认知，需要系统地实践和应用课堂理论知识，深入扎实地进行实践活动。此次研学旅行，可帮助他们完善高中研究性知识、实践应用知识、学会地理实验方法。

（六）教学方法

讲授法、启发法、演示法、讨论法、观察法、小组合作探究法、参观教学法、自主学习法等。

（七）课程分析与设计

此次研学旅行，通过构建地理问题链，以问题聚焦和解决系列性问题为最大突破口，基于地理研学方案设计，围绕前期准备、活动开展、后期

评估三个阶段展开。利用精选的 5 个集中研学点，将区域气候、水文、生物（植被与湖泊生物）、地貌等自然地理要素，渗透到整个研学过程。通过设计各项实践活动，促进学生地理实践力的提升，问题设计紧紧围绕高中地理新课标要求，同时注重培养学生在真实情景下，解决地理实际问题的能力，进一步促进地理学科核心素养的培养。以反思促研学，在课程评价环节，将过程性评价与终结性评价相结合，全方位评价学生的学习表现。

结合青海湖的河流地貌特点、高中生偏向理性知识的年龄特点以及人教版高中地理必修一教科书的内容特点，开展此次以"环青海湖自然地理研学活动"为主题的研学旅行活动。研学旅行的重点在于认识区域的特点，形成区域意识，综合思考区域内部的地理现象与自然地理、人文地理之间的关系，培养学生的地理实践力，让学生认识到区域发展必须遵循人地协调的发展观，落实立德树人的根本任务。

（八）教学内容和步骤

1. 研学区域自然地理概况

青海湖（36.53°~37.25°N，99.60°~100.78°E）位于青藏高原东北部，是我国最大的内陆咸水湖。青海湖流域东至日月山、西至橡皮山、北至大通山、南至青海南山，流域总面积约为 29661km²，湖泊面积约为 400km²，整个流域呈西北 – 东南走向，地势西北高、东南低。[①] 流域内光照充足，日照强烈；冬寒夏凉，夏季短暂，冬季漫长，春季多风，雨量偏少，干湿季分明。湖区年平均温度为 1.9℃，年降水量为 350~400mm，其中夏季降水在 60% 以上。青海湖是以降水补给为主的封闭湖泊，入湖河流约 50 条，多为季节性河流。主要入湖河流有布哈河、乌哈阿兰河、沙柳河、哈尔盖河、甘子河、倒淌河和黑马河，其径流量约占入湖总径流量的 95%。[②] 流域内植被类型以草原和草甸为主，少量灌丛主要沿河岸零星分布。青海

---

① 张晶、鄂崇毅、许乃军等：《青海湖流域气候变化对湖泊水位变化的影响》，《青海环境》2021 年第 2 期。

② 杜嘉妮、李其江、刘希胜等：《青海湖 1956 – 2017 年水文变化特征分析》，《水生态学杂志》2020 年第 4 期。

湖独特的自然条件为地理研学活动提供了丰富的素材，同时距离西宁市相对较近，开展研学活动具备可行性。

2.研学活动介绍

（1）研学主题

此次研学主题为"环青海湖自然地理研学活动"，以青海湖流域及周边区域为对象，开展流域自然地理综合考察活动。考察流域气候、水文（含水质）、土壤、生物、地貌等自然地理要素，重在深化对自然地理环境整体性与差异性规律以及区域地表系统特征的认识。

（2）行前课程

此次研学以考察青海湖流域自然地理要素为主，行前课程旨在引导学生把握区域基本概况，为后续研学活动打下基础。此次参加研学人员拟定为高二学生（基本完成高中学段必修、选修地理的学习）。设计研学手册，安排研学流程。

（3）注意

研学活动以小组和班级为单位，要有团队意识，在整个研学过程中要做到严格遵守纪律和要求，不随意离队，不扰乱秩序；小组合作学习时，根据学生的知识掌握情况合理分配研学任务，有效沟通，合理质疑；注意及时做好观察的记录，必要时拍照保存，为研学活动的总结和展示做好准备；注意景区内的环境保护和生态维护，做一个文明的研学人；活动过程中注重保护自己的人身和财产安全，如遇突发状况及时联系老师和安全负责人。

3.研学路线与时间

根据研学项目以及行程，初步安排研学时间为5天。

4.准备工作

根据考察需要，携带地图、笔、记录本、GPS、地质罗盘以及发放的研学手册，端正学习态度，调整"只游不学"的错误心态，积极主动完成研学任务。

5.研学任务

研学任务见表7-4。

表 7-4 研学任务

地点	研学目标	核心任务	小组合作任务
日月山	通过野外观察，识别3~4种地貌，说明其特点；结合实例，解释内营力和外营力对地表形态变化的影响	识别丹霞地貌	结合讲解，观察地貌形态、颜色、地层走向以及沉积物颗粒粗细；以照片或素描形式记录景观
		识别河流地貌	小组合作绘制河流横剖面、河流阶地素描；随机挑选砾石判断其磨圆度
		识别褶皱、断层	小组合作绘制一幅地质构造图（素描、速写）
		内营力对地表形态的塑造	小组合作查阅资料，描述倒淌河演变过程
青海湖南岸共和草场	通过开展植物生态调查，识别常见草原植被，说明其与自然环境的关系；结合实例分析自然地理环境的差异性	了解植被调查的基本方法；分析青海湖流域草原的生态作用；说明青海湖流域山地垂直地带性表现	小组分工，选择合适的区域，建立样方，借助形色App分工统计植被类型，收集植被标本；查阅资料说明流域内不同海拔植被类型，绘制流域植被垂直图谱并分析影响因素
青海湖克土沙区	利用野外挖掘的剖面，识别土壤类型并说明影响土壤形成的因素	结合流域自然地理背景与野外剖面的观察，分析成土过程；判断湖岸沙丘成因	小组分工挖掘剖面，采集土壤样品，记录其物理属性；调用所学知识，推测土壤成因；绘制沙丘地貌图，从物源和风向两个方面分析沙丘成因
布哈河河口	通过对青海湖湖水主要指标的测试，判断湖水水质状况	流域环境与湖泊之间的相互关系；湖水污染类型及成因	小组合作用矿泉水瓶采集水样，观察水体颜色，测试水体密度、水温、pH值，撰写水质分析报告；采访景区管理人员，了解水域水质监测状况
刚察县气象站	通过参观气象站，认识常规气象观测仪器，了解气象监测手段和原理；分析气候变化对河流径流、生态环境以及其他自然地理景观形成的影响；绘制示意图，解释流域内各种水体之间的关系	气候变化对青海湖湖泊水位的影响	小组整理从气象站收集到的气温、降水、蒸发数据资料，据此判断区域气候类型及特点；分析气候变暖对青海湖入湖径流量的影响
		青海湖鱼类资源调查	小组讨论并解决问题：青海湖入湖河流水量减少对鱼类生长繁殖的影响；绘制湖区食物链，提出鱼类资源可持续开发措施
		青海湖鸟类生存现状调查	查阅资料，调研湖区管理机构，了解青海湖鸟的种类与数量；提出青海湖鸟类保护的建议；利用地理信息技术设计研究鸟类迁徙路线的实验

6. 研学总结

学生完成研学手册各项要求的填写，在研学活动结束后上交研学报告，并进行小组汇报，以此展示研学成果。

7. 学习评价

研学活动评价要体现全面性、表现性、开放性、激励性原则，成果可以有研学笔记、调查报告、研学小论文等多种形式。研学活动的评价重点应该放在对地理实践力的评价上，从学生的态度、行动、意志与品质、发挥的作用等方面，进行综合评价。此次研学活动评价，采用过程性评价与终结性评价相结合、主体性与主导性相结合的原则。

过程性评价采用表现性评价方式，终结性评价采用研学报告与小组汇报相结合的方式。其中，表现性评价从资料收集、实践能力、问题解决、团队合作、情感态度等5个维度进行，表现性评价以定性评价为主。终结性评价以定量评价为主，终结性评价（100分）＝个人研学报告（100分）×60%＋小组汇报（100分）×40%，教师在学生汇报阶段可有针对性地进行定性评价，指出小组汇报的亮点与不足。每一部分评价，都结合学生实际情况与活动属性，建立评价规则。

（九）教学反思

近年来，地理研学活动开展得如火如荼，其范围小到校园大至省域，涉及不同空间尺度，类型也囊括单一地理要素的研学以及综合性实践活动。此次地理研学活动的设计，涵盖区域内各类自然地理要素，同时针对具体案例，建立了适应核心素养，特别是地理实践力培养的研学活动评价体系。总之，此次地理研学活动设计是针对青海湖流域研学活动描绘的一幅蓝图，填补了该区域系统性研学活动设计的空白，具有一定的理论指导意义与教学实践价值。当然活动的设计还停留在理论层面，对实际研学过程中可能遇到的各种突发性问题以及现实性需求，难免考虑不周，有待于在后期具体实践过程中不断改善。此外，青海湖流域复杂多样的自然地理环境和人文景观，蕴含丰富的研学素材，此次研学活动设计只是涉猎了其中一部分，更多的研学素材有待于进一步探索研究。

第八章
课程思政融入中学地理教学机制

在中学地理教学中融入课程思政，需要建立一定的机制对教育过程进行指导、优化、创新、评价，以实现立德树人的教育目标。目前在课程思政实施过程中，大部分课程在开发过程中多聚焦于课程知识点，课程思政机制建设还不够完善，导致课程思政建设存在"碎片化"问题。建议在课程思政建设过程中，完善组织领导机制、教师研修机制、教学实践机制和考核评价机制，实现学校、教师、学生以及社会等多方要素协同，以加强课程思政建设，将隐性思政育人转向显性思政育人，将课程思政融入地理教学的各环节、各方面。

第一节　组织领导机制

组织领导机制包括组织结构、领导层次、领导跨度以及领导权限和责任的划分。课程思政是一项系统性、长期性工作，必须联合各方力量，建立各方协同联动的机制，形成育人合力。挖掘中学地理教材中蕴含的地理思政元素，全面推行课程思政是新时代学校思想政治工作的重要举措。目前课程思政整体上还停留在价值构建和经验借鉴层面，存在对理论和实践中的重大问题认识不深刻、育德意识和能力不足、资源短缺和协同乏力等问题。加强顶层设计，构建全方位立体育人体系，建立常态化、行之有效的组织领导机制，是解决问题的关键所在。

一 健全组织领导体系

体系是若干有关事物互相联系、互相制约而构成的一个整体。① 深入实施中学党组织领导的校长责任制，建立学校党组织抓思政课工作机制②，健全组织领导体系，是学校有序落实课程思政教学改革的前提和保证。

（一）坚持正确办学方向

掌握思想政治工作主导权，构建上下贯通的联动体制。在课堂教学设计和实践中，将中华民族优秀文化、传统美德、社会主义核心价值观等内容融入其中，实现隐性教育与显性教育的资源互补，构建知行合一、同频共振的教学模式，从而进一步增强学生对祖国的文化认同感与社会主义必胜的自信心。政治立场涉及根本，关乎"为谁培养人"的问题。课程思政的实施，要求教师坚定自己的政治立场，即在中国特色社会主义的伟大旗帜下，用马克思主义哲学基本原理和辩证法，去剖析时下模糊不清的观点，告诉学生没有共产主义信仰是没有前途的，没有高度的国家认同感是没有未来的，没有深厚的民族情感是没有希望的。现阶段讲政治立场，最重要的是增强"四个意识"、坚定"四个自信"、做到"两个维护"，涵养自己的政治操守，锤炼忠于党的教育事业的精神品格，提高政治鉴别力和战斗力，自觉维护党中央权威，维护党和国家形象，并运用科学的方法，正面回应热点问题、科学解读焦点问题、有效解答难点问题，做学生健康成长的政治领路人。

2019 年 3 月 18 日，习近平总书记在学校思想政治理论课教师座谈会上强调："各级党委要把思想政治理论课建设摆上重要议程，抓住制约思政课建设的突出问题，在工作格局、队伍建设、支持保障等方面采取有效措施。"③ 做好思政课的建设工作，形成全党全社会协同联动的氛围，要统筹

---

① 戚静：《高校课程思政协同创新研究》，博士学位论文，上海师范大学，2020。
② 《教育部关于进一步加强新时代中小学思政课建设的意见》，教育部网站，http://m. moe. gov. cn/srcsite/A06/s3325/202211/t20221110_983146. html。
③ 《习近平主持召开学校思想政治理论课教师座谈会》，中国政府网，http://www. gov. cn/xinwen/2019－03－18/content_5374831. htm。

规划、科学设计和有序推进，推进学校课程思政与思政课程协同育人亦是如此。在协同育人过程中，机制问题是根本性、全局性和长期性的问题。广大教师要用好课堂讲坛、用好校园阵地，用自己的行动倡导社会主义核心价值观，用自己的学识、阅历、经验点燃学生对真善美的向往，使社会主义核心价值观润物细无声地浸润学生的心田并转化为日常行为。[①] 因此，需要坚持具有中国特色的社会主义办学方向，不断加强对课程思政与思政课程协同育人的组织领导，将任务和要求分配落实到各部门、各单位之中，努力构建"党委统一领导、党政齐抓共管、有关部门各负其责、全社会协同配合"的工作机制，最终实现学校课程思政与思政课程的协同育人。

（二）建立健全规章制度

完善制度，为中学地理实施课程思政提供长效动力。课程思政的实践运作，必须靠制度来规范；课程思政的实施热度，必须靠制度来维系。中学地理实施课程思政，学校要制定课程思政实施方案作为大方向，规定课程思政建设的组织领导、原则、目标、方向等内容，通过党委下发，确保其权威性和落实力度。地理教研室要结合本课程的实际、针对地理教学的特点，对学校的制度进行细化，建立本课程的课程思政实施、保障、评价等机制，以此来管理和规范课程思政的实施和工作部署，监督课程思政的实施进度和成效，保障课程思政建设的顺利进行。如建立地理教师集体备课制度、定期培训制度、听课制度、座谈制度和评价考核制度等，将课程思政工作纳入上述的各项制度中。这些制度必须是具体的、细化的、操作性强的制度，比如集体备课制度中，要明确参加的人员、时间、备课的主要内容、每名教师承担的任务、需要达到的目标、奖惩的具体措施等。这样才能确保课程思政工作落地落实，抓常抓长。

（三）建立完备工作机制

首先，建立"上有统筹"的学校党委领导机制。中学地理课程实施课程思政，离不开学校课程思政建设的整体推进，离不开学校党委的领导和重视。因此，要先加强学校层面的全面领导，贯彻"全面推进课程思政建

[①]　肖雅：《高校课程思政与思政课程协同育人研究》，硕士学位论文，阜阳师范大学，2022。

设是落实立德树人根本任务的战略举措"，落实好党委领导下的校长责任制分工，明确课程思政建设的主体是学校党委，党委书记是第一责任人；成立以党委书记为组长，校领导为副组长，教务处、各系部、教研室共同参与的领导小组，做到党政齐抓共管，通过教务部门的统抓，使各相关部门全部"动起来"，从而对中学地理课程实施课程思政形成强大的助推力。

其次，建立"中有衔接"的地理教研室责任机制。明确地理教研室的领导为本部门和教研室的课程思政负责人，抓好地理课程思政建设。要做好地理课程思政建设的统筹工作，成立地理课程思政工作领导小组、组建课程思政专家小组、研究制定相关的建设方案、安排部署有关工作；要做好地理课程思政建设的管理工作，选任好各门课程实施课程思政的负责人、带头人，分配好课程思政的教学资源，组织好关于课程思政的培训、竞赛、研讨等活动，检查监督课程思政建设的实施情况；要做好地理课程思政建设的协调工作，在纵向上做好地理教研室与学校领导和各行政管理部门的协调沟通工作，取得他们的支持，在横向上做好地理课教师与思想政治课教师及其他专业课教师之间的协同工作，实现互帮互助，共同发展进步。

最后，建立"下有落实"的地理教研室落实机制。地理教研室领导和学科带头人要带头学习和传授课程思政知识，带头落实课程思政的有关要求；要做好地理课教师的教育引导工作，增强他们对课程思政的认识和理解，提高教师实施课程思政的责任感和主动性；要组织地理课教师开展学情分析、教学研讨、集中备课等，组织教师共同探索地理课的教学目的、教学理念和教学方法，打造课程思政融入中学地理教学的精品示范课程。

（四）加强党委统一领导

政府、学校党委对学校课程思政建设负有主要责任，应以自身名义下发相关文件规定，而下一级职能部门、各年级等对制度进行细化。在实践操作一段时间后，根据实践经验和调研，对考核指标等进行设定，进一步完善学校课程思政协同育人的制度体系。在具体的操作制度中，需要统一的是教学大纲及教案制度、集体备课制度、系科座谈制度等。教学大纲及教案制度，是要让教师将课程思政的宏观设计和具体落实细化到文本中，

教案越细致，教师越会不断根据课程思政的三维目标进行反思，形成可操作性强的课程。集体备课由教研室组织开展，对每次不同主题的备课，教师先进行先期准备，再在备课组中研讨这一主题中对课程思政的解读、设计，其他教师观课议课，最终形成精品课例。

除此之外，还应针对地理教师参与学生思想政治教育工作等制定相关制度。地理教师参与学生思想政治教育工作制度，是为鼓励地理教师积极参与学生思想政治教育工作，以理想信念教育为核心，以社会主义核心价值观为引领，提升育人意识和育人能力，把思想价值引领贯穿教育教学全过程和各环节，坚持全员全过程全方位育人，最终实现立德树人的制度。

二　完善协同运行机制

（一）校内协同激活动力

学校是课程思政建设的直接责任主体，学校教师是课程思政建设的关键实施主体。学校课程思政建设"不只是课程及课程教师的事情，学校各部门各单位及其工作人员同样负有责任和义务"。这就需要学校的党委行政，做好统筹协调工作，激发各责任主体参与课程思政建设的积极性、主动性。一是要统筹好各门课程教师之间的协作配合问题，要求各年级做好本年级课程思政建设的顶层设计，分年级、分学科、分课程整体推进课程思政元素的融入与挖掘，避免简单重复教学。二是要统筹好地理教师与思政课教师之间的协作配合问题，建立地理教师与思政课教师之间互学互访、互帮互助的交流机制，鼓励地理教师深入思想政治理论课课堂听课研讨，支持思政课教师加入课程思政建设团队，以年级为单位构建思政课程与课程思政育人共同体。三是要统筹好地理教师与班主任之间的协作配合问题，鼓励地理教师多向班主任了解所教班级学生在日常学习生活中的思想动态，挖掘学生生活中的育人素材。同时鼓励班主任在工作中，思考课程思政与学生日常思想政治教育的结合点，及时向地理教师反馈意见。四是要统筹好其他各部门工作人员，共同服务于课程思政建设，为课程思政建设提供政策、资金、技术支持。

（二）校校协同打造平台

当前，课程思政建设是各校正在积极推进落实的一项重要任务。各校的历史底蕴、学科优势、专业特色、师资力量不同，进行课程思政建设所拥有的资源也存在显著差异。如拥有全国重点马克思主义名师的学校相比其他学校而言，在课程思政建设中更容易得到马克思主义理论学科的有力支撑。师范类大学附属学校因教育学的学科优势及"学高为师，身正为范"的精神氛围，更容易开展课程思政建设。而一些偏理工的专业性院校附属中学在学科支撑和人文传统上则相对薄弱些，但它们在大数据、人工智能、物联网等新科技的研发和运用上更有优势，这些优势可以为课程思政建设提供技术支撑。除此之外，各校进行课程思政建设的实践进程也存在时间上的差异，早在课程思政建设方案颁布之前，上海地区的一些学校就率先在全国进行了课程思政方面的建设探索，推出了一批有影响力的示范课程，积累了较为丰富的课程思政建设经验。而大多数学校都是在方案颁布后才开始课程思政建设，且多处于实验探索阶段。

因此，课程思政建设仅靠一所学校、一个地区的学校、一个行业的学校单打独斗是行不通的，需要各校之间共享资源、互助互进。具体而言，重点应抓好互助共享平台的建设。一是建立交流学习平台，在教育主管部门主导下，建立课程思政建设联盟，学校之间定期分享建设成果，交流学习建设经验。二是建立互助发展平台，课程思政建设资源充足且经验丰富的学校，定点帮扶建设相对滞后的学校，互派教师共同参与课程思政建设。三是建立资源共享平台，依托现代信息技术，建设课程思政资源库，将各校的优质课程思政教学视频、素材、方案，进行整合共享。

（三）校地协同形成合力

"教"与"学"都是以特定的社会生活背景为依托的，脱离社会生活的教育实践是空洞无味的，脱离社会支持的教育实践也是无法进行的。课程思政建设，无论是课程建设的资金、政策、技术等资源的获取，还是课程内容的挖掘与丰富、育人环境的优化等，都需要依托社会力量的支持。这里的社会力量主要有三大主体。一是政府。政府既是课程思政建设的主导

者、支持者，也是参与者。政府除提供必要的制度和物质支撑外，还可从政务实践中，为课程思政建设提供丰富的素材，经验丰富的党政人才，还可直接参与到课程思政的建设中去，这与课程思政建设中推行的社会大讲堂模式是相契合的。二是社会研究机构。与高校里的科研机构相比，社会研究机构更加关注社会现实，更有深度地参与社会建设，它们的研究成果，对于丰富学生知识、开阔学生视野、学生把握社会发展现实，更有帮助。三是企业。企业是社会经济运转的细胞，企业在参与经济建设中，更能够把握当今国际国内经济社会发展脉搏，更了解社会发展对人才素质的具体要求。企业参与课程思政建设，既能够为理论类课程提供一线的教学案例，也能够为实践类课程的开展提供平台。构建政、学、研、企一体化育人格局，应"坚持两走"：一是走进来，即邀请政府、社会研究机构和企业走进学校，共同商议课程思政建设方案，走上讲台结合工作实际，讲好中华民族复兴故事；二是走出去，即学校应组织参与课程思政建设的教师走出校园，到政府去、到社会研究机构去、到企业去，了解它们的工作内容，把握社会发展趋势，积累教学素材，尤其在开展实践类课程思政时，更要组织学生到政府、社会研究机构及企业去参观、实习和见习，让学生在社会实践中感知社会、磨砺自我、励志成才。

三　加强教师队伍建设

（一）构建协同育人环境

每一位教师都有育人职责，都要守好一段渠、种好责任田，这是习近平总书记对每一位教师提出的明确要求。[①] 教师是教学的骨干力量和课程的授课主体，在传授知识、能力培养和价值引领方面发挥着重要作用，其育人意识与能力，对课程思政协同育人工作的落实有着极大的作用，是地理课程思政全课程和全过程的关键所在。"亲其师，信其道，尊其师，奉其教"，学校教师自己首先要明道、信道，以身示范引领学生。课程思政

---

① 《着力构建高水平的课程思政工作体系》，教育部网站，http://www.moe.gov.cn/jyb_xwfb/moe_2082/zl_2020n/2020_zl65/202012/t20201215_505616.html。

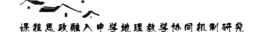

要求教师结合专业与课程内容及特点，用马克思主义立场、观点和方法教育学生，坚持理论与实践相结合，帮助学生解决思想、心理、生活等方面的实际问题，以深厚的学术素养、优秀的思想品德、良好的道德情操，影响和引领学生成长成才。

课程思政要实现全面落实，首先，要培育教师的育德意识和育德能力，要加强对教师的育德意识和育德能力的考察和培训。在聘用时，对教师的育德意识和育德能力进行多维度考察和把握，实行"一票否决制"。同时，组织教师进行课程思政的岗前培训、日常培训，加强高水平教师队伍建设的系统规划，特别是要强化专业教师教书育人的使命感和责任感，组织教师进行课程思政的理论研讨、教学方法与案例探索、教案撰写与实践教学评比等。还应将教师的课程思政开展情况，作为职称评定、评奖评优的重要容重，调动教师的积极性，多角度提升教师育德意识和育德能力。其次，要帮助教师研发课程思政开展方案。由一线教师和思政专家组成小组，研发课程思政开展方案，进行教案、大纲编写和思政资源挖掘，建设课程思政的示范精品课。对具有较强育人资源的课程，开发示范精品课，从课程内容、课堂组织、教学方法、实践教学等环节，进行展示，建设教学资源库。

积极调动所有教师的育人意识、提高育人能力，实现协同育人。课程思政全员育人体系，要求各部门、各教师打破原有壁垒，形成合力育人的格局，做到协同互联、协同互通、协同互动。协同互联引导学生思想，就是指采取多种方式，如面对面、网络等，多与学生进行思想沟通和交流，了解学生思想动态，解决学生思想问题和实际困惑，做好引导工作。教师间也应增强联系，交流所授课班级学生的思想情况，掌握更详细的资料，以利于双方更好、更有针对性地开展工作。协同互通督导学生学业，就是指教师要互相沟通，关心学生的学业，帮助学生改进学习方法，积极指导学生开展社会实践和科研活动，推动学生自我发展和成长。协同互动指导学生人生，就是指教师要通过一系列活动不断加强与学生之间的互动，在互动的过程中身体力行，为学生人生做好指导，帮助他们做好规划，成为

学生的知心朋友和人生导师。

（二）优化教师激励机制

1. 评选工作向思政课教师倾斜

全国模范教师、优秀教师、教学名师、国家级教学成果奖等评选工作，向中小学思政课教师适当倾斜，激发教师开展高质量课程思政建设的动力。从教育内部来看，教师荣誉评选政策，可以引导教师把握正确的教育教学方向，确保教师恪守师德底线，促进教师教育教学能力的提升；从教育外部来看，教师荣誉评选政策，可以发挥优秀教师的辐射作用，带动教师队伍整体发展。[①] 在课程思政建设过程中，要发挥思政教师的引领作用，引导各科教师成为具有思政意识和思政能力的新时代思政教师。以思政教师队伍思想素质的提升，引领学生发展。在评选工作中，适度放开年龄、学历等条件限制，由此进一步扩大评选政策的激励范围，从而发挥思政课教师的带动作用。

2. 设立思政课教师岗位津贴

绩效工资主要体现教师的实绩和贡献，是教师工资中十分重要的组成部分。在课程思政建设中设立思政课教师岗位津贴，则有利于鼓励优秀思政课教师推进课程思政建设。对于津贴发放，设置特殊津贴制度，对思政课教师的思政能力进行适当分类，形成合理的等差梯度，以吸引和留住优秀思政课教师，积极推动课程思政的建设，提高师资的整体学历水平和学术生产力。这样做的好处，一方面，可以增加义务教育教师的收入；另一方面，可以激励更多的优秀思政课教师为思政建设做出努力。

（三）转变教师育人观念

2018 年 1 月，中共中央、国务院颁布的《关于全面深化新时代教师队伍建设改革的意见》指出，"教师承担着传播知识、传播思想、传播真理的历史使命，肩负着塑造灵魂、塑造生命、塑造人的时代重任，是教育

---

① 曹宗清、赵德成：《我国基础教育教师荣誉评选政策的特点、问题与建议》，《广东第二师范学院学报》2022 年第 5 期。

发展的第一资源"。因此，开展学校课程思政协同育人工作，完成立德树人的重要使命和根本任务，必须把教师的思想政治工作摆在突出的位置上。

首先，教师资格准入制度要严格。"学术无禁区，课堂有纪律"，这是衡量学校教师思想政治素质标准的一条底线，教师思想政治素质影响着青少年学生思想政治素质的养成，因此应把思想政治素质，作为教师选聘的首要标准。在教师的思想政治素质中，其政治立场、政治态度和政治方向尤为关键，其核心就是教师对中国共产党的领导和中国特色社会主义道路、理论、制度是否认同并坚决拥护。对教师严把思想政治关，坚决实行政治素质考核一票否决制，让那些政治上有问题、立场不坚定的人无法进入学校讲台。教师必须严守政治底线、法律底线和道德底线，对个人言论负责。学校要敢于惩处违反师德、触碰政治底线者，绝不姑息纵容无底线言论。

其次，要加强对教师育德意识和育德能力的考察和培训。学校教师一般是走上工作岗位以后，才进行相关培训，但由于学校评价体系的特殊性和育人工作的复杂性，其在教学、科研和育人三个方面发展并不平衡。教师往往把教学任务放在工作的第一位，其次是科研，最后才是育人。育德能力的培育不同于知识的学习和技能的训练，无法套用其他学科的教学模式，也不应以简单的教师资格证来判别教师是否具备育德能力，要在聘用时加强对教师育德能力的多维度考察和把握。要强化思想文化引领和政治理论学习，运用各种方式方法，将思想政治相关理论渗透到教学、科研等业务工作中，帮助教师认识到思想政治素质是执教的首要条件。

最后，建设师德师风长效机制。2014 年，第 30 个教师节前，习近平总书记同北京师范大学师生代表座谈时，勉励广大师生要做有理想信念、有道德情操、有扎实知识、有仁爱之心的"四有"好老师。[1] 学校要出台规范师德师风的相关制度文件，使教师行为和学校管理有制度可遵循；丰富师德师风教育的内容和方法，树立师德师风典型，开展职业道德和职业理想

① 《习近平：做党和人民满意的好老师——同北京师范大学师生代表座谈时的讲话》，中国政府网，http://www.gov.cn/xinwen/2014－09/10/content_2747765.htm。

教育，培育人格高尚、敬业爱生、明理笃行和"为了每一个学生的终身发展"而奋斗的教师；完善教师职业生涯培养规划机制、监督机制等，督促教师自我建设师德师风，增强教师职业的使命感和责任感。

第二节 教师研修机制

教研活动的目的就是要促进教师成长，尤其是促进青年地理教师成为骨干教师。地理骨干教师是各校的中坚力量，也是各校日常教学的领军人物。然而，目前不可避免的是，青年地理教师上课存在不少问题，如教育教学理念滞后、对教材理解不深、教学设计缺乏情境、教学方法单一、教学研究肤浅、无法引领深度学习等。所以，教研活动应该为骨干教师的成长创造条件，如建工作坊、教研群等，为教师构建起由教研员、骨干教师、青年教师组成的教研共同体，使教师有成长的土壤。在这样的教研共同体当中，青年教师的教学，从备课、磨课到授课、布置作业、反思，每一个环节都会得到具体的指导与点拨，既培养了年轻人的主人翁意识，还使之得到了锻炼，进而快速成长为学科骨干。另外，对教研员而言，教研共同体不仅能使教研员的实践更接地气，发现真问题，随时掌握一线情况，为后期教育教学做出及时、准确的预判和诊断，也能使教研的各种策略，更具针对性和时效性。

一 加强教研队伍建设

（一）加大优秀思政教师遴选力度

教研是促进教师成长的手段，优秀思政教师是进行思政教研活动的前提和保证。因此，加大优秀思政教师的遴选力度，有利于加强教研队伍的建设。加大优秀思政教师的遴选力度，可以从不同年级出发，选出既具有专业能力又具有思政能力的教师，为思政能力薄弱的教师提供帮助。分不同年级遴选优秀思政教师，有利于针对不同年级学生的学情，实施不同的教学方法与手段，对进一步落实课程思政提供借鉴方案。同时，能帮助其

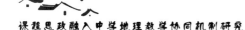

他教师树立先进的教育教学理念，加深对教材的理解，提高对教学方法灵活使用的能力、对思政元素的挖掘能力。所以，加大优秀思政教师的遴选力度，对于教研队伍建设具有前提保障作用。

（二）实施思政课教研员示范培训

教研员作为学科教学的中坚骨干分子，指导任课教师任课，也是学科教研的带头人物，是将课程思政目标落实到课堂教学中的关键人物，具有引领作用、指导作用、示范作用以及组织能力。教研员的职责和任务，不同于任课教师。教研员应当在不断地、反复地学习和理解课程思政建设精神和理念的基础之上，认真地研究"国培计划"中所传达的课程思政建设的相关内容，发挥示范引领作用，从而制订并实施全员培训计划。

二　完善教研机制建设

完善的教研机制，是进行教研活动的重要保障。同时，学校地理教师应清楚教研的各项制度，以提高制度的执行力。在地理课程思政实施过程中，应提高地理教师对课程思政的认识，明确地理教研活动意义，完善学校各种硬件和软件设施，并落实相应的规章制度。

（一）打造优质教研团队

加强地理课程思政教研团队建设，搭建平台促进教师成长。选出地理教研员，完善地理学科教研机制。首先，成立以地理教研员为引领的教研团队和教研联盟，积极组织开展县级教研、片区教研、校本教研。教研员是教师专业发展的引领者，需要其积极作为，把域内的教研活动落到实处。地理教研员要积极学习教研活动的基础理论，掌握教研活动系统知识，结合域内实际情况制订各项教研计划。其次，要积极引领学科教研，引导全县地理教师积极参与备课、说课、上课、听课、评课、磨课等每一个环节，重视教育理论在本地各校的应用研究，积极促进教师线上、线下的交流与互动。

一是加强教研组织建设。加强老中青教师的帮扶工作，加速青年教师的培养。也可多组织一些工作外的娱乐活动，比如踏青、唱歌、爬山等活

动，提高组织成员的凝聚力。二是提升教研组长的业务能力。教研组长作为学校地理教研组的带头人，对学校地理教研组的建设至关重要。学校要选择德才兼备的人担任教研组长。同时，要不断锤炼教研组长的业务能力，包括教学能力、组织能力、科研能力、人际交往能力等。教研组长要以身作则、平等待人、多为他人着想，这样才能让组内教师信服。三是创建温馨进取的"家"文化。地理教研组是一个团队，更是一个温馨的大家庭。教研组长和组内教师应相互帮助、相互支持，多交流多联系，共同创建温馨进取的"家"主题的地理教研文化。这个层次不易达到，需要所有成员共同努力。

（二）完善提升教研设施

首先，学校应树立重视政史地小学科的风气，对语数外政史地科目一视同仁，摒弃固有的观念。其次，加强学生对各科的认识，明确各科的学习都是重要的，偏科是最拉低学习成绩的。同时，也要多举办一些地理学科教研活动，提高大家的学习兴趣。学生有地理学习劲头，教师才有教学干劲。最后，应完善学校硬件和软件基础设施。学校硬件基础设施包括形成一定规模的教研室，教研室内地球仪、教学挂图、多媒体投影仪等设施。同时，学校可设立地理多功能教室、天文观测台、星空投影室等利于教研和教学的其他设施。软件设施主要体现在师资力量上面。学校应广纳良才，招收更多高素质、高学历的优秀地理教师。

（三）有效开展教研活动

教研活动研管结合，就是把对教研活动的管理，自然融入教研活动过程，使二者紧密合成一个有机整体。现实中很多教研活动落实不够、效益不够，教研吸引力不强，教师参与积极性不高，对此必须加强管理，并使管理融入活动过程。第一，加强教研考勤。对无故缺席教研活动情况进行登记，并纳入教师相关评比和考核。第二，鼓励教研先进，对积极承担公开课、开办讲座、撰写论文、开展课题研究的教师，进行表彰。第三，加强对教研常规工作的检查，并对表现突出的学校、个人进行表彰。第四，加强中考备考综合视导有效性研究，让教研起到诊断教学过程、指出具体

问题、提升课堂教学质量的作用。第五，加强教学常规工作引导与检查。对教师的教研、备课、上课、作业、辅导、考试和质量分析等专业领域，做出明确规范和要求。第六，重视各种监测数据应用。对考试成绩、学生对课堂教学满意度调查在内的各项数据，进行综合分析，公平合理地展开教育评价，营造积极良好的教研氛围。

三　提升教研活动质量

教研的最大目的就是解决一线教学实践中产生的问题及困惑，所以其来源就应该是一线教师教学实践，包括思政理念的渗透、主题的选择、主题的突出、学生素养如何培养等过程性和实用性的研究。因此，要加强调研，列出一线教师教学实践中最需要解决的问题的清单，结合课程思政理念，做好科学的、系统的主题教研目录，在教研实践中一一落实，使教师能得到系统的、专业的、持续的提升。

（一）以一线教师为教研主体

地理课程思政的教研问题，源于一线教师的教学实践，教研内容怎么定，教师最具有发言权，所以教研重心必须下沉，权力必须下放，每次的研究内容是什么、如何开展研究、教师如何参与等问题，均让教师做主。教师通过集体讨论，得出可行方案，然后以具体的课程思政实例研究为载体，将课程思政教研内容具体化、课例化。例如，在开展"等高线地形图的判读"教学，培养学生读图推理能力的时候，可以让此节课成为研究对象，将教育专家、学校领导和教师集中在一起，开展课前、课中和课后的研究活动，但教育专家、学校领导更多的是作为聆听者、观摩者，而非师爷。相比于以往的集体备课、评课活动，这样的实践更具过程性、研究性和主体性。具体思路如下：课前，先开展课前的主备的个人备课，然后开展集体备课，最后是主备人说课，以确定一节课的基本思路；课中，一方面是授课教师开展课堂教学实践，展示备课预设，另一方面是教研员（组长）组织教师观课；课后，教研员（组长）组织教师评课、议课，这一环节先是让授课教师进行反思，反思的重点是课堂的预设目标和生成的冲突，

然后所有参会的教师评课。课例研究比较适合于同一备课组开展，它使一线教师成为主体，使教师的自身工作成为研究的内容，消除了教师平时对教研活动的高不可攀的神秘感，使教师深切地感受到自己的教与自己的研彼此促进，同时它也使教研的内容具体化到课堂上，让看似高大上的教育理念找到了土壤，以更接地气的方式解决了课堂教学面对实际的问题，提高了课堂教学的质量，也提升了自己的业务水平。

（二）改善学校地理教研环境

地理学科在初中的地位比较特殊，很多县市只有学业水平考试，没有将地理学科纳入中考，学校将地理列为副科，也不重视地理学科的教研活动。而在高中，由于高考的需要，地理学科才被列为较为重要的学科。有的中学师资不足，历史老师承担了地理教学任务。目前，有部分中学地理教研组，没有专门的地理教研场所。需要改善校园教研环境，制定完善相应的规章制度，营造所有学科一视同仁的氛围。首先，学校要加大力度建设地理教研组，提供完备的物质基础，例如订购期刊、邀请地理教育专家到校开办讲座、主动参加省市优质课评比观摩活动、鼓励教师到其他学校开展教研。其次，学校要制定教研激励制度，号召地理教师积极申报各级教育规划项目，对教师取得教研成果的可以给予奖励。最后，学校应组织开展外出培训，选择部分老师到省外参加研学旅行、校本教材开发、课标解读与教材分析等培训。

（三）开展多种形式的教研活动

时代在发展，教育改革也在推进。教研活动的内容要突破教材，要认真研究新课程标准、课程思政理念，探索将乡土情境、生活情境、生产情境与课堂教学的深度融合，以真实的教学课例展示给教师，使其深刻体会到教研可以让理论与实践相联系，并且产生不一样的效果。

开展形式多样的教研活动，改革传统单一的教研模式，为地理教师的发展创设个人展示和交流的平台。教师是课程思政的关键，所以教研工作应该以为教师提供一系列服务为宗旨。一线教师是教研工作的主体，也是教研工作的需求侧，作为供给侧的教研工作，必须做出一系列的转变：一

是将以往的上级指令式教研，转变为给一线教师提供清单的清单式教研；二是将以往领导、专家主导的宽泛的普惠式教研，转变为可以落实到每一位一线教师的精准式教研；三是将以往的领导、专家指导式教研，转变为为一线教师提供帮助的助长式教研；四是将以往的领导、专家推介式教研，转变为与广大一线教师共享的共享式教研；五是将以往的领导、专家、名师、精英开展的经验式教研，转变为随时可以立即验证的实证式教研；六是将以往没有规划的散装式教研，转变为以一线教师教学实践中存在的问题的清单为主题的主题式教研；七是将以往被动迎接各级检查的迎检式教研，转变为源自一线教师内心需要的内生式教研；八是将以往领导、专家、名师高高在上的听评式教研，转变为人人平等的对话式教研；九是将以往名师、专家团队走到各地的走马式教研，转变为到指定学校蹲点的蹲点式教研；十是将以往一线教师闭门造车的单干式教研，转变为各校一线教师抱团式教研；等等。这一系列的转变的根本目标是提升教师专业素养，以使其更好地胜任工作、服务学生。①

（四）建立地理思政课教研共同体

有条件的教研机构、中小学校，与各级党校、高校马克思主义学院、干部培训学院等，建立地理思政课教研共同体，协调统筹各方力量，充分发挥教研作用。中小学校地理教师可以与高校马克思主义学院优秀思政教师组成教研共同体，组织教研活动，提高地理教师的思想政治水平、思政融合能力、思政教学能力以及开展地理思政课教研能力。同时，为高校思政教师了解地理课程思政建设情况提供渠道，进一步加强新时代地理课程思政建设。

四　提高教师业务能力

"师者，所以传道授业解惑也。"教师在课程思政建设中起着非常重要的作用。地理教师不仅需要具备渊博的专业知识和较高的专业素养，还要

---

① 李嗣林：《新中考背景下县域初中地理教研活动的现状与对策研究——以粤北 L 县为例》，硕士学位论文，西南大学，2021。

具备优良的思想政治素养。2014 年 9 月 9 日，习近平总书记同北京师范大学师生代表座谈时指出，"合格的老师首先应该是道德上的合格者，好老师首先应该是以德施教、以德立身的楷模"①。教师是课程思政的设计者、组织者和执行者，因此，教师积极学习、深刻领悟和认真践行课程思政的理念，不断提升自身思政修养和育人能力，是保障课程思政建设成效的关键因素。

（一）强化教师自我学习能力

古人有云：学无止境。当今世界，经济飞速发展、社会日新月异，作为教师，唯有孜孜不倦地学习、专心致志地研究，才能无愧于时代赋予的使命。"传道者自己首先要明道、信道。"教师只有努力提升自身理论修养，深刻领悟课程思政的内涵，才能引导学生形成正确的价值观和方法论，做社会主义核心价值观的坚定信仰者、积极传播者和模范践行者。如果教师怠于学习和思考，不能汲取新知识、新营养，则教学内容必定会缺乏时代性和感染力，专业教学目标和课程思政目标也就难以实现。

教师自我学习能力提升的关键问题是"如何学"。学习应该是全面的、系统的和富有探索精神的，可以在行动中学、在思考中学、在创新中学。当然，学习时必须"真学、真懂、真信、真用"。用"真学"的学习态度，准确、全面、深刻把握课程思政的核心要义，将"学"与"思"、"学"与"悟"结合起来，提高自身的领悟能力。同时，教师在学习时，要"入眼入耳，入脑入心"，要在"真学"和"真懂"的基础上，形成自己的思想收获和思想力量，并把思想力量转化为内心的力量，即达到"真信"。学以致用，"真用"是学习的最终目标。教师要在日常教学和科研中，做到以德立身、以德立学、以德施教。"学高为师，身正为范"，教师要为学生做出示范，要成为学生的一面镜子。"真用"的另一层含义是，教师用真实的情感与学生交流，因为真实的情感交流，是教育中最有效的教育手段。

---

① 《习近平：做党和人民满意的好老师——同北京师范大学师生代表座谈时的讲话》，中国政府网，http://www.gov.cn/xinwen/2014 – 09/10/content_2747765.htm。

（二）创新教学方法和手段

如何基于课程特点，将课程专业知识内容与课程思政内容有效结合起来，在教学中实现隐性渗透，从而实现良好的思政教学效果，并实现专业知识教育和课程思政教育的同向同行，这是教师需要认真思考的重要问题之一。无论是课程专业知识内容，还是课程思政内容，传统的"说教式"方法，都很难达到教学目标。因此，基于课程特点，教师在授课中需要采用问题链教学法、沉浸教学法、任务驱动教学法、探究教学法以及案例教学法等相互结合的多样化教学方法，让学生成为课堂教学的主体。中学生思想极为活跃、个性非常突出，对新鲜事物抱有非常浓厚的兴趣。这就需要主讲教师在授课中，运用多样化、现代化、国际化的教学手段，充分利用现代信息技术，认真制作教学课件，运用新媒体技术，使课堂教学工作"活起来"，将专业知识内容、课程思政内容与信息技术高度融合，提升教学内容的时代感和吸引力，从而调动学生参与课堂的积极性和主动性，加强与学生的互动交流，实现"寓道于教、寓德于教、寓教于乐"。比如在实施案例教学时，选取典型的、启发性和趣味性强的案例，让学生课后查阅大量相关资料，整理、分析、形成PPT，并在课堂进行展示和讨论，这既可以使学生对相关专业知识点有更深层次的掌握，在案例讲解时，也可以巧妙应用短视频、动画、图片等学生喜闻乐见的元素，将课程思政自然而然地"渗透"进专业知识，从而实现专业知识教育与课程思政教育的完美巧妙融合。

（三）"走出去"和"引进来"紧密结合

专业教师将"走出去"和"引进来"紧密结合，对于充分发挥地理知识内容和课程思政内容之间的协同作用至关重要。关于"走出去"，一方面，专业教师要与思政类课程教师及其他各专业教师积极交流，相互学习、相互借鉴优秀的教学方法和教学经验；另一方面，专业教师除充分利用新华思政和学习强国平台等优秀思政资源平台进行学习之外，还要走出课堂、走进社会，参观红色教育基地涤荡心灵，走进实体企业了解企业所需并为企业服务，通过实看、实感将课程思政元素融入自己的内心世界，更加深

刻地把握课程思政的内涵，从而将课程思政元素巧妙、自然、完美地融入专业教学。"引进来"就是教师要根据课程内容，邀请专家学者走进课堂教学，以从不同视角，利用他们的博学多识，将专业知识的应用与课程思政元素结合起来，给学生开展专题讲座。这种方式，既可以使学生更加深刻地掌握专业基础知识及其应用，又可以让课程思政内容与专业知识内容一起，深度根植于学生的内心，达到内化于心、外化于行、知行合一的效果。

（四）提升教师自身文化底蕴

做一名优秀的教师，比专业知识更重要的是，人文知识和视野。文化底蕴深厚的教师，必然是拥有高尚人格的教师，必然是具有优秀人文精神的教师，必然是深受学生欢迎的教师，也必然是能够担当历史重任的教师。教师是榜样，是灯塔，是旗帜。深厚的人文底蕴不仅有利于教师专业知识水平和专业素养的提升，而且有助于教师将专业教学内容与课程思政内容融会贯通，在教学中做到信手拈来、触类旁通、巧思妙用。人格需要人格的濡化，精神需要精神的感染，教师的真正威信在于他的人格，教师的人格力量对学生的影响是巨大的、持久的。因此，教师必须通过不断学习，来厚实自身的人文底蕴，这样才能在课堂上，将渊博的专业知识、人文知识与丰富的课程思政元素紧密结合，既有助于课堂教学质量的提升，又有助于课程思政教育目标的实现。

第三节　教学实践机制

在教学实践机制上，教育"要努力突破传统的'原子式'的、'个体化'的教育组织模式"，跨越学科边界、专业边界、课程边界；打通"学界与业界""学校与学校""学校与政府""学校与企业"的合作育人通道。《教育部关于进一步加强新时代中小学思政课建设的意见》明确指出，思政课课堂教学和实践育人效果有待增强。因此，课程思政建设也将随着新的人才培养模式的变更，而获得多元协同的力量支撑。但要将协同育人理念转化为实践，还需结合课程思政建设的内在要求，做好机制建设和实践

探索。

一 提高课程教学质量

地理学科具有较强的政治属性。如地缘政治、国际视野、"一带一路"建设及当前日益突出的环境污染、生态破坏与资源短缺的问题，凸显着国家认同、全球视野、区域认知的教育，具有较重的政治任务。同时，其也是课程思政讲好中国故事的良好载体。改进教学设计是提高地理课程思政教学质量的必要条件，本书主要从以下几方面，探讨改进地理课程思政教学设计的有效途径。

（一）提升教师核心素养

讲好思政课，关键在教师，促进教师专业发展，有利于优化高中地理教学设计，达到新课标要求。依据《中学教师专业标准（试行）》，本书对教师的专业理念、专业知识和专业能力进行分析。

1. 提升思政理念

中学地理教师政治要强、情怀要深、思维要新、视野要广、自律要严、人格要正，能够在大是大非面前保持政治清醒的教师、以国家和民族为先的教师、能够保持创新的教师、视野广阔能讲清楚道理的教师、为人师表的教师、有人格的教师，才是新时代需要的地理教师，也只有可信、可敬、可靠，乐为、敢为、有为的地理教师，才能设计出优秀的教学方案。思政元素是地理课程思政实施的"地基"。新时代发展日新月异，当下社会和网络上的大量不实信息影响着学生的思想政治意识，教师要随着时代的发展，不断更新自身教育理念，明确开展中学课程思政的必要性，深入挖掘思政元素，为思想政治教育的发展注入动力，使其与时俱进。

为全面提高教师的思想政治素养，党的十九届中央全面深化改革领导小组第一次会议审议通过《全面深化新时代教师队伍建设改革的意见》，提出了提高教师思想政治素养的建设目标。教师作为除家长外对学生成长发展影响最大的人，其言行举止无时无刻不在影响学生，教师的思想道德意识，也在无形中渗透学生的思想。思想政治素养决定着教师的政治信念，

规范着教师的道德行径。具有正确思想观念的教师，才会得到学生的尊重，在学生中树立威信，使学生信服其所传授的思想观念，并逐步形成正确的道德观念，这符合国家提出的提高教师思想政治素养建设目标的初衷。

新时代发展日新月异，社会中和网络上的大量信息影响着学生价值观念的形成，教师要明确开展课程思政的必要性，也要随着时代的发展不断更新思政教育理念，使思想政治教育与时俱进。首先，地理教师要充分认识到课程思政的重要性，要积极在地理课程教学中融入思政教育，要理解实施地理课程思政的重要意义，同时要走出思想政治教育只存在于思想政治理论课的误区。其次，教师在教学实践中，要努力寻找自身思想政治素养的不足，并加以改进，以提升自身思想政治素养，这样才能使地理课程思政达到最优的教学效果，将思想政治教育完美地融入地理课程中。再次，教师要在教学中注重对学生家国情怀、全球意识等价值观念的培养，深化思想政治理论的学习，关注国家时事和政策发布，时刻保持较高的思想政治觉悟，引经据典潜移默化地影响学生，保证教学环境的思政性。最后，可以通过在高校开设课程思政相关课程，对地理师范生进行课程思政理论培育和对在职教师进行培训，提高教师的思想政治素养。

2. 提升专业素养

习近平总书记强调，做好老师，要有扎实学识。[①] 教师应具备实施地理教学以及思政课教学设计的相关理论知识。前者是关于"设计什么"的知识，涉及三个方面：学科知识，指地理这一学科的本体性知识；教育知识，指教师须具备的教育学知识及心理学知识；通识知识，指教师应具备的马克思主义理论学科知识、科学和人文方面的知识以及时事政治知识。后者是关于"怎么设计"的知识，包括教师如何设计教学目标的相关知识、如何选取教学方法的相关知识、核心素养的相关知识等。

地理专业素养是思政素养的基础，包括"六要"标准中的思维要新、视野要广，任何课程思政教学都建立在此基础之上。地理学是一个不断动

---

① 《习近平：做党和人民满意的好老师——同北京师范大学师生代表座谈时的讲话》，中国政府网，http://www.gov.cn/xinwen/2014 - 09/10/content_2747765.htm。

态变化的学科，产业发展日新月异，互联网技术不断更新，中学地理教师需要不断地革新自己的地理思维，通过不断阅读、进修等方式，丰富自己的自然与人文社会学科知识和相关阅历，从容地进行各学科的交叉渗透，更自然地与各学科协同育人。

3. 提升思政素养

政治素养指与伦理道德相关的素养，是教师思政素养的核心。地理科学是全世界人民的共同智慧结晶，中学地理课程承载着培养国家未来继承人的任务，地理科学无国界，但是地理课程有国界。而提升政治素养，首先要求教师有坚定的政治立场，包括文化自信、民族自豪感、民族认同感等强烈的政治认同感。教师不仅要学习地理学科知识，还要进一步挖掘各种国家战略背后的政治地理教育，提升自己的政治地理知识储备。中学地理教学内容中的领土意识、海洋权益、海洋意识等，要求教师具备深厚的家国情怀，教师需时刻关注最新国内外政治动态和地缘政治，结合最新的各区域地图，不断提升自己对全球政治地理的解读能力。

4. 提升教学能力

随着新课改的深入推进，仅具备板书和普通话等基本技能的教师，已无法满足人才培养的要求。作为新时代的教师，要想有效培养学生的核心素养，还应具备分析学情、科学设计和表述教学目标、合理利用现代信息技术整合教学资源、运用一定教学方法设计教学过程的能力。提高能力的途径一般包括以下几个：一是教师主动研习政治学科相关文件；二是教师积极参加学校组织的各种教学能力培训和竞赛，如磨课、微课、慕课、翻转课堂、云课堂、雨课堂、智慧课堂、教学能力考核、教学能力竞赛等，同时多参加地理备课组的教研活动，与同事交流；三是教师多阅读相关书籍、文献，订阅《中学地理教学参考》《地理教育》《地理教学》等报刊；四是教师要利用好教育部官方网站、中学思想政治教学网站等知名专业网站以及中国知网、万方数据库等平台，或在学科网关注优秀的教学案例等；五是一线思政课教师利用自身的教学实践优势，不断总结、不断提高，逐渐提升教学设计能力。

教师是课程思政的执行者，因此，应当及时更新教学理念，紧跟时代步伐，学习新时代教育理论，提高地理思政教学能力。对于教师技能而言，促使学生得到全面发展是教育的终极目标，但实现该目标的前提便是提高教师的教学能力。课程思政作为新时代思想政治教育教学理念，是教师务必掌握的教育新思想。地理教师要正确理解课程思政理念，对其进行全方位的学习，但学习理论知识和形成教学能力不可一概而论，学科教学和思政教育的工作性质也大不相同，这就要求教师不断学习实施地理课程思政的工作方法，进而提升思想政治教育教学能力。

首先，地理教师要具有正确的价值观念，在遵循课程思政理念的前提下，坚持以学生为本进行课堂教学设计，并不断进行探索创新，在实践中寻找改革措施，改善教学方式方法，达到提高教学质量的效果。其次，要建立健全教师培训机制，让地理教师学习课程思政相关理论。学习新理论还是要多听多看多思考，实施课程思政对广大教师来说有些无从下手，参加专家讲座听取专家的意见能够帮助教师加深对理论的理解，开展教学论坛活动让教师各抒己见，可实现经验共享。地理课程思政作为新时代新课题，有其自身规律的未知性，可以成立教研小组进行研究探讨，加快课程思政的有效实施。总之，要为教师打造更多交流平台，开发完善系统的教师培训体系，以达到教师思政教学能力整体提升的效果。

（二）优化课堂教学内容

习近平总书记指出，"办好思想政治理论课关键在教师，关键在发挥教师的积极性、主动性、创造性"。① 教师是课程思政实施的关键，实施课程思政，课程是基础，思政融入其中。优秀的教学内容设计，应坚持目标导向、问题导向、价值导向统一，并开创职业伦理操守和职业道德教育融为一体的局面。在认知领域设计方面，突出马克思主义立场观点方法、中国梦与现代化强国战略、中国特色社会主义道路、构建"人类命运共同体"等方面的思政基本理论知识，突出"四个自信"；在设计情感领域目标时，

---

① 《习近平主持召开学校思想政治理论课教师座谈会》，中国政府网，http://www.gov.cn/xinwen/2019 - 03/18/content_5374831.htm。

增加国家认同、价值观、人格化等方面的情感活动，突出爱国主义精神；在操作或技能设计方面，重视科学方法、技能训练、专业水平等综合分析应用能力，突出时代创新精神；在内容拓展方面，积极探索专业人才培养与思想政治、道德教育有效结合之路，突出国家创新发展新战略。地理课程思政目标的确立，应以落实课程育人为指向，以地理学视角为出发点，以过程的可操作性为要求，做到"灵与肉"的契合。

第一，地理课程思政建设，应体现出育人指向。地理课程思政作为一种地理课程育人导向的课程建设，思政的选择要以符合学生特点的和学生敏感的、认知不全的内容为指向，不能为了思政建设，将大而空或无法做出立场判断的思政理念作为导向。思政元素构建，要通过联系社会生活实际、政治立场，从纵向历史与横向现实出发，让思政元素源于历史但基于现实，坚持正面教育，制定符合学生实际情况的、明确提升学生思政素养的教学目标。如关于我国在发展过程中出现的一些环境问题，要加强学生对国情的了解，融入正确价值观念，使学生正确看待发展过程中的问题与取得的成果，坚持正面引导，树立科学发展观。注意甄别西方个别媒体对于国内发展的不公正、不客观的言论与抹黑。

第二，地理课程思政建设，应体现地理学科的特色，要以地理学视角，进行思政目标的确立。为避免地理课程思政过于重视地理知识或过于重视思政育人，应抓住地理课标，以课标要求分层、分步落实课程思政建设。如"地球的内部圈层结构"一节与我国 2008 年特大灾害性事件——汶川大地震联系紧密，课程思政目标的确立切不可笼统确立为培育学生家国情怀，可设计为探究地震发生机理，提升学生环境感知力，培育学生政体优越性、民族自豪感，增强学生家国情怀。

第三，地理课程思政建设，应具有可操作性，符合学情。地理课程的构建是在情景化的基础上，引导学生分析解决问题，相较于思政课，地理思政元素对于学生的思政理念要求更高一个层次。因此，思政元素的构建要清楚学生的思想状况，且不可让思政元素成为课程的难点，增加学生的学习负担。将思政元素融入地理知识之中，预判学生在学习中需要什么样

的环节以用于启发，以便更顺利地把课堂还给学生。

（三）挖掘课程思政元素

地理课程是要教育学生了解和认识地球表层系统环境，提高思想认识，以更好地利用和保护环境。地理课程知识，集理科的逻辑性思维与文科的发散性思维于一体。地理课程思政，在教授显性知识的同时，从地理视角讲述思政元素，挖掘知识中蕴含的隐性知识，能有效破解思政课程育人"孤岛"的问题。因此，思政元素的挖掘，是地理课程思政教学的核心。地理课程思政元素的构建，要以"四个要素"为基础，从国家、社会、个人三个维度对人才的要求出发，提炼出地理课程思政的分类概况与思政元素。"国家对人才的要求"的核心为家国情怀，包括国际视野、国家社会发展成就、国家战略、生态文明理念及中国传统文化教育；"社会对人才的要求"的核心为责任担当，包括法治精神、社会责任感教育；"个人成才的需要"的核心为道德素养，包括科学精神、哲学思维、合作意识教育。

深入把握思政理念是前提，而理念落实于课程内容中的思政元素。这需要教师在结合课程内容及相关背景资料的基础上，挖掘其中的育人精华；在传递知识的同时，利用地理学科蕴含的道德素养、家国情怀、生态文明理念、科学精神、中国传统文化等思政元素，发挥课程的价值引领作用。教师将思政元素融入教学过程中，结合不同教学方法与活动，最终达到"润物细无声"的课堂效果。教师要有意识地发掘地理教材中蕴含的思政元素，并以课程思政理念与地理学科特点为背景，以"立德树人"、地理核心素养为导向，依据教材内容、课标要求及教学实际，对思政元素进行归纳整理，最终将思政元素融入地理教学中，运用恰当的素材，把隐含在教材中的思政元素，有效地展现出来，使思政元素的内容与教学内容、学生基础及身心特点相契合。

（四）开发地方和校本思政课程

在课程思政建设背景下，各级各类学校要结合地方自然地理特点、民族特色、传统文化以及重大历史事件、历史名人等，因地制宜开发富有教育意义的地方和校本思政课程。地理学科本身具有一定的地方性，因此，

在开发地方和校本思政课程过程中，教师可充分利用地理教学实验器材、地理类优秀纪录片等，增加学生获得感，把握地理逻辑性思维与发散性思维并存特征。由地理知识决定的地理的多种思维方式，使教师可结合不同授课内容、利用多种途径进行地方和校本思政课程的开发。在人教版高中必修二第二章第一节"乡村和城镇空间结构"中，教师可搜集当地乡村空间结构的特点、土地利用形式及其与当地习俗的关系，整理为活动案例，带领学生分析总结乡村用地特点，知识的讲解与文化的传承同时在开发地方和校本思政课程中发挥作用。在许多诗词及古文中，也能发现推动地方和校本思政课程开发的地理知识，如"橘生淮南则为橘，生于淮北则为枳"。淮南、淮北水热条件的差异使"橘"变"枳"，这一诗句蕴含了地理知识——植被的地带性分布差异，在开发思政课程时，将这一部分内容作为学习资料，既能激发学生的学习兴趣，也能实现思政元素在地理教学中的融入。除此之外，地方和校本思政课程的开发，也需引导学生尊重不同地区、不同民族的文化差异，领悟文化的多样魅力。例如，高中必修二第二章第三节"地域文化与城乡景观"中，介绍了不同地域的文化对景观的影响，从地理的视角探寻了传统文化的影响，其中徽派傍水而建的村落布局与客家人聚族而居的土楼，体现了地域文化的差异，也展示了不同文化的独特魅力。

二 加强校园文化建设

（一）加强校风教风学风建设

学校要创建积极向上、格调高雅、团结友爱、严肃活泼的校园文化，加强校风教风学风建设，严格校规校纪管理，引导教师关爱学生，构建和谐的师生关系。[①] 校风建设事关学校培养什么样的人、怎样培养人、办什么样的学校、树立什么样的风气等重要问题，是学校推进课程思政建设的根本性、战略性、长远性问题。加强校风建设，需要领导团队具有坚定的决

---

① 《教育部关于进一步加强新时代中小学思政课建设的意见》，教育部网站，http://m.moe. gov.cn/srcsite/A06/s3325/202211/t20221110_983146.html.

心和正确的政治理念，坚持正确方向不动摇，努力提升自身领导能力。校风教育不仅是对学生，还是对学校的全体职员。学校要建立规章制度，严格校规校纪管理，端正校风，形成良好的学风和教风，营造优美、和谐的校园环境，保障在课程思政背景下校风的建设顺利进行，保障教育事业稳步前进。

教风建设要以思政教师为中心，引导教师树立正确的职业理想，促进教师爱岗敬业、严谨治学，引导教师关爱学生，构建和谐的师生关系。改善办学条件，提升职工待遇，解决思政课教师实际困难，这样有利于思政课教师发挥主观能动性。加强教风建设，能够使思政教师更好地培养学生科学的学习态度和方法，使思政教育渗透到学生生活中的方方面面，从而对学生思想行为产生潜移默化的影响。

学风建设是思政建设的重要一环，学生是学风建设的主体，建设良好的学风取决于学生的行为态度。良好的校园文化，不仅对学生具有育人作用，还能够充分挖掘和整合具有潜力的思政资源。学校在开展学风建设的过程中，可以创办各类活动，例如"学习新思想 做好接班人""从小学党史 永远跟党走""学雷锋学模范""开学第一课"等主题教育活动。在这些活动中，学生的精神文化得到涵养，人格得到健全，心理健康品质得到提高。可运用具有中国特色的社会主义核心价值体系教育学生，使学生培养正确的人生观、价值观和世界观。

（二）提高学校精神文明建设水平

学校是人类文明成果的集散、传播、发展基地，既传播科学文化知识，又传播先进思想，担负着培养有理想、有道德、有文化、有纪律的社会主义建设者和接班人的根本任务，学校所具有的社会功能，决定和要求其必须认真抓好精神文明建设工作。[①]

学校党组织在精神文明建设中要发挥引领作用，党组织在学校精神文明建设中担负着核心领导的任务，发挥着指引方向和模范引领的作用。要切实抓好党组织建设工作，奠定学校精神文明建设工作基础。一是抓领导

---

① 张树成：《新时期加强学校精神文明建设的几点思考》，《天津教育》2018 年第 5 期。

班子建设。学校精神文明建设搞得好与差，关键在于领导班子，在于领导班子自身的精神文明程度。学校领导班子要把握校园精神文明建设的规律，提高驾驭精神文明建设工作的能力，定期组织会议研讨精神文明建设方面存在的问题；领导干部要坚持以身作则，坚持发扬优良作风，争做遵守社会公德、职业道德和家庭美德的好公仆，为师生群众树立榜样。二是抓党员队伍建设。党员在教育教学的各个领域都是思想先进、工作积极、业务能力较强的优秀职工，可通过加强对党员的思想教育，不断激发党员的热情和力量，充分发挥他们在精神文明建设中的模范带头作用和密切联系群众的桥梁纽带作用。

学校精神文明建设，要深挖思政教育的内涵，通过校史校训校歌、校园广播、校板报等，积极宣传思想政治理念。优化校园环境，使校园秩序良好、温馨舒适，"一草一木、一砖一石"都体现教育引导和熏陶。

（三）打造清朗文明的校园网络文化

信息技术在校园深入发展应用，既是学生学习生活的重要方式，也是开展思想政治教育活动的重要载体。校园网络文化为思想政治建设提供了有利条件。随着网络信息技术的快速发展，新媒体发展态势良好，网络文化紧跟时事，国内外热点信息、社会热点事件、国家新政策新规定和主流媒体评论等一系列资源数不胜数，在进行课程思政建设过程中，可以充分利用网络媒体平台。校园网络文化对思想政治建设具有支撑作用，可通过加强对学生的网络文化教育，提升其网络道德水平，强化其政治意识和责任意识。由于网络的复杂性和管理的局限性，网络上也存在一些低俗反动内容，产生了一定的消极影响，这些影响会加大思想政治建设的难度，使思想政治教育环境变得复杂。故而，教师要引导学生正确识网用网，提升网络素养，规范网络言行，不盲目"追星"，自觉抵御不良网络文化影响。由于学生社会经历相对缺乏，不良网络文化容易对其思想和价值观造成冲击，直接影响其日常生活和交际行为。一些负面信息，还容易让学生产生错误的认知，削弱其法律意识，甚至使其出现过激行为。因此，在课程思政建设过程中，打造清朗文明的校园网络文化极其重要。

（四）积极创建班级育人文化

班级是学校机体的细胞，学生在校生活的家。从教育角度看，它是学生实现成长和社会化的重要基地。班级文化起着潜移默化的育人作用，它对于优化班级环境、实现育人目标、促进学生发展、展示学生个性具有十分重要的意义。[①] 应将思政课教学与班级管理、班会等有机结合，创建具有特色的班级育人文化。教室是学生的主要活动场所，是学生学习、成长的重要空间，对学生的精神世界有重要影响。在创建班级育人文化过程中，班主任应着力抓典型、抓环境载体，想方设法促使良好环境氛围形成。在创建班级育人文化的过程中，思政课教师与班主任首先要对学生的家庭状况、在校表现、心理状态和学生类型等状况进行掌握，与学生做心灵相通的朋友，从人格平等的观念出发，把学生看成有主观能动性、有感情、有思想、有独立人格的活生生的人。在日常生活中，通过一些小事，让学生感受到关心和爱护，拉近与学生的距离，从而让其自觉愉快地接受思政课教师和班主任的教导。

三　加强教学资源建设

（一）成立课程思政研发办公室

课程思政研发办公室负责协调、管理和培训工作。由校领导任办公室主任，成立由一线教师和思政专家组成的研发小组，进行课程思政教案、大纲编写和思政资源挖掘，建设课程思政的示范精品课。

举办课程思政教学改革培训班。组织教师参与课程思政教学改革培训，对课程思政的政策背景和理论内涵进行解读，同时对接班主任研讨思政映射点，开展小组讨论、教学方法与案例探索、教案撰写与实践教学评比等活动。

组织集体备课、试讲。要求每一位教师都完成详细教案的撰写，包括课程目标、教材分析、学生分析、教学大纲及思政映射内容，同时教师要对每一个课时都进行教案撰写，重点在于分析这一课时的知识、能力和价

---

① 宋霖：《建设班级育人文化的探索》，《小学生（教学实践）》2016 年第 9 期。

值观目标以及思政内容在教学中的体现。在完成教案撰写的基础上，组织教师分系列开展集体备课，共同探讨思政内容的深度开发和挖掘。课程教师开展集体备课，注重结合教学规律，在教学目标、教学内容、教学方法、教学平台、成效体现和教学评价等环节，调整教学大纲，并进行说课试讲，邀请思政专家、班主任、地理教师、学生助教参与打分和评教，注重对学生感受的采集，进而对授课进行再次调整和修改。课程打磨成熟后，投入公开课堂，在真实的教学环境中开展，观察师生的互动和效果。

由专业负责人、地理教师等组成课程思政听课小组，参与课程教师公开课，进一步聚焦具体课程，精心打磨每一堂课，关注学生的感受与接受度。

（二）完善人才培养方案及课程标准

以"思政元素融入地理培养方案"为切入点，将育人理念融入地理教学整体规划，并据此指导各门课程进行思政元素的开发，实现课程思政理念下地理教学观的调适，达到"凡有所学、皆有所养"的目标。根据地理课程属性，划分不同课程群，使地理培养方案与具体课程之间有衔接，防止地理培养方案的目标过于宏观，无法落实在具体课程上。

按照"专业培养方案—各类课程群—具体课程"的三级结构进行划分，每一级结构都设置具体的知识传授、能力培养、价值引领三维目标，实现专业培养方案三维目标指导课程群三维目标，课程群三维目标指导课程三维目标。

（三）推进课程思政协同育人载体建设

尝试打破条块分割界限，将课堂教学、课外实践、理论学习平台、校园文化环境、新媒体网络渠道等作为育人工作的各子系统，实现同频共振，促进纵向协同与横向协同相统一、内部协同与外部协同相统一。注重实现不同载体之间的相互补充，实现协同效果的最大化和协同方法的最优化。根据学生层次差别和个性特点，参照不同的内容和环境，有针对性地采取不同的方法，实现多"法"并举，各有侧重，构建多途径培养教育模式。

（四）积极构建课程思政优秀案例库

目前，地理课程思政优秀案例库并不完善。案例库是进行案例教学的

基本条件，具有知识存储和知识管理功能。案例库可以对案例进行统一编选、制作并对入库案例进行及时更新，使入库案例具有良好的覆盖性和系统性，使案例的质量不断提高、数量不断增加，积累大量的素材，从而使教师和学生可以更为方便地使用案例。

地理课程思政优秀案例库建设，并不是将原始的案例堆积在一起，而是选择优质案例，按照一定的规范进行整理、编辑。案例数量要充足，形成规模才能称其为库。在搜集和选择本节课的教学课程资源之后，教师需要对教学内容中所涉及的课程思政素材，进行收集和整理，建立地理课程思政优秀案例库，并根据实际教学情况，合理选择案例库中的思政素材。

地理课程思政资源的类型有文字类、视频类和 Flash 动画类。在搜集课程思政资源时，要遵循地理课程思政的生活性原则和客观性原则，即加入地理课程思政优秀案例库的素材，必须与真实生活相近，且来自权威的官方账号以保持公正客观，在潜移默化地影响学生的同时，避免给学生带来错误的示范。

首先，文字类课程思政资源的来源主要有报刊、书籍和官方网站，如《中国国家地理》《人文地理》《华夏地理》《旅游者》等，这类以宣传科普为主的书籍、报刊的特点就是图文结合、丰富多样，教师可从中截取有关地理课程思政的部分，加入地理课程思政优秀案例库。

其次，视频类的地理课程思政资源也占有十分重要的地位。如《中国地理》《航拍中国》《地球脉动》等优秀国内外地理纪录片，中央电视台世界地理频道、环球奇观频道等电视频道，以及有关地理课程思政的电影与音像资料（《后天》《闯关东》等），教师可截取相关片段，不断扩充地理课程思政优秀案例库。

最后，积极积累自己制作的动图，以及得到作者授权的 Flash 插件，用于解决地球运动、气压带风带季节移动、水循环等抽象地理问题。

地理课程思政建设如火如荼，教师认识到课程思政案例教学的重要性，多数教师在每个教学单元都或多或少融入了思政元素，只是这些思政元素是零星的，完全出于个人教学的需要和兴趣，缺乏规范性和系统性。而且，

教师独立收集和采编案例，各自挖掘思政元素，但案例的搜集、整理与分析工作繁杂耗时，不能形成共享，造成人力和信息资源浪费。[①] 结合教材内容，集中团队的智慧与力量，挖掘思政元素，建成规范的中学地理课程思政优秀案例库，将海量的信息进行整合，按照相应的体系完成编制，形成共享，不仅为老师提供丰富的可选择的教学内容，而且查阅起来方便省时，便于将来不断完善扩充案例库内容。

教师根据学情在已经建立的课程思政优秀案例库中，选择合适的思政素材，基于地理课程思政的平衡性原则，在面向知识基础牢固、逻辑思维能力较强的班级时，可适当选择较深层次的思政素材，反之则选择较浅层次的思政素材。在选择思政素材时，教师要注重时效性和生活性，尽量选择学生熟悉和贴近生活的思政素材进行地理课程思政教学。例如，在学习"全球气候变化对人类活动的影响"这一小节时，可让学生从气候变化对作物生长、作物品质、作物病虫害、化肥农药的使用、作物产量的影响方面进行分析，探究全球变暖对农业的不利影响，然后再让学生探究对于人类健康的影响，养成学生关注人类生存环境及环境变化的人文素养，及时承担起保护环境的社会责任。

第四节　考核评价机制

评价机制是对既定目标进展到何种程度、目标是否完成以及优化运行过程的重要判断依据。[②] 要认真落实《义务教育质量评价指南》《普通高中学校办学质量评价指南》等，把思政课建设情况作为区域教育质量、学校办学质量和学生发展质量评价的重要内容。[③] 完善课程思政相关考核评价机

---

① 张玮：《大学英语课程思政案例库的建设与应用》，《湖北经济学院学报》（人文社会科学版）2022 年第 9 期。

② 温立民、关丽敏、栾亚群、王会峰：《基于从属矩阵模型的高校课程思政评估体系研究》，《太原城市职业技术学院学报》2022 年第 6 期。

③ 《教育部关于进一步加强新时代中小学思政课建设的意见》，教育部网站，http://m. moe. gov. cn/srcsite/A06/s3325/202211/t20221110_983146. html。

制，有利于对课程思政建设提供反馈、激励等，能够更好地实现教育教学与思政教育协同发展。地理课程思政的教学目标包括素养目标和思政目标，因此，需要从知识能力的教学效果和思政渗透的教学效果两方面，对课程思政教学进行教学评价。

一 建立督导评估机制

督导评估是教育质量保障体系的关键一环。督导评估是指采用检查、鉴定、评比、诊断、激励等方式，指导教育教学，从而更好地为学生学习、教育管理、调查研究服务。课程思政建设督导评估机制，能够为课程思政建设提供指导和保障，有利于发挥课程思政育人作用，提高学校人才培养质量。

（一）增强督导评估专业性

积极组建由教育督导部门统一负责，集思政专家学者、校长和思政课教师于一体的评估团队，提高实地核查小组的专业化水平。课程思政督导评估认定属于"督政"内容，与日常中小学的"督学"有一定区别。然而，受传统做法的影响，实际参与此项工作的往往是各级督学。我国督学的资格证书、遴选聘用以及考核培训等相关制度还不够健全，且长期存在配置数量不足、专业化水平不高等问题，导致评估认定主体的素质参差不齐。为此，应搭建由国家督学、地方督学、知名校长、思政教育专家、管理专家、统计专家、思政课教师组成的实地核查组，利用不同群体的专业优势和内部张力，来保障评估认定的精准性。

（二）凸显思政指标要素

在"评什么"的设计与构建上，一是坚持国家统一标准，二是凸显思政指标要素的考核。在思政督导评估认定中要恪守标准、严把质量，尤其要以思政课师资队伍建设为重点，以实质性的质量为核心。积极落实中小学思政课特聘教师制度，鼓励支持地方优秀党政干部、专家学者、先进模范、英雄人物、法治副校长、校外辅导员等，定期到中小学讲课或做专题报告。将思政课教师数量、思政课教师专业化程度、思政课教师进修、思

政课教师教育教学质量等纳入考核范围。在关注定量指标的同时，应强化对定性指标的考核，如学校的办学理念、校园文化、管理水平和区域影响力；学生的情感发展、学习态度、学习能力和公民素养；公众对均衡的认可度、满意度以及教育获得感、幸福感、安全感等。此外，评估认定还应坚持发展"特色义务教育"的理念，使社会化教育与个性化教育有机结合、有教无类与因材施教有机结合、大众教育与英才教育有机结合。

（三）强化结果使用

开展思政教育督导评估的初衷"不是证明，而是改进"，其最终目的在于，为各个学校推进课程思政建设提供"体检报告"。合格、完整、科学的评估认定，在获得数据后要对其加以整理、分析和运用，及时将结果反馈给各级政府、教育部门。因此，在评估认定结果"怎么用"的问题上，一是要力求评估认定报告精准化，力戒"'反馈意见'文本同质化"的弊端，提高文本的针对性、适切性和指导性。二是应关注结果的"以评促改"功能。督导评估认定报告发布后，要重点加强问题整改工作，注重对整改落实情况的监测、追踪与再评估，建立评估与整改紧密衔接的闭环机制。三是要处理好全面发展与个性发展的关系。在设定督导评估理念时，必须坚持促进学生全面发展与个性发展有机统一、社会化教育与个性化教育有机统一、有教无类与因材施教有机统一。

二 制定课程评价机制

（一）地理教学的评价与反思

地理教学的评价与反思主要针对教学目标中的素养目标进行。评价的内容是本节课是否达到地理课程标准要求。评价的手段包括观察学生的课堂行为、对学生进行访谈、发放学生问卷和进行测验等，教师可根据教学需要进行选择。如在"地球的宇宙环境"中，就可以在每一小节内容结束时，进行以小组为单位的本小节知识的组间评比大赛，利用形成性评价增加学生学习兴趣，同时获得这一节课内容中的每一小节内容的及时教学反馈。注意形成性评价和终结性评价的组合运用，两者相互配合，覆盖教学

的全过程。在教学过程中，运用形成性评价对学生的知识掌握情况和能力提升情况进行了解并得到及时反馈，以便灵活调整下一步的教学活动；在课后练习或作业中，运用终结性评价对学生本节课的整体情况进行评价反思。

（二）思政渗透的评价与反思

思政渗透的评价与反思主要针对教学目标中的思政目标进行。其教学评价的手段和类型与地理教学的评价与反思一致，但是其教学评价内容与地理教学的评价与反思不同。首先，教师对本节课所选择的思政元素进行评价，思政元素不仅要贴合本节课的教学内容，还要符合课程思政教学的正面性原则。其次，对思政渗透的途径和方法进行评价和反思，为以后同类型的教学内容进行地理课程思政教学提供参考方案。最后，在本节课学习后，对学生思政素养的提升情况进行评价，这也是思政渗透评价与反思的重点，思政渗透的教学效果就体现在学生的思政素养提升之中。

（三）完善地理课程思政培养过程性评价

在地理课程中，自然地理多考察逻辑思维；人文地理多考察抽象思维；区域地理则在自然地理与人文地理的基础上进行地域认知。地理课程思政的建设，是在原有知识教育中渗透进思政元素。然而，学科教学和德育的工作性质大不相同，且地理教材的逻辑关系与思政育人原则之间融合的复杂性，造成部分教师不进行地理课程思政课堂教学或课堂教学差异性显著。因此，应建立健全地理课程思政培养过程性评价，让地理课程思政成为全员建设、可控可检测的地理育人模式，培养教师的开拓、探索精神，推进地理课程思政建设的落地。同时，初高中教育作为基础教育，在进行人才培养的同时，还承担人才筛选的任务。作为地理课程教学检测的重要手段之一——考试，对于地理课程的教学重点，起导向性作用。增加地理课程试卷中对于学生价值观、战略理解的考查，能有效提升教师对学生地理价值性引导的重视，促进教师开展地理课程思政。

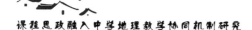

三 完善课程考核评价机制

（一）制定全面系统的标准

考核评价机制，要满足相应的要求才能充分发挥效能。首先，考核评价机制要系统全面。在实践教学考核评价过程中，不能片面地看重一个或者几个主要因素，需要综合考虑，进行系统规划，力求能够全面系统地考量整个实践教学过程。综合考虑多方因素的同时，要抓住重点，把握关键，重点考核和评价实践教学的关键部分和关键环节，做到系统全面而又主次分明，以期得到科学有效的教学评价结果。其次，考核评价机制要公正客观。实践教学考核评价主体在对考核评价对象和实践教学过程展开具体评价时，要避免掺杂个人主观想法和私人感情因素，要严格按照实践教学考核评价的标准，对这一课程进行科学的考核评价。否则，容易挫伤考核评价对象的自信心和积极性，影响考核评价效果。最后，考核评价机制要科学有效。考核评价要根据考核评价对象的特点和考核评价环节的特征，制定有针对性的考核标准，采用科学的评价方式，力求得到科学的评价结果。

考核评价标准是学校开展考核工作的条件。考核评价标准不仅要满足一般课程的标准制定要求，而且要体现思政教学的特点，使得二者有机统一。在标准制定中，既要考虑量的因素，也要兼顾质的因素，使标准制定更加科学合理。总的说来，地理课程思政实践教学考核评价标准要以实践教学预期目标、实践教学过程规范和实践教学结果作为参考，制定出具有综合性和科学性的标准。

（二）定性与定量相结合

考核评价要结合定性和定量两个方面。课程的教学既包含教师教学与学生实践的动态发展过程，也包含实践成果与实践成绩等静态表现。因此，课程的考核评价既要有数量标准，也要有质量要求。具体说来，根据实践活动学时、活动考勤次数、实践报告分数、调研报告查重率等具体数据，对实践教学进行定量分析和定量考核；根据实践活动态度、实践活动表现、实践活动效果等，对实践教学进行定性分析和定性考核。最后将两种考核

评价方式相统一，推动实践教学科学有效开展。

构建考核评价机制不是目的，目的是更好地实现思政课实践教学效果和大学生成长成才目标。因而，实践教学考核评价机制也要重视对考核评价结果的反馈和思考，及时总结优秀的经验和方法，对优秀个人和优秀团队进行有效激励，以更好地发挥激励效能。同时，通过评价结果及时发现问题与不足，并予以调整和改进，实现考核评价机制的最优化，推动实践教学有效运行。

四　强化教学监控机制

（一）整合资源，多方合作

在课程思政实施过程中，形成抱团效应。实践创新要以理念创新为先导，高校管理部门要走在教育教学改革的前列，解放思想，开拓创新，冲破陈旧的观念、思维方式和工作方式的束缚，把上级的决策、其他院校的成功经验和本校的实际情况相结合。

形成思想政治教育嵌入教学管理的机制。在监控机制方面，学校党委肩负起主体责任，其他各层级要自上而下，切实担负起领导责任和落实责任，将课程思政建设落在实处，以"同向同行、协同育人"体制机制建设，作为学校提升内部治理能力的重要环节。重视课程思政资源的开发，党委书记、校长要深入教学一线指导并参与课程思政的建设，将其内涵建设与外延发展充分结合。在教学管理方面，学校教务部门要落实好人才培养方案的制定、学科建设以及教材的选定，探索人才培养的新模式，加强教学管理的规范化、制度化。学校要注重马克思主义理论学科对哲学社会科学学科建设的引领，在课程思政的建设中建立协同创新机制，形成标准化、科学化的管理办法。强化课程思政责任意识，在实际的课程设置及课程教学过程中形成文化自觉。教师本人要自我教育、自我完善，在"育人"的同时"自育"，达到教学相长的效果。

（二）科学监控，提升能力

科学监控，提升主体的思想政治教育能力。老师应严格执行学校的各

项教学制度，在课下认真准备课堂内容，在课上严谨授课，确保顺利完成教学计划和任务。学校可以制定考核机制和细则，对老师进行绩效考评，积极引导老师在专业课堂上引入思想政治内容，并将二者有机结合，通过课程设置、课堂教授及学生掌握情况来对老师进行绩效评价。

（三）融合资源，推动共享

当前学科教学融合课程思政大力发展，教师、学校和教育部门都需要进行全方面学习。为此，推动教学资源共享有利于各方面资源的整合，促进教师、学校和教育部门的学习和发展。

推动教学资源共享，建设教学资源共享平台，能够更好地提升中学地理教师开展课程思政的能力，突破时间、空间和地域限制拓宽知识获取渠道，也能够提高教学资源利用效率，使教学资源向现代化发展。南京师范大学汤国安教授带领团队构建高校地理信息科学专业课程思政教学案例库，充分共享教学资源，中学地理教学应当以此为样，学习建设资源共享平台，促进中学地理融合思政教学全面发展。

推动教学资源共享，构建资源共享平台，首先，需要提高教育工作者的资源共享意识。学校领导、教育部门负责人等需要充分意识到资源共享的好处，资源共享有利于缩小区域差距，促进教育公平。其次，需要健全资源共享制度，激励各学校、各学科共享优质教学资源，促进共同发展。最后，需要完善资源共享管理组织，对资源共享平台进行有效管理，保护知识产权，避免资源浪费。

开展教学资源共享有许多途径。比如学校之间开放课程，校际共享精品课程、优质资源；不同学科共同学习思想政治理论教育，加深学科课程与思政的融合，促进地理学科从别的学科汲取经验；中学与高校之间建立联系，既有利于中学学习高校各专业实施课程思政的经验，也有利于构建大中小一体化思政教育体系；利用好网络资源，促使资源获取更便捷、精确，推动资源共享科技化、现代化。

推动思政教学资源共享，有利于更广泛更全面更深刻地开展课程思政教学，促进课程思政教学成为更加日常化的教学方式。

第九章
课程思政融入中学地理教学典型示例

中学阶段是学生世界观、人生观和价值观形成的关键时期。将课程思政融入中学地理教学，不仅有利于确保社会主义的办学方向、落实立德树人的根本任务，也有利于促进教师专业化成长，为党和国家培养全面发展的新时代人才。本章主要从"大人物"、国家倡议、"大国工程"、实际生活、国情教育等方面将课程思政融入中学地理教学。本章以案例形式进行探讨，介绍基本概况、总结做法、提炼亮点，以期为教师研究课程思政与中学地理教育提供可推广、可借鉴的经验分享。

第一节　"大人物"里的"大思政"

各科教学内容都会涉及相应研究方向的伟大先贤和伟大事件。无论年龄大小，人们总是喜欢听故事，而在教学过程当中渗入地理学相关伟大人物的内容，无疑能给地理教学增加新鲜的元素，提高学生学习的兴趣，也能培养学生的地理学科素养。在地理教学中可以选取地理伟人和与教学内容相关的伟人两大类伟人进行名人故事讲解，通过名人的精神和独特的人格魅力激励学生，培养他们的科学探索精神，引导他们勤于思考，从而实现课程全方位育人的目的。科学家的故事，一方面包含了科学知识演变发展、科学理论不断成熟的过程，另一方面也蕴含着科学家们勇于攀登、追求真理的科学精神和态度。本节选择人教版高中地理必修一第五章第一节"植被"，将洪堡的生平简介、洪堡的科学旅行历程与探险精神和洪堡的植

物理论等科学史知识融入地理教学中，体现"科学家精神和思想"融入地理教学的思路，也为其他学科以名人故事为切入点进行教学设计和实践提供经验借鉴。

一　基本概况

（一）亚历山大·冯·洪堡

亚历山大·冯·洪堡（1769 年 9 月 14 日~1859 年 5 月 6 日），德国人，博物学家、地理学家，与李特尔同为近代地理学的主要创建者。他出生在一个富有的普鲁士贵族家庭，他的爸爸是威廉二世国王的亲信，但是不幸的是在亚历山大 9 岁的时候，父亲去世。他的母亲伊丽莎白·考洛姆普是一个富商之女，他还有一个同样伟大的哥哥——威廉·冯·洪堡，后来被称为"现代大学之父"，创办了世界顶尖学府——洪堡大学。威廉·冯·洪堡喜欢历史文化知识，而亚历山大·冯·洪堡更喜欢去探索大自然，去进行冒险的活动，儿时已经开始搜集各种动植物标本了。

大学时洪堡（亚历山大·冯·洪堡）被母亲送到当时德国最好的大学——哥廷根大学，他主修数学、科学和语言，然而，洪堡始终向往着远方的探险。1791 年（22 岁），洪堡毕业后又一次按照母亲的安排，来到了小镇弗莱贝格的一所矿业学院，这是一个折中的选择，既顺从了母亲的安排，又能够学习自己感兴趣的地质学。他早上日出前起床，驱车去弗莱贝格附近的矿山，深入矿井 5 小时，探索矿山建筑结构、开采方式和岩石结构；正午后，他爬出矿井，回到学校学习地质学和矿物学课程；晚上，他读书到深夜。利用"空闲"时间，他搜集了上千件植物的标本，并且进行测量、做笔记、分类收藏。就这样，洪堡用了 8 个月的时间，完成了 3 年的学业任务，以优异的成绩毕业。随后几年内，他成长为这个地区最好的矿业检察员。在工作期间，他发明了呼吸面罩和低氧工作的提灯，编排教材并开办矿工学校，以普及矿业知识，提高作业的安全性。1796 年（27 岁），洪堡的母亲去世，洪堡继承了一大笔财产，他的束缚消失了，因此着手准备他伟大的旅行，完成自己的梦想。1799 年 6 月，洪堡与邦普兰随"皮萨

罗"号从西班牙拉科鲁尼亚出发，开始了他们的航程，目的地是美洲大陆。1799 年 7 月 16 日，他们到达了南美洲，在南美洲探险的这段经历异彩纷呈，洪堡的精彩人生开始了，在未来的 5 年内，他将成为当时最杰出的科学家。

洪堡是近代自然地理学的开山鼻祖。我们初高中阶段所学习的地理知识，极大部分来自洪堡的研究和发现。例如，首创等温线、等压线概念，绘出世界等温线图；指出气候不仅受纬度影响，而且与海拔高度、离海远近、风向等因素有关；研究了气候带分布、温度垂直递减率、大陆东西岸的温度差异性、大陆性和海洋性气候、地形对气候的形成作用；首次绘制地形剖面图，进行地质、地理研究；发现秘鲁寒流（又名洪堡寒流）；发现植物分布的水平分异和垂直分异，论述气候同植物分布的水平分异和垂直分异的关系，得出植物形态随高度而变化的结论；等等。世界上有几百种以洪堡命名的事物，例如洪堡企鹅、洪堡鱿鱼、洪堡百合、洪堡香蕉兰、洪堡石灰岩、洪堡寒流，月球上的洪堡陨星坑和洪堡海，还有绕着太阳运行的第 54 号洪堡小行星。

（二）课标分析

课程标准要求，"通过野外观察或运用视频图像，识别主要植被，说明其与自然环境的关系"。[①] 行为动词之一为"识别"，重点在于"区别"，学生要想区别植被，先要学会观察并在观察中抓住植被的主要特征；行为动词之二为"说明"，学生需结合多个因素分析植被与自然环境的关系。根据课标制定如下教学目标。

第一，区域认知：结合洪堡旅行记录和相关文字介绍，理解植被的定义，认识不同类型植被的名称和特点，从而理解不同地域环境的特点。

第二，综合思维：结合区域案例和洪堡的植物地理学思想，掌握地理环境对植被的影响，分析植被分布变化和热量的关系。

第三，人地协调观：结合洪堡的"整体联系思想"相关材料，认识植

---

① 中华人民共和国教育部制定《普通高中地理课程标准（2017 年版 2020 年修订）》，人民教育出版社，2020，第 9 页。

被破坏可能带来的后果，树立保护植被、爱好自然的人地协调观。

第四，地理实践力：从洪堡的科学探究过程中，感悟地理学家的探索精神；根据教师展示的景观图，锻炼地理现象观测能力。

二　主要做法

教师不仅仅是知识的传授者，更是灵魂的教育者。教师不只是传道授业解惑，还肩负着学生的情感教育。中学阶段的学生应该学会和伟大人物交朋友，了解其生平事迹，更重要的是发现其身上的人格魅力和精神力量。教师要将伟人故事艺术化、氛围化、常态化、专题化，讲好伟人故事，传播伟人精神，让学生学习伟人坚持不懈的学习精神，学习伟人热爱祖国、热爱人民的博大胸怀。

（一）伟人故事艺术化

在"大思政"的教育背景下，教师在教学之前应该认真钻研和分析课程内容所包含的思政元素，结合学科出现的"大人物"，对教学设计进行艺术化加工，使伟人故事的运用精准化，更好地为"立德树人"服务。

教学中引入伟人故事的目的之一是吸引学生的兴趣，地理教师直接用语言来叙述洪堡的生平，不仅形式比较单一，而且对于教师本身语言艺术方面的要求较高，这时教师需要借助多种课程资源达到人物介绍的目的。在本节课授课前让学生观看电影《测量世界》或者与洪堡相关的短视频、书写关于洪堡生平的思维导图。同时，学校可修建蕴含地理伟人优秀品质的建筑、文化长廊、文化广场、人物塑像。在学校名人名言的设计模块中，要出现各个学科相关的人物及名句，尽量不要出现名人类型平行化的现象。可通过教师、学校、网络三方面力量将伟人故事艺术化加工，推动课程思政融入中学地理教学。

（二）伟人故事氛围化

教学第一部分，教师指出人类对地理规律和原理的认识离不开科学家的贡献，紧接着引出地理科学家，带领学生根据洪堡的理论观点，顺着他的事迹，一起学习"植被"，激发学生的好奇心和求知欲。教师首先大致介

绍洪堡的生平，然后着重介绍洪堡植物地理学的思想，最后依次展示洪堡月季、洪堡百合和洪堡杜鹃图片，引导学生观赏图片，并结合课本让学生认识与辨析"植物"与"植被"的概念，进而学习"植物群落"。

教学第二部分，教师利用PPT介绍洪堡提出的植物受环境影响的观点，论述气候与植物分布和植物外形的关系，论证山地植物如何在垂直方向大致按高度分带、平地植物如何在水平方向大致按纬度分带等洪堡地理学理论。在理论学习后，带领学生探讨并绘制纬度方向上的植被分异规律图。认识了植被的分布规律之后，结合具体的景观图片认识这些植被的特征。介绍洪堡"植物面相学"以及他所画的植被，用课件展示热带雨林分布图、热带雨林和热带季风气温曲线图和降水量柱状图、热带雨林垂直结构图、藤本植物和附生植物图、热带雨林植物生态特征图，让学生结合以上各类图片说出热带雨林植被的主要特点。在教师带领学生共同学习热带雨林植被特点后，运用同样的方法，让学生分小组学习常绿阔叶林、落叶阔叶林、亚寒带针叶林植被的特点，最后师生进行归纳总结。

教学第三部分，利用洪堡的"整体联系思想"相关资料，让学生分别探究"巧克力山不长树的原因"和"热带雨林被毁后可能会出现的生态环境问题"。通过探究，学生学习"植被对环境的作用"，树立人地协调观。在课堂最后，升华洪堡的科学探究精神，给学生布置设计校园植物探究的作业，总结校园植物的特点、分析植物对校园的作用，并简要绘出校园植被分布图。

本节课用洪堡的生平简介、洪堡命名的植物、洪堡发现的植被分异规律、洪堡的"植物面相学"和洪堡的"整体联系思想"，营造伟人故事氛围，符合课程思政的要求。学生学习全过程受到伟人故事的熏陶，无声学习洪堡的精神，即创新精神、求实精神、奉献精神等，促进学生地理核心素养的提升和发展。

（三）伟人故事常态化

伟人故事常态化，可以使学生习惯于学习伟人优秀品质，最后提高自己的思政素养。伟人故事常态化，需要学校和教师制定"规则"，学校应定

期在校园内举办地理学相关人物各类文化活动，比如以"洪堡"为主题的演讲比赛、黑板报、歌曲创作、头脑风暴等。教师规定学生在预习之前，要简单了解知识相关的伟大人物生平，比如自然地理中的洪堡、农业学习中的袁隆平、人口分布中的胡焕庸等。在学校和教师制定的"规则"下，学生从日常活动中感受伟人的家国情怀和科学探究的魅力，学生不知不觉便学习到了伟人身上所包含的思政素养。

（四）伟人故事专题化

伟人故事专题化梳理，要求以伟人的某一事迹为主题，通过多角度、多层次的分析，挖掘故事与教材的融合点，建构学科知识体系，形成一个相对完整的学习单元，帮助学生从整体上把握学科知识。[①] 本节内容"植物"属于自然地理学中的一部分知识，高中学完地理必修二进行自然地理知识复习时，可以采用洪堡南美探险作为切入点，将故事主题化，再将知识串联在故事中。在讲课之前，教师给出洪堡南美探险的相关资料，并要求学生熟悉这次旅行的主要停留点。在讲课时，首先，老师和同学共同讨论并统一南美探险主要停留点；其次，按照停留点的个数划分小组，讨论停留点所涉及的高中自然地理知识；最后，以小组的方式进行展示。课后布置作业，记录洪堡南美探险及相应地理知识，形式可以多样，比如思维导图、绘画、歌曲、文字等。伟人故事专题化，不仅使课程变得生动有趣，学生也愿意学、自动学、快乐学并自主探索知识，学习伟人身上的优秀品质。

三　特色亮点

榜样示范法是德育培养的方法之一，中学阶段学生的学习具有很强的模仿性。简述地理科学家和地理知识相关人物的生平以及他们对科学、社会、国家和人类的贡献，可激发学生的崇拜之情和爱学之心。青年兴则国家兴，青年强则国家强，青年一代有理想、有志气、有担当，国家就有前途，民族就有希望。将伟大人物融入中学地理教学，可使课堂充满"温

---

① 张勤裕：《追寻伟人足迹 增强宪法意识》，《中学政治教学参考》2019 年第 35 期。

暖"，在榜样力量的引领下，无声地培养具有朝气蓬勃、自信自强的精神风貌，为国家发展进步奋斗，为世界和平发展贡献智慧力量的新青年。

（一）温暖的课堂

在"温暖课堂"中，教师不再处于对学生灌输、说教的权威地位，而是处于和学生平等对话的地位。"温暖课堂"的核心思想是"激趣、有效、助长"，既要"减负提质"，更要提升学生核心素养，还要渗透国家伟人精神品质和国家红色文化，培养新时代德智体美劳全面发展的人才。本节课，教师利用洪堡相关的事迹和理论，引导学生用自主学习、小组学习和探究学习的方式，了解课堂知识，使课堂具有"温度"，达到德育与智育双层目标。

教学中推出"伟大人物系列"，目的是利用小故事吸引学生，尤其是初中生，使地理课堂不那么冰冷，变得更加丰满有温度，培养学生的学习兴趣。伟大人物的生平事迹可以激发学生爱国、爱党、爱人民的激情，积极引导学生不忘初心，牢记使命，刻苦钻研科学技术知识，团结奋斗，为弘扬中国的科学事业贡献力量。通过讲授"大人物"故事，学生在学习"植被"后完成课后作业和题目练习时，能够熟悉相关习题的背景或者典故，题目会变得更加"亲切"一些，也会使得学生对做过的题目印象更加深刻，更有利于其提高学习地理的兴趣。

（二）榜样的力量

榜样示范法是以他人的高尚品德、模范行为和卓越成就，来影响学生品德的方法。中学生的模仿性强、可塑性大，爱效法父母、师长，向先进同学看齐，尤其崇拜伟人、英雄、学者。榜样把道德观念和行为规范具体化、形象化、动态化，具有极大的感染力。在良好的环境里，榜样能给学生以正确方向和巨大动力。[1] 地理教学伟人专题，强化了榜样的力量，让学生感知地理学习的重要性及科学探究的作用。洪堡一生致力于地理研究，他提到要为后人提供"巨人的肩膀"，这种求真务实、敢为人先、甘为人梯的伟大科学家精神，鼓励学生遇到困难时要坚定信心，克服心理障碍，提

---

① 王道俊、郭文安主编《教育学》（第七版），人民教育出版社，2016，第299页。

高心理素质。在中学地理教学中融入洪堡这一伟人故事，可使学生树立起终身学习的意识，激发学生爱国之情，培养学生科学研究的信心。

榜样教育是思想政治工作的重要方法之一，它是借助于时代典型榜样的行为示范，增强受众道德意识，使人们按照社会规范的要求去行动的方法。榜样教育具有人格性、形象性、示范性、感染性等特点。从认知角度来看，榜样教育是一个榜样学习、榜样认同到榜样内化的过程。从社会规范学习来看，它是高尚的道德品质潜移默化地影响人们思想和行为的教育过程。

（三）无声的设计

课程思政融入中学地理教学，要结合地理谈思想、说素养、讲故事，课堂教学要避免讲大、讲空，避免讲的内容不在学生生活体验层面，思政内容不要用太多的理论术语。本节课教师对洪堡的故事进行梳理，主要提炼与植被和植物相关的事迹和研究成果，并以洪堡的科学探究航线设计本节课后作业，在潜移默化中融入课程思政元素，与地理理论课形成协同效应。由于趣味性强，其提高了学生听课的兴趣，有利于植被相关知识的传授和洪堡地理科学精神的传承，从而培养出践行社会主义核心价值观的，有自信、有担当、有能力的中学生。

中国共产党一向有树立榜样、利用榜样开展思想政治教育的优良传统。无论是革命年代的人民英雄方志敏、董存瑞，还是社会主义建设初期的标兵焦裕禄、王进喜；无论是改革早期的改革勇士鲁冠球、王选，还是中国特色社会主义新时代的时代楷模王继才、黄大发、张富清……他们作为不同领域的先进典型和模范，以"有形的正能量"激励振奋人们，以"看得见的哲理"感召着全社会，起到了春风化雨、润物细无声之功效。国家、社会、人民和课程，都要跟着党和国家的大政方针走，可在课堂中巧妙地将伟大人物融入教学，利用榜样开展学科思想教育，落实"立德树人"根本任务。

第二节　国家倡议里的"大思政"

本节以人教版初中地理七年级下册第七章第二节"东南亚"为例，探

讨在课堂中如何运用"一带一路"倡议创设情境，引导学生自主学习和进行小组合作，使地理课堂生动有趣。

一　基本概况

（一）"一带一路"

2013 年 9 月，习近平主席访问哈萨克斯坦时，倡议共建"丝绸之路经济带"；2013 年 10 月，习近平主席访问印度尼西亚时，倡议共同建设"21 世纪海上丝绸之路"。2015 年 3 月，《推动共建丝绸之路经济带和 21 世纪海上丝绸之路的愿景与行动》经授权发布，从建设原则、框架思路、合作机制、建设重点等方面对"一带一路"倡议进行阐释。依据《推动共建丝绸之路经济带和 21 世纪海上丝绸之路的愿景与行动》，"一带一路"连接东亚经济圈和欧洲经济圈，贯穿亚欧大陆的广大腹地，向南延伸至印度洋和南太平洋，依托国际大通道、中心城市、重点港口、产业园区，沿线国家共同打造六大经济走廊，以此带动沿线国家的共同发展。[①]

"一带一路"倡议是为了更好地促进世界各国发展而提出的构想，展现了中国扩大对外开放的决心。中国"一带一路"倡议的提出，给沿线国家提供了新的思路、新的模式、新的平台、新的机遇。这种崭新的、不同于以往的合作模式，不仅给沿线发展中国家提供了开放搞活的广阔空间和可操作性很强的实施路径，而且将会推动全球经济治理结构的深刻变革。[②] 中国与欧亚国家共建"丝绸之路经济带"以及与东南亚国家共建"21 世纪海上丝绸之路"，虽然是以经济贸易合作为主，但是在政治、经济、文化等多方面，都具有极大的战略意义。中国是一个文明古国，文化遗产丰富，源远流长的中华文明通过陆上丝绸之路和海上丝绸之路传入周边国家，对当地文明的发展与进步产生了重要的影响，与此同时，也增进了中国与亚欧非各国的联系与交流。中国提出的"一带一路"倡议，传承古丝绸之路在

---

① 国家发展改革委、外交部、商务部：《推动共建丝绸之路经济带和 21 世纪海上丝绸之路的愿景与行动》，https://www.mee.gov.cn/ywgz/gjjlhz/lsydyl/201605/P020160523240038925367.pdf。

② 许新：《"一带一路"倡议与人类命运共同体理念》，《珠江论丛》2020 年第 2 期。

经济、商贸、文化等领域的优良传统，同时赋予丝绸之路新的时代内涵，为各国之间的人文交流提供了一个广阔的平台。

党的十八大以来，以习近平同志为核心的党中央结合新的历史条件，继承和发扬丝路精神，提出"一带一路"倡议，赋予古丝绸之路全新的时代内涵。"一带一路"是一条合作共赢之路，"一带一路"倡议符合国际社会的根本利益，彰显了人类社会的共同理想和美好追求，为世界和平发展增添了新的正能量。如今，"一带一路"已经成为范围最广、规模最大的国际合作平台。

（二）课标分析

课程标准要求，"运用地图和相关资料，描述某地区的地理位置，简要归纳自然地理特征，说明该特征对当地人民生产生活的影响"。① 课标要求中包括"描述"、"归纳"和"说明"3 个行为动词，"运用地图和相关资料"属于行为条件。根据课标制定如下教学目标。

区域认知：在地图上找出东南亚的位置、范围、主要国家，读图说出东南亚地理位置特点及其重要性。综合思维：运用图表说出东南亚的气候特点以及气候对当地农业生产和生活的影响，理解气候与生产、生活之间的作用关系，引导学生了解地理要素之间的相互影响，用联系的眼光分析问题。人地协调观：通过"方便面与红猩猩的故事"思考人地关系，树立人地协调观。地理实践力：通过读图和阅读材料了解东南亚的自然特征，在模拟绘制贸易航线过程中，了解马六甲海峡的重要性。

二　主要做法

"一带一路"倡议所涉及的地理资源非常丰富，对中学的区域地理学习有较强的针对性。利用贴近生活的"一带一路"贸易案例进行教学，不仅能丰富地理教学内容，弥补地理教材更新滞后的缺陷，而且能改变学生被动式的学习方式，有助于使地理知识化抽象为具体和直观。共建"一带一

---

① 中华人民共和国教育部制定《义务教育地理课程标准（2022 年版）》，北京师范大学出版社，2022，第 14 页。

路"是习近平总书记深刻思考人类前途命运以及中国和世界发展大势，推动中国和世界合作共赢、共同发展做出的重大决策。通过搭建理论课程、巧妙设计教学内容、开展教学活动的方式，老师和学生配合完成对"一带一路"的深入认识，培养学生的思政素养。

（一）理论课程互补

世界是一个物质的世界，任何事物都是相互联系和发展的，不可能是孤立和静止的。地理学具有区域性和综合性特点，地理与其他学科是相互联系和相互补充的关系。教师在进行教学设计时，要充分考虑各学科的交叉性，打破学科壁垒。世界地理是地理学专业的核心课程，也是最能体现地理学综合性和区域性的课程之一，对于培养学生的地理学思维、区域分析能力和综合分析能力有着重要作用。地理教师主要通过世界地理分区教学，培养学生的地理核心素养；历史教师可以补充各国家城镇、民族、文化等的发展历程，扩展学生对大洲和国家学习的广度；政治老师可以利用各国的重大法案和政策，加深学生对国家间地缘政治、地缘经济的了解。理论课程互补，不仅能够帮助学生培养爱国主义精神、家国情怀、全球视野，而且能够帮助学生树立正确的世界观、人生观和价值观。

（二）教学内容导向

在教学中注重内容的导向性，结合"一带一路"沿线国家的贸易往来，引领学生学习沿线国家的地理知识并培养学生的国际视野，落实"立德树人"的根本任务。利用"一带一路"相关新闻介绍作为导入，点出与中国来往最密切的"一带一路"沿线国家是东南亚国家，指导学生通过读图，说出东南亚的纬度和海陆位置，主动获取东南亚位于交通中"十字路口"的知识。导入创设的东南亚的教学情境，搭建东南亚教学支架，让学生对东南亚有初步的认知，以水到渠成地进行东南亚的教学活动。

在东南亚地区，频繁来往的船舶都会经过一个被称为"咽喉要道"的海峡，学生可通过地图推测该海峡的位置，设计"一带一路"模拟航线来实证。航线一：从上海港出发，把大量的瓷器运到地中海沿岸国家。航线二：日本太平洋沿岸工业区进口沙特的石油。航线三：中国大连从非洲东

岸进口咖啡豆。引导学生进入猜测—模拟—实证的科学探究过程，了解"海上生命线"——马六甲海峡。播放"一带一路"贸易新闻并结合东南亚国家分布图，让学生了解经过马六甲海峡进行货物进出口的周边国家，从而培养学生的区域认知能力和国际视野。

（三）师生互动

教师对中学地理教材中"一带一路"倡议相关知识的扩充，一定要以新的课程标准和社会发展为背景，以中学地理教材相关内容为基础，以学生的全面发展为目标。课前教师通过《中国统计年鉴》，收集并整理出近5年中国向东南亚国家进口的物品。上课时，首先让学生了解中国向各国进口的物品主要有哪些，并总结物品的特点；然后提供东南亚气候图、东南亚地形图、热带雨林气候特征统计图和热带季风气候特征统计图；最后让学生结合资料进行合作探究，并推测出进口物品为热带经济作物。对于"热带气候与农业生产"的学习，在"一带一路"的主线下，教师与学生的互动，可让晦涩难懂的知识变得异常生动有趣，并充分凸显东南亚区域特色。教师通过建构新的与"一带一路"倡议相关的地理知识，提高学生对"一带一路"倡议的认知程度。

（四）教学活动自主性

在新课教授的最后环节，教师播放视频《方便面的故事》，引出中国在"一带一路"中进口最多的农产品就是东南亚的棕榈油。要求学生阅读课本"方便面与红猩猩的故事"，分小组角色扮演中学生、食品企业家、动物保护组织成员和当地政府官员，讨论"发展油棕种植业和保护红猩猩要如何抉择"。角色扮演突出了教学活动的自主性，激发了学生学习兴趣与参与热情，深化了学生的情感体验，促进了学生间思想上的交流与沟通，有利于学生把感性知识上升为理性知识。课堂尾声利用《一带一路之东南亚》新闻文案，让学生纠正和补充，一方面体现学生在教学活动中的自主性，引导学生巩固新学的内容，并将其与实际生活相联系，学习生活中有用的地理，另一方面能及时检测学生学习的效率，及时跟进学生的学习情况。

三　特色亮点

习近平总书记洞察新世纪历史趋势，顺应时代潮流，创造性地传承弘扬古丝绸之路这一人类历史文明发展成果，并赋予其新的时代精神和人文内涵，提出了共建"一带一路"重大倡议。"一带一路"时事新闻中蕴含丰富的地理课程资源，具有区域性、综合性，与生产生活密切相关。将"一带一路"时事热点，有机整合到课堂教学中，构建生活化的地理教学，可激发学生对地理的兴趣，培养学生的全球视野。在课程思政全新的教育理念下，中学地理教学需要和国家倡议结合，以"一带一路"为主线制定时代目标、开设时代课程、培养时代人才。

（一）时代人才

党的十八大以来的十年，是以习近平同志为核心的党中央，立足中华民族伟大复兴战略全局和世界百年未有之大变局，全面深入推进人才强国战略的十年；是人才队伍建设深化改革、系统推进的十年；是人才工作水平全面提升、影响深远的十年；是人才发展服务动能转换、创新驱动高质量发展的十年。十年来，我国在建立健全有利于人才脱颖而出、各尽其能、各展其才的发展环境方面，取得重大进展和制度突破，人才发展事业驶上快车道。

"一带一路"的深入推进，需要培育一大批卓越拔尖的人才，它要求人才具备全球视野，能科学认识复杂多变的世界格局；具有家国情怀，能正确看待中国全球发展的成就和问题；具有为人民服务的人生观，能综合运用所学知识分析和解决中国全球发展问题。"一带一路"赋予了世界地理人才培养新的重大历史使命。教师搜集整合"一带一路"倡议相关的中学地理专题课资源，有助于达成中学地理课程标准中的学习身边地理、关注全球问题、关注我国改革开放和现代化建设中的重大地理问题[1]、注重学生思政素养教育等教育目标。

---

[1]　车秋丽：《基于 GE 的中学地理专题课程资源整合开发研究——以"一带一路"为例》，硕士学位论文，广州大学，2018，第 3 页。

（二）时代课程

不同时期，世界地理教学有不同的宗旨，需要根据时代特征及时调整。"一带一路"是国家的重大对外开放合作平台，服务国家需求是世界地理新的时代使命。当前，在中国取得瞩目成就的同时，全球发展面临治理失效和赤字挑战，中国的"一带一路"和"人类命运共同体"建设成为全球治理的新方案。为此，课程要以服务"一带一路"建设为宗旨组织教学，使学生熟悉世界政治经济的格局和发展趋势，了解中国和平崛起的成就和面临的挑战，掌握运用相关理论知识解决中国全球发展问题，特别是"一带一路"建设问题的实践能力，实现知识、能力与德育目标的综合达成。

（三）时代目标

立德树人是中国特色社会主义教育事业的根本任务，也是培养德智体美劳全面发展的社会主义建设者和接班人的本质要求。新时代教育目标要深化教育体制改革，健全立德树人落实机制，扭转不科学的教育评价导向，坚决克服唯分数、唯升学、唯文凭、唯论文、唯帽子的顽瘴痼疾，从根本上解决教育评价指挥棒问题。

知识传授、能力培养、价值引领都需要融合进世界地理教学活动当中。当前世界地理教学的重点仍是知识传授，但是只有知识传授是不够的，还需要关注学生能力培养和价值引领问题。因此，在课程思政建设的要求下，课程教学不仅要激发学生的专业学习兴趣，还要帮助他们科学理解世界政治经济地理形势，拓展其全球视野，使其建立科学的世界观；激发其家国情怀，使其建立正确的价值观；培养其理论联系实际、综合分析解决全球问题的批判创新能力，使其建立经世致用的人生观。最终实现知识、能力和思政"三位一体"的目标。

第三节　"大国工程"里的"大思政"

每个"大国工程"的建设与完成，都是国家意志、国家情怀、科技实

力、人民智慧的集中体现，其建设中的科技创新、技术攻关、困难磨砺和人文精神故事，都是中华民族共同的财富。国家工程的学习，包括工程设计师和幕后工作者、工程所处地区的自然与人文环境以及工程发展历程等多个方面，这些方面与地理有着十分紧密的联系。因此，在课程思政融入中学地理教学的实践中，可尝试将"大国工程"与课程融合，用"大国工程"力量提升学生的国家认知和民族认同。但在理论教学过程中，"大国工程"与课程的结合不能牵强附会，也不必面面俱到，需要结合各章节知识点，结合不同"大国工程"的典型要素和特殊地理环境，开展探索实践。本节选择人教版高中地理必修二第四章第一节"区域发展对交通运输布局的影响"，以青藏铁路为着力点总结出"大国工程"与"大思政"的融合方法，为这一类的融合提供经验。

一　基本概况

（一）青藏铁路

从 1956 年到 2006 年，在近半个世纪的时间里，经历了三次起伏，一条穿越 550 多公里低纬度、高海拔多年冻土地带，穿越亘古死寂的无人区，翻越海拔 5000 多米的唐古拉山垭口的通天之路——青藏铁路建成通车。青藏铁路，自西宁至拉萨全长 1956 公里，包括西宁至格尔木和格尔木至拉萨两段。1958 年 9 月，青藏铁路西宁至格尔木段开工建设。然而，由于三年困难时期的影响，国家经济难以承受如此大规模的工程，再加上冻土等难题在当时难以攻克，1961 年 3 月，青藏铁路工程被迫下马。1974 年 3 月，青藏铁路工程再次上马。铁道兵第七师、第十师的 6.2 万名指战员再上高原，展开西格段建设大会战。全长 4.01 公里、平均海拔 3600 米的关角隧道是西格段的重难点工程。在修建过程中，塌方事件频发，100 多名年轻战士的生命永远定格于关角，但铁道兵们硬是用风枪、铁锹、榔头，谱写出青藏铁路建设史上壮怀激烈的英雄篇章，使西格段于 1984 年投入运营。进入 21 世纪，党中央从推进西部大开发、实现各民族共同繁荣发展的大局出发，做出了修建青藏铁路格尔木至拉萨段的重大决策，提出了建设世界一流高原

铁路的目标。

青藏铁路是世界上海拔最高、线路最长的高原铁路，是世界铁路建设史上最具挑战性的工程项目之一，沿线高寒缺氧、地质复杂、冻土广布，工程任务十分艰巨。在青藏铁路的建设过程中，全体参建人员奋战在条件异常艰苦的雪域高原上，以惊人的毅力和勇气，战胜了各种难以想象的困难，用自己的心血和汗水，铸就了挑战极限、勇创一流的青藏铁路精神，谱写了人类铁路建设史上的辉煌篇章。这不仅是中国铁路建设史上的伟大壮举，也是世界铁路建设史上的一大奇迹。这一成功实践再次向世人昭示，勤劳智慧的中国人民有志气、有信心、有能力不断创造非凡的业绩，有志气、有信心、有能力屹立于世界先进民族之林。

2021 年是中国共产党成立 100 周年。习近平总书记强调，一百年来，中国共产党弘扬伟大建党精神，在长期奋斗中构建起中国共产党人的精神谱系，锤炼出鲜明的政治品格。① 2021 年 9 月 29 日，党中央批准了中央宣传部梳理的第一批纳入中国共产党人精神谱系的伟大精神，在中华人民共和国成立 72 周年之际予以发布。青藏铁路精神正式纳入中国共产党人精神谱系。"挑战极限、勇创一流"的青藏铁路精神，是在把青藏铁路建设和运营成世界一流高原铁路的过程中凝聚而成。"挑战极限"是指挑战青藏高原高寒缺氧、风大干燥、极端恶劣的自然环境，以及青藏铁路所处末端的路网位置和地理位置；"勇创一流"是指通过扎实的工作、科学的管理，把青藏铁路建设、运营成世界一流高原铁路，造福青藏两省区人民。青藏铁路精神在几代铁路人的追梦实践中孕育而生。缺氧不缺精神，艰苦不怕吃苦，海拔高标准更高，风沙强意志更强，越是艰难越向前，正是青藏铁路建设者最宝贵的精神品质。

（二）课标分析

课程标准要求，"结合实例，说明运输方式和交通布局与区域发展的关

---

① 《庆祝中国共产党成立 100 周年大会在天安门广场隆重举行 习近平发表重要讲话》，新华网，http://www.xinhuanet.com/2021－07/01/c_1127615310.htm。

系"。① 本节内容主要对应区域发展对交通运输布局的影响。"结合实例"是行为条件，教师可以通过文字、图片、视频等方式创设真实的情境，让学生在情境中探究区域发展对交通运输布局的影响。"说明"属于行为动词，是认知领域范畴，难度不高，但由于学生缺乏相关的经验和知识，通常会在"说明"的学习上碰到困难。本节教学目标如下。

人地协调观：通过对交通运输布局的一般原则的学习，了解自然环境对人类生产活动的限制和人类活动对自然环境的改造，理解我国交通规划和布局理念。区域认知：观察青藏铁路分布图、青藏地区气候图和地形图，描述青藏铁路修建的影响因素，培养区域认知能力。综合思维：结合资料，分析如何突破修建青藏铁路的技术难题，理解需求和资金对交通运输布局的影响及青藏铁路的修建对区域发展和国家安全的意义。地理实践力：通过观察和讨论，获取和处理与交通运输布局及变化相关的信息，主动发现和探索问题。

二　主要做法

国家工程案例通过点式、线式和面式三种方式融入中学地理教学，不仅能与课程内容完美衔接，还能吸引学生学习的注意力并使学生产生共鸣，以此激发学生的爱国主义情感，从而培养学生的爱国主义精神。国家的每个大工程背后都是由多个子工程支持的，都是一个个子工程的团队成员共同努力攻克难关而取得进展的结果。国家工程建设的背后，包含许多思政元素，需要教师挖掘其中的教学资源进行教学，培养学生科学探究、追求真理、乐学乐思等优秀品质。

（一）点式融合

点式融合指根据课程的某一个具体知识点开展结合。本节围绕"青藏铁路"展开课程导入及五种交通运输方式优缺点的学习。在课堂教学中，情境是联系现实世界与教材中地理知识和原理的纽带，情境教学对地理核

---

① 中华人民共和国教育部制定《普通高中地理课程标准（2017 年版 2020 年修订）》，人民教育出版社，2020，第 10 页。

心素养的培养和提升具有重要作用。课程导入时，说出 1949 年，我国西藏仅有 1000 米的道路可供汽车通行，美国火车旅行家保罗·索鲁断言："有昆仑山脉在，铁路就永远到不了拉萨。"随后播放央视公益广告——《青藏铁路 雪域高原幸福之路》。在此基础上设置"谈谈看完视频后的感想？""说出目前青藏地区已有的交通运输方式？""小组讨论交通运输方式有哪些，并比较其优缺点？"三个问题，引导学生层层递进地分析相关问题。以视频呈现青藏铁路从无到有的过程，一方面可以让学生的注意力快速集中，迅速进入本节课的情境中去；另一方面，青藏铁路是世界上最长的高原铁路，可以让学生了解铁路修建蕴含的工匠精神，将中国工程精神融入其中，培养国家认同感。教学的第一部分用"青藏铁路"创设情景，学习五种交通运输方式优缺点，实现点对点的学习，符合学生的认知发展规律。

（二）线式融合

线式融合是把修建青藏铁路的各影响因素，以串珠子的方式融合，形成一条交通运输线建设的区位因素线。青藏铁路的修建既是根据特定气候条件、地质地貌、水文水系等，因地制宜修建铁路设施的过程，也是人为对地理环境改造、重新塑造地貌的过程，涉及自然因素、经济因素、社会因素和技术因素等多因素教学内容。首先，给出青藏铁路分布图、青藏铁路格尔木至拉萨段示意图、青藏地区地形和气候图，让学生探究修建青藏铁路要考虑的自然因素。其次，给出青藏铁路路基模型及解决青藏地区多年冻土问题的措施的资料，让学生总结修建青藏铁路要考虑的技术因素。最后，给出修建青藏铁路的历程资料以及铁路经过的主要站点资料，让学生归纳修建青藏铁路要考虑的社会因素和经济因素。教学的第二部分通过将青藏铁路工程中的多种影响因素串成线的学习，让学生了解人类活动与自然的关系，树立科学发展观，学习青藏铁路精神，建立制度自信。

（三）面式融合

面式融合指根据教学需求，对"大国工程"开展全面深入的挖掘和剖析。面式融合既要考虑知识的深浅度，也要考虑学科知识体系的安排和学生的接受程度。面式融合在课前需要教师进行精心设计与安排，在课中需

要教师与学生双向互动，在课后需要教师认真设计作业和学生完成作业，对于教师和学生而言都具有一定的挑战性。教师呈现青藏铁路自开通以来，累计运送旅客数及其年均增长率、青藏地区科研及旅游数据资料、青藏地区资源分布图，让学生理解随着区域发展交通需求变化对交通运输布局产生的影响。最后让学生结合本节所学知识分组讨论区域交通运输布局的一般原则，以及青藏铁路的修建对区域发展和国家安全的影响。教学的第三部分以修建青藏铁路的影响因素这条线为基础，展开区域发展对交通运输布局的影响、交通运输布局的一般原则以及青藏铁路修建的意义三个方面的学习。该部分选择青藏铁路为研究对象，从交通线到区域再到国家，视角扩大、层层递进。分层递进设计地理教学内容与渗透思政教育，坚持以地理学的理性和思政的政治性育人。

三　特色亮点

国家工程的学习包括工程设计师和幕后工作者、工程所处地区的自然与人文环境以及工程发展历程等多个方面，这些都是课程思政的切入点。交通运输是当今国民经济的重要命脉，作为人文地理基础知识，交通运输布局与人口分布、城市发展、产业布局密切相关。在学习青藏铁路工程里的知识要点与"大思政"时，在教学过程中从内容、形式、课堂三个方面入手，学习青藏铁路建设者在"生命禁区"，冒严寒、顶风雪、战缺氧、斗冻土，以惊人的毅力和勇气挑战极限、战胜艰难险阻，铸就"挑战极限、勇创一流"的青藏铁路精神，进而无声无息地培养具有新时代思政品质的中学生。

（一）内容深入浅出

传统的课堂教学往往比较死板，注重内容本身，而忽略学生水平的差异。一个知识点，怎样讲得明白易于理解，这需要教师钻研课程内容。特别值得注意的是，寻找课本知识与当下生活和社会的交叉点，对学生理解相关知识很关键。首先梳理课程内容主干，然后确定好国家工程思政主题，以此为主线，形成贯穿整个课程思政建设的脉络，然后再延伸到项目、任

务、知识点和技能点，只有这样循序渐进，才能达到事半功倍的效果。可以国家工程建设为主线，选取交通工程、能源工程、水利工程、科考工程、生产工程和商贸工程等案例，将其分散在初高中重要知识点中，融入课堂教学。

办好思政课，要让学生主动放弃不合理的个人利益需求，保持和发展其合理正当的个人利益需求，千方百计将其个人利益需求，引导到与党和人民需要相统一的轨道，与实现中华民族伟大复兴的中国梦融合为一体①，其中国家工程就是一个很好的切入点。"深入浅出"是站在提高教师授课效果的立场来考虑的——如何将教师脑子里已有或书本上写就的深刻道理传授给学生，让他们听得懂，所以要借助浅显易懂的例子和打动人心的故事。"深入浅出"，重在"浅出"，重在学生的理解和接受。② 本节课运用保罗·索鲁的断言和央视公益广告快速将学生带入学习情境中，随后通过地图和资料，结合小组讨论的方式逐步探索知识，在学习本节课知识的同时，让学生领悟青藏铁路精神，把握交通建设对区域发展和国家安全的重要性。

（二）形式生动活泼

一般的情境教学，一节课往往有多个相互独立的情境材料，学生容易被众多情境材料所干扰，进而产生知识割裂、碎片化等问题，导致学生对知识缺乏系统掌握。主题式情境教学把分散的知识整合到同一情境中，用同一情境贯穿整个课堂。③ 教科书通过诸多实际案例，使学生认识到不同区域对交通运输布局的要求不同，从而培养学生的综合思维。但是案例数量的多样性，限制了其案例的深化。本节课用"青藏铁路"这个情境贯穿整个课堂，问题依次展开、课堂教学高效，以期通过一个案例，让学生更好地掌握系统知识，对学生进行家国情怀、民族精神及个人工匠精神的培育。

---

① 张瑞甫、张乾坤：《略论思政课的循序渐进与科学实效性——深入学习贯彻习近平总书记"3.18"重要讲话精神》，《山东教育》（高教）2019 年第 6 期。
② 黎志珍：《提高高职院校思政课教学质量的对策——从"深入浅出"到"浅入深出"》，《山西科技》2017 年第 3 期。
③ 印志：《基于核心素养培养的主题式情境教学探索——以区域发展对交通运输布局的影响为例》，《高考》2022 年第 2 期。

国内重大工程建设以及与国外合作的工程建设项目，都有着自然地理背景和重大社会意义，是历年高考命题的着眼点。[①] 首先将国家工程划分为交通工程、能源工程、水利工程、科考工程、生产工程和商贸工程等多个专题，然后再将各专题与具体的地理知识结合，这样的教学不仅打破了以往的顺序教学方法，而且使得教学形式生动活泼，更加有利于培养全面发展的地理人才。地理教学把举世瞩目的"大国工程"案例融入课堂，不仅让学生掌握专业理论与方法，激发学生学习地理的兴趣；而且增强了学生成为祖国未来"大国工匠"的使命感和自豪感，让学生在专业知识学习的过程中，获得创新思维和思想品德的融合培养，为学生将来成为专业扎实、胸怀国家、"又红又专"的优秀人才，做出重要贡献。

（三）课堂有感染力

教学环节的组织和设计就像电影的情节，如何推进，是吸引和感染学生的关键。综合运用教学技能，能够更好地诠释和传递教学的内容信息，并调动学生的积极性，可以有效提升地理与思政融合课程的吸引力和感染力。课程思政融入中学地理教学中，教师承担着对中学生进行知识与思想政治教育的重要使命。在课堂教学中，提升地理课程的吸引力和感染力，教师起到重要作用。

课堂中通过将"大国工程"融入教学，让学生明白每一次的大国工程建设，都是中华儿女面对新事物、新难题的一次科研冲锋和技术飞跃。青藏铁路是世界海拔最高的高原铁路，建设面临三大世界铁路建设难题：千里多年冻土的地质构造、高寒缺氧的环境和脆弱的生态。最终科学家们采取了以桥代路、片石通风路基、通风管路基、碎石和片石护坡、热棒、保温板、综合防排水体系等措施，解决冻土所带来的难题。本节课将"大国工程"与课程融合，使课堂富有感染力，用"大国工程"力量，提升学生的国家认知、民族认同和科技自信。

---

① 张伟斌、刘平江：《选考地理主题单元微专题设计及其深度教学——以"工程建设"主题单元整合为例》，《地理教学》2021年第15期。

第四节　实际生活中的"大思政"

"纸上得来终觉浅，绝知此事要躬行。"这句古诗充分说明了在课堂中老师教授的课本知识是有限的，如果想要真正地理解并熟练运用知识，就必须将知识与实际生活相结合，做到融会贯通。地理知识与生活的各方面实际结合起来，才能够做到灵活运用，切实解决生活中的问题。在教授课本知识的过程中，教师可以按照相应的内容，布置生活观察作业，将课本知识与实际生活紧密联系在一起。这样可以让学生养成良好的学习习惯以及培养学生对新鲜事物的热爱，激发学生对地理知识的兴趣，让所学的知识能够应用在实际的生活当中，真正做到学有所用，学以致用。地理教学中的一些现象和结论，都可以让学生到大自然中、到社会实践中去了解、探索，应该让学生从封闭的课堂转移到开放的社会实践中，去主动获取知识。[①] 本节选择人教版高中地理必修一第六章第一节中的"洪涝灾害"，以河南省洪涝灾害为例进行分析，让学生了解2021年河南省洪涝灾害的同时，了解国家和地方时政，领悟一方有难八方支援的道理，培养爱国之情，同时为生活案例融入中学地理教学提供经验借鉴。

一　基本概况

（一）河南省洪涝灾害

2021年7月17～23日，河南省出现历史罕见的极端强降雨，全省平均过程降雨量223毫米，有285个站点降雨量超过500毫米；有20个国家级气象站日降雨量突破建站以来历史极值，其中，郑州、新密、嵩山站均超其历史日降雨量极值1倍以上，郑州气象观测站最大小时降雨量（20日16～17时，201.9毫米）突破我国有记录以来小时降雨量历史极值。多条河流发生超警戒水位以上洪水，郑州、新乡、鹤壁等多地遭受特大暴雨洪涝灾害，受灾范围

---

① 明春：《让地理教学艺术生活化》，《地理教学》2011年第13期。

广、灾害损失重、社会关注度高。灾害造成全省 16 市 150 个县（市、区）1478.6 万人受灾，因灾死亡失踪 398 人，直接经济损失 1200.6 亿元。

河南特大暴雨发生的四大原因如下。一是大气环流形势稳定。西太平洋副热带高压和大陆高压，分别稳定维持在日本海和我国西北地区，导致两者之间的低值天气系统在黄淮地区停滞少动，造成河南中西部长时间出现降水天气。二是水汽条件充沛。7 月中旬河南处于副高边缘，对流不稳定能量充足，18 日西太平洋有台风"烟花"生成并向我国靠近。受台风外围和副高南侧的偏东气流引导，大量水汽向我国内陆地区输送，为河南强降雨提供了充沛的水汽来源，降水效率高。三是地形降水效应显著。受深厚的偏东风急流及低涡切变天气系统影响，加之太行山区、伏牛山区特殊地形对偏东气流起到抬升辐合效应，强降水区在河南省西部、西北部沿山地区稳定少动，地形迎风坡前降水增幅明显。四是对流"列车效应"明显。在稳定天气形势下，中小尺度对流反复在伏牛山前地区发展并向郑州方向移动，形成"列车效应"，导致降水强度大、维持时间长，引起局地极端强降水。

河南暴雨灾害影响列举以下两点。第一，严重影响到河南人的生命安全。据河南省政府防汛救灾新闻发布会通报，2021 年 7 月 16 日以来，截至 2021 年 8 月 2 日 12 时，河南省因灾遇难 302 人，50 人失踪。其中，郑州市遇难 292 人，失踪 47 人；新乡市遇难 7 人，失踪 3 人；平顶山市遇难 2 人；漯河市遇难 1 人。第二，在这次历史罕见的暴雨中，郑州气象观测站最大小时降雨量达 201.9 毫米（20 日 16～17 时），突破我国小时降雨量历史极值，不仅使郑州市内交通一度面临"停摆"，还对全国的交通运输产生了较大影响。郑州交通的重要性非同一般，它不仅是中原城市群中重要的交通枢纽，还是中国交通的"心脏"所在。

（二）课标分析

课程标准要求，"运用资料，说明常见自然灾害的成因，了解避灾、防灾的措施"。[①] 其中，行为条件是"运用资料"，学生要借助资料如地图或现

---

① 中华人民共和国教育部制定《普通高中地理课程标准（2017 年版 2020 年修订）》，人民教育出版社，2020，第 9 页。

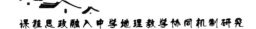
实生活中的案例学习相关内容。行为动词是"说明""了解"，分别属于理解层次和了解层次的目标。行为结果是"灾害的成因及避灾、防灾的措施"。本条课标不要求学生系统地学习自然灾害，重点是帮助学生理解自然灾害与人类活动的关系。教师可以利用所在地区常见的自然灾害进行讲授，以便学生结合实际生活，加深理解。[①] 本节课的教学目标如下。

区域认知：通过自主查阅资料、阅读河南省地形图，分析河南省地理位置、气候类型和遭遇洪涝灾害的原因。综合思维：通过阅读地图说出洪涝灾害发生的规律及其分布地区，通过阅读现实素材说明洪涝灾害对人类活动的影响及减轻洪涝灾害的措施。地理实践力：小组合作讨论减轻洪涝灾害的措施及面对洪涝灾害时如何自救和互救。人地协调观：通过角色扮演给出防御洪涝灾害的措施，培养人与自然协调发展的价值观念。

二 主要做法

随着社会生产力的快速发展，人类活动对自然灾害的影响日趋强烈，人类活动合理与否，深刻地影响着自然灾害的发生频率、强度与防御。在酷暑严寒、洪涝干旱、山崩地裂等频频发生的自然灾害面前，人类的生命是十分脆弱的，了解和掌握必备的防灾知识是十分必要的。自然灾害来源于生活，在我们每一个人的身边。学校是传授知识的"主阵地"，教师利用多媒体再现自然灾害，创造生活化学习情境，巧设地理小实验使课堂活动生活化，通过角色扮演营造接近生活的学习氛围，让学生在生活中学习自然灾害知识，最终利用所学知识解决生活中的实际问题。

（一）多媒体创设生活化学习情境

中学生注意力容易分散，教师可以巧妙运用多媒体吸引学生的注意力，让学生将心放在学习上，并产生自主学习的兴趣和欲望。要想生活化教学策略在中学地理课堂教学中得到有效应用，还需要教师积极创设生活化学习情境，以此为基础结合中学地理教材内容，营造出浓厚的生活化教学氛

---

① 韦志榕、朱翔主编《普通高中地理课程标准（2017 年版 2020 年修订）解读》，高等教育出版社，2020，第 72 页。

围，提高学生对地理的学习兴趣，提升学生的地理学习水平。在开展洪涝灾害学习时，由于没有亲身经历暴雨或者其他气象自然灾害，学生很难了解到洪涝的猛烈性和灾难性，同时学生也无法直接了解到灾害背后所蕴含的中国精神和中国制度。教师可通过多媒体向学生展现河南省暴雨灾害和灾害救援的相关数据和视频，方便学生的知识学习和德育熏陶。多媒体可将课文中死板的洪涝灾害概念转变成具有生活化气息的动态景致，学生通过观看洪涝灾害相关视频，对祖国的热爱之情油然而生，也意识到灾害学习和掌握灾害自救与互救的重要性。

（二）课堂活动生活化

目前学生的学习负担重、学习压力大，在这种情况下，地理学科更应发挥自己的学科特点，改变仅限于讲授与接收的课堂模式。教师应当注重将理论教学与实践教学有效结合，引导学生将学到的知识应用到课堂活动中去，以更好吸收知识，同时提高解决和分析实际问题的能力，培养核心素养和综合能力。在讲授形成洪涝灾害的自然原因时，以探究活动的方式完成教学任务。教师给出中国洪灾频次分布图、中国地形图、气候类型图和中国年降水量分布图，让学生探究洪涝灾害发生与气候、地形的关系，得出洪涝灾害的分布主要受气候因素和地形因素影响的结论。

在讲授形成洪涝灾害的人为原因时，以课堂小实验的方式让学生主动获取知识。课前教师提前准备烧杯两个且一大一小、水槽两个、沙土一盒、瓷砖一块、带凹槽的茶叶外包装盒两个及硬纸板两块。课中设置三个小实验让学生了解植被、路面状况以及湖泊对洪涝灾害的影响。实验一：同样的沙板都有一定的倾角，代表地面坡度，只不过一个没有植被覆盖，一个有植被覆盖；随后倒下等量的水，代表相同降水量，继续观察水流变化情况。实验二：烧杯大小代表降水量的多少，瓷砖代表硬化路面，沙板代表自然路面；烧杯装满一杯水，缓缓倒在平放的瓷砖和沙板上，观察瓷砖和沙板的水流变化。实验三：将有两个凹槽的盒子平放在水槽上，凹槽代表湖泊，烧杯装满水倒下去，代表湖泊的凹槽容纳了部分水流；然后用沙子等把凹槽填平；再用同一个烧杯装满水倒下去，对比容纳水量的差异。通

过探究活动和课堂实验推导结论，进一步强化学生对主干知识点的全面掌握，提高学生知识迁移能力和地理实践力，在教学环节中无声培养学生的思政品质。

（三）学习氛围生活化

在教学活动中，教师可以从身边的热点事例着手，培养学生观察生活和社会的能力。通过探究活动和课堂实验学习影响洪涝灾害产生的自然和人文因素后，教师结合导入时设置的环节，请学生分析河南省发生洪涝灾害的原因及产生的危害。学生通过建立洪涝灾害产生原因和危害的假说，并联系所学知识去解释假说，实现由被动学习到主动反思。这个过程驱动课堂教学不断向着教学目标发展。此时学生的假说虽然不够完整、不够严谨，但是教师应耐心听完并在学生发言后给出我国大气环流示意图、2021年7月20日台风移动示意图、河南省地图、河南省地形图和世界主要气候类型图，及时对发言学生的假说进行回应，从而使学生对这个问题的印象更深刻。

在探讨河南暴雨产生的原因和危害之后，可以组织角色扮演活动，让学生扮演洪涝治理专家，提出暴雨洪涝灾害防灾减灾能力短板和防范应对暴雨洪涝灾害的措施。教师可以补充河南暴雨救援的相关新闻报道，通过阅读资料，学生可以了解到面对灾难中国人没有屈服、党中央高度重视并正确指导抗洪救灾工作、社会群众自发汇集成一股大爱的力量等案例背后的"大思政"，有利于潜移默化地培养学生的"中国精神"。最后让学生分组讨论，面对洪涝灾害需要学习哪些生存技能、应该怎么自救与互救？根据河南洪涝灾害产生的原因，学生可以提出应对策略，培养其分析问题的能力；另外，让学生在体验和感受中增强防灾减灾和灾前自救的意识，进一步强化学生的综合思维能力，最终把学生培养成能为社会和国家做贡献的人。

三　特色亮点

洪涝灾害是气象灾害之一，本节以河南暴雨为例探究课程思政融入中

学地理教学的方法，总结其方法的特色亮点，分别为贴合教育目标、凸显学生主体地位、活跃课堂气氛、结合时政热点。当代人口、资源、环境和发展问题突出，要充分发挥地理文化教育功能，普及地理全方面知识，在教学中融入生活案例，培养优秀地理人才。

（一）贴合教育目标

选择贴近学生生活实际的河南暴雨案例素材，有助于唤起学生的兴趣，提高学生的认知；选择内容积极、正能量的暴雨救援案例素材，有助于唤起学生的民族自豪感，增强学生的社会责任感；选择与课程中自然灾害知识具有较高关联性的暴雨素材、深挖素材之间的关联性以及素材与知识点之间的关联性，可促进教学内容实现有效联通，推进"三全"育人目标的实现。自然灾害生活化教学，旨在让抽象深奥的知识变得直观易懂，把教学内容与生活联系起来，有利于灾害知识的通俗化。教学不光是要教给学生关于灾害的理论知识，更要培养学生积极的生活意识。生活化教学的目的在于想方设法把灾害知识转化成学生熟悉的生活情境，让学生在这些生活情境中掌握防灾知识、提高生存技能。

从最新的初高中地理课程标准可知，地理学习不再只是为了考试，学生应该充分利用学到的地理知识，很多的地理知识都可以用到我们的实际生活中。生活化教学理念正是迎合了新课程标准的要求，突出地理教学的实用性。生活化教学强调增强爱国主义情感，树立科学的人口、资源、环境和可持续发展价值观。这些都是学校教育的重要目标，一个人在学校不仅仅是学习科学文化知识，更重要的是培养能够终身受益的文化素养和人生价值观。

（二）凸显学生主体地位

传统的教学模式是以老师为主导，而学生处于被动接受知识的地位，这种学习方式大大削弱了学生的创造力与想象力，致使学生无法自己思考问题和解决问题，碰到问题不会解决，只是寻求家长和老师的帮助，这有悖于培养创新型人才的策略。在洪涝灾害知识的教学中，首先利用多媒体播放 2021 年河南省暴雨视频，拉近学生与灾害的距离，然后通过探究活动

和课堂实验，让学生分析洪涝灾害产生的原因，最后组织角色扮演和小组讨论，让学生探讨预防洪涝灾害的措施和灾害时自救的方法。这样的教学设计，教学与生活紧密联系，引导学生主动思考，真正做到让学生成为学习的主体。

课堂教学的目的在于，提高教学的有效性和质量，但前提是让学生更好地融入课堂教学中，即课堂教学应充分发掘学生的主体价值，这就要求教师着重激发学生课堂学习的主体意识，发挥学生课堂学习的主体作用。在新课改教育背景下，教师在课堂上尽量少讲，主要是让学生自主学习、自主合作、自主探究与自主解答，要让学生始终成为课堂的主人。只有让学生自己去组织答案，他们对所学习的知识才会记忆深刻，学习效果才会最明显。

（三）活跃课堂气氛

现在在每个班级中，都可以找到若干个厌学的学生，但却找不出几个不爱玩的孩子。针对这一现象和学生大多具有好动、好奇心强、喜欢自我表现的特点，在地理教学中应当加大学生活动的力度，尽可能地根据学生的认知水平和心理状况，设计一些动手、动脑的游戏和小组竞赛活动，做到寓教于乐，使学生在活动中提高地理素养。洪涝灾害小实验，能优化学习方式，激发学生学习兴趣，有助于培养学生的人地协调观、综合思维、区域认知和地理实践力等核心素养，以及认知能力、合作能力、创新能力、科学精神、责任担当等基本素养，从而为学生的终身发展奠定基础。① 洪涝灾害治理专家的角色扮演，不仅能让学生掌握洪涝灾害的应对措施，而且有利于让学生懂得人与自然和谐共处的道理。

教师要以学生为认知主体，激发学生的认识内驱力，让学生真正动起来，这样才能使学生学有所得，才能构建起开放而有活力的课堂。师生的互动能让教和学结合起来，如果一堂课只是教师一个人在讲，学生在下面没有跟老师做任何的交流和互动，那么教学就只能被称为"教"，而没有体

---

① 刘鑫、陈炳飞：《指向地理实践力培养的实验活动设计与实施——以"洪涝灾害"教学为例》，《地理教育》2022年第7期。

现"学"，更谈不上实现知识与思政双教育的目标。例如，关于应对洪水灾害的正确方法这一内容的学习，可以组织关于"躲避洪水灾害"的生活讨论或者探究活动。由于学生对洪水灾害都有过直接或间接的经历和感受，所以每个学生都能够说出一点来。通过这个活动过程，学生的生活体验与地理教学内容得到融合，这就体现了生活化教学的主旨，而且学生在地理课堂上能够进行生活问题的讨论，自然会体验到地理学科的乐趣。

（四）结合时政热点

地理教师在讲授"自然灾害"时，把河南暴雨这一时政热点及时传递给学生，让学生对洪涝灾害的产生及影响有所了解，做到地理知识的与时俱进。课程以"洪涝灾害"为主题，整合教材中"洪涝灾害"的内容，以近期发生的"河南暴雨"为教学情境，将学生的经验世界与现实世界相联系，将教材中的知识引向五彩缤纷的生活世界，使学生逐步形成地理学科思想和地理学科思维，学会用地理的眼光观察现实世界，用地理思维思考现实世界，用地理的语言表达现实世界，用地理的知识和方法解释现实世界。灾害问题事关人类的生命、社会的生产生活以及区域的经济发展和交通运输，生活化教学内容与活动，能够增加学生保护生态的意识和培养学生团结、有爱、互助的思政品质。通过这样的时政热点讨论，学生也能感受到地理学科的乐趣，积极参与到生活化的地理课堂，形成浓厚的学习氛围。

中学地理课程思政的建设要贴近时代、贴近实践、贴近学生，不断增强亲和力和针对性，提升学生获得感。中学生正处于世界观形成和确立的关键时期，学习能力强、接受事物快、可塑性好，但知识体系搭建尚未完成、价值观塑造尚未成型、情感心理尚未成熟，最需要正确引导，让他们懂得要勤学，求得真学问。将理论内容与实际应用、时政热点结合，既能加强课堂互动、活跃课堂氛围，又能引导学生树立正确的就业观念，引导其投身国家重点行业。

第五节　国情教育里的"大思政"

　　国情是一个国家某一时期的基本情况和特点，也就是一个国家在某一特定的历史时期中相对稳定的、总体的、客观的基本情况和特点，它决定着一个国家长远发展的基本特点和大致轮廓。[①] 新课改背景下的中学地理教学，强调地理核心素养的培养，即培养学生的区域认知能力、综合思维能力、地理实践力和人地协调观，核心素养的培养，需要立足于学生对我国国情的认知。一个国家的基本国情，既是该国自然环境和社会历史发展演替造成的现实，又是一个国际环境中的客观存在。人们只有了解它、熟悉它，洞察它的本质和规律，才能把握好这个国家的发展方向和发展道路。[②] 地理国情教育是中学地理学科开展思政教育的重要阵地。地理国情教育无论是对中学生个体发展还是对国家社会长远发展，都具有重要意义。地理国情教育可以增强中学生对国家的了解，培养学生的爱国情操，为国家发展建设储备人力资源。本节以人教版高中地理选择性必修 3 第二章第三节"中国的耕地资源与粮食安全"为例，以河南省耕地与粮食安全关系为小的切入点，由小扩大到国家的耕地与粮食安全问题上，分析在课程思政教育背景下，国情融入中学地理的具体方法，使学生认识到国家耕地资源的有限性，培养学生的区域认知能力及人地协调观，进而增强学生的国家安全意识。

一　基本概况

（一）中国耕地

　　耕地是国家粮食安全最基础、最根本的保障；保护一定数量和质量的耕地资源是维护国家粮食安全的前提。耕地是土地之精华、粮食生产之根

---

① 黄雅美：《谈谈地理教学中的国情教育》，《教育教学论坛》2013 年第 1 期。
② 宋磊、邱占勇：《高校学生党员基本国情教育的认识及路径探索》，《新西部》2019 年第 35 期。

基，中国是人口大国和农业大国，耕地资源安全和粮食安全事关国家长治久安。耕地资源是国家粮食安全的重要资源保障，耕地保护是中国必须优先考虑且不能回避的问题。[①]

耕地出现的问题有以下三个。第一，耕地资源空间布局稳定性差且开发失衡。由于特殊的地理国情，中国的优质耕地主要分布在胡焕庸线以东，与中国经济增长的火车头区域、城市化区域和工业化区域在空间分布上高度重合，导致中国东部发达区域耕地快速流失，而补充耕地主要分布在中国的东北和西北区域。第二，耕地资源污染日益严重，从局部向区域蔓延。我国重金属污染正由大气、水体向土壤转移，土壤重金属污染已进入一个"集中多发期"。工业城市和冶炼企业周边，通过大气干湿沉降和灌溉水带入土壤中的重金属量是施肥带入量的几十至几百倍。第三，耕地质量总体不高，劣质耕地比例将进一步增加。《中国耕地质量等级调查与评定》结果显示，全国耕地质量平均等别为 9.8 等，其中，低于平均等别的 10～15 等地占 57% 以上，而高于平均等别的 1～9 等地仅占 43%。将全国耕地划分为优等地、高等地、中等地和低等地，其所占比例分别为 2.67%、29.98%、50.64%、16.71%，即优等地和高等地合计不足全国耕地总面积的 1/3，而中等地和低等地合计占到耕地总面积的 2/3 以上。[②]

耕地保护的方法有以下几个。首先，守住耕地资源红线。为保障国家粮食安全，2006 年《国民经济和社会发展第十一个五年规划纲要》明确提出，要加强耕地资源保护，全国耕地保有量不少于 18 亿亩。《第三次全国国土调查主要数据公报》显示，2019 年末中国耕地面积为 19.18 亿亩。通过实施耕地占补平衡和永久基本农田保护政策，中国牢牢守住了 18 亿亩耕地红线。其次，农业政策的调整以农业规模化经营为目的。一方面，通过扩大农地经营权的流转规模、加大农业生产基础设施建设等方式，尽可能

[①]　孔祥斌：《粮食安全：不能忽视耕地的作用——对茅于轼先生的"18 亿亩红线与粮食安全无关"的回应》，《中国土地》2011 年第 6 期。

[②]　程锋、王洪波、郧文聚：《中国耕地质量等级调查与评定》，《中国土地科学》2014 年第 2 期。

地降低国内农业生产的成本，保持国内口粮生产的比较优势；另一方面，通过精准粮食补贴方式，对新技术采用方面给予倾斜，比如从对单个农户提供生产性直接补贴转为对农业机械生产企业进行补贴，加强农业资本深化，鼓励农业技术创新。① 最后，加强土壤污染的生态修复治理。其主要技术措施包括：通过创新水质监测技术，减少污水灌溉造成的土壤污染；通过创新土壤污染治理技术，包括作物的替代技术，减少土地小区域污染对土地资源造成的浪费，对于小规模的污染农田，可以采用换土办法，把城镇化过程、道路建设以及其他占用的基本农田的表层土，转移到污染农田，以提高土地的生产能力。

（二）课标分析

"中国的耕地资源与粮食安全"一节内容对应的课程标准是，"运用图表，解释中国耕地资源的分布，说明其开发利用现状，以及耕地保护与粮食安全的关系"。② "解释"和"说明"属于"理解水平"的行为，"运用图表"属于行为条件，"中国耕地资源的分布""开发利用现状""耕地保护与粮食安全的关系"属于认知内容。"耕地保护对保障粮食安全的重要性"是本节课的教学重点，"实现粮食安全的主要途径及其相关的潜在风险"是本节课的教学难点。

细分本条课程标准，梳理其对地理学科核心素养的培养：以耕地与粮食安全为媒介，探讨自然环境对人类的影响以及人在免受威胁上发挥的主观能动性（人地协调观）；综合运用自然地理要素和人文地理要素判断影响粮食安全的因素及保障措施（综合思维）；国内各地区和全国粮食安全、国家粮食安全与世界粮食安全体现空间尺度的变化（区域认知）；阅读和分析图表等材料，说明保障粮食安全的措施，认识我国基本国情和国策（地理实践力）。案例选取的正文部分由"粮食生产安全的资源基础""实现粮食

---

① 罗翔、曾菊新、朱媛媛、张路：《谁来养活中国：耕地压力在粮食安全中的作用及解释》，《地理研究》2016 年第 12 期。
② 中华人民共和国教育部制定《普通高中地理课程标准（2017 年版 2020 年修订）》，人民教育出版社，2020，第 15 页。

安全的途径""未来粮食安全的耕地保障"三部分组成,三部分的内容既相互独立又相互联系。

二 主要做法

地理学科是一门思想性很强的学科,具有极其丰富的爱国主义教育素材,在加强国情国策教育方面,有着特殊而重要的价值。在国情教育的背景下,课程思政通过课堂教学、课外课堂、网络课堂三种方式融入中学地理,不断提高国情教育的效果,培养学生的爱国主义精神,让学生在学习"耕地与粮食"之后,了解耕地与粮食安全、国家安全的关系,探究我国重大民生问题,领悟国家基本国情背后的思政素养。

(一)课堂教学

课堂教学是各类课程与思想政治理论课同向同行的"主渠道",要合理设计课堂内容,将中学地理知识传授和正确课程思政价值引领相结合,在润物细无声中实现育人目标。在导入环节,以播放电影《一九四二》片段的方式导入新课。1942年,河南大饥荒,因为"吃"的问题,三百万河南饥民死在逃荒路上。在衣食丰足的今天,学生很难想象,也很难体会当年那种饥饿的感觉,可通过电影中的"狗吃人""连柴火都没得吃了"等情境,唤起学生对粮食安全的忧患意识,为这节课的顺利进行奠定一定的情感基础。在讲授"粮食生产安全的资源基础"时,以河南省耕地资源的数量、质量、空间分布以及农业灾害对其影响的导学案自学为基础,通过数据、图表、地图、文字等方式,带领学生总结出我国耕地资源基础现状:人均耕地少,后备耕地资源有限;耕地质量总体欠佳,退化和污染问题严重;耕地空间分布不均,水土资源配置不佳;农业气候灾害频发,粮食产量年际波动大。在"河南+中国"的时空分析视角下,加深学生对我国农业生产不利方面的现状及粮食安全潜在风险源的认知,使学生感知区域自然资源支撑人类生存的能力存在极限,培养学生的区域认知能力及人地协调观,奠定培养学生耕地国情思政素养的第一步。

在实际教学中打破教材中"实现粮食安全的途径"和"未来粮食安全

的耕地保障"的内容安排，将两目合并为一部分，以第一目总结的四条我国耕地资源基础现状为前提，让学生探究保护粮食安全的相应措施。在进行第二部分的教学前，以一个问题进行过渡——"万物土中生，有土斯有粮"，结合防疫区内人民"抢粮抢菜"的新闻，同学们觉得耕地保护、粮食安全与人民幸福生活、国家长治久安之间有什么关系？在课堂教学中设置这个问题，不仅把第一部分耕地资源现状这一知识自然过渡到粮食安全与国家安全，而且启发了学生的发散性思维，让学生想说、会说耕地、粮食安全、国家安全三者的关系，奠定培养学生耕地国情思政素养的第二步。

"实现粮食安全的途径"这一教学难点，再次以河南省耕地与粮食安全关系为小的切入点，将教师设置的导学案和教材内容作为学习材料，将全班分成4组进行小组合作，以河南省当地政府和国家两个视角，分析保证河南省粮食安全的具体措施。这节课的难点是保障我国粮食安全的具体举措，这对学生来说有一定难度。这一部分以河南省为载体开展合作学习，突破教学难点，使每个学生都投入学习中，通过组内的对话、协作最终完成学习任务。这样的合作学习，使学生的思维和讨论不断处于最佳状态，而且在合作学习中进一步增强了学生的责任感和使命感，实现培养学生耕地国情思政素养的第三步。在讨论过程中，学生通过列举粮食安全的具体措施，体会中国特色社会主义制度的先进性和优越性，进而培养学生的民族自豪感和爱国情怀。在措施讨论结束后，开展"鉴于我国耕地紧张，建议我国维持粮食安全应充分利用国际粮食市场"的辩论，学生以小组为单位抽签确定正反方，表达观点和看法。通过课堂小辩论让学生理解全球化背景下，利用国际粮食市场对国家安全的影响，从而深刻了解"以我为主、立足国内、确保产能、适度进口、科技支撑"的国家粮食安全战略。在课堂结尾部分，播放公益片《珍惜粮食》。公益片的播放，使学生对"珍惜粮食、从我做起"产生情感认同和实践认同，实现知行合一。

（二）课外课堂

中国教育家陈鹤琴提出，"活教育"的目的是"做人，做中国人，做现代中国人"；"活教育"的课程论即"大自然、大社会都是活教材"；"活教

育"的教学论为"做中教，做中学，做中求进步"。① 陈鹤琴的教育观点与地理新课标改革和新教材相对应，教学中要多开展多样化的地理活动，对学生进行地理道德教育、地理美感教育、尊重自然和人与自然和谐共处的意识教育，同时培养学生动手能力并开拓学生思维。国情教育中有着大量的实际问题，教师仅依靠理论分析所达成的教育效果是有限的，还需要依靠校外课堂的"实践体验"。河南省的学校可组织"洛阳回洛仓遗址和含嘉仓遗址"地理研学，其他省份的学校可以开展当地粮仓遗址研学，也可以通过"云研学"的方式学习洛阳粮仓遗址，以增强学生对地域文化的区域认知和理解。在研学之前，地理教师和历史教师共同商量编写研学手册，达到"地理＋历史"和"智育＋德育"双重目标。洛阳回洛仓遗址和含嘉仓遗址是隋唐大运河洛河洛阳段的重要文化载体，也是重要的文旅资源，它们承载着生生不息的大运河文化，是历史见证者，更是重要的课外学习资源。学生通过了解粮仓设置的粮食背景和经过，从中提炼信息，了解粮食安全与国家安全的密切关系，实现培养学生耕地国情思政素养的最后一步。

知识与品德双培养的课外课堂，不仅仅指校外组织的活动，还包括校内除正常教学以外的活动，比如社团活动。社团是教育育人体系的重要组成部分，是思想政治教育和素质教育的有效载体，在全面提高学生素质、丰富校园文化生活以及维护学校稳定等方面，发挥着重要作用。初高中地理教师要加强对学生社团的政治引导，既可组建国情、省情、市情等域面的研讨小组，也可组建其他类专题研讨小组，在教师指导下开展地理专题研究和讨论。以耕地与粮食安全为例，将其划分在国情教育之国家安全之下，教师带领社团人员调查所在地区的土地开发利用现状，了解其出现的问题。教师要求各位同学设想自己未来从事的职业，思考该职业的工作内容与耕地和粮食安全相关的部分，为保护耕地资源、实现粮食安全提出解决措施。

---

① 孙培青主编《中国教育史》（第四版），华东师范大学出版社，2019，第 471～475 页。

（三）网络课堂

2020年暴发的新冠疫情，成为我国教育信息化的"检测仪"和"推进器"，充分说明教育信息化是教育现代化的必由之路，利用信息化手段、"互联网＋教育"平台成为未来教育领域的重要发展方向。教师可以利用网络将《山乡巨变》《我的田 我的家》《十八亿亩红线》《一九四二》等耕地与粮食题材影视推荐给学生观看。这些耕地影视资源是国情教育绘声绘色的教科书，可以让学生以沉浸式体验的方式，跨越时空长河，"亲历"现场，更真切地体会耕地资源和粮食安全的重要性，激荡学生的心灵，引发学生的情感共鸣，激发学生保护自然资源的情怀。教师还可以指导学生创办"土地"国情教育的主题网站、贴吧、论坛等网络共享社区，实施国情知识共享，既可以分享学习习近平总书记关于耕地与粮食的重要讲话的心得体会，也可以对热点土地问题进行解析，经验交流、互通有无，很好地实现网络学习的互动性。

三　特色亮点

土地资源是每一个国家自然资源的重要组成部分，耕地属于土地的类型之一。耕地知识教学环节中案例教与学的启发教育、课外活动的隐性教育和网络平台的直观教育，使学生认识到耕地保护对生态环境保护的重要作用，以及耕地保护对粮食安全和国家安全的重要性。耕地与粮食的国情教育融入中学地理，成为自然资源类课程思政教学设计的典型案例，且自然资源相关的知识在初高中均有涉及，对提高学生国情认识与培养学生爱国情感具有重要的意义。

（一）案例教与学的启发教育

课程思政是新时代课程改革的新要求，教师需要挖掘初高中地理课程中蕴含的思政元素，更需要将学生引入典型案例和具体情境中，将思政教育理念渗入日常教学中，帮助学生在案例中学习、在情境中感知，通过课堂教学的问题驱动，滋养人文情怀，最终实现培根铸魂、启智润心的教学

目的，落实立德树人的教育任务。[①] 在耕地国情教育中，教师将河南省历史粮食危机事件以及当前耕地与粮食现状的案例，作为学习的突破口和出发点，学生通过举例分析得出保护耕地与粮食安全的具体措施。这种"一来一往"的案例互动，不仅帮助学生认知新内容，而且强化学生解决问题的能力，培养学生必备的保护耕地情怀。当代地理教学越来越重视学生对具体地理现象的理解，新的地理核心素养也强调要促进学生的全面发展。案例教学法着重培养学生分析、解决问题的能力，关注学生的应用与思考能力。在地理核心素养的指导下，案例教学法在中学地理教学中的应用越来越广泛，提高了中学地理教学整体的教学效果，使学生原本枯燥的学习过程充满趣味性。

启发教育既有利于教师在尊重学生自身独立性的基础上，引导这种独立性向积极的方向发展，又有利于培养学生的自我奋斗精神，让学生掌握学习的主动权，从而获取知识、提高能力。当前减负最起码的要求还是还学生自我空间，还学生自由时间，摆脱题海战术，教师在有限的时间内教好书育好人、培养人才。授之以渔的启发式教学，能够培养学生的自觉性、主动性，收到触类旁通、举一反三、事半功倍的效果，实现减负增效，贯彻国家思政教育大方针。

（二）课外活动的隐性教育

课外活动是学生获取知识的载体，把客观抽象的理论知识转化为生动形象的实践活动，通过"身临其境"的隐性教育方法，让学生对国情教育产生浓厚的兴趣，并更好地感受耕地与粮食的基本国情。课外活动是课堂教学的延伸、补充和扩展，它与课堂教学是相互补充、相互促进的。积极开展地理课外活动，对于提高学生的思想道德素质、文化科学素质、心理素质和审美素质具有重要的意义。课堂活动在课堂之外配合完成地理与思政结合的目标。

研学中加强了乡土地理教学，在国情教育中有直接的作用。传统教学

---

① 周泽甬：《课程思政视域下的初中地理跨学科主题学习——以"国土三调看宁波耕地保护"为例》，《地理教学》2022 年第 17 期。

中的知识点，在研学旅行中可以得到很好的巩固。新的环境也能促进学生从新的角度去思考问题，这对处在性格可塑阶段的学生树立一个健康向上的人生观有着积极的影响。学生与自然环境零距离接触以后，更能体会人与自然和谐共处的微妙，更能认识到保护环境、坚持可持续发展的重要性，对家乡的热爱、对祖国的热爱、对地球母亲的热爱，也能由衷地流露出来。① 饥饿的记忆已经离我们越来越远，甚至会让我们感到陌生，但是饥饿的历史不会被抹去。通过洛阳回洛仓遗址和含嘉仓遗址等粮仓遗址的研学，学生意识到"粮食安全"是从古至今的热点话题，土地问题和粮食安全问题，将是我国实现可持续发展目标需要解决的重要难题。在研学过程中，培养中学生优秀的思政品质，为学生将来投身农业，实现"我国的粮食安全梦"做铺垫。

耕地与粮食安全所设定的研学和社团隐性教育具有如下特性。一是隐蔽性。这样的好处就是学生的接受度更高，不会出现反感的现象。二是学生在学习过程中的愉悦性。教师通过对环境的布置使学生在自然、和谐和愉悦的氛围中，通过直观思维和情感体验等，主动接受耕地与粮食安全相关内容，并转化为自己的思想品质、道德行为，以达到教育的真正目的。三是教育途径的开放性。这是一种无课堂的教育，学生通过与环境直接连接，进行学习。

（三）网络平台的直观教育

当前，依靠教师当面讲授和纸笔传播的途径开展地理国情教育，已经不能满足时代发展与学生成长的需要，信息化、网络化为中学地理国情教育，提供了更广的视野和更大的发展机遇。充分利用这些机遇，用技术变革推动中学地理国情教育的进一步发展，是新时代的重要变化之一。② 教师提供的"耕地与国家安全"视频素材，可将学生拉回饥饿的年代并引发学

---

① 丁金菊：《高中地理研学旅行教学开展对于实践力培养的意义探析》，《文理导航》（上旬）2018 年第 9 期。

② 胡望舒、丁利、张强、包琪：《思政教育导向下新时代中学地理国情教育的传承与发展》，《中学地理教学参考》2021 年第 3 期。

生辩证思考，使其从居安思危的角度充分思考中国粮食安全面临的挑战，深刻了解中国耕地资源与粮食安全和国家安全的关系。在土地国情教育的主题网站、贴吧、论坛等网络共享社区交流中，教师加入学生的讨论，引导学生感受耕地保护的紧迫性与重要性，助力学生形成保护粮食安全、绿色发展等理念。网络课堂的应用，可以有效克服线下课堂教学的时空局限性，进而提升教学效果，以潜移默化的方式培养学生的思政素养，增强学生的责任感与使命感。

参考文献

蔡国毅：《浅谈中学地理教学中的环境教育实践与创新》，《课程教育研究》
　　2018 年第 9 期。

蔡志伟：《论地理课堂与地理环境相融的情景教育模式》，《文理导航》（上
　　旬）2022 年第 9 期。

曹慧群：《高校"课程思政"的核心要义与实现方式》，《安庆师范大学学
　　报》（社会科学版）2020 年第 4 期。

曹宗清、赵德成：《我国基础教育教师荣誉评选政策的特点、问题与建议》，
　　《广东第二师范学院学报》2022 年第 5 期。

车秋丽：《基于 GE 的中学地理专题课程资源整合开发研究——以"一带一
　　路"为例》，硕士学位论文，广州大学，2018。

车文博：《人本主义心理学》，浙江教育出版社，2003。

陈灿芬：《科学构建课程思政建设的三个机制》，《思想理论教育导刊》2021
　　年第 9 期。

陈澄主编《新编地理教学论》，华东师范大学出版社，2007。

陈春禹：《基于罗杰斯人本主义思想的高中思想政治教学应用研究》，硕士
　　学位论文，贵州师范大学，2017。

陈会方、秦桂秀：《"课程思政"与"思政课程"同向同行的理论与实践》，
　　《中国高等教育》2019 年第 9 期。

陈阳建、李凤燕、张立飞、罗方：《"课程思政"在生物化学教学中的探索
　　实践》，《管理观察》2018 年第 26 期。

丁金菊：《高中地理研学旅行教学开展对于实践力培养的意义探析》，《文理

导航》（上旬）2018 年第 9 期。

丁尧清、许少星：《高中地理新课程〈地理 1〉4 个版本教科书内容及其特点分析》，《地理教学》2019 年第 16 期。

董勇：《论从思政课程到课程思政的价值内涵》，《思想政治教育研究》2018年第 5 期。

杜嘉妮等：《青海湖 1956—2017 年水文变化特征分析》，《水生态学杂志》2020 年第 4 期。

段莉彬、江涌芝、郭程轩、陆柔斯：《春风化雨，践行德育——谈谈初中地理课程中的"思政性"》，《地理教学》2021 年第 9 期。

冯海晴：《思政教育融入高中地理教学的案例设计与研究》，硕士学位论文，南宁师范大学，2021。

高亚杰：《战后日本道德教学理论研究》，博士学位论文，东北师范大学，2011。

高迎晓：《生态文明教育在地理课堂教学中的渗透》，《产业与科技论坛》2019 年第 9 期。

巩茹敏、林铁松：《课程思政：隐性思想政治教育的新形态》，《教学与研究》2019 年第 6 期。

管锦宏：《开发博物馆课程，让学生在研学旅行中开展深度学习》，《中国民族博览》2019 年第 3 期。

郭玉秀、王云博：《协同育人视角下的"课程思政"实施路径》，《理论观察》2021 年第 6 期。

国家发展改革委、外交部、商务部：《推动共建丝绸之路经济带和 21 世纪海上丝绸之路的愿景与行动》，https://www.mee.gov.cn/ywgz/gjjlhz/lsydyl/201605/P020160523240038925367.pdf。

韩宪洲：《课程思政的发展历程、基本现状与实践反思》，《中国高等教育》2021 年第 23 期。

郝娟：《新课程背景下初高中数学教学衔接问题的研究与实践》，硕士学位论文，陕西师范大学，2010。

何丽萍、陈丽娇：《协同育人视域下"课程思政"建设的思考》，《高教论坛》2019 年第 4 期。

何柳珊：《高中地理课程思政实践及其对学生价值观的影响研究》，硕士学位论文，海南师范大学，2020。

何玉海：《关于"易班"网络德育的几点思考》，《天津师范大学学报》（基础教育版）2016 年第 4 期。

何源：《高校专业课教师的课程思政能力表现及其培育路径》，江苏高教，2019。

〔德〕赫尔巴特：《赫尔巴特文集》，李其龙译，浙江教育出版社，2002。

赫兴无：《高中地理教材内容结构比较分析》，《中学地理教学参考》2015 年第 8 期。

胡洪彬：《课程思政：从理论基础到制度构建》，《重庆高教研究》2019 年第 1 期。

胡望舒、丁利、张强、包琪：《思政教育导向下新时代中学地理国情教育的传承与发展》，《中学地理教学参考》2021 年第 2 期。

黄佰宏：《"课程思政"视域下的大学英语教学改革与实践——以浙江理工大学为例》，《浙江理工大学学报》2020 年第 4 期。

黄静秋：《高中地理研学旅行开展模式探究——以九江一中研学旅行为例》，硕士学位论文，江西师范大学，2019。

黄雅美：《谈谈地理教学中的国情教育》，《教育教学论坛》2013 年第 1 期。

黄嫣娜：《浸润科学精神的初中地理问题式教学设计》，《地理学》2021 年第 12 期。

黄义雄：《庐山植物区系地理的初步研究》，《福建师范大学学报》（自然科学版）1989 年第 3 期。

霍力岩：《多元智力理论及其对我们的启示》，《教育研究》2000 年第 9 期。

简菊：《浅议地理教材中爱国主义情感的体现》，《地理教育》2013 年第 S1 期。

蒋喜梅、伍志燕：《高中地理教学中生态文明教育的渗透》，《课程教材教学

研究（中教研究）》2021 年第 Z4 期。

《教育部等 11 部门关于推进中小学生研学旅行的意见》，中国政府网，http://www.gov.cn/xinwen/2016 – 12/19/content_5149947.htm。

《教育部关于进一步加强新时代中小学思政课建设的意见》，教育部网站，http://m.moe.gov.cn/srcsite/A06/s3325/202211/t20221110_983146.html。

《教育部关于印发〈高等学校课程思政建设指导纲要〉的通知》，中国政府网，http://www.gov.cn/zhengce/zhengceku/2020 – 06/06/content_5517606.htm。

孔祥斌：《粮食安全：不能忽视耕地的作用——对茅于轼先生的"18 亿亩红线与粮食安全无关"的回应》，《中国土地》2011 年第 6 期。

黎文珍：《提高高职院校思政课教学质量的对策——从"深入浅出"到"浅入深出"》，《山西科技》2017 年第 3 期。

李海权：《高考地理试题的分析与对策——基于科学精神的视角》，《地理教学》2020 年第 3 期。

李婕：《高中地理教学中渗透思政教育的实践探索——以"环境问题、协调人地关系"为例》，《中学课程辅导》2022 年第 18 期。

李梅梅等：《透视高中地理新教材之逻辑结构对比》，《地理教学》2020 年第 11 期。

李媚：《大陆与台湾地区高中地理教材比较研究——以人教版和泰宇版为例》，硕士学位论文，西北师范大学，2016。

李青子：《中学地理融合思政教学的研究》，硕士学位论文，南京师范大学，2021。

李日永：《立足乡土，探究乡土，服务乡土——探索地理研究性学习的特色之路》，《中学地理教学参考》2008 年第 3 期。

李嗣林：《新中考背景下县域初中地理教研活动的现状与对策研究——以粤北 L 县为例》，硕士学位论文，西南大学，2021。

李远航、郭志永、姬璐璐：《初中地理教学中德育渗透路径初探》，《教育现代化》2018 年第 27 期。

李粤霞：《"课程思政"实施的理念与路径研究》，硕士学位论文，广东外语

外贸大学，2020。

连炜鑫、刘恭祥：《地理学科视角下"家国情怀"培育的四个指向》，《中学地理教学参考》2021 年第 20 期。

林津津：《初中地理环境教育中人地协调观的提升路径》，《福建基础教育研究》2022 年第 1 期。

林昆仑、雍怡：《自然教育的起源、概念与实践》，《世界林业研究》2022 年第 2 期。

刘承良、杜德斌、李源：《服务"一带一路"的世界地理课程思政"金字塔"教学模式》，《世界地理研究》2021 年第 4 期。

刘佳林：《课程思政融入高中地理教学的实践研究》，硕士学位论文，哈尔滨师范大学，2022。

刘细元等：《江西省主要城市地质遗迹景观资源特征》，《资源调查与环境》2008 年第 2 期。

刘新圣等：《庐山植物旅游资源及其开发利用》，《南方园艺》2015 年第 4 期。

刘鑫：《指向地理实践力培养的实验活动设计与实施——以"洪涝灾害"教学为例》，《地理教育》2022 年第 7 期。

刘颖：《高中地理教学与课程思政的有效融合探索与实证研究》，硕士学位论文，海南师范大学，2021。

刘永胜：《核心素养背景下思政教育在高中地理教学中的渗透》，《智力》2021 年第 34 期。

柳书迷：《基于人教版高中地理必修一的初高中地理教学衔接研究》，硕士学位论文，贵州师范大学，2020。

龙略宸：《教材图像系统在高中地理教学中的应用研究——以人教版地理必修一、必修二为例》，硕士学位论文，华中师范大学，2017。

卢凤琪：《从地理的视角认识和欣赏我们的世界》，《北京教育（普教）》2012 年第 11 期。

鲁海凤：《初中地理教学中渗透爱国主义思想教育初探》，《青海教育》2018

年第 1 期。

〔美〕罗杰斯:《自由学习》,伍新春、管琳、贾蓉芳译,北京师范大学出版社,2006 年。

罗翔、曾菊新、朱媛媛、张路:《谁来养活中国:耕地压力在粮食安全中的作用及解释》,《地理研究》2016 年第 12 期。

洛林·W. 安德森等主编《布卢姆教育目标分类学》(修订版),蒋小平、张琴美、罗晶晶译,外语教学与研究出版社,2009。

《马克思恩格斯文集》第 1 卷,人民出版社,2009。

《马克思恩格斯选集》第 1 卷,人民出版社,2012。

马岚、黄成林:《中学地理教育与学生社会责任感的培养》,《教育教学论坛》2011 年 23 期。

苗司雨:《高中地理教学中课程思政元素的挖掘及应用研究》,硕士学位论文,安庆师范大学,2022。

明春:《让地理教学艺术生活化》,《地理教学》2011 年第 13 期。

戚静:《高校课程思政协同创新研究》,博士学位论文,上海师范大学,2020。

乔木:《太原市初中地理思政课的教学现状及改进对策研究》,硕士学位论文,西南大学,2021。

《青年大学习·大思政课 | 从总书记三年前这番话中,读懂思政课为何"C位"进课堂》,中青在线,http://news. cyol. com/gb/articles/2022 – 03/19/content_ OYmJxSWyK. html。

邱仁富:《"课程思政"与"思政课程"同向同行的理论阐释》,《思想教育研究》2018 年第 4 期。

邱仁富:《推进大中小学课程思政一体化建设的着力点》,《话题》2020 年第 17 期。

邱伟光:《课程思政的价值意蕴与生成路径》,《思想理论教育》2017 年第 7 期。

《让思政课成为一门有温度的课——重温习近平总书记关于思政课建设的重

要论述》，人民网，https://news.cnr.cn/native/gd/20220319/t20220319_525770659.shtml。

任平、蓝曦：《德国中小学道德教育实施的方法及启示》，《中国德育》2018年第21期。

邵志豪：《高中地理课程中活动的设计与教学策略研究——以人教版高中地理实验教科书为例》，博士学位论文，东北师范大学，2012。

师建龙：《新加坡道德教育的方法与途径》，《教学与管理》2004年第6期。

石中英：《杜威的价值理论及其当代教育意义》，《教育研究》2019第12期。

宋磊、邱占勇：《高校学生党员基本国情教育的认识及路径探索》，《新西部》2019年第35期。

宋霖：《建设班级育人文化的探索》，《小学生（教学实践）》2016年第9期。

宋泽宇：《"立德树人"背景下高中地理课程思政教学实践研究》，硕士学位论文，鲁东大学，2021。

孙培青主编《中国教育史》（第四版），华东师范大学出版社，2019。

陶宛琪：《基于课程思政的高中地理教学设计研究》，硕士学位论文，石河子大学，2021。

万国平：《新课程高中地理教材实验比较研究》，硕士学位论文，华中师范大学，2006。

万灵敏：《应试教育下的功利性与社会发展对人文需求的矛盾》，《牡丹江大学学报》2010年第9期。

王道俊、郭文安主编《教育学》（第七版），人民教育出版社，2016。

王景云：《论"思政课程"与"课程思政"的逻辑互构》，《马克思主义与现实》2019年第6期。

王孔雀：《对实践和认识关系的反思》，《甘肃理论学刊》2001年第2期。

王娜：《初中英语课程思政教育的研究与探索》，《考试周刊》2021年第66期。

汪瑞林：《中小学"课程思政"的功能及其实现方式》，《课程·教材·教法》2020年第11期。

王树鹏、王玉兰：《浅谈地理教学中的思想教育》，《课程教育研究》2019年第50期。

王志良：《新人教版高中地理"水循环"教学设计与新课程标准的有效衔接》，《地理教育》2022年第S1期。

韦志榕、朱翔主编《普通高中地理课程标准（2017年版2020年修订）解读》，高等教育出版社，2020。

温立民、关丽敏、栾亚群、王会峰：《基于从属矩阵模型的高校课程思政评估体系研究》，《太原城市职业技术学院学报》2022年第6期。

吴潜涛、陈越：《坚持建设性和批判性相统一推动思政课改革创新》，人民出版社，2019。

吴燕清：《初中地理教材表层系统及其内在联系研究》，硕士学位论文，福建师范大学，2015。

习近平：《把思想政治工作贯穿教育教学全过程》，《人民日报》，2016年12月9日，第6版。

习近平：《思政课是落实立德树人根本任务的关键课程》，新华网，www. xinhuanet. com/ politics/leaders/2020 – 08/31/c_1126434567. htm。

《习近平主持召开学校思想政治理论课教师座谈会》，中国政府网，http:// www. gov. cn/xinwen/2019 – 03/18/content_5374831. htm。

《习近平：做党和人民满意的好老师——同北京师范大学师生代表座谈时的讲话》，中国政府网，http://www. gov. cn/xinwen/2014 – 09/10/content_ 2747765. htm。

夏宇：《课程思政在初中地理教学中的设计研究》，硕士学位论文，青海师范大学，2022。

肖雅：《高校课程思政与思政课程协同育人研究》，硕士学位论文，阜阳师范大学，2022。

谢思婷、杨霞：《浅谈高中地理教学中思政教育的渗透》，《才智》2020年

第 17 期。

徐淑梅、张冬有、林琳、王安琪：《生态文明教育："地球概论"课程思政研究》，《黑龙江高教研究》2019 年第 11 期。

徐亚赛：《高中自然地理教材对比研究——以大陆人教版和台湾三民版为例》，硕士学位论文，河南大学，2017。

许芳：《高中地理新教材（必修 1）的比较与整合使用研究》，硕士学位论文，河北师范大学，2012。

许涛：《全面推行课程思政的四个着力点》，《解放日报》2019 年 10 月 29 日。

许新：《"一带一路"倡议与人类命运共同体理念》，《珠江论丛》2020 年第 2 期。

〔美〕亚历山大·温特：《国际政治的社会理论》，秦亚青译，上海人民出版社，2000 年。

阳登：《初中地理教学中领土主权意识教育现状与策略》，硕士学位论文，湖南师范大学，2019。

杨荣：《美国学校道德教育的途径方法及其启示》，《教学与管理》2007 年第 4 期。

杨蓉：《新时代高校思政课教师队伍建设研究》，《辽宁省交通高等专科学校学报》2022 年第 2 期。

杨延昌：《基于人本主义心理学的有效教学策略研究》，硕士学位论文，四川师范大学，2010。

杨艳萍、王健、邵琼：《高中地理教学中如何渗透生态文明教育》，《科学咨询》2020 年第 37 期。

杨震、赵志根、王世航、王磊：《论地质地理野外实习课程思政育人元素的挖掘与融入》，《中国地质教育》2021 年第 4 期。

印志：《基于核心素养培养的主题式情境教学探索——以区域发展对交通运输布局的影响为例》，《高考》2022 年第 2 期。

游英：《初中地理教学中的国家认同教育研究》，硕士学位论文，贵州师范

大学，2021。

袁孝亭等编著《地理课程与教学论》（第二版），东北师范大学出版社，2020。

袁振国：《线上线下融合：实现大规模个性化的未来教育》，《中小学数字化教学》2020年第11期。

翟博：《加强中华优秀传统文化教育》，《中国教育报》2017年8月13日。

翟花平：《在初中地理教学中渗透爱国主义教育》，《教育实践与研究》（B）2017年第12期。

张琛：《基于罗杰斯人本主义理论的高中思想政治教学设计研究》，硕士学位论文，山东师范大学，2017年。

张华维：《课程思政在高中地理教学中的渗透——以"水循环"为例》，《中学地理教学参考》2022年第12期。

张锦程、汪碧玲、钟伟杰：《"人类命运共同体"视域下思政元素在人教版高中地理教材中的体现——以"环境安全与国家安全"一章为例》，《中学地理教学参考》2022年第13期。

张晶等：《青海湖流域气候变化对湖泊水位变化的影响》，《青海环境》2021年第2期。

张俊辉、李思佳、关运玖、郑闻慧、寻世斌：《课程思政融入高一地理课程教学的思考与探索》，《教育教学论坛》2022年第18期。

张鲲：《高校"课程思政"的时代命题与建设路向》，《北方民族大学学报》2019年第2期。

张丽萍：《高职化工专业"课程思政"教学改革路径研究》，《现代职业教育》2019年第6期。

张凌童：《基于地理实践力培育的高中学生野外实践活动教学策略构建研究》，硕士学位论文，陕西师范大学，2018。

张琦：《日本青少年的道德教育与思考》，《天津师范大学学报》（社会科学版）1998年第3期。

张勤裕：《追寻伟人足迹增强宪法意识》，《中学政治教学参考》2019年第

12 期。

张瑞甫、张乾坤：《略论思政课的循序渐进与科学实效性——深入学习贯彻习近平总书记"3.18"重要讲话精神》，《山东教育（高教）》2019 年第 6 期。

张树成：《新时期加强学校精神文明建设的几点思考》，《天津教育》2018 年第 5 期。

张伟斌、刘平江：《选考地理主题单元微专题设计及其深度教学——以"工程建设"主题单元整合为例》，《地理教学》2021 年第 15 期。

张玮：《大学英语课程思政案例库的建设与应用》，《湖北经济学院学报》（人文社会科学版）2022 年第 9 期。.

张先姣：《乡镇初中英语课程思政教育策略研究》，硕士学位论文，陕西理工大学，2021。

张瑶、林晶：《美国道德教育理论与实践研究》，《吉林省经济管理干部学院学报》2016 年第 3 期。

张艺：《人本主义教育思想在高中思想政治课中的运用》，硕士学位论文，重庆师范大学，2014。

张镇洋、海全胜：《课程思政理念在中学地理教学中的落实》，《中学教学参考》2022 年第 4 期。

章莉：《面向地理核心素养培养的主题教学模式研究》，硕士学位论文，华中师范大学，2018。

赵继伟：《"课程思政"：涵义、理念、问题与对策》，《湖北经济学院报》2019 年第 2 期。

郑文文：《协同育人视角下的"课程思政"实施路径探究》，《黄山学院学报》2019 年第 2 期。

中华人民共和国教育部制定《义务教育地理课程标准（2022 年版）》，北京师范大学出版社，2022。

中华人民共和国教育部制定《普通高中地理课程标准（2017 年版 2020 年修订）》，人民教育出版社，2020。

《着力构建高水平的课程思政工作体系》，教育部网站，http://www. moe. gov. cn/jyb_xwfb/moe_2082/zl_2020n/2020_zl65/202012/t20201215_505616. html。

周维国、段玉山、张佳琦：《我国中学地理教材的演进特点与未来展望》，《课程·教材·教法》2020 年第 1 期。

周晓静：《课程德育——走向整合的学校道德教育》，博士学位论文，南京师范大学，2006。

周晓霞：《浅谈德育教育在中学地理教学中的渗透》，《学周刊》2017 年第 12 期。

周泽甬：《课程思政视域下的初中地理跨学科主题学习——以"国土三调看宁波耕地保护"为例》，《地理教学》2022 年第 17 期。

周正秀：《课程思政体系下的高校综合英语课程教学研究——以商务英语专业为例》，《当代教育实践与教学研究》2020 年第 2 期。

朱洪秋：《"三阶段四环节"研学旅行课程模型》，《中国德育》2017 年第 12 期。

祝必琴、蔡哲、叶清等：《庐山旅游气候资源及其舒适度评价》，《江西农业学报》2007 年第 11 期。

James Shaver, *The Moral Decision*: *Establishing the Theoretical Foundation of Teachers*, 1967.

Louis E. Raths et al. , *Values and Teaching* (Merrill Books, Lnc. , 1978).

Rogers R. Carl, *On Becoming a Person*: *A Therapist's View of Psychotherapy* (Houghton Mifflin Harcouvt, 1961).

Thomas Lickona, *Educating for Character*: *The School's Highest Calling* (Georgia Humanities Lecture, 1997).

图书在版编目（CIP）数据

课程思政融入中学地理教学协同机制研究／程金龙
等著. -- 北京：社会科学文献出版社，2023.7
ISBN 978 - 7 - 5228 - 2073 - 6

Ⅰ.①课⋯　Ⅱ.①程⋯　Ⅲ.①中学地理课 – 教学研究
Ⅳ.①G633.552

中国国家版本馆 CIP 数据核字（2023）第 123346 号

课程思政融入中学地理教学协同机制研究

著　　者／程金龙 等

出　版　人／王利民
责任编辑／仇　扬
文稿编辑／赵亚汝
责任印制／王京美

出　　　版／社会科学文献出版社·当代世界出版分社（010）59367004
　　　　　　地址：北京市北三环中路甲 29 号院华龙大厦　邮编：100029
　　　　　　网址：www. ssap. com. cn
发　　　行／社会科学文献出版社（010）59367028
印　　　装／三河市尚艺印装有限公司

规　　　格／开　本：787mm×1092mm　1/16
　　　　　　印　张：25.25　字　数：375 千字
版　　　次／2023 年 7 月第 1 版　2023 年 7 月第 1 次印刷
书　　　号／ISBN 978 - 7 - 5228 - 2073 - 6
定　　　价／168.00 元

读者服务电话：4008918866

学雷锋志愿服务
重大理论和实践问题课题
研究成果选编

团中央青年志愿者行动指导中心
中　央　文　明　办　二　局　编

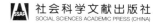

社会科学文献出版社
SOCIAL SCIENCES ACADEMIC PRESS (CHINA)

出版说明

党的十八大以来，以习近平同志为核心的党中央高度重视志愿服务工作，做出一系列重要部署，出台一系列重大政策，推动我国志愿者事业蓬勃发展。习近平总书记强调，志愿者事业要同"两个一百年"奋斗目标、同建设社会主义现代化国家同行，希望广大志愿者、志愿服务组织、志愿服务工作者立足新时代、展现新作为，以实际行动书写新时代的雷锋故事。习近平总书记关于志愿服务的重要指示批示精神，为新时代志愿者事业的发展指明了前进方向、提供了根本遵循。

为贯彻落实党中央决策部署，总结中国特色志愿服务发展规律和特点，为新时代志愿服务深入开展提供理论支撑，2019 年 1 月中央文明办、共青团中央决定共同开展"学雷锋志愿服务重大理论和实践问题"课题研究项目，围绕青少年志愿服务意识培养、志愿服务组织发展、志愿服务项目评估、志愿服务法制建设、志愿服务运行与互联网新趋势、志愿服务信息平台建设、我国国际志愿服务探索、诚信建设与志愿服务制度化等 8 个研究方向，面向全社会征集研究课题。

课题发布后，社会各界高度关注，我们共收到申报课题 134 个。经过资格审查、课题初评、立项评审，最终选立 19 项课题研究进行支持，其中包括 8 项重点课题和 11 项一般课题。这 19 项课题以志愿服务重大现实问题为主攻方向，以志愿服务实践育人长效机制和志愿服务体系建设为重点研究内容，坚持基础研究和应用研究并重，形成了思路清晰、重点突出、内容翔实、创新性强、应用性好的研究成果。

2020 年 5 月 7 日，课题结项工作完成。为加强课题研究成果的转化运

用，我们选编了 12 个具有一定理论水平和实践价值的研究报告结集出版，希望能为广大志愿者、志愿者组织和志愿服务工作者提供实践指导和理论参考。

长期以来，中央文明办等有关部门对青年志愿者事业的发展给予了大力支持。本书编辑出版过程中，得到了中央文明办二局（全国志愿服务工作协调小组办公室）有关负责同志的悉心指导，有关课题研究团队也给予了积极配合。

本书文章为作者个人学术观点。由于时间紧迫，有遗漏或不当之处，敬请广大读者提出意见和建议。

本书编者

2021 年 8 月

目 录

我国国际志愿服务探索

青少年志愿服务意识培养

"95后"和"00后"的志愿服务意识培育研究

赵宝爱　仝西艳　郭艳丽　聂云涛[*]

摘　要: 青年人是志愿服务的主体力量之一。"95后"和"00后"已成为一个比较庞大的社会群体,他们既有鲜明的群体特点,也有着明确的社会责任感和公民意识,他们对志愿服务活动的认可度高,对志愿服务活动有着较高的热情,且愿意真正投入志愿服务活动中。但由于主观因素和客观因素的影响,"95后"和"00后"群体的志愿服务意识还有待继续提高,他们参与志愿服务活动的路径也有待改善。家庭、学校、社区和公共文化机构等都是"95后"和"00后"群体志愿服务意识的培育主体,有着各自的培育理念、培育方法和策略。加强对青少年群体志愿服务意识的培育:第一,要做好顶层设计,完善志愿服务制度建设;第二,要合理分配各培育主体的作用,形成"政府主导、学校引领、社区支持、机构影响、家庭参与"的联动机制;第三,要因地制宜地完善激励机制;第四,要增强志愿活动的吸引力,增强青少年志愿者服务过程中的获得感;第五,要做好宣传工作,综合利用榜样群体、大众传媒和同辈群体的示范作用。

关键词: "95后"和"00后"　志愿服务　意识培育

* 赵宝爱,济南大学政法学院教授,研究方向为慈善公益事业;仝西艳,济南大学政法学院讲师,研究方向为社会工作;郭艳丽,济南大学社会学硕士研究生,研究方向为社会政策与社会治理;聂云涛,济南大学社会学硕士研究生,研究方向为社会政策与社会治理。

一 绪 论

（一）研究背景与研究意义

改革开放前，中国出现了以学习雷锋为标志的志愿服务活动。2008年后，志愿服务风气日渐浓厚，志愿者队伍则不断壮大。截至 2019 年 3月，全国志愿服务信息系统实名注册志愿者已达 1.09 亿人，全国标识志愿服务组织 1.2 万个，记录志愿服务时长超过 12 亿小时。青年人已成为志愿服务的主体力量。如在 2019 年中华人民共和国成立 70 周年庆祝活动中，直接服务庆祝大会和联欢活动的志愿者里，"90 后"青少年约占63%，"00 后"青少年约占 30%。习近平总书记多次给青年志愿者写信，充分肯定他们的担当和奉献精神，并高度赞扬他们服务社会、为实现中国梦所做出的贡献。

理念决定行动。青少年群体的志愿服务意识直接影响着其志愿服务行动，了解青少年尤其是其中的"95 后"和"00 后"群体志愿服务意识形成的因素及其培育路径的意义在于：一则能够探讨志愿服务与培育"有理想、有本领、有担当"的时代新人的关系问题，推动中国青少年志愿服务文化的发展；二则可以为相关部门及时了解、掌握当代青少年的志愿服务意识状况，制定针对性的培育和养成方法提供一些启示；三则为青少年群体参与志愿服务，增强其社会责任意识和社会担当精神提供一些思路。

有鉴于此，本文拟探讨"95 后"和"00 后"[①] 群体的志愿服务意识培育和养成状况，梳理影响其志愿服务意识的因素，探讨家庭、学校、社区和公益组织以及其他相关部门在青少年志愿服务意识养成中的角色及其相互关系，构建青少年志愿服务意识培养方法和路径。

（二）文献综述

目前关于志愿服务的历史、价值、立法、制度与理论、志愿服务项目、志愿者群体及其国际志愿服务等均有系统的研究，在此结合研究需要就青少年志愿服务问题略加梳理。

---

① 本文以"95 后"指代 1995 年 1 月 1 日至 1999 年 12 月 31 日出生的中国公民；以"00 后"指代 2000 年 1 月 1 日至 2009 年 12 月 31 日出生的中国公民。

　　一是关于青少年志愿服务的价值，主要是从思想政治教育和价值观、个人成长等角度进行分析。青少年志愿服务是提高公民素质、培养时代新人的有效途径;[①] 是国家的新形象、社会建设的新元素;[②] 是社会成员参与社会管理的新途径;[③] 是大学生思想政治教育的内容;[④] 有助于推动大学生人格升华、推动个体道德人格的形成和实现。[⑤] 二是关于青少年志愿服务动机的研究。志愿者的服务动机可以分为主观为己、己他兼顾和纯粹利他三个层次,[⑥] 也可以划分为以责任感为主的传统动机、以个人发展为主的现代性动机和以个人快乐为主的后现代性动机等三类，参与动机则从纯粹兴趣或优越感、满足感向社会责任感和个人自主性变动;[⑦] 此外，还有承担社会责任，情感性发展和能力性发展,[⑧] 助人和结交新朋友所带来的快乐,[⑨] 利他动机以及道德体验等不同的观点。三是志愿服务意识方面的研究。根据意识的成长过程，志愿服务意识的养成可以划分为慈善心理阶段、奉献意识阶段、浅层志愿服务意识阶段、深层志愿服务意识阶段等四个阶段。[⑩] 志愿服务意识的培育从本质上看是一种志愿者的动员方式，在我国，志愿者的动员经历过政治动员、组织动员、社会动员等动员模式阶段;[⑪] 少年儿童的志愿服务意识培育途径，应是学校教育和家庭教育相结合，志愿服务理论学习与志愿服务实践相结合、教师指导与学生自学相

---

① 安国启:《志愿行动在中国:中国青年志愿者行动研究》，北京:中央文献出版社，2002，第 89～92 页。

② 谭建光:《中国青年志愿服务的发展方向——新中国 70 年青年志愿服务回顾与展望》，《中国青年社会科学》2019 年第 2 期。

③ 陈晶环:《青年志愿服务对社会管理创新的意义》，《中国青年政治学院学报》2012 年第 6 期。

④ 叶琳琳:《主体性思想政治教育视域下志愿服务与大学生服务意识主体性发展》，《教育与教学研究》2013 年第 9 期。

⑤ 刘家祥:《志愿服务视阈下大学生现代公民人格的塑造》，《安庆师范大学学报》2018 年第 4 期。

⑥ 陶倩:《志愿动机的层次分析》，《思想理论教育》2010 年第 11 期。

⑦ 吴鲁平:《志愿者的参与动机:类型、结构——对 24 名青年志愿者的访谈分析》，《青年研究》2007 年第 5 期。

⑧ 龙永红:《志愿服务与青年学生发展的关系研究》，《青年探索》2015 年第 4 期。

⑨ 余沛文:《快乐、社会认同:志愿者动机差异及其激励研究》，南昌:南昌大学硕士学位论文，2018，第 13～21 页。

⑩ 陈少君:《志愿服务:和谐社会的集体意识——试析志愿服务意识及其成长模型》，《社会工作》2010 年第 1 期。

⑪ 魏娜:《我国志愿服务发展:成就、问题与展望》，《中国行政管理》2013 年第 7 期。

结合的方式进行；① 大学生志愿服务意识的培育方面包括以家庭为基础、由学校主导、以自我为主体、社会负责环境优化。② 但是，在"95 后"和"00 后"的志愿服务意识状况及其培育方面还有深入研究的必要。

（三）核心概念与理论基础

1. 核心概念

（1）志愿服务意识。志愿服务意识是指"个体在对志愿服务认知的基础上，对志愿服务所形成的一种带有积极情感色彩的心理觉悟"。③ 它包含两层含义：一是个体对志愿服务的认知水平和程度；二是个体在行为上对志愿服务有一定的积极性和自觉性。个体的志愿服务意识决定了其志愿服务行为，是影响志愿服务发展的深层因素。从横向发展维度来看，志愿服务意识由志愿服务认知、志愿服务情感和志愿服务行为等要素构成（见图1），它包含个体将社会道德规范内化为内心世界的认知和情感，并最终外化为志愿服务活动的整个过程。其中，个体对于志愿服务的认知是基础，志愿服务情感是动力，而志愿服务行为是志愿服务意识的落脚点。从纵向发展维度来看，志愿服务意识的发展经历了先由外而内、再自内而外，从他律到自律的双重演变过程。

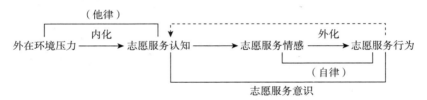

图 1　志愿服务意识的结构

（2）志愿服务意识的培育。是指有组织、有计划、有目的地对特定群体进行志愿服务教育，使他们对志愿服务有一定的认知和了解，并最终实现知识与行动的统一。志愿服务意识的形成围绕着"认知—情感—行为"

---

① 付涛：《培养小学高年级学生志愿服务意识的行动研究》，上海：上海师范大学硕士学位论文，2012，第 48~50 页。
② 王慧茹：《大学生志愿精神及其培育研究》，沈阳：辽宁大学硕士学位论文，2007，第 23~33 页。
③ 付涛：《培养小学高年级学生志愿服务意识的行动研究》，上海：上海师范大学硕士学位论文，2012，第 8 页。

的思路发展。

2. 理论基础

本文主要借鉴社会工作领域中的优势视角理论。优势视角主张重视个人潜力，它是指导社会工作者在实践过程中遇到有问题的案主时秉持的理念、遵循的方法，但优势视角的指导性假设是每个个人、家庭、团体和社区都有优势；所有的环境都充满资源，① 优势视角不只关注社会环境对社会成员的影响，更强调个体在环境中的主体地位和主观能动性。这一理论在志愿服务意识培育中的指导价值在于，在个体志愿服务意识培育过程中，既肯定社会个体有内在的、自发的参与志愿服务活动的意愿，也要综合发挥各培育主体的作用，通过营造外部环境，最大限度地激发个体的自发意识，让他们积极主动地参与到志愿服务活动中来。

（四）研究思路和方法

1. 研究思路

本文拟在造就担当民族复兴大任的时代新人语境中，探讨"95 后"和"00 后"群体的志愿服务意识培育与实践问题。在对志愿服务意识概念进行操作化的基础上，运用问卷法、访谈法等方法收集资料，从优势视角出发，梳理"95 后"和"00 后"群体特征、志愿服务意识状况，总结青少年志愿服务意识培育主体和模式，最后构建青少年志愿服务意识培育养成的方法和路径。在研究过程中，还将把个案分析和宏观描述结合起来，并比较不同环境中成长的青少年志愿服务意识的异同以及相关责任主体在其志愿服务意识养成中的角色异同。

2. 研究方法

（1）问卷调查法。本文属于因果分析型和探索型调研，主要任务不在于估计总体情况，而是为了形成一种观点，故本次调研总体上采用的是目的性抽样。针对"95 后"群体，课题组成员发动身边处于该年龄段的青年，采用滚雪球抽样的方式分发电子问卷；对于"00 后"群体，则以某高校文科学院 2018 级全体学生作为调研对象，请该年级辅导员老师在同学群体中发放在线问卷的链接并本着自愿回答的原则请同学填答问

---

① Saleebey D.：《优势视角：社会工作实践的新模式》，李亚文、杜立婕译，上海：华东理工大学出版社，2004，第 20 ~ 24 页。

卷。对于调查得来的定量数据，将会结合研究主题，采用 SPSS 软件进行分析。

（2）深度访谈法。选择一些代表性的家庭和公共文化机构，采用半结构式访谈法与其中的志愿参与者进行访谈，对于访谈得来的定性数据，将主要采用主题分析法，归纳相关的经验和有待改进之处。访谈对象包括 SD 博物馆的志愿者团队负责人 TQ、小志愿者 WH、WJ 与父亲 WJS，以及某高校大学生 WC，等等。

（3）个案法。课题组选取有代表性的青少年志愿者作为个案，了解他们从事志愿服务活动的类型和心路历程，分析家庭、学校群团组织、社区及公共文化机构等在他们志愿意识养成过程中的角色与作用，比较其在少年志愿服务意识培育中地位的异同，并为其在改进青少年志愿服务意识培育中的方法提供建议。

（4）文献研究法。本文主要收集近年来国内外学者的相关研究成果，与志愿者服务意识相关的政策、法规以及各类公开的统计资料和数据库等文献资料，并选择典型的文献进行分析。

二 "95 后""00 后"的群体特点及志愿服务参与状况

本文中"95 后"特指 1995 年至 1999 年出生的人群，"00 后"特指 2000 年至 2009 年出生的人群。目前"95 后"和"00 后"已成为志愿者的重要组成部分。

（一）"95 后"和"00 后"群体的特点

"95 后"和"00 后"已成为一个庞大的青少年群体。据 2010 年全国第六次人口普查数据（见表 1），"95 后"和"00 后"已经占到全国人口总量的 16%。由于成长背景不同，不同世代的年龄群体都有着独特的世代特征，从而决定了他们的世界观、价值观以及行为方式方面的差异，这些会影响他们的志愿服务意识。

表 1 "95 后""00 后"人口总数及占全国总人口比重

	95 后	00 后
总人口数（人）	7848 万	14708 万

续表

	95 后	00 后
占总人口比重（%）	5.89	11.03

资料来源：根据 2010 年全国第六次人口普查数据自制（国务院人口普查办公室、国家统计局人口和就业统计司，2010）。

1. "95 后"的群体特点

"95 后"成长在我国经济高速增长期、（移动）互联网高速发展期，"95 后"日常生活的方方面面无不受到互联网的影响，他们是我国第一代互联网原住民，是移动互联网的重度用户，是我国新媒体的典型用户群体。①

总体上看，"95 后"具有强烈的自我意识，追求个性和突出自我是其最突出的特征，他们更注重精神层面的需求和享受，（移动）互联网提供的公共平台成为他们寻求认同的平台。具体说来，"95 后"喜欢"宅"在安静而舒适的环境中思考、发展个人兴趣；动漫"二次元"元素成为"95 后"的兴趣，并发展成为一种群体亚文化，更影响着他们的生活情趣和审美偏好；"95 后"更愿意为自己的兴趣付出时间、精力和金钱；"95 后"乐于在自己兴趣领域分享心得体会，并在这一社交过程中寻求自我肯定和群体认同；"95 后"喜欢特立独行，追求独特思维，厌恶从众行为。② 随着"95 后"陆续离开校园、走进职场，处在人生转折点上，他们渴望通过多样化的学习方式获取更多知识，在追求独立思考的同时获得自我成长。

2. "00 后"的群体特点

"00 后"又被称为"千禧一代"，他们出生于中国快速发展时期，"00 后"大多为家中的独生子女，多数"00 后"的父母也是独生子女，"四二一"家庭结构现象在"00 后"群体普遍存在。③ 截至 2019 年末，我国"00 后"群体横跨 10～19 岁年龄段，入学层次包含小学、初中、高中和大学，年龄层次多样、年龄群体复杂。

---

① 燕道成：《新媒体对"95 后"青年文化的解构》，《当代青年研究》2017 年第 6 期。

② 酷鹅俱乐部：《特立独行一代：深度解读"95 后"互联网生活方式》，http://www.sohu.com/a/229658049_114778，2019 年 10 月 8 日。

③ 吕小亮：《"00 后"大学生思想行为特质及其培养对策》，《当代青年研究》2019 年第 3 期。

"00后"出生和成长在物质生活日渐富裕的环境中，总体来说，他们思维灵活、前卫，性格自信、乐观，具有创新和冒险精神，但同时他们自我意识强烈、集体主义观念弱化，对权威的服从和对长辈的尊重程度较弱，维权意识更强。① 在生活方面，"00后"较少关注物质需求，他们追求的是个性化的情感体验和价值实现，个体意识强烈；在教育方面，"00后"注重实践学习、体验学习、网络学习等方式；在娱乐方面，"00后"是典型的移动互联网一代，娱乐活动和互联网紧密相连，他们对互联网产品的需求和要求都很高，且喜欢尝试新鲜事物；在处世态度上，他们更趋于理性化、更加务实，坚信努力奋斗是个人成功的先决条件。② 但与其他世代的人群一样，"00后"仍认可家庭、同辈群体和学校在自身成长过程中的影响。据2018年中国青年报和腾讯QQ大数据的联合调查，"00后"群体认为在个人成长过程中影响作用最大的主要有：父母（74.6%）、同学/朋友（70.8%）、老师（54%）。

（二）"95后"和"00后"的志愿服务意识和实践现状

综合考虑到调查研究的可行性，结合"95后"和"00后"群体特征，本次调研中，课题组成员发动身边的"95后"群体青年，采用滚雪球抽样的方式分发问卷星电子问卷，共回收69份问卷。其中，5人出生在1994年及以前，1人来源地不明，都视为无效问卷。对于"00后"群体，本次调研以团队所在学院2018级全体523名学生作为调研对象，请该年级辅导员老师在同学群体中发放在线问卷的链接，请同学们本着自愿回答的原则填答问卷，共回收138份电子问卷。"95后"和"00后"群体共回收有效问卷201份，本小节的分析便以这201份电子问卷为基础展开。

1. "95后"和"00后"的志愿服务意识现状

当前"95后"和"00后"群体的志愿服务意识现状既是对以往志愿服务意识培育效果的回应，也是未来志愿服务意识培育的现实基础。在所有填答问卷的受访者中，"95后"共102名（51%），"00后"共99名

---

① 马川：《"00后"大学生心理健康水平的实证研究——基于近两万名2018级大一学生的数据分析》，《思想理论教育》2019年第3期。
② 王海建：《"00后"大学生的群体特点与思想政治教育策略》，《思想理论教育》2018年第10期。

（49％）；被调查人员的户籍所在地涵盖全国 25 个省（自治区、直辖市），其中课题组所在地山东共 132 名，占 66％。

从调研我们得知，"95 后"和"00 后"群体对志愿服务活动的认知度是非常高的，将近 70％的人群非常赞同志愿服务活动，另外近 30％的人群比较赞同志愿服务活动。这说明"95 后"和"00 后"群体受到志愿服务意识培育的基础非常深厚。

在"95 后"和"00 后"群体对志愿服务活动的情感方面，84％的人群关注过志愿服务活动，83％的人群有从事志愿服务的计划。这表明"95 后"和"00 后"群体对于志愿服务的情感基础比较好，有进一步将情感外化为行动、参加志愿服务活动的潜力。志愿服务意识的理想状况是达到知与行的统一，在所有被调查者中，有 77％的人群已经有过参加志愿活动的经历。总的来说，"95 后"和"00 后"群体既有着浓厚的志愿服务意识和热情，认可志愿服务活动，也可以真正投入志愿服务活动中去。

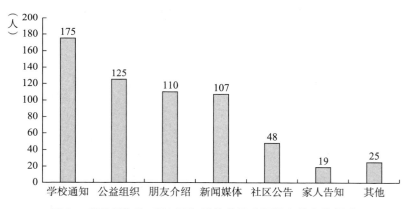

图 2　"95 后"和"00 后"群体获取志愿服务信息的渠道

就"95 后"和"00 后"群体获取志愿服务信息的渠道看（如图 2 所示），80％以上的被访者通过学校获取志愿服务信息，这跟我们选择被访问者的方式有关，但也说明学校在青少年志愿服务意识养成中的地位。超过半数的被访者是从公益组织、朋友介绍和新闻媒体等三个渠道获取相关信息的。只有不到 35％的被访者表示通过社区和家庭获取志愿服务信息，社区和家庭在推动青少年养成志愿服务意识方面的影响还有待提升，当然这种结果也跟我们的受访者多为在校学生有关。

社会责任是指社会成员对他人、对社会所承担的职责、任务和使命，

社会成员对社会责任的自觉意识是社会责任意识。① 作为一种自律意识，社会责任意识要求社会成员对自身、对所处的集体和社会负责，要求社会成员正确处理自身与他人、集体和社会的关系。大学生群体的社会责任意识就包括志愿服务意识。公民意识是社会意识形态的形式之一。公民意识和志愿服务意识是互相促进的关系，公民意识的培养以志愿服务活动为载体，深化公民意识可以激励青少年积极参与志愿服务活动，有利于志愿服务意识的养成。② 我们的调查也证明了志愿服务与社会责任意识和公民意识之间的关系：有将近九成的受访者都同意有社会责任意识和公民意识的个体应该积极参与志愿服务活动。

2. "95 后"和"00 后"的志愿服务实践现状

志愿服务意识的落脚点是参与志愿服务活动。参与是现代社会的基本特征，随着社会责任意识和公民意识的觉醒，青少年参与的积极性逐渐提高，参与的程度日益加深，参与的领域也愈发广泛，志愿服务在培养参与者的社会责任意识和公民意识等方面具有政府机构和市场机制难以取代的效果。

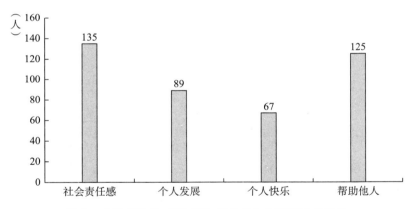

图 3　"95 后"和"00 后"群体参加志愿活动的目的

在所有受访者中，有近八成的青少年有参与志愿服务活动的经历。如图 3 所示，在 155 名参加过志愿活动的被访者中，在被问到他们参加志愿

---

① 熊礼杭：《青年学生现代社会责任意识的培养》，《中国青年研究》2007 年第 9 期。
② 黄一珊：《大学生志愿服务与公民意识培养的互动机理研究》，《学校党建与思想教育》2013 年第 11 期。

服务活动的目的时，我们可以看到均有八成以上的青少年是本着社会责任感和帮助他人的目的参与活动的。当然也有一部分青少年更看重志愿服务活动给个人长期发展带来的帮助和机会。只有四成多的青少年是为了达到个人快乐的目的参加志愿服务活动。

在没有参加过志愿服务活动的 46 名青少年被访者当中，他们给出的原因也值得我们思考（如图 4 所示）。

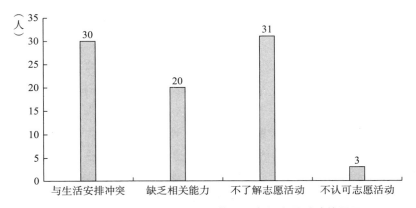

图 4 "95 后"和"00 后"群体没有参加志愿活动的原因

为了吸引更多的青少年参加志愿服务活动，首先，要加强志愿活动宣传工作，提高志愿服务活动的知晓度；其次，还应当在服务时间的安排上做一些调整，尽量参考青少年群体的日常习惯；最后，应该在志愿服务活动开始之前提供相关的培训，消除青少年群体因个人能力不足而产生的顾虑。此外，我们调查还发现，九成以上没有参与过志愿活动的被访者均有兴趣加入志愿活动。只要活动设计合理、时间选择恰当、宣传到位，应会有更多的青少年群体参加到志愿服务活动之中来。

三 "95 后"和"00 后"志愿服务意识的培育主体及模式

志愿服务意识强调志愿活动参与者发自内心、由内而外的意识觉醒，志愿服务意识的培育有助于实现参与者从被动参与到主动参与的跨越，完成参与者从"我得参加"到"我要参加"的思想转变；但是，志愿服务意识的养成也需要家庭、学校、社区和公共文化机构等主体的有计划的塑造。

（一）家庭

习近平总书记曾论述了家庭在人的社会化中的特殊作用，他指出，"家庭是人生的第一个课堂"，"家风是一个家庭的精神内核"。家庭教育和家庭环境是个体出生后社会化的开端，家庭教育和家庭环境对个体心理、观念和行为都有着深刻的影响。家庭在青少年志愿服务意识培育过程中的重要性不容小觑。但由于种种因素，家长对志愿服务活动的认知存在着很大差异，部分家长把参与志愿服务活动当作学校安排的任务，影响到青少年主动参与志愿服务活动的意愿。①

我们认为，在培育青少年的志愿服务意识时，父母首先要为孩子做表率，积极主动参与志愿服务活动，形成良好的家庭氛围。其次，父母要有意识地带领孩子参与志愿服务活动，鼓励、支持他们参加各种形式的志愿服务活动，帮助孩子参与志愿服务活动，增强志愿服务意识。

以 SD 博物馆小讲解员的家庭为例，说明青少年志愿服务意识养成过程中家庭的重要作用：WJ，2007 年出生，2017 年 5 月起加入 SD 博物馆小讲解员志愿服务团队，自此一直负责展馆的讲解工作。父亲的业缘关系使得 WJ 有了报名参加"小讲解员"的机会，WJ 的父亲（WJS）在当地政府工作，他有位同事的家属在 SD 博物馆工作，WJ 的父亲从同事那里得知博物馆要招收一批小志愿者，回家以后便把这个消息告诉了 WJ。在父亲的鼓动下，她经过报名、培训、考核等流程之后，顺利上岗成为 SD 博物馆的讲解员小志愿者。

> 我是这么告诉她的，只要你的能力允许，就去做点对社会有意义的事，做点对别人有用的事。除此之外，也算是言传身教吧，我和我对象也参与一些志愿活动，不一定是省博的，也参与他们学校的家委会，也相当于是一种志愿服务，相当于是为孩子们的教学提供志愿服务。她平时在省博培训、讲解和课程的压力也很大，我时常鼓励她要坚持下来：做任何事情，都不能半途而废，你既然选择了去做志愿者，就要想办法把这件事坚持下来、做好。别的也没有什么硬性约

① 冯江英、张有洪、俞芳等：《学校与家庭、社区联动开展少先队志愿服务活动的调查研究》，《少年儿童研究》2019 年第 4 期。

束。（WJ 的父亲：WJS）

从上面的访谈内容我们可以看出，WJ 的父亲在她参与志愿服务中发挥了重要作用。首先，他给 WJ 带来了志愿活动的相关信息，并积极鼓励 WJ 报名参加；其次，他和妻子以身作则，言传身教，形成从事志愿服务的家庭氛围；最后，他还在 WJ 志愿服务中遇到挫折时，帮助她做分析，并提供坚定的支持。WJ 的父亲认为家庭对于她参加志愿服务活动的影响是最大的，其次是学校的引导和组织，整体的社会氛围也起了一定的影响作用。

（二）学校

学校是青少年志愿精神的培育者和志愿服务活动的倡导者、组织者。目前高校已形成了完善的志愿服务管理体系，也是青年志愿服务的主要力量，在高校的志愿服务活动中，七成左右的岗位依靠自身开发，如学校、学院或班级自发组织的志愿活动；三成左右的服务岗位来自社会，如政府或非政府部门统筹、学校参与的大型赛事、展会的志愿服务活动。无论哪种类型的志愿活动，在校学生的参与热情和参与度都相当高，参加志愿服务活动已成为高校学生实践自身价值、担当社会责任的一种表现。[1] 学校是学生的志愿服务意识养成的重要主体。

与大学生志愿精神的培育方式相似，青少年的志愿服务意识培育也可以分为短期目标和长期目标两步走：其中短期内注重运用规范教育等方式对个体的外在行为进行塑造，这种规范教育易操作、见效快；之后，通过反复践行，使规范成为个体的内在行为习惯和心理定式，帮助个体德行的养成，这一习得过程是漫长的。[2] 初始阶段加强学生从事志愿服务的外在规范约束，在实践外在规范的"他律"过程中，让学生逐渐从中体会到乐趣、产生认同感，并激起主观愿望，直至在长期往复的过程中形成习惯、养成品质，可以指引以后的行动。

以 JN 大学为例，学校团委坚持以增强学生实践能力为目标，深化学

---

[1] 张静宇、汪华：《大学生志愿服务参与意愿模型与激励机制的调查》，《当代青年研究》2014 年第 2 期。

[2] 陶倩、肖炳南：《大学生志愿精神培养的理论思考》，《思想教育研究》2012 年第 11 期。

生社会实践活动和青年志愿者活动的设计，长期把社会实践作为教育教学的重要形式和学生素质教育的重要环节，根据人才培养目标和学科专业特点，以培养学生社会责任感为目的，构建了以青年志愿者联合会为主体，以科技服务、环保消防、爱心接力等为基本内容的志愿服务项目体系，使志愿服务实现学校与社会的有效互动、青年学生服务社会与自身成长成才的有机结合，实现了个人、学校、社会"多方共赢"。

目前 JN 大学在培养在校学生的志愿服务意识方面形成了成熟的工作模式。首先，要求学生参加志愿服务，使志愿精神成为青年学子的价值取向，积极倡导广大青年踊跃投身志愿服务。大一、大二学生每学年必须参加 6 次时长 1~2 小时的志愿服务，通过规范教育的方式实现志愿服务意识由外而内的发展过程。其次，搭建志愿服务平台，并广为宣传。目前，学校建有 40 多个青年志愿者服务站（协会），吸纳 2 万余名青年志愿者，在重要节日、重大活动等时间节点不定期开展志愿服务活动，为在校学生释放志愿服务热情提供有效渠道。再次，打造志愿服务品牌，借助品牌建设将志愿服务规范化、标准化、模式化。如成立于 2003 年的 XY 农村发展促进会，就在学校团委和所在学院团委的支持下，立足于大学生"支农"，以服务"三农"为使命，该协会曾获"全国高校十佳社团""全国高校十大影响力社团"等多项荣誉称号，已发展为学校的学生社团品牌，也吸引了更多的学子加入农村志愿服务的队伍中来。最后，形成一定的组织和保障机制，建立完善的青年志愿服务工作结构。全校成立校、院、班三级志愿团体，基本建立起志愿服务活动的组织体系，各级组织均有活动的规章制度，组织化、规范化程度日益提高，推动学生在志愿服务活动中将志愿服务内化为个人行为习惯。

但当前学校的志愿服务政策等也有些值得商榷之处，如学校出台的激励政策过多与学生的德育成绩和奖学金评比挂钩，学生的志愿服务活动有了功利色彩；志愿活动形式存在单一化、固定化的问题，影响了学生志愿服务的情感体验；另外，学生毕业后因进入工作环境，其志愿服务意识一时难以长效化。

（三）社区

2019 年初，习近平总书记考察天津市和平区新兴街朝阳里社区时，

称赞社区志愿者是为社会做出贡献的前行者、引领者。社区志愿服务是中国特色志愿服务体系中的重要组成部分，是开展社区服务中重要的一环，是城乡社区治理文明提升的重要标志。[①]

社区是青少年开展志愿服务活动的重要阵地。参与社区志愿服务，可以激发青少年的社区情感，增强服务的意识，获得满足感和成就感，平时就近开展日常化的社区志愿服务，寒、暑期集中开展志愿服务实践活动；在推动青少年参与社区志愿服务活动方面，新的模式和机制基本形成，最典型的就是"社工 + 志愿者"的联动机制和模式，即利用专业方法提高社区内青少年的志愿服务意识和服务水平，社会工作以其专业理念和技能，有效促进了志愿服务领域内社会资源的整合和利用，有助于解决志愿者在志愿服务过程中遇到的问题。[②]"社工引导志愿者，志愿者支持社工"可以将社会工作的专业优势和社区志愿者的群体优势有效结合起来，既更好地满足了群众的社会服务需求，也促进了社区资源的整合和利用。

在此我们将以山东省青岛市城阳区的"小手拉大手，邻里壹起分"垃圾分类社区动员为例，剖析社区在培育青少年志愿服务意识方面的经验和做法。[③] 2019 年 4 月，该区人民政府办公室印发《城阳区生活垃圾分类工作实施方案》，提出垃圾分类工作的具体目标。之后，城阳区政府与有丰富的垃圾分类与资源化利用工作经验的社会工作服务机构——青岛你我创益社会工作服务中心（以下简称"青岛你我"）联系，开展垃圾分类社区动员行动。2019 年 5 月起，"青岛你我"在全区展开"小手拉大手，邻里壹起分"居民小区垃圾分类宣传活动。目前城阳 192 个小区共有 5700 多名小志愿者，陆续进入 38400 多户家庭宣传垃圾分类知识，动员居民参与垃圾分类活动，形成垃圾分类的社区内生模式，即社会组织、社区、学校和家庭的"四线联动"。活动启动时，社会组织对接在地高校成立"垃圾分类青年先锋志愿队"，对大学生志愿者进行垃圾分类、减量、资源化利用

---

① 宋煜：《开辟社区志愿服务新境界》，《中国社会工作》2019 年第 24 期。

② 齐秀强、赵英丽：《社会工作视角下大学生志愿服务长效机制构建》，《当代青年研究》2013 年第 4 期。

③ 徐进、高红、李一：《一次垃圾分类社区动员的建构之旅》，《中国社会工作》2019 年第 25 期。

等专业培训，并与小区划片对应的小学联系，根据校方安排由班级家委会牵头招募活动志愿家庭，并组建志愿家庭群。之后根据小区规模招募小小志愿者，在家长陪同下小志愿者入户宣传。利用孩子和社区天然的亲近关系，发挥"小手拉大手"的效果，迅速提升社区居民参与垃圾分类活动的热情。在活动中，"青岛你我"充分发挥小志愿者的才能，指导小志愿者手工绘制带有个性色彩的垃圾分类知识宣传海报，提高海报的亲和力，这既为小志愿者们提供了施展才能的机会，也显著提高了宣传效果，促进了社区邻里之间的善意互动。

青岛市城阳区的"小手拉大手，邻里壹起分"垃圾分类社区动员活动，不仅激活了社区内生、自发治理垃圾的意愿，而且更充分发挥了小志愿者和大学生志愿者的积极作用，让他们各尽其能、乐在其中，也增强了志愿服务的意识。

（四）公共文化机构

公共文化机构的文化志愿服务发展既是现代公共文化服务体系建设的内容，也是志愿服务的重要组成部分。我国文化志愿服务事业自 2016 年以来获得重大发展，文化馆协会、博物馆协会、古籍保护协会、公共图书馆等各级文化部门都积极推动文化志愿服务社会化。

以博物馆为例，截至 2017 年末，全国中等规模以上（约占全国博物馆总数一半以上）的博物馆几乎都引入了数量不等的志愿者。志愿者不仅可以为观众提供服务、传递科学文化知识，也能够助推博物馆在资金、人力短缺的情况下更好地履行教育、服务职能，而且推动着志愿者的成长。经过几年的发展，我国公共文化机构的志愿服务呈现规范化、制度化、常态化发展的态势。[①]

SD 博物馆志愿者团队成立于 2010 年，目前累计注册志愿者 2188 人，志愿者累计在馆服务时间达 15 万多小时。SD 博物馆对志愿者进行分类管理，组建了小志愿者、大学生志愿者和社会志愿者三支服务团队。志愿者服务内容包括：展厅讲解、教育活动、团体接待、流动博物馆、参与重大活动、小志愿者培训等。在志愿服务管理方面，SD 博物馆已基本形成了

---

① 良警宇：《中国文化志愿服务发展报告》，北京：社会科学文献出版社，2018，第 8 页。

"管理制度化、招募常态化、培训科学化"的模式。博物馆先后出台了志愿者招募、培训、考核、奖励等管理制度，成立了志愿者委员会，建立了志愿者工作档案，完善了志愿者"招募、选拔、培训、考核、授牌、宣誓、上岗"工作流程。

小志愿者团队每年招募 2 次（寒、暑假各 1 次），主要面向中、小学生，有少数高中生，每次招募 30 人。每次招募都十分火爆，招募小志愿者方式也经历了从先到先得、报名额满为止的办法到引进面试环节的转变。截至目前，馆方在小志愿者招募工作中基本上已经形成了"报名→电话确认→培训→考核→上岗"的系统流程。小志愿者培训内容主要包括：志愿服务政策、志愿服务活动在社会中的作用以及志愿服务发展形势；博物馆历史、发展历程、现状等基本情况；服务礼仪、礼节、文明用语培训；专题展厅培训。馆方对小志愿者团队培训的目的不仅在于知识的灌输，而是以志愿服务意识的启蒙、志愿服务精神的培养为主。

在小志愿者团队的管理中，博物馆选择与成人志愿者不同的方式，虽然规定小志愿者每年需要服务 40 小时，但馆方更注重让小志愿者在服务过程中每年都有成长、每年都有收获，故小志愿者可以掌控自己的服务时间。据博物馆志愿者团队管理负责人 TQ 表示，小志愿者服务的主要目的是"让孩子在接受传统文化熏陶的同时，对现当代社会的发展潮流和趋势形成准确的认知"。

总的来说，大部分小志愿者都可以严格按照馆方要求完成工作。其中一个典型案例是一位志愿者，自高中开始便在博物馆做小志愿者，后来读大学期间每逢寒暑假也会自发到馆内做志愿者，毕业后从事教育工作，仍会经常带自己的学生来馆内服务。馆方志愿者团队负责人 TQ 认为："（小志愿者）也是对志愿精神的一种传承，我们培训小志愿者就是在点燃一个一个火种，我们真正的目的是让他们做志愿服务的种子，寄希望于未来"。但也有的小志愿者服务态度不端正，服务明显带有功利心，或是为了完成学校任务，或是为了获得志愿者身份。TQ 表示，对于这一类的小志愿者，他们会进行适当的引导。

目前，博物馆已经招募到了"10 后"的小志愿者，馆方对小志愿者团队的总体评价是正面的。小志愿者团队整体精神面貌积极向上，也得到了游客的肯定。目前馆方已经为小志愿者团队注册了商标：小莲蓬。

莲花是我们的市花，莲蓬是莲花的种子，也象征着我们的小志愿者团队是志愿服务的种子，播撒在哪里，就在哪里开出志愿服务的花朵；另外，大家像莲蓬一样紧紧团结在一起，一定能够把志愿服务事业做好。组建至今，我们的团队已经取得了很多骄人的成绩，如2018年我们的小志愿者团队获得第四届中国青年志愿服务项目大赛银奖，……总体来说，小志愿者团队发展态势良好。（TQ）

在谈到对"00后"群体的总体评价时，TQ表示"00后"群体的社会责任感和志愿服务意识很强，综合素质和服务的积极性、主动性都要比早期的学生有很大提高。之前馆方在每年的环球自然日都要从大学生招募志愿者，最近两年招募的志愿者基本都是"00后"。这些小志愿者对这种无报酬的志愿服务工作有很好的定位，做志愿者的目的很纯粹，不只是为了体验，而是真正地来帮助他人，因此能够放低姿态，积极主动投入为游客服务的工作中去。

博物馆对小志愿者也有一定的激励制度。小志愿者每年服务满40小时，馆方可以出具团省委认可的证明，馆方每年还评选优秀志愿者，颁发荣誉证书，给予精神奖励。此外，优秀小志愿者可以参加馆方每年不定期为志愿者组织的馆际参观和交流活动（为小志愿者预留20%～30%的名额），如果志愿者本人因学习原因无法参加，还可以将参观、交流机会让给家人。

可以发现，公共文化机构的活动形式、活动内容、奖励方法等对青少年儿童等具有很大的吸引力，有助于志愿者在参与志愿服务活动时乐在其中、学在其中，劳有所得、劳有所获。

四 "95后"和"00后"志愿者个案分析

青少年从事志愿服务中的外在因素是不同的，这里将以某高校志愿青年和某公共文化机构的"小导览员"志愿者为个案，分析家庭、学校、社区、公共文化机构以及志愿者个人等在志愿意识养成中的角色，并比较其在少年志愿服务意识培育中地位的异同。

（一）高校志愿青年的案例

大学生无疑是青年志愿者中最活跃的群体，但大学生志愿服务意识养

成过程中学校、家庭、社会组织和个人因素发挥了不同的作用。

WC，1999 年出生，JN 大学大二学生。2018 年进入大学之后，WC 积极参加学院和学校提供的各种志愿服务活动：多次去往福利院参加关怀残疾儿童的志愿服务活动、参加海峡两岸新旧动能高峰论坛会议志愿服务活动、2019 年暑假期间奔赴云南参加为期 25 天的支教支农志愿服务活动。

在谈到自己志愿服务意识是如何养成的时候，WC 表示一直对于志愿活动有强烈的兴趣。WC 自幼在农村长大，身边缺少参加志愿活动的机会，读高中时进入县城就读，但苦于当时学业压力大，一直没有机会真正参与志愿活动。进入大学后不久，抱着体验的心态，她便参加了关注残障儿童的志愿活动，并由此开启自己的志愿活动之路。在被问及参加志愿活动的最初原因时，WC 坦言"我觉得人生就是要多体验，好像没有受到（别人）多大的影响，就是自己想着体验一下，丰富自己的阅历"。WC 的经历表明青少年群体自我成长过程中，社会主体性的萌发对于志愿服务意识的觉醒有着不可忽视的作用。

传统文化在无形中促成了 WC 的志愿服务意识。WC 虽然在幼年很少有机会接触志愿活动，但农村地区每逢红白喜事，街坊邻居互帮互助的传统做法给她留下了深刻印象，通过潜移默化的作用，影响了 WC 参加志愿活动的选择。

除此之外，WC 还提到大众传媒的影响。WC 回忆自己读小学时曾在电视节目中看到志愿者前往偏远、贫困地区开展服务，以及媒体报道后相关机构给志愿者颁奖的场景，这给 WC 留下了深刻的印象。她觉得志愿者的所作所为特别光荣，并且认为为他人提供帮助是一件很美好的事。自那时起便在心底埋下了向志愿者群体学习的种子，后来进入大学后这颗种子终于落地发芽、开花。

志愿服务的氛围也是影响一个人服务意识和行为的外在因素。据 WC 观察，她身边的同龄人群近八成有过志愿活动经历，其中既有学校团委每年下发有关公益劳动、社会实践的硬性要求的原因，还因为学生社团开展的志愿活动比较丰富，给学生提供了更多的选择。大部分同学带着体验生活的心态参与志愿服务活动，如果参加活动跟自己的心理预期吻合，就会继续参加志愿服务活动，否则就会慢慢退出；还有不少同学参加志愿活动

的心态比较功利，他们看重的是活动带来的加分收益，而非活动本身。对此，WC认为要破解这种功利的心态，最好是让志愿活动与加分等规定脱钩，恢复志愿活动的纯粹性。同时，WC还提到，有些公益机构存在过分、虚假宣传机构能力的问题，且在招募到志愿者后，不太关注志愿者的成长和服务的体验，打击了志愿者参与活动的积极性，这就要加强对公益机构的监督和管理，切实保障志愿者的权益。

可以看出，虽然家庭环境对WC的志愿服务意识和行为没有直接的影响，但社区内部互帮互助的传统氛围给她参与志愿活动打下了一定基础；个人服务社会的意愿是促使她参加志愿活动的一大动力。

（二）博物馆小导览员的案例

本小节以公共文化机构中的导览员志愿者WH为个案，分析在他志愿服务意识养成过程中各方培育主体的作用，并结合WH个人经历分析各培育主体在少年志愿服务意识培育过程中的角色。

WH，2004年出生，2018年加入SD博物馆志愿导览员团队，主要负责售票（博物馆门票制度改革前）和导览工作，具体包括日常售票、告知游客展馆位置、展品位置、轮椅出租具体事宜、语音导览器使用方法等。除特殊情况外，WH每周会选择周六或周日入馆服务一天，服务时间为9：00～16：30。

个人兴趣是WH参加志愿活动的主要原因。WH小时候（2004～2015年）曾跟随父母在北京居住、生活，在此期间曾多次到中国国家博物馆、首都博物馆、北京自然博物馆等进行参观，并接触到馆内从事志愿讲解的小志愿者，尤其是在北京自然博物馆看到许多同龄人甚至比自己小的小朋友做讲解，心生羡慕。回到山东后，WH也曾向SD博物馆官方邮箱发送电子邮件询问小志愿者事宜，但没有收到回复。2018年WH的妈妈在博物馆官方微信公众号看到招募志愿者的消息并告诉他后，他马上报名。之后经过馆方培训、考核等一系列流程，WH正式成为志愿者团队中的一员，从此WH每周都会抽时间入馆，竭尽所能提供服务。

父母的支持是WH参加志愿服务活动的一大动力。WH的父亲是一位教师，虽然没有从事志愿服务的经历，但比较支持孩子参加志愿服务活动。WH的母亲是一位典型的"热心肠"，平日生活中乐于助人，给WH

很大的感染。她格外赞同 WH 参加志愿服务活动，偶然在博物馆官方微信号上看到招募志愿者的通知后，她第一时间告诉了自己孩子并协助 WH 报名成为一名志愿者。

学校的课程设置在 WH 志愿服务意识养成过程中起到了引领作用。如初中课程开设的政治课《道德与法治》中就有志愿者的教学内容。对此，WH 的理解是："尽自己最大努力，为他人提供帮助，为社会做出贡献。"这些课程内容不仅加深了 WH 对志愿服务的认知，燃起了他参加志愿服务活动的热情，也使他认识到个人社会责任感的重要性，进而促成他最终做出从事志愿服务活动的选择。

在小志愿者的培养和管理方面，WH 对博物馆的举措给予了较高评价，诸如博物馆提供了相应的工作培训，考核合格后颁发了志愿者证，日常管理尊重小志愿者的个人成长需要和时间安排等。但 WH 也认为馆方在志愿者管理制度存在一定程度的不健全现象，对志愿者缺乏必要的激励措施，他建议博物馆可以酌情提高志愿者对馆方物品的使用权限，可以适当为志愿者今后的求学和工作出具推荐意见。

在参加博物馆志愿服务活动后的收获方面，WH 认为个人得到了成长：一是交往能力全方位提升，因为导览服务的主要任务就是与来馆参观的游客交流，这一过程中必然要接触不同的人群，包括老年人、少年儿童，还有部分外国游客，在解答过程中，个人交流能力得到很大提升；二是时间掌握能力得到锻炼，参加志愿服务之后，个人生活和学习的安排变得格外紧凑，为了更好地履行志愿者义务，按时入馆服务，WH 必须做好时间管理，合理分配个人时间，有时还需要在入馆服务和其他活动之间做出选择。WH 继续从事志愿服务的意愿十分强烈。他表示日后在时间、精力允许的情况下，他会按时到博物馆服务，并且会积极参加其他类型的志愿服务活动，争取全面提升自己的素养。

在综合比较各培育主体在自己志愿服务意识培育过程中的影响力时，WH 认为个人兴趣是他参加志愿服务活动的最大动力，家庭的积极支持必不可少，学校课程设置起到了积极的引领作用，社会总体氛围也有较好的推动作用，公共文化机构的宣传能力还有待进一步提升。

通过对以上的高校志愿者和公共文化机构小导览员志愿者的个案分析，我们可以发现：个体志愿服务意识养成是个人和家庭、学校、社区、

公共文化机构等培育主体综合作用的结果。当然，少年儿童志愿服务也存在着一些不足，如少年儿童日常课业负担较重，要参加各种辅导班，志愿服务时间缺乏保证；因为年龄小，少年儿童志愿服务类型可选择性少；由于心智发育程度所限，少年儿童志愿者的服务目的模糊，服务意志薄弱。此外，公共文化机构的招募和管理手段上也存在着一些偏差。例如，对于小志愿者，馆方没有考虑到不同年龄段孩子的知识和接受能力的差异，没有真正做到区别对待、因材施教，有时培训和要求可能过高，超出了少年儿童的能力范围，影响了其参与服务的体验；公共文化机构对报名未被录用的小志愿者没有主动沟通和解释，这也打击了孩子从事志愿服务的积极性；公共文化机构的志愿者招募信息没有在更多更大的平台上发布，不利于志愿者的招募。

五 "95后"和"00后"志愿服务意识的培育方法及改进路径

志愿服务意识培育是道德教育的重要组成部分，而道德是可教、可学的，志愿服务意识的培育是现实可操作的。一方面，志愿者志愿服务意识的培育离不开个体对志愿服务活动的认同、个体道德责任感的提升以及社会责任感的增强；另一方面，现实生活中家庭、学校、同辈群体、大众传媒等也会影响人们的参与。在完善志愿服务制度建设的同时，应针对青少年的群体特点，有计划地加强对其志愿服务意识的培育。

（一）相关培育主体形成协同效应

政府部门、学校、社区、公共文化机构、家庭和青少年个体之间在青少年志愿服务意识培育过程中并不是孤立存在的，而是要互相配合，形成"政府主导、学校引领、社区支持、机构影响、家庭参与"的联动机制，形成合力，积极推动青少年志愿服务意识的养成。

政府部门在青少年志愿服务意识的培育过程中应该发挥主导作用。尤其是各级团委要担负起组织、沟通、协调相关单位的责任，搭建横向同级单位之间的志愿服务活动体系和纵向上下级单位之间的志愿服务组织，形成横向之间互相配合，纵向之间经常交流的良好氛围。

学校在青少年志愿服务意识培育过程中要发挥引领优势。在青少年

志愿服务比较成熟的国家和地区，志愿服务教育贯穿学校各阶段的教学过程，且志愿服务教育重视学生在实践过程中的体验式学习，把培育志愿服务意识、弘扬志愿服务精神作为学生文化建设和思想政治教育的重要内容，同时经常性地组织、开展符合各年龄阶段学生特点的社会实践活动，及时强化学生在课程中学到的相关内容，实现志愿服务意识的内化。

社区要积极配合政府、学校在青少年志愿服务意识培育过程中举办的活动，发挥支持作用。要充分发挥社区党组织、小区物业和居委会的重要作用，特别是社区社会组织的作用，通过联动效应吸收青少年参与社区志愿服务，促进基层社会治理，增强青少年的社区情感。

作为公益性的公共文化机构要发挥影响力，通过生动、鲜活的活动吸引青少年群体；通过设置相关岗位为青少年提供参与志愿服务的机会；为青少年提供专业培训，提高其服务的专业性，增强他们在志愿服务过程中的获得感、成就感和自豪感。但是，公共文化机构要严格规范出具志愿服务证明的制度，提高志愿服务的信誉。

家庭特别是父母要注重言传身教，把崇德向善作为家庭文化建设的内容，要有意识地培育子女的公益意识，如带子女参加公益活动和志愿服务活动。除此之外，在子女参加志愿活动的过程中，父母要积极做好后勤保障工作，消除子女的后顾之忧，并及时帮助子女分析志愿活动中遇到的问题、坚定他们长期参与志愿服务的信念，做子女坚强的后盾。

（二）完善激励机制

志愿服务活动有其特殊性，传统管理工作经验中的职务激励、金钱激励很难对志愿者群体起到作用，甚至有时会有适得其反的效果。虽然志愿服务是无偿和自愿的，但合理的激励机制有助于激发志愿者的参与热情，增强志愿者的自我认同，提升他们对志愿精神的价值认同，强化其从事志愿服务的长效性、持久性。

青少年参与志愿服务的热情与激励机制有直接关系。一般来说，激励包括自我激励、受益者激励、社会激励和政府激励等。我国对于志愿者的激励制度是物质激励与精神激励相结合，以精神激励为主、物质激励为辅。其中精神激励主要体现在对优秀志愿者进行褒扬和嘉奖，授予荣誉称

号等。物质激励是建立志愿服务回馈制度，使得"95后"和"00后"志愿者可以在就学、就业、参军等方面享受优待。有效的激励方式是保证青少年志愿服务可持续发展的重要方式，探索以满足青少年需要为出发点的志愿服务激励机制，可从以下几方面入手：合理分析青少年参与志愿服务活动的动机，并有针对性地进行引导；在志愿活动前、中、后关注青少年志愿动机实现的效果；帮助青少年树立志愿精神，形成参加志愿活动的内驱力。① 如何依靠志愿服务活动自身的内容优势，建立因地制宜的、合理的激励机制，从而激发青少年参与志愿活动的内生动力，还需要进一步的探讨。

（三）增强志愿活动的吸引力

志愿服务活动具有自愿性、无偿性、公益性等特征，但是作为一种个人贡献，并不意味着志愿者对志愿活动没有心理预期。青少年志愿服务工作不依赖经济手段，而是靠志愿活动本身的魅力，尤其是对于"95后"和"00后"群体来说，志愿活动本身的吸引力可以提高其参与的积极性。在设计志愿活动时，应该尽量提升专业内涵，使得服务内容合理。首先，丰富志愿活动的参与形式。一般来讲志愿者更愿意持续性的服务而非一次性的活动。② 故青少年志愿服务机构应开展更多符合"95后""00后"群体特点的志愿服务活动，增加活动的趣味性和长期化，让青少年可以乐在其中。其次，拓宽服务领域和服务形式，增加活动的灵活性，给青少年群体更多选择。再次，引导青少年的参与预期。志愿活动毕竟是一种重在奉献的活动，要引导青少年群体树立合理的预期，防止青少年因落差过大而远离志愿活动的现象，以保证青少年参与志愿活动的长效性。最后，在志愿活动开展前增设由专业人士开展的、针对具体志愿活动的培训环节，使志愿者能够获得专业性的指导，让他们在志愿活动过程中劳有所得、劳有所获，增加他们的获得感。

（四）发挥榜样的示范功能

"启事在教诲，成事在榜样"，习近平总书记指出，要"善于向先进典

① 李玮、林伯海：《利己与利他关系视角下的大学生志愿精神培育》，《西南交通大学学报》（社会科学版）2018年第2期。

② Penner L A. ， "Dispositional and Organizational Influences on Sustained Volunteerism：An Interactionist Perspective"，*Journal of Social Issues*，2002，58（3）.

型学习"。榜样是人们争相模仿的先进形象，榜样的作用在于向他人提供现成的模式或途径，榜样可以成为影响、改变、激励他人行为的积极力量。[①] 加大对典型志愿项目、团队、组织的宣传，发挥榜样的作用，可以有效提高青少年群体的志愿服务动力，激发他们参与志愿服务活动的热情。培育青少年的志愿服务意识，要培育、树立先进志愿者典型，发挥同辈群体的示范作用。大众媒体要加大对典型人物、团队、组织的宣传力度，形成良好的舆论氛围，特别是在青少年群体中有针对性地进行宣传。大众传媒通过新闻报道、舆论宣传等方式，可以为社会成员理解和接受社会所倡导的价值观念、行为方式等提供社会环境条件。除此之外，大众传媒对于人们的价值观念具有导向作用，对于人们的行为活动具有暗示作用。青少年处在人格形成期，他们的可塑性相对较强。大众传媒应当抓住青少年性格塑造的窗口期，有效发挥自身的影响力，营造青少年广泛参与志愿服务活动的浓厚氛围，传播志愿者成长的故事，增强青少年志愿服务意识。

同辈群体对个体有较强的吸引力和影响力，其群体规范和价值也常常被个体作为社会化过程中重要的参考对象。对青少年来说，同辈群体是他们完成社会化的重要环境因素。在青少年志愿服务意识培育的过程中，同辈群体的示范带动作用可以有效弥补其他培育主体的不足。因此，要引导在青少年中具有较大影响力和代表性的青年榜样，让他们发挥示范带动作用。

总之，志愿服务意识培育的最终目的是促进个体把对志愿服务活动的认知从情感层面外化为志愿服务实践。"95 后"和"00 后"青少年群体处于个性形成的重要阶段，是培养良好个性品质的关键时期，他们也有着较强的使命感和责任心，迫切需要社会认可、亟待证明自身价值，志愿服务为他们提供了良好的机会和平台。意识是行动的先导。志愿服务意识影响着实际行动和活动的持久性，积极培育"95 后"和"00 后"群体的志愿服务意识，可以进一步提高青少年参与志愿服务活动的主动性，增强其社会责任感，并推动中国特色志愿服务事业的发展。

---

① 李苑静：《"90 后"大学生社会责任意识及其培育研究》，博士学位论文，2017，西南交通大学第 162 页。

参考文献

龚万达：《志愿服务 20 年——中国志愿服务研究综述》，《思想理论教育》2010 年第 11 期。

黄巧荣：《大学生志愿精神的培育与弘扬》，《当代青年研究》2012 年第 3 期。

王春兰、袁明符：《青年志愿者的需要特征与激励对策研究》，《当代青年研究》2012 年第 3 期。

王芳：《公共图书馆开展小学生志愿者服务的实践与思考》，《图书馆研究与工作》，2017 年第 6 期。

大学生志愿精神培养的方法和路径研究

陶　倩　肖炳南　陆耀峰　郑晓玉　石玉莹　黄丽娜　曾　琰[*]

摘　要： 大学生志愿精神的培养必须置于新时代的宏观背景下，其方法和路径可分为宏观路径与微观路径。从宏观路径来看，国家层面的价值引领是志愿精神培养的方向指引，社会层面的氛围营造是志愿精神培养的主要土壤，高校层面的教育实践是志愿精神培养的有效途径。从微观路径来看，一方面，思想政治教育的现代转型思想为大学生志愿精神培养提供了理论支撑；另一方面，道德的形成过程为大学生志愿精神的生成与发展提供了方法借鉴，大学生志愿精神的生成与发展，要经历一个由自觉认识到选择行为的过程，就是从道德认知、道德情感、道德意志到道德行为的综合过程。

关键词： 大学生　志愿精神　培养　路径

党的十九大报告提出了"培养担当民族复兴大任的时代新人"的战略任务。加强志愿精神培养是促进大学生成长为时代新人的重要方法和途径。本文从思想政治教育学科立场出发，主要致力于对大学生志愿精神培养的方法和路径展开探索，以期为全社会进一步弘扬志愿精神，推动志愿

---

  * 陶倩，上海大学马克思主义学院教授、博士生导师，社会科学学部副主任，上海市习近平新时代中国特色社会主义思想研究中心研究员，研究方向为思想政治教育；肖炳南，中国浦东干部学院院务委员、机关党委专职副书记、纪委书记；陆耀峰，上海大学马克思主义学院博士研究生、讲师；郑晓玉，上海大学马克思主义学院博士研究生；石玉莹，上海大学马克思主义学院硕士研究生；黄丽娜，上海大学马克思主义学院辅导员；曾琰，华东政法大学马克思主义学院讲师。

服务的可持续发展提供启示意义和可复制、可推广的具体操作经验。

一 大学生志愿精神培养的时代意蕴

党的十八大以来，以习近平同志为核心的党中央多次强调志愿服务及其精神培养的重要性，并赋予了志愿服务以时代的使命与意蕴。习近平总书记指出："志愿服务是社会文明进步的重要标志……充分彰显了理想信念、爱心善意、责任担当，成为人民有信仰、国家有力量、民族有希望的生动体现。"① 由此可见，志愿服务已成为凝聚力量、实现中华民族伟大复兴中国梦的重要载体之一，这也是时代赋予志愿服务的重要任务。

（一）新时代"两个大局"背景为志愿精神培养提供了宏阔视野

党的十九大开启了中国特色社会主义新时代。2019 年 5 月，习近平总书记在江西考察时指出："领导干部要胸怀两个大局，一个是中华民族伟大复兴的战略全局，一个是世界百年未有之大变局，这是我们谋划工作的基本出发点。"② 可以说，"两个大局"既是谋划工作的基本出发点，也是理论创新的基本出发点。"两个大局"交汇形成的独特历史景观为当代中国志愿精神培养提供了宏阔视野。

站在"两个大局"交汇的特定历史节点，我们要自觉从国家战略的定位出发，紧密联系党中央的相关政策与指导意见，以国家战略引领新时代中国特色志愿服务事业协调发展，促进志愿精神培养更具实效性。一方面，当前志愿精神的培养要紧紧围绕党的奋斗目标，以实现中华民族伟大复兴为发展目标，为实现"两个一百年"奋斗目标、实现中华民族伟大复兴的中国梦凝聚力量；另一方面，当前志愿精神的培养要更好贯彻习近平总书记所倡导的"人类命运共同体"理念，要放眼全球，放眼全人类，以构建人类命运共同体的自觉意识，主动融入全球治理大潮，承担起提供国际志愿服务的责任，以志愿服务为纽带超越文明隔阂，超越文明冲突，实现民心相通，彰显中国志愿者宽广的胸怀与崇高的使命，致力于实现全人

---

① 《习近平致信祝贺中国志愿服务联合会第二届会员代表大会召开　强调弘扬奉献友爱互助进步的志愿精神以实际行动书写新时代的雷锋故事》，《人民日报》2019 年 7 月 25 日，第 1 版。

② 《习近平总书记江西考察并主持召开座谈会微镜头》，《人民日报》2019 年 5 月 23 日，第 2 版。

类共同的幸福生活。

（二）新时代公民道德建设要求为志愿精神培养确立了高远站位

中国特色社会主义进入新时代，加强公民道德建设、提高全社会道德水平，是全面建成小康社会、全面建设社会主义现代化强国的战略任务，是适应社会主要矛盾变化、满足人民对美好生活向往的迫切需要，是促进社会全面进步、人的全面发展的必然要求。① 为此，中共中央、国务院于2019 年10 月印发《新时代公民道德建设实施纲要》（以下简称《纲要》），这对新时代中国特色志愿服务及其精神培养提出了新的要求。

《纲要》中明确了"六个坚持"的总体要求，这为新时代中国特色志愿服务发展确立了指导思想与主要方向。一是"坚持马克思主义道德观、社会主义道德观，倡导共产主义道德，以为人民服务为核心，以集体主义为原则，以爱祖国、爱人民、爱劳动、爱科学、爱社会主义为基本要求，始终保持公民道德建设的社会主义方向"。其中，为人民服务是新时代志愿服务的基本形态，即要努力满足人民日益增长的美好生活的需要；集体主义是志愿服务的存在前提，基于集体的现实需要、通过组织形成集体式的服务，应是新时代志愿服务规模化发展的原则。

二是"坚持以社会主义核心价值观为引领，将国家、社会、个人层面的价值要求贯穿到道德建设各方面，以主流价值建构道德规范、强化道德认同、指引道德实践，引导人们明大德、守公德、严私德"。其中，践行社会主义核心价值观是志愿服务的根本要求；明大德、守公德、严私德则是志愿服务作用于公民道德建设的根本任务，换言之，志愿精神培养的核心内容之一就应理顺志愿服务如何促进公民对大德、公德以及私德的认知，并在实践的过程中使"三德"形成统一体。

三是"坚持在继承传统中创新发展，自觉传承中华传统美德，继承我们党领导人民在长期实践中形成的优良传统和革命道德，适应新时代改革开放和社会主义市场经济发展要求，积极推动创造性转化、创新性发展，不断增强道德建设的时代性、实效性"。其中，传统美德、优良传统和革命道德是新时代志愿服务及其精神培养的思想源流，这就要

① 《中共中央 国务院印发新时代公民道德建设实施纲要》，《人民日报》2019 年10 月28 日，第1 版。

求结合时代背景将之转化为日常可见、可感与可做的志愿服务内容与形式。

四是"坚持提升道德认知与推动道德实践相结合，尊重人民群众的主体地位，激发人们形成善良的道德意愿、道德情感，培育正确的道德判断和道德责任，提高道德实践能力尤其是自觉实践能力，引导人们向往和追求讲道德、尊道德、守道德的生活"。其中，培育正确的道德判断和道德责任是志愿精神培养的重要任务，需要进一步挖掘基于奉献、友爱、互助、进步基础之上的"向上向善"道德思想；提高道德实践能力尤其是自觉实践能力成为衡量志愿服务有效性的重要标准，同时，志愿服务也需提供"人人可为、人人愿为、人人乐为"的有效平台，以此实现提升道德认知与推动道德实践相结合的时代要求。

五是"坚持发挥社会主义法治的促进和保障作用，以法治承载道德理念、鲜明道德导向、弘扬美德义行，把社会主义道德要求体现到立法、执法、司法、守法之中，以法治的力量引导人们向上向善"。其中，发挥社会主义法治的促进和保障作用则要求志愿服务在《志愿服务条例》的框架下，进一步细化责任主体、约定服务边界、明确工作流程、落实保障措施，为新时代志愿服务提供法治上的行为逻辑。

六是"坚持积极倡导与有效治理并举，遵循道德建设规律，把先进性要求与广泛性要求结合起来，坚持重在建设、立破并举，发挥榜样示范引领作用，加大突出问题整治力度，树立新风正气、祛除歪风邪气"。其中，把先进性要求与广泛性要求结合起来就要求新时代志愿服务应加大对榜样示范的宣传力度及其辐射作用，同时，还需进一步建设与完善具有高参与度的志愿服务项目，为解决思想道德层面可能普遍存在的问题提供现实的解决路径。

（三）时代新人培养目标为志愿精神培养增添了持久动力

习近平总书记在全国教育大会上指出，培养什么人，是教育的首要问题。新时代，我们要培养的是时代新人。党的十九大报告指出，要"培养担当民族复兴大任的时代新人"。[①] 在全国宣传思想工作会议上，习近平总

---

① 习近平：《决胜全面建成小康社会 夺取新时代中国特色社会主义伟大胜利》，北京：人民出版社，2017，第42页。

书记指出："育新人，就是要坚持立德树人、以文化人，建设社会主义精神文明、培育和践行社会主义核心价值观，提高人民思想觉悟、道德水准、文明素养，培养能够担当民族复兴大任的时代新人。"① 在同团中央新一届领导班子成员集体谈话时，习近平总书记强调："动员广大青年把报国之志转化为实际行动，努力成为担当民族复兴大任的时代新人。"② 习近平总书记把青年作为培养时代新人的重要主体，并阐述了时代新人的新使命、新标准和新的塑造方式。

1. 时代新人的新使命

2018 年 5 月 2 日，习近平总书记在北京大学师生座谈会上指出："当代青年是同新时代共同前进的一代。我们面临的新时代既是近代以来中华民族发展的最好时代，也是实现中华民族伟大复兴的最关键时代。广大青年既拥有广阔发展空间，也承载着伟大时代使命……要爱国，忠于祖国忠于人民……要励志，立鸿鹄志，做奋斗者……要求真，求真学问，练真本领……要力行，知行合一，做实干家……以社会主义建设者和接班人的使命担当。"③ 习近平总书记还指出："中国梦是我们的，更是你们青年一代的。中华民族伟大复兴终将在广大青年的接力奋斗中变为现实。"④ 勇于担当民族复兴大任的新使命是新时代青年的责任，也是新时代青年发展的历史机遇。

2. 时代新人的新标准

不同时代对青年的要求具有不同标准。"近代以来，我国青年不懈追求的美好梦想，始终与振兴中华的历史进程紧密相连。在革命战争年代，广大青年满怀革命理想，为争取民族独立、人民解放冲锋陷阵、抛洒热血。在社会主义革命和建设时期，广大青年响应党的号召，向困难进军，向荒原进军，保卫祖国，建设祖国，在新中国的广阔天地忘我劳动、艰苦创业。在改革开放历史新时期，广大青年发出团结起来、振兴中华的时代

---

① 《习近平在全国宣传思想工作会议上强调　举旗帜聚民心育新人兴文化展形象　更好完成新形势下宣传思想工作使命任务》，《人民日报》2018 年 8 月 23 日，第 1 版。
② 《人民日报》2018 年 7 月 3 日，第 1 版。
③ 习近平：《在北京大学师生座谈会上的讲话》，《人民日报》2018 年 5 月 3 日，第 2 版。
④ 习近平：《决胜全面建成小康社会 夺取新时代中国特色社会主义伟大胜利》，北京：人民出版社，2017，第 70 页。

强音，为祖国繁荣富强开拓奋进、锐意创新。"① 在新时代，时代新人具有新标准，即有理想、有本领、有担当。习近平总书记指出："青年一代有理想、有本领、有担当，国家就有前途，民族就有希望。"

3. 时代新人的新塑造

新时代，培养时代新人要在坚定理想信念上下功夫，要在厚植爱国主义情怀上下功夫，要在加强品德修养上下功夫，要在增长知识见识上下功夫，要在培养奋斗精神上下功夫，要在增强综合素质上下功夫。总括起来可以分为两个方面：一是加强理论武装，二是增进实践磨炼。理论武装是塑造时代新人的重要途径，教育者可以通过传授关于理想信念的知识，促使学生树立理想，通过传授系统全面的知识，增强学生的本领，但是担当的精神是教育者不能直接传授给学生的，并且仅仅通过理论武装而形成的理想和本领不够坚定、不够完善，不能满足时代新人担当民族复兴大任的需要。时代新人的塑造还必须注重实践磨炼，利用好社会这个大课堂。习近平总书记也指出："高校学生支教、送知识下乡、志愿者行动等活动，都展现了学生的风貌和服务社会、报效国家的情怀。许多学生正是在这样的社会实践和社会活动中树立了对人民的感情、对社会的责任、对国家的忠诚。"② 可见，包括志愿服务在内的多种社会实践是促进时代新人新塑造的重要路径。因此，新时代培养时代新人的过程也为志愿精神培养增添了持久的动力。

二 大学生志愿精神培养的宏观路径

2000 年 1 月 16 日，时任中共中央总书记、国家主席江泽民在杰出青年志愿者的来信上做出重要批示："青年志愿者行动，是当代社会主义中国一项十分高尚的事业，体现了中华民族助人为乐和扶贫济困的传统美德，是大有希望的事业。努力进行好这项事业，有利于在全社会树立奉献、友爱、互助、进步的时代新风。"③ 至此，"奉献、友爱、互助、进步"

---

① 中共中央文献研究室：《十八大以来重要文献选编（上）》，北京：中央文献出版社，2014，第 277 页。
② 习近平：《青年是社会上最富活力、最具创造性的群体》，人民网，http://jhsjk. people. cn/article/29990647.
③ 《江泽民寄语青年志愿者不懈奋斗 不断创造 奋勇前进》，《人民日报》2000 年 1 月 18 日，第 1 版。

作为志愿精神的内涵正式推广开来。从宏观层面而言，大学生志愿精神的培养需要从国家、社会、高校三个方面推进。

（一）国家层面的价值引领是志愿精神培养的方向指引

《中共中央关于坚持和完善中国特色社会主义制度 推进国家治理体系和治理能力现代化若干重大问题的决定》指出，要"坚持以社会主义核心价值观引领文化建设制度。……加强爱国主义、集体主义、社会主义教育，实施公民道德建设工程，推进新时代文明实践中心建设。……把社会主义核心价值观要求融入法治建设和社会治理，……完善青少年理想信念教育齐抓共管机制。健全志愿服务体系"。[①] 当代中国的志愿精神培养应该与国家发展战略相契合，以社会主义核心价值观引领志愿精神的培养方向。

1. 社会主义核心价值观引领志愿服务的文化内涵

纵览世界各国的发展经验，一个国家核心价值观的形成必然植根于这个国家和民族传统文化的深厚土壤中。中华优秀传统文化是中华民族的"根"与"魂"，是社会主义核心价值观建构的思想源泉和生发土壤。而志愿服务精神同样也从中华优秀传统文化中汲取养分。志愿服务概念虽然源起于西方，但与中华传统文化一贯秉持的奉献、和谐思想相契合，如儒家的"仁者爱人"、墨家的"兼爱非攻"、道教的"上善若水"都蕴含着丰富的志愿服务的精神因子。所以，中华优秀传统文化是社会主义核心价值观和志愿服务精神共同的"源头活水"。

志愿服务的精髓是奉献精神，"奉献"即指志愿者在不计报酬、不求名利的情况下为推动人类发展、促进社会进步而自愿为社会和他人提供帮助。"奉献精神"体现了一种大爱，是对他人和社会的一种不求回报的爱和全身心的付出。正如习近平总书记所言，"当有人需要帮助时，大家伸出援助之手，出份薄力，我们的社会将变得更加和谐。"[②] 可以说，社会主义核心价值观引领志愿服务文化，展示了国民素质，提升了国家形象，更

---

① 《中共中央关于坚持和完善中国特色社会主义制度 推进国家治理体系和治理能力现代化若干重大问题的决定》，北京：人民出版社，2019，第23页。

② 《习近平给"郭明义爱心团队"回信勉励他们以实际行动书写新时代的雷锋故事》，《人民日报》2014年3月5日，第1版。

是凝练了社会主义社会的价值共识，引领了社会主义社会的思想意识。

2. 社会主义核心价值观引领志愿服务的价值取向

社会主义核心价值观是由国家、社会、个体三个层面构成的统一整体，凝结着社会主义先进文化的精髓，是实现中华民族伟大复兴的中国梦的价值引领。志愿服务体现了一种"善待他人、欣赏他人、有爱无碍、平等尊重"的精神，志愿者因为共同的价值追求相聚在一起，不同的职业背景、不同的文化背景、不同的宗教信仰等不会让他们产生隔阂，只会让他们更加团结，更好地体现平等的理念。

志愿服务精神与社会主义核心价值观在价值追求上完全一致，都以激发精神力量、促进社会和谐为基本目的，都能形成全民族奋发向上、团结和睦的精神纽带。志愿服务中的关爱服务、支教服务、社区服务等也是在社会发展过程中补充社会治理的力量，协助解决养老服务、关爱农民工子女、关注西部发展、关心社区建设等问题，促使不同社会成员和不同地区发展的平等和平衡。可以说，志愿服务的普及与社会主义核心价值观的构筑是一个双向的互动关系与过程。构建社会主义核心价值观为志愿服务活动的开展提供了坚实的价值基础。

3. 社会主义核心价值观引领志愿服务的显性实践

社会主义核心价值观要想取得社会各阶层、各个群体群众的共识、赢得一致认同并转化为民众的日常价值观和生活实践，必须"落细""落实""落小"，也就是实现社会主义核心价值观常态化、具体化和生活化，让社会主义核心价值观全过程、全天候、全方位地渗透融入百姓日常的学习、工作和生活之中。志愿服务是培育和践行社会主义核心价值观的有效载体，志愿者队伍是弘扬新风正气、促进社会和谐，推动社会主义核心价值观落地生根的重要力量。

志愿服务通过亲身实践的方式将"形而上"的核心价值观与"形而下"的具体实践有机融合，既弥合"理论"与"实践"的差距，又实现"理念"向"信念"的转化，创造性地把社会主义核心价值观转化为民众的情感共鸣和自觉追求。

（二）社会层面的氛围营造是志愿精神培养的主要土壤

志愿服务组织是志愿精神培养的主要推动者。这些志愿服务组织也在

社会层面发挥着志愿精神培养的积极作用。

1. 社会层面多样化的志愿服务组织形态为志愿精神培养提供了便利路径

近年来，志愿服务组织的发展也呈现多元化，出现了"统筹型志愿组织、支持型志愿组织、传播型志愿组织、实施型志愿组织"等多种形态，这为社会成员参与志愿服务提供了更多的便利路径。如在统筹型志愿组织方面，以 2013 年 12 月成立的中国志愿服务联合会（以下简称"中志联"）为代表，它是由志愿者组织、志愿者自愿组成的全国性、联合性、非营利性社会组织。中志联倡导以弘扬和践行社会主义核心价值观、推进中国特色志愿服务事业为目标，大力宣传"奉献、友爱、互助、进步"志愿精神，倡导践行"行善立德"理念，扎实推进"邻里守望"品牌活动，开展"志愿之城"活动等，随着"中国志愿"全国志愿服务信息系统广泛普及使用，民众参与志愿服务活动更加方便，"志愿服务时时可为、处处可为"不再是一句口号。在支持型志愿组织方面，以北京志愿服务发展研究会为例，北京志愿服务发展研究会于 2011 年 4 月成立，它是全国首个专业从事志愿服务研究的社会团体，旨在广泛联系社会各界研究力量，深入推动志愿服务学术研究成果的固化、转化及推广工作，为政府决策提供科学的理论依据，为首都的志愿服务事业发展和社会建设提供有力的智力支持。近年来，北京志愿服务发展研究会组织编写了《中国志愿服务大辞典》《中国特色志愿服务概论》等众多理论著作、工具书籍，为广大志愿者提供参考和指导；开展了大型志愿服务项目培训、青年志愿者助老项目培训、志愿服务法律风险防范培训等，成为立足北京、面向全国的最富有影响力的支持型志愿服务组织。

2. 社会层面明确的志愿服务领域划分为志愿精神培养提供了责任主体

按照"中国志愿服务网"对志愿服务领域的基本划分，中国特色志愿服务主要包括文明、文化、医疗、教育、助残以及消防志愿服务等内容。明确的服务内容让社会成员在参与过程中将志愿精神与其实践相统一，为志愿精神的培养提供了有效性保障。例如，在文明与文化领域，一直以来，志愿服务被认为"是现代社会文明程度的重要标志，是新形势下推进精神文明建设的有力抓手"。"志愿服务形式多种多样、方式灵活便捷，适应了社会结构、社会组织形式、社会利益格局发生深刻变化的新特点，能够满足不同层次人们关爱他人、服务社会、展示特长的愿望，有利于充分

发挥群众的主体作用，激发群众的参与热情，为精神文明创建活动注入新的生机与活力。"① 志愿服务是一种自愿、无偿向社会或者他人提供的公益服务，其强调外显性的公益行为，当这种行为变成一种习惯，就成为一种生活方式。而志愿服务正是有这样一种"魔力"，如在厦门这个连续三届赢得"全国文明城市"称号的滨海之城，参与志愿服务活动早已蔚然成风，成为众多市民的一种生活方式。② 在医疗领域，在"5·12"汶川大地震后，医疗类志愿服务组织走进民众的视野之中并快速崛起。2009 年，当时的卫生部与中共中央宣传部、中央文明办等共同成立了全国"志愿者医院服务"工作组，在全国范围内正式开展"志愿者医院服务"活动，形成了以医务人员为主体的志愿者团队。为了贯彻党的十八届五中全会提出的健康中国建设要求，2015 年，医疗救助志愿者委员会、福建省医务志愿者协会、全国社区医疗服务志愿团等社会组织相继成立，这些组织通过"专业医务人员＋医疗机构＋普通志愿者"的服务模式，开展健康宣教、医疗义诊、协助就诊以及爱心小药箱等公益服务项目。此类中国特色志愿服务弥补了医疗领域内人力资源上的不足、信息传递上的不对称以及措施落实上的不到位问题。

（三）高校层面的教育实践是志愿精神培养的有效途径

志愿服务是高校实现"立德树人"根本任务的有效途径。高校党建为志愿服务指明了方向、提供了资源。参与志愿服务是大学生志愿精神培养的有效手段。

1. 党的思想引领有助于深化高校学生志愿服务的动机追求

在高校，党的思想引领学生志愿服务主要采用的方式是党建引领的机制。借助党建来引领学生志愿服务：一方面能够在无形中深化志愿者对志愿精神的认知，树立起合理的志愿服务观念；另一方面则能在深化对志愿精神认知的基础上加深志愿者对志愿服务事业的了解，从而进一步端正志愿者参与服务的动机，避免功利化动机的出现。

（1）党的思想引领深化了志愿者对志愿精神的认知，树立了合理的志

---

① 刘云山：《大力弘扬志愿精神广泛开展志愿服务》，《人民日报》2008 年 9 月 9 日，第 2 版。
② 钟文：《让志愿服务成为一种生活方式——厦门推动志愿服务制度化纪实》，《光明日报》2013 年 12 月 16 日，第 3 版。

愿服务观念。志愿服务是围绕"人"本身而开展的一种社会实践活动，本质上是对他人的一种关心和爱护的行为，其运行过程是双向互动的，也就是说，无论是服务者还是受助者，在志愿服务过程中都能实现作为"人"的成长和发展，这一点从"奉献、友爱、互助、进步"的精神中可以得知。全心全意为人民服务的宗旨是我们党最高的价值取向和价值追求，建设中国特色社会主义的过程其实就是把全心全意为人民服务的宗旨落实的过程。这一宗旨充分挖掘了志愿服务的人本主义精神，在全心全意为人民服务的宗旨的指导下，以人为本成为中国特色志愿服务的核心价值以及推动其发展的基础动力，志愿服务的精神内核进一步深化。高校学生志愿者通过加强对党的思想的学习和了解，能够深化对党的宗旨的体悟和对志愿精神的认知，从而形成较高的政治觉悟和道德修养，树立合理的志愿服务观念。

（2）党的思想引领加深了志愿者对志愿服务事业的了解，端正了志愿者参与服务的动机。2009 年，教育部印发的《关于深入推进学生志愿服务活动的意见》将志愿服务定性为高校实践育人的重要手段；2015 年 3 月，《学生志愿服务管理暂行办法》将志愿服务作为加强大学生思想政治教育和未成年人思想道德建设的重要举措，为高校志愿服务的发展指明了方向；2017 年 9 月，《志愿服务条例》的出台为大学生志愿服务的具体开展提供了政策保障和法律依据。这一系列在党的思想指导下发布的关于志愿服务的政策和法规加深了志愿者对志愿服务事业的了解，有助于其重视志愿服务对于服务对象、社会以及国家的重要作用，进而端正自身参与服务的动机。

2. 党的组织引领有助于完善高校学生志愿服务的组织管理

在高校，党的组织引领学生志愿服务主要采用的方式是组织嵌入的机制。当前，高校学生志愿服务存在着缺乏系统的公益知识和技能储备、无专职管理人员、运行机制不完善及缺乏必要的活动经费等组织管理问题。倘若将高校基层党组织嵌入志愿服务项目或团队中，动员党员、党支部参与或组织某些志愿服务项目并管理部分志愿者团队，这样不仅可以引入党员、党组织自身或者相关的财力、人力、物力等社会资源，还可以将党组织完善成熟的管理体制经验融入志愿服务组织、项目的运行和管理中，这在一定程度上能够提升高校学生志愿服务的组织力，完善高校学生志愿服

务的组织管理。

（1）党的组织嵌入为学生志愿服务引入了强有力的核心管理团队。当前，高校学生志愿服务活动多在学校团委领导下组织开展，由辅导员或者其他行政岗位的教师兼任指导。在高校，与普通的学生组织相比，学生党支部更具领导力、凝聚力和服务力。将学生党支部嵌入志愿服务项目或团队中，让党员骨干担任志愿服务项目或团队的管理人员，有助于将党组织的先天组织优势带入志愿服务的组织管理中，弥补高校内无专职人员对志愿服务采取行之有效的管理的缺点。

（2）党的组织嵌入为学生志愿服务引入了高效的组织管理模式和经验。经过多年的发展，高校学生党支部已经形成了比较系统且成熟的制度机制，这些制度机制及管理经验为学生志愿者团队的组织管理提供了有效的借鉴。首先，借鉴党支部"三会一课"制度和党员教育、发展和管理制度的经验，有助于增强志愿者招募、面试、培训、考核的科学性。通过组织类似于"党课"的志愿服务专业培训课程，落实志愿者的岗前教育和培训，加强对志愿者相关理论、技能技巧的学习和训练，有利于志愿服务活动的顺利开展。其次，借鉴党员发展的相关考核标准，有利于把控好志愿者的"入口关"，提升志愿服务团队的整体素质。

（3）党的组织嵌入为学生志愿服务引入了更多的活动经费。志愿服务活动的开展需要充足的物质保障，但由于高校是非营利性质的，划拨到学生志愿服务的经费有限。将学生党组织嵌入志愿服务中，将志愿服务品牌化、项目化，通过党建项目孵化的途径能够为志愿服务争取到学校更多经费的支持。同时，学生党支部的活动经费也可以积极投入相关志愿服务的组织和开展中，对志愿服务自身固有的活动经费加以补充。

3. 党的成员引领有助于促进高校学生志愿服务的队伍建设

榜样的力量是无穷的。党的成员引领学生志愿服务主要采用行动引领的机制。倘若学生党员志愿者在参与或组织志愿服务的过程中以身作则、率先垂范、言行一致地带头践行自己提倡的道德标准和价值观念，那他就能够凭借高尚的人格力量赢得群团同学的敬佩和信赖，由此对群团学生参与志愿服务产生强大的吸引力、感染力和说服力。

（1）高校学生党员参与志愿服务起到了示范引领的作用。一方面，高校学生党员参与志愿服务能够吸引更多的群团学生参与到志愿服务中。大

学生党员往往是高校学生中的佼佼者，是普通群团学生学习和效仿的标杆。当学生党员们广泛地参与到各类志愿服务活动中时，其他同学也会受到鼓舞，积极主动地融入志愿服务中。另一方面，高校学生党员参与志愿服务能够充分发挥党建带动团建、群建的作用，提升高校学生志愿服务的实效性。学生党员们通过"亮身份、树表率、做贡献、塑形象"等行为，带领着群团志愿者充分发挥自身的优势和特点，克服困难和挫折，积极完成了各自的志愿服务任务，扎实推进志愿服务的育人实效。

（2）高校学生党员带头成立志愿服务团队提升了团队凝聚力。首先，由学生党员牵头成立志愿服务团队，组织各级各类的品牌志愿服务项目，有利于发挥其先锋模范作用，塑造出强有力的"魅力"领导者形象，从而在志愿服务团队内部形成榜样，使得团队更加具有凝聚力和号召力。其次，党员志愿服务团队中"魅力型"领导者形象的建构过程有助于将学生党员的先进性辐射到普通志愿者身上，加深普通志愿者对党的宗旨和志愿精神内核的认知，增强其服务意识和服务能力，优化志愿服务效果。最后，党员志愿者负责人能够将自身的技能、知识、资金、人脉等资源引入志愿服务中，推动志愿服务工作的有效开展，扩大志愿服务的积极效应，从而间接地增强每一位志愿者的热情与信心，提升团队的凝聚力。

三　大学生志愿精神培养的微观路径

大学生志愿精神培养需要一定的理论支撑。在思想政治教育的现代转型思想和个体知情意行发展规律的理论基础上，我们着力微观视角，运用教育实验的方法，对大学生志愿精神培养进行了培训实验，以期为大学生志愿精神培养提供具体可复制、可推广的实证研究样本。

（一）大学生志愿精神培养的理论考察

1. 思想政治教育的现代转型为大学生志愿精神培养提供理论支撑

志愿精神培养是促进大学生成长为时代新人的重要方法和途径。志愿精神培养可以促进大学生完善人格，提升道德境界，促进其全面发展。同时，思想政治教育的现代转型为大学生志愿精神培养提供理论支撑。

（1）教育主体的理念转型丰富了志愿精神培养的主体要素。思想政治教育原有的主体中心与客体中心模式，使得共同参与教育的主体形成了对

立形态，随着教育理念与模式的改变，"主—客—主"取代"主—客"模式的思想政治教育理念转型为大学生志愿精神培养提供了多维主体关系的理论解释，其强调教育者与受教育者间尊重与平等关系，强调平等、相互理解、人文关怀、彼此尊重、将心比心。志愿服务的主体包括组织与管理者、志愿者和服务对象，思想政治教育对参与者同等主体地位的理论阐释，则为志愿服务提供了主体平等性与作用相互性等方面的理论支撑。同时，思想政治教育强调主体间性的主张，也为每一个参与志愿服务的主体提供了自身成长以及对提升志愿精神认知的可能，一定程度上为志愿服务参与主体培养志愿精神提供了大量的理论支撑。

（2）教育内容的现实转型丰富了志愿精神培养的价值内涵。思想政治教育的内容转型，主要包括要从宏大叙事转向宏大叙事与平凡叙事相结合，要从单纯重视社会价值实现转向关注社会价值与个人价值实现相结合，要从忽视人的个体存在转向重视个体的生命价值开掘和意义发现。这一内容上的转型也为丰富志愿精神培养的价值内涵提供了可能路径：一方面，志愿服务需要坚持马克思主义道德观、社会主义道德观，倡导共产主义道德；另一方面，志愿服务也需要贴近生活，我们要将平凡中何以生成崇高道德行为与品质讲透彻，这样才能让人易于理解、接受并自觉参与其中。同时，正是宏观阐述与平凡叙事相结合的内容转型，才使个体志愿动机中利己、利他以及己他兼顾动机有机统一具有了可能性，也为志愿者追求个人正当价值提供了合理性，更为其实现社会价值提供了价值转化的理论支持。

（3）教育形式的生活转型丰富了志愿精神培养的途径载体。思想政治教育的方法转型，主要指从单纯关注宏观视野和认知教育转向宏观视野与微观视角相结合，认知与情感教育结合，并且重视生活德育，在贴近学生生活中开展教育。志愿服务是社会主义核心价值观落细落小落实的具体表现方式之一，源于社会主义核心价值观的生活化要求，志愿服务自然要在日常生活中得以展开。思想政治教育的方法转型，则为志愿精神培养的发生机理提供了理性与感性相结合的理论支撑，并强化了生活德育的现实意义，这为志愿服务成为一种生活方式提供了合理化阐释。

因此，基于思想政治教育现代转型的志愿精神培养可以取得良好的效果，不仅可以提升学生的志愿精神认知水平，而且可以促进学生的全面成长。

2. 大学生志愿精神培养的过程解析

个体志愿精神的生成与发展，要经历一个由自觉认识到选择行为的过程，就是从道德认知、道德情感、道德意志到道德行为的综合过程。人往往是先接受有关道德原则和规范的教育，对行为的是非、善恶、美丑有了一定的认识，同时产生与此相适应的爱憎情感，在道德情感激励下去选择道德行为，并为抵制外来的困难和内心的困扰，产生把道德行为坚持下去的道德意志。这样，经由道德认知、道德情感、道德意志和道德行为的综合作用过程才能形成特定的志愿精神。因此，志愿精神培养就要着力运用认知辨析、情感体验、意志磨炼和实践操练等方法加以展开。

（1）认知辨析。大学生志愿精神培养首先要依赖于道德认知的作用。道德认知是指人们对一定的社会道德关系以及关于这种社会道德关系的理论、原则和规范的理解和掌握。道德认知是志愿精神得以生成与发展的先导和基础。围绕志愿精神培养，存在以下一些需要进行道德认知辨析的话题，如"我为什么要帮助陌生人？志愿服务是否可以要求回报？"只有当这些问题得到了合理的解答，个体才能确立起明确的认知，进而为志愿精神的形成奠定良好的基础。

①为什么帮助陌生人？围绕此问题展开辨析，主要是让学生澄清价值取向，理清思路，从而明确行为目的，激发参与志愿服务的行为动力。社会学家费孝通先生提出的"差序格局"理论指出，帮助陌生人对中国人而言不是理所当然的思维方式与行为模式。那么，关于"我为什么要帮助陌生人？"的疑问，就成为首先要面对的问题。马克思主义指出，人的存在具有二重性，人既是个体存在物，也是社会存在物。人是社会性的存在表明个人与他人、个人与社会是共生共荣的，助人也就是助己。

②志愿服务是否可以要求回报？这是当前对志愿服务存在的最主要的困惑问题，也成为当前制约志愿服务进一步发展的瓶颈问题。因此，我们有必要围绕此问题进行认知辨析，以澄清当前存在的关于志愿服务的模糊认识。

第一，志愿服务不唯动机论。志愿服务的动机是否需要纯粹，一直是社会各界争论的焦点。本文赞同志愿服务动机应该多元化的观点，从现实层面而言，志愿服务不一定要求纯粹的利他动机，只要参与了志愿服务，那就是积善的行动，是可以肯定的向善行为。

第二，区分无偿观念与非营利观念。现代志愿理念要求将无偿观念与非营利观念正确区分，实现从无偿观念向非营利观念的转变，这样可以突破人们关于志愿服务动机争鸣的羁绊，夯实志愿服务的物质基础，以此能够鼓励人们更多地从事志愿服务，通过众多个体小善的积累过程，最后达到整个社会大善的实现。

第三，认清先进性与广泛性的不同层次。参与志愿服务不求回报，这是少数先进分子才能达到的崇高境界，是社会应该倡导的高尚境界。但是，从实际情况看，高境界者不求回报，低境界者可以有所回报。在当前的市场经济社会，必须正视志愿动机分层的真实现状。唯如此，才能唤起人们广泛参与志愿服务的兴趣与热情。

第四，促进道德义务与道德权利的尽可能统一。志愿服务是个体主动、自愿地去帮助那些需要帮助的人，具有无偿性，理应不求回报，这是社会应该倡导的良好风尚，也是个体道德义务的体现。但是，个人主观上不求道德权利的回报、不求表彰，客观上社会需要对高尚的志愿行为进行表彰和奖励，要健全"德福一致"的偿善养德机制，即道德义务应该以道德权利的回报为对等，这样才能营造公正合理的社会氛围，才能促进全社会志愿精神的更好形成。

（2）情感体验。我们强调道德认知是志愿精神生成与发展的先导和基础，并不是说道德认知必定决定志愿服务行为。有了对道德"应该"的认知，可能产生道德行为，也可能不产生道德行为。从认知到行为是一个由内到外、由知到行、由想到做的转化过程。实现这个转化的中介、动力，取决于道德认知、情感、意志的共同作用。

道德情感是情感的一种高级形式。它是人们根据社会的道德规范评价自己和别人的举止、行为、思想、意图时所产生的一种情感。道德情感是个人道德发展的内在保证。

情感体验就是用感性带动心理的体验活动。志愿服务的情感体验可以划分为两个维度：一是形式维度，包括亲切依恋感、自尊自豪感、责任使命感；二是发展水平维度，包括感性体验水平、想象体验水平、理性体验水平。在大学生志愿精神培养中，一方面，我们可以着力从移情训练入手，增强个体的亲切依恋感和同情心，以此激发个体参与志愿服务的初始动机；另一方面，我们要从快乐体验入手（兼有感性和理性的体验水平），

让大学生在志愿服务过程中体验被人需要、受人尊重的快乐感，体验个人价值实现的自尊自豪感以及责任使命感，以此维持个体参与志愿服务的持久动力。

①着力移情训练，唤起个体内心深处的同情之心。同情心是一种心理体验能力，是站在他人的角度，通过"想象"来感受别人情感的能力。培养同情心是志愿精神培养中的基础工作。同情心是一种重要的道德情感，它表达的是一种对他人困难的体谅之情。具有同情心是利他助人的前提，即看到他人困难、苦楚，能够生出同情之心，继而产生帮助他人摆脱苦难的愿望。因此，纯粹的利他动机是以具有同情心为基础的。

实施移情训练，可以增进个体的同情心，进而培养道德情感。移情是个体由真实或想象中的他人的情绪、情感状态引起的并与之一致性的情绪、情感体验，是一种替代性情绪、情感反应能力。移情，作为诸如助人、转让、抚慰、合作和分享等亲社会行为的动机基础，能激发、促进个体亲社会行为的发展。

②从快乐体验入手，维持个体参与志愿服务的持久动力。通过参与志愿服务获得快乐，可以说是志愿服务的理想境界。因为有了快乐，个体才愿意继续参与志愿服务，也就使志愿服务有了持久的动力。然而，如何能够使个体通过志愿服务不断获得快乐体验呢？这就需要特别重视志愿服务激励的效用。

志愿服务激励，是指能够促使志愿服务主体发挥自身主动性、积极性和创造性所必须采取的多元化、多层次的制度、方式和措施。根据志愿服务主体的不同需求实施有针对性的激励措施可以增进个体的快乐体验。例如，实施满足个体价值取向的层次激励法、满足诱因的过程激励法、满足个体成长的需求激励法，这些都可以使个体不断在工作中获得自我价值的实现，社会资本和人力资本的提升，以及心理调适能力的提高。由此，个体通过志愿服务在初始阶段获得感性快乐的基础上，逐渐升华达到理性的快乐。

（3）意志磨炼。道德意志是指一个人在履行道德义务的过程中所表现出来的自觉克服一切困难和障碍、做出抉择的顽强毅力和坚持精神。道德意志主要表现在执行道德行为的自觉性、果断性、持久性、自制力和言行一致诸方面。道德意志体现着自觉的目的。一个人在自己的生活中如果没

有明确的生活目的和长远的价值目标，他就不会有道德意志。

志愿精神培养中的意志训练方法，主要是让学生实际参与志愿服务，要求每位学生每次至少必须坚持做满 4 小时的志愿服务，这样时间长度的志愿服务能够让学生初步体会什么叫坚持，怎样才能磨炼坚强的意志品质。

（4）实践操练。志愿精神培养的最终目标是要学生能够主动地参与志愿服务行动，即能够践行基于德行的道德行为。道德行为是道德认知的归宿，也是知、情、意诸因素辩证运动的外在表现和最终结果。一个人的道德行为是人们能够对他的道德认识和情感的正确与深浅程度加以确证的重要依据。学校道德教育不仅仅是形成和发展学生的道德认知、道德情感和道德意志，我们还必须要求学生把他们习得的道德认知、情感、意志见之于行动，道德行为在志愿精神培养中具有特别重要的意义。

（二）大学生志愿精神培养的实验考察

1. 实验目标与方法

教育实验方法指出，根据实验过程中对无关变量的控制程度，可以把实验设计分为前实验设计、真实验设计和准实验设计三种类型。本研究所运用的主要是前实验设计方法。由于很多高校实行的是学分制、选课制，同班同学的上课时间表都不相同，无论通过随机抽样选择实验组和控制组，或者在不影响教学计划的情况下选择自然班作为实验组和控制组都非常困难。因此，本实验主要操控自变量，采用单组前后测设计，通过比较实验组前后变化情况来考察实验所取得的效果。

（1）实验目标。根据志愿精神的动机层次，我们可以将此次志愿服务的培训目标分为循序渐进的三级。一是初级目标：领悟志愿精神内涵，认知志愿精神培育的重要性。通过培训，引导大学生了解志愿精神的实质内涵，形成参与志愿服务的内在驱动力，使大学生在今后的志愿服务活动中真正主动、积极地贡献自己的力量。二是中级目标：端正志愿服务参与动机，认同志愿服务的价值意义。志愿动机正确与否影响着大学生参与志愿服务活动、践行志愿精神的热情程度。我们需要在培训的过程中对大学生进行合理引导，促使他们逐渐从功利走向合理多元，从利己动机趋向利他动机。同时，我们在问卷中发现有很多参与培训的大学生提出了自己在志

愿服务过程中遇到的很多问题，如提供志愿服务不能被别人理解，在志愿服务过程中会被当成廉价劳动力，在提供服务的过程中遭到受助者的苛责等，他们表示这些问题让自己开始怀疑自身的价值所在。通过培训，我们要引导大学生充分认识志愿服务的崇高和意义，在潜移默化中提升自己参与志愿服务的自豪感。三是高级目标：增进"德福一致"信念，将志愿服务作为一种生活方式。"德福一致"指个人美德与物质幸福的统一。当前很多大学生参与志愿服务有一些从众心理，参与志愿服务的持续性有待增强，所以有必要通过培训，传输"德福一致""微志愿""随手志愿"等理念，引导大学生形成长效、持久的志愿习惯，将志愿服务作为一种生活方式。

（2）实验方法。本次志愿精神培育主要侧重认知辨析与情感体验两个方面。

①认知辨析。道德认知是志愿精神生成与发展的先导和基础。通过广泛调研，我们归纳出志愿精神培养中需要进行认知辨析的话题，如"我为什么要帮助陌生人？志愿服务是否可以要求回报？志愿精神的内涵实质是什么？我所从事的志愿服务能给社会和自己带来什么作用？我应该如何对待志愿精神培育的活动？"我们通过合理解答这些问题，促使学生确立起明确的认知，进而为志愿精神形成奠定良好的基础。

②情感体验。实验中，一方面，我们着力从理论层面切入，增强个体对志愿精神的认知与理解，增强参与此次实验大学生对志愿精神的认同感；另一方面，我们又从间接实践体验入手，让学生感受优秀志愿者的事迹与心声并结合已有的志愿服务经验，体会到参与志愿服务发挥的重要作用，体验个人价值实现的自尊自豪感以及责任使命感，以此维持个体参与志愿服务的持久动力；再一方面，让学生进行感悟反馈，这一做法能够使学生将自己碎片化的感悟进行梳理，有利于学生认知自身当前状态，提升参与志愿服务的热情与信念。

2. 实验对象与测量工具

（1）实验对象。本研究在上海大学学生中进行，我们通过举行"大学生志愿精神培育"专题讲座，让学生们自愿报名参加此次志愿精神培训，培训的对象绝大多数是有过志愿服务经历的大学生。由于他们都是已经初步具有志愿精神的大学生，对于他们的培训我们需要更加具体化和专业

化，使其不断深入对志愿精神的理解，增强持续参与志愿服务活动的热情与动力。

（2）测量工具。一是问卷。我们自编《大学生志愿精神现状调查》开放式问卷，该问卷包括以下模块：个人参与志愿服务的基本信息，志愿动机情况，对己他关系的认识情况，以及考查学生对志愿服务作用认知情况、对志愿精神培育工作的情感态度等。二是学生反馈文本。培训过程中，我们要求学生在观看相关视频材料后，记录即时的感受与体会。学生参加完课外志愿服务实践后也要求及时撰写感受与体会。这些文本材料成为分析培训效果的重要依据。

3. 实验过程与效果

（1）实验过程。此次实验我们主要分为三步进行，首先通过开放式的问卷要求参训的大学生对参与志愿服务的动机、志愿精神内涵的感知、在志愿服务过程中出现的问题、志愿服务的作用等问题进行书面反馈；然后，在对参训大学生反馈情况完全了解之后，给学生发放与问卷问题相关的资料，再以讲座的形式对大学生进行志愿精神的深入讲解与相关问题的解答；最后，让参训的大学生以文本的形式反馈自己的思想变化情况。

（2）实验效果。通过对参与此次志愿精神培育的大学生开放式问卷和讲座后文本反馈的总结梳理，我们认为此次志愿精神培育取得了较好的效果。

①大学生对志愿精神的理论认知更为全面，对志愿精神培育的态度有所转变。

第一，领悟志愿精神内涵。在开放式问卷中近七成的学生表示，自己对志愿精神内涵有所理解但并不深入，希望能够得到培训和指导。培训中我们对志愿精神的内涵进行了讲解。我们从"志愿精神"这四个字出发，将其延伸详解，为同学们勾勒了志愿精神的大概轮廓。培训后，有90.2%的学生在反馈中明确表示自己提高了对志愿精神内涵实质的认知。如在"志愿服务是否需要回报？"这一问题上，我们在培训中从应然和实然的角度进行了解答：从应然层面来说志愿服务是高尚的，不应要求任何回报；然而从实然层面上说，适当的报酬从某种程度上来说更能激发志愿者的奉献精神，而报酬并不一定是物质层面的，事实上精神层面的鼓励往往让志愿者得到认同感和获得感。我们通过对开放式问卷的梳理发现，很多志愿

者表示对是否接受志愿服务后的回报表示很迷惑，一方面自身作为没有经济来源的大学生，在做志愿服务活动的过程中会产生一些交通费、餐费等额外开支，这些开支在某种程度上成为阻碍自身参与志愿服务的因素；另一方面，出于对志愿精神的初步理解，认为参与志愿服务应该是不求回报、完全利他的，不能接受来自各方的回报。这样的矛盾心理在此次讲座之后得到了化解，有 87.5% 的参与者表示自己在接受培训之后，对于"志愿服务是否能够接受报酬"这一问题有了深层的理解，化解了相关问题带来的困扰。

第二，认知志愿精神培育的重要性。志愿精神在大学生中得到一定程度传播的同时，也暴露出一些问题，如大学生参与志愿服务的行为缺乏持久性，志愿服务存在流于形式的倾向，志愿精神尚难以内化为志愿者的自觉行为等。[①] 只有让有志于奉献的大学生充分认识到志愿精神培育的重要性，志愿精神培育的工作才能够达到预期的效果。

当前的志愿者培训主要侧重于技能层面，很少有专门的培训是针对志愿精神的培育，所以在志愿精神培育的过程中找到一个合适的切入点是非常重要的。我们在培训前让学生以书面的形式提出志愿服务活动中存在的问题，引发其对自身及所在志愿服务组织存在的问题进行思考，进而对学生反馈的问题进行分析，在培训过程中对学生反馈的问题进行引导和解答。通过这样的方式，我们获得了相对满意的培训结果，大学生对于志愿精神培育的重要性有了一定程度的认知。经过对学生反馈文本的总结，我们发现，通过此次志愿精神培育工作，有 63.6% 的同学表示自己转变了对志愿精神培育工作的态度，在今后的志愿服务活动中，愿意抽出时间倾听相关老师对志愿精神做深层的剖析，也希望能够在今后的志愿服务活动中有更多接触教授学者讲授志愿精神的机会。对志愿精神培育工作态度的转变，标志着参加培训的学生接受志愿精神引领的开始，在今后的过程中他们会以更专业的服务、更良好的素养来为他人提供志愿服务，志愿服务的持续性会更好、效果也会更加明显。

②大学生端正了参与志愿服务的动机，了解了志愿服务的价值意义。

---

① 弓丽娜：《如何培育大学生的志愿精神》，《河南工程学院学报》（社会科学版）2010 年第 3 期。

第一，端正志愿服务参与动机。首先，对参与志愿服务的自我心理需求的心理动机深入理解。从功利化和合理多元化的角度来谈志愿服务，也就是去分析志愿者参与志愿服务的心理需求动机，参与志愿服务的心理需求动机是非常多元的，按照对提供志愿服务效果的影响效应大小排序依次为价值表达、学习理解、社会交往、职业生涯、自我保护与增强等。[①] 由此可见，对大学生参与志愿服务的心理动机进行合理的疏导是十分必要的。我们将参与志愿服务的动机分为亲和动机、赞许动机、成就动机三个方面，并为参训者进行了细致的讲解。参训者对动机的思考和反馈也是比较多的，有 78.2% 的学生明确表示，经过此次培训活动，对参与志愿服务的心理动机有了更多的了解，也对自己参与志愿服务的心理动机进行了反思，改变了自己的一些想法。其次，参与志愿服务的价值选择动机得到升华。培训中我们对以义利观为基础的价值选择动机进行了阐述，对利己主义和利他主义进行了深刻的剖析，从个体伦理维度的角度出发，志愿服务动机是"一种个体或组织自愿的不求私利与报酬的社会理念以及一种无偿为他人和社会奉献自己财富和时间的伦理精神"。许多学生最初参与志愿服务可能是为了体现自我价值，自我实现及精神需求的满足。但随着服务的深入，他们逐渐体会到自身奉献于他人的意义，逐渐实现了从利己动机走向利他动机的转变。志愿服务动机探讨要跳出己他话语，积极分析、揭示利己动机的多样性表现，允许多样化动机的存在，将应然与实然结合。对于动机己他转变的这一话题，相较之前的两个问题，反馈的同学相对少了一些，这也反馈出平时志愿精神培育缺失的问题。有 54.3% 的同学对这一培训内容表达了自己的感受，明确表示经过培训之后，自己产生了纯粹利他的信念，坚定了为他人服务的决心。

第二，认同志愿服务的价值意义。首先，志愿服务促进个人美好生活的实现。志愿服务为大学生锻炼自我、提高修养、增强责任感搭建了有效平台，是大学生参与社会建设和友爱互助、弘扬社会主义核心价值观的重要途径。大学生通过志愿服务，可以将自己与社会融为一体，把服务他人与教育自我有机结合起来，这既增强了社会责任感、奉献精神和公民意

---

① 么相姝、金如委、侯光辉：《大学生志愿者参与动机与行为效果关系研究》，《黑龙江高教研究》2015 年第 6 期。

识，又开阔了视野，丰富了人生经验，锻炼了参与社会事务和公共事务的能力。培训之后，很多同学对这一话题进行了反馈，75.4%的参训者明确表示更加感受到了志愿服务给自己带来的改变，对志愿服务于个人的作用有了更为全面的认知，这极大地增强了其参与志愿服务的自豪感与决心。其次，志愿服务推动美好生活建设总进程。志愿服务在实现人民"对美好生活的向往"中大有可为，培训中我们指出志愿服务是社会第三次分配，能够弥补政府第二次分配的不足，进一步解决第一次依据效率分配带来的贫富两极分化问题，保障社会公平公正，进而促进中国特色社会主义建设和美好生活建设的进程。同时，我们通过介绍一些身边的案例和优秀的志愿服务团队来说明这一点。虽然只有51.2%的参训者明确表示自己更加清楚自己所从事的志愿服务事业在推动美好生活建设中发挥的重要作用，但是与之前问卷中的迷惑不解相比，此次志愿精神培育取得了相对较好的效果。由此可见，大学生志愿者对于志愿服务社会作用的认识高度还是不够，今后需要加强相关内容的宣传和培训。

③大学生充分树立志愿理念，萌发了将参与志愿服务作为一种生活方式的理念。

第一，增进"德福一致"的信念。"德福一致"是此次志愿精神培育的重要内容，经过此次志愿精神的培育活动，67.3%的大学生表示自己理解了"德福一致"的观念，并相信通过自己的奉献活动可以不断创造实现"德福一致"的条件，通过实现这些条件又进一步实现"德福一致"本身，由此坚定了继续做志愿服务的决心。

第二，将志愿服务作为一种生活方式。关于如何让参训的同学可以产生将志愿服务作为一种生活方式这一问题，本次培训在内容的选择上是很别出心裁的。我们将之前一些优秀志愿者在参与志愿服务之后的感想进行了梳理，然后展示给在座的学生看，身边榜样的力量是强大的，很好地引起了同学们的共鸣。在开放式问卷的梳理中几乎没有学生提到要将志愿服务作为一种生活方式践行在生活的方方面面，经过培训之后有56.3%的学生或多或少地表达了自己会将志愿服务作为生活的一部分的想法。

4. 实验效果的分析与探讨

（1）青年学生的可塑性促使志愿精神培养具有可行性。大学生的可塑性决定了志愿精神可以培养。大学生处于青年中期，此时生理、心理处于

成熟过程中，他们思想活跃，容易接受新事物，但思想不成熟。大学生价值观的特点是不稳定的、游浮的，受制于社会及教育的影响。如果学校教育不力，社会上多元混杂的价值观就会侵入学生头脑。反之，如果教育工作者给予正确的价值引导，就会使学生摆脱迷惘、彷徨，选择正确的价值取向。可见，大学生的可塑性是极大的。同时，大学生与中小学生相比，他们的逻辑思维能力较强，喜好独立思考。一旦经过他们的思维介入和情感参与被认同了的东西，则较易被接受，并转化为他们自己的价值信念。由于大学生的上述可塑性，决定了我们实施志愿精神培养计划具有可行性。

（2）大学生志愿精神培育中需要注意的关键要素。第一，从教育者角度：正面解决大学生提出的相关问题。主体基于自身生活背景、知识水平、思想状况及心理结构等的差异，在认知对象的时候会有自身独特的"前见"，即预先有的个性化观念系统。根据以伽达默尔为代表的现代西方释义学的观点，一切"释义"都是以理解的前结构为条件、为基础而发展起来的。当主体与客体交汇时，会形成"视野融合"。因此，当教师在课堂上讲授了相关内容后，学生根据各自情况会产生不同的认知结果。大致有三种情况：或者肯定，或者困惑、犹疑，或者否定。一般而言，大学生的认知大体上以前两者为主，其中说不清、犹疑的情况在一定程度上存在着。应该说面对现实生活中存在的诸多问题表现出困惑、犹疑并非坏事。在感知的基础上质疑它，总比麻木、冷漠体现出积极性、进步性。并且，从某种角度来说，倘若能够直面学生提出的问题，做出令人信服的解释，往往会使学生更好地认同主流价值观。第二，从受教育者角度：梳理、分享自身思想的变化。首先，要让学生产生对志愿精神的深层认知，认识到身为志愿者的作用，进而增强自己参与志愿服务的信念，最终萌发将志愿服务作为生活方式的思想。在培训中，这主要是通过让学生撰写即时感悟来实现。写的过程是整理思路的极好机会，原本游移的、碎片化的感想通过写的过程得到了梳理与确认。其次，要让学生在群体中表达这种感悟。表达的作用在于将这种感悟与他人分享。培根说："如果你把快乐告诉一个朋友，你将得到两个快乐；而如果你把忧愁向一个朋友倾吐，你将被分掉一半忧愁。"[①] 分享的作用在于强化积极的生命体验。我们通过让学生在

---

① 弗兰西斯·培根：《培根论人生》，何新译，上海：上海人民出版社，1985，第 36 页。

讲座中分享自己关于志愿服务的认知与感受，寻找彼此情感上的共鸣，让普遍的情感体验更加深入人心，由此强化学生们的志愿动力。最后，在分享的基础上，通过集体氛围的强化作用，个体的积极感受会被放大，正能量由此会被传递出去，从而使众人共同强化这种积极的"集体记忆"，共同增强对志愿精神培养的共识。

总之，大学生志愿精神的研究与培养需进一步结合时代背景与现实要求，在思想政治教育现代转型思想的支撑下，走向宏观与微观有机统一的路径研究；大学生志愿精神的培养方法与路径研究，应注重国家、社会与高校三者间的互动关系，形成宏观、中观与微观三层面相统一、相联系，又各有侧重的研究体系；在高校思想政治教育中，应增加与志愿精神培养相关的课程、讲座或分享会；在高校志愿服务开展前，应在培训环节增加关于志愿精神内涵、意义等的认知辨析内容，在志愿服务过程中及总结环节增加有助于提升志愿精神培养成效的情感体验内容。

参考文献

陆士桢：《中国特色志愿服务概论》，北京：新华出版社，2018。

谭建光：《中国特色的志愿服务理论体系分析》，《青年探索》2015 年第 1 期。

谭建光：《中国志愿服务发展的十大趋势》，《青年探索》2016 年第 2 期。

魏娜、刘子洋：《论志愿服务的本质》，《中国人民大学学报》2017 年第 6 期。

魏娜：《志愿服务概论》，北京，中国人民大学出版社，2018。

《习近平谈治国理政》（第二卷），北京：外文出版社，2017。

《习近平谈治国理政》（第三卷），北京：外文出版社，2020。

《习近平新时代中国特色社会主义思想三十讲》，北京：学习出版社，2018。

中国志愿服务联合会：《中国志愿服务发展报告》，北京：社会科学文献出版社，2017。

志愿服务组织发展支持体系研究

谷玉莹[*]

摘　要： 面对民生诉求升级的时代背景与国家治理体系和治理能力现代化的现实要求，要使志愿精神更加发扬光大、志愿服务事业再上台阶，必须注重志愿服务组织的能力建设，构建促进志愿服务组织发展的支持体系，为志愿服务事业的长远和健康发展"强身健体"。本文从发展环境、组织网络、组织系统与组织能力等方面构建了包括微观支持体系、中观支持体系和宏观支持体系的志愿服务组织发展的支持系统。对标框架要求后发现，中国志愿服务组织发展仍面临着组织发展目标和宗旨复杂化、自身组织能力不足、法制体系不够健全、社会环境有待进一步培育等亟待解决的问题，需要通过健全法律制度、规范服务管理、搭建共享平台、提升组织能力等途径和措施推促志愿服务组织更好发展。

关键词： 志愿服务组织　支持体系　志愿服务

随着中国特色社会主义进入新时代，中国社会主要矛盾已经转化为人民日益增长的美好生活需要同不平衡不充分的发展之间的矛盾。人民生活水平不断提高的同时，民生诉求日益升级，人们对生活质量、优质民生服务及自我价值实现等方面的要求越来越高且多样化。同时，国家治理结构和治理能力的现代化推进也对社会参与治理提出了更高要求。志愿服务组织作为民生服务提供的载体，作为社会治理尤其基层社会治理的多元参与

---

* 谷玉莹，北京师范大学中国社会管理研究院/社会学院硕士研究生，研究方向为社会组织、志愿服务、慈善服务。

主体之一，在推进精神文明建设、推动社会治理创新、扩大基层社会治理参与面、增进民生福祉等方面发挥着重要作用。经过约四十年，尤其是近十年的快速发展，中国志愿服务事业取得了长足进步，志愿精神日益发扬光大，志愿服务组织日益增多，志愿者队伍日益壮大、素质日益提升，志愿服务活动日益规范有序，但同时也存在志愿服务组织宗旨与目标复杂化、志愿服务组织持续发展能力不足、信息共享不充分、法制体系不够健全、志愿服务意识与理念有待进一步提升等问题。面对新时代的机遇与挑战，要使志愿精神更加发扬光大、志愿服务事业再上台阶，就必须注重志愿服务组织的能力建设，构建促进志愿服务组织发展的支持体系，为志愿服务事业的长远和健康发展"强身健体"。

本文通过梳理志愿服务组织发展的时代要求和现实要求，构建志愿服务组织发展的宏观、中观和微观三个层面的支持体系，并以此为基础，分析目前中国志愿服务组织发展存在的问题，探讨推促志愿服务组织更好发展的途径和措施。

一 研究背景与意义

习近平总书记多次在重要会议上就志愿服务的一些根本问题发表重要讲话，并多次与志愿者交谈，给志愿服务组织回信，为中国志愿服务联合会第二届会员代表大会致信，强调志愿服务是社会文明进步的重要标志，是广大志愿者奉献爱心的重要渠道，要求更好发挥志愿服务在社会治理中的积极作用。

（一）时代背景：民生诉求升级对志愿服务发展提出要求

中国特色社会主义进入新时代后，中国社会主要矛盾已经转化为人民日益增长的美好生活需要同不平衡不充分的发展之间的矛盾。人们生活水平提升和社会物质条件极大丰富，人民群众在民主、法治、公平、正义、安全、环境等方面的要求日益增长，对生活质量和生活品质的要求更高，除经济物质需求外，对软性服务的需求更多，对参与社会建设和从社会网络中获取支持的意愿和期望也越来越强烈、越来越高。而志愿服务组织在有效回应和满足人们多样化的需求方面有天然的优势，同时，志愿服务组织可以通过组织志愿服务活动满足参与者爱与归属需求、尊重需求，帮助

志愿者提升道德修养，学习知识技能，增强社会交往，丰富人生阅历，提升个人幸福，获得成就感，满足自我实现需求等。[①] 新时代民生诉求升级对更规范、更及时、更优质的志愿服务提出了要求，也对加快发展志愿服务组织提出了要求。

（二）现实背景：国家治理体系和治理能力现代化离不开志愿服务组织的积极有效参与

党的十九届四中全会审议通过的《中共中央关于坚持和完善中国特色社会主义制度、推进国家治理体系和治理能力现代化若干重大问题的决定》提出，要加强和创新社会治理，完善党委领导、政府负责、民主协商、社会协同、公众参与、法治保障、科技支撑的社会治理体系。鼓励支持社会力量兴办公益事业，满足人民多层次多样化需求，使改革发展成果更多更公平地惠及全体人民。志愿服务组织作为民生服务提供和个人价值实现的载体，作为社会治理尤其基层社会治理的多元参与主体之一，在推进精神文明建设、推动社会治理创新、扩大基层社会治理参与面、增进民生福祉等方面发挥着重要作用。其健康发展及功能的实现，与现代社会治理的本质要求有着高度的同质性，在实现现代社会治理中具有独特意义和功能。[②]

发展志愿服务组织，有利于增强社会治理主体的凝聚力，能在提供社会公共服务、倡导社会公益方面发挥拾遗补阙的功能，从而在一定范围内有效弥补市场和政府的不足；有利于调动社会治理主体参与公共服务的积极性，志愿服务组织以实现共同目标为己任，化解不同社会治理主体之间的利益冲突，吸引社会公众积极有序地参与社会治理过程；同时，志愿服务组织在表达、参与、沟通、协商和提供服务方面具有得天独厚的优势，有利于化解社会矛盾。[③]

此外，社会治理现代化要求推动社会治理和服务中心向基层下移，把更多资源下沉到基层，以便更好地提供精准化、精细化服务。志愿服务是

---

① 魏娜：《志愿服务概论》，北京：中国人民大学出版社，2018，第21页。
② 陆士桢：《弘扬志愿精神推进社会治理现代化——学习习近平总书记志愿服务重要指示精神》，《中国社会工作》2019年第24期。
③ 高小枚：《论志愿服务组织发展的制度环境》，《山东社会科学》2015年第5期。

公众乐于参与的社会公益行为，志愿服务的自愿性、无偿性、公益性、组织性决定了其服务阵地必须在基层。志愿服务组织作为多元治理体系的主体之一，也必须是志愿服务事业下沉基层的抓手和阵地，其服务设计必须满足基层群众需要，其服务落地必须在群众身边。志愿服务组织不仅能为基层公民社会参与提供重要平台、促进人际交往、在基层传播正确价值理念，还能成为基层政府有效治理的重要抓手。

二 志愿服务组织发展支持体系的构建

(一) 志愿服务

志愿服务，早在19世纪初产生于西方国家，直接源于宗教性的慈善服务。① 它是英文 "Volunteer Service" 的中译，在香港和深圳以及珠三角的其他一些地方又被称为 "义务工作"。② 志愿服务究其本质是用建构开放合作的行动系统为行动方式，以实现自主全面的社会服务供给为意义，是对异化劳动的积极扬弃。③ 其概念界定在不同的学术视角和社会环境下有着不同的解释。从行动理论视角分析志愿服务是一种以满足服务对象需求为目标、由志愿服务组织在资助方和志愿者的支持下策划和实施的公益合作行动，因为志愿服务的特殊性在于志愿服务委托方、志愿者和志愿服务组织方的付出行为都不是谋利驱动的。④ 从伦理学角度分析志愿服务，则指造福近亲属以外的他人或环境的所有活动。⑤ 不同学者还分别从服务内容、服务时间、服务组织程度、服务发起单位、服务范围和规模等对志愿服务的类别进行分析。在西方社会，狭义上的志愿服务是指无偿为非营利机构工作。2017年中国通过并实施的《志愿服务条例》规定，志愿服务是指志愿者、志愿服务组织和其他组织自愿、无偿向社会或者他人提供的公益服务。志愿服务的特征主要体现在自愿性、无偿性、公益性、组织性等方面。

---

① 张敏杰：《欧美志愿服务工作考察》，《青年研究》1997年第4期。
② 谭建光：《志愿服务与义务工作：两种观念影响下的行为模式——以广东省珠江三角洲为个案的研究》，《中国青年政治学院学报》2004年第5期。
③ 魏娜、刘子洋：《论志愿服务的本质》，《中国人民大学学报》2017年第6期。
④ 张网成、刘强：《规范行为 调节关系——行动理论视角下的〈志愿服务条例〉》，《中国社会工作》2017年第28期。
⑤ 北京志愿服务发展研究会：《中国志愿服务大辞典》，北京：中国大百科全书出版社，2014年，第40页。

（二）志愿服务组织

志愿服务组织是志愿服务活动领域的基本单元，也是志愿服务领域一个基础性的概念，恰当界定志愿服务组织的概念，对促进志愿服务的组织化和规范化具有重要意义，是构建志愿服务组织支持体系的基础。志愿服务组织（Voluntary Sector）除了被称为非营利组织（Non-profit Organization）外，也被称为第三部门（the Third Sector）、免税组织（Tax-exempt Sector）、独立部门（Independent Sector）、公民社会（Civil Society）、慈善组织（Charitable Sector）、社区组织（Community Sector）、非政府组织（Non-governmental Organization）等。联合国将志愿服务组织定义为：公民所成立的地方性、全国性或国际性的非营利、志愿性组织。[①] 许多国家对志愿服务组织有相关法律或规章制度的界定，比如美国政府对志愿服务组织的管理以税法为准，因此志愿组织通常被称为"免税组织"，丹麦政府对志愿组织的财政支持受到免税保护，且国家法律对志愿服务组织制定了具体要求。萨拉蒙和安海尔认为，志愿组织的目的是支持边缘化或被忽视群体的自由或能力，把志愿组织看成"相互性"或"团结性"的组织统一体，即包括更具体的群体利益。韦斯伯德（Burton A. Weisbrod）认为，志愿服务组织是专门提供公共物品的部门，是政府和市场在提供公共物品方面存在局限性时出现的。

在中国，出现真正意义上的志愿服务组织始于 20 世纪 80 年代末期。直至 20 世纪 90 年代初，中国青年志愿者协会成为第一个全国范围的志愿服务组织，推动了志愿服务在国内的发展。2016 年通过的《慈善法》为志愿服务组织开展服务活动提供了指引，对志愿者的招募、培训、权利和义务等做出明确规范，有助于全社会形成支持和发展志愿服务的环境。《志愿服务条例》中明确规定，志愿服务组织是指"依法成立，以开展志愿服务为宗旨的非营利组织"，可以采取社会团体、社会服务机构、基金会等组织形式。简单从字面上分析志愿服务组织必须同时具备的条件有：一是志愿服务组织必须是依法登记、管理并开展服务；二是要以开展志愿服务为宗旨，而不是开展其他有偿的、非公益性的活动；三是志愿服务组织应

---

① 北京志愿服务发展研究会：《中国志愿服务大辞典》，北京：中国大百科全书出版社，2014，第 40 页。

为非营利组织，其收入不可作为利润进行分配，只能用于组织发展以解决社会问题。

（三）志愿服务组织发展支持体系

回应新时代人民群众诉求、积极参与社会治理现代化，需要志愿服务组织的大力发展。加强志愿服务组织建设，不断改进和提升志愿服务组织的管理水平和服务能力，也是中国志愿服务事业深入化、持久化与稳步发展的内在要求和必然选择。[①] 而志愿服务组织的发展需要立体的、全方位的支持系统，这个系统既包括志愿服务组织自身的内部系统，也包括志愿服务组所在的外部环境系统。本文认为，志愿服务组织发展的支持系统包括微观支持体系、中观支持体系和宏观支持体系（见图1）。其中，微观支持体系主要指志愿服务组织自身的支持系统，由志愿组织的组织系统和组织能力两个方面组成。组织系统主要集中在组织发展的战略和目标、组织结构、组织文化等相对静态的基础部分；组织能力则由组织领导者的领导力、优质服务提供的服务力、持续发展的变革力等三种能力组成。中观支持体系是指行业内志愿服务组织之间形成的支持系统，是志愿服务组织发展的"同辈力量"。宏观支持体系则是指志愿服务组织发展的大环境的支持，包括法律法规、社会认知和社会需求等，对志愿服务的社会认知和社会需求由整个社会所处的发展阶段决定。

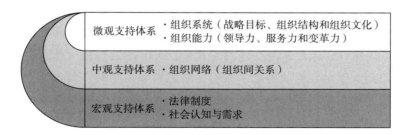

图1 志愿服务组织发展支持系统

1. 微观支持体系：组织系统与组织能力

将一般组织和组织发展的基础理论与志愿服务组织的特色相结合，志愿服务组织的微观支持系统主要表现在组织系统和组织能力两个方面。

---

① 党秀云：《论志愿服务的常态化与可持续发展》，《中国行政管理》2011年第3期。

首先，组织系统包括组织发展的战略和目标、组织结构、组织文化等，它们属于组织系统的静态结构，是组织进行设计和管理的基础。

（1）组织发展的战略和目标是开展志愿服务组织开展活动的依据和动力，指引组织未来的发展方向。企业组织追求实现利润的最大化，慈善组织以开展慈善活动为宗旨，而志愿服务组织则更强调精神理念的指引，重视公众的自愿参与，注重志愿性的灵活，满足社会多元化服务。因而，志愿服务组织的发展，要依据志愿服务组织的非营利性、自治性、独立性等特性来明确组织发展的战略和目标，且应该更关注志愿精神的凝聚力，突出其不以营利为目的的志愿性质，强调其作为社会组织的自治性。

（2）组织结构基于组织发展战略和目标产生，是组织内部正式规定的、比较稳定的相互关系形式。完善合理的志愿服务组织结构可以保障组织的高效运作，保障组织战略目标的实现，志愿服务组织因目的、服务对象以及产出结果不同，其组织结构和一般企业组织的结构也不一样。志愿服务组织开展志愿服务实现的是公共利益，其非营利的特点决定组织的资源主要来自不以营利为目的的捐赠，为保证服务目的的实现和对利益相关方负责，在组织结构的设定上，要更注重对资源运用的监督和权力的分散。另外，志愿服务提供方式的灵活性、内容的柔性决定了志愿服务组织的结构较企业组织应更松散、更扁平。同时，组织运行的内外环境都会对志愿服务组织的组织结构产生影响，因此，明晰、准确、合理的组织结构便成为志愿服务组织整合内外部资源的助推器。

（3）组织文化是组织成员所共有的一种价值观体系，表达了组织成员对组织战略、目标和任务的认同感，对增强员工对组织的认同感和归属感有重要意义。内部认同感强的志愿服务组织，其员工之间的团队合作精神、组织凝聚力和服务水平等都相对较高。志愿服务组织的组织文化尤为重要，与其他组织用报酬吸引员工不同，志愿服务组织内的文化是吸引和留住志愿者无偿奉献参与的精神内核，是让服务对象信任和接受组织服务的关键，更是形成诚信、友好、互助的社会风尚的重要力量。

其次，组织能力是指保证组织正常运转、实现组织目标的能力，志愿服务组织的组织能力主要表现在组织领导者的领导力、优质服务提供的服务力和持续发展的变革力等。

（1）志愿服务组织领导者的领导力不仅是组织管理和组织志愿活动的

能力，还要包括准确的判断能力、凝心聚气的感召能力和不断创新的适应能力等。早在 2016 年，由中共中央宣传部、中央文明办、民政部、教育部、财政部、全国总工会、共青团中央、全国妇联等联合印发的《关于支持和发展志愿服务组织的意见》就提出要培养志愿者骨干和志愿服务组织管理人才。组织领导者的品质和能力对组织的影响极大，尤其在中国志愿组织还没有完备的社会发展环境下，组织战略、组织文化以及组织公信力和竞争力都与组织领导者密切相关。作为大学生志愿者典型的徐本禹通过自己的言行，带动了一批批青年学子投身支教事业。十多年来，一届又一届成员接过徐本禹传递的爱心接力棒，"本禹志愿服务队"的志愿服务如今已遍及鄂、黔、滇、闽、冀五省。而雷锋的影响在于其留下的"雷锋精神"，由此带动全国各地学习志愿精神，参与志愿服务，引领了一批学雷锋示范点的建立和学雷锋标兵的行为。

（2）服务提供的服务力是志愿服务组织的服务特性决定的，服务提供的质量和准确性关系到服务对象的利益，关系到组织内成员的发展，更关系到志愿服务组织的生存和价值。提供优质的服务能使志愿服务组织在社会大环境中立足，在行业中扎根，在服务对象心中产生认同和信任，才能支持组织的发展，相反，提供质量低且同质化程度高的服务只会使组织无法立足。志愿服务组织的服务力主要体现在两个方面：一是志愿服务组织提供服务的辨识度。志愿服务组织提供的服务与企业组织提供的服务不同，不同志愿服务组织提供的服务亦不同，有各自的特色和专门性，如红十字会的志愿者们提供专业救援救灾等服务。因此，志愿服务组织的服务力表现在多专业结合、不同服务领域的专业服务力，以及无偿的、不以报酬为目的的服务区别于营利服务等的辨识度。志愿服务专业的辨识度并不与其志愿无偿性相悖，这是因为志愿服务本身即自愿贡献时间和精力，在不为任何物质报酬的情况下提供的服务。二是志愿服务组织对志愿者的吸附力。志愿服务组织联系着志愿者和志愿服务对象，在服务志愿服务对象的同时也服务着志愿者，志愿服务组织对志愿者的有力吸附，不仅可以提高受益对象的服务满意度，也可以通过递送服务提高志愿者的服务技能。如高校志愿服务组织通过搭建服务平台，在志愿服务中发挥大学生理论结合实践的专业力量，同时也帮助大学生志愿者感知和发现社会问题及需求，学习承担社会责任。

（3）从长期看，志愿服务组织还需具备审时度势、顺应国家发展和社会发展潮流要求的变革能力。新中国成立七十多年来，中国经济社会发生了翻天覆地的变化，志愿服务组织的使命和服务内容也随之在发生不小的变化，因循守旧、故步自封的组织断不能在新时代、新环境下持久成长。志愿服务组织持续发展的变革力至少体现在两个方面。一是顺应发展，回应社会需求。要通过志愿活动有效回应群众对追求更高质量民生服务的需求，并且积极对组织提供志愿服务的方法和内容进行变革，"以创新求生存、以创新求发展"。方法上利用信息化技术，紧跟技术变革，例如区块链、云计算、大数据分析等，从内容上敏锐察觉社会需求。二是本土化发展。许多志愿服务组织运用的方法和理念等也都多学习和借鉴西方话语体系中的内容，因此往往在落地实践中出现困惑，甚至冲突。只有能扎根于实际、扎根于基层、扎根于社区的组织，才总能把握群众最实在的需要，提供满意度更高的服务，因而具有更长久的生命力和永续力。

2. 中观支持体系：组织网络

志愿服务组织的中观支持体系是指志愿服务组织网络内支持，是各志愿服务组织间形成的行业支持，是"志同道合者"的互动和互撑。志愿服务组织之间不仅是行业中的竞争关系，更多是组织间的合作与共赢关系。相同宗旨的志愿服务组织能够相互联系和协商彼此的资源配置，避免资源的浪费与重复；不同类型的志愿服务组织能够借助服务网络，在人力、资讯、经费与分工方面有相互合作的机会，汇集并整合各自力量，达到志愿资源配置最佳化，服务效用最大化。随着互联网普及和网络技术的广泛应用，互联网在资源整合和信息共享等方面发挥着巨大的作用。建立志愿资源信息共享机制，有效整合志愿资源，实现志愿资源效用的最大化，是促进和实现中国志愿服务事业可持续发展的必由之路。[①] 同时，只有志愿组织、志愿者和服务对象之间相互了解和有效互动，才能科学地配置志愿资源，保障和提升志愿服务的品质和效率。

3. 宏观支持体系：发展环境

志愿服务组织的发展离不开外部环境的支持，志愿服务组织的宏观支

---

① 党秀云：《论志愿服务的常态化与可持续发展》，《中国行政管理》2011 年第 3 期。

持体系是指志愿服务组织发展历史沉淀以及组织发展所处的社会环境，包括制度环境、社会认知和社会需求等。

中国历史上有悠久的互助共济和慈善文化，这为志愿服务组织的发展奠定了基础。20 世纪 60 年代，"学雷锋"活动为志愿服务事业的发展奠定了良好基础。进入 20 世纪 80 年代，伴随着改革开放和市场经济的深入发展，西方志愿服务理念开始被引入中国，志愿服务组织初步建立，第一个社区志愿服务组织于 1989 年在天津市诞生。1994 年，中国青年志愿者协会成立。2001 年到 2007 年，志愿服务的国际化影响以及本土化呈现深化发展趋势。2008 年至今，志愿服务事业进入全面发展的阶段，[①] 人们对志愿服务的认识和需求与日俱增。

法律和政策是在实践中开展志愿服务活动的重要依据。目前，《慈善法》《志愿服务条例》《社会团体登记管理条例》《民办非企业单位登记管理暂行条例》《基金会管理办法》《公益事业捐赠法》等法律法规为志愿服务和志愿服务组织的行为与活动提供了规范与依据；《关于支持和发展志愿服务组织的意见》等对全国范围内的志愿服务组织建设、队伍建设、激励保障等也做了更为详细的规定。一些地方政府还根据本辖区的政策和群众需求出台了不少政策，将志愿服务组织的工作落到实处。

社会支持则包括来自社会风尚、社会舆论、社会动员等方面的支持。随着国民素质和社会文明程度的提高，越来越多的主体有机会参与到共建、共治、共享的社会治理体系之中，使志愿服务组织的先进典型、志愿服务经验得以推广交流，这为创新发展志愿服务营造了良好环境，不但增加了社会对志愿服务的认知和了解，还激发了志愿服务的潜在"市场"——越来越多的民众对志愿服务有了被服务的需求和提供服务的意愿。而这个"潜在市场"既为志愿服务组织提供了发展空间，也是志愿服务组织发展取之不竭的永久动力。志愿服务组织应顺应"市场"环境、抓住需求，加强行业标准化建设，提高服务效能。

三 志愿服务组织发展存在的问题

经过多年的发展，中国志愿服务事业取得长足进步，服务队伍不断壮

---

① 李宝梁：《完善志愿服务发展机制研究》，天津：天津社会科学院出版社，2017，第 12 页。

大，服务水平日益提升，服务领域不断拓宽，服务组织数量不断增加。但对标上文构建的志愿服务组织发展支持体系的框架和要求，中国志愿服务组织仍面临许多亟待解决的问题。

（一）组织发展目标和宗旨复杂化

从组织发展的基本规律可知，组织的目标和愿景的制定与实现往往会受内外多重因素的影响，比如组织自身性质、服务对象需求、组织领导者意向和资助方对目标的压力等。基于自愿、无偿原则的志愿服务承载的是理想信念、爱心善意和责任担当，但在实际生活中，志愿服务早已不再是"学习雷锋好榜样"那个时代的纯粹模样，志愿活动与服务常被商业、功利等意图所裹挟。带有商业目的的资助在志愿活动中为企业"挂横幅""宣传公司产品""做好媒体报道"，打着志愿服务的旗号廉价招募和使用志愿者的商业活动也屡见不鲜。另外部分地方政府出台的政策中将"积分换实惠"作为激励志愿者提供志愿服务的手段，将志愿服务作为升学晋升的必要条件，这些做法都与志愿服务不以获取报酬或营利为目的，利用自己的时间、能力和财富贡献公益服务的无偿性等原则有冲突，在志愿服务中杂糅了许多功利因素的做法，异化了志愿服务的初衷与本心，也因此催生了部分"身在曹营心在汉""以服务换利润"的伪志愿服务组织和伪志愿服务项目。长此以往，将摧毁志愿服务事业的根基。

此外，志愿服务组织作为"第三部门"中的一员，区别于政府组织和市场组织，强调独立性和自治性等基本特性。但受管理体制的影响，中国现有的志愿组织大多是依靠政府和党团组织的力量自上而下建立起来的，这些志愿组织直接或间接接受政府和党团的领导，依附性较强、自身独立发展能力较弱，需要加快转型。

（二）自身组织能力不足

整体上看，目前中国志愿服务组织的自身组织能力偏弱，这主要体现在：组织领导者的领导力不足、组织优质服务提供的服务力不足、组织持续发展的变革力不足。

（1）组织领导者的领导力不足。目前志愿服务组织的领导者根据组织的成立背景有以下几种类型：一是政府主导下的志愿服务组织负责人是由政府体制内人员兼职，这类领导者由于自身有政府工作职能，工作侧重精

神文明层面，志愿服务组织多元化发展的动力不足。[①] 二是从基层社区或高校层面推动的志愿服务队，其领导者是社区或高校志愿服务的活跃分子，具有很强的号召力，但这类领导者组织管理能力、对时政判断的能力有限。三是自下而上群众自发的草根志愿组织，其领导者在组织中有威望，但面临资金和生存的压力，领导者需要有坚定志愿服务的理念，以及链接和整合资源的能力。

（2）组织优质服务提供的服务力不足。如前文所述，志愿服务组织的服务力体现在组织提供服务的专业度和辨识度以及对志愿者的服务力上。志愿服务组织之所以能够聚集有志愿精神的志愿者，并且让受益人相信并接受组织提供的无偿服务，就在于其提供优质服务的服务力。志愿服务组织要对志愿者进行系统专业的培训，不仅要有志愿精神的通用培训，还要结合社会需求培训些专业知识，例如信息收集、救灾救援等，这其中还要发挥志愿者自身的专业技能提供服务，特别是对于青年志愿者。而目前部分志愿服务组织只停留在活动式的娱乐、捡垃圾、看望老人等简单工作上，专业化程度不高，辨识度不够。

（3）组织持续发展的变革力不足。如前所述，组织持续发展的变革力体现在顺应发展，回应社会需求和本土化发展的两个方面。当前一些志愿组织在规划和管理上都依赖于上级单位的指导，缺乏创新意识，在志愿活动的设计上更多的是模仿性，导致了志愿服务同质性高、缺乏自己的特色和品牌。虽然在 20 世纪各项权益保障法律还未完善时诞生了一批优秀的志愿服务项目和组织，但在相关法律日渐完善的现在，过去的需求已上升至国家层面来解决，且群众的民主诉求升级，志愿服务组织必须积极变革，到基层社区了解当前群众的真实需要，有针对性地转变思路，创新发展。

（三）信息共享不够充分

同行组织的互动、互撑和互相牵扯形成的组织间关系是志愿服务组织发展的中观层面力量。因为服务供给与需求的信息是否匹配是衡量志愿服务组织能力中服务力的直接且主要指标，及时、准确的供需匹配有助于服务的精准、有效供给；反之，则会产生服务无效及资源浪费等现象。随着

---

① 李宝梁：《完善志愿服务发展机制研究》，天津：天津社会科学院出版社，2017，第 13 页。

互联网的普及和网络技术的广泛运用，服务的供给与需求匹配在技术上已然不成阻碍因素，但在现实操作中，志愿服务组织间、地区间互通互联少，信息聚集少、内容更新缓慢，信息管理中各自为政、相互独立的现象比较突出，资源共享机制不健全，缺乏统一的网络协调与管理机制，导致跨系统、跨区域、跨行业的资源流动和整合非常少，造成志愿服务的重复和志愿资源的浪费。这使得志愿服务组织发展缺少了行业内网络的支持——既少了"志同道合"者的鼓励，也少了"竞争敌对"者的刺激与情报——无序，也无活力。

（四）法制体系不够健全

其一，中国的志愿服务法制建设虽然取得了较大进展，目前已有《慈善法》和《志愿服务条例》两部法律法规可供参考，一些地方也出台了相关文件，但还存在诸多问题。就《慈善法》和《志愿服务条例》来说，两部法律法规从国家层面上对志愿服务活动和志愿服务关系进行了统一和规范，对志愿者、志愿组织和管理部门等志愿服务事业的参与各方提出了明确要求，有助于促进志愿服务组织的专业化建设，也有助于保障志愿者的合法权益，激发志愿者的服务意愿，营造良好的志愿服务氛围，但整体上对现有志愿服务的规范性大于推促性，欠缺对志愿服务事业未来发展的引领性。如《志愿服务条例》提出了促进志愿服务专业化发展的措施，但缺少进一步支撑专业化发展的渠道，对于志愿服务队伍的建设与培养、对志愿者人才选拔与培育等事宜未有涉及，而志愿服务队伍整体素质与能力水平是影响志愿服务效果的重要因素。其二，目前法规政策相关倡导性条款较多，缺乏实施的硬约束。如《志愿服务条例》第七条规定："志愿者可以将其身份信息、服务技能、服务时间、联系方式等个人基本信息，通过国务院民政部门指定的志愿服务信息系统自行注册，也可以通过志愿服务组织进行注册。"第十四条规定："志愿者、志愿服务组织、志愿服务对象可以根据需要签订协议，明确当事人的权利和义务，约定志愿服务的内容、方式、时间、地点、工作条件和安全保障措施等。"类似的许多条款中都使用了"可以""也可以""应当"等选择性、倡导性词汇，同时，在"法律责任"中，没有专门条款对违规行为进行约束。实际情况却是，大量志愿者通过网名开展活动，大量组织和志愿者之间不签署协议，特别

是一次性的、大规模的活动中这种现象尤为凸显。其三，执行落实不够到位，尤其是税收优惠政策问题。虽然目前税法里有关社会组织的税收政策数目繁多，但是没有形成统一的政策体系，且多数税收优惠政策门槛过高，使许多符合条件的社会组织很难享受到税收优惠政策。

（五）社会环境有待进一步培育

如前所述，志愿服务组织发展的社会环境主要包括社会对志愿服务的认知度和社会需求度两个方面：一是社会对志愿服务的认识越深、口碑越好，志愿服务的发展就越来越好；二是社会对志愿服务的需求越多，参与志愿服务的意愿越强，志愿服务组织的发展就越来越有动力。从目前的情况来看，中国志愿服务组织的社会环境较之以前有很大改观，尤其是2008年后，发展志愿服务组织的社会支持条件越来越多，但仍然存在较多的问题和困难，社会环境还有待进一步培育。一是观念制约，志愿精神、志愿文化传播不够。许多志愿组织已经得到认可和鼓励，但是相当多部门、机构、个人仍然将志愿组织当作特殊类型，没有与日常生活密切联系，对志愿服务的需求和参与意愿都有限。二是经过市场化和自由化理念的"洗礼"，志愿服务组织发展的目标和宗旨的复杂化使得社会对纯粹的志愿精神产生怀疑甚至解构，价值多元取向导致相关伦理规范与行为守则的缺失，这不仅容易导致志愿行为的失控和伦理道德的失范，引发志愿者和服务对象之间不必要的误解与冲突，还会引发信任危机，伤害志愿组织的公信力和志愿者的社会形象。

四 推促志愿服务组织发展的措施

为顺应新时代民众对民生诉求升级换代的潮流，贯彻国家社会治理体系和治理能力现代化的要求，大力发展志愿服务组织，使志愿服务成为人们参与各种公共生活的重要途径，既需要"练内功、强本领"，也需要"塑环境、促发展"，内外齐抓共管才有可能造就志愿服务事业的繁荣发展。就此，本文在前期分析的基础上提出以下四个方向的推促措施。

（一）健全法律制度

完善志愿服务立法，规范志愿服务行为，细化志愿服务组织相关权利和义务法律阐释。国际志愿服务发展的经验表明，志愿服务立法在促进志

愿服务发展中起着基础性的作用。是否制定志愿服务的法律规范也是联合国在评估各国志愿服务事业的发展成效时的重要评估指标。但法律更重要的意义在于实施，在于在实践中能实际解决问题。针对目前法律法规过于原则化、过于软约束的问题，建议相关部门充实对目前法律法规的解释和实施细则，使志愿服务的制度化、日常化有法可依。同时，落实目前法律法规中支持志愿服务组织的条款，保障志愿者和志愿服务对象的合法权益，调动志愿者的服务热情和积极性，为志愿服务组织发展提供良好的制度环境和政策支持。

（二）规范服务管理

规范服务管理，一方面是国家对志愿服务组织的服务管理。目前中国志愿服务管理体系由精神文明建设指导机构统筹，民政部负责行政管理，工会、共青团、妇联等有关人民团体和群众团体共同参与。这种分散的管理体系是在志愿服务发展过程中自发产生的，但随着志愿服务事业的深入发展，这种分散多元的管理体系之间需要有效地协调与整合，[①] 因此还需进一步推进建立规范统一的服务管理机制。另一方面是志愿服务组织对自身提供的志愿服务的管理，包括对不同类型的志愿服务组织实行分类管理，建立志愿组织服务评估监督机制，制定长远的、服务志愿组织特性的战略和目标，设立合理的、职责明晰的组织结构，营造有志愿精神的、充满凝聚力的组织文化等。

（三）搭建共享平台

建立志愿资源信息共享机制，有效整合志愿资源，实现志愿资源效用的最大化，是促进和实现中国志愿服务组织可持续发展的必由之路。利用网络平台为志愿服务组织提供及时、周到的信息与服务，能在资源的供给和需求之间，在项目和资源对接之间，在政府、市场和社会组织之间打通渠道，将志愿服务组织发展所需人力、物力、财力资源与各层次支持资源整合链接，通过线上、线下联络整合，实现志愿资源管理的信息化、网络化和科学化。目前一些地方挖掘区域行业资源优势、建立志愿服务行业联盟、聚力开展专业化服务的做法值得总结推广。

---

① 魏娜：《我国志愿服务发展：成就、问题与展望》，《中国行政管理》2013 年第 7 期。

（四）提升组织能力

提升志愿服务组织的组织能力，主要提升组织内管理者的领导力，提升员工和志愿者领袖的专业能力。第一，一方面发掘和培育志愿服务组织的潜在领导者，吸引有领导力的各行各业精英加盟志愿者服务队伍；另一方面加大对目前志愿服务组织负责人的领导力提升，从组织的领导者和负责人入手，为组织发展注入活力和动力。第二，对组织内员工和热心志愿服务事业且有影响力的志愿者进行专业化的培养，通过这种方式，在提升其服务能力的同时也能使其对志愿服务有成就感和自我提升感。

提升志愿服务组织的组织能力，主要提升组织志愿者队伍的专业性和积极性。完善志愿者培训和激励机制，通过志愿者岗前培训、岗中支持，跟进培训一系列持续性的专业培训，大大提升志愿者的能动性，让平时在本身岗位工作的普通市民遇到紧急情况时具有成为专业队伍的能力。例如，在遇到突发事件时，新加坡的民防志愿者便可转化成一名专业民防职员；在遇到家庭火灾时，美国红十字会志愿者们都可及时提供专业救火支持。建立人性化的志愿服务激励机制，讲究物质性与非物质性激励手段平衡使用，注重外在报酬和内在奖励相结合，讲究科学公正的绩效评估。

提升志愿服务组织的组织能力，主要需从方法和内容上提升志愿服务组织的变革力。志愿服务组织应创新运用信息技术，例如区块链、云计算、大数据分析等，其服务内容要从基层群众的需要中挖掘，深入社会前沿。

志愿服务组织"活跃度"研究

代恒猛　王忠平　霍晓阳　张　营[*]

摘　要： 改革开放以来，中国志愿服务事业快速发展。尤其 2008 年以后，我国志愿服务组织不断涌现。志愿服务组织是志愿服务的重要主体，是供需双方有效对接的主要平台，同时《志愿服务条例》和一系列相关政策的出台，进一步促进了志愿服务组织的发展。目前，全国志愿服务组织相关研究相对较少。本文从志愿服务组织"活跃度"的界定出发，梳理了志愿服务组织"活跃度"相关文献，据此设计了志愿服务组织"活跃度"评估指标体系，并运用该指标体系对志愿服务组织"活跃度"进行了小范围实证研究。结果显示，参与调研的志愿服务组织总体活跃度不足，其中"社会影响力状况"活跃度评分最高，其次为"组织传播情况"和"项目/活动开展情况"，"资金来源及支出"活跃度评分最低。基于综合分析，建议从政策保障、资金支持、互联网平台建设等多个维度，不断提升志愿服务组织的活跃度，推动志愿服务组织持续规范健康发展。

关键词： 志愿服务组织　志愿服务　活跃度

---

* 代恒猛，北京市志愿服务指导中心副主任，副研究员，研究方向为社会福利、志愿服务；王忠平，北京林业大学经济管理学院副教授，北京和众泽益志愿服务中心主任，研究方向为志愿服务、新时代文明实践；霍晓阳，任职于北京冬奥组委志愿者部，"当代雷锋"孙茂芳工作室创始人，研究方向为社区志愿服务、大型活动志愿服务；张营，北京和众泽益志愿服务中心成都项目总监，山东大学社会学硕士，研究方向为志愿服务、新时代文明实践。

一 研究背景

我国现代志愿服务组织伴随着改革开放和市场经济发展而产生。1983年，北京市西城区大栅栏街道率先发起并建立"综合包户"志愿服务队伍；1989年，天津市和平区朝阳里居委会成立了第一个社区志愿者协会；1994年，中国青年志愿者协会成立，这是我国最早的促进志愿服务事业发展的全国性社会团体，这些事件标志着现代志愿服务组织在我国逐步兴起。在2008年北京奥运会、汶川抗震救灾等重要事件的推动下，"志愿者"与"志愿服务"概念逐渐被社会认同，我国志愿服务组织出现"井喷式"增长，民间自发的志愿服务组织越来越多，并逐渐发展成为社会治理体系的重要组成部分。

"活跃度"是志愿服务组织发展活力的有效体现，是衡量志愿服务事业发展水平的重要标尺。就志愿服务组织评估的发展现状而言，国外志愿服务组织评估相关的研究较为成熟，也形成了一些对公益组织、志愿服务组织评估的测量指标，政府、市场和社会将这些研究应用于对公益组织、志愿服务组织的考量，评估的结果直接影响到这些组织的生存与进一步发展。虽然近年来我国志愿服务组织的数量逐渐增多，但从整体来看，目前我国志愿服务组织评估研究尚处初期，无法有针对性地诊断志愿服务组织在发展过程中遇到的问题，尤其是组织发展活力问题。研究以"活跃度"为切入点，在明确组织"活跃度"影响因素的基础上，数据化呈现志愿服务组织活跃度全貌，有效补充了我国志愿服务组织"活跃度"评估空白。同时，本文拓展和丰富了各地志愿服务的实践探索，为党政部门支持和发展志愿服务组织提供有效参考和依据。

（一）相关政策出台推动志愿服务组织规模发展

近年来，国家不断完善政策保障，推动和指导志愿服务组织发展。2013年11月党的十八届三中全会从优化社会治理方式、激发社会组织活力的角度，明确提出"支持和发展志愿服务组织"。2014年，中央文明委印发《关于推进志愿服务制度化的意见》，要求建立完善志愿服务长效工作机制和活动运行机制，加快志愿服务组织化进程；2016年6月，中央宣传部、中央文明办、民政部等8部门联合印发《关于支持和发展志愿服务

组织的意见》，明确提出到 2020 年，基本建成布局合理、管理规范、服务完善、充满活力的志愿服务组织体系，标志着我国志愿服务进入组织化、现代化发展的新阶段，志愿服务组织被赋予了更加重要的历史使命，日益发展成为一种与政府、市场相衔接的社会服务提供主体，成为优化社会治理方式的重要组成部分；2017 年 12 月 1 日，国务院《志愿服务条例》施行，这是我国国家层面首个志愿服务条例，进一步推动了志愿服务组织制度化、规范化发展。此外，截至 2019 年 10 月，全国 31 个省级行政区（不含港澳台地区）中已制定志愿服务条例或办法的达 24 个，各地制定的志愿服务条例或义工条例达 48 个。在此背景下，志愿服务组织呈现快速发展势头，各领域不同类型志愿服务组织大量涌现。截至 2018 年 10 月底，在中国志愿服务信息系统上注册的志愿服务团体数量已超过 53 万个。

（二）志愿服务组织活跃度评估研究空白亟须填补

综合国内外研究情况来看，目前关于志愿服务组织的评估大都参考社会组织评估指标，专门针对志愿服务组织评估的研究还较少。目前涉及志愿服务组织评估的研究大都集中于志愿服务综合性统计指标的研究，对于志愿服务组织活跃度的研究仍留有较多空白。关于志愿服务综合性统计指标的研究，最有影响的研究成果是 2011 年国际劳工组织委托霍普金斯大学萨拉蒙（Salamon）完成的课题《志愿服务工作测量手册》（Manual on the Measurement of Volunteer Work）。[①] 国内关于志愿服务指标体系的研究最早见于丁元竹、江汛清的《测量志愿服务的指标》。[②] 吴君槐、张祖平提到了可以对志愿服务组织活跃度通过以下三个方面进行评估：一是统计范围内每年志愿服务活动总次数；二是志愿服务组织平均每年开展活动次数，它等于统计地区内每年所有志愿服务活动次数除以志愿服务组织总数；三是一年内至少举办六次活动的志愿服务组织占全部志愿服务组织的比例。[③] 但是这个研究对于志愿服务组织活跃度的具体衡量方式及指标并未提及。

（三）志愿服务组织活跃度评估体系需更具实操性

从国外情况来看，德国和英国对社会组织进行资助前，往往会对社会

---

①　International Labour Organization, "Manual on the Measurement of Volunteer Work［OL］", 2011.

②　丁元竹、江汛清：《测量志愿服务的指标》，《中国社会工作》2009 年第 33 期。

③　吴君槐、张祖平：《志愿服务统计制度初探》，《青年学报》2019 年第 1 期，第 69 ~ 75 页。

组织的能力进行调查评估，形成较为成熟完善的评估体系。[①] 对照我国现阶段情况，志愿服务组织发展仍处于初始阶段，大量的民间志愿服务组织发展存在多方面问题，组织活跃度不足，需要通过评估了解志愿服务组织发展现状，不断完善支持志愿服务组织发展的配套措施。但就目前而言，我国的志愿服务组织评估工作存在着多方面问题。主要原因是：有关志愿服务组织评估的研究不足，指标体系尚不健全；大量的草根志愿服务组织未进行注册，无法参与到各级民政部门组织的评估中来。总的来说，想要促进国内公益组织、志愿服务组织有序发展，必须建立科学、完善并兼具操作性的指标体系。

二　相关理论

（一）核心概念界定

1. 志愿服务组织

我国在 2017 年 12 月 1 日起实施的《志愿服务条例》中明确规定，志愿服务组织是指"依法成立，以开展志愿服务为宗旨的非营利性组织"。由此可以看出，志愿服务组织应当同时满足四方面的要求：一是依法成立，志愿服务组织的登记、管理要按照有关法律、行政法规的规定执行；二是必须以开展志愿服务为宗旨；三是非营利性，不以营利为组织发展目标，这也与志愿服务的无偿性特征相一致；四是组织化，人数至少要大于1 个，且不是志愿者之间的简单联合。志愿服务组织关联着志愿服务的管理者、指导者与参与者，联系着志愿者和志愿服务受益对象，是志愿服务的关系枢纽。[②]

伴随着中国特色社会主义的建设，我国志愿服务事业快速发展、志愿服务组织不断涌现，对促进志愿服务活动广泛开展、推进精神文明建设、推动社会治理创新维护社会和谐稳定发挥了重要作用。具体而言，志愿服务组织的作用体现在以下四个方面：（1）有助于满足社会多元需求；（2）有助于提高资源利用效率；（3）有助于构建多元治理格局；（4）有助于推动国际

---

① Nilda Bullain, Radost Toflisova. "A Comparative Analysis of Europe an Policies and Practices of NGO-Government Cooperation," *Final Report*, March 18 (2004): 22 - 26.

② 李平：《志愿服务培训教材》，北京：中国石化出版社，2015，第 117 页。

民间交流。①

2. 活跃度

近年来,"活跃度"一词因互联网在线产品的广泛推广,被广大民众所知晓。在互联网领域,活跃度一般是指线上产品的用户在线时长以及登录频次,如 QQ 宠物的在线登录和旅游时间越长,则表示其活跃度越高。此外,部分学者也对其他领域的活跃度进行了定义。江志蕾调研了小微企业的活跃度,将小微企业活跃度的内涵定义为四方面内容,包括经济环境准入、企业日常经营、创业就业发展以及其他相关内容;② 曹雁翎调研了辽宁省人才的活跃度,指出区域人才活跃度是表述一个区域人才动力性的概念,是在一定区域内人才群体的存续、发展以及抓住发展机遇的能力。③

聚焦于志愿服务领域,我们常提起的是"志愿者"活跃度。志愿者活跃度指一年内参加一次以上活动的注册志愿者人数占志愿服务系统内所有注册志愿者的比例。由于各种原因,居民成为注册志愿者后,不一定实际参加志愿服务。活跃志愿者人数才具有实际意义。注册人数多,参加活动的人少,代表着志愿服务活跃度不高。

3. 志愿服务组织活跃度

目前,关于志愿服务组织活跃度定义很少,少数的志愿服务发展报告中对其有所提及。例如:由中国志愿服务联合会组织编写的《中国志愿服务发展报告 2017》中提到,志愿服务活动次数能够在一定程度上反映一家志愿服务组织的活跃度。④ 吴君槐、张祖平也提到可以对志愿服务组织活跃度评估的三个方面。⑤ 但何为志愿服务组织的评估标准及衡量指标是什么,以往的研究都没有进行相应的说明。

---

① 王忠平、沈立伟等:《志愿服务组织建设与项目管理》,北京:中国人民大学出版社,2018,第 10 页。

② 江志蕾:《基于大数据的小微企业群体活跃度研究》,《中国市场监管研究》2016 年第 5 期,第 12 ~ 14 页。

③ 曹雁翎:《辽宁人才活跃度评价与实证研究》,《中国管理信息化》2013 年第 19 期,第 46 ~ 48 页。

④ 中国志愿服务联合会:《中国志愿服务发展报告 (2017)》,北京:社会科学文献出版社,2017,第 11 页。

⑤ 吴君槐、张祖平:《志愿服务统计制度初探》,《青年学报》2019 年第 1 期,第 69 ~ 75 页。

本文中，我们结合不同领域活跃度的定义，将志愿服务组织活跃度定义为有关志愿服务组织一切动态性活动，而不仅仅指代志愿服务组织开展项目及活动。依托于此，本次评估指标的设计将涉及志愿服务组织活动的多方面内容，尽可能全面地对志愿服务组织的动态性活动进行全方位评估。

（二）国外研究现状

在国外，公益组织、志愿服务组织在公共服务的供给中通常发挥着重要的作用，它不仅被视为解决"政府失灵""市场失灵"的有效手段，而且也通常被视为政府在社会治理中的一个重要的合作伙伴。因此，如何有效地对组织的服务能力进行建设，成为国外学术界所关心的一个话题，专业服务能力建设是志愿服务组织活跃度研究的一个重要基础。

1. 公益组织、志愿服务组织能力建设、活跃度路径研究

国外关于公益组织、志愿服务组织专业服务能力的建设的行动策略，可分为内部建设和外部建设两个方面。就内部建设而言，有学者认为，可以通过绩效评估的方法来促进公益组织、志愿服务组织能力专业化的提升，由于近些年公益组织面临着越来越多的绩效评估的压力，这就要求公益组织必须展示自身相应的服务水平来实现自身合法性的提升，从而获得外界对自身专业服务能力建设的资助。[①] 绩效评估主要关注的是公益组织服务的标准化、专业化、资金的利用率、公众的满意度等环节，而这些量化的指标也使得公益组织的专业服务能力建设变得更加具有操作性和针对性，从而提高服务能力建设的效率。[②]

有研究指出国外对公益组织、志愿服务组织的绩效评估，主要是借助于几个要素的排列组合来测量，这几个要素是社会组织创造的社会效益（Benefit）、社会组织的社会贡献和效果（Outcome）、社会组织活动的数量或产出（Output）、活动利用的资源或投入（Input）及这些资源的财务成本（Cost）。还有学者通过对这5个要素重新进行组合，形成了7个比率测量指标，通过5个要素指标以及7个比率测量指标，总共12种测量指标对

① Emily Barman, "What is the Bottom Line for Nonprofit Organizations? A History of Measurement in the British Voluntary Sector", *Voluntas*, Vol. 18（2007）.

② 官聪：《公益组织的专业服务能力建设研究》，华东政法大学硕士学位论文，2018。

公益组织、志愿服务组织进行评价。

在外部建设方面，国外普遍认为公益组织、志愿服务组织与政府合作是实现自身服务能力提升的一个较为有效的方法。一般来讲，政府购买组织服务是国外较为流行的做法。在这种第三方政府治理的模式中，政府作为服务的购买者、资金的提供者，可以为组织提供大量的资金支持，而这些资金对于组织的活跃度和专业服务能力建设来讲是不可或缺的。[1] 对于公益组织、志愿服务组织来讲，与政府进行合作，不仅能为自己赢得合法的身份以及社会的认同，而且也能获得组织发展所需的各种资源。

2. 影响志愿服务组织能力建设、活跃度的因素研究

国外学者认为，公益组织、志愿服务组织在活跃度、服务能力建设中面临的困境主要有四大方面，分别为资金不足、人才缺失、内部治理不规范，以及缺少政府和社会信任的困境。

（1）资金问题。资金不足或资金来源渠道较少，成为志愿服务组织服务能力建设中活跃度低最直接的障碍。萨拉蒙指出由公益组织提供公共服务会导致其对政府资金的依赖，这反过来会导致公益组织专业主义的倾向。[2] 也有学者认为资金是公益组织专业服务能力建设的关键，并认为由于缺少获得公共资金的有效途径，公益组织与公共和准公共部门相比，往往更没有安全保障。[3]

（2）专业人才。国外通常认为如果缺少专业的人才，就不利于公益组织专业服务能力和活跃度的提升。组织在提供服务之时高度依赖其员工的专业技能与个人能力，如果公益组织失去这些专业的人才，或者现有的组织员工缺乏一定的专业技能，不仅会造成组织运转效率的低下，而且也使自身的服务能力建设受到影响。[4] 我国学者认为，公益慈善事业受到诸多

---

[1] Lester M. Salamon, *Partners in Public Service: Government and The Third Sector* (Baltimore: The Johns Hopkins University Press, 1995).

[2] Lester M. Salamon, "Of Market Failure, Voluntary Failure, and Third-Party Government: Towards a Theory of Government-Nonprofit Relations in the Modern Welfare State", *Journal of Voluntary Action Research*, Vol. 16 (1987).

[3] David J. Tucker, "Voluntary Auspices and the Behavior of Social Service Organizations", *Social Service Review*, Vol. 55 (1981).

[4] 琼. E. 派恩斯：《公共部门和非营利性组织的人力资源管理》（第四版），中国劳动社会保障出版社，2016，第5~27页。

因素制约，其中专业人才是其中关键一环。对于志愿服务组织来讲，无论是管理型的人才还是技能型的人才的不足，都会影响组织的专业化水平，进而也就制约了组织的能力建设和活跃度。

（3）内部治理。公益组织、志愿服务组织往往存在内部管理的混乱、缺乏一定的规章制度的现象，这导致权力通常会过分集中在组织负责人或创办人的手中，进而形成家长治理的模式。在家长作风的影响下，组织大多也没有制度化的内部治理结构，公益组织的发展方向往往取决于组织领导的个人能力与眼光，一旦对组织的发展战略缺少正确的规划，组织就有可能走向灭亡。[①]

（4）社会公信力建设。相对于第三部门、一般性社会组织，志愿服务组织更容易面临着各种信任危机的挑战。萨拉蒙指出政府与公益组织之间通常是缺乏信任的，有时甚至会互相敌视，政府通常认为公益组织缺乏相应的能力、内部腐败严重，只知道索要资金和资源，却又不去真正地做事情。而公益组织则认为政府有时要求过高、支持不够，并且社会捐赠的资金大部分流向政府，这些都限制了公益组织、志愿服务组织的专业服务能力的建设以及组织的活跃度。[②]

3. 公益组织、志愿服务组织评估类型和结果研究

（1）评估分类。邓国胜、陶传进、何建宇、巩侃宁从国外社会组织评估的实践进行了总结，总结了三种对公益组织、志愿服务组织评估的分类方式。[③] 从评估的性质来看，国外公益组织、志愿服务组织的评估主要分为两类：第一类是示范性评估，评估的目的主要是树立非营利组织的标杆，这类评估往往不具有法律的约束性，只是起到引导公众捐赠或树立公众信心的作用；第二类评估是资格性评估，评估的目的主要是确认组织的某种资格或资质。从评估客体来看，国外社会组织的评估主要分为两类：第一类是对劝募机构开展的评估，这是外国开展最多也是最为普遍的社会组织评估；第二类是对那些直接提供社会服务的机构开展的质量评估。从评估的主体看，外国社会组织的评估主要分为以下三类：第一类是政府部

---

① 官聪：《公益组织的专业服务能力建设研究》，华东政法大学硕士学位论文，2018。

② Lester M. Salamon, "Health Service Delivery: the State of Government-Nonprofit Relations in Bangladesh", *Public Administration and Development*, Vol. 31 (2011).

③ 邓国胜等：《民间组织评估体系》，北京：北京大学出版社，2007，第156页。

门组织的社会组织评估，例如日本政府部门对社会组织开展的评估；第二类是独立的第三方开展的社会组织评估，例如美国 ECFA 对劝募机构开展的评估和德国 DZI 对劝募机构开展的评估；第三类是伞状型或联合型社会组织对团体成员开展的行业自律性评估。

（2）评估结果运用。国外社会组织评估更注重结果的运用，评估结果通过政府、市场和社会的认知和考量，往往直接影响到社会组织的生存与进一步发展。评估结果的运用主要体现在三个方面：首先，政府可以通过对这些评估结果的认定来判断这个社会组织的发展情况，从而决定是否要继续保证对这一组织在税收等方面的支持；其次，利益相关者和广大人民可以通过评估结果对这个组织进行定位，在公益捐助或志愿行为中，选择评估等级高的社会组织，来保证公益目的顺利实现；最后，社会组织本身可以通过评估结果进行自我检查和修正，找出自身所存在的问题并积极改进，来促进组织的健康发展。[1]

（三）国内研究现状

1. 志愿服务组织活跃度相关研究

中国志愿服务指数测量关注志愿者与志愿服务组织在志愿服务中的投入与产出情况，旨在呈现中国志愿服务发展的基础状况。报告显示，2018年度共有 6230 万名志愿者通过 143 万家志愿服务组织参与了志愿服务活动，服务时间近 22 亿小时，志愿者贡献价值约 824 亿元。[2] 2018 年中国志愿服务制度化建设进一步加强，上升为国家战略的一部分，志愿服务组织数量增长趋缓，专业志愿服务持续提升。

目前，关于志愿服务组织活跃度定义很少，少数的志愿服务发展报告对其有所提及。例如：由中国志愿服务联合会组织编写的《中国志愿服务发展报告 2017》中提到，志愿服务活动次数能够在一定程度上反映一家志愿服务组织的活跃度，但何为志愿服务组织活跃度，如何界定，评估标准又是什么，却没有进行相应的说明。

---

① 王守文：《"SCC"理论：中国社会组织评估机制研究》，华中科技大学博士学位论文，2013。

② 中国社会科学院社会学研究所：《慈善蓝皮书：中国慈善发展报告（2019）》，北京：社会科学文献出版社，2019，第 7 页。

在我国，除了要求部分注册的志愿服务组织参与民政部门组织的评估外，还对志愿服务组织的发展状况进行了全方位评估。首先，国家层面，由中国志愿服务联合会组织编写的《中国志愿服务发展报告 2017》对志愿服务组织培训、志愿服务组织活动开展、志愿服务组织信息化建设、企业志愿服务组织发展、赛会志愿服务发展等多方面内容进行了评估和呈现。比如，通过调查分析了解到 2016 年度，我国志愿服务组织中开展活动次数在 16 次及以上的，达到 43.02%；开展 11 ~ 15 次活动的，达到 14.58%；开展活动 6 ~ 10 次的，达到 23.98%；一年内开展 5 次以下活动的组织只占 18.43%。[①] 其次，地方层面，以广州为例，涂敏霞等人编写的《广州志愿服务组织发展报告 2018》也全方位地对广州志愿服务组织发展进行了评估。2017 年度在广州，超过一半的志愿组织开展志愿活动次数在 16 次以上（占 64.2%），其次是 6 ~ 10 次（占 14.4%）、11 ~ 15 次（13.1%），开展活动次数在 5 次以下的组织占比最少，仅占了 8.5%，这显示出大部分的志愿服务组织开展志愿服务活动的活跃度较高。[②]

2. 社会组织、志愿服务组织评估指标研究

近年来，我国不少学者也对组织评估的指标设计进行了研究。唐跃军等设计了一套较为全面、完整的评估系统，主要包括基本状况、机构治理、信息披露、公共责任、资金使用、筹资活动等 6 大模块。邓国胜认为对非营利组织进行评估的内容主要应包括组织的非营利性、使命与战略、项目开展情况以及组织能力。[③] 刘宇喆认为在对非营利组织进行评估时，应重点关注以下几个方面：非营利组织提供公共服务的数量和质量；组织自身拥有的有形资产和无形资产的数量和质量；组织的公益性和信誉；融资能力以及对抗风险的能力。[④] 曾群、朱晨海提出社会工作的评估指标体系设计应该以结果为导向，主要关注输出评估、成果评估、影响效应评估、效能评估、成本—效益评估。[⑤] 田雪莹、胡文波运用多元回归的方法

① 中国志愿服务联合会：《中国志愿服务发展报告（2017）》，北京：社会科学文献出版社，2017，第 11 页。
② 涂敏霞等：《广州志愿服务发展报告（2018）》，北京：社会科学文献出版社，2018。
③ 邓国胜：《非营利组织评估体系研究》，《中国行政管理》2001 年第 10 期，第 41 ~ 43 页。
④ 刘宇喆：《浅议非营利组织评估》，《科技创业月刊》2005 年第 4 期，第 78 ~ 79 页。
⑤ 朱晨海、曾群：《结果导向的社会工作评估指标体系建构研究——以都江堰市城北馨居灾后重建服务为例》，《西北师范大学学报》（社会科学版）2009 年第 3 期，第 63 ~ 68 页。

将社会组织的评估指标分为五个维度，分别是组织基础维度、组织战略维度、资金运作维度、信息披露维度和社会责任维度。① 刘惠苑、叶萍以广州市的社会组织为例，运用层次分析法对评估指标体系的构建进行了探讨，强调社会组织的评估应该更加重视组织的社会责任和社会使命这种发展层面上的内容。② 目前民政部社会组织评估指标体系主要包括基础条件、内部治理、工作绩效、社会评价四个方面的内容。民政系统针对志愿服务组织的认证，按照组织的得分可以将评估级别依次分为 1A、2A、3A、4A、5A，但是志愿服务组织的评定目前针对性不足，一些已有标准也是参考社会组织的评定标准。

3. 社会组织、志愿服务组织评估结果应用

我国目前对于评估结果的使用主要体现在对社会组织的发展支持程度，对于达到一定评估等级的社会组织可以在承接政府职能转移和参与公共事务中具有优先权，如《社会组织管理办法》规定："社会组织评估等级有效期为 5 年。获得 3A 以上评估等级的社会组织，可以优先接受政府职能转移，可以优先获得政府购买服务，可以优先获得政府奖励"，并要求评估结果必须在社会组织办公场所进行展示，以达到在声誉方面的社会监督。③ 但整体来说，因为评估实践开展较短，以及推广不足，评估结果很难有效反馈给社会，也很难得到社会公众的有效认同。

在我国，由于人们对社会组织，尤其是志愿服务组织评估的重视程度远远不够，因此对于评估结果的反馈更是陷入了一个"盲区"。研究和探索社会组织、志愿服务组织评估的新机制，从根本上来说，是为了通过评估引导社会组织、志愿服务组织更健康地发展。而这其中最为关键和重要的一个环节便是对评估结果的反馈，要结合这个评估结果和自身发展现状不断做出改变。评估本身只是一个手段，一切评估活动都是为了改善组织管理，更好地实现社会组织使命。④

① 田雪莹、胡文波：《我国非营利组织评估体系研究》，《中国地质大学学报》（社会科学版）2007 年第 4 期，第 46~50 页。
② 刘惠苑、叶萍：《社会管理体制创新视角下社会组织评估指标体系研究——以广州市社会组织评估指标体系为例》，《学会》2014 年第 9 期，第 54~57 页。
③ 程坤鹏、徐家良：《从行政吸纳到策略性合作：新时代政府与社会组织关系的互动逻辑》，《治理研究》2018 年第 6 期，第 78~86 页。
④ 王守文：《"SCC"理论：中国社会组织评估机制研究》，华中科技大学博士学位论文，2013。

三 指标设计

（一）指标设计原则

为使得志愿服务组织活跃度评估指标体系更加合理有效，在设计指标体系时，应该遵循以下原则：

1. 系统性原则

志愿服务组织活跃度评估的各相关指标之间具有一定的逻辑性，每个一级指标下又由一组相互关联、相互区别的指标构成，各指标之间相互独立、彼此联系，共同构成一个有机的统一整体。

2. 重要性原则

志愿服务组织活跃度指标的构建遵循重要性原则，即在设计和构建评价指标时，其包含指标均具有一定的代表性。在设计指标时，既考虑评价指标的全面性，又考虑重要性原则，尽可能选择具有典型代表性意义的指标对志愿服务组织的活跃度进行评估。

3. 实务性原则

本次志愿服务组织活跃度指标的设置是结合中国志愿服务组织的发展现状，尽可能全面地反映目前志愿服务组织的活跃度情况。

4. 可操作性原则

在指标的选择上，选择可以量化和可比较的指标，可以将其转化为问卷收集指标，最终可以通过统计分析，对志愿服务组织的活跃度进行数据分析和比较分析。

5. 开放性原则

该指标的设计是动态变化的，会随着志愿服务组织的政策环境和自身发展以及公众需求而不断完善和发展，最终达到对志愿服务组织活跃度的全方位评价。

（二）志愿服务组织活跃度评估指标

国内外志愿服务评估的指标对本次评估指标设计有指导性意义。目前，美国、英国等西方发达国家社会组织的发展已经进入相对成熟的阶段，也形成了比较系统的评估方法框架。以英国志愿服务组织质量认证标准为例，该标准涵盖志愿服务组织工作的五个核心职能，包括志愿服务的

策略性发展、良好的实践发展、志愿服务未来发展机会、志愿服务行业发声以及对外信息公开。① 与此同时，作为致力于加强志愿和社区部门通过发展评价和质量体系使用的独立机构，英国慈善评估服务（CES）指出志愿服务组织评估分为内部评估和外部评估，评估不仅仅是绩效管理的一部分，还具有更加深远的意义和价值。并通过个案研究，采用相关逻辑框架分析的方式，对英国第三部门的发展进行了评估。②

近年来，我国不少学者也对组织评估的指标设计进行了研究。唐跃军等设计了一个科学完整的评估系统，主要包括基本状况、机构治理、信息披露、公共责任、资金使用、筹资活动等六大模块。邓国胜认为对非营利组织进行评估的内容主要应包括组织的非营利性、使命与战略、项目开展情况以及组织能力。③ 刘宇喆认为在对非营利组织进行评估时，应重点关注以下几个方面：非营利组织提供公共服务的数量和质量；组织自身拥有的有形资产和无形资产的数量和质量；组织的公益性和信誉；融资能力以及对抗风险的能力。④ 曾群、朱晨海提出社会工作的评估指标体系设计应该以结果为导向，主要关注输出评估、成果评估、影响效应评估、效能评估、成本—效益评估。⑤ 田雪莹、胡文波运用多元回归的方法将社会组织的评估指标分为五个维度，分别是组织基础维度、组织战略维度、资金运作维度、信息披露维度和社会责任维度。⑥ 刘惠苑、叶萍以广州市的社会组织为例，运用层次分析法对评估指标体系的构建进行了探讨，强调社会组织的评估应该更加重视组织的社会责任和社会使命这种发展层面上的内容。⑦ 此外，目前民政部社会组织评估指标体系主要包括基础条件、内部

① Peter Hilger, "Volunteer Centre Quality Accreditation in England", *Citizen Forum-Service. Helsinki*, May（2010）.
② Jean Ellis, "Accountability and Learning: Developing Monitoring and Evaluation in the Third Sector", *Charities Evaluation Services*, September（2008）.
③ 邓国胜：《非营利组织评估体系研究》，《中国行政管理》2001 年第 10 期，第 41～43 页。
④ 刘宇喆：《浅议非营利组织评估》，《科技创业月刊》2005 年第 4 期，第 78～79 页。
⑤ 朱晨海、曾群：《结果导向的社会工作评估指标体系建构研究——以都江堰市城北馨居灾后重建服务为例》，《西北师范大学学报》（社会科学版）2009 年第 3 期，第 63～68 页。
⑥ 田雪莹、胡文波：《我国非营利组织评估体系研究》，《中国地质大学学报》（社会科学版）2007 年第 4 期，第 46～50 页。
⑦ 刘惠苑、叶萍：《社会管理体制创新视角下社会组织评估指标体系研究——以广州市社会组织评估指标体系为例》，《学会》2014 年第 9 期，第 54～57 页。

治理、工作绩效、社会评价四个方面的内容。

通过梳理国内外相关文献，结合近年来志愿服务组织的发展情况，本次研究的评估指标设计将包含两类型指标（具体指标体系见表1）：基础指标和核心指标。

基础指标作为本次调研的描述指标，包括组织类型、组织标识情况、组织成立时间、党组织和理事会成立情况、组织培训地、组织内部结构、组织人员规模、组织志愿者规模以及组织开展项目类型等内容，以此来了解每个志愿服务组织的基本情况。

表 1　志愿服务组织活跃度评估指标

序号	指标类型	一级考察指标	二级考察指标	备注
1	基础指标（描述指标）	组织基本情况	组织类型	区分注册、未注册
2			组织标识情况	/
3			组织成立时间	/
4			党组织成立情况	/
5			理事会成立情况	/
6			组织注册地	/
7		组织规模及服务类型	组织内部结构	/
8			组织人员规模	/
9			组织志愿者规模	/
10			组织志愿服务项目类型	/
11	核心指标（计分指标）	项目/活动开展情况	志愿服务项目数量	/
12			志愿服务活动数量	/
13			志愿服务累计小时数	/
14			志愿服务地域范围	/
15		资金来源及支出情况	志愿服务资金支持	资金支持数量
16			志愿服务资金使用	资金支出数量
17		社会影响力状况	组织帮扶人员规模	/
18			获得表彰情况	志愿服务表彰和奖励
19		组织传播情况	媒体报道情况	/
20			传播频率	/

核心指标以动态性的组织活跃度的相关指标为主，包括志愿服务组织项目/活动开展情况、资金来源及支出、社会影响力和对外传播情况共四部分内容，如图 1 所示。

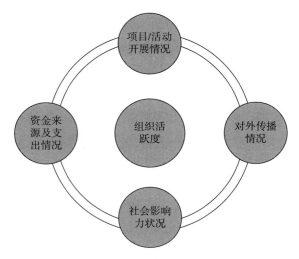

图 1　组织活跃度核心指标

1. 项目/活动开展情况

包括志愿服务项目数量、活动数量、累计小时数、开展地域范围共四个二级考察指标。

2. 资金来源及支出情况

包括志愿服务组织的资金支持情况和资金使用情况共两个二级考察指标。

3. 社会影响力状况

包括志愿服务组织的帮扶人员规模和获得表彰情况共两个二级考察指标。

4. 对外传播情况

包括志愿服务组织媒体报道情况和对外传播频率共两个二级考察指标。

（三）指标赋权及相应计算方法

本次志愿服务组织活跃度指标采取 100 分制，在具体为计分指标进行赋权时，我们采用"专家赋权法"，访问了志愿服务领域不同的专家，综

合不同专家的意见，对各个专家给出的权向量和判断矩阵的一致性进行衡量，最终赋予了四个计分指标相应的权重，具体表现为：项目/活动开展情况48%，针对其四个二级指标，每个指标赋予分值12分；资金来源及支出情况24%，针对其两个二级指标分别赋予分值12分；社会影响力状况15%，其中，"组织帮扶人员规模"二级指标赋予分值10分，获得表彰情况指标赋予分值5分；组织传播情况13%，其中媒体报道情况赋予分值5分，对外传播频率赋予分值8分。此外，针对每个二级指标下的选项设置了相应的分值。具体见表2。

表 2 志愿服务组织活跃度核心指标（计分指标）赋权

序号	一级考察指标	二级考察指标	各个选项分值
1	项目/活动开展情况（48分）	志愿服务项目数量（12分）	1~5 个（2分）
			6~10 个（4分）
			11~15 个（6分）
			16~20 个（8分）
			21~25 个（10分）
			25 个以上（12分）
2		志愿服务活动数量（12分）	1~10 次（2分）
			11~20 次（4分）
			21~30 次（6分）
			31~40 次（8分）
			41~50 次（10分）
			50 次以上（12分）
3		志愿服务累计小时数（12分）	1~1000 小时（2分）
			1001~2000 小时（4分）
			2001~3000 小时（6分）
			3001~4000 小时（8分）
			4001~5000 小时（10分）
			5000 小时以上（12分）
4		志愿服务地域范围（12分）	本市（3分）
			本省（6分）
			跨省（9分）
			海外（12分）

续表

序号	一级考察指标	二级考察指标	各个选项分值
5	资金来源及支出情况（24分）	志愿服务资金支持（12分）	0～10000 元（2 分）
			10001～50000 元（4 分）
			50001～100000 元（6 分）
			100001～500000 元（8 分）
			500001～1000000 元（10 分）
			1000000 元以上（12 分）
6		志愿服务资金使用（12分）	0～10000 元（2 分）
			10001～50000 元（4 分）
			50001～100000 元（6 分）
			100001～500000 元（8 分）
			500001～1000000 元（10 分）
			1000000 元以上（12 分）
7	社会影响力状况（15分）	组织帮扶人员规模（10分）	1～10 人（2 分）
			11～100 人（4 分）
			101～500 人（6 分）
			501～1000 人（8 分）
			1000 人以上（10 分）
8		获得表彰情况（5分）	1～5 次（1 分）
			6～10 次（2 分）
			11～15 次（3 分）
			16～20 次（4 分）
			20 次以上（5 分）
9	组织传播情况（13分）	媒体报道情况（5分）	1～5 次（1 分）
			6～10 次（2 分）
			11～15 次（3 分）
			16～20 次（4 分）
			20 次以上（5 分）
10		对外传播频率（8分）	没有传播（0 分）
			偶尔（2 分）
			每月（4 分）
			每周（6 分）
			每日（8 分）

依托上表，本次评估的具体计算公式为：

$$
\begin{cases}
a(n) = x(n) \times x\% + y(n) \times y\% + z(n) \times z\% \cdots \\
b(n) = x(n) \times x\% + y(n) \times y\% + z(n) \times z\% \cdots \\
c(n) = x(n) \times x\% + y(n) \times y\% + z(n) \times z\% \cdots \\
d(n) = x(n) \times x\% + y(n) \times y\% + z(n) \times z\% \cdots
\end{cases}
$$

$$
\begin{cases}
A = a1 + a2 + a3 + a4 \\
B = b1 + b2 \\
C = c1 + c2 \\
D = d1 + d2
\end{cases}
$$

志愿服务组织活跃度得分 = A + B + C + D。

其中，一级指标：项目/活动开展情况、资金来源及支出情况、社会影响力状况、组织传播情况的得分依次用字母 A、B、C、D 表示，每个一级指标包含的二级指标得分用字母 a1、a2、b1、b2、c1、c2、d1、d2 依次表示，为不同答案设置不同分值用字母 x、y、z 表示，所调查的百分比用 x%、y%、z% 表示。

（四）活跃度水平阶段划分

通过调查，针对志愿服务组织活跃度的评估得分，将活跃度阶段进行划分，具体如下：

总分在 80 ~ 100 分区间内，为高度活跃；

总分在 70 ~ 80 分区间内，为活跃；

总分在 60 ~ 70 分区间内，为弱活跃；

总分在 40 ~ 60 分区间内，为活跃度不足；

总分在 40 分以下为极度不活跃。

四 志愿服务组织活跃度实证研究

为验证和评估我国志愿服务组织活跃度情况，我们依托"志愿服务组织活跃度评估指标"进行问卷设计，在问卷星平台上编辑发布问卷，并借助中志联、和众泽益等渠道进行问卷发放和填写。最终，本次调查共回收有效问卷 254 份。

本次参与调研的志愿服务组织涉及四川省、北京市、湖北省、山东

省、山西省、江苏省、浙江省、安徽省、河南省、吉林省、河北省、江西省、上海市、广东省、重庆市、内蒙古自治区、广西壮族自治区、宁夏回族自治区、湖南省、贵州省、甘肃省、新疆维吾尔自治区、黑龙江省、海南省、陕西省、天津市、香港特别行政区、福建省、辽宁省（按照问卷量排序）共 29 个省级行政区域（详见图 2）。

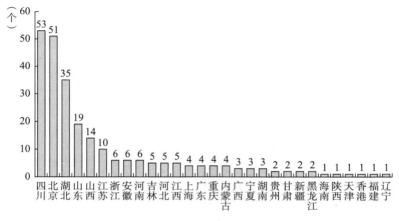

图 2 志愿服务组织的地区分布

与此同时，在此次调查中，成立时间为 1～5 年的志愿服务组织最多，占到 55.91%；成立时间为 6～10 年及 10 年以上的次之，位于 15%～20%；而成立时间为 1 年以下的志愿服务组织最少，仅有 11.42%（详见图 3）。

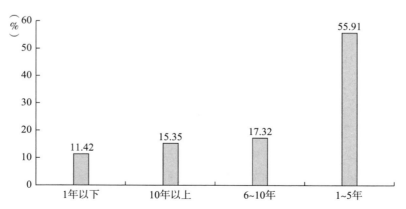

图 3 志愿服务组织的成立时间分布

根据志愿服务组织活跃度设计指标，从志愿服务组织基本现状和志愿服务活跃度情况两方面对本次调查结果进行呈现，具体如下。

（一）志愿服务组织基本现状

1. 组织类型：多类型的志愿服务组织结构成为志愿服务组织队伍的新特征

2017 年 12 月 1 日起实施的《志愿服务条例》规定：志愿服务组织指的是依法成立，以开展志愿服务为宗旨的非营利性组织。志愿服务组织可以采取社会团体、社会服务机构、基金会等组织形式。在本次调查的 254 个志愿服务组织中，社会团体最多，占到所调查总体的 43.31%；其次是社会服务机构，占到 38.98%；基金会相对较少，仅占到 3.54%（详见图 4）。

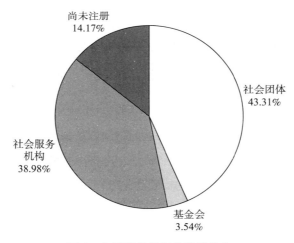

图 4　志愿服务组织的类型分布

除此之外，尚未注册的志愿服务组织占到 14.17%。其中，仅有 5.56% 的志愿服务组织没有备案，而多数志愿服务组织采取多种形式进行备案。具体来看：在当地的志愿服务协会/联合会备案的志愿服务组织最多，占到 27.78%；在所在辖区的社区/街道/区县、所属机关事业单位、当地志愿服务网络平台备案的志愿服务组织次之，占比分别为 19.44%、16.67% 和 16.67%；而在所属学校和所属企业备案的及没有备案的志愿服务组织最少，分别占比 8.33%、5.56% 和 5.56%（详见图 5）。

2. 组织结构：志愿服务组织成立分会现象逐渐增多，组织规模不断壮大

2016 年 6 月，在中央宣传部、中央文明办、民政部等 8 部门联合印发

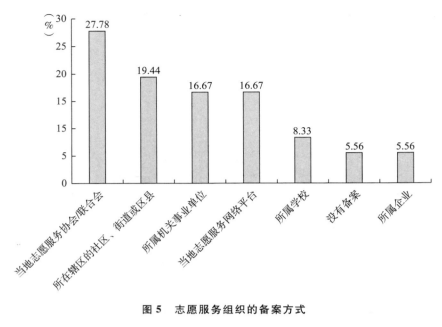

图 5　志愿服务组织的备案方式

《关于支持和发展志愿服务组织的意见》中，明确提出到 2020 年，基本建成布局合理、管理规范、服务完善、充满活力的志愿服务组织体系，标志着我国志愿服务进入组织化、规范化、现代化发展的新阶段。在本次调查的组织中，我们发现近年来志愿服务组织规模不断壮大，有 1/5 左右（20.08%）的志愿服务组织建立了分会（详见图 6）。

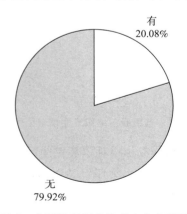

有
20.08%

无
79.92%

图 6　志愿服务组织的成立分会情况

在此次调查中，建立分会数量在 5 个及以上的最多，占到 45.10%，其次

为建立 3 个（23.53%）、2 个（15.69%）、4 个（7.84%）、1 个（7.84%）（详见图 7）。

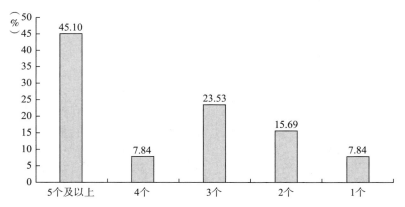

图 7 志愿服务组织成立分会数量

而关于志愿服务建立理事会的问题，在被调查的志愿服务组织中，超七成志愿服务组织成立了理事会，仅有 28.74% 的组织未成立理事会（详见图 8），志愿服务组织也逐渐进入规范化发展。

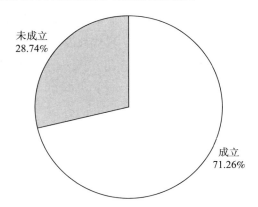

图 8 志愿服务组织成立理事会情况

3. 组织规范化：志愿服务组织标识和党组织设立工作有待进一步推动

2018 年 3 月 20 日，民政部办公厅《关于做好志愿服务组织身份标识工作的通知》规定了不同类型志愿服务组织进行组织标识工作的方法和路径。在本次调查中，我们也对此进行了相应的问题设置，最终发现在所调查的组织中，有 57.87% 的组织已经被民政部标识为志愿服务组织（详见图 9）。

与此同时，当被问到"贵组织是否成立党组织"时，仅有不到一半

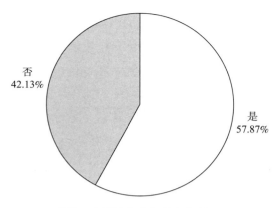

图 9　志愿服务组织被标识情况

（44.09%）的志愿服务组织已经成立了党组织，仍有过半志愿服务组织未成立党组织（详见图 10）。《志愿服务条例》第十条明确规定：在志愿服务组织中，根据中国共产党章程的规定，设立中国共产党的组织，开展党的活动。志愿服务组织应当为党组织的活动提供必要条件。因此，志愿服务组织建立党组织工作还需加强重视，不断推进。

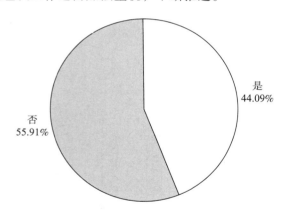

图 10　志愿服务组织成立党组织情况

4. 组织人员规模：组织志愿者规模不断壮大，全职人员数量有待进一步增加

随着志愿服务组织规模的不断壮大，志愿服务组织的人员规模（组织专职人员和志愿者）也在不断壮大，在本次调查中，就组织全职人员而言，72.44% 的志愿服务组织全职人员规模为 1～10 人，而 10 人以上的组织较少，占比不到 30%（详见图 11）。

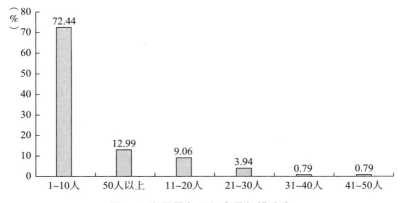

图 11　志愿服务组织人员规模分布

　　而关于志愿者规模，我们发现，志愿者队伍在 101～300 人的最多，占到 20.47%，而志愿者规模在 1～10 人、11～30 人、31～50 人、51～100 人、301～500 人、501～1000 人、1000 人以上的组织占比差异较小，均处于 9%～14%（详见图 12）。总的来看，志愿服务组织的全职人员还有待继续提高，这将有赖于志愿服务组织资金的支持和志愿服务人才的社会培养。

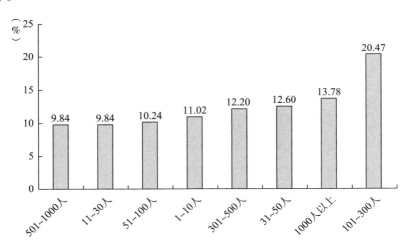

图 12　志愿服务组织志愿者人数分布

5. 组织开展项目类型：助老和教育为最主要的两大类型

　　通过调查，我们发现，经过统计分析，助老和教育是志愿服务组织开展项目的两大类型。其次依次为助残、扶贫、文化宣传、环保、灾害救

援、志愿服务枢纽平台、志愿服务技术支持、其他理论研究（详见图13）。

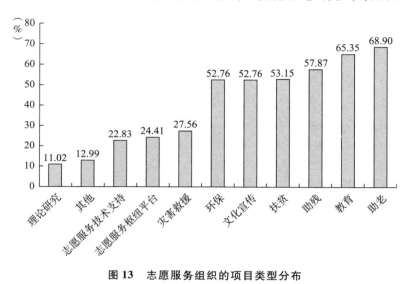

图13 志愿服务组织的项目类型分布

（二）志愿服务组织活跃度情况

1. 志愿服务组织总体活跃度不足

依据数据统计分析结果，针对本次254个志愿服务组织活跃度评估总得分为48.82分，距离总分100分有较大的差距。具体得分如表3所示。

表3 志愿服务组织活跃度评估最终得分

指标	得分	所处阶段
项目/活动开展情况	50.54 分（24.26/48）	活跃度不足
资金来源及支出情况	40.83 分（9.80/24）	活跃度不足
社会影响力状况	54.27 分（8.14/15）	活跃度不足
组织传播情况	50.92 分（6.62/13）	活跃度不足
总分	48.82 分	活跃度不足

比较志愿服务组织活跃度核心指标下的四个一级指标，"资金来源及支出"活跃度得分最低，仅有40.83分；而"组织传播情况""项目/活动开展情况"两个一级指标的得分相近，分别为50.92分和50.54分；相比较而言，"社会影响力状况"得分最高，为54.27分。但总体来看，结果如图14所示，所调研的志愿服务组织总体活跃度不足。

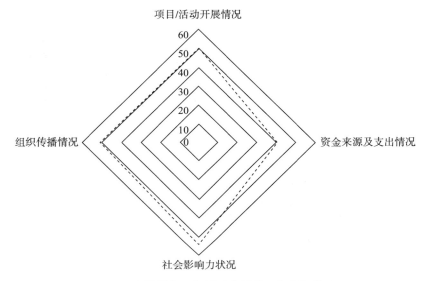

图 14　志愿服务组织活跃度评估一级指标状况

2. 项目/活动开展情况得分 50.54，活跃度不足

根据数据统计结果，本次调研的 254 个组织开展志愿服务项目/活动情况各分项的得分依次为：志愿服务项目数量 46.67 分（5.60/12）、志愿服务活动数量 59.25 分（7.11/12）、志愿服务累计小时数 47.42 分（5.69/12）、志愿服务地域范围 48.83 分（5.86/12）。该部分总得分为 50.54 分（24.26/48）。就"项目/活动开展情况"下的不同二级指标相比，"志愿服务活动数量"指标得分较高，在一定程度上显现出近年来志愿服务组织发展呈现良好态势，但志愿服务项目数量、志愿服务累计小时数以及志愿服务开展地域范围指标得分较低，需要采取相关措施，提高该部分的活跃度。

（1）组织开展活动数量相对较多，项目数量有待进一步提高。开展志愿服务项目和活动是志愿服务组织得以存在的核心要素，相应的也是志愿服务组织活跃度的核心指标。通过统计分析，我们发现，开展项目数量在 1~5 个的组织最多，占到 37.8%；而开展 6~10 个和 25 个以上的也较多，分别占到 21.26% 和 22.83%；而开展 11~15 个、16~20 个、21~25 个的组织相对较少（详见图 15）。最终，按照各选项赋权分值，其得分为 46.67 分（5.60/12）。

针对志愿服务活动的数量，我们发现，志愿服务组织开展活动的数量

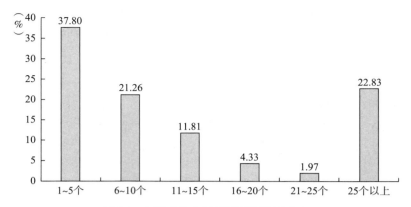

图 15　志愿服务组织开展项目数量分布

相对较多，开展次数在 50 次以上的组织最多，占到 24.8%，其次为开展次数为 1～10 次、11～20 次、31～40 次、21～30 次，而开展次数为 41～50 次的志愿服务组织最少（详见图 16），最终，按照各选项赋权分值，其得分为 59.25 分（7.11/12）。

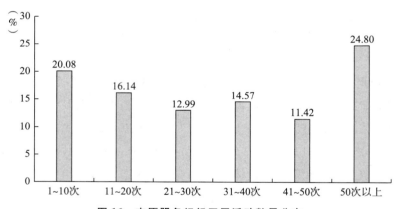

图 16　志愿服务组织开展活动数量分布

　　（2）活动地域范围需不断拓宽，贡献小时数有待进一步提高。随着志愿服务组织的发展，开展项目和活动的地域范围随之不断拓宽。在本次调查中，我们发现，大多数组织（85.43%）开展志愿服务的地域范围仍然仅限于本市；有 26.77% 的组织跨越本市，在本省内部开展服务；与此同时，有 16.14% 的组织跨越本省，在其他省市开展志愿服务。随着"一带一路"的推动，响应"社会组织'走出去'"的政策，极少数组织（1.97%）开始尝试走出国门，去国外探索志愿服务项目和活动的开展，

最终，按照各选项赋权分值，其得分为 48.83 分（5.86/12）。

与此同时，针对志愿服务组织累计服务小时数，经过统计分析，我们发现，志愿服务累计小时数基本随着小时数的增加，组织数量逐渐减少，志愿服务累计小时数为 1～1000 小时的占比最多，为 35.04%，而累计小时数为 1001～2000 小时、5000 小时以上、2001～3000 小时、3001～4000 小时、4001～5000 小时的组织数量则依次减少（详见图 17）。最终，按照各选项赋权分值，其得分为 47.42 分（5.69/12）。

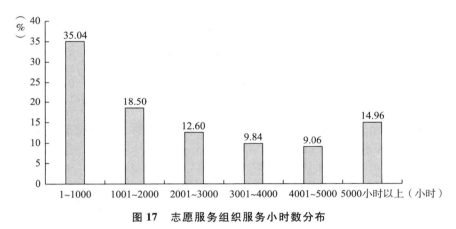

图 17　志愿服务组织服务小时数分布

3. 志愿服务资金来源及支出情况得分 40.83，活跃度不足

根据数据统计结果，本次调研的 254 个组织资金来源及支出情况各分项的得分依次为志愿服务资金支持 39.17 分（4.70/12）、志愿服务资金使用 42.50 分（5.10/12）。该部分得分为 40.83 分（9.80/24）。总的来看，志愿服务资金收入和资金支出体量均太小，有关志愿服务组织资金支持的问题急需得到政府部门的重视，可通过撬动社会资源等多种渠道来不断提高志愿服务组织的资金支持力度。

（1）政府购买服务和社会募集资金是资金两大来源渠道。资金是志愿服务组织的生存之本，通过调查志愿服务组织的资金来源，我们发现，政府购买服务和社会募集资金是志愿服务组织的资金的两大来源渠道，占比分别为 48.03% 和 38.58%。企业捐赠占比也较高，为 31.1%。这在一定程度上反映出在国务院国资委、中央文明办、民政部、残联等在内的政府各部门制定系列规章办法等各项举措的推动下，中国企业公民意识和社会责

任理念逐步攀升。相比较而言，本单位/社区给予的经费支持、会员缴费、基金会捐赠、经营性产品或服务收入相对较少，占比依次为25.98%、17.72%、16.93%和8.27%。此外，随着国际NGO的逐渐进入中国，极少数组织（1.57%）接受境外资金支持（详见图18）。

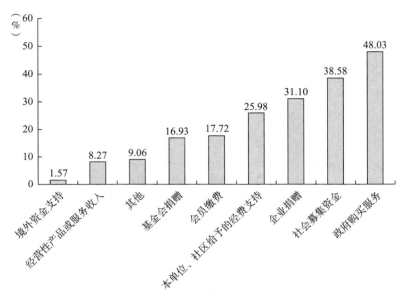

图18 志愿服务组织资金来源分布

（2）募集资金及捐赠资金体量小，需社会各界加大针对志愿服务组织的资金支持力度。通过不同渠道募集到的资金有多少呢？通过调查，我们发现，募集资金的成效不是很明显，募集资金为0~10000元的组织最多，占到将近一半（48.03%），而募集资金为100001~500000元、10001~50000元、50001~100000元、500001~1000000元和1000000元以上的组织依次减少（详见图19）。最终，按照各选项赋权分值，其得分为39.17分（4.70/12）。

相应地，资金支出为0~10000元的组织最多，占比为32.68%；而资金支出为10001~50000元、50001~100000元、100001~500000元、500001~1000000元和1000000元以上的组织依次减少（详见图20）。最终，按照各选项赋权分值，其得分为42.50分（5.10/12）。

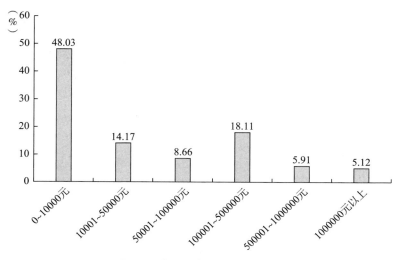

图 19　志愿服务组织收入分布

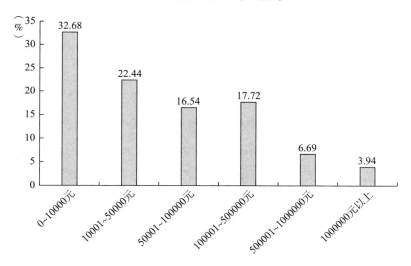

图 20　志愿服务组织支出分布

4. 志愿服务组织社会影响力状况得分 54.27，活跃度不足

　　总体来看，本次调研的 254 个组织社会影响力状况各分项的得分依次为组织帮扶人员规模 65.7 分（6.57/10）、获得表彰情况 31.40 分（1.57/5）。该部分总得分为 54.27 分（8.14/15），相较于其他部分，帮扶人员规模指标相对较高，处于"弱活跃"阶段。可见，志愿服务组织发挥的作用不断扩大。未来还需要在此良好发展态势下，鼓励更多的志愿服务组织参

与志愿服务奖项评选，不断扩大组织自身的社会影响力，营造良好的志愿服务组织发展氛围。

（1）帮扶人员规模较大，社会价值不断凸显。志愿服务组织帮扶人员规模是志愿服务组织社会影响力评估的重要指标，通过统计分析，我们发现，帮扶人数在1000人以上的组织最多，占到将近三成（29.53%）；其次为101~500人，占比为25.98%；而帮扶人数为11~100人、501~1000人、1~10人的组织较少（详见图21）。最终，按照各选项赋权分值，其得分为65.7分（6.57/10）。

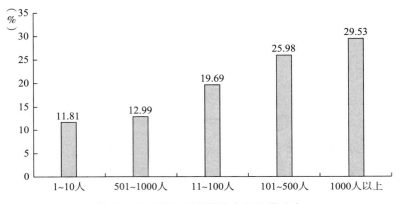

图21 志愿服务组织帮扶人员规模分布

（2）多数组织获得过表彰奖励，但获奖数量有待进一步提高。获得奖励表彰的情况是志愿服务组织社会认可度的重要表现，也是志愿服务组织品牌影响力的重要因素之一。通过统计分析，我们发现，在被调查的254个组织中，获得过表彰的组织占比超过六成（63.39%），仅有36.61%的组织没有获得过表彰（详见图22）。

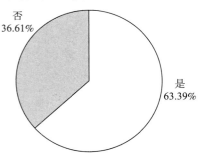

图22 志愿服务组织获得表彰情况

从获奖次数来看，获奖次数为 1～5 次的组织数量最多，占比为 67.70%，而获奖次数为 6～10 次、20 次以上的组织数量次之，占比分别为 14.91% 和 12.42%，获奖次数为 11～15 次、16～20 次的组织数量则较少，占比均小于 3%（详见图 23）。按照各选项赋权分值，其得分为 31.40 分（1.57/5）。

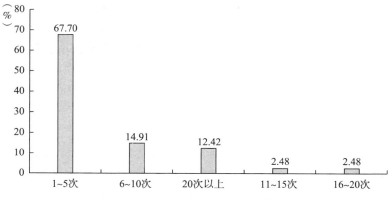

图 23 志愿服务组织获得表彰次数分布

5. 志愿服务组织对外传播情况得分 50.92，活跃度不足

总体来看，本次调研的 254 个组织传播情况各分项的媒体报道情况为 38.20 分（1.91/5）、传播频率 58.88 分（4.71/8）。该部分得分为 50.92 分（6.62/13）。随着"互联网＋"志愿服务的不断推进，志愿服务组织的对外传播意识不断增强，传播频率不断增加。但是与此同时，也需联络社会各界媒体，对志愿服务组织的项目成果进行发表展示，通过各种传播方式，不断扩大志愿服务组织自身的社会宣传力度。

（1）媒体报道数量较少，组织社会宣传力度有待提高。媒体报道情况是志愿服务组织对外传播的重要渠道。和众泽益志愿服务与社会创新研究院长期跟踪中国志愿服务行业动态，在 2018 年下半年对不同省份和重点城市的志愿服务报道率进行统计，分析出了不同地区志愿服务组织影响力的数据，但却未能了解统计各个志愿服务组织的媒体报道情况。

本次调查则聚焦在每个志愿服务组织，了解志愿服务组织的媒体报道现状。通过调查，我们发现，媒体报道次数为 1～5 次的组织数量最多，占比超过一半（50.39%）；而报道次数为 20 次以上及 6～10 次的组织占比次之，分别为 21.26%、18.11%，11～15 次的组织占比为 7.48%，16～20

次的组织占比为 2.76%（详见图 24）。总的来看，志愿服务组织媒体报道次数较少，需要加大媒体宣传，营造志愿服务良好社会氛围。最终，按照各选项赋权分值，其得分为 38.20 分（1.91/5）。

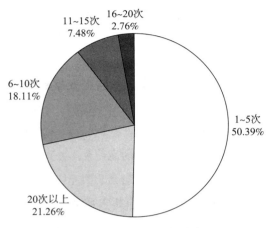

图 24　志愿服务组织媒体报道次数分布

（2）仅有极少数组织未进行对外传播，但传播频率急需提高。与此同时，对组织对外传播频率进行调查，我们发现，仅有 2.76% 的组织没有进行对外传播；而在进行对外传播的组织中，每周进行传播的组织最多，占比为 38.98%；每日进行传播的组织占比为 13.39%；每月进行传播的组织为 20.08%；偶尔进行传播的组织为 24.80%（详见图 25）。最终，按照各选项赋权分值，其得分为 58.88 分（4.71/8）。

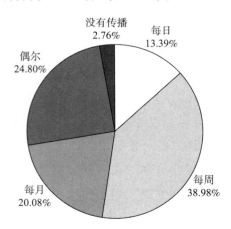

图 25　志愿服务组织对外传播频率分布

（三）未来发展建议

党的十九大报告明确提出"推进诚信建设和志愿服务制度化，强化社会责任意识、规则意识、奉献意识"，对志愿服务事业发展进行了新部署。为了提高志愿服务组织的活跃度，不断推动志愿服务组织制度化、专业化发展，基于本次调查评估结果，针对志愿服务组织的活跃度发展，本文提出如下五点建议。

1. 强化政策保障，优化志愿服务组织活跃发展制度环境

近年来，国家制定了一系列政策文件推进和指导志愿服务组织的发展，中央宣传部、中央文明办、民政部等8部门于2016年7月11日联合印发《关于支持和发展志愿服务组织的意见》，并对志愿服务组织发展提出了具体的指导和要求，部分地区也配套出台相应的政策和指导性文件。但目前来看，全国各地的志愿服务组织相关政策落实力度明显不足，仍需采取各种措施不断推进各项政策落实，推动志愿服务组织承接公共服务项目，减少对志愿服务组织的准入门槛，不断改善志愿服务组织的发展环境，引导不同类型人员充分发挥智慧与特长，积极开展志愿服务。

2. 完善资金筹措机制，扩大志愿服务组织资金使用范围

现阶段，志愿服务组织的资金支持力度明显不足。需不断拓宽志愿服务组织资金筹措渠道，鼓励党政机关、企业事业单位、公益慈善组织、社区和公民个人等多个主体对志愿服务及相关活动进行捐赠和资助，形成志愿服务事业发展多渠道、多元化的筹资与投入机制，并不断扩大志愿服务组织资金使用范围，为志愿服务组织开展服务提供充足的资金支持。

3. 丰富行业展示平台，增强志愿服务组织参与动力与热情

近年来，全国和部分地区均开展了多种志愿服务评选活动，全国层面有中宣部举办的"四个100"先进典型评选活动，团中央、中央文明办和民政部等组织的中国青年志愿服务项目大赛等。与此同时，部分地区也依托自身特点，设置了丰富多彩的志愿服务评选活动。以北京市西城区为例，2010年以来，每两年会举办一次"西城区十大志愿者"评选活动；2011年开展了"志愿者示范争创"和"西城区志愿服务精品项目"评选活动；2016年开展西城区中小学生志愿服务评优等评选活动。多项志愿服务评选活动为志愿服务组织的对外传播提供了良好的平台。因此，各地需

依据自身特点打造更多的志愿服务组织交流展示平台，与此同时，不断推进志愿服务组织参与热情，提高其社会影响力。

4. 深化互联网思维，提高志愿服务组织服务能力与效率

志愿服务组织应该充分利用"互联网＋"志愿服务平台，不断提高志愿服务品牌传播能力，优化志愿服务传播渠道。各个志愿服务组织可以利用线上平台，宣传服务过程中的优秀个人和优秀项目，打造组织品牌形象。此外，可以依托"互联网＋"志愿服务平台，规范志愿服务项目运作，提高志愿服务组织的服务效率。比如，可以依托电子信息平台优化志愿者招募、志愿者保险购买、志愿服务计时、志愿服务评估等。

5. 推广志愿文化，营造志愿服务组织活跃发展社会氛围

各级志愿服务组织管理部门，需要加大在全社会层面对"志愿文化"的传播和推广，大力弘扬社会主义核心价值观，弘扬雷锋精神，弘扬奉献、友爱、互助、进步的志愿精神，营造志愿服务组织发展的良好氛围。各级志愿服务组织管理部门要通过各项举措吸引不同年龄段、不同社会职业的人士关注志愿服务、参与志愿服务、享受志愿服务，为志愿服务组织的发展贡献自己的一分力量，不断地提高志愿服务的社会参与力度，营造志愿服务组织活跃发展的良好社会氛围。

五 研究结语

组织化是现代社会志愿服务事业的鲜明特征，推进中国特色志愿服务的组织化路径也越来越受到社会各界的广泛关注。党的十八届三中全会明确提出，要支持和发展志愿服务组织。志愿服务组织"活跃度"有效反映了志愿服务组织的实际运行情况。"活跃度"是科学衡量、真实反映当下志愿服务组织，乃至志愿服务事业发展水平的一个重要尺度。

本文关于"活跃度"的研究具有创新性和建设性意义。首先，现阶段针对我国志愿服务组织活跃度的评估较少，本次研究通过国内外文献梳理，构建出我国志愿服务组织活跃度评估的理论基础和指标体系，弥补了相关研究的空白；其次，本次研究利用多个志愿服务组织平台，收集到第一手的真实数据，对志愿服务组织活跃度指标进行初探，是未来提升志愿服务组织活跃度的重要参考；最后，本研究具有鲜明的实践探索意义，为党委、政府支持和发展志愿服务组织提供参考和咨询，拓展和丰富各地志

愿服务的实践探索。

未来，志愿服务组织活跃度评估指标的设计还需借鉴国外经验，精确研究国外志愿服务组织活跃度评估的具体指标，并结合中国志愿服务组织发展现状对其不断进行调整和完善。与此同时，还需开展实证研究，依托指标体系对中国志愿服务组织活跃度进行评估，为中国志愿服务组织发展提出针对性的指导意见。

参考文献

代恒猛：《从"两难境地"到"多方共赢"——浅析中国特色志愿服务的组织化路径》，《中国志愿》2018 年第 6 期。

代恒猛：《规范和促进志愿服务的组织化进程——对〈河南省志愿服务条例〉解读之一》，《河南日报》2018 年 12 月 5 日刊。

代恒猛：《志愿服务助力基层党建创新实践》，《中国志愿》2019 年第 4 期。

代恒猛：《助力人民对美好生活的向往——从全国两会看新时期志愿服务》，《中国志愿》2018 年第 2 期。

基于层次分析模型的应急救援志愿服务
组织管理机制研究

姬海锋[*]

摘　要：应急救援志愿服务组织因其灵活性、民间性以及专业性，能够有效协助政府更好地开展应急救援工作。本文运用文献研究、定量研究、定性研究等方法，建立层次分析模型，研究应急救援志愿服务组织中存在的问题并尝试探究相应的对策。本文从考察应急救援志愿服务组织管理的现状入手，通过定量问卷及定性访谈从横向和纵向两个维度相对立体地了解应急救援志愿服务组织管理的实际情况，发现其中存在以下主要问题：管理制度不健全；相关法律缺失；缺乏社会监督；应急救援志愿服务组织自身能力不足；等等。在对问题进行分析的基础上，本文尝试从政府管理、社会监督、组织自身管理等三个方面提出解决问题的对策：强化政府相关部门应急救援协调管理职能；加强应急救援志愿服务组织应自身建设；完善社会层面对应急救援志愿服务组织的监督。

关键词：应急救援　志愿服务组织　层次分析模型

一　绪　论

我国志愿服务事业整体呈现蓬勃发展的态势，应急志愿服务起步较晚，面临着诸多困难，制约了其在应急救援中作用的发挥。在应对灾情处

---

[*] 姬海锋，陕西科技大学学工部副部长、讲师，研究方向为高校应急管理研究与学生日常安全管理。

置与救援中，与应急救援工作的要求相比，政府对于志愿服务参与应急救援的有效管理仍显不足，救援的有序性、有效性仍然不够，往往出现各种社会力量盲目涌入，各种救援物资设备调动无序，志愿服务人员良莠不齐、管理不当等问题。[①] 如汶川、玉树及雅安地震发生后，各方力量蜂拥而入，道路很快就被堵塞，志愿服务的结果反而由"帮忙"变成了"添堵"。因此，如何识别应急救援过程中志愿服务专业化建设的制约要素，并有效进行组织管理机制研究是志愿服务应急救援的核心问题。

（一）研究目的和意义

1. 研究目的

本课题以影响应急救援志愿服务过程的政府、应急救援志愿服务组织、高校、社会以及受助者等因素为研究对象，通过梳理国内外应急救援志愿服务组织现有的运营模式和面临的问题，总结有效经验，调研全国应急救援志愿服务组织参与应急救援的情况，分析、探索应急救援志愿服务组织管理的新途径、新方法，创新运营模式，完善制度建设，优化管理体系，结合时代特点探索应急救援志愿服务组织管理的长效机制。

2. 研究意义

现有对于应急救援志愿服务组织管理问题研究主要以政府为主体开展，重点强调政府为主导，应急救援志愿组织辅助开展救援工作，缺乏系统性、全方位的问题因素分析以及管理指标构建。因此，立足我国应急救援志愿服务组织特点和发展规律，采用定性或定量的方法将内部管理问题和外部管理问题分解为不同的组成因素，并按照因素间的相互关联影响以及隶属关系将因素重新聚集组合，构建应急救援志愿服务组织管理机制，将有助于从政府、应急救援组织、社会、高校以及被救助者等方面全方位、系统化、最优化地推进应急救援组织健康发展。

首先，在学术价值层面：（1）对应急救援志愿服务组织管理机制构建工作进行系统的研究与实践探索，在机制系统化构建进行丰富和补充；（2）结合多学科知识体系，对应急救援志愿服务组织发展建设工作进行系统分析，为应急救援志愿服务组织发展研究工作提供新的理论视角；（3）运用

---

① 张勤、范如意、林菁菁：《组织化建设：志愿服务应急救援不可或缺的要素》，《理论探讨》2016 年第 5 期，第 149～154 页。

比较、调查、访谈等方法来分析、研究应急救援志愿服务组织发展现状，为应急救援志愿服务组织健康发展提供一定的现实依据。

其次，在应用价值层面：（1）构建基于层次分析模型的应急救援志愿服务组织管理机制，为应急管理工作提供了系统的、开阔的视野；（2）为政府系统化、科学化、规范化发展应急救援志愿服务组织提供实践参考；（3）为应急救援志愿服务组织管理工作提供标准化建设和评价参考。

（二）国内外研究综述

1. 国内研究综述

卢文刚、张宇对民间应急救援组织研究进行了详细论述，借蓝天救援队倡导成立的中国紧急救援联盟的发展简况，论述了我国应急救援组织的发展特点：发展迅速、数量众多，政府统筹难；组织内部规范化管理待改善；救援能力单一，与政府部分救援资源重合。[①] 同样，凌学武对德国应急救援中的志愿者体系进行了探讨，总结出相应的特点：法律法规健全、组织体系完备、培训严格规范、奖励保障到位。[②]

于美然认为，当下，我国应急志愿服务存在诸多尚未妥善处理的困难：应急志愿服务队比较缺乏专业技能、缺乏专门性的应急志愿管理机构、激励保障志愿者的举措缺乏执行力、没有规范的政策法律作为保障。[③]

陈金伟通过对地震应急救援志愿服务管理的研究，总结出我国地震应急救援志愿服务特点：地震应急救援志愿服务呈现出参与人数众多、组织形式多元、主动性强、行动迅速、反应灵活等特点，但也暴露出了组织化程度低、专业化程度低、可持续能力低、机动化能力低等问题。这些问题的根源在于地震应急救援志愿服务缺少规范化、制度化管理，因而具有很大的随意性和盲目性。[④]

李佳忆针对非常规突发事件应急志愿服务具有反应快、数量多、服务内容广和影响大四个特点及其存在的问题，提出了志愿组织处理非常规突

① 卢文刚、张宇：《中国民间应急救援组织现状、特点及发展困境——基于中国紧急救援联盟的分析》，《学会》2013年第4期，第5~11页。
② 凌学武：《德国应急救援中的志愿体系的特点与启示》，《四川行政学院学报》2009年第6期，第70~72页。
③ 于美然：《内蒙古应急志愿服务存在问题及对策研究》，内蒙古大学硕士学位论文，2018。
④ 陈金伟：《我国地震应急救援志愿服务管理的研究》，上海交通大学硕士学位论文，2010。

发事件的若干对策，其包括：完善现有法律法规，为志愿者提供法律保障；加强政府与志愿组织的合作；设置政府与志愿者组织专门的沟通渠道等；加强志愿者组织建设。①

郭其云等通过分析对比国内外应急救援志愿队伍的建设情况，重点围绕我国应急救援志愿队伍激励机制进行了剖析，其中存在的问题主要有：对应急救援志愿者的参与动机不够重视、激励机制政策法规不健全、激励方式单一。继而，作者从激励机制多元化、激励制度规范化、激励过程持续化三个方面提出了相应的建议。②

石根连则从我国志愿服务的法制化建设方面进行了针对性研究。他认为，我国志愿服务在立法层面存在的主要问题有：法律体系不健全、地方志愿服务立法良莠不齐且规范不一。作者建议在国务院制定的志愿服务条例中，设立"应急志愿服务"章节，将应急志愿服务在我国应急管理体系的定位、应急志愿服务的特殊活动原则、应急志愿者及其组织的特别权利义务等内容列入法条的规定之中，以条文的形式确立应急志愿服务协调机制。③

韩芸总结出我国在应急救援的志愿服务方面存在的问题主要有：应急志愿服务管理体系中缺乏一个统一的领导指挥中心、应急志愿服务的工作体系还不够完善、应急志愿服务缺乏明确的经费保障。④

胡欣欣与汪泳以雅安地震为例，探讨了志愿服务存在的问题，主要有：舆论压力；志愿服务缺乏组织化、有序化、专业化；志愿者权力保障法制有待完善。完善应急志愿服务的对策包括：形成志愿服务的统一部署机制；加强志愿者的组织与培训；完善志愿者的法律保障。⑤

张勤等学者从组织化视角出发，识别了应急救援过程中，志愿服务面临的困境，包括：管理体制不规范、法律法规制度不健全、激励保障制度

---

① 李佳忆：《我国非常规突发事件志愿者组织研究》，燕山大学硕士学位论文，2010。

② 郭其云、魏清、刘松等：《我国应急救援志愿队伍激励机制研究》，《灾害学》2016 年第 3 期，第 165 ~ 169 页。

③ 石根连：《我国应急志愿服务的立法研究》，华东师范大学硕士学位论文，2014。

④ 韩芸：《应急救援志愿者管理模式与运行机制研究》，《理论界》，2009 年第 5 期，第 225 ~ 228 页。

⑤ 胡欣欣、汪泳：《应急救援中中国志愿服务的问题与发展——雅安地震带给我们的反思》，《东方企业文化》，2013 年第 18 期，第 261 页。

不完善、与政府之间的合作协调机制不通畅、提升品牌形象竞争力不够。解决这些困境的方法有：加强志愿服务参与应急救援的制度化建设、加快志愿服务参与应急救援的法治化进程、完善志愿服务与政府之间的合作协调机制、加快提升志愿服务参与应急救援的公信力。①

高文玥认为，应急救援的志愿服务专业水平主要存在的问题包括：缺少专业培训和应急演练、开展培训的经费不充足、评估体系不完善和法律法规不健全。为此，需要加强专业培训和演练、健全法律保障、加强培训经费保障、完善评估体系，并构建志愿服务应急文化。②

2. 国外研究综述

Blackstone 等学者提出了区域竞争治理和灾害响应下的恢复管理。作者着重介绍了在重大灾害中遇到的问题，分析了失败原因，并由此提出了依赖私人和志愿者领导者，人员和资本的竞争体系如何能够改善现有政府灾难响应与重建工作的体系。解决方法包括：一个独立的区域控制和管理委员会、发展自己的财政资源，并且有当地的志愿者领导者是成功的关键。③

美国红十字会是参与美国灾难规划和响应的最活跃的非营利组织。Smith 与 Grove 通过询问美国红十字会灾害救援志愿者体验以探讨这种志愿体验如何发挥作用，进而培养满意度。研究结果显示，过多地对志愿者进行管理工作会导致他们产生不满和疲劳。红十字会促进了令人满意的帮助受害者的行为，但是当管理实践妨碍受害者时，志愿者会感到不满。该研究表明，依靠熟练的长期志愿者提供服务的志愿组织应该评估和加强他们对志愿者的沟通策略与认可实践。④

Kankanamge 等学者采用系统的文献综述方法，分析出在 2006 年至 2018 年，减少灾害风险文献中越来越关注志愿者众包。该研究表明，将志愿者众包系统付诸实践将有助于政策制定者和灾害风险管理者做出明

---

① 张勤、范如意、林菁菁：《组织化建设：志愿服务应急救援不可或缺的要素》，《理论探讨》，2016 年第 5 期，第 149～154 页。
② 高文玥：《志愿服务参与应急救援的专业水平提升研究》，南京工业大学硕士学位论文，2018。
③ Blackstone E A, Hakim S and Meehan B. "A Regional, Market Oriented Governance for Disaster Management: A New Planning Approach", *Evaluation and Program Planning*, 64 (2017): 57–68.
④ Smith S L and Grove C J. "Bittersweet and Paradoxical: Disaster Response Volunteering with the American Red Cross", *Nonprofit Management and Leadership*, 27 (2017): 353–369.

智的决策。[①]

Atsumi 与 Goltz 通过探讨 1995 年 1 月神户地震时志愿者群体融合现象，对日本志愿者灾难网络（NVNAD）组织进行了长达 15 年的纵向观察。结果显示，日本应急救灾的志愿服务，一方面强调机构间合作和志愿者协调，另一方面注重加强志愿者志愿服务精神的社会支持导向。[②]

Quevillon 等学者认为，在救灾行动中，组织支持和自我保护策略在救灾环境中至关重要。他以此论述了个人和管理层参与的角色，以及对救助工作者支持的承诺对救灾行动的积极体验，并提供相关建议。[③]

Fulmer 等人使用两阶段随机抽样调查，对 6000 个样本中的 337 个特殊受访者（5.6%）进行了深入调查，研究了大型志愿服务组织如何参与和回应大规模灾难。研究发现，在灾难发生时，提供知识和技能的志愿者的招募、发展和保留对于确保灾难期间的技能性劳动力输出至关重要。大学是志愿活动的一个特别重要的场所，因为它们以社区为基础，可以获得资源和能力，以应对紧急情况。[④]

Barbour 与 Manly 认为，大多数灾难应急的研究关注的是响应的最佳实践，而忽视灾难应急的准备工作。他通过调查志愿者灾难响应者（多个公民应急响应小组和医疗预备队中的志愿者和志愿者协调员）之间如何协商与灾难应急准备相关的制度逻辑之间和内部矛盾，证明了前期准备工作的合理性与有效性，并提供了相关逻辑：生成实践的反思性、动员和重建的证据。[⑤]

---

① Kankanamge N, Yigitcanlar T and Goonetilleke A, et al. "Can Volunteer Crowdsourcing Reduce Disaster Risk? A Systematic Review of the Literature", *International Journal of Disaster Risk Reduction*, 35（2019）: 1 – 12.

② Atsumi T and Goltz J D. "Fifteen Years of Disaster Volunteers in Japan: A Longitudinal Fieldwork Assessment of a Disaster Non-Profit Organization", *International Journal of Mass Emergencies & Disasters*, 32（2014）.

③ Quevillon R P, Gray B L, Erickson S E, et al. "Helping the Helpers: Assisting Staff and Volunteer Workers before, during, and after Disaster Relief Operations", *Journal of clinical psychology*, 72（2016）: 1348 – 1363.

④ Fulmer T, Portelli I, Foltin G L, et al. "Organization-Based Incident Management: Developing a Disaster Volunteer Role on a University Campus", *Disaster Management & Response*, 5（2007）: 74 – 81.

⑤ Barbour J B and Manly J N. "Redefining Disaster Preparedness: Institutional Contradictions and Praxis in Volunteer Responder Organizing", *Management Communication Quarterly*, 30（2016）: 333 – 361.

Daimon 与 Atsumi 认为，当一个地方发生大规模灾难后，该地区的幸存人员会变成志愿者参与到下次灾难的救援，该支持行动被称为 PFN。作者使用数学模拟和细胞自动机研究该现象。结果显示，社区支持因子阻止了 PFN 触发幸存者间的支持；在其他相同条件下，PFN 可以极大地传播志愿服务。[①]

Gelkopf 等人评估了"培训培训师"课程对帮助斯里兰卡海啸幸存者儿童接受教育和心理健康灾害志愿者的影响。结果显示，人们认识到使用认知应对策略（认知情绪调节问卷）的作用，例如重新关注计划，积极重新评估以及将创伤纳入视角。ERASE Stress 课程有助于当地社区创伤幸存者恢复。[②]

（三）研究方法和路径

1. 研究方法

（1）文献分析与专家访谈。查阅并总结归纳国内外关于应急救援志愿服务组织发展的研究文献，本项目拟采用文献研究和专家访谈相结合的研究方法。通过收集、分析与本研究相关的国内外文献，掌握该领域最新研究现状。由于本项目的调研对象都是志愿服务组织，为了反映志愿服务组织管理的现状，本研究拟通过专家访谈的方法对文献研究进行补充。

（2）比较分析法。通过国内外应急救援志愿服务组织发展的经验对比，发现我国应急救援志愿服务组织发展中存在的问题，结合我国国情提出科学合理的解决方案。

（3）问卷调查法。针对我国应急救援志愿服务组织发展问题，以省级的应急管理厅、民政厅、应急救援志愿服务组织、社会大众等为调研对象，科学、全面设计问卷内容，进行定性问卷访谈、群体座谈以及问卷调查，统计调查数据，分析调查结果。

（4）案例分析法。通过分析国内外近年来重大灾难中应急救援组织协助政府成功开展救援的案例，归纳出应急救援志愿服务组织发展的成功经

---

① Daimon H and Atsumi T. "Simulating Disaster Volunteerism in Japan: 'Pay It Forward' as a Strategy for Extending the Post-Disaster Altruistic Community", *Natural Hazards*, 93 (2018): 699 – 713.

② Gelkopf M, Ryan P, Cotton S J, et al. "The Impact of 'Training the Trainers' Course for Helping Tsunami-Survivor Children on Sri Lankan Disaster Volunteer Workers", *International Journal of Stress Management*, 15 (2008): 117.

验以及所面临的困境。

2. 研究路径

本文研究路径如图 1 所示。

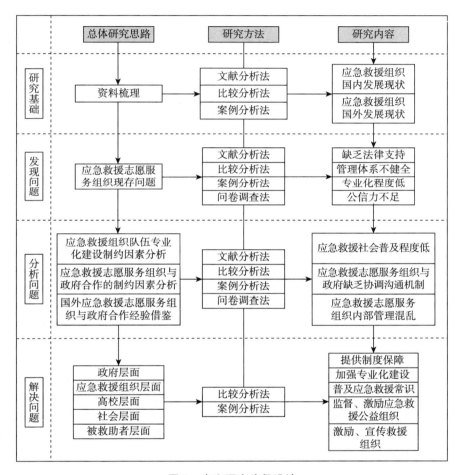

图 1 本文研究路径设计

二、概念界定及相关理论

本章对一些重要概念进行了界定，主要围绕志愿服务与应急救援两个方面对各个要素进行概念阐述。此外，针对本文的研究内容，对所用的理论基础进行阐述。

（一）志愿服务概念界定

1. 志愿者概念界定

"志愿者"的本意由拉丁文的"Voluntas"演变而来，介于文化和地域的差异，其在世界各国各地区都会有着不同的阐释。现阶段分析志愿精神多从以下两点入手：（1）与公益相结合。对所有人保持仁爱之心，彰显出利他主义，体现在精神领域并不存在实体性的事物，志愿服务组织努力取得人类生活和生命质量的提升。（2）内心的自觉自愿。对自身付出的服务并不以获得报酬和收入为基础，目的是实现人类的更进一步发展，使社会和社区有关的工作和精神都有所成长，构建公民社会最关键的要素，成为公众对社会生活积极参与的一种表现手法。

2. 志愿服务组织的内涵

志愿组织的有关研究在 20 世纪 70 年代逐步发展起来。最早的是美国在志愿者组织方面的研究，之后围绕"第三部门"内涵阐述的研究逐步得到重视。美国学者 Levitt 最早阐述了"第三部门"的内涵，从国际惯例去看，社会被人们划分为国家（公共部门）和市场（私营部门）两个部分，Levitt 主张这种做法对介于政府与私营企业间的众多应急救援志愿服务组织有所忽视，且它们能够对那些政府和私营企业都不想做、做不好或不常做的事情予以很好的解决。他将这些组织归为第三部门。社会成长的过程中，全球很多地区都形成了与之相似的组织，其名称和定义千差万别，基本以"非营利组织""非政府组织""志愿者组织""慈善组织"来命名。国内学者何增科和有关学者在《公民社会与第三部门》中都将"第三部门"（the Third Sector）与"志愿部门"（Voluntary Sector）等同起来，也由此可以看出其内涵间的关联。

（二）应急救援概念界定

1. 应急救援

应急救援一般是指通过采取积极有效、专业精准的救援措施来应对那些具有突发性、破坏性的紧急事件，以降低损失。救援对象是具有一定破坏力、产生严重后果的突发公共事件，这些事件包括交通事故、自然灾害、厂矿事故、卫生事件等多个领域。正因为这些事件可能带来的人员伤亡、财产损失、社会稳定与安全受影响等严重的后果，应急救援就显得十

分必要，相应的救援目标也很明确：一是救治受伤人员，撤离危险区域的无关人员，维持现场的秩序；二是控制事态的发展，避免产生更坏的结果；三是查明原因，判定危害的程度以及应该采取的后续措施。

当突发事件发生后，志愿者和志愿者组织积极参与，活跃在救援第一线，他们能够发挥自身优势，迅速赶往救援现场，提供志愿服务，但是其专业水平方面依然存在不足。为了更好提高救援效率和质量，如何有效提升志愿服务专业水平值得关注和研究。

2. 应急志愿服务

应急志愿服务的类型由常态与应对突发事件两种。前者通常涵盖隐患排查、科普宣教和培训演练等方面；后者则通常涵盖先期处置、现场信息报告、协同救援和灾后服务等项目。应急志愿服务可以表述为志愿者及所在组织所提供的各种无偿、非营利、非职业化的利他服务，主要是针对突发公共事件的预防、备灾、紧急救援及灾害重建阶段而实施。以服务内容作为切入点，应急志愿服务的类别主要有能力培训、医疗救护、无偿献血、防灾宣传、抢险救援和群众安置等。应急志愿服务体系可以认为是构建应急志愿服务而构建起高效的支持、沟通、运行和保障系统的集合。其涵盖了应急预案、应急志愿者管理、法律和规范、信息交流与沟通等多个体系。应急志愿者管理体系具体表述为应急志愿的招募、培训、注册、管理、演练、协调、派遣、接收、监督和奖惩等工作而构建的规范化组织管理体系。

（三）研究理论基础

国外学术界多将应急管理定义为危机管理，并依据危机演变的规律划分为不同阶段，以提高应对危机的效率。罗伯特·希斯提出四阶段划分理论，包括缩减、预备、反应和恢复四个阶段，他将危机管理范围置于几何图形中，有助于管理者将危机工作划分为四类，并指出管理者要充分重视缩减这一阶段，通过有效的处理可以减轻危机损失，减少管理成本。斯蒂芬·菲克提出四阶段理论，菲克将管理危机过程与疾病发展过程相比较，认为两者相似，都可以划分为四个时期，即征兆期、发作期、延续期、痊愈期。有国内学者提出关于不确定事件的处理方式：一是制定预案，在不确定事件发生时，可以按照有针对性的预案来应对；二是全面考虑，预案

的制定需要充分考虑各种可能发生的情况；三是随机模型，认真考虑事件发生的概率，并以此做好准备；四是开展实时应急管理，根据事情发展过程，采取灵活实时的应急措施。

应急管理理论对应对突发事件具有重要作用，志愿者和志愿者组织应该根据危机演变的不同阶段，采取相应的措施，加强自身应对危机的专业能力，通过有效的救援减轻危机损失。

三 应急救援志愿服务组织管理现状调查结果

课题组在查阅整理大量文献资料的同时，采用了定量调查与定性调查相结合的方法，分别针对应急管理部门工作人员、应急救援公益组织人员、高校安全工作相关工作人员、社区居民、被救助者、红十字会工作人员以及医院工作人员等 7 类人群进行了共计 40 份的访谈，同时累计发放 1163 份网络问卷以及 2000 份线下问卷。本次调研旨在了解不同群体对于日常应急知识的掌握、对应急救援志愿服务的认识、对应急救援志愿服务组织存在问题的看法，以及对我国应急救援事业发展的建议等内容。

（一）问卷设计与调查概况

本次问卷设计包括定量及定性两类问题设计。定性问卷则包括对应急管理部门工作人员、应急救援公益组织人员、高校安全工作相关工作人员、社区居民、被救助者、红十字会工作人员以及医院工作人员等相关群体进行访谈的七组问卷。定量调查首先在未央区进行试点，根据试调查中发现的问题，对问卷进行修改后在西安所辖 10 个区同时展开；定性访谈主要围绕相关群体的机构工作人员及被救助者随机进行访谈。定性访谈完成情况如表 1 所示。

表 1 定性访谈计划与完成情况统计

	应急管理部门	应急救援公益组织	高校	社区居民	被救助者	红十字会	医院	合计
计划数量	4	5	5	10	6	5	5	40
完成数量	4	5	5	10	6	5	5	40

定量问卷通过实地调查和网络调查方式进行，线上问卷浏览 1942 次，最终填写有效问卷 1163 份；线下问卷在西安 11 个区县根据人口占比发放问卷 2000 份，其中有效问卷 1998 份，两套问卷合计发放 3161 份，超过预期数量。线下定量问卷计划与完成情况如表 2 所示。

表 2　定量访谈计划与完成情况统计

区域	区域人口数量占调研地人口总数量比例（%）	问卷分配（份）	完成份数（份）
新城区	7.51	150	150
碑林区	6.46	130	130
莲湖区	7.54	150	150
灞桥区	7.21	144	144
未央区	14.07	282	282
雁塔区	8.71	174	174
阎良区	4.92	98	98
临潼区	11.40	228	228
长安区	17.60	352	352
高陵区	5.82	116	114
户县	8.76	176	176
总数	100.00	2000	1998

（二）问卷设计结构和意图

定量问卷除受访者信息（第 1～3 题）外主要涉及五方面内容。第一方面内容是了解受访者对应急救援志愿服务的认识概况（第 9、11 题）；第二方面内容是了解受访者对应急救援志愿服务组织和志愿者的了解概况（第 4、7、9 题）；第三方面是了解受访者对于日常应急知识的了解概况（第 5、6 题）；第四方面是了解受访者对应急救援志愿服务组织存在问题及发展的意见和建议（第 10、12 题）；第五方面是了解受访者对政府支持应急志愿服务组织发展途径举措的意见和建议概况（第 8、12、14 题）。

（三）调查结果及宏观分析

1. 受访者对应急救援志愿服务的认识概况

由图2、图3可见，有一半的受访者表示愿参与应急救援志愿服务活动，而不愿参与的也有约一半的受访者，其中最主要的原因是担心因救援失误陷入纠纷，其次是因参与活动需自费。由此可见对志愿服务活动增强相关制度、措施的保障是很有必要的。

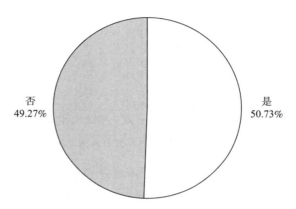

图2　是否愿意参与应急救援志愿服务活动

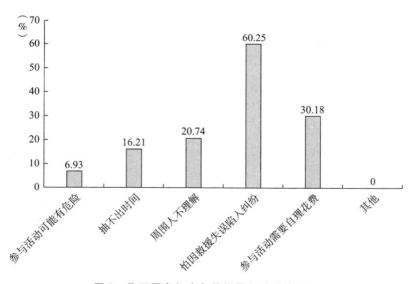

图3　您不愿参加应急救援服务活动的原因

2. 受访者对应急救援志愿服务者及组织的了解概况

公众对应急救援志愿服务组织主要通过朋友讲述了解，对组织职责有一个相对笼统、完整的了解，绝大部分人对应急救援志愿者非常认同。

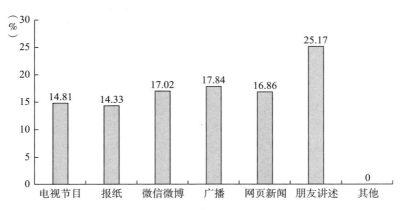

图 4　了解应急救援志愿服务组织的主要方式

调查显示，有25.17%的受访者了解应急救援志愿服务组织的主要方式是通过朋友讲述，通过电视节目、报纸、微信微博、广播、网页新闻途径了解的人数差异较小，均在14% ~ 18%范围内（见图4），这些方式有很大的局限性和不确定性。对于应急救援志愿服务组织的职责认知（见图5），除认为有消防灭火职责的占到4.21%外，资金筹措、通信联络、现场救

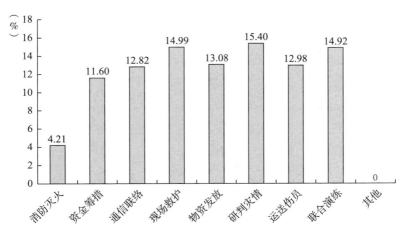

图 5　认为应急救援志愿服务组织职责有哪些

护、物资发放、研判灾情、运送伤员、联合演练等职责的选择比例均在11%~15.5%。而资金筹措相对较低，只有不到12%的人选择；研判灾情的选择率相对较高，达到15.4%。对于应急救援志愿服务者表示敬佩的占到47.81%，表示认同的占到52.02%，二者合计占到超过99%，公众对于应急救援活动的志愿者有非常明晰的正向认知（见图6）。

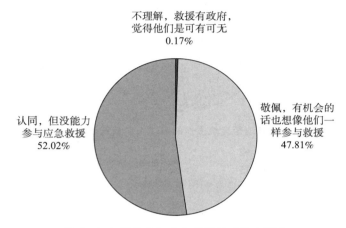

图6　如何看待参与应急救援活动的志愿者

3. 受访者对于日常应急知识的了解概况

公众对于日常应急知识的了解情况令人担忧，需要普及层面的推广宣传、培训引导。

调查显示，关于现场处理轻度烧烫伤的最佳急救措施问题中（见图7），公众认为涂抹药物的达到49.44%，认为及时除去烧烫伤部位衣物的占42.49%，认为应挑开水泡的为1.46%，能够做出正确选择立即用冷清水冲洗烧烫伤部位的仅为6.61%。同时，在采用指压止血法为动脉出血伤员止血时，拇指应按压伤口什么位置的问题中（见图8），选择血管中部、远心端动脉、血管下方动脉的分别占到21.73%、29.07%和30.43%，能够做出正确选择近心端动脉的仅为18.76%。通过以上两个问题可知，公众普遍缺乏应急小知识。

4. 受访者对应急救援志愿服务组织存在问题及发展的建议

调查显示，公众认为我国应急救援志愿服务组织自身存在的问题排在前三位的是管理协调机制不健全、专业化水平不足和法律保障体系不健全，分别占到31.61%、26.17%和22.9%（见图9）。同时，对于应急救

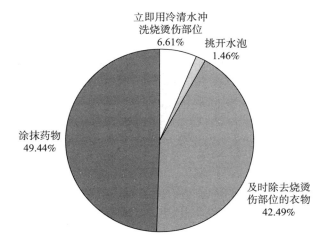

图 7 关于现场处理轻度烧烫伤的最佳急救措施是什么的回答情况

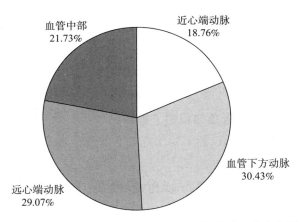

图 8 关于采用指压止血法为动脉出血伤员止血时拇指应压什么位置的回答情况

援组织发展的必要条件选择中（见图 10），居首位的是保护救援志愿者合法权益的相关法律制度，占到 31.21%；认为需要政府机构的统一管理协调沟通占到 25.23%；认为应开放信息渠道加强对外联系的占 24.38%。以上结果反映出公众对于各应急救援志愿服务组织有更高的组织建设要求。

5. 受访者对政府支持应急志愿服务组织发展的建议概况

对于政府部门应为应急救援志愿服务组织提供哪些服务的问题（见图 11），排在前三位的分别是提供专业应急救援培训、提供相关宣传资料和经费支持，分别为 23.61%、21.15% 和 20.11%。其次是组织应急救援竞赛和指导日常演练，分别占到 18.04% 和 14.6%。

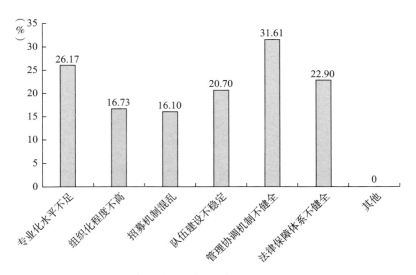

图9　认为我国应急救援志愿服务组织自身存在的问题

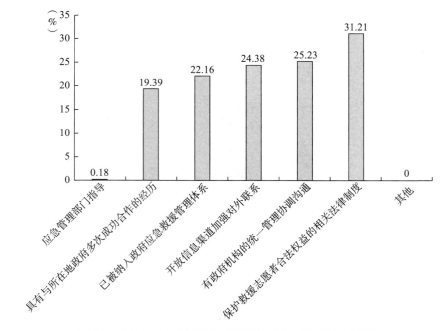

图10　认为应急救援志愿服务组织发展的必要条件有哪些

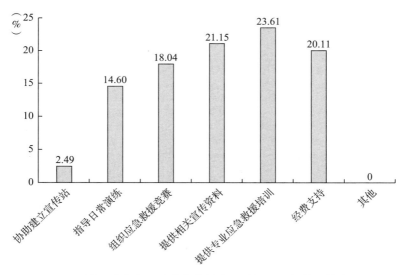

图 11　希望政府部门为应急救援志愿服务组织提供哪些服务

　　调查显示，关于政府应如何联合应急救援志愿服务组织构建我国应急救援体系这一问题（见图 12），认为应纳入政府预备救援编制，达到 25.5%，应加强灾前联系协调管理的为 31.14%，认为应加强救援现场临时沟通紧急协调的为 31.43%，认为政府与应急救援志愿服务组织应独立自主互不联系的占 11.93%。

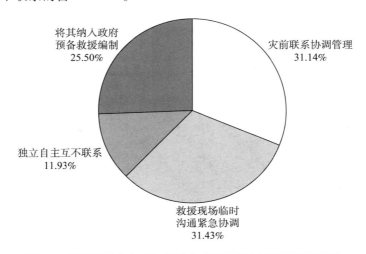

图 12　关于我国政府应如何联合应急救援志愿服务组织构建
我国应急救援体系的回答情况

四 应急救援志愿服务组织管理的问题及成因分析

（一）政府相关部门应急救援协调管理职能缺失

1. 管理制度不完善

应急救援志愿者及服务组织参与公共危机治理的管理制度不完善，是应急救援志愿服务组织与政府合作有待加强的核心因素。法律制度、组织机制、内外部的监督机制等制度的不完善直接制约着应急救援志愿服务的实效。

（1）相应的管理组织机制有待健全

如何将应急救援志愿者有效地组织起来，更进一步而言，如何将各个应急救援志愿组织联动起来，形成运转良好的组织化行动机制，是当前面临的核心问题。目前，缺乏一个全国性的应急救援志愿服务协调机构，以便对应急志愿服务进行统一的组织管理。应急管理部、共青团、红十字会等多元主体的管理一定程度上导致了缺乏合作、管理不畅等问题，难以形成有效合力。

（2）缺乏有针对性的法律法规

当前应急工作主要是依赖于高度统一的党政领导体制来实现。通常来讲，公共事件突发时由相关领域的主管领导负责牵头成立临时的领导小组及工作小组来进行应急和善后。临时性、被动性的应急工作有很大弊端，应急水平很难有效提升。

我国尚无全国层面的统一的志愿服务法。地方上已陆续有关于志愿服务的专门性法规，但应急志愿服务的法制建设方面的进展相对滞后，缺乏具体的、可操作性的办法。例如，公共危机应急中志愿者及组织的介入程序、应承担的责任、参与路径、救济补偿等具体内容尚未明确立法。

（3）资源筹措调配机制有待健全

在政府财政投入机制上，主要是按照受灾程度临时调度，缺乏专项基金用以开展日常宣传、专业培训等项目。资源的调配机制不健全，直接导致了部分应急救援志愿服务组织资源过剩，其余组织无法运转。越到基层，民间组织的组织能力越弱，公民的信任度也较低，进而导致地方性组织经常性面临资源不足的困境。

（4）应急志愿服务未纳入国家应急救援体系

志愿者及志愿组织在应急救援志愿服务中所能够发挥的作用尚未得到

足够的重视和认可，没有被纳入危机治理的体系之中。目前，我国已形成"一案三制"（"一案"指应急预案，"三制"分别为管理体制、运行机制、法律制度）的国家应急管理体系，但明确提及"志愿者"的条文较少。[①]以致在危机发生时，志愿组织不能正确理解政府的政策，影响了实际效能，进而导致越不重视越不管用、越不好用越不重视的恶性循环。

2. 缺乏互动交流的信息平台与协调机制

危机信息的快速、准确和全面的获取，是保障应急救援志愿服务的第一要素。由于目前缺乏统一的志愿服务的信息平台和协调机制，互联互通的应急志愿信息系统尚未生成，难以为志愿者参与和管理提供有效的信息支持。在危机信息收集、统计、研判、传递、发布、反馈以及监督途径等方面亟须提升。突发应急地点与外界中断联络情况较为常见，极易导致志愿服务活动参与者缺乏对于危机的整体认识，产生了大量进入灾区的应急救援志愿者及组织难以有效搜救援助对象的情况。

3. 国外经验借鉴

（1）建立法律法规

美国法律首先对应急志愿者参与应急行动的资质实行认证和许可，建立了较为完善的危机志愿者认证制度，如《统一应急志愿者卫生执业法》。通过相关法律法规，将应急志愿者及组织的活动范围限制在合法范围。其次，为保障志愿者的权益，减少公众因应急服务而涉入法律诉讼的顾虑，美国建立了关于责任豁免的危机志愿者保护制度。最后，美国还建立了危机志愿者日常管理的相关制度，例如《联邦志愿者保护法》《国家响应框架》《肯尼迪国家服务法》等，对志愿者招募、甄选与福利等事项予以明确具体的规定，为应急志愿服务提供了一套统一的行动框架，同时明确了为志愿组织提供资金或对志愿者及志愿组织给予奖励的具体标准，以鼓励广大民众参与应急志愿服务。[②③]

---

① 胡欣欣、汪泳：《应急救援中中国志愿服务的问题与发展——雅安地震带给我们的反思》，《东方企业文化》2013 年第 18 期，第 261 页。

② 张勤、范如意、林菁菁：《组织化建设：志愿服务应急救援不可或缺的要素》，《理论探讨》2016 年第 5 期，第 149～154 页。

③ 高文玥：《志愿服务参与应急救援的专业水平提升研究》，南京工业大学硕士学位论文，2018。

德国的应急救援管理的法律体系以《基本法》为基础、各类单行法律为支撑，对应急志愿服务做了比较详尽的规定。德国1963年首次为志愿服务立法，制定了《奖励志愿社会年法》，以青少年参与志愿服务为主要内容，旨在提高其公益责任与意识。又在1993年制定了《奖励志愿生态年法》，以自然环境保护领域的志愿服务为侧重。法案还规定志愿者在税务、交通、社会保险方面享有很多优惠，同时政府还为志愿者投保意外事故险，并可领取必要的服务津贴，明确规定参与志愿服务的时间可以替换服兵役和民役的时间。[①]

（2）搭建沟通机制

日本在地震后，各个志愿性组织之间信息互通、配合协调。他们首先会组队调查灾区受灾情况，共享灾区的避难地点和安置灾民点的区域分布图。根据灾情需要，组织相应专业的志愿者支援。日本的志愿者数据库中有医疗、建筑、心理援助等各种方面的人才。有统一的指挥中心，根据现场需要，协调志愿者的分配。

（3）长期稳定的经费支持

美国的应急志愿服务中，其应急志愿服务资金方面有着长期稳定的投入机制，一部分资金来源是由政府通过体制内的应急救援体系的分支机构提供给志愿者，多以救援装备的形式出现。[②] 更多的应急志愿服务资金的提供是由志愿者组织通过与应急救援机构的合作与协调来实现的，所以其资金来源主要以组织的形式进行运作和管理。除政府支持外，志愿组织还依托完善的社会支持网络，发起资金、物资或劳务的募集活动，还有很多社区机构、宗教机构等提供了丰富的资金支持。

（二）应急救援志愿服务组织自身建设明显不足

1. 应急救援志愿服务的人员招募机制不健全

目前我国应急救援志愿服务处于初步阶段，以自上而下的临时性招募为主，部分应急救援志愿者、组织招聘培训缺乏规划。[③] 大多数应急志愿

---

① 毛凯英：《公共危机应急中的志愿者参与研究》，华东政法大学硕士学位论文，2016，第38~48页。
② 江汛清：《国外应急志愿服务的特点及对我国的启示》，《青年探索》2012年第2期。
③ 高文玥：《志愿服务参与应急救援的专业水平提升研究》，南京工业大学硕士学位论文，2018，第25~28页。

服务者的招募培训主要仅涉及活动简报、规章制度等一般性说明事项，对于较为细化、专业的分工，没有专门的招聘培训计划，导致应急救援志愿服务质量难以提升。根据志愿服务参与雅安地震中的相关数据显示，当时的自发志愿者占到 78.35%，有明确组织的志愿者仅占 19.7%。应急志愿者无组织、无秩序状态，使应急救援的处境非常尴尬。

2. 常态化培训缺乏

常态化培训的缺乏主要表现为：第一，参加培训的时间较短。根据统计数据，国家地震救援训练基地的培训课程的时间一般为 2—5 周，一年中要训练两次，而志愿者组织参加培训的时间大部分在 3 天左右，一年中只参加一次培训。第二，培训普及率低。在我国医疗急救方面，培训合格的人数占全国人口的比重不超过 1%，而法国的这一比例为 40%，德国则达到了 80%。第三，培训内容的单一。专业的救援培训课程应该包括通用课程、专业课程和综合训练等科目，但是许多志愿者组织将重点放在通用课程和简单的救援知识上，导致实践能力较弱，无法适应应急救援的复杂性环境。

3. 志愿者组织经费短缺

开展专业培训离不开充足的经费支撑，缺少经费意味着组织无法承担志愿者的培训费用，导致专业水平很难得到提高。许多组织缺少充足经费，无法为志愿者提供培训，无法购买专业的救援设备，导致在救援活动中，甚至无法保障志愿者的生命安全。

(三) 应急救援志愿服务组织评估监督机制尚未建立

1. 应急救援志愿服务救援评估体系不完善

一是对服务质量评估的重视程度不够，对志愿服务评估缺少正确的认识。在救援过程中，志愿者奉献爱心，提供无偿救援服务，因此，许多人认为对志愿者开展评估是没有必要的，只需要关注救援结果的好坏，不重视评估志愿者和志愿者组织在救援过程中的行动，没有及时采取评估手段，思想上的忽视不利于发现志愿者救援行动可能存在的问题，不利于改正错误，不利于提升能力。二是对培训效果的评估不够。系统高效的培训可以有效提升志愿者自身的救援水平，而不对培训开展有效评估，很容易造成培训的形式化和志愿者的不重视，也不利于提升志愿者的专业水平，

最终导致培训资源的浪费。

2. 内外部监管机制缺位

现有相关立法中对政府监管的规定多流于形式，对于监管主体、程序、具体内容等方面缺乏评估标准。同时缺少民间评估与监督机构以补充政府在评估、监督及服务所有的应急救援志愿服务组织时可能出现的空白与不足。

3. 国外经验借鉴

日本的志愿组织"日本平台"，在紧急救援中就兼具信息管理、指挥协调、筹资、监督等一系列功能。早在 1854 年英国就成立了非营利组织绩效评价委员会，根据《慈善法案》对国内的非政府组织进行绩效评价。[①]

五 层次分析模型的理论设计

针对应急救援志愿服务组织管理中存在的内部和外部管理问题，立足我国应急救援志愿服务组织特点和发展规律，本文基于层次分析模型将内部管理问题和外部管理问题分解为不同的组成因素，并按照因素间的相互关联影响以及隶属关系将因素以"方案层 + 准则层 + 目标层"聚集组合，构建层次分析模型，并通过数据计算得出影响应急救援志愿服务组织的主要因素，为后续对策建议章节提供数据支撑。

本文以影响发展应急救援志愿服务组织的政府、应急救援志愿服务组织、高校、社会以及受助者等因素为研究对象，如图 13 所示。在充分认识应急救援志愿服务组织的背景、概念、性质、内容、政策法规前提下，梳理国内外应急救援志愿服务组织现有的运营模式和面临的问题，总结有效经验，通过调研全国应急救援志愿服务组织参与应急救援的情况，分析、探索应急救援志愿服务组织管理的新途径、新方法，创新运营模式，完善制度建设，优化管理体系，结合时代特点探索应急救援志愿服务组织管理的长效机制。

---

① 周虹：《浅议英国非营利组织绩效评价》，《中国海事》2007 年第 6 期，第 62～63 页。

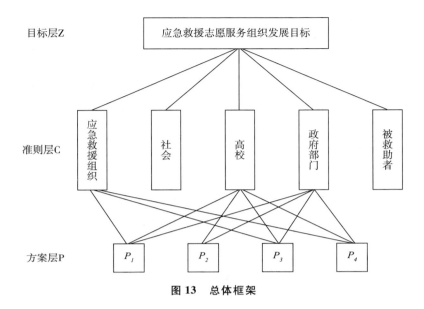

图 13 总体框架

（一）设计思路

本文以"现状梳理—提出问题—分析问题—解决问题"为研究思路。立足我国应急救援志愿服务组织特点和发展规律，从应急救援志愿服务组织的运行模式、组织架构、激励机制、发展现状及面临的问题等，了解当前应急救援志愿服务组织现实状况与实际需求，分类别、分层次进行实地调研以了解各应急救援志愿服务组织的现有模式与有效经验，研究应急救援志愿服务组织在参与政府救援中的职责定位、载体路径。本文从政府、救援组织、高校、社会以及被救者等因素进行分析（见图14），探索出基于层次分析模型的应急救援志愿服务组织管理机制。

（二）设计流程

1. 建立系统的递阶层次结构。该结构一般为目标层、准则层、方案层；在深入分析实际问题的基础上，将有关的各个因素按照不同属性自上而下地分解成若干层次，同一层的诸因素从属于上一层的因素或对上层因素有影响，同时又支配下一层的因素或受到下层因素的作用。最上层为目标层，通常只有1个因素，最下层通常为方案或对象层，中间可以有一个或几个层次，通常为准则或指标层。当准则过多时（譬如多于9个）应进一步分解出子准则层。

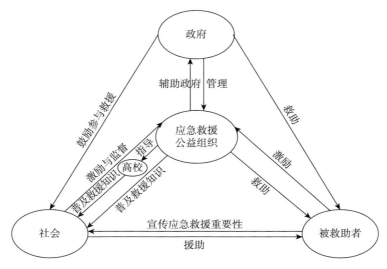

图 14　设计思路

2. 构造成对比较阵。比较第 i 个元素与第 j 个元素相对上一层某个因素的重要性时，使用数量化的相对权重 a_{ij} 来描述。设共有 n 个元素参与比较，则

$A = (a_{ij})_{n \times n}$ 称为成对比较矩阵。a_{ij} 在 1－9 及其倒数中间取值。

$a_{ij} = 1$ 元素 i 与元素 j 对上一层次因素的重要性相同；

$a_{ij} = 3$ 元素 i 比元素 j 略重要；

$a_{ij} = 5$ 元素 i 比元素 j 重要；

$a_{ij} = 7$ 元素 i 比元素 j 重要得多；

$a_{ij} = 9$ 元素 i 比元素 j 极其重要；

$a_{ij} = 2n$，$n = 1$，2，3，4，元素 i 与 j 的重要性介于 $a_{ij} = 2n - 1$ 与 $a_{ij} = 2n + 1$ 之间；

$a_{ij} = \dfrac{1}{n}$，$n = 1$，2，…，9，当且仅当 $a_{ij} = n$。

成对比较矩阵的特点：$a_{ij} > 0$，$a_{ii} = 1$，$a_{ij} = \dfrac{1}{a_{ji}}$。

3. 一致性检测。对于每一个成对比较阵计算最大特征根及对应特征向量，利用一致性指标、随机一致性指标和一致性比率做一致性检验。若检验通过，特征向量（归一化后）即为权向量；若不通过，需重新构造成对

比较阵。

从理论上分析得到：如果 A 是完全一致的成对比较矩阵，应该有 $a_{ij}a_{jk} = a_{ik}$。

但实际上在构造成对比较矩阵时要求满足上述众多等式是不可能的。因此，退而要求成对比较矩阵有一定的一致性，即可以允许成对比较矩阵存在一定程度的不一致性。由分析可知，对完全一致的成对比较矩阵，其绝对值最大的特征值等于该矩阵的维数。对成对比较矩阵的一致性要求，转化为要求的绝对值最大的特征值和该矩阵的维数相差不大。

检验成对比较矩阵 A 一致性的步骤如下：

计算衡量一个成对比矩阵 A（$n > 1$ 阶方阵）不一致程度的指标 CI：

$$CI = \frac{\lambda(A) - n}{n - 1}，其中 \lambda_{\max} 是矩阵 A 的最大特征值。$$

检验成对比较矩阵 A 一致性的标准 RI：RI 称为平均随机一致性指标，它只与矩阵阶数有关。

成对比较阵 A 的随机一致性比率 CR：$CR = \dfrac{CI}{RI}$

判断方法如下：当 $CR < 0.1$ 时，判定成对比较阵 A 具有满意的一致性，或其不一致程度是可以接受的；否则就调整成对比较矩阵 A，直到达到满意的一致性为止。

4. 计算组合权向量并做组合一致性检验。计算最下层对目标的组合权向量，并根据公式做组合一致性检验，若检验通过，则可按照组合权向量表示的结果进行决策，否则需要重新考虑模型或重新构造那些一致性比率较大的成对比较阵。

（三）层次分析模型的建立

基于指标体系设计的原则，根据影响应急救援志愿服务组织管理因素的特点，围绕影响应急救援志愿服务组织管理的因素和现有指标体系，在调查的基础上，应用专家问卷法对指标进行筛选，最终得出影响应急救援志愿服务组织管理问题的指标。将应急救援志愿服务组织发展目标作为一级指标，其下分为 3 个二级指标，即社会因素、政府管理因素、自身管理因素，12 个三级指标（见表 3）。

表3 影响应急救援志愿服务组织管理的指标

一级指标	二级指标	三级指标
应急救援志愿服务组织发展目标（A）	社会因素（B_1）	国际形势（C_{11}）
		居民认知程度（C_{12}）
		网络舆情（C_{13}）
	政府管理因素（B_2）	法律保障（C_{21}）
		沟通协调（C_{22}）
		经费支持（C_{23}）
		专业培训（C_{24}）
		宣传报道（C_{25}）
		考核激励（C_{26}）
	自身管理因素（B_3）	招募机制（B_{31}）
		队伍建设（B_{32}）
		组织管理体系（B_{33}）

使决策判断定量化，形成数值判断矩阵，我们运用一种常用的 1~9 标度方法，见表4。

表4 重要性标度含义

C_{ij}赋值	重要性等级
1	因素 i 和 j 同样重要
3	因素 i 比 j 略重要
5	因素 i 比 j 重要
7	因素 i 比 j 明显重要
9	因素 i 比 j 绝对重要

注：2、4、6、8表示第 i 个因素相对于第 j 个因素的影响介于上述两个相邻等级之间。

各指标的权重系数通过层次分析法这一定性与定量分析相结合的多决策方法来确定，这既从主观上反映了人们对各指标的重视程度，又反映了各指标在数据间的互相联系及对总体评价指标的影响程度。需要注意下面两个关键点。

1. 各因素组合权系数

设当前层次上的因素为 C_1，C_2，$\cdots$，C_n 相关的上一层因素为 B_1，B_2，$\cdots$，

B_n，根据当前层次对相关上一层因素的重要性可求得一个权重向量 $w^i = (w_1^i, w_2^i, L, w_n^i)$。如果已知上一层 m 个因素的权重分别为 $\alpha_1, \alpha_2, L, \alpha_n$，则当前每个因素的组合权系数为 $\sum_{i=1}^{m} \alpha_i w_1^i, \sum_{i=1}^{m} \alpha_i w_2^i, L, \sum_{i=1}^{m} \alpha_i w_n^i$，如此一层一层自上而下求下去，一直到最底层所有因素的组合权系数都求出来为止，根据最底层的权系数即可得出一个关于各方案优劣程度的排序。

2. 一致性检验

在得到判断矩阵后，由于判断矩阵是通过两个因素两两比较得到的，有时会得到一些不满足一致性的结论。如在两两比较时，因素 i 比 j 重要，j 比 k 重要，而 k 又比 i 重要的矛盾结论，这种情况在影响因素数目较多时更容易发生。在判断矩阵是否具有一致性时用 CI 来检验，其中，$CI = \frac{\lambda_{max} - n}{n - 1}$ 检查决策者判断思维的一致性，CI 值越大，表明判断矩阵偏离完全一致性的程度越大；CI 值越小（接近于 0），表明判断矩阵的一致性越好。过查找相应的平均随机一致性指标 $R.I$（$Random\ Index$），得出一致性比例为 $CR = \frac{CI}{RI}$，如果 $CR \leqslant 0.1$ 即认为判断矩阵具有满意的一致性，据此计算的 w 值可以接受。

（四）层次分析模型的应用

初步建立影响应急救援志愿服务组织管理的指标体系后，为更好地结合实际情况，我们通过专家打分得到判断矩阵并进行一致性检验（见表 5~8），得出最终各指标的权重系数。

表 5　二级指标之间判断矩阵

A	B_1	B_2	B_3	WA
B_1	1	1/3	1/2	0.21
B_2	3	1	2	0.55
B_3	2	1/2	1	0.24

一致性检验：$\lambda_{max} = 4.035$，$CI = 0.101232$，$CR = 0.0114 < 0.1$。

表 6　社会问题（B1）下三级指标之间判断矩阵

B_1	C_{11}	C_{12}	C_{13}	WB_1
C_{11}	1	1/3	1/3	0.1
C_{12}	3	1	3	0.45
C_{13}	3	1/3	1	0.45

一致性检验：$\lambda_{max} = 3.2412$，$CI = 0.1872$，$CR = 0.0376 < 0.1$。

表 7　政府管理问题（B2）下三级指标之间判断矩阵

B_2	C_{21}	C_{22}	C_{23}	C_{24}	C_{25}	C_{26}	WB_1
C_{21}	1	1/3	1/2	3	4	5	0.167
C_{22}	3	1	2	2	3	9	0.288
C_{23}	2	1/2	1	3	5	7	0.263
C_{24}	1/3	1/2	1/3	1	2	3	0.160
C_{25}	1/4	1/3	1/5	1/2	1	2	0.093
C_{26}	1/5	1/9	1/7	1/3	1/2	1	0.029

一致性检验：$\lambda_{max} = 4.1102$，$CI = 0.01215$，$CR = 0.0115 < 0.1$。

表 8　自身管理问题（B3）下三级指标之间判断矩阵

B_3	C_{31}	C_{32}	C_{33}	WB_1
C_3	1	1	3	0.4286
C_{32}	1	1	3	0.4286
C_{33}	1/3	1/3	1	0.1428

一致性检验：$\lambda_{max} = 3.002$，$CI = 0.1015$，$CR = 0.030 < 0.1$。

表 9　综合评价排序

二级指标	三级指标	权数	综合评价排序
	国际形势	0.1	0.021
社会因素	居民认知程度	0.45	0.095
	网络舆情	0.45	0.095

续表

二级指标	三级指标	权数	综合评价排序
政府管理因素	法律保障	0.167	0.091
	沟通协调	0.288	0.158
	经费支持	0.263	0.145
	专业培训	0.160	0.088
	宣传报道	0.093	0.051
	考核激励	0.029	0.016
自身管理因素	招募机制	0.4286	0.103
	队伍建设	0.4286	0.103
	组织管理体系	0.1428	0.034

运用层次分析法可得到各项评价因素的指标值。根据综合评价排序的结果（见表9），我们可得政府管理因素中沟通协调、经费支持、法律保障，自身管理因素中自招募机制、队伍建设和社会因素中居民认知程度、网络舆情等因素是影响应急救援志愿服务组织管理的主要因素。

六　完善应急救援志愿服务组织管理机制的建议

本章尝试从政府管理、自身管理及社会监督等三个方面提出完善应急救援志愿服务组织管理机制的建议。政府管理层面有以下几个方面的建议：明确政府与救援志愿服务组织的治理主体角色功能定位，建立政府与应急救援志愿服务组织参与灾害应急救援的长效协作机制，健全应急救援志愿服务组织参与灾害应急救援的法律法规体系，精简应急救援志愿服务组织登记、审批程序，以及推动出台我国《应急救援志愿服务组织管理指南》；自身管理层面的建议包括：强化应急救援志愿服务组织的使命感和责任感、加强应急救援志愿服务组织的人才队伍建设、强化应急救援志愿服务组织的组织自律性，以及加强组织交流；社会监督层面的建议包括：强化大众监督、新闻媒体舆论监督，以及第三方评估机制。

（一）强化政府相关部门应急救援协调管理职能

1. 明确治理主体角色功能定位

理想的合作状态应该包括灾害应急前期合作达成渠道的通畅和应急全过程合作领域的互补。要实现这一目标，除了创新合作类型提供合作平台

外，还需要政府与应急救援志愿服务组织在合作治理过程中明确自身优势，形成功能互补，实现"1+1>2"的效能优化。正确的角色定位是合作的前提，政府必须摆正位置，认识到与应急救援志愿服务组织的关系不是领导与被领导、命令与服从、主导和次要的关系，而是地位平等的合作伙伴关系。政府依靠公权力所掌握的行政要素和信息资源决定其仍将长期处于灾害治理的核心地位。因此，政府在灾害治理的整体战略部署、合作政策制定等宏观层面要发挥指导作用，为两者合作的开展提供空间；在紧急情况下，政府要以协商与合作为行动宗旨，根据灾情与应急救援志愿服务组织通力协作，主动向应急救援志愿服务组织让渡权力，拓宽应急救援志愿服务组织的救灾行动领域。灾害治理过程中如要真正达成合作要求政府把握好"度"，维护合作地位的平等性，避免出现因为行政惯性而对应急救援志愿服务组织进行管控的现象。应急救援志愿服务组织应该结合自身专业性和灵活性在政府不能保障的领域承担起灾后救援的责任。

2. 建立灾害应急救援的长效协作机制

历次重大自然灾害应急救援实践表明，单纯依靠政府这一单一主体来应对灾害是不科学的，也是不合理的。随着"风险社会"的发展，要想有效应对重大自然灾害，政府就无法绕开与应急救援志愿服务组织的互动协作，政府也确实表达出了与社会力量合作的意向。然而，从政府与应急救援志愿服务组织协调应对自然灾害的长远性来看，仅仅有合作意向还是远远不够的，必须将这一意愿制度化、常态化。在一些发达国家，政府通过制定一系列的合作计划，对救援中政府与应急救援志愿服务组织的职责和分工进行明确规定，以确保在自然灾害突然发生时双方的有序参与。因此，我国可以借鉴发达国家的先进经验，一方面，建立起完善的政府与应急救援志愿服务组织有效参与灾害应急救援的长效协作机制，将应急救援志愿服务组织纳入应急管理体系中来，使应急救援志愿服务组织由"被动听从政府安排"向"主动参与救灾过程"转变，并对参与救援中双方的权利、义务、责任做出明确规定，以保证救援行动有条不紊地进行；另一方面，可以设立专门的综合协调机构来充当政府与应急救援志愿服务组织沟通的桥梁，构建信息交流和平等对话的平台，帮助政府与应急救援志愿服务组织之间进行有效沟通。

3. 健全灾害应急救援的法律法规体系

健全的法律法规是推动应急救援志愿服务组织健康发展的基础保障。目前，我国对应急救援志愿服务组织的现行管理条例属于行政法规的范畴，并不算是真正意义上针对应急救援志愿服务组织的法律，条例中对应急救援志愿服务组织的性质、主管部门、参与救援的程序等均未涉及。因此，必须制定出一部纲领性的规范应急救援志愿服务组织的总法，对应急救援志愿服务组织在参与灾害应急救援过程中的各项权利与义务做出细致明确的规定。在这方面，我们可以借鉴美国、日本的先进经验，这两个国家不仅形成了应急救援志愿服务组织参与灾害应急救援的法律体系，还在多部法律中明确涉及政府与应急救援志愿服务组织协调应对的内容。此外，政府还要继续完善应急管理方面的法律法规，通过明确应急救援志愿服务组织的多元治理主体地位，保证应急救援志愿服务组织在参与灾害应急救援中的合法性，并明确应急救援志愿服务组织在救援过程中的权责。

4. 精简应急救援志愿服务组织登记、审批程序

政府简化应急救援志愿服务组织登记、审批程序，能在一定程度上促进应急救援志愿服务组织的发展壮大。我国对应急救援志愿服务组织仍然实行"双重管理体制"，应急救援志愿服务组织要接受业务主管部门和登记管理机关的双重管理。总的来说，我国政府对应急救援志愿服务组织的发展还是采取了比较谨慎的态度，通过提高应急救援志愿服务组织的准入门槛和严格把控应急救援志愿服务组织的设立条件来控制应急救援志愿服务组织的发展速度。党的十八大以来，我国在社会组织管理方面已经进行了一些有效探索，如登记管理制度改革涉及简化登记程序、降低登记门槛、下放登记管理权限等多项举措。未来，还需要进一步扩大应急救援志愿服务组织成长的制度空间。

5. 推动出台我国《应急救援志愿服务组织管理指南》

为进一步推动我国应急救援志愿服务组织的健康发展，提高应急救援志愿服务组织参与救灾的能力，为各地方政府提供应急救援志愿服务组织管理方案，建议有关部门推动出台我国《应急救援志愿服务组织管理指南》（以下简称《指南》）。《指南》主要包括管理主体、管理内容与要求、组织与实施等部分，具体涵盖应急救援志愿服务组织的登记、注册、招

募、培训、交流合作、参与救援、法律保障等内容。《指南》制定小组应该由救援专家、应急管理工作人员、志愿组织管理人员、救援组织负责人、救援员、高校研究人员、法律专家、民众代表等人员按照一定的比例构成，通过讨论制定《指南》草案，通过试点不断完善。

（二）加强应急救援志愿服务组织自身建设

1. 增强应急救援志愿服务组织的使命感和责任感

理念是应急救援志愿服务组织存在和发展的灵魂，它为应急救援志愿服务组织指明工作目标和发展方向，同时为应急救援志愿服务组织取得社会资源提供了基本依据。应急救援志愿服务组织的特征之一就是"非营利性"，这一特征将它和企业等组织明确区分开来。美国管理大师彼得·德鲁克曾经说过，"非营利产品是改善人类生活和生命品质的一种无形的东西，使人获得新知，使空虚无主的人获得充实与自在，使天真无邪的儿童长成有自尊、有自信的青年，使有伤痛的患者获得痊愈。因此，经营非营利事业应该以'使命'为重，不能像商人一样以追求利润为目的，只在意商品的买与卖的交易，而是要全身心地投入创造出价位、视野、观念、设想和服务来点化人类，改善环境与社会，它的精神是仁爱的、利他的、为公众利益着想的，做法应是兼具系统化、持续性和前瞻性的"。因此，应急救援志愿服务组织必须明确自己的使命所在，并且始终坚持其公益使命。解决应急救援志愿服务组织理念不足的问题，需要实现体制的转变和观念上的革命。应急救援志愿服务组织首先要提升理念意识，找到自己在公共治理结构中的定位，继而完善组织的制度化建设和生长环境，成为真正具有自主性的自治组织。

2. 加强应急救援志愿服务组织的人才队伍建设

应急救援志愿服务组织要想在灾害应急救援中发挥出应有的作用，并得到全社会的认可，离不开专业人才、专业队伍的参与。从应急救援志愿服务组织参与自然灾害应急救援的历次实践中，我们可以看出，应急救援志愿服务组织在人才队伍建设方面还很欠缺，应急救援志愿服务组织中管理人员、志愿者的素质参差不齐。因此，必须加强应急救援志愿服务组织人才储备体系的建设，丰富充实应急救援志愿服务组织的人才队伍。本文建议从以下两方面入手：

第一，完善应急救援志愿服务组织人才招募机制。由于自然灾害具有复杂性和不确定性，一旦发生，便需要应急救援志愿服务组织成员具有快速反应的能力，要积极吸纳各行各业具有专业素质的志愿者加入应急救援志愿服务组织中来。同时，还要给予应急救援志愿服务组织成员一定的资金保障。

第二，加强对已有队员的技能培训。应急救援志愿服务组织要想在重大自然灾害应急救援中发挥出自己的作用，就必须具有参与救援的能力。因此，必须在日常生活中对志愿者增加技能和知识的培训，包括心肺复苏、心理援助、创伤救护等，提升志愿者的专业救援能力。同时，还可以专门组织建立一些专业的救援队伍，充分利用自身的专业优势，掌握必备的专业技能。

3. 强化应急救援志愿服务组织自律性

应急救援志愿服务组织由于缺少自律性而导致公信力下降，将会动摇着应急救援志愿服务组织存在和发展的合法性基础，并极大地影响着应急救援志愿服务组织参与灾害应急救援时作用的发挥。2011 年发生的"郭美美事件"给我国社会组织的公信力造成了不可磨灭的负面影响，红十字会的公信力几近崩塌。因此，要想保护并提升应急救援志愿服务组织的公信力，必须在应急救援志愿服务组织内部建立持久、有效的自律机制。可以从以下两个方面展开：

第一，加强应急救援志愿服务组织的自我道德约束。应急救援志愿服务组织可以经常在内部组织学习，分享一些志愿者的感人案例，大力宣扬奉献精神与公益理念，呼吁志愿者要坚定自己的崇高追求和高尚情操。

第二，建立应急救援志愿服务组织内部规范化的管理制度。在应急救援志愿服务组织成立之初，就要对应急救援志愿服务组织的职责、权利和义务做出明确规定，同时要制定出应急救援志愿服务组织参与灾害应急救援的运行机制，明确相关负责人员的责权范围，确保该机制真实可行。机制的相关制度要尽量细化，可以从救灾行动参与人员、物资运送、善款募集、奖惩规定等方面进行细致区分，从而保证应急救援志愿服务组织成员在灾害来临之时可以在第一时间内做出快速反应，防止救援工作中混乱、无序现象的发生。

4. 加强应急救援志愿服务组织之间的合作交流

在自然灾害应急救援中，应急救援志愿服务组织之间的有效合作可以大大提升他们的救援能力。目前来看，我国应急救援志愿服务组织普遍规模较小，专业性不强，由于自然灾害具有复杂性和不确定性，因此在实行救援时，单个应急救援志愿服务组织的力量就显得比较薄弱，很难全面满足救灾需求。应急救援志愿服务组织的类型众多，服务领域广泛，因而各自的优势也不尽相同。如果应急救援志愿服务组织之间进行合作，可以实现各个应急救援志愿服务组织的优势互补，不同的应急救援志愿服务组织也可以在救援的合作中取长补短。通过搭建共同的信息共享平台、联合发布募集物资公告等方式，可以实现灾情相关信息的互通，方便大家迅速掌握最新的、真实的信息；有效整合资源，统一对物资和善款进行分配，可以减少资源的浪费和不公平现象的发生；通过我国一些比较著名的应急救援志愿服务组织网络平台，如公益服务网、NGO 发展交流网，举办一些论坛、演练，可以加强各地应急救援志愿服务组织之间的合作，在全国范围内开展公益行动。

（三）完善社会层面对应急救援志愿服务组织的监督

1. 强化民众对应急救援志愿服务组织的大众监督

唤醒民众对应急救援志愿服务组织的监督意识，强化公众监督是促进应急救援志愿服务组织健康发展的有力保障。只有社会中的每一个公民都能自觉对应急救援志愿服务组织进行监督，才能为应急救援志愿服务组织的健康发展提供基本的土壤。因此，必须大力提高公众的监督意识，尤其是要加强捐赠者对应急救援志愿服务组织的监督。一方面应急救援志愿服务组织可以定期对自己参与的救援行动、所取得的成绩进行适当宣传，使社会公众加深对应急救援志愿服务组织存在价值的认同和理解，并积极听取社会公众的意见，及时与公众进行沟通。这样一来，既可以使公众更加了解应急救援志愿服务组织，主动提高监督意识，又可以帮助应急救援志愿服务组织了解公众需求，从而更好地为公众提供服务。另一方面，要为社会公众畅通监督渠道，为公众提供多种沟通的途径，如定期举办听证会、研讨会等。应急救援志愿服务组织通过该方式可以向公众传达自己的主张，增加公众的认可与信任，逐渐提高公众的监督意识。

2. 加强新闻媒体对应急救援志愿服务组织的舆论监督

新闻媒体的监督主要是指通过电视、广播、报刊、网络等方式来监督应急救援志愿服务组织的各项活动，及时反映公众的意见和要求。新闻媒体具有时效性强、受众面广、真实性高等特点，在监督应急救援志愿服务组织中发挥着重要作用。新闻媒体对应急救援志愿服务组织的积极报道可以帮助应急救援志愿服务组织提高知名度，丰富筹资渠道。反之，新闻媒体对应急救援志愿服务组织的负面报道则会使应急救援志愿服务组织失去公众的信任，在开展公益活动时得不到支持。因此，新闻监督对应急救援志愿服务组织的成长与发展起着关键作用。新闻媒体要主动承担起监督的职责，敢于揭露应急救援志愿服务组织的不法行为；新闻媒体要为社会提供应急救援志愿服务组织的信息，既包括应急救援志愿服务组织机构本身的信息，也包括应急救援志愿服务组织服务对象的有关信息；新闻媒体要通过报道信息来引导全社会对应急救援志愿服务组织的关注，提高公众对公共事务的参与意识。

3. 健全第三方评估机构对应急救援志愿服务组织的评估制度

第三方评估制度在对应急救援志愿服务组织的监督过程中发挥着重要的作用。我国独立的第三方评估机制处于起步阶段，但应急救援志愿服务组织的迅速发展对第三方评估机制的建立提出了迫切需求。为了更好地监督应急救援志愿服务组织，以下几个方面需引起注意：首先第三方评估机构要具有独立性，目前我国现有的第三方评估机构仍然是以官方主导为主，评估机构的官方色彩浓重，缺乏独立性，评估结论的客观性和公正性也易受质疑，只有保证评估机构的独立性，才能使评估机制富有生命力；其次，要进一步完善应急救援志愿服务组织评估工作机制，其中包括应急救援志愿服务组织评估标准的确定、评估程序的规范等，只有建立起评估组织健全、评估程序完备、操作规范、运转协调的应急救援志愿服务组织评估工作机制，才能发挥第三方评估制度应有的作用；最后，要引导应急救援志愿服务组织正确对待第三方评估机制，第三方评估得出的结论可以有力地促进应急救援志愿服务组织的健康发展，应急救援志愿服务组织要用积极的态度去对待评估，并虚心接受评估结果。

七 结 论

应急救援志愿服务组织在应急救援工作中发挥着越来越重要的作用。随着党中央提出构建新时代国家应急救援体系以及推动一系列的重要举措，各种形式的应急救援志愿服务组织相继涌现，因此建立健全应急救援志愿服务组织管理机制，有助于应急救援志愿服务组织健康发展，并能够在一定程度上提升社会救援综合能力。本文通过调研发现了应急救援志愿服务组织管理中的诸多问题，并对产生问题的原因进行分析，基于层次分析模型得出了影响应急救援志愿服务组织发展的主要因素，进而尝试提出解决问题的对策，以期为有关部门解决问题提供参考。通过研究得到以下结论。

（1）强化政府相关部门应急救援协调管理职能。制定具有纲领性的应急救援志愿服务组织总法，对应急救援志愿服务组织在参与灾害应急救援过程中的各项权利与义务做出细致明确的规定，保证应急救援志愿服务组织在参与灾害应急救援中的合法性；精简应急救援志愿服务组织登记、审批程序以及推动出台我国《应急救援志愿服务组织管理指南》。

（2）加强应急救援志愿服务组织自身建设。强化应急救援志愿服务组织的使命感和责任感，解决应急救援志愿服务组织理念不足的问题；加强应急救援志愿服务组织的人才队伍建设，完善应急救援志愿服务组织人才招募机制及日常技能培训方案；强化应急救援志愿服务组织的组织自律性以及加强组织交流。

（3）完善社会层面对应急救援志愿服务组织的监督。强化大众监督，大力提高公众的监督意识；加强新闻媒体舆论监督以及第三方评估机制，进一步完善应急救援志愿服务组织评估工作机制，其中包括应急救援志愿服务组织评估标准的确定、评估程序的规范等。

总的来说，应急救援志愿服务组织管理问题不仅仅是某一个主体的问题，也不是社会组织发展过程中某一阶段的问题，而应该从政府到相关志愿服务组织自身为纵向视角、以组织发展过程为横向视角综合地看待现存的问题。现有政策不能涵盖所涉及的应急救援志愿服务组织管理的各个方面，因此，本文尝试提出了针对应急救援志愿服务组织管理问题的相关对策和建议，以供相关研究实践者，以及政策制定者参考。

参考文献

何文：《民间公益组织如何更好地参与灾后救援》，《中国社会工作》，2013 年第 15 期，第 34 ~ 35 页.

杨凯：《民间应急救援组织建设与政府管理模式创新》，《人民论坛：中旬刊》，2014 年第 6 期，第 143 ~ 145 页.

于魏华：《中外应急管理模式的比较与借鉴》，《中国管理信息化》，2015 年第 18 期，第 9 页.

志愿服务项目评估

卫生健康系统志愿服务项目绩效评估框架研究

徐　宏　杨　哲　郑玉棠[*]

摘　要： 近年来卫生健康系统志愿服务蓬勃发展，但志愿服务项目的管理模式和运行机制仍存在管理关系不明晰、资源利用效率不高、可持续性不强等问题，缺乏客观科学的绩效评估工具与方法。本研究通过国内外志愿服务评估相关研究的总结和梳理，运用平衡计分卡、关键绩效指标、德尔菲法等理论和研究方法构建卫生健康志愿服务项目绩效评估指标体系，包括6个一级指标、19个二级指标、28个三级指标；制定并征询关于绩效评估指标体系和管理办法（建议稿）的评价和建议；运用综合评价模型对典型项目进行内部试评估。研究结果显示，客观科学地开展卫生健康系统志愿服务项目绩效评估具有理论和现实意义；所产出的绩效评估指标体系具有一定的指导作用；基于综合评价模型的评估，能够发现项目运营中存在的优势和不足，提出完善的指导和建议，从而不断提高卫生健康系统志愿服务的项目化管理水平。

关键词： 卫生健康　志愿服务　绩效评估

---

* 徐宏，国家卫生健康委机关党委办公室（宣传、行业党建处）副主任（副处长）、直属机关团委书记，助理研究员，研究方向为卫生政策和管理、志愿服务和青年工作、脱贫攻坚与乡村振兴；杨哲，广东省第二人民医院社会工作科科长、团委书记，高级政工师，研究方向为志愿服务、新闻传播、新媒体；郑玉棠，启创社会工作服务中心副执行总监，社会工作师，研究方向为基层社区治理、社会工作。

一　研究背景

（一）我国卫生健康志愿服务的发展历史

卫生健康志愿服务是指卫生与健康领域广大志愿者、志愿服务组织和其他组织，自愿、无偿付出自己的时间精力、科学知识、专业技能，向社会或者他人提供的健康公益服务。卫生健康事业与志愿服务工作不仅存在同源互构的共生关系，且有着高度契合的精神内涵。

一是历史同源。现代志愿服务起源于 19 世纪初的西方宗教活动，主要是战地救护、家园重建、孤儿安置等与战争相关的救助活动，这些大都与医疗卫生工作密切相关。在我国，社会公益自 1840 年后在大陆通商口岸城市、香港乃至东北发展起来，当时新式社团半数以上是医疗救护类公益组织。可以说，现代志愿服务与现代西方医学的发展历史几乎同步。

二是精神契合。古今中外医学名家关于治病救人的医学职业理想和道德追求，与行善立德的志愿服务理念高度契合。无论是我国传统医学"医乃仁术""大医精诚"的思想，还是毛泽东同志提出的"毫不利己，专门利人"的白求恩精神以及"救死扶伤，发扬革命的人道主义精神"，再到习近平总书记高度赞扬广大卫生与健康工作者的"敬佑生命、救死扶伤、甘于奉献、大爱无疆"的崇高精神，都与奉献、友爱、互助、进步的志愿精神息息相通、一脉相承。

三是实践共生。在我国建设、改革、发展历程中，医务工作者始终活跃在青年垦荒队、学雷锋、"三下乡"、援外救助等活动的最前线。中国青年志愿者行动实施二十多年，在扶贫济困、助老助残、大型活动、抢险救灾、海外服务等重点服务领域，医疗卫生志愿服务担当了重要的角色。

（二）新时代卫生健康志愿服务的发展背景

1. 开展志愿服务的重要意义

总结我国志愿服务的发展历程，可以说，志愿服务从共青团的一项开创性工作，已经成为全社会精神文明建设的重要内容和重要载体，正日益成为国家现代化治理体系的有效构成和现代化治理能力建设的有生力量。

党的十八大以来，以习近平同志为核心的党中央高度重视志愿者事业，做出一系列重要部署，出台一系列重要政策，推动了志愿者事业在新时代的新发展。共青团发起实施的"中国青年志愿者行动"在志愿服务队伍、组织、立法、文化等领域都进行了开创性的工作，习近平总书记曾对此给予充分肯定，他赞扬"中国青年志愿者事业是我们党领导的共青团在新的历史条件下创新工作领域、服务社会需求的一大创举"。

2. 卫生健康志愿服务的发展现状——以广东省为例

当前，志愿服务已经成为卫生健康行业管理和评价机制的重要内容，党的建设和精神文明建设的重要抓手，构建和谐医患关系和重塑医学人文精神的重要纽带，成为广大卫生健康工作者特别是青年干部职工的思想共识和行为取向。以广东省为例，医疗救助特色志愿服务蓬勃发展。广东省第二人民医院应急救护志愿服务项目自 2015 年启动至今，为社会培养输送 20000 多名持证应急救护志愿者，为广州马拉松、横渡珠江等大型体育赛事、政府大型活动提供现场应急救护保障。结合"互联网＋""大数据"等前沿科技思维，进行全省应急救护志愿服务管理平台——"应急云"的研发和搭建工作，实现应急救护培训组织、应急救护志愿者大数据管理和"一键求救"志愿服务。与此同时，各大医院内部的志愿力量不断壮大，以佛山市南海区人民医院"粉红之家"乳腺癌病友互助团体志愿服务项目为例，在医务社工的组织协调下，得到帮助的乳腺癌患者和康复者转化为"同路人"志愿者，她们为新确诊的病人提供情绪支持、节日问候、生活重建等服务，"同路人"志愿者与医务社工有机地融入整个健康医疗系统，已经成为医疗环境人文关怀的重要组成部分。

3. 卫生健康系统志愿服务的内涵

卫生健康工作者是我国志愿服务领域的一支重要力量。2016 年由中央宣传部、中央文明办等八部门联合印发的《关于支持和发展志愿服务组织的意见》明确提出，把恤病、助医作为支持志愿服务组织承接志愿服务的重点领域之一，充分体现了对卫生健康志愿服务的关心和重视。

从服务的形式看，卫生健康志愿服务以义诊咨询、送医送药、结对帮扶、健康教育、应急救助等为主。从服务的空间看，可分为线下和线上服务。线下主要是"请进来"，即动员社会力量在医院等医疗机构协助医务工作者为病患提供志愿服务；"走出去"，即专业医务志愿服务进农村、进

社区、进学校、进厂站等。线上主要是利用互联网、新媒体等，义务开展专业的医疗卫生服务。

从服务的领域看，根据国家卫生健康委与共青团中央联合实施的"健康天使青年志愿服务行动（2018—2020年）"方案，卫生健康青年志愿服务主要聚焦十大领域。

一是恤病助医。聚焦医疗服务质量和水平提升，构建和谐医患关系，组织动员在校学生、社会志愿者、医务人员等，以医疗卫生机构为主阵地，在导医导诊、咨询服务、医患调解、心理干预、住院陪护、人文环境营造、资金扶持等方面提供服务和支持，提升百姓看病就医的获得感和满意度。

二是健康促进。聚焦健康意识提升、健康知识普及、健康生活方式宣传、健康社会氛围营造等方面，开展健康促进与健康教育志愿服务，通过公益活动、宣讲巡讲、文化产品推广等形式，逐步提高全民健康素养，改善影响健康的社会环境因素，不断增进群众健康福祉。

三是扶贫攻坚。聚焦健康扶贫"六大攻坚行动"，针对因病致贫、因病返贫、贫困地区医疗卫生服务能力薄弱等难题，充分调动社会力量、链接社会资源，发挥青年志愿者在健康扶贫中的生力军作用，开展各类结对帮扶、爱心捐助、能力提升等服务，坚决打赢健康脱贫攻坚战。

四是疾病防控。聚焦公共卫生服务、重大传染病、慢性病防治，以艾滋病、结核病等为重点疾病，以老人、儿童、孕产妇等为重点人群，强化公众治未病意识，营造疾病防控良好社会氛围。

五是心理援助。聚焦精神卫生和心理健康服务，针对儿童和青少年心理行为问题、老年性痴呆和抑郁、药物滥用、自杀和重大灾害后受灾人群心理危机等方面，吸纳精神科医师、心理治疗师、社会工作师和护士等专业人员成为志愿服务骨干力量，动员社会力量广泛参与，及时、有序地开展心理援助志愿服务项目和活动。

六是家庭关爱。聚焦提升家庭发展能力和家庭成员健康状况，以"家庭和谐、人人幸福"为理念，针对婴幼儿、青少年、妇女、老年人、流动人口等重点人群，设计开展建档立卡、入户探访、结对帮扶、优生优育、宣传倡导等服务，做好失独家庭关怀关爱活动。

七是应急救援。聚焦重大突发事件卫生应急救援，吸纳和依托具有专

业知识的医疗卫生机构和医学院校人员成为医疗卫生应急志愿者的重要力量，动员社会力量有序有效参与应对突发事件，推动专业志愿组织和队伍成为国家医疗服务体系的有益补充力量。

八是无偿献血。聚焦提升血液保障能力、最大限度满足医疗用血，创新社会化宣传动员方式方法，推广理念、普及知识、解读政策，弘扬互助共济奉献精神，调动社会参与，壮大志愿服务力量，积极培育良好的社会献血氛围。

九是为老服务。聚焦应对人口老龄化，以"老有所养、老有所依"为理念，以老龄化程度较高的街镇社区为重点区域，以贫、病、孤、残等为重点人群，开展人文关怀、心理疏导、生活服务、卫生义诊等志愿服务，弘扬尊老敬老的传统美德。

十是平台支撑。聚焦卫生健康行业志愿服务项目支持和提升，搭建信息发布、活动跟踪、人员招募、公益捐赠、活动参与、项目推广等全方位、立体化公益平台，着力解决人员、品牌、宣传、资金、机制等方面存在的问题，促进卫生健康志愿服务可持续发展。

（三）卫生健康系统志愿服务面临的任务要求

新时代，卫生健康青年志愿服务的重点任务包括三个方面：

一是聚焦全面实施健康中国战略、打赢健康扶贫攻坚战。更好地服务深化医改，充分发挥卫生健康志愿者的专业特长和资源优势，推动优质医疗资源向基层和边远地区延伸和辐射，努力解决医疗卫生资源不平衡不充分问题。在重大疾病防控、重大活动保障等工作中，突出志愿精神引领和奉献价值追求，把卫生健康志愿者打造成一支招之即来、来之能战、战之能胜的队伍。进一步加强妇幼保健、心理卫生、急救献血、养老服务、中医药等专业性更强、社会需求更大的志愿服务项目建设。更好地服务健康扶贫攻坚，围绕健康精准扶贫、精准脱贫，围绕攻克深度贫困地区脱贫任务，发挥共青团和志愿服务组织动员优势，推动优质医疗资源与贫困地区精准对接，保障志愿服务项目优先安排、志愿服务资金优先支持、志愿服务资源优先配置、志愿服务力量优先对接，努力解决贫困地区群众实际困难，用青春正能量助力形成健康扶贫合力。

二是聚焦公立医院党的建设、促进医院文化发展。贯彻落实中共中央

办公厅《关于加强公立医院党的建设工作的意见》，坚持党建引领，充分发挥志愿服务在医院精神文明建设、医院文化建设和医德医风建设中的独特作用，动员党员、团员带头参与志愿服务，推动医院就医流程持续优化、服务持续改善，促进医院人文精神回归，不断构建和谐医患关系。大力推动"志愿者＋社工联动"，加强医院志愿服务专业化、制度化、常态化，不断提升质量和水平。

三是聚焦行业共青团改革发展、培养新时代青年人才。把志愿服务作为行业共青团实践育人的重要载体，落实好《中长期青年发展规划（2016—2025年）》重点任务，实施好"健康天使青年志愿服务行动"，更广泛地吸引凝聚广大青年卫生健康工作者在健康中国建设的实践中发挥生力军和突击队作用。大力加强组织和队伍建设，以行业志愿服务联盟为引领，推动行业志愿服务组织覆盖广泛、管理规范、充满活力。大力宣传普及志愿服务文化理念，树立卫生健康志愿者良好形象。加强志愿者的培养提升，吸纳更多志愿者骨干成为行业共青团工作的有生力量。要发挥典型示范作用，加强宣传推广，推动工作创新，营造浓厚氛围。

（四）国内外研究现状

1. 国外研究现状

国外医疗志愿服务起步较早，可追溯到英国济贫法时代的医疗救助，后来医院聘请专业的社会工作者则使志愿服务为主的医疗救助转为专业服务为主的医院社会服务阶段，[①] 因此国外医疗志愿服务的提供是由专业的医务社工主导。国外关于志愿服务管理的成果非常丰富，研究中将志愿服务归于非营利组织进行讨论，并且这些研究主要分为两类：对组织外部环境进行研究，大多从比较宏观的角度讨论非营利组织和政府以及市场的关系；关于组织内部环境的研究，主要是聚焦志愿服务工作的各个重要议题。由于起步较早，西方发达国家对志愿者的管理已经逐步步入了组织化、规范系统化的轨道。

---

① JJ Miller, MH Frost, TA Rummans, et al. "Role of a Medical Social Worker in Improving Quality of Patients with Advanced Cancer with a Structured Miltidisciplinary Intervention", *Journal of Psychosocialoncology* 4 (2007): 105 – 119.

2. 国内研究现状

伴随着中国特色社会主义事业的发展，关于志愿服务的有关研究已经成为国内社会治理、政府行为、公益慈善等领域理论研究的热点。对于志愿服务本土化的研究方兴未艾，一些志愿服务理论研究组织如北京志愿服务发展研究会的成立，带动一大批志愿服务理论成果的涌现。

遗憾的是，一方面，卫生健康志愿服务作为志愿服务专业化领域的一支重要力量，近年来在理论研究方面涉足较少，除了原国家卫生计生委文明办、中国青年志愿者协会秘书处于 2016 年联合出版了论文集《上善若水》，以及在一些综合性志愿服务专著中对医疗卫生志愿服务以单章或案例形式进行论述外，尚无独立专著出版；另一方面，针对卫生健康系统志愿服务项目的研究尚处于起步阶段。

学术论文方面，考虑到关于卫生健康志愿服务项目绩效评估研究在国内较少，因此本研究在梳理国内文献时将范围扩展到志愿服务项目评估。本文发现关于志愿服务项目评估研究主要从以下几个角度切入：

一是从志愿者的角度。如李玉娜认为应该从志愿服务者对于项目的满意度调查角度进行项目评估；[①] 而李燕和许冬颖则通过针对"药公益"项目进行项目成效评估的研究。

二是从志愿服务项目评估的角度，代表有陈秀红、张登国和黎新宏等。陈和张根据综合绩效评估的理论框架，运用专家调查法和最小均差法确定具体的志愿服务项目成效评估指标，从适当性、效率、效果、满意度、社会影响、可持续性等相关指标初步确立了志愿服务项目评估体系。[②]

三是从个案研究志愿服务项目的角度。如江汛清和郑瑞涛则通过研究首都大学生基层志愿者服务团项目的个案研究，认为应该从项目的适当性、项目效率、项目效果、项目受益群体满意度、项目的社会影响力和项目的可持续性进行绩效评估。[③]

---

① 李玉娜：《实践育人视域下高校党员志愿服务研究——以郑州大学软件与应用科技学院党员志愿服务项目为例》，《科教导刊（上旬刊）》2019 年第 8 期，第 76～77 页。

② 陈秀红、张登国：《志愿服务项目成效评估指标体系研究——基于 AHP 法和模糊区间评价》，《广西社会科学》2015 年第 1 期，第 154～159 页。

③ 江汛清、郑瑞涛：《首都大学生基层志愿者服务团项目绩效评估报告》，《中国青年政治学院学报》2007 年第 2 期，第 12～17 页。

另外，也有从志愿服务组织的角度进行志愿服务项目评估。基于对国内外文献的梳理，我们发现对国内志愿服务项目化管理的研究仍处于起步阶段。关于志愿服务项目评估的研究，还只是单一地从某个角度对志愿服务项目进行评估，部分研究是基于某个志愿服务项目案例的分析来试图提出志愿服务项目的评估模型，没有考虑到地区之间的差别，具有一定的局限性。

本课题在研究时注意到这一点，通过文献法并结合实际工作开展经验，初步确立评估指标，再通过主观赋权法和德尔菲法对指标进行筛选和补充，同时在不同地区、不同志愿服务领域之间寻找共性和个性，基于此确定一套相对比较全面，兼具专业性和实用性的卫生健康系统志愿服务项目绩效评估框架。

二　研究目的及意义

（一）研究目的

本研究旨在通过国内外志愿服务评估相关研究的总结和梳理，结合国内卫生健康系统志愿服务项目的发展现状和评估需求，根据不同省份和地区卫生健康志愿服务发展的情况，试图构建卫生健康系统志愿服务项目绩效综合评价模型，为全行业志愿服务项目绩效评估提供一套实用的工具，同时提供相关政策建议。

（二）研究意义

理论意义：通过文献梳理，可以看到国内目前关于卫生健康志愿服务项目绩效评估的研究仍处于起步阶段。本研究将可以在理论研究上填补这一空白，进一步丰富卫生健康志愿服务领域的学术研究。

现实意义：随着卫生健康行政部门关于推进卫生健康系统志愿服务发展有关制度文件的出台，我国卫生健康领域特别是医疗卫生志愿服务得到迅速发展。项目化管理工具的推广使用以及项目大赛的开展也使众多优秀志愿服务项目脱颖而出，其在行业中发挥了示范引领作用。与一般的志愿服务相比，卫生健康志愿服务不仅有其特殊性，其管理也应遵循自身规律，是专业化志愿服务的重要组成部分。因此，客观科学地评估志愿服务项目绩效，是卫生健康系统志愿服务工作持续、健康发展的必要要求。针

对卫生健康系统志愿服务项目开展绩效评估框架研究，并基于各地卫生健康志愿服务的发展水平和工作实际设计出一套具有客观性、科学性、操作性强和普遍适用性的项目绩效评估体系，具有其重要的现实意义。

三　研究内容与方法

（一）研究内容

1. 卫生健康系统志愿服务项目管理和评估现状

一是基于文献分析法梳理相关政策和文件为主线来描述卫生健康系统志愿服务的发展状况。二是结合实际工作经验以及运用知情人访谈和焦点访谈的方式进行结构式访谈，了解各方对志愿服务项目管理的意见和建议。三是基于前面两个部分，梳理卫生健康系统志愿服务项目管理和考核的特点及其存在的问题。

2. 卫生健康系统志愿服务项目绩效评估指标体系的构建

根据研究理论建立绩效评估指标体系，根据文献、专家咨询、实地调研和现有资料等建立评估指标的备选指标库，主要有以下步骤。

（1）初选评估指标：明确指标选取的基本原则，咨询相关专家，结合我国医疗志愿服务项目管理和评估现状，初步选取评估指标。

（2）确定评估指标：通过德尔菲法对初选的指标进行进一步的筛选和补充，最终确定一套评估指标体系。

（3）确定指标权重：通过主观赋权法等合适的方法确定各指标的权重。

3. 卫生健康系统志愿服务项目绩效综合评价模型的构建及试评估

通过整理文献及咨询相关专家，确定整个志愿服务绩效评估框架体系后，以电子问卷的形式经过两轮德尔菲法咨询专家确立的绩效评估框架，再以电子问卷方式面向不同省份的工作者和管理者进行外部咨询，并挑选有代表性的卫生健康志愿服务项目进行试评估，最终构建卫生健康系统志愿服务项目绩效评估框架。

卫生健康志愿服务项目绩效评估指标体系及框架构建流程如图1所示。

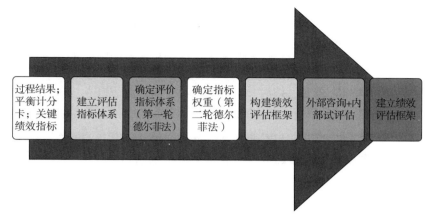

图 1 卫生健康志愿服务项目绩效评估指标体系及框架构建流程

4. 卫生健康志愿系统志愿服务项目绩效管理的政策建议

以问卷调查的方法面向全国卫生健康志愿服务一线工作者和管理者进行外部咨询，分析总结目前绩效评估在卫生健康志愿服务领域的运用情况，同时以内部试评估的方式检验该研究对于实际卫生健康志愿服务项目化管理的适用性，以及找出影响志愿服务实施绩效管理的因素，为进一步提升卫生健康系统志愿服务项目化管理水平提供政策建议。

（二）相关概念界定和研究理论

1. 相关概念界定

（1）项目的概念

项目在现代生活中被广泛使用，现代项目管理理论认为，只要是为特定目的而进行的资源调配与集成，都可以将其视为一个项目。可定义为在一定时间、人力资源和物质资源以及其他资源的约束下为了实现特定目标的一系列独特的、复杂的并相互关联的活动。

（2）志愿服务项目的概念

本文采用由广州志愿者学院编写的《志愿服务项目评估理论与方法》中的定义，即志愿服务项目是指围绕社会发展的需要，由志愿服务组织发起的，有明确的目标、计划、组织，在一定的时间和资源成本的约束下，为特定的服务和成果所做的阶段性的志愿服务项目。[1]

---

[1] 邱服兵、涂敏霞主编《志愿服务项目评估理论与方法》，广州：广东人民出版社，2017。

2. 绩效评估指标体系的理论基础

（1）结构—过程—结果理论

结构—过程—结果理论是爱维迪斯·多纳比蒂安提出的三位评估框架。结构评估主要评估项目相关部门或卫生服务体系的组织特征和资源，过程评估主要评估项目所开展的活动和工作，结果评估主要评估项目活动对特定目标的影响。

（2）平衡计分卡理论

平衡计分卡理论起源于 1992 年罗伯特·卡普兰和戴维·诺顿发表的研究报告《平衡计分卡——驱动绩效指标》。平衡计分卡核心思想是通过财务、客户、内部流程及学习与发展四个方面指标的因果关系，实现组织战略目标的过程。

（3）关键绩效指标

关键绩效指标是绩效评估的常用方法。KPI 以重要的管理学原理二八原理为理论基础，二八原理认为 80% 的工作任务是由 20% 的关键行为完成的，在管理中抓住关键的 20% 就能把控组织的发展。

（三）研究方法

1. 文献评阅

利用中国知网、万方等中文数据库，Pubmed、Embase 等英文数据库，国内外相关机构网站，以及相关政策文件资料，系统收集项目评估相关文献。通过文献评阅和资料分析整理，了解卫生健康志愿服务相关政策及现有评价方法，明确卫生健康系统志愿服务项目绩效评估指标选取原则，初步选取评估指标。

2. 知情人访谈及焦点访谈

对 4 类人群进行结构式等不同形式的访谈，具体包括：国家有关部委相关领导和工作人员、省级卫生健康部门志愿服务工作相关主管领导、有关医院和志愿服务组织负责人、社工服务中心等社会组织以及清华大学等高校学者，了解各方对志愿服务项目管理相关的情况。采用对志愿者进行小组访谈的形式开展讨论，主要也是围绕志愿服务项目管理的情况进行访谈。

3. 德尔菲法

德尔菲专家咨询法是指为获取某项知识、技术方法或信息资源等目的

与有关专家进行信息交流的一种手段，一般采取匿名的方式征求专家意见，经过多次的反馈修正，最终得到有关专家的综合意见，从而对评估对象做出评估的方法。本研究通过德尔菲专家咨询法对初选的评估指标进行进一步筛选或补充。

4. 主观赋权法

主观赋权法是专家根据提供的信息直接进行赋权的一类方法。本研究采用专家直接打分法确定指标的权重，由参加咨询的专家用十分制给各评估指标的相对重要性赋予一个评估分数。

5. 问卷调查法

在本次研究中，将运用两次问卷调查的形式收集相关数据和资料。第一次是通过问卷的形式向卫生健康领域志愿服务有关专家征集关于指标及其权重的建议；第二次是面向全国范围内卫生健康志愿服务一线工作者和管理者开展外部咨询，收集对于绩效评估框架及绩效评估管理办法的建议。

6. 综合指数法

综合指数法（Synthetic Index Method）指在确定指标体系的基础上，通过统计学处理，使得不同计算单位、性质的指标值标准化，转化成为一个综合指数，以综合指数来评估工作的综合结果。综合指数越大，评估结果越好。采用综合指数法能够系统性、全面性地评估工作结果。本研究采用综合指数法来构建综合评估模型，基本步骤如下。

（1）确定指标属性和参考值；

（2）指标指数化，是指标实际值进行同趋势化过程，计算方式如下：

①正向指标指数值 = 实际值/参考值或实际值 – 参考值；

②负向指标指数值 = 参考值/实际值或参考值 – 实际值。

（3）计算综合指数值

将各二级指标指数化后的指数值乘以该指标的组合权重再求和得到综合指数值，计算方法如下：

$$I = \sum_{i=1}^{m} w_i y_i$$

式中，I 为综合指数；m 为指标数，y_i 为指标 i 的指数化指数值，w_i 是指标 i 的组合权重。将以上计算获取的综合指数值乘以前述的外部调整系数得到最终绩效评价结果值。

（四）技术路线

卫生健康系统志愿服务项目绩效评估框架研究的技术路线见图2。

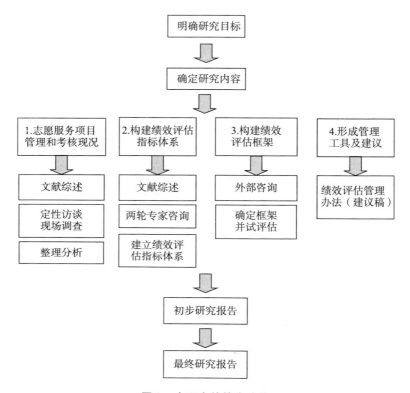

图2　本研究的技术路线

四　研究结果

（一）卫生健康系统志愿服务项目管理和评估现状

1. 卫生健康系统志愿服务发展概况

首先通过梳理国家卫生健康行政部门（含国家卫生健康委、原国家卫计委、原卫生部、原人口计生委等）颁布的有关政策文件，了解我国卫生健康系统志愿服务政策制定和顶层设计的情况。

通过梳理发现，2009—2019年的10年间，国家卫生健康委官网公布的有关卫生健康志愿服务政策文件共49件（文件列表略）。为促进卫生健康志愿服务发展，不断出台相关制度文件，规范志愿服务管理和工作机

制，特别是党的十八大以来，文件数量明显增多，涉及领域不断扩大，规范性、指导性、综合性服务体系逐步建立。

近年来，国家卫生健康委把志愿服务工作作为重要工作来谋划、部署和推动，有力推动了卫生健康志愿服务的发展。

一是加强组织领导，健全完善顶层设计。领导同志身先士卒，率先垂范，带头参加志愿服务，为全行业树立榜样。把开展志愿服务写入中共中央办公厅印发的《关于加强公立医院党的建设工作的意见》等多个重要政策文件，作为医院评价和管理的重要内容，纳入全国文明单位和青年文明号创建的考评体系，使"软实力"变为"硬指标"。与落实《中长期青年发展规划（2016—2025年）》重点任务紧密结合，充分发挥志愿服务积极作用。会同共青团中央共同实施"健康天使青年志愿服务行动（2018—2020年）"，建立健全广泛社会动员机制。全国10余个省份已成立省级卫生志愿服务组织，一些行业协会、学会成立志愿服务相关二级委员会。在全行业和直属机关开展志愿服务征文、"三个最美"推选等活动，推出图书、微电影等文化作品，营造浓厚氛围。

二是联动整合资源，提升专业服务水平。成立全国卫生健康行业青年志愿服务联盟，151家卫生健康行业青年志愿服务组织成为联盟会员。与阿里巴巴集团、中国邮政储蓄银行等企业合作，发行"卫生健康志愿者联名信用卡"，为行业志愿服务工作提供公益宣传、社会参与、资金支持、项目发展等支持。大力推进志愿服务项目化，全面推广项目化管理机制，成功举办两届行业志愿服务项目大赛。发挥医疗卫生专业优势，深度参与邻里守望、关爱农民工子女、阳光助残等志愿服务重点工作，打造了一批志愿服务项目品牌，推出了一批优秀志愿者个人和集体典型。

三是服务百姓健康，助力健康中国建设。以"志愿服务在医院""三好一满意""改善医疗服务行动"等活动为载体，逐步完善医务志愿服务的管理制度和工作机制，促进医患关系和谐。组织引导广大医务人员特别是青年医务人员以志愿者身份积极深入基层，特别是流动人口集中生活工作的场所以及康复、养老等机构，投身全国大型义诊周、"健康快车"等活动，开展公共卫生、医疗服务和健康教育等志愿服务，推动志愿服务向基层一线延伸，在窗口单位拓展，为困弱人群倾斜，使人民群众切实感受到改善医疗服务的实效。将社会工作者和志愿服务引入

医疗机构和采供血机构，鼓励医院引进、培养医务社工人才，以"三工联动"促进医务社会工作发展，提供专业医务社会工作服务，构建职工、义工、社工"三工联动"模式。打造服务百姓志愿服务品牌，关爱女孩、"圆梦女孩"青年志愿者行动遍及近20个省（区、市）、120多所高校，致力于帮助贫困女孩成长成才，为促进社会性别平等取得了良好的宣传倡导效应。连续开展十二届"你在他乡还好吗"活动，10多万流动人口直接受益。

2. 卫生健康系统志愿服务项目管理和评估现状及其问题

随着卫生健康志愿服务质量和水平的整体提升和稳步推进，越来越多的医疗卫生机构和行业志愿服务组织、集体更加重视用项目管理的方式开展志愿服务工作，积极探索符合行业特色和青年特点的卫生健康志愿服务项目管理模式，涌现出一大批具有示范性、可操作性、可复制性的优秀志愿服务项目。据不完全统计，中国青年志愿服务项目大赛前四届项目大赛获奖项目中，卫生健康类获奖项目共约220个（金奖30个、银奖133个、铜奖57个），约占获奖项目总数的6%。

虽然近年来卫生健康系统志愿服务大力推广项目化管理，但管理模式和运行机制还存在一些问题，比如管理关系不明晰，志愿者不能够有效地融入志愿服务组织，很难产生归属感和主人翁意识，同时也导致政令不通，志愿服务活动管理水平不高；资源利用效率不高，资源的使用和配置方面，往往还处于粗放型的管理模式，组织内部缺乏利益激励机制、竞争机制、约束机制、风险规避机制等；缺乏可持续的有效管理，志愿服务一些环节重复建设多，而另一些关键环节却被忽视，形成不了完整的管理循环，导致志愿服务的不可持续。

当前，除了政府主导的公立医院考核评价、改善医疗服务行动考核、公立医院党建、文明单位创建、青年文明号创建等工作对卫生健康志愿服务有整体性的定性评估外，对志愿服务项目的评估主要还有两种方式：一是将志愿服务工作及其项目作为医务社工的组成部分，在社工中期评估和末期评估中接受第三方评估；二是志愿服务项目参加卫生健康部门、共青团组织等政府部门举办的项目大赛、创投大赛等，接受评审专家的评估。前者属于医务社工领域，不做过多论述。后者以"中国青年志愿服务项目大赛"为例，在2018年第四届中国青年志愿服务项目大赛暨志愿服务交

流会全国组委会发布的大赛章程和评审办法中明确规定：

> 第二十一条　全国赛评审方式。主要分为全国赛初评和全国赛终评。全国赛初评主要包括材料阅评、集中分组阅评等方式。全国赛终评主要通过路演答辩等方式进行。
>
> 第二十二条　评审内容。主要从项目目标、服务内容、项目管理、运营保障、社会影响力及互联网运营能力等方面进行评审。

在全国性的志愿服务项目大赛中，卫生健康类志愿服务项目虽然作为"恤病助医"类单独评审（仍有部分卫生健康项目散落在助残、助老等类别中），而评审办法和标准并没有与其他类别的志愿服务项目区分开。但是在现实生活中，卫生健康志愿服务项目具有一定的特殊性，主要体现在两个方面：首先是目标群体的特定性，卫生健康系统志愿服务项目主要面向的是困弱群体，卫生健康志愿者在提供服务之前需要接受专业基础知识的培训；其次是服务范围的限定性，一方面要将医务人员专业诊疗行为和本职工作与志愿服务相区分，另一方面卫生健康志愿服务是以在医疗服务机构开展服务为主，相比于高校、社区等其他志愿服务更需要组织性和管理性。

因此，开展卫生健康志愿服务项目绩效评估，将可以全面客观评价项目实施成效，促进项目管理、项目运行及项目服务能力提升，有力推进志愿服务项目的品牌化、常态化建设。此外，最重要的一点是：项目评估是保证项目达成目标的重要管理手段。

（二）卫生健康系统志愿服务项目绩效评估指标体系的建构

1. 卫生健康系统志愿服务项目绩效评估备选指标库的建立

（1）绩效评估的范围

卫生健康系统志愿服务项目绩效评估是指在卫生健康志愿者提供志愿服务的过程中，以项目为基本单位，考察整个志愿服务项目的运作和成效，对项目进行总结性评估。评估范围主要包括项目是否按期完成了预期目标以及取得了预期成果，项目服务对象的评价、社会反响和影响力等如何，由此评估志愿服务项目是否可以继续进行或者复制推广。总之，卫生健康系统志愿服务项目绩效评估是对为了促进人的健康、由卫生健康志愿

者开展的志愿服务项目进行目标执行程度、成效产出等相关方面的系统、科学、客观的评价。

（2）建立绩效评估指标体系的基本思路

一方面，借鉴志愿服务领域常用绩效评估理论与方法。从结构、过程和结果三方面考虑，借鉴平衡计分卡建立 6 个维度——目标设定、内容设计、项目管理、运营保障、宣传推广、创新发展。

另一方面，结合卫生健康志愿服务的目标和发展现状。卫生健康志愿服务通过调动社会力量和专业资源为有需要的人提供社会公益服务，不断增强群众的健康获得感、安全感满意度，有利于健康中国建设和全民健康目标的早日实现。

（3）绩效评估指标体系的理论基础

根据结构—过程—结果理论，投入一定的时间、人力物力资源，然后在一定的组织架构中进行运行和管理，最后将得到产出和成效。卫生健康志愿服务项目的开展首先需要明确行动目标，然后根据目标设计内容，在此基础上在组织框架内投入资源并进行运营管理，由此将产生一定的社会效应。

借鉴平衡积分卡理论，通过大量的文献阅读和专家咨询的方法整理出卫生健康系统志愿服务项目绩效评估中可能的指标，然后运用关键绩效指标（KPI）的方法，筛选出能衡量项目绩效的关键指标，并将由内在联系的、代表性的 KPI 科学有机地组合起来，由此构建卫生健康志愿服务项目的六维绩效评估指标体系。

（4）绩效评估指标体系建立结果

综上所述，本研究从目标设定、内容设计、项目管理、运营保障、宣传推广、创新发展 6 个维度构建卫生健康系统志愿服务项目绩效评估指标体系。

2. 卫生健康系统志愿服务项目绩效评估指标体系确定

（1）评估指标初选结果

在文献梳理、德尔菲法和问卷调查并建立评估指标体系的基础上，确定选取指标应该遵循的基本原则，基于评估框架，以及对现有资料的充分挖掘，从 6 个维度中初步筛选了 20 个二级指标、31 个三级指标，见表 1。

表 1　初步筛选的卫生健康系统志愿服务项目绩效评估指标体系

一级指标	二级指标	三级指标
目标设定	项目方向正确	立足党政关注，体现社会急需，反映行业特性，能够解决卫生健康领域现实问题
	制定依据科学	以科学的调研或可靠的数据为分析依据，论证充分，考虑成本、时间、范围，充分体现服务对象需求
	预期产出明确	有明确的预期产出目标，各项成果描述清楚、明确、可量化
	制度健全完善	建立包括日常管理、志愿者保障、突发事件应急预案等规章制度
内容设计	针对特定人群	服务对象界定清晰且是卫生健康行业重点服务人群，不大而化之，不笼统模糊
	符合对象特性	体现较强的志愿参与性，能够围绕服务对象特性安排服务时间、服务频率等
	有效满足需求	选择适当的服务方式，能够满足服务对象的现实需求
	发挥示范效应	服务理念、设计方案、操作模式、参与方式等方面具有典型性和示范性
项目管理	组织实施有序	志愿者招募符合项目设定的数量和要求
		组织志愿者参加通用基础培训及专业技能培训
		做好志愿者管理，包括志愿者的注册登记、记录认证、团队建设等
	过程控制有力	项目有计划、有总结
		项目经费预算合理，资金使用严格规范，有健全的财务制度
		建立风险规避及应对机制，确保服务范围不偏离
	效果评价有效	建立并执行志愿者信息沟通与意见反馈机制
		评估志愿者在项目中的表现和服务成效，各方满意度较好
		对优秀志愿者个人和团队进行评比表彰与激励
运营保障	服务支持健全	具有志愿活动场地和办公场所，有志愿者服装和证件
		为参与服务的志愿者购买保险
		社会各方支持参与力度较大
	组织建设规范	项目在上级部门登记备案，有明确的立项依据
		项目组织架构及人员职责分工清晰，有民主决策机制
		项目团队相对稳定，运营机构或团队核心成员不少于3人，骨干志愿者发挥积极作用

续表

一级指标	二级指标	三级指标
宣传推广	建设品牌文化	具有项目自主的 logo、口号等，积极开展对外宣传和品牌传播
		建立固定宣传渠道，定期更新和发布项目信息
	媒体报道广泛	在社会主流媒体、新媒体等平台宣传报道项目进展与成效，社会反响较好
	获得奖励荣誉	获得政府部门或相关行业协会授予奖励与荣誉
创新发展（扩展性指标）	社工联动能力强	将志愿服务与医务社会工作结合，实现职工、义工、社工联动
	互联网运营能力强	依法依规利用互联网开展资源资金募集、网络众筹，发布志愿服务信息和志愿者招募信息，并有定期公开披露机制
	资源拓展能力强	加强与政府机关、企事业单位、社会组织、基金会等项目外部组织的联动和合作，积极拓展各方资源
	推广复制能力强	形成一套较为稳定且可复制的服务模式，便于其他志愿服务项目借鉴推广

（2）评估指标体系筛选

问卷调查对象：来自全国不同省市，既包括中央文明办、民政部、团中央、国家卫生健康委、中国志愿服务联合会、中国青年志愿者协会等志愿服务主管部门、协会的司处级领导，也包括卫生健康行业有关省份卫生健康工作主管部门文明办、团委负责同志，以及清华大学等部分高校学者专家，阿里公益、轻松公益等互联网公益平台负责人等。

筛选原则：请专家对初选指标的重要性进行评分，然后整理指标的得分情况，所有指标得分均在 8 分以上。剔除打分在 8 分及以上的专家比例不足 80% 的指标，对初选的指标进行进一步的筛选和补充。

通过指标筛选，最终得到的卫生健康系统志愿服务项目绩效评估指标体系为：目标设定、内容设计、项目管理、运营保障、宣传推广、创新发展（扩展性指标）6 个维度（一级指标），设立 19 个二级指标、28 个三级指标。具体内容见表 2。

表2　专家咨询后的卫生健康系统志愿服务项目绩效评估指标体系

一级指标	二级指标	三级指标
目标设定	项目方向正确	立足党政关注，体现社会急需，反映行业特性，能够解决卫生健康领域现实问题
	制定依据科学	以科学的调研或可靠的数据为分析依据，论证充分，考虑成本、时间、范围，充分体现服务对象需求
	预期产出明确	有明确的预期产出目标，各项成果描述清楚、明确、可量化
	制度健全完善	建立包括日常管理、志愿者保障、突发事件应急预案等规章制度
内容设计	针对特定人群	服务对象界定清晰且是卫生健康行业重点服务人群，不大而化之，不笼统模糊
	符合对象特性	体现较强的志愿参与性，能够围绕服务对象特性安排服务时间、服务频率等
	有效满足需求	选择适当的服务方式，能够满足服务对象的现实需求
项目管理	组织实施有序	志愿者招募符合项目设定的数量和要求
		组织志愿者参加通用基础培训及专业技能培训
		做好志愿者管理，包括志愿者的注册登记、记录认证、团队建设等
	过程控制有力	项目有计划、有总结
		项目经费预算合理，资金使用严格规范，有健全的财务制度
		建立风险规避及应对机制，确保服务范围不偏离
	效果评价有效	建立并执行志愿者信息沟通与意见反馈机制
		评估志愿者在项目中的表现和服务成效，各方满意度较好
		对优秀志愿者个人和团队进行评比表彰与激励
运营保障	服务支持健全	具有志愿活动场地和办公场所，有志愿者服装和证件
		为参与服务的志愿者购买保险
		社会各方支持参与力度较大
	组织建设规范	项目组织架构及人员职责分工清晰，有民主决策机制
		项目团队相对稳定，运营机构或团队核心成员不少于3人，骨干志愿者发挥积极作用
宣传推广	建设品牌文化	具有项目自主的logo、口号等，积极开展对外宣传和品牌传播
		建立固定宣传渠道，定期更新和发布项目信息
	媒体报道广泛	在社会主流媒体、新媒体等平台宣传报道项目进展与成效，社会反响好

续表

一级指标	二级指标	三级指标
创新发展（扩展性指标）	社工联动能力强	将志愿服务与医疗社会工作结合，实现职工、义工、社工联动
	互联网运营能力强	依法依规利用互联网开展资源资金募集、网络众筹，发布志愿服务信息和志愿者招募信息，并有定期公开披露机制
	资源拓展能力强	加强与政府机关、企事业单位、社会组织、基金会等项目外部组织的联动和合作，积极拓展各方资源
	推广复制能力强	形成一套较为稳定且可复制的服务模式，便于其他志愿服务项目借鉴推广
	获得奖励荣誉	获得政府部门或相关行业协会授予奖励与荣誉

（3）指标权重的确定

基于第一轮专家咨询的结果，第二轮专家咨询主要是专家直接主观赋权，对所有调整之后的各项三级指标进行重要性打分，并借助 SPSS 中模糊综合评价的方式，分析问卷收集的指标重要性评价情况，从而重新确立评估指标体系。

最终确定目标设定、内容设计、项目管理、运营保障、宣传推广 5 个维度（一级指标）、14 个二级指标、23 个三级指标，以及独立统计扩展性指标的创新发展 1 个一级指标、5 个二级指标、5 个三级指标的各自权重。具体操作步骤如下：

第一步：确定评估指标体系和评语集；

第二步：确定权重向量矩阵 A 和构造权重判断矩阵 R；

第三步：计算权重并进行决策评价。

指标权重计算结果见表 3。

表 3　评估指标权重计算结果

一级指标	权重	二级指标	权重	三级指标	权重
目标设定	0.1781	项目方向正确	0.0466	立足党政关注，体现社会急需，反映行业特性，能够解决卫生健康领域现实问题	0.0466
		制定依据科学	0.0450	以科学的调研或可靠的数据为分析依据，论证充分，考虑成本、时间、范围，充分体现服务对象需求	0.0450

续表

一级指标	权重	二级指标	权重	三级指标	权重
		预期产出明确	0.0425	有明确的预期产出目标，各项成果描述清楚、明确、可量化	0.0425
		制度健全完善	0.0439	建立包括日常管理、志愿者保障、突发事件应急预案等规章制度	0.0439
内容设计	0.1336	针对特定人群	0.0443	服务对象界定清晰且是卫生健康行业重点服务人群，不大而化之，不笼统模糊	0.0443
		符合对象特性	0.0442	体现较强的志愿参与性，能够围绕服务对象特性安排服务时间、服务频率等	0.0442
		有效满足需求	0.0450	选择适当的服务方式，能够满足服务对象的现实需求	0.0450
项目管理	0.3477	组织实施有序	0.1299	志愿者招募符合项目设定的数量和要求	0.0427
				组织志愿者参加通用基础培训及专业技能培训	0.0438
				做好志愿者管理，包括志愿者的注册登记、记录认证、团队建设等	0.0434
		过程控制有力	0.1303	项目有计划、有总结	0.0431
				项目经费预算合理，资金使用严格规范，有健全的财务制度	0.0442
				建立风险规避及应对机制，确保服务范围不偏离	0.0430
		效果评价有效	0.0876	评估志愿者在项目中的表现和服务成效，各方满意度较好	0.0435
				对优秀志愿者个人和团队进行评比表彰与激励	0.0441
运营保障	0.2130	服务支持健全	0.1275	具有志愿活动场地和办公场所，有志愿者服装和证件	0.0414
				为参与服务的志愿者购买保险	0.0439
				社会各方支持参与力度较大	0.0421
		组织建设规范	0.0855	项目组织架构及人员职责分工清晰，有民主决策机制	0.0420
				项目团队相对稳定，运营机构或团队核心成员不少于3人，骨干志愿者发挥积极作用	0.0435

续表

一级指标	权重	二级指标	权重	三级指标	权重
宣传推广	0.1276	建设品牌文化	0.0861	具有项目自主的 logo、口号等，积极开展对外宣传和品牌传播	0.0430
				建立固定宣传渠道，定期更新和发布项目信息	0.0431
		媒体报道广泛	0.0416	在社会主流媒体、新媒体等平台宣传报道项目进展与成效，社会反响较好	0.0416

扩展性指标（独立计算权重）

一级指标	权重	二级指标	权重	三级指标	权重
创新发展	1	社工联动能力强	0.1932	将志愿服务与医务社会工作结合，实现职工、义工、社工联动	0.1932
		互联网运营能力强	0.2003	依法依规利用互联网开展资源资金募集、网络众筹，发布志愿服务信息和志愿者招募信息，并有定期公开披露机制	0.2003
		资源拓展能力强	0.2003	加强与政府机关、企事业单位、社会组织、基金会等项目外部组织的联动和合作，积极拓展各方资源	0.2003
		推广复制能力强	0.2048	形成一套较为稳定且可复制的服务模式，便于其他志愿服务项目借鉴推广，具有示范效应	0.2048
		获得奖励荣誉	0.2015	获得政府部门或相关行业协会授予奖励与荣誉	0.2015

（三）卫生健康志愿服务项目绩效综合评价模型的构建

构建绩效综合评价模型就是通过一定的数学模型将多个评价指标值合成为一个整体性的综合评价值的过程。本研究在确定绩效评估指标体系及各项指标权重的基础上，采取加权综合指数法构建最终绩效综合评价模型。

1. 指标属性

三级指标属性如表 4 所示。

表 4　指标属性

指标名称	属性	指标名称	属性
立足党政关注，体现社会急需，反映行业特性，能够解决卫生健康领域现实问题	正向	对优秀志愿者个人和团队进行评比表彰与激励	正向
以科学的调研或可靠的数据为分析依据，论证充分，考虑成本、时间、范围，充分体现服务对象需求	正向	具有志愿活动场地和办公场所，有志愿者服装和证件	正向
有明确的预期产出目标，各项成果描述清楚、明确、可量化	正向	为参与服务的志愿者购买保险	正向
建立包括日常管理、志愿者保障、突发事件应急预案等规章制度	正向	社会各方支持参与力度较大	正向
服务对象界定清晰且是卫生健康行业重点服务人群，不大而化之，不笼统模糊	正向	项目组织架构及人员职责分工清晰，有民主决策机制	正向
体现较强的志愿参与性，能够围绕服务对象特性安排服务时间、服务频率等	正向	项目团队相对稳定，运营机构或团队核心成员不少于 3 人，骨干志愿者发挥积极作用	正向
选择适当的服务方式，能够满足服务对象的现实需求	正向	具有项目自主的 logo、口号等，积极开展对外宣传和品牌传播	正向
志愿者招募符合项目设定的数量和要求	正向	建立固定宣传渠道，定期更新和发布项目信息	正向
组织志愿者参加通用基础培训及专业技能培训	正向	在社会主流媒体、新媒体等平台宣传报道项目进展与成效，社会反响较好	正向
做好志愿者管理，包括志愿者的注册登记、记录认证、团队建设等	正向	将志愿服务与医务社会工作结合，实现职工、义工、社工联动	正向
项目有计划、有总结	正向	依法依规利用互联网开展资源资金募集、网络众筹，发布志愿服务信息和志愿者招募信息，并有定期公开披露机制	正向
项目经费预算合理，资金使用严格规范，有健全的财务制度	正向	加强与政府机关、企事业单位、社会组织、基金会等项目外部组织的联动和合作，积极拓展各方资源	正向
建立风险规避及应对机制，确保服务范围不偏离	正向	形成一套较为稳定且可复制的服务模式，便于其他志愿服务项目借鉴推广，具有示范效应	正向
评估志愿者在项目中的表现和服务成效，各方满意度较好	正向	获得政府部门或相关行业协会授予奖励与荣誉	正向

（2）指标参考值

根据指标的权重对指标进行赋值，结果如表 5 所示。

表5　指标权重赋值

一级指标	分值	二级指标	分值	三级指标	分值
目标设定	18	项目方向正确	5	立足党政关注，体现社会急需，反映行业特性，能够解决卫生健康领域现实问题	5
		制定依据科学	5	以科学的调研或可靠的数据为分析依据，论证充分，考虑成本、时间、范围，充分体现服务对象需求	5
		预期产出明确	4	有明确的预期产出目标，各项成果描述清楚、明确、可量化	4
		制度健全完善	4	建立包括日常管理、志愿者保障、突发事件应急预案等规章制度	4
内容设计	13	针对特定人群	4	服务对象界定清晰且是卫生健康行业重点服务人群，不大而化之，不笼统模糊	4
		符合对象特性	4	体现较强的志愿参与性，能够围绕服务对象特性安排服务时间、服务频率等	4
		有效满足需求	5	选择适当的服务方式，能够满足服务对象的现实需求	5
项目管理	35	组织实施有序	13	志愿者招募符合项目设定的数量和要求	4
				组织志愿者参加通用基础培训及专业技能培训	5
				做好志愿者管理，包括志愿者的注册登记、记录认证、团队建设等	4
		过程控制有力	13	项目有计划、有总结	4
				项目经费预算合理，资金使用严格规范，有健全的财务制度	5
				建立风险规避及应对机制，确保服务范围不偏离	4
		效果评价有效	9	评估志愿者在项目中的表现和服务成效，各方满意度较好	4
				对优秀志愿者个人和团队进行评比表彰与激励	5
运营保障	21	服务支持健全	12	具有志愿活动场地和办公场所，有志愿者服装和证件	4
				为参与服务的志愿者购买保险	4
				社会各方支持参与力度较大	4
		组织建设规范	9	项目组织架构及人员职责分工清晰，有民主决策机制	4
				项目团队相对稳定，运营机构或团队核心成员不少于3人，骨干志愿者发挥积极作用	5

续表

一级指标	分值	二级指标	分值	三级指标	分值
宣传推广	13	建设品牌文化	9	具有项目自主的 logo、口号等，积极开展对外宣传和品牌传播	4
				建立固定宣传渠道，定期更新和发布项目信息	5
		媒体报道广泛	4	在社会主流媒体、新媒体等平台宣传报道项目进展与成效，社会反响较好	4
扩展性指标（独立计算权重）					
创新发展	10	社工联动能力强	2	将志愿服务与医务社会工作结合，实现职工、义工、社工联动	2
		互联网运营能力强	2	依法依规利用互联网开展资源资金募集、网络众筹，发布志愿服务信息和志愿者招募信息，并有定期公开披露机制	2
		资源拓展能力强	2	加强与政府机关、企事业单位、社会组织、基金会等项目外部组织的联动和合作，积极拓展各方资源	2
		推广复制能力强	2	形成一套较为稳定且可复制的服务模式，便于其他志愿服务项目借鉴推广，具有示范效应	2
		获得奖励荣誉	2	获得政府部门或相关行业协会授予奖励与荣誉	2

3. 综合评价模型调整

运用外部咨询的方法，能够发挥其自身的独立性，从而为绩效综合评价模型的建立增加客观性。本研究将基于初步确定的卫生健康志愿服务项目绩效综合评价模型，面向全国范围内的卫生健康志愿服务领域一线从业人员，以电子问卷的形式征询关于绩效综合评价模型的建议，通过实践者的角度检验其有效性和可行性，在此基础上进行评价模型的调整和完善。

外部咨询的问卷分为三个部分：第一部分是被调查对象的基本信息，包括年龄、学历、从事志愿服务相关工作或研究的年限、职称和行政级别等；第二部分是关于卫生健康系统志愿服务项目绩效综合评价模型内容的评价和建议；第三部分是对卫生健康系统志愿服务项目绩效评估管理办法（建议稿）内容的评价和建议。

（1）问卷回收情况

本次问卷调查面向 180 位全国范围内卫生健康志愿服务领域志愿项目负责人、志愿者骨干等，以电子问卷的形式征询关于绩效评估模型的建

议，发出咨询问卷 180 份，回收问卷 176 份，回收率为 97.8%，回收问卷全部有效。

（2）被调查对象的基本情况

被调查者的基本情况如表 6 所示。

表 6 外部咨询受访对象的基本情况统计

项目		人数	构成比（%）
年龄	20～29	47	26.70
	30～39	108	61.36
	40～49	16	9.09
	50～59	5	2.84
学历	大专	4	2.27
	本科	119	67.61
	硕士	51	28.98
	博士	2	1.14
从事志愿工作的年限	0～5 年	119	67.61
	6～10 年	44	25.00
	11～20 年	12	6.82
	20 年以上	1	0.57
技术职称	初级	66	37.50
	中级	65	36.93
	高级	15	8.52
	其他	3	1.70
	无	27	15.34

问卷第二部分"在阅读完评估指标体系后，请您根据您的工作实际情况提出意见或建议"。在 176 份有效问卷中，有 165 份（93.75%）表示无意见，有 11 份（6.25%）提出具体意见。

在针对管理办法（建议稿）的评价中，有 172 份有效问卷（97.73%）表示无意见，另有 4 份（2.27%）提出建议。

结合外部征询的结果，最终构建综合评价模型如表 7 和表 8 所示。

表7　卫生健康系统志愿服务项目绩效综合评价模型①（基础项 100 分）

一级指标	二级指标	三级指标	分值	评审方法
目标设定 （18 分）	项目方向正确	立足党政关注，体现社会急需，反映行业特性，能够解决卫生健康领域现实问题	5	材料审核 听取汇报
	制定依据科学	以科学的调研或可靠的数据为分析依据，论证充分，考虑成本、时间、范围，充分体现服务对象需求	5	
	预期产出明确	有明确的预期产出目标，各项成果描述清楚、明确、可量化	4	
	制度健全完善	建立包括日常管理、志愿者保障、突发事件应急预案等规章制度	4	
内容设计 （13 分）	针对特定人群	服务对象界定清晰且是卫生健康行业重点服务人群，不大而化之，不笼统模糊	4	材料审核 听取汇报
	符合对象特性	体现较强的志愿参与性，能够围绕服务对象特性安排服务时间、服务频率等	4	
	有效满足需求	选择适当的服务方式，能够满足服务对象的现实需求	5	
项目管理 （35 分）	组织实施有序	志愿者招募符合项目设定的数量和要求	4	材料审核 听取汇报 个别访谈
		组织志愿者参加通用基础培训及专业技能培训	5	
		做好志愿者管理，包括志愿者的注册登记、记录认证、团队建设等	4	
	过程控制有力	项目有计划、有总结	4	
		项目经费预算合理，资金使用严格规范，有健全的财务制度	5	
		建立风险规避及应对机制，确保服务范围不偏离	4	
	效果评价有效	评估志愿者在项目中的表现和服务成效，各方满意度较好	4	
		对优秀志愿者个人和团队进行评比表彰与激励	5	
运营保障 （21 分）	服务支持健全	具有志愿活动场地和办公场所，有志愿者服装和证件	4	材料审核 听取汇报 实地察看
		为参与服务的志愿者购买保险	4	
		社会各方支持参与力度较大	4	
	组织建设规范	项目组织架构及人员职责分工清晰，有民主决策机制	4	
		项目团队相对稳定，运营机构或团队核心成员不少于 3 人，骨干志愿者发挥积极作用	5	

续表

一级指标	二级指标	三级指标	分值	评审方法
宣传推广（13分）	建设品牌文化	具有项目自主的 logo、口号等，积极开展对外宣传和品牌传播	4	材料审核 听取汇报
		建立固定宣传渠道，定期更新和发布项目信息	5	
	媒体报道广泛	在社会主流媒体、新媒体等平台宣传报道项目进展与成效，社会反响较好	4	

表 8　卫生健康系统志愿服务项目绩效综合评价模型②（扩展性指标 10 分）

一级指标	二级指标	三级指标	分值	评审方法
创新发展（10分）	社工联动能力强	将志愿服务与医务社会工作结合，实现职工、义工、社工联动	2	材料审核 听取汇报 个别访谈
	互联网运营能力强	依法依规利用互联网开展资源资金募集、网络众筹，发布志愿服务信息和志愿者招募信息，并有定期公开披露机制	2	材料审核 听取汇报
	资源拓展能力强	加强与政府机关、企事业单位、社会组织、基金会等项目外部组织的联动和合作，积极拓展各方资源	2	材料审核 听取汇报
	推广复制能力强	形成一套较为稳定且可复制的服务模式，便于其他志愿服务项目借鉴推广，具有示范效应	2	材料审核 听取汇报
	获得奖励荣誉	获得政府部门或相关行业协会授予奖励与荣誉	2	材料审核

（四）卫生健康系统志愿服务项目内部试评估

1. 试评估的基本流程

内部试评估选取广东省第二人民医院"救护之翼——广东省应急救护志愿者培训基地项目"作为试评估对象。

流程见图 3：

确定评估对象、时间、地点 → 参与式评估小组成员名单 → 试评估方式：材料审核、听取汇报、实地察看 → 试评估结果整理：项目背景资料、评分表 → 收集评估小组成员的意见和建议

图 3　试评估基本流程

2. 参与试评估志愿服务项目的基本信息

项目主要内容包括：培训基地定期组织医护人员、医疗辅助队队员以及应急救助志愿者利用业余时间走进社区、企业、学校，面向公众开展免费急救培训，提升群众在灾害事故发生时的自救互救能力。面向社会招募热爱急救事业的志愿者，开展由专业急救人员利用业余时间带教的急救知识培训班，打造一支覆盖面广、"平时为民、战时为兵"的应急救护志愿者队伍。打造"救护之翼"APP，建设"一键呼救"的掌上平台，最大限度发挥急救志愿者的作用。项目开展以来，多次参与广州马拉松、垂直马拉松等户外执勤任务，累计服务人次达10万人次；开展应急救护知识技能培训班1200余次，培训企事业单位员工、学生志愿者、社区居民超过10万人次。项目曾获得第四届中国青年志愿服务项目大赛金奖、全国青年志愿服务示范项目提名奖、首届全国卫生健康行业青年志愿服务项目大赛金奖等荣誉。2017年10月，国务院应急管理专家组组长闪淳昌亲自启动全省应急救护志愿服务平台搭建工作。

3. 试评估的结果

专家评估小组由广东省第二人民医院急诊科主任（A1）、急诊科护士长（A2）、一名体检科医生（A3）三人组成。评估组使用本课题的产出——卫生健康系统志愿服务项目绩效综合评价模型及管理办法（建议稿）作为评估工具，对广东省第二人民医院"救护之翼——广东省应急救护志愿者培训基地项目"进行评估，评估结果如下。

（1）指标得分情况

表9　三级指标得分

三级指标	A1	A2	A3	平均分	满分	得分率（%）
立足党政关注，体现社会急需，反映行业特性，能够解决卫生健康领域现实问题	4.0	4.0	5.0	4.33	5.0	86.80
以科学的调研或可靠的数据为分析依据，论证充分，考虑成本、时间、范围，充分体现服务对象需求	4.0	4.0	4.5	4.17	5.0	83.40
有明确的预期产出目标，各项成果描述清楚、明确、可量化	4.0	3.5	3.5	3.67	4.0	91.75

续表

三级指标	A1	A2	A3	平均分	满分	得分率（%）
建立包括日常管理、志愿者保障、突发事件应急预案等规章制度	2.0	4.0	4.0	3.34	4.0	83.50
服务对象界定清晰且是卫生健康行业重点服务人群，不大而化之，不笼统模糊	4.0	4.0	4.0	4.00	4.0	100.00
体现较强的志愿参与性，能够围绕服务对象特性安排服务时间、服务频率等	4.0	4.0	4.0	4.00	4.0	100.00
选择适当的服务方式，能够满足服务对象的现实需求	4.0	4.0	5.0	4.34	5.0	86.80
志愿者招募符合项目设定的数量和要求	3.0	4.0	4.0	3.67	4.0	91.75
组织志愿者参加通用基础培训及专业技能培训	5.0	5.0	5.0	5.00	5.0	100.00
做好志愿者管理，包括志愿者的注册登记、记录认证、团队建设等	4.0	4.0	4.0	4.00	4.0	100.00
项目有计划、有总结	4.0	4.0	4.0	4.00	4.0	100.00
项目经费预算合理，资金使用严格规范，有健全的财务制度	4.0	5.0	5.0	4.67	5.0	93.40
建立风险规避及应对机制，确保服务范围不偏离	3.0	3.0	3.5	3.17	4.0	79.25
评估志愿者在项目中的表现和服务成效，各方满意度较好	3.0	3.5	3.5	3.33	4.0	83.25
对优秀志愿者个人和团队进行评比表彰与激励	3.0	5.0	5.0	4.33	5.0	86.60
具有志愿活动场地和办公场所，有志愿者服装和证件	4.0	4.0	4.0	4.00	4.0	100.00
为参与服务的志愿者购买保险	4.0	4.0	4.0	4.00	4.0	100.00
社会各方支持参与力度较大	4.0	4.0	3.5	3.83	4.0	95.75
项目组织架构及人员职责分工清晰，有民主决策机制	3.0	4.0	4.0	3.67	4.0	91.75
项目团队相对稳定，运营机构或团队核心成员不少于3人，骨干志愿者发挥积极作用	4.0	5.0	5.0	4.67	5.0	93.40
具有项目自主的 logo、口号等，积极开展对外宣传和品牌传播	4.0	3.5	3.5	3.67	4.0	91.75
建立固定宣传渠道，定期更新和发布项目信息	5.0	4.5	4.5	4.67	5.0	93.40

续表

三级指标	A1	A2	A3	平均分	满分	得分率（％）
在社会主流媒体、新媒体等平台宣传报道项目进展与成效，社会反响较好	3.0	3.0	3.0	3.00	4.0	75.00
基础性指标总和	86.0	93.0	95.5	91.50	100.0	91.50
扩展性指标						
将志愿服务与医务社会工作结合，实现职工、义工、社工联动	2.0	2.0	2.0	2.00	2.0	100.00
依法依规利用互联网开展资源资金募集、网络众筹，发布志愿服务信息和志愿者招募信息，并有定期公开披露机制	1.0	1.5	1.5	1.33	2.0	66.50
加强与政府机关、企事业单位、社会组织、基金会等项目外部组织的联动和合作，积极拓展各方资源	2.0	1.5	1.5	1.67	2.0	83.50
形成一套较为稳定且可复制的服务模式，便于其他志愿服务项目借鉴推广，具有示范效应	1.0	2.0	2.0	1.67	2.0	83.50
获得政府部门或相关行业协会授予奖励与荣誉	2.0	2.0	2.0	2.00	2.0	100.00
扩展性指标总和	8.0	9.0	9.0	8.66	10.0	86.60
总分（基础分＋附加分）	94.0	102.0	104.5	100.16	110.0	91.05

根据试评估结果（见表9），三级指标中平均得分率为100%的指标有7个基础性指标和2个扩展性指标，共9个，占三级指标总数的32.14%。与此同时，平均得分率在80%以下的指标有3个，占总指标的10.71%。

表 10 一级指标和二级指标得分

一级指标	A1	A2	A3	平均分	得分率（％）	二级指标	A1	A2	A3	平均分	得分率（％）
目标设定	14	15.5	17	15.5	86.11	项目方向正确	4.0	4.0	5.0	4.33	86.60
						制定依据科学	4.0	4.0	4.5	4.17	83.40
						预期产出明确	4.0	3.5	3.5	3.67	91.75
						制度健全完善	2.0	4.0	4.0	3.33	83.25

续表

一级指标	A1	A2	A3	平均分	得分率（%）	二级指标	A1	A2	A3	平均分	得分率（%）
内容设计	12.0	12.0	13.0	12.33	94.85	针对特定人群	4.0	4.0	4.0	4.00	100.00
						符合对象特性	4.0	4.0	4.0	4.00	100.00
						有效满足需求	4.0	4.0	5.0	4.33	86.60
项目管理	29.0	33.0	33.5	31.83	90.94	组织实施有序	12.0	13.0	13.0	12.67	97.46
						过程控制有力	11.0	11.5	12.0	11.50	88.46
						效果评价有效	6.0	8.5	8.5	7.67	85.22
运营保障	19.0	21.0	20.5	20.17	96.05	服务支持健全	12.0	12.0	11.5	11.83	98.58
						组织建设规范	7.0	9.0	9.0	8.33	92.56
宣传推广	12.0	11.0	11.0	11.33	87.15	建设品牌文化	9.0	8.0	8.0	8.33	92.56
						媒体报道广泛	3.0	3.0	3.0	3.00	75.00
扩展性指标											
创新发展	8.0	9.0	9.0	8.66	86.60	社工联动能力强	2.0	2.0	2.0	2.00	100.00
						互联网运营能力强	1.0	1.5	1.5	1.33	66.50
						资源拓展能力强	2.0	1.5	1.5	1.67	83.50
						推广复制能力强	1.0	2.0	2.0	1.67	83.50
						获得奖励荣誉	2.0	2.0	2.0	2.00	100.00

通过表10可见，得分率在100%的二级指标有4个，占二级指标总数的21.05%；得分率低于80%的二级指标有2个。基础性指标中一级指标平均得分率均在85%以上，其中一级指标"运营保障"平均得分率为96.05%，说明该项目在提供运营保障方面做得比较好。

（2）试评估意见反馈

计算评估专家组成员给出的平均分，该项目基础性指标得分是91.5分（满分100分），扩展性指标得分是8.66分（满分10分），根据综合评价的原则，该项目为优秀项目。另外，评估专家组将卫生健康系统志愿服务项目绩效综合评价模型应用于实际项目评估，一致认为该套志愿服务项目绩效评估框架覆盖面较全、较广，多维度涵盖项目全过程，较好地秉承和

体现了关于志愿服务的核心价值理念，也较好地把握了增能原则，强调对项目服务对象、项目执行机构和人员思维理念上的积极引导，倡导志愿服务机构及志愿者对自身资源和潜能的挖掘。因此，本研究设计的绩效评估工具简洁、清晰、易懂，值得推广使用。

五　研究讨论

（一）研究结果的讨论

1. 项目传播的重要性

根据上述试评估的结果，我们看到广东省第二人民医院"救护之翼——广东省应急救护志愿者培训基地项目"作为一个获得全国奖项的优秀志愿项目，虽然综合评价总分（不含扩展性指标）为优秀，但在一些方面还有待加强。比如，一级指标"推广宣传"下的二级指标"媒体报道广泛"和其下的三级指标"在社会主流媒体、新媒体等平台宣传报道项目进展与成效，社会反响较好"，平均得分率为75%，与此同时，扩展性指标二级指标"互联网运营能力强"得分率为66.5%。实际上，这两者的得分存在一定的联系。现实生活中，志愿服务组织很容易忽视传播对于一个项目的重要性，认为只要把项目做好就行，在宣传工作方面并没有投入必要的时间和精力，更不用谈通过互联网运营来传播项目，获得更大的社会影响力。实质上，项目传播背后是一些隐性的附加效应，例如项目的传播可能会吸引社会资源，社会公众了解一个项目可能首先是从一些互联网平台去了解，从媒体的报道中获取项目的相关信息。因此，一个重视项目传播的志愿服务项目更容易获得更多的社会资源，从而有助于项目的可持续发展。

2. 重视风险规避和应对机制的建立

通过内部试评估，我们发现项目还需要改善的一个方面是一级指标"项目管理"下的二级指标"过程控制有力"中的三级指标"建立风险规避及应对机制，确保服务范围不偏离"，平均得分率为79.25%。志愿服务项目风险，是指在志愿项目、活动实施过程中，对志愿项目、活动可能产生负面影响因素的不确定性。实际上，任何志愿项目、活动的开展都会存在风险。风险管理通常被众多志愿组织的管理者所忽视。很多管理者在招

募志愿者、规划志愿项目时几乎从未考虑过进行必要的风险预测和评估，在组织志愿服务活动的过程中，没有规避风险的意识，常常是在风险发生以后才追悔莫及。风险的普遍存在性致使风险规避和应对机制的建立具有必要性，但是这个方面很容易被忽视。

（二）研究的局限性及进一步的研究方向

本研究还存在一些不足和局限性，有待在今后的研究中进一步完善，具体如下：

第一，在总计三轮的专家咨询和外部咨询过程中，咨询对象主要是东部较发达地区的卫生健康部门代表。外部咨询的受访者来自全国 15 个省（自治区、直辖市），而没有覆盖到更多的省份。另外，同一个省内各个市（区）之间志愿服务的发展水平也存在差异，因此在调查样本的选择方面应尽可能地增加普遍性和代表性，充分考虑不同地区的差异，增加研究样本的覆盖面，基于此的绩效评估模型在实际应用中才更具有普遍适用性。

第二，项目评估应该具有动态性，应该根据项目周期与不同阶段进行不同内容的评估。一般来讲，完整的项目评估包括三个部分：一是志愿服务项目前评估，主要是针对项目是否具有需求调研、项目的必要性和可行性进行评估；二是项目的跟踪评估（也称为过程评估），评估内容包括项目的实施情况、环境变化评估以及未来风险评估；三是项目后评估，是对项目的总结性评估。本研究是项目的后评估，是绩效评估。在未来的卫生健康志愿服务项目化管理的研究中，可以加强项目前评估和过程评估的研究，从而构建一个完整的结构—过程—结果的卫生健康志愿服务项目评估体系。

第三，指标体系除正向指标外，还应建立负面清单，如一票否决项等，明确项目发展的禁止性行为。这将在今后的研究中进一步修订完善。

六　研究结论与政策建议

（一）研究结论

1. 评估指标体系用于卫生健康志愿服务项目的绩效评估，对卫生健康志愿服务项目化管理工作具有一定的指导作用

本研究以卫生健康系统志愿服务管理部门为主要评估主体，以各个卫

生健康志愿服务项目为评估对象，选择目标设定、内容设计、项目管理、运营保障、宣传推广五个维度构建卫生健康志愿服务项目绩效评估框架，关注卫生健康志愿服务项目化管理过程中的关键问题、难点问题和重点问题，基本涵盖卫生健康系统志愿服务管理的主要方面。通过两轮德尔菲专家咨询，最终确定 6 个一级指标（包括 5 个基础性指标和 1 个扩展性指标）、19 个二级指标和 28 个三级指标。德尔菲专家咨询结果分析显示专家的代表性和权威性较好，专家之间的意见具有一致性，指标筛选的结果具有一定的科学性和合理性。运用主观赋权法确定评估指标体系的权重，主要基于专家给予指标重要性评分的可操作性。采取综合评价的方法构建绩效评估模型，主要考虑评估的系统性与全面性，同时利用统计软件 SPSS 的模糊综合评价计算给指标模型施加权重。基于以上分析，构建的卫生健康志愿服务项目绩效评估指标体系较为科学和合理，能够应用于卫生健康志愿服务项目的绩效评估，对卫生健康志愿服务项目化管理具有一定的指导作用。

2. 运用综合评价模型，能够发现卫生健康志愿服务在项目化运作的过程中存在的优势和不足

本研究应用综合评价的方法构建卫生健康系统志愿服务项目绩效评估综合评价模型，综合评价模型消除了不同维度指标之间的比价，计算过程简单且易操作，最后转换为一个综合评估得分，以此判断一个卫生健康志愿服务项目是否达标、是否优秀，哪些地方做得较好以及哪些地方需要改进，通过指标得分均可以给出相对明确的方向。在此基础上，评估主体对于评估对象给予关于项目完善的指导和建议，从而提高志愿服务的项目化管理水平，促进整个卫生健康志愿服务行业的健康发展。

（二）政策建议

利用绩效评估体系综合评价模型的结果，能够发现各卫生健康志愿服务项目好的经验及存在的不足。未来，还需结合实际工作，根据每个地区、不同项目的特点，设定合适的评分标准，借助项目大赛、典型宣传、案例征集等有效载体，进一步增强绩效评估体系综合评价模型的针对性和可操作性。可运用绩效评估的方式，有针对性地采用抽查、验证等方法对项目的考核评价结果进行核验。

此外，志愿服务项目由于具有以自愿自发开展服务为主的特殊性，较少建立规范的数据统计工作，特别是卫生健康系统志愿服务项目管理的信息化建设还较为滞后。结合当前国家在志愿服务制度化、信息化方面的政策探索和工作要求，未来需加强卫生健康志愿服务项目信息的收集、整理和分析，建立健全卫生健康系统优秀志愿服务项目库，发挥优秀项目的示范带动作用，为卫生健康志愿服务项目的发展与规划提供及时、完整、准确的信息支撑和智力支持。

参考文献

白燕、杜楚源、郭颖凌、邹静怀：《上海市某综合性医院志愿服务效果评价》，《医学与社会》2019年第6期，第46～49页。

北京市人大常委会：《北京市志愿服务促进条例》，《北京市人民政府公报》，2007年第12期，第7页。

冯海燕：《青年志愿者社会服务活动项目化管理研究》，湖南大学硕士学位论文，2012。

共青团中央等：《第四届中国青年志愿服务项目大赛评审办法》。

关婷、郝徐杰、陈红：《医院志愿服务体系的研究与实践》，《中国医学伦理学》2013年第3期，第378～380页。

广东省卫健委：《广东省卫生健康系统青年文明号现场考核评分表（2019年修订版）》。

国家卫健委卫生技术评估重点实验室（复旦大学）：《复旦大学公共卫生院·中国援外医疗绩效评估框架研究》，2019。

国家卫健委文明办：《上海市卫健系统文明办课题组公立医疗机构文明单位创建考评体系研究课题报告》，2018。

黄屹：《志愿服务组织评价指标体系构建研究》，《标准应用研究》2018年第11期。

黎新宏、陈希、何茹：《高校志愿服务项目督导评估机制实现路径探析》，《齐齐哈尔大学学报》（哲学社会科学版）2018年第1期，第174～176页。

李燕、许冬颖：《中山大学药学院党员"药公益"项目实施与评估》，《中国培训》2017年第14期。

潘丽君：《回族与汉族的社区融合》，华中师范大学硕士学位论文，2017。

秦秀丽、叶天惠、周俊芳、赵馨：《基于儿童慢性病管理的医院志愿服务模式的建立》，《护理研究》2019 年第 16 期，第 2897～2899 页。

王孙禺、达飞译：《公共和非营利性组织的人力资源管理》，北京：清华大学出版社，2002。

吴彩霞：《"互联网＋"医院志愿服务模式的实践与思考》，《社会与公益》2018年第 9 期，第 20～23 页。

徐宏：《关于在医院志愿服务中推行项目管理的探讨》，《中国医院》2013 年第 10期，第 75～77 页。

徐柳、张强主编《广州志愿服务组织发展报告 2018》，北京：社会科学文献出版社，2018。

杨丹丹、黄爱娥：《新医改背景下某三甲医院"六心"志愿者服务模式构建与实践》，《现代医院》2019 年第 8 期，第 1122～1124 页。

张琪、朱江华、谢敬亮：《康复医院志愿服务模式的探析》，《中国老年保健医学》2019 年第 3 期，第 11～12 页。

赵玲玲：《"福州市无障碍出行项目"过程评估报告》，福建师范大学硕士学位论文，2012。

Feuerstein，M. -T. *Poverty & Health*：*Reaping a Richer Harvest* （London：Macmillan，1997）．

Handy F，Mook L，Quarter J. "The Interchangeability Of Paid Staff and Volunteer in Nonprofit Organization"，*Nonprofit and Voluntary Sector Quarterly*，37 （2008）：76－92.

Hoisington，Steve. "Become a Baldrige Examiner"，*Quality Progress*，2001.

Swindell，Rick ，et al. "U3As in Australia and New Zealand 2008：The Successful Aging Organisations"，*Online Submission*，35－2 （2009）：76.

专业志愿服务项目评估指标体系研究

翟 雁 宋 煜*

摘 要：专业志愿服务项目评价是志愿服务机制改革创新的必然要求，也是规范化运营和制度建设的重要组成部分。本文以专业志愿服务项目为主要测评对象，从专业志愿项目的价值目标研究出发，调研和分析目前专业志愿服务项目的特点和现状，在借鉴国内外专业志愿项目绩效评价经验的基础上，对标新时代志愿服务事业发展目标任务和项目绩效特征，以科学的志愿服务项目评估理论为基础，围绕项目基线评估、项目管理评估和项目效果评估三个方面，构建一套评估志愿服务项目成效的指标体系。同时，本文结合当前专业志愿服务发展的环境进行了权重设计，规范了评分方法，从而保障了指标评分的可操作性。最后，本文从评估实施的角度提出了具体建议，以保障指标体系的应用与可持续发展。

关键词：专业志愿服务 项目绩效评估 指标体系 PMB模型

近年来，志愿者与志愿服务组织作为社会治理的重要力量，得到社会各界的普遍认同，获得党和政府的高度重视。2017年，国务院正式颁布实施《志愿服务条例》，标志着我国志愿服务事业站在新的起点，进入了新的发展阶段。随着相关政策法规的出台，特别是志愿服务组织与志愿服务活动的大量开展，社会各界对志愿服务专业化的需求越来越大。

---

* 翟雁，北京博能志愿公益理事会理事长，北京志愿服务联合会常务理事，北京市社会心理工作联合会副会长，北京志愿服务发展研究会专家；宋煜，中国社会科学院社会学研究所助理研究员，研究方向为社区与信息化、老龄化与城市更新、社会组织与志愿服务等。

一 研究背景

2017 年颁布实施的《志愿服务条例》中，对专业志愿服务提出了具体要求，在第十六条中要求志愿服务组织安排志愿者参与的志愿服务活动需要专门知识、技能的，应当对志愿者开展相关培训，并执行国家或者行业组织制定的标准和规程。在第二十三条中明确提出，国家鼓励和支持国家机关、企业事业单位、人民团体、社会组织等成立志愿服务队伍开展专业志愿服务活动，鼓励和支持具备专业知识、技能的志愿者提供专业志愿服务。① 从国内外发展的实际状况来看，大力发展专业志愿服务已经成为普遍共识，具有重要的现实意义。

（一）国家志愿服务发展的专业化趋势

对"专业志愿服务"的界定必然要涉及"何为专业"的问题。这种专业性来自职业分工所形成的不同职业之间的差别，也有志愿服务管理优化意义上的专业性概念。国内研究在专业志愿服务方面还相对匮乏，在有关概念的界定上也存在争论。与传统志愿服务不同，专业志愿服务是将组织或个人的专业技能运用于公共福利服务中。专业志愿服务比传统的志愿服务更加注重目标导向，将专业人士派往公益组织或帮扶弱势群体，执行界定明确的项目。目前，在我国比较常用的类似概念是"志愿服务的专业化"。志愿服务的专业化可以从服务专业化和管理规范化两个角度来解释。所谓服务专业化，类似于专业志愿服务中所需要的专业技能，但这种专业技能相对宽泛，与专业行动的关系并不密切；管理专业化则是对志愿服务项目管理而言的，涉及志愿者管理、财务管理、事件管理和应急管理等多个方面，指的是这些管理过程的规范化。在现有的话语体系中，志愿服务的专业化往往与制度化、精细化相关联，是一个更大的概念，包括了各种类型的志愿服务活动。因此，专业化与专业志愿服务在理念上是有所不同的，前者的范围更大，也比较适合我国志愿服务发展的现实需求。②

---

① 《志愿服务条例》，中国政府网，http://www.gov.cn/zhengce/content/2017 – 09/06/content_5223028.htm，最后访问日期：2020 年 12 月 27 日。

② 宋煜：《专业志愿服务的概念缘起与本土化发展》，《至爱》2019 年第 2 ~ 3 月合刊。

（二）专业志愿服务发展的社会迫切性

志愿服务是经济社会发展到特定阶段的产物，而专业服务也催生出专业志愿服务。一方面，随着经济社会和科学技术的发展，专业领域出现了细分，越来越多的专业服务和训练有素的专业人士涌现，专业服务发展达到一定水平，成为国民经济第三产业重要组成部分，为专业志愿服务产生提供了土壤；另一方面，经济社会转型带来的社会问题也越来越复杂，需要更多领域的专业人士投入社会领域，参与社会治理与创新，解决社会问题。此外，当今全球发展面临着更多的不确定性、不可持续性，社会问题全球化以及可持续发展为专业志愿服务进一步提供了机遇和需求。

专业志愿服务与商业性的专业服务具有密切关系，是一种具有自愿、无偿和公益性的专业服务，是在传统志愿服务基础上进化的新型服务范式。商业性的专业服务是由有职业资质的专业人士提供的、满足客户需求的服务，重点在于解决客户问题。专业服务的主要领域包括了法律服务、财会服务、审计服务、广告设计服务、科学研究服务、技术测量服务、市场/社会调查服务、管理咨询服务、信息科技相关服务等。专业服务业是国民生产第三产业中的重要组成部分，是为了满足多样化社会需求而产生的现代社会分工。专业服务业最初产生于20世纪50年代，从开始应用现代科技与通信手段到20世纪70年代后进入全球化发展时期，专业服务的国际贸易增长迅速。当从事专业服务的人员和社会专业人士看到非营利组织因为缺少专业人力资源而又无力购买专业服务，组织生存与发展面临重重困难时，他们中有人自愿而无偿地为非营利组织提供专业服务，扶持社会公共服务和社区发展，由此开创了专业志愿服务的全新机制。

在具体实践中，专业志愿服务的发展突出体现在"支持性"社会组织的发展上。所谓"支持性"社会组织，是指一类具有平台或枢纽功能的社会组织，是社会组织间联系、互动、聚合的核心推动者和组织协调者。一般而言，支持性社会组织并不直接为个体和社区提供公益类服务，而是通过为社会组织、志愿服务团体等公益组织，特别是初创期公益组织，提供资金、咨询、指导和评估等支持性专业服务来促进服务类公益组织的发展。近年来，北京、上海、广东、浙江和江苏等地涌现出了很多以培育和壮大社会组织为目标的实践探索，打造出不同形式的服务平台，如社会组

织服务中心、社会组织联合会（促进会、协会）和社会组织（社区）发展
基金会等。这类服务平台往往以社会服务机构的形式设立，依托政府或基
金会的支持，通过设立项目基金、政府购买服务、机构资金补贴、建设孵
化基地和举行公益创投等方式，培育扶持社区社会组织和由社会人士发起
建立的"草根组织"。①

在企业和民间方面，中国最早提供专业志愿服务的是一些商业咨询公
司。2006 年，麦肯锡公司发起 NPP 新公益伙伴项目，为国内的一些社会组
织提供专业志愿服务。2007～2009 年，以北京惠泽人公益中心、美好社会
咨询社（ABC）等为代表的民间社会服务机构，以及一些跨国公司和国内
企业，如惠普、IBM、埃森哲、PWC、德勤等开始为一些社会组织提供专
业志愿者，或者开展专业咨询等志愿项目。2010 年，商务社会责任国际协
会（BSR）在中国开展"慈源项目"，开发企业与社会组织跨界合作项目，
由惠普、Taproot 基金会与北京惠泽人公益中心合作开展了"中国专业志愿
服务发展项目"（Developing Pro Bono in China），搭建企业专业人士与公益
组织之间的对接与匹配平台，为公益组织输送专业的志愿者，解决专业人
士的志愿服务需求和公益组织的发展需求。该项目最终联合了企业合作伙
伴 15 家，实施了 33 个专业志愿服务项目，并使得 61 家社会组织获得了专
业性支持。②

自 2013 年起，北京惠泽人发起并联合国内众多公益组织，于每年 10
月举办中国专业志愿服务周（Pro Bono Week）的全球联动活动，迄今已成
功举办了 8 届，推动专业志愿服务在中国的实践。2016 年 12 月，中国大
陆地区首家致力于推动专业志愿服务的非公募基金会——北京博能志愿公
益基金会（Beijing Pro Bono Foundation）注册成立。该基金会以"引领专
业力量、推动跨界合作、实践社会责任、促进社会创新、共创美好社会"
作为其使命，针对公益慈善机构、弱势群体或社区的明确要求提供无偿专
业服务，协助和支持其获得专业化解决方案。服务形式涵盖培训、咨询、
教练、诊断、研究等多个领域。在实践中，这些以企业和社会组织为主体
的专业志愿服务目前仍处于起步阶段，专业志愿服务还局限在社会心理服

---

① 宋煜：《发展基层社会组织服务平台的建议》，《中国国情国力》2019 年第 1 期。
② 北京博能志愿公益基金会：《中国专业志愿服务发展报告（2017）》，2017 年 10 月。

务、法律维权、应急救援、公益组织管理等少数几个领域，开展专业志愿服务的机构和志愿者数量仍然有限，无论是数量还是质量都亟待提升。

（三）专业志愿服务发展的国际化背景

"专业志愿服务"一词在英语中有两种表述：Skilled Volunteering，或者是 Pro Bono，一般意义上都会选择后者作为代名词。Pro Bono 是"pro bono publico"的缩写，在拉丁语中意为"for the public good（为了公共利益）"，在不同语境下也表示"the offering of free services（提供免费服务）"。最早是指律师这一职业群体为那些无法支付律师费用的穷人提供的志愿服务。1962 年美国总统约翰·肯尼迪倡导"所有律师都负有为无力偿付律师费用的人群提供法律服务的职业责任"。当时已经有一些律师自发为弱势群体提供志愿服务。在美国律师协会和国际律师协会的积极推动下，包括美国、澳大利亚、韩国、新加坡、英国等国家都要求或者鼓励执业律师提供数十个小时的志愿法律服务。[1] 对律师而言，参与专业志愿服务可以完善自己的法律实战技能、提高法律素养，帮助其理解律师职业在道德伦理层面的意义。

在专业志愿服务创新与推广上，美国 Taproot 基金会等中介型公益机构发挥了举足轻重的作用。自 2000 年开始，Taproot 基金会将企业人才输送到改善社会环境的非营利组织中，从而让美国数百万个商务专业人士参与到专业志愿服务中。Taproot 基金会的主要工作是招募专业志愿者，组建志愿服务团队，为有需要的非营利组织提供包括市场营销、战略管理、人力资源和 IT 等方面的志愿服务。2008 年，美国超过 150 家企业的高管和非营利组织的领袖在白宫举行企业志愿服务峰会。参会者进一步明确了企业从事专业志愿服务的价值，并发起"Billion + Change"项目，意图改造美国的商业文化，让更多的美国公司推动他们的员工运用自身的智慧和专业技能从事志愿服务，从而解决社会面临的挑战。短短两年的时间，该项目就动员了超过 500 家公司承诺将提供价值 20 亿美元的专业志愿服务去帮助非营利组织。[2]从全球发展趋势来看，专业志愿服务在很多国家都已经成为一

---

[1] 何辉：《面向社会组织的专业志愿服务：一种初步的分析》，《中国社会组织报告（2016～2017）》，北京：社会科学文献出版社，2017。

[2] 北京博能志愿公益基金会：《专业志愿服务案例集》，专业志愿服务培训教材，2017。

种新兴的、呈快速增长的志愿服务类型。2012 年，Taproot 基金会联合了中国、日本、法国和德国的非营利组织，共同成立了"全球专业志愿网络"（Global Pro Bono Network，GPBN），并共同研讨和开发全球专业志愿服务创新及其评价指标体系。到 2020 年，GPBN 成员已经发展到 34 个国家 52 家成员机构。[①]

21 世纪以来，全球商业和社会专业人士掀起了越来越多的专业志愿服务运动，以推动政府、商业和社会的跨部门协作社会创新。如何评价专业志愿服务的成效，让各部门重视并支持非营利组织做好社会服务中介，组织动员和协同专业志愿者开展卓有成效的公益服务，是近年来国际社会积极推动的社会议题之一。专业志愿服务项目评价具有重要意义，既是志愿服务体制机制改革创新的必然要求，也是社会治理创新制度建设的重要组成部分；既能体现专业志愿服务的核心能力，更能有效地助力人才战略的实施和创新。切实可行的评价体系和方法，将有助于更好地释放新型特色志愿服务活动和全社会的潜能与活力。

二 理论与实践基础

（一）志愿者与志愿服务

由于东西方的文化差异、社会结构不同，中国在发展志愿服务过程中具有了自身特色。专业志愿服务的发展也遇到了本土化的问题，构建起专业志愿服务的本土话语体系。对于中国专业志愿服务的发展而言，梳理清楚东西方话语体系的异同就显得十分必要。

志愿者，是指以自己的时间、知识、技能、体力等从事志愿服务的自然人。他们是具有志愿精神，不为报酬而主动承担社会责任的人，[②] 本着关注社会责任而非金钱利益的态度采取公益行动的人。他们的行动目的是超越了个人的物质生活所需的，他们追求的是个人的社会价值。狭义的志愿者指从事志愿服务的自然人，广义的志愿者还包括自然人之外的团体及组织等志愿服务主体。

我国的《志愿服务条例》明确了志愿服务是指志愿者、志愿服务组织

---

① 参见 GPBN 官网：https://globalprobono.org/，最后访问日期：2021 年 1 月 10 日。

② 丁元竹、江讯清：《志愿活动研究：类型、评价与管理》，天津：天津人民出版社，2004。

和其他组织自愿、无偿向社会或者他人提供的公益服务。志愿服务特别强调有组织、非营利、参与式发展。本质上说，志愿服务是公众参与社会生活的一种重要方式，志愿者是国家公共服务的重要生力军，是社会服务的积极参与者。这就决定了志愿服务是公共服务的重要组成部分，[①] 并且遵循自愿、平等、无偿、诚信、合法的原则。志愿服务广义上指志愿者不以获取物质报酬为目的，自愿贡献时间、能力和财富，为社会和他人提供的公益服务。[②]

志愿服务的自愿性、非报酬性和公益利他性已经在志愿者的概念中有所体现。此外，志愿服务还包含志愿者的付出以奉献时间和劳动为主，特别强调了亲身参与性；志愿服务中的另一要素是组织性，指服务活动是在合法的前提下，有组织、有计划、规范有序地开展。志愿服务鼓励人们团结互助，以团队和组织化方式来建设和谐社会。联合国前秘书长安南认为，"志愿精神"（Volunteerism）的核心是服务、团结的理想和共同使这个世界变得更加美好的信念。在我国，"奉献、友爱、互助、进步"的志愿服务理念，已经成为志愿精神的表述。志愿精神的核心是个人对生命价值、社会、人类和人生观的一种积极态度。[③] 志愿精神对社会精神、道德、文化产生的积极影响不是物质报偿所能计量的，志愿精神推动社会中人与人之间建立互助、互爱、互信、互利的和谐社会关系，这种志愿精神本身都是难以估量的巨大的社会资本。

志愿服务的精神价值包括对信仰、信念、道德和个人自信的确立（价值观和个人品德），对快乐情绪和愉悦情感的体验，在服务社会中助人自助（个人发展的心理意义），以及对人类美好文明和有意义生活的追求，促进人类自身发展（审美与生活方式）。志愿精神不分种族、不分宗教、不分国家、不分年龄和性别、不分社会地位，它是人类共有的积极向善的内在力量，也是社会创新的动力源泉。它在中国当前的社会主义核心价值体系建设和社会道德重建中发挥着越来越重要的作用。

---

① 沈杰：《走向后亚运时代的志愿服务》，《青年探索》2011 年第 1 期。
② 魏娜：《我国志愿服务发展：成就、问题与展望》，《中国行政管理》2013 年第 7 期。
③ 北京惠泽人公益发展中心：《中国志愿者管理基线标准》，2005 年 12 月。

（二）专业志愿服务

专业志愿服务，是由专业人士或专业团体自愿、无偿为社会公益所提供的具有职业或行业标准和规程的专业服务。[①]它是 21 世纪以来在全球逐渐兴起的志愿服务创新。

作为社会文明进步的标志，志愿服务通过人与人的联系、服务他人与社会，促进了社会发展和进步。根据志愿者个体的自身属性、志愿服务的环节、服务领域、服务内容等不同维度，可以对志愿服务进行分类。在国际志愿服务研究层面，通常根据志愿者是否参与有组织的志愿服务，而分为正式志愿服务和非正式志愿服务。正式志愿服务是指志愿者个体参与有组织、有计划、有明确目标的志愿服务活动，如环保组织志愿者河边捡拾垃圾；非正式志愿服务是指志愿者个体没有通过正式的组织，自行开展的志愿服务活动，例如个人邻里互助，周末清扫社区周边环境卫生等。

国际奥组委将赛会志愿服务分为两种：专业与非专业志愿服务。专业志愿服务是指那些具备专门知识、技能或特定资格条件才能上岗服务的工作，比如媒体运行、能源保障、医疗急救、语言翻译等专业服务。不需要专业技能和资格条件即可从事的服务，为非专业志愿服务。在奥运会志愿服务体系中，专业志愿服务是重要的组织部分，对赛会志愿服务水平和质量起着决定性作用。

以志愿者和志愿服务需要的专业技能和管理进行划分，可将志愿服务分为三种模式：[②] 一是奉献爱心、简单易行的体能型（Hands-On）志愿服务，二是以技术赋能解决具体技术问题的技能型（Skills-Based）志愿服务，三是以新科技、跨界协作参与社会治理和创新性解决社会问题的智能型志愿服务。

1. 体能型志愿服务是指人人力所能及地帮助他人的一次性为主的服务，其短期性和随机性较强。比如，捡垃圾和植树活动，看望孤弱儿童和老人活动，捐书活动等。主要体现为以物资援助和献爱心为主的体能劳动型服务，是个人直接为社会弱势群体或生态环境提供非技能性的志愿服务。其特点是：聚焦施予（Giving）和情感交流，促进人与人之间的联系，

---

① 翟雁主编《中国专业志愿服务理论与实务》，2018。
② 北京博能志愿公益基金会：《中国专业志愿服务发展报告（2017）》，2017 年 10 月。

加强人类信任关系。体能型志愿服务是一种传统的志愿服务模式，其目标是做个好人，或者从个人慈善愿望出发做件好事，这与人们日常听到的学雷锋、做好人好事等活动一脉相承。

2. 技能型志愿服务，顾名思义，指应用一门熟练的技能帮助他人解决技能性需要的服务。包括应用某项专业特长和职业技能，有组织地实施专业救助和发展性志愿服务。比如翻译，培训老年人使用电脑，给社区居民义诊，帮助一些农民工维权等。在全球视野内，技能志愿服务介于体能志愿服务与专业志愿服务两者之间，而在我国，技能志愿服务通常也被纳入专业志愿服务的范畴。它聚焦赋能（Empowerment），授人以渔，提升人们自主权利和发展能力，广泛动员公众参与，促进社群组织化和网络化。

3. 智能型志愿服务，指通过某一领域或跨领域的专业知识、经验和资源帮助公共部门和非营利组织开展独特的发展项目，通常不仅提供专业技术解决方案，还提供组织或行业咨询、培训和教练等能力建设服务。智能型志愿服务需要有组织化、系统化和专业化管理运营，通常需要组织者进行需求调研、项目开发、志愿者团队招募与专业能力匹配、专业志愿服务过程监测与评估，活动周期较长，志愿者投入的服务时间也较多。比如，为公益组织提供市场营销整体解决方案，为公益组织设计开发志愿者管理软件，为公益组织提供劳动用工法律咨询等。特点是以跨界多边协作、应用新技术、建立新机制来精准解决社会问题、促进社会系统性改善的创新型志愿服务。与简单做好人好事的一般志愿服务相比，智慧型志愿服务的目标是更好地服务社会，强调公益责任和公信力（Accountability）促进社会治理多元参与、制度环境改善与可持续发展。

专业志愿服务作为专业人士或专业团体自愿、无偿为社会公益所提供的具有职业或行业标准和规程的专业服务，具有以下诸多特征。[①]

①目标精准

专业志愿服务更加精准聚焦社会问题，理性确定所要解决的具体问题及其策略。专业志愿服务的服务对象一般为公益性社会组织、社区组织和弱势群体，以及针对特定社会问题发起的公益类项目或相关活动。专业志愿服务更加精准聚焦社会问题，运用专业技能和系统化解决方案，提升志

---

① 翟雁主编《专业志愿服务理论与实务》，2018 年 9 月。

愿服务成效及其社会影响力。由于我国专业志愿服务时间不长，不区分服务对象，只要在志愿服务中使用了某种专业技能，也称为专业志愿服务。

②专业赋能

随着社会的发展，社会组织对专业志愿服务的需求与日俱增，不仅在于专业志愿者提供了免费的人力资源、市场营销、战略规划、项目管理、IT 应用、法律咨询等专业技能，也在于专业志愿服务网络的成熟。具体来讲，专业志愿服务指运用专业知识和技能进行的公益志愿服务，主要面向公益慈善类的社会组织和弱势群体，用专业知识技能无偿帮助公益组织开展项目，提供咨询、培训和教练的服务。

③跨界合作

专业志愿服务把社会需求方、供给方和专业志愿服务支持机构，以及其他的利益相关方整合起来，协同合作，商业与非营利组织一起工作，共同发展解决问题的策略及相关能力。社会需求方大多是专业志愿服务对象，一般是社会公益组织、弱势群体，而社会供给方主要是指专业志愿者，他们提供个人的专业技能、时间，无偿提供专业服务。他们可能在政府、企事业单位、研究院所和学校、社会组织等机构从业，拥有职业专长与技能，他们有爱心和热情，愿意跨界和打破社会阶层服务弱势群体和公益组织。支持机构指提供专业志愿服务项目管理与评估机构，不仅对服务对象，也对专业志愿者负有管理和支持责任，并对专业志愿服务进行成效跟踪评估，促进项目持续地得到优化、完善，从而更好地实现公益目标。

④促进变化

专业志愿服务旨在促进客户发展及其行业建设，从而改善社会生态环境。现代社会中，专业志愿服务旨在打破阶层，让不同的人跨界、跨部门、跨地区和跨阶层共事，鼓励知识工作者积极而有序地参与社会治理，促进社会融合与包容性发展。专业志愿服务瞄准社会问题，其社会价值是解决社会治理与发展问题，促进社会变革，放大和实现个体的专业价值，激发人类社会的共建、共融与共享机制。

（三）项目管理与志愿者管理

专业志愿服务项目管理，本质上也属于项目管理范畴，是指在一定的资源条件下，限定一定的时间，针对供需双方达成的服务目标所开展的一

系列相关专业服务，并在服务过程中进行评估、监测、控制、调整和改进，最终实现志愿服务目标，实现社会效益。

专业志愿服务项目管理（ProBono Project Management）是运用各种相关技能、方法与工具，为满足或超越项目有关各方对项目的要求与期望所开展的各种计划、组织、领导、控制等方面的活动。志愿服务项目的关键是志愿者参与，而专业志愿服务项目中实施项目服务人员是来自组织外部的、不领取任何薪酬的专业志愿者。因此，在项目实施管理中必须将志愿者纳入重要的利益相关方进行合适的志愿者管理。

专业志愿者管理是支持和激励志愿者能够按照计划和标准实施专业服务的系列规范和保障，在达成服务目标的同时，进行志愿服务记录与认可，表彰志愿精神，使志愿者在服务中也获得成长和发展。在专业志愿者管理中，项目负责人和志愿者的关系至关重要。志愿者的工作热情来源于他们的内心，因而工作合同和升职许诺都不能成为他们工作的动力。很多人最初都是带着十足的热情参加志愿工作，到后来却心灰意冷，退出志愿服务。这种情况十分普遍。所以要对志愿者进行合适的管理，建立志愿者管理体系。志愿者管理虽然有别于固定员工管理，但作为一种社会公共人力资源管理，志愿服务需求评估、岗位开发与匹配、动员招募、培训辅导、服务支持、服务评估与激励等重要步骤都缺一不可。

（四）项目评估与模型

专业志愿服务项目评估的关键是绩效评估。绩效（Performance）一词最早来源于人力资源管理、工商管理和社会经济管理方面。"绩"就是成绩，"效"就是效率、效益。绩效包含了效率、产品与服务质量及数量、机构所做的贡献与质量，包含了节约、效益和效率。绩效的内涵比效益、效率的内涵更加广泛，所指的不单纯是一个政绩层面的概念，也不仅仅是工作态度、项目过程的范畴，更包括资源支出成本、支出效率、经济性与效果性、政治稳定、社会进步、发展前景等内涵。评价是指为达到一定的目的，运用特定的指标，比照统一的标准，采取规定的方法，对事物做出价值判断的一种认识活动。

项目绩效评价的实质就是分析和评价实施一项活动的有效性，而且是基于预期目标的有效性。对于专业志愿服务项目的绩效评价，就过程来

说，它包括投入是否满足经济性要求，过程是否合规和合理，项目自身及其与环境、资源之间能否协调地可持续发展；就结果而言，它又包括投入与产出相比是否有效率，行为的结果是否达到预期的目标以及预期产生的中长期影响。这里的影响既包括经济影响，又包括社会影响。由于专业志愿服务项目的公益性和社会福利性特征，导致产出测算的困难和投入产出关系的模糊性，因而很难对项目的效益进行全面有效的考核。国外的项目绩效评价指标体系涉及的方面随时间的推移在不断拓展和完善，主要分为项目评价和影响力评价两类模型。

1. 项目评价模型

最早期的项目评价主要借鉴企业的绩效评价理论，其评价对象主要集中在代表投资者和债权人利益的财务方面。20 世纪 60 年代兴起了以"成本、时间、质量"为绩效评估对象的"铁三角"（the Iron Triangle）指标，具体指标是将实际的进度、成本、质量与项目计划进行比较。财务指标和"铁三角"指标能在事后很好地衡量项目收益、进度和质量，但是它们也存在严重的滞后性和仅注重项目经济利益的狭隘性，并不完全适合志愿服务项目评价工作。20 世纪 80 年代以后，不同相关者在不同阶段对项目绩效有着不同诉求的观点几乎成为共识。如何设计评估指标以平衡不同诉求，达到整体效益最大化，成为绩效评估的难题。比较常用的评估方法包括多目标评价方法、平衡计分法和关键绩效指标法。

2. 影响力评价模型

影响力评估（Impact Assessment）是公共管理领域的方法论之一，也是评价服务类项目的重要方法之一。其中，专业志愿服务标准在项目评估层面发挥着重要作用。对专业志愿服务项目进行评估，就是了解这些专业志愿服务在多大程度上、用何种方式完成了预期"干预"任务，也是对专业志愿服务的质量和直接效果的评价。通过对照指标检查专业志愿服务项目，对专业志愿服务特征、要求与标准的分析，可以看出，无论是政府、企事业单位、高校院所、媒体、社会组织和社区，无论是作为专业志愿服务的供给方还是专业志愿服务使用方，都有责任规范和使用标准，通过对标准进行支持，从而促进专业志愿服务在中国的发展。

（五）存在的主要问题

专业志愿服务项目指标化的作用在于量化指标、固化优秀经验，从而

推动或者实现志愿服务或志愿者管理的规范化、长效化和可持续发展。目前，纵观我国志愿服务事业发展历程，从国家到地方，志愿服务指标化发展仍处于初期阶段，社会各界对于专业志愿服务的认定和识别缺乏必要的共识，在项目效果上仍然没有可信服的指标体系。由于在专业志愿服务乃至志愿服务方面的研究仍然不足，因此在项目指标的设计上也很难找到相关经验参考。

1. 评价主体单一

现阶段对志愿服务实施评价的主体有两个，即政府相关职能部门和使用志愿者的机构。目前中国的志愿服务组织者是以政府为主，一些企事业单位、高校、社区和社会组织也在使用志愿者，参与主体是志愿者，服务的对象是社会单位团体和一些弱势群体。不可否认，组织者实施评价，有利于调动志愿者的积极性，确保服务活动的顺利进行。但实施者作为评价主体，往往更多地站在管理者本位角度，忽视了参与主体的需求和情感体验，忽视了服务对象的意愿要求，评价结果的科学性、客观性和准确性都值得商榷。

2. 评价方法单一

目前志愿服务评价方式主要有三种：一是总结表彰，这是政府相关职能部门普遍采用的一种评价手段；二是项目大赛，例如团中央联合有关部委举办的"中国青年志愿服务项目大赛"，由专家评委根据项目评审标准进行评优和奖励；三是媒体评价，即新闻媒体对志愿服务活动予以报道和点评。上述三种评价方法，基本属于总结评价，即通过志愿服务的活动和项目总结，以及相关佐证材料的分析，根据总体效果实施评价。

3. 评价指标单一

目前所采用的评价方法主要侧重于活动效果，忽视了项目的其他要素，如志愿者个人成长、社会信用、志愿服务的经济价值、项目资金使用效率等。这往往会导致组织者不注重志愿服务的长效机制建设而一味追求活动实效，甚至出现部分志愿者组织"不找服务对象找媒体，不看效果看报道"的功利化倾向，严重制约志愿服务的创新与良性发展。

三 思路与模型设计

(一) 工作基础

为促进志愿服务专业化发展,北京惠泽人公益发展中心(惠泽人)于2005年在英国海外志愿服务社(VSO)支持下开发了国内首个《中国志愿者管理基线标准(BS-VMS)》,用于民间组织志愿者培训与志愿服务组织能力建设。随后,2015年初惠泽人联合相关机构研发了《中国专业志愿服务基线标准(1.0版)》进行组织测试与案例评选。

2017年2月,惠泽人联合北京博能志愿公益基金会(以下简称"博能志愿"),在友成基金会的资助下,在专家团队指导下迭代形成了《专业志愿服务标准(2.0版)》。2018年3月,课题组接受中国志愿服务联合会的委托开发"中国志愿服务系列教材"中的《专业志愿服务理论与实务》,就"专业志愿服务"概念、范围和标准等进行更加广泛和深入的研究,在全球专业志愿联盟(GPBN)国际理事会的协助下,广泛征求国内外专家意见,完成了《专业志愿服务标准(3.0版)》的迭代研发。

2018年12月,北京惠泽人公益发展中心与博能志愿共同研发并发布了《中国专业志愿服务基线标准》(*Benchmark Standard of Professional Volunteer Service*,BS-PVS),该标准用于中国专业志愿服务基准测评与认证,激励专业志愿者和志愿者管理人员提升专业能力建设,以推动中国志愿服务事业专业化与创新发展。本文所构建的指标体系将在此基础上针对项目评价进行完善和优化,进而推动专业志愿服务项目的规范化发展。

(二) 基本原则

专业志愿项目绩效评价指标是指衡量绩效目标实现程度的考核工具,在设计过程中遵循以下原则。

1. 相关性原则

项目支出在功能和经济的分类方面存在着一定的差异,基于这一前提,无法用单一的指标体系涵盖全部的项目支出。换言之,需要按照不同分类对指标进行设计,所选的指标应与评价目的具有较强的相关性,由此才能更加准确地反映出其绩效。

2. 重要性原则

在指标体系当中，可用于反映绩效的指标比较多，从评价重点出发，应优先选择核心指标，因为此类指标的代表性最强。对于项目支出而言，绩效评价需要对业绩状况进行全面评价，但在实际中，评价工作的开展基本是围绕着重要指标进行，重要程度不够的指标则会被剔除。

3. 可比性原则

绩效管理对象有时会是同类的，因此在进行绩效评价时，需要设定带有共性的指标。这样一来，所得的评价结果之间才能具有可比性。共性指标主要体现在预算编制、财务管理、资产管理、经济效益等方面的指标。绩效管理不同时，绩效评价指标的数量和覆盖范围必然会存在差异，但从总体分类上却要尽可能保持一致。

4. 系统性原则

专业志愿项目会涉及诸多的单位及人员，由此使得绩效评价成为工作量较大、工作时间较长的系统性工程。为确保绩效评价的顺利进行，保证评价结果的准确性，整个评价体系必须具备系统性，这样才可以从整体、全局、宏观的角度，如实反映出项目的绩效水平。同时，评价指标体系还要保证定量指标与定性指标相结合，增强绩效评价结果的全面性和客观性。

（三）模型设计

在参考国内外相关评价模型和项目绩效评价模型的基础上，我们力图建立一个既符合项目绩效评价基本要求，同时又符合中国专业志愿服务项目发展特征的综合评价体系。前者主要从项目管理的角度，从全过程管理的思路建立项目管理评价指标，同时按照"铁三角"评价理念形成项目产出评价指标；后者从项目效益角度，建立以影响力为基础的效果评价指标。此外，考虑到满意度评价在项目评价中所占比重日益突出，在项目评价中特别添加了满意度评价指标。最终，课题组针对专业志愿服务项目绩效建立了一套评价模型，即：专业志愿基线（Pro Bono Baseline）+ 管理（Management）+ 效益（Benefits），即 PMB 模型。其中，基线是指项目的专业志愿服务属性，也是入门评价的最低要求；管理是指项目在立项、执行和资源使用过程等方面的管理能力；效益是指项目实施之后

产生的成果及其在利益相关方和社会、环境及公共政策等方面所产生的影响力。

三者的地位并非孤立，而是相互产生作用的。只有具有稳定的管理，才能获得良好的结果，进而产生预期中的影响；项目的结果是获得一定影响的基础，而影响也会在一定程度上促进管理能力的提升与发展。为此，在对专业志愿服务的标准进行梳理与制定的过程中，重点对专业志愿服务项目评价体系相关要素和目标进行了研究。具体而言，专业志愿服务基线指标针对专业志愿服务的特征和概念进行界定与区分；专业志愿项目管理指标针对服务主体和项目质量的过程评价；专业志愿服务效益指标针对专业志愿服务的目标效果和影响力进行衡量。本评价模型的架构如图 1 所示。

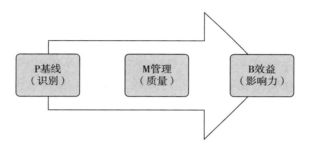

图 1 专业志愿服务项目评价：PMB 模型

因此，专业志愿服务标准体系由专业志愿者基线标准、专业志愿服务管理标准、专业志愿服务效益标准三个指标组成。绩效评价指标体系如表 1 所示。

表 1 专业志愿服务项目绩效评价指标体系

总目标	基本维度	一级指标	二级指标	三级指标
中国专业志愿服务项目评价指标体系	基线	项目基础	志愿性	参与自愿性
				项目公益性
				服务无偿性
			专业性	组织专业性
				个人专业性

续表

总目标	基本维度	一级指标	二级指标	三级指标
中国专业志愿服务项目评价指标体系	管理	项目质量	立项管理	立项规范性
				目标精准性
			组织管理	制度健全性
				利益相关方管理
				质量可控性
				验收合规性
			志愿者管理	志愿者岗位与招募
				志愿者培训与督导
				志愿服务记录与认证
				志愿者团队建设与激励
			活动管理	活动有序有效
				按照计划时间完成
				资源配置合适
			财务管理	到位时效性
				使用合规性
				资金使用率
	效益	项目影响力	社会影响	奖励荣誉
				媒体关注度
				信息公开度
			组织影响	专业队伍
				治理结构
			专业影响	知识化
				成果转化与新技术应用
				专业交流与倡导
				跨界与国际合作
			环境影响	行业和政策改善
				社会创新机制
			满意度	项目主管及委托方
				项目执行方
				项目服务对象
				项目志愿者

四 指标与权重设计

(一) 专业志愿服务项目基线指标

指自愿性、公益性、无偿性、组织专业性和个人专业性，用于确定是否为专业志愿服务，全部通过方为达标。

1. 志愿性

1.1 参与自愿性

概念内容：志愿者自愿提供服务，并非基于行政命令，也非他人或外力强迫驱使。

考核要点：志愿者是否自愿提供具有专业技能的服务？

评分方法："是"得 2 分，"否"则不得分。

数据核实：提供验收材料清单及证明文件。

1.2 项目公益性

概念内容：志愿者的服务对象及其服务领域体现公共利益，不具有政治性指向、近亲血缘或物质利益关系。

考核要点：志愿者的服务对象及其服务领域是否具有公益特征？

评分方法："是"得 2 分，"否"则不得分。

数据核实：提供验收材料清单及证明文件。

1.3 服务无偿性

概念内容：志愿者不因付出劳动而收取物质报酬，志愿者的服务也不属于任何商业行为。

考核要点：志愿者是否获取因劳动而产生的物质报偿？

评分方法："是"得 2 分，"否"则不得分。

数据核实：提供验收材料清单及证明文件。

2. 专业性

2.1 组织专业性

概念内容：志愿服务组织具有合法性，有组织地开展志愿服务。

考核要点：志愿者是否通过合法合规的志愿服务组织开展服务？

评分方法："是"得 2 分，"否"则不得分。

数据核实：提供验收材料清单及证明文件。

2.2 个人专业性

概念内容：志愿者自身具有专业技能和资质，服务中应用专业技能与科学技术，服务过程管理具有专业化。

考核要点：志愿者是否具有专业技能和资质，并且应用其专业技能从事于项目服务中？

评分方法："是"得2分，"否"则不得分。

数据核实：提供验收材料清单及证明文件。

（二）专业志愿服务项目管理指标

在通过基线标准之后，专业志愿项目管理指标主要是测量其专业志愿项目管理过程的专业化程度。

1. 立项管理

1.1 立项规范性

概念内容：项目申请、设立是否符合相关要求，用以考察项目申报的规范情况。

考核要点：考察项目审批部门所要求文件的完备性。

①项目协议或计划（或可行性报告）；

②初步设计和项目概算。

评分方法：该指标得分为①＋②。

数据核实：提供项目协议或计划、可研报告或初步设计方案材料。

1.2 目标精准性

概念内容：项目所设定的绩效目标是否瞄准具体的社会问题，是否有充分依据，是否符合公益原则和客观实际，项目绩效目标是否清晰、细化、可衡量，用以考察项目目标是否明确。

考核要点：①目标是否清晰明确；②目标是否能细化分解；③目标是否可衡量。

评分方法：该指标得分为①＋②＋③。

数据核实：根据项目协议或计划上所填报的项目建设目标和效益来进行对比分析。

2. 组织管理

2.1　制度健全性

概念内容：项目组织及其管理制度是否健全，分工是否明确，用以反映和考核业务管理制度对项目顺利实施的保障情况。

考核要点：①是否已制定或具有项目管理制度；②项目管理制度是否健全、完整。

评分方法：该指标得分为① + ②。

数据核实：提供项目管理制度文件和项目任务分工说明。

2.2　利益相关方管理

概念内容：利益相关方是指与项目有利益或利害关系的一组群体，该群体中任一组织或个人的利益均与项目的业绩有关。专业志愿服务项目的利益相关方通常有主管部门、资助方、项目执行机构、直接受益人、志愿者等。

考核要点：①是否已制定或具有项目利益相关方管理制度；②项目实施中与利益相关方保持平等尊重、沟通协商、信息反馈和利益包容。

评分方法：该指标得分为① + ②。

数据核实：提供项目利益相关方管理制度文件和项目实施中相关记录与利益相关方访谈。

2.3　质量可控性

概念内容：是否为达到项目质量要求而采取了必需的措施，用以反映和考核项目执行机构对项目质量的控制情况。

考核要点：①是否已制定或具有相应的项目质量要求或标准；②是否采取了相应的项目质量检查、验收等必需的控制措施或手段。

评分方法：该指标得分为① + ②。

数据核实：提供项目质量控制的证明材料。

2.4　验收合规性

概念内容：是否按照规定组织验收。

考核要点：是否由第三方（例如主管部门或资助方，或者其委托独立第三方专业机构或团队）组织验收？

评分方法："是"得 2 分，"否"则不得分。

数据核实：提供验收材料清单、项目结项报告、验收报告及验收意见

等文件。

3. 志愿者管理

志愿者管理是为了实现项目公益目标而对志愿者所实施的制度、风险防范、工作流程、权益保障和专业支持、认可激励等系列管理方法。

3.1　志愿者岗位与招募

概念内容：根据专业志愿服务项目的目标和志愿者需求，开发志愿者岗位并实施招募。

考核要点：①志愿者招募管理制度是否健全并符合法规政策要求；②志愿者岗位开发与招募是否符合项目目标和志愿者需求。

评分方法：该指标得分为① + ②。

数据核实：提供制度文件和招募记录资料。

3.2　志愿者培训与督导

概念内容：对志愿者实施入职辅导、专业培训、服务督导。

考核要点：①志愿者培训与督导是否符合相关法规和志愿者管理制度；②志愿者培训与督导是否与项目目标和志愿者条件相适应。

评分方法：该指标得分为① + ②。

数据核实：提供制度文件和培训与督导记录资料。

3.3　志愿服务记录与认证

概念内容：根据国家相关法规和政策，对志愿服务进入规范记录与证明。

考核要点：①志愿者注册与登记，并进行服务记录；②为志愿者免费提供证明资料和认可。

评分方法：该指标得分为① + ②。

数据核实：提供制度文件和培训与督导记录资料。

3.4　志愿者团队建设与激励

概念内容：项目执行机构组织志愿者进行团队建设，并给予认可、鼓励和社会优待。

考核要点：①志愿者保障和激励制度及政策文件；②对志愿精神进行宣传、激励和社会优待。

评分方法：该指标得分为① + ②。

数据核实：提供制度文件、激励记录、宣传资料等。

4. 活动管理

4.1 活动有序有效

概念内容：项目活动是志愿者对服务对象开展专业服务的具体内容，也是实现项目目标直接体现。项目活动包括活动计划、时间地点、服务对象与参与人员、活动内容与方式、资源配置、活动风险和变化管理等。活动管理是项目质量控制"铁三角"要素之一。

考核要点：①活动计划是否包含活动基本要求，是否有风险预案；②志愿服务活动是否实现了活动计划，并达到了预期效果。

评分方法：该指标得分为① + ②。

数据核实：提供计划文件、活动记录等资料。

4.2 按照计划时间完成

概念内容：时间管理是项目质量控制"铁三角"要素之二，按照计划时间开展项目活动。

考核要点：①项目活动是否按照计划如期开展；②是否实施了志愿服务活动时间管理。

评分方法：该指标得分为① + ②。

数据核实：提供计划文件、活动管理记录等资料。

4.3 资源配置合适

概念内容：项目资源包括人力资源、物质资源、项目资金等。资源管理是项目质量控制"铁三角"要素之三，在项目活动中需要合适地配置相关资源。

考核要点：①资源配置原则与计划；②志愿服务活动的资源是否符合项目需求和公益目标。

评分方法：该指标得分为① + ②。

数据核实：提供资源配置计划文件、活动记录等资料。

5. 财务管理

5.1 到位时效性

概念内容：资金到位情况是指实际到位资金与计划投入资金的比率，用以反映和考核资金落实情况对项目实施的总体保障程度。资金是否及时到位，若未及时到位是否影响项目进度，用以反映和考核项目资金落实的及时性程度。

指标计算：①资金到位率 = 实际到位资金/计划投入资金；②到位及时率 = 及时到位资金/应到位资金。

评分方法：值域［70%，100%］，公式2。该指标得分为① + ②。

数据核实：提供财务部门有关项目资金到位等证明材料。

5.2　使用合规性

概念内容：项目资金使用是否符合相关的财务管理制度规定，用以反映和考核项目资金的规范运行情况。

考核要点：依据财务部门有关项目资金使用文件要求进行考核。

①资金使用是否符合国家财政资金使用法规和财务管理制度以及有关办法的规定；②资金的拨付是否有完整的审批程序和手续；③项目的重大开支是否经过集体研究；④是否建立专户管理，做到专款专用。

评分方法：该指标得分为① + ② + ③ + ④。资金使用出现截留、挤占、挪用、虚列支出任何一种情况，本指标得分为0分。

数据核实：提供资金使用报告等证明材料。

5.3　资金使用率

概念内容：项目实际到位资金的使用数与实际到位资金数的比率，用以反映和考核项目资金实际使用或支出完成情况。

指标计算：资金使用率 = 实际到位资金的使用数/实际到位资金数。

评分方法：值域［70%，100%］，公式2。

数据核实：提供资金使用报告等证明材料。

（三）专业志愿服务项目效益指标

指社会、组织、专业、环境等方面的影响力，以及项目利益方的满意度，用于对专业志愿服务所实现的社会效益进行测评，这也是衡量实践成效的重要标准。

1. 社会影响

1.1　奖励荣誉

概念内容：项目成果荣获来自外部的政府有关部委和社会的奖励荣誉的次数、层次，用以反映项目成果对社会的适用性、成效性和影响力。

指标计算：①项目成果获得国家级、省部级、地方或专业领域的奖励（件/年）。

评分方法：标杆法，公式 5。该指标得分为①。

数据核实：对照项目申报与奖励荣誉证明文件。

1.2 媒体关注度

概念内容：项目成果在媒体上发布或被媒体引用的情况，以及项目人员接受媒体采访的情况，用以反映项目成果受媒体的关注度。

指标计算：①在主流媒体发表项目相关的评论性文章或被主流媒体引用（篇/年）；②参与主流媒体的以项目为主题的访谈节目（次/年）；③项目相关的具有重大影响的媒体报道（次/年）。

评分方法：标杆法，公式 5。该指标得分为① + ② + ③。

数据核实：通过网络和媒体大数据分析，对照项目申报与证明文件。

1.3 信息公开度

概念内容：机构网站和相关媒体是否发布项目进展及其成果，公众是否能够开放获取，以及项目相关的新媒体平台的粉丝关注情况，用以反映项目信息公开程度和公众感受。

指标计算：①机构网站和其他媒体是否动态项目进展及其成果；②项目信息发布的点击率（累计，次）；③项目相关的媒体公众平台（如微信等）关注粉丝（累计，人次）。

评分方法：①"是"得 2 分，"否"则该指标不得分。②值域 ［0%，100%］，公式 2。③标杆法，公式 5。该指标得分为① + ② + ③。

数据核实：通过网络和媒体大数据分析，对照项目申报与证明文件。

2. 组织影响

2.1 专业队伍

概念内容：项目组的专业人才和专业志愿者参与稳定或者增长。

考核要点：项目人员中参与的专业人才和专业志愿者是否稳定或者有所增长？

评分方法："是"得满分，"否"则不得分。

数据核实：对照项目申报与证明文件。

2.2 治理结构

概念内容：志愿服务组织通过项目实施对机构自身治理结构上的改善。

考核要点：①组织是否有专业人员组成的志愿者队伍；②专业人才是

否担任组织骨干；③是否形成了治理制度和机制。

评分方法：该指标得分为①+②+③。

数据核实：对照项目申报与证明文件。

3. 专业影响

3.1 知识化

概念内容：专业志愿服务形成流程和方法，优化工作规范和知识体系。

考核要点：①是否形成项目管理规范流程或指南手册；②是否改进、优化了专业志愿服务技术方法。

评分方法：指标得分①+②。

数据核实：对照证明文件。

3.2 成果转化与新技术应用

概念内容：项目成果得到复制推广，获得更多的专业志愿者、服务资助或投资，服务范围和数量扩大。

考核要点：①项目成果是否有质量的明显提升；②是否有项目成果转化与实施，并扩大服务范围。

评分方法：指标得分①+②。

数据核实：成果性文件、成果转化规划、资助或合作合同等证明文件。

3.3 专业交流与倡导

概念内容：项目组单独或联合举办公开研讨会、圆桌会议、论坛，开展交流与互访的情况，用以反映项目的专业活跃度及其影响力。

考核要点：①单独或联合举办公开研讨会、圆桌会议、论坛的次数；②公众交流与国内其他机构互访总次数及媒体关注热度。

评分方法：标杆法，公式5。该指标得分为①+②。

数据核实：通过网络和媒体大数据分析，对照项目申报与证明文件。

3.4 跨界与国际合作

概念内容：项目人员与多部门、跨界领域、国内外机构合作和交流的会议、合作发布成果与海外访问情况，用以反映项目在跨界和国际相关领域中的话语权、影响力。

指标计算：①项目人员与跨部门、跨领域和国外机构联合举办学术研

讨会、圆桌会议、论坛的总次数；②与国外机构或个人合作发布学术成果总件数；派往国外进行访问，参与交流、研讨会的总人次。

评分方法：标杆法，公式5。该指标得分为① + ② + ③。

数据核实：通过网络和媒体大数据分析，对照项目申报与审批文件。

4. 环境影响

4.1　行业和政策改善

概念内容：生态圈与人文环境改善，促进行业和政策法规改善，形成长效机制。

考核要点：①是否促进行业发展（如行业标准、新模式应用等）；②是否参与和促进政策法规改善，形成长效机制。

评分方法：该指标得分为① + ②。

数据核实：对照项目申报与证明文件。

4.2　社会创新机制

概念内容：应用中形成新机制、新模式、新策略、新技术。

考核要点：是否对创新社会问题的解决有所裨益。

评分方法："是"得2分，"否"则该指标不得分。

数据核实：对照项目申报与证明文件。

5. 满意度

5.1　项目主管及委托方

概念内容：项目主管部门或委托方对项目实施效果的满意程度。

评分方法：A：非常满意（10分）；B：比较满意（8分）；C：一般（6分）；D：比较不满意（4分）；E：非常不满意（0~2分）。

数据核实：对照项目协议或计划中的建设目标和经济社会效益分析部分，需相关案例和数据进行说明。

5.2　项目执行方

概念内容：项目执行机构对项目实施的满意程度。

评分方法：A：非常满意（10分）；B：比较满意（8分）；C：一般（6分）；D：比较不满意（4分）；E：非常不满意（0~2分）。

数据核实：对照项目协议或计划中的建设目标和经济社会效益分析部分，需相关案例和数据进行说明。

5.3 项目服务对象

概念内容：项目服务对象对实施效果的满意程度。

评分方法：A：非常满意（10分）；B：比较满意（8分）；C：一般（6分）；D：比较不满意（4分）；E：非常不满意（0~2分）。

数据核实：对照项目协议或计划中的建设目标和经济社会效益分析部分，需相关案例和数据进行说明。

5.4 项目志愿者

概念内容：项目志愿者对项目实施效果的满意程度。

评分方法：A：非常满意（10分）；B：比较满意（8分）；C：一般（6分）；D：比较不满意（4分）；E：非常不满意（0~2分）。

数据核实：对照项目协议或计划中的建设目标和经济社会效益分析部分，需相关案例和数据进行说明。

（四）指标设计

专业志愿服务项目评估指标体系包括定性与定量两部分。定性指标共有5项，只有在确定是专业志愿服务项目的专业志愿性（P）之后，方可进入项目评估定量指标。定量指标共有31项，包含项目管理（M）与项目效益（B）两部分（参见图2）。

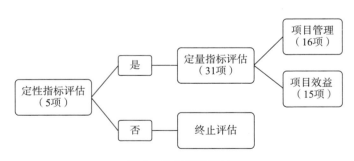

图2　指标评估设计

对定量部分的若干个指标进行综合评价时，各个指标对评价对象的作用，从评价的目标来看，并不是同等重要的。所以，选定评价指标后，常常对不同指标赋予不同的权，然后进行综合，权的数值大就认为重要，数值小就认为不重要。因此可定义：权重是以某种数量形式对比、权衡被评价事物总体中诸因素相对重要程度的量值。它既是决策者的主

观评价，又是指标本质的物理属性的客观反映，是主客观综合度量的结果。

1. 设计方法。权重集是表示各个指标在指标体系中重要程度的集合。如何消除过多的人为影响因素，并确定各指标的权重，是综合评价研究的重要内容。权重的确定方法主要有主观赋权法、客观赋权法以及主客观相结合的方法。

综合分析，本文认为利用主观赋权法中的层次分析法进行指标权重的设置，其科学性和实用性更强。首先，需要专业人员对不同重要程度的评价指标进行排序；其次，需要对这些评价指标进行打分并填入评价指标权重。基于这些信息，工作人员便可以通过层次分析法来对指标权重进行确认。

2. 权重分配。根据对项目评价指标体系的权重进行分析，并结合专业志愿服务类项目的自身特色，课题组对指标进行了初步设计。

表 2　专业志愿服务项目评估体系研究指标 A（定性）

指标编号	一级指标	权重	二级指标	权重	三级指标	权重
A1.1					参与自愿性	—
A1.2			志愿性	—	项目公益性	—
A1.3	项目基线	一票通过或否决			服务无偿性	—
A2.1			专业性	—	组织专业性	—
A2.2					个人专业性	—

项目评估满足定性标准（参见表 2）之后，即可进入定量评估（参见表 3）。如果不能满足专业志愿服务项目定性要求，则不予以进入定量评估。

表 3　专业志愿服务项目评估体系研究指标 B、C（定量）

指标编号	一级指标	权重	二级指标	权重	三级指标	权重
B1.1	项目管理	50	立项管理	10	立项规范性	4
B1.2					目标明确性	6

续表

指标编号	一级指标	权重	二级指标	权重	三级指标	权重
B2.1	项目管理	50	组织管理	12	制度健全性	4
B2.2					利益相关方管理	2
B2.3					质量可控性	4
B2.4					验收合规性	2
B3.1			志愿者管理	10	志愿者岗位与招募	3
B3.2					志愿者培训与督导	2
B3.3					志愿服务记录与认证	2
B3.4					志愿者团队建设与激励	3
B4.1			活动管理	8	活动有序有效	3
B4.2					按照计划时间完成	2
B4.3					资源配置合适	3
B5.1			财务管理	10	到位时效性	4
B5.2					使用合规性	4
B5.3					资金使用率	2
C1.1	项目效益	50	社会影响	12	奖励荣誉	3
C1.2					媒体关注度	4
C1.3					信息公开度	5
C2.1			组织影响	8	专业队伍	4
C2.2					治理结构	4
C3.1			专业影响	12	知识化	2
C3.2					成果转化与新技术应用	4
C3.3					专业交流与倡导	4
C3.4					跨界与国际合作	2
C4.1			环境影响	8	行业和政策改善	4
C4.2					社会创新机制	4
C5.1			满意度	10	项目主管及委托方	3
C5.2					项目执行方	1
C5.3					项目服务对象	3
C5.4					项目志愿者	3
合计32项			指标总分	100		

（五）指标评价方法

标杆法也称为基准化分析法（Benchmarking，BMK），是一种评价自身企业和研究其他组织的手段。在实践中，标杆法存在四种类型的基准设定，分别是内部基准、竞争性基准、一般性基准，以及过程或活动性基准。在具体实施中，一般采用内部基准的方式，按照项目设计要求设定相应基准值。未来可以结合专业志愿服务项目的设置调整基准，对标领先服务，发现不足之处，做出积极改善。

1. 指标量化。评估对象的绩效得分需要对基础指标进行量化评分。基础指标包括定性指标和定量指标两类，其量化的确定方法也各不相同。

2. 单项定性指标的量化方法。定性指标具有模糊和非定量化的特点，很难用精确数字来表示，并且由于很多方面都难以通过某一个具体的定量指标来描述，所以指标体系中定性指标也较多，这些指标表述的是被评对象的特性属性当前处于何种状态，这类指标无法做到完全精确的数量描述。为了防止因主观判断所引起的失误，增加定性指标的准确性，选择适当的方法将定性指标定量化就尤为重要。定性指标量化方法一般有如下几种。

（1）直接评分法。对于 m 个评估指标，请 n 个专家按某定性指标的标准对其直接打分，打分方法可以根据需要采取十分制或者百分制。如果第 j 位专家对第 i 个评估指标的分值为 r_{ij}，则第 i 个评估对象的最后得分为：

$$R_i = \frac{1}{n} \sum_{j=1}^{n} r_{ij} \qquad （公式1）$$

直接评分法中的专家评分的区分度较高，因此要求专家对评估涉及的领域和评估对象有较全面和深入的了解。在应用中，也可以根据专家对评估问题的熟悉程度给予不同的权重进行加权求和，或者使用德尔菲法进行多轮专家打分。

（2）栅格法。栅格法又称分档打分法。一个栅格（Grid）是由元素（Element）和属性（Attribute）组成，每一个元素都可以被属性的一极或另一极描述。而一个元素的属性可以用一个线性的尺度来表述，在一般情况下，至少需要5个标度点来区分事物之间质的差别或重要性程度的不同，但7个标度过于复杂，因此，很多情况是通过"1—5"档标度来表示的，

所使用的标度在整个过程中应当是一致的。建立指标体系实际上已经完成栅格组成元素的确定，所以量化工作主要是完成属性的判断，每个标度对应一个分数档，然后通过各属性对各指标的实现程度进行判断打分，得到完整的栅格，如表4所示。

表4　"1—5"档标度分布

最小	较小	中等	较大	最大
最少	较少	中等	较多	最多
最差	较差	中等	较好	最好
最低	较低	中等	较高	最高
1 档	2 档	3 档	4 档	5 档

（3）列举法。定性指标评估标准不像定量指标评估标准那样具有较强的客观性，评估时容易受评估主体的知识、经验、判断能力、对评估标准把握程度和价值取向等因素的主观影响。对定性指标的评估，较多的是依靠评估人员的个人判断或问卷调查的方式进行。每列举一项，对应相应的分数。该指标的得分将由各列举项得分累加。

3. 单项定量指标的量化方法。定量指标是可以直接获得其客观数据的指标，一般分为正指标、逆指标和适中型指标。正指标即指标值越大越好的指标，逆指标就是指标值越小越好的指标，适中型指标就是指标值越接近某一固定值越好的指标。由于指标的计量单位各不相同，其原始数据一般不具有可比性。因此，在采集到定量指标的原始数据后，由于各指标值的实际意义存在着较大的差别，表现形式也不一样，所以不能直接进行综合评估，而必须进行无量纲化处理。

根据专业志愿服务项目评估体系研究的复杂性，并参考其他各类绩效评估研究对各种模型和方法的实际应用效果，我们选择了直线型量化方法，该模型对正指标、逆指标分别提出了量化公式。各指标以百分制计算。首先定义几个变量，假定有基础指标 j，则有

$R_j(x)$：指标 j 的最终评估值；

x_j：指标 j 的原始计算值（有量纲）；

x_{jm}：指标 j 的适中值/预期值（有量纲）；

$x_{j\max}$：指标 j 的可能最大取值（有量纲）；

$x_{j\min}$：指标 j 的可能最小取值（有量纲）。

（1）正指标的无量纲化方法。正指标是指其对总目标的贡献率随着评估结果的增大而增大，即数据取值越高，说明绩效水平越高。其量化公式如下：

$$R_j(x) = \begin{cases} \dfrac{x_j - x_{j\min}}{x_{j\min}} \times 满分值, x_{j\min} < x_j < x_{j\max} \\ 0, x_j \leqslant x_{j\min} \\ 满分值, x_j \geqslant x_{j\max} \end{cases} \qquad （公式2）$$

（2）逆指标的无量纲化方法。逆指标是指对总目标的贡献率越接近某一中间值，说明绩效水平越好。其量化公式如下：

$$R_j(x) = \begin{cases} \dfrac{x_{j\max} - x_j}{x_{j\max} - x_{j\min}} \times 满分值, x_{j\min} < x_j < x_{j\max} \\ 满分值, x_j \leqslant x_{j\min} \\ 0, x_j \geqslant x_{j\max} \end{cases} \qquad （公式3）$$

（3）适中型指标的无量纲化方法。适中型指标是指对总目标的贡献率随着评估结果的增大而减小，即数据取值越高，说明绩效水平越低。其量化公式如下：

$$R_j(x) = \begin{cases} \dfrac{x_j - x_{jm}}{x_{j\max} - x_{jm}} \times 满分值, x_{jm} < x_j < x_{j\max} \\ \dfrac{x_{jm} - x_j}{x_{jm} - x_{j\min}} \times 满分值, x_{j\min} < x_j < x_j m \\ 0, x_j \leqslant x_{j\min} ; x_j \geqslant x_{j\max} \end{cases} \qquad （公式4）$$

为了适应当前专业志愿服务项目评价的实施，对定量指标进行无量纲化处理，我们设计了公式5，作为主要定量指标计算所用：

$$R(x_j) = \begin{cases} \dfrac{x_j}{x_{jm}} \times 满分值 \quad 0 < x_j \leqslant x_{jm} \\ 0 \quad x_j = 0 \\ 满分值 \quad x_j \geqslant x_{jm} \end{cases} \qquad （公式5）$$

4. 综合评分。在多指标综合评估方法的应用中，大多数情况下应用线性加权加法评分法计算被评对象的综合得分，综合评估的判据采用简单排

序法。①

加权求和法又称线性加权法，是最为简单常用的指标合成模型。如果有 m 个评估对象，评估指标体系有 n 个基础指标，第 j 个指标的权重为 W_j，若第 i 个评估对象在第 j 个指标上的评估得分为 R_{ij}，则第 i 个评估对象的综合评估得分为：

$$S_i = \sum_{j=1}^{n} W_j R_{ij} \qquad (i = 1, 2, \cdots, m) \qquad (公式 6)$$

加权求和法将多个指标通过不同权重合并成为一个综合指标，使无法排序的对象成为可排序的对象。

五　总结与实施建议

（一）项目评价机制的创新之处

1. 过程评价与结果评价相结合

项目绩效评价的主要目标是评价项目活动的效率性、效果性和经济性。效果性体现结果，效率性体现过程，而经济性则既体现结果又体现过程。要验证其实现程度，需要从结果和过程两个层面上构建整个评价指标体系。结果层面和过程层面的指标相互联系与制约，共同构成评价指标体系。本指标体系充分考虑了结果与过程，在具体指标上有了充分体现，同时也根据实际进行了取舍，从而保证能够在最少指标的情况下合理反映项目结合和过程本身。过程评价和结果评价相结合，使评价具有较强的真实性和科学性。

2. 自我评价与社会评价相结合

过程评价与结果评价、定量评价与定性评价相结合的评价方法，是组织者运用的一种评价手段，属于评价主体的范畴。志愿服务的主体是志愿者，志愿者在服务活动中的思想和行为等方面的变化也只有志愿者本人最为清楚。志愿服务组织在实施评价的同时，也要倡导志愿者梳理自身在志愿服务中的认识、感悟和启发，通过自我总结、自我判断和自我分析等形式，自觉地把志愿服务活动的自我评价融入项目评价之中。

---

① 国家科技评估中心：《科技评估规范》（第 1 版），北京：中国物价出版社，2001。

3. 线下与线上评价数据相结合

互联网时代的评价机制必然要包含网络采集数据的渠道，也需要通过线下的传统渠道获取评价所需要的数据。在指标体系的设计过程与实施机制中，除了采用传统的考核评价手段采集数据外，也在项目效益（影响）指标中加入了网络和大数据平台的支持。结合指标设计中的部分数据定义和需求，通过公开网络进行数据采集，并按照一定的算法进行清洗和整理，从而能够动态地采集相关的数据，形成有效的指标数据，直接用于评价结果，避免了人为干预。

（二）对项目评价工作的几点建议

1. 政府主管部门加强对志愿服务行业的培育与专业标准化授权

近十年来中国志愿服务事业正在加速向着专业化方向迈进，特别是多次重大灾难应急抢险、大型赛会与活动志愿服务，以及全国志愿服务项目大赛等，极大地推动了专业志愿服务项目和行业类专业机构的发展。《志愿服务条例》明确规定了"依法成立行业组织，反映行业诉求，推动行业交流，促进志愿服务事业发展"，在当前的志愿服务宏观管理格局下，需要党政有关部门积极推动行业类组织建设与发展，并授权开展行业专业化标准建设与评价等促进措施。

2. 建立项目动态监测的评估机制

志愿服务项目偏重于实践，也更强调协作，因此主管部门和单位应当对项目进展、项目产出、人才团队建设、资金使用等情况进行动态监测，实施绩效监控，开展绩效自评，及时报送项目经费使用及绩效管理报告。以往不少机构并不重视项目绩效评价工作，项目人员只注重项目的申报、验收和经费支出，对项目综合绩效评价的意识不强，更不能深刻理解项目绩效评价的意义。所以要加大宣传，提高管理部门及项目人员的绩效评价意识，促使他们认识到项目评价的必要性和重要性。

3. 建立制度化评价反馈沟通机制

在实践中，应鼓励项目人员针对项目评价中存在的问题及实施弊端提出意见，这样有助于评价指标体系结合项目的特点进行适当修正，如指标的增减、评分标准的修正、权重的重新分配等方面，使其更加适合项目的绩效评价，有效激发项目人员的能动性，建设优秀的科技团队，最终提高

项目经费的利用率和项目管理的质量。通过建立制度化的评价反馈沟通机制，如搭建绩效评价信息系统平台，设立专门的反馈沟通渠道，进而在实践中不断完善评价指标体系。

4. 建立项目评估的公共信息平台

网络信息采集需要一个针对公共网络的数据平台，用于指标相关数据的采集和清洗。除此之外，一个可信的项目评价结论仅有指标体系远远不够，从项目申请、实施到结题都需要有严格的审查机制和健全的配套措施。在整个过程中，管理者要建立公开透明的评价系统，包括立项、经费开支、项目进度、评价结果等都要公开、可查询，这样可以使项目管理者完全明白项目的经费开支情况以及还有哪些目标没有完成等，以便他们做好未来的项目计划，保质保量地完成项目任务。

参考文献

Amanda Brown、付涛：《专业志愿服务进入中国：涵养水土进行时》，《中国社会工作》2013 年第 10 期。

北京博能志愿公益基金会等：《专业志愿服务基线标准（3.0）》，2018 年 12 月。

北京惠泽人公益发展中心：《中国志愿者管理基线标准》，2005 年 12 月。

北京惠泽人公益发展中心：《志愿服务项目管理评估标准》，2006 年 12 月。

陈秀红、张登国：《志愿服务项目成效评估指标体系研究——基于 AHP 法和模糊区间评价》，《广西社会科学》2015 年第 1 期。

方轻：《志愿服务评价体系研究》，《长春理工大学学报》（社会科学版）2011 年第 3 期。

黄冠：《试论我国专业志愿服务模式及其发展道路》，《社会服务研究》（第三辑），北京：社会科学文献出版社，2016。

黄屹：《志愿服务组织评价指标体系构建研究》，《标准科学》2018 年第 11 期。

吴丹丹：《大学生志愿服务能力评价体系的构建与实证研究》，《统计与管理》2018 年第 5 期。

西奥多·H. 波伊斯特：《公共与非营利组织绩效考评：方法与应用》，北京：中国人民大学出版社，2005。

张衡宇：《基于绩效管理视角的大学生志愿服务评价机制构建》，《教育现代化》2017 年第 37 期。

Gilbert, "Government and Volunteer Sector Differences in Organizational Capacity To Do and Use Evaluation", *Evaluating and Program Planning*, 2014 (44).

GPBN, Standard of ProBono, 2016.

VSO, Benchmark Tool of Volunteer Program Management, 2005.

志愿服务法制建设

志愿服务法制建设比较研究

沈开举　邢　昕　冀　娟　沈思达　胡蝶飞

张玉娟　崔桂锋　王紫业　李玉婉*

摘　要： 2017 年国务院出台的《志愿服务条例》实现了全国层面志愿服务立法的突破，也是现阶段志愿服务法制建设的重要成就和研究重点。课题组为推动志愿服务法制建设再上新的台阶，通过调研实践汇总了目前我国志愿服务中出现的立法需求及相关制度实施的优劣势，凝炼出志愿服务立法在志愿者权益侵害及其保障，志愿服务激励举措等方面亟须解决的突出性、紧迫性现实问题；并基于欧美志愿服务法制建设经验，对志愿者服务法制建设从宏观层面的立法模式、体系架构、配套法规等，中观层面的名称选定、章节设计、基本原则、激励机制以及责任承担等，微观层面的志愿者行为能力要求、志愿服务组织登记程序以及条文顺序和语言表述等进行系统化的经验梳理和比较分析。在汇总前述成果的基础上，课题组对《志愿服务条例》从"条例"到"法"的"升级"方式、手段和具体条文进行了设计和拟订，最终形成《志愿服务法（试拟稿）》。

关键词： 志愿服务　立法　比较研究

---

* 沈开举，郑州大学法学院教授、博导，研究方向为行政法学；邢昕，郑州大学与美国亚利桑那州立大学法学博士研究生，研究方向为行政法学、比较法学；冀娟，郑州大学数学与统计学院党委书记，原郑州大学团委书记，研究方向为党团组织建设与管理；沈思达，郑州大学法学院讲师，研究方向为行政法学；胡蝶飞、张玉娟、崔桂锋、王紫业、李玉婉，郑州大学法学院宪法与行政法学硕士研究生，研究方向为宪法与行政法。

一　研究目的和意义、研究方法

(一) 研究目的和意义

志愿服务体现了公民的社会责任意识，反映了社会的文明进步程度，是推动社会主义精神文明发展以及和谐社会构建的有力载体。近年来，志愿服务已逐步成为一项具有广泛公众基础、蓬勃发展的社会事业。但是由于我国志愿服务的各种规章制度还不健全，志愿者的合法权利不能得到有效的保障。当前，全国性关于志愿服务的规范是国务院 2017 年颁布的《志愿服务条例》，尚无专门的志愿服务法律。实践中，志愿服务也存在活动尚不规范、权益保障稍显不足、激励机制相对匮乏等问题。亟须以实际问题为突破，以比较研究为参考，积极推动我国志愿服务法制建设的深入发展。

本文以问题意识为导向，域外考察为依托，以立法完善为归宿。针对欧美等志愿服务法制建设发达国家和地区的规范文本及其制度设计，因循"实践—理论—实践"的主要思路，本文形成了三部分由浅入深的研究。志愿服务法制建设的比较研究，对鼓励和规范志愿服务活动，发展志愿服务事业大有裨益。

(二) 研究方法

1. 规范分析法

规范分析是研究《志愿服务条例》及其法制发展的起点和基础，法解释学是法学研究之根本要义，是解决法律问题、法律适用的起点。课题组通过规范分析法对《志愿服务条例》进行了逐条解读和分析。

2. 比较分析法

比较分析法是法制发展的重要基石。课题组对欧美等志愿服务法制建设发达国家和地区的规范文本及其制度设计进行研究，并对相关条款内容进行了深入分析，为《志愿服务条例》升级为"志愿服务法"提供了制度性参考。

3. 调查分析法

调查分析法是指研究者通过实地面谈、提问调查等方式收集、了解事物详细资料数据，并加以分析的方法。课题组通过对志愿服务参与者、志

愿服务对象、相关组织管理人员等进行线上和线下问卷调查，收集相关资料数据并加以归纳总结。

二　志愿服务立法意愿调研报告

针对我国志愿服务法制建设的实践现状，2019 年 8 月至 12 月本课题组成员与郑州大学青年志愿者服务中心、第十一届少数民族传统体育运动会大会等机构密切合作，以"第十一届全国少数民族传统体育运动会志愿者""出彩中原社会实践博士服务团"等主题性志愿服务活动；绿城志愿服务队的"社区帮扶"志愿活动、微光志愿服务队的"长伴夕阳、情暖和佑"活动、小白鸽志愿服务队的喵星救援活动等品牌性志愿服务活动；"郑在志愿吧"常规性志愿服务活动为平台，在积极参与志愿服务活动的同时，对志愿服务参与者、志愿服务对象、相关组织管理人员等进行线上和线下问卷调查，共回收有效问卷 2042 份。

本部分将对有效回收的 2042 份调查问卷①进行三个层面的汇总：对本调查的样本概况、被调研人员对我国志愿服务法治建设实践经验评估以及未来志愿服务立法的建议进行归纳总结。

（一）志愿服务法制调查样本概况

根据调查问卷统计数据显示（图 1），有效参与此次调研的人数为2042 人，其中 15～20 岁的共计 1888 人，是本次调研的最重要的组成部分，占总人数的 92.46%；21～30 岁共计 110 人，占总人数的 5.39%；31～40 岁共计 37 人，占总人数的占 1.81%；40 岁以上共计 7 人，占总人数的 0.34%。

由于本项调查以高校组织以及高校师生参与的志愿服务活动为依托，不可避免地存在一定程度上的调查数据缺陷，但考虑到高校参与的志愿服务是涉及我国三大志愿服务（青年志愿服务、社区志愿服务、民间组织志愿服务）的多项有关活动，本次调研也覆盖 2019 年 8 月至 12 月主题性志愿服务、社区志愿服务、高校常规志愿服务等多项活动，对志愿者、志愿服务对象、志愿服务管理人员等多群体展开抽样，因而其数据结构具有一

---

①　调查问卷原文链接如下：https://www.wjx.cn/m/47846831.aspx。

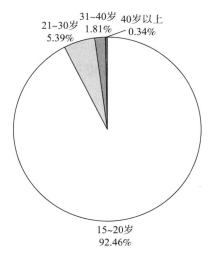

31~40岁 40岁以上
1.81% 0.34%
21~30岁
5.39%

15~20岁
92.46%

图1　被调研人员年龄分布

定的合理性，能够反映我国志愿服务发展的现状，其意见、建议具有一定的建设性。

在参与调查的人员中，参与过志愿服务活动的人员超过总人数的99%，其中"经常"从事志愿服务的占比为41.92%，"偶尔"从事志愿服务的占比为57.15%，"从不"从事志愿服务的占比为0.93%。考虑到个人体质等特殊因素，可以推断我国志愿服务活动参与程度之广。虽然参与志愿服务活动比例较高，但持续性、经常性参与比例仍偏低，近60%参与者"偶尔"参与志愿服务，参与次数相对较少。与发达国家早已形成"人人是志愿者，时时参与志愿服务"的志愿服务氛围尚有一定程度上的差距，仍需要通过宣传推广、制度完善、激励机制等形成更浓厚的志愿服务氛围。

在受调查群体参与志愿服务类型方面，其整体差异较大（图2）。社区服务是当今志愿者接触参与的主要志愿服务活动，其参与比例高达60.77%；参与较少的应急救援和失业下岗及流动人口服务比例不足5%。由于社区服务种类繁多、需求量大、覆盖面广、与生活密切相关、前期服务培训时长短，因而受到了志愿者的广泛参与。而应急救援、失业下岗及流动人口服务和扶贫开发，这类志愿服务活动则因其自身的专业性，在缺乏相应的专业资质和能力的情况下参与者较少。由于参与志愿服务类型的

差异性，在实施志愿服务立法时，应当依据不同的志愿服务类型及其特色，细化服务类型，配套涉及相应的条文，维护志愿者权利。

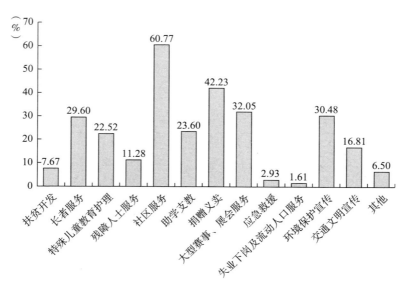

图2　受调查群体参与志愿服务类型

（二）志愿服务法制建设实践评估

1. 志愿服务组织建设

关于青年志愿者组织机构的性质问题（见图3），有947名被调查者，占总人数的46.38%的认为青年志愿者组织机构是一个独立于政府之外的非营利组织，占总人数的23.7%的认为是一个半民间半政府的组织，有14.05%的认为其应该与社会上其他志愿服务组织合并，有7.54%的人认为其应当成为政府的一个部门，有8.33%的人说不清其中关系。

由此可见，大部分被调查者认为青年志愿者组织机构是独立于政府之外的非营利组织，少部分认为其是一个半民间半政府的组织，极少部分认为其应当成为政府的一个部门或与社会上其他志愿服务组织合并，这反映了对于青年志愿组织的认识仍存在一定程度上的偏差。由于机构性质的明确是法制建设的前提条件，是机构设置、体系建构的基础保障，因而亟须在法律层面对之进行明确的规定，继而进行广泛的宣传。

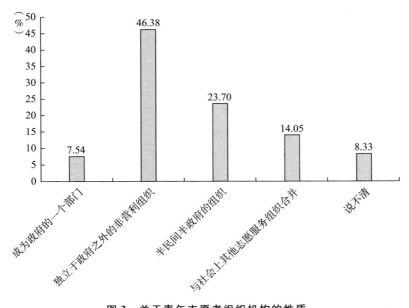

图 3　关于青年志愿者组织机构的性质

关于志愿服务活动组织机构的资质方面（见图 4），被调查者参与的各

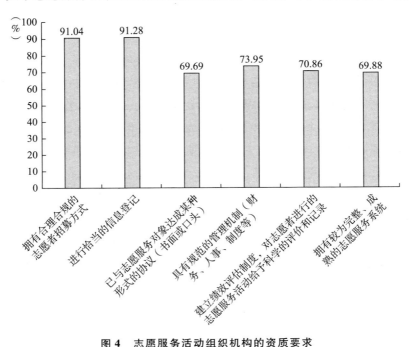

图 4　志愿服务活动组织机构的资质要求

项活动中，91.04%的志愿服务组织拥有合理合规的志愿者招募方式，91.28%的志愿服务组织进行恰当的信息登记。除此之外，做到与志愿服务对象达成某种形式的协议（书面或口头）；具有规范的管理机制；建立绩效评估制度，对志愿者进行的志愿服务活动给予科学的评价和记录；拥有较为完整、成熟的志愿服务系统的志愿服务组织均有70%左右。

由此可知，在我国目前的日常志愿服务中，志愿服务组织能够自觉主动维护广大志愿者的合法权益保障。但对于管理机制、服务系统、协议达成和评估制度等更加深入的权益保障方面，仍然有所缺失。因此，志愿服务活动的有效立法可以促进志愿组织对于志愿者权益的保障推行。

2. 权益侵害及其保障问题

在志愿者与组织服务的志愿组织之间关系的调研中（见图5），有67.34%的人觉得自己与自己所在的志愿组织机构沟通良好，诉求能够得到妥善处理；有31.24%的人觉得自己与自己所在的志愿组织机构沟通较好，出现问题大体能够得到解决；有1.42%的人觉得自己与自己所在的志愿组织机构沟通不畅，出现问题无法及时得到解决。从上述调研可以看出，大部分志愿组织机构运转情况比较良好，但同时志愿组织机构要加强与志愿者的沟通，及时解决志愿者所反映的问题。

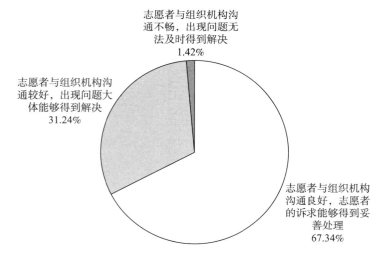

图5 志愿者与组织服务的志愿组织之间关系

在关于志愿服务活动中志愿者权益侵害现状的调研中（见图6），大部

分志愿者的权益从未受到侵害，占比 72.72% 。然而仍然存在 25.27% 的志愿者表示自己的权益偶尔受到侵害，2.01% 的志愿者表示自己的权益经常受到侵害。

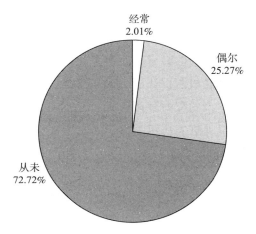

图 6　志愿服务活动中志愿者权益侵害现状

在志愿服务组织对志愿者权益保障的现状调研中（见图 7），有 74.53% 的调查对象认为志愿服务组织都能够保障自己的权益，有 20.27% 的调查对象认为部分权益能被志愿服务组织保障，还有 3.92% 的调查对象觉得极少有组织能保障自己的权益，只有 1.27% 的调查对象认为自己的权益从未受到保障。

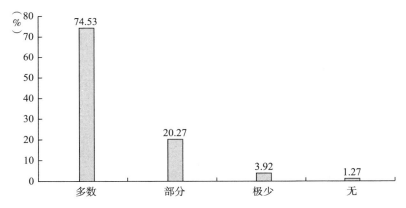

图 7　志愿服务组织对志愿者权益保障的现状

由此可见，目前我国大部分的志愿服务组织都是相对正规且合乎流程

的、基本能够保证志愿活动参与者的合法权益，但其中也包括些许对志愿服务参与者权益保障不甚完善的组织，一定程度上缺乏保障志愿者合法权益的能力，甚至也有可能有极少部分以志愿服务为名而行非志愿服务之实的组织。

因而，在志愿服务立法中应当明确政府相关部门对志愿服务法定管理的职责，依法指导志愿服务组织进行相关工作，及时强调志愿活动组织保障志愿者权益的重要性、必要性。另外，对于假借志愿服务之名而从事不法活动的组织，应当及时依法进行查处。此外，参与志愿者也应当积极维护自身合法权益，检举举报志愿服务组织的违法行为。

在志愿服务组织开展的保障项目类型调查中（见图8），有85.60%的志愿服务参与者所在组织提供了安全教育保障，有66.26%的人所在组织提供了人身保护保障，有44.81%的人所在组织提供了交通工具，有27.57%的人所在组织提供了医疗急救保障，只有20.08%的所在组织提供意外伤害赔偿保障，占比1.76%的被调查者所在组织为其提供了餐饮保障。

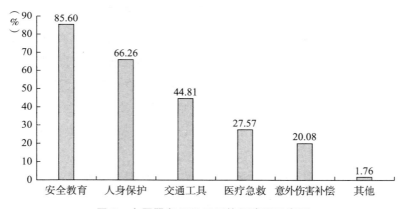

图8 志愿服务组织开展的保障项目类型

由此可见，大多数志愿活动参与者所在组织提供了安全教育、人身保护保障，近一半参与者所在组织提供了交通工具保障，少部分参与者所在组织提供了医疗急救和意外伤害赔偿。事实上，志愿服务活动保障项目众多，有关志愿服务组织应当保障志愿服务参与者多样化的合法权益。

　　数据统计显示（见图9），参与调查者中，仅有4.16%的人知道志愿者权益受到侵害时应该如何维护；有88.79%的人不太了解志愿者权益受到侵害时应该如何维护；有7.05%的人对志愿者权益受到侵害时应该如何维护毫无了解。

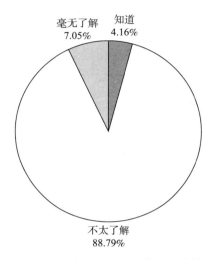

图9　志愿者权益受到侵害如何维护

　　由此可见，大部分受访者不太了解志愿者权益受到侵害时应该如何维护，知道志愿者权益受到侵害时如何维护的人少之又少。该调查一定程度上显示出志愿服务参与者对如何以合法方式保障自身的合法权益不甚了解，因而在加强志愿服务立法保障志愿服务参与者合法权益的同时，也应该加强对如何维护志愿者权益的宣传，让更多的志愿者了解如何维护自己的权益。

　　数据显示（见图10），在被调查者进行志愿服务过程中，56.42%的人没有遇到其他组织冒用志愿组织名义、标志等进行违法行动，40.89%的人偶尔遇到其他组织冒用志愿组织的情况出现。

　　由此可知，志愿组织被其他组织冒用的情况时有发生，这表明仍需要加强对其他组织冒用行为的严格审查，维护好志愿组织的权益，同时加强对正规志愿组织的宣传，提醒广大志愿服务参与者擦亮眼睛、谨防受到违法组织的侵害。

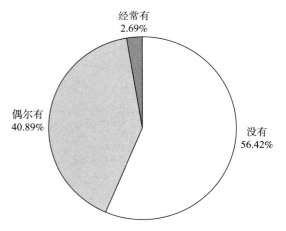

图 10　其他组织冒用志愿组织名义、标志等进行违法活动

（三）志愿服务立法完善建言献策

1. 立法信息知悉及其意愿

关于志愿服务立法现状知悉方面（见图 11），有 1194 人即占总数的 58.47% 的被调查者表示不了解志愿服务立法；有 807 人表示一般了解志愿服务立法，占人数的 39.52% 的；仅有 41 人即占总人数的 2.01% 的人表示非常了解志愿服务立法。实际上，该调查一定程度上显示出志愿服务立法的知晓度、参与度稍低，并未得到社会大众的有效关注，尚需通过多元化的宣传手段让志愿服务活动的相关主体了解和参与志愿服务立法工作。

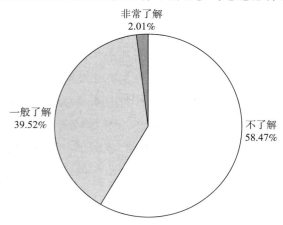

图 11　被调查者对志愿服务立法相关信息的了解程度

数据显示（见图 12），96.91% 的调查对象认为志愿服务立法工作会规范和推动志愿服务事业的发展，3.09% 的调查对象认为志愿服务立法工作不会规范和推动志愿服务事业的发展。

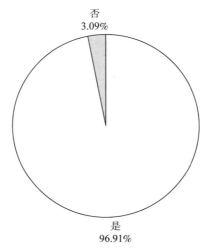

图 12　志愿服务立法工作是否会规范和推动志愿服务事业的发展

由此可见，绝大多数被调查的对象都认为志愿服务立法工作的推进会更加有助于规范和推动志愿服务事业的发展，但仍有少部分调查对象对志愿服务立法工作有利于志愿服务事业发展持不同意见，持不同意见者认为目前的志愿服务法制尚不完善，未能有效推动志愿服务的发展。

尽管目前志愿服务法制建设公众参与度较低，但由于近 97% 的被调查者坚信志愿服务立法对志愿服务规范、管理的积极的推动作用。可以看出志愿立法的必要性在被调查者中已达到基本共识，但仍然有 3.48% 的被调查者由于种种原因，表示没有必要志愿立法（见图 13）。

在志愿服务全国性法律建设方面（见图 14），约 98% 的被调查者表示需要制定全国性的法律进行指导，其中 45.50% 的被调查者表示认为志愿服务迫切需要制定一个全国性的法律作为指导，52.60% 的志愿者则认为当今需要制定法律规范志愿服务但不急切。另有 1.81% 的志愿者认为志愿服务无须立法。

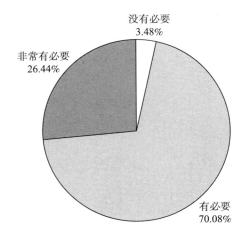

图 13　志愿服务立法是否必要

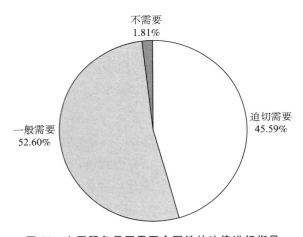

图 14　志愿服务是否需要全国性的法律进行指导

由此可知，绝大多数被调查者都认为需要制定相关的法律来规范志愿服务的具体细节。志愿服务的全国性立法已是大众所需，但由于《志愿服务条例》的存在，或因志愿服务中尚未出现高发且亟须处理的事件等因素，被调查者认为志愿服务全国性立法必要但不迫切。

2. 立法规范及其改善事项

数据显示（见图15），在对关于志愿机构需要改进的意见收集中，存在77.72%的被调查者认为需要改进的方面为"推出更多优质项目"，61.66%的被调查者认为需要就"健全激励机制"进行改进，48.14%的被调查者认

为"优化资讯传播方式"为需要改进的地方,46.38%的被调查者认为需要改进的地方包括"增添志愿者招募方式",另外,还有0.93%的被调查者提出了其他改进的意见。

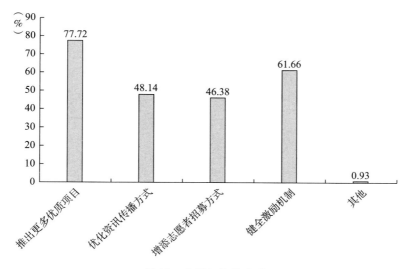

图 15   志愿机构的改进

由此可见,大多数被调查者建议当前志愿机构需要就推出更多优质项目以及拥有更健全的激励机制两个方面做出改进。接近50%的被调查者认为优化资讯传播方式以及增添志愿者招募方式可以对当前志愿者现状有所改善。另外有少部分被调查者给出了其他一些建议,如志愿项目增加志愿者招募人数、和其他组织合作次数等。志愿机构应该积极吸取意见和建议,让志愿服务活动在合法的轨道上展开,不断丰富志愿服务活动形式,积极健全参与激励机制等。

数据显示(见图16),在所有被调查者中,分别有87.17%、87.41%、87.56%的被调查者认为志愿服务组织应当具有"登记注册的责任""承担对于志愿者保障的相关责任""志愿者的招募、档案管理及志愿证明的责任";另外,有74.98%的被调查者认为志愿服务组织应当具有一定的"保险措施",即"根据需要协商为志愿者办理相应保险";69.25%的被调查者认为志愿服务组织应当"禁止强迫他人从事志愿服务和冒用志愿组织名义进行违法活动";59.21%的被调查者认为志愿服务应当"签订志愿服务协议";另有0.34%的被调查者认为志愿服务组织还需要具备其他方面的

责任和权利。

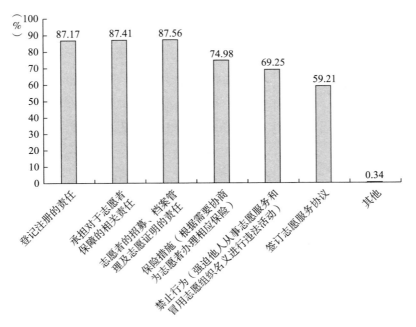

图16　志愿服务组织的责任和权力

由此可见，大多数被调查对象认为志愿服务组织应当在志愿者注册、志愿者相关保障、志愿者的招募、档案管理及志愿证明方面加强相关责任意识以及行动落实。认为志愿服务组织应当落实在保护措施方面、禁止强迫他人从事志愿服务和冒用志愿组织名义进行违法活动方面，以及签订志愿服务协议方面的责任的受访者均超过半数。另有少数人建议志愿服务组织应当加强落实对志愿者前期礼仪培训的相关责任。

在志愿服务立法的涵盖范围方面（见图17），参与志愿服务的人群中，90.84%的志愿者认为志愿者权利与义务应该包含在志愿服务立法中，87.51%的志愿者认为应包含志愿者注册，80.36%的志愿者认为应包含志愿者培训。除此之外，志愿服务的时间累计、绩效、表彰等也是志愿者群体在志愿服务立法中的主要期盼。由此可知，细化志愿服务立法，推进立法项目，全面有效维护志愿者权益，具有现实意义和需求。

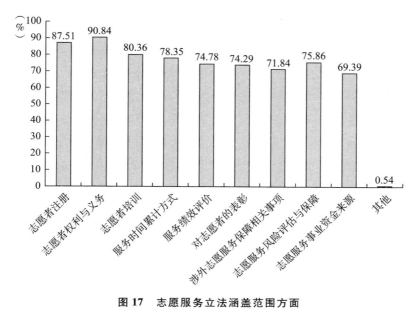

图 17　志愿服务立法涵盖范围方面

对于未来志愿服务立法的完善和突破领域方面（见图 18），数据显示，参与调查的人员中，有 81.64% 的人认为志愿者服务立法应该在对志愿者认可度和保护力度上有突破；有 69.74% 的人认为志愿服务立法应该在志

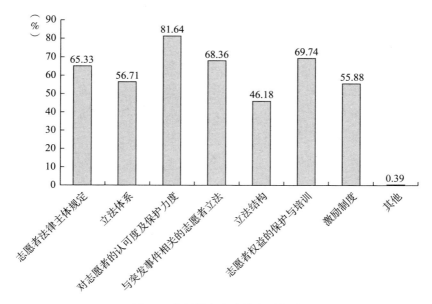

图 18　志愿服务立法的突破领域

愿者权益的保护与培训上有突破；有 68.36% 的人认为志愿服务立法应与突发性事件立法形成有效衔接；有 65.33% 的人认为志愿者服务立法应该在志愿者法律主体规定上有突破；有 56.71% 的人认为志愿者服务立法应该在立法体系上有突破；有 55.88% 的人认为志愿服务立法应该在激励制度上有突破；有 46.18% 的人认为志愿服务立法应该在立法结构上有突破。

由此可见，志愿服务领域需要有所突破意味着社会公众对目前该领域还不满意，大家呼声最高的则是对志愿者的认可和立法保护，志愿者在参与志愿服务之时尚存难以得到尊重、受到伤害时维权措施不足等问题。而在涉及法律主体、立法体系、志愿者突发事件的立法、立法结构的突破方面大众也有所期待。此外，超过半数被调查者认为还应当有激励制度的突破，以吸引更多的人参加志愿活动。

三　志愿服务法治建设的多元化视野

（一）美国志愿服务法治建设比较研究

志愿服务精神在美国是源于传统的慈善观念，其起源最早可追溯到中世纪的基督教会宣扬人生而有罪的"原罪"（Original Sin）概念，基督教徒须通过行善事积累福泽，为求其死后能避免遭受天谴，使其灵魂得到救赎。美国能成为志愿服务大国离不开宗教精神深入人心的宣扬，所以利他主义①的专业助人行为是扩大与延伸基督教的社会影响的重要途径之一，②正如 20 世纪初期在美国国内盛行的"睦邻运动"（Settlement Movement）③就是以教区为基础单位，逐渐形成互帮互助之风的志愿活动。宗教的慈善行为与志愿者服务多有相似之处，两者的价值观也是类似的。当然，除了宗教因素，美国国内的制度设置及发展也是推动美国志愿服务事业向前迈进的重要因素。从 20 世纪 60 年代开始，美国联邦政府便开始以立法及行政的手段来支持志愿服务的发展。目前，美国国会已颁布多部志愿服务法

---

① 利他主义是伦理学的一种学说，一般泛指把社会利益放在第一位，为了社会利益而牺牲个人利益的生活态度和行为的原则。

② 参见刘继同，《会通与更新：基督宗教伦理道德观与社会工作专业价值观的关系》，《宗教学研究》2005 年第 1 期。

③ "睦邻运动"于 19 世纪 80 年代在英国兴起，于 20 世纪 20 年代在英国、美国盛行。其倡导受过教育的志愿者和穷人在相同地方共同生活，并领导邻里改革、提供教育与服务。"睦邻运动"大幅影响近代的社会福利与社会工作的发展，是如今社区工作的先声。

律，为志愿服务的良性发展提供发展的法治环境；不仅如此，在美国，上自总统，下至民间组织，甚至是许多有识的个人，都积极倡导参与志愿服务活动。

美国的志愿服务体系发展大致经历了四个阶段，不同阶段的变化均由当时的社会形势所决定，而政府的激励和相应法律法规的出台则是其制度逐渐完善的重要保障。20世纪60至70年代，是美国志愿服务发展走向规范化的起点。这一时期的志愿服务项目主要由针对社会中出现的新兴问题与服务需要而做出的指向性计划构成。20世纪70年代至90年代初期，美国的志愿服务到了巩固发展的阶段。这一时期的重大成就在于美国在联邦层面出台了多部与志愿服务相关的立法与行政措施，为新兴的志愿服务提供了合法性，并相继设立了新的志愿服务项目和机构，以保障其顺利实施。自1994年"国家与社区服务机构"（Corporation for National and Community Service，CNCS）正式投入运行开始，由志愿服务所导致的侵权以及侵权诉讼频频发生，且由于志愿行为的特殊性，对志愿者的法律保障不可或缺。为应对形势，国会在1997年立法通过了《联邦志愿者保护法》（*Volunteer Protection Act of* 1997），① 与其他几部与志愿服务相关的联邦立法相比，这部法案并不仅仅是为配合联邦志愿服务项目的发展和运作，而且是一部针对志愿者保护的专门性立法。借助信仰和制度建设的力量，美国志愿服务逐渐发展成现如今的庞大体系。志愿服务项目的切入点已经由以满足生活需要为主朝着配合国家和社会的大局发展；联邦政府成立行政机构以及国会委员会管理志愿服务的事项，包括项目设置、人员招募、资金管理，等等。除此之外，政府高层的鼓舞，也是激励全民志愿的有力形式之一，同样促进了美国志愿服务的建设。

由于美国大多数志愿项目由政府牵头，所以志愿服务的管理机构也是政府职能部门。美国的志愿服务管理机构是其一项非常有特色的存在，最初成立的机构仅负责项目管理以及拨款事项。后来，立法使志愿服务管理机构的职能扩宽，涵盖了项目发起与管理、人员招募及培训，以及财政拨款等。CNCS创设后合并了"行动"与"国家志愿服务委员会"的职责，

---

① 该法全文可详见：Volunteer Protection Act of 1997，42 USC，https://www.law.cornell.edu/uscode/text/42/chapter-139，最后访问时间：2019年9月16日。

为之后统领美国志愿服务事务发挥着至关重要的作用，在之后的各项法案中均延续了该机构的职能。CNCS 的工作职能总的来说体现在三个方面：第一是负责在联邦政府、地方政府和非营利机构之间订立合同，建立合作关系，推广各种志愿服务项目；第二是统一管理其负责的志愿服务项目，包括负责志愿者的招募、培训与派遣，以及提供资金与技术上的支持等；第三是负责对志愿服务项目的推广工作，弘扬志愿服务的精神。① CNCS 的运行坚持以合作与地方化为工作原则，一个项目的运行需要地方和非营利机构的双重配合。CNCS 对州一级的志愿服务活动有其内部的一套管理和支持方式。CNCS 与地方的联系和对地方的控制主要通过地方代表来进行。发展至今，CNCS 主要进行美国志愿队项目（Ameri Corps）、针对老年人的服务项目（Serve with Senior Corps）和针对社区的服务项目（Serve in your Community）这三方面的志愿服务。

虽然美国联邦与州之间有不同的法律体系，可是志愿服务不分地域。关于志愿者的权益保护问题，《国内志愿服务法》作为最早一部系统地规定了志愿服务相关事项的法律，就涵盖了志愿者的权利与义务相关内容。1997 年的《志愿者保护法》对志愿者、志愿服务等基本概念进行了明确的界定，分为七个部分，分别介绍了：法案简称、立法的背景以及目的、法律适用冲突时的优先适用和选择适用的相关解决办法、志愿者承担责任的限制性规定、非经济损失的限制性规定、相关关键术语的解释，以及生效规定（即签署后 90 日生效，并且不具有溯及既往的效力）。

激励机制是志愿服务体系的重要内容之一。虽然志愿服务以无偿为原则，但是对为志愿服务活动付出的人员和组织给予适当的补偿和奖励，在立法和实践中已经达成共识。科学合理的激励机制，可以有效提高志愿服务参与主体的积极性，从而推动志愿服务事业的蓬勃发展。在美国，达到激励目标的部分措施有如期在服务期内发放津贴或者薪金；服务期满之后，申请联邦助学贷款的学生志愿者可以享受延期偿还或减免的优惠政策；不同项目设定不同额度的奖学金；申请政府或者非营利机构、企业工作时给予优先录用；等等。

---

① National and Community Trust Act of 1993, 42 USC Sec. 12202.

(二) 欧洲国家志愿服务法治建设比较研究

目前欧洲没有统一的志愿服务管理法律制度，欧盟也并没有一部统一规范志愿服务的办法，造成这一情况的原因是复杂的，但是最主要的原因还是志愿服务的性质多种多样，而且欧洲各国的志愿部门也具有复杂性，很难进行统一的管理。通过对目前欧洲各国对于志愿服务法律框架体系进行分类，可以主要分为三种类型，分别是：第一，有专门针对志愿服务的法律法规的国家，例如比利时、塞浦路斯、捷克共和国①、匈牙利、意大利、拉脱维亚、卢森堡、马耳他、波兰、葡萄牙、罗马尼亚和西班牙等；第二，没有专门的法律法规，但志愿服务受其他现有一般法律规范规制或者隐含在其中的国家，例如奥地利、丹麦、爱沙尼亚②、芬兰、法国、德国、希腊、爱尔兰、立陶宛、荷兰、斯洛伐克、瑞典和英国③等；第三，正在制定志愿服务法律法规的国家，如保加利亚和斯洛文尼亚等。应当指出，即使在这三大类中，由于每个国家采用的法律法规在适用于志愿服务、志愿部门和志愿人员本身方面也存在很大差异，因此很难一概而论并进行比较，④ 但是根据目前的相关法律法规建设情况可以看出相应的法治建设趋势并进一步进行分析。

由于欧洲国家与志愿服务有关的传统悠久以及宗教的影响、福利国家危机的出现以及志愿服务建设的政策支持，欧洲国家志愿服务法治体系与我国既存在共性，也存在差异。

共性主要体现在：在有法律法规规制志愿服务的国家，法律法规首先需要明确志愿服务相关的法律定义、法律地位以及立法目标，这也是欧洲国家关于志愿服务的法律法规主要作用，并且通过这种方法来保护和支持志愿人员。对于这一点，我国《志愿服务条例》在第一章总则中就明确规定了相关的法律概念以及立法目标，其规定自然人、法人和其他组织捐赠

---

① Vojtech Tutr, "A Draft Law for Czech Volunteers", SEAL, Autumn 2001.

② Association of Voluntary Service Organizations and European Volunteer Centre, "Country Report on the Legal Status of Volunteers in Estonia" (2005), http://www.avso.org/activities/countryreports/Estonia.pdf.

③ 英国 2006 年《慈善法》具体条文中文版可见杨道波、刘海江、庄玉友、张燏、孙洁丽、王旭芳：《国外慈善法译汇》，北京：中国政法大学出版社，2011，第 1 ~ 161 页。

④ Volunteering in the European Union, Educational, Audiovisual & Culture Executive Agency (EAC-EA), Directorate General Education and Culture (DG EAC).

财产用于志愿服务的，依法享受税收优惠，同时，该规定也是条例第四章促进措施的一部分。欧洲国家也把税收优惠作为促进志愿服务发展的一项重要举措，并且还有更为细致的规定。保险对于保护志愿者发挥着重要的作用，我国《志愿服务条例》当中明确规定了志愿服务组织安排志愿者参与可能发生人身危险的志愿服务活动前，应当为志愿者购买相应的人身意外伤害保险。在欧洲国家，保险也是保护志愿者权益的重要工具，在一些欧洲国家或地区，根据现行法律法规，志愿者组织有法律义务为志愿者提供保险和保护。

差异主要体现在：一方面，欧洲国家重视志愿服务与就业之间的关系，很多欧洲国家重视志愿服务在促进就业当中的正面作用，一些国家将促进志愿者在志愿服务中提高工作的技能作为一个重要的国家战略；另一方面，在欧洲少数国家及地区，已经建立了法律框架来鼓励营利性组织参与公司志愿服务，但是存在某些限制。

（三）志愿服务法制建设比较研究经验

随着改革开放及市场经济的深入发展，西方志愿服务的理念和实践模式开始逐步传入并影响我国大陆地区。1987 年，广州市开通了全国第一条志愿服务热线电话。①在进入 21 世纪以后，志愿服务的发展先后经历了包括 2001 年的"国际志愿者年"的设立、大型国际体育赛事（奥运会、残奥会等）的成功举办、"5·12"等大型自然灾害灾后重建工作等重大事件，促进了我国志愿服务事业的发展。上文对于我国与美国和欧盟国家志愿服务法治建设的比较研究为我国志愿服务法治化进程提供了些许有益参考。针对实践调研中社会大众的重大关切和世界各国志愿服务法治建设的成功经验，本文建议对我国志愿服务法治化的完善应当着重从以下几个角度入手。

1. 提升志愿服务立法位阶

我国第一部关于青年志愿服务的地方性法规是广东省订立的《广东省青年志愿服务条例》（1999 年，已失效）；截至 2019 年初，先后有 36 个省、自治区、直辖市相继颁布实施了 39 部地方性专门规范志愿服务的法规。国家层面上，共青团中央制定的《中国注册志愿者管理办法》、中国

---

① 《心声热线见证广州志愿服务 20 年》，中国文明网 2007 年 12 月 7 日，http://www.wenming.cn/zyfw_298/zyfwwh/201312/t20131204_1619899.shtml。

红十字总会制定的《中国红十字志愿服务管理办法》等规定可以在某些方面作为规范志愿服务活动的参考。2016 年，全国人大颁行的《中华人民共和国慈善法》中明确了对慈善组织的法律规定；2017 年国务院制定并施行的《志愿服务条例》是我国首部国家层面的关于志愿服务的立法。《志愿服务条例》颁行之后，为各地方省市制定志愿服务规章提供了重要法律依据。① 尽管如此，由于此系行政立法，仅有 6 章 44 条的《志愿服务条例》，并不能充分满足我国志愿服务事业发展的特殊要求。而据不完全统计，省级行政区域已制定志愿服务地方立法的约占 2/3，较大城市的约占 2/5，且 90% 以上是地方人大立法；2015 年《中华人民共和国立法法》修改后新增了 230 多个地方立法主体，它们在立法资源、能力和经验方面更为缺乏。因此，仅靠地方立法来推动志愿服务事业发展，存在制度供给不足的突出问题。志愿服务在全国范围内尚缺乏高位阶的统一立法，未能有效呼应提升志愿服务治理体系和治理能力现代化的目标追求，也不利于在全国范围内统一志愿服务的管理标准和管理依据。

美国、意大利等国家在这一方面走在了世界前列。美国、意大利等针对志愿服务的不同类型和阶段，有针对性地出台了诸如《志愿者保护法》《意大利志愿服务一般政策法》等相关法律。足见，法律位阶的提升、法条内容的完善是我国志愿服务法治化现阶段发展的关键。

我国志愿服务事业发展有独特的资源优势，不仅包括互帮互助传统、高层推动决心，还有集中资源和组织动员的能力。例如，除了一般法律意义上行使国家公权力的各类国家机关以外，党组织及各人民团体也具有高效率地组织动员开展志愿服务活动的传统、能力和经验。例如，中央文明委办公室、民政部、团中央、全国妇联、全国总工会以及其他中央国家机构和社会管理组织都实际上发挥着高层协调、统筹规划、组织动员、专业指导、政策推动、法律调整等职能作用，这样的资源和优势可以更大程度地激发出社会组织活力，更高效地发展志愿服务事业，稳健地推动社会发展、社会民主、社会和谐；同时，由于志愿服务活动主体多元化、行为多样化、内容丰富化，社会组织关系复杂微妙，仅靠或主要倚靠行政立法来

---

① 浙江、辽宁、山西、河南、天津新修订了本省市的志愿服务条例，在制定依据中增添了"根据《志愿服务条例》"表述。

调整显然力有不逮，因此更需要发挥人大主导立法职能通过制定法律加以调整，而且我国已有较为丰富、全面、成熟且经过实践检验的诸多地方人大立法经验可借鉴。

党的十八大以来，习近平总书记通过多种方式对志愿服务活动予以充分肯定并提出殷切期望；其他中央领导同志也先后就加快志愿服务立法做出专门批示；十九大报告再次强调要推进诚信建设和志愿服务制度化。这指明了我国志愿服务事业发展的愿景，为志愿服务活动的制度化、法治化、现代化发展指明了方向，尽快立项制定《志愿服务法》特别有助于精细化地落实这些重要指示和方针。

在稳健推动志愿服务发展的过程中，应当注重观念、理论和制度创新，正确认识和切实推动具有新时代中国特色社会主义的志愿服务观念体系、组织体系、保障体系、宣教体系、规范体系、运行体系、环境体系、国际体系建设，这些都需要更全面、高位阶的法律牵头予以调整。

2. 统一管理志愿服务协调机构的建立

我国《志愿服务条例》只规定了由精神文明建设指导机构负责志愿服务工作协调机制，地方立法将之限制为县级以上。[①] 各地条例还规定工会、共青团、妇联等人民团体和群众团体要在各自的工作范围内负责志愿服务工作。[②] 志愿服务事业涉及的管理部门复杂，比如管理志愿服务项目的可以是一个部门，涉及志愿资金拨付时则需要另一个部门。这些机构分设于不同的机关、组织之下，在一定程度上也不利于对志愿服务事业的集中管理。志愿服务是现代公民社会中一项社会公益活动，具有自主自治的性质，其自身的治理机制非常重要，但同样也离不开且不排斥政府的辅导和支持。推进志愿服务良性发展需要一个整合机制，既需要政府的宏观指导、资金支持，也需要志愿者组织的自主自治。[③] 通过这种机制，将两种不同力量的价值发挥到最大限度，克服志愿服务失灵的弊端，同时还能维持志愿服务组织自身的自主、自愿和灵活等方面的特征。

美国的CNCS统领美国的志愿服务项目，在协调工作、资金分配、人

---

① 《志愿服务条例》第5条；《河南省志愿服务条例》第5条；《河北省志愿服务管理条例》第6条。
② 《志愿服务条例》第5条。
③ 毛立红：《中国志愿服务法治化研究》，北京：中国人民大学出版社，2013，第83页。

员安排上发挥着重大作用，使政府与志愿服务行为紧密结合。将各个机构的职能整合在一个机构内部，将职责和流程划定在一个圆圈内是现代便民政府的表现形式之一。

除此之外，该机构还应当统筹志愿服务项目。比如，在志愿服务事项的资金划拨上，由该机构负责向相关财政部门申请；在志愿服务项目需要与高校或者有关部门、社会团体、企事业单位合作时，也应当由其进行协商和确定。

3. 完善志愿服务参与的激励机制

我国自古以来在道德层面就倡导助人为乐、见义勇为，政府还设立了"见义勇为奖"。我国虽然没有普遍性的宗教信仰要求必行善事，但也有传统优秀道德观的加持。从我国各地现有的规定来看，关于鼓励全民投身志愿服务的规定一般称之为志愿服务促进和保障措施，有的是单章规定的，有的分散在不同的章节内。《志愿服务条例》中规定的支持和促进措施包括：为开展志愿服务提供场所和其他便利条件，对高等院校等学生志愿者的志愿参与纳入实践学分管理，对履行志愿服务的法人提供税收优惠等。[1] 也有省份的政府将志愿服务事业纳入国民经济和发展计划；志愿者在同等条件下享有被优先录用和获得表彰奖励的权利；新闻媒体单位对志愿服务进行免费的公益宣传；志愿者凭借服务时长可以享有评选"星级志愿者"或者授予奖章等的精神性奖励的资格。[2] 虽然规定得较为明确，但部分措施可操作性不强，比如很难统计志愿者的服务时长。

美国政府在个人志愿者的参与激励设置上就很吸引人。首先，积极推动"兑换奖励"制度。比如，将志愿服务纳入高校奖学金评定标准，对于服务时长超过 1400 小时的青少年志愿者，每年奖励一定数额的奖学金；老年志愿者也能在相应志愿服务项目中凭借服务时长获得相应的物质奖励。

其次，大多数美国高校内部都有专门负责志愿服务项目管理与实施的校园组织，该组织负责针对在校大学生志愿项目的发布等一系列与项目本身有关的工作，以及大学生志愿者的档案管理和考核工作。大学生在入学之初要先进行志愿者资格注册，注册的时候登记了自己感兴趣的领域，丰

---

① 《志愿服务条例》第 27~35 条。
② 《黑龙江省志愿服务条例》第 41 条设置了特别奖、金奖、银奖、铜奖和服务奖奖章。

富多彩的志愿服务项目为高校大学生提供了多种选择。每个学生都可以根据自己的意愿申请加入其所属机构现有的志愿服务项目，注册签约之后就可以准确记录其参与志愿服务的时间，从而在学校里申请奖学金和毕业之后的就业申请上拥有优先地位。

此外，近来美国在职业资格证书的授予中也加入了志愿服务时长的要求。以纽约州律师职业资格授予为例，除按照原本要求的各种考试项外，还有50小时的法律公益服务时长要求，达到要求后方能授予法律职业资格证书。

4. 明确志愿行为侵权责任的承担

我国在志愿服务过程中发生的侵权损害这一层面上，不管是志愿者遭受损害，还是服务对象遭受损害，《志愿服务条例》没有一般性的统一规定，也未涉及志愿者侵权损害责任分配的具体规定。各地方立法在此问题的规定上，也显得参差不齐。志愿者的身份特殊，是不以营利为目的的，自愿贡献时间、精力去帮助他人的人，我国志愿服务事业发展速度迅速，简单地只靠《侵权责任法》中的一般性规定并不能很好地处理实务中可能会发生的情形，亟须出台特殊规定去保护志愿者在这方面的合法权益。

在保护志愿者合法权益这方面，与美国相比，我国还有很大提升空间。美国有单独一部《志愿者保护法》厘清志愿者责任承担界限，以及鼓励志愿者的志愿服务热情的急迫性，规定了志愿者不承担责任的情形。现代志愿服务理念和实践在我国已经上升到快速发展的阶段，一定也会发生志愿者侵权责任如何承担的问题。志愿服务的非营利性决定了志愿者与志愿组织之间、志愿者与服务对象之间的关系不属于劳动关系。[①]但在实践中，志愿者作为志愿组织的成员，除了需要遵守志愿组织的规章制度，以志愿组织的名义参与志愿活动，志愿组织对志愿者也负有培训和保障等职责。因此，除了志愿组织不发放薪金这一点不属于劳动关系，其他几乎与单位的工作人员性质一样。

应当将志愿者侵权责任的承担规定在未来我国志愿服务法的法律责任部分。志愿者在志愿服务的过程中由于自己的行为造成他人（包括服务对象和第三人）人身或者财产损害的，由志愿服务组织来承担赔偿责任；但

---

① 毛立红：《中国志愿服务法治化研究》，北京：中国人民大学出版社，2013，第139页。

志愿者出于故意或重大过失的话，仍然由志愿服务组织承担赔偿责任，但志愿服务组织对志愿者有追偿权。若志愿者由于其自身原因，比如没有相关资格证导致事故发生（如无证驾驶发生交通事故），即使是在志愿服务过程中，责任也应当由志愿者承担。如若构成犯罪，则依照刑事法律的规定处理即可。美国《志愿者保护法》中志愿者承担责任的排除心理有五种，但是我国的法律不应当对此进行穷尽列举，有重复之嫌，故意和重大过失作为排除志愿者免责的主观过失心态即可。

志愿者在志愿服务过程中如果遭受来自志愿组织、服务对象或者第三人的侵害时的权益如何保障，也应当成为志愿服务立法中的焦点问题之一。志愿服务过程中，由于他人（包括志愿服务对象、志愿组织或者第三人）的过错造成志愿者人身或者财产损害的，应当由侵权人依法承担法律后果，且应当由志愿服务组织作为一方当事人帮助获得赔偿或补偿；志愿服务组织在志愿者获得赔偿过程中的协助工作也应该表述为"应当"，而非"可以"。① 此外，如果志愿者在志愿服务中没有购买保险而遭受人身伤害，也应当由志愿服务组织承担赔偿或者补偿责任。

四 志愿服务立法建议

在汇总前述成果的基础上，本研究对从"条例"到"法"的"升级"方式、手段和具体条文进行设计拟定，最终形成《志愿服务法（试拟稿）》，以供参考。

（一）总则

第一条 为了保障志愿者、志愿服务组织、志愿服务对象的合法权益，鼓励和规范志愿服务，发展志愿服务事业，培育和践行社会主义核心价值观，促进社会文明进步，制定本条例。

建议在《志愿服务法》拟定之时，将本条修改为：

为倡导"奉献、友爱、互助、进步"的志愿精神，鼓励和规范志愿服务行为，保障志愿者、志愿服务组织、志愿服务对象的合法权益，促进志愿服务事业健康发展，根据宪法、相关法律和实际需要，制定本法。

---

① 《江苏省志愿服务条例》第30条。

第二条　本条例适用于在中华人民共和国境内开展的志愿服务以及与志愿服务有关的活动。

本条例所称志愿服务，是指志愿者、志愿服务组织和其他组织自愿、无偿向社会或者他人提供的公益服务。

建议在《志愿服务法》拟定之时，将本条修改为：

本法所称志愿服务是指自愿、非营利地服务他人和社会的公益行为。

第三条　开展志愿服务，应当遵循自愿、无偿、平等、诚信、合法的原则，不得违背社会公德、损害社会公共利益和他人合法权益，不得危害国家安全。

建议在《志愿服务法》拟定之时，将志愿服务原则条款修改为：

志愿服务活动应当遵循自愿、合法、平等、诚信和非营利的原则。

第四条　县级以上人民政府应当将志愿服务事业纳入国民经济和社会发展规划，合理安排志愿服务所需资金，促进广覆盖、多层次、宽领域开展志愿服务。

建议在《志愿服务法》拟定之时，将本条修改为：

各级人民政府应当把志愿服务纳入国民经济和社会发展规划和计划、国民经济和社会发展指标统计体系，把志愿服务经费纳入年度财政预算。

各级人民政府应当通过委托、合作等方式，在志愿服务培训、保险、信息化建设、法律援助等方面提供资金支持和保障。应当对基层社会建设中发挥重要作用的志愿服务项目加大保障力度，促进发展。

第五条　国家和地方精神文明建设指导机构建立志愿服务工作协调机制，加强对志愿服务工作的统筹规划、协调指导、督促检查和经验推广。

国务院民政部门负责全国志愿服务行政管理工作；县级以上地方人民政府民政部门负责本行政区域内志愿服务行政管理工作。

县级以上人民政府有关部门按照各自职责，负责与志愿服务有关的工作。

工会、共产主义青年团、妇女联合会等有关人民团体和群众团体应当在各自的工作范围内做好相应的志愿服务工作。

建议在《志愿服务法》拟定之时，将本条修改为：

国家和地方精神文明建设指导机构负责指导本行政区域内的志愿服务活动，督促检查各部门开展志愿服务活动的情况。

各级民政部门及其他组织在各自职责范围内负责组织、协调、培训、宣传等工作。

（二）志愿者和志愿服务组织

第六条 本条例所称志愿者，是指以自己的时间、知识、技能、体力等从事志愿服务的自然人。

本条例所称志愿服务组织，是指依法成立，以开展志愿服务为宗旨的非营利性组织。

建议在《志愿服务法》拟定之时，将本条修改为：

本法所称的志愿者是指利用自身知识、技能、体能、时间等，自愿为社会和他人提供服务和帮助的个人。

本法所称的志愿服务组织是指依法成立、专门从事志愿服务活动的非营利性社会组织。

第七条 志愿者可以将其身份信息、服务技能、服务时间、联系方式等个人基本信息，通过国务院民政部门指定的志愿服务信息系统自行注册，也可以通过志愿服务组织进行注册。

志愿者提供的个人基本信息应当真实、准确、完整。

建议在《志愿服务法》拟定之时，将本条修改为：

国家和地方建立统一、安全、便捷的志愿者管理信息系统和志愿服务信用体系。

第八条 志愿服务组织可以采取社会团体、社会服务机构、基金会等组织形式。志愿服务组织的登记管理按照有关法律、行政法规的规定执行。

建议在《志愿服务法》拟定之时，将本条修改为：

申请成立志愿服务组织的，应当依法在当地民政部门或者其他法定机构进行登记，并在当地志愿服务协调机构备案；除了依法和依传统应当在当地民政部门登记的情形之外，应当到当地志愿服务协调机构进行登记，并报当地民政部门备案。

登记成立的志愿服务组织接受登记机构的监督和管理。

第九条 志愿服务组织可以依法成立行业组织，反映行业诉求，推动行业交流，促进志愿服务事业发展。

无修改。

第十条　在志愿服务组织中，根据中国共产党章程的规定，设立中国共产党的组织，开展党的活动。志愿服务组织应当为党组织的活动提供必要条件。

无修改。

（三）志愿服务活动

第十一条　志愿者可以参与志愿服务组织开展的志愿服务活动，也可以自行依法开展志愿服务活动。

删除。

第十二条　志愿服务组织可以招募志愿者开展志愿服务活动；招募时，应当说明与志愿服务有关的真实、准确、完整的信息以及在志愿服务过程中可能发生的风险。

无修改。

第十三条　需要志愿服务的组织或者个人可以向志愿服务组织提出申请，并提供与志愿服务有关的真实、准确、完整的信息，说明在志愿服务过程中可能发生的风险。志愿服务组织应当对有关信息进行核实，并及时予以答复。

建议在《志愿服务法》拟定之时，将本条修改为：

需要志愿服务的组织和个人，可以向志愿服务组织或其他志愿服务活动组织者提出申请。申请人应当按照志愿服务组织或其他志愿服务活动组织者的要求提供相关材料，并告知与志愿服务有关的真实、准确、完整信息和潜在的风险。

申请人为无民事行为能力或限制民事行为能力的，由其监护人代为申请。

志愿服务组织应当及时对申请事项进行审核，根据申请人的申请和实际情况，经确认后为其提供相应的志愿服务；不能提供志愿服务的，应当及时答复申请人。

第十四条　志愿者、志愿服务组织、志愿服务对象可以根据需要签订协议，明确当事人的权利和义务，约定志愿服务的内容、方式、时间、地点、工作条件和安全保障措施等。

建议在《志愿服务法》拟定之时，将本条修改为：

志愿服务协议应当包含：（一）志愿服务的内容、时间和地点；（二）各方的权利与义务；（三）志愿服务的保障条件；（四）协议的变更和解除；（五）法律责任及争议解决方式；（六）其他需要明确的事项。

第十五条　志愿服务组织安排志愿者参与志愿服务活动，应当与志愿者的年龄、知识、技能和身体状况相适应，不得要求志愿者提供超出其能力的志愿服务。

无修改。

第十六条　志愿服务组织安排志愿者参与的志愿服务活动需要专门知识、技能的，应当对志愿者开展相关培训。

开展专业志愿服务活动，应当执行国家或者行业组织制定的标准和规程。法律、行政法规对开展志愿服务活动有职业资格要求的，志愿者应当依法取得相应的资格。

建议在《志愿服务法》拟定之时，将本条修改为：

志愿服务组织应当对志愿者进行志愿服务知识、技能培训和安全教育。志愿服务组织应根据专业志愿服务的性质和特点进行培训，促进志愿服务活动专业化发展。鼓励志愿服务组织根据志愿服务活动要求为志愿者进行分级、分类培训。

第十七条　志愿服务组织应当为志愿者参与志愿服务活动提供必要条件，解决志愿者在志愿服务过程中遇到的困难，维护志愿者的合法权益。

志愿服务组织安排志愿者参与可能发生人身危险的志愿服务活动前，应当为志愿者购买相应的人身意外伤害保险。

建议在《志愿服务法》拟定之时，将本条修改为：

鼓励自然人、法人和其他组织积极参与志愿服务活动，为志愿者和志愿服务组织购买保险、成立志愿服务基金会，提高全社会志愿服务的参与度。

第十八条　志愿服务组织开展志愿服务活动，可以使用志愿服务标志。

建议在《志愿服务法》拟定之时，将本条修改为：

利用志愿者、志愿服务组织的名义或者志愿服务标识等信息进行非法活动的，有关部门应当予以制止；情节严重的，依法追究其法律责任；构

成犯罪的，由司法机关依法追究刑事责任。

对冒用志愿服务组织的名义、标识和有关资料进行非法活动的，志愿服务组织有权依法追究其相应的法律责任。

第十九条 志愿服务组织安排志愿者参与志愿服务活动，应当如实记录志愿者个人基本信息、志愿服务情况、培训情况、表彰奖励情况、评价情况等信息，按照统一的信息数据标准录入国务院民政部门指定的志愿服务信息系统，实现数据互联互通。

志愿者需要志愿服务记录证明的，志愿服务组织应当依据志愿服务记录无偿、如实出具。

记录志愿服务信息和出具志愿服务记录证明的办法，由国务院民政部门会同有关单位制定。

建议在《志愿服务法》拟定之时，应将本条文增加一款：

对伪造、变造、骗取志愿服务记录证明的个人和组织应当纳入诚信记录。

第二十条 志愿服务组织、志愿服务对象应当尊重志愿者的人格尊严；未经志愿者本人同意，不得公开或者泄露其有关信息。

建议在《志愿服务法》拟定之时，将条文修改为：

志愿服务组织、志愿服务对象应当尊重志愿者的人格尊严；未经志愿者本人同意，不得公开或者泄露其有关信息。志愿服务主管部门对不当公开或泄露信息的个人、组织给予惩戒。

第二十一条 志愿服务组织、志愿者应当尊重志愿服务对象人格尊严，不得侵害志愿服务对象个人隐私，不得向志愿服务对象收取或者变相收取报酬。

针对此条文设立的目的，建议在《志愿服务法》拟定之时，应做出如下修改：

首先，可以将志愿服务组织、志愿者应遵守的禁止性规定分开表述，同时应将其他志愿服务活动组织者该主体纳入志愿服务组织一章；其次，将"应尊重服务对象的人格尊严"纳入义务规定一栏；再次，除了保护个人隐私外，还应增加与志愿服务对象个人有关的其他依法受保护的信息的保护规定；最后，可以增加兜底条款：法律、法规禁止的其他行为。

第二十二条 志愿者接受志愿服务组织安排参与志愿服务活动的，应

当服从管理，接受必要的培训。

志愿者应当按照约定提供志愿服务。志愿者因故不能按照约定提供志愿服务的，应当及时告知志愿服务组织或者志愿服务对象。

建议在《志愿服务法》拟定之时，应做出如下修改：

针对志愿者义务方面，可以将遵守法律、法规以及志愿服务组织的章程与具体制度规范；自觉维护志愿者和志愿服务组织的形象和声誉；妥善使用志愿服务标识；法律、法规规定的其他义务以不同的条款列举表明。针对志愿服务组织的权利规定方面，具体可以表现为志愿服务组织依法享有下列权利：（1）自主开展服务活动；（2）对该组织的成员进行管理，包括为志愿者安排服务活动，要求志愿者参与志愿培训等。

第二十三条　国家鼓励和支持国家机关、企业事业单位、人民团体、社会组织等成立志愿服务队伍开展专业志愿服务活动，鼓励和支持具备专业知识、技能的志愿者提供专业志愿服务。国家鼓励和支持公共服务机构招募志愿者提供志愿服务。

建议在《志愿服务法》拟定之时，将本条修改为：

国家提倡一切有条件的组织和个人积极开展志愿服务活动。

国家机关、社会团体、企业事业单位应当鼓励和支持志愿服务活动，维护志愿者、志愿服务组织的合法权益。

第二十四条　发生重大自然灾害、事故灾难和公共卫生事件等突发事件，需要迅速开展救助的，有关人民政府应当建立协调机制，提供需求信息，引导志愿服务组织和志愿者及时有序开展志愿服务活动。

志愿服务组织、志愿者开展应对突发事件的志愿服务活动，应当接受有关人民政府设立的应急指挥机构的统一指挥、协调。

建议在《志愿服务法》拟定之时，可以做出如下修改：

首先，将应急管理部门也纳入负责指导和协调的主体范围之内；其次，应当对负责指导和协调应急志愿服务工作的主体的地域范围进行明确；最后，将合法、高效要求也写入法律条文之中。

第二十五条　任何组织和个人不得强行指派志愿者、志愿服务组织提供服务，不得以志愿服务名义进行营利性活动。

建议在《志愿服务法》拟定之时，可以做出如下修改：

一是关于需要志愿服务的组织和个人不得强行指派志愿者、志愿服务

组织提供服务；二是其他类主体不得强行指派志愿者、志愿服务组织提供服务，且不得以志愿服务名义行营利之实。并将该条内容置于"志愿服务行为规范"一章。

第二十六条　任何组织和个人发现志愿服务组织有违法行为，可以向民政部门、其他有关部门或者志愿服务行业组织投诉、举报。民政部门、其他有关部门或者志愿服务行业组织接到投诉、举报，应当及时调查处理；对无权处理的，应当告知投诉人、举报人向有权处理的部门或者行业组织投诉、举报。

建议在《志愿服务法》拟定之时，可以做出如下修改：

可以投诉、举报的主体是任何组织和个人；有权受理投诉、举报的主体为民政部门或者行业组织；投诉、举报对象为志愿者和志愿服务组织的违法行为。

（四）促进措施

第二十七条　县级以上人民政府应当根据经济社会发展情况，制定促进志愿服务事业发展的政策和措施。

县级以上人民政府及其有关部门应当在各自职责范围内，为志愿服务提供指导和帮助。

建议在《志愿服务法》拟定之时，将本条修改为：

各级人民政府应当把志愿服务纳入国民经济和社会发展规划和计划、国民经济和社会发展指标统计体系，把志愿服务经费纳入年度财政预算。

各级人民政府应当通过委托、合作等方式，在志愿服务培训、保险、信息化建设、法律援助等方面提供资金支持和保障。应当对基层社会建设中发挥重要作用的志愿服务项目加大保障力度，促进发展。

第二十八条　国家鼓励企业事业单位、基层群众性自治组织和其他组织为开展志愿服务提供场所和其他便利条件。

建议在《志愿服务法》拟定之时，将本条修改为：

国家鼓励国家机关、企业事业单位、社会团体等一切有条件支持志愿服务活动的单位和个人，为活动开展提供场地、设施等必要条件。

第二十九条　学校、家庭和社会应当培养青少年的志愿服务意识和能力。

高等学校、中等职业学校可以将学生参与志愿服务活动纳入实践学分管理。

建议在《志愿服务法》拟定之时，做出如下修改：

首先，该条文也旨在通过社会力量促进志愿服务事业的发展，因此在体系安排上，也可以将其共同列入社会力量促进志愿服务规定之中。其次，志愿服务遵循自愿平等原则，组织和个人不得强迫他人参与志愿服务，所以可以将志愿服务纳入学校教育范围之内，但是应当避免强制学生参与志愿服务活动，更要避免以其作为学生必修学分课程范围之内，影响学生正常学位的取得与毕业。

第三十条 各级人民政府及其有关部门可以依法通过购买服务等方式，支持志愿服务运营管理，并依照国家有关规定向社会公开购买服务的项目目录、服务标准、资金预算等相关情况。

建议在《志愿服务法》拟定之时，将本条修改为：

各级人民政府应当通过委托、合作等方式，在志愿服务培训、保险、信息化建设、法律援助等方面提供资金支持和保障。应当对基层社会建设中发挥重要作用的志愿服务项目加大保障力度，促进发展。同时将其纳入政府促进措施相关法条规定之中。

第三十一条 自然人、法人和其他组织捐赠财产用于志愿服务的，依法享受税收优惠。

建议在《志愿服务法》拟定之时，将本条修改为：

鼓励公民、法人和其他组织对志愿服务组织和志愿服务进行捐赠。公民、法人和其他组织的公益性捐赠支出，依据相关法律法规，享受税收减免优惠。

志愿服务捐赠款的使用，应当符合志愿服务的宗旨和范围，并按照与捐赠人约定的用途使用。

第三十二条 对在志愿服务事业发展中做出突出贡献的志愿者、志愿服务组织，由县级以上人民政府或者有关部门按照法律、法规和国家有关规定予以表彰、奖励。

国家鼓励企业和其他组织在同等条件下优先招用有良好志愿服务记录的志愿者。公务员考录、事业单位招聘可以将志愿服务情况纳入考察内容。

建议在《志愿服务法》拟定之时，将本条修改为：

各级人民政府及其有关部门、协调机构可以通过组织评选先进集体、先进个人等方式，对表现优异的志愿服务组织和志愿者给予表彰和奖励。

志愿服务表彰奖励以精神激励为主，物质奖励为辅，遵循平等、公开、公平、公正原则。

有良好志愿服务记录的志愿者在志愿服务招募时，应当优先被选用。

鼓励有关单位在招聘、招生时，在同等条件下优先聘用、录取有良好志愿服务记录的志愿者。

鼓励博物馆、公共图书馆、体育场馆等公共文化体育设施和公园、旅游景点等场所，对有良好志愿服务记录的志愿者免费或者优惠开放。鼓励城市公共交通对有良好志愿服务记录的志愿者给予票价减免优待。

法律法规另有规定的，依照其规定。

第三十三条 县级以上地方人民政府可以根据实际情况采取措施，鼓励公共服务机构等对有良好志愿服务记录的志愿者给予优待。

建议在《志愿服务法》拟定之时，做出如下修改：

应充分考虑当下可能已经出现的情况，统筹规定。但也要避免僵硬化规定，给予地方立法主体部分自主权，与《志愿服务条例》第三十二条的内容合并规定。

第三十四条 县级以上人民政府应当建立健全志愿服务统计和发布制度。

建议在《志愿服务法》拟定之时，将本条修改为：

国家和地方建立统一、安全、便捷的志愿者管理信息系统和志愿服务信用体系。

第三十五条 广播、电视、报刊、网络等媒体应当积极开展志愿服务宣传活动，传播志愿服务文化，弘扬志愿服务精神。

建议本条文与其他相关条文合并修改为：

志愿者所在单位应当为志愿者参加志愿服务活动给予支持并且提供必要的条件。对有良好志愿服务记录、表现优异的志愿者给予积极评价。

广播、电视、报刊、网站等新闻媒体应当积极开展对志愿服务活动的公益性宣传。

教育机构应当将培养学生的志愿精神和志愿服务能力纳入教育范围，

鼓励学生利用课余时间从事志愿服务活动。

鼓励国家机关、企业、事业单位、社会团体支持志愿服务，为活动开展提供场地、设施等必要条件。

（五）法律责任

第三十六条　志愿服务组织泄露志愿者有关信息、侵害志愿服务对象个人隐私的，由民政部门予以警告，责令限期改正；逾期不改正的，责令限期停止活动并进行整改；情节严重的，吊销登记证书并予以公告。

建议在《志愿服务法》拟定之时，将本条修改为：

志愿服务组织及其工作人员违反本法规定，侵犯志愿者的人身权益或者财产权益的，志愿服务组织应当依法承担法律责任。

第三十七条　志愿服务组织、志愿者向志愿服务对象收取或者变相收取报酬的，由民政部门予以警告，责令退还收取的报酬；情节严重的，对有关组织或者个人并处所收取报酬一倍以上五倍以下的罚款。

建议在《志愿服务法》拟定之时，将本条修改为：

志愿服务组织及其工作人员违反本法规定，侵犯志愿者的人身权益或者财产权益的，志愿服务组织应当依法承担法律责任。

第三十八条　志愿服务组织不依法记录志愿服务信息或者出具志愿服务记录证明的，由民政部门予以警告，责令限期改正；逾期不改正的，责令限期停止活动，并可以向社会和有关单位通报。

建议在《志愿服务法》拟定之时，将本条修改为：

志愿服务组织不依法记录志愿服务信息、出具志愿服务记录证明以及有偿出具志愿服务记录的，由民政部门予以警告，责令限期改正；逾期不改正的，责令限期停止活动，并可以向社会和有关单位通报；情节严重的，可以吊销营业执照。

第三十九条　对以志愿服务名义进行营利性活动的组织和个人，由民政、工商等部门依法查处。

建议在《志愿服务法》拟定之时，将本条修改为：

利用志愿者、志愿服务组织的名义或者志愿服务标识等信息进行非法活动的，有关部门应当予以制止；情节严重的，依法追究其法律责任；构成犯罪的，由司法机关依法追究其刑事责任。

对冒用志愿服务组织的名义、标识和有关资料进行非法活动的，志愿服务组织有权依法追究其相应的法律责任。

第四十条　县级以上人民政府民政部门和其他有关部门及其工作人员有下列情形之一的，由上级机关或者监察机关责令改正；依法应当给予处分的，由任免机关或者监察机关对直接负责的主管人员和其他直接责任人员给予处分：

（一）强行指派志愿者、志愿服务组织提供服务；

（二）未依法履行监督管理职责；

（三）其他滥用职权、玩忽职守、徇私舞弊的行为。

建议在《志愿服务法》拟定之时，可以在本条增加"构成犯罪的，依法追究刑事责任"。

（六）附则

第四十一条　基层群众性自治组织、公益活动举办单位和公共服务机构开展公益活动，需要志愿者提供志愿服务的，可以与志愿服务组织合作，由志愿服务组织招募志愿者，也可以自行招募志愿者。自行招募志愿者提供志愿服务的，参照本条例关于志愿服务组织开展志愿服务活动的规定执行。

第四十二条　志愿服务组织以外的其他组织可以开展力所能及的志愿服务活动。

城乡社区、单位内部经基层群众性自治组织或者本单位同意成立的团体，可以在本社区、本单位内部开展志愿服务活动。

建议在《志愿服务法》拟定之时，将本条与第四十一条的内容进行整合，做如下修改：

国家机关、人民团体、企业、事业单位、基层群众性自治组织、公益活动举办单位等其他志愿服务活动组织者也可以依照本法有关规定成立志愿服务组织开展志愿服务活动。

第四十三条　境外志愿服务组织和志愿者在境内开展志愿服务，应当遵守本条例和中华人民共和国有关法律、行政法规以及国家有关规定。

组织境内志愿者到境外开展志愿服务，在境内的有关事宜，适用本条例和中华人民共和国有关法律、行政法规以及国家有关规定；在境外开展

志愿服务，应当遵守所在国家或者地区的法律。

建议在《志愿服务法》拟定之时，本条应当作为单独的一章进行规定，具体可扩展为：

第一条：志愿服务活动中一方当事人是外国人或者无国籍人的，以及到中华人民共和国领域外开展志愿服务活动的，是涉外志愿服务。志愿服务组织派志愿者到中华人民共和国领域外开展志愿服务活动的，国外志愿者和志愿服务组织到中华人民共和国领域内开展志愿服务活动的，适用本法。涉及香港特别行政区、澳门特别行政区和台湾地区的志愿服务事宜，其他法律有规定的按其规定，或者参照适用本法的规定。

第二条：志愿服务组织经过有关机构的批准，可以派志愿者到国外开展志愿服务。遴选到国外开展志愿服务的志愿者，应综合考虑其思想状况、专业技能和所在机构的意见以及接受服务的国家、地区的要求。志愿服务组织应当按照本法有关规定为到国外开展志愿服务的志愿者提供保障。

第三条：国外志愿者和合法成立的志愿服务组织到中华人民共和国开展志愿服务，应当在有关机构登记。到中华人民共和国开展志愿服务的国外志愿者和合法成立的志愿服务组织，其合法权益受到社会尊重和法律保护。

第四条：国外志愿者和合法成立的志愿服务组织在人民法院起诉、应诉，同中华人民共和国的志愿者、志愿服务组织有同等的权利和义务。外国法院对中华人民共和国的志愿者、志愿服务组织的权利加以限制的，人民法院对该国的志愿者和志愿服务组织的权利，实行对等原则。

第五条：中华人民共和国缔结或者参加的国际条约同本法有不同规定的，适用该国际条约的规定，但中华人民共和国声明保留的条款除外。中华人民共和国法律和中华人民共和国缔结或者参加的国际条约没有规定的，可以适用国际惯例、志愿服务组织依法制定的章程、志愿服务开展地的当地习惯等。国外志愿服务相关立法与本法发生冲突时，根据我国国际私法相关规则适用法律。

第四十四条　略。

志愿服务运行与互联网新趋势

大数据驱动下的志愿服务优化模式研究

涂敏霞　吴冬华　谢栋兴　彭铭刚　冯英子　何艳棠*

摘　要：针对当前志愿服务模式存在的志愿服务有效供给与匹配效果不佳、志愿服务组织专业化能力建设不足、个体志愿行为激励与保障不完善、志愿服务资源整合与共享不充分四个方面痛点，本研究发现大数据可驱动志愿服务流程再造，主要特点为从"类行政化"迈向"协同化"，从被动响应到主动精准决策，管理精准和参与拓展。因此，要从健全人才培养与智力支持制度、完善志愿服务大数据经费投入制度、建立志愿服务智慧化建设的激励机制、落实志愿服务大数据的反馈和评价体系、完善志愿服务大数据信息安全制度来推动大数据技术驱动志愿服务模式的优化。

关键词：大数据　志愿服务　模式优化　社会治理

新时代对志愿服务提出了新的要求。党的十九大报告明确提出"推动诚信建设和志愿服务制度化建设"。2019 年 1 月 17 日习近平总书记在天津考察时的讲话强调，志愿者事业要同"两个一百年"奋斗目标、同建设社会主义现代化国家同行。十九届四中全会提出"中国之治"，坚持和完善中国特色社会主义制度、推进国家治理体系和治理能力现代化。《新时代

---

* 涂敏霞，广州市团校、广州志愿者学院副校长，教授，研究方向为志愿服务、青少年教育、青少年工作等；吴冬华，广州市团校、广州志愿者学院志愿者工作部部长，社会工作师，研究方向为志愿服务、青年参与；谢栋兴，广州市青年研究会监事，助理社工师，研究方向为志愿服务、青年发展、创新创业；彭铭刚，广州大学公共管理学院政府管理系副系主任，副教授，研究方向为大数据、社会治理、数据建模；冯英子，广州市穗港澳青少年研究所，助理研究员，研究方向为青年发展、社会工作、志愿服务；何艳棠，广州市团校、广州志愿者学院教师，研究方向为志愿服务、青少年社会工作。

公民道德建设实施纲要》提出"学雷锋和志愿服务是践行社会主义道德的重要途径"。志愿服务发展已纳入国家发展战略，被赋予了国家战略使命的高度，是驱动迈向"中国之治"更高境界的重要一环。

一　前　言

（一）研究背景及意义

当前，志愿服务正面临着在大数据时代如何更好地参与社会治理的问题。大数据作为互联网、物联网、云计算、人工智能之后又一次颠覆性的技术变革，其在志愿服务领域的嵌入与实践，引起了志愿服务参与社会治理的改变，大数据正"重置"着志愿服务管理决策、项目创新探索与人才队伍建设。志愿服务作为社会治理创新的重要实践，依托统计分析、数据挖掘、智能算法等大数据技术可以实现优化志愿服务发展、完善当前志愿服务存在的不足，提升志愿服务体验，进而驱动志愿服务优化模式的目标。但是，当前国内外聚焦于"大数据"与"志愿服务优化模式"的探讨还处于起步阶段，虽有零星研究，但大多数倾向从单一层面谈论大数据对志愿服务的影响结果，浅尝辄止的讨论性叙事并没有建构起大数据与志愿服务优化模式之间的内在路基及其具体路径。换句话说，已有关于两者关系的论述足见目前研究的不足，当然也反过来提供了更大的研究空间和更多的研究议题，让相关研究具有前沿性和创新性。

本文在创新志愿服务模式基础上，重点探讨大数据优化志愿服务参与社会治理的有效路径，建构大数据应用场景，为政府打造共建共享共治的社会治理格局，为激励志愿者持续参与志愿服务，为志愿服务组织运行管理等提供应用价值。同时填补现有学术空白，激发学界对于互联网、大数据与志愿服务相关研究的关注，发起更多的新研究议题，为新时代志愿服务发挥理论创新引领作用。

（二）研究思路

本研究以大数据技术在志愿服务优化模式的应用为切入点，着重讨论大数据作用于"主体（志愿者、志愿服务组织、企业、事业单位、政府主管部门）、互动（特征、逻辑）、组织（组织架构）、机制（运行保障机制）"这四个具体方面来解决志愿服务痛点的志愿服务优化模式，通过构

建痛点与工具二者间的契合点，优化现有志愿服务模式（见图1）。以期解答下面两点问题：目前志愿服务主要存在哪些痛点和如何运用大数据技术解决当前的痛点。

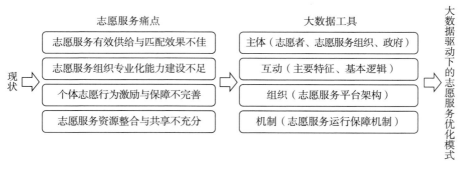

图 1　研究框架

（三）研究方法与样本情况

1. 研究方法

本研究主要采用文献研究法、问卷调查法以及访谈法。

（1）文献研究法。通过梳理并分析志愿服务模式与痛点、大数据的优势与应用等相关文献，厘定"志愿服务模式"等关键概念内涵，挖掘"大数据的作用点"等构成要素，在社会治理的环境下，演绎大数据驱动下的志愿服务优化模式的具体逻辑。

（2）问卷调查法。基于分层抽样，依据志愿服务组织的服务领域分布与运行模式，采用判断抽样方式，抽取若干志愿服务组织的管理者与一线志愿者发放调查问卷，梳理现有志愿服务模式出现的痛点，探索大数据如何驱动志愿服务优化模式。

（3）访谈法。分为座谈会和个案访谈两种形式，通过与志愿服务组织座谈，了解志愿服务组织运行的现状与问题、大数据在志愿服务领域的现有实践，观察如何运用大数据的优势解决痛点、优化模式；通过对志愿服务组织管理者、一线志愿者进行个案访谈，观察并发现现有的志愿服务供需与目前的志愿服务组织运行之间出现了哪些间隙，就此进行深入的一对一探讨。

2. 样本基本情况

本报告研究对象为广州市的志愿服务组织、志愿服务组织管理者与一

线志愿者。调查最终收集 377 份有效问卷，其中志愿服务组织管理者 92 个样本，一线志愿者 285 个样本；共访谈 9 个志愿服务组织，召开 2 次座谈会，访谈对象包括共青团广东省委"i 志愿"信息系统管理者、共青团广州市委"志愿时"信息系统管理者、大数据研究领域专家、基金会代表、资深志愿服务组织管理者、志愿者骨干及高校青年志愿者。课题组通过对问卷样本进行访谈编码整理、数据统计分析，对所收集的一手访谈材料进行归纳整合，用于研究报告的撰写和论证。

二 当前志愿服务的运行模式及其痛点

（一）当前志愿服务的运行模式

本研究将志愿服务模式定义为由各个主体围绕志愿服务运行所产生的各种集成，包括运行机制、组织架构与特征、标准等。本研究所指志愿服务运行模式是由党政部门、志愿服务组织、志愿者、企业、事业单位、基金会及社会大众为推动志愿服务发展而实施的相应运作机制的集合。当前志愿服务运行模式主要有以下四个特点。

1. 一元领导的管理模式

纵观我国志愿服务事业发展历程，"一元领导"特征较为明显：由党和政府主导，各群团组织与社会力量在单一行政动员下集体参与，志愿者的管理主要通过单位制统一管理方式进行，相当部分的志愿服务活动通过政府部门组织开展，使志愿服务的管理和领导呈现出明显的一元化特征。

在一元化管理模式下，志愿者激励机制倾向由党政部门及群团组织授予志愿者荣誉或给予相应待遇，如由中宣部命名的全国学雷锋活动示范点和岗位学雷锋标兵活动，由团中央开展的中国青年志愿者优秀个人奖、组织奖、项目奖评选表彰活动，由各地区实施的志愿服务入学入户评优评先加分等。

2. 指导性供给的服务模式

近年来，政府无论在加快政务服务改革方面，还是推动志愿服务组织党建工作方面，都是以指导性供给为主。研究发现，虽然大部分志愿者扎根基层服务社区，但志愿服务项目的发起缘由更多基于政府指导资源的供给方向，而非依托于志愿服务对象的实际需求，导致志愿服务发展瓶颈长

期存在并难以突破。即便当前志愿服务形式不断转变，志愿服务领域不断拓展，政府仍难以调动志愿服务组织积极性，驱动其以需求为导向，主动、精准满足人民对美好志愿服务的需要。

当前各类志愿服务信息系统有效推动了服务模式的调整，但指导性供给使得志愿者参与渠道不畅不宽、各类供需对接不易不准、各地各部门掌握的志愿服务数据标准不一致和准确性差异大等问题仍将长期存在。

3. 行政主导的资源配置模式

随着政府财政购买社会服务日趋常态化、规模化，全国各地不断扩大行政主导的资源配置模式，弱化志愿服务组织的自我造血、自我发展的能力，这一趋势并不利于志愿服务事业长效发展。

在此种模式下，政府同时担任幕后搭台、台上指挥和台下评委的角色，频繁出现在不同的志愿服务领域，难以整合社会资源。行政主导的资源配置模式造成志愿服务组织对政府的过度依赖，甚至个别地区出现"公益创投专业户""一个项目挂几个牌子"的不良现象。

4. 松散、业余的组织发展模式

志愿服务事业的可持续发展有赖于志愿服务的组织化和专业化，各地将志愿服务组织作为志愿服务的重要参与主体，但当前许多志愿服务组织仅凭热情、爱心、体力等开展低效能的志愿服务，形成松散、业余的志愿服务组织发展模式。

在志愿者能力提升方面，各地仍在沿用线下教学的志愿服务培训模式，导致培训效率低、志愿者成长速度缓慢，组织核心团队青黄不接，这些都影响志愿服务组织专业化发展。当前松散与业余的组织发展模式，导致各地政府部门在志愿服务管理所形成的各种服务规范与标准难以落地，限制志愿服务行业标准化发展。

（二）当前志愿服务模式的痛点

为了解当前志愿服务模式的具体痛点，本次研究面向志愿服务组织管理者和志愿者发放调查问卷，共收集 377 份有效问卷，其中志愿服务组织管理者 92 份、志愿者 285 份。同时，课题组赴多个志愿服务组织，与不同研究对象开展个案访谈，整理形成近 8 万字的访谈记录。根据所收集的一手材料进行数据分析，我们发现当前志愿服务模式存在的痛点主要集中在

以下四个方面。

1. 效率性：志愿服务有效供给与匹配效果不佳

以往的研究者大多将志愿服务的供给、匹配视为资源的再分配，而本次研究涉及的"供给"和"匹配"更多地考虑志愿服务项目的设计，志愿服务岗位的设置是否合理，能否吸引志愿者参与并充分发挥其能力，具体包括志愿活动开展的地点、时间、内容、形式，以及"人岗匹配"问题。

据调查，有37.7%的被访者认为目前参加志愿服务活动的时间不方便，有37.1%的被访者认为活动的地点不方便自己参加。受访者对"您所参加的志愿服务活动难度如何"打分（由简单到困难，赋值1~10分）时，选择5分的比例最高，为27.32%，最终均值为4.38，表明受访者认为目前志愿服务活动的难度适中，但这也极有可能表明对他们的吸引力不够大，当一件工作不富有挑战性时，可能会让志愿服务的水平、志愿者的能力停滞不前。

鉴于本研究关注于大数据技术对志愿服务模式的优化，故也询问了受访者目前如何在网上了解志愿服务，有32.9%的受访者通过微信平台，这也同当前网络主流情况相符，微信已浸入我们生活、工作、学习的方方面面；其次是通过志愿服务组织的官网（22.3%）；再次是通过志愿服务信息系统（20.7%）。

值得注意的是，广东省在志愿服务系统建设方面一直是走在志愿服务领域前沿的，共青团组织的省级平台"i志愿"信息系统、市级平台"志愿时"信息系统已运作多年，相对成熟。然而在了解志愿服务时，它们并不是志愿者们的第一、第二位选择。个案访谈也印证了这一点，大多数被访者认为这些信息系统更像是志愿时数的记录工具，却没有太多的服务功能。实时搜索、精准搜索志愿服务组织、志愿活动的功能没有开发，志愿活动的信息没法及时分享，达不到微博微信的即时发布、社群交流优势，很难吸引青年志愿者，大多受访者表示，他们登录系统，带有极大的"形式化"色彩，为了给时数存档，甚至是攀比时数多寡。调查问卷也印证了这一情况，当问及"现在的志愿时、i志愿能满足您哪些需求"时，有71.2%的被访者选择了"服务时数记录"。志愿者们其实对未来的网络平台的功能给予了很多期待（见表1），有57.29%的受访者期待在网络上看到培训系列课程，可以以短视频的形式来适应当前网络时代碎片化阅读的

习惯；53.85%的受访者希望未来网络平台可以打造出志愿者联系、交流社区（如微信朋友圈）；52.52%的受访者希望能公布国家志愿服务政策。

表1　您期待未来能在网络平台实现哪些功能

选项	小计（人）	比例
发布网络培训系列课程	216	57.29%
志愿服务直播节目	130	34.48%
发起公益捐赠	125	33.16%
公开评优评先活动内容	125	33.16%
公布国家志愿服务政策	198	52.52%
精准搜索志愿服务组织	170	45.09%
链接相关政府网站（如民政部门、工青妇群团组织等）	137	36.34%
打造志愿者联系、交流社区（如微信朋友圈等形式）	203	53.85%
宣传优秀志愿服务案例	187	49.60%

2. 业余化：志愿服务组织专业化能力建设不足

新时代对志愿服务组织的专业化能力提出更多新要求，志愿服务组织专业化建设包括组织管理的专业化、志愿者队伍的专业化、服务内容的专业化和服务项目的专业化。当前很多志愿服务组织的专业化建设多集中于志愿者的服务能力培训提升上，形成"入门培训—骨干培训—领袖培训"的阶梯课程，但培训的效果、专业水平则仍有较大提升空间。

在培训形式方面，最受志愿者喜爱的是互动交流的培训形式，有近五成的被访者选择此项，随后依次是体验式训练（45.4%）、面授讲座（43.5%）、情景教学（37.4%），可见当前志愿者更能接受相对活泼、生动的培训形式，传统的课程教授式学习已很难引起他们的兴趣。在培训内容方面，有36.1%的被访者青睐于志愿服务专业技能培训，其次是个人兴趣、素质提升课程（30.0%）。培训是为了提升技能以便更好地开展服务，问及"在培训中获得的知识或技能能否有效运用在实操中"（由"不能"

到 "能"，赋值 1 ~ 10 分）时，最终平均分为 7.26，表明目前的培训能有效提升志愿服务实操水平。在被问及如何提升志愿服务专业性时（见表 2），有 63.13% 的被访者认为，未来要通过提升对志愿者的激励、人文关怀来提高志愿服务专业性；其次是完善组织架构，增强人员队伍（58.89%）；第三是提供专业领域的技能培训（51.72%）。

表 2　您觉得应该如何提升志愿服务专业性

选项	小计（人）	比例
制定行之有效的管理制度、财务制度	162	42.97%
完善组织架构，增强人员队伍	222	58.89%
加强培训课程研发，加大培训投入	189	50.13%
提升对志愿者的激励，更多人文关怀	238	63.13%
提高记录志愿者信息、服务时数的效率、准确性	167	44.30%
邀请或者聘请专业督导	98	25.99%
志愿者提供专业领域的技能培训	195	51.72%
建立发挥志愿者专业技能的机制	124	32.89%
策划实施志愿活动的专业化方案	107	28.38%
志愿服务项目或者活动有建立评估反馈机制	93	24.67%
建立智库，加大志愿服务相关研究力度	104	27.59%

3. 持续性：个体志愿行为激励与保障不完善

根据个案访谈，基本每一位受访者都提到了志愿服务活动的激励和保障制度，包括对志愿服务组织权益的保障、志愿活动正常开展的激励和社会保险、志愿者个人安全的保护。问卷调查显示，当前志愿服务组织给予志愿者的激励方式多为 "宣传优秀志愿者"（60.7%）、"表彰大会"（55.7%）、"推荐参加外部培训、交流"（47.2%）、"定期团建"（45.6%）、"定制、发放纪念品"（41.4%）、"制作照片墙、宣传册等"（38.5%）。结合同志愿者的访谈，

我们发现，虽然目前形式多样的激励方式已在大多志愿服务组织中普及，但是覆盖面依旧不够广，只有极个别志愿者能获得，但是这些大同小异的评价标准并不是评判志愿服务优劣的唯一指标，对于很多默默无闻、奉献自我的志愿者不甚公平。

根据调查，荣誉证书、培训机会是大多数志愿者认为有效的激励方式，被选比例分别是 61.5% 和 56.2%。但是，由于传统平台限制，涉及成本问题，纸质的荣誉证书、线下的培训机会都是非常有限的，这让许多志愿者无法得到相应的激励。在未来的志愿服务模式优化过程中，可以考虑结合互联网技术，设计"电子证书"、网络自动生成"荣誉勋章"便于志愿者分享到微信朋友圈、微博，还应加大力度开发线上培训课程，参照抖音、快手的形式，纳入实时服务活动分享，以短视频的形式记录志愿服务工作的过程或者是资深专业的知识分享。并且可增加"弹幕""点赞"功能，弹幕最多、获赞最多的短视频可以在志愿服务信息系统平台上优先、即时推送。

4. 碎片化：志愿服务资源整合与共享不充分

根据与志愿服务组织访谈，发现当前志愿服务资源的整合与共享并不充分，许多同质化的服务在社区里开展，如探访老人时大学生为了得志愿学分，十几人去看望一位老人等。

"志愿时"信息系统负责人指出志愿服务中的关键三要素是志愿者、志愿服务组织和志愿服务项目。这三者如果能有机结合，将大大有利于志愿服务的有效运行。"志愿时"信息系统在设计时的目的就是搭建一个信息化平台，让志愿者在系统上顺利加入组织、找到心仪的服务项目，让志愿服务组织能有效吸引志愿者、推动特色项目开展等，当前系统上的"志交会"和"小额资助平台"就是资源对接的有益尝试。但不得不承认的是，目前在精准匹配上，"志愿时"信息系统还是做得不够，暂时未能实现一些精准匹配的功能，例如志愿者登录系统时，系统无法主动推送一些符合本人偏好、能力适当、时间适宜的服务项目；企业也未能在系统上实现全流程的线上对接，如果遇到感兴趣的项目，还是需要通过线下来完成对接和资助。

同时，中国志愿服务要突破瓶颈，必然要求进行新一轮的资源整合、共享，设立统一的信息平台，打破信息壁垒是未来的趋势。而统一信息平

台实现的功能类别，则需要耐心论证，例如，统一的志愿时数是否应当在平台上记录，但是不同地区志愿服务开展具体情况各不相同，这种功能值得商榷。笔者认为，统一信息平台应当侧重志愿服务项目设计、专业培训资源、优秀服务案例、志愿者激励、志愿服务组织交流等功能打造。60.9%的被访者也认为互联网平台可以更方便地交流信息，明确服务需求，有针对性地策划志愿活动，其次是提供开放平台，志愿者可以深入了解各个志愿服务组织与项目（55.4%）；23.9%的被访者认为网络平台上可以设置志愿者线上荣誉墙、志愿服务组织人气排行榜、志愿服务项目推荐榜单等，能够激励更多志愿者持续参与，减少志愿者流失。进一步问及"您觉得互联网技术如何优化志愿服务"时，被选比例最高的是"建立志愿服务大数据库"（57.6%），访谈中也有诸多受访者提到，希望未来能有"全国一张网"，在上面可以搜索到全国各地的志愿服务组织信息及活动开展情况、志愿服务品牌项目或优秀志愿者案例，以及各类能够用于支持志愿服务开展的社会资源。这正印证了当前志愿服务资源亟须更为充分的整合，更大范围内的共享，以保障志愿服务要素流动，这是未来利用大数据技术优化志愿服务模式的一大突破点。

三 大数据运用对志愿服务模式优化的作用

（一）技术支持保障

信息化时代重塑"互联网＋志愿服务"的边界与应用，海量、无序、多变的信息为管理带来新的挑战。作为颠覆性的技术手段，大数据是直击痛点、突破瓶颈的有效路径之一，大数据在统计分析、数据挖掘、智能算法与数据可视化、人机交互技术上，为志愿服务深度嵌入社会治理革新、志愿服务生态圈再造、数据精准匹配等应用，提供科学决策、信息预测与智能处理的支持。

统计分析作为大数据下最广泛的技术应用，通过数据搜集，用相宜的统计方法对志愿服务海量原始数据进行定性定量分析，提取有价值的信息并对数据加以研究。统计分析技术对了解需求、分析特征、预测行为等具有较大帮助，为打通数据收集、数据处理到数据分析的流程提供有效技术支撑。

利用数据挖掘技术，从海量数据中通过不同的算法搜索隐藏于其中的价值信息，打破信息之间的彼此影响与彼此干扰，决策者可以系统观察与把握志愿服务中的复杂数据，避免在统计数据下的主观臆断和扭曲，提高了决策的客观性、有效性和处理效率。同时，这样也拓宽了工作策略的外延，使策略不仅聚焦于当前，还可借助历史数据对将来的情况予以预测、规划，增强了决策者的风险管控能力。

智能算法技术，是将用户大数据通过运算转化为特定结果的编码程序，主要用于解决最优化或最推荐问题。作为大数据与人工智能的节点，智能算法技术对信息的精准匹配、黏性捕捉、流量构造、重塑文化起到关键作用，能增强用户黏性，改善志愿服务质量，提升志愿者的幸福感和获得感。

（二）治理模式变革

大数据作为数字化时代的新型战略资源，对社会治理和创新发展起到巨大推动作用。大数据集成志愿服务领域的各种政策、资金、需求、技术方方面面信息资源，为治理模式变革提供重要数据基础与决策支撑。新时代中国志愿服务升级发展，要创新变革现有的治理技术、格局，建构从分散管理到协同治理，从局部管理到全面治理，从人工管理到智能治理，从静态管理到动态治理的新时代治理模式。

1. 从分散管理到协同治理

中国志愿服务在过去三十多年实现了跨越式发展，在国家治理中发挥着积极重要的作用，但传统志愿服务模式中，政府不同部门长期多头管理、分散管理、管服合一，造成行政职能重复、行政效率低、财政资源浪费、社会治理效能弱等突出问题。大数据的出现将重整社会治理格局，各类志愿服务主体围绕社会核心需求，与政府部门在同一大数据平台下，成为不同职能分工的数据贡献者。在这种数据思维下，数据实践和数据伦理也会出现变革，不同志愿服务主体因应大数据下的社会需求，通过优化资源优势、信息策略、技术水平与公众参与等要素，最终实现开放和共享的协同治理格局。

2. 从局部管理到全面治理

大数据打破了数据壁垒与数据孤岛，重塑志愿服务参与社会治理的生

态，通过数据集成、数据整合与数据融合，发现盲区、漏洞、隐患，从传统志愿服务模式的局部管理，变革为对志愿服务主体、志愿服务客体与共生关系网络的全面治理。在大数据平台，所有痛点都将变成任务池中的需求，所有主体都可以自由选择适合自己的任务来完成，所有不适应时代要求的内容都会得到系统优化，所有不可能的创新项目也会得到合适化落地，人们的工作效率与满意度可实现成倍提高。这将完全颠覆传统模式下"只管上班八小时、只管人物财三要素、只管到任期结束"的种种限制，新模式下哪怕时间静止、空间固定、要素恒定，都能由志愿服务主体来实现全面治理。

3. 从人工管理到智能治理

长期以来，志愿服务发展依赖于人工管理，从"拍脑袋"决定开展什么志愿服务项目、"随意"选择由哪些组织承接非特定志愿活动、志愿服务组织骨干层"青黄不接"等可见微知著。传统模式下，志愿服务主体的选择或决策受主观因素影响较大，无法突破原有条件去做出有利于志愿服务发展的决定。而在大数据智能算法下，任何输出的决定将基于数据统计分析的结果，减少主观因素对客观情况的影响，提高志愿服务社会效能。政府部门在管理志愿服务组织时可以做到因事制宜、适应需求，做到精细化、精准化、智能化治理，这是志愿服务事业发展的必然趋势。

4. 从静态管理到动态治理

以往社会治理政策大多需要先试点，在试点取得成效后再逐步推开，形成"点—线—面"的发展路径，志愿服务政策的推行也遵循同一方法。而不同网络平台对个体数据发布的赋权，改变了传统管理的静态样式，大大增加了社会治理的难度与成本。大数据时代，需要观察一项志愿服务政策的案例，不再需要从实体上花功夫，只要在大数据平台进行循数型决策与动态治理演练，便可以在最短的时间、最小的成本内最大限度捕捉到丰富的数据内容，政府部门可以实现对志愿服务信息的实时统计收集与反馈分析，真正做到"知材善用、因地制宜"。

（三）现有技术平台探索与不足

在信息化和大数据时代，加强志愿服务信息平台和系统建设，能起到提高志愿服务效率、增强志愿者文化认同、建立志愿者信用体系、提升志

愿服务水平的作用，是推进志愿服务及其数据化的重要手段。

全国很多地区都进行了"互联网＋志愿服务"的尝试，全国层面有"志愿中国"网及其手机端"志愿汇"。省一级有广东的"i志愿"系统，"江苏志愿者""辽宁志愿者"等APP，以及覆盖北京、贵州、福建、陕西等省的"志愿云"平台。市一级有广州"志愿时"系统，"南京志愿服务""成都志愿者""深圳义工"等APP。区一级有上海浦东的"陆家嘴志愿者"APP，天津滨海的"志愿滨海"APP，河北石家庄桥西区的"志愿桥西"APP。在此我们选择"志愿中国""i志愿""志愿时"三个不同层级的技术平台为例进行探讨。

1. "志愿中国"信息系统

"志愿中国"网在2015年由共青团中央指导、建设和运营。团中央拟通过将网页端与移动端两套关联使用的操作管理体系，配套各类守信激励政策，推动建立志愿中国大数据中心。

"志愿中国"网的主要版块包括活动招募、加入组织、看公益、兑福利、志愿诚信分、爱心榜、益视角、领保险、公益课堂、公益秀、益币通等。这套体系提高了志愿者证的发放效率，增强了志愿服务时长认定的规范性，完善了志愿者素质能力等全方位综合考评体系，建立了可量化的志愿者信用水平评价体系，对志愿服务制度化和诚信体系建设发挥积极作用。

在过去的运营过程中，"志愿中国"系统存在志愿者注册信息异地接入与认证难、与其他已有的志愿服务信息平台对接不畅、志愿者注册率高但参与率低、多级审核机制影响推广应用等问题。

2. "i志愿"信息系统

"i志愿"信息系统在2014年由广东省文明办、广东省民政厅、共青团广东省委员会和广东省志愿者联合会四家单位联合建设，从志愿服务生态圈打造的角度对接微信与支付宝的城市服务、粤省事小程序、广东政务网等，让志愿者多种形式、更加便利地注册并使用"i志愿"报名参加志愿服务。这样建设统一平台的方式规范了对志愿服务组织的管理，完善了数据信息的共享，规范了志愿服务记录证明的管理，促进了志愿者队伍的壮大。

作为全国唯一由文明办、民政厅、共青团和省志愿者联合会共同认

证、共同建设的系统，"i志愿"信息系统从"供需对接"上消除信息不对称，力求实现供需快速匹配，从"数据代替群众多跑路"上打破行政壁垒、消除数据孤岛，从"志愿服务连接美好生活"的定位上融入金融服务、城市生活与志愿服务保障功能，同时解决了多头管理、经费重复投入、数据难收集等问题。

经过七年的发展，"i志愿"信息系统成绩斐然，也遇到阻碍发展的共性问题，包括行政化管理影响了社会化、市场化的运行效率，运营决策随意性较大，用户需求把握不精准，对接外省市平台的数据标准不统一，自我造血功能匮乏，过多精力放在提升用户活跃度上，系统当前仍处于低水平徘徊状态等问题。

3. "志愿时"信息系统

由广州市志愿者行动指导中心运维的全国首个志愿服务智慧云平台"志愿时"信息系统，起始服务于2010年广州亚运会的60万名赛会志愿者，在后亚运时代经行政化组织与社会化动员相结合，转变为服务于志愿者、志愿服务组织、志愿服务项目的综合性规范化管理平台。

"志愿时"信息系统在多年的发展中不断升级迭代，致力于让志愿服务成为一种生活方式。当前拥有手机端、网页端与微信端，嵌入"智慧志愿"建设理念，增加志愿者互动社交、志愿服务组织孵化与信息化管理、志愿服务项目培育与交流等线上线下交互的功能，实质上促进了志愿者、志愿服务组织、志愿服务项目三者有机结合、有效运行。

调研发现，"志愿时"信息系统在一些细节上还有待提升：信息匹配上未能实现信息资源对接的"实时化、常态化、精准化"；广东"i志愿"信息系统与广州"志愿时"信息系统的数据标准不一致；在互联互通上卡在"数据已共享、管理未互通"阶段，服务版块优化不及时；运营团队"既懂志愿者又懂IT技术"的复合型专业人员不足；难以覆盖到50岁以上年龄段志愿者；地市级政府部门对志愿服务相关资源的统筹力度较弱；资源投放不足并缺乏持续性等问题。

现有技术平台的探索经验相对丰富，是大数据驱动下的志愿服务优化模式很好的比照样本，未来仍需要在党建引领、隐私保护、数据化整合上积极努力。

四　建构大数据驱动下的志愿服务模式

（一）理念定位

从志愿服务自身发展来看，一方面，随着物质生活水平的提高，越来越多的人渴望通过有趣又有意义的社会参与实现自我价值与社会价值的统一，志愿服务活动能满足人们日益增长的社会参与需求；另一方面，从此次调研结果来看，仍有近四成的被调查志愿者认为目前参加志愿服务时间、地点不合适。可见，当前志愿服务的供给远远无法满足人民群众参与志愿服务的现实需求，主要体现在两方面：一个是志愿服务供给与社会需求的矛盾，有学者认为，我国志愿服务实际参与广度和深度都很低，与社会发展、政府要求、民众需求仍有较大差距；另一个是志愿服务项目供给与志愿者参与需求的矛盾。尤其是后者矛盾，当下集中聚焦于志愿服务岗位与志愿者实际需求不匹配的矛盾，志愿服务项目与志愿者专业能力不匹配的矛盾。

为破解这些问题，切实满足人民群众有效、广泛、持续参与志愿服务的需求，进而引导志愿服务可以参与打造共建共治共享社会治理格局，必须转变已有的思维定式，改变传统志愿服务的行政领导、一元主导的单向组织管理模式，建立大数据驱动下的多元、多向、动态的志愿服务新模式。首先，树立"供给侧改革"的思想，中国志愿服务已发展到现今阶段，靠过往政府推动型、大型活动型的志愿服务已经难以满足其发展需求，必须在复杂的现实下重新探索志愿服务的供给方与需求方的有效关系，区分志愿服务的主体需求与客体需求，梳理政府部门与志愿服务组织、志愿服务组织与志愿者、志愿者与志愿服务对象等多重关系，从志愿服务的供给方而不是需求方来定义、设置、策划志愿服务的活动、岗位与项目，基于志愿者个性需求和社会不同界别、不同领域对志愿服务的实际需求，解决志愿服务的有效供给问题。其次是树立"大数据思维"。2019年是互联网诞生50周年，人工智能、大数据、物联网等新技术、新应用、新业态方兴未艾，我们所处的时代已经进入大数据时代。随着物联网、云计算、社会计算、可视技术等的突破发展，大数据系统可以自动地搜索所有相关的数据信息，并像"人脑"一样主动、立体、逻辑地分析数据、做

出判断、提供洞见，为此，通过大数据分析志愿服务，可以打破原有的信息碎片化、供给低效率、保障无动力等困境，解决志愿服务项目与岗位匹配问题，打通供需有效对接链条，构建智能型的志愿服务信息化运行平台，从而激励更多民众持续参与志愿服务，进而助力实现我国更高的志愿者注册率。

（二）制度设计

针对本研究发现的问题，为确保实现志愿服务发展目标，从现实困境切入，因应实际需求，要从顶层设计入手，完善现有的制度。

一是增强政府顶层规划作用。健全完善志愿服务信息化管理规范。建立统一共享的志愿服务数据库，可以建立联动指导小组，消除不同部门、不同领域的服务盲点，解决现有数据来源多头、数据信息碎片化的问题，确保在不同渠道下皆能共享志愿者、志愿服务组织、志愿服务工作者的基础数据。同时，政府应当对数据库的建立、管理、监督与评估承担方向指导与基本保障作用，建立健全大数据的长效运作机制，从政策制度层面为大数据驱动下的志愿服务发展模式保驾护航。

二是制定大数据志愿服务运行体系建设制度与标准规范。首先，制定志愿服务大数据信息共享目录清单。志愿服务信息化系统涉及各级志愿平台数据、政府基础政务数据、行业业务数据、人口普查数据、民情民意反馈数据、媒体舆情资源数据、新媒体资源数据、公安信息系统数据、移动通信信息等。相关数据共享是大数据技术运用、数据挖掘和分析的重要基础条件。在数据信息共享和联通的过程中，需制定阶段性时间表及其相应的互联互通共享目录清单。其次，制定志愿服务大数据信息互联互通共享标准规范体系。相关标准规范的制定是为了避免社会需求信息传递的延迟，解决多来源数据标准不一致、兼容性差所产生的"信息孤岛""信息碎片化"问题。通过完善大数据平台的"大脑"指挥系统标准，实现多维多源数据的智慧化连接与整合。再者，建立大数据驱动的志愿服务标准体系。这就需要充分考虑主体之间标准的协同性、可行性，旨在减少各个主体合作和协同时缺乏协调性和低效性的问题，提高供给主体之间精细化组织、管理、协同、合作等多维度的统一供给价值取向。然后，建立大数据平台运行的基础设施、组织管理、业务技术标准规范体系，以满足实际大

数据平台的运行要求，也满足志愿服务大数据平台与其他政务数据平台对接，为志愿服务的共享信息、借鉴经验、协同服务奠定基础。最后，确立各主体信息获取权限的清单制度。各运行主体对志愿服务大数据平台数据信息获得的权限清单需各主体商定确立；政府主体、平台管理方、志愿服务组织、基金会等主体的信息权限需要清单化处理，数据获取与接入时可呈现不同端口界面和模块，如需跨权限获取信息要由政府主体和平台管理方进行限时处理。

三是强化"志愿中国""i 志愿""志愿时"等信息系统的推广宣传，营造"人人可为、处处可为、时时可为"的志愿服务氛围。有关单位应当进一步扩大对"志愿中国""i 志愿"等平台系统的操作使用方面的宣传和普及力度，定期开展系统操作使用与功能升级优化培训课程，也可以借助志愿者常使用的媒体增加信息系统的功能与使用的说明推介，让人们感受到信息化系统的便利性和实用性，提升平台系统的使用率，让更多志愿者、志愿服务组织认识体验并重视这些系统除了志愿者登记注册、志愿服务时数记录以外的功能，包括共青团员的管理、跨地区团干网络交流等共青团工作优化提升的功能，最大化地发挥平台用途，真正提升共青团工作、志愿服务组织管理与组织的信息化水平，逐步实现志愿服务信息化建设目标。

（三）大数据驱动下志愿服务流程再造

1. 关系重构：从"类行政化"迈向"协同化"

当前，部分志愿服务组织经费与资源单一地依赖政府主体；行政力量在志愿服务组织培育、资源扶持，志愿者动员、保障与激励及志愿服务项目管理与评估等方面起着主导性作用。由于政府主体控制了信息、政策与部分资助资源，当前志愿服务运行模式的关系结构存在"政府主导—志愿服务组织响应—志愿者服务"的特征。而大数据技术的运用在某种程度可以改善既有的关系结构，并转向主体间关系协同化发展，具体而言体现在以下三个方面。

（1）共享与整合促使信息资源"去中心化"。传统志愿服务数据单向传递、信息来源单一、政府部门间数据孤岛及政府部门独享数据等问题均不同程度地存在，并影响了志愿服务组织项目策划、资源获得，志愿服务

组织能力培养，志愿者招募与意愿服务匹配等方面。与此同时，政府部门间数据孤岛及志愿服务组织与志愿者过程信息反馈不足等情况制约了政府部门在志愿服务规划与管理上的实时性与及时性。在大数据共享与整合信息平台运行下，政府部分、志愿服务组织、基金会、志愿者等相关主体均可根据权限进行信息资源的产生、共享、使用、匹配等，改变各主体信息不对称所产生的既有关系结构。

（2）志愿服务主体的赋权与角色转变。信息资源的"去中心化"和共享整合产生了主体赋权的效应。政府主体被赋予新的权力，同时也会出现部分既有权力让渡、转移到其他主体。如大数据技术使用下，政府主体的监管权力会有所增强，部分体现在信息共享与服务流程标准化制定主导权、组织诚信体系建设、服务监管动态智能全过程等方面。尤其是在大数据技术的运用下，政府主体可利用多维多源的过程数据、移动通信传感器及人脸识别等信息回传实现志愿服务的动态全流程监管。与此同时，志愿服务监管的权力在大数据技术运用下与其他主体共享，如志愿者或服务对象可以通过志愿活动后评价反馈的方式，对志愿服务组织工作、项目效果等维度进行评分，并共享整合于数据系统，这将赋予志愿者和服务对象以监督权力，同时也丰富了志愿服务第三方评估主体的信息资源。政府主体不再是包办一切的"全能者"和主导的决策主体，而是在大数据驱动下实现志愿服务供需匹配以及精准管理模式的"规划者"和"监督者"。

对于志愿服务组织而言，大数据技术的运用所产生的赋权效应更为明显。志愿服务组织的培育资源、项目策划、项目资助、能力培养等方面均受到政府为主导的关系结构影响。大数据驱动的精准匹配与智能推送等技术可使志愿服务组织培育和资源从单一走向多元，项目设计可切实精准面向服务对象需求，服务资助来源更趋多元化，志愿者招募更能与志愿意愿匹配。同时在大数据技术运用下，由各主体所搭建的志愿服务协同网络使得培训资源数量及其广度与深度有更高层次的拓展。

对于志愿者而言，大数据技术的运用下，除了精准匹配意愿与服务岗位以外，还能够对项目作用和实施效果进行监督评分、意见反馈，并实时进行信息共享，根据算法计入服务诚信评价体系中，形成对志愿服务组织的制约作用；志愿者甚至向共享平台发布服务需求信息，从纯粹被动的参与者转变为志愿服务"伙伴"角色。

（3）从"管理本位"到"流程协同"。既有服务供给制度、信息流转制度、资源供给配置制度、评价考核制度、志愿者管理制度等均带有政府管理逻辑导向的特征，这带来上述志愿服务效率性和持续性问题，以及服务业余化与资源碎片化等困境。大数据技术的运用可对海量信息进行计算和推理，挖掘其中的内在逻辑和社会关系，进而促进志愿服务供给的主体、决策、信息等更加协调。同时大数据驱动的志愿服务运行模式改变以往关系结构的"类行政化"，更趋向结构扁平与网状的结构形态，有利于整体运行流程的协同。这主要体现了以下几个方面：一是信息协同化。大数据技术有助于信息公开化，打破各主体之间信息闭塞、相互区隔的状态，实现志愿服务信息的及时共享，促进各主体理解和沟通，降低协调时间成本。志愿服务闲置资源实现充分利用，实现志愿服务所有环节的"供需精准匹配"这一重要目标。二是标准协同化。"类行政化"中不同的运行主体倾向使用各自熟悉或惯性规范属性、行动标准，这导致主体间志愿服务供给冲突与障碍。大数据技术运行下，志愿服务信息的共享与整合、服务流程、评价体系等统一标准将协同地规范主体行为的责任边界，从而保证志愿服务协同治理中各主体的权责清晰明确。三是主体协同化。在不同利益和目的的支配下，各主体行动逻辑不一致，因此志愿服务供给可能沦为碎片化状态，各主体常常处于"自我中心""单兵作战"的局面。标准化和信息公开化一定程度上克服了既有性利益和分散性目的对志愿服务供给行为的异化，有利于协同主体各异的行为目的。大数据技术能够改善信息传递效率和重复工作消耗，使组织结构更加扁平化和精简化，大幅降低流转成本并提升服务效率，同时运用大数据算法可以根据各主体以往工作信息、特征、服务倾向、合作程度等信息挖掘服务主体的组合，实现具体志愿服务运行过程中的主体协同。四是服务供给方式协同化。信息公开化与流程标准化可在目标层面做深度整合，而目标协同无疑驱动志愿服务供给方式和手段的协同化。大数据实现跨政府部门和服务主体间的供需信息共享，依据不同层次的志愿服务需求及不同服务的特性，确定服务供给的主体（志愿服务组织、基金会、企业等）和恰当的供给方式（政府资助、政府购买服务、公益创投、基金会和资助人资助、众筹、募捐等），在服务需求与服务供给方式之间建立科学的协同对应关系。五是资源协同化。既有模式出现的"对象俘获的精英化"与"组织资源垄断化"将逐渐

被消解。根据"供需精准匹配"的重要目标,大数据挖掘和科学预测将协同配置政府主体资源、志愿服务组织资源、基金会资助者资源以及志愿者资源等。

2. 决策重塑:从被动响应到主动精准决策

志愿服务运行过程中的决策实质上是对社会整体志愿服务精准回应及匹配的过程。志愿服务精确回应与匹配,实现志愿服务的资源配置精准,做到区域内供需优化匹配,区域之间的调节匹配;志愿服务资源的精准匹配,城乡之间、区域之间、志愿服务组织之间资源的合理调节,避免资源分配的低效率。当前精确回应与匹配涉及志愿服务的精准需求匹配、志愿者个体激励以及志愿服务组织能力建设等问题。决策主体也涉及政府主体、志愿服务组织和志愿者三方。从决策模式而言,大数据技术的运用一定程度上改变了既有以政府为主导,线性的、自上而下的决策流程,迈向一个非线性的、多中心化的主动精准决策模式。

(1)政府主体决策。既有的运行模式中政府主体的决策处于运行过程的主导地位,政策方案制定、项目策划均基于"业务经验"原则。大数据技术的运用可实现"数据驱动"型转变。一是大数据技术的应用能够整合和共享社会服务需求热点信息、政府业务信息和民意反馈信息,实现探寻公共服务供需精准匹配的各相关因素,发现社会志愿服务需求偏好,了解项目执行的效果,并及时可视化呈现,使得政府主体在志愿服务决策与规划更贴近社会志愿服务需求,以填补服务供给不足及空白领域,主动精准决策未来服务需求,为制定政府决策提供科学依据。二是实现政府对于志愿服务组织及其活动的扶持的精准决策,大数据挖掘与分析可综合反映当前志愿服务组织的发展情况,为改善志愿服务组织的成长环境提供科学决策。三是大数据驱动下政府主体对志愿服务所涉及的人、财、物、时间和信息等资源进行合理规划,减少资源浪费和供给真空问题。四是精准定位志愿服务重点对象,能够及时将志愿服务供给最需要的人群,保障弱势群体的利益,进而推进基本志愿服务均等化目标。

(2)志愿服务组织决策。志愿服务组织的项目立项、资源获得、能力建设等方面决策在既有模式下均带有相当的被动性。大数据驱动志愿服务模式可以实现主动精准决策,并表现在以下几个方面。一是大数据精准识别服务对象。通过大数据计算所有志愿服务项目以及服务对象,并对全部

项目和个体（群体）进行轻重缓急的打分排序，根据志愿服务组织自身优势和特点，提供服务对象识别决策的参考，降低志愿服务组织因信息不对称的选择盲目性，同时规避"精英俘获"现象的发生，优先帮助急需服务的群体和个人。二是志愿服务组织项目内容与服务方式可基于大数据平台实时共享数据分析和挖掘来科学制定。现有服务内容的制定均受到政府政策的主导，而在未来大数据平台运作下，数据分析和信息挖掘技术的使用促使服务内容的制定实现主动精准回应社会需求的模式，并可以定制和实现差异化服务方式。部分志愿服务组织项目服务内容主要考虑政府资助来源；在大数据平台建设后，志愿服务组织项目立项可通过"志愿服务项目创投与对接"方式寻找包括政府主体在内的所有资助来源，志愿服务组织项目服务内容决策自由度增大，也更能主动回应社会的服务需求。三是专业化能力与人才队伍建设决策。组织管理的专业化、志愿者队伍的专业化、服务内容的专业化和服务项目的专业化等内容是志愿服务组织决策必须面对的重要方面。大数据技术通过共享平台数据以及所有涉及志愿服务组织项目过程信息进行比对、数据挖掘和预期分析，提供志愿服务组织能力建设的决策建议方案，包括培训内容、方式、时长、可供获得的培训团队以及推送相关可利用案例资源和培训方案。大数据技术可以优化人才挖掘机制。通过建立社会组织人才大数据平台，根据志愿服务组织的专业性质和人才资源的特点进行精准匹配，改善人力市场的信息不对称，使人才资源得到最大化利用。将志愿服务组织人才需求与市场人才供应的相关信息进行精确匹配，使人得其岗、岗得其人，优化工作团队架构，加强复合型人才队伍建设，使得人才队伍建设决策更加精准。四是志愿者招募智能化决策。通过大数据技术的应用，使得志愿组织在志愿者招募上更为智能化与专业化，通过志愿服务信息的需求，共享信息平台将匹配相应合适的志愿者并进行推送，实现志愿者招募的精准化和智能化。与此同时，共享信息平台的挖掘结果能以智能化的方式给出志愿者可能的"发展区域"，实现志愿能力的拓展。

（3）志愿者决策。通过智慧算法技术，大数据驱动下志愿服务运行模式可以根据志愿者的兴趣、知识、技能、经验、个人意愿及服务时间等因素精准匹配需求岗位，并通过志愿者过往的志愿信息记录，黏性捕捉志愿者的意愿并实现精准推送。与此同时，志愿者在志愿服务后可对志愿服务

组织和项目进行评价。不断丰富的反馈信息，事实上为大数据驱动的志愿服务运行过程增加了民主监督的元素。

3. 管理精准

志愿服务激励、工作评价与监督是志愿服务管理工作中最为核心的部分。由于信息不对称性，如何有效进行个体激励、公正科学地进行服务工作评价及如何精准监管成为必须攻克的难题。大数据平台实现痕迹管理，并通过统一共享的数据监管平台，形成人、财、物、事、地等多维度、高关联、全景式的数据视图，呈现全流程的每一个核心细节，在一定程度上解决了以上难题，主要体现在以下几个方面。

（1）实现激励精准化。志愿者不同于政府主体和企业组织，除了物质上的激励以外，对社会承认、社会认可和社会荣誉等非物质性激励更为重视，因而志愿者的激励应该根据不同个体的特点给予精准化激励。大数据平台能够通过平时积累的大数据对每个成员的特点、工作过程、服务反馈评价等相关信息进行挖掘，借用多层神经网络实现深度学习，自动从海量数据中识别相关模式（特点），摆脱过往以数量为主的粗暴考察模式，并给予精准化的差异性激励，实现志愿服务组织内部走向社会赞许的激励功能。

（2）工作评价的客观化与公正精准。志愿服务具有主体多元性、层次复杂性、目标多样性、范围跨域性等特征，大数据平台可实现实时追踪，能够依托庞大的数据、强大的算力和算法对管理中的信息进行获取，解决工作评价的客观公正的问题。在工作评价时通过结合大数据的分析以及志愿者、服务对象和其他主体方的评价数据，能够有效减少评价工作方的人为因素干扰，改变以登录记载为主的单向评价过程，以考察数量为主的粗放评价方式以及以内部认同为主的封闭评价系统，实现工作评价的反馈、导向和激励功能。

（3）实现动态全流程职能监管。现有的志愿服务监管模式主要采取静态监管与重点监管模式，其实质是监管信息传递与应对的滞后。大数据平台运用多维多源数据对志愿服务进行全流程信息搜集，借助实时数据监测进行同步分析和计算，改变以往"人工监管"与"结果监管"取向，并动态全流程智能监管项目立项、项目资源匹配、志愿者招募与保障、项目运行、项目经费使用、项目结果考核等全过程。尤其在财务制度、用人制度

以及志愿者保障制度等方面，监管大数据平台有其独特的优势。

4. 参与拓展

（1）主体参与广度拓展。一是通过多维多源的数据平台，挖掘社会志愿服务供需不匹配的领域以及服务岗位，给予志愿者更多可供选择的服务工作岗位。二是大数据平台通过志愿者的兴趣、知识、技能、经验与志愿服务信息进行数据挖掘并预测志愿者可能感兴趣的服务意愿岗位并进行推送，拓宽志愿者参与志愿服务的广度。

（2）主体参与形式拓展。一是志愿者的参与形式更为丰富。传统志愿者参与形式只有投入志愿服务岗位；大数据驱动志愿服务运行模式使得志愿者通过网络平台与社交网络软件，能够及时反馈其对服务效果的评价，更便利的参与途径实现了志愿服务决策的"社会化"，进而促进志愿服务需求管理、供给决策、流程管理和工作评价的全过程。二是通过共享数据平台，挖掘现有各志愿服务组织和基金会的潜在优势和资源，拓宽其参与形式。如基金会和企业等主体承担资助和筹资的角色，但大数据平台运行后可拓宽相应主体在志愿服务组织诚信评价系统建设的参与途径；志愿服务组织可以从项目策划与管理的参与，逐步迈向经验推广与志愿服务网络内组织能力培育方面的参与，将具有亮点和特色的志愿服务工作提炼成能力培训案例。

（3）参与主体范围的拓展。大数据驱动的志愿服务运行模式并不是一个封闭模式，由于其大数据平台的信息与算法优势，可对社会志愿服务供需匹配、志愿服务组织能力建设供需匹配、志愿服务组织项目拓展与开发等问题提供切实可行的解决思路或可利用的资源。同时针对相关问题的解决，通过大数据的计算能推荐当前未纳入志愿服务体系的各社会主体，客观上拓展社会主体参与志愿服务的项目开发、能力建设与供需匹配等环节。

（四）保障路径

1. 健全人才培养与智力支持制度

人的素质和能力直接关系着大数据共享、挖掘、分析等应用的水平与效果，同时也关系着使用大数据思维转化为志愿服务工作的具体实践。建立健全多层次、多类型的志愿服务大数据人才培养与智力支持体系，形成

与大数据时代相适应的知识结构与思维方式，是基于提高技术能力及创新管理思维的必要措施。一是把志愿服务大数据决策思维、数据治理、大数据志愿服务流程等纳入党校、行政学院、团校、志愿者培训学院等组织机构的教学计划，充分认识志愿服务大数据治理的重要意义；加大力度提升大数据素养，包括对数据的敏感性、数据的收集能力、数据的分析处理能力、利用数据进行决策的能力以及对数据的批判性思维等；培养大数据思维，能够"循数"思考，让数据"说话"，让数据"跑腿"，理性看待大数据现象。二是当前应重视利用大数据行业内现有的专家及各类技术资源，采用政府购买服务或志愿服务等方式，对政府及志愿服务提供机构、现有工作人员进行专业性技能培训，缩小数据治理能力的鸿沟，加强数据整合和分析能力，从而为实现大数据驱动下志愿服务模式运行提供坚实的人才与智力支持。

2. 完善志愿服务大数据经费投入制度

完善经费投入制度是大数据驱动志愿服务运行模式能否持续运行的关键：一是建立志愿服务大数据财政专项资助。由于志愿服务大数据建设涉及硬件设施建设，数据采集、共享、分析、研究，人才团队运营和培养等问题，需要相关专项财政资金确保志愿服务大数据的基础运行。二是完善志愿服务大数据经费多元筹集与保障机制，鼓励和引导基金会及社会资金投向志愿服务组织的大数据治理、人才培养、匹配技术提升、数据设施建设等领域。三是加强政府与社会资本合作提供志愿服务大数据建设，通过投资补助、基金注资、担保补贴、贷款贴息等多种方式，优先支持政府和社会资本合作项目，公开、公平择优选择具有相应管理经验、专业能力、融资实力以及信用状况良好的社会资本作为合作伙伴。

3. 建立志愿服务智慧化建设的激励机制

一是加大志愿服务智慧化提升项目的政府资助力度。志愿服务组织在智慧化提升的初期需政府资金支持，这将有助于提高志愿服务组织的大数据运用能力。二是优化志愿服务组织的服务/项目评估体系，把大数据运用与智能化提升纳入评估体系，使得组织智慧化建设受到激励。三是不断健全社会激励政策。从推动志愿服务体系智慧化发展而言，建立和完善志愿服务激励的社会政策十分必要，如激励志愿者和服务对象的评价，可与未来志愿服务"回报"、评价积分制度或者志愿服务差异化奖励进行挂钩，

激励更多人参与志愿服务智慧化建设。

4. 落实志愿服务大数据的反馈和评价体系

一是在技术层面和操作层面上畅通志愿者与服务对象评价渠道，能够及时反馈他们对服务效果的信息，促进志愿服务的需求管理、供给决策、流程监管与服务方式优化等方面。二是建立双向互动的志愿服务反馈体系，让志愿服务组织和志愿者能跟踪提供服务后相关服务对象的发展态势，和志愿服务对象能进行互动交流，并有相应反馈，促进志愿服务组织和志愿者根据交流反馈调节行动，让反馈提升志愿服务的效果。三是建立全社会的志愿服务赞许评价机制，通过大数据建构开放式的志愿服务评价环境与氛围，让社会参与到志愿服务的评价中来，以社会赞许促进志愿事业蓬勃发展。四是建立大数据驱动下的精准志愿服务的绩效评价体系。围绕着"服务精确匹配度""专业化""满意度"等核心维度，设计大数据志愿服务工作评价体系，并运用大数据技术及时追踪收集服务反馈的信息，整理服务满意度的真实评价与意见，作为评价整体性与个性化服务有效性的基础；同时结合大数据平台，把需求识别及时性、广覆盖，资源配置精确度、公平性等方面与数据评估体系相比对，客观考察大数据志愿服务整体工作水平。五是建立志愿服务组织的诚信评价体系。当前诚信评价信用只用在工商部门的企业信用诚信评价体系。可参考相应评价体系，借助政府志愿服务管理数据、基金会与资助人业务数据、志愿者和服务对象反馈评价信息等建立志愿服务组织诚信评价体系，实现守信联合激励。

5. 完善志愿服务大数据信息安全制度

志愿服务大数据背后代表的是整个社会不同利益相关者之间的关系网络，对于涉及国家核心安全和个人隐私的部分，为了规避数据开放带来的风险，需要明确各主体的所有权与使用权，以及政府主体、志愿服务组织、基金会和企业的数据收集权限、数据使用规范等。特别是在目前数据所有权界定不清的情况下，为保障公共服务使用者权益，预防数据滥用，要注意以下几方面：一是设计信息安全顶层制度。构建数据共享的一般法律框架，明确哪些数据属于隐私数据，哪些可以共享和利用，并加快大数据信息安全和个人隐私保护立法、完善机构服务资质审查制度，增加信息安全性、合规性要求。二是在审查主体方面，构建以政府为主导，确立政府与独立第三方联合审查制度和公共服务数据使用程序的监管制度。三是确

保服务提供机构按照信息安全管理的制度要求，加强内部人员培训与管理。

五 结 论

本文以大数据思维导入志愿服务的两种模式，通过挖掘传统志愿服务模式下的主要痛点，探索大数据技术的优势与现有平台的不足，构建现实问题与技术工具二者间的契合点，形成志愿服务优化模式。为研究问题"目前志愿服务主要存在哪些痛点""如何运用大数据技术解决当前的痛点"提供答案。

研究发现，当前志愿服务模式存在四大痛点：一是志愿服务有效供给与匹配效果不佳；二是志愿服务组织专业化能力建设不足；三是个体志愿行为激励与保障不完善；四是志愿服务资源整合与共享不充分。

大数据技术的统计分析、数据挖掘、智能算法与数据可视化、人机交互等功能能为解决主要痛点、优化当前志愿服务模式，实现从分散管理到协同管理、局部管理到全面治理、人工管理到智能治理、静态管理到动态治理的治理模式变革提供技术支持保障。

建构大数据驱动下的志愿服务模式，要从制度设计上增强政府顶层规划作用，制定大数据志愿服务运行体系建设制度与标准规范，强化"志愿中国""i 志愿""志愿时"等信息系统的推广宣传，营造"人人可为、处处可为、时时可为"的志愿服务氛围。

在志愿服务流程再造上，大数据技术可驱动关系重构，从"类行政化"迈向"协同化"，共享与整合促使信息资源"去中心化"，实现志愿服务主体赋权并促进角色转变，最终从"管理本位"回归"流程协同"；可驱动决策重塑，让政府、志愿服务组织与志愿者从被动响应到实现非线性、多中心化的主动精准决策模式；可驱动管理精准，包括激励精准化，工作评价的客观化与公正精准，实现动态全流程职能监管；可驱动参与拓展，包括主体参与广度、主体参与形式、参与主体范围的拓展。

保障大数据驱动的志愿服务优化模式顺利进行，建议从五大路径入手：一是健全人才培养与智力支持制度；二是完善志愿服务大数据经费投入制度；三是建立志愿服务智慧化建设的激励机制；四是落实志愿服务大数据的反馈和评价体系；五是完善志愿服务大数据信息安全制度。

本文认为当前志愿服务模式下的痛点皆可在优化模式中得到精准处

理，新模式将可以较好地解决当前志愿服务的主要痛点，并形成志愿服务信息系统的"自我修复力"与"未来预见力"，突破当前志愿服务的现实瓶颈与理论盲区，发挥志愿服务参与社会治理的效度。在落地应用场景方面，大数据驱动下的志愿服务模式将形成"定点推广"与"全国推广"两种应用场景。在定点推广场景中，可优先采用现有志愿服务平台，开展特定区域、特定平台的授权试点，通过不同地区"自上而下"安排、"自下而上"申请等不同试验方法。由上级部门简政放权、匹配资源开展优化模式试验，由研究团队提供试验督导，形成一套初步经验后再以点带面。以"自主申请、评比推广、学习倡导、行政命令"等组合拳，将优化模式逐步应用到全国推广场景中，为统一标准、实现全国"一张网"提供实践构思，让志愿服务能更好地参与社会治理，为实现中华民族伟大复兴助力。

参考文献

陈潭：《大数据驱动社会治理的创新转向》，《行政论坛》2016年第6期。

陈潭、彭铭刚等：《大数据时代的国家治理》，北京：中国社会科学出版社，2015。

程楠：《民政部召开志愿服务组织学习贯彻习近平总书记关于志愿服务重要指示精神座谈会》，中国社会组织，2019。

李芳等：《志愿服务事业如何进一步"高质化"发展》，中国社会工作，2019。

刘建义：《大数据驱动政府监管方式创新》，《中国社会科学报》2018年2月28日。

刘晓洋：《思维与技术：大数据支持下的政府流程再造》，《新疆师范大学学报》（哲学社会科学版）2016年第2期，第118~125页。

邱服兵、涂敏霞等：《志愿者管理工作包》，广州：广东人民出版社，2018。

涂敏霞等：《广州志愿服务组织发展报告蓝皮书（2018）》，北京：社会科学文献出版社，2018。

张会平等：《大数据驱动的公共服务供给模式研究》，《情报杂志》2019年第3期。

张莉萍、慎荣翔：《青年志愿服务信息系统的发展现状、问题及对策——基于"志愿中国"和"志愿汇"平台的研究》，《北京印刷学院学报》2019年第3期。

互联网新趋势下基于大数据和人工智能的志愿服务运行模式研究

徐　涵　蔡　慧　吴双双　艾凯丽[*]

摘　要：志愿服务在当代社会中发挥着日益重要的作用。我国学界对志愿服务组织、志愿服务精神及志愿服务机制的研究较多，对新媒体环境下志愿服务的智能化转型研究较少，尤其是跨学科对话不足造成理论与技术实践存在一定程度的脱节。基于这一情况，本文引入交叉学科视角，系统总结了志愿服务新模式的国内外学术成果与实践经验，并对云计算、大数据、人工智能和区块链等前沿技术的发展情况、前景展开讨论，最终提出一套具有前瞻性和可行性的"云志愿服务模式"，从而推动建立志愿服务信息大数据库，布局一个集志愿者信息注册、培训、组织、管理、附近查找及志愿分享等为一体的志愿服务板块矩阵，实现志愿服务从需求发出、需求审核到项目发布与评估的智能化运作，推动志愿服务形成长效发展机制。

关键词：志愿服务　大数据　人工智能　运行模式

一　前　言

（一）研究背景

志愿服务以志愿精神为内核，有着深厚的历史土壤。追溯志愿精神渊

---

* 徐涵，工学博士，华中科技大学新闻与信息传播学院副教授，研究方向为大数据、人工智能与社会治理；蔡慧，华中科技大学新闻与信息传播学院硕士研究生，研究方向为智能志愿服务；吴双双，华中科技大学新闻与信息传播学院硕士研究生，研究方向为智能传播；艾凯丽，华中科技大学新闻与信息传播学院硕士研究生，研究方向为大数据与社会治理。

源，一些学者认为志愿精神最早起源于古希腊慈善文化和西方的宗教精神，在随后的 19 世纪初，志愿服务活动开始在西方兴起，并逐渐发展到其他国家。但是，志愿服务并非独承西方源流，谈起志愿精神，中华传统文化中"勿因善小而不为，勿因恶小而为之"等思想源流更为悠远，诸如"君子喻于义，小人喻于利""舍生取义""杀身成仁""仁者爱人""先天下之忧而忧，后天下之乐而乐""天下兴亡，匹夫有责"等思想都在一定程度上反映了我国朴素的志愿精神。①

在社会变迁中，我国志愿服务所体现的志愿精神不断丰富着自身的时代内涵。1963 年 3 月，毛泽东等党和国家领导人号召全国人民向雷锋同志学习，大量好人好事和先进典型不断涌现，让"雷锋精神"深入人心。改革开放以后，我国的志愿服务发展经历了五个阶段：萌芽孕育阶段、探索发展阶段、机制创建阶段、整合优化阶段及全面发展阶段。② 值得注意的是，在发起和推广大学生志愿服务活动方面，共青团组织起到了关键性的作用。一批又一批青年志愿者在共青团组织的号召下，积极投身到为他人、为国家服务的社会实践中。2000 年，共青团中央正式将 3 月 5 日确定为"中国青年志愿者服务日"。

进入新时代，中国志愿精神开始焕发出新的活力。我国志愿服务所倡导的"奉献、友爱、互助、进步"的精神内涵充分体现了文明、和谐、平等、敬业、诚信、友善的价值观，③ 可谓与社会主义核心价值观高度契合。因此，弘扬志愿精神就是在扩大社会主义核心价值观的影响力，让主流价值观渗透到为人民服务的社会实践中。

根据最新的慈善蓝皮书调研数据，2018 年度中国志愿者总量约为 1.98 亿人，比 2017 年增加 4003 万人，增长率 25%。其中，活跃志愿者 6230.02 万人，总计贡献志愿服务时长达 21.97 亿小时，比 2017 年度增加 4 亿小时，增长率 22%。④ 由此可见，我国志愿服务规模越来越大，志愿

---

① 张耀灿：《关于弘扬志愿精神的几个问题》，《思想政治教育研究》2011 年第 5 期，第 1 ~ 4 页。

② 严惠敏、陈鸿佳：《改革开放 40 年来大学生志愿服务的发展与启示》，《当代青年研究》2018 年第 5 期，第 74 ~ 79 页。

③ 李玮、林伯海：《新时代中国志愿精神的内涵特点与培育践行》，《学习与实践》2018 年第 10 期，第 135 ~ 140 页。

④ 杨团：《中国慈善发展报告（2018）》，北京：社会科学文献出版社，2018。

实践活动趋于活跃。

但是，志愿服务发展至今，一些问题仍不可避免地存在，如服务不当导致志愿服务需求匹配失灵、共享不足导致志愿服务资源配置失灵、管理错位导致志愿服务志愿供给失灵、评价失效导致志愿服务激励机制失灵等，[①] 显然，传统志愿服务的长效发展正面临困境。但是，问题的出现并不意味着我国志愿服务发展陷入僵局，相反，伴随着前沿技术的加速研发与应用铺开，云计算、大数据、人工智能、区块链等一批先进技术带来的红利正在不断凸显，为我国志愿服务事业的发展提供了改革契机与创新动力。

当前，我国学界对志愿服务组织、志愿服务精神及志愿服务机制的研究较多，对新媒体环境下志愿服务的智能化转型研究较少，尤其是跨学科对话不足造成理论与技术实践存在一定程度的脱节。基于这一情况，本文引入交叉学科视角，提出基于大数据、人工智能技术的"云志愿服务模式"构想，从而推动建立志愿服务信息大数据库，布局一个集志愿者信息注册、培训、组织、管理、附近查找及志愿分享等为一体的志愿服务板块矩阵，实现志愿服务从需求发出、需求审核到项目发布与评估的智能化运作，推动志愿服务形成长效发展机制。

（二）研究目的和意义

本文主要针对我国志愿服务当前存在的问题，提出一套兼具前瞻性与操作性的志愿服务新模式，实现传统志愿服务模式的数据化、信息化转向。具体来说，本项目致力于构建完善的志愿服务信息数据库，并在此基础上，搭建大数据服务平台，推动志愿服务在组织架构、项目对接、人才培养、文化引领、支持保障等方面与新技术深度融合，提升志愿服务的信息化、网络化水平。为此，本文提出"云志愿服务模式"概念，并将通过深入研究，利用好本土策略与工具支撑，力求实现该模式的理论构思、技术应用与平台搭建的有机融合。

---

① 蒲清平、王婕、朱丽萍：基于大数据的精准志愿服务研究，《学术探索》2017 年第 3 期，第 77 ~ 82 页。

二 研究综述

目前，国内外不同领域的许多专家学者和研究机构从志愿者服务信息系统建设、志愿服务运行模式、志愿服务的支持保障和联合激励等多个角度对志愿服务的技术革命进行了多样的讨论和实践，并获得了不同程度的研究成果。

（一）志愿服务信息系统建设

志愿服务信息系统建设指升级改造全国志愿服务信息系统，组织开展相关地域、领域的志愿服务信息系统指定工作，推动信息系统之间互联互通，汇聚志愿服务大数据资源，能够形成完整志愿服务信息、实时掌握志愿服务发展动态，为科学进行决策管理提供技术支撑。因此，建成志愿服务信息系统是确保志愿服务良好运行的基础。

李浩野等[1]提出高校青年志愿服务信息化的构思。通过建立以网页为依托，高校志愿组织、志愿者为主要使用对象，社会公益机构、项目支持方为主流职业公益人，社会群众为舆论导向的一体化、实时化志愿服务信息化平台（具体内容见表1），以省市区域、服务内容两种模式分类开展落实，促进高校志愿服务精准开展。

表 1 信息平台内容[2]

志愿服务相关方	信息化内容
志愿者	志愿者注册、志愿者报名、志愿者线上培训、志愿者经历分享
高校志愿组织	发布志愿服务活动、征集资金、选拔志愿者、记录志愿者服务情况、上传项目实时进展、项目资金使用情况、结项情况、评选优秀志愿者
社会公益机构（基地）	发布志愿服务需求、选拔志愿者、志愿者理念传播、提供线上线下志愿者培训、举办公益沙龙、骨干培训营
项目支持方（签约企业、基金会等）	项目支持、资金提供、项目执行情况跟踪审查、建议评论
社会群众	发布社会问题、参与社会调研、项目点赞、个人建议评论

---

[1] 李浩野、柳祖辉：《大数据环境下高校志愿服务面临的困难和对策分析》，《人才资源开发》2016年第18期，第36~37页。

[2] 李浩野、柳祖辉：《大数据环境下高校志愿服务面临的困难和对策分析》，《人才资源开发》2016年第18期，第36~37页。

孙忠河等①设计开发了基于医学生志愿者信息管理系统，该系统采用"数据项层级菜单"模式将网络信息化与二代身份证读取技术应用于医疗机构志愿者服务管理领域，并具有无限的扩展空间。系统的特点在于所有的数据项都是采用"自助式"管理模式，使用者可以根据需要随意进行调整更新，使系统各数据项可以自由灵活"变身"，生成适用于不同类型单位的信息化管理系统。该系统极大地降低了管理成本，提高了工作效率与质量。

张洪波②针对需要完善的志愿者信息服务平台，设计了唐山市巾帼志愿者管理系统。确立了该志愿者管理系的功能需求，并研究和分析了该志愿者管理系统的功能结构，对志愿者管理工作流程进行了优化，提高了工作效率。

戴景斌③认为"互联网＋服务"志愿服务平台的搭建，能够让各服务组织借助平台开展服务活动；利用服务平台的应用对志愿服务流程给予优化、简化及规范，科学合理的评估与整合各类志愿服务活动的开展，从而进一步提高志愿服务的管理水平及服务效能。

（二）志愿服务运行模式

Ascoland④通过对比意大利和美国志愿服务组织发现，大量的意大利和美国志愿者从事宗教、政治或与工作有关的志愿服务，服务对象需求与志愿者行为意向之间存在冲突，需要协调处理好两者之间的关系，推动志愿服务的良性可持续发展。邢翠霞等⑤展望了志愿服务新生态的发展路径，认为行业化的"互联网＋志愿服务"平台模式将成为最普遍的志愿模式，并指出了其信息系统必备云计算和大数据分析的技术特点。

---

① 孙忠河、李梅、张天柱：《基于医学生志愿者信息管理系统的设计与研发》，《医院数字化》2016 年第 31 期，第 83～85 页。
② 张洪波：《"互联网＋"环境下志愿者管理信息系统的设计与分析》，《电脑知识与技术》2017 年第 35 期，第 6 页。
③ 戴景斌：《"互联网＋"和"北斗系统"概念下志愿者和第一目击者互助平台建设的分析》，《中国卫生产业》2018 年第 15 期，第 22～24 页。
④ U. Ascoland R. A. Cnaan, "Volunteering for Human Service Provisions: Lessons from Italy and the USA", *Social Indicators Research*, 40 (1997): 299.
⑤ 邢翠霞、付海霏：《志愿服务与"互联网＋"结合模式探究》，《电脑知识与技术》2016 年第 21 期，第 111 页。

刁生富等①认为大数据在大学生精准志愿服务方面具有重要作用：促进志愿服务实现精准服务和精心服务、精确决策和精细管理、精准指导和紧密共享、精细反馈和精准评估等，从而有效解决当前大学生志愿服务方面存在的问题：服务质量和服务效果不显著、服务组织和服务策划不周全、服务协作和服务共享不成熟、服务评价和服务反馈不完善等。

吴联世等②设计了一款基于大数据分析的公益 APP——"学雷锋"，利用大数据分析和数据挖掘技术获取用户的各类信息，从大量的志愿者服务和求助者的海量数据中提取有价值的信息。通过模型分析求助者和志愿者的需求、服务特点，实现志愿者与求助者间信息的精准对接；通过对志愿活动进行分类，并对志愿者和求助者发布的信息的实时数据和历史数据进行大数据分析，实现对志愿服务供给和需求未来趋势的预测。对志愿服务供给和需求未来趋势的预测；通过对求助者发布的历史求助信息和志愿者对其的评论进行大数据分析，识别虚假求助信息，并将该类求助者列入黑名单，以节约社会资源。

李建刚等③提出利用相似度算法智能推荐项目信息给学生。测算数据的相似程度是实现推荐算法——协同过滤的前提。在大量数据的背景下，系统后台通过自动随机抓取 30 位同地区用户所添加项目收藏的记录，分析计算用户偏好。采用欧几里得距离测算法计算相似度，对相似度最高的用户进行收藏记录分析，将对方收藏的项目和自己收藏的项目对比，把没收藏过的项目信息写入推送表内，进而智能推送给相同地区的用户。

Cesta 等④描述了在老年人援助领域的一个项目中开发的试点应用程序，研究了 Televita 系统的实践，制定 S4AMT 问题之后，提出了对不同求解器使用的探索和一种启发式方法。该方法可在可接受的计算时间内保证

① 刁生富、莫敬雍：《基于大数据的大学生精准志愿服务探讨》，《佛山科学技术学院学报》（社会科学版）2018 年第 1 期，第 71～78 页。
② 吴联世、张赟、何棒宇：《基于大数据分析的"学雷锋"APP 设计与实现》，《福建电脑》2018 年第 5 期，第 16～17 页。
③ 李建刚、王代君、陈甫佳等：《基于移动平台的大学生志愿服务智能信息平台设计》，《信息通信》2019 年第 5 期，第 132～133 页。
④ A. Cesta, G. Cortellessa, R. De Benedictis, et al. "A Tool for Managing Elderly Volunteering Activities in Small Organizations", *proceedings of the Conference of the Italian Association for Artificial Intelligence* 2017. Springer.

良好的质量。具体来说，通过考虑用户的需求/偏好和管理志愿者的组织所带来的限制这两个方面的互动工具，解决了将预定的活动分配给一组志愿者的问题。文章认为可对不同的优化程序进行一些其他探索，例如从基于大邻域搜索的程序到基于遗传算法的程序。此外，可以采用一些基于帕累托边界的多目标策略，其中还包括目标函数中志愿者的总体工作量，目的是产生更公平的解决方案，以及对志愿者的时间可用性的可能偏好。

Mallat 等①设计了一款基于模糊逻辑引擎（SE）救助老人的系统"Assist-Me"，此系统包括两个移动应用程序（APP），一个是针对需要紧急援助的老年人的（EA），另一个是针对收到请求的志愿者的（VA）。其路径描述如图 1 所示，它通过智能系统将求救需求划分为三个风险严重级别（非关键级别、关键级别和高度关键级别），根据紧急情况的性质自动选择合适的志愿者。以模糊逻辑引擎输出一份能够为老年人提供帮助的有序志愿者名单，最大限度将志愿救助过程简化和高效化。具体的志愿服务流程如下：老年人和志愿者通过创建他们的个人资料进行注册。老年人在紧急情况下在 EA 发送紧急援助请求。Assist-Me 服务器收到后解析请求，提取以下参数：位置、时间、风险类型和风险严重性级别。在高风险的情况下，带有风险上下文信息的通知消息被发送到预先注册的联系人，联系人可以打电话给急救中心或老人进行处理。若风险的严重程度不高即临界（即非关键或关键），Assist-Me 服务器则会检查距离最近的志愿者的可用性：（1）如果没有可用的志愿者，Assist-Me 服务器会通知预先注册的联系人；（2）如果存在可用的志愿者，Assist-Me 选择模糊逻辑引擎则会输出能够为老年人提供帮助的有序志愿者名单。志愿者名单是根据几个因素排序的，包括接触老年人所需的时间以及提供帮助所需的医疗专业知识。Assist-Me 服务器通知由引擎选择的志愿者，并等待他们成功的志愿服务。

---

① H. K. Mallat, B. Abdulrazak, "Assist-Me-A Volunteer Mobile Emergency System to Assist Elderly People", *proceedings of the* 2015 *IEEE International Conference on Computer and Information Technology*; *Ubiquitous Computing and Communications*; *Dependable, Autonomic and Secure Computing*; *Pervasive Intelligence and Computing* 2015, IEEE.

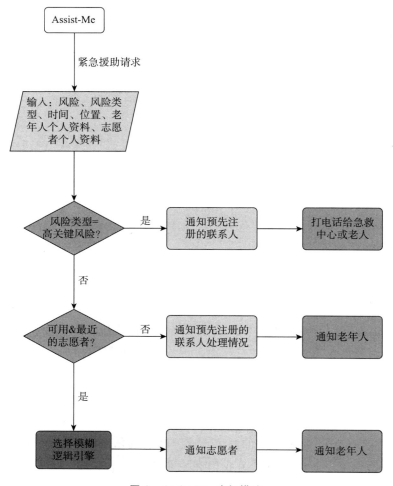

图1 Assist-Me 路径描述

龙锦才①设计了共青团之家系统，从中职学校共青团工作的实际需求出发，旨在为共青团工作简化工作流程并提高工作效率。该系统基于 MVC 模式，服务器端在 Hush Framework 开发框架基础上使用 PHP + MySQL 完成开发，客户端使用 Eclipse 工具进行 Android 客户端代码编写，使用 SQLite 实现客户端数据存储。团内通知、求真尚美、志愿活动、催交任务、Web 共青团、个人中心等功能模块的响应速度良好、切换流畅、增删改查功能

① 龙锦才：《共青团之家系统的设计与实现》，华南理工大学硕士学位论文，2017。

正常、指示清晰、权限明确、界面友好、操作便捷。例如，在志愿活动模块中，当志愿活动、管控通知和志愿者花名册加载成功后，系统自动把数据存到手机 SQLite 数据库中。当加载过程中出现网络错误时，系统自动读取手机 SQLite 数据库数据，进入离线访问模式，这完全满足了志愿者人手一份离线花名册的需求。切实提升了志愿活动的组织效率，达到预期效果。

Fitzpatrick 和 Snyder[①] 介绍了志愿者赞助慈善机构 Nexus 的组织架构、运作系统和方法。Nexus 使志愿者、赞助者和慈善机构能够轻松地彼此识别、联系和协调，它用公开的系统和方法收集志愿者、赞助者和慈善机构的档案数据，允许志愿者、赞助商或慈善机构中的任何一方进行搜索，识别并与一个或多个互补方（志愿者、赞助商和/或慈善机构）进行合作。这种精细的方法提高了联系和协调流程的效率，催生了更多富有凝聚力和互补性的合作，从而提高了志愿者、赞助者和慈善机构的满意度和行动效率。

随着互联网技术的进步和新一代网络信息传播模式的深入发展，志愿者地理信息的研究和应用日益广泛，但由于其规范性和均一性方面的缺陷，在应急公共服务领域，志愿者信息的有效利用依旧是亟须突破的难题。杨靓等[②]通过对兼顾志愿者地理信息的国家应急测绘公众服务平台设计思路、数据资源体系技术架构及功能模块设计的探讨，力求总结出一套 VGI 信息在应急公众服务中的利用方式，在应急信息资源共享和服务平台共建方面进行了新的尝试，为我国突发事件应急体系建设提供了有益实践。VGI 是在专业化信息采集的基础上，由应急事件发生现场的公众提供实时的灾情定位、灾情描述及救援情况等信息，能够在很大程度上提高公众服务平台信息发布的时效性。平台 VGI 信息采集与利用流程如图 2 所示。

① D. Fitzpatrick, J. A. Snyder, "Apparatuses, Methods and Systems For A Volunteer Sponsor Charity Nexus", *Google Patents*, 2010.
② 杨靓、黄蔚、查祝华等：《兼顾志愿者地理信息的国家应急测绘公众服务平台设计》，《测绘通报》2019 第 9 期，第 147～151 页。

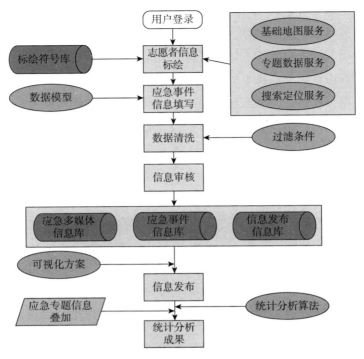

图 2　平台 VGI 信息采集与利用流程

（三）志愿服务的支持保障和联合激励

志愿服务的人员培训和联合激励指以志愿服务信息系统建设和数据共享为依托，会同相关部门、互联网平台加强志愿者褒奖和优待，丰富与完善具体待遇和措施，扩大志愿服务活动的网络传播和典型宣传，助推完善公民信用信息制度、社会诚信体系建设，是志愿服务的长效机制。进一步激发人们的爱心与热情，使志愿服务成为社会风尚，形成"我为人人、人人为我"的良好社会环境。

Penner[1] 提到，不仅需要研究志愿者参与志愿服务的动机，还要着手研究志愿服务的运行模式，考虑个体志愿者与组织之间的交流与互动。

漆依林[2]提出"互联网＋"志愿服务模式的支持网络（见图 3）。政

---

① L. A. Penner, "Volunteerism and Social Problems: Making Things Better or Worse?", *Journal of Social Issues*, 60 (2004): 645 - 66.

② 漆依林：《互联网＋志愿服务：新时期青年志愿服务模式研究》，《青年发展论坛》2019 年第 4 期，第 6 页。

府、社会组织、社区及高校在志愿服务活动中扮演重要的角色。政府层面，青年志愿服务活动的项目化运行需要政府提供政策引领、资金补助、税收减免以及制度保障等方面的支持。资金是青年志愿服务活动开展的关键环节，社会组织及高校不应将志愿服务当作一种营利性服务事业，而应弘扬志愿服务精神，传播志愿服务文化。政府提供的资金补助应用于社会组织开展大型的志愿服务项目，以扩大受益群体覆盖面。高校层面，因社会组织在发展过程中专业人才缺乏，因此可通过链接高校青年资源，实现资源的充分整合与利用。此外，高校应注重青年综合素质方面的提升，通过将志愿服务理念与志愿服务实践相结合的方式，实现青年的成长与蜕变。社区层面，社区可通过链接高校资源，为社区需要服务的人提供志愿服务。社会组织层面，社会组织是连接理论与实践的桥梁。社会组织为青年志愿者提供实践平台，不仅有益于社会群体及时享受到志愿服务，而且有利于增强青年实践能力，磨砺其心性。

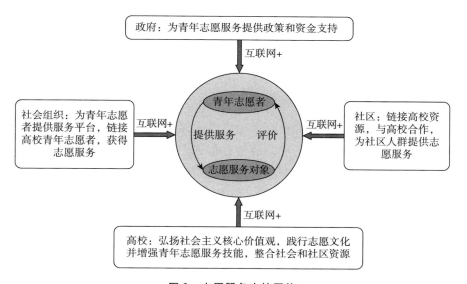

图 3　志愿服务支持网络

Alony 等[①]确定了 DigiVol 实践中创新和有效的关键要素。DigiVol 计划

---

① I. Alony, D. Haski-Levebthal, L. Lockstone-Binney, et al. "Online Volunteering at DigiVol: An Innovative Crowd-sourcing Approach for Heritage Tourism Artefacts Preservation", *Journal of Heritage Tourism*, 2018: pp. 1 – 13.

位于悉尼澳大利亚博物馆，在澳大利亚和国际上被公认为是最佳实践"志愿者数字化服务"模型。该计划的成功主要归功于成功招募和保留了志愿者，可招募性在可访问性、资源以及计划的网络和协作方面表现出色，具体做法包括志愿者的工作、独特的招聘方法、社交和培训以及表彰。

Kaslon[1] 提到传统的志愿者培训通常在面对面的环境中进行，但是由于时间和预算限制，困难较大，倡导结合互联网线上培训的方式提高志愿者的专业技能。Stevenson[2] 对 4 – H 组织进行需求评估发现，缺少专门用于志愿者了解志愿服务项目的资源，呼吁志愿服务组织采用更具创新性和现代性的方法加强信息的公开。Horn 等[3]提出，随着美国社会的人口变化，志愿者总体人数在一定程度上呈现出下降趋势，要使 4 – H 组织成为未来的中坚力量，就需要不断进步并适应互联网时代新的志愿服务趋势和思想。

R. Kari[4] 介绍了明尼苏达州计划。志愿者是 4 – H 项目的核心，提供高质量的相关培训是志愿者成功的关键。在线、异步模块为成人志愿者开发交互式的培训教学，是对成人志愿者培训交付菜单的增强，提供一致的、可访问的选项。文章描述了如何加速模块开发，提高质量和最小化成本。

刘颖春[5]提出大数据时代志愿服务发展策略：充分利用大数据进行资源整合和共享、加强技术层面的创新和培训、重视平台的推广和志愿服务的宣传。其中，加强技术层面的创新和培训主要针对志愿服务双方数据安全和隐私保护。文章认为现如今大数据时代确实提高了工作效率，便捷了人们的生产生活，但是数据的传播快速、自由、广泛，由此带来的隐私泄露问题不容忽视。不管是受助者，还是志愿者，双方的信息都要受到严格的保护，这是志愿服务发展的前提和基础。另外，面对志愿服务平台出现

① L. Kalson，K. Lodl，V. Greve，"Online Leader Training for 4 – H Volunteers：A Case Study of Action research"，*Journal of Extension*，43（2005）．

② J. L. Stevenson，D. A. Moore，J. Newman，et al. "Assessing the Need for An On-line Educational Module for Volunteer Leaders on Bio-security in Washington State 4 – H Livestock Projects"，*Journal of Extension*，49（2011）．

③ Van Horn，C. A. Flanagan，J. S. Thomson，"Changes and Challenges in 4 – H（Part 2）"，*Journal of Extension*，37（1999）：1 – 5．

④ R. Kari，V. Eric，"Development Strategies for Online Volunteer Training Modules：A Team Approach"，*Journal of Extension*，52（2014）．

⑤ 刘颖春：《大数据时代志愿服务的发展》，《太原城市职业技术学院学报》2017 年第 12 期，第 140 ~ 141 页。

的许多问题，应及时通过技术手段来解决，能够做到方便注册保护隐私、数据共享、评价客观。

近年来，我国的志愿服务事业取得了长足发展，但信誉和志愿者服务时间管理的可追溯性面临严峻挑战。因为传统的时间记录系统不能保护志愿者相关数据的安全性。

Zhou[1] 基于比特币的核心技术——区块链技术，研究了志愿者时间记录系统。不像比特币交易，这个系统并不是严格意义上的金融，它们是用来传达指令的，例如存储、查询和共享数据。它通过发送连锁交易记录志愿服务时间和活动信息，通过智能合约保证有效的时间识别。它可以确保志愿者的时间免于不适当的人为干预和志愿服务的公平性，实现整个时间记录过程的可追溯性和透明性。区块链可以为志愿者服务时间记录提供更高效、开放和透明的系统平台，志愿服务时间记录系统的概念框架和区块链中时间币的转换过程如图 4 和图 5 所示。参加志愿活动的人员应使用基于 ECDSA 椭圆曲线算法的时间币公钥和私钥以完成合法节点注册，志愿者信息中心对活动信息进行唯一编码，并使用其私钥签署时间币交易，将

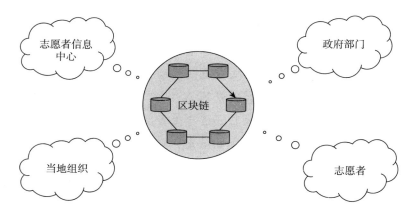

图 4 志愿服务时间记录系统的概念框架[2]

[1] N. Zhou, M. Wu, J. Zhou, "Volunteer Service Time Record System Based on Blockchain Technology", *Proceedings of the 2017 IEEE 2nd Advanced Information Technology, Electronic and Automation Control Conference (IAEAC)*, 2017.

[2] N. Zhou, M. Wu, J. Zhou, "Volunteer Service Time Record System Based on Blockchain Technology", *proceedings of the 2017 IEEE 2nd Advanced Information Technology, Electronic and Automation Control Conference (IAEAC)*, 2017.

其发送到政府部门地址，后者继续下发至当地组织和志愿者地址。系统的每个部分都有权浏览和查询链上的任何时间币版块和交易的详细信息，还可检查自己和别人的记录是否真实。

如图 5 所示，志愿者地址存储了一定数量的时间币，一旦满足我们预设的智能合约的条件，区块链系统将自动执行该合同，完成志愿者服务时间认证，为志愿者颁发星级勋章，并回收志愿者时间币。该星级勋章可作为入学、部门评估和优秀员工评估的参考，并优先获得实习、就业、公共服务和其他机会。

由此可见，基于区块链的志愿服务时间记录系统有以下特点：数据的开放性和透明性；可追溯性；防伪；自动化和智能。系统使每个参与者都能监督志愿活动过程，使他们成为个人数据的所有者。智能合约保证志愿者无须烦琐的认证规则就可以得到相应奖励。基于区块链技术的系统将大大激发志愿者的积极性，有助于普及志愿活动。

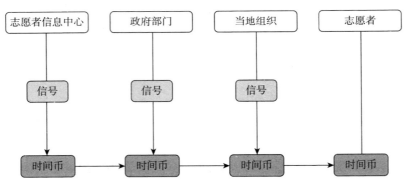

图 5 区块链中时间币的转换过程

三 云志愿服务模式设计

（一）"云志愿服务模式"的基本构成

所谓"云志愿服务模式"，是指利用大数据、云计算、人工智能、区块链等互联网新技术，以搭建志愿服务网站平台为主，APP 客户端、微信小程序为辅，完善志愿服务大数据资源库，从而实现对志愿者、志愿服务对象和志愿者组织的精细管理、精确匹配、精心服务和精准评估的目的。

"云志愿服务模式"包括"一微一端一平台"。"一微"即微信小程

序;"一端"即 APP 客户端;"一平台"即网站平台。"云志愿服务模式"的结构设计满足了不同群体对操作终端及平台使用的个性化需求,提升了用户的使用感知,增强了用户使用的"黏度"。建立大数据基础信息资源库,为社会公众便捷参与志愿服务、形成完整志愿服务信息、掌握志愿服务发展动态、科学进行决策管理提供技术支撑,推动信息系统之间互联互通。

云计算分析、处理大数据,依据平台收集的志愿者分众化、个性化需求进行精细管理,有针对性培训。人工智能语音识别精准洞悉服务对象需求,在此基础上云计算精确匹配志愿者和服务对象,提高志愿服务活动信息系统的流程效率,优化志愿运行模式。

区块链时间戳记录志愿者服务时长与服务对象评价,推动大数据管理与共享,会同政府相关部门加强对志愿者的褒奖和优待,实现志愿者登记、志愿服务组织管理与互联网技术有机结合,志愿服务活动、志愿精神弘扬与互联网传播的深度融合,推动完善志愿服务激励机制。

综上可知,完善志愿服务大数据资源库,不但可以有效地减少资源浪费,还会让志愿服务平台的运行更加顺畅、有效。志愿服务双方通过数据库获得即时信息,使志愿服务资源得到高效对接,从而让志愿服务的效率、效果得到提升,促进志愿服务事业的长足发展。同时,志愿服务和社工机构资源整合,运用专业方法指导志愿者活动、督导志愿活动过程、评价志愿服务效果。

志愿服务网站平台是"云志愿服务模式"中最基本的信息载体,所有信息在此汇合。网站的主要功能有志愿者招募、注册、组织、查询、展示等;与志愿服务对象在线交流、语音留言;及时发布志愿者、志愿组织、志愿服务项目信息;链接 APP 客户端、微信小程序;等等。通过以上功能的实现汇聚志愿者信息、志愿服务对象信息和志愿组织信息,推动信息系统之间互联互通。其板块可以分为以下几个方面。

1. 志愿者信息注册板块。该板块主要包括注册登录和问卷填写两个步骤,涵盖志愿者个人信息、以往的志愿服务经历和志愿服务意向三个方面。

平台注册采取实名认证的方式。用户需要输入身份证号码、电话号码进行认证,认证通过之后分配全国统一使用志愿者编号即为注册成功,注

册成功后即可设置账户名和密码。若无注册和认证则为普通游客，只能使用浏览网页志愿服务组织信息、志愿服务项目信息，无法参与志愿者在线培训和在线求助。

问卷信息主要包括志愿者姓名、性别、职业、籍贯、特长、相关技术职称、相关培训经历、志愿服务项目意愿（常规/专业）、志愿服务激励倾向（精神鼓励/物质肯定）等。成为认证志愿者后，可拥有自己的个人空间，在个人空间中展示自己的志愿风采，还可同步至个人微博、微信，与来访网友、志愿者交流讨论，分享心得。

2. 培训系统板块。其共包含培训内容和在线考核两个方面。培训内容包括两个阶段：基础培训和技能培训。基础培训内容包括志愿服务精神和知识普及，技能培训则根据志愿者选择的项目类别进行培训（常规/专业）。

基础培训要加强对学生的思想教育，正确引领参与动机，其主要目的是让学生了解志愿服务、志愿精神的内涵，传递志愿服务精神，在情感上认同志愿服务，引领大学生树立正确的参与动机。同时解读志愿服务相关政策、文件，明确大学生参与到志愿服务中所享有的权利与要履行的使命、责任。

而针对服务对象的不同需求，平台确定不同的服务内容和标准。依据注册环节志愿者选择的感兴趣层面进行分类技能培训，并讲授一些服务技巧及问题的应急处理技巧，使得大学生熟练掌握所参与项目的相关知识。这部分的培训内容需要运用到实际活动中去，会影响到大学生的参与体验，因此要作为培训的重点。图 6 展示的是技能培训中的常规培训和专业培训内容划分。

依据不同类别的培训内容要采取灵活的培训方式。灵活的培训方式有助于激发大学生学习兴趣，增强培训的吸引力和有效性。培训要转变以往单一的授课模式，根据培训内容灵活采用参与式、座谈式、服务式的培训方式，可以进行实地考察、小组讨论、角色扮演等。同时，编制培训教材或将重要的培训内容录播成培训视频，方便学生在课余时间学习。

在线考核是为了检验志愿者对已完成培训项目的掌握程度，考核设有时间和防止页面跳转搜索查询限制，不及格的将参加补考。考核通过后相关培训、能力证书可选择邮寄到家或按照相关规定在指定的时间和地点领取。

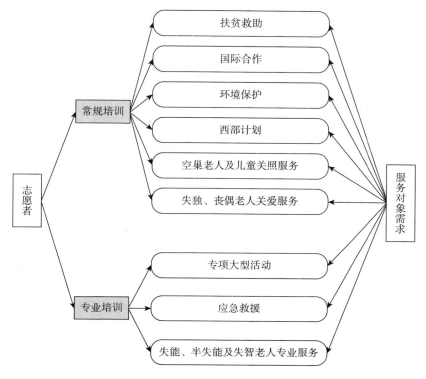

图6 技能培训框架

3. 组织管理板块。该板块是各志愿者组织展示自身文化和动员志愿者的板块，其功能主要为基本信息展示和志愿者管理两个层面。

（1）基本信息展示。主要包括组织活动主要地区、志愿者人数、志愿总时长、组织服务类型、组织类型、组织文化、评价等级、联系方式等，方便体验志愿者根据自身情况来选择加入。

（2）志愿者管理。志愿者浏览各个组织基本信息后发出加入组织申请，组织二级管理者根据规章制度进行审核，审核通过则该志愿者正式成为组织成员。志愿者分组管理：一方面有利于组织者召集志愿者展开针对性志愿服务项目；另一方面也有利于志愿者了解最新志愿服务项目信息。

4. 项目管理板块。是各志愿者组织收集、审核、发布服务对象需求信息并管理、监督、评价志愿服务项目的板块。

（1）收集、审核与发布。服务对象在平台"我要求助"板块发出需求，平台采用人工智能语音识别服务对象真实需求，信息审核通过后根据

服务对象发布的信息，志愿组织可策划和组织相关活动并使用平台发布招募信息、宣传组织活动。其后，平台依据大数据云计算精确匹配志愿者组织以及下属志愿者，尚未加入志愿组织的闲散志愿者则可以根据相关项目信息推送展示，自主报名属意项目。平台项目信息主要按地区、服务性质、时间、状态对服务项目进行分类排布，链接各项目内容，内容包括项目发起人、发起时间、项目性质、招募人数、招募要求及备注信息等。

（2）管理、监督与评价。通过服务平台，志愿组织负责人、社会工作者还可随时查看项目的进展情况，并能实时监督项目的进程，及时化解遇到的各类问题，保证项目的顺利进行。志愿服务项目结束后，服务对象对本次志愿服务做出评价，志愿服务组织在系统平台上对该项目更改状态，并录入志愿服务者的出勤情况，区块链技术记录志愿者服务时长和服务对象评价并上传至数据库留存。

5. 附近查找、爱心地图板块。当前，许多移动社交网站，如人人网、街旁网等，创建了基于位置的社交网络服务，用户在虚拟网络社交过程中，又标记了真实的地理坐标，虚实结合。我们把这种有趣的方式叫作"签到"。许多人已经习惯新到一个地方就首先标记出自己所处的位置，再来发布自己这一刻在这一个地方的所见所闻所感。这是一项全面的改革，微博、微信等都引进了签到功能。正是利用这种功能，志愿者与志愿服务对象实现了点点对接。他们记录、分享志愿服务生活，人人参与，有利于实现志愿服务活动大众化、全民化。而互动性正是"云志愿服务模式"的显著特征。基于 LBS 的附近查找和爱心地图显示：一方面利于志愿者寻找志愿服务信息，另一方面方便志愿服务对象建立并标出志愿服务信息，从而实现双方有效互动。通过爱心电子地图展示全部志愿服务项目、志愿服务组织，在地图上标示服务对象、服务组织、服务阵地的位置。服务对象和志愿者可按照服务地区、服务类别、服务对象、时间等多种要素进行筛选查找附近的志愿服务项目和志愿服务组织，相比于图片信息，附近查找和爱新地图规划路线的方式更有利于双方的互动参与。

6. 分享板块。志愿者组织实时更新志愿服务活动状态，通过上传志愿服务活动现场照片、拍摄短视频等形式与社会公众分享介绍志愿服务基本信息、活动流程等，浏览网站页面信息者还可以通过链接分享到微信朋友圈、微博、QQ 空间等社交媒体，形成二次传播。

以组织主体分享志愿活动信息：一方面是对志愿服务的广泛宣传，有利于传播志愿精神，传递正能量，营造互助、友爱、和谐的社会氛围；另一方面，可以吸引更多的人关注志愿服务，让人们随时随地参与志愿服务成为一种可能；同时，网络宣传可以让志愿者自身感受到被重视、被认同，从而激发起志愿者的服务热情，并感染身边更多人参与到志愿服务中，使志愿服务发展形成良性循环。不同于组织分享内容的权威专业性，个人分享主要侧重于展示志愿者风采，切合志愿者在志愿服务过程中的心得体会，方便不同组织志愿者之间的有效沟通和交流，满足其社交需求。而且还可以促进各专业志愿服务团队之间的合作、交流，有利于志愿服务事业的迅速、健康发展。

7. 论坛交流板块。该板块是广大网友、志愿者对当前志愿服务提出意见、开展讨论以及征集服务项目的板块。论坛模式可参照当前网络上各种论坛模式，分意见建议征集区、交流讨论区、新手问问区、志愿服务文学分享区和管理区，管理区是发布重大事项、通知公告的版面。每个区设置版主、管理员，负责每个板块的日常管理。论坛为志愿者们提供一个交流、互动的平台，可使志愿者加强凝聚力和对志愿者团队的认同感。一方面，志愿服务双方通过平台能直接沟通交流，在服务前可沟通和确认服务意愿、服务细节等，在服务结束后可相互评价，对服务效果进行相互反馈；另一方面，通过平台，志愿者、志愿组织还可实现与专业社会工作者的实时互动和沟通，及时解决在服务过程中的困难和矛盾。

8. APP 客户端和微信小程序板块。该板块是专为移动用户设立的板块。广大志愿者和服务对象可以通过扫描网页二维码进行下载 APP 客户端或关注微信小程序，用智能手机安装好 APP 客户端应用程序或关注微信小程序后，能在手机等移动网络设备上实现登录，数据信息与系统平台同步。APP 客户端和微信小程序功能设计方面同步网站平台基础信息库，相比于网站平台，除了基本的信息同步和动态分享板块，最大的不同点与创新之处是依据志愿者线下服务和不同的服务对象需求而推出的出勤打卡和一键求助板块。图 7 和图 8 展示了 APP 客户端下载和微信小程序打开页面。同步网站平台中的项目信息和组织信息板块，及时更新项目动态。这样对于最新的志愿活动项目方便志愿组织积极动员志愿者，而对于已经完结的志愿活动项目，信息同步利于将志愿活动公开透明化，方便社会公众

的监督与评估。图9和图10则展示移动端界面首页和信息同步板块。平台招募信息、活动信息的发布与分享，借助APP客户端和微信小程序在微信朋友圈与好友群聊中进行二次传播。且相比于下载APP客户端，微信小程序操作简单，占用内存空间小，用户点击关注平台小程序，使用微信的一键认证许可即可关注相关信息，并参与到志愿活动中来，所用的时间成本较低，体验感较强。图11和图12则展示组织和个人分享。签到打卡是由APP客户端和微信小程序接收器或志愿活动现场组织负责人提供对应的活动编码，参与该志愿活动项目的志愿者输入相关数字完成打卡计时。图13和图14则展示了响应志愿者打卡需求的出勤打卡操作界面。因志愿服务对象受众范围广，服务类别种类多，个别服务对象或因年龄、教育水平、身体状况使用移动客户端能力不强，较为烦琐的APP客户端和微信小程序页面设计不利于服务对象使用。一键求助板块，是为经过政府备案的服务对象群体使用，极大地简化操作流程，方便身体不便或突发身体不适的老人快速求助。图15和图16则展示了一键求助界面。

图7　APP客户端下载

图8　微信小程序

图 9　移动端首页界面

图 10　移动端信息同步界面

图 11　移动端组织分享界面

图 12　移动端个人分享界面

图 13 移动端签到打卡界面

图 14 移动端签到打卡界面

图 15 移动端一键求助界面

图 16 移动端一键求助界面

（二）"云志愿服务模式"的工作流程

通过以上八个板块的构建，形成了"云志愿服务模式"网站平台、APP客户端和微信小程序的基本框架。针对平台在管理模式和服务机制上的经验总结，并就存在的具体问题，本文尝试探索一种涵盖志愿服务需求发出、需求审核、项目发布、项目评估四个阶段的志愿服务平台运行的新思路。

在"云志愿服务模式"提供的平台上，任何人在任何时间和任何地点都可以实现随时随地迅速发布或接受志愿服务，任务完成以后服务对象对志愿者进行评价，形成具有及时反馈机制的"互联网＋志愿服务"的工作流程，图 17 展示了具体的"云志愿服务模式"的工作流程。

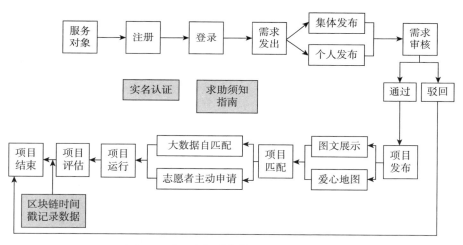

图 17　"云志愿服务模式"的工作流程

1. 志愿服务的需求发出

因为大数据的大样本、多样性、全面性，可以避免样本的随机性和片面化，首先从宏观上精准了解、预测和预判社会的志愿总需求，从多层次、多角度精准识别不同社会群体、不同社会阶层的分志愿诉求。其次，从微观上，针对在线求助服务对象，平台通过人工智能语音识别精准洞悉服务对象的真实需求。根据对每一个潜在的服务个体的大数据分析，精准识别志愿对象的主诉求，并在发展过程中进行动态调整。根据精准识别需求，开展精心志愿服务。在项目管理板块中设置"我要求助"板块，志愿服务对象在发布需求之前，平台应公布相应的"求助须知指南"，普及求

助者志愿组织服务类型和范围，并告知恶意求助占用公共资源满足个人利益的后果，服务对象同意后方可进行下一步操作。在这个板块上，一般有两种志愿服务需求的发出方式和两个志愿服务需求的发出主体，在方式上分为集体发布和个人发布。集体发布主要指在网站平台注册的志愿者团体或者是社会组织。他们通过征求、收集、汇总志愿服务需求后，以集体的名义在网站平台统一发布，并同步推送到各注册志愿者的 APP 客户端。这种方式是一种有组织的集体行为，一般针对大型赛会等特定活动的志愿者招募。另一种发出方式主要对应的是点点对接的志愿服务。所谓点点对接指的是志愿者与被服务对象的直接沟通接触，中间没有任何志愿服务的组织单位。在这种情况下，发布需求的志愿服务对象由于对志愿服务的迫切需求，可以通过最便捷的方式，登录"云志愿服务模式"服务系统，以个人名义在志愿服务地图上标记自己的地理位置、需求内容、有效时间等信息。一次标注就是一次志愿服务指令的发出。待"云志愿服务模式"系统管理方审核信息后，任何在系统闲逛的志愿者，都可以及时看到志愿服务需求的具体内容，然后就近就便接受志愿服务任务，完成一次对接。在这种方式下，主要对应的发布主体是闲散的志愿服务对象个体。图18、图19展示了发布求助信息的流程和详情。

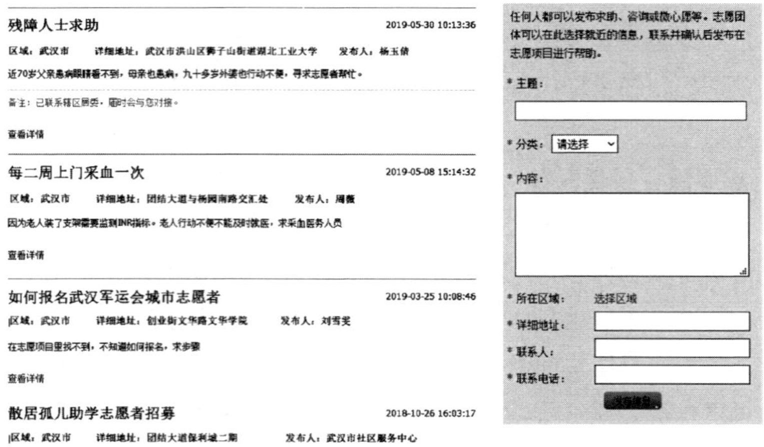

图 18　求助流程

图 19　求助信息详情

2. 志愿服务的需求审核

网站平台收集服务需求后由平台管理员负责审核求助信息，力求求助信息的真实性，借此努力提高志愿服务质量和资源利用效率，最大程度上保障志愿者人身安全。求助信息审核通过后，网站平台根据信息发布时间先后、求助类型和迫切性程度进行排序和存档。若求助信息审核过程中涉嫌造假，恶意占用公共资源为个人利益者，平台将实行追究责任制，将申请人信息备案，并纳入个人诚信考核体系；情节严重者，平台数据共享至政府相关部门，相关部门将依法追究相关责任人的责任，赔偿志愿组织相应损失。

3. 志愿服务项目发布

项目信息主要按照地区、服务性质、时间、状态对服务项目进行分类排布。链接各项目内容，内容包括项目发起人、发起时间、项目性质、招募人数、招募要求、项目联系人联系方式以及备注信息等。项目信息则按照以上分类方式以图文和爱心地图两种形式展现。

项目审核信息通过后，平台项目管理板块内容及时更新并根据用户筛选和时间先后顺序进行推荐展示。采用图文结合的索引方式，单击即可进入志愿服务项目详情页了解活动细则。图 20 为图文展示。

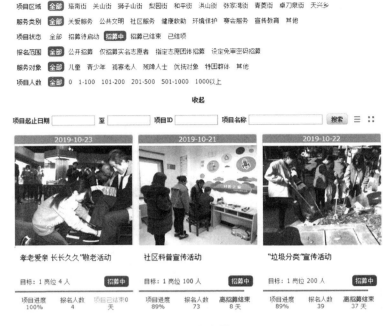

图 20　图文展示

平台根据服务对象的地理位置、服务类别信息在爱心地图板块进行标注，并按照搜索引擎类别进行划分。志愿者则可以利用平台的搜索引擎和爱心地图显示功能查找自己属意的志愿服务项目和组织，并参与其中，从而实现服务对象和志愿者之间的良性互动。图 21 为爱心地图示意。

4. 志愿服务项目运行

大数据云计算精确匹配志愿服务组织和志愿者，也可由相关志愿者组织主动申请领取求助项目，为服务对象提供精心服务。因为大数据的全面性、多样性，可以从宏观上精准了解、预测和预判社会的志愿总需求，从多层次、多角度精准识别不同社会群体、不同社会阶层的分志愿诉求。而且网站平台大数据中登记的志愿者情况，可以反映志愿者的学历层次、擅长领域、专业技能、培训方向等。所以，志愿服务组织可以对志愿服务项目、对象的选择进行动态调整。根据精准识别需求，开展精心志愿服务，实现资源优化配置。在志愿服务需求审核、发布后，志愿服务信息动态栏会以图文形式进行更新，同时爱心地图上会出现提示，这种提示可以在电脑网站平台看到，也可在 APP 客户端、微信小程序上进行推送。通过电脑

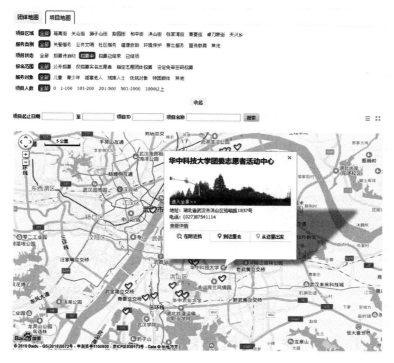

图 21　爱心地图示意

完成指令接收相对简单，而通过 APP 客户端接收信息更加便捷。一旦志愿服务指令发布后，只要是进入该平台的注册志愿者都可以快速收到提示，然后根据自身情况就近就便完成一次志愿服务的对接。

5. 志愿服务项目评估

建构志愿服务的大数据库，可以充分发挥评价的导向功能，将数据分析结果运用于管理及评优等工作的各个环节。志愿服务的精准评估是指对于志愿服务的效果给予科学、客观、量化评价。对于志愿活动事后给予反馈，便于志愿活动的组织者和参与者反思和调整；对于志愿者的志愿行为给予社会肯定和评价，把客观评价与主观评价相结合，能够充分发挥评价的引导功能和激励功能。依托大数据的事后跟踪系统评价，及时精准给予志愿者活动效果反馈，利于志愿者的行为调整；利用大数据系统，纳入社会评价，用社会赞许助力志愿服务，增加志愿服务的激励动力。激励机制的建立，有效增强了广大群众和各类社会资源参与志愿服务的热情，有效提升了各方面参与志愿服务的荣誉感与成就感，营造了"人人为我、我为

人人"的良好氛围。志愿服务项目开始后，志愿者使用 APP 客户端或微信小程序进行打卡，并记录服务时长，且志愿服务对象对志愿者的服务做出评价后才能结束，评价的内容包括每个志愿者的服务态度和服务质量。

志愿服务项目结束后采用区块链时间戳技术记录志愿者服务时长以及服务对象评价等志愿服务相关讯息，数据中心自动同步至数据库并按照系统预先设定的积分办法及星级认定标准核算志愿者的积分及星级，并根据志愿者注册登录填写问卷信息中的意向奖励形式进行肯定与嘉奖，从而实现精准评估与激励。图 22 为项目评估运行流程示意。

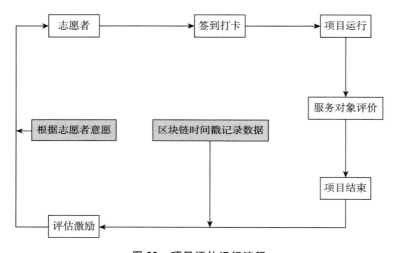

图 22 项目评估运行流程

四 总 结

本文系统总结了志愿服务新模式的国内外学术成果与实践经验，并对云计算、大数据、人工智能和区块链等前沿技术的发展情况、前景展开讨论，最终提出一套具有前瞻性和可行性的"云志愿服务模式"，推动传统志愿服务信息化、数据化转型。当前研究还存在如下局限：

（一）"云志愿模式"创新理念的提出较为新颖，目前相关领域研究文献较少，尤其是跨学科对话不足，学科之间的合作、反馈机制尚不健全。因此，本文的跨学科融合研究成果深度不足，计算机仿真与实测验证不充分，有待计算机科学等技术领域进行实验反馈。

（二）国内"云志愿模式"的实际应用较少，云计算、大数据、人工

智能等前沿技术的投入使用经验反馈有限，因此本文的研究对象数量有限，基于文献研究与归纳比较得出的经验在推广性方面可能存在欠缺。

（三）"云志愿模式"的全平台搭建工程十分复杂，涉及志愿者个人、志愿组织、服务对象、平台建设、技术保障及相应的一整套运作协调机制与体制设计，同时，一些核心技术的发展情况目前尚不成熟，整个"云志愿服务模式"从被接受到适配使用仍需一个长久的过程。

针对后续研究工作，"云志愿服务模式"需要进一步打通学科壁垒，由计算机科学等自然科学领域的学科力量加入，以进行技术设计与实验调试，并对该模型的应用情况做出反馈，从而推动"云志愿服务模式"理论与实践的深度融合，促进"云志愿服务模式"初步构想的完善与再造。目前，本文所提出的"云志愿服务模式"主要是针对当下大数据、人工智能等先进技术的研究与应用现状，并结合未来 10 年前沿技术发展的可能性进行了再设计。但是，人类技术发展的空间是无限的，未来的技术形态会实现怎样的飞跃尚难以预知，因此，"云志愿服务模式"的初步构想有待在未来的技术实践与运行测试中持续完善。

我国国际志愿服务探索

中国社会组织国际志愿服务
合法化路径研究

王 杨*

摘 要： 社会组织已成为中国国际志愿服务的一支重要力量。在"走出去"开展志愿服务的过程中，中国社会组织不得不面临合法性的挑战。基于中国社会组织国际志愿服务的身份合法性、行为合法性和结果合法性三个维度的分析框架，本文以中国社会组织在尼泊尔救灾行动中的志愿服务为案例，分析中国社会组织开展国际志愿服务中获取身份、行为和结果合法性的行动策略。为共建"一带一路"倡议的背景下，社会组织更好地"走出去"开展国际志愿服务，并在民间外交中发挥更大作用提出对策建议。

关键词： 国际志愿服务 社会组织 合法性 合法化

一 研究背景

中国国际志愿服务如何积极融入全球治理体系已经成为重要议题。中国的国际志愿服务经历了从政府主导到民间参与放大的发展阶段。2016 年海外志愿服务被正式列入国家发展战略后，社会组织的国际志愿服务发展迅速，成为中国国际志愿服务的一支重要力量。然而，中国社会组织还缺乏开展国际志愿服务的专业能力，面临许多困难与挑战，特别是合法性的

---

* 王杨，法学博士，北京科技大学马克思主义学院副教授，美国哈佛大学肯尼迪政府管理学院访问学者，研究方向为社会组织与社会治理。

挑战。从合法性的视角出发，总结社会组织的国际志愿服务合法化的行动经验，探索社会组织的国际化路径，更好发挥民间外交的功能，有重要的理论和现实意义。

（一）国际志愿服务的发展

21 世纪见证着国际志愿服务（IVS）的空前发展，无论是在志愿者还是派出组织的数量上。[①] 特别是在西方发达国家，国际志愿服务不仅得到了公众的欢迎和认可，且得到了包括国家、企业部门和非政府组织（NGOs）在内的一系列利益相关者的支持。

在欧洲，国际志愿服务的发展可以追溯到国家和教会对福利的责任以及慈善团体的活动的变化。[②] 国际志愿服务从美国肯尼迪总统 1961 年著名的和平队开始广为人知，而独立的国际志愿者工作实际上更早，开始于 20 世纪 20 年代在"一战"后的欧洲开展的重建短期工作营，以及 20 世纪 30～40 年代在印度和其他发展中国家的救援和紧急援助活动。第二次世界大战后，联合国的组建和国际发展援助的新框架中出现了正式的国际发展志愿服务，[③] 开始并持续至今塑造着富国与穷国之间的关系。20 世纪后半叶以来，从绿色和平组织到无国界医生，从美国和平队到英国海外志愿服务社（VSO），越来越多的西方志愿者组织不仅仅满足于区域、国内的服务，而且逐步开始进入国际领域，西方志愿服务由此步入海外服务阶段，能源危机、环境污染、人道主义灾难等国际性问题逐渐成为欧美发达国家志愿服务的主题。[④]

Sherraden 等将国际志愿服务按照目标分成了两类：促进国际理解的国

---

① Sherraden, M., Lough, B. and McBride A., "Effects of International Volunteering and Service: Individual and Institutional Predictors", *Voluntas: International Journal of Voluntary and Nonprofit Organizations*, 19 (2008).

② Gaskin, K. and Smith, D., *A New Civic Europe? A Study of the Extent and Role of Volunteering* (London: Volunteer Centre UK, 1995); 转引自 Smith, D., "Globalization and International Service: A Development Perspective", *Voluntary Action*, 7 (2006).

③ Lough, B., "The Evolution of International Volunteering", International Volunteer Service Exchange Conference, 2015; Sobocinska, A., "A New Kind of Mission: The Volunteer Graduate Scheme and the Cultural History of International Development", *Australian Journal of Politics & History*, 62 (2016).

④ 滕素芬：《西方海外志愿服务成功经验对我国的启示》，《中国青年研究》2011 年第 5 期。

际志愿服务和提供发展援助及国际人道主义救济的国际志愿服务。① 促进国际理解的国际志愿服务包括促进跨文化理解、全球公民意识和全球和平的计划。这些计划通常由非政府组织运营，并由私人提供资金，包括志愿者自身筹集的资金，通常不需要志愿者具备学习和服务意愿以外的特殊技能或资格，青年志愿者是这类服务的主要提供者。近年来快速增长的国际志愿旅游是比较典型的促进国际理解的国际志愿服务项目，属于短期计划。国际志愿旅游被定义为"出于各种原因以志愿方式自愿参加假期的游客，这些假期可能涉及帮助或减轻社会中某些群体的贫困、某些环境的恢复或对社会或环境方面的研究"。② 近年来，为了响应志愿者和东道社区的要求，一些长期的促进国际理解志愿服务项目也被开发出来，通常与社区服务组织（例如学校、移民支持中心或环境组织）联系在一起，而不是一般的工作经营项目。提供发展援助和国际人道主义救济的国际志愿服务主要是有经验的技术人员和专业人员作为志愿者，为东道社区和国家提高专业知识，以促进东道社区的重建和可持续发展的计划，既有政府组织，也有非政府组织，资金通常是通过外交事务或外国援助预算提供的，要求志愿者有完成分配任务的专业知识和经验。此类国际志愿服务中的短期计划最常见于应对自然灾害和卫生项目，中长期的发展和救济服务计划则通常招募专业人员和技术人员和东道社区的居民一起工作，以将技能从发达国家转移到欠发达国家。

到 21 世纪，国际志愿服务快速在全球扩展，这与联合国千年发展目标（MDGs 2000—2015）和可持续发展目标（SDGs 2016—2030）相关，由于人们对社会和环境问题以及影响发展中国家灾害的认识日益增长，③ 以及通过全球媒体可获得关于这些问题的丰富信息，人们对发展挑战有了更广泛的认识，并呼吁"无数百万普通公民的自愿努力"，以协助政府和国际行为体实现全球发展目标。④ 因此，国际志愿服务被认为是国际发展援助

---

① Sherraden, M. et al, "The Forms and Structure of International Voluntary Service", Voluntas: International Journal of Voluntary and Nonprofit Organizations, 17 (2006).

② Wearing, S., Volunteer Tourism: Experiences that Make a Difference (Oxford: CABI. 2001).

③ Wearing, S. and McGehee, N., "Volunteer Tourism: A Review", Tourism Management, 38 (2013).

④ UN Volunteers, "State of the World's Volunteerism Report", Retrieved from: http://www. unvolunteers. org/SWVR2011, 2011.

的机构、结构性实践和文化的一部分。① 时至今日，国际志愿服务计划已被牢固地确立为官方发展援助的一部分。

尽管国际志愿服务的发展前所未有，但是对其评价通常是两面的。支持者认为，国际志愿服务鼓励大量普通民众参与全球事务，促进全球和平与国际谅解，为世界各地人民的福祉做出切实贡献。② 批评者则指出，面对严峻的全球挑战，国际志愿服务具有帝国主义倾向，加剧了现有的不平等，或者至少它本身是无效的。③

（二）中国社会组织的国际志愿服务现状

党的十八大指出，要"加强民间团体的对外交流，夯实国家关系发展社会基础"。《中国实施千年发展目标报告（2000—2015 年）》显示，中国将志愿服务作为重要抓手之一，派遣国际志愿者积极参与南南合作，协助其他发展中国家实施了千年发展目标。④

中国国际志愿服务的发展有三个比较显著的阶段：2002～2008 年，主要是由政府主导，民间社会参与非常少，在联合国南南合作和对外援助发展框架下由政府主导的国际志愿服务；2009～2015 年，开始有民间参与，扶贫基金会等基金会组织开始走向国际组织开展救灾、救援、扶贫济困的志愿者服务。每年由政府派遣志愿者 4000 多名，民间组织中约有 5000 名志愿者到海外服务。2016 年海外志愿服务被正式列入国家发展战略后，进入了一个崭新的篇章，社会化正式参与到海外志愿服务的大浪潮之中。从2016 年的数据中可知，参与政府主办的海外志愿服务的人数每年约 5000

① Apthorpe, C., "With Alice in Aidland: A Seriously Satirical Allegory". In Mosse D (ed.), *Adventures in Aidland: The Anthropology of Professionals in International Development* (Oxford: Berghahn, 2011), pp. 199 – 219.

② United Nations Volunteers (UNV), *Panelists Urge Government Backing of Voluntary Action to Meet Development Goals* (Bonn: United Nations Development Programme, 2002a; 2002b).

③ Brav, J., McBride, A. and Sherraden, M., "Limitations of Civic Service: Critical Perspectives", *CSD Working Paper* (Washington University, Center for Social Development, 2002); Roberts, T., *Are Western Volunteers Reproducing and Reconstructing the Legacy of Colonialism in Ghana? An Analysis of the Experiences of Returned Volunteers* (Manchester: University of Manchester, 2004); Simpson, K., "Doing Development: The Gap Year, Volunteer-Tourists and A Popular Practice of Development", *Journal of International Development*, 16 (2004); Plewes, B. and Stuart, R., "Opportunities and Challenges for International Volunteer Co-Operation", IVCO Conference, 2007.

④ 张强、齐从鹏：《中国志愿服务走出去现状与趋势》，《社会治理》2018 年第 9 期。

人，而社会组织每年派往海外的志愿者激增到 1 万名左右。①

与政府发起的援外国际志愿服务计划相比，中国社会组织的国际志愿服务起步较晚，但随着共建"一带一路"倡议和民间外交发展战略，近年来发展迅速。社会组织的国际志愿服务相对集中于国际人道主义救援与教育援助和技术援助等领域。在国际救援方面，特别是在一些国际巨灾时，越来越多的中国社会组织开始积极响应。如在尼泊尔地震、厄瓜多尔与海地地震等灾难发生时，中国扶贫基金会、爱德基金会等中国社会组织，几乎是零时差启动应急响应机制，改写了国际化救援工作的历史。以全球救灾为契机，中国社会组织的海外长期项目和海外办公室也逐渐增多。② 在教育援助方面，中国扶贫基金会和中国青少年发展基金会在海外进行了学校修建和奖学金、助学金的发放。在技术援助方面，爱德基金会在马达加斯加开展沼气项目，介绍和传授我国在农村户用沼气建设方面的成熟经验、知识和技术，推广爱德基金会在沼气项目上取得的经验，为非洲岛国马达加斯加推广和使用沼气能源提供支持与帮助，③ 进而向世界各地传播先进的绿色能源理念。

然而，中国社会组织的国际志愿服务仍属于起步阶段，存在内部和外部的双重挑战。从自身而言，一些社会组织开展海外志愿服务基本处于无办事处、无专职员工、无经常性项目、无稳定资金的"四无"境况。多数社会组织缺乏在海外独立开展项目的能力，存在语言、东道国文化理解、沟通和项目管理等多方面的能力限制，因此，通常需要依托国家援外体系，UNDP、UNV 等国际组织，或国际 NGO 伙伴网络来开展。与之相关的，中国社会组织的国际志愿服务的效果和影响力不足。一般认为，促进发展的国际志愿服务通常需要比较长的周期，而中国社会组织的国际志愿服务通常周期较短，因此在促进东道社区可持续发展方面的效果有限。另一方面，由于社会组织的国际志愿服务项目多通过依托其他国际体系来开

---

① 翟雁 2017 年 12 月 3 日在"志愿新时代·共筑中国梦"高峰论坛分论坛暨 2017 年志愿服务学术年会、"一带一路"志愿服务论坛暨第二届国际志愿者交流营的发言，题为"中国海外志愿服务的兴起"。

② 王杨、邓国胜：《中国非政府组织参与全球治理的合法性及其行动策略——以中国非政府组织参与海外救灾为例》，《社会科学》2017 年第 6 期。

③ 张强、齐从鹏：《中国志愿服务走出去现状与趋势》，《社会治理》2018 年第 9 期。

展，其在促进中国与世界的相互理解，积极参与全球治理和发挥民间外交的作用方面也受到了一定的限制。从外部来看，社会组织的国际志愿服务在政府政策、资金来源和东道国环境等方面均面临较大挑战。我国社会组织在海外设立分支机构还缺乏法律依据，因此，海外筹资困难，同时海外资金划拨也受到外汇管制限制。政府对社会组织的国际志愿服务的资金扶持力度不够，我国的对外援助资金中仅有很少的比例用于资助社会组织的国际志愿服务项目，基本可以忽略不计。东道国环境也是社会组织的国际志愿服务面临的一项重大挑战。以"一带一路"沿线涉及亚欧非60多个国家和地区为例，其中，中高风险国家所占比例超过八成，区域绝对风险水平整体处于高位。公共安全、文化宗教、公共卫生等方面的风险也限制了中国社会组织国际志愿服务的发展进程。

二 分析框架

（一）国际志愿服务的合法性问题

21世纪国际志愿服务增长迅速，然而国际志愿服务的地位却始终没有被详细阐明和确切认可。主要表现在，虽然致力于全球可持续发展，但是国际志愿服务的贡献并未被发展部门认真对待，国际志愿服务机构自身也对此经常性沉默或进行"自我审查"。[①] 鉴于国际志愿服务机构通常严格在国际法律和规则框架下行动，因此对国际志愿服务的合法性质疑主要包括规范合法性、认知合法性和产出合法性三个方面。

规范合法性质疑。与公平正义目标的关系是对国际发展志愿服务的核心质疑之一。有人认为国际发展志愿服务是发达国家帝国主义的一种形式，增强了发达国家的利益，而非通过采取法律（制度）行动来解决贫困的根源。这种质疑主要源于一些著名的国际志愿服务机构是与政府直接相关的（例如美国和平队），早期的国际发展志愿者绝大多数被派往当前和以前的殖民地，很多著名的国际发展志愿服务项目是政府为了改善其在特定发展中国家的形象而开发的外交政策倡议（例如和平队被认为是一个完全官僚化的政府机构），发展志愿服务计划的出现甚至被视为一个国家发

---

① Devereux, P., "International Volunteering for Development and Sustainability: Outdated Paternalism or a Radical Response to Globalization?", *Development in Practice*, 18 (2008).

展和地位的标志，并且几乎所有的国际发展志愿者组织都接受政府资助。国际发展志愿服务主要是来自"北部"或"发达国家"的志愿者前往"南部"或"发展中国家"从事发展工作。① 国际志愿者是精英阶层人士，由于他们主要是高素质的中产阶级白人，可以承受放弃一到两年有薪工作而去为穷人做慈善。② 志愿者和东道者之间存在物质和话语上的不平等，因此，国际志愿服务已被理解为是有特权并能够（旅行）提供帮助的志愿者与寻求帮助的边缘化和"发展中"的东道社区之间的相遇。③ 因此研究认为，国际发展志愿服务并未促进公平与正义目标，反而通过一种不平衡的关系，造成了新殖民主义的一种形式。④

认知合法性质疑。研究指出，"学生志愿者的权威和责任可能是不合理的，因为外国学生不一定具有提供援助或传递技能和知识的能力"。⑤ 早期派出的国际发展志愿者的个人品格被视为高于技术技能，技术资格或实践技能被认为是次要的，例如 VSO 执行委员会认为，"他们非常年轻是他们的最大财富"⑥，技术资格或实践技能是次要的，因为正如莫拉·迪克森（Mora Dickson）所说，在发展中国家，实际上，问题并不是技术上的问题，而是心态上的问题。⑦ VSO 派遣 18 岁的离校生，而不是训练有素的毕业生，这一事实清楚地表明了这样的假设，即来自英国等"发达"国家的年轻人有能力仅仅通过他们的存在而不是凭借他们的知识或技能提供服务。随着国际发展志愿服务的范围扩大以及对其新殖民主义性质的共鸣的增加，国际发展志愿服务的认知合法性受到质疑。一些东道国的反对者认为，国际发展志愿者仅是一些国家政权的工具，且本国人民并未"原始"

---

① Conran, M., "They Really Love Me!: Intimacy in Volunteer Tourism", *Annals of Tourism Research*, 38 (2011).

② Devereux, P., "International Volunteering for Development and Sustainability: Outdated Paternalism or a Radical Response to Globalization?", *Development in Practice*, 18 (2008).

③ Chen Jinwen, "Understanding Development Impact in International Development Volunteering: A Relational Approach", *Geographical Journal*, 184 (2017).

④ Perold, H. et al, "The Colonial Legacy of International Voluntary Service", *Community Development Journal*, 48 (2012).

⑤ Palacios, C., "Volunteer Tourism, Development and Education in a Postcolonial World: Conceiving Global Connections beyond Aid", *Journal of Sustainable Tourism*, 18 (2010).

⑥ VSO Company Archives, Kingston-upon-Thames, Surrey, Box 31, Executive Committee Minutes, 30 May 1961.

⑦ Dickson, A., *A Chance to Serve*, edited by Dickson M., (London: Dennis Dobson, 1976).

到由西方年轻人指导即可的程度。[①] 当志愿者与国际发展志愿服务的关怀话语相抵触并向东道社区提供帮助时，其能力缺乏的影响就凸显了话语与经验之间的脱节。国际发展志愿者与东道国社区的文化差异也经常被察觉和定义为一种文化沙文主义和西方的家长制。

产出合法性质疑。关于国际志愿服务的有效性、价值方面的质疑主要包括以下几个方面：首先，认为国际志愿的多数好处以技能和个人发展的形式流向了志愿者，相比之下，合作者和当地社区得到的结果无法衡量，或者却确实成为一种时间、精力以及照顾和适应志愿者的资源的浪费。其次，国际志愿者只是在缺乏训练有素的当地员工的地方填补了空白，这破坏了当地的能力发展，也可能会不利于当地求职者就业。再次，国际志愿服务的成本昂贵，由于需要为志愿者承担国际机票、生活津贴、保险、培训和准备等费用，这些都是本地合同员工不需要的。这些资金本可以以其他方式使用来满足合作伙伴组织的优先需求。志愿者会主导当地的管理风格和文化，特别是在小型的组织内。志愿者影响改变的能力受限于他们的角色歧义（包括模糊的职位描述），可处置的资源有限和缺少组织的支持。国际发展志愿服务组织的成功总是用派出志愿者的数量来衡量，而不是在海外或者返乡取得的结果。

（二）中国社会组织的国际志愿服务的合法性分析框架

对组织合法性的理解和划分主要有两种标准（相当整合框架请见图1）。一种按照研究对象将其分为内部合法性和外部合法性，[②] 组织内部合法性是指组织所获得的组织内部成员的承认、支持和服从。或者说组织合法性的内部资源基础是来自组织内部成员的承认、支持和服从。组织外部合法性是指组织获得的组织外与组织相联系的社会的承认、支持和服从。或者更准确地说，组织合法性的外部资源基础是来自组织外与组织相关联的社会势力成员对组织的承认、支持和服从。[③] 另一种维度是按照研究路

---

① Sobocinska，A.，"How to Win Friends and Influence Nations: The International History of Development Volunteering"，*Journal of Global History*，12（2017）.

② Singh，J.，Tucker，D. and House，R.，"Organizational Legitimacy and the Liability of Newness"，*Administrative Science Quarterly*，31（1986）.

③ 赵孟营：《组织合法性：在组织理性与事实的社会组织之间》，《北京师范大学学报》（社会科学版）2005 年第 2 期。

径将合法性分为制度视角和战略视角。制度视角用合法性来理解组织与制度的关系，把合法性看成一种结构化、标准化的信念模式，运用合法性适应外部环境，解释组织趋同。① 制度视角中，合法性是指在一个由社会存在的规范、价值、信仰所定义的体制中，一个实体的行为被认为是恰当的、合适的、广泛的感知和肯定。② 战略视角则将合法性理解为能帮助组织获得外部环境认可的重要资源，合法性可以通过合法性策略获得、维持或修复，并且不再被环境所束缚。其代表人物 Scott 将合法性分为规制合法性、规范合法性、认知合法性，说明组织获得合法性的三个来源。③

迄今为止，国内外关于跨国非政府组织的相关研究侧重于制度视角的内部合法性研究。或者从实体合法性、程序合法性，文化合法性和系统合法性等角度理解跨国非政府组织的合法性，或者概括了合法性的三种潜在来源：跨国非政府组织的目标和原则、跨国非政府组织的社会构成及其在决策中的参与、跨国非政府组织的政策及其对他人的影响。④ 对跨国非政府组织的国际志愿服务的合法性则比较集中于对其产出合法性的研究，即对国际志愿服务是否实现预期的结果及其证据的讨论。比较而言，目前关于跨国非政府组织的外部合法性研究相对较为贫乏，这可能与西方非政府组织长期参与全球治理并形成了主流话语体系的历史有关，国际社会普遍接受了既成事实，因而缺乏外部的战略视角研究。

然而，作为全球治理的新兴行动者，外部合法性是中国社会组织开展国际志愿服务面临的重要挑战。走上国际舞台获得认可是其合法化的首要目标，也是中国社会组织国际志愿服务现阶段的重要任务，这种外部合法性的建构也会影响中国社会组织内部合法性的建构。因此，从战略视角出发，研究中国社会组织"走出去"开展国际志愿服务的外部合法性具有重要的理论和现实意义。

---

① 周雪光：《组织社会学十讲》，北京：社会科学文献出版社，2003。
② Suchman, M., "Managing Legitimacy: Strategic and Institutional Approaches", *The Academy of Management Review*, 20 (1995).
③ Scott, R., *Institutions and Organizations* (CA: Sage, 1995).
④ Steffek, J. and Hahn, K., *Evaluating Transnational NGOs: Legitimacy, Accountability, Representation* (London: Palgrave Macmillan, 2010).

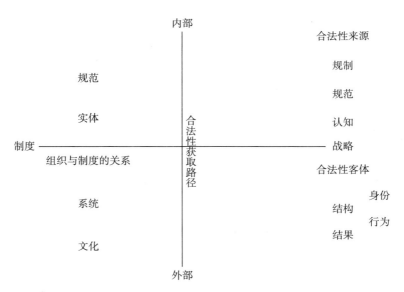

图 1   组织合法性分析的维度划分

从外部的战略视角出发，组织获取合法性是一个多重客体的制度化演进过程，合法性客体主要包括结构（身份、行为程序）与结果。研究认为，组织的权威结构和组织的外部合法性密切相关。与组织相联系的社会所关注的组织是否合法的核心就是组织的权威结构，尤其在现代社会中，正式规范对组织合法性的最基本要求也是组织应当具有正式权威结构。① 组织的权威结构具体体现为组织的角色与程序，组织合法性的获取是组织积极调整结构与行为程序以取得社会认可及扩大公众认知的过程。② 此外，具有合法性的组织是在特定环境中建立的制度化组织，组织的绩效和可持续发展等结果与制度化的共同演进才能真正获得合法性。③ 中国社会组织的国际志愿服务存在着价值体系、资源、能力、经验、文化等困境，面临着一个复杂而全新的制度情境，其合法化必然是一个多维度的制度化过程。首先，需要取得全球社会中权威性认可的组织身份，并采取适当的行

---

① 赵孟营：《组织合法性：在组织理性与事实的社会组织之间》，《北京师范大学学报》（社会科学版）2005 年第 2 期。

② Zimmerman, M. and Zeitz, G., "Beyond Survival: Achieving New Venture Growth by Building Legitimacy", *Academy of Management Review*, 27 (2002).

③ Bansal, P., "Evolving Sustainably: A Longitudinal Study of Corporate Sustainable Development", *Strategic Management Journal*, 26 (2005).

为程序获得国际社会接纳。其次，在面向全球公共问题的跨国志愿行动中，实现提供有效公共物品的结果，并逐渐深化这一成果。因此，本文认为中国社会组织国际志愿服务的合法性可以从外部的战略视角出发，围绕身份合法性、行为合法性和结果合法性三个维度展开。

1. 身份合法性

身份合法性主要指中国社会组织的国际志愿服务获得相关利益群体认可的主体身份，其中包括主权国家准入、行业准入和其他利益相关方认可三个方面。第一，国家准入的合法性。中国社会组织的国际志愿服务首先应当在国际法的框架下，在主权国家准入的基础上，开展跨国行动。国家主权原则是《联合国宪章》等国际法规定的最基本的原则，随着全球化的深入发展，社会组织在主权国家广泛开展活动，对全球治理发挥积极作用。① 社会组织在主权国家各个领域开展活动，首先必须得到主权国家的准入。以全球救灾为例，重特大自然灾害救援首先是一个主权国家的内部事务，是否有必要在重灾后进行国际救援，启动相关的协调机制，应遵循受灾国的意见。第二，行业准入的合法性。对民间行动者来说，行业准入属于一种软性的合法性，并非源自既定的政治和法律规范。行业准入或认可是在全球治理网络中高度分散的行动者理性之间的生产规范化、制度化协调的合法性要求。在跨国和全球治理网络中，政府、市场和公民社会行动者的合法性来源和要求在时空上并存，各行动者的合法性原则和策略可以加强、冲突或相互抵消。一段时间内，跨国非政府组织之间形成了或多或少的一致性的合法性安排，在这种安排中扮演不同的角色，构成一个功能网络。功能网络形成了一个相对稳定的、可靠的社会环境，使相互之间的信任得以发展。② 非政府组织尤其依赖于全球治理网络中其他行动者共同保证和积累的信任，这可能大大增强他们的政治分量和影响力。第三，其他利益相关方认可。代表性和问责性是对非政府组织身份的基本要求，非政府组织的国际志愿服务应当对其支持者和受益者负责。潜在假设在于非政府组织应该在其支持者的利益和偏好的基础上决策，采纳利益相关方

---

① 莫万友：《非政府组织参与全球治理的准入制度探析》，《河北法学》2013 年第 2 期。
② Steffek, J. and Hahn, K., *Evaluating Transnational NGOs: Legitimacy, Accountability, Representation* (London: Palgrave Macmillan, 2010).

的意见。① 在全球设置中，非政府组织常常被质疑缺少明显的社会基础，由于其支持者和受益人在决策中扮演的角色不明确。从外部合法性角度看，中国社会组织的国际志愿服务的外部其他利益相关方主要包括受援国当地社区与本土非政府组织。因此，其身份合法性还包括获得除主权国家和行业外，受援国当地社区与本土非政府组织的认可。

2. 行为合法性

行为合法性主要是指中国社会组织的国际志愿服务行为符合角色期待和相关规范，其中包括行为的规制合法性和规范合法性两个方面。行为的规制合法性表现为行为符合国际规范和符合行为所在国家和地区法规和政策；行为的规范合法性表现为行为符合跨国行业价值标准、行为规范及所在国家和地区的文化和价值规范。第一，行为的规制合法性。规制是由政府颁布的各个组织必须遵守的法律、法规和政策而建立起来的，以确保一个社会的稳定、透明和秩序。② 组织行为须与社会规制相一致，否则将受到惩罚和制裁。在全球治理的框架下，规制主要包括国际法律、法规以及带有国际性的自治规范等。中国社会组织的国际志愿服务行动可能在其他主权国家实施，因此行动也必须遵守行为所在地政府的法律、法规和政策。第二，行为的规范合法性。规范合法性是社会公众基于抽象的社会价值观念对一个组织是否具有合法性做出的评价，此时，规范合法性的赋予者不必与组织有着直接的利益交换关系。③ 在全球治理框架下，非政府组织的规范合法性更为复杂，涉及传统、文化、价值观念等合法性管理的内容，即必须管理本国和所在国家的文化价值差异，具体而言，这意味着决定扮演哪个角色，以及在项目中使用何种理性。中国社会组织的国际志愿服务行为的规范合法性至少包括社会组织提供的产品以及提供产品的程序和方式符合所在国家公众的共同价值观和文化传统，以及符合目前由西方

---

① Steffek, J. and Nanz, P., "Emergent Patterns of Civil Society Participation in Global and European Governance", In Steffek J., Kissling C. and Nanz P. (eds.), *Civil Society Participation in European and Global Governance* (London: Palgrave Macmillan, 2008).

② Suchman, M., "Managing Legitimacy: Strategic and Institutional Approaches", *The Academy of Management Review*, 20 (1995).

③ Suchman, M., "Managing Legitimacy: Strategic and Institutional Approaches", *The Academy of Management Review*, 20 (1995)；殷华方、潘镇：《在华外资企业进入模式选择：基于合法性视角的分析》，《南京师范大学学报》（社会科学版）2011 年第 6 期。

跨国非政府组织主导的行业规范与价值理念。

3. 结果合法性

结果合法性是指中国社会组织的国际志愿服务取得期待的效果而获得各方认可，具体包括回应性和有效性标准。第一，回应性。社会组织通过提供全球公共物品，满足公共利益和公共需求来获得认同和支持，因此对需求的积极回应是对社会组织的国际志愿服务效果的前提要求。回应性主要表现为及时回应跨国行动面向的社会需求，这也是社会组织在全球治理中合法性的基础。以国际灾害救援为例，其回应性主要体现在救援的及时性和效率性，能否迅速及时进入受灾展开救援，救援物资和资金能否迅速抵达和充分运用。① 第二，有效性。有效性体现在社会组织的国际志愿服务实现目标的能力，是社会组织结果合法性另一核心基础。非政府组织被认为在扶贫、教育、健康、人道主义援助等领域比政府部门和私营部门更有效。在全球治理中，非政府组织应通过其独特能力和专业性有效实现目标。

三　多案例分析：中国社会组织国际志愿服务的合法化路径

2015 年 4 月 25 日，尼泊尔大地震，中国扶贫基金会、爱德基金会等中国社会组织迅速建立救援队伍赶往灾区，这是中国民间反应最快、规模最大的一次海外救援国际志愿服务行动，在国际社会产生良好的反响。这也是中国社会组织集体登上国际救灾的舞台，并快速获得合法性的经典案例。本文通过对参与尼泊尔救灾志愿服务行动的中国扶贫基金会、爱德基金会、中国红十字基金会、公羊会等中国社会组织进行调研，尝试归纳中国社会组织国际志愿服务的合法化路径和行动策略。

（一）身份合法性的获取

取得国际人道主义救援非政府组织的主体身份，是中国社会组织海外救灾志愿行动的合法性前提，也是取得"走出去"民间外交效果和发挥影响力的基础。中国社会组织的尼泊尔救灾志愿行动为了获得利益相关方的身份认可，主要采取了以下行动策略。

---

① 　姜世波：《论国际救灾法中的效率原则》，《防灾科技学院学报》2012 年第 3 期。

1. 遵循国家主权原则

获得主权国家准入，是中国社会组织海外救灾志愿行动的首要条件，也是获得身份合法性的基础。联合国大会的 46/182 号决议《加强联合国人道主义紧急援助的协调》中已经明确指出，"必须按照《联合国宪章》尊重各国的主权、领土完整和国家统一。关于这方面，必须在受灾国同意的原则上应受灾国呼吁的情况下提供人道主义援助"。[①] 按照国际惯例，地震发生后，主权国家政府应向国际社会发出邀请，世界各国才可以组织救援队伍入境救援，且需征得东道国同意。由于尼泊尔政府对国际人道主义力量参与本国救灾的欢迎和接纳态度，因此中国扶贫基金会、爱德基金会等中国社会组织顺利进入尼泊尔参与海外救灾志愿行动。

2. 积极融入国际人道救援的权威网络

如上文所述，行业准入的合法性并非对非政府组织参与海外救灾的硬性要求，然而，行业的认可和接纳对中国社会组织海外救灾志愿行动的效率及在全球治理网络中的影响力至关重要。获得联合国等权威组织或跨国非政府组织同行的认可与接纳是中国社会组织的国际志愿服务身份合法性的重要来源之一。根据组织资源禀赋和目标任务需要，中国"走出去"的社会组织分别采取了不同的策略（见表 1）：第一，通过向联合国人道主义事务协调办公室（简称 OCHA）报备，获得行动认可。联合国主导下的国际人道主义救援协调机制具有得天独厚的优势，有联合国宪章赋予使命的合法性与权威性。[②] 自动向 OCHA 报备，避免各自为政，接受其统筹安排，也为中国社会组织获得身份合法性奠定基础。例如，中国扶贫基金会在进入尼泊尔后第一时间与 OCHA 取得联系，通过报备等方式，获得灾情信息和行业准入。此种路径主要体现了与既有权威性组织联系的行动策略，通过与权威组织的沟通（虽非必须和正式性程序），获得自身在行业内身份认同，然后再自主开展救灾行动。这种策略的选择主要基于组织资源与自主行动经验较丰富的社会组织。第二，申请联合国体系的认证，获得"从业"的合法性。OCHA 对国际人道主义救援力量的认证，具有很高的权威

---

① 邓芬：《国际应急救援的法律探析》，《前沿》2013 年第 6 期。
② 杨凯：《联合国框架下的国际人道救援协调机制初探——以海地地震灾害中的国际救援为个案》，《当代世界》2010 年第 5 期。

性，可以为社会组织参与国际救援志愿行动背书。例如，公羊会将其救援队的目标定位于"通过联合国测评的中型救援队"，① 联合国国际救援队伍分级测评（IEC）是联合国针对国际救援队的管理、保障、搜索、营救和医疗救护等能力而进行的全面、深入、客观、规范的评估和核查。分级测评将国际救援队分为重型、中型和轻型三个级别。中型救援队具有在倒塌的构筑物和建筑物中开展搜索和救援的能力，以及破拆、切割水泥的能力。通过联合国组织分级测评获得国际救援队资格，已经成为任何一支国际救援队实施国际救援任务的准入证明。② 通过在救灾中与 OCHA 接洽，争取其认证与背书，这种融入路径主要呈现了中国社会组织期望"骑背"在权威组织上建立合法性的行动策略，通过获得权威组织的行业背书，得到正式的认证身份。③ 这一策略的选择主要基于组织目标任务的特殊性。公羊会致力于灾害的紧急救援，以 72 小时内的紧急救援工作为主，72 小时以后的人道援助为辅。由于紧急救灾对时间的要求非常高，获得到 OCHA 认证有助于社会组织签证、物资通关、责任豁免等益处。第三，加入国际人道救援非政府组织联盟，获得成员身份。社会随着国际非政府组织在全球治理中的广泛参与，一些由国际非政府组织组成的行业网络也在全球紧急人道主义救助中具有较强的影响力。加入既有的国际人道主义非政府组织联盟也可以为中国组织获得身份合法性。例如，爱德基金会是国际救灾联盟（ACT Alliance）的创始成员和理事，ACT Alliance 是致力于全球人道主义援助的网络平台，有较强的行业影响力和较高的声誉。通过加入国际救灾联盟类网络，帮助爱德快速融入行业和获得救灾信息与资源。这一路径呈现出的是中国社会组织与既有组织网络化的行动策略，通过网络化提高组织的行业接纳度，获取国际志愿服务的身份合法性。第四，受托于国际红十字运动成员网络。中国红十字基金会的业务主管单位是中国红十字会，是国际红十字与红新月国际大会承认的中国唯一合法的全国性红十字会，根据 1949 年《日内瓦公约》履行国际人道保护和援助的职责。中国红十字基金会通过中国红十字会委托的方式参与到全球人道主义救援

---

① 参见访谈记录 GYH20170220XDZ。

② 黄建发、陆鸣、陈虹：《国际搜索与救援指南和方法》，北京：地震出版社，2007。

③ Zimmerman, M. and Zeitz, G., "Beyond Survival: Achieving New Venture Growth by Building Legitimacy", *Academy of Management Review*, 27（2002）.

网络中，体现了获得权威网络成员授权的行动策略，这是一种特殊的合法性获取策略，受组织特有的天然结构影响。

表 1　中国社会组织海外救灾志愿行动融入行业的不同路径与行动策略

行业融入路径	行动策略	影响因素	代表性示例
向联合国体系的组织报备，取得行动认可	权威组织虚拟联系	资源、经验较丰富	扶贫基金会
申请联合国体系的组织认证，获得合法地位	"骑背"权威组织	时效性目标任务、资源不足	公羊会
加入国际非政府组织人道主义联盟，获得成员身份	既有组织网络化	组织历史渊源与价值观	爱德基金会
受托于国际红十字运动成员网络	权威网络成员授权	组织结构	红十字基金会

3. 与其他利益相关方保持良性关系

从组织外部合法性维度考察，除受援主权国家和国际人道主义救援行业外，其他利益相关方主要包括受援国当地社区和受援国当地非政府组织。对利益相关方负责是中国社会组织获得各方身份认可的重要基础，在尼泊尔救灾志愿行动中，中国社会组织主要采取了以下策略实现与其他利益相关方的良性关系。

首先，以需求为本开展行动，获得在当地社区的口碑和身份认可。对受援国当地民众负责越来越成为跨国非政府组织的口号和目标，也关系到跨国非政府组织的口碑和信誉。中国社会组织在尼泊尔救灾志愿行动中，重视以需求为本的救灾原则。以当地社区需求的收集和判断作为每个阶段行动的第一步。同时，对需求的变化进行随时掌握，结合组织的能力与资源，精准回应灾民需求。例如，爱德基金会在尼泊尔过渡安置阶段的临时居所、临时厕所材料发放和搭建指导，以及灾后重建阶段的农业设施恢复等工作，均是通过在当地社区的多次需求调研，针对特定阶段的最急迫需求设计开展。回应当地社区急迫需求，改善灾民生活，为中国社会组织获得当地社区的身份认可。

其次，与受援国本土非政府组织广泛合作开展志愿行动，获得支持和身份认同。通过与受援国本土非政府组织合作，提高救灾和援助效率，加强本土非政府组织能力建设，提高组织海外救灾志愿行动的本土社会知晓

度和认可度。在受援国本土非政府组织选择上，中国社会组织十分重视合作伙伴的适切性与协同性，通过国际网络或政府转介的途径进行选择。如爱德基金会尼泊尔当地合作伙伴主要来自国际联盟丰富的当地非政府组织网络成员。中国扶贫基金会在尼泊尔当地的合作伙伴 Prakriti Ko Ghar Nepal（PKGN）由中国驻尼泊尔领事馆介绍。

（二）行为合法性获取

中国社会组织海外救灾志愿行为是其获取合法性的关键，也是国际社会评价非政府组织作用和影响力的重要依据。社会组织的行为合法性包括遵守规制和社会规范两个方面。与众多成熟的跨国非政府组织相比，中国社会组织"走出去"开展志愿服务的经验不足，在这种背景下，为获得行为合法性，中国社会组织主要采取了以下策略。

1. 遵守国际公约等行为规范

在全球治理中，国际行为体选择以国际法、国际条约及其他法律制度的安排来规范相互之间的关系，以解决实体性与政治性问题。国际公约等"硬法"是精确的，并且代表法律解释与执行权力的有法律约束力的义务。[①] 对这种类型的制度安排的细致考察能够使中国社会组织理解国际志愿行动中行为合法性的底线，对国际公约的遵循可以明确社会组织的国际志愿服务中与其他行动者的关系，降低行动成本，增强组织承诺的可靠性，并扩展社会组织可利用的行动策略。中国社会组织在尼泊尔救灾中会坚持遵循《国际红十字与红新月运动和非政府组织救灾行动守则》《国际救灾及灾后初期恢复的国内协助及管理准则》等规范性文件开展救灾志愿行动。例如，中国红十字基金会严格遵守《国际红十字会和红新月会救灾原则和规则》，与尼泊尔红十字会签订协议。其过渡安置阶段提供的家庭箱是按照国际红十字运动环球手册人道主义救援的标准进行设计，将救援的家庭箱在国内装箱，运往尼泊尔，机构的工作人员和当地红会共同执行和发放。

2. 遵守、学习或建立网络规范

海外救灾志愿行动是一个比较复杂的过程性行动，所涉及的国际准则

---

① 肯尼斯·阿伯特、邓肯·斯奈德尔：《国际治理中的硬法与软法》，胡晓琛译，杨雪冬、王浩《全球治理》，北京：中央编译出版社，2015。

和标准、行业规范、当地法律法规和社会规范等均体现在行动过程的具体要求中。此次救灾行动中，中国社会组织通过遵守、学习和建立行业网络的行为规范来有效获取行为合法性。首先，遵守规则策略被视为新组织进入最可行的方式及路径，遵守网络内部性的规范是网络生成和发展的基础，① 通过嵌入行业网络，与其他成员之间互信、互利并遵守共同规范，以网络的发展进一步促进个体行为合法性的获得。例如，在与国际联盟（ACT）的合作伙伴协同行动中，爱德基金会按照联盟的成员行为规范，与其他合作伙伴分享灾情信息、知识、专家、培训等资源，并响应成员单位筹资呼吁。合作伙伴为爱德基金会在救灾行动中符合国际惯例与规范提供了直接指导，爱德基金会在行动中也同当地非政府组织合作网络学习了当地规制与规范，使行为符合当地政府法律法规和社会规范，获得当地政府和社区支持。其次，通过与行业网络中其他行动者学习，模仿其他行动者的行动规范，以此来构建自身的行为合法性。例如，中国扶贫基金会在救援行动中与其全球战略合作方国际美慈组织分享信息并借鉴国际美慈的经验。国际美慈尼泊尔办公室在国际规则和行业规范、当地法律法规和社会规范等方面为中国扶贫基金会提供指导。再次，通过建立新的社会组织国际志愿行动行业网络，集体创造行为规范，进而获取行为合法性。例如，随着与国际美慈和本地非政府组织合作的逐步开展，中国扶贫基金会与国际美慈尼泊尔办公室、Prakriti Ko Ghar Nepal、尼泊尔阿尼哥协会、彩虹公益社、Thshree Bhairab Kunda Youth Club、SOS NEPAL 等 7 家非政府组织联合发起成立"尼泊尔人道救援网络"，并共同签署《人道救援网络加德满都宣言》，作为在尼泊尔共同开展灾害救援行动的网络规范。非政府组织网络联盟属于国际志愿服务中的新行业形式，新行业存在标准缺乏、运作方式比较模糊的特点，在新行业中的集体创造也可以有利于组织合法性的获取与成长。② 非政府组织要获得在国际志愿服务中的影响力，需要在议题建构、推动国际规范生成及监督实施等方面扮演重要角色。针对尼

---

① Human, S. and Provan, K., "Legitimacy Building in the Evolution of Small-Firm Multilateral Networks: A Comparative Study of Success and Demise", *Administrative Science Quarterly*, 45 (2000).

② Aldrich, H., Fiol, M., "Fools Rush in? The Institutional Context of Industry Creation", *Academy of Management Review*, 19 (1994).

泊尔救灾行动特点，中国社会组织探索发起新的国际志愿行动网络，通过集体创造推动国际规范的生成和完善，成为中国社会组织更具创新性的合法性建构策略（见图2）。

图2　社会组织网络规范合法性获取方式

3. 充分整合组织在受援国的政治性与民间性社会网络资源

此次尼泊尔救灾志愿行动中，中国社会组织还充分运用了各组织在受援国的社会网络，作为行为合法性获取的资源策略。中国社会组织在尼泊尔的社会网络资源包括政治性的社会网络如我国在尼泊尔的常设外交代表机构（大使馆）等，以及民间性社会网络如华人企业、华人协会和个人等资源。政治性网络资源的运用为社会组织获得准确的灾情信息、了解当地的法律法规、与当地非政府组织建立合作关系等方面提供了便利。例如，中国驻尼泊尔大使馆为中国社会组织提供了灾情信息和政策辅导，中国扶贫基金会尼泊尔当地的合作伙伴 Prakriti Ko Ghar Nepal（PKGN）即由大使馆介绍。

中国社会组织还突出运用了其在尼泊尔丰富的民间性社会网络资源。"尼泊尔有较大的华人人口，中国社会组织与这个群体有着紧密联系，这是其他西方甚至尼泊尔非政府组织都不具备的。中国社会组织从尼泊尔的华人社区那里获得许多支持。"[1] 中国社会组织对在地华人社会网络的动员主要包括三种方式：一是通过华人社区收集灾情信息、了解灾民特定需求、与灾民进行沟通，以及取得与当地政府的联系；二是寻求华人商会、企业为援助队伍提供直接的生活、物流和运输帮助；三是调动华人团体直接参与救灾志愿行动。例如，中国扶贫基金会借助了当地华人的影响力和人脉关系，接触了尼泊尔总理及科技部等官员和政府部门；其营地供餐项目由当地华人餐馆制作和供应尼餐，满足灾民的生活需求习惯。公羊会的

---

① Bannister, T., 从参与尼泊尔救灾的经验中学习：专访人道主义救援专家 Jock Baker，中国发展简报，http://www.chinadevelopmentbrief.org.cn/news－17573.html.，2015。

尼泊尔紧急救援志愿行动中的物资采购、车辆提供等都得到当地华人企业、华人华侨的支持。

整合组织在受援国的政治性与民间性社会网络资源的策略对中国社会组织国际志愿服务行为合法性获取的作用主要体现在：首先，获得转介的政府部门关系和当地非政府组织合作关系，增进与当地政府和民间的联系，促进当地规制和规范信息的获取。其次，借助组织在受援国网络的当地影响力迅速与受援对象建立信任关系，促进直接交流，缩小文化距离，保证了提供产品及其程序得到当地社会认可。最后，调动华人社区参与，鼓励救援国民间力量投入，构建援受双方的社会资本，缩小文化距离，营造救援中的文化共融。

（三）结果合法性获取

中国社会组织的海外救灾志愿行动能否取得预期的效果，是社会组织结果合法性的体现，也是获得国际人道主义行动和全球治理中的影响力的根本性因素。结果合法性来自社会组织全球救灾志愿行动中的效率、有效性等价值。如上文所述，行业网络中的融入和规范学习等策略，在提高身份合法性与行为合法性的同时，也通过信息、资源与经验的注入提高了社会组织救援志愿行动的效率与有效性。除此之外，中国社会组织还主要通过以下策略获取国际志愿服务的结果合法性。

1. 输出服务经验与品牌项目

社会组织的国际志愿服务中的有效性要求其在特定活动领域具有相当的专业性和能力，因此将组织行之有效的运作模式或品牌项目引入受援国是跨国非政府组织迅速站稳脚跟、赢得受援国各方信任，进而获得结果合法性的基石。中国社会组织首先需要有自己过硬的品牌，所实施的公益慈善项目要具有较强的专业性，并具有较强的核心竞争力，能够通过海外项目的实施迅速见到成效，从而在当地社区站稳脚跟、树立品牌、扩大影响。[①] 作为世界上自然灾害最严重的少数几个国家之一，响应自然灾害成为许多中国社会组织的首要使命，在国内长期的灾害救援实践中，中国社会组织也积累了丰富的经验，特别是在响应模式、重建项目和体制机制等方面。在

① 邓国胜：《中国民间组织国际化的战略与路径》，北京：中国社会科学出版社，2013。

海外救灾志愿行动中输出这些经验，提高了回应受援国需求的效率以及项目的有效性。

尼泊尔救灾中，中国社会组织输出的经验主要包括：第一，国内灾害响应标准模式。中国社会组织在响应国内灾害治理的实践中，形成一系列工作模式，在尼泊尔救灾的灾情排查、生命搜救、医疗巡诊、救援物资采购与发放等项目中，直接运用了这些国内标准模式，第一时间了解和响应需求，提高救援行动的回应性和有效性。第二，国内灾后重建品牌项目。中国社会组织在国内灾后重建的实践中，也形成了部分有较强竞争力和推广性的品牌项目，将这些品牌项目和经验应用到尼泊尔灾后重建中，使项目取得了较好的成果。例如，爱德基金会的灾后生计发展项目，是爱德参与式社区综合发展品牌项目的输出。通过参与式扶贫开发、可持续性农业生产等，提高贫困地区人群的综合发展能力，实现人、社会与自然的协调和可持续发展，项目收效显著。中国扶贫基金会灾后重建的学校建设和社区医疗救护等项目，也是机构在国内灾后重建中的品牌项目，其输出保证了项目在尼泊尔的有效运作。

2. 提高项目创新性和示范作用

海外救灾项目创新性和示范作用是社会组织获得国际社会认可，提高组织国际影响力和话语权的关键，也是中国社会组织的志愿服务"走出去"核心竞争力的原动力。部分中国社会组织也从受援国的实际需求出发，开拓了一些创新性项目，并取得了较好的效果。例如，中国扶贫基金会在尼泊尔灾后过渡安置阶段，根据当地灾民实际需求，在风险评估和选址的基础上，探索了巴特岗博叠安置社区项目。这一营地项目持续接收1100余名灾民，服务长达半年时间，是当地最大的安置社区。项目执行中通过管理方式创新，采用社区自治管理机制。社区内灾民组成管理小组与机构的管理小组共同决策和工作，儿童照护、教育、安保、卫生等服务内容均由灾民管理小组负责对接和执行，有效实现了过渡安置目标。联合国评估组对营地进行评估，将营地定性为"低风险安置社区"。巴特岗博叠安置社区也吸引了联合国及英国、美国、芬兰、以色列、澳大利亚等多国家的组织，以及20余个国际非政府组织通过营地开展对难民的救助工作。在得到国际社会关注和肯定的同时，也充分借助了国际援助资源，进一步提高了机构救灾志愿行动的有效性和认知度。在海外救灾志愿行动中，社

会组织承担的创新项目作为一项试验性工作，直接作用在于展示在某个特定灾后条件下某一公共产品提供模式是否切实可行。通过这一由中国社会组织策划的有形展示，向受援国政府、灾民和其他救灾行动者示范了一个新项目的效用，在国际救灾志愿行动中发挥了技术性示范的作用。多救灾行动者参与的创新过程也使这一新的全球公共产品的学习效应最大化，有利于技术共享和品牌传播，为组织获得了良好的口碑和国际影响。

3. 注重印象管理

为建构海外救灾志愿行动中的结果合法性基础，中国社会组织在行动中开始注重印象管理，以提高组织救灾效果的认知度和认可度。印象管理理论常用于解释组织对合法性或信誉威胁的应对。印象管理可能有意识或无意识的控制或操纵别人对机构印象的形成，有助于组织声誉，组织可以使用印象管理来提高其合法性。[①] 在尼泊尔救灾中，中国社会组织采取的印象管理策略具体包括机构形象宣传和信息公开两个方面。首先，运用现场标识展示中国社会组织的志愿工作，并借助当地媒体宣传机构工作成果，扩大组织行动的当地社会影响力。例如，爱德基金会灾害管理部门主任谈到"爱德会将 LOGO 打印在救灾物资上，或在物资发放现场贴上横幅，显示开展工作的机构；也借助合作伙伴的资源，在当地报纸上展现爱德与合作伙伴开展的工作。这样可以取得受灾人群的信任，他们也对来自中国的机构表示肯定"。[②] 中国扶贫基金会也广泛通过当地新闻媒体进行宣传，包括尼泊尔三大新闻集团在内的 10 多家媒体对中国扶贫基金会的援助工作进行多次报道。其次，通过信息公开与受益人参与决策，树立组织公开透明和有效回应需求的形象，提高受益人对组织救灾志愿行动效果的认可。一般认为年度报告是非政府组织展示管理的主要工具，因此年度报告中的自愿披露作为印象管理的重要途径。[③] 在跨国行动过程中，由于捐赠

---

① Hooghiemstra, R., "Corporate Communication and Impression Management: New Perspectives Why Companies Engage in Corporate Social Reporting", *Journal of Business Ethics*, 27（2000）.

② 参见访谈记录 AD20170110DY。

③ Arndt, M. and Bigelow, B., "Presenting Structural Innovation in an Institutional Environment: Hospitals' Use of Impression Management", *Administrative Science Quarterly*, 45（2000）; Ogden, S. and Clarke J., "Customer Disclosures, Impression Management and the Construction of Legitimacy, Accounting", *Auditing & Accountability Journal*, 18（2005）.

人与受益人的国别距离，行动中的信息公开和受益人充分参与则成为印象管理的一种可行路径。例如，中国的社会组织在尼泊尔紧急救援阶段中，通常都会在物资发放之前进行公示，确保整个物资发放过程公开公正透明。爱德基金会在其灾后重建项目的需求调研阶段邀请受灾群众参与进来，与项目管理人员、专家等共同设计项目。中国扶贫基金会在过渡安置营地的供餐、物资发放等项目均进行信息公开，在营地管理中采用社区自治机制，社区内灾民直接参与决策和执行。信息公开与受益人参与机制保证受了灾人群的参与权和能力的提高，提升了中国社会组织海外救灾志愿行动中的专业性和负责的机构形象，也确保了项目的有效性和可持续性。

四　中国社会组织"走出去"开展国际志愿服务的对策建议

近十多年来，在全球化的背景下，中国积极参与全球治理，社会组织逐渐成为"走出去"的新兴行动者，登上国际舞台。实践证明，以志愿服务为纽带的国际交流能够超越文明的隔阂与冲突，实现民心相通。为进一步与国际接轨，提高国际志愿服务的社会化参与程度与水平，政府和社会组织应将社会组织"走出去"开展国际志愿服务提到战略高度，鼓励、培育、支持和大力发展社会组织的国际志愿服务。借鉴国际经验，结合上述案例分析，研究从政府角度和社会组织角度分别提出以下对策建议。

（一）政府角度的对策建议

首先，进一步完善社会组织"走出去"开展国际志愿服务的法律法规支持体系。当前，中国社会组织"走出去"开展志愿服务还面临一些政策"瓶颈"。例如，社会组织在海外设立分支机构还缺乏法律依据；海外运作项目的行政成本较高，往往超过《基金会管理条例》的比例限制；社会组织向海外捐赠现金和物资的渠道不畅通等。这些都亟待从法律法规上予以解决。一方面，应从立法上解决社会组织"走出去"的合法性问题，明确我国社会组织在海外设立分支机构或代表机构的管理办法；另一方面，应当出台鼓励社会组织"走出去"的相关政策措施。① 包括物资出关、外汇

---

① 邓国胜、王杨：《中国社会组织"走出去"的必要性与政策建议》，《教学与研究》2015年第9期。

管制、税收减免、人员签证等相关规定，保障社会组织在海外的志愿服务项目的顺利开展。

其次，加强社会组织"走出去"开展志愿服务的多元协同平台建设。社会组织"走出去"开展志愿服务参与共建"一带一路"，独立运行难以发挥真正作用，应当立足于政府、企业和社会组织"三位一体"的对外援助新模式。一方面，在政府部门设立协同管理平台，商务部、外交部、财政部、团中央等部门建立专门的协调机构及相应的工作机制，专门负责社会组织参与对外援助的资助和管理工作，加强政府与社会组织之间的沟通与合作，形成横向联动、资源互补的跨部门合作体系，减少部门协调困难；[1] 另一方面，政府应致力于搭建社会组织与企业和高校、科研院所的合作平台。建立海外中资企业与中国社会组织沟通交流的平台，进一步促进海外中资企业与中国社会组织在国际志愿服务方面的战略合作伙伴关系，调动社会力量和资源，扩大社会组织"走出去"所需的资金和物资供给来源；同时推动中国社会组织积极与高校、科研院所合作，加强对国际志愿服务的学术与实践研究，为社会组织的国际志愿服务计划提供理论基础，并积极扩大中国社会组织国际志愿服务的影响力。

再次，为社会组织"走出去"开展志愿服务提供资金和资源支持。中国社会组织"走出去"开展志愿服务面临的最大障碍之一是资金问题。因此，建议政府在每年对外援助的资金中，按照一定的比例和逐步提高的原则，设立一个国际志愿项目支持基金，专门用于鼓励社会组织通过国际志愿服务参与对外援助，并将其制度化。[2] 政府可以通过购买服务等方式，重点委托社会组织通过国际志愿服务参与对外援助的软件项目实施。例如，扶贫开发、环境保护、社区发展、能力建设、人道救援等对外援助领域可以优先通过中国的社会组织来实施，为社会组织"走出去"开展志愿服务提供资金保障。

（二）社会组织角度的对策建议

首先，积极融入国家共建"一带一路"倡议。作为国际治理体系新兴

---

① 张强、齐从鹏：《中国志愿服务走出去现状与趋势》，《社会治理》2018 年第 9 期。
② 邓国胜、王杨：《中国社会组织"走出去"的必要性与政策建议》，《教学与研究》2015 年第 9 期。

的主体之一，中国的社会组织在国际治理体系中的作用十分有限，尚缺乏影响力与话语权。共建"一带一路"倡议的提出为中国社会组织"走出去"开展志愿服务打开了新的"机会窗口"。社会组织应该努力把握这一战略机遇期，积极融入共建"一带一路"倡议，深度参与国际发展合作，发挥民间国际志愿服务在民心相通、国际交流和政治理解等方面的重要作用。社会组织应当发挥自身优势，坚持需求导向，根据共建"一带一路"沿线国家需求，倾听东道国社区和组织的声音，设计出更具针对性和适应性的国家志愿服务项目方案，合理匹配国际志愿者，提高志愿服务项目的有效性，满足东道国社区需要，提高社会认知度和影响力，与共建"一带一路"沿线国家民众建立"朋友圈"，深化其对共建"一带一路"倡议理念和目标的认同，提升对共建"一带一路"的获得感。①

其次，有效运用国家和国际民间合作网络。中国社会组织"走出去"开展志愿服务的经验显示，有效运用国际民间合作网络对快速获得合法性具有至关重要的作用。为获得国际社会的接纳，借助行业网络是一个有效的方法，可以通过融入国际民间合作网络，学习和遵守在国际志愿服务中的法律法规、行业规范和社会规范。借助国际民间合作网络还可以与其他合作伙伴分享国际志愿服务中的信息、知识、专家、培训等资源，并更好地实现与东道国沟通，获得东道国政府和社区支持。国内社会组织合作网络也同样重要，开展国际志愿服务的社会组织之间的沟通交流平台，能够促进社会组织之间的相互学习、信息分享和协作行动。社会组织国际志愿服务地国家网络也有助于帮助特别是新兴的社会组织更有效地融入和借助国际民间合作网络。

再次，全方位提高组织的国际化运作能力。社会组织"走出去"开展志愿服务需要一系列国际化的专业能力，包括语言能力、跨文化沟通和交流能力，以及国际组织管理、项目管理和志愿者管理能力等。开展国际志愿服务的社会组织应致力于组织自身及志愿者的能力建设，招募和培养懂得国际项目运作和管理的国际化人才，开发并完善国际志愿服务项目的指南、程序和工具（项目遴选、机构评估、志愿者安置、财务管理、能力建设、绩效评价等方面），学习和借鉴国际经验，挖掘"走出去"开展志愿

---

① 张强、齐从鹏：《中国志愿服务走出去现状与趋势》，《社会治理》2018 年第 9 期。

服务的国内典型组织和品牌项目，建立社会组织国际志愿服务案例库，为国际志愿服务项目管理人员和志愿者提供行动参考。

参考文献

肯尼斯·阿伯特、邓肯·斯奈德尔：《国际治理中的硬法与软法》，胡晓琛译，杨雪冬、王浩《全球治理》，北京：中央编译出版社，2015。

Acevedo, M. , *Volunteer Networking and Capacity Development* (Bonn: United Nations Volunteers, 2002).

Allum, C. , "International Volunteering and Co-Operation: New Developments in Programme Models". FORUM Discussion paper, Montreal: International Volunteering and Co-Operation (IVCO) Conference, 2007.

Banerjee, S. , "Who Sustains Whose Development? Sustainable Development and the Re-invention of Nature", *Organization Studies*, 24 (2003).

Blerk, R. , "Organisational Development at CBO Level in Poor Communities" In SAGE Net. *International Volunteering in Southern Africa: Potential for Change*? (Bonn: Scientia Bonnensis, 2012).

Coicaud, J. , *Legitimacy and Politics: A Contribution to the Study of Political Right and Political Responsibility* (Cambridge: Cambridge University Press, 2002).

Ebrahim, A. , *NGOs and Organizational Change: Discourse, Reporting, and Learning* (Cambridge: Cambridge University Press, 2003).

European Voluntary Service (EVS), *Structure of Operational Support for the European Voluntary Service* (Brussels: European Voluntary Service, 1999).

Gibelman, M. and Gelman, S. , "Very Public Scandals: Nongovernmental Organizations in Trouble", *Voluntas: International Journal of Voluntary and Nonprofit Organization*, 12 (2001).

Krishna, K. andKhondker, H. , "Nation-Building through International Volunteerism: A Case Study of Singapore", *The International Journal of Sociology and Social Policy*, 24 (2004).

Laleman, G. , Kegels, G. , Marchal, B. , Van der Roost, D. , Bogaert, I. and Van Damme, W. , "The Contribution of International Health Volunteers to the Health Workforce in Sub-Saharan Africa", *Human Resources for Health*, 5 (2007).

Lister, S. , "NGO Legitimacy: Technical Issue or Social Construct?" *Critique of Anthropology*, 23 (2003).

Ogden, S. and Clarke J. , "Customer Disclosures, Impression Management and the Construction of Legitimacy, Accounting", *Auditing & Accountability Journal*, 18 (2005).

Ossewaarde, R. , Nijhof, A. and Heyse, L. , "Dynamics of Ngo Legitimacy: How Organizing Betrays Core Missions of INGOs", *Public Administration and Development*, 28 (2010).

Pinkau, I. , "A Comparative Evaluation of Volunteer Development Services" . In Smith D. and Elkin F. (eds.), *Volunteers, Voluntary Associations, and Development* (Leiden: E. J. Brill, 1981).

Plewes, B. and Stuart, R. , "Opportunities and Challenges for International Volunteer Co-Operation", IVCO Conference, 2007.

Roberts, T. , *Are Western Volunteers Reproducing and Reconstructing the Legacy of Colonialism in Ghana? An Analysis of the Experiences of Returned Volunteers* (Manchester: University of Manchester, 2004).

Ruef, M. and Scott, R. , "A Multidimensional Model of Organizational Legitimacy: Hospital Survival in Changing Institutional Environments", *Administrative Science Quarterly*, 43 (1998).

Scholte, J. , "Civil Society and Democratically Accountable Global Governance", *Government and Opposition*, 39 (2004).

Simpson, K. , "Doing Development: The Gap Year, Volunteer-Tourists and A Popular Practice of Development", *Journal of International Development*, 16 (2004).

Smith, D. , "Globalization and International Service: A Development Perspective", *Voluntary Action*, 7 (2006).

Sobocinska, A. , "A New Kind of Mission: The Volunteer Graduate Scheme and the Cultural History of International Development", *Australian Journal of Politics & History*, 62 (2016).

United Nations Volunteers (UNV), "Volunteering for Development. UN Chronicle Online Edition", Retrieve from: http://www. unv. org/en/news-resources/archive/unv-news/unv-news-october – 2004/doc/volunteering-for-development. html. , 2004.

中国国际志愿服务的影响评估模型建构及测度

——以中国青年志愿者海外服务计划为例

张　强　黄立志　陈　光　刘金芝　齐从鹏　张　元*

摘　要：为促进中国国际志愿服务在国际舞台上健康发展并提升国际影响力，本课题采用多案例比较的研究方法，选取中国青年志愿者海外服务计划作为案例，对标美国和平队、英国VSO、日本国际协力机构等同类政府主导型国际志愿服务，剖析国际志愿服务效果的制约因素及可能的影响机制，进而剖析中国国际志愿服务的发展框架和制约因素，最终构建了"宏观、中观、微观"三层面与"体制层和机制层"视角的二维模型，建立起跨维度、全方位以及多主体参与的国际志愿服务影响评价体系。本课题还为国际志愿服务影响和效果评估工作提出建议，建议在宏观、中观、微观等层面应分别关注发展援助效果、组织能力评估、志愿者个体的影响测度。最后，本课题建议从战略规划、协同合作、社区融入、项目管理、文化价值、学习网络等几个方面创新中国国际志愿服务的发展路径。

关键词：国际志愿服务　影响机制　影响评估

---

* 张强，北京师范大学社会发展与公共政策学院教授/博士生导师，研究方向为志愿服务、公共政策、应急管理；黄立志，博士，北京外国语大学亚非学院讲师，研究方向为志愿服务、国际关系；陈光，博士，北京青之桥公益基金会理事长，研究方向为志愿服务；刘金芝，北京市志愿服务联合会国际部部长，研究方向为志愿服务；齐从鹏，博士，山东青年政治学院政治与公共管理学院讲师，研究方向为志愿服务、公共政策；张元，北京师范大学社会发展与公共政策学院硕士研究生，研究方向为志愿服务、应急管理。

一 研究背景

志愿服务一直是人道救助和人类发展的重要议题，是社会治理创新的着力点，是社会文明进步的重要标志。作为联合国实现可持续发展目标（SDGs）的贯穿性、基础性实施手段，[①] 志愿服务早已跨越国界，成为国际援助与合作的重要方式。国际志愿服务不仅有助于实现有效的和可持续的和平与发展，促进派遣国与东道国的资源共享、互利共赢和民心相通，更日益成为塑造国际话语和形象的重要渠道。2013 年以来，中国共建"一带一路"倡议以政策沟通、设施联通、贸易畅通、资金融通和民心相通为主要内容扎实推进，受到国际社会广泛关注，[②] 国际志愿服务正是推进民间外交、创新对外援助模式、建立全面分享网络的关键举措，为共建"一带一路"倡议实施注入活力。习近平总书记曾在给"南京青奥会志愿者"回信中勉励广大青年志愿者"积极传播中华文化、讲好中国故事，用青春的激情打造最美的'中国名片'，促进中国梦和各国人民的梦相通相融，共同为人类和平与发展的崇高事业做出贡献"[③]。

从全球国际志愿服发展历程来看，国际志愿服务萌芽于 19 世纪的传教士服务，成长于两次世界大战战地救援和战后重建工作。20 世纪六七十年代，随着北方国家政府大规模资助，以技术援助为主流的国际志愿服务出现了前所未有的大发展。20 世纪八九十年代，新自由主义改革导致政府资金资助普遍缩减，开始形成各类非政府组织、联合国体系的志愿服务团体以及跨地区、跨国界的志愿服务组织共同参与国际志愿服务的局面。进入新世纪，联合国千年发展目标（MDGs）、可持续发展目标（SDGs）成为国际志愿服务发展的核心方向，正被纳入政府的国际发展与外交事务领域的重

---

① 《2030 年享有尊严之路消除贫穷，改变所有人的生活，保护地球》，http://www.un.org/en/ga/search/view_doc.asp? symbol = A/69/700&referer = http://www.un.org/millennium-goals/&Lang = C，最后访问时间：2019 年 10 月 26 日。

② 《受权发布:〈共建"一带一路"倡议:进展、贡献与展望〉（八语种）》，中国"一带一路"网，2019 年 4 月 22 日，https://www.yidaiyilu.gov.cn/zchj/qwfb/86697.htm，最后访问时间：2019 年 10 月 26 日。

③ 《习近平给"南京青奥会志愿者"回信勉励青年志愿者用青春激情打造最美"中国名片"》，新华网，2014 年 7 月 16 日，http://www.xinhuanet.com/politics/2014 - 07/16/c_1111647983.htm，最后访问时间：2019 年 10 月 26 日。

点工作，一些发达国家已经在国际上打出了自己的国际志愿服务品牌。

相比于欧美国家国际志愿服务的空前发展，中国国际志愿服务整体上尚处于初级阶段。中国志愿服务真正成规模的"走出去"兴起于21世纪初。截至目前，政府、社会组织、企业等多方合力参与到国际志愿服务中，实施渠道多样，志愿服务目标也拓展至经济建设、文化传播、民间交往等诸多维度和不同层次，逐步走向规模化、组织化、规范化和多元化。在政府层面，仅2010～2012年，中国就向60多个国家派遣青年志愿者和汉语教师志愿者近7000名，[①] 在社会组织层面，中国扶贫基金会、中国青少年发展基金会等社会组织的海外项目不断延续，每年都有新增海外派遣志愿者。

中国国际志愿服务的规模不断扩大，但在发展的过程中也面临诸多挑战。一方面，国际志愿服务的效果一直饱受争议。一些人认为国际志愿服务造成的影响具有双面性，在带来积极成效的同时，也存在负面影响，例如可能助长精英主义，损害东道国的利益；可能导致派遣国与东道国的文化冲突；可能破坏东道国社区本来的自助、互助传统，引起当地社区的不稳定；等等。中国国际志愿服务要想健康发展并获得国际认可，不得不正面这些风险。另一方面，中国国际志愿服务发展相比于发达国家，起步晚，起点低，整体尚处于初级阶段，与发达国家相比影响力较弱。目前，中国国际志愿服务项目整体上还处于尝试性发展的状态，国际志愿服务项目在中国新型的国家外交战略格局中到底如何进行战略定位，如何突破发展瓶颈，以提升国际志愿服务的影响力成为政府和社会组织都亟待解决的问题。

因此，本课题期望厘清制约国际志愿服务效果的因素及影响机制，进而剖析中国国际志愿服务的发展瓶颈，同时，构建国际志愿服务效果测度体系，以对国际志愿服务的效果和影响进行评估。这不仅有助于综合认知国际志愿服务生态体系及其重要作用与价值，也有助于减轻国际志愿服务所带来的风险，进而更准确地把握国际志愿服务的战略价值并探寻有效的发展路径。

[①] 《〈中国的对外援助（2014）〉白皮书全文》，商务部对外援助司官方网站，2014年12月5日，http://yws.mofcom.gov.cn/article/m/policies/201412/20141200822172.shtml，最后访问时间：2019年10月26日。

二 文献综述

目前国际学界已开展了关于志愿服务影响的研究，国内有关研究较少，本研究对国际志愿服务效果的制约因素和影响评估的有关文献进行了回顾。

（一）国际志愿服务效果的制约因素

1. 志愿者属性与能力

志愿者的属性与能力特征与国际志愿服务的效果与影响息息相关。Sherraden 等曾提出了国际志愿服务影响的概念模型，认为志愿者的个体属性与能力特征是影响国际志愿服务项目的重要方面。[①] 志愿者属性是指志愿人员队伍的人口学特征，包括教育水平、国籍、种族、身心健康、性别、年龄、收入与资产以及就业状况。其中，志愿者是否是弱势群体也将对其自身的参与效果产生影响。[②] 志愿者个人能力是指个人在志愿服务过程中的知识和技能水平、动机与投入努力的程度、志愿服务与国际经历和经验、时间自由度等。[③] 志愿者跨文化融入能力与融入程度也会影响东道国社区对项目的评价。有学者指出，跨文化参与的深度和建立的人际关系的牢固性与国际志愿服务的有效性密切相关。[④] 志愿者的语言技能水平也是影响志愿服务效果的关键因素。[⑤] 这些影响因素之间也存在交互影响，例如有研究发现，志愿者的社区融入与语言能力的提升显著相关。[⑥]

2. 机构属性与能力

机构属性包括组织规模、组织类型等。一般来说，组织规模与其可调

① Sherraden, M. S., Lough, B., & McBride, A. M., "Effects of International Volunteering and Service: Individual and Institutional Predictors", *VOLUNTAS: International Journal of Voluntary and Nonprofit Organizations*, 19 (2008): 395.

② Davis Smith, J., Ellis, A., & Brewis, G., "Cross-National Volunteering: A Developing Movement", *Emerging Areas of Volunteering* (Indianapolis: ARNOVA, 2005).

③ Sherraden, M. S., Lough, B., & McBride, A. M., "Effects of International Volunteering and Service: Individual and Institutional Predictors", *VOLUNTAS: International Journal of Voluntary and Nonprofit Organizations*, 19 (2008): 395.

④ Tiessen, R., *Learning and Volunteering Abroad for DevelopmentII* (Routledge, 2017).

⑤ Devereux, P., "International Volunteering for Development and Sustainability: Outdated Paternalism or a Radical Response to Globalisation?", *Development in Practice*, 18 (2008): 357 – 370.

⑥ Cohn, S. F., & Wood, R. E., "Foreign Aid at the Grass Roots: The Interaction of Peace Corps Volunteers with Host Country People", *Human Organization*, 44 (1985): 167 – 171.

动的资源挂钩，进而影响项目效果。不同的组织类型会在各个方面造成其开展的国际志愿服务项目的差异，例如政府开展国际志愿服务一般独立性较强；非政府组织开展国际志愿服务项目灵活性较强、类型多样，但是常常受到组织规模和资金来源的制约；企业（社会责任）一般更倾向开展国际旅游、间隔年（Gap-Year）项目；等等。①

机构能力是指机构在开展国际志愿服务项目中涉及的组织能力。无论是派遣机构还是东道国机构，其管理与协调能力都会对国际志愿服务的效果产生影响。此外，机构是否与东道国建立持续的伙伴关系或者通过各种形式持续互动也会影响项目效果。② 机构的项目管理与志愿者管理的有关制度设置也是重要影响因素之一，例如招募策略、激励政策、培训制度、监督及归责制度等。

3. 项目属性

项目属性也是影响国际志愿服务效果的重要方面。首先，项目的愿景与目标一定程度上决定了国际志愿服务的效果，一些学者根据项目目标的差异将国际志愿服务分成 3 种模式：发展模式、学习模式以及公民社会强化模式。③大多数学术研究偏向于认同以参与者（志愿者）为中心和以当地社区为中心的二分法。④ 学者们还根据具体的目标提出了进一步的子类型学。⑤

---

① Sherraden, M. S., Lough, B., & McBride, A. M., "Effects of International Volunteering and Service: Individual and Institutional Predictors", *VOLUNTAS: International Journal of Voluntary and Nonprofit Organizations*, 19 (2008): 395.

② Acevedo, M., *Volunteer Networking and Capacity Development* (Bonn, Germany: United Nations Volunteers, 2002); Wearing, S., & McGehee, N. G., *International Volunteer Tourism: Integrating Travellers and Communities* (CABI, 2013).

③ Plewes, B., & Stuart, R., "Opportunities and Challenges for International Volunteer Co-Operation", *Paper presented at the IVCO Conference* (Montreal, Canada, 2007).

④ Davis Smith, J., Ellis, A., & Brewis, G., "Cross-National Volunteering: A Developing Movement", *Emerging areas of volunteering* (Indianapolis: ARNOVA, 2005); Devereux, P., "International Volunteers for Development: Pursuing Capacity Development and Sustainability with Solidarity", *Paper presented at the International Conference of the International Society for Third Sector Research* (Bangkok, Thailand, 2006).

⑤ Cronin, K., & Perold, H., "Volunteering and Social Activism: Pathways for Participation in Human Development", *United Nations Volunteers (UNV), International Association for Volunteer Effort (IAVE) and World Alliance for Citizen Participation (CIVICUS)*, http://www.unv.org/fileadmin/img/www/Volunteerism-FINAL.pdf., 2008; McBride, A. M., "Civic Service Worldwide: Social Development Goals and Partnerships", 2003.

其次，项目类型的差异对志愿者个体能力的要求不同，也会影响国际志愿服务项目效果。例如，技能型志愿服务对志愿者的专业与工作经验要求较高，非技能型的志愿服务对志愿者的热情和意愿更加侧重，当两者无法匹配时可能对项目效果造成不利影响。此外，项目的时长和可持续性也会影响志愿服务的效果，长期项目使得志愿者有更多的时间来学习并融入社区；[①] 而短期项目不利于志愿者适应岗位和服务当地。最后，服务岗位或者服务的一些工作特征也对国际志愿服务效果产生影响，如工作性质决定了志愿者能否与当地社区居民的充分互动。[②]

（二）国际志愿服务效果及影响

1. 国际志愿服务的影响

国际志愿服务的互惠性决定了国际志愿服务可能对参与其中的多方主体带来影响。一是对东道国社区的影响。Sherraden 等从理论上指出国际志愿服务对东道国社区的影响可能包括对社会、经济、环境或政治条件、跨文化知识和技能、国际知识和国际理解、全球参与、家长式作风和依赖性、组织能力等的影响。[③]

二是对志愿者个体层面的影响。国际志愿服务对志愿者个体层面的影响研究相对较多。第一是对个体能力的影响，包括对工作经验与技能、个人发展、跨文化能力和语言技能、国际知识与国际理解等。例如，Devereux 指出了国际志愿服务对个人能力建设和教育的重要性。[④] Yashima 通过准实验法，发现国际志愿服务对青年志愿者的跨文化能力产生显著影

---

① Devereux, P., "International Volunteers for Development: Pursuing Capacity Development and Sustainability with Solidarity", *Paper presented at the International Conference of the International Society for Third Sector Research* (Bangkok, Thailand, 2006); Sykes, K. J., "Short-Term Medical Service Trips: A Systematic Review of the Evidence", *American Journal of Public Health*, 104 (2014): 38 – 48.

② Emmers-Sommer, T. M., "The Effect of Communication Quality and Quantity Indicators on Intimacy and Relational Satisfaction", *Journal of Social and Personal Relationships*, 21 (2004), 399 – 411.

③ Sherraden, M. S., Lough, B., & McBride, A. M., "Effects of International Volunteering and Service: Individual and Institutional Predictors", *VOLUNTAS: International Journal of Voluntary and Nonprofit Organizations*, 19 (2008): 395.

④ Devereux, P., "International Volunteering for Development and Sustainability: Outdated Paternalism or a Radical Response to Globalisation?", *Development in Practice*, 18 (2008): 357 – 370.

响，这些能力主要包括开放性/民族关系主义、国际关注、人际沟通技巧、自我效能感等方面。[1] 第二是对个人的社会资本等资源的影响，如 Jones 指出国际志愿服务作为一种跨越空间的行为促进了年轻人文化资本、自我认同和技能的发展。[2] 第三是对人格特质的影响，如 Alexander 发现志愿旅游活动可以减轻焦虑，增加艺术兴趣，减轻抑郁，增加活动水平和冒险精神，这些因素还将进一步对志愿者的个人环境、行为、情感、自信、价值观等产生影响。[3] 此外，国际志愿服务经历还会对个体的社会责任、公民参与和全球参与意识与行为具有重要的教育意义。

三是对派遣国和派遣组织的影响。对派遣方的影响主要包括两个方面：第一是对派遣国来讲包括对人力资本、社会、经济、政治和环境条件、全球合作等具有重要意义；第二是对派遣组织的能力具有重要的影响。[4]

在国内，很多学者对志愿服务的影响进行探讨，例如志愿服务对志愿者的自我效能感和幸福感、志愿者的政治认同的影响，[5] 对社会的公共服务、经济效益、精神文明、地区发展等的影响，但是很少有学者有针对性地对国际志愿服务的影响进行研究。

2. 国际志愿服务的影响测度

对国际志愿服务的影响进行测度的视角较为多样。Lough 等在 2014 年对两个国际志愿服务项目进行了前后三次的在线基线调查，测度了志愿者的国际连接性社会资本（International Bridge Social Capital）。[6] Lough 等学

---

[1] Yashima, T., "The Effects of International Volunteer Work Experiences on Intercultural Competence of Japanese Youth", *International Journal of Intercultural Relations*, 34 (2010): 268 – 282.

[2] Jones, A., "Theorising International Youth Volunteering: Training for Global (Corporate) Work?", *Transactions of the Institute of British Geographers*, 36 (2011): 530 – 544.

[3] Alexander, Z., "International Volunteer Tourism Experience in South Africa: An Investigation into the Impact on the Tourist", *Journal of Hospitality Marketing Management*, 21 (2012).

[4] Sherraden, M. S., Lough, B., & McBride, A. M., "Effects of International Volunteering and Service: Individual and Institutional Predictors", *VOLUNTAS: International Journal of Voluntary and Nonprofit Organizations*, 19 (2008): 395.

[5] 关成华、张佑辉：《志愿服务经济价值的测算方法及其应用——以北京市为例》，《北京社会科学》2018 年第 1 期。

[6] Lough, B. J., Sherraden, M. S., & McBride, A. M., "Developing and Utilising Social Capital through International Volunteer Service", *Voluntary Sector Review*, 5 (2014), 331 – 344.

者在 2018 年发表的研究中，其收集了来自 68 个国家的 288 个面向发展的
志愿者合作组织的反馈，评估了志愿者类型与三种不同结果的关系，分别
是对组织能力的发展，从事体力劳动的工作效率，对国际关系的发展（即
与东道国社区建立关系）。[①] 还有学者建立了由经济指标、环境指标、社会
指标和个人幸福指标构成的指标开发框架，探讨了如何利用指标来评估志
愿旅游对当地社区的影响。[②] 可见，对国际志愿服务的影响可针对不同的
目标和侧重点从多个方面、对不同的参与主体进行测度。

综上所述，目前国内关于国际志愿服务的影响及关键制约因素的研究
较少，国际上的诸多研究具有较大的借鉴意义，但由于在不同的文化情境
和经济社会条件下，国际志愿服务的影响及制约因素也会有差异，因此需
要在中国的情境下对此进行探讨。此外，相关研究中以国际志愿旅游项目
为案例的居多，[③] 探讨志愿者派出项目的研究较少。

三　研究方法

本研究对于国际志愿服务的定义是指政府、社会组织、企业以及其他
机构向外派遣志愿者提供志愿服务或者志愿者个体在海外积极开展国际志
愿服务。本研究致力于从理论上剖析国际志愿服务效果的制约因素及可能
的影响机制，进而剖析中国国际志愿服务的发展瓶颈。同时构建国际志愿
服务效果测度体系，探索构建中国国际志愿服务的影响评估模型。本研究
采用案例研究法来探讨制约中国国际志愿服务的影响的因素，并构建中国
国际志愿服务的影响评估模型。这主要是由于国际上关于国际志愿服务的
影响评估大多基于国际实践，本课题期望立足于中国国际志愿服务的发展
实践。由于中国民间性的国际志愿服务还未形成完善的派遣体系和成熟的
开展模式，因此对民间志愿者派遣尚不能进行规律性探索。因此，本研究

---

① Lough, B. J. , & Tiessen, R. , "How Do International Volunteering Characteristics Influence Outcomes? Perspectives from Partner Organizations", *VOLUNTAS: International Journal of Voluntary and Nonprofit Organizations*, 29 (2018), 104 – 118.

② Otoo, F. E. , & Amuquandoh, F. E. J. T. M. P. , "An Exploration of the Motivations for Volunteering: A Study of International Volunteer Tourists to Ghana", *Tourism Management Perspectives*, 11 (2014): 51 – 57.

③ Wearing, S. , & McGehee, N. G. , *International Volunteer Tourism: Integrating Travellers and Communities* (CABI, 2013).

选取中国青年志愿者海外服务计划作为案例进行研究，其起步较早，由团中央和商务部共同管理和实施的项目，具有较强的官方色彩，有较强的代表性。

本课题首先收集相关研究的国内外文献，探讨国际志愿服务的影响模型建构。然后对团中央青年志愿者行动指导中心、中联部国际交流协调管理办公室、联合国志愿人员组织（UNV）、日本国际协力机构（JICA）、韩国国际合作局（KOICA）、澳大利亚志愿者（AVI）、英国海外志愿服务社（VSO）、中国志愿服务联合会、北京市志愿服务联合会、中国扶贫基金会以及缅甸、尼泊尔在地志愿服务组织等部门和机构的领导以及相关负责人、项目负责人以及部分国际志愿者进行了半结构化访谈，并辅以各个案例每年的项目评估、志愿者评价等相关资料，并进行案例分析。

四 国际经验比较与借鉴

分析其他国家典型国际志愿服务组织和代表性国际志愿服务项目的经验教训，对更好推动中国国际志愿服务的发展具有重要意义。目前政府主导型国际志愿服务仍然是国际志愿服务的基石。然而，同样是政府资助型项目，不同国家、不同项目的政府介入也存在很大国别性差异。因此，本研究选取了美国和平队、英国海外志愿服务社、澳大利亚国际志愿服务发展组织、日本国际协力机构、韩国国际合作局等政府主导型国际志愿服务项目为例，以探讨不同国家政府主导型国际志愿服务项目特点，为中国情境下的国际志愿服务发展提供参考。

（一）美国和平队

美国和平队（Peace Corps）作为冷战的产物于1961年成立。1981年，通过美国国会立法，和平队发展为一个完全独立的联邦机构①。和平队成立50多年来，已向全世界140多个国家派遣22万多名志愿者。（1）组织定位方面，主要有三大目标：传播有用技术与知识；让东道国了解美国；让美国人民了解东道国。（2）组织管理方面，作为拥有独立自主权的行政部门，和平队主任由总统提名并直接向总统报告；国别主任构成美国驻外

---

① 周琪：《作为软实力资源的和平队重受美国政府重视》，《美国研究》2011年第2期。

使团的一部分，直接通达使团首长和使馆工作人员；任命一名白宫联络官，专门负责与总统人事办公室和其他白宫办公室联络；设立国会关系办公室，作为与国会官方联络渠道。（3）资金方面，年度预算由国会预算和拨款过程决定，约占美国外交预算的 1%，2016 年总支出达 3 亿 8219 万美元。（4）队伍管理方面，和平队特别重视志愿者培训、安全、健康以及后续职业发展问题。（5）项目开展方面，志愿者派遣作为一项重要的外交政策，肩负着美国的国家利益。[1]

和平队确定了农业、商业、教育、环境、卫生和艾滋病以及青年发展等六大主要服务领域，每位志愿者在实际服务过程中，通过深居社区，与东道国居民同吃同住同劳动，不断修正服务目标，并匹配相应特长。和平队志愿者所提供的服务，看似微小而琐碎，但正是通过这一个个志愿者持续的社区服务、情感投入，渗透出了美国精神，产生了持久而深远的影响。

（二）英国海外志愿服务社

英国海外志愿服务社（Voluntary Service Overseas，简称 VSO）成立于 1958 年，致力于消除全球贫困和弱势。目前，该组织发展成为一个国际联盟，拥有英国、爱尔兰、荷兰、加拿大、菲律宾、印度和肯尼亚 7 个联盟成员，已在 35 个国家开展项目，派遣海外志愿者 3 万多名。（1）组织定位方面，旨在通过志愿服务来战胜贫困，核心是"人"，通过人的进步和能力提升，脱贫致富，实现可持续发展。（2）组织管理方面，每个成员国的 VSO 选派一名代表组成国际理事会，理事会是 VSO 联盟最高管理机构；下设两个国际志愿服务团队（非洲团队、亚太团队）监督各地工作业务。两大团队之下设有 37 个国别代表处，负责各国志愿者的招募和培训。（3）资金来源方面，以英国 VSO 为例，经费是由英国政府拨款和个人社团资助，从政府部门约得到总预算的 60% 至 70%。（4）服务领域方面，涉及农业和自然资源、卫生、工业技术工程、教育、商业开发、社会发展等领域并聚焦教育、健康和生计三大领域。（5）项目开展方面，国别办公室根据所在国情况进行设计，明确受援国的项目实施重点，并选用一致的方

---

[1] 李文刚：《和平队与美国在非洲的软实力及对中国的启示》，《当代世界》2015 年第 4 期。

法论和评价体系，确保全球目标具有可比性。（6）志愿者管理方面，VSO 负担志愿者往返旅费、医疗保险费用，聘用单位负责志愿者的生活费，并提供住宿、工作和交通工具。服务期间，派遣海外志愿者领取当地薪酬，每年有 4 周假期。服务结束后，将获得未来工作的推荐信。

（三）澳大利亚国际志愿者

澳大利亚国际志愿者（Australian Volunteers International，简称 AVI）成立于 1999 年，目前是澳大利亚最大的国际性志愿者输送组织。AVI 自成立以来已经向 89 个发展中国家输送超过 1 万名国际志愿者和 3000 多个伙伴组织。（1）组织定位方面，鼓励澳大利亚公民到亚洲、非洲和太平洋地区的发展中国家服务。AVI 有三大目标：一是保质保量为跨越几代人的事业提供支持，以大幅提高民众生活水平，打造有巨大影响力的志愿服务体验；二是推动相互学习和经验交流，实现发展机遇，满足当地民众对社会经济发展的需要；三是加强跨文化理解，为澳大利亚民众带来新的体验，为国内外民众带来长期福祉。（2）组织管理方面，AVI 的领导团队由首席执行官、执行团队和董事会（10 名成员）组成。理事会下设 9 个办事处，管理在 89 个国家的志愿者项目。（3）资金来源方面，该组织的经费由澳大利亚政府通过澳大利亚国际发展署（Australian Agency for International Development）资助，其他的政府部门、公司和个人也可以向 AVI 项目提供捐助。每年政府向 AVI 提供的支持经费大约 4000 万澳元，支持 1100 ～ 1200 个志愿者开展国际志愿服务。当前 AVI 正在整体的外交策略框架下执行 2018 ～ 2022 年的五年计划。（4）志愿者管理方面，AVI 的志愿者主要来自大学招募和社会招募，大学招募主要在澳大利亚麦考瑞大学和墨尔本大学进行，社会招募则主要从其他的合作伙伴组织聘用志愿者。志愿者的海外期限一般为 12 ～ 24 个月，在服务期间志愿者可以根据目的地不同享受到每月 1000 ～ 2000 澳元不等的生活补贴、职业发展（通过借调，可以与总部、分部各行业的同事学习多种技能，为额外的职业学习提供资金支持、休假）、带薪育儿假期、四周的年假等。

（四）日本国际协力机构

日本国际协力机构（Japan International Cooperation Agency，简称 JI-CA）成立于 1974 年，每年支持 2400 ～ 2500 名国际志愿者，通常服务年限

是 2 年，也有短期的 1~11 个月，但占比很小。目前，已在 150 多个国家和地区开展工作，大约有 100 个海外事务所，志愿者派遣规模超过 4 万人次，是世界最大的双边援助机构。JICA 直属于日本外务省的行政部门，[1]负责开展无偿援助、技术合作和志愿者派遣工作。（1）组织定位方面，有三大目标，在发展中国家的经济、社会和重建领域开展合作；推广国际发展的美好愿景、促进相互理解；推动国际发展事业，并将服务经验"反哺"到日本社会。（2）组织管理方面，JICA 机构性质是"独立行政法人"，业务接受政府指导，采用企业化管理方式，在事务运行上享有充分自主权。[2]（3）资金来源方面，基本全部来自政府财政拨款。（4）项目开展方面，形成了以"对外援助"为先锋，"互动外交"为辅翼的公共外交"双轨模式"，即先以"对外援助"开道，再派遣志愿团体与受援国基层民众进行深度互动，"同吃同住，同工作同思考"，在潜移默化中打造日本的国际形象。[3] 不同于美国项目中的零散性特征，JICA 是系统性援助，其国际志愿服务项目与政府开发援助项目有机结合，志愿者作为援助体系的有机组成部分。

（五）韩国国际合作局

韩国国际合作局（Korea International Cooperation Agency，简称 KOICA）成立于 1991 年，隶属于韩国外交通商部，是韩国执行双边无偿援助的具体执行机构。每年大约派出 4000 名国际志愿者，名列全球第二位。其发展历程如表 1 所示。

表 1　KOICA 的发展历程

年份	重要事项
1990	向 4 个亚洲国家以及联合国教科文组织韩国委员会共派出了 44 名国际志愿者
1991	开始建立 KOICA，向 7 个国家派出 37 名 KOICA 志愿者，其资金支持和项目策划是韩国官方对外援助的组成部分

---

① 张耀钟：《日本对非公共外交的多维解构：以 JICA 为中心》，《世界经济与政治论坛》，2016 年第 2 期。

② 张耀钟：《日本对非公共外交的多维解构：以 JICA 为中心》，《世界经济与政治论坛》，2016 年第 2 期。

③ 张耀钟：《日本对非公共外交的多维解构：以 JICA 为中心》，《世界经济与政治论坛》，2016 年第 2 期。

年份	重要事项
1997	正式派出青年志愿者
2001	向 20 个国家派出 175 名 IT 志愿者
2006	向 6 个国家派出了 17 名技术和平志愿者
2009	整合外交部、教育部、科学通信于未来计划部、文化体育旅游部、贸易工业和能源部五个部委的 7 个海外志愿者项目，推出 WFK 项目
2010	开始派出世界伙伴顾问，2013 年达到 10000 名
2014	第一次派出梦想志愿者和青年中短期志愿者
2015	开设志愿者教育中心

KOICA 推动的国际志愿者项目名称为韩国世界之友（World Friends Korea，简称 WFK）。截至目前，WFK 项目已经累计派出了 68000 名海外志愿者。WFK 项目具体上由 KOICA 协调 6 个机构来执行，希望帮助需要的发展中国家，其口号是通过分享和学习建设一个更美好的世界。（1）在项目愿景方面，一是提高发展中国家的生活水准。通过志愿者分享知识、技术和经验来帮助减贫，探寻可持续发展路径，来提升生活水准以及实现可持续发展目标。二是加强韩国与发展中国家的伙伴关系和双向了解。通过志愿者在发展中国家社区的服务加强友谊，同时推进韩国的正面形象建设。三是提供自我实现和增长的机会。（2）服务领域方面，KOICA 总体上主要涉及六个领域，包括公共管理、健康、教育、工业与能源、农村发展。以 2015 年为例，志愿者主要涉及的领域是教育，派出志愿者 3766 名，占总数的 78%；服务地区中亚洲占比 79%。（3）志愿者管理方面，起初外派国际志愿者也主要是照搬美日模式。2005 年引入了充分发挥具有相关领域专业知识和经验的中老年以及退休者经验的年长者（Senior ）义工团制度。关于志愿者选拔，根据年龄和经验分为一般义工和年长者义工并规定了相应资格。在志愿者的培养方面，经过规定程序选拔出来的国际义工，完成国内训练（四周）后还需接受派遣国当地的适应训练（八周）。一般义工与年长者义工的派遣时间（包括八周的当地适应训练期在内）总计为两年。

（六）国际志愿服务经验分析

通过对其他国家比较成功的经验和模式进行梳理发现，由政府提供项目资源是最为常见的模式。此外，政府的支持还可以作为制度性杠杆，撬

动其他利益相关者的支持，包括多边合作机构、企业、非政府组织、提供实物和资金资助的个人以及承诺提供志愿服务的志愿者。上述典型国际志愿服务机构和项目的经验与特点可总结为以下几点。

1. 战略定位：全面而有机

各大国际志愿服务组织虽自成体系，不尽相同，但都有一套完整、简约、自洽的宗旨目标和方法论，既符合本国特色，也要与受援国的需求相符合。通过对比海外大型国际志愿服务组织，中国国际志愿服务在战略定位层面可得到如下启示：一是与对外援助的关系问题。"中国青年志愿者海外服务计划"虽已发展成为中国对外援助八项措施之一，但与其他援助举措之间并未形成有机互动。对于强调建立伙伴关系、相互学习、能力建设的长期发展型志愿服务而言，在尽量保障项目管理和执行过程的相对独立性、确保服务过程中专业性和弹性优势的充分发挥的同时，可与其他国家对外援助措施形成战略合作，协同推进。二是与政府外交的关系。作为官方外交的重要辅助，国际志愿服务的作用在于传播友好、影响舆论、疏通民意、释放国家政策信号等。[①] 通过梳理大型国际志愿服务组织的运作模式发现，只有深入东道国社区，与当地 NGO、基层民众进行深度互动，才能真正达到民间外交的作用。三是与派出国战略的平衡关系。不论是美国和平队、JICA，还是其他国际志愿服务组织，都含有派遣方服务外交大局和对外援助工作的政治导向，以及培育更具国际视野和社会责任感的青年人才的供给导向。然而历史教训告诉我们，单向度灌输自己的文化和生活方式往往授人以"新殖民主义"的把柄。对此，美国和平队、JICA 等组织强调志愿者的在地化，同吃同住同劳动，与当地居民深度互动、相互学习。这样反而起到赋能当地、让东道国了解本国，让本国青年了解世界的双重功效。

2. 管理体系：规范而精细

不同国家的国际志愿服务项目在宗旨目标、资源来源、项目运作等方面有着不同思路和侧重点。但针对国际志愿服务项目的整体运作，在宏观结构上具有很强的相似性，基本形成了"战略目标、规划设计、管理运营、评估保障和伙伴关系"五个维度支撑的国际志愿服务项目体系。大型国际志愿服务组织普遍高度重视项目的可持续性，战略以全球发展为

---

① 张强、齐从鹏：《中国志愿服务走出去现状与趋势》，《社会治理》2018 年第 29 期。

"纲"、以所在国的实际情况为"目",以现有条件和短期目标为"项",不仅体现出全球发展的一致性,还结合了所在国的发展实际。在具体项目管理方面,设置了相对成熟、完善的项目流程和管理机制,依托需求调研、岗位设置、志愿者培训、安全维护、心理疏导、志愿者能力建设、属地伙伴关系、后续安置等微观而具体的项目支撑,形成规范化、精细化项目管理体系。此外还设计开发了一批操作性强的工具包、工具库。

当前中国大多数国际志愿服务项目均处于发展初期。一部分组织通过借鉴国际志愿服务组织和机构的经验,在项目设计时设置了相对成熟、完善的项目流程和管理机制,但是由于国际志愿服务国内环境不充分,组织内部结构和运营机制支持不足,导致很多精细的项目流程实际难以执行和实现。另一部分组织则选择在探索中前进,在项目管理上不够精细化。

3. 服务效果:微小而深刻

如果谈及援助的现实效果,志愿者作为援助载体的长期性与生动性,应该很难被超越。深入志愿者工作的田野,收集的反馈均指向志愿者赢得人心的现实效果。总体而言,国际志愿服务派遣机构的收益在于志愿者派遣数目与时间的长期累积,以此打造国家的品牌和机构的声誉。通过国际调研发现,国际志愿服务的影响实际是"微小而深刻"。"微小"在于它所影响的只是力所能及接触的一小部分受援国群体,比如,以"职业技能教育"作为志愿服务领域的志愿者,她/他所能影响的群体就是工作的学校、领导及学生;"深刻"在于国际志愿者本身是派遣国文化、价值及利益的代表,这种代表性的影响将长期留在受援国人的心中。[①] 这一调研带来的启示是,在国家的层面,要将这种微观而深刻的国际志愿服务效果推广,则需要采取类似先行国际机构的战略——例如和平队的"一个地区只接力派遣 3 名志愿者(每名志愿者工作 2 年)"的策略——以时间和服务领域的延伸来打造品牌。

五 中国青年志愿者海外服务计划的发展概况

中国青年志愿者海外服务计划作为团中央和商务部共同实施的项目,致力于选派青年志愿者到国外开展为期半年至 2 年(一般为 1 年)的志愿

---

① 资料来源于国际志愿者访谈。

服务工作，主要集中于汉语教学、体育教学、医疗卫生、信息技术、农业技术、土木工程、工业技术、经济管理、综合培训、社会发展等领域。

（一）发展历程

2002 年至今，根据其发展规模大致可以划分为初期探索、规模派遣、平稳发展等三个阶段。

一是初期探索阶段（2002～2005 年）。中国青年志愿者海外服务计划与西部志愿者计划为"孪生"项目，为了培养一批拥有国际视野的优秀青年人才，团中央发起了这一计划。2002 年 5 月到 2005 年 2 月，共向老挝、缅甸以及泰国三个国家共派出 63 名志愿者。主要服务领域为电脑通信、中文教学、医疗卫生和体育教学等。在这一阶段，团中央作为这一项目的全权负责部门，上海市以及深圳市团委进行具体操作，在亚洲周边国家进行了小规模的派遣尝试，[1] 开始形成"接力派遣"、省市对口东道国的"对口派遣"的模式。

二是规模派遣阶段（2006～2009 年）。2004 年 11 月 17 日，《援外青年志愿者选派和管理暂行办法》出台，[2] 办法指出商务部是援外青年志愿者援外服务的主管部门。受商务部委托，中国青年志愿者协会负责援外青年志愿者的选派和具体管理工作。2005 年 10 月，团中央会同商务部将这项工作纳入国家对外援助工作实施范围，共同开展援外青年志愿者工作。[3] 从 2004 到 2006 年，商务部与团中央又陆续发布了《援外志愿者生活待遇内部暂行办法》《援外青年志愿者工作经费使用管理暂行办法》《援外青年志愿者工作经费说明》以及《援外青年志愿者招募、培训（暂行）办法》。[4] 此时正值中非建立外交关系 50 年，2006 年 11 月 3 日至 5 日，中非论坛北京峰会正式召开，时任国家主席胡锦涛在会上宣布"3 年内向非洲派遣 300 名青年志愿者"，把派遣青年志愿者作为中国对非援助的八项承诺之

---

[1] 黄立志：《被遮掩的中国名片（中国青年志愿者在海外）》，北京：北京时代华文书局，2017，第 49 页。

[2] 《商务部令 2004 年第 18 号〈援外青年志愿者选派和管理暂行办法〉》，商务部官网，2004 年 11 月 17 日，http://www.mofcom.gov.cn/article/b/c/200411/20041100306454.shtml。

[3] 《中国海外青年志愿者——在构建和谐世界的舞台上奉献成长》，人民网，2011 年 4 月 11 日，http://world.people.com.cn/GB/57507/14356204.html。

[4] 黄立志：《被遮掩的中国名片（中国青年志愿者在海外）》，北京：北京时代华文书局，2017，第 49 页。

一，这把中国青年志愿者服务计划推向了规模派遣阶段。2005 年 8 月至 2009 年 11 月，中国向亚洲、拉丁美洲以及非洲派遣了青年志愿者。志愿者的主要服务领域为农业技术、体育武术、医疗卫生等。在这一阶段，中国青年志愿者海外服务计划[①]被纳入援外体系，项目资金由国家对外援助资金拨款，工作模式并未发生实质改变，对口派遣以及接力派遣模式仍然延续。

三是稳定发展阶段（2010 年 3 月至今）。2012 年在北京召开的中非合作论坛第五届部长级会议上，向非洲国家派遣志愿者计划被重新提及，鼓励志愿者走出以往的派遣模式，参与社区建设及公益文化事业，在科技、卫生等实务领域发挥作用。2018 年 9 月中非合作论坛北京峰会成功举办，会议通过的《北京行动计划（2019—2021 年）》明确提出，中方将围绕非方关切领域持续向非洲派遣青年志愿者。[②] 此外，2018 年 10 月 23 日，中国青年志愿者协会与联合国志愿人员组织将合作实施"中国青年志愿者海外服务计划——服务联合国机构"项目，选派高校优秀青年等赴联合国机构开展志愿服务，[③] 这不仅拓宽了中国青年志愿者海外服务计划的服务模式，还进一步促进中国青年与其他国家展开更积极的合作与交流。2010～2016 年 11 月之前，7 年共派遣了 229 人，以平均每年派出 32 人左右的规模平稳发展。

（二）项目运行概况

在战略定位层面，"中国青年志愿者海外服务计划"立足于培养拥有国际视野、家国情怀和社会责任感的优秀青年人才，同时其被提升至国家战略层面，承担一定的外交外援任务。

在工作体制层面，商务部、财政部、团中央等形成了一整套制度。商务部援外司负责采集需求，商务部培训中心负责执行需求计划，中国青年志愿者协会是该计划的实施主体，根据受援国需求选择与地方团委协同进行志愿者招募、培训和派出。

---

① 项目之初，名为"中国青年志愿者海外服务计划"，被纳入援外体系后，此项目被更名为"援外青年志愿者"（《援外青年志愿者选派和管理办法》中规定援外青年志愿者是指利用国家对外援助资金，由专门机构选派到发展中国家，直接为发展中国家当地人民服务的青年志愿人员），本文统一使用"中国青年志愿者海外服务计划"。

② 《中非合作论坛—北京行动计划（2019—2021 年）》，2018 年中非合作论坛北京峰会，2018 年 9 月 5 日，https://focacsummit.mfa.gov.cn/chn/hyqk/t1591944.htm。

③ 《中国青年志愿者协会与联合国志愿人员组织签署谅解备忘录》，中国社会组织公共服务平台，2018 年 10 月 26 日，http://www.chinanpo.gov.cn/6000/114940/index.html。

在运行机制层面，商务部、团中央及外交部都会与受援方沟通服务需求。资金主要来源于对外援助资金。在志愿者招募与培训上，招募一般通过商务部网站、中国青年志愿者网、新闻媒体等发布招募启事，面向社会公开招募援外青年志愿者或根据需要有针对性地向具体地区或单位定向招募。志愿者培训一般为期一周，包括理念、纪律、安全健康以及服务技能强化等四项培训内容；在志愿者评估与考核上，实施定期汇报制度，中国青年志愿者协会负责考核，考核过程中征求驻外使领馆经济商务参赞处（室）的意见，考核结束后将结果上报商务部，并通知推荐单位或原工作单位；在志愿者激励上，设置了一系列正式的志愿者激励机制，如为志愿者提供志愿服务期间的基本生活费、人身保险费、体检费、往返国际旅费、培训费等，各地方也会针对性地出台一些优惠政策。同时，也存在一些非正式的激励，例如工作推荐等。在宣传方面，目前商务部网站、中国青年志愿者网、各省市级团委、官方微博以及人民日报海外版都是重要的宣传渠道。

"中国青年志愿者海外服务计划"经过10余年的发展积累了独特的经验，形成重点区域派遣、历史事件派遣以及双边合作派遣等多样化的派遣方式；派遣呈现"扁平化"，地方是向外派遣的重要支撑；坚持以受援国需求为导向，在项目管理上实现流程化、专业化；等等。但目前这一项目的志愿者派遣规模不大。到底是哪些因素制约了中国青年志愿者海外服务计划的成效，这其中的影响机制是什么？到底如何才能打破其发展瓶颈？如何才能科学地衡量中国青年志愿者海外服务计划的效果并进一步把握其发展定位？只有解决了这些问题，才能探寻出更加有效的国际志愿服务发展路径，进而提升中国国际志愿服务的影响力。

六　研究发现

（一）中国青年志愿者海外服务计划面临的挑战

尽管中国国际志愿服务已取得明显进步，但由于起步晚，起点低，整体尚处于初级阶段，无论是官方还是民间志愿服务都面临着专业人才、组织能力、资金经费、法律政策、协同机制、国外社会环境、宗教文化等问题与挑战。而且，中国国际志愿服务力量还比较薄弱：一方面，容易陷入找不到合适组织承接南南基金项目的尴尬境况；另一方面，政府如何对其管理与服务

也亟须探索有效技术路线和落地路径。政府介入国际志愿服务发展已成共识，但政府应该如何，在哪些环节、领域、阶段介入却仍有待探讨。总体来说，政府部门会从资源调配、项目管理、实施执行和检查评估项目四个阶段进行不同程度介入。下面我们将立足政府视角来探究政府介入对于中国青年志愿者海外服务计划这类完全或大部分由公共资金资助的项目发展的影响。

表 2　中国青年志愿者海外服务计划的政府介入

	资源调配	项目管理	实施执行	检查评估
责任主体	商务部	共青团中央业务管理 外交部在地支持	各省市团省委	商务部 外交部 共青团中央
管理模式	—	委托—代理	东道国需求导向	商务部：援外逻辑 外交部：外交逻辑 共青团中央：人才培养逻辑
介入程度	商务部：高 外交部：低 团中央：低	商务部：低 外交部：高 团中央：高	商务部：低 外交部：低 团中央：低	商务部：高 外交部：高 团中央：高

通过表 2 可以看出，中国青年志愿者海外服务计划在各个环节存在一定差异。（1）团中央在项目管理环节是更强的执行部门，介入程度更高。（2）商务部作为资金支持方，在项目管理和实施执行环节介入相对较少。但由于面对公共资金的问责和政治责任，其在检查评估阶段介入程度高。（3）外交部在项目管理环节中对志愿者海外服务期间进行驻地支持，对实施执行环节介入也相对较低，在项目检查评估环节会侧重于民间外交效果。可见，商务部、外交部、团中央三大部门对项目分别赋予了援外政治属性、外交属性和任务属性，各自有其独特的运行逻辑。

相比美国和平队、英国 VSO、日本国际协力等国际志愿服务数以亿计的年度政府资金支持，中国青年志愿者海外服务计划仅是百万级别。当然，中国青年志愿者海外服务计划所面临的挑战不仅是资源经费问题，还涉及中观层面规范而精细的管理体系、微观层面微小而深刻的服务效果问题。

（二）中国青年志愿者海外服务计划效果的影响模型建构

本文建立了"宏观、中观、微观"三层面与"体制层和机制层"两视角的二维模型，对制约中国青年志愿者海外服务计划效果的因素以及影响机制进行分析，理论框架如图 1 所示。

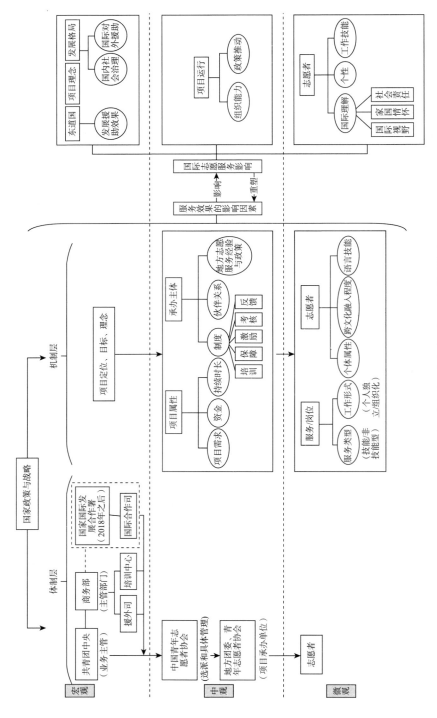

图 1 中国青年志愿者海外服务计划的影响模型

1. 宏观层面的影响因素

（1）国家战略与框架为导向

从项目的角度来看，影响项目的价值和影响力的源头因素是项目定位、目标与实施理念。中国青年志愿者海外服务计划作为以政府为主导的志愿服务在国家战略框架下进行，必然会受到国家政策和国家承诺的影响。

从中国对外援助策略与发展阶段可以观察到中国青年志愿者海外援助计划的发展环境。1950～1982 年为第一阶段，这一时期中国对外援助体现了充分的国际主义精神和政治诉求，追求独立的国际地位。1983～2005 年为第二阶段，这一阶段的对外援助开始呈现经济优先的特点，尤其是 1995 年后"经贸大战略"的推行，更凸显了援助与合作和贸易之间不可切分的联系。2006 年至今为第三阶段，以 2006 年中非合作论坛北京峰会为界，对外援助呈现出经济优先的同时，还呈现国家主权以及国际责任两项目标。尤其是随着中国发展成为第二大经济体、"一带一路"倡议提出并被认可为 21 世纪南南合作的一部分，民间交往和文化交流也将成为重要目标之一。

结合中国对外援助的发展历程，2002～2006 年正是中国青年志愿者海外服务计划发展的初期探索阶段，而这一阶段中国的对外援助策略是经济为先，中国青年志愿者海外服务计划体量较小，但在服务领域方面农业技术成为重要援助领域之一，与这一时期的外交目标一致。2006 年之后，中国对外援助的目标走向发展、主权与责任动态平衡的阶段，青年志愿服务作为一种民间交往方式被纳入国家对外援助体系，以促进国家对外援助多样化目标的实现。

中国对非援助政策的变迁也映射着中国青年志愿者海外服务计划的援助轨迹。2002～2005 年，中国青年志愿者海外服务计划服务国家为亚洲国家，2005 年之后，非洲国家成为中国志愿者派遣的主要地域，尤其是 2005～2009 年，派往非洲国家的志愿者占 81% 左右。与此同时，中国青年志愿者海外服务计划迎来重要转折点，"3 年内向非洲派遣 300 名青年志愿者"的承诺使中国青年志愿者的派出规模达到顶峰。2012 年在中非合作论坛第五届部长级会议上通过的《北京行动计划（2013—2015 年）》提到中方将继

续向非洲国家派遣青年志愿者，[1] 同年派出的志愿者规模呈现微小的向上波动。

因此，国家战略和政策框架是中国青年志愿者海外服务计划开展的重要导向，国家外交格局和重要承诺会影响项目的开展规模、方向与内容。

（2）多部门协调机制下项目定位的差异性

中国青年志愿者海外服务计划由多部门协同推进，各部门对于青年志愿者的定位、目标与理念不免存在差异。青年志愿者被赋予了三种使命，即传播中国文化与核心价值、传播有用的知识和适用的技术、促进派遣国与接受国的友好关系。团中央作为项目的发起者，其最初的目的是培养具有国际视野、家国情怀和社会责任感的青年人才，[2] 侧重青年志愿者文化使者的价值。对于外交部来说，青年志愿者被定位为中国与非洲分享实用技术的生力军，更加侧重受援国需求的满足。商务部则更加侧重项目的公共外交意义。定位、目标与理念的差异导致各方持有不同的项目发展导向。

2018 年，国家国际发展合作署成立，这无疑加强了对外援助的战略谋划和统筹协调，其作为一个更加综合和系统的部门将有利于全面提升援外的效率，[3] 中国青年志愿者海外服务计划或许会迎来新的发展机遇。但是这一项目要想在庞大的国家对外援助体系中发挥作用，其关键还是需要证明自身的"实力"，评估并改进项目效果。

（3）官方对外援助背景下的项目理念

中国青年志愿者海外服务计划在国家对外援助体系之下进行，因此会具有存在官方对官方接触的公共外交特点，这在一定程度上也制约着项目效果。诸如美国和平队、韩国 KOICA、日本 JICA 等都具有官方背景，但是中国体现出对志愿者项目更多的循序渐近性，一方面将志愿者的工作领域限定在首都等大城市周边，另一方面志愿者的业余生活也受到一定的制度保护。出于对志愿者安全的保护，中国的志愿者与当地民众缺乏深入交

---

① 《中非合作论坛第五届部长级会议——北京行动计划（2013—2015 年）》，中非合作论坛，2012 年 7 月 23 日，https://www.focac.org/chn/zywx/zywj/t954617.htm。

② 来源于对团中央相关项目负责人的访谈。

③ 组建国家国际发展合作署"援外"效率将全面提升，21 世纪经济报道，2018 年 3 月 14 日，http://epaper.21jingji.com/html/2018-03/14/content_81791.htm。

流和社区融入，这一定程度上影响了中国青年志愿者海外服务项目在当地的知名度和影响力。相比之下，美国和平队的志愿者则具有较大的草根性，他们通常不规定服务的具体领域，而是要通过个人的力量去探寻社区需求并服务当地社区，这就需要志愿者充分地融入当地社区并与当地居民进行沟通，进而扩张自身的影响力。

2. 中观层面的影响因素

（1）执行主体的特征与项目执行过程

在中观层面，中国青年志愿者协会根据合作协议负责组织招募、选定、培训和派遣援外青年志愿者，具体执行过程中一般由省级或副省级城市团委、（青年）志愿者协会作为具体承办单位，一个省（市）对口一个国家，持续开展"接力派遣"。由于各省（市）的项目管理机制、地方志愿服务经验与能力、与受援国的关系等都存在差异，因此也会使得效果与影响在各个服务国家不尽一致。

首先，项目管理机制存在差异。管理机制主要包括志愿者的招募、培训、派遣、激励、保障、考核、反馈以及宣传等制度。例如在培训方面，各个省市的培训时长从 3 天到 2 周不等。而和平队的普通志愿者项目培训时长达 3 个月，除了岗前培训，志愿者还将接受在职培训、中期培训和与服务密切相关的会议等。再比如在激励机制层面，除《援外青年志愿者选派和管理暂行办法》中规定的激励外，各地方会针对本省派遣的志愿者提供一些激励措施或者优惠政策，例如江苏省提供的行政隶属关系和学籍、各项工资、福利、奖金等待遇的保留，省财政提供的补贴与表彰等。① 这些地方层面激励措施的差异性影响着地方招募的志愿者质量及服务效果。

其次，地方开展志愿服务的经验、能力差异也将对项目效果产生影响。例如，实现接力派遣的广州、重庆、上海等城市，具有长期累积的志愿服务基础，志愿服务工作本身就受到当地政府领导的重视。例如，广东省志愿服务发展规模和成效一直处于全国领先的地位，具备先锋性和示范性作用。广东团省委、省青年志愿者协会一直积极响应团中央的号召，开创广州、深圳、珠海、中山、东莞 5 个地市独立承办援外项目的新模式，

---

① 王勇：《海外志愿服务计划尼日尔项目志愿者招募启动》，东方网，2009 年 8 月 22 日，http://news.eastday.com/m/20090822/u1a4599577.html，最后访问时间：2018 年 2 月 8 日。

其派出的援外青年志愿者数量占全国援外青年志愿者派遣人数的 1/5 以上。2013 年广东省还开始筹备建立援外志愿者发展促进会，以进一步发挥援外志愿者的积极作用。① 可见，长期的志愿服务实践基础、党委和政府领导对志愿服务的重视以及地方志愿服务政策环境都对青年志愿者的派出规模和派出效果产生影响。

最后，项目开展部门与受援国家是否建立了持续的合作伙伴关系。这通常包括几个层次的关系：一是商务部与受援国家的有关部门建立的正式的合作关系是否持续；二是负责对口的地方承办机构与受援国家的有关部门是否建立持续的伙伴关系。当这种合作伙伴关系更为牢固和持续，那么志愿服务项目更容易取得良好的效果和持久的影响。

（2）项目属性

项目属性是制约项目效果的重要因素。一方面接收国提出的服务需求与中国的志愿者人才库以及项目运行能力是否匹配。当接收国家提出服务领域的具体需求时，可能由于中国的志愿者人才库有限以及项目资金有限，会无法满足所有需求，例如马拉维、博茨瓦纳、毛里求斯等国家提出的商业、信息技术、工程建筑、手工业、体育、文化等各类需求，中国青年志愿者只能选择部分需求针对性派遣。

另一方面，项目时长也是影响志愿服务效果的重要因素。根据国际志愿服务时长，志愿服务可以分为短期（1～8 周）、中期（3～6 个月）、长期（6 个月或更长），中国青年志愿者服务计划属于长期国际志愿服务类型，因此有利于在接收国一方形成持久的影响力。但若着眼于进入接收国前的项目时长，中国青年志愿者海外服务计划是相对较短的。美国和平队的普通志愿者在进入接收国之前需占用 3 个月的项目时长参加志愿者培训，这关乎志愿者的技能水平、语言能力以及在当地的融入程度等，而这些都是制约志愿者服务效果的重要方面。

3. 微观层面的影响因素

（1）志愿者服务/岗位特征

在微观层面，志愿者是开展服务的一线主体，负责项目的最终呈现，服

---

① 《中国青年志愿者海外志愿服务计划工作调研会在广州》，广东志愿者，2013 年 11 月 8 日，http://www.gdcyl.org/zyz/showarticle.asp? articleid=166518。

务的水平直接接受当地接收机构和居民的评价与反馈。

志愿者提供的服务类型在一定程度上影响志愿者服务效果。服务类型可分为技能型和非技能型，技能型志愿服务是指在特定领域受过专门培训的人采取的志愿行动。[①] 非技术性志愿活动则不完全需要使用与工作相关的知识、专业技能和能力来实现工作目标。中国青年志愿者海外服务计划的志愿服务派出的大多为技能型志愿服务，比如，埃塞俄比亚曾提出需要一名精通沼气技术的专门人才，最后，团中央在四川找到一名略懂英文且愿意出国的农业技能人才，完成了对方的要求，收到了良好的评价。可见，技能型志愿服务容易收到良好的成效。

志愿服务岗位的工作形式是关乎志愿服务最终效果的关键因素，指志愿者服务岗位是以个体为主还是组织化的形式。当以个体为主开展，并且更多地与当地机构和居民进行沟通和交流时，往往能够扩大项目的影响力，而当志愿者更多地与同行的中国志愿者和中国人进行交流，则不利于项目的影响力的扩大。

（2）志愿者个体特征

志愿者个体属性主要包括性别、年龄、政治面貌、受教育程度、宗教信仰、职业、性格、志愿服务经历、国际经历等。其中，志愿服务经历和国际经历是重要因素，具备丰富的志愿服务经历的志愿者一般能够更快地适应志愿者岗位，也具备与服务对象相处的能力，而具备国际经历的志愿者则在国外独立生活的能力更强，能够更快适应陌生环境，也通常更容易与当地居民建立良好的沟通与联系。

志愿者的跨文化融入程度通常被认为是制约项目服务效果的关键因素，融入程度越高，服务的效率和效果会越好。一方面，志愿者在文化背景、社会习俗、思维方式和价值观等有差异时能够多大程度上与当地居民建立沟通与联系；另一方面志愿者是否在项目结束后与当地进行其他非正式的互动。一个志愿者反复去同一个社区，或者在几年的时间里持续参与相同的社区活动，他们的效率会特别高，因为这样组织不用投入大量的时间来准备并安置

---

① Brayley, N., Obst, P., White, K. M., Lewis, I. M., Warburton, J., & Spencer, N. M., "Exploring the Validity and Predictive Power of An Extended Volunteer Functions Inventory within the Context of Episodic Skilled Volunteering by Retirees", *Journal of Community Psychology*, 42 (2014): 1–18.

志愿者，这些志愿者也不会由于快速轮转和交班影响当地员工的工作效率和满意度。

这些个体的影响因素之间也会存在交互影响，例如跨文化融入程度除了志愿者本身的跨文化适应与调整能力外，[1] 语言技能较为关键。志愿人员和社区成员之间的密切互动与语言能力的提高显著相关。[2] 缺乏语言技能的志愿者可能很难理解社区和组织的需求，并促进与跨越国界的人和组织的联系。在非洲官员的眼中，中国海外青年志愿者的不足主要表现为语言及沟通能力的欠缺。显然，提升语言技能将会提升服务成效和在东道国的影响力。

（三）中国青年志愿者海外服务计划的影响评估建议

为了进一步使得中国青年志愿者海外服务计划的成效得到具象化的呈现，对项目的影响和效果的评估工作亟待开展。本文认为对于项目的效果测度需要在跨维度、全方位以及多主体参与的框架下进行，纵向上综合考虑宏观、中观、微观等多个层次，横向上全面考量项目目标以及各个主体目标和期望，同时建立东道国政府、接收机构、当地居民，中央各部门、地方执行主体以及志愿者等多方参与的评价体系（如图 2 所示）。

1. 宏观：以发展援助效果评估为主，对国际发展战略与格局进行再认识

在宏观层面，对项目的评估需要立足发展援助的目标，既关注项目本身为东道国带来的援助效益，又关注援助项目在中国对外援助体系中发挥的作用及优势。

在对东道国获得的援助效益的评估方面，评估主体主要包括以下几类：一是当地政府、服务机构、当地居民，他们作为服务的直接接收方，其评价与反馈颇为关键；二是驻地大使馆官员，他们的评价具备双重视角，既能够从当地的实际情况出发，又能够结合中国外交策略和项目开展情况对项目的对外援助效果做出综合而客观的评价；三是志愿者，志愿者个体感受也是测度的重要方面，志愿者作为服务提供者，其是与当地机构工作人员与当地居民最直接的接触者，能够从工作和生活的层面对项目对

---

① Cross, S. E., "Self-Construals, Coping, and Stress in Cross-Cultural Adaptation", *Journal of Cross-Cultural Psychology*, 26（1995）：673 – 697.

② Cohn, S. F., & Wood, R. E., "Foreign Aid at the Grass Roots: The Interaction of Peace Corps Volunteers with Host Country People", *Human Organization*, 44（1985）：167 – 171.

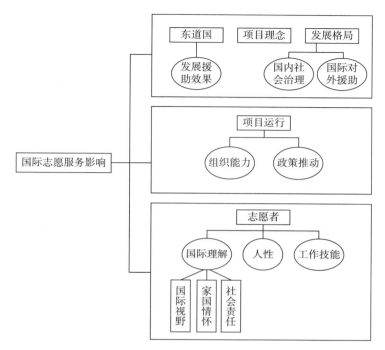

图2　中国青年志愿者海外服务计划影响测度框架建议

东道国的影响进行参与式观察。

　　从派出国的角度，需要着重关注各方对项目的发展理念与定位以及项目对国家的国际发展战略与格局的调适。首先，项目定位与理念需要在项目结束后重新审视。多部门协调机制下项目定位与理念的差异性制约着项目产生的影响和效果，这需要相关方共同探讨，在差异化的认知与反馈中进行提炼。其次，项目结束后可评估项目在对外援助发展战略与国内社会治理格局及部门合作机制的重要影响。一是需要重新认识国际志愿服务在国家对外援助战略承担的角色，厘清官方与民间派出的关系；二是关注国际志愿服务项目对国内社会治理格局的影响，除了引入先进的志愿服务经验与发展模式，还为国内的志愿服务事业注入了国际化人才力量；三是国际志愿服务项目的开展对国内部门合作机制也具有重塑性作用，中国青年志愿者海外服务计划也是由部门合作与协调开展，项目实践将进一步优化并改善现有的部门协调机制。

　　2. 中观：以组织能力评估为主，关注项目对地方政策的带动作用

　　国际志愿服务项目有助于组织提升项目管理能力，积累项目运作经

验，因此在中观层面的测度需要侧重对项目对组织的能力提升作用。这可以从中央各部门、项目运作过程的直接参与者以及志愿者的角度进行测量。首先，商务部和团中央能够以"自上而下"的方式对地方承办主体的组织能力进行评价；其次，项目工作人员能够进行自评，同时对项目运行机制提出切实可行的建议；最后，志愿者作为项目服务的对象，能够对自己所接受的服务进行评价。

此外，承办中国青年志愿者海外服务计划的地方团委、青年志愿者协会也是组织和指导全国青年志愿服务活动，弘扬志愿精神，推动社会主义精神文明建设的主体。因此，承办国际志愿服务项目也将有利于本区域的志愿服务事业，推动志愿服务的相关地方政策的制定与完善。

3. 微观：以对志愿者个体的影响测度为主，跟进国际志愿人才的流向

对青年人才的培养和教育是国际志愿服务的重要目标，需要关注国际志愿服务对志愿者个体的影响，以进一步发挥青年推进"南南合作""一带一路"等战略和国家发展的支柱性作用。首先，拓宽志愿者的国际视野、增强志愿者的家国情怀、提升志愿者的社会责任感是三大青年培养的重要目标，因此这三项应作为志愿者个体影响测度的主要指标构成。其次，国际志愿者服务对志愿者个体的个性塑造以及工作技能的锻炼与提升的作用同样也需要测度。通常这些测度除了关注志愿者本身的个体性评价外，还需要辅以志愿者管理主体的评价以保证多方信源，以此方式确保得到更加客观性的测度结果。最后，参与项目的志愿者的后续就业意向和个人的国际规划也可跟进，这有助于政策制定者把握国际青年力量的流向以对青年力量的国际化发展进行总体规划。

七 讨论与建议

（一）对国际志愿服务战略性规划，提升资源的规模化投入

首先，在战略目标上各部门、机构和组织应积极将国际志愿服务纳入战略构成，中国国际志愿服务也要积极融入"一带一路"倡议等国家战略之中。这不仅是对外提升国家治理能力重要方式，也是对内夯实社会组织能力的有效路径；不仅是践行南南合作等对外援助工作的重要内容，也是国际化人才培养的关键途径。

为此，在国际志愿服务的实施过程中，一是积极完善相关法律制度规范，促进国际志愿服务的制度化、标准化。《志愿服务条例》对国际志愿服务有所规定，但需在此基础上增加专门性管理规范，进一步明确细节，明确国际志愿服务的法律地位并制定相关政策，为国际志愿服务的开展提供良好的政策环境。二是在既有的南南合作推进框架中，进一步将志愿服务作为有效推进援外工作、培养国际型人才、构建民间外交的重要内容纳入项目支持领域。一方面，建设部际协调机制和构建监管框架，明确权责与沟通机制以实现部门之间的协同，保证国际志愿服务在开展过程中得到有效的政府支持和制度保障，真正实现国际志愿服务的"民办官助"形式；另一方面，加强志愿者人员费用等软性资金支持。加大政府资金向社会组织购买国际志愿服务的力度，通过社会组织间的竞争，进一步提高国家对外援助资金的使用效率。当然，针对资金不足的现状，承担项目的机构也应积极扩展项目资金来源，如增强企业、其他非政府组织以及个人参与等。

（二）优化多部门协调机制，促进多方协同合作

优化多部门协调机制，发挥主要部门的统筹性作用。这不仅有助于协调效率的提升，更重要的是明确国际志愿服务的项目定位，协调多部门发挥各自的资源优势，进而对项目进行整体性规划。尤其是面对诸多同性质的国际志愿服务项目，有效的协调机制能够保证资源的最有效分配和利用，减少供给失衡导致的效用耗散。

此外，厘清双边与多边援助的关系对于促进国际志愿服务事业的整体性推进具有重要意义。政府和民间力量应正确认识各自的角色，充分发挥自身的优势。对于政府来说，其需发挥在国际志愿服务工作中重要的牵头、引导以及带动作用，提供充分而有效的政策、制度以及资源支持。民间力量则应认识到自身卓越的灵活性、专业性以及强大的动员能力，把握政策机遇，成为官方力量的重要补充。另外，相比于顶层设计与制度体系的建设与完善，先通过企业、民间组织与志愿者个体等社会力量积极探索开展国际志愿服务也更为便捷可行。

（三）平衡国际志愿服务项目的多元目标，促进社区融入

官方背景下的双边的国际志愿服务通常承载着公共外交、发展援助、

青年发展、文化传播的多元目标，对于多元目标的平衡需要在接下来的项目发展规划中进行考量。尤其，社区融入是项目实现有效性的重要保证，因此要注意，在为志愿者提供完备保障的前提下转变志愿者的服务类型和工作形式，创造更多志愿者与当地社区和居民的交流机会与空间。国际志愿服务不同于经济、技术性的对外援助，其最核心的作用是实现民心相通。当然志愿者安全与社区融入的目标存在一定程度的冲突，项目开展方需正确把握这二者的关系，不能顾此失彼，如过于强调志愿者安全而阻碍其与社区居民的沟通与交流，这不利于中国国际志愿服务影响力的提升以及中国文化和故事的传播。

（四）建立规范化、精细化的项目管理体系

当前中国大多数国际志愿服务项目均处于发展初期，需进一步建立规范化、精细化的项目管理体系，开发一批操作性强的工具包、工具库。为保证项目管理的精细化和有效性，需注意以下几点：一是重视属地伙伴关系，支持相关机构联合设立区域性属地办公室是项目管理规范化的重要保障。属地办公室能完善项目运行中的保障和支持，协助风险预防和应对，也能增加项目的当地存在感，在项目结束后延长项目的影响力。例如，中国青年海外志愿者计划的属地办公室是当地大使馆，美国和平队和日本协力团在每个接收地都配有专门管理人员。二是重视并优化岗位设置流程。例如，VSO 在开发新的国别或者领域时通常开展 3～6 个月的调研，确保需求的真实性、有效性和必要性。同时制定接收机构评估标准，对接收机构的资质、影响力、社会风险等进行全面评估，然后才确定岗位设置。但目前很多中国国际志愿服务项目的岗位设置还相对机械化，不利于志愿者价值的发挥以及中国志愿服务价值的展现。三是加强志愿者保障。现有的志愿者保障制度主要关注志愿者服务期内，却较少考虑到志愿者结束服务后短期内的安置和保障以及心理疏导等需要。例如 JICA 在派遣志愿者前和服务期间都会对志愿者开展心理建设、测评和心理考核，以及心理支持。VSO 也通过专业心理咨询机构为志愿者提供专业的心理辅导和支持。四是继续完善志愿者培训制度。目前中国志愿者培训周期较短，内容易流于形式。因此，应明确培训重点，把握多元志愿者培训需求，落实培训内容，同时可借助线上培训平台，为志愿者在进行国际志愿服务时提供实时查阅

工具和信息支持。

（五）强化国际志愿服务的文化价值

志愿服务文化深深植根于中国开展的国际志愿服务工作中，但目前服务的文化内核不够清晰，缺乏理念支撑和穿透性的价值链接。对于民心相通内核认知不够明确，民心相通真正要达到的是中国与接收国当地的文化沟通与交流，但项目实施中志愿服务周期较短、前期培训不足、岗位设置机械化导致志愿者在当地难以充分融入，不利于充分展现中国的友好形象和传播中华文化。

（六）尽快推动国际志愿服务学习网络的建构

学习平台的建构是促进中国国际志愿服务发展的重要途径。在中国国际志愿服务发展尚处于发展初期的阶段，组织、机构间的互相学习将有助于经验和资源共享。但目前志愿服务的开展缺乏互相学习的平台和机制，政策制定者、参与者、执行者以及志愿服务项目的承担者缺乏跨界理解和沟通。因此，应推进多方信息交流的统一平台建设，形成政府、民间组织、志愿者等多位一体的对外援助体系。这不仅可以有效对接志愿者人才库、服务方供给与接收方的需求，还能够共享成功经验和发布动态信息。

此外，还要充分利用国际资源，构建海外公共关系和资源网络。有一定实力能够开展国际志愿服务的组织要在保障项目的顺利有效实施之外，关注发展中国家的社区状况和当地组织潜力，还要关注国际知名非政府组织的相关领域项目，如联合国粮食与农业组织、亚洲开发银行等。这些组织拥有强大的伙伴关系、政府影响力和丰富的项目经验，能够帮助中国国际志愿服务与国际组织或属地国社会组织建立长期深入的合作关系，并协助中国国际志愿服务组织更好地参与国际事务热点问题，助力中国志愿服务更好地匹配国际需求。

参考文献

查道炯：《南南合作运动历程：对"一带一路"的启示》，《开发性金融研究》2018 年第 19 期（3）。

关成华、张佑辉：《志愿服务经济价值的测算方法及其应用——以北京市为例》，

《北京社会科学》2018 年第 1 期。

颜小钗：《广东志愿服务发展迈入新阶段——广东省〈关于支持和发展志愿服务组织的实施意见〉解读》，《中国社会工作》2017 年第 13 期。

张强、张元：《走出国门的"中国名片"》，《中国志愿》2018 年第 5 期。

Lough, B. J. and Allum, C. , "Effects of Neoliberal Adjustments on Government-Funded International Volunteer Cooperation Organisations", *Development in Practice*, 23 (2013): 908 – 919.

Lough, B. J. , "Social Work Perspectives on International Volunteer Service", *British Journal of Social Work*, 44 (2013): 1340 – 1355.

Mohan, G. , & Stokke, K. J. T. W. Q. , "Participatory Development and Empowerment: The Dangers of Localism", *Third World Quarterly*, 21 (2000): 247 – 268.

图书在版编目（CIP）数据

学雷锋志愿服务重大理论和实践问题课题研究成果选
编／团中央青年志愿者行动指导中心，中央文明办二局
编 . -- 北京：社会科学文献出版社，2021.10
ISBN 978 - 7 - 5201 - 8598 - 1

Ⅰ. ①学… Ⅱ. ①团… ②中… Ⅲ. ①志愿者 - 社会
服务 - 中国 - 文集 Ⅳ. ①D669.3 - 53

中国版本图书馆 CIP 数据核字（2021）第 124968 号

学雷锋志愿服务重大理论和实践问题课题研究成果选编

编　　者／团中央青年志愿者行动指导中心、中央文明办二局

出 版 人／王利民
责任编辑／谢蕊芬　孙　瑜
责任印制／王京美

出　　版／社会科学文献出版社·群学出版分社 （010）59366453
　　　　　地址：北京市北三环中路甲 29 号院华龙大厦　邮编：100029
　　　　　网址：www. ssap. com. cn
发　　行／市场营销中心 （010）59367081　59367083
印　　装／三河市龙林印务有限公司

规　　格／开 本：787mm×1092mm　1/16
　　　　　印 张：24.25　字 数：390 千字
版　　次／2021 年 10 月第 1 版　2021 年 10 月第 1 次印刷
书　　号／ISBN 978 - 7 - 5201 - 8598 - 1
定　　价／158.00 元

本书如有印装质量问题，请与读者服务中心 （010 - 59367028）联系

叶晔 马昕／主编

〔第二辑〕

明代文学论丛

STUDIES ON THE LITERARY OF MING DYNASTY

社会科学文献出版社
SOCIAL SCIENCES ACADEMIC PRESS (CHINA)

前　言

明代文学研究，自中国明代文学学会成立以来，历经了 20 年的飞跃式发展。小说、戏曲的研究更加细腻、饱满，诗文与文学观念的研究逐渐摆脱了被冷落的困境。除了传统的文献、文本、文体、文论研究之外，在书籍史、阅读史、心灵史、生活史、情感史的领域，文学研究已拥有了一定的主导话语；制度、科举、地域、宗教、家族等交叉研究的路径，在唐宋文学研究的示范下亦日渐成熟；性别、空间、权力、身份等颇具阐释效力的社会学视角，在文献充裕的明清文学研究中更是如鱼得水。这些各具特点的研究方法，一起涌入明代文学研究的园地中，有的确实与中国近世文学的体性特质形成了较好的适配，呈现出后来居上的蓬勃之势。但总的来说，我们对"何为问题"的认识仍较传统，习惯于以文学史与文学批评范畴为经纬，以经典的作家、作品为单元；受海量文献的掣肘，同人之间缺少可以深入对话的关键词，想要在文献、理论两个维度上齐头并进，多少有些力不从心。与其他时段文学研究的近况相比，在与学术前沿问题的照应方面，仍有一定的差距。

近年来，青年学者读书会的形式，在古典文学研究界风生水起。自 2014 年起，周秦汉唐读书会、宋代文学同人研修会、清代文学研究青年学者读书会、明代文学研究青年学者论坛、词学青年学者同人会、唐代文学读书会等，如雨后春笋般涌现出来。于此最受益的，无疑是"70 后""80 后"的一批青年学人。我们借助微信、微博等革命性的网络通信与社交工具，以及近十年来国家对高校学科建设的巨大投入，获得了比师辈们更密实、更自由的学术成长。从代际的角度来讲，我们是时代的幸运儿；而对处于上升期的明代文学研究来说，这则是一个迅速拉近与前行者距离的宝贵机会。

由于疫情，很多读书会或转为线上，或被迫暂停，殊为可惜。回首本世纪的第二个十年，虽去未远，却感觉已隔了一个时代。然而，整体学术的脚步不会因为我们的伤逝而停滞，任何转瞬的犹疑只会加剧所在领域的落后与封闭。读书会的初衷或是为年轻人提供一片静谧的学术空间，但思想的冲撞终将让我们更深刻地认识到自己的不足。这本《明代文学论丛》（第二辑），以 2018 年在浙江大学举办的第二届明代文学研究青年学者论坛的参会论文为基础，其中既显露青年学人的锐气，也难免有囿于传统的步履难行。作为一份历史的记录，本书既真实地保留了这一批学人的共同成长轨迹，也在一定程度上反映了明代文学研究的前景与动向。这次结集出版，作为一次集体展演，请广大学界师友批评教正！

C 目录
CONTENTS

身份与诗：宋元明时期"诗儒分合"观念的展开及其文学史意义

余来明[*]

内容提要 宋代以后，诗人、儒者身份的分合是诗学批评的重要话题，诗、理关系的演变也成为影响诗史进程的重要现象。宋代理学家"以诗论道""以理入诗"，提出"诗人之诗"与"儒者之诗"的分界，由此重新界定诗、理之间的关系，这既是出于宣扬理学精神的需要，也是对宋诗逐渐走上技巧化发展道路的反驳。元代以后兴起的诗、儒合一论说，与该时期占据主导的文道合一思潮，共同构成了元代文学发展的重要面相。从根本上说，元代的诗、儒合一观念是在诗学革新的层面上展开的。明代"诗儒分合"观念的展开及与之相关的性理诗风的流变，是建构明代文学历史进程的过程中不容忽视的一环。正统、成化时期，陈献章、庄昶等人积极推行和实践性理诗风，与茶陵派共同构成多彩的诗坛景观。嘉靖前期，吕柟、孙承恩等以诗、儒合一观念为思想资源，推动性理诗风的复兴。本文以宋元明时期"诗儒分合"观念的展开为视点，观照三个时期理学思潮影响下诗学观念的演变，以及其与诗史演进互为交错的历史实态。

关键词 儒者 诗人 身份意识 "诗儒分合"

在中国古代诗学批评中，对诗歌内容、含义的解读时常与作者身份联系在一起。这一批评理念的形成与"知人论世""以意逆志"的说诗传统密切相关，同时该理念也是汉代学者在读解《诗经》的批评实践中逐渐建

---

* 余来明，武汉大学中国传统文化研究中心教授，曾出版专著《"文学"概念史》等。

立起来的。如《豳风·七月》一篇，《毛诗序》称其为"陈王业"之作，分析其产生的背景和作者写作的意图，认为是"周公遭变，故陈后稷先公风化之所由，致王业之艰难也"①。唐代陆德明在《经典释文·毛诗音义》中也将其与周公相联系："周公遭流言之难，居东都，思公刘、大王为豳公，忧劳民事，以比叙己志，而作《七月》《鸱鸮》之诗。成王悟而迎之，以致太平。故大师述其诗为豳国之风焉。"② 清代以后，周公作诗之说受到质疑，其批评也多从否定诗作者的身份展开。如崔述从内容和情感基调着眼，认为《七月》只是周公所述之诗，而并非周公所作："读《七月》，如入桃源之中，衣冠朴古，天真烂熳，熙熙乎太古也。然则此诗当为大王以前豳之旧诗。盖周公述之以戒成王，而后世因误为周公所作耳。"③ 方玉润从内容和作者身份两方面做出辩驳，认为《七月》之作不可能出自周公之手："《豳》仅《七月》一篇，所言皆农桑稼穑之事，非躬亲陇亩久于其道者，不能言之亲切有味也如是。周公生长世胄，位居冢宰，岂暇为此？且公刘世远，亦难代言。此必古有其诗，自公始陈王前，俾知稼穑艰难并王业所自始，而后人遂以为公作也。"④ 尽管都只是揣测之词，却可以从中看出由对诗作者身份的不同认识而引出的对诗歌内涵的不同看法。又如顾炎武在《日知录·天文》中论及《诗经》部分篇目时指出："'七月流火'，农夫之辞也。'三星在天'，妇人之语也。'月离于毕'，戍卒之作也。'龙尾伏晨'，儿童之谣也。"⑤ 虽然其诗未必是由"农夫""妇人""戍卒""儿童"所作或仿其口吻代拟，却不妨碍论者从揣度诗作者身份出发对诗歌的意涵进行解析。

汉魏以后，尽管随着各体诗歌创作的兴盛及儒学自身的演变，儒家传统的"诗教"观念被逐渐淡化，而类似像孙绰、许询等提倡以玄言入诗的理路，在诗史进程中多被作为处理诗、理关系不成功的案例；然而对诗歌

① 《诗序辨说》，朱熹撰，朱杰人、严佐之、刘永翔主编《朱子全书》第1册，上海古籍出版社、安徽教育出版社，2002，第380页。
② 陆德明：《经典释文》，中华书局，1983，第73页。
③ 崔述：《丰镐考信录》卷四，《丛书集成初编》第139册，中华书局，1985，第86页。
④ 方玉润：《诗经原始》上册卷八，中华书局，1986，第303~304页。
⑤ 顾炎武著，黄汝成集释，栾保群、吕宗力校点《日知录集释》（全校本）下册卷三〇，上海古籍出版社，2006，第1673页。

应当承担教化功能的论述，在汉代以后仍不鲜见。至宋代以后，随着理学思潮的兴盛，儒者与诗人之间的身份意识日渐凸显，由此引出诸如理学家如何看待诗歌创作，理学思想的表达与诗歌之间的关系，诗史传统中"冲淡""自然"诗风的发扬，"以理入诗""以诗言道"等性理诗创作风尚的兴起等问题，成为由宋迄明理学家、文学批评家关注的重要议题。本文以宋元明时期"诗儒分合"观念的演变为考察对象，探讨这一思想在不同时期的展开及其背后的文学史意义。

一 作诗不为闲言语：宋代理学家眼中的诗儒之分

南宋中期，叶适（1150~1223）有感于宋代诗文创作领域理学之风的日渐兴盛，提出了"洛学兴而文字坏"① 的看法。这一看法虽然主要针对"文"的写作而言，但就诗学观念来看，宋代理学家多将作诗视作"言理"或"论道"的表达方式，弱化诗歌作为"诗"的艺术价值和文学意义。程颐（1033~1107）在回答"诗可学否"这一问题时，曾说过这样一段话：

> 某素不作诗，亦非是禁止不作，但不欲为此闲言语。且如今言能诗无如杜甫，如云"穿花蛱蝶深深见，点水蜻蜓款款飞"，如此闲言语，道出做甚？某所以不常作诗。②

上引杜甫诗句，见于所作《曲江二首》（其二）："朝回日日典春衣，每日江头尽醉归。酒债寻常行处有，人生七十古来稀。穿花蛱蝶深深见，点水蜻蜓款款飞。传语风光共流转，暂时相赏莫相违。"对于其中是否另含深意，历来颇有不同看法。明人王嗣奭曾自述读该诗的体悟："初不满

---

① 叶适此说，见周密《浩然斋雅谈》卷上："宋之文治虽盛，然诸老率崇性理，卑艺文。朱氏主程而抑苏，吕氏《文鉴》去取多朱意，故文字多遗落者，极可惜。水心叶氏云：'洛学兴而文字坏。'至哉言乎！"（中华书局，2010，第15页）
② 程颐、程颢：《河南程氏遗书》卷一八《伊川先生语四》，《二程集》第1册，中华书局，1981，第239页。

此诗，国方多事，身为谏官，岂人臣行乐之时，然读其'沉醉聊自遣'一语，恍然悟此二诗，盖忧愤而托之行乐者。公虽授一官，而志不得展，直浮名耳，何用以此绊身哉。不如典衣沽酒，日游醉乡，以送此有限之年。时已暮春，至六月遂出为华州掾，其诗云'移官岂至尊'，知此时已有潜之者。二诗乃忧谗畏讥之作也。"① 然而在身为理学家的程颐看来，无论杜甫诗中表达出怎样深沉的家国情怀，类似"穿花蝴蝶""点水蜻蜓"等词，也只是无关国事的"闲言语"，毫无意义和价值可言。

程颐（或以为程颢）在写给朱长文（1039~1098）的信中，曾劝其"无多为文与诗者"，其原因不仅在于作诗、文"伤心气"，更重要的是无论诗或文都"不当轻作"。而古代的圣贤之所以有文字流传后世，也只是"不得已"而为之，是出于明理的需要，"有是言则是理明，无是言则天下之理有阙"。在此义下，后世的诗、文之作就成了"无用之赘言"，甚至"离真失正，反害于道"。因而即便是被韩愈称为"光焰万丈长"的李、杜二人，所作之诗也不过是"学之末"，而只有那些"合于道""辅翼圣人，为教于后"的作品，才是真正的"圣贤事业"②。而程颐举出以为"甚好"的作品是吕大临的《送刘户曹》一诗："学如元凯方成癖，文似相如始类俳。独立孔门无一事，只输颜氏得心斋。"③ 金代的王若虚称这首诗"一时好事者争讽诵之"④。

像程颐一样对作诗持审慎态度的宋代理学家不乏其人，其立论的一个基本出发点是，在诗歌写作逐渐走上技巧化道路（黄庭坚"点铁成金""夺胎换骨"的创作方法即其中代表）的背景下，作诗与理学精神表达之间产生冲突，因而要尽量少作或是不作⑤。包恢（1182~1268）在《答曾

---

① 杜甫著，仇兆鳌注《杜诗详注》第 2 册卷六，中华书局，1979，第 449 页。
② 程颐：《河南程氏文集》卷九《答朱长文书》，《二程集》第 2 册，第 600 页。
③ 程颐、程颢：《河南程氏遗书》卷一八《伊川先生语四》，《二程集》第 1 册，第 239 页。
④ 王若虚著，胡传志、李定乾校注《滹南遗老集校注》卷五《论语辨惑二》，辽海出版社，2006，第 59~60 页。
⑤ 如张栻在为胡宏（1102~1161）《五峰集》作序时说："其一时咏歌之所发，盖所以舒写其性情，而其他述作与夫答问往来之书，又皆所以明道义而参异同，非若世之为文者，徒从事于言语之间而已也。"（张栻：《南轩集》卷一四《五峰集序》，《景印文渊阁四库全书》第 1167 册，台湾商务印书馆，1986，第 542 页）所谓"徒从事于言语之间而已"，即是希望赋予作诗之于"诗歌"创作之外的意义。

子华论诗》中曾提出，类似诗、赋这样的作品，"不可轻易尝试为之"。而究其原因，就在于"古人于诗不苟作，不多作，而或一诗之出，必极天下之至精，状理则理趣浑然，状事则事情昭然，状物则物态宛然，有穷智极力之所不能到者，犹造化自然之声也。盖天机自动，天籁自鸣，鼓以雷霆，豫顺以动，发自中节，声自成文，此诗之至也"，后人作诗则往往"不反求于志，而徒外求于诗，犹表邪而求其影之正也"。在他看来，陶渊明、李白、杜甫之所以诗名流芳后世，正在于他们都有浩然、高远的志意①。在这一古今对比的叙述中，不难看出包恢对当世诗歌写作的不满，而那种"不苟作，不多作"的态度，以及"极天下之至精""犹造化自然之声"的旨趣，都显示出理学家视野中不同一般的诗学观念。

然而即便是自称"不尝作诗"的程颐，也并非真的完全废弃写诗之事，只不过他把诗作为言理的媒介，而且也偶有佳作。钱锺书曾说："程明道（颐）《秋日偶成》第二首云：'道通天地有形外，思入风云变态中。'乃理趣好注脚。有形之外，无兆可求，不落迹象，难著文字；必须冥漠冲虚者结为风云变态，缩虚入实，即小见大。具此手眼，方许诗中言理。"② 在诗、理二者之间，"理"是根本，而"诗"只是表达的形式。程颐作为理学家，试图摆脱诗歌写作在艺术、技巧等方面不断强化的趋势，从而使诗歌的创作与批评都回归于儒家"诗教"的传统。

在此背景下，基于诗学趣味的不同，有论者提出"学者之诗"的概念，用于区别所谓的"诗人之诗"。据元代盛如梓《庶斋老学丛谈》记载：

> 有以诗集呈南轩先生，先生曰："诗人之诗也，可惜不禁咀嚼。"或问其故，曰："非学者之诗。学者诗读着似质，却有无限滋味，涵泳愈久，愈觉深长。"又曰："诗者纪一时之实，只要据眼前实说，古诗皆是道当时实事。今人做诗，多爱装造言语，只要斗好，却不思一语不实便是欺。这上面欺，将何往不欺？"③

---

① 参见包恢《敝帚稿略》卷二，《景印文渊阁四库全书》第 1178 册，第 717~718 页。
② 钱锺书：《谈艺录》，中华书局，1984，第 229 页。
③ 盛如梓：《庶斋老学丛谈》第 1 册卷中之下，商务印书馆，1941，第 31 页。

"南轩先生"即南宋理学家张栻（1133～1180）。在此，他提出多个相互对照的概念："不禁咀嚼"与"无限滋味"，"质"与"文"（即所说的"爱装造言语"），"实"与"欺"。在他的认知结构中，这样的差别是诗歌所反映的身份意识造成的。而他以学者诗作为典范提出的"无限滋味"之说，则反映出理学家在重构中国古代诗歌谱系时的趣味选择。

在中国古代，文人之间的游处，常以诗词进行唱和，尤其是宋代以后，诗词唱和已逐渐成为文人交往的重要方式，也常被视作文坛盛事。乾道三年丁亥（1167），张栻与朱熹（1130～1200）、林用中等同游南岳，往还唱和，前后七日，得诗一百四十九篇。其创作之富，于此可见一斑。然而张栻在为此次唱和所编的《南岳唱酬集》作序时，却流露出对自己流连于作诗十分懊悔的情绪："大抵事无大小美恶，流而不返，皆足以丧志。于是始定要束，翼日当止。盖是后事虽有可歌者，亦不复见于诗矣。"① 因为担心在作诗上"流而不返"而导致"丧志"，就算以后遇到"可歌"的事，也都不再作诗。在张栻的认识中，作诗与理学事业之间存在冲突。基于这样的观念，我们对他提出的"诗人之诗"与"学者之诗"的分野，也才有更深入的理解。而朱熹在为同游所作的《南岳游山后记》中，也认为："'诗之作，本非有不善也，而吾人之所以深惩而痛绝之者，惧其流而生患耳，初亦岂有咎于诗哉！然而今远别之期近在朝夕，非言则无以写难喻之怀。然则前日一时矫枉过甚之约，今亦可以罢矣。'……熹则又进而言曰：'前日之约已过矣，然其戒惧警省之意则不可忘也。何则？诗本言志，则宜其宣畅湮郁，优柔平中，而其流乃几至于丧志。群居有辅仁之益，则宜其义精理得，动中伦虑，而犹或不免于流，况乎离群索居之后，事物之变无穷，几微之间，毫忽之际，其可以营惑耳目，感移心意者，又将何以御之哉？故前日戒惧警省之意虽曰小过，然亦所当过也。由是而扩充之，庶几乎其寡过矣。'"② 张栻、朱熹二人之所以一再申明自己对于作诗所持的审慎态度，重要的原因之一是看到了诗、道二者之间的分野，这一点与他们眼中诗人、儒者身份的差异一致。

---

① 张栻：《南轩集》卷一五《南岳唱酬序》，《景印文渊阁四库全书》第 1167 册，第 544～546 页。

② 朱熹：《晦庵先生朱文公文集》卷七七，《朱子全书》第 24 册，第 3705 页。

儒者之志与诗人之情二者是否可以兼得？白居易在《与元九书》中曾说："故仆志在兼济，行在独善。奉而始终之则为道，言而发明之则为诗。谓之讽喻诗，兼济之志也；谓之闲适诗，独善之义也。故览仆诗，知仆之道焉。"① 通过创作不同的诗歌来表达不同的志趣，其意仍在"诗"的范围，不过有的是用来表达"兼济之志"，而有的则是抒发"独善之义"。从作者的身份来看，唐代不乏像韩愈、柳宗元这样"论学"与"作诗"两方面都有所长的文人，韩愈的诗歌更是在后世收获了"以文为诗""以议论为诗"的评价。然而从宋代理学家的角度来说，他们所要打破的是"诗"与"理"二者之间的界限，主张"儒者之诗"，尽管从形式上来说其仍具有"诗"的形式，但在内容、思想表达上则与"理""道"的解说完全相同。如邵雍（1011~1077）曾作诗云："平生无苦吟，书翰不求深。行笔因调性，成诗为写心。""诗扬心造化，笔发性园林。所乐乐吾乐，乐而安有淫。"② 朱熹在答人所作的信中，通过重申《毛诗序》中"诗者，志之所之，在心为志，发言为诗"的说法，引出"诗者岂复有工拙"的论调，认为诗的好坏，只能"视其志之所向者高下如何"。在此基础上，朱熹将古今诗人置于理学与诗的二元框架中加以对比，认为"古之君子，德足以求其志，必出于高明纯一之地，其于诗固不学而能之"，只有"近世作者"才留情于"格律之精粗，用韵属对、比事遣辞之善否"，进而得出"诗有工拙之论，而葩藻之词胜，言志之功隐"③ 的认识。

宋代理学家注重儒者与诗人身份的差异，并非都如二程一样尽皆对作诗表现出排斥的态度（尽管二程也都作诗），如邵雍曾说自己"所未忘者，独有诗在焉"，称《击壤集》是"伊川翁自乐之诗也"，"非唯自乐，又能乐时，与万物之自得也"④。邵氏今存诗有一千五百余首，在理学家中颇为少见；更重要的是由此反映出的他们在作诗、评诗等方面的态度和观念。在治平四年（1067）自作的《伊川击壤集序》中，邵雍由儒家传统的"诗者，志之所之也，在心为志，发言为诗"立论，对"近世诗人"表现出的

---

① 白居易：《白居易集》第 3 册卷四五，中华书局，1979，第 964~965 页。
② 邵雍著，郭彧整理《邵雍集》卷一七《无苦吟》，中华书局，2010，第 459 页。
③ 朱熹：《晦庵先生朱文公文集》卷三九《答杨宋卿》，《朱子全书》第 22 册，第 1728 页。
④ 邵雍：《伊川击壤集序》，邵雍著，郭彧整理《邵雍集》，第 179 页。

"溺于情好"的创作倾向提出严厉批评，并自道其不同寻常的创作旨趣：
"所作不限声律，不沿爱恶，不立固必，不希名誉，如鉴之应形，如钟之
应声，其或经道之余，因闲观时，因静照物，因时起志，因物寓言，因志
发咏，因言成诗，因咏成声，因诗成音。是故哀而未尝伤，乐而未尝淫。
虽曰吟咏情性，曾何累于性情哉！"① 诗歌创作与理学著述，在邵雍的观念
系统中并无本质区别，而只是"理"或"性情"的不同表达方式而已。因
此朱熹说："康节之学，其骨髓在《皇极经世》，其花草便是诗。"② 严羽
甚至在《沧浪诗话·诗体》中于宋代体类中专列"邵康节体"。

宋代理学家强调"以诗论道""以理入诗"，在诗歌写作中将理学精神
的表达作为核心内容，以树立一种不同于诗史谱系的诗歌典范。其中颇受
瞩目的是朱熹所作的《斋居感兴》组诗。方回在一首诗中曾说："晦庵
《感兴》诗，本非得意作。近人辄效尤，以诗言理学。"③ 朱熹有感于陈子
昂所作《感遇》诗"词旨幽邃，音节豪宕"，又不满于其"不精于理，而
自托于仙佛之间以为高"的内在实质，于是创作了《斋居感兴》二十首。
这些诗大多直言其理，因而受到后继理学家的肯定。王柏说这些诗的主旨
是"道之大原，事之大义"，认为前人千百万言都未曾将其说清，而朱熹
仅仅以五言十二篇能将其一一悟透，可谓"诗之最精者，真所谓自然之奇
宝"④。元人陈高则说："昔唐陈拾遗尝作《感遇》诗，词格高古，而新安
朱子则病其淫于仙佛怪妄之说。故朱子《斋居感兴》之作，乃一寓于理，
扶树道教，而辞之要妙，特其余耳，殆未易于古今诗人律之也。"⑤ 其旨趣
由此可见一斑，因而也被认为是"有益于学，而非风云月露之词"⑥。从宋
代诗史演进的角度来看，类似朱熹所写的这种理学诗，虽为宋诗发展带来
不同的面貌，却并不符合魏晋以来确立的诗学批评轨范，自然会受到文学

---

① 邵雍：《伊川击壤集序》，邵雍著，郭彧整理《邵雍集》，第179~180页。
② 朱熹：《朱子语类》卷一百《邵子之书》，《朱子全书》第17册，第3353页。
③ 方回：《桐江续集》卷二二《七十翁吟五言古体十首》（其七），《景印文渊阁四库全书》
　第1193册，第496~497页。
④ 王柏：《鲁斋集》卷一三《朱子诗选跋》，《景印文渊阁四库全书》第1186册，第202~
　203页。
⑤ 陈高撰，陈庆年主编《不系舟渔集》卷三《感兴二十五首》，浙江古籍出版社，2004，第
　12页。
⑥ 郑方坤：《全闽诗话》卷四，福建人民出版社，2006，第200页。

批评家的反驳。严羽在《沧浪诗话·诗辨》中指出："诗有别趣，非关理也。……近代诸公乃作奇特解会，遂以文字为诗，以才学为诗，以议论为诗。夫岂不工，终非古人之诗也，盖于一唱三叹之音，有所歉焉。"① 从某种意义上说，严羽诗学批评观念的提出及其审美规范的建立，与对宋代理学家诗学观和诗歌创作的反思有直接关系。

二 以濂洛而兼风雅：元人的 诗儒合一观及其表现

元成宗元贞二年（1296），金履祥（1232～1303）编成《濂洛风雅》六卷，共计收录周敦颐、程颐、程颢、张载、邵雍等四十八人的四百余首诗、赋等作品，并仿照"江西诗派"的方式构建出一幅"濂洛诗派图"的传承谱系。入选诸人均为宋代理学家，即在金履祥眼中都兼具诗人、理学家的双重身份。正是出于这样的原因，后人在解读其编选用意时，也试图从理学传承与诗学革新两个层面展开。王崇炳认为金履祥编选《濂洛风雅》是"以风雅谱婺学"，"可于风雅中见濂洛，且可于自心中见周程，而且使凡有心者之皆可为周程也"②。金履祥为宋末名儒何基、王柏弟子，所传为勉斋（黄榦）之学，渊源于朱熹，上接程明道、周濂溪，在《宋元学案》中列名"北山四先生学案"，是北山学派重要成员，全祖望称其为"明体达用之儒"，并视之为"浙学之中兴"的重要人物，与何基、王柏、许谦并称"金华四先生"③。从地域学术渊源来说，宋元时期的婺州学术有着清晰的传承脉络，金履祥作为宋末元初婺学的代表人物，以选诗的方式将地域学术文化纳入濂洛学脉的谱系之中，即所谓的"味其诗而溯其志，诵其词而寻其学"。从诗学革新方面看，金履祥编选理学家诗作，又含有对宋末元初诗坛风尚的反驳，此风尚即唐良瑞序中所说的"今之诗，非风

---

① 郭绍虞：《沧浪诗话校释》，人民文学出版社，1983，第27页。
② 王崇炳：《濂洛风雅序》，载金履祥编《宋金仁山先生选辑濂洛风雅》，《四库全书存目丛书》集部第289册，齐鲁书社，1997，第219页。
③ 黄宗羲：《宋元学案》卷八二《北山四先生学案》，黄宗羲著，吴光、李明友、方祖猷、钱明、朱义禄校点《黄宗羲全集》第6册，浙江古籍出版社，2012，第215页。

雅之体"，也就是他自陈的"好为奇崛跳踉之句，发扬蹈厉之辞"，而被选入《濂洛风雅》的"濂洛渊源诸公之诗"，则继承了"风雅"的传统。在此认识下，金履祥所要倡导的是一种"异乎平昔之所闻"的诗学旨趣："涵畅道德之中，歆动风雩之意，淡平者有淳厚之趣，而浩壮者有义理自然之勇，言言有教，篇篇有感。"①《濂洛风雅》是金履祥元初坐馆于唐氏齐芳书院时所编。元初由于科举制度废黜不行，诸多书院都将作诗作为教学的重要内容。而其时南方诗坛的主要风尚，则表现为文人之间的交游唱和与江湖诗风的盛行。在此背景下，金履祥编纂《濂洛风雅》，以标榜理学家诗歌的方式提倡一种诗学新风，以扭转时代风气。

　　然而，《濂洛风雅》以"正人心""敦风俗"为宗旨的选诗宗旨，以"濂洛"之诗接武"风雅"之义的诗学理念，在四库馆臣看来，显然是混淆了诗、儒二者之间的界限。《四库全书总目》在该书的提要中指出：

　　　　昔朱子欲分古诗为两编而不果。朱子于诗学颇邃，殆深知文质之正变，裁取为难。自真德秀《文章正宗》出，始别为谈理之诗。然其时助成其稿者为刘克庄，德秀特因而删润之。故所黜者或稍过，而所录者尚未离乎诗。自履祥是编出，而道学之诗与诗人之诗千秋楚越矣。夫德行文章，孔门即分为二科；儒林、道学、文苑，《宋史》且别为三传。言岂一端，各有当也。以濂洛之理责李、杜，李、杜不能争，天下亦不敢代为李、杜争。然而天下学为诗者，终宗李、杜，不宗濂洛也。此其故可深长思矣。②

　　南宋时期真德秀（1178~1235）编《文章正宗》，在《纲目》的诗赋类中，曾明确提出其编选理念是"以明义理为主"，指出："三百五篇之诗，其正言义理者盖无几，而讽咏之间，悠然得其性情之正，即所谓义理也。后世之作，虽未可同日而语，然其间兴寄高远，读之所以忘宠辱，去系吝，翛然有自得之趣，而于君亲臣子大义，亦时有发焉。其为性情心术

①　唐良瑞：《濂洛风雅序》，《宋金仁山先生选辑濂洛风雅》，《四库全书存目丛书》集部第289册，第221页。

②　永瑢等：《四库全书总目》下册卷一九一，中华书局，1965，第1737页。

之助，反有过于他文者，盖不必专言性命而后为关于义理也。"① 真德秀的
这一论说，为诗、儒的结合提供足够的空间。儒学不必专以文章来论，而
诗歌也不必"正言义理"或者"专言性命"，只要"得其性情之正"，就
可以被视为诗、理合一的典范。在真德秀看来，诗歌之作、理学之言，都
是"天地间清明纯粹之气"的外在表达，不同身份的作者有不同的表达方
式："德人得之以为德，材士得之以为材，好文者得之以为文，工诗者得
之以为诗，皆是物也。"②

刘克庄（1187~1269）曾自述参与编纂《文章正宗》时与真德秀在
"诗歌"编选标准上所做的讨论："《文章正宗》初萌芽，西山先生以诗歌
一门属余编类，且约以世教民彝为主，如仙释、闺情、宫怨之类，皆勿
取。余取汉武帝《秋风词》，西山曰：'文中子亦以此词为悔心之萌，岂其
然乎！'意不欲收，其严如此。然所谓'携佳人兮不能忘'之语，盖指公
卿群臣之扈从者，似非为后宫设。凡余所取而西山去之者大半。又增入陶
诗甚多，如三谢之类，多不入。"③ 或许正因为《文章正宗》诗赋部分是出
自刘克庄、真德秀二人之手，因而才体现出"所黜者或稍过，而所录者尚
未离乎诗"的特点。而金履祥编《濂洛风雅》专收理学家所作诗歌，其目
的是通过标举"道学之诗"，以区别于"诗人之诗"，为学诗者提供一种不
同于一般诗史观念的新的创作范型。

金履祥所传诸弟子当中，许谦（1270~1337）在元代前期的金华学派
中占有重要地位。尽管较之宋代的王柏、何基等人，许谦以至后来的柳
贯、宋濂等人，文章家的色彩更浓，而道学家的气息更淡，如黄宗羲在
《宋元学案》中曾批评说："金华之学，自白云一辈而下，多流而为文人。
夫文与道不相离，文显而道薄耳。"《四库全书总目》提要则从肯定的角度
说："谦初从金履祥游，讲明朱子之学，不甚留意于词藻。然其诗理趣之
中颇含兴象，五言古体尤谐雅音，非《击壤集》一派惟涉理路者比。文亦

① 真德秀：《西山先生真文忠公文章正宗》，《景印文渊阁四库全书》第 1355 册，第 6~
7 页。
② 真德秀：《西山先生真文忠公文集》卷三四《跋豫章黄量诗卷》，《景印文渊阁四库全书》
第 1174 册，第 530 页。
③ 刘克庄：《后村诗话》前集卷一，中华书局，1983，第 4~5 页。

醇古，无宋人语录之气，犹讲学家之兼擅文章者也。"① 诗文创作中文、道的结合甚至是在"文"的方面的突出表现，促成了金华学派在元代的兴盛："北山一派，鲁斋（王柏）、仁山（金履祥）、白云（许谦）既纯然得朱子之学髓，而柳道传（柳贯）、吴正传（吴师道）以逮戴叔能（戴良）、宋潜溪（宋濂）一辈，又得朱子之文澜，蔚乎盛哉！"元代理学风气兴盛，主张文道合一的声音一直颇为强烈，这在某种程度上也为诗儒合一之说提供了思想和文化的土壤②。陈旅在《跋许益之古诗序》中，明确提出将诗人、儒者二者身份合一作为"儒者—诗人"的理想境界：

> 旅尝病夫近世有儒者、诗人之分也，深于讲学而风雅之趣浅，厚于赋咏而道德之味薄，要非其至焉者。其至焉者，无儒与诗人之分也。先生沉潜载籍，大而圣贤心学之蕴，细而名物、度数、文字、句读、音义之详，靡不究极。隐居终身，不以自外至者易其素守，计其平日之所以用其心者，殆若未遑他及。而此诗冲澹醒（酲）藉，音节跌宕（宕），而兴致高远，乃若专久于为诗者，是岂可以向所谓儒者目之哉？③

许益之，即元代金华儒学家许谦。王祎《元儒林传》论许谦云："程氏之道至朱氏而始明，朱氏之道至金氏、许氏而益尊，用使百年以来学者有所宗乡（向），不为异说所迁，而道术必出于一，可谓有功于斯道者矣。大抵儒者之功莫大于为经，经者斯道之所载焉者也。有功于经，即其所以有功于斯道也。金氏、许氏之为经，其为力至矣，其于斯道谓之有功，非耶？"④ 冯从吾《元儒考略》卷三论及许谦时说："黄溍谓程子之道，得朱子而复明，朱子之大，至许公而益尊。史称何基、王柏及金履祥殁，其学

---

① 永瑢等：《四库全书总目》下册卷一六六，第 1432 页。
② 元代文学思潮变迁中有关文道离合论说，参见查洪德《文道离合与元代文学思潮》，《晋阳学刊》2000 年第 5 期。
③ 陈旅：《安雅堂集》卷一三，《景印文渊阁四库全书》第 1213 册，第 176 页。
④ 王祎：《王忠文集》卷一四，《景印文渊阁四库全书》第 1226 册，第 302 页。

犹未大显，至谦而其道益著。故学者推原统绪，以为朱子之世適云。"① 许谦在元代理学发展中的独特地位由此可见一斑。

许谦延祐初隐居东阳八华山，开门讲学，学者称其为白云先生，所撰著作有《四书章句集注丛说》《诗集传名物钞》《书集传丛说》《春秋三传温故》《春秋三传管窥》《治忽几微》《自省编》，可说是纯粹的儒者。在诗文创作方面，他也被认为是"非扶翼经义，张维世教，则未尝轻笔之书"②。他曾仿拟朱熹的《斋居感兴》创作《秋夜感兴》十二首，也被认为是元代理学诗创作的典范作品，吴师道、陈旅、宋濂等人都曾为之品题，予以高度评价。诗成之后，许谦将其抄寄给吴师道。吴师道《许益之秋夜杂兴诗》记其始末云："乙亥之夏，某病目甚剧，至秋稍平，则以文字承教于君，君劝以损读省思，毋为此无益也。一日，忽寄是诗来，且以诗言之曰：'吾欲子之见之尔，慎毋和也。'盖君平时罕作诗，以为不发于兴趣之真，不关于义理之微，不病而呻吟者，皆非也。然则此岂苟作哉！观其文貌音节，上溯晋魏，而寄兴高远，旨味渊泳，则有得于紫阳夫子《感兴》之遗者也。"③ 由此可以看出两方面的含义：在诗学观念而言，许谦强调诗歌要"发于兴趣之真"，"关于义理之微"，不能"不病而呻吟"，与宋代以来理学一脉的诗学趣味差为相近；在诗歌风格方面，则偏好"寄兴高远，旨味渊泳"的境界，诗学渊源上承自朱熹的《斋居感兴》。依照陈旅的见解，许谦既"深于讲学"，又不失"风雅之趣"，既"厚于赋咏"，又不缺少"道德之味"，因而陈旅将其视为诗人、儒者合一的典范。

陈旅有关许谦诗人、儒者合一的论述，得到了宋濂的回应。宋濂之学承自许谦、吴莱、黄溍等人，在看待诗人、儒者之分的问题上，同样主张以道德为标准代替纯粹的审美价值、艺术技巧方面的评价。宋濂《题许先生古诗后》云：

> 众仲（陈旅字）之言，病夫世之论诗有儒者、诗人之分，而谓先

---

① 冯从吾：《元儒考略》卷三，《景印文渊阁四库全书》第 453 册，第 790 页。

② 冯从吾：《元儒考略》卷三，《景印文渊阁四库全书》第 453 册，第 790 页。

③ 吴师道：《吴礼部文集》卷一八，《北京图书馆古籍珍本丛刊》第 93 册，书目文献出版社，2000，第 474 页。

生独能兼之，可谓知言而无复遗憾者矣。……夫自陈伯玉倡为《感遇》诗三十八首，而李太白继作，遂衍为五十有九，君子称其得风雅之正。至于文公朱子《感兴》之什，其数比陈仅余其半，方之于李，则将阙其三之一。言辞固若不多，然于太极阴阳之微，家国治乱之由，异端害道之故，无所不及，非惟二子不能道之，黄初而降，大历以前，吾恐未有臻斯理者也。今先生之诗，其音节则仿二子而绝仙佛之诞，其旨趣则本文公而写性情之真，虽言无统例，与朱子少殊，而其寄咏之深，隐忧之切，实有出夫二子之外，其于传世固无疑者。而濂于众仲之言，则不能无所感焉。诗、文本出于一原，《诗》则领在乐官，故必定之以五声，若其辞则未始有异也。如《易》《书》之协韵者，非文之诗乎？《诗》之《周颂》，多无韵者，非诗之文乎？何尝歧而二之？沿及后世，其道愈降，至有儒者、诗人之分。自此说一行，仁义道德之辞遂为诗家大禁，而风花烟鸟之章留连于海内矣，不亦悲夫！①

元代金华理学之风甚盛，宋濂从学于黄溍、柳贯、吴莱等人，其诗文之论也受三人影响甚深。他主张诗、儒合一，最鲜明的例子就是他在主持编纂《元史》时将儒学与文苑合二为一，统称为儒林。宋濂为许谦所作古诗作跋，一方面肯定儒者作诗的合理性，另一方面又对什么样的诗才算好诗提出自己的看法。在他看来，以"仁义道德之辞"入诗不但不该受到批评，相反还是使一首诗成为好诗的重要因素，而一味写"风花烟鸟之章"才是流毒诗坛。

元代并非没有反对诗儒合一、以诗言理的论说。如袁桷在《书括苍周衡之诗编》中，将宋代理学家之诗与唐代以来的"以文为诗"之风进行对比，认为：

> 滥觞于唐，以文为诗者，韩吏部始，然而舂容激昂，于其近体，

---

① 宋濂：《宋学士先生文集辑补》《题许先生古诗后》，罗月霞编《宋濂全集》第4册，浙江古籍出版社，1999，第2085~2086页。

犹规规然守绳墨，诗之法犹在也。宋世诸儒，一切直致，谓理即诗也，取乎平近者为贵，禅人偈语似之矣。拟诸采诗之官，诚不若是浅。①

从诗史发展角度来说，"以文为诗"和理学诗相对于诗的本色来说都属于"变体"，如许学夷《诗源辩体》曾引元人傅若金述元人范梈论诗之说，认为"唐人以诗为诗，主达情性，于三百篇为近；宋人以文为诗，主立议论，于三百篇为远"②。而宋代理学家实践的"以理入诗""以诗论道"之风，以至元代倡导的诗儒合一论说，在重新建构中国传统诗歌谱系的基础上，试图以诗歌内容的理学化（即所谓"仁义道德之辞"）取代诗歌创作技巧、艺术境界等方面的追求。由元末明初诗坛的状况来看，许谦、宋濂等人在诗儒合一层面的创作实践与理论阐发，既与金华学统一脉相承，也暗含有在杨维桢等主导诗坛格局下"别立新宗"的意味。

三　诗为道之华：明代诗儒分合观念的升降

嘉靖二十七年（1548），谢兰为胡缵宗所编《雍音》作序，对诗与道的关系曾做过纲领式的论述：

> 夫道在天下，经制之为谟烈典章，若三圣列王；践修之为忠孝节义，若子卿辈；乃至慷慨激发，讽诵规谏，则点缀为诗，若李、杜辈。是诗固道之华，不可后经制、践修而观之也。按艺文志，古者诸侯卿大夫交际，必称诗喻意，别贤不肖，观盛衰焉。故曰：王迹熄而《诗》亡。③

将诗与经制之书、践修之行同列为"道"的承载，其目的固然是提高

---

① 袁桷：《清容居士集》卷四九，《景印文渊阁四库全书》第1203册，第47页。
② 许学夷：《诗源辩体》卷三五，人民文学出版社，1987，第340页。
③ 胡缵宗：《雍音》卷首，《"国立中央图书馆"善本序跋集录》集部第3册，台湾"中央图书馆"，1994，第112页。

诗的地位，为自己编辑诗集提供合法性。然而，就文坛发展的实际情况来看，胡缵宗对于诗歌所包含的道德属性的强调，是明代成化以至嘉靖时期诗学演进和诗歌发展的一个重要方向。

陈献章（1428～1500）、庄昶（1437～1499）二人是正德、嘉靖以前明代最引人注目的性气诗人。二人论诗，主张诗以明道、吟咏性情。如陈献章《与汪提举》云："大抵论诗当论性情，论性情先论风韵，无风韵则无诗矣。今之言诗者异于是，篇章成即谓之诗，风韵不知，甚可笑也。情性好，风韵自好，性情不真，亦难强说。"① 陈献章所谓的"性情""风韵"，都是理学家的话头，而不是诗歌的美学范畴。他所推崇的诗人不是李、杜等人，而是邵雍。② 陈献章《随笔》诗云："子美诗之圣，尧夫更别传。后来操翰者，二妙少能兼。"③ 杜甫虽然被后人推为诗歌领域的"圣人"，但在陈献章看来，由于缺乏对道德理性的足够关注，杜甫名不副实。能够代表中国古代诗歌成就的，是宋代理学诗人邵雍。陈献章论诗，坚持的是理学家的立场，运用的是理学家的眼光，他所确立的标准，不是格律、音韵、声调等诗学范畴，而是道德理性。邵雍的诗之所以超过杜甫，就在于他能够将道德理性以诗的形式表达出来，达到了"温厚和乐"的境界。陈献章《批答张廷实诗笺》云："只看程明道、邵康节诗，真天生温厚和乐，一种好性情也。"④ 似乎所评价的不是诗，而是理学。以这样的标准去评价诗歌，中国古代诗史将完全是另一种面目。

庄昶作诗，更是极力模仿邵雍《伊川击壤集》。陈献章《听秀夫诵定山先生之作》诗云："定山倘许吾扳驾，突过尧夫《击壤》前。"⑤ 在陈献

---

① 陈献章著，孙通海点校《陈献章集》上册卷二，中华书局，1987，第203页。

② 陈献章对李白、杜甫的诗学成就持肯定态度，但他以理学家的眼光审视，认为二人仅仅局限于诗歌领域，并没有达到他所谓的理想诗人的境界。如《夕惕斋诗集后序》云："受朴于天，弗凿以人；禀和于生，弗淫以习。故七情之发，发而为诗，虽匹夫匹妇，胸中自有全经，此《风》《雅》之渊源也。而诗家者流，矜奇眩能，迷失本真，乃至旬锻月炼，以求知于世，尚可谓之诗乎？晋、魏以降，古诗变为近体，作者莫盛于唐，然已恨其拘声律、工对偶，穷年卒岁，为江山草木、云烟鱼鸟粉饰文貌，盖亦无补于世焉。若李、杜者，雄峙其间，号称大家，然语其至则未也。"（陈献章著，孙通海点校《陈献章集》上册卷一，第11页）

③ 陈献章著，孙通海点校《陈献章集》下册卷五，第517页。

④ 陈献章著，孙通海点校《陈献章集》上册卷一，第74页。

⑤ 陈献章著，孙通海点校《陈献章集》下册卷五，第500页。

章来说，这是对庄昶诗歌的肯定。对于庄昶之诗，《四库全书总目》卷一七一《庄定山集》提要从辨析其学术主张入手，评论说：

> 惟癖于讲学，故其文多阐《太极图》之义，其诗亦全作《击壤集》之体，又颇为世所嗤点。然如《病眼》诗"残书楚汉灯前垒，草阁江山雾里诗"句，杨慎亦尝称之。其他如"山随病起青逾峻，菊到秋深瘦亦香"，"土屋背墙烘野日，午溪随步领和风"，"碧树可惊游子梦，黄花偏爱老人头"，"酒盏漫倾刚月上，钓丝才扬恰风和"诸句，亦未尝不语含兴象。盖其学以主静为宗，故息虑澄观，天机偶到，往往妙合自然，不可以文章格律论，要亦文章之一种。譬诸钓叟田翁，不可绳以礼貌，而野逸之态，乃有时可入画图。①

庄昶、陈献章写诗，与邵雍等宋代理学家相似，是问学之余，性理之思的一种发泄，诗是理的一种表达方式。尽管整篇富有"诗意"的作品数量不多，但部分诗句却表现出清雅别致的意趣。他们的以诗言理，与陶渊明、王维等人的蕴理于诗，是诗、理结合的两种不同方式，一者以理为主，一者以诗为主。

成化、弘治年间，陈献章、庄昶二人论诗主理，在诗坛形成了一股与茶陵派并行的风气。顾璘《赠承德郎南京刑部浙江司主事野全谢先生同继室赠安人汤氏合葬墓志铭》云："国朝诗至成化宏（弘）治间再变，维时少师西涯李公主清婉，尚才情，吏部郎中定山庄公主浑雄，征君白沙陈公主沉雅，并尚理致，名各震海内。"② 杨慎《升庵诗话》卷七"胡唐论诗"条引唐元荐论诗之语也说："弘治间，文明中天，古学焕日：艺苑则李怀麓、张沧洲为赤帜，而和之者多失于流易；山林则陈白沙、庄定山称白眉，而识者皆以为傍门。"③ 将李东阳、张泰与陈献章、庄昶看作两大诗学流派的领军人物。其时与陈、庄二人持同一论调的还有胡居仁、桑悦、蔡清等人。如胡居仁《流芳诗集后序》云：

---

① 永瑢等：《四库全书总目》下册卷一七一，第 1492 页。
② 顾璘：《息园存稿文》卷五，《景印文渊阁四库全书》第 1263 册，第 530 页。
③ 杨慎：《升庵诗话》，丁福保辑《历代诗话续编》中册，中华书局，2006，第 774 页。

诗有所自乎？本于天，根于性，发于情也。盖天生万物，惟人最灵，故有以全乎天之理，而万事万物莫不该焉。当其未发，而天地万物之理森然具于其中，而无朕兆之可见者，性也，心之体也。事物之来，惕然而感乎内，沛然而形于外者，情也，心之用也。由其理无不备，故感无不通，既感无不通，则形于外者必有言以宣之。情不自已则长言之，又不自已则咏歌之，既形于咏歌，必有自然之音韵，诗必叶韵，所以便咏歌也。咏歌发于性，性本于天，此诗之所自，学诗者所当知也。尝考舜命夔曰：诗言志。则二帝时已有诗矣。《击壤歌》未叶韵，《南风歌》《赓歌》则叶韵矣。《五子歌》及商颂诸篇，二代之诗也。至周则有风有雅有颂，风雅颂之中，又有赋有比有兴，则诗之体制已备。故说者以为三经三纬，又以六义名之。厥后世降风移，变而为骚，又变而为排韵，为顺体，为调，为律诗、联句，则诗之体制、义理、性情、风韵衰坏尽矣。世之谈诗者皆宗李、杜。李白之诗，清新飘逸，比古之诗，温柔敦厚，庄敬和雅，可以感人善心、正人性情，用之乡人邦国以风化天下者，殆犹香花嫩蕊，人虽爱之，无补生民之日用也。杜公之诗，有爱君忧国之意，论者以为可及变风、变雅，然学未及古，拘于声律对偶，《淇澳》《鸤鸠》《板荡》诸篇，工夫详密，义理精深，亦非杜公所能仿佛也。呜呼！后世王道不行，教化日衰，风气日薄，而能言之士，不务养性情、明天理，乃欲专工于诗，以此名家，犹不务培养其根，而欲枝叶之盛也，其可得乎？邵康节言删后无诗，其以此也。①

蔡清《论诗》云：

诗学在程、朱，当为后世主张了，奈何亦混众人作律诗。夫诗以言志耳，岂必用平侧对偶而后成其言哉？既拘对偶，则有当言者，以不谐声律而已之。又有不必言者，姑以凑押声律矣。是何趣味？是何道理？其始创为律诗者，决非有大人之志、有不俗之见者也。不可复

---

① 胡居仁：《胡文敬集》卷二，《景印文渊阁四库全书》第1260册，第33~34页。

以导士。①

桑悦《庸言》云：

> 后世诗莫盛于唐，若李、杜大家，咏伤月露，搜尽珠玑，果知是
> 理否耶？故曰：删后无诗。②

类似论述，在明代前期的文学批评中还有不少，并在成化、弘治时期的诗学领域形成了一股不小的言理思潮。尽管因为茶陵派在彼时诗坛的耀眼地位，这一思潮在明代诗史建构中鲜被后人提及，然而从"前七子"的相关论述来看，这一思潮却是他们的论诗观念得以展开的时代语境。

"前七子"以"格调"言诗，从美学层面关注诗歌，反对以道德理性作为诗歌的衡量标准。对于旨在"穷理尽性"的性气诗以及主张诗、理合一的理学诗论，李梦阳曾予以严厉的批评。李梦阳《缶音序》云：

> 宋人主理，作理语，于是薄风云月露，一切铲去不为。又作诗
> 话，教人人不复知诗矣。诗何尝无理，若专作理语，何不作文而诗为
> 邪？今人有作性气诗，辄自贤于"穿花蛱蝶""点水蜻蜓"等句，此
> 何异痴人前说梦也。即以理言，则所谓"深深""款款"者何物邪？
> 诗云"鸢飞戾天""鱼跃于渊"，又何说也？③

李梦阳批评的对象为庄昶。据安磐《颐山诗话》记载：

> 杨月湖方震选陈公甫、庄孔阳（昶）之诗，谓其别出新格，高处
> 不论唐人。二家全集，不暇详论，就其所选，其卓然过唐者，余亦未
> 见也。二公诗本学尧夫，公甫兴致尽高，孔昶一味怒骂，较之尧夫安

---

① 蔡清：《虚斋集》卷一，《景印文渊阁四库全书》第1257册，第780页。
② 桑悦：《思玄集》卷二，《明别集丛刊》第63册，黄山书社，2013，第215页。
③ 李梦阳：《空同集》卷五二，《景印文渊阁四库全书》第1262册，第476页。

闲宏阔，已不同矣。月湖云："子美'穿花蛱蝶深深见，点水蜻蜓款款飞'，视孔阳（旸）'溪边鸟共天机语，担上梅挑太极行'，尚隔几尘，以是知工于辞而浅于理者之未足贵也。"月湖所谓高于唐人者以此。予谓不然。蛱蝶之穿花，蜻蜓之点水，各具一太极，各自一天机，亦鸢飞鱼跃之意也，奚必待说天机、太极始谓之言理哉？且穿字更著"深深"字，点字更著"款款"字，微妙流转，非余子可到。就以理言，担挑太极，全不成语也。①

杜甫尽管被认为是最优秀的诗人，但在理学家眼里，他的诗也不过是"闲言语"。李梦阳批评陈、庄等人所作性气诗是"痴人前说梦"，意在否定理学对诗歌的渗透，强调诗歌作为艺术的审美价值。由此而言，"前七子"复古运动针对的不仅是以李东阳为代表的茶陵诗风，同时也包含了对以"陈庄体"为代表的理学诗派的不满。

到了嘉靖前期，随着复古运动逐渐式微，理学、心学思潮勃兴，"前七子"批评的"性气诗"创作重新成为诗坛的一股潮流，这主要体现在两个方面：一是"陈庄体"开始得到越来越多诗人的肯定；二是进行诗歌创作的理学家群体人数众多，且其中不乏以诗名于时者，如罗洪先、徐阶、舒芬、崔铣、何瑭、吕柟等。杨慎则志在发掘陈、庄诗歌的可取之处。杨慎《升庵诗话》卷七"陈白沙诗"条云：

> 白沙之诗，五言冲淡，有陶靖节遗意，然赏者少。徒见其七言近体，效简斋、康节之渣滓，至于筋斗、样子、打乖、个里，如禅家呵佛骂祖之语。殆是《传灯录》偈子，非诗也。若其古诗之美，何可掩哉？然谬解者，篇篇皆附于心学性理，则是痴人说梦矣。②

杨慎的这一看法，得到了王世贞的认同。王世贞《书陈白沙集后》云："陈公甫先生诗不入法，文不入体，又皆不入题，而其妙处有超乎法

---

① 安磐：《颐山诗话》，《景印文渊阁四库全书》第1482册，第467页。
② 杨慎：《升庵诗话》，丁福保辑《历代诗话续编》中册，第779页。

与体与题之外者。予少年学为古文辞，殊不能相契。晚节始自会心，偶然读之或倦而跃然以醒，不饮而陶然以甘，不自知其所以然也。"① 陆树声《适园语录》也认为："白沙先生胸次如光风霁月，故其诗潇洒卓轶，脱落蹊径。其于出处之际，寓意超然者，见处有在也。而论先生学问者，谓江门派脉于禅，以解脱得悟，即一二通儒且置疑焉。"② 因此，安磐说："陈白沙公甫隐居不仕，成化、弘治中，甚有高名。然公自禅学，其诗亦然，如曰'人世万缘都大梦，天机一点也长生''诸君试向东南望，何处凌空拄杖飞''天涯放逐浑闲事，消得金刚一部经''无奈华胥留不得，起冯香几读楞严'之类是也。若论其兴致之高，自成一家，可以振响流俗，亦一时之英，不可诬也。"③

对于与陈献章齐名的庄昶，杨慎一方面对他那些简单演绎《太极图》的诗作予以批评，同时对他那些"可并唐人"的诗作也并不有意掩盖。杨慎《升庵诗话》卷九"庄定山诗"条云：

> 庄定山早有诗名，诗集刻于生前，浅学者相与效其"太极圈儿大，先生帽子高"，以为奇绝。又有绝可笑者，如"赠我一壶陶靖节，还他两首邵尧夫"，本不是佳语，有滑稽者，改作《外官答京官苞苴》诗云："赠我两包陈福建，还他一匹好南京。"闻者捧腹。然定山晚年诗入细，有可并唐人者。古诗如《题竹》及《养庵》两篇，七言如《题玉川画》，五言律如："野暝微孤树，江清著数鸥。与君真自厚，不是两相留。"七言律如《游琅琊寺》："偶上蓬莱第一峰，道人今夜宿芙蓉。尘埋下界三千丈，月在西岩七十峰。"《罗汉寺》云："溪声梦醒偏随枕，山色楼高不碍墙。"又如："狂搔短发孤鸿外，病卧高楼细雨中。"《病眼》云："残书汉楚灯前垒，草阁江山雾里诗。"《舟中》云："千家小聚村村暝，万里河流岸岸同。"又："秋灯小榻留孤艇，疏雨寒城打二更。"又："北海风回帆腹饱，长河霜冷岸痕高。"《和沈仲律原字韵》云："心无牛口干秦穆，迹继龙头愧郱原。"又云：

---

① 王世贞：《弇州山人读书后》卷四，《中华再造善本》，第 26 页。
② 陆树声：《适园语录》，《丛书集成初编》第 652 册，第 8 页。
③ 安磐：《颐山诗话》，《景印文渊阁四库全书》第 1482 册，第 470 页。

"藜羹莫道无菜妇，兰畹应知负屈原。"《寄刘东山》云："尘外有人占紫气，镜中疑我尚朱颜。"《次东峤韵》云："电悬双眼疑秋水，髻拥三花御野风。"又："岂无湖水甘神瀵，更有溪毛当紫芝。"《书东山草堂扁》云："封题云卧东山扁，歌咏司空表圣诗。天阙星辰遗旧履，橘洲岁月有残棋。石横流潦潜蚪角，梅迸垂萝屈铁枝。自笑野人闲袖手，云烟浓淡忽交驰。"次首云："沙苑草非骐骥秣，潇湘竹是凤凰枝。紫虚有约千回醉，笑指僧趺亦坐驰。"又："招隐谁甘同寂寞，著书不独为穷愁。"《木昌道中》云："行客自知无岁暮，宾鸿不记有家归。"《寄邓五羊》云："后时自许甘丘壑，前席将无问鬼神。浮世虚名非得已，出山小草却悲人。别时笑语风吹断，会处迷离梦写真。四十余年一回首，乾旋坤转有冬春。"此数首若隐其姓名，观者决不谓定山作也。①

杨慎对陈、庄诗歌的肯定，可能与李东阳有关。谈到陈献章之诗，李东阳云："陈白沙诗，极有声韵。《崖山大忠祠》曰：'天王舟楫浮南海，大将旌旗仆北风。世乱英雄终死国，时来竖子亦成功。身为左衽皆刘豫，志复中原有谢公。人众胜天非一日，西湖云掩岳王宫。'和者皆不及。余诗亦有风致，但所刻净稿者未之择耳。"谈到庄昶，李东阳则说："庄定山孔旸未第时已有诗名，苦思精炼，累日不成一章。如'江稳得秋天'，'露冕春停江上树'，往往为人传诵。晚年益豪纵，出入规格，如'开辟以来元有此，蓬莱之外更无山'之类。陈公甫有曰：'百炼不如庄定山。'有以也。"② 对于"陈庄体"颇为中立的评价，显示了嘉靖前期诗坛对于性气诗的宽容态度。这一态度，在某种程度上与其时存在大批性气诗人有关。

嘉靖前期性气诗派的复兴，含有反对"前七子"的意味。"前七子"提倡复古而导致末流一味模拟，丧失了"本义理而畅性情"的创作精神。这在性气诗派看来是大为不妥的。在《蒙斋郑先生集序》一文中，吴廷翰（1490？~1559）对于何种诗文才算达到"似古人"的创作水准发表了自

---

① 杨慎：《升庵诗话》，丁福保辑《历代诗话续编》中册，第808~809页。
② 李东阳：《麓堂诗话》，丁福保辑《历代诗话续编》下册，第1384~1385页。

己的看法：

> 盖尝观其本矣，义理溢而成文，性情比而成诗。积而发，感而应，古人非有意于诗文，而天下之操觚濡翰者乃卒莫能加焉。甚矣，今人之诗文不似古人也。陋哉，今人学古人之为诗文也。其言曰："吾为文，非《左氏》《公》《谷》不传，非先秦、两汉不以出诸口；吾为诗，将出入《命》《骚》，表里汉魏，宪章六代，唐以下勿论。"字字而称之，句句而量度之，貌其体裁，写其音声。一有不类，断断然群聚而攻之曰："吾以求合于古之作者。"固其力劳，而技亦殚矣！然而读之弥高而趋弥下，就之愈近而失愈远，进无以及古人，而退且不能为今人，则以不得其本故也。
>
> 吁！盖其弊至于今极矣！抑某有悲焉，则尝求国初之所谓作者，莫不广大和平，沉郁而不肆，浑完而不离。虽其才力因乎人，体制随乎时，有不能强以同者，固其本义理而畅性情，自足以成一家言，则真犹有古人遗意焉。①

吴廷翰序文中所谓"学古人之为诗文"的"今人"，从他引述的具体诗文主张来看，当是指以李梦阳为代表的"前七子"。李梦阳等人提倡复古，关注的是诗歌本体，对于诗歌是否载道则并不关心。而由此产生的过于追求语言技巧的弊病，自然会引起理学家的不满。

嘉靖前期，面对诗歌和理学的同时兴盛，诗人们在看待诗人、儒者之分时有着各自不同的看法。孙承恩《书朱文公感兴诗后》云：

> 诗自三百篇后，有儒者、诗人之分。儒者之诗主于明理，诗人之诗专于适情，然世之人多右彼而抑此。故云烟风月，动经品题，而性命道德之言，为诗家大禁，少有及者，即曰涉经生学究气。噫，有是哉！论诗者当以三百篇为准，然如《天命》一诗之赞圣德，《敬止》一诗之言圣学，以至《蒸民》一诗，万世言性者所不能外，而后之为

---

① 吴廷翰著，容肇祖点校《吴廷翰集·文集》卷上，中华书局，1984，第272页。

诗者乃少之，甚者又有托之仙佛诞幻之说以为高者。盖道学不明，沿袭相承之弊也。而诗之义，岂固然哉？紫阳先生虽道学大儒，而亦不废吟咏，然其所谓诗者，抑何其与后世异耶？今观其《感兴》二十首，其音响、节奏，虽亦后人之矩步，而大而阐阴阳造化之妙，微而发性命道德之原，悼心学之失传，悯遗经之坠绪，述群圣之道统，示小学之功夫，以至斥异端之非，订史法之谬，亦无不毕备，所以开示吾道而微切人心者，较之云烟风月之体，轩轾盖万万不侔。其奥衍弘深，虽汉唐以来儒者，尚未有能臻斯阈，而区区之诗家，岂能窥其涯涘哉？如是而欲以一家之诗目之，不可也。①

孙承恩称扬"儒者之诗"，言下之意是认为不能"为诗而诗"，诗歌不能只追求美学价值，应该有为而作，诗不能只是艺术的存在，还应当是道德的存在。为了强调其合理性与权威性，他将自己的诗学主张溯源至《诗经》。对于自己的这一看法，孙承恩在文章中反复加以论述。如《张东海先生诗集序》云："诗不可徒作也。昔者圣人之叙诗也，自非厚人伦、裨风教、存劝戒、示得失者，辄斥弗录，盖泯焉无闻者，不知几倍所存矣。后之作者，又何浩瀚不可殚纪哉！夫三百篇远矣，不可几矣，然必不背孔氏之意，而后可自附于诗。骚人墨客，所以流连自放于禽鱼花竹之间，以寓其欢欣悲戚之意，非不工且丽也，而三百篇之旨希矣。甚则又有为淫亵燕昵之语，则凡端人正士，讳且羞之，而谓不见斥于孔氏之门，无有也。"② 孙承恩所依循的是儒家的诗教传统。具体论及张弼（1425~1487）诗歌，孙承恩认为："东海先生诗名满天下，兴之所到，不假雕琢，而气昌辞伟，寓意正大，所谓厚人伦、裨风教、存劝戒、示得失，往往具见，其于淫昵之辞无及焉，庶几所谓不背孔子之意者乎！至其所以自信不愧不怍者，则十每四五。呜呼！先生之于诗，信非徒作者也。"这强调的是张弼诗歌的道德示范作用，至于美学上的成就，则并不在孙承恩关心的范围之内。

---

① 孙承恩：《文简集》卷三四，《景印文渊阁四库全书》第 1271 册，第 459~460 页。
② 孙承恩：《文简集》卷三〇，《景印文渊阁四库全书》第 1271 册，第 394~395 页。

嘉靖前期，持诗、儒合一观的远不止孙承恩一人，薛应旂是其中另一个代表。薛应旂《纪述》云："博施者，施之博也；济众者，众得其济也。故曰：'博施非难，济众为难。'诗有五材：献俗而不俚，列政而彰义，极幽而不隐，贡善而不谄，刺恶而非怒。用之房中则美化流，用之乡党则亲睦行，用之朝廷则纲纪立，用之军旅则威武振，用之郊庙则神鬼格。斯为诗也，惟君子为能举之。"① 由此出发，他对诗史的看法基本上以"道"为评判的标准："或问：'江、鲍、徐、庾、刘、沈、宋、二陆、三谢可以为诗乎？'曰：'乱世之作也。其词冶，其音漓，政散民流而不可止也。'问曹植、王粲，曰：'其殆涂斯人之耳目者乎？勿观可也。'问李白、杜甫，曰：'其犹有可取乎？近于史也。'曰：'然则删后无诗乎？'曰：'楚有屈原，汉有苏武、梁鸿、诸葛亮，晋有陶潜，唐有张巡、元结、韩愈、颜真卿、司空图，其犹古之遗也，元声之在两间也，洋洋乎曷尝一日息哉！'"重"言志"之诗而轻"炫藻"之诗。为了证明自己的诗、理合一观，嘉靖二十二年（1543），薛应旂特意将被认为最不关理的六朝诗编撰为《六朝诗集》五十五卷，在所作序中，薛应旂详细阐述了自己"无诗不关理"的观点：

今天下论诗者谓不关理，论理者多病诗，一及六朝，不遑究观，而袭闻传听，已概拟其侈靡矣。乌乎！诗本性情，邪正污隆，理无不在，不有独见，率同耳食，未可与论诗，可与论理也与哉！故曰：商赐始可与言诗也。或谓六朝诗恶得与三百篇比？不知先民所询，圣人所择，狂夫采薪，咸为陈列。故仲尼归卫而正，季札聘鲁而观，盖未尝遗乎列国之风也。齐、梁间人士，独非闾巷歌谣、弃妻思妇类耶？昔王通氏，圣之修者也，其所续诗，今不概见，然观其称士衡之文，以及灵运之傲，休文之冶，鲍照、江淹之急以怨，吴筠、孔珪之怪以怨，谢庄、王融之纤碎，徐陵、庾信之夸诞，孝绰兄弟之淫，湘东诸王之繁，谢朓之捷，江总之虚，颜延之、王俭、任昉之约以则，是其

① 薛应旂：《方山先生文录》卷三《纪述》，盛宣怀、缪荃孙编《常州先哲遗书》第10册，南京大学出版社，2010，第31页。

所谓续诗者，大都皆夫人之诗尔，四名五志，意义所系，岂微乎哉？然则斯集也，其殆续诗之散逸，固匪直两汉之余波、初唐之滥觞也，矧夫诸侯不贡诗，行人不采风，乐官不达雅，国史不明变，而列代之风泯焉久矣。论世以征化者，于斯可以弗之观耶？①

薛应旂对六朝诗歌的解读，以"理趣"为切入的视角。他认为持"侈靡"论者是没有看清六朝诗歌存在的特殊价值。正面的倡导固然可以弘扬儒学理道，反面的事例同样可以作为鉴照而凸显儒家的价值观念。孔子删诗而存郑、卫之风，以及王通对六朝诗文的称扬，在薛应旂看来，都是从"观"的角度出发的。因此，他在评述明代诗歌的发展历程时才会说："迨我明初，高、杨诗人，沿袭胜国，莫阐王猷，际兹昌辰，亦何取于绮靡邪？弘、德以还，宣湮通畜，振藻扬芳，时则有二李、何、徐，树声艺林，风流宇内。然长沙逞才，其究则近；关西拟古，其究则拘；信阳备体，其究则弱；长洲精诣，其究则促。虽亦文章之巨观，终难与乎风雅之极致也。"② 评判的标准，是诗歌所蕴含的道德理性，艺术成就不过是居于次要地位的因素。

嘉靖前期，性气诗人群体的领军人物主要有崔铣、黄佐、吕柟、何瑭、薛应旂、罗洪先等。他们在诗学主张上承袭邵雍以来理学诗人"诗以明道""吟咏性情"的传统，作诗强调"理趣"。而对于李梦阳、何景明等人的"重诗轻理"，正德、嘉靖时期的理学家也颇有微词。如吕柟《泾野子内篇》卷一云："霄问何子仲默。先生曰：其诗有汉魏之风，是可取也，其文袭六朝之体，不可取也，然而其人则美矣。问李献吉。曰：为曹、刘、鲍、谢之业，而欲兼程、张之学，可谓'系小子失丈夫'矣。"③ 欧阳德为薛应旂文集作序，记述了同一事实："余因忆王玉溪（即王溱，1484～1532）尝谓吕泾野曰：李献吉真奇才也，一为歌行近体即如李、杜，

---

① 薛应旂：《六朝诗集》卷首，《"国立中央图书馆"善本序跋集录》集部第6册，第103页。
② 薛应旂：《方山先生文录》卷九《泰泉诗集序》，盛宣怀、缪荃孙编《常州先哲遗书》第10册，第115～116页。
③ 吕柟：《泾野子内篇》卷一，中华书局，1992，第6页。

一为古诗乐府即如曹、刘、阮、谢，一为赋记序书即如屈、宋、贾、马，其殆可传也已！泾野曰：惜哉！向使其一为《定性》《订顽》即如程、张，一为《大学》《中庸》即如曾、思，不尤愈乎？"① 以婉转的方式表达了对"前七子"论诗忽视理学的不满。具体到诗学主张，"前七子"强调法式，注重格调，理学家就以诗"道性情""吟咏性情"予以反驳。如吴廷翰《郭子章集序》云：

> 其古选高雅浑厚，出入汉魏；近律亦微婉疏畅，不落蹊径；而绝句清新俊逸，尤有风致。然皆忧思所感，故郁而为凄清，激而为壮烈，绎而为纤徐，放而为弘亮，莫不有忧思之道焉。夫其性情真，故词旨畅，而音节茂，趣味完，有三百篇之遗音矣。诗自三百篇后，唯汉魏为近古，唐次之，余无称焉。我朝力追古作，含腴漱芳，摘奇捃胜，沨沨乎盛矣！若嚅哜之深，搜剔之富，镕铸之工，摸放之真，直欲溯唐人而上之，比于汉魏。然而于诗道似犹有间焉。亡其以性情失真，则词旨不达，音节繁而趣味薄，君子谓诗之缺也。故曰：诗以道性情。斯集庶其近之。②

吴廷翰所谓的"诗道"，强调的是诗歌的道德内涵以及与之相关的教化功能。他所倡言的"性情真"，并非晚明人通常关注的私生活情趣，而是传统儒家所谓的道德情感。

和嘉靖前期的理学家一样，唐顺之、王慎中等人也是由于究心理学而对邵雍、陈献章、庄昶等人的诗学理论发生兴趣。王世贞论及唐顺之的诗学历程，曾做过如下评述：

> 近时毗陵一士大夫，始刻意初唐，精华之语，亦既斐然。中年忽自窜入恶道，至有"味为补虚一试肉，事求如意屡生嗔"，又"若过颜氏十四岁，便了王孙一裸身"，又咏疾则"几月囊疣是雨淫"，阅箭

---

① 欧阳德：《题方山文录》，盛宣怀、缪荃孙编《常州先哲遗书》第 10 册，第 1 页。
② 吴廷翰著，容肇祖点校《吴廷翰集·文集》卷上，第 273 页。

则"箭箭齐奔月儿里"，角力则"一撒满身都是手"，食物则"别换人间蒜蜜肠"等语，遂不减定山"沙边鸟共天机语，担上梅挑太极行"，为词林笑端。①

王世贞所谓的"毗陵一士大夫"，即指唐顺之而言。王氏所批评唐顺之"窜入恶道"的那些诗句，分别出自《囊痈卧病作三首》《有相士谓余四十六岁且死者，诗以自笑……然则死生讵足为大哉》等篇②。唐顺之对后期作诗入理学一派的评判毫不否认，还颇为得意地称之为"僻见"。唐顺之《与王遵岩参政》云：

> 近来有一僻见，以为三代以下之文未有如南丰，三代以下之诗未有如康节者。然文莫如南丰，则兄知之矣。诗莫如康节，则虽兄亦且大笑。此非迂头巾论道之说。盖以为诗思精妙，语奇格高，诚未有如康节者。知康节诗者，莫如白沙翁，其言曰："子美诗之圣，尧夫更别传。后来操翰者，二妙罕能兼。"此犹是二影子之见。康节以煅炼入平淡，亦可谓语不惊人死不休者矣，何待兼子美而后为工哉？古今诗，庶几康节者，独寒山、靖节二老翁耳，亦未见如康节之工也。兄如以此言为痴迂，则吾近来事事痴迂，大率类此耳。③

这封信约写于嘉靖二十一年（1542）前后。在信中，唐顺之提出了"三代以下之诗未有如康节者"的看法。在他看来，邵雍之诗具有精妙的思虑、独特而个性的语言、高亢的格调，看似平淡之极，实是经过了反复的推敲琢磨。所有这些，其他诗人即便具备，也没有达到邵雍的高度。在给皇甫汸的信中，唐顺之又重申了自己的这一看法。唐顺之《答皇甫百泉郎中》云：

① 此据陈田《明诗纪事》戊签卷九"唐顺之"条所引《艺苑卮言》（第 3 册，上海古籍出版社，1993，第 1535 页），《历代诗话续编》本未见此条。
② 参见唐顺之《荆川集》卷三，《景印文渊阁四库全书》第 1276 册，第 226 页。其中，"几月囊疣是雨淫"为《囊痈卧病作三首》（其一）诗句，《重刊荆川先生文集》作"几岁悬疣是雨淫"。
③ 唐顺之：《荆川文集》卷七，《四部丛刊》第 4 册，第 14 页。

仆之懒病而废学也，其亦久矣。艺苑之门，久已扫迹，虽或意到
处作一两诗，及世缘不得已作一两篇应酬文字，率鄙陋无一足观者。
其为诗也，率意信口，不调不格，大率似以寒山、击壤为宗而欲摹效
之，而又不能摹效之然者。其于文也，大率所谓宋头巾气习，求一秦
字汉语，了不可得。凡此皆不为好古之士所喜，而亦自笑其迂拙而无
成也。追思向日请教于兄，诗必唐、文必秦与汉云云者，则已茫然如
隔世事，亦自不省其为何语矣。①

皇甫百泉即皇甫汸，与唐顺之均为嘉靖八年（1529）进士。唐顺之说
自己曾向皇甫汸请教诗文作法，皇甫汸告以诗必盛唐，文必秦汉，此当在
二人考中进士之初，后来皇甫汸已经改主中唐诗风。在给皇甫汸的回信
中，唐顺之对自己近来的诗文创作进行了简单的概括：诗歌大多信口而
作，不事锻炼雕琢，以唐代诗僧寒山和宋代理学家邵雍为学习对象；文章
也主要以宋代理学家为学习的典范。"头巾气习"是明人批评宋代理学家
的惯用语，唐顺之将理学家作为自己学习的典范，表明他在后期创作中已
经转换了身份：把自己当成理学家而不是纯粹的文人。

文学家注重意象的优美，辞藻的华丽精工，理学家关注的则是理道
的传播，至于诗文，只要意思能够表达清楚就可以了。因此在论到怎样
作诗时，理学家通常的看法是诗应当直抒胸臆、信笔而作。邵雍、朱熹
在论及诗文创作时，都持这一看法。唐顺之在由文学转向理学之后，诗
学主张也随之与邵雍、朱熹等人靠近。他在《与洪方洲书》（其二）中这
样写道："近来觉得诗文一事，只是直写胸臆，如谚语所谓开口见喉咙者，
使后人读之，如真见其面目，瑜瑕俱不容掩，所谓本色，此为上乘文
字。"② 唐顺之《巽峰林侯口义序》亦云："心之不能离乎经，犹经之不能
离乎心也。自吾心之无所待，而忽然有兴，则《诗》之咏歌《关雎》《猗
那》之篇，已随吾心而森然形矣。是兴固不能离乎诗矣。然自其读诗而有
得也，未尝不恍然神游乎《关雎》《猗那》之间，相与倡和乎虞廷周庙，

---

① 唐顺之：《荆川集》卷四，《景印文渊阁四库全书》第 1276 册，第 269~270 页。
② 唐顺之：《重刊荆川先生文集》卷七，《四部丛刊初编》第 1584 册，商务印书馆，1922，
第 12 页。

而不知肤理血脉之融然以液也。则是学诗之时固已兴矣，非既学诗而后反求所以兴也。"① 他的这些看法，在某种程度上启发了李维桢、屠隆等人的"性情说""本色论"以及公安派、性灵派的某些诗学主张。

余 论

诗人与儒者之分，从根本上来说是该不该以"儒"、以"理"入诗的问题。对此，曹端（1376～1434）的看法是：写诗是诗人的特权，而儒者应该关注大众的思想道德观念。据《曹月川集》附录《年谱》记载，曹端五十四岁时，"西安太守郭巨成暨谢琚，相从于浐、灞之间，谈诗马上。郭曰：'古人云：吟成五字句，用破一片心。'琚曰：'古人云：吟成五字句，心从天外归。'先生应曰：'可惜一片心，用在五字上。'盖恐学者溺于诗文，不务义理，故发此。须臾曰：'古人文人自是文人，诗人自是诗人，儒者自是儒者，今人欲兼之，是以不能工也。贤辈文无求奇，诗无求巧，以奇巧而为诗文，则必穿凿谬妄，而不得其实者多矣，不若平实简淡为可尚也。'"② 曹端是主张诗、儒分家的。在他看来，不但"儒者之诗"不可取，而且儒者根本就不应该去作诗。但他主张作诗"平实简淡"，而不当求奇求巧，显然是以儒者的标准去要求诗人的。

由宋元明时期诗、儒分合关系论说的展开来看，其都与各时期诗歌内部的变革密不可分，而又往往都立足于诗史谱系的重新建构。如朱熹《答巩仲至》云："顷年学道未能专一之时，亦尝间考诗之原委，因知古今之诗凡有三变。盖自《书》《传》所记虞夏以来，下及魏晋，自为一等。自晋宋间颜、谢以后，下及唐初，自为一等。自沈、宋以后，定著律诗，下及今日，又为一等。然自唐初以前，其为诗者固有高下，而法犹未变。至律诗出，而后诗之与法，始皆大变。以至今日，益巧益密，而无复古人之风矣。故尝妄欲抄取经史诸书所载韵语，下及文选汉魏古词，以尽乎郭景纯、陶渊明之所作，自为一编，而附于三百篇、楚辞之后，以为诗之根本

① 唐顺之：《荆川集》卷六，《景印文渊阁四库全书》第 1276 册，第 315 页。
② 曹端：《曹月川集》"附录"，《文渊阁四库全书》第 1243 册，第 18～29 页。

准则。又于其下二等之中，择其近于古者，各为一编以为之羽翼舆卫。其不合者，则悉去之，不使其接于吾之耳目，而入于吾之胸次。要使方寸之中，无一字世俗言语意思，则其为诗，不期于高远而自高远矣。"① 由此可以看出，朱熹的用意是通过对诗史演变予以重新认识（"古今之诗凡有三变"），建构不同的诗歌典范（"经史诸书所载韵语，下及文选汉魏古词，以尽乎郭景纯、陶渊明之所作"），从而为当下的诗歌创作提供新的思想、文本资源，并以此为基础写出具有高远意境的诗歌作品。后来真德秀编《文章正宗》，"惟虞夏二歌与三百五篇不录外，自余皆以文公（即朱熹）之言为准而拔其尤者，列之此编。律诗虽工，亦不得与"②，进一步确立了在理学家视野中被作为诗史典范的作品谱系。

宋元明时期理学家关于以理入诗、以诗论道问题的论述，是站在儒者立场对诗歌表达内容所做的规约，因而难免会引来以诗为本位的批评家的反驳。明人胡应麟在谈到诗、儒问题时，表达了与宋濂等理学家相反的看法。《唐音癸签》卷二引胡应麟语云："曰仙曰禅，皆诗中本色，惟儒生气象，一毫不得著诗；儒者言语，一字不可入诗。"③ 这显然是要为诗人和儒者划出严格界限。其言外之意是说，一个真正的儒者是写不出好诗的。维柯在《新科学》中表达了相似的看法："按照诗的本性，任何人都不可能同时既是高明的诗人，又是高明的玄学家，因为玄学要把心智从各种感官方面抽开，而诗的功能却把整个心灵沉浸到感官里去；玄学飞向共相，而诗的功能却要深深地沉浸到殊相里去。"④ 宋元明时期诗儒分合观念的演变及其在诗歌创作方面的实践，是理学家试图融合诗人、儒者两种身份的尝试与努力，是该时期诗史发展多面、历史形态丰富的一种体现。至于其理论批评的价值及诗歌创作的实绩，则须放在中国诗歌批评史和诗史演进的历史语境中做综合考量。

（本文原为《明代复古的众声与别调》第五章，中华书局，2021）

---

① 朱熹：《晦庵先生朱文公文集》卷六四，《朱子全书》第 23 册，第 3095 页。
② 真德秀：《西山先生真文忠公文章正宗》，《景印文渊阁四库全书》第 1355 册，第 7 页。
③ 胡震亨：《唐音癸签》，上海古籍出版社，1981，第 13 页。
④ 〔意〕维柯：《新科学》第 3 卷，朱光潜译，商务印书馆，1989，第 458 页。

何处是江南：明清《江南春》唱和
与江南文人的身份认同

汤志波*

内容提要　元末明初倪瓒作《江南春》三首，明清以来百余人参与追和，成为江南文坛一大盛事。在嘉靖间的集体唱和中，"江南"主要指向苏州，这体现了作者的地域认同，也是苏州崛起成为江南代表城市的展现。"江南"又寓意故乡，身处故乡的江南文人在唱和中不断想象"他乡"，实则是对"仕"或"隐"的身份抉择与认同。在明末清初的追和中，繁华鼎盛的江南变成"残山剩水"，"江南"更多指向寓意故国的南京，这体现了作者对"明遗民"的身份认同。清中后期的和作则多是描绘羁旅中的异乡风景而怀念"江南"，在故乡认同下《江南春》唱和形成了有意味的回归。

关键词　《江南春》　吴中文坛　明遗民　身份认同

引　言

"何处是江南"是史学界争论不休的话题，对于"江南"地域的界定，学界或从经济史角度出发，或从文化史范围探讨，向来未有统一的看法。明代文献中的"江南"往往指苏、松、常、嘉、湖五府所在的地区[①]；今

---

*　汤志波，华东师范大学中文系副教授，曾发表论文《由诗到词：明清〈江南春〉唱和与文体误读》等。

①　如丘濬《大学衍义补》卷二四："东南，财赋之渊薮也。……苏、松、常、嘉、湖五郡又居两浙十九也。"（《景印文渊阁四库全书》第712册，台湾商务印书馆，1983，第336页）郑晓《今言》卷三："又有江南常、苏、松、嘉、湖白粮十八万八百六十余石。"（中华书局，1997，第139页）

人徐茂明在"五府"基础上又加上杭州及从苏州府划分出来的太仓直隶州，认为"六府一州"为明清江南的范围①；李伯重则认为"江南"应包括现今的苏南、浙北，即明清时期的苏州、松江、常州、镇江、江宁、杭州、嘉兴、湖州八府②；周振鹤认为扬州虽在江北，代表的却是江南文化，故扬州也应纳入江南范围。"江南"是一个变动的历史概念，综而言之，明清时期狭义的江南仅指太湖流域，广义的江南则有"八府""九府"之说。从文学史角度看，南京、扬州、杭州、苏州都曾先后是江南城市的代表，杜牧千古名句"千里莺啼绿映红，水村山郭酒旗风"是写南京；白居易"江南好，风景旧曾谙"涉及杭州、苏州，同样脍炙人口。元末明初，倪瓒作古诗《江南春》三首，描摹江南春景，抒发家国之怀：

汀洲夜雨生芦笋，日出瞳昽帘幕静。惊禽蹴破杏花烟，陌上东风吹鬌影。

远江摇曙剑光冷，辘轳水咽青苔井。落花飞燕触衣巾，沉香火微萦绿尘。

春风颠，春雨急，清泪泓泓江竹湿。落花辞枝悔何及，丝桐哀鸣乱朱碧。嗟我胡为去乡邑，相如家徒四壁立。柳花入水化绿萍，风波浩荡心忪营。③

明弘治间，吴中许国用得倪瓒手稿，沈周、祝允明、杨循吉、徐祯卿、文徵明、唐寅、蔡羽等人陆续追和。约嘉靖初，倪瓒旧稿及沈周等人和作转为袁袠所得，文徵明、仇英分别为之补图，袁氏邀请友朋欣赏唱和，形成首次追和高潮，并在嘉靖间结集编刻成《江南春》一卷，收录五

---

① 参见徐茂明《江南的历史内涵与区域变迁》，《史林》2002年第3期。
② 参见李伯重《简论"江南地区"的界定》，《中国社会经济史研究》1991年第1期。
③ 沈周等：《江南春》，《四库全书存目丛书》集部第292册，齐鲁书社，1997，第378页。以下所引《江南春》凡出于此书者，不再注明出处。

十位江南文人和作八十五首①。由于《江南春》唱和主要通过书画传播，且《江南春图卷》已有多幅同时流传，所以唱和也不再是单线进行，万历间朱之蕃亦据所见《江南春》抄录并增入续和，与嘉靖本互有增删，学界称之为"万历本"。约康熙初，文徵明补图之《江南春图卷》转为翁澍所得，翁氏又广邀江南文人追和并结集刊刻，这是继嘉靖后又一次大规模集中唱和，惜翁氏刻本今已亡佚，但尚能辑得十余家作品。此后清代还有董元恺、周金然、彭桂、孙致弥、陈祥裔、韦佩金、黄丕烈、孙尔准、许锷、徐廷华、潘遵祁、翁同龢、金武祥等多家追和，道光间邓廷桢、光绪间金武祥两次刊刻，但均是辑佚零散和作，再未能组织大规模集体唱和②。《江南春》唱和从明弘治间延续至清末，可以说是文坛一大盛事。

"身份认同"（identity）是西方文化研究中的重要论题，社会学中的身份认同，主要考察个人与特定社会文化的认同，即主体对其身份或角色的合法性的确认，对身份或角色的共识及这种共识对社会关系的影响③。江南文人唱和《江南春》活动中有意无意对江南具体城市的凸显，实则是对其作为江南人的自身角色认同，也是对江南文化的认同。本文从《江南春》唱和活动中"何处是江南"切入，通过分析"江南"的具体地域指向，进一步探讨江南文人心态及其身份认同。

一 "繁华雄甲他邦邑"：苏州与南京

"江南春"，顾名思义就是写江南的春景。无锡人倪瓒晚年抛家舍业，足迹遍及江阴、宜兴、常州、吴江、湖州、嘉兴、松江等环太湖一带，其首唱《江南春》中"汀洲夜雨""辘轳青苔"均是典型的江南意象，并未指明"江南"具体地域范围。与倪瓒不同，后人在追和《江南春》时更喜

---

① 倪瓒所作古诗三首，沈周等人将其视为两首整体追和，后又演变成词一阕，且不同作者将其视为诗或词的情况也不一致。本文为行文方便，对应倪瓒原作三首统称"一首"或"一阕"。关于《江南春》的文体演变过程，参见拙文《由诗到词：明清〈江南春〉唱和与文体误读》，《文艺理论研究》2017 年第 6 期。

② 参见拙文《〈江南春词〉版本考》，载《北京大学中国古文献研究中心集刊》第 14 辑，北京大学出版社，2015。

③ 参见陶家俊《身份认同导论》，《外国文学》2004 年第 2 期。

欢凸显出具体的城市，尤其是苏州。首先是直接点明苏州，或用"长洲""吴江"等地名，或用"茂苑""清嘉"等美称。如沈周"故苑长洲改新邑"、陆治"长洲尽是吴都邑"、沈应魁"茂苑长洲旧都邑"均直言长洲。长洲曾是吴王阖闾游猎处，唐代置县，至明代已成为苏州中心，诗中也多写其繁华。"太湖三江"之一的"吴江"也经常出现，如沈周"江南画船画不及，吴江篾楼纱幕碧"、王问"吴江边，春潮急，尺鳞欲寄愁缄湿"。再如袁袠"吴趋夹道起朱甍，千枝火树摇灯影"，吴趋原指苏州阊门一代，后代指苏州。彭年"啼莺迟，飞燕急，茂苑烟光翠如湿"，"茂苑"原是长洲别称，后亦成为苏州代称。西晋陆机《吴趋行》"山泽多藏育，土风清且嘉"[1] 传播甚广，"清嘉"也成为苏州的美称，杨循吉"风土清嘉古都邑，太平熙熙时道立"即是写苏州之繁盛。其次是不断追忆苏州历史与乡贤，如周天球 "泰伯虞仲经营邑，踌躇搔首风前立"[2] 追溯吴国创立者、最早的君主泰伯和虞仲；袁袠"吴王昔日为都邑"、文伯仁"姑胥馆娃在吴邑"则是回忆吴王阖闾建城的辉煌；胡佑"范相祠堂春日静"也有追忆北宋乡贤范仲淹之意。最后是多描绘苏州自然人文景观，小到红桥、百花洲，大到五湖、七十二峰，不再一一举例。而更多的则是将历史、自然景观相结合，如文彭"虎丘不见紫玉魂，石湖曾照西施影"将历史人物紫玉、西施与风景名胜虎丘、石湖等巧妙联系起来描绘苏州。

《江南春》唱和中对苏州的凸显，表面上看是因唱和始自苏州，作者绝大部分是苏州人，但背后隐藏的却是作者对自己作为苏州人的身份认同。面对优美的自然风光、深厚的历史文化底蕴，有着共同生活体验的诗人形成了一种"思想共识"：苏州即江南。或者说，苏州才是江南的代表。在他们眼中，苏州已远超江南其他郡县，是当之无愧的江南之冠：

> 繁华雄甲他邦邑，卖花园子沿街立。（沈荆石）
>
> 吴中自古称雄邑，阛阓豪华市多立。（陆川）

---

① 陆机：《吴趋行》，陆机著，杨明校笺《陆机集校笺》上册，上海古籍出版社，2016，第385页。

② 周天球：《江南春》，载郁逢庆《书画题跋记》卷一一，《景印文渊阁四库全书》第816册，第748页。

　　　　吴趋自昔夸雄邑，垆头唤客佳人立。（胡佑）

　　　　灵岩虎丘甲他邑，千朵芙蓉玉鳌立。（袁褧）

　　　　锦城自古夸吴邑，十二青螺倚云立。（孙楼）①

　　所以苏州文人在书写"江南春"时，自然而然地将之替换成苏州之春。苏州经济自中唐后迅速自太湖流域脱颖而出，号称"江南第一雄州"②。虽然在明初一度遭受打击，但至嘉靖时已全面恢复，当时苏州经济之繁荣，袁褧在《江南春词序》中有详细记载："江海沟渎，既多沃溉；冈峦坟衍，实繁生殖。赋贡雄于九服，货财流于五方。……加以皇图晏宁，户版蕃滋，闾阎栉比，构宇绮错。既庶既富，颇涉华奢。……闾阖天门，尘嚣阛市；虎丘灵界，踵接岩阿。"③ 随着大运河的衰落及南宋灭亡，扬州、杭州作为江南代表城市的地位也逐渐为苏州所取代，苏州既是朝廷的赋税重镇，也是著名的文化中心，苏州文人自豪地说"天下惟东南为最，东南惟吴会为最"④，唐寅《阊门即事》云："世间乐土是吴中，中有阊门更擅雄。翠袖三千楼上下，黄金百万水西东。五更市卖何曾绝，四远方言总不同。若使画师描作画，画师应道画难工。"⑤ "四远方言"表明全国各地人会集于此，苏州文人的自豪感也从诗中可见一斑。

　　《江南春》中的江南虽以苏州为主，但也偶尔涉及其他城市，尤其是唱和延续至南京后⑥，南京文人开始书写金陵，如顾璘"金陵由来号都邑，

---

① 孙楼：《刻孙百川先生文集》卷一二《江南春次倪云林韵》，《四库全书存目丛书》集部第112册，第721页。

② 参见刘丽《"江南第一雄州"的形成——从财赋能力看中唐以后苏州的崛起》，《江西社会科学》2010年第12期。

③ 袁褧：《衡藩重刻胥台先生集》卷一四《江南春词序》，《四库全书存目丛书》集部第86册，第588页。

④ 阎秀卿：《吴郡二科志》，文震孟等撰，陈其弟点校，苏州市地方志办公室编《吴中小志续编》，广陵书社，2013，第199页。

⑤ 唐寅：《阊门即事》，唐寅著，周道振、张月尊辑校《唐寅集》，上海古籍出版社，2015，第28页。

⑥ 洪武元年（1368）朱元璋罢行省、设南京，周围归其管辖的府有十七个，元代河南江北行省东半部及江浙行省北部尽归其下。洪武、洪熙间两度改为京师，正统六年（1441）复改为南京，历史上又称为"南直隶"（参见郭红、靳润成《中国行政区划通史·明代卷》，复旦大学出版社，2007，第36页）。本文为行文方便，所言"南京"或"金陵"，一般是指南京（南直隶）下辖的应天府。

九陌亭亭酒旗立"、顾岵"杏花着雨香魂冷，留都富贵阆乡井"突出南京
作为留都的繁华富贵；景霁"青龙白鹭雄都邑，秣陵形胜犹屹立"夸耀南
京的青龙山、白鹭洲等山水风景；顾源"及时游赏谁能及，六朝陵树烟空
碧"、陈时亿"香车宝马相催及，六朝梵宇空丹碧"则是写南京作为六朝
古都的历史底蕴。随着南京文人唱和的增多，苏州文人也开始在《江南
春》中写金陵，如袁褧："暖风澹荡飘绣巾，追践吴宫香路尘。……江南
佳丽皇都邑，桃叶牵情渡头立。"前言苏州，后写南京，两者合指江南，
也体现了苏州文人对留都南京的认同。苏州、南京之外文人对"江南"的
具体指向更值得探讨，如松江华亭人张之象和云：

> 春事多，春期急，九峰烟雨青如湿。平原校猎时将及，五茸城头
> 芳草碧。华亭本是江南邑，机云才名千古立。英贤已去耿飘萍，满目
> 韶光何所营。

与苏州文人、金陵文人一样，张之象所写"江南"亦是自己的故乡，
"九峰"是松江境内十几座小山丘的总称，"五茸城"曾是春秋时吴王的猎
场，后松江也被称为"茸城"。松江府在地理范围上属于"江南"没有争
议，但与经济文化繁盛的苏州或南京相比，并无多少可资夸耀之处①，所
以诗中强调华亭"本是"江南邑，松江文人只能通过追溯历史上的文化名
人陆机、陆云来增强松江在江南的归属感，与夸耀苏州的"灵岩虎丘甲他
邑"形成了鲜明对照。

《江南春》首唱者倪瓒是无锡人，但后来无锡的追和者无一提及故乡，
如王问写杭州："十竹轩中吏隐身，九龙山下支筇影。"清代孙尔准写苏州
与南京："响屧声销画廊冷，桃花乱落燕支井。"② 而扬州人朱曰藩和曰：
"横塘初日揭沉烟，妆楼照见吴姬影。……西湖鹢首转流萍，日暮归来抱

---

① 松江市面曾以被称为"小苏州"为荣（参见王家范《从苏州到上海：区域整体研究的视
　界》，《明清江南史丛稿》，三联书店，2018，第 80 页）。
② 孙尔准：《泰云堂诗集》卷一〇《江南春和倪高士韵为吴伯人题画》，《清代诗文集汇编》
　第 497 册，上海古籍出版社，2010，第 228 页。

剑营。"① 前者"横塘""吴姬"是指苏州，后者"西湖""抱剑营"则写杭州。嘉定人李流芳和云："天平山头石如笋，松阴落日游人静。射渎千帆曳练光，胥山万水留寒影。……春水生，春潮急，西泠渡头莎岸湿。"②同样前写苏州，后写杭州，均是以吴越代指江南。可以看出，除苏州、南京文人因对自己的故乡有较多自豪感而书写故乡外，其他地域的文人已很少书写故乡，多是以苏宁或苏杭来代指江南。

综上可知，《江南春》中的"江南"所指以苏州最多，南京次之，杭州、松江等地偶有涉及③，但扬州、无锡、镇江、湖州等城市已在《江南春》中销声匿迹。查清华在讨论中晚明江南城市化进程时指出："江南地区的城市结构，唐代以扬州为中心，宋代以杭州为中心，中晚明则以苏州为核心、杭州和南京为辅翼、周边各中小城市为圈属。"④ 梅新林、陈玉兰在分析江南文学意象时也认为："（江南的意象空间）就总体趋势观之，多聚焦于长江三角洲地带，尤其以环太湖流域的金陵苏杭为核心区域。"⑤ 均与《江南春》中的地域指向契合。江南文化认同早在南北朝时期就已经形成，明代的江南已是全国的赋税重地、人文渊薮，江南文人的优越感自不待言⑥，苏州则又是新崛起的江南城市之代表，《江南春》唱和中对苏州的凸显、对"吴中自古称雄邑"的自信与自豪，是作者对"苏州人"的身份认同之彰显；《江南春》唱和中"江南"地域范围的扩大，也是南京、松江等地文人对自己作为"江南人"的身份认同之体现。

---

① 朱日藩：《山带阁集》卷一五《江南春和倪云林二首》，《四库全书存目丛书》集部第 110 册，第 142 页。

② 李流芳：《江南春·次倪元镇韵二首》，嘉定区地方志办公室编，陶继明、王光乾校注《嘉定李流芳全集》，上海古籍出版社，2013，第 80 页。

③ 以嘉靖刻本《江南春》为例统计，写苏州的二十三首，写南京的七首，写杭州、松江的各一首。"吴洲""都邑"等虚指苏州或南京的不计在内。

④ 查清华：《中晚明江南城市化进程与诗文的新变》，《学术月刊》2008 年第 8 期。

⑤ 梅新林、陈玉兰：《江南文化世家研究丛书总序》，载杨昇《长洲文氏文化世家研究》，中国社会科学出版社，2013，第 6 页。

⑥ 关于明代江南士人的文化优越感，参见陈江《明代中后期的江南社会与社会生活》，上海社会科学院出版社，2006，第 49~53 页。

二 "莫恋彤墀细柳营"：故乡与他乡

上已论及，江南文人唱和中的"江南"多是自己的故乡，如长洲人沈周、彭年、陆治多喜欢点明长洲，而吴县的唐寅等人更愿用吴县的名胜西施井、馆娃宫来写江南；南京顾璘、陈沂等人笔下的江南是金陵，而华亭人张之象则写松江，"江南春"已变成故乡之春。其实从倪瓒首唱"嗟我胡为去乡邑"开始，《江南春》就被奠定了"思乡"的基调，这种基调在追和中不断被强化，如王伯稠"雁足何时寄乡邑，灯前梦断千峰立"是与故乡久隔音信；文徵明"王孙不归念乡邑，天涯落日凝情立"、汤承彝"荡子何为去乡邑，沉吟不语空自立"① 均是辞家远游之人怀念故乡。袁裒"江南原是侬乡邑，伤情日落江头立"更是直接指明了主旨：无论"王孙"还是"荡子"，其所思念的"故乡"，就是魂牵梦绕的江南，江南已与故乡紧密联系在一起。

与"故乡"相对的是"他乡"。江南文人追和《江南春》，多是借女子口吻作闺怨诗，怀念远在他乡的丈夫。"他乡"有时是京城，如祝允明"北都相将宴樱笋，忘却闺人绿窗静"。樱笋宴即朝宴，出仕在北京的江南文人享受着朝廷盛馔，忘却了远在家乡的妻子。王问"暗将珠泪浥香巾，无端思入京华尘"、金世龙"夜阑花影侵衣巾，香罗不惹帝京尘"均是写妻子思念远在"京华"或"帝京"的良人，岳岱"宕子离家去京邑，遥山遮人翠屏立"则直言荡子已经离开故乡奔赴京城。"他乡"也有军营，试举以下例句：

空帷寂寂悬青萍，谁能持寄并州营。（祝允明）
妾身愿作清江萍，随流直到辽阳营。（黄寿丘）
浮生碌碌如流萍，老大栖迟细柳营。（景霁）
玉关草色上青萍，春光应到国西营。（陆师道）

---

① 汤承彝：《江南春》，吴定璋辑《七十二峰足征集》卷八七，《四库全书存目丛书补编》第44册，齐鲁书社，2002，第285页。

　　嗟哉荡子真浮萍，何年得返征西营。（袁梦麟）

　　还题红叶托浮萍，乘流寄到关西营。（袁梦鲤）

　　杨花浮踪化为萍，似君飘泊并州营。（张凤翼）

　　征妇思念之人既有在西北的"国西营""玉门关"的，也有在东北的"辽阳营"的，其实这均是边疆的象征。值得注意的是，嘉靖间江南文人在唱和《江南春》时均身处江南，却通过怨女思妇之口，不断想象边塞与京城指向的"他乡"，不难看出，"他乡"寄寓着与故乡隐居相对的仕途功名之意。朱之蕃"须信浮生聚散萍，莫恋彤墀细柳营"① 将京城（彤墀）与边塞（细柳营）联系起来，"他乡"的寓意更是昭然若揭。明清江南科第之盛世所共睹，据相关统计，明代七分之一强的进士、近四分之一的状元出自江南②。嘉靖本《江南春》作者五十人中，除了首和者沈周终身隐居不仕外，其他文人均有科举仕宦经历，如杨循吉、徐祯卿、王守、王谷祥、钱籍、皇甫涍、袁褧、袁袠、陆师道、金世龙、陈沂、顾璘、王问、张意、袁尊尼等十余人均是进士出身，其中也不乏仕途显赫者。但更多的人并未如此幸运，蹉跎科场、屡试不售者大有人在，如唐寅早年曾举南直隶乡试第一，次年因科举案牵连而被贬为吏，从此一蹶不振。文徵明十试不售，五十四岁时方以荐入翰林院，为从九品的待诏。兄弟之间科举功名也有天壤之别，如王守举进士第，官至南院右副都御史；而其弟王宠凡八应乡试不利，最后以贡礼部卒业，试太学，又见斥。在科举充满压力的大背景下，江南士人对功名的渴望与失望交织在一起，于《江南春》唱和中有意无意地透露出来。

　　《江南春》中的"故乡"与"他乡"意象，折射出江南文人对隐或仕的身份抉择与认同。儒家士人群体追求"学而优则仕"，在修身齐家之后，还要实现治国平天下的愿望。如果说以京城与边塞为代表的"他乡"意象在表达作者对出仕的渴望方面尚属隐晦，那么直言"功名"就可以更加清楚地看出他们对"仕"的认同。正德十二年（1517）唐寅和《江南春》

---

① 朱之蕃：《江南春》，朱之蕃辑《江南春词集》卷一，清道光间邓廷桢粤刻本，第29b 页。

② 参见范金民《明清江南进士数量、地域分布及其特色分析》，《南京大学学报》1997 年第2 期；吴宣德《明代进士的地理分布》，香港中文大学出版社，2009。

"低头照井脱纱巾，惊看白发已如尘"，看到自己白发如霜，尘土满面，他发出"少年已去追不及，仰看乌没天凝碧。铸鼎铭钟封爵邑，功名让与英雄立"的哀叹。是年唐寅四十八岁，离"科场案"已近二十年，仍对当年的科场功名不能忘怀，将功名"让与"他人，实是无奈之举。晚明李流芳和曰："阖闾勾践空城邑，男儿功名几时立？"① 也显露出对功业未就的焦灼心态。科举仕途竞争激烈，能在京城做官的只是少数，因而作者将建功立业的愿望转向了边塞。这里需要注意的是唱和中频繁出现的"青萍"意象。青萍既是浮萍的别称，也另有宝剑之意，后进一步喻作军权，所以多被用作在边疆建功立业的象征。如嘉靖十六年（1537）陈沂和云："摩挲醉眼看青萍，人生何必徒营营。"陈沂会试五试不售，直至四十八岁方中进士，官至山西行太仆卿。《江南春》作于其致仕居家期间，虽然已是垂垂暮年，但他仍想象在边塞建立一番功业的情形。王逢元和曰："生居上游旧京邑，白首修名惭未立。鹈膏何日拂青萍，坐视犲虎纷营营。"王逢元是南京太仆寺少卿王韦之子，虽出身于显宦人家，但自身功名不彰，其诗中既有对自己功名未就的惭愧，也有擦拭宝剑、重新建功立业之意愿。再如马淮"腰间宝气浮青萍，寒茫射斗惊天营"、沈大谟"千古繁华旧都邑，年少英名几人立。吴儿意气佩青萍，欲为君王破虏营"，两人虽然生平不详，但诗中对出仕进而建功立业之身份认同的意图指向自不待言。

《江南春》唱和中不仅有对功名的追求，也有对归隐的向往。当建功立业、封妻荫子的雄心壮志被消磨后，江南文人对当年为之碌碌奔波的功名也产生了怀疑。如彭年"春江万里一飘萍，游梁事楚将何营"、恽釜"吁嗟聚散等浮萍，封侯作客何营营"②。人生如同浮萍飘转不定，劳而不休的"游梁事楚""封侯作客"的生活意义何在？尤其是看到政治的历代兴废，他们更加深了这种疑问，如袁衮"豪华一去悲流萍，千秋霸业徒经营"、金世龙"兴亡千古竟流萍，笑问君兮何所营"、顾闻"韶华千载俱云萍，月明何处吴王营"等。所以《江南春》中多有表达归隐之意，并想象隐居后的生活的作品，如皇甫涥："柴车日暮不堪巾，对此犹伤京

---

① 李流芳：《江南春·次倪元镇韵二首》，《嘉定李流芳全集》，第 80 页。
② 恽釜：《溪堂集》卷二《江南春》，转引自周明初《〈全明词〉续补（三）——台湾所藏珍稀本明人别集所辑明词之三》，《徐州工程学院学报》2014 年第 4 期。

洛尘。……得失谁论万家邑，世上浮名有时立。写成《招隐》寄流萍，轻
条密叶为君营。"皇甫涍是嘉靖十一年（1532）进士，官至刑部员外郎、
浙江按察司金事。诗中化用陆机《招隐》"轻条象云构，密叶成翠幄"①，
表达对隐士的向往。文徵明长子文彭亦屡试不第，所和"不须万户封爵
邑，五湖且办如锥立。笑他长价拂青萍，不如菟裘先自营"也有谋划归隐
家居之意。归隐后或选择纵情享乐，如徐祯卿"人生浮体若漂萍，床头斗
酒须自营"、袁裘"人生倏忽感蓬萍，酒钱日日须经营"；或转向求仙问
道，如袁裘"嗟哉浮华浪涌萍，胡不学仙甘世营"、王谷祥"楼船载酒冲
翠萍，仙游汗漫心无营"等，均是典型的隐士生活。

　　儒家士人群体也有"隐"的传统，孔子"用之则行，舍之则藏"、孟
子"达则兼济天下，穷则独善其身"被后代士人奉为处事原则，当江山易
主或仕途不顺时，他们首先会考虑归隐，不食周粟的伯夷、叔齐，不为五
斗米折腰的陶渊明也被认为是隐士之典范。在明代科举竞争激烈的江南，
有屡试不第、蹉跎科场而无奈隐居家乡者，也有进入仕途后趑趄而行、心
生倦意而退隐故乡者。如文徵明自十九岁为邑诸生，十试不售，后以岁贡
荐试吏部，由尚书李充嗣荐为翰林院待诏。但仕后意不自得，即上书乞
归，有诗云："南望吴门是故乡，兴怀山泽意偏伤。一行作吏违心事，千
载《移文》愧草堂。"② 出仕被其认为是"违心事"，甚至梦中都在思念归
乡："中夜思归转缪悠，梦成刚在百花洲。一痕翠霭山围郭，十里红栏水
映楼。雨过邻僧邀看竹，月明仙侣伴吟秋。谁令抛却乡关乐？博得黄尘扑
马头。"③ 表现出强烈的归隐之情。嘉靖九年（1530）文徵明和《江南春》
云："江南谷雨妆残冷，手汲新泉试双井。晚风吹堕白纶巾，醉归不梦东
华尘。""东华"即象征朝廷与权力的东华门，是时文徵明已居家三载，实
现归隐之愿，醉梦中再也不会被官场烦扰。顾起元和曰："谁叫浪迹等飘
萍，江南一望心怔营。"④ 宦途漂泊不定，回望江南时的矛盾与惶恐也可想

---

① 陆机：《招隐》，《陆机集校笺》上册，第 220 页。
② 文徵明：《次韵师陈怀归二首》，文徵明著，周道振辑校《文徵明集》（增订本）上册，
　　上海古籍出版社，2014，第 312 页。
③ 文徵明：《秋夜不寐枕上口占》，《文徵明集》（增订本）上册，第 312 页。
④ 顾起元：《江南春》，《江南春词集》卷一，清道光间邓廷桢粤刻本，第 27b 页。

见。邵圭洁亦和云："嗟哉人生真若萍，不老江南何所营。"① 此时的"江南"不仅是地理意义上的故乡，也是江南文人想象的一种生活方式，《江南春》唱和中的归老江南之想，实际上也是江南文人对隐士身份认同的一种表征。

陈江指出："高度的文化优越感和长期受压制所积累的满腔愤懑，使江南士人的人生态度趋于两个极端。一方面，是更加激发起自尊、自豪的情感，视其地为文脉、道统之所在，从而生出以天下为己任的责任感、使命感。……另一方面，因政治险恶、仕途坎坷而陷于沮丧，深深的失落感使其生出退隐林下的向往。"② 这两种趋向并不是截然分开的，而是往往在同一人身上不同程度地体现出来。如王逢元在感慨"白首修名惭未立"时也说"倒著陶潜漉酒巾，差胜日随肥马尘"；马淮在"腰间宝气浮青萍"的壮志下亦云"眼看飞絮化浮萍，丹炉火暖真仙营"，均是将仕与隐殽杂在一起。王问和云"亦知大隐居廛邑""十竹轩中吏隐身"，"市隐"与"吏隐"也是江南文人对仕与隐的一种调和与融通。罗宗强在论述江南文人心态时指出："他们之中，除少数人仕途较为顺利之外，绝大多数是仕途不得意之人。……一方面，他们仍然离不开士人传统人生道路的选择，以入仕为正途；另一方面，他们又在仕途之外，找到新的人生归宿。""一方面是他们的人生旨趣与官场不合，一方面又总想进入这个与之旨趣不合的官场。传统的观念与世俗人生的现实纠结在他们身上，造成他们复杂的内心境界。"③ 嘉靖间江南商业繁荣，世风也有所变化，士人的出路选择也渐趋多样，唐寅、祝允明、文徵明等人虽然仍以入仕为正途，但最终都归隐江南以书画闻名于世，《江南春》唱和中"故乡"与"他乡"的交织，也是江南文人此种复杂心态的体现。

---

① 邵圭洁：《北虞先生遗文》卷二《江南春用韵》，《四库全书存目丛书》集部第119册，第462页。
② 陈江：《明代中后期的江南社会与社会生活》，第52页。
③ 罗宗强：《明代后期士人心态研究》，南开大学出版社，2006，第163~165页。

三 "半壁江南旧都邑"：故国与新邦

康熙初，吴县人翁澍邀请友人和《江南春》并延请归庄作序，这是继嘉靖后又一次对《江南春》的大规模集中唱和。由于翁澍、归庄等人多是明遗民，所以唱和中也有较多的政治色彩，"江南"更多指向曾经作为都城的南京，寓意也由故乡转变为故国。如翁澍"秣陵春色风烟冷，旧事凄凉景阳井"①，秣陵是南京旧称，景阳井即南朝陈代景阳殿之井，陈后主曾投此井而被隋军所执，如今亡国旧事重演，更显凄凉。南京历史上的六朝兴亡亦被反复提及，如陆世仪"繁华六代嗟何及，石城烟树伤心碧"②，面对云烟缭绕的金陵春景，作者所嗟伤的恐怕不止六代，更多的是对明代繁华消逝的哀悼。黄淳耀"六代兴亡变陵邑，青山无言向人立"③、翁澍"六代兴衰改陵邑，青山无恙巍然立"均是以政事兴亡变迁与青山岿立依旧做对比。席后沆和云：

> 春风江上舒樱笋，江云深锁青山静。虎阜征歌鸟和声，秦淮载酒鱼吞影。繁华转盼成灰冷，翡翠楼台余露井。好取松醪漉葛巾，光阴九十镜中尘。

> 燕剪轻，莺梭急，丝丝雨浥花容湿。六朝往事追何及？惟看江水依然碧。半壁江南旧都邑，勋名枉羡前人立。春去春回江面萍，歌舞场翻戎马营。④

席后沆生平不详，与翁澍交好，当也是明遗民。是篇上阕写苏州（虎

---

① 翁澍：《江南春·追和倪云林原韵有序》，《七十二峰足征集》卷八七，《四库全书存目丛书补编》第 44 册，第 284 页。
② 陆世仪：《桴亭先生诗集》卷九《洞庭翁季霖得倪云林手书〈江南春〉二词，文徵仲补画，一时名彦如启南、昌谷、子畏、希哲诸君子并和之，诚近代书画之冠也。季霖自和其韵，因索和于海内名流，滥及于予，亦附二首》，《续修四库全书》第 1398 册，上海古籍出版社，2003，第 661 页。
③ 黄淳耀：《江南春》，《江南春词集》"续附录"，清光绪间金武祥刻本，第 7a 页。
④ 席后沆：《江南春》，《七十二峰足征集》卷八七，《四库全书存目丛书补编》第 44 册，第 285 页。

阜）与南京（秦淮），借指整个江南，下阕专写南京，原来纵酒欢歌的南京变成战场，意味着大明政权的覆亡。南京不仅是东南半壁江山的门户，也是明王朝洪武元年至永乐十九年（1421）间立国建治、发号施令的中心。朱棣北迁之后，南京作为留都保留了一套大致完整的中央政府机构，成为全国政治次中心、江南的政治核心。尤其是崇祯殉国后，福王朱由崧入主南京建立弘光政权，成为遗民心中复国的一线希望。因此南京在明遗民心中的地位尤其重要，以至成为江南的代表。

明亡后，一群汉族士大夫仍奉明朝正朔，或试图武装抗清，或拒绝出仕新朝，成为明遗民，江南则因其特殊的文化政治和历史地位成为明遗民最集中的地区①。原来《江南春》唱和中繁盛的江南春景，在明遗民笔下变成了"残山剩水"，他们以此不断抒写悼亡怀念与故国记忆。翁澍自序《江南春》云："云林先生《江南春词》，音调清婉，风情恻怆，虽为题柳看桃之作，实有歌禾赋麦之意存焉。……予本恨人，凭今思古，江头燕子，故垒已非；山上蘼芜，春风如旧。肠断繁华之梦，悲逢摇落之辰，抚景兴怀，感随笔集，觉有不容已于中者。"②元末明初倪瓒首唱《江南春》中已有黍离之叹，但至嘉靖间承平日久，唱和中早已看不到故国之思。暮春中清明、上巳、寒食、花朝等节日相继而至，正是江南士女郊游踏青的好时节，热闹繁华的市井生活，成为太平盛世下江南文人的集体记忆。而明末清初，《江南春》的内容风格又为之一变，以侯汸和作为例：

> 新愁旧愁如剥笋，春雨春风白日静。王谢雕梁事已非，乳燕鸣鸠争弄影。灵旗无光宫苔冷，别有香云瞩藻井。龙蛇模糊泪染巾，绣题犹挂开元尘。
>
> 记三江，传火急，淋铃古堞铁衣湿。池塘携手黄泉及，双瞳晶晶波衔碧。有鸟胡不归城邑，满堂狰狞山鬼立。吁嗟结子化为萍，莫话

---

① 高岚据《明遗民录》统计得出，江南文化区范围内的遗民约占遗民总数量的58%（参见高岚《从民族记忆到国家叙事：明清之际（1644—1683）江南汉族文士的文学书写》，四川文艺出版社，2010，第105~106页）。

② 席后沆：《江南春·追和倪云林原韵有序》，《七十二峰足征集》卷八七，《四库全书存目丛书补编》第44册，第284页。

花飞细柳营。①

是篇作于顺治三年（1646），写其伯父侯峒曾抗清之事。嘉靖间《江南春》中的"愁"多是个人私情闲愁，如王谷祥"骢马嘶花去都邑，春情愁见当垆立"、王问"枕上题愁更于邑，起来倚着围屏立"等，而侯泓之愁，则是新仇旧恨交织的国破家亡之愁。同样是静，"城外冶游城里静"与"春雨春风白日静"有着天壤之别，前者安静祥和甚至带有喜庆欢乐，而后者则显得压抑，"白日静"是清军屠城后的死寂之静。清军围攻嘉定时，侯峒曾携其子侯玄演、侯玄洁入城，与乡兵民众共同守城，因突降暴雨，城墙被淋塌。城破后侯峒曾决定与城共存亡，于是祭拜祠堂，带二子投入寓所的叶池自尽，这就是"淋铃古堞铁衣湿""池塘携手黄泉及"两句的来历。"黄泉""山鬼"等意象使全篇风格诡谲，与前期《江南春》中的明快亮丽相比，显得晦涩而又压抑。杨念群指出："清兵南下不但给江南造成了物质文化方面的巨大破毁，而且也极大地影响了江南士人的生活氛围和心理状态。……'残山剩水'的哀思与描摹不仅是一种群体心理的悲情独吟，还可以看作是物质文化层面发生巨大改变的心灵投射。"②

明遗民的《江南春》唱和中，"功名"心态也会直接显露，如席后泓"勋名枉羡前人立"、翁澍"功名悔不当初立"，但均突出"前人"或"当初"，是后悔在明代未能出仕，也是表达拒绝新朝的态度。同样，对在边疆建功立业的期许中多隐含着反清复明之意，如王鏊六世孙王武和曰："勿恋春光守乡邑，勋名须向疆场立。腰下的的双青萍，探取东风细柳营。"③ 此时的"乡邑"与"疆场"已统一，江南正是抗清前线；"细柳营"不再是保护家园的军营，而是要"探取"的对象。陆世仪和云："愁来腰下看青萍，当风不语徒屏营。""当风不语"似也隐含着秘密的反清军

---

① 侯泓：《江南春·谷日入旧宅，时尚为里猎祠神其中》，载蒋景祁辑《瑶华集》卷一六，《续修四库全书》第 1730 册，第 274 页。

② 杨念群：《何处是"江南"？：清朝正统观的确立与士林精神世界的变异》（增订版），三联书店，2017，第 37 页。

③ 王武：《江南春》，《七十二峰足征集》卷八七，《四库全书存目丛书补编》第 44 册，第 285 页。

事行动。在《江南春》唱和中表达拒仕新朝乃至反清复明，是作者对自己"明遗民"身份认同的体现。

随着南明王朝的覆灭，清代统治者也以明朝继承人的身份出现，进京后号称为明帝复仇，将明亡的责任推到李自成军身上，自己则顺理成章地以"救灾恤难"的名义继承了明统。顺治二年（1645）清廷首开乡试，并将中试额扩大到四百名，吸引了大批汉族士人应试。尤其是在顺治十八年（1661）"奏销案"发生后，"游京者始众，其间或取科第，或入资为郎，或拥座谈经，或出参幕府，或落托流离，或立登熙仕，其始皆由沦落不偶之人，既而缙绅子弟与素封之子继之。苟具一才一技者，莫不望国都而奔走，以希遇合焉。亦士风之一变也"①。不仅普通士人的心态有所变化，明遗民也开始分化，康熙十八年（1679）清廷为笼络人心开设博学鸿词科，"于是隐逸之士亦争趋辇毂，惟恐不与"②。之前唱和《江南春》的陈维崧、尤侗、邓汉仪等人均参与了博学鸿词科，孙致弥则参加科举，成为康熙二十七年（1688）进士。孔定芳在评论博学鸿词科时指出："清廷的政策指向在于罗致疏远、敌视新朝之遗民隐逸。以此为契机，遗民社会整体上发生深层分化与裂变，遗民们逐渐弃守遗民姿态，由反清而附清。"③ 面对新的文化处境，入清的江南文人对于新朝发生了情感态度上的改变，进而对自己的文化身份有了新的认知。身份的重构使得他们在《江南春》唱和中也表现出与前人的差异，诗中的故国旧恨逐渐消淡。如周金然连和《江南春》五首，前两首总写江南，后三首分写南京、苏州、松江，以其写南京为例：

> 建业歌钟移虞笋，春风暗度金塘静。万年枝上啭流莺，疑是子巂啼夜影。燕泥自落空梁冷，杨花漂没景阳井。哀南庾信更沾巾，江关词赋今如尘。
>
> 长歌疾，短歌急，玉树声残云外湿。王谢风流杳难及，乌衣烟草

① 叶梦珠：《阅世编》卷四，中华书局，2007，第87页。
② 王应奎：《柳南随笔》卷四，中华书局，2007，第68页。
③ 孔定芳：《清初遗民社会：满汉异质文化整合视野下的历史考察》，湖北人民出版社，2009，第317页。

年年碧。龙蟠虎踞犹岩邑，长江不改天堑立。六朝佳丽总沤萍，蜂衙
燕垒徒经营。①

　　周金然（1631~1702?），字广庵，世居松江府上海县。康熙二十一年
（1682）进士，选庶吉士，授翰林编修，一时制诰多出其手。周金然笔下
的南京虽然还有些许战后的凄凉哀愁，甚至提到了庾信哀悼梁朝灭亡的
《哀江南赋》，但与明遗民之作风貌已完全不同，"石城烟树伤心碧"变成
"乌衣烟草年年碧"，长江天堑不改，南京也不再是残山剩水，仍是"龙蟠
虎踞"的都邑。再如周金然写松江"二陆当年双石笋，空山婉恋游人静"，
清军屠城的阴影已经消散；"健儿衣绣佩青萍，踏青连袂唱归营"也不再
有反清复明的寓意，反而是军民和乐的场景。再如康熙十七年（1678）在
按察使金镇幕中任职的彭桂写南京王气消沉"眼前龙虎销沉矣，登高吴楚
天无际"，而"楼船木柿几番来，而今安稳蒲帆过"② 则是战后渐趋安稳的
景象。清廷以继承中华"政统"自居，选拔和任用汉族知识分子，得到了
汉族士人的广泛认同。清代江南文人得中进士的比例远远高于明代，号称
"天子门生"的状元，江南占了半数以上，而苏州一地竟占了四分之一
强③。汉族文人逐渐抛弃了华夷之辨、满汉之别，清前期《江南春》中
"江南"虽然仍以南京居多，但它已不再是故国的象征，而是成为仕清文
人笔下的"新邦"，江南文人又回归对"仕"的身份认同。

四　"风光争似江南景"：羁途与故乡

　　嘉靖时江南文人唱和《江南春》，全篇描写江南风物之美，虽人在江
南，却想象京城与边塞，或多或少地渴望能够出仕走出故乡。而清代中后
期的《江南春》，则多是真正奔波在宦途他乡的江南文人想念故乡，如孙

①　周金然：《江南春·追和倪元镇韵五首》，周金然撰，金菊园点校《周金然集》上册，复
　　旦大学出版社，2016，第638~640页。
②　彭桂：《初蓉词》卷二《江南春·戊午立春日，同何奕美登燕子矶》，张宏生编著《全清
　　词·顺康卷》第10册，南京大学出版社，2008，第6080页。
③　参见范金民《明清江南进士数量、地域分布及其特色分析》，《南京大学学报》1997年第
　　2期。

尔准"怜我频年背乡邑，望乡爱向楼头立"①、徐廷华"杜鹃劝客还乡邑，斑骓不来空伫立"②、金武祥"何年故里归角巾，西风不污元规尘"③ 等。江南春景也被异乡的景物取代，如董元恺时在山东，所写"孤根节挺汶阳笋""竹西送子上朐山""羽潭朝映洪波赤"④ 均是山左风物。再如嘉庆间韦佩金被谪途经平番（今甘肃兰州永登县）时所作：

> 金微看送明妃嫁，慢笼琵琶泣上马。十年长养汉宫恩，仓卒春风卷图画。愁来除雁寻谁话，鼓打边城酒阑夜。缓弦弹徧五凉秋，西北浮云河上楼。
>
> 人去迟，雪飞急，寒花催洒征衫湿。沙沙苦水冰难汲，乱山不青驿灯涩。羌女割肉奴掀笠，小向红城缺边立。翻思旅燕栖同龛，啄泥何异归江南。⑤

韦佩金（1752~1808），字书城，号西山，扬州江都人。乾隆四十三年（1778）进士，嘉庆四年（1799）以军需案罢官，遣戍伊犁。明代江南文人作《江南春》多用西施起兴，韦佩金也就地取材，开篇用王昭君赴金微（今阿尔泰山）之典写西北边塞之风景，而雪飞水冰的自然环境、割肉掀笠的生活习俗均迥异于故乡，在羁旅中唱和《江南春》，如何不令人思念江南？所幸途中尚有家人陪同，最后安慰自己"旅燕栖同龛"也就如同回到了故乡。相比之下独行的江南文人更加凄苦，约乾隆、嘉庆间佚名作《江南春·过赵北口》：

> 风光争似江南景，溯洄蒹葭雪浪静。自从犀甲罢春围，隐约林花

---

① 孙尔准：《泰云堂诗集》卷一〇《江南春和倪高士韵为吴伯人题画》，《清代诗文集汇编》第 497 册，第 227 页。
② 徐廷华：《江南春》，《江南春词集》"续附录"，清光绪间金武祥刻本，第 6a 页。
③ 金武祥：《江南春》，《江南春词集》"续附录"，清光绪间金武祥刻本，第 11a 页。
④ 董元恺：《苍梧词》卷一一《江南春·送汪舟次掌教郁州，和吴天篆韵》，《续修四库全书》1725 册，第 232 页。
⑤ 韦佩金：《经遗堂全集》卷二六《江南春·小憩平番，寄药林、蓉裳》，《清代诗文集汇编》第 431 册，第 405 页。

衬衫影。烹来素练鱼生丙，想到青骢别乡井。长将淀柳暗通津，可浣征夫车畔尘。

　　开雄关，新曙色，雨浇旧县流光湿。数千里路嗟奚及，困守轻装独行客。信美原非吾故国，三月樱桃红钓泽。且沽佳酝倒寒香，再来此地同家乡。①

　　赵北口在清人羁旅诗中经常出现，即今河北省任丘市北、白洋淀东，古为燕、赵分界处，也是重要的关口。作者虽然不详，但据内容可知也是江南人。上阕以蒹葭、雪浪写白洋淀水乡风景，开篇"风光争似江南景"已点明了思乡的离愁；下阕写"开雄关，新曙色"的北地风光，并化用王粲"虽信美而非吾土兮"表达"曾何足以少留"之意。作为"轻装独行客"，作者似乎还要离开赵北口继续前行，离江南越远，思念也愈显沉重，最后结句颇有"望却并州是故乡"的味道。再如光绪十七年（1891）二月，身在岭南的金武祥"慨炎徼之宦游，忆江南之春好"②，追和一章，有句云："药烟寒，楝风急，杜鹃忽听啼红湿。江南此日春方及，手玩新词炫金碧。"③"楝风"表示此时广东已是暮春气候，而故乡江南方及初春，通过想象江南的生活场景，表达对故乡的思念与认同。

　　在羁旅中回望江南是清中后期《江南春》的重要主题，显示出作者对"异乡人"身份的彷徨与对"故乡人"身份的渴望，但其与嘉靖间江南文人的身份认同又有所区别。有学者在研究移民"地域认同"时曾强调："通常而言，人与自己的家乡具有一种'原生性的关联'。这种与生俱来的关系使得原乡情感非常稳固。但另一方面，在真正的故乡，或没有'外人'参照的情况下，它是无须证明因而也未必强烈的。只有在与外人相对照的情况下，特别是在异乡，这种意识才得以明确化。因此，'原乡认同'在很大程度上其实更是一种特定历史语境下的建构。"④ 明中期江南文人唱

---

①　佚名：《江南春·过赵北口》，《笠者稿·词稿》，南京大学图书馆藏清钞本，第260b页。

②　金武祥：《重刻江南春词集序》，《江南春词集》卷首，清道光间邓廷桢粤刻本，第1b~2a页。

③　金武祥：《江南春》，《江南春词集》"续附录"，清光绪间金武祥刻本，第11a页。

④　王东杰：《"乡神"的建构与重构：方志所见清代四川地区移民会馆崇祀中的地域认同》，《历史研究》2008年第2期。

和《江南春》时身处富庶安宁的故乡，未曾体验离别之苦，所谓"思乡"只是闺怨诗传统的延续，对家乡的认同也是建立在自豪与夸耀的基础之上；而对于清中后期走出故乡的江南文人而言，在异乡景物的参照对比下，"江南"的意象更容易引起情感共鸣。

此时身处故乡的江南文人所作《江南春》也有所变化，以嘉庆十八年（1813）长洲人黄丕烈和作为例：

> 辛盘献岁罗疏笋，到门客稀容我静。闲庭暗锁玉梅香，绣户新遗彩燕影。残雪初消犹怯冷，汲泉乍启辘轳井。春风飘飘吹衣巾，微雨轻浥街头尘。
>
> 春游迟，春信悭，冻涂已涤泥皆湿。农人告余以春及，春水渐渌草将碧。香车宝马来都邑，陌上花开凝望立。莫教浪迹同飘萍，一年一度空经营。①

"玉梅香""彩燕影"均是普通的初春意象，清中后期的《江南春》唱和中很少再凸显具体的地域城市；虽然也言及"春游""香车宝马来都邑"，但没有了"士女喧骈如聚邑""喝采摊钱喧市井"的喧闹，而是"到门客稀容我静"的安静与"农人告余以春及"的祥和，没有了"吴中自古称雄邑"的夸耀，江南回归真实生活中的故乡。尤其是战争再次来临，身处故乡的江南文人多用战乱之地与宁静的故乡做对比，如吴县人潘遵祁云："鸳瓦鳞鳞霜尚冷，吴侬十万恋烟井。秣陵闻道遍红巾，可怜白骨扬成尘。"②"红巾"是指太平天国运动，此时的南京又一次沦为战场，所幸苏州暂未被波及，吴侬（吴人）尚可留恋乡井。咸丰三年（1853）太平军攻占南京，咸丰十年（1860）方占领苏州，潘遵祁是诗或作于此间。光绪二十八年（1902）常熟翁同龢和《江南春》曰：

> 隔溪人家卖苦笋，鱼市萧条估帆静。何人写此江南春，剪取西山

---

① 黄丕烈：《江南春题跋》，黄丕烈撰，余鸣鸿、占旭东点校《黄丕烈藏书题跋集》，上海古籍出版社，2013，第667页。

② 潘遵祁：《江南春》，《江南春词集》"续附录"，清光绪间金武祥刻本，第6a页。

一角影。桃花半开云气冷，莫问仙源与露井。江山如此一沾巾，只知斯地无风尘。

燕来迟，鸠唤急，漠漠平畴千顷湿。较量阴晴趁时及，春江无边春草碧。北望云山是京邑，台阁金银天际立。幽人踪迹等漂萍，诗囊画篚频经营。①

1900 年八国联军攻入北京，慈禧携光绪帝逃至山西。是年翁同龢已致仕居家，故乡因在"东南互保"范围内，暂未受到战争的骚扰，得以保持了一份安宁。此诗翁氏修改甚多，"只知斯地无风尘"又作"可怜西北多风尘"，同样是以战乱的西北与安宁的江南做对比。江南不仅是故乡，也是战乱中的避难后方，在神州动荡、天翻地覆的背景下，"斯地无风尘"的江南也成为国人羡慕向往的地方。

与嘉靖时文人描写的繁盛喧闹的江南相比，清中后期的江南多是宁静祥和的；江南仅仅是故乡的象征，也很少再有具体的地域指向。其中原因，首先是政治环境的变化，清初统治者对江南士人实行严厉的打击政策，顺治间大案不断，"科场""奏销""哭庙"三案牵连数万士人，清廷虽以科举笼络人心，但同时大兴文字狱，文网之密，远胜前朝。其次是战乱连绵，鸦片战争后，江南再次进入多事之秋，小刀会、太平天国等战事严重摧残了江南经济，江南士人群体渐趋沉寂②。清末陈去病论云："蔡羽、文壁、沈周、唐寅、祝允明、陆治及壁子文彭、文嘉，皆吾吴先贤之彬彬者也。……然论其世者，大要以时际承平，夷裔响化，边鄙无兵革之扰，而年岁获大有之利。士大夫幸睹太平，居乡类知自好，不屑干求有司，故得一意问学，以鼓吹休明。"③ 嘉靖间《江南春》唱和盛况是社会安

---

① 翁同龢：《临文待诏江南春卷》，朱育礼、朱汝稷校点《翁同龢诗集》，上海古籍出版社，2012，第 286 页。按，诗题又作《和倪云林江南春词用原韵》（参见谢俊美编《翁同龢集》下册，中华书局，2005，第 880 页）。

② 关于江南士大夫的衰落及心态转变，参见徐茂明《江南士绅与江南社会（1368—1911年）》，商务印书馆，2006，第 84~95 页；陈宝良《明代士大夫的精神世界》，北京师范大学出版社，2017，第 482~488 页。

③ 陈去病：《五石脂》，陈去病著，张夷主编《陈去病全集》，上海古籍出版社，2009，第 2册，第 874 页。

宁、士人心态自由舒展的结果，而清中后期已没有一个安稳的唱和环境，江南士人心态也发生了转变，开始反思过去奢靡的生活方式。此时的《江南春》没有了对故乡的自信与自豪，"江南"也不再有具体的地域指向，又回归到传统意义上的故乡。

结　语

《江南春》唱和本是文人间的游戏之作，或是酒后逞才，如沈周"兹于酒次，复从臾继之，被酒之乱，不觉又及三和"；或是聊以寄兴，如黄丕烈"欲拈笔题诗，苦无题，适检书，得《江南春词》，遂用其韵，效其体，信手书之"①。但该唱和却能持续至清末并集中体现出作者的身份认同，其中原因亦值得探讨。首先，从作者来看，嘉靖间唱和者多是文化世家，如苏州文坛的文徵明及其子文彭、文嘉，侄文伯仁，婿彭年；袁表、袁褧、袁袠、袁衮、袁裘五兄弟及其后人袁尊尼、袁梦鲤、袁梦麟均有和作；南京文坛则有景爵、景霁与顾峤、顾闻、顾源两大家族。这些文化家族进一步通过师友关系网络联系起来，形成了一个密切的江南文人交游圈，彼此间趣味相投，同声相应，所以唱和中体现出一致的身份认同。其次，从作品来说，倪瓒原作三首被后人整体追和并演变为词一阕，且唱和绝大部分是次韵，全词十七句，笋、静、影、冷、井、巾、尘、急、湿、及、碧、邑、立、萍、营十五字严格次韵，严整的形式与严格的步韵限制了作者的发挥，使得固定搭配的词组频繁出现，形式上的束缚促进了内容上的趋同。再次，从传播方式来看，《江南春》唱和主要通过书画传播，嘉靖间文徵明、仇英等分别为之补作《江南春图卷》，其后仿作渐多，所谓"近来画家盛传其笔意，而和其辞者日广"②。《江南春》唱和更多是观赏图卷时的集体行为，而非一对一的酬唱，前者更容易形成集体身份认同。最后，《江南春》原作者倪瓒的传奇经历在江南文人间广泛流传，其孤傲不群的个性、恬退志隐的生活容易引起江南士人的共鸣，早先追和的

---

① 黄丕烈：《江南春题跋》，黄丕烈撰，余鸣鸿、占旭东点校《黄丕烈藏书题跋集》，第667页。

② 郁逢庆：《书画题跋记》卷一一，《景印文渊阁四库全书》第816册，第748页。

沈周等人，不仅有对倪瓒手迹的宝惜，亦有对其人品的推崇与追慕①。至晚明及清代的江南文人则开始追慕沈周、文徵明等人，赞羡嘉靖时的太平盛世之景。可以说，对乡贤的追慕贯穿《江南春》唱和始终，这也是其表达出身份认同的重要原因。

明中期"江南"指向苏州，除了苏州文人对家乡的认同外，也是江南文人对江南文化中心为苏州的认同，是对江南文化的一种定位。胡晓明指出："以苏州为中心的明清时代城市文明、工商主导、物质精致化以及雅俗结合文明成为中国文化中的大趋势，是继六朝以后江南崛起的又一高峰。"② 鼎革之际"江南"成为明清交锋的主战场，《江南春》原唱中的"黍离之叹"引起了明遗民的共鸣，所以"江南"指向了有政治寓意的南京，《江南春》唱和中通过反复描述"残山剩水"的江南意象与故国记忆，促进了明遗民的群体身份认同。"何处是江南"不仅是从地理方位、行政区划上对江南的界定，更多的是从文化意义上对江南意象的演变以及由此折射出的江南文人不同的身份认同。对苏州或江南的赞美也并不局限于江南文人，而是中国文人对江南的偏爱与认同，其通过文人墨客反复吟咏（如《江南春》唱和）塑造的江南意象，形成了中国历史与文化上的"江南认同"。

（本文原刊于《社会科学》2018 年第 11 期）

---

① 明代就有"江南人家以有无倪瓒画别清浊"之说，如沈周曾云"云林戏墨，江东之家以有无为清俗"，董其昌亦称"云林画入逸品，江南人以有无为清俗"（参见陈江《江南人家以有无倪瓒画别清浊——倪瓒与江南文人的理想人格》，载范金民、胡阿祥主编《江南地域文化的历史演进文集》，三联书店，2013，第494~508页）。

② 胡晓明：《江南诗学：中国文化意象之江南篇》，上海书店出版社，2017，第36~37页。

元末明初浙东诗学与《诗经》传统

马　昕[*]

内容提要　元末明初浙东文人推崇《诗经》的价值，借助《诗经》文本及其相关理论，形成了一套标榜风雅的诗学思想，唤醒了《诗经》的理论活力。其标志有四：首先，他们以《诗经》为最高标准评价历代诗歌，将汉魏诗和唐诗树立为《诗经》的"代言人"，却在师其意与师其辞之间出现了纠缠；其次，他们以《毛诗》"正变说"为框架，或以时代政治盛衰解释诗歌变化，或将个人道德修养融入时代政治盛衰之中，或将政治盛衰偷换为文体变迁，从而实现对"正变说"的遵循、突破与背离；再次，他们发扬了《毛诗序》中的"讽谏说"，借诗歌批判现实，表现下位者诉求，并将其与永嘉事功之学和吴中文学传统相连接；最后，他们受"发乎情，止乎礼义"之说的启发，由明道、言情二途追求朴质诗风。

关键词　元末明初　浙东　诗学　《诗经》

元明鼎革之际，国运由乱转治，诗坛也随之呈现出新鲜活跃的面貌，浙东、吴中、江右、闽、粤等几个主要地域的文人群体同时登场。朱元璋建立明朝，在武功方面依赖淮西武人，在文治方面则主要仰赖以宋濂、刘基为代表的浙东文人。因此，在明初的诸多地域文人群体中，声势最大且真正执掌文坛话语权的还数浙东一派。

所谓浙东，包括宁、绍、台、金、衢、严、温、处八府。自康王南渡

＊　马昕，中国社会科学院文学研究所副编审，曾发表论文《历史阐释的背面：中国古代咏史诗的"翻案"现象》等。

之后，北方大族多侨居于金华，浙东地区的文化力量开始聚集于此地，产生了像吕祖谦、陈亮这样的著名学者。宋末何基、王柏师事黄榦，以理学自立，其学传于金履祥，再传于许谦，又旁衍至黄溍、吴莱、柳贯，最终传于宋濂、王祎。以上诸公均为金华人氏，他们前后相续的学术传递，建立起金华学派清晰、完整的统序与脉络。金华学派在理学方面远承朱子之学，却又能做到文道并重，尤其到黄溍、吴莱、柳贯那里，其彻底转变为理学与文学兼擅的流派，是元代文坛"通经显文"创作倾向的典型代表。到元末明初，宋濂、王祎、苏伯衡、戴良、胡翰、童冀等金华文人，以及刘基（处州青田人）、朱右（台州临海人）、徐一夔（台州天台人）、方孝孺（宁波宁海人）等金华之外的浙东文人，共同组成了浙东文人群体。该群体的领袖无疑是被朱元璋誉为"开国文臣之首"的宋濂，因为其他所有人都与他存在密切的联系。换句话说，浙东文人群体正是因宋濂才得以凝聚在一起的。例如，王祎早年师事黄溍、柳贯，戴良曾学文于黄溍、吴莱、柳贯，胡翰亦从吴莱学古文，因此他们都与宋濂为同门学友。宋濂曾在洪武二年（1369）和洪武三年（1370）两次主持修纂《元史》，均与王祎并为总裁，胡翰、朱右等人也曾参与其中。宋濂曾为苏伯衡和朱右的文集作序，与童冀相唱和，与徐一夔为论文之友，且与刘基长期共事、交谊甚笃，致仕时还请以苏伯衡自代。方孝孺更是宋濂的得意门生。

在这些表层的人际关系背后，浙东文人之间还存在更加深刻的思想关联，即由朱熹、黄溍而来的理学门径，这使得他们都坚持宗经法古、文以明道的观念，其诗学思想背后有着强烈的宗经色彩。但若真将宗经思想落实到具体的诗学讨论中的话，《易》《书》《礼》《春秋》等经典中的韵语非常有限，其又不以抒情言志为职志，总难与诗法接轨，而《诗经》仍然是诗人最值得仿效的范本。因此，与元仁宗延祐以来占据诗坛主流的"宗唐得古"思想相比，浙东文人直接将诗歌宗法的对象上溯至《诗》三百篇，而不止于汉魏诗与唐诗。当他们在元末明初日趋颓靡的诗坛风气下，重新延续风雅传统时，便主要依赖与《诗经》有关的理论资源。这也就成为元末明初浙东文人的一个思想标志。具体而言，大致包括如下四个方面。

一 以《诗经》为标准评价历代诗歌

以《诗经》为标准评价历代诗歌、指导文学创作，是汉魏以来的常见现象。其逻辑前提是打通经学与文学的思维壁垒，但又不能彻底取消《诗经》作为经典的价值。像郑玄那样纯粹的经学家在此方面并无多少建树，还要更多依靠兼具经学背景的文学家来实现"思维跨界"。例如班固称赋是"古诗之流""雅颂之亚"，将《诗经》视作汉代辞赋创作的标尺；刘勰将《诗经》认定为商周时代"文胜其质"的代表，称赞其"藻辞谲喻"①，显然是从文学角度来看待《诗经》，但又不否认文学创作应当征圣、宗经；锺嵘《诗品》也以《诗经》为标准，对汉魏以来诸多诗人的创作风格进行溯源。到唐宋时期，《诗经》与本朝文学的时代距离更远，因此以《诗经》指导诗歌创作的观点，便常与"复古"意识相伴随。陈子昂主张以《诗经》的风雅精神来反拨齐梁诗风，李白感叹"大雅久不作"，杜甫提出"别裁伪体亲风雅"，白居易仿"《诗三百》之义"而作《新乐府》五十篇，都是复古意识的体现。经过唐人反复提倡，复古观念在宋代得到进一步加强，但使《诗经》成为作诗准则，仍然要仰赖文学家的努力。例如吕本中在《童蒙诗训》中说："大概学诗，须以《三百篇》《楚辞》及汉、魏间人诗为主，方见古人妙处。"② 姜夔在《白石诗说》中指出："诗有出于《风》者，出于《雅》者，出于《颂》者。"③ 朱熹既是经学家，同时也"对《诗经》的文学性有很深刻的体认"④，他认为："《三百篇》，性情之本；《离骚》，词赋之宗。学诗而不本于此，是亦浅矣。"⑤ 到元代，《诗经》则成为诗法教习中的经典标准，其影响更是下沉到诗学教育与普及的层次。例如旧题杨载所作的《诗法家数》开篇就以《诗经》"六义"为"诗学正源"⑥。而到元末明初，以《诗经》为学诗的起点与宗旨，已

---

① 刘勰著，王运熙、周锋撰《文心雕龙译注》，上海古籍出版社，1998，第 4、18 页。
② 郭绍虞：《宋诗话辑佚》下册，中华书局，1980，第 593 页。
③ 何文焕辑《历代诗话》下册，中华书局，2004，第 681 页。
④ 檀作文：《朱熹对〈诗经〉文学性的深刻体认》，《首都师范大学学报》2004 年第 1 期。
⑤ 魏庆之：《诗人玉屑》，上海古籍出版社，1978，第 267 页。
⑥ 张健：《元代诗法校考》，北京大学出版社，2001，第 15 页。

经成为公共常识。这些都为浙东文人进一步的理论建树奠定了基础。

在浙东文人群体中，最纯粹地以《诗经》为准的者，并非领袖人物宋濂，而是以元遗民身份自居的戴良。有学者评价戴良的诗学观是"从风雅之义、雅正之音出发，主张复古"①，此言基本合乎戴良诗学的实际情况。他在《皇元风雅序》中系统地评论了自汉至元的诗歌发展历程：他称赞汉代五言诗与乐府诗"《风》《雅》遗音犹有所征"；唐代李白之诗似风，杜甫之诗似雅；唐、宋诗相比，他推尊唐诗，因为唐诗"于《风》《雅》为犹近"，而宋诗"去风雅远矣"；最后则盛赞元诗"得夫《风》《雅》之正声"②。这些判断纯以《诗经》风雅之义为旨归，未免失于简单，面对纷繁复杂的诗歌史细节，也缺乏足够的解释能力。在浙东文人领袖宋濂那里，情况就更加复杂一些。

宋濂二十岁时问学于吴莱，得到了明确的告诫："学诗当本于《三百篇》。"吴莱将《诗经》视作"本"与"真"，将楚辞和汉魏诗视作"变"，将六朝至宋末的诗视作"别"③。这仍是一种简单的文学退化论，与戴良有着同样的粗率。宋濂则对此做出改良，固然仍以《诗经》为最高规范，但也承认汉魏诗与唐诗的价值，因为后两者都是对《诗经》的效仿与发展，都具备风雅气质。这并不是对宋元之际"宗唐得古"之说的重复，因为后者的本质是对江西诗派的反拨与调整，并没有为《诗经》留下位置，更不要说以《诗经》为核心了。宋濂以《诗经》为样板，确立起汉魏诗与唐诗的地位。《诗经》对于宋濂的神圣性体现在，他从来都不对《诗经》直接进行评论，而是将其置于一种不可评论的位置上。因此，他对历代诗歌的批评，都是从汉魏开始的。例如，他在《答章秀才论诗书》④ 中系统评论了汉魏至宋末的诗。关于汉魏诗歌，他称赞苏李诗"宗《国风》"，三曹、刘桢、王粲、嵇康、阮籍等人也都能"驰骋于《风》《雅》"，标志着诗道之"大盛"。至六朝时期，宋濂特别称赞陶渊明"直超建安而上之"，三

---

① 王运熙、顾易生主编，顾易生、蒋凡、刘明今著《宋金元文学批评史》下册，上海古籍出版社，1996，第1023页。
② 戴良：《九灵山房集》卷一九，《丛书集成新编》第66册，台湾新文丰出版公司，1985，第498页。
③ 宋濂著，黄灵庚编辑校点《宋濂全集》第4册，人民文学出版社，2014，第2318页。
④ 宋濂著，黄灵庚编辑校点《宋濂全集》第1册，第57~59页。

谢、颜、鲍则"气骨渊然，骎骎有西汉风"。至于初唐，宋濂批评卢照邻、王勃、刘希夷、沈佺期、宋之问等人溺于永明以来的颓靡诗风，却表彰了张九龄、苏颋和张说"各以《风》《雅》为师"，称赞陈子昂能够"专师汉、魏"。对于盛唐，他认为杜甫"上薄《风》《雅》"，李白"宗《风》《骚》及建安七子，其格极高"，岑参、高适、刘长卿、孟浩然、元结"咸以兴寄相高，取法建安"，却批评王维"萎弱少风骨"，其评价标准仍是《诗经》，以及继承了《诗经》风雅传统的汉魏诗。宋濂对元和以降的中晚唐诗人绝少赞语，认为此时期"诗之变又极矣"，不能与盛唐相提并论。而宋濂对宋诗的评价较低，不是"全乖古《雅》之风"，就是"去盛唐为益远"。

不过，宗法《诗经》这件事说起来容易，操作起来却要面对实际的困难。前后七子师法盛唐，往往停留于"辞"的层面，那也是因为诗歌发展到盛唐，诸体皆备，法度完善，即便后人仅师其辞，也足可模拟出精致的作品。而宋濂的取法对象是以四言体为主的《诗经》，后人如师其辞，来完成一首五言或七言的作品，则根本不可能入门。浙东文人有时还是难以摆脱对《诗经》"师其辞"的执着，太看重《诗经》的"辞"（即通过模仿四言诗来创作五七言诗时所主要面对的句法体制问题），而忽视了《诗经》背后的"意"（即《诗》所独具的抒情特色与风神气质），结果步入了迷途。

首先，是模仿《诗经》作四言诗。宋濂《猗狋诗》后序云："予谓作诗必本于《三百篇》。自李陵专于五言，历代因之，鲜有复于古者。晋、魏之间虽有作者，音节韵趣亦有难于言矣。"[①] 宋濂这首《猗狋诗》基本采用四言，模仿《诗经》中雅诗的体制。但其艺术水准着实不高，既无正雅之雍容，又无变雅之锐利，也没有风诗的低回婉转之美。四言体制属于"辞"的问题，雍容、锐利或婉转之美则属于"意"的范畴。宋濂虽然"师其辞"，却终究没能"师其意"。他还有四言体《琴操》二首，同样缺乏风致。王夫之在编《明诗评选》时，于四言体不选宋濂，就是因其四言诗过于"师其辞"，而不能"师其意"。宋濂在前文所引的《答章秀才论

_____

① 宋濂著，黄灵庚编辑校点《宋濂全集》第4册，第2175页。

诗书》里还称赞苏李五言诗宗法国风，得《诗经》之意；这里又说苏李诗变乱了《诗经》的四言之体，在体制上背离了《诗经》之辞。两相比较，可见他对《诗经》之辞还是太过执着。

其次，是弘扬古体而贬斥律体。宋濂在《洪武正韵序》中认为诗应以"自然协和"为尚，不应"假勉强而后成"。《诗》三百篇便可谓自然之音，而从楚辞到魏晋诗，皆不拘于音韵格律，直到沈约创"声病说"，再加之唐朝"以诗赋设科，益严声律之禁"，"遂至毫发弗敢违背"，后世"唯区区沈约之是信，不几于大惑欤"①。由此便可推衍出：诗当以古体为尊，以近体为卑。但格律诗经历唐宋数百年演变，早已成为诗之大宗。到元明之际，一个诗人若刻意回避创作近体诗，其诗歌成就一定会大打折扣。宋濂就是受此思维影响，导致其传世的五百多首诗中，只有六十多首近体诗。有学者就指出，如果宋濂"在创作中，古体诗、近体诗并重，能够有更多的近体诗行世，则人们对他的诗歌的观感和对他诗歌成就的评价也一定会比现在的状况好得多"②。在浙东文人中，明确表达尊古体、轻近体思想的还有苏伯衡和王祎。苏伯衡在《古诗选唐序》中说："风雅变而为骚些，骚些变而为乐府，为选，为律，愈变而愈下。""律诗出，而声律对偶章句拘拘之甚也。诗之所以为诗者，至是尽废矣。故后世之诗，不失古意，惟有古诗。"③王祎则在《黄子邕诗集序》中说，黄子邕之诗以古体为主，"其辞简质平实，壹本于汉、魏，而绝去近代声律之弊，殆几于古矣"。他们对近体诗的反感，和宋濂如出一辙，都是因为近体的格律限制太多，远离了《诗经》的句法体制。但这种远离，仅限于"辞"的层面；而在"意"的层面上，近体其实并不影响对个人情志的抒发与对现实政治的关注。

如果过分执着于"师其辞"，就会产生以上弊端，因而浙东文人必须为"师其意"找到可行的方案。宋濂的思路是，为《诗经》找寻"代言人"，也就是汉魏诗。他在《答章秀才论诗书》中，便是从汉魏诗论起的，

① 宋濂著，黄灵庚编辑校点《宋濂全集》第 2 册，第 543 页。
② 周明初：《文学史上被遮蔽了的诗人——宋濂的诗歌创作及其文学史意义》，《社会科学战线》2019 年第 8 期。
③ 苏伯衡：《苏平仲集》卷四，《丛书集成新编》第 67 册，第 495 页。

认为汉魏诗"实宗国风""驰骋于风雅"。而评价后世诗歌的时候，他就改以汉魏诗为标准了，例如说陶渊明诗"直超建安而上之"，说三谢、颜、鲍"骎骎有西汉风"，说陈子昂诗"专师汉魏"，说杜甫"才夺苏、李，气吞曹、刘"，说李白"宗风骚及建安七子"，说岑参等人"取法建安"。与宋濂同门受学的王袆也是如此，他的《练伯上诗序》几乎就是对宋濂《答章秀才论诗书》的翻版。他对历代诗歌的评语几乎照抄宋濂的文字，但在细节处更加突出汉魏的色彩。例如，他对三谢、颜、鲍的称赞不再是"骎骎有西汉风"，而直接改为"似复有汉魏风"；对杜甫的赞语大大简化，只以"上薄《风》《雅》，下掩汉魏"八字来概括，突出了汉魏的重要性；在对元代后期诗坛的评语中，则说"诗道之盛，几跨唐而轶汉"①，可见汉诗的地位又在唐诗之上。此外，王袆还经常以汉魏诗为标准，来评论当时人的诗艺高低，例如他在《浦阳戴先生诗序》中评论戴良之诗"庶几上追汉、魏之遗音"②；在《盛修龄诗集序》中称赞盛氏"古意终在，有得乎汉魏之音为多"③。王袆在《黄子邕诗集序》中的一番话更值得玩味，他先是称赞黄氏《醉梦稿》"简质平实，壹本于汉魏"，序文最后则说："等而上之，讵止于汉魏而已哉？故予以谓子邕之诗，殆几于古。"④ 这里所谓的"古"，自然不止于汉魏，而是"等而上之"，直接追溯到《诗经》。从此也能看出，在王袆的心目中，汉魏诗固然是评价诗歌的较高标准，但汉魏诗的背后还有一部《诗经》作为最高的典范。

浙东文人当中也有人看似宗唐，但实际上还是将唐诗视作《诗经》的另一个"代言人"。例如朱右，在《羽庭稿序》中首先提出对《诗经》的尊崇，认为"后之作者舍是亦无以为法"；继而称唐诗中，"李近于《风》，杜近于《雅》，韩虽以文显，而其诗正大从容，亦仿佛古《颂》之遗意，以故传诵后世，而人宗师之"。最后，朱右以此见解来衡量刘德玄的《羽庭稿》，认为其"长诗宗韩，短律师杜，乐府歌曲有李风度"，但李

---

① 王袆：《王忠文集》卷五，《景印文渊阁四库全书》，台湾商务印书馆，2008，第 1226 册，第 106~107 页。
② 王袆：《王忠文集》卷七，《景印文渊阁四库全书》第 1226 册，第 288 页。
③ 王袆：《王忠文集》卷七，《景印文渊阁四库全书》第 1226 册，第 146 页。
④ 王袆：《王忠文集》卷七，《景印文渊阁四库全书》第 1226 册，第 155 页。

白、杜甫、韩愈并非朱右诗学宗法的终点，因为"等而上之"，应是"《三百篇》风、雅、颂之遗音"①。朱右在对唐诗三贤的表彰中寄寓了推崇《诗经》这一真正的主旨，这不仅与后世的前后七子存在距离，也与同时期的闽派诗学形成差异。以张以宁、林弼、林鸿、高棅等人为代表的闽派诗学，最鲜明的主张就是宗唐，但他们的宗唐导源于严羽的妙悟说，标榜唐诗的特质，并且到唐诗为止，而不会轻易上溯至《诗经》。

概括起来，在浙东文人的诗学思想中，其最终的宗法对象不是唐诗，也不是汉魏诗，而是《诗经》。他们以《诗经》为准的，在评价历代诗歌时，追求的是"师其意"，但总是在实际操作中陷于"师其辞"的迷途。在辞与意的矛盾中，他们更加务实地选择以汉魏诗或唐诗为《诗经》的"代言人"，这一思路构成了浙东文人诗学思想的明显标志，与前后七子、闽派诗学等其他诗学流派形成鲜明的区别。

二　对"正变说"的遵循、突破与背离

"正变说"是《诗经》学的重要命题，《毛诗序》最先提出了"变风""变雅"的概念，并将区分正、变的标准锁定为时代政治盛衰。郑玄《诗谱》则将此标准具体化，认为文王、武王、成王之时所作的歌颂周之先王与周之盛世的诗为"《诗》之正经"，而懿王以后产生于衰乱之世的诗为变风、变雅，这等于将正变与时代之间的关系固定化了。朱熹虽有废序的主张，却未对"正变说"提出根本性的质疑，反而发展了相关说法。浙东文人的理学渊源始自朱子，但对于《诗经》学中的具体问题，却也能吸收毛郑《诗》学的看法，这对他们在毛郑《诗》学的框架下发展"正变说"是有帮助的。

浙东文人也很强调诗风与时代政治盛衰的关系。戴良在其青年时期赶上了元顺帝亲政初期的一段中兴局面，因而对盛世充满期待。当时的诗坛涌现出虞集、杨载、范梈、揭傒斯、马祖常、萨都剌、余阙等一批优秀的诗人，一时风雅颇盛。此时，他为丁鹤年所辑的《皇元风雅》一书作序，

---

① 朱右：《白云稿》卷四《羽庭稿序》，《景印文渊阁四库全书》第1228册，第46~47页。

在序文中运用"正变说",对元朝的太平盛治给予热情的歌颂。他首先复述了"正变说"的基本内涵,认为"气运有升降,人物有盛衰,是诗之变化,亦每与之相为于无穷";继而列举元代诗坛的重要人物,尤其强调了少数民族诗人的诗歌成就,借助诗歌之雅正来印证元朝统治之完善①。由于此时戴良还没有见到元代末年政治日趋腐败、社会日趋动乱的光景,因此这篇序文洋溢着乐观而刚健的情绪。而比他更晚一些发表诗坛评语的王祎,则面对着复杂的时局,对于"正变说"中的正与变两个侧面都有了切身的体会。

王祎曾对《诗经》"正变说"表达出十分明确的认同,其《丛录》云:"幽、厉之后,风、雅俱变。"②《六经论》云:"《诗》者,圣人采王朝列国风雅之正变,本其性情之所发,以为讽刺之具,其用在乎使人惩恶而劝善。"③ 此外,他还在多篇文章中表达过类似于"正变说"的意见,例如他认为诗可以"考一代之政教"④,"气运有升降,而文章与之为盛衰"⑤,"文章与时高下"⑥,"文章,经国之大业也,昔之论世者,以此识气运之盛衰"⑦,其中的"文章"也包括诗在内。元顺帝至正八年(1348),王祎至京城,希望为元廷建言献策。当时的元朝虽然表面上一派盛景,但已经酝酿着社会动乱的危机,处于王朝衰乱的前夜。至正九年(1349)六月,顺帝举行大宴,王祎作序称颂,仍希望借助诗歌来粉饰表面上的太平光景,认为具有正风正雅气象的诗篇"足以验今日太平极治之象","鸣国家之盛","协治世之音"。他还将当日的宴会比附为《鱼藻》当中天子与诸侯的饮宴,宴会上所作的诗篇恰有"《小雅》诗人之意",是"天子宴诸侯,而诸侯美天子之诗"⑧,而这两句其实直接采自朱熹《诗集

---

① 戴良:《九灵山房集》卷二九《皇元风雅序》,《丛书集成新编》第66册,第498页。
② 王祎:《王忠文集》卷二〇,《景印文渊阁四库全书》第1226册,第421页。
③ 王祎:《王忠文集》卷四,《景印文渊阁四库全书》第1226册,第67页。
④ 王祎:《王忠文集》卷五《河朔访古记序》,《景印文渊阁四库全书》第1226册,第94页。
⑤ 王祎:《王忠文集》卷五《练伯上诗序》,《景印文渊阁四库全书》第1226册,第106页。
⑥ 王祎:《王忠文集》卷五《张仲简诗序》,《景印文渊阁四库全书》第1226册,第110页。
⑦ 王祎:《王忠文集》卷六《送刘志伊序》,《景印文渊阁四库全书》第1226册,第116页。
⑧ 王祎:《王忠文集》卷六《上京大宴诗序》,《景印文渊阁四库全书》第1226册,第114页。

传》对《鱼藻》的阐释之语。只不过，《鱼藻》并非正雅之篇，王祎实不囿于经学家所圈定的正、变范围，而是将正、变转化为一种接近于美、刺的概念，由臣子对君主的赞美自动地推理出时代政治的昌明。此后，王祎见证了元代末年由短暂中兴走向彻底衰败的过程，也曾为此痛心疾首过，这就比那些空谈盛衰正变的经学家更多一层深刻的领悟。他在《书徐文贞公诗后》中感叹：数十年前，"国家太平极盛"，而诸老所作诗篇中"中原浑厚之意隐然可以概见"；数十年后，国势日衰，"士大夫气习益下"，词章亦"日堕于纤靡"①。这段文字虽未直接提及《诗经》，却处处呼应着《诗经》所揭示的"正变"理论。

同样属于浙东文人的胡翰，则将《诗经》正变说与"诗史说"结合在一起。他在《古乐府诗类编序》中指出，"古诗之体，有美有刺，有正有变"，圣人即便只是为了保存对时代政治的记录，也应对变诗"并存而不废"，以作史书之助，亦即"诗之为用，岂不犹史之事哉"。胡翰《缶鸣集序》又云："凡古今政治民俗之不同，史氏之不及具载者，取而永歌之、载赓之，不费辞而极乎形容之妙、比兴之微。若是者，岂非风雅之遗意哉？宜君子有以取之。"这也是将诗看作史，但并非将其作为史书的附庸，而是认为其比史书的记载更具"形容之妙、比兴之微"。在胡翰看来，史书中的文字只是平淡简易的"言"，或称"文"，而诗是"文之精者"，可以"大之于天地，变之于鬼神"。这篇序是为高启《缶鸣集》而作，胡翰与高启同入《元史》馆修书，二人一边钻研修史之法，一边切磋作诗之道，因此将诗之正变与诗史观念结合起来，并非偶然。胡翰对高启的诗歌表示钦佩，认为他的诗"其事虽微"，却"可以备史氏之惩劝"。这样的诗使胡翰发出感叹："天下将治，正始之音将作，而此其兆乎？"②

以上戴良、王祎、胡翰等人，对"正变说"的认识基本不脱离毛郑所划定的范围；而宋濂则能在此之外融入宋学元素，对单纯强调时代外因的传统"正变说"做出改良与突破。他认为人即便生于衰世，亦可借助道德修养脱离环境的束缚，使自己的诗文带有正风、正雅的气质，这与其理学

---

① 王祎：《王忠文集》卷一七，《景印文渊阁四库全书》第 1226 册，第 349 页。

② 胡翰：《胡仲子集》卷四，《景印文渊阁四库全书》第 1229 册，第 43～44、49 页。

思想一脉相承。他在《元故庐陵周府君墓碣铭（有序）》中引用墓主周鼎之语："《诗》分正、变之说，固肇于汉儒，然而正中有变，变中有正，不可执一而求……其诗虽非盛时之作，其人既贤，其音犹近于古，必附小、大《雅》之正者，劝惩之义，庶有托焉。"[1] 宋濂对此看法表示赞同，正是因为它体现了对传统"正变说"的突破与超越，将"正变说"由"外王"转入"内圣"，在"世"之外凸显了"人"的重要性，强调事在人为，这也就给理学修养提供了发挥的空间。宋濂《林氏诗序》也认为，当"王泽既衰"之时，那些"笃志之士"便能"不系于世之污隆、俗之衰盛，独能学古之道，使仁义礼乐备于躬，形诸文辞能近于古"[2]。所谓的不系于"世"与"俗"，恰恰体现了宋濂对传统"正变说"的突破。

上文提到宋濂、王袆、苏伯衡对诗歌文体存在偏见，他们尊古体而轻近体，就是以《诗经》为"正"的范例，而将后世发展出的新体裁视作"变"。这其实违背了《毛诗序》"正变说"的本义。例如苏伯衡在《古诗选唐序》中一方面认为"夫惟诗之音系乎世变也"，以政治来区分正、变；另一方面又说"风雅变而为骚些，骚些变而为乐府，为选，为律，愈变而愈下"，以文体来区别正、变。如果非要说文体变迁与时代盛衰相伴随，汉代不如周代，魏晋不如汉代，六朝又不如魏晋，可唐代总归不会连六朝都不如，而其又是律体大行其道的时代，这就产生了难以化解的矛盾。于是对于唐诗，苏伯衡便不再以文体判别正变，而是回过头来再次突出唐朝自身的盛衰变迁，认为中唐不如盛唐，晚唐不如中唐，这显然是自乱其说。要知道，毛郑所标记的正风与变风，在创作时代上有区别，但在诗歌体裁上并无区别；同样，正雅与变雅之间也是如此。可见，以文体来区别正、变违背了汉代《诗经》学对"正变说"的原始定义，是对《诗经》"正变说"的背离。

以上我们分析了浙东文人主要成员对《诗经》"正变说"的看法，大体可分为三类：戴良、王袆和胡翰基本遵循毛郑所规定的"正变说"，将时代盛衰看作区分正、变的标尺；宋濂以理学家的姿态，将"正变说"由

---

① 宋濂著，黄灵庚编辑校点《宋濂全集》第 3 册，第 1612 页。
② 宋濂著，黄灵庚编辑校点《宋濂全集》第 2 册，第 675 页。

"外王"引向"内圣"，这对传统的"正变说"是一种有益的改造；苏伯衡则将时代盛衰偷换为文体变迁，可谓背离了"正变说"的本质内涵。在浙东文人内部，对"正变说"的关注是统一的思想倾向，但他们具体的思路又不尽相同，呈现出明显的内部差异。

三　对《诗经》美刺讽谏功能的发扬

《毛诗序》云："上以《风》化下，下以《风》刺上，主文而谲谏，言之者无罪，闻之者足以戒，故曰风。"劝谏君王固然是臣子的责任，但可以寻求委婉合宜的策略，这时就需要"主文"，即以比兴之法道劝谏之语。《诗经》中很多诗篇都带有批判的意味，但又将此意图隐藏在比兴之中，微讽而曲谏，以达到良好的效果。郑玄《诗谱序》云："论功颂德，所以将顺其美；刺过讥失，所以匡救其恶。"他更将《诗经》的"美刺"功能塑造为儒者干预政治的手段，而且尤其突出"刺"的意义。但到朱熹那里，他却对毛郑所倡导的"美刺讽谏"说进行了全面的质疑，认为"《诗序》多是后人妄意推想诗人之美刺，非古人之所作也"，"只缘序者立例，篇篇要作美刺说，将诗人意思尽穿凿坏了"①。这主要是因为朱熹以理学家眼光读《诗》，认为轻易言"刺"有违温柔敦厚之教。

元末明初的浙东文人，其理学思想渊源于朱熹，按理也应不轻言美刺。但金华学派的思想资源中，除程朱理学之外，还有来自永嘉学派事功之学的营养。尤其是刘基，早年曾师从永嘉学派传人郑复初，受事功思想影响甚深，主张"学成而以措诸用"②。而刘基一生功业卓著，也以实际行动实践了事功学派的思想。这是他看重《诗经》讽谏功能的思想基础。而刘基前半生所面对的时局就是元朝政权自上而下的腐败，这又为他发挥《诗经》的讽谏思想提供了现实基础。刘基成于元末的《覆瓿集》就多有讽刺之作，体现了强烈的参政意识和批判精神。总之，"美刺讽谏说"是刘基诗学思想的重要基石，而这又来源于《诗经》的启发。

---

① 朱熹著，黎靖德编，王星贤点校《朱子语类》第 6 册卷八〇，中华书局，1986，第 2076~2077 页。

② 刘基著，林家骊点校《刘伯温集》上册卷二，浙江古籍出版社，2016，第 91 页。

　　《王原章诗集序》是刘基对"美刺讽谏说"的系统阐释，但并非其自说自话，而是借助几轮辩难问答来呈现的。序文中说，刘基在至正十四年（1354）来绍兴，有机会读到王原章的诗集，发现王诗中多有讽刺之语，刘基如遇知音。但有人对王诗提出质疑，说："诗贵自适，而好为论刺，无乃不可乎？"于是刘基搬出了《毛诗序》中的"美刺讽谏说"，代王原章回应质疑："卜子夏曰：'诗者，志之所之也，上以《风》化下，下以《风》刺上，主文而谲谏，言之者无罪，闻之者足以戒。'诗果何为而作耶？周天子五年一巡守，命太师陈诗，以观国风。使为诗者俱为清虚浮靡，以吟莺花咏月露而无关于世事，王者当何所取以观之哉？"但对方认为，太师陈诗毕竟是居官者的职责，而身处下位的普通士人并没有借诗讥刺时政的资格，不应"挟其诗以弄是非之权"。但《诗经》里也有很多刺诗正是出于下位者之口，《诗经》为下位者讥刺政治提供了权威的依据。因此，刘基回应道："《诗》三百篇，惟《颂》为宗庙乐章，故有美而无刺。二《雅》为公卿大夫之言，而《国风》多出于草茅闾巷贱夫怨女之口，咸采录而不遗也。变风、变雅，大抵多于论刺，至有直指其事、斥其人而明言之者，《节南山》《十月之交》之类是也。使其有讪上之嫌，仲尼不当存之以为训。后世之论去取，乃不以圣人为轨范，而自私以为好恶，难可与言诗矣。"① 在以上的往返辩难中，刘基都在借助《诗经》为自己的观点树立权威。可见，他的诗歌讽谏理论正是由《诗经》生发而出的。

　　以上辩论涉及一个关键问题，就是处下位者是否有资格讽刺时政。其实在刘基看来，不仅下位者有资格发言，更重要的是，下位者的发言才正是《诗经》"讽谏说"的关键要素。他在《唱和集序》中首先引用了范仲淹的名言："君子居庙堂则忧其民，处江湖则忧其君。"下位者便是处于江湖之远的君子，因忧其君，故"发而为歌诗，流而为咏叹"，就如同"文王有拘幽之操，孔子有将归之引"，即便卑贱如漆室女，也会"倚楹而啸，忧动鲁国"，使王者"观民风，达下情"。下位者的讽刺之音，正是刘基所格外关注的"下情"。而这就与元末形成的山林文学构成对应关系，在台阁文学之外寻找到了经典的依据。

---

　　① 刘基著，林家骊点校《刘伯温集》上册卷二，第108～109页。

刘基关注的另一个问题，是自由的言论环境。其《书绍兴府达鲁花赤九十子阳德政诗后》云："予闻《国风》《雅》《颂》，诗之体也，而美刺、风戒，则为作诗者之意。其谤也不可禁，其歌也不待劝……公卿大夫之耳可聭，而匹夫匹妇之口不可杜。天下之公论于是乎在。"①《照玄上人诗集序》又云："《国风》、二《雅》列于六经，美刺风戒莫不有裨于世教。是故先王以之验风俗、察治忽，以达穷而在下者之情，词章云乎哉？后世太师职废，于是夸毗戚施之徒悉以诗将其谀，故溢美多而风刺少。流而至于宋，于是诽谤之狱兴焉，然后风雅之道扫地而无遗矣。"刘基认为宋代开始兴文字狱，风雅之道遂荡然无存。可见在他心中，《诗经》风雅之道的关键正在于"美刺风戒"四字，而实现风雅之道的关键则是保持言路的顺畅。与他有类似思想的，还有同为浙东文人的童冀。

童冀（1324~？），字中州，浙江金华人。元至正十八年（1358）十二月，受朱元璋之召，进讲经史、敷陈王道。洪武九年（1376），被征入京，虽曾请辞，但未获准许。洪武十三年（1380），再次被征入京。洪武二十九年（1396）之后，坐罪而死②。他在明初诗名并不甚著，主要以一百多首"和陶诗"闻名，有较强烈的隐逸心态。虽然多次被召，多次授官，但他却保持着与明朝政权较为疏离的关系，这在浙东文人中算是一个"异类"，反倒更接近于吴中文人的行事作风。他在洪武九年被征入京之后，将自己在全州和湖州担任教职时所作的诗歌，收入《南行集》和《雪川集》当中，其中多有一些反映民间疾苦的作品，如《水车行》《鱼荡行》《荒田行》等，可见他也和刘基一样，对时政多有不满，沿袭了杜甫的"诗史"创作传统，这实际上也是对《诗经》批判现实精神的一种继承。但刘基所批判的只有元末的乱局，进入明朝之后的刘基就收敛锋芒，开始粉饰新朝的太平；而童冀则将对政权的疏离感保留到入明之后，可见他的疏离感并不针对特定的时代，而是从根本上对参与政治没有兴趣。其人符合山林文人的典型心态，其诗也显示出以下刺上的意图。童冀对《诗经》的美刺讽谏功能格外看重。其《诗叶韵辨》云："子夏犹贤者也，《三百

---

① 刘基著，林家骊点校《刘伯温集》上册卷四，第 184 页。
② 参见邓富华《明初诗人童冀及其"和陶诗"考论》，《中国韵文学刊》2014 年第 3 期。

篇》亲删于圣人，取其善恶可为劝戒者以训后世。"《跋宋理宗御书后》云："《诗》之为用，盖以示美刺、垂劝戒。"《春草集后序》云："夫比兴之述……诚理政之本、风教之基……若乃比物寓兴，漱词寄声，讽意达乎意表，美刺缘乎人情，规以考政治之得失，关世运之替兴，时则有若《春草集》者焉。"①

　　本部分所谈到的美刺讽谏问题，并非浙东文人风雅诗学的主流思想，而是主要见于刘基与童冀的言论之中。刘基在元末沉沦下僚，抑郁难伸，是彻头彻尾的处下位者；童冀无论在元末还是入明之后，都处于基层官僚的位置，并且在主观上也比较疏离于政治核心，是一个处下位者的典型。若将宋濂、王袆与刘、童二人做一比较，会发现宋濂、王袆重视《诗经》的"正变说"，是因为他们习惯于以一种台阁文学的心态来面对《诗经》；而刘基在其落魄之时，童冀在其一生之中，都抱持着山林文学的心态，以此心态走近《诗经》时，就比较容易亲近美刺讽谏之说。刘基是以金华学派为主流的浙东文人与永嘉事功之学的连接点，而童冀则是浙东文人与吴中文学传统的连接点。他们的文学思想在浙东文人中居于非主流的位置，自有以上深刻的根源。

四　由明道、言情二途追求朴质诗风

　　浙东文人受宋元以来理学思想影响甚深，在文道关系上重道而轻文，宋濂等人也都在这条轨道上发展自己的文学思想。例如宋濂曾自述其学文经历，忆及自己青壮年时期如何"溺于文辞"，五十岁以后"非惟悔之，辄大愧之；非惟愧之，辄大恨之……自此焚毁笔研，而游心于沂、泗之滨矣"②。他用数十年时间，才终于摆脱对辞采的喜好，向明道的方向不断迈进。他这种以文明道的观念，同样与《诗经》有关，即《毛诗序》所说的"发乎情，止乎礼义"。而这两句话最终都指向一种朴质的诗风：既然发乎情，便只需要由情感自身的厚度来感动读者，不需借助辞采来强化它；既

---

①　童冀：《尚䌹斋集》卷二，《景印文渊阁四库全书》第 1229 册，第 598、602、611 页。

②　宋濂著，黄灵庚编辑校点《宋濂全集》第 2 册，第 492 页。

然止乎礼义，便只要遵从礼义的教导，礼义自身已经足够崇高，并不需要辞采的装饰。由于《诗经》诸篇很少工于辞采，基本以平实质朴之风写出，尤其是《雅》和《颂》，多以赋法为主，因此《诗经》正是这种朴质风格的最佳典范，是一种未曾漓于辞采的污染，纯粹而原始的状态。《诗经》的朴质之美恰好近于理学家的气质，也与浙东文人的文道观若合符节。

宋濂在《故朱府君文昌墓铭》中刻画了朱文昌这样一个高士的形象。朱文昌终生沉迷于诗，晚年还乡卜居后尤其如此。宋濂评其诗"冲澹类汉魏，雄健如盛唐"，应与其"通《毛氏诗》，训故折衷于朱子之说，毫分缕析，唯恐不合情性之真"有关。宋濂在文末发出议论："夫诗之为教，务欲得其性情之正。……世之人不循其本而竞其末，往往拈花摘艳以为工，而谓诗之道在是，惜哉！"① 宋濂将冲澹雄健的诗风与拈花摘艳之风相对立，认为"情性之真"是本，辞采之工则为末。

但是，只有情性也不够，因为《毛诗序》还教导我们，在"发乎情"之余，还要"止乎礼义"，这也是宋濂特别看重的要素。他在《霞川集序》中提出了多种学诗路径，却认为它们都"非其美者"，因为它们都停留在文辞层面上。在宋濂看来，文辞不必华美，质朴胜于人工。但关键是，这种质朴源自何处呢？他认为就是"发乎情，止乎礼义"。宋濂还发现，如果只任情之所至而作诗，也有弊端，因为"情之所触，随物而变迁。其所遭也怵以郁，则其辞幽；其所处也乐而艳，则其辞荒"。人的情感未必皆合于道，因此要有礼义来匡束，"则幽者能平而荒者知戒矣"，礼义正好救治了一味任情的弊病。总而言之，"诗者本乎性情，而不外于物则民彝者也"②；而流连光景之作固然文辞绚烂，却终失其性情之真、礼义之正。

宋濂这种戒文求质的诗文风格观，深刻地影响到其弟子方孝孺。他在《送方生还宁海》中告诫方孝孺："真儒在用世，宁能滞弥文？文繁必丧质，适中乃彬彬。""道真器乃贵，奚须事空言？"③ 方孝孺在《与舒君书》中向对方转述自己从宋濂那里获得的教诲："盖文与道相表里，不可勉而为。道者，气之君，气者，文之师也。道明则气昌，气昌则辞达，文者，

① 宋濂著，黄灵庚编辑校点《宋濂全集》第 3 册，第 1541~1543 页。
② 宋濂著，黄灵庚编辑校点《宋濂全集》第 2 册，第 714~715 页。
③ 宋濂著，黄灵庚编辑校点《宋濂全集》第 4 册，第 2459 页。

辞达而已矣。"① 因此，方孝孺也像宋濂一样，追求平实质朴的文风、诗风。其《答张廷璧》云："盖古人之道，虽不专主乎为诗，而其发之于言，未尝不当乎道。是以《雅》《颂》之辞烜赫若日月，雄厉若雷霆，变化若鬼神，涵蓄同覆载。诵其诗也，不见其辞，而惟见其理；不知其言之可喜，而惟觉其味之无穷，此其为奇也，不亦大乎！……后世之作者，较奇丽之辞于毫末，自谓超乎形器之表矣，而浅陋浮薄非果能为奇也。"这段话围绕"道"（或曰"理"）来展开，将《雅》《颂》树立为典范，追求一种与表面的文辞之奇大相径庭的风格，即"发乎自然，成乎无为，不求工奇而至美自足"②。《刘氏诗序》又云："古之诗，其为用虽不同，然本于伦理之正，发于性情之真，而归乎礼义之极，《三百篇》鲜有违乎此者。故其化能使人改德厉行，其效至于格神祇，和邦国，岂特辞语之工，音节之比而已哉。近世之诗大异于古。工兴趣者，超乎形器之外，其弊至于华而不实。务奇巧者，窘乎声律之中，其弊至于拘而无味。……苟出乎道，有益于教，而不失其法，则可以为诗矣。"③ 这里将《诗》三百篇与明道联系起来，并与"辞语之工，音节之比"相对立，仍旧是因明道之用而取质朴之风。方孝孺在文中还将华丽文辞比作"橘柚楂梨"，虽然适于口，却不能使人免于饥饿；而《诗》三百篇则相当于稻与肉，虽然质朴无文，人却不可一日无之。这个比方近似于程朱理学当中"天理"与"人欲"的关系。《朱子语类》卷一三："饮食者，天理也；要求美味，人欲也。"④ 方孝孺利用这一比喻，便将华丽辞采等同于"人欲"，将以明道为目标的质朴诗风视作"天理"。方孝孺另有《谈诗五首》，其一云："举世皆宗李杜诗，不知李杜更宗谁。能探风雅无穷意，始是乾坤绝妙词。"其三又云："发挥道德乃成文，枝叶何曾离本根。末俗竞工繁缛体，千秋精意与谁论。"⑤ 将这两首诗放在一起看，一边是为发挥道德而反对繁缛之体，一边是以《诗经》风雅为绝妙之词，这样一来，《诗经》因明道而朴质的特性

---

① 方孝孺：《逊志斋集》卷一一，宁波出版社，2000，第379页。
② 方孝孺：《逊志斋集》卷一一，第344~345页。
③ 方孝孺：《逊志斋集》卷一二，第405~406页。
④ 朱熹著，黎靖德编，王星贤点校《朱子语类》第1册卷一三，第224页。
⑤ 方孝孺：《逊志斋集》卷二四，第858~859页。

也就显露出来了。

如果说方孝孺追求朴质诗风的基础主要是诗以明道，近于"止乎礼义"；那么胡翰和朱右则主要从诗以言情的角度切入，近于"发乎情"。胡翰《童中洲和陶诗后跋》云："抑古之比兴，非以能言为妙，以不能不言者之为妙也。此所谓发乎情也大，音在天地，流被万物。"① 朱右《谔轩诗集序》云："三百篇自删定以后，体裁屡变，而道扬规讽犹有三代遗意，俚嗟诞谩之辞不与焉。是故屈、宋之贞，其言也恳；李、苏之别，其言也恨；扬、马多材，其言也雄；曹、刘多思，其言也丽。六朝志靡则言荡，而去古远矣。唐人以诗名家不下千数，其间忧喜怀思、放情感兴，或清而婉，或丽而蒕，或跌宕而瑰奇、艰深而刻苦，亦皆各极其志而致其辞焉，姑未可以世之嗜好论优劣也。"② 胡翰所谓的"能言"和朱右所谓的"俚嗟诞谩"都近于工巧之意。他们反对工巧、追求朴质的思路，则以"发乎情"为基础。尤其是朱右对汉魏诗与唐诗的评价，都突出了性情的多元化、个性化，在其背后则是诗歌情感之真而非伪。工巧往往近于伪，而朴质则近于真。

徐一夔（1318~1400），台州天台人，曾受教于刘基，也属于浙东文人的范围。他在《钱南金诗稿序》中说："诗人之言，贵平易而不贵奇怪。"继而引张载之言："《三百篇》之诗，不过举目前之事，而寓至理于其中。"看起来，徐一夔与方孝孺一般无二，仍然从"寓理"（亦即"明道"）的路径来主张"平易"诗风。但徐氏在接下来的文字里，将张载的"理"偷偷替换为"情性"，认为"夫诗，情性以本之"，观历代大家之作，"其缘情指事，寂寥乎短章，春容乎大篇，有平易而无奇怪"，反观近世诸家，却"斥平易为庸腐，指奇怪为神俊"③。徐一夔正是在情性诗学的引领下，提出了对"平易"诗风的追求。

其实，对朴质平易诗风的追求，并非浙东文人一家之专利，其在吴中、闽派诗人那里也都是常常言及的诗学话题。但浙东文人主要经由明道之途，再辅以性情之义，最终得出此结论；而吴中则多出于对自然境界的追求和对格律法度的反对，闽派则多出于对严羽"妙悟说"的发扬。虽然吴中文人和

---

① 胡翰：《胡仲子集》卷八，《景印文渊阁四库全书》第1229册，第103页。
② 朱右：《白云稿》卷五，《景印文渊阁四库全书》第1228册，第66页。
③ 徐一夔：《始丰稿》卷三，《景印文渊阁四库全书》第1229册，第172页。

闽派文人也会在论述这一问题时提及《诗经》，但他们将各自独有的诗学思想注入《诗经》当中，形成了截然不同的论述思路。例如吴中文人王行在《唐律诗选序》中说："孔子之删《诗》，取其既足以感发惩创，又足以被夫弦歌者，非以工拙计也。……苟弃其拙而取其工，则是遗自然而尚刻画，岂足与言温柔敦厚之教也哉？"继而，他将所谓的"工"和"刻画"集中于格律一事，因为"《三百篇》之诗，非有一定之律"，因此后世才出现的格律规范也没有必要存在，"以一定之律律之，自然盖几希矣"①。在这里，《诗经》成为似拙而实工、自然而含朴的典范。又如闽派先驱张以宁，他为同属闽派的黄子肃诗集作序，认为《诗经》"发之情性之真，寓之赋比兴之正，有常有变，随感而应，一是悟言而已矣"。因此，圣人崇尚《诗经》，是为了"使人自省，皆言悟也"。继而，他称赞黄子肃作诗，"志于悟之妙者"②，而才气禀赋又在群伦之上。整篇序文都围绕一个"悟"字展开，并屡次提及严羽，符合闽派诗学的主流思想。王行和张以宁，坚持了各自的诗学基点，却都没有谈及明道之事，对"发乎情，止乎礼义"之类的命题也没有什么兴趣，即便也提及《诗经》，即便也主张朴质诗风，但毕竟与浙东文人并不同路。我们在这种比较中，也足可加深对浙东文人由《诗经》而追求朴质诗风的认识，明乎明道、言情二途之于浙东诗学的意义。

《诗经》是中国古典诗歌的源头，也是后世诗评家不断追溯的诗学起点。但与一些具体的诗学话题相比，《诗经》传统在后世诗评家那里却面临尴尬的处境。它虽然先天地具备神圣性，却总被束之高阁，难以落实。将《诗经》请下高阁，为时代的病症充当药方，为思想的喧嚣充当统帅，为文学的乱象充当戒律，正是元末明初浙东文人所要做的事情。他们利用《诗经》及其相关理论建立了一套独特的诗学体系，将尘封已久的《诗经》文学传统重新激活，使其具备全新的思想活力。这是他们在元末明初这个特殊的时代，为古典诗学思想做出的最重要也最独特的贡献。

（本文原刊于《北京大学学报》2020 年第 4 期）

---

① 王行：《半轩集》卷六，《景印文渊阁四库全书》第 1231 册，第 357 页。
② 张以宁：《翠屏集》卷三《黄子肃诗集序》，《景印文渊阁四库全书》第 1226 册，第 590 页。

论长安文会与文学复古运动
前夕关中文学走向[*]

杨遇青[**]

内容提要 强晟《汝南诗话》描述了弘治中后期长安文会的唱和图景。这一时期，在长安诗坛上形成了以朱诚泳为中心的秦藩文学圈子及以杨一清为代表的藩臬文人群体，前者在风花雪月的闲适之中书写生命困顿，后者在政务繁剧之余兼及道德与文艺。藩府与藩臬文人会聚为长安文会，他们酬唱密切，书写着从闲适到雅健、从馆阁到朔漠的斑斓光谱。杨一清把馆阁文学圈子的联句与禁体诗风注入长安文会之中，又在江山朔漠之间形成意气健畅的新诗风，为关中文学崛起导夫先路。他们通力合作建成的正学书院也孕育着盛明文学的未来。

关键词 长安文会　秦藩　藩臬　禁体诗　意气健畅

文学史的叙事有多种维度，对文学圈子内部与外部的互动加以描述是切入文学史叙事的有效方式。所谓的文学圈子，是指在特定的时空环境下从事文学交往与酬唱活动的文人集群与文学网络。这些文学圈子往往没有统一的文学宗旨，甚至没有固定的成员，只是在辗转迁徙中偶然地聚首一处，并开展文学活动。这种文学圈子往往具有开放性、多元性和延展性。事实上，文学史上的多数思潮或流派在其形成阶段尚难以称得上"同气相求"，他们在偶发性的相聚中相互唱和与渗透，在不同的

---

　*　本文为国家社会科学基金西部项目"钱谦益佛教因缘系年考实与综合研究"（项目编号：19XZW015）阶段性成果；获唐仲英基金会仲英青年学者项目资助。

　**　杨遇青，西北大学文学院副教授，曾出版专著《明嘉靖时期诗文思想研究》等。

圈子间流动，并交换文学资源与信息。在文学复古运动兴起前夕的弘治中叶，在长安的诗坛上就存在以朱诚泳为中心的秦藩文学圈子和以杨一清为代表的藩臬文人群体，这两个圈子互动密切，融通会聚为长安文会，同时又与在京国的馆阁文学圈子有着密切的信息交换与文学往来。这一时期，文学复古运动的思想与势力还未集结，诗学领域呈现出一种多元互动与开放包容的局面。在此局面中，带有北方风骨的新诗风在杨一清的创作中已悄然形成。对朱诚泳与杨一清的文学活动，学界已有不少论述①，师海军、张坤、叶晔于杨一清对文学复古运动的影响亦有专门论述②，但尚缺乏对朱诚泳与杨一清的诗学交往活动予以整体观照的研究。因此，对这一时期的长安文会和关中文学趣味加以董理，有助于深化对地方性原生态文学状况的认知，有助于进一步厘清地方与中央文学圈子的交互关系。本文拟从强晟这一寓居长安的普通文人的视角介入弘治时期的关中文学叙事，通过对朱诚泳与杨一清这两个关键角色的探讨展开弘治文学中边缘与主流的交涉，从边缘来看中心，力求从混沌的原始文学生态中抽绎文学发展的可能性。

一　从贡院会讲到长安文会

弘治六年（1493）春，真宁教谕强晟应邀至西安贡院参加"五经会讲"。强晟少年时就随父亲宦寓关中，对这座汉唐古都并不陌生。三年前，强晟春闱下第，决意放弃科第，参加谒选，"得陕之陋邑，所谓真宁者"。一年前，他受聘校艺湖藩，往返西安时，曾两次谒见秦简王朱诚泳。朱诚泳雅好宾客，对强晟赏赉甚厚。随后，时任陕西提学副使的杨一清向强晟

---

① 关于杨一清诗风及其价值，参见余嘉华《杨一清在明代诗坛上的地位》，《云南师范大学学报》1994 年第 2 期；陈书录《尊崇气节，致力于儒雅文学的复壮——由茶陵派向前七子过渡的杨一清》，《南京师范大学学报》1996 年第 4 期。关于朱诚泳的研究较少，如吕美《明秦简王朱诚泳及其〈小鸣稿〉研究》（硕士学位论文，西北大学，2015），概述多而研究少。

② 参见师海军、张坤《教育、科举的发展与关陇作家群的兴起》，《西北大学学报》2011 年第 1 期；叶晔《提学制度与明中叶复古文学的央地互动》，《文学遗产》2017 年第 5 期。

发出邀约，聘请他出席今年的贡院会讲。在会讲期间，朱诚泳再次召见强晟，礼聘他为王府伴读。朱诚泳有《罗川剪雪诗序》以记其事：

> 盖晟以汝南名家子，早负才气，有声场屋，而固将以取甲科致通显也。惜两举进士不第，不获已领教得陕之陋邑所谓真宁者，则其抑郁之怀固宜一寓于诗也。弘治壬子之秋以校艺湖藩，道陕入见，予始识之。明年，以提学宪臣檄取会讲于贡院，因悉见其所作若诗若文若短章若长篇若诸体，其新奇富丽，有足以动人者，用是援例请于朝，蒙恩许备藩臣。予甚喜之，盖察其人醇实，初不专于诗也。①

朱诚泳强调，之所以对强晟青睐有加，一是以其诗才"新奇富丽"，二是因为他人品"醇实"。关于这一人生际遇，强晟有详细记载：

> 明年，贡院会讲，乃蒙腾荐于朝，改升伴读之职。五月命下，晟尚未知。一日召见于拱辰堂。王笑曰："朝廷已从予请矣，先生可供职，勿嫌官冷也。"遂赐衣一袭，且命中贵为建大宅，什物充备，赐良田四顷，仆从比常例加倍。且赐诗曰："清水无滓玉无瑕，鱼水相看翼未华。诗拟曹刘窥雅调，文宗韩柳擅名家。井天典教膺儒聘，藩邸能官更汝嘉。惭愧楚筵初设礼，如何贾谊在长沙。"②

强晟校艺湖藩，犹如贾谊之在长沙。甫回陕西，即有杨一清聘之于前，朱诚泳官之于后，给予极高礼遇。他们对强晟的提携，颇有为关陇地方笼络人才的意图，所以简王说"惭愧楚筵初设礼，如何贾谊在长沙"，意思是我秦简王的礼遇比你在长沙时得到的怎么样呢？朱诚泳的信任是慷慨的。在这个科举时代，强晟以举人身份出任真宁教谕，官冷人微，一愁

---

① 朱诚泳：《小鸣稿》卷九，《景印文渊阁四库全书》第 1260 册，台湾商务印书馆，2008，第 337 页。

② 强晟：《汝南诗话》，陈广宏、侯荣川编校《稀见明人诗话十六种》上册，上海古籍出版社，2014，第 54 页。

莫展。因为朱诚泳的慧眼识珠，他终于离开了"地僻人稀，生徒绝少，其况味有不堪其尤者"的生活状态，从陌邑真宁进入了西安的文化圈子，从此再也不需要弹铗而歌了。

朱诚泳知人善任，改变了强晟的人生轨迹。强晟也不愧为朱诚泳身后桓谭。朱诚泳去世后，他校刻了朱诚泳的诗文集《小鸣稿》十卷，编撰了《秦简王遗行录》，使得简王的英名善行著于丹青。强晟还在《汝南诗话》里，记录下秦简王和秦藩文学唱和的盛况①。今存国家图书馆的《汝南诗话》是正德刊本，据李一氓说："不见于公私藏书志，抑海内孤本欤？"② 幸赖陈广宏、侯荣川先生洗濯抉发，将其收入《稀见明人诗话十六种》，使我们可以了解到弘治年间也就是文学复古运动兴起前夕陕西地方文学的状况。

强晟在《附录赏花倡和》一章说："自弘治甲寅膺荐，今备员左史，盖历三王，经二纪，于仕途送往迎来，殆不异传舍之阅过客也。"③ 自强晟迁王府伴读以来，历王府纪善、右史、左史，位至三品。他虽是寓居长安的外乡人，但二十余年来，比大多数本地人更熟稔陕西官场的浮沉，像驿站的卒子阅尽长安大道上的匆匆过客一样，经历着陕西文坛的浮沉变迁。其《汝南诗话》"长安文会"一条对此有真切的记载：

> 弘治甲寅春，邃庵时为提学宪副，檄予入贡院会讲，既而蒙荐补秦藩文学。时简王崇儒好士，一时藩臬名流，若仰宪使晋卿、丘参议仲玉、严西安宗哲，俱以诗文受知，而尊重邃庵尤厚。今追思往昔，殆成梦觉。嗣后，藩臬同时者若参政李公惟诚、才公汝栗、宪副王公应韶、李公希贤、胡公用晦、宋公惟寅、欧阳公子相，而予亦忝厕其

---

① 根据高儒《百川书志》和《千顷堂书目》，强晟编著作品有六种之多，除了以上三种外，还有《强左史文》一卷、《强左史诗》六卷和《秦藩应教诗》一卷，惜未见之。
② 强晟：《汝南诗话》"提要"，陈广宏、侯荣川编校《稀见明人诗话十六种》上册，第35页。
③ 强晟：《汝南诗话》，陈广宏、侯荣川编校《稀见明人诗话十六种》上册，第66页。在《汝南诗话》中强晟应聘会讲与荐补秦藩的时间，有癸丑、甲寅两说。或以为癸丑会讲，甲寅膺荐，故随文两存之。

间，往来唱和甚盛。后诸公各迁转去，诗坛遂久落寞。①

强晟所经历的"长安文会"可分为前、后两期。弘治中叶，秦简王朱诚泳和杨一清共同主盟长安文坛，而弘治后期，藩臬的唱和活动依然"甚盛"。这两期可以弘治十一年（1498）为界。这一年六月简王薨，十二月，杨一清去职。次年王云凤任陕西提学佥事。

前期代表人物除朱诚泳、杨一清外，还有仰升、丘璐和严永濬。仰升，字晋卿，南直隶无为州人，历任陕西按察司副使、按察使。弘治十一年，升河南右布政使②。朱诚泳《始识晋卿先生茶话》说"关山多宦迹，湖海重诗名"③，表达了"初识"的喜悦。又有《同阎文振方伯、仰晋卿宪副池亭小酌》《送仰晋卿宪长入觐》《送仰茂才南还（晋卿宪使之子）》等。丘璐，字仲玉，河南兰阳人，陕西布政司参议，弘治八年（1495）升山西左参政④。《小鸣稿》有《淡香亭赏菊与丘仲玉少参、杨应宁宪副同作》，为朱诚泳与丘璐、杨一清的联句。又有《丘仲玉少参晚香亭》、《招丘仲玉大参弹琴》和《送丘仲玉大参之任山西》等。丘璐"论文则称左氏、司马迁、班固，论诗则称《十九首》而下黄初而上"，文学主张与稍晚的文学复古运动凿枘相契，被史家视为"高见远识如此"⑤。

在这些文会同僚中，严永濬有丰富的中央任职经历，在入陕藩臬文士中颇具代表性。严永濬，字宗哲，华容人。成化十四年（1478）进士，历任户部主事、员外郎、郎中。弘治五年（1492）出守西安府，在任九载。严永濬在郎署时与李东阳、杨一清为诗友。李东阳集中与严永濬唱和凡六首，与杨一清唱和凡二十首，在《读柳拱之员外、严宗哲主事、杨应宁舍

---

① 强晟：《汝南诗话》，陈广宏、侯荣川编校《稀见明人诗话十六种》上册，第 59~60 页。
② 李东阳《重建正学书院记》曰："丁巳，汪君进继为布政，仰君升为按察使。"（李东阳撰，周寅宾、钱振民校点《李东阳集》第 3 册，岳麓书社，2008，第 997 页）又（嘉靖）《河南通志》卷一二"右布政使"条："（仰升）弘治十一年任。"［明嘉靖三十五年（1556）刻本，第 14b 页］
③ 朱诚泳：《小鸣稿》卷四，《景印文渊阁四库全书》第 1260 册，第 243 页。
④ 参见过庭训《本朝分省人物考》卷八六，《续修四库全书》第 535 册，上海古籍出版社，2002，第 409 页。
⑤ 李希程等编次（嘉靖）《兰阳县志》卷八，明嘉靖刻本，第 9b 页。

人唱和和长句戏次韵一首》中，他称许柳应辰、杨一清与严永濬为"文章同时不易得，三杰古称吴富尹"①，认为他们的文章媲美初唐宗经复古、雅厚雄迈的富吴体。弘治四年至五年，杨一清、严永濬先后赴陕，李东阳分别赋《寄应宁提学用留别韵二首》《次严宗哲太守留别韵兼寄应宁》，又有《送柳拱之宪副之岷州兼柬应宁提学、宗哲太守》等，可见他们作为一个唱和群体，有着非同寻常的诗文情谊。李东阳在《与邃庵书》八首中，嘱咐先至西安的杨一清说："宗哲西行，颇非其好，赖故人知己，必能相与于成。"又说："宗哲虽烦视此，犹在栖迟偃仰间，若风教文字之政，又弗待论也。"② 认为严永濬之任西安知府，"颇非其好"，大概知府公务烦剧，与严永濬的文人雅趣扞格不入。"风教文字"才是杨一清和严永濬的共同事业。事实上，严永濬在此两方面都颇有作为。日常政事方面，"抚按藩臬文案山积，迎刃立剖，庭无宿牒"；风教文字方面，严永濬和杨一清一起"构书院，简三学诸生贤者才者萃而教之，于是康海、王九思、马骥诸名人出焉。故永濬当弘治时名甚著"③。在此期间，严永濬"虽应务冗剧，未尝废吟诵"④，积极参与了长安文会的酬唱活动。强晟《汝南诗话》中《柳东人品》一则曰："华容严宗哲，丰仪秀爽，如谪仙人，诗文有称是。弘治初为西安守，予始膺荐来陕，即相契如布衣交。在郡八年不迁，尝自叹，有'树比至时高过屋，鸟从窥后熟于邻'之句。"⑤ 朱诚泳《小鸣稿》中有《送成复初指挥南还，与严宗哲太守、乔思孝长史、强景明伴读同作》《赏菊与严宗哲太守、长史吴元素、乔思孝、伴读强景明同作》等酬唱之作，便是严永濬与秦藩文人往来密切的明证。

弘治十一年六月，秦简王朱诚泳薨；十二月，政绩卓著的陕西按察司副使杨一清调任太常寺少卿。两年后，严永濬擢任浙江参政。但长安诗坛

---

① 李东阳撰，周寅宾、钱振民校点《李东阳集》第 1 册，第 169 页。
② 李东阳：《与杨邃庵书》，李东阳撰，周寅宾、钱振民校点《李东阳集》第 2 册，第 573~574 页。
③ 过庭训《本朝分省人物考》卷八〇，《续修四库全书》第 535 册，第 329 页。
④ 蔡崇文：（隆庆）《岳州府志》卷一五，明隆庆刻本，第 6a 页。
⑤ 强晟：《汝南诗话》，陈广宏、侯荣川编校《稀见明人诗话十六种》上册，第 61 页。

依然兴盛。这一期，与强晟唱和者有李赞①、才宽②、王云凤、李逊学③、胡倬、宋礼④和欧阳旦⑤等。其中才宽、王云凤、宋礼等皆为成化十四年进士，与严永濬为同年。

在后期的文会诸子中，王云凤最为知名。他于弘治十二年（1499）冬由陕州知府升陕西按察司佥事，提督学校，两年后升为副使，守备临洮。弘治十七年（1504），因杨一清的推荐，以副使督学，"士子相贺曰：'王先生复来，后学得依归矣。'于是士子益自策励，甚至有骈肩接踵向往于道，驶驶乎复周汉之旧者矣"⑥。胡倬、宋礼任职陕西应早于弘治十一年，与朱诚泳、杨一清俱有交往，与王云凤、强晟过从犹密。朱诚泳《小鸣稿》卷七亦有《梅花图为宪佥胡用晦题》，卷八有《二月二十二日与杨应宁宪副、宋惟寅宪佥、强景明伴读城东泛舟同作二首》，王云凤《博趣斋稿》卷九有《秦州有怀宋惟寅、胡用晦二兵备次壁间韵》，又有《邀胡寒泉》《正学书院同寒泉雨中邀平台酒半平台扪鼻起遂出走笔作歌》《九日登榆林孤山堡城楼骤有怀仲平用晦诸君子》等。在朱诚泳辞世后，他们尚能赓续诗酒风流，构成了弘治中后期的唱和圈子。强晟《西台纪别》一章记录了他与王云凤、宋礼、胡倬的情谊。他说：

---

① 李赞，字惟诚，南直隶芜湖人。曾任陕西布政使左参政。焦竑《国朝献征录》卷七二《太仆寺卿李赞传》以为："诗文清逸疏邕，类其为人。"王云凤《博趣斋稿》卷一〇有《次韵惟诚述怀之作兼寄山东惟正》。

② 才宽，字汝栗，直隶迁安人，代严永濬任西安知府。强晟《司空善谑》一则曰："迁安才汝栗，弘治初代柳东为西安守，长身美髯，如画图中人，且能诗善谑，席间数觥后，议论风生，真人豪也。与予一见如故，相得甚欢。会间每谑予，予极为酬之，竟不能胜。"正德二年（1507），才宽以工部尚书兼副都御史，继杨一清总制陕西三边兵马。正德四年（1509），寇入花马池，中流矢卒。马中锡、李梦阳等有诗悼之，李梦阳《哀才公》曰："仲冬东南天鼓鸣，我军灭胡功可成。道之将行岁在巳，星落辕门悲孔明。尚书头颅血洗箭，马革缠尸亦堪羡。夷门野夫国士流。痛哭天遥夜雷电。"

③ 李逊学，字希贤，河南上蔡人。《国朝列卿记》卷一六称其"善属文，以理为文而气以辅之，纬章绘句，人皆乐于讽诵，诗亦清新俊逸，有唐人风采"。王云凤《博趣斋稿》卷一〇有《临洮有怀兰州彭济物次希贤李提学韵》，卷一七有《送提学李希贤诗序》。

④ 宋礼，字惟寅，号石丘，直隶大兴人。胡倬，字用晦，号寒泉，广西临桂人，成化二十年（1484）进士。

⑤ 欧阳旦，字子相，江西安福人，成化十七年（1481）进士。杨一清《关西奏议》卷二《为添设马苑营堡以便收牧事》两次提到欧阳旦，官职是"分巡关西道副使"。

⑥ 吕柟著，米文科点校《吕柟集·泾野先生文集》下册卷二四《明金都御史前国子监祭酒虎谷先生王公墓志铭》，西北大学出版社，2015，第792页。

弘治辛酉之巳月，予于宋石丘惟寅、胡寒泉用晦、王虎谷三佥宪偶会于陕臬之斋明所。斋明，寒泉之寓舍也。因相与把酒论文，穷一日之欢。予诗有"论字论诗兼论画，忘形忘势复忘年"之句。酒半，石丘有离合之叹，饮中顾色，若有不胜其情者。时石丘秩满，将北上，而寒泉以督响行甚迫，虎谷亦以试事方殷，出有日。因相约他日虽迁他镇，亦当以诗筒相往来，要如元、白故事。未几，石丘升守备西宁，寒泉升守备固原，虎谷升守备临洮，俱本司宪副，各领敕赴镇。先后不两月间，咸膺重用，是也有不偶，然会合之难有如是者。予因赋诗赠别，有"此去三边俱有警，好凭烽火报平安"之句。别后未一纪，寒泉不作，石丘免，惟虎谷历国子监祭酒，致其事以去。①

诗人们在长安不期而遇，把酒论文，结下了如元、白一样的情谊。但"离合之叹"却紧紧地抓着他们的情绪。他们宦海浮沉如飘蓬泛梗，从一个地方转徙到另一个地方，每一次离别都令人黯然销魂，不能自释。更何况弘治十四年（1501）斋明所一聚，竟成永诀。王云凤《哭胡用晦》深情地写道："烛下作书犹寄我，鸡鸣更死竟何为。千里吊丧惟有泪，一春极痛不能诗。孤儿幼妇行囊薄，瘴雨蛮烟旅榇迟。昨夜分明梦颜色，掀髯笑语似生时。"② 真是大朴无华，情真意切，字字看来都是血泪！

留滞长安的强晟似乎更能了解此种迁流不息的人生况味。弘治十一年，他送走了杨一清、严永濬；弘治十四年，又送走了宋礼、胡倬和王云凤。有的人走了还会回来，如两年后杨一清以左副都御史的身份来陕，并在这里大展宏图。三年后，王云凤以副使重执陕西学政，继续杨一清未竟之业。但更多的人离开了，就再也不能回来。"知己之难，自古而然"，强晟似乎觉得"长安文会"再也不能重现辉煌了。但事实上，这只是长安诗坛兴起的一段前奏。弘治十四年，王云凤"试事方殷"，还忙着张罗正学书院的营造和授学。康海、吕柟和韩邦奇等参加了这一年乡试，在不久的将来，书

---

① 强晟：《汝南诗话》，陈广宏、侯荣川编校《稀见明人诗话十六种》，第60页。
② 王云凤：《博趣斋稿》卷九，《续修四库全书》第1331册，第173页。

院的学子们将影响百年中国的文坛。

二　秦藩雅集与朱诚泳的文学趣味

朱诚泳是明代藩府文学里的佼佼者，"明之宗子以风雅著者极多，秦藩则《宾竹小鸣集》最著，简王诚泳所作也"①。他以藩王身份主盟文会，提倡风雅，自然下自成蹊。

朱诚泳的文学素养与秦藩的文化氛围密切相关。朱诚泳的祖父秦康王"强学好古"②，颇负诗名。《陕西通志》录其《华山诗》二首，未见警策之处。钱谦益《列朝诗集》录康王《送名医凌汉章还苕》三章，却颇为深切沉郁。如第二章：

> 术传卢扁字锺王，底事来游便趣装。熟路也知车载稳，清时何用剑生铓。鸡鸣函谷三更月，枫落吴江两岸霜。归到苕溪寻旧侣，画船诗酒水云乡。③

其中颈联尤为警拔，"熟路"一句表现出人世庸常的厌倦感，"清时"一句写出太平盛世和英雄无用武之地的人生悖论，透露出对平庸生活的不满。朱诚泳《画马》也表达了同样的困惑。他说："千金骏骨异寻常，绝漠曾经百战场。四海于今幸无事，任渠刍牧华山阳。"④ 如果认为这首诗是在歌颂四海升平，那就是只看到了事物的表象。其实，宝剑无用于清时，战马无用于盛世，是一样的无奈和悲哀。作为秦康王的代表作，《送名医凌汉章还苕》为钱谦益《列朝诗集》以下诸家所选，但这组诗亦存于朱诚

---

① 全祖望：《鲒埼亭集》卷三八《明宗室青阳子消寒九九图跋》，《四部丛刊》，第 14a 页。又陈田《明诗纪事》甲签卷二下云："明藩王之工诗者，当以秦简王诚泳为称首。"（《续修四库全书》第 1710 册，第 268 页）
② 何景明：《雍大记》卷一八，《四库全书存目丛书》史部 184 册，齐鲁书社，1997，第 153 页。
③ 钱谦益编著《列朝诗集》第 1 册，中华书局，2007，第 67 页。
④ 朱诚泳：《小鸣稿》卷七，《景印文渊阁四库全书》第 1260 册，第 296 页。本部分引《小鸣稿》之处，以下只随文标明卷数。

泳《小鸣稿》①。事实上，秦康王卒于景泰六年（1455），朱诚泳卒于弘治
十一年②。董斯张《吴兴备志》卷三一曰："湖州凌汉章，成化间针术神灵
擅名。"卷一三记录了弘治二年（1489）顾谦向凌汉章求治耳疾的故事。
从时间的吻合度上看，《送名医凌汉章还苕》的著作权理应归于朱诚泳。
当然，秦康王对朱诚泳的影响是直接的。何景明《雍大纪》说，秦康王
"强学好古，不遗余力，声色货利，驰骋畋猎之欲，淡然无足动其中者，
有《默庵集》行世"，其子秦惠王"惇悦诗书，乐接文儒，有《益斋集》
行于世"；而秦简王朱诚泳"声色歌舞，货财畋猎，澹然无所好。喜作诗
文，有《宾竹稿》行于世"③。有诗集"行世"是康王以下的新趋势，展
现了秦藩偃武修文的新气象。钱谦益记录了朱诚泳学诗的佚事："年十岁，
康王妃陈教以小学，日记唐诗一章。惠王闻吴人汤潜名能诗，请为教授，
传声律之学。嗣位后日赋一诗，积三十年。"④ 陈田对此颇为肯定，以为
"秦简王诗色丽音婉，不愧'日课一诗'之目"⑤。

　　朱诚泳为明代秦藩的文学事业锦上添花，加上其煊赫地位，无疑是明
代文学复古运动兴起以前长安文会的中心人物。他继承了惠王"乐接文
儒"的习性，"喜按文儒士夫，话谈竟日，亹亹忘劳。凡异端曲士携术以
至者，卒无所售。喜读书，凡六经子史百家无不遍阅，一日悉记。善作
诗，每遇花辰灯夕，请藩臬及关中缙绅，宴饮赓和"⑥。只是这种王府主导
的文人雅集，无非是"花辰灯夕"、四时景致或品诗鉴画而已。

　　九日赏菊是文人雅集的重要传统，朱诚泳也往往"九日招文士，东篱
醉菊花"（卷八）。《小鸣稿》中有《九日席上次戴松崖先生韵》《九日与

---

① 《小鸣稿》卷五作《别意送凌卧岩还乡次韵》。《送名医凌汉章还苕》三章作为秦康王的
　代表作为钱谦益《列朝诗集》、朱彝尊《明诗综》、陈田《明诗纪事》和张豫章《四朝
　诗》所选。朱彝尊以下诸选显然受到《列朝诗集》的影响，可钱谦益可能并未见过秦康
　王《默庵稿》，所以他语焉不详地说：秦康王有"《默庵稿》若干卷"。据笔者所见，除
　了《小鸣稿》外，这组诗较早见诸董斯张《吴兴艺文补》卷五三，作者写作"秦王"，
　但不知何故，到了钱谦益就归诸康王的名下了。
② 参见何景明《雍大记》卷一八，《四库全书存目丛书》史部 184 册，第 153~154 页。
③ 何景明：《雍大记》卷一八，《四库全书存目丛书》史部 184 册，第 153~154 页。
④ 钱谦益：《列朝诗集》第 1 册，第 86 页。
⑤ 陈田：《明诗纪事》甲签卷二上，《续修四库全书》1710 册，第 260 页。
⑥ 焦竑：《国朝献征录》卷一，《四库全书存目丛书》史部第 100 册，第 17 页。

戴松崖、汤俟庵赏菊》《和张廷仪绣衣赏菊十二绝》等唱和之作，还有《赏菊与严宗哲太守、长史吴元素乔思孝、伴读强景明同作》《和赏菊与长史吴元素、游正固、纪善汤以修、伴读强景明同作》《重赏菊与长史吴元素、游正固、纪善汤以修伴读》《再赏菊与阎文振方伯、吴元素长史、汤以修纪善》《淡香亭赏菊与丘仲玉少参、杨应宁宪副同作》等五首赏菊联吟之作。这里既有王府长史吴元素、纪善汤潜、伴读强晟等秦藩僚属，也涉及严永澄、丘璐、杨一清及右副都御史戴珊、安抚使阎文振等藩臬文人，构成了长安文会酬唱雅集的一幅幅剪影。

朱诚泳赏花之作，以牡丹居多。《汝南诗话》对此有明确的记载："秦藩牡丹之盛甲于天下。其天香、永春二圃，不下千本，每春季盛开，锦绣烂然。予叨辅臣，岁与赏席。当简王存日，得广南孔雀，因命置花圃间，尤为奇绝，予尝有诗纪之云：'忆从膺荐入长安，惭愧年年赏牡丹。今日鬓霜银海涩，优恩犹许雾中看。'"[1] 朱诚泳吟咏牡丹之作甚夥，有《红牡丹》《白牡丹》《黄牡丹》，有《冬日牡丹》《秋日牡丹》，有《九日见牡丹》的喜悦，也有《三月十日牡丹盛开，将约诸宾客共赏。九日夜忽风雨大作，黎明园丁走报花已半离披矣，感而赋此》的遗憾。他笔下的牡丹既有帝王家的富贵，也有独标风骨的清高。他不喜"冶丽"的意象，偏爱"天然"的景致，何况这"花王冰作骨，姑射水为神"（卷四）的白牡丹呢？但朱诚泳并非流连风月的浅薄之辈，对王朝腐坏充满忧患意识。他在一首咏牡丹的诗中写道："龙舟走千里，贪彼维扬花。宋徽蹈覆辙，黄杨致天涯。吁嗟花石纲，江淮尽虎蛇。炀亡徽北狩，回首白日斜。唐人牡丹地，相传能几家。"（卷二）

品鉴书画也是王府雅集的重要面相。康海《对山集》卷四一《鸿胪寺序班阎公孺人赵氏合葬墓志铭》记载："秦简王尝大陈古今名帖图画征序，班公遍视之，至则掩其题识，问为何人，历千万轴无一不当。王因悚然敬重矣。"[2] 强晟《汝南诗话》曰："秦简王别号宾竹，博学能诗，多识古今名画。尝谓晟云：'宋徽宗善画，立画学博士院，每召名画工，必摘唐人

---

① 强晟：《汝南诗话》，陈广宏、侯荣川编校《稀见明人诗话十六种》上册，第66页。

② 贾三强、余春柯点校《康对山先生集》，三秦出版社，2015，第675页。

诗句试之。一日召试群工，以踏花归去马蹄香为题，群工间竞出新意，多于花上著工。有某甲者惟作蜂蝶一二逐马蹄而已，群工咸服其妙。'"① 朱诚泳所赞赏的是如羚羊挂角般的象外之美，"可能会过度看中其精巧的构思，而忽视了审美的重要性"②。这里谈的是"写物之妙"，但实质上是以"咏物之妙"的诗意标准来权衡文人画的创作。

山水画是中国文人画的精华，朱诚泳的这类题咏甚多，从中颇可以窥见作者的情性巧思。如《题四景画》之一："春风瑶草芳，桃花满村坞。云林烟雾深，丁丁响樵斧。岚翠湿衣襟，空山半疑雨。乐哉萧散徒，麋鹿自成侣。长啸倚岩崖，清风迈千古。"（卷二）润泽清新，诗中有画，有萧散出尘之韵。诗中"萧散徒"，遗世而独立，与山水肝胆相照，颇具睥睨千古、糟糠王侯的气度。但在众星捧月的秦藩中，朱诚泳的怀抱却无疑是孤独的。他咏山水画的诗作常常是一个抱琴老人孤独地彳亍着。例如以下两首：

> 同云酿飞雪，远近皆琼瑶。冰壶冻六合，万木皆萧条。策蹇来幽人，抱琴度危桥。何处觅知音，前溪路迢迢。（卷二《云景画》）
> 秋江雨初歇，江波漫矶石。鸿雁杂轻鸥，泛泛点寒碧。松风萝径深，抱琴有游客。相见复相违，苍苔掩行迹。（卷二《秋江访友画》）

最后一句点到为止，如空谷传响，空弦有声，让人惆怅莫名，浮想蹁跹。这个抱琴者是谁？他到底又在寻觅着谁？我们知道，琴棋书画是文人形象的点睛之笔，出现在文人画里再自然不过了。但抱琴者在朱诚泳的诗里却出现得太频繁，只能解释为诗人对特定审美对象的敏感和捕捉，即其自我形象的投射。我们也知道，抱琴者寻觅的是"知音"。其《题画》说："抱琴徐步白云深，路入长松十里阴。屐齿莫嫌苍藓涩，纷纷城市少知音。"（卷七）但这个知音又是谁？有时候他是锺子期："溪头野老行迟迟，杖屦携琴过竹篱。猗兰调古少人听，等闲来此寻锺期。"（卷三《携琴访友

---

① 强晟：《汝南诗话》，陈广宏、侯荣川编校《稀见明人诗话十六种》上册，第56~57页。
② 〔美〕高居翰：《诗之旅：中国与日本的诗意绘画》，洪再新、高士明、高昕丹译，三联书店，2014，第14页。

画》）有时候是嫦娥："理罢紫桐琴，良宵成独坐。嫦娥似赏音，流光时照我。"（卷七《月下鼓琴图》）但"流水"有弦，"锺期"已逝，"嫦娥"不过是一束流光的隐喻。如果月光可以赏音，那山水无处不知己。所以，他"抱琴随处觅知音，谁识离骚万古心。行到溪山幽绝处，细听瀑布涤烦襟"（卷七《题画》），"流水高山趣自深，抱琴相对坐松阴。但须识得其中意，何用人间有赏音"（卷七《小景画》）。诗人寻找的不是任何人，而是山水自然境界，在高山流水里他听见自己驿动的心。如果说山水画里的人物寄托着作者的世外雅趣，那么从人物画里更可以看出其精神意向。他写嫦娥："天上高寒谁与侣，桂影婆娑香雾霏。"（卷三《题姮娥归月画》）写《昭君出塞图》："粉泪流香湿绣鞍，琵琶声咽朔风寒。莫将旧日宫中曲，却向呼韩幕里弹。"（卷七）一个"寒"字处处戳中了画中人的内心。另外一首《子牙画》略显不同，他说："兴周有兆信非熊，老奋鹰扬策上功。渭水无人能枉驾，鬓毛落尽钓丝风。"（卷七）子牙与文王的相遇事出偶然。如果这一邂逅不曾发生，那么姜子牙也和上文的抱琴者一样，不过是空老山间的隐士罢了。读到此处，才知道这个抱琴者其实就是"老奋鹰扬"而无所事事的姜子牙。

强晟说："予叨仕秦藩，长安则缙绅渊薮也，每一乡聚，金紫盈庭。"长安文会有九日咏菊、牡丹盛会、诗画题咏、耆英义会等诸种形式，但作为文会的主人，朱诚泳却缺少知音。从朱诚泳的题画诗里我们可以读出一种深入骨髓的悲凉和无奈。作为天潢贵胄，他是政治棋局中的弃子，这是他与生俱来的宿命。明初，朱元璋分封诸王，布列边陲。其中最为煊赫的是九王，"此九王者，皆塞王也，莫不傅险狭，控要害，佐以元侯宿将，权崇制命，势匹抚军，肃清沙漠，垒帐相望"①。但靖难之役以后，诸王命运急转而下。万斯同《诸王世表叙》曰："嗣是天子特尊主威，锐心强干。诸王之国，后入朝必问，出城必请，护卫仪仗必去。君门万里，誓及黄泉，圜土高墙，纷拏叠见。武宗之末，镭跳穷边，濠哮江表，不浃旬而就歼，所伤不既多乎。呜乎！属在天潢，生长帷墙之内，顾不得与齐民比揆

---

① 何乔远：《名山藏》卷三六，《续修四库全书》第 426 册，第 233 页。

之，人情亦未安也。"① 永乐以后，诸王行动受到监控和限制，未经允许不准出城垣一步；王室子弟不准参与科举，更不用说捍卫边疆，为国效力了。万斯同说："则又拘困之，束缚之，若牛马然，豕圈而兽槛，亦绝少生人之乐矣。又其间材而隽者，曾莫得一自展效，以见用于时，七尺虚生，郁郁以老，牢骚愤怫之气，并足以召灾而致变，如枣阳王愿毁冕应试，郑世子请辞爵入山，盖比比然也。"枣阳王朱祐楒上书请废除《宗人录》，郑世子朱载堉则是明代杰出的乐律与历法学者，但他们只能做富贵闲人。他们与普通的芸芸学子不同，生来就被剥夺了政治上的权利。在"学而优则仕"和"天下兴亡，匹夫有责"的传统儒家社会，他们的生命无疑变得无聊和没有意义。因而，朱诚泳的诗里有一种百无聊赖的闲适，抑或一种无法言表的寂寞与悲哀。例如《秋夜》二首："月满西楼户半开，晚风黄叶走空阶。偶然得句高歌处，肯为悲秋恼壮怀。"（卷七）这是晚秋的黄昏，诗人忽然被一种莫名的情绪所纷扰，难道是因为晚风掠走了台阶上的黄叶吗？难道是因为秋声溢耳，梧桐如雨吗？朱诚泳清畅的诗境浸透着晚唐诗的凄美，亦有一种清刚悲壮的骨气贯注其中②，如一曲在长安绮筵上的哀婉的艳歌，不论你是否懂他的曲意，但此种贵族的悲凉却是文人学士们无法复制的。

三　杨一清与关中文学的新意

强晟以为秦简王"尊重邃庵尤厚"。相对于简王的风流俊逸，孤芳自赏，作为士大夫的杨一清，戎马倥偬之间不废诗书，拥有不凡的履历和众多追随者。杨一清一生事业，尽在关西。从弘治四年三十九岁始，他四入陕西，在边陇苦寒之地度过了十五年。其诗集《石淙诗稿》十七卷，依编年体的形式分为凤池类、西巡类等十四种，其中西巡类、行台类、制台类和督府类为四入陕西所作。从"西巡类"开始，杨一清展开他宏伟的人生

---

① 万斯同：《明史》卷一三八，《续修四库全书》第 326 册，第 588 页。
② 《小鸣稿提要》："皆风骨遒削，往往有晚唐格意，尔时馆阁之中转无此清音矣。"（纪昀等《钦定四库全书总目》［整理本］下册，中华书局，1997，第 2308 页）

画卷。李梦阳在杨一清《闻陕西命下有述》一首后批曰："此以后意气健畅。"① 或许正是北方俊伟的山川和百战沙场的边塞生活，让杨一清的诗歌平添了如许英雄气。

杨一清与长安文会的交集发生在其第一次入陕时期。据《国朝列卿记》卷一二，杨一清"丁忧，服阕补陕西提学副使，自弘治四年至十一年凡八年。在陕大作士类，士有博记诵者，修文辞者，专攻举业者，所学不一，皆诱而进之"②。提学副使的主要工作场所最初在安定门内侧的西安贡院。强晟《汝南诗话》记载了他们在贡院里的讲学活动：

> 越明年癸丑，杨邃庵先生时为提学宪使，檄予等入贡院会讲五经。予治《诗》，沈教授藻治《易》，吕教谕尚功治《书》，王司训润治《礼》，赵司训文杰治《春秋》。予叨今秩，沈亦为辽藻长史，吕国子博士，王授御史，文杰云梦令。时在会者生徒几二百人，皆关中之杰，邃庵程督既严，而予五人者奉约惟谨，故一时科第之盛，实前后之所不及。时诸生为诗者云："堂上杨夫子，堂前董五经。长安人夜望，应讶聚文星。"③

这一年是弘治六年，李梦阳即将参加进士考试，康海、吕柟等已成秀才，他们如果厕于诸生之列并非奇怪的事。作为学宪，杨一清不但是诗人，也是程朱理学的拥趸。其《秦州谒太昊宫》《正学书院落成有作》《临潼留别西安三学诸生》等诗表现出以韵文写理学的倾向。朱诚泳评价他"喜以经学开士类，而海内从游者日益滋，诗文其绪余耳"④，而杨一清也以为朱诚泳"术非儒不好，书非正不读，以其余力昌而为诗，笃学慕古，河间而下，可多让哉"⑤。他们把诗学视为"绪余"，这与书院教育

---

① 杨一清《石淙诗稿》卷三引李梦阳批语，《四库全书存目丛书》集部第40册，第391页。
② 雷礼：《国朝列卿记》卷一二，《续修四库全书》第522册，第220页。
③ 强晟：《汝南诗话》，陈广宏、侯荣川编校《稀见明人诗话十六种》上册，第54页。
④ 朱诚泳：《小鸣稿》卷九《咏雪倡和诗序》，《景印文渊阁四库全书》第1260册，第337页。
⑤ 杨一清：《宾竹道人小鸣稿序》，载朱诚泳《小鸣稿》，明弘治十一年秦府刻本。

"先道德而后文艺"① 的规则是一致的。

当然，书院教育是一种意识形态教化，诗歌创作却是一种介于私人生活与公共交往之间的文化形态，是儒家官员文化生命中不可或缺的一环。杨一清主持陕西学政的八年，正是他与朱诚泳狎主长安诗坛的时期。但如果仅从《石淙诗稿》看，甚至很难看出他与朱诚泳有任何唱和或交集。杨一清曾在《小鸣稿序》里谨慎地谈到他与朱诚泳的关系："岁时偕三司进见，必留坐与谈，所谈惟诗，不及他世事。""所谈惟诗"和"世事"之间界限分明，表明他与藩府的交往分寸极严。大概出于封疆大吏与藩王府的尴尬关系，这一段藩臬与藩府间的文学交流变得如此讳莫如深。但事实并非如此。根据《小鸣稿》，他们一起在淡香亭赏菊，一起在城东泛舟，在在俱有题咏②，朱诚泳遍和杨一清按部行旅诗，如《和杨应宁宪副过蓝桥》《又和蓝田道中》等。在这些题材中，赏菊诗与咏雪诗尤为引人注目。

赏菊诗，前文已有论述，值得注意的是，这类诗歌往往以联句的形式呈现出来。如《淡香亭赏菊与丘仲玉少参、杨应宁宪副同作》即为朱诚咏、丘璐与杨一清的联吟之作。这种联吟方式在成化以来馆阁文人圈子中甚是流行。顾璘说："成化以来，李文正翔于翰苑，倡中唐清婉之风，律体特盛；其时罗、谢、潘、陆从而和之，声比气协，传为联句，厥亦秀哉！"③ 认为李东阳等的倡导是联句唱和诗流行的源头。李东阳在《怀麓堂诗话》中也明确以为："联句诗，昔人谓才力相当者乃能作。韩子不可尚已。予少日联句颇多，当对垒时，各出己意，不相管摄，宁得一一当意。惟二三名笔，间为商确一二字，辄相照应。方石尝谓人曰：'西涯最有功于联句'，若是则予恶敢当。"④ 可见，联句唱和形式构成了馆阁文人争奇炫才的重要面相。因而，朱诚泳与杨一清、严永濬等人的联句唱和并非孤立的文学现象，其与此种馆阁文学生态桴鼓相应，是这一时期自上而下的

---

① 谢纯：《重葺杨文襄公事略》，《丛书集成续编》第 31 册，上海书店出版社，1994，第646 页。

② 参见朱诚泳《小鸣稿》卷八《淡香亭赏菊与丘仲玉少参、杨应宁宪副同作》《二月二十二日与杨应宁宪副宋惟寅宪金强景明伴读城东泛舟同作二首》，《景印文渊阁四库全书》第 1260 册，第 318~319 页。

③ 杨士弘编选，顾璘评点《唐音评注》，河北大学出版社，2010，第 18 页。

④ 李东阳撰，周寅宾、钱振民校点《李东阳集》第 3 册，第 1523 页。

一种诗歌生产机制。

咏雪诗是他们唱和最集中的部分。朱诚泳《咏雪倡和诗序》曰："予性僻嗜吟，然无如拙何。每见名流所作，辄技痒弗止，窃效颦焉。此咏雪之所以有和也，既成复自笑曰：以食烟火之人而与蝉蜕尘埃之表者鸣，其不度德量力也审矣。"（卷九）今朱诚泳集中有若干首与杨一清的咏雪和韵之作，如杨一清有《和苏长公韵》《雪中用苏长公韵四首》《诵雪诗》，朱诚泳则有《咏雪和苏长公韵》《和杨应宁金宪咏雪韵》《咏雪和杨应宁副韵》《咏雪次杨应宁副》《和杨应宁副咏雪诗答翟少参》等；另有《雪晴》《听雪》等步韵之作，构成杨一清与朱诚泳唱和的重要一环。朱诚泳在《和杨应宁金宪咏雪韵》中说："驿途来往亦良苦，驱驰不异蓝关道。推敲马上有新诗，象外神游劳腹稿。形容变态步今古，大笔端能补天造。"（卷三）以轻松的笔调调侃了杨一清的诗人形象，还在《咏雪和杨应宁副韵》中，他颂美杨一清"争似风流矛史，聚星独擅诗才"（卷六）。

与咏雪诗相关的是聚星堂禁体诗的写作。禁体诗创自欧苏，起初欧阳修《雪中会客赋诗》自谓"玉、月、梨、梅、练、絮、白、舞、鹅、鹤、银等字皆请勿用"，其后，苏轼与客会饮于聚星堂，修欧公故事，"雪中约客赋诗，禁体物语"①，所以禁体诗又称聚星堂禁体诗。据欧、苏所述，禁体诗规避对事物形态的铺陈描摹，特别是不使用前人用得俗滥的形容语及代字，脱去故常，以白描手法摹写事物的神韵，"于艰难中特出奇丽"。杨一清《诵雪诗》曰："欧公禁体多大篇，等闲脱略前人稿。后来效者苏长公，真觉暮年有深造。"② 李东阳认为杨一清此诗以"脱略前人"评欧公禁体，下笔率易，如"老吏供案，赞欧似未尽"。事实上，禁体诗是成化弘治年间馆阁唱和的重要内容。黄佐《翰林记》曰："成化丙申十二月十日，祷雪致斋于翰林之东署。侍读倪岳、侍讲程敏政、修撰陆钶、编修陆简同宿，是夜雪大作，遂用欧公禁体故事，相与阄韵联句以志喜。"③ 李东阳也是禁体诗的实践者，作有《雪用坡翁聚星堂禁体韵》《雪和杨考功韵》诸作。禁体诗也叫作"白战"，李东阳在《读柳拱之员外、严宗哲主事、杨

① 苏轼：《苏轼诗集》第 6 册卷三四《聚星堂诗并叙》，中华书局，1982，第 1813 页。

② 杨一清：《石淙诗稿》卷二〇，《四库全书存目丛书》集部第 40 册，第 402 页。

③ 黄佐：《翰林记》卷一五，《景印文渊阁四库全书》596 册，第 1025 页。

应宁舍人倡和长句戏次韵一首》中说:"诗坛森严升复楯,白战雄心气难忍。西邻有客兴亦酣,睥睨重围目又眕。"又《雪晴和应宁诸君韵二首》曰:"雪后余寒满素缣,坐看庭彩动星蟾。红尘迥与东华隔,贝阙高疑上界瞻。墙外经过知马迹,城头指点见山尖,聚星堂上多勍敌,白战通宵恐未厌。"① 这本身就是一首禁体诗,可见"白战"本是包括李东阳与杨一清以内的京国馆阁文人唱和的重要方式。

杨一清对禁体诗的性质有极为清晰的认知。其《诵雪诗》云:"岂知天机不易测,恍惚变态生幽渺。酷求相似反不似,意到诗成真大好。"② 认为天机不可测,因此诗兴也应变态万方,推陈出新。这在语言层面上表现为陈言务去,在意趣层面上应追求以"意到"超越"酷求形似",以主体的证成超越铺陈形容。如他在一首早期的题画诗里写道:"由来意足乃佳画,俗夫指点求真形。"③ 脱略形似、追求意足是杨一清诗学意趣所在。朱诚泳则以"象外神游""形容变态"为杨一清咏雪诗下一断语,可谓捕捉到了禁体诗的特质。今杨一清和朱诚泳集中各有一首《和苏长公聚星堂禁体韵》;又有可怪者,杨一清写了《和欧阳公禁体雪诗韵》,朱诚泳则写了《咏雪诗和欧阳公禁体韵》,两诗皆九十八字,只有十六字不同,如杨作曰:"翻思京国十年事,白战坛中曾拥篲。"在朱作中,"京国"二字改为"吟社"④。无论如何,禁体诗创作原本体现了北宋诗人推陈出新的创作意图,衍为明代京国翰林文士们炫才争奇的诗才竞技,杨一清把来自京国翰林圈子的审美趣味带到了边疆之地。朱诚泳曾向杨一清言:"余生长藩服,强自为诗,无所质正。子尝从馆阁诸老游,凡予所作,有所未安,虽一字一句,为我指疵,毋有所避。"(《宾竹道人小鸣稿序》,《小鸣稿》卷首)对京国馆阁文学圈向慕良多。显然,对于日课一诗的朱诚咏来说,这些馆阁文学的新风气无疑是有吸引力的。

京国文学与地方文学的影响并非单向度的。杨一清不仅把馆阁文学中

---

① 李东阳撰,周寅宾、钱振民校点《李东阳集》第 1 册,第 169、274 页。
② 杨一清:《石淙诗稿》卷四,《四库全书存目丛书》集部第 40 册,第 402 页。
③ 杨一清:《石淙诗稿》卷二《题画》,《四库全书存目丛书》集部第 40 册,第 386 页。
④ 参见杨一清《石淙诗稿》卷四,《四库全书存目丛书》集部第 40 册,第 406 页;朱诚泳《小鸣稿》,《景印文渊阁四库全书》第 1260 册,第 219 页。

的联句、禁体之风注入了秦藩唱和之中，边疆的人文地理也为杨一清的诗风注入新意。提学的一项重要工作就是巡视各府县学以督促地方教育、考核学子，所以杨一清在这一时期的诗歌以行役诗为多。当杨一清走出书斋，走向江山大漠，我们却看到了一个洋溢着英雄气的诗人。朱诚泳《咏雪倡和诗序》说："先生之按部，则虽祁寒炽暑无倦色。弘治癸丑之岁暮，雪且作，金以先生必惮出，乃毅然冒雪抵三原，以至于商洛，不四旬而历州邑者凡十数，得诗三十又六篇，皆其较艺之隙之所成。其清新富丽，有足动人者，间见诸公誉先生之才者不容口，因假以观，盖不啻夜光明月而光采夺目，诚希世之珍也。"① 这里描写杨一清行役三原、商洛的过程及其创作才华，使我们了解到提学生活的重要面相。在这过程中，杨一清以如椽巨笔记录下了对北方山水的殊胜感受。如《甘凉道中书事感怀》曰："望望日以远，行行春又阑。苍茫青海月，咫尺玉门关。北阙星辰上，南州梦寐间。青山随处有，一见一开颜。"② 诗人穿梭于北方的日月星辰间，天高地远，山水相连，虽然远离了北阙南州，但天涯何处不青山，他的诗里闪烁着感人的乐观情绪。北方的天气变化让他惊讶，他在《还至庄浪》里写道："平少落日路漫漫，千里风光一色看。刚到雨来翻见雪，偶然热后忽生寒。城非据险兵犹少，地屡经荒食更难。稍喜沿边诸将吏，肯甘清苦慰凋残。"③ 刚才还是空蒙雨，忽然变作缤纷雪；刚才还酷热难耐，瞬息就沁骨生寒，这是径行北方的独特感觉。但北方的将士对此不以为然，他们在这严酷的天气里，百炼成钢。杨一清虽居文职，但留心边事，这为他日后的出将入相埋下伏笔。

作为馆阁领袖，李东阳对杨一清"奇气勃勃"的西巡诗也颇为惊艳。事实上，杨一清的西巡诗风的雅健与北京李东阳主导的馆阁文风的流易迥异，与关中朱诚泳一派近于晚唐哀艳的作风也颇为不同，正是这种作风让杨一清与以李梦阳代表的关陇学子们有了内在的联系。今存杨一清西巡类作品有李东阳、李梦阳与康海三家评，而以李梦阳评语为多。李梦阳批评着眼于诗歌的艺术分析，对其近于古调和杜格的部分予以抉

① 朱诚泳：《小鸣稿》卷九，《景印文渊阁四库全书》第 1260 册，第 337 页。
② 杨一清：《石淙诗稿》卷四，《四库全书存目丛书》集部第 40 册，第 407 页。
③ 杨一清：《石淙诗稿》卷四，《四库全书存目丛书》集部第 40 册，第 409 页。

发，有时亦对其"太直""太近"提出批评。其总体上认为杨一清诗以刚健典则著称①，如"此以后作意气畅健"，"此帙诸事，虽无奇拔，亦鲜疵病，格律严森，去古未远，如程不识之用兵"，"长篇中此沉著痛快，又有开阖，去古甚近"，"凡七言律对起便健"②，是对杨一清西巡诗风的准确概括。他们的另一种批评方式是知人论世，如李梦阳评曰"是岂谋富贵者""何等光明""相业"③，认为杨一清诗歌中体现出光明磊落的大丈夫人格。康海的批评更具有经世指向，如"当时之史""边意如此""边情将略，摹写欲尽""前岁土鲁番之祸，百倍于此，谁复纪哉"④，关注杨一清诗的诗史品格。而他对《户县谒明道先生祠》断以"道学口语"⑤ 一语，则已指出杨一清诗中的理学气息。杨一清出将入相，戎马一生，其诗虽多，往往不修边幅，有时夹以道学气，也有参差不齐之病，但西巡事业无疑开拓了杨一清的诗境，他的诗作在北方山川与边塞苦寒中得到历练，有金戈铁马之声，有奋马扬鞭的英雄气象，更有忠诚恻怛的忧患意识，他的诗风雅健雄整，风骨遒上，重节义、好议论而有卓见，拔戟自成一队。李梦阳以之为"自负自矜，卒践其言，伟然乔岳，屹然长城"⑥。

杨一清与朱诚泳的诗风迥然不同，但他其实就是那个朱诚泳心中住着的"老奋鹰扬"的姜子牙，那种在边塞事业中自我证成的文化生命。他的诗歌以北方山水与军旅行役为题材，意气健畅，包蕴广大，彰显了北地文学的风骨，不仅在弘正时期的文坛独树一帜，而且对文学复古运动有其示范意义。毫无疑问，其文学风骨与李梦阳有更多的契合，同样自负自矜的李梦阳始终把杨一清视为知音和引路人，这是不无依据的。

---

① 史小军、杨毅鸿《试论李梦阳评点石淙诗稿的诗学价值》（《暨南学报》2008 年第 5 期）以为李梦阳"在关注诗歌风格时以雄浑刚健为主，清丽秀美为辅"。
② 杨一清：《石淙诗稿》卷三、四，《四库全书存目丛书》集部第 40 册，第 391、396、401、412 页。
③ 杨一清：《石淙诗稿》卷四，《四库全书存目丛书》集部第 40 册，第 401～402、407 页。
④ 杨一清：《石淙诗稿》卷四，《四库全书存目丛书》集部第 40 册，第 400、408～409 页。
⑤ 杨一清：《石淙诗稿》卷四，《四库全书存目丛书》集部第 40 册，第 410 页。
⑥ 杨一清：《石淙诗稿》卷七，《四库全书存目丛书》集部第 40 册，第 439 页。

余　论

正学书院的创设是明代陕西文教事业中的丰碑，是杨一清在提学副使任上的大手笔，对陕西文学影响深远。而书院创设过程，也得力于长安文会同仁朱诚泳、严永濬等的众志成城，通力合作。书院的前身为鲁斋书院，元延祐元年（1314）由陕西行台侍御史赵世建立，"入国朝百余年，遗址为兵民所据，而坊名尚存"①。弘治十年（1497），杨一清提议恢复书院，以原址居民"卒难动迁"，于是谋之朱诚泳。李东阳《重建正学书院记》曰："弘治丙辰，杨君一清始倡之，时巡抚都御史张公敷华、巡按御史李君瀚以为业久不可夺，乃属参政汪君奎、副使马君龙，督府卫别度吉壤，得诸城之正中，为秦府隙地，秦简王闻而捐之。知府严君永浚议重建焉。"② 始倡者是杨一清，捐助者是朱诚泳，督建者是严永濬，而李东阳说："是虽金议积力，而张君之克断、严君之干固，厥功为多。"

朱诚泳对正学书院的创建居功至伟。《国朝献征录》曰："弘治丙辰，提学邃庵杨公欲复之。故址半为民居。王闻乃易隙地一区，建正学书院。既成，为文记之。"③ 其记文今在《小鸣稿》里存有残稿，其中对于书院建设过程有细致陈述：

> 省城隙地一区，弘敞明丽，可建书院。乃保安王府，予弟镇国将军诚漱地，而予尝以他地互易之者也。于是西安守华容严君永濬具启于予。予以兹事为斯文盛举，遂命长史司拨以给之地。既协吉郡，复上之藩臬左布政使婺源汪公进、按察使芝山仰公升，条具事宜，请于巡抚都宪灵宝许公进、巡按御史阳城张公黻，议以克合，遂檄所司，鸠工聚材，诹日将事，命西安府经历许谨、西安前卫知事朱范董其

---

① 李东阳：《重建正学书院记》，李东阳撰，周寅宾、钱振民校点《李东阳集》第 3 册，第 997 页。

② 李东阳：《重建正学书院记》，李东阳撰，周寅宾、钱振民校点《李东阳集》第 3 册，第 997 页。

③ 焦竑：《国朝献征录》卷一，《四库全书存目丛书》史部第 100 册，第 17 页。

役。而杨公暨严君则往来督察之，镇守太监建宁刘公琅都督、同知金
台陈公瑛以祠前地不展，谋诸御史张公，图市民居为开拓计，而予弟
永寿王府奉国将军诚滕以所居敝陋，方欲他徙，而患莫售，遂命侍人
以其情通有司，请于上官，出重价市之。既而都宪汝南熊公翀、御史
安德马公碁相继为抚按，皆极劝相作，兴工力日倍。以弘治戊午夏四
月落成，距经始之期才七阅月耳。①

正学书院的选址在城之正中，即今西安城南院门附近。由秦简王捐赠
保安王府旧地，复重价购入永寿王府奉国将军所居地。书院建成后，成为
提学副使的辖属机构和办公处所，而西安府则负责工程实施，所以提学副
使杨一清和知府严永濬责无旁贷，统筹规划，"往来督察之"。弘治十一年
四月，书院落成。中为正学词，主祀张载、程颢；左为按察分司提学宪臣
的办公处所；右为书院堂室，"有严斋舍环列，择士之秀而贤者讲读其
间"。书院建成后不久，杨一清调任太常寺少卿。继任者在此基础上，踵
事增华。弘治十八年（1505），王云凤增建藏书楼四楹②，正德十四年
（1519），何景明置学田四十九顷，夯实了书院的物质基础。

杨一清在陕西学宪任上"大作士类"，为"国朝提学之最"。他的行状
作者总结其在陕西提学副使任上的作为："制诸礼乐之器，俾诸生肄习诸
礼，久之弦歌盈于西土。""拔诸髦士于贡院继于正学书院，躬授经传，使
转相传受，故遐方之士，咸于亲炙。"杨一清明于知人，有教无类，所谓
"有博记诵者，有修文辞者，有攻举业者，有志道德者，虽所学不一，皆
以为美诱而进之，曲成不遗"，以至于"其所造士出而佐理，五十余年用
之未尽"③。王云凤《正学书院进士举人题名记》说："时来学者甚众，至
今不坠，三历取士之科举，于乡者八十一人，举进士者十人，乡举皆得解
元而进士得状元一人。今制仕进以进士为重，其次则举人，士之举又皆以

① 朱诚泳：《小鸣稿》卷九，《景印文渊阁四库全书》第 1260 册，第 327 页。
② 参见王云凤《博趣斋稿》卷一四《正学书院藏书记》，《续修四库全书》第 1331 册，第
　187 页。
③ 雷礼：《国朝列卿记》卷一二，《续修四库全书》第 523 册，第 220 页。

魁为荣，豪杰之才胥此焉出。"①

《汝南诗话》的作者强晟至少认识李梦阳和王九思，他提到"李郎中孟阳赠予有'兴追灞上骑驴客，名著罗川剪雪诗'"②，"孟阳"为李梦阳的本名。强晟在李梦阳的老家庆阳府任教谕有年，从其称谓看，他认识李梦阳应是很早的事了。王九思则为强晟写过一篇《二山解》，讲述他对南山的深情和他的乡愁。但强晟写《汝南诗话》时显然没有意识到这些年轻人将会改变明代诗学的流向。由此可见，杨一清的确颇具慧眼，他在陕西的文教事业，构成明代文学史上重要一环。杨一清"西巡类"有《读李进士梦阳诗文喜而有作》一首说："细读诗文三百首，寂寥清庙有遗音。斯文衣钵终归子，前辈风流直至今。剑气横秋霜月冷，珠光浮海夜涛深。聪明我已非前日，此志因君表陆深。"③ 对风华正茂的李梦阳充满期待，预言他是斯文的担当者。弘治十六年（1503），杨一清开府平凉，当时刚刚状元及第的康海，返回武功，即驰拜恩师。杨一清《翰撰康德涵谒予平凉行台》曰："冀北千金收骏骨，关西多士有龙头。"又有《送康状元还京》："相马自超形色外，看花须及未开时。"对自己能识骏马沾沾自喜④。嘉靖三年（1524），杨一清四入陕西，两晤李梦阳，一晤康海，委托他们评定诗稿。《石淙诗稿》卷一七《中牟公馆与献吉提学话旧用前所寄诗韵二首》重提三十年前的话题："三十年前曾让子，知言窃比宋欧阳。""斯文衣钵自吾人，出处平生各任真。"⑤ 英年早逝的朱诚泳，并未目睹书院结出的硕果，但杨一清及于文学复古运动的全盛。正德初年，李梦阳在写给徐祯卿的长诗里说："我师崛起杨与李，力挽一发回千钧。"把杨一清与李东阳并称为自己的文学导师，明确肯定了杨一清在弘正文坛上的重要性和积极意义。事实上，长安文会与正学书院互为表里，文会唱和是弘治关中文坛的当下，正学书院里的"大作士类"，却昭示着明代文学的未来，杨一清洞

① 王云凤：《博趣斋稿》卷一四，《续修四库全书》第1331册，第187页。
② 强晟：《汝南诗话》，陈广宏、侯荣川编校《稀见明人诗话十六种》上册，第53页。
③ 杨一清：《石淙诗稿》卷四，《四库全书存目丛书》集部第40册，第411页。
④ 参见杨一清《石淙诗稿》卷四，《四库全书存目丛书》集部第40册，第439页。
⑤ 杨一清：《石淙诗稿》卷一七，《四库全书存目丛书》集部第40册，第572页。

见到了这一点。但新的苞蕾总是生长于旧的枝丫，长安文会和正学书院一样，不应当成为文学史上被遗忘的一枝。

（本文原刊于《中国诗歌研究》第 19 辑，社会科学文献出版社，2020）

弘治己未科场案真相再探

邓晓东[*]

内容提要 弘治己未科场案改变了唐寅的人生轨迹和创作道路，对其真相的探索成为唐寅研究和科举史研究中的重要议题。《明孝宗实录》大致完整地记载了科场案审理的过程，弘治帝出于维护老师程敏政的目的插手了案件的调查，从而引出了科道官员要求公论与皇帝满足私心之间的博弈。尽管此案以双方妥协的方式了结，但对审理内幕知之甚少的唐寅、徐经二人却始终觉得自己遭受了迫害而含冤愤恨。与程敏政有私下往来的徐、唐二人正好遇到了初出仕途、有志"杜私门"的华昶，于是才有了那场轰动一时的科场案。

关键词 弘治己未 科场案 唐寅 《明孝宗实录》

在中国文学史上，每每有人生经历的巨大转折迫使作家的思想意趣和创作风格发生重大变化的个案出现。弘治十二年己未（1499）科场案，就改写了一代才子、应天府解元唐寅的现实命运和文学创作道路，使他由一位"名不显时心不朽"[①] 的奋发有为青年，沦落为"但愿老死花酒间"（《桃花庵歌》）的落魄文人，其诗风也由"玉楼金埒"[②] "才情富丽"[③]转变为"不计工拙，兴寄烂漫"[④]。有学者将他和他的好友、前七子之一的

---

[*] 邓晓东，南京师范大学文学院教授，曾出版专著《唐寅评传》等。

[①] 唐寅著，周道振、张月尊辑校《唐寅集》卷二《夜读》，上海古籍出版社，2013，第88页。以下引用《唐寅集》中的作品，皆仅随文标注篇题。

[②] 王世贞：《艺苑卮言》卷五，凤凰出版社，2009，第82页。

[③] 何良俊：《四友斋丛说》卷二六，上海古籍出版社，2012，第174页。

[④] 钱谦益：《列朝诗集小传》上册，古典文学出版社，1957，第298页。

徐祯卿进行比较并做了这样的假设："唐寅曾具备比徐祯卿更优越的融入主流诗坛的机会。""倘使他能够考中进士，无论是像徐祯卿一样追踪李梦阳，还是如李东阳的门生杨慎一样致力于维护茶陵派的权威，其文风都不会是我们现在看到的这个面貌。"① 当然，历史是没有假设的。然而，那场改变唐寅命运的科场案的真相，却始终躲在一层朦胧面纱的背后②。尤其是当记载此事最为详细的《明孝宗实录》，也因修撰总裁李东阳、主修官焦芳与科场案涉案人员有亲密关系，而使其客观性和准确性变得有商榷余地时③，这种"犹抱琵琶半遮面"的情况似乎变得更严重起来。近年，有人重新提出要遵从《明孝宗实录》还原科场案的真相④，笔者赞同这种声音，并在仔细研读实录、结合其他相关材料的基础上，尝试揭示科场案的真相。

一 科场案相关史实梳理

弘治己未科场案涉案的主要人员包括考生徐经、唐寅，主考程敏政，揭发者华昶等。然而不无遗憾的是，徐经、华昶别集失传，程敏政出狱四日后即去世，只有唐寅有片语只言关涉此案。因此，《明孝宗实录》便成为了解此案最为详细的原始文献。当然，与此案同时代人的见闻也为了解该案提供了一些线索，它们或能与实录相互印证，或补充了实录没有的说法。所以，要想对科场案的相关史实有所了解，必须梳理这些最为原始的材料，而不能以后出的《明史》或者其他一些史料、笔记为切入点。

先来看当事人及其朋友的说法。唐寅曾以"缋丝成网罗，狼众乃食人；马骜切白玉，三言变慈母"（《与文徵明书》）表达自己遭受不白之

---

① 陈文新主撰《明代文学与科举文化生态》，高等教育出版社，2016，第214页。
② 马宇辉《唐寅与弘治己未春闱案的文学史影响》（《南开学报》2008年第1期）对明清以来关于此案的各种说法有过较为细致的梳理，可参看。
③ 李东阳是徐经父亲徐元献乡试时的座师，徐经曾请李东阳为其祖父徐颐撰写墓志。焦芳是程敏政岳父李贤的学生。基于这些关系，有学者认为《明孝宗实录》的记载有语焉不详之处（参见陈传席、谈晟广《唐寅》，河北教育出版社，2004，第51页）。
④ 参见阳正伟《遵从"实录"还原真相——明代弘治己未科场案再考》，《中国考试》2014年第12期。

冤，并指出"朋友有相忌名盛者"（《又与文徵中书》）出卖了自己，至于"朋友"是如何知道的，他认为是自己的"口过"（《唐长民圹志》）造成的。另外，上海博物馆藏吴宽手书于事发之年的《乞情帖》中有"兹有□今岁科场事，累及乡友唐寅，渠只是到程处为坐主梁洗马求文送行，往来几次，有妒其名盛者，遂加毁谤"① 数语，指出了唐寅在会试前曾请程敏政写序为梁储出使安南送行这一事实，这与程敏政《赠太子洗马兼翰林侍讲梁公使安南诗序》一文结尾处所言相符。后来唐寅的同乡、文徵明的朋友阎秀卿"爆料"说，唐寅请程敏政写序时曾"持帛一端"②。当然，"帛一端"这种细节未必准确，但却提醒我们唐寅和程敏政之间有财物往来。唐寅的忘年交袁褧（1502~1547）在《唐伯虎集序》中关于科场案的说法与吴宽、程敏政相同。而吴宽所谓"有妒其名盛，遂加毁谤"，则与唐寅的自白相吻合。

徐经除了实录中的口供外，并无其他言论传世。他一共有三份口供，第一份是镇抚司审问时指控华昹"挟私诬指"③；第二份，在三法司及锦衣卫廷鞫用刑后，招出"敏政尝受其金币"④；第三份则是程敏政入狱后和徐经午门置对时招认的，即"来京之时，慕敏政学问，以币求从学，间讲及三场题可出者，经因与唐寅拟作文字，致扬于外。会敏政主试，所出题有尝所言及者，故人疑其买题，而昹遂指之，实未尝赂敏政。前惧拷治，故自诬服"⑤。可见，随着审讯官的变化，徐经不断翻供，但却始终不承认贿赂的罪名。就蒙冤这一点，他的表兄薛章宪和好友文徵明也有类似说法。薛章宪在徐经的行状中说："或造飞语中君。"⑥ 而文徵明在《贲感集序》中说他"不幸罹王参元之厄"⑦，此用柳宗元《贺进士王参元失火书》中

---

① 此帖也被《唐寅集》收录，题为《与履庵为唐寅乞情帖》（参见唐寅著，周道振、张月尊辑校《唐寅集》"附录五"，第 624 页）。

② 阎秀卿：《吴郡二科志》，《丛书集成初编》第 3381 册，中华书局，1985，第 13 页。

③ 《明孝宗实录》第 57 册卷一四九，台湾"中央研究院"历史语言研究所，1964，第 2635 页。

④ 《明孝宗实录》第 57 册卷一四九，第 2635 页。

⑤ 《明孝宗实录》第 57 册卷一五一，第 2660 页。

⑥ 薛章宪：《乡进士徐君衡父行状》，载吕锡生《徐霞客家传》，吉林文史出版社，1988，第 107 页。

⑦ 吕锡生：《徐霞客家传》，第 109 页。

"京城人多言足下家有积货，士之好廉名者，皆畏忌，不敢道足下之善"
"一出口，则嗤嗤者以为得重赂"① 之意，意思是科场案发后京城官员因害
怕被指认收了徐经的贿赂，而没有愿为其说话者。

以上这些言论所指向的事实与祝允明《唐子畏墓志并铭》中说的"有
仇富子者，抨于朝，言与主司有私，并连子畏"② 是基本符合的。只是不
知道袁袠在写《唐伯虎集序》时为何补充了徐经"通贿考官故尚书程公敏
政家人，得其节目"③ 这一细节。袁袠曾经和顾璘讨论过《唐伯虎集序》
的写作态度，顾璘给袁袠的信失传了，但袁袠的回信保留了下来。根据这
封回信，并结合顾璘撰写唐寅传（收入《国宝新编》）时对入宁王幕一事
采用了"邪思过念，绝而不萌"④ 的处理办法来看，顾璘采用了为"贤者
讳"的原则，而袁袠则认为"叙事之体，必须核实"，坚持秉笔直书⑤。显
然，后者是更为客观的著史态度。照此看来，袁袠的说法似不会毫无根
据，所以《明史·唐寅传》采纳了这一说法。但此说在当事人那里找不到
任何可以印证的线索，其真实性与祝允明《唐伯虎墓志并铭》相比，不免
令人心存疑窦。

通过梳理，可以看出朝廷以程敏政"临财苟得，不避嫌疑，有玷文
衡，遍招物议"，徐经、唐寅"夤缘求进"，华昶"言事不察实"的结论
定案，符合上述各方言论所指向的事实⑥。但既然符合事实，为何这样的
结论会令当事人喊冤，使后世歧说纷纭，甚至被学者戏称是一桩"葫芦
案"⑦ 呢？可见，其中一定有信息不对称而导致的理解偏差。时隔五百多
年，我们还有可能纠正这种理解偏差吗？一个值得引起重视的问题是，以
往人们在解读《明孝宗实录》时，把关注的重心停留在涉案人员的身上，
忽略了实际主持此案审理的弘治帝，以及科道官员在此案审理过程中的作

---

① 柳宗元：《柳宗元集》第 3 册卷三三，中华书局，1979，第 863 页。
② 唐寅著，周道振、张月尊辑校《唐寅集》"附录二"，第 547 页。
③ 唐寅著，周道振、张月尊辑校《唐寅集》"附录一"，第 531 页。
④ 唐寅著，周道振、张月尊辑校《唐寅集》"附录二"，第 551 页。
⑤ 参见袁袠《衡藩重刻胥台先生集》卷一九《复大中丞顾公书》，《四库全书存目丛书》集
部第 86 册，第 650 页。
⑥ 参见《明孝宗实录》第 57 册卷一五一，第 2660 页。
⑦ 参见马宇辉《唐寅与弘治己未春闱案的文学史影响》，《南开学报》2008 年第 1 期。

用。同时，对一些存在歧说的细节，比如是程敏政还是其家人泄题，唐寅所说的"朋友"是否就是传闻中的都穆等，又往往在冤案的前提下以两可的态度处理之，而并不分析其说法是否合理。顺着这个角度思考，重新审视实录中的相关记载，或许能拨开迷雾，纠正五百年前的理解偏差。

二　《明孝宗实录》中的诸多疑问

首先，由案发到涉案人员入狱的时间引起我们的注意。据实录记载，弘治十二年二月二十七日，户科给事中华昶上奏程敏政涉嫌泄题，徐经、唐寅涉嫌科场舞弊；三月七日，下旨将唐寅、徐经并举报者华昶一并入狱；四月二十二日，下旨逮捕程敏政。可见，在科场案审理过程中，涉案人员的入狱顺序是有差别的，嫌疑人程敏政最后入狱，而另两名嫌疑人也是在接到举报后的第十天同举报者一起下狱的。从案发到首批涉案人员入狱，前后共十天。其中，前五天应当是弘治帝接受礼部建议"令李东阳会同五经同考试官，将场中朱卷凡经程敏政看中者，重加翻阅，从公去取"①的时间，但是三月初二开榜后距唐寅等人入狱仍有五天，这五天内发生了什么？且十天中除了李东阳的活动有记录外，其他人是否有活动的自由，他们都进行了哪些活动，都少有记载。

其次，礼部在案发后的态度存在微妙的变化。案发当日，礼部认为华昶风闻言事，必有所据，建议弘治帝令李东阳等复查并推迟开榜日期。而当李东阳上奏复查结果，即"臣等重加翻阅去取，其时考校已定，按弥封号籍，二卷俱不在取中正榜之数，有同考官批语可验。臣复会同五经诸同考，连日再阅，定取正榜三百卷"后，在弘治帝询问礼部的意见时，礼部尚书徐琼却说："前后阅卷，去取之间，及查二人朱卷，未审有弊与否，俱内帘之事，本部无从定夺。请仍移原考试官径自具奏，别白是非，以息横议。"② 显然面对此案，礼部选择了置身事外的态度。不过，坊间却有一种说法，即礼部尚书徐琼在华昶弹劾程敏政后立刻通风报信，于是程敏政

---

① 《明孝宗实录》第57册卷一四七，第2593页。
② 《明孝宗实录》第57册卷一四八，第2599~2600页。

把自己取中的考生都黜落了，如雷礼《国朝列卿纪》说："琼（徐琼）关知，敏政在闱，皇惑失措，自言夙构试目，疑为家童窃卖，乃翻阅试卷，凡知策问出处者，俱黜落。"① 当然，从时间上来看，是完全存在这种可能的。但是，如果徐琼有心包庇程敏政，为何在李东阳呈上复查结果这个最能为程敏政说话的时候选择回避了呢？当然，假设坊间传闻属实，徐琼在帮助程敏政脱罪的目的达到后，自然不需要多做多说。但问题是，处在科场风暴的中心，并在"士大夫公议于朝，私议于巷"② 的氛围中，徐琼会冒着同样被科道人员弹劾的风险去向程敏政通风报信吗？即便他真的顶风作案，难道程敏政会犯下向外界透露自己曾经"构试目，疑为家童窃卖"这种低级的错误吗？这样的言论，显然是小看了这些久经官场者的智商了。

这里有必要就家童泄题或窃卖的问题做一点分析。此说最早是由袁袠于嘉靖十三年（1534）提出的。雷礼生于弘治十八年（1505），嘉靖十一年（1532）进士。因此，他所说的"疑为家童窃卖"，从史源来看，极有可能来自袁袠的《唐伯虎集序》。那么家童有无窃题的可能呢？这要从会试出题的方式说起。曾经以同考官身份参与会试的严嵩（1480~1567）写了一篇《南省志》，详细地记载了考官在会试中的工作程序，包括主考任命、出题、试题刻印、封藏、发题、阅卷、排名、对号、填榜等事宜，较为完整地呈现了会试的各个环节，极具现场感。从严嵩的记载来看，会试的考场制度相当严密，尤其是每场题目均由主考在考前一日临时翻书拟定，其目的当然是防止泄题。而主考的人选是由礼部事先拟好进呈皇帝，最后由皇帝在开考前二日选定③。当然，主考的选定并不是没有规律，比如从成化十七年（1481）开始，每科会试的主考（特别是副主考）均有一人出自詹事府。而弘治帝登基后至科场案发时的情况是，弘治三年（1490）副主考汪谐是詹事府少詹事兼翰林院侍读学士，弘治六年（1493）

① 雷礼：《国朝列卿纪》卷四一，《续修四库全书》第 522 册，上海古籍出版社，2002，第 650 页。
② 《明孝宗实录》第 57 册卷一四七，第 2592 页。
③ 严嵩：《钤山堂集》卷二七《南省志》，《四库全书存目丛书》集部第 56 册，第 237~238 页。

副主考陆简是詹事府少詹事兼翰林院侍读学士，弘治九年（1496）主考谢迁为詹事府詹事兼翰林院侍讲学士，至科场案发的弘治十二年副主考程敏政是掌詹事府事礼部右侍郎兼翰林院学士。所以，对于时人来说，主考的人选未必是秘密。在这种情况下，主考候选人预先拟好题目的可能性是存在的。徐经供词中的"慕敏政学问，以币求从学，间讲及三场题可出者"实际对应的便是这种情形。当然，这种"潜规则"的运作，按理来说应该是当事人之间的"亲密"传授，即如徐经所言，以求学问道的方式旁敲侧击。他既然已经拜访了程敏政，为何还要买通程敏政之家童偷出考题，如此周折又增加泄密风险的做法实在令人费解。所以我们认为家童窃卖此类说法是不合常理也经不起逻辑推敲的。产生此说的根本原因，应当是程敏政去世后，弘治帝下旨追赠其为"礼部尚书，赐祭葬如例"①，这等于否认了程敏政的罪名。在这个基调上，再说程敏政"临财苟得"便显得不合适了。因此，家童窃卖之说便应运而生。如吴人黄鲁曾（1487~1561）的"篁墩道学之士，决无以私灭公之弊。而家人之窃窥以售得其金，未可保也"②，就属此种言论。基于这种认识，我们认为袁袠关于窃题、雷礼关于徐琼关说等记载，缺乏足够的合理性和逻辑性，不能作为补充实录的证据。排除了徐琼关说一事，那么礼部态度的前后变化就有值得细思的地方了。

最后，科道官员的介入与程敏政的入狱。李东阳向弘治帝汇报复查试卷的结果，说明华昹所奏不实，弘治帝在询问礼部而未获决断的情况下，下旨将徐经、唐寅、华昹"执送镇抚司对问明白以闻，不许徇情"③。显然，程敏政被从科场案中摘了出来，获得了暂时的安全。不过，自古言官可风闻言事，即便有不实之奏，按理也不该下狱，而且下的还是只向皇帝负责的镇抚司诏狱。如此，对于华昹的处罚似乎过重。所以，随即就有科道官员为华昹请命，以同考官身份参与此次会试的工科给事中林廷玉上奏，除了列举"敏政出题、阅卷、取人有可疑者六"外，更是对弘治帝关押华昹提出了异议："今所劾之官，晏然如故，而身先就狱，后若有事，

---

① 《明孝宗实录》第57册卷一五一，第2663页。
② 黄鲁曾：《续吴中往哲记》卷一，《四库全书存目丛书》史部第89册，第24页。
③ 《明孝宗实录》第57册卷一四八，第2600页。

谁复肯言之者？"① 与此同时，镇抚司的审问亦毫无结果，即所谓"经、泉等狱辞多异，请取自宸断"②。这时，案件的焦点又集中到弘治帝的身上了。而且林廷玉的奏折中，有一段话颇值得玩味：

> 兹事体大，势难两全，就使究竟得实，于风化何补？莫若将言官、举人释而不问，敏政罢归田里。如此处之，似为包荒。但业已举行，又难中止。若曰朋比回护，颠倒是非，则圣明之世，理所必无也。③

"兹事体大"是事实，因为事关国家人才选拔，这是天下所有士子都关心的大事，事件调查得是否清晰，裁决是否得当，关系人心向背。既然这样，只要按照事实查办就行，为什么要"两全"呢？这个"两全"究竟是要照顾哪两个方面的感情？在承认"兹事体大"后，又说："究竟得实，于风化何补？"如果搞清楚真相，昭告天下，不是正好体现了朝廷秉公处理，怎么会无补风化呢？而"包荒""颠倒是非""圣明之世"这些字眼，也似乎都充满了潜台词。在林廷玉上奏后，弘治帝令三法司介入科场案的审理，结果徐经供出了程敏政曾受其币，"于是左都御史闵珪等请逮敏政对问。奏留中十余日，乃可之"④。弘治帝犹豫了十多天，才将程敏政入狱。同时，还将廷鞫时依旧例在场的六科给事中林廷玉等人也一同关入了大牢。这又是为何呢？

三　弘治帝的私心与科道官员的公论之博弈

以上疑问，引起我们对弘治帝、李东阳、林廷玉等人的关注。他们在科场案审理过程中究竟扮演了何种角色，对最终的结案起了何种作用？或许只有搞清楚这些问题，真相才能大白于天下。

---

① 《明孝宗实录》第 57 册卷一四九，第 2634 页。
② 《明孝宗实录》第 57 册卷一四九，第 2635 页。
③ 《明孝宗实录》第 57 册卷一四九，第 2634～2635 页。
④ 《明孝宗实录》第 57 册卷一四九，第 2635 页。

在探讨这些问题之前，有必要简单介绍一下程敏政的事迹。程敏政（1446~1499），字克勤，号篁墩，南直隶徽州府人，后居歙县篁墩，南京兵部尚书程信之子。十岁时，以"神童"被荐入朝，由英宗下诏，命其就读于翰林院。成化二年（1466）榜眼，为同榜三百五十余人中年龄最小者。官左谕德，直讲东宫，学识渊博，为一时之冠。成化二十三年（1487）秋，孝宗嗣位，擢少詹，直经筵，同修《明宪宗实录》。时台臣汤燕论奏，请退奸进贤，各有所指，敏政在所进之贤中。由是有阴忌之者，必欲去之。旋有御史王嵩等，以暧昧之言中伤敏政，诏令致仕。弘治五年（1492）冬，昭雪复官。弘治七年（1494），升太常寺卿兼侍讲学士，掌院事。弘治八年（1495）冬丁母忧归，弘治十一年（1498）二月服阕，迁詹事兼翰林学士旋升礼部右侍郎兼翰林学士掌詹事府事，主要负责教授皇太子。可见，程敏政仕途虽有些许波折，但仍可以用平步青云来概括，特别需要注意的是，他是弘治帝当太子时的老师，也是现在弘治帝太子的老师。知道这层关系后，我们便能明白为何当徐经招出程敏政受其金币、左都御史闵珪等请逮敏政对问时，弘治帝要将这道奏折留中十日。显然，他对这位帝师是有偏袒之意的。这一点前人已经指出，即"重师儒不欲究"①，只是以前没有引起学界的注意。不过，我们所关心的是，这种偏袒之意是此时才有还是在案发伊始就有了？这关系到弘治帝在这一案件审理过程中所扮演的角色。

从目前的种种迹象来看，弘治帝偏袒程敏政之意是一开始便存在的。有一个事实是，事发后，程敏政是可以正常发声的。据实录记载，就在镇抚司审讯徐经等人的同时，"敏政复屡奏自辩，且求放归"②。程敏政的好友沈周也说：为"主考，被诬台谏，屡上章以请。上以公为旧官僚，且素知公名，屡下诏慰留之。公恳辞解职，章三上，遂获致政"③。显然，出于对朋友的回护，沈周回避了程敏政入狱一事，但是其所记程氏屡上章请求

① 贾汉复修，李楷等纂（康熙）《陕西通志》卷二四《林廷玉传》，清康熙六年（1667）刻本，《首都图书馆藏稀见方志丛刊》第 23 册，国家图书馆出版社，2011，第 338 页。

② 《明孝宗实录》第 57 册卷一四九，第 2635 页。

③ 沈周《客座新闻》卷八"程篁墩受诬降笔"条，载沈周撰，汤志波点校《沈周集》下册，浙江人民美术出版社，2013，第 1273 页。此段引文标点与原书小异。

致仕一事则与实录所载相符。所以，在事发后，他与弘治帝进行交流的渠道是畅通的。这意味着，他随时可以在弘治帝面前坦白实情。而弘治帝在了解情况后是否有所行动？是否给正在复查试卷的李东阳有所指示？当然，这些没有，也不可能留下文字材料。不过我们却可以从下面的一些材料中看出李东阳的回奏是存在问题的。

首先，李东阳"有同考官批语可验"一语，与后来作为同考官的林廷玉上奏的"敏政出题、阅卷、取人有可疑者六"是相矛盾的。但这关键的六条可疑之处，实录没有抄下来。其次，实录记载程敏政的口供有："泉所指二人皆不在中列，而覆校所黜可疑十三卷，亦不尽经校阅。"[1] 但是李东阳的回奏中却并没有提及"覆校所黜可疑十三卷"之事。要么是实录省略了一些内容，要么是李东阳没有上奏，所以才导致了前后不一致。那么是否存在程敏政说的"覆校所黜可疑十三卷"之事呢？答案是肯定的，请看以下材料：

> 王瑄，取己未会魁，坐唐寅事废，任嘉兴知县。[2]
>
> 欧元广，字士弘，顺德龙津人。……己未复上春官，卷拔置第七，会唐寅事，台省劾奏试官程敏政，凡所取士，悉置不录，元广与焉。朝野咸为扼腕。冢宰屠滽尤加爱惜，欲引为司厅，弗屑也。[3]
>
> 姚光启，裕之子。成化二十二年丙午，己未会试取中第七名，因唐寅事，有旨前百名皆置乙科，后授临清学正，不就。归，作《渡江赋》以见志。[4]

三条材料中第二条与第三条的关键信息有差异，即欧元广和姚光启在

① 《明孝宗实录》第57册卷一五一，第2659页。

② 沈孟化修，张梦柏等纂（万历）《江浦县志》卷三，明万历刻本，《江苏历代方志全书》第17册，凤凰出版社，2016，第96页。据（嘉庆）《重刊江宁府志》卷三〇《科贡表》著录，王瑄是成化二十二年（1486）举人。又陆深《俨山外集》卷八记载，知其字为莹中。

③ （康熙）《新修广州府志》卷三九，《北京图书馆古籍珍本丛刊》第39册，书目文献出版社，1998，第940页。

④ 李瑾、张洞修，叶长扬纂（乾隆）《旌德县志》卷七，清乾隆十九年（1754）刻本。

会试中都被拟定为第七名，这是不可能的。且一说"凡所取士，悉置不录"，一说"有旨前百名皆置乙科"，所谓乙科就是在会试中成绩未达殿试而由礼部直接任命到地方做未入流品的教谕、训导之类的那部分人。第三条材料是根据万历《旌德县志》中"姚光启，裕之子。成化丙午科，弘治己未举进士第七人，因会元唐寅事，刊落榜首人数，除授临清学正，不受。归作《渡江赋》以见志"① 的记载修改而来，万历志的说法也有很多错误，比如说唐寅是会元，又说姚光启举进士，等等，这些都是错的。但是万历志"刊落……人数"与实录相符，且并没有"乙科"之说。显然，这个"乙科"是乾隆志的编者加的。而这一说法，恰恰是经不起推敲的。首先，会试前一百名不可能都是程敏政取中的。其次，"有旨"一说，毫无根据。因此，明清两代《旌德县志》中关于姚光启会试被黜、授临清州学正等信息是可靠的，其他都不足为据。

三条材料印证了程敏政口供的真实性。至于人数，应该就是程敏政说的十三人。也就是说，一方面称徐经和唐寅不在程敏政取中之列，另一方面又确实黜落了一部分考生，这件事正是李东阳一手操办的。程敏政入狱后最为有力的辩词便是李东阳提供的二人不在取中之列这一条。因此，林廷玉以"六事"上奏，言下之意不就是说李东阳的复查也存在问题吗？林廷玉上奏当不是诬告，时人吕柟（1479～1542）曾说："其（林廷玉）论……考官程学士敏政六事，言皆剀切。"② 因此，林廷玉的指证，实际上含有李东阳串供的意思。

那么，李东阳为何要帮程敏政呢？是出于对僚友的情谊还是接到了弘治帝的指示？从林廷玉并未弹劾李东阳，且提议李东阳复查的礼部在看到复查结果后却以"前后阅卷，去取之间，及查二人朱卷，未审有弊与否，俱内帘之事"回避了评判来看，李东阳最多只能是执行者而非定策者。真正决定帮助程敏政的只有也只能是弘治帝。所以，在李东阳上奏、礼部做出较为圆滑的回复后，程敏政便顺理成章地被弘治帝保了下来。

---

① 苏宇庶纂修（万历）《旌德县志·选举志第八》，明万历二十七年（1599）刻本，《南京图书馆藏稀见方志丛刊》第 101 册，国家图书馆出版社，2012，第 177 页。

② 吕柟：《都察院右佥都御史南涧林公廷玉墓表》，载焦竑《献征录》第 2 册卷五九，上海书店，1987，第 2472 页。

但是打着如意算盘的弘治帝偏偏碰到了一个"愣头青",关押华昶激起了科道官员的抗争。知道科场内幕的工科都给事中林廷玉的上疏一下子将弘治帝包庇程敏政的行为揭发出来。正如上文所言,他奏折中的很多潜台词,只有将弘治帝包庇程敏政作为前提才能理解。比如所谓的"两全",其意思是既要安抚舆论让世人觉得朝廷秉公处理,又要保护好程敏政。更有趣的是,他给出的处置建议"莫若将言官、举人释而不问,敏政罢归田里",可以说既体察了圣意,又尊重了程敏政的意见(即"屡奏自辩,且求放归"),还达到了营救华昶的目的,可谓一举三得。并且他更进一步说"如此处之,似为包荒",将包荒的罪名安在自己头上,既点了弘治帝的穴,又给了皇帝台阶。整道奏折似是而非却又暗藏玄机,可谓煞费苦心。然而,只要弘治帝接受他的建议,即意味着承认在处理舞弊案时,自己也是个舞弊者。弘治帝当然不会上他的当,直接接受他的建议。就在这时,"给事中尚衡、监察御史王绶,皆请释昶而逮敏政"①,朝廷的舆论似乎倒向了林廷玉一边。这种局面下,再要力挺程敏政就更显得此地无银了。于是,弘治帝只能命三法司与镇抚司共同审问,而三法司的介入便改变了弘治帝一手操控科场案调查的局面,科道官员获得了暂时的胜利。就在三法司介入后,徐经翻供了,他招认自己与程敏政有钱财往来。此时,事态已经背离了弘治帝原先的设想,在左都御史闵珪等请求逮敏政对问后,弘治帝犹豫了十余天,终于决定弃程保己——保住自己的颜面,将程敏政抛了出去。

之所以如此说,还有一个细节,即三法司审问后,在因当事人供词不合无法结案时,程敏政请求"召同考试官及礼部掌号籍者面证",都御史闵珪等人也上奏"请会多官共治",弘治帝并没有同意。这原本是一次能够搞清楚真相的机会,而弘治帝却以"不必会官,第从公讯实以闻"② 的态度搪塞了过去。可见,一方面,弘治帝不想让更多的人牵扯进这个已经没有多大意义的案子中。此时距科场案案发已经近三个月了,新科状元、进士们早已各就各位,涉事考生没有获得功名,涉案主考也被捕入狱,这

---

① 《明孝宗实录》第 57 册卷一四九,第 2635 页。
② 《明孝宗实录》第 57 册卷一五一,第 2659~2660 页。

已经能够平息议论，且朝廷掌握了舆论的主动权。当然，我们认为这只是表面的原因。而另一方面，也更为重要的是，弘治帝虽然已经放弃了对程敏政的袒护，但是之前如果没有一些人员的配合，恐怕无法完成对程敏政的包庇。比如，如何解释李东阳的复查结果与林廷玉的"六事"的矛盾。所以这时如果再牵出一些人来，或许会将打击面扩大，并将矛盾引向弘治帝自身。他要求不必会官，正是心虚的表现。至于程敏政的"不服"，只能是事已至此的无可奈何之举，因为他一旦承认华㫤所指，便会牵扯李东阳和弘治帝等人，这无疑是弘治帝不愿看到的。此时的不服，正是对弘治帝庇护自己的最好回报。

弘治帝在处理科场案的过程中因庇护程敏政而落下了包荒的话柄，但是，君权从来是不容侵犯的。在这场皇帝与科道官员博弈的过程中，局面很快就出现了变化：

> 初廷鞫华㫤、程敏政之狱，刑部尚书白昂、左都御史闵珪以旧例廷鞫，皆有六科在旁，令御史王恩、王鼎言于掌科者，于是吏科都给事中魏玒、工科都给事中林廷玉、兵科都给事中于宣、刑科左给事中王洧、户科左给事中胡易俱往。会鞫时，㫤辞少屈，廷玉从旁助之。东厂奏玒等皆㫤同僚，乃不避嫌，辄与其事。有旨执玒等送镇抚司推问，词连恩、鼎，亦并逮之。昂等以事由己出，具疏请罪，亦罚俸二月。①

原来，在"廷鞫"时，六科（都）给事中按照旧例在场，并且出现了"㫤辞少屈，廷玉从旁助之"的行为。这一情况由东厂告诉了弘治帝，弘治帝抓住了不避嫌这一把柄，便下旨将参与此次廷鞫的六科（都）给事中以及御史一并入狱。可是，林廷玉等人下狱之后，弘治帝对他们置之不理，不闻不问，直到结案后，在"府部大臣"的共同努力下，他们才被释放，前后被关近两个月之久。在这些上疏求情者中，时任吏科给事中周玺的奏疏保留了下来，其中对诸人在狱中"忧悒成病"的描写，以及婉转讽

---

① 《明孝宗实录》第57册卷一五一，第2673页。

谏的言论，都揭示了弘治帝关押这批官员实在是任性妄为的无理举动。他的奏疏是在五月十二日上呈的，他说：

> 近日臣闻得御史等官王鼎等俱在狱中，得患伤寒霍乱等病，忧愁郁悒，命在须臾。臣以菲才，待罪言路，宁为过虑而议，岂忍知而不言，故不知避忌，辄敢上渎。且魏玒等果是擅干狱情，当送法司论罪，若是遵行旧制，亦宜曲赐宽容。今乃久被监禁，忧悒成病，若万一一人不幸病死狱中，知者以为病也，不知者必谓陛下溺爱程敏政，故将言官拘囚，困苦陷之死地，以钳其口。然言官之死，虽不足惜，但于陛下神功圣德，不无亏损，何以为法天下，传之后世，而服外夷之心乎？彼好生恶死，人心所同。程敏政之奸贪显然可见，言官劾之，尚被连坐。万一不逞之徒，包藏祸心，隐而难知，有臣所不忍言者，孰肯蹈汤火、冒白刃、复为陛下言之哉？①

所谓"故将言官拘囚，困苦陷之死地，以钳其口"未必是弘治帝的本意，但是"不知者必谓陛下溺爱程敏政""程敏政之奸贪显然可见"则明显是针对弘治帝包庇程敏政而发。周玺的奏疏再一次指出了弘治帝在科场案调查过程中滥用皇权。而这份奏折最后的"万一"云云，重申了直谏是科道官员的本职，打击这种行为就意味着缄人之口，这击中了弘治帝在处理这件事情上的要害。

自知理亏的弘治帝于六月十七日，在给予处罚的前提下释放了被关押近两个月的科道官员，"玒、宣、洧、易俱赎杖，并恩、鼎，各还职，廷玉以越众出言降一级，调外任为海州判官"②。其中，对林廷玉的惩罚是诸人中最重的，甚至超过了华昶，而他被降职的原因也并非廷鞫阶段的"从旁助之"，而是"越众出言"。这一罪名加在科道官员身上是不合理的，所以"户部主事陈仁、太常寺丞周序及南京给事中彭城等皆继有论列，请宥廷玉罪"③，但都被弘治帝拒绝了。说白了还是因为林廷玉是第一个戳穿弘

---

① 周垂：《论释无辜事》，《垂光集》，《景印文渊阁四库全书》第 429 册，第 267 页。
② 《明孝宗实录》第 57 册卷一五一，第 2673～2674 页。
③ 《明孝宗实录》第 57 册卷一五一，第 2674 页。

治帝包庇程敏政事实的人，他成了皇帝挽回面子的出气筒。

同理，弘治帝在接到闵珪以"敏政、经、寅各赎徒，杲等赎杖"的方式来处理科场案的上奏时，以"招轻参重，有碍裁处"要求再拟，这也仅仅是一种遮羞的故作姿态罢了。而就最终涉事四人的处理方案，即勒令程敏政退休、华杲调离原职、徐、唐二人交钱赎罪并黜为吏役来看，与林廷玉当初的提议并无太大区别。况且程敏政的致仕可以说是满足了他自己的请求。而致仕往往是一种以退为进的方法，在此事之前，程敏政已经有过这样的经历。比如"弘治元年冬，御史王嵩等以雨灾劾敏政，因勒致仕"①，四年后他仍得以昭雪复官，并一路升迁。因此，这种处罚对于程敏政来说并非一种残酷的打击。华杲从北京调到南京属于平级调动，户科给事中和太仆寺主簿都是从七品，只是后者没有实权。至于唐寅、徐经的黜充吏役，在朝廷看来则完全是咎由自取，没有什么值得同情的。因此，这种表面看上去比较严厉的惩罚，实则既没有让弘治帝觉得太对不起自己的老师，又没有让皇帝在朝廷的舆论中失去威严，所以他最终同意了这个方案。至于程敏政在出狱后四日便因"痈毒不治而卒"，是大家都没有想到的。弘治帝下旨"赠礼部尚书，赐祭葬如例"，则不得不说是其因产生了袒护不成却送他一命的愧疚之情而给予的补偿。

简单总结一下，在科场案发后，就如何处理程敏政一事，弘治帝与科道官员发生了矛盾，这种矛盾是由弘治帝竭力包庇师儒而引发的。皇帝私心和科道官员公论间的博弈成为主导审查此案的一种力量，最终以双方的妥协结案了事。

四 结案之后唐、徐二人之反应 及那位神秘的"朋友"

就朝廷而言，科场案结束了，可是对被黜归的徐经和唐寅来说，噩梦才刚刚开始。此后，唐寅不仅背负了"海内遂以寅为不齿之士"的骂名，遭受了世人"知与不知，毕指而唾"的羞辱（参见《与文徵明书》），还

---

① 张廷玉等：《明史》第 24 册卷二八六《文苑二》，中华书局，1974，第 7343 页。

使他夫妻反目，兄弟异炊。而徐经也终因郁郁寡欢，在距科场案八年后的正德二年（1507），三十五岁便弃世而去。正如本文第一部分所述，从两人在科场案后的表现来看，他们总觉得自己是含冤的。既然徐经和唐寅的确"预作文"，那么他们的冤屈从何谈起呢？

从实录来看，徐经是主犯，唐寅则只能算从犯，所以他们的情况要分开来谈。先说唐寅。作为从犯，实录中没有他的供词。究竟是漏记还是有其他什么原因而未记，我们只能从唐寅预作文前是否知情这一点去分析。如果说他知道题目的来源，那么不但"预作文"的罪名成立，而且还可以加上知情不报共同舞弊的罪名。反之则只有"预作文"之罪。从唐寅事后的自述，即"方斯时也，荐绅交游，举手相庆；将谓仆滥文笔之纵横，执谈论之户辙。歧舌而赞，并口而称；墙高基下，遂为祸的。侧目在旁，而仆不知；从容晏笑，已在虎口。庭无繁桑，贝锦百匹，谗舌万丈，飞章交加"（《与文徵明书》）来看，所谓言者无心听者有意，他的言谈出卖了自己。照此来看，唐寅并不知道题目的来源，否则只能说他是咎由自取。即便他对徐经的所有活动了如指掌，那么他在诏狱面对严刑拷打时，又是如何保持沉默，或者说没有提供任何有用的口供而使审讯可以变得清楚简易呢？所以，最合理的解释是，他对徐经的活动并不十分清楚。他能招供的，只有预作文以及他曾经向程敏政求文为梁储送行这两件事。当他被关进诏狱后，就更无从得知外界和诏狱中所发生的一切了。联系文徵明曾经说过："唐君一出遂溃，为文士重讳，只今事犹未解。"[1] 如果唐寅清楚事情原委，怎么会"只今事犹未解"呢？因此，当唐寅他判赎徒，特别是黜充吏役后（此即意味从此无缘科举），心中怎能不生怨愤之情？

再谈徐经。就徐经的为人来看，他虽然出生富贵之家，但对"舆马之盛，服食之奉，声色之娱"均颇为不屑，唯独酷嗜学问，于"六艺之文，百家之编""口吟手披不绝"，"旦昼孳孳，务求远到"。他平素"恬静恭默"，但只要一谈到义理文章，便"议论英发"[2]。按照他的性格，绝不会到处宣扬自己与程敏政往来之事。但是作为弄到题目的主谋，他为何也觉

---

① 文徵明著，周道振辑校《文徵明集》（增订本）下册补辑卷二七《致钦佩》，上海古籍出版社，2014，第1391页。

② 薛章宪：《乡进士徐君衡父行状》，载吕锡生《徐霞客家传》，第107页。

得自己受冤了呢？

徐经以币求学时，主考尚未公布，假若因徐经选择了后来成为主考的人去求学而指责他舞弊，这是不公平的。只能说产生主考的制度有疏漏，才让徐经钻了空子。比如弘治帝上任以来历次主考都有詹事府官员。就算徐经的行为在当时看来已经构成舞弊，那么他为何承认了以币得题却又矢口否认这是贿赂呢？难道是为了帮助程敏政脱罪？这里面的逻辑是不通的。徐经的行为，在当时应该具有一定的普遍性而被默许，所以他才在承认以币求学的同时又否认了贿赂一说。当然，这种事情一旦被揭发，那么无论是作为送礼者的徐经，还是作为辅导者的程敏政，都很难摆脱涉嫌舞弊的罪名。因此，徐经感到的冤屈，主要并非指朝廷冤枉他行贿一事，而是整个案件的审理过程存在问题。

徐经的叔父、唐寅一生的好友徐元寿（1470～1553，后改名尚德）在《贲感录》中有这样一段话，他说："己未科再试礼闱，元已定，而忌者滋漫，谤蕭熏天，组织祸机，盘错难解，愤懑结痾，欲奋一白，而郁郁未遂，卒至卧敲京邸，长寝永庆禅院。"① 暂且不管其中"元已定"是否属实，"组织祸机，盘错难解"这八个字，耐人寻味。到底是谁在"组织祸机"，又为何"盘错难解"呢？如果说是华泉、林廷玉等人组织祸机，那么他们怎么会把自己也赔入大牢而且都遭到了处分？而如果徐经的确实话实说，又怎么会盘错难解呢？原因只有一个，那就是弘治帝为保程敏政，曾经通过某些渠道（如锦衣卫、东厂）向徐经传递过一些信息，甚至不排除其曾一度主导了徐经口供的可能，不然就无法解释为何他一开始一口咬定是诬告，而后来又翻供这一事实。这些事，让徐经产生了此案有幕后推手的感觉。然而，只要弘治帝决定放弃程敏政，之前所发生的一切就会令徐经无法理解，于是"组织祸机""盘错难解"便成了他对审理过程的一种最直观的感受。因为真相只有一个，但是为了掩盖真相而编造的理由和故事却能有很多种。

从徐经将为自己申冤的时间放在正德二年，也可以证明我们上述的推断。薛章宪《乡进士徐君衡父行状》说："正德改元之明年，君一日慕司

---

① 吕锡生：《徐霞客家传》，第111页。

马子长之为人，欲览观齐鲁燕赵之墟，以吐出胸中之奇，乃率然命驾以往，则悲歌易水之滨，徘徊涿鹿之野，俯仰古今，慨然兴思。然体素羸弱，不忍驱驰，因得疾。舆至京师，冀得便于医药，遂加剧不起，年止三十有五。"① 虽然薛章宪将徐经的北上说成了一次游览北国风光的文化之旅，但此行的真正目的恐怕是徐元寿说的"欲奋一白"。

这里不妨再简略地介绍一下徐经和李东阳等人的关系。李春芳在《二徐诗序》中说："江阴有二徐，徐元献、徐经父子也。并负奇资，早窥艺苑，十岁即能赋诗，为海内学士大夫所称赏，如匏庵吴公、西涯李公、玉峰朱公辈，咸得与游，睹诸所酬赠可知已。"② 这里提到了吴宽、李东阳、朱希周三人都与徐经熟识，且对其颇为称赏。这三人弘治十二年都在京城，且其中吴宽、朱希周是唐寅同乡，也都认识唐寅。朱希周是弘治九年的状元、唐寅的邻居，唐寅发奋科举，还受到过他的影响③。徐、唐二人在京城有这些朝廷"大佬"朋友（还包括王鏊、吴宽），如果说李东阳作为主考不便为徐经说话的话，那么其他人为何也选择沉默呢？这一点让唐寅都觉得费解，他和文徵明说过："比至京师，朋友有相忌名盛者，排而陷之。人不敢出一气。"（《又与文徵仲书》）所以，这些人的缄口再一次指向了弘治帝插手科场案。因为这件事的主导者是弘治帝，所以只有在他去世后，才有可能让真相大白于天下。可惜，徐经还没来得及调查，就去世了。

最后，再来谈一谈是谁出卖了唐、徐二人这个问题。孙继芳是最早提出都穆为告发者的。他说：

> 弘治己未，程篁墩敏政鬻试目，给事中华昶发其事，始于举子都穆。玄敬为昶西宾，言之昶，因举劾。昶与穆约誓，死不相累，故昶虽被掠笞，终不及穆。至今人咸弗之知。嘉靖初，昶侄孙钥职方主事

① 薛章宪：《乡进士徐君衡父行状》，载吕锡生《徐霞客家传》，第107～108页。
② 李春芳：《贻安堂集》卷六，《四库全书存目丛书》集部第113册，第174页。
③ 参见黄鲁曾《续吴中往哲记》卷一"解元唐君寅"条，《四库全书存目丛书》史部第89册，第24页。

语予云。时杲历方伯，都为郎中，俱归休矣。①

孙继芳（1483~1541），字世真，江西进贤人，湖南华容籍，正德六年进士。初为刑部山西司主事，改兵部车驾司主事升职方司员外郎。正德十四年（1519）三月武宗拟南巡，他在参与谏止的一百三十四人之内，廷杖不死，改职方掌军国机务及诸边镇筹划，"与部尚书侍郎相抵牾，外补升云南提学副使，卒摘其诬，黜之归"②。前人曾以"任直过当，遭时排抑"③来评价其为人。他所提到的华钥（1495？~1539），字德启，号水西，嘉靖元年（1522）应天府解元，嘉靖二年二甲第二名进士，授户部主事寻改兵部职方。嘉靖三年秋议大礼中，遭廷杖。嘉靖五年升兵部员外郎。嘉靖七年升武库郎中，嘉靖九年调职方郎中，即被诬受贿夺官罢归④。孙、华二人在京为官的时间有无交集，是判定这则材料真实性的一个重要因素。

孙继芳曾说"嘉靖癸未，予擢官滇南，便归"⑤，这就是前面所说的"与部尚书侍郎抵牾，外补"一事，可见他在嘉靖二年就被调任云南提学副使，随即便被罢官了。而华钥在嘉靖二年三月方参加完殿试，照此来看，两个人根本没有机会见面，除非孙继芳外调的时间在华钥任兵部职方之后。但是，令人疑惑的是，华钥怎么会将这个秘密告诉一个与自己相识不久的同事呢？而华杲于正德十六年（1521）十二月十二日就在家中去世了，如果真是华钥透露了这一消息，孙继芳怎么还说华杲"归休"呢？尽管都穆此时尚在世，但是也不能把两个人都说成是"归休"。另外，既然华杲在诏狱中都没有供出都穆，那么他讲给家人听的意图是什么？何况，江阴与无锡、苏州一衣带水，亲友关系千丝万缕，他在当事人都健在的情况下（徐经除外），传播这样的消息所求为何？都穆确实曾在无锡授

---

① 孙继芳：《矶园稗史》卷三，《续修四库全书》第1170册，第569页。
② 狄兰标修，罗时暄纂（乾隆）《华容县志》卷七，清乾隆二十五年（1760）刻本，《中国地方志集成·湖南府县志辑》第11册，凤凰出版社，2002，第115页。
③ 焦竑：《献征录》第4册卷一〇二，第4580页。
④ 参见郑晓《端简郑公文集》卷五《华职方传》，《四库全书存目丛书》集部第85册，第230页。
⑤ 孙继芳：《矶园稗史》卷三，《续修四库全书》第1170册，第566页。

馆，文徵明作于弘治七年的《怀玄敬》诗，题注有"时客授梁溪"①。但究竟在谁家坐馆，除了孙继芳说是华㿥家外，目前没有其他证据。华㿥与都穆同岁，且于弘治五年已中举，都穆若为他家西席，教的自然是他的儿子。然而，他完全有能力自己教儿子读书，为何聘请一个当时尚未中举的人来给儿子授课呢？（当然也不能完全排除这种可能。）总之，孙继芳的这条材料，因为其中有太多的盲点和空缺以及逻辑问题，所以，尽管他的语气斩钉截铁，却依然不能令人信服。当然，如果孙继芳说的是事实，那么即便科场案后唐寅以及唐寅的师友都和都穆有所往来，这也是很正常的②。因为，直到华钥告诉孙继芳的时候，这个"秘密"还是"人咸弗之知"的，所以唐寅及其朋友当然也是被蒙在鼓里的。如果真是这样的话，那么都穆为人之阴险令人怵惕！而这样的推断显然不符合时人对都穆为人处世的记载。

其实，我们在关注告发者这一问题的时候，都把目光放在了考生身上，而忽略了唐寅在述及京城交游时，用了"荐绅"一词，也就是说唐寅是在和官员交往时碰到了侧目者。而如果把目光转向官员，那么华㿥便重新进入我们的视线中。华㿥（1459~1521），字文光，号双梧。少从学于无锡杨濂成。成化十四年王鏊丁忧居家，华㿥"涉险往从之，得闻所未闻，钻仰益力，群经子史外，舆地、兵财、律历、百家之语亦皆究览，隐然以通儒自负，时流推服之。乡荐、礼闱，皆少傅公主试事，皆录其文以式时流，复荣之为庶吉士"③。可见，他是王鏊一手提拔起来的。他于弘治六年首赴会试不第，王鏊曾赋《送华㿥下第归无锡》诗以安慰和勉励。后来华㿥终于在弘治九年考中进士，而他在之前的会试则被录为经魁，两次主考都是王鏊。唐寅也是王鏊的门生，他到京城参加会试，华㿥此时正任户科给事中，所以他们有可能通过王鏊（或者朱希周，其与华㿥为同年）而相识。即便华㿥不在宴会的现场，他也完全有可能从别人那里得知一些信息。但问题是，如果这个朋友真是华㿥，那么他揭发唐寅之后，又如何面

---

① 文徵明著，周道振辑校《文徵明集》（增订本）上册卷七，第124页。
② 关于科场案后都穆与诸人的往来，参见拙著《唐寅研究》，人民出版社，2012，第89~90页。
③ 顾清：《东江家藏集》卷四一《福建左布政使双梧华君墓志铭》，《景印文渊阁四库全书》第1261册，第847~848页。

对老师王鏊呢？

在回答这个问题前，我们先来看一下华泉的好友顾清所作《华氏敕命碑阴记》中的一段话："弘治十二年己未正月二十有五日，诏封今贵州左参政华泉父守庄为户科给事中，母杨氏为孺人，各赐敕一通。时泉官未半岁，盖特恩也。"① 因为这篇文章是事后受华泉之托而写的，所以文中的"今贵州"云云乃是就撰写时的情形而言的。其中的关键信息是，截至弘治十二年正月二十五日，"泉官未半岁，盖特恩也"。据此可知，华泉进士及第后选为庶吉士继续学习，至弘治十一年下半年方散馆授户科给事中之职。那么弘治帝为何要"特恩"呢？这应该是褒奖华泉在户科给事中任上的突出表现，即"为户科给事中，未半载，疏凡七上，要以正君心、肃纪纲、精选举、杜私门为先务"②。这种积极进取之心，来自庶吉士头衔给他带来的美好前途。而所谓"精选举、杜私门"，一来说明当时就有"私门"的现象，二来也道出了华泉在上任伊始便把目光盯住了科场。带着这样一种求进的心态和明确的目的，不论出于职责所在，还是冒进邀功，都能让他翻脸不认人。

另外，实录中说是华泉风闻言事，然后才有林廷玉上疏言"六事"，但黄佐（1490～1566）却给出了另一种说法："时敏政有异议，同考试官给事中林廷玉发其事，户科给事中华泉劾之，敏政遂得罪。"③ 这种说法是颇为可信的。因为林廷玉就在阅卷的第一现场，而且华泉的建议中又有"凡经程敏政看者，许主考大学士李东阳与五经同考官重加翻阅"一语，说明他是在有了比较确凿的信息后，才敢如此建议的。所以当他被弘治帝下狱后，林廷玉既为言官出头，又为华泉不平，才上了那道奏折揭穿了皇帝的包庇行为。如果华泉就是唐寅所指的那个朋友，那么他后来在诗中屡屡批判人心不古世风日下，诸如"我观今日之才彦，交不以心惟以面。面前斟酒酒未寒，面未变时心已变"（《席上答王履吉》），"焚香默坐自省

---

① 顾清：《东江家藏集》卷二一《华氏敕命碑阴记》，《景印文渊阁四库全书》第1261册，第605页。
② 刘广生修，唐鹤征等纂（万历）《重修常州府志》卷一三，明万历四十六年（1618）刻本，《南京图书馆藏稀见方志丛刊》第58册，第236页。
③ 黄佐：《翰林记》卷一四，《景印文渊阁四库全书》第596册，第1010页。

己，口里喃喃想心里。心中有甚陷人谋？口中有甚欺心语？为人能把心应口，孝弟忠信从此始"（《默坐自省歌》）等，其中所包含的现实意义也变得豁然开朗了。科场案因华昶告发而起，这已为天下人所共知，唐寅当然没有必要在自己的文章中再提及此人之名而仅以朋友代之了。

综上所述，徐经和唐寅在预计程敏政有可能主考的情况下，分别拜谒了他。徐经从程敏政处求得数道题目，并和唐寅预作文章。自负的唐寅面对"荐绅"们的歧舌而赞说出了一些"内幕"，被其中关心"私门"的华昶获知。同考试官林廷玉在阅卷中发现了程敏政的异常，于是便让华昶风闻言事。本以为可以借此惩治"私门"，没想到弘治帝出于维护老师的本意插手了案件的调查。这是华、林二人事先没有想到的。后来的事情，在上文都已分析过了，此不赘言。至于华昶和林廷玉，一直到弘治帝去世后，其官职才有所升迁，可见此后弘治帝对他们一直采取了压制的措施。同时，也因为弘治帝在审理案件时曾经扮演过不光彩的角色，所以知情者都不能说出事件的真相。《明孝宗实录》在记录此案时既极力维护弘治帝的尊严，又大致记下了整个案件的审问过程，从而使我们今天的还原得以成为可能。

当然《明孝宗实录》还记载了傅瀚欲夺程敏政之位而策划了这场诬告，并让傅瀚之死与程敏政鬼魂的出现相关联，最终炮制了一出政治斗争的科场案大戏。这种说法，在实录修成不久后便遭到了质疑，如王世贞曾说："传文穆（引者按：为傅瀚谥号）有倾程之意，人亦知之。至于家童鬻题事已彰著，且与刘、谢不相关，盖焦芳乃李南阳门客，程其婿也，故颇为掩覆，而刘、谢传皆与芳有隙，故肆其丑诋如此。"① 只可惜，在党争越来越厉害的晚明和清代，有不少人相信了这一说法，如《明史》便说："或言敏政之狱，傅瀚欲夺其位，令昶奏之。"② 而查慎行则直接将账算到了内阁首辅刘健的头上："刘文靖（健）以程篁墩（敏政）短其不能诗，衔之，酿成廷鞫之狱。"③ 笔者赞同王世贞的判断，这些说法都是不足为据的。

（本文原刊于《江苏师范大学学报》2018 年第 4 期）

---

① 王世贞：《弇山堂别集》第 2 册，中华书局，1985，第 463 页。
② 《明史》第 24 册卷一八六，第 7344 页。
③ 查慎行：《人海记》卷下，北京古籍出版社，1981，第 83 页。

《朝正倡和集》 与明弘、正复古思潮之转变

孙学堂[*]

内容提要　《朝正倡和集》是顾璘、朱应登、赵鹤等人在正德六年（1511）朝觐时与在京的徐祯卿、陈沂等人唱和的诗集，由《朝正倡和》《朝正归途倡和》《附录倡和》三部分构成。该书长期以来不为研究者所知，其作者、体例、诗歌风貌及其与当时政治之关系等问题均未有人论及。书中有徐祯卿七律七首，也未收入《徐祯卿全集编年校注》。该书不但具有很高的文献价值，也是考察刘瑾乱政前后士人心态与诗风变迁，尤其是徐祯卿临终前不久生命状态与诗歌风貌的重要文献。由《朝正倡和集》，还可以进一步窥视弘治、正德间文学复古的非"结盟"性质，以及文学复古思潮因武宗失德和刘瑾乱政而发生的重大转变。

关键词　《朝正倡和集》　徐祯卿　古学复兴　文学复古

正德五年（1510）底，外任知府的顾璘、赵鹤、朱应登、殷鏊到京师朝觐天子，与在京的徐祯卿、陈沂等人相唱和，诗作结集为《朝正倡和》《朝正归途倡和》《附录倡和》三部分刊行。该书长期以来不为研究者所知，其作者、体例、诗歌风貌及其与当时政治之关系等问题均未有人论及。书中有徐祯卿七律七首，也未收入《徐祯卿全集编年校注》。该书不但具有很高的文献价值，也是考察刘瑾乱政前后士人心态与诗风变迁，尤其是徐祯卿临终前不久生命状态与诗歌风貌的重要文献。本文以《朝正倡和集》为核心，考察正德前期文学思想的重要变化。

---

　*　孙学堂，山东大学文学院教授，曾出版专著《明代诗学与唐诗》等。

一 《朝正倡和集》的撰辑者与体例

《朝正倡和集》在一些史志、书目类文献中有著录，如高儒《百川书志》卷二〇著录："朝正唱和一卷/朝正归途唱和一卷，皇明徐祯卿、赵鹤诸名人十三人之作。"① 万斯同《明史》、黄虞稷《千顷堂书目》则著录为："徐昌谷、赵鹤等朝正倡和集二卷。"② 因为李梦阳的《朝正倡和诗跋》一文非常著名，且一般认为它就是这部《朝正倡和集》的跋语，所以关注明代文学复古现象的学者都久闻此书之名，但可惜一直没有人见过它。陈红《徐祯卿的撰述及其版本谈》③ 据相关书目记载，推测徐祯卿参加的是"朝正归途倡和"，并根据李梦阳的《朝正倡和诗跋》推测它反映了徐祯卿弘治末年在北京的文学活动。崔秀霞《徐祯卿的撰述及其版本考》④ 更细致地阅读了李梦阳的跋语，推测"此集应是正德五年顾璘等归京岁觐时倡和所作，其时只有五人，且诗歌倡和内容也已与弘治时不同"。范志新则将《朝正倡和集》列为"待访诗文目"之一种⑤。

其实《朝正倡和集》在中国科学院图书馆有藏，《中国科学院图书馆藏中文古籍善本书目》的著录是："朝正倡和一卷/朝正归途倡和一卷/附录倡和一卷，明赵鹤辑，明正德刻本。"⑥ 这里的卷数成了三卷，且署"赵鹤辑"。黄灵庚、陶诚华主编的《重修金华丛书》第 150 册据以影印收录，其《提要》著录题名与《中国科学院图书馆藏中文古籍善本书目》相同，但署名改为"明赵鹤等撰"⑦。

---

① 高儒：《百川书志》，高儒等《百川书志 古今书刻》，古典文学出版社，1957，第 308~309 页。
② 王承略、刘心明主编《二十五史艺文经籍志考补萃编》卷二四，清华大学出版社，2012，第 558 页；黄虞稷撰《千顷堂书目》卷三一，瞿凤起、潘景郑整理，上海古籍出版社，2001，第 772 页。
③ 陈红：《徐祯卿的撰述及其版本谈》，《四川师范大学学报》1991 年第 1 期。
④ 崔秀霞：《徐祯卿的撰述及其版本考》，《哈尔滨学院学报》2010 年第 7 期。
⑤ 参见徐祯卿著，范志新编年校注《徐祯卿全集编年校注》"附录二"，人民文学出版社，2009，第 823 页。
⑥ 中国科学院图书馆编《中国科学院图书馆藏中文古籍善本书目》，科学出版社，1994，第 378 页。
⑦ 黄灵庚、陶诚华主编《重修金华丛书提要》，上海古籍出版社，2014，第 641~642 页。

　　今据《重修金华丛书》影印本可知：该书共二十九叶，半叶八行行十九字，细黑口，左右双边，无鱼尾。全书无目录，不署撰人姓名，也未分卷。卷首有李梦阳及赵鹤序，版心标"序一"至"序四"。序后的内容由三部分构成。第一部分卷首题"朝正倡和"，版心标"诗一"至"诗十一"。在上文所举的书目中，很可能是把这一部分单独视为一卷的。第二部分从何景明所撰《朝正归途倡和短引》开始，版心标"诗引十二"，下叶卷首题"朝正归途倡和"，版心所标叶码自"诗十三"至"诗二十三"，这应该就是上面所举书目中著录的"朝正归途唱和一卷"。第三部分卷首题"附录倡和"，收诗四首，版心叶码是"诗二十四""诗二十五"，这应该是《中国科学院图书馆藏中文古籍善本书目》和《重修金华丛书提要》所著录的"附录倡和一卷"。

　　李梦阳文集中的《朝正倡和诗跋》在此被置于卷首，题名"朝正唱和"四字之下的内容残阙，只有文末所题"正德六年春三月，北郡李梦阳序"① 尚清晰。这几个字也很重要，因为从《空同集》中的"跋"我们只能大体推测该文作于正德六年春，而不能确知其具体时间。李梦阳、赵鹤序后还附有朱应登的一则"记事"，通体较正文低两格，说："朝正诸诗，众以齿逊叔鸣叙之，时未有作也。华玉归郡，出示李献吉，已题其端。月余，叔鸣复叙此，寄至自金华，应登故代为之书。……是年九月，赴官关中过汴，应登记事。"② "题其端"的说法比较含糊，序、跋都可以这样说。据李梦阳文集，写作时用的应是"跋"字，而在这里的结尾用了"序"字，这一改动应该是当时刊印的需要。

　　李梦阳的序文（兹仍据《空同先生集》卷五八《朝正倡和诗跋》）说参加唱和的"五人而已"③，今按该集"朝正倡和"部分实收七人之作。具体见表1。

---

① 黄灵庚、陶诚华主编《重修金华丛书》第150册，上海古籍出版社，2014，第279页。
② 黄灵庚、陶诚华主编《重修金华丛书》第150册，第280页。
③ 李梦阳：《空同先生集》卷五八，明嘉靖九年（1530）黄省曾序刊本，第15b页。

表 1 "朝正倡和"收录作品情况

单位：首

作者	首倡诗题目	和诗题目	后和	总数
赵鹤	除日早朝/元日早朝/述兴	都门除夕/席上言怀	赵金华纪会三首	8
顾璘	上元客舍	除日早朝/都门除夕/元日早朝/席上言怀/述兴/赠华玉兼怀献吉		7
徐祯卿	席上言怀/赠华玉兼怀献吉	都门除夕/元日早朝/上元客舍/述兴二首		7
朱应登	都门除夕	除日早朝/元日早朝/席上言怀/上元客舍/述兴/赠华玉兼怀献吉		7
陈沂		除日早朝		1
景旸			除日朝奉天门/元日朝奉天殿/除夕客中/用韵赠别四首（五言律）	7
殷鏊			元日早朝/上元客舍	2

　　景旸、殷鏊的诗单独编排在其他五人的唱和诗后，且赵鹤的序文（详下）也没有提到他们。由此推测，他们的诗是后来追和的。殷鏊与顾璘一同于二月出京，沿途十多天一直此唱彼和，至洛水始别，可知他的两首和诗不会很晚。景旸当时在翰林院任编修①，其和诗则不应晚于顾璘出京前。

　　七人之中，景旸正德三年（1508）中进士，陈沂进士及第则要到正德十二年（1517），他们都没有参加过弘治时期盛行于郎署的诗歌唱和。李梦阳的序文当然也没有提到他们。李梦阳的序提到了"丹阳殷文济"，即殷鏊，由此可以断定他所说的"然倡和者五人而已"是紧承上文"正德丁卯之变，缙绅罹惨毒之祸……而前诸倡和者亦各飘萍梗散矣"所说的，不是指这次唱和的总人数，而是"前诸倡和者"中有幸参加这次唱和的人员，他们是赵鹤、顾璘、朱应登、徐祯卿、殷鏊五人。

　　《朝正归途倡和》是顾璘和殷鏊离京途中的唱和诗，两人一唱一和，

---

　　① 据焦竑《景中允旸传》，景旸字伯时，正德三年进士第二人，授翰林院编修，与何瑭、崔铣、吕柟俱不阿附刘瑾。关于其他诸人的资料，廖可斌《明代文学复古运动研究》（上海古籍出版社，1994）、黄卓越《明永乐至嘉靖初诗文观研究》（北京师范大学出版社，2001）等多有谈及，故本文不赘。

且有联句之作，得七律十二题二十八首（其中包括联句三题四首）、五律二题四首、五古和排律各一题二首、七绝一题六首。共十七题四十二首。前有何景明《朝正归途倡和短引》：

> 何子景明过大梁，得观顾开封与殷宜阳倡和之言焉。三读之，开封之言婉而长，宜阳之言峭以捷，皆感时怆事，抚景悲离，使人可怀也。夫人笑言一室之内，不觉欢凄；出门异路，始有叹恋。开封与宜阳入为同里，出乃同途，道吟行歌，以发同志之言，此岂易得者邪？矧其言又有可以观者矣。开封，何子之厚也；宜阳，又何子同年，故得志之。何子曰：予读开封、宜阳之诗，倡和二十九首，联句者四首，凡三十三首。正德六年十月二十五日书。①

何景明说三十三首，与今所见四十二首数量不同。李梦阳《朝正倡和诗跋》专就《朝正倡和》部分致慨，并未谈及顾璘和殷鏊归途唱和的诗作。很有可能是顾璘早就想到要拿这部分诗请何景明"题其端"。何景明所署时间是正德六年十月，比李梦阳的《跋》晚了数月。请李、何为他们的唱和诗作序，可能与两人都在河南有关，但同时也可见在顾璘心目中两人的成就和地位非他人所及。

《附录倡和》收诗四首：范邦彦《上元客舍》，谢承举《拟出京》《道上老马》，文璧《寄顾开封用出京韵》。范邦彦，据黄佐《南雍志》卷六《职官年表下》，字时旺，正德七年（1512）任南京国子监学正，余不详。谢承举（1461～1524）本名璿，字文卿，又字子象，人称野全先生，金陵人，善诗画，事见顾璘《息园存稿文》卷五《赠承德郎南京刑部浙江司主事野全谢先生同继室赠安人汤氏合葬墓志铭》。文璧即文徵明。三人居南京、苏州，其和诗应该是收到顾璘所寄诗稿后所和。

根据上述该书的实际情况，可以发现几乎所有书目对该书的著录都不够准确。

第一，该书不分卷，但是分为《朝正倡和》《朝正归途倡和》《附录

---

① 黄灵庚、陶诚华主编《重修金华丛书》第150册，第286页。

倡和》三部分，三部分并无统一书名。今据《千顷堂书目》将其称为《朝正倡和集》。

第二，把三部分的诗作者全部算上也只有十人，《百川书志》所说的"十三人"不知何据。

第三，《朝正倡和》作者七人，有些书目署名徐祯卿，或许是因为这七人中徐祯卿诗名最著。《朝正倡和》的第一首诗是赵鹤的《除日早朝》，且卷首又有赵鹤序，这大概是有些书目署"徐祯卿、赵鹤等撰"的原因。但《朝正归途倡和》《附录倡和》两部分跟徐祯卿、赵鹤无关。如果把三部分视为一种书，署名"徐祯卿、赵鹤等撰"是对的，但如果把三部分视为三种不同的书、各一卷，则应分别署名。

第四，《中国科学院图书馆藏中文古籍善本书目》署"赵鹤辑"实无根据。从种种迹象来看，该书的编辑者应该是顾璘。其一，按朱应登的记载，他们推赵鹤作序，是因为在他们中赵鹤最年长，而顾璘回到开封后很快就请李梦阳"题其端"，一个多月后赵鹤的序才从金华寄到开封。由此可见开封知府顾璘在编辑过程中担任主角。其二，《朝正归途倡和》赵鹤没有参与，且何景明的"诗引"，也是过开封时受顾璘之邀而作。其三，《附录倡和》作者三人都是顾璘的朋友，范邦彦《上元客舍》是和《朝正倡和》中顾璘之作，而谢承举《拟出京》《道上老马》与文徵明的《寄顾开封用出京韵》都是和《朝正归途倡和》中的顾璘诗韵。这些诗都与赵鹤无关。

《重修金华丛书提要》黄灵庚所撰《朝正倡和集》提要署"赵鹤等撰"似问题不大①，且这样的署名正是把该书纳入这部大型丛书的原因。只是与徐祯卿、顾璘相比，赵鹤的诗名似不可比。窃以为署"顾璘辑，徐祯卿、顾璘、赵鹤等撰"似较妥。

二 《朝正倡和集》的"忧谗念归之辞"

所谓"朝正"，指明代三年一度的朝觐考察。《大明会典》云："（洪

---

① 该提要还有两处失检：其一云《朝正倡和》收诗三十八首，应为三十九首；其二云《朝正归途倡和短引》为赵鹤撰，应为何景明撰。另有一处笔误，把正德二年（1507）丁卯误作"正德五年丁卯"。

武）二十九年始定以辰、戌、丑、未年为朝觐之期，朝毕，吏部会同都察院考察奏请定夺。其存留者引至御前，刑部及科道官各露章弹劾。……若廉能卓异、贪酷异常，则又有旌别之典以示劝惩，具载于后。其有不时考察及每年开报考语，皆为黜陟之地，故附列焉。凡外官三年朝觐。"① 郭正域《皇明典礼志》载："凡天下诸司朝觐官，自十二月十六日始鸿胪寺以次见，二十五日后每日常朝。方面官入奉天门，随常朝官行礼，序于文班，视常朝官各降一等。知府、知州、知县及诸司首领官吏、土官、土吏俱于午门外行礼。正月一日大朝会以后，方面官于奉天殿前序立，知府以下奉天门金水桥序立，如常朝仪。"② 正德六年（1511）辛未恰逢朝觐考察之年，地方官需在庚午岁末到达京师。

赵鹤的序文详细交代了这次唱和诗会发起的原因：

> 庚午冬为天下郡国来朝明岁正，时与开封顾华玉、延平朱升之各以守节相继至都下。□瑞后，乃时会国子博士徐昌谷于城南，徐居国□□北，来会于南，即众次寻宿社也。既各倡为诗，□□□道情，又叠和之，用衍其义，积之共为如干。□□□三君之词若重璆累璧，璀璨于前，而愚之□秽亦与，有倚玉之丽，各谓宜珍之，分录于卷，以□复委愚卷首之序。夫官京师类多诗会，以乐宽□，惟外官不然者，不以地有崇琐，而仕有优剧邪？□忆弘治间，京师诸公复尚雅社，愚与华玉、升之、昌谷遂相先后周旋于其中，计一时冠裳盛集，徘徊樽俎，抽思骋辞，唱妍酬丽，无颇僻局蹐之嫌，有和平温裕之美。今去其时虽远，犹可以目拟而心娱也。更事以来，昌谷徙官国学，愚三人相继补外，闻诸公亦聚散不一，有聚又严于禁，而为会疏阔，是则今日之作，于人、于地、于事岂不皆重有所慨者邪？然会阔而亲，社寂而著，联外宦之异于内觐之同，其宜为所珍者，不特以其诗而已。若夫崇道术，慎政经，在友法当戒勉者，固已素悉于诗之□矣，兹得

---

① 申时行等：《大明会典》卷一三，《续修四库全书》第789册，上海古籍出版社，2002，第219页。

② 郭正域：《皇明典礼志》卷二，《续修四库全书》第824册，第27页。

略。近斋赵鹤识。①

他们利用朝觐的机会，到京以后约徐祯卿会于城南，目的是"寻宿社"即探访昔日唱和处，这是一种具有仪式感的怀旧行为。他们重叙旧情，怀思往昔，因而发起了这次唱和活动。

所谓"更事以来"，指正德二年刘瑾乱政，即史家常说的"丁卯之变"以后。此时，弘治皇帝崇尚文治、重视培养士气的宽松政治氛围突然转变，徐祯卿降官为国子博士，顾璘、赵鹤、朱应登皆外任知府。且据《明武宗实录》正德六年正月丁巳（初六），南京六科给事中毛玉、十三道御史张叔安等劾奏多名官员，其中包括知府顾璘、赵鹤，顾璘被劾"奔竞"，赵鹤被劾"不谨"。修实录者认为"时玉等所劾多符公论"②。据王九思《送王令序》对"述职之典"的记载，六科给事中和十三道御史的弹文"大意言方岳郡县吏若弗能事事，宜置之法，以示惩劝"，但"天子咸口出德音，特宥之以勉图后效"③。这是当时的一般情况。顾璘与赵鹤也都是虽遭弹劾，却未受处罚，朝觐完毕后仍回原任。

赵鹤的序表达了强烈的今昔盛衰之感，李梦阳的序更是把这种感慨抒写得淋漓尽致。李梦阳把弘治以来的诗唱和分成三个阶段，其一是弘治年间多人参与唱和的昌盛期，所谓"诗倡和莫盛于弘治。盖其时古学渐兴，士彬彬乎盛矣，此一运会也"；其二是刘瑾乱政以后的衰歇期，"士始以言为讳，重足累息，而前诸倡和者亦飘然萍梗散矣"；其三是刘瑾被诛以后，朝廷"伸拔英类，于是海内之士复矫矫吐气"。他说读到顾璘等人的《朝正倡和》诗产生了空谷足音之感，觉得一个再盛期要到来了，因而说"此又一运会也"。但他又感到这一"运会"大不如前，不但参与唱和的人少，尤令他感到遗憾的，是"其诗顾犹多忧谗念归之词"。这三个阶段的划分以儒家"声音之道与政通""文章与时高下"为衡量标准，同时又与赵鹤一样表现出强烈的今昔盛衰之感。朱应登的"记事"则惊叹李梦阳序和赵

---

① 黄灵庚、陶诚华主编《重修金华丛书》第 150 册，第 280 页。
② 《明武宗实录》卷七一，台湾"中央研究院"历史语言研究所，1962，第 1564 页。
③ 王九思《渼陂集》卷九，《四库全书存目丛书》集部第 48 册，齐鲁书社，1997，第 78 页。

鹤序的感慨是如何相似：

> 二篇继出，远在数千里外，乃互有怃今怀昔之感，如夙约然。观于此，又可见吾郡之同情也。

李梦阳所说的"忧谗念归之词"，在《除日早朝》《元日早朝》这样的题目里是无法表现的。这样的诗题，无论如何都是以歌咏升平为主，像《除日早朝》朱应登之作云：

> 九重临御禁尘清，万国臣僚贺大明。晴雪渐分鹓鹊影，天风时下珮环声。氤氲圣表门中见，缥缈香烟殿上行。岁晚喜逢阳道转，腐材同荷发生荣。

表现的是初盛唐应制诗那种壮大气象，与贾至、王维等人的《早朝大明宫》风调相似。在皇朝气象经历过一段时间的衰败后乍见中兴之希望，是他们相近的创作生态，而不能仅视为应景或粉饰太平的文字。作为经历过"盛世"而以"国士"自期的士大夫，最关心的莫过于王朝的兴衰，他们从内心深处渴望把朝廷庄严盛大的气象表现出来，并且得体地表达了天下尚未太平、英才尚待拔擢的意思，顾璘《上元客舍》说"诸公早晚收群盗，庆锡还应遍万方"，赵鹤《元日早朝》说"共乐天心还泰运，愿乘阳道进贤才"。

他们都有表现雍容壮伟气象的手段，像顾璘的《除日早朝》"风前羽葆摇龙影，云里箫韶下凤声"，就很有皇家气象。但接下来说："番使总陪端笏列，贵臣常绕禁阶行。腐儒谬接专城寄，惭愧来朝朱绶荣。"便表现出作为地方官的疏外感，从艺术风貌说，是气象打了折；从心态说，是缺少了担当国家主人翁的责任感和荣誉感。《都门除夕》一首，朱应登说"明朝结束趋元会，坐待鸡鸣独不眠"，还有上朝前的兴奋和紧张，而徐祯卿之作则更直接地抒写自己的感伤（详见下文）。顾璘所和徐祯卿《席上言怀》的后三联写道："燕山旧别伤心久，汴水相思见面难。日下才华逢贾谊，郡中风雪忆袁安（原注：怀献吉）。凄凉欲话经年事，坐对西岩月

影残。"用贾谊比徐祯卿，以袁安比李梦阳，谓"伤心""凄凉"，言外正多"忧谗"之感；其《述兴》云"簿领劳生苦未便，时时归梦绕淮川……懒兴欲抛南郡印，闲情多在五湖船"，则是"念归"之思。徐祯卿《赠华玉兼怀献吉》说"莫漫上书辞帝阙，待予同种汶阳田"，顾璘和诗说"逢君忽愧尘埃误，却忆江南种秫田"，朱应登和诗说"相逢更说还家乐，生计何须负郭田"，无一不是"念归"之思。赵鹤的《述兴》则写到作为知府"僻郡为官"的无奈："不辞华发风尘里，漫说催科愧昔贤。"

殷鏊和顾璘的《朝正归途倡和》所表现的感慨，正如何景明《朝正归途倡和短引》所说："开封之言婉而长，宜阳之言峭以捷，皆感时怆事，抚景悲离，使人可怀也。"其中对于时事的感慨尤其值得重视。殷鏊《出京》感叹"共传寇盗纵横势，谁息干戈战斗声"。《见王师东征》一题，顾璘曰"圣主忽颁哀痛诏，将军新定扫除功"，曰"传道三齐诸侍女，伤心愁道野花红"，没有明显讥刺之言，感怆之思掩映在字里行间，可谓"婉而长"；而殷鏊曰：

> 西征初罢复征东，万旅威生甲胄风。采芑未传方叔捷，分封先论酂侯功。人家避乱忧如溺，我后来苏望若虹。自是远臣愁不定，夜窗寒对烛花红。

首联和颈联虽然也有颂扬意，但言朝廷频繁征讨，人民避乱如溺，批评的意思也很显豁。颔联用《诗经·采芑》及汉初功臣萧何之典，但言"未捷"已"论功"，颂扬的意思直接被讥刺掩盖了。尾联言他们作为边缘人（远臣），纵然愁也只是徒自扰而已。何景明谓其"峭以捷"盖指此。

朝中士人的"忧谗念归"之感因为刘瑾乱政而产生，这在正德二年后十分普遍，李梦阳并非不能认同这种情感类型，他对这种情感产生的社会基础有着清醒的认识。其《张生诗序》所说："故正之世，三（二）南锵于房中，雅颂铿于庭庭；而其变也，风刺恐惧之音做，而来仪率舞之奏亡矣。"[①] 正德五年八月诛刘瑾后，包括李梦阳在内的大多数士人都期待朝廷

---

① 李梦阳：《空同先生集》卷五〇，明嘉靖九年黄省曾序刊本，第7a页。

的政局和气象发生一个大的转变。但是从各方面的表现来看，这个转变不能尽如人意。李梦阳看到顾璘等人的唱和诗"犹多忧谗念归之词"，并且说"余不知所谓矣"，表面看来是对"忧谗念归之词"有所不满，实际上是表现出对于时局的深深忧虑。

后来的事实证明，李梦阳的担心不是多余的，刘瑾被诛并未改变正德一朝的混乱政局。正德八年（1513）前后，张继孟（字子醇）作《白发诗》，引起朝中士大夫的广泛倡和，崔铣为其作《白发倡和诗序》，称其"音怆而旨邃，读者莫不动心焉"①，何景明也有和作②。正德十二年，崔铣谢官返乡，何景明因家计等多种原因不得不偃蹇于仕途，其送崔铣所作《中林之棘》诗云："如履坚冰，乃尚思热。众方媚矣，莫敢独说。如处大厦，俟其颠覆。谓人弗言，言成祸矣。谓人弗职，职成过矣。孰无朋友，倡谁和矣。"③与弘治末那种开放的交游唱和心态实在是有天渊之隔了。

《朝正倡和集》有很高的文献价值。第一，书中的序跋文对考订相关作家的生平行实有重要价值。李梦阳《朝正倡和诗跋》和何景明《朝正归途倡和短引》都写明了具体时间，为考订二人生平提供了确凿依据。朱应登的传记资料谈到他的仕途经历都很简略，而《朝正倡和集》卷首他的"记事"说自己"是年（正德六年）九月，赴官关中过汴"，提供了他从南京户部主事升陕西提学副使的准确时间。

第二，其在文献校勘方面有一定价值。比如"附录倡和"所录文徵明《寄顾开封用出京韵》："青春三十早专城，故旧江南重别情。总道文章能饰吏，不妨贫乏是佳声。风吹伊洛风尘暗，云敛长安夕照明。见说汴民方感德，未应君有不平鸣。"此诗也见于文徵明诗集，题目是《次韵答顾开封华玉见寄》，改后的题目更泛泛，致使"重别情"及"云敛长安"语义不清，实不如原题清楚。第七句"方感德"本集作"方恋德"④，应该也

---

① 崔铣：《洹词》卷一，《景印文渊阁四库全书》第1267册，台湾商务印书馆，2008，第394页。
② 关于崔铣《白发倡和诗序》及当时士大夫的广泛唱和，以及何景明《林中之棘》的系年，参见〔加拿大〕白润德《何景明丛考》，台湾学生书局，1997，第56、84页。
③ 李淑毅等点校《何大复集》卷四，中州古籍出版社，1989，第40页。
④ 文徵明著，周道振辑校《文徵明集》卷九，上海古籍出版社，1987，第227页。

是后改，"感德"为顾璘在任时口吻，"恋德"为顾璘离任时或离任后口吻，如果考虑到"方"字为"正在""正当"之意，还是"感德"较好。又比如，《朝正倡和集》中朱应登七律七首全部收入了他的《凌溪先生集》，部分诗题目和字句在收入本集时也有修改，如上文所举的《除日早朝》收入本集后题为《次韵赵金华除日朝贺大明门》，第五句"氤氲圣表门中见"改为"云中见"①审美意味较胜，但既然是"朝贺大明门"，还是"门"字更切题。若整理朱应登诗集，可据以参校。

第三，具有很高的辑佚价值。何景明所撰《朝正归途倡和短引》，未见于李淑毅点校的《何大复集》。顾璘的诗文集今尚无整理本，据笔者粗略翻检，该集所存顾璘诗二十八首，只有五首七律收入其《息园存稿诗》卷一一，其他诗均未收。又如景旸，朱彝尊谓其《前溪集》"久遂失传"②，可见清初时其诗已颇不易见，《朝正倡和集》存其七律三首、五律四首，其诗之大体面目已略可见。

最为重要的，是徐祯卿的七首七言律诗。范志新《徐祯卿全集编年校注》在搜集、辨析《迪功集》之外的诗文方面下了很大功夫，且加以详细注解，取得了有目共睹的成绩，迄今仍是研究徐祯卿诗文所可用的最全、最好的版本。但因其未见《朝正倡和集》，故遗憾未能收录这些诗。相应地，书后所附《徐祯卿年谱简编》仅在弘治十八年（1505）谈及徐祯卿中进士后的文学活动时，引到了李梦阳的《朝正倡和诗跋》。徐祯卿卒于正德六年三月，书中系于本年的诗只有一首《太宰招补职被疾不赴斋中作》。而《朝正倡和集》中的七首七律均作于正德六年元旦、元宵前后，表现了徐祯卿临终前不久的生命和心理状态，对研究者而言这组诗也就十分重要了。今将这组诗抄录于下，并作简要疏解。

《都门除夕》：

迢迢清漏客樽前，嬲嬲星河拂市烟。千里岁华空又去，三江舟楫几时还。闲心始识安贫□，蓬鬓初临改素年（原注：是岁庚午，始见

① 朱应登：《凌溪先生集》卷八，《四库全书存目丛书》集部第51册，第51页。
② 朱彝尊：《静志居诗话》卷一〇，人民文学出版社，1990，第273页。

二毛）。坐拥寒炉煨芋栗，残灰拨尽却忘眠。

　　此诗系和朱应登韵，朱诗云："别岁春归在岁前，长安雪后换风烟。客心渐对寒灯寂，阳道遥从夜漏还。江上草堂虚旧业，天涯蓬鬓入新年。明朝结束趋元会，坐待鸡声独不眠。"同和者还有赵鹤、顾璘。徐祯卿此诗首联"客樽"不仅指顾璘、朱应登、赵鹤等来京师朝觐的地方官，也包括徐祯卿自己。自正德四年（1509）春他降为国子五经博士，居住城北，至五年除夕已将近两年，但其诗中丝毫没有"主人"意识，正可见其边缘心态。颔联则明确表达了倦宦思乡的情绪，这正是李梦阳《朝正倡和诗跋》所说的"忧谗念归"之思。庚午即正德五年，徐祯卿三十二岁，"蓬鬓改素"既是用潘岳之典，也是写实，诗中自注"是岁始见二毛"。徐祯卿集中另有七律《庚午岁九日始见二毛》，有"九日今年感鬓丝"之句。

　　《元日早朝》：

　　　　蔼蔼仙舆春色动，沉沉鱼钥午阴开。冰花带雪池间泮，椒气和烟殿里来。紫阙风云呈变化，天墀文物列昭回。谬陪朱芾金门步，空曳儒绅愧不才。

　　此诗系和赵鹤韵，赵诗云："千官班向禁墀陪，万国笺从御案开。晨燎烟飘轻雪散，云和乐动早春来。朱旂的的交龙上，锦队齐齐看马回。共乐天心还泰运，愿乘阳道进贤才。"徐祯卿此诗前六句铺排早朝时所见宫中之景，铺张皇家气象，最后二句说到自己，是同类诗歌普遍的写法。值得注意的是，题目是"早朝"，赵鹤等人表达时间的意象曰"晨燎"，曰"鸡鸣催曙""宫云拂曙"，都是早晨，徐祯卿此诗第二句却言"午阴开"，何以如此，笔者不解，请俟博雅者指教。

　　《席上言怀》：

　　　　旅馆新年逢故欢，天涯首蓿共春盘。禁城莫道清樽易，人事相看客鬓难。多病渐思抛旧业，谪官犹愧卧长安。东风不奈江南兴，二月梅花雪未残。

这首诗是徐祯卿首倡，赵鹤、朱应登、顾璘均有和章。徐祯卿此诗"天涯"句指顾璘等人从各地来朝觐相聚，同时也表达了安贫乐道、安分守己的意思。颔联又叹居京不易，表现出非常强烈的客居意识。第五句"旧业"盖指文人儒者之业。"谪官"指徐祯卿降为国子博士事。尾联又是思念吴中，"二月"句设想离京返乡。

《上元客舍》：

> 燃薪爆竹应韶光，剪韭烹藜乐岁芳。岂有笙歌传陋巷，不知风物是他乡。花深北阙浮烟满，树隐西山落月长。欲采讴歌供睿赏，正逢多士集群方。

此诗系和顾璘韵。顾诗云："上苑轻云带月光，帝城风物夜芬芳。堪怜绿酒盈今夕，漫对华灯是异乡。白雪迎祥农事动，青春行乐圣恩长。诸公早晚收群盗，庆锡还应遍万方。"上元，即正月十五元宵节。徐祯卿诗次句"剪韭"是立春常用之典，这里指元宵节。颔联再次出现了身处"他乡"之感。

《述兴》二首：

> 政理清和两郡便（原注：叔鸣昔守建昌，故并云），高怀仍继谢临川。论交京国重逢社，述职春王又纪年。雨雪笛中闻折柳，桃花波里恰回船。婺州山水多文士，何似于今刺史贤。
>
> 官散偏于静者便，卜居还喜近清川。常耽寂默聊观化，且废支离得养年。旧隐坐荒吴苑业，故人来泛越溪船。风流更作山中守，解赋澄江愧尔贤。

这两首是和赵鹤之作。赵鹤诗云："僻郡为官性所便，开门常爱对平川。江南诏下蠲租日，天上春归入觐年。冲雪尚骑燕市马，看山还忆越湖船。不辞华发风尘里，漫说催科愧昔贤。"徐祯卿二诗，前一首是对赵鹤的赞美，首句赞其为官清简，次句将其比为曾任临川内史的谢灵运，这是就其超然的处事态度和不俗的诗才而言的。颔联言赵鹤将离京，表达了惜

别之情。第二首前六句写自己作为国子博士的散淡生活，颈联"坐荒吴苑业"指自己背井离乡出来做官，"来泛越溪船"则转写赵鹤在金华的潇洒生活，同时引出尾联"风流山中守"之语，末句再用谢朓比赵鹤，赞赵鹤风流有诗才，也是对赵诗自谓"催科愧昔贤"的回应。

《赠华玉兼怀献吉》：

> 昔逢题柱嗟英妙，忽拥朱轮羹尚玄。地主谁争嵩岳长，州民兼得贾生贤。中原士女讴歌日，汉国循良考课年。莫漫上书辞帝阙，待予同种汶阳田。

这首诗也是徐祯卿首倡，顾璘和朱应登有和章。首句用司马相如题柱典，言他与顾璘相识于未第之前，次句言顾璘以青年俊才出任知府（相当于汉代的太守，秩二千石，可称"朱轮"）。第二联将李梦阳比作贾谊，时梦阳因代户部尚书韩文起草劾刘瑾疏而罢官在开封闲住，故称其为"州民"。第三联说的便是朝觐考察，而顾璘被劾"奔竞"，私下或有弃官之牢骚，故第七句说"莫漫上书辞帝阙"，结尾说自己也要与顾璘一同归隐了，表达的情绪也正是李梦阳所说的"忧谗念归"。

徐祯卿的这七首诗情绪都比较低落，充满倦宦思乡的感慨。回顾他中进士不久送御史熊卓赴边塞时那种昂扬的精神风貌："羡君鞍马速流星，予亦孤帆下洞庭。塞北荆南心万里，佩刀长揖向都亭。"[1] 真是发生了巨大的变化。朱应登《凌溪先生集》卷一八附录有徐祯卿《与朱君升之叙别》一文，生动地展现了徐祯卿初及第时的精神风貌。该文早已有研究者征引过[2]，遗憾的是《徐祯卿全集编年校注》也未收录。兹节录主要内容如下：

> 士之贵于世者有三，其上志节，次政业，最下者文技。夫工词

---

① 徐祯卿著，范志新编年校注《徐祯卿全集编年校注》卷二《送士选侍御》，第249页。

② 在《徐祯卿全集编年校注》出版前征引过该文的论著有黄卓越《明永乐至嘉靖初诗文观研究》（第153页）、冯小禄《明代诗文论争研究》（云南人民出版社，2006，第259页）等。

华而阙吏事者浮儒也，习时务而少士行者靡吏也。儒浮而吏靡，皆弃于时者也。……吾与子其胥勉焉。……吾与子产于东南卑湿之乡，风柔以靡，俗偷以沦，士皆喜操觚执笔，弄缔绘之词以炫于世，而不顾其实；居位者咸好骋其聪明材辩之资以自饰，因循于资格之间，求以保誉，骧其气节而不自庸。吾与子浮沉濡习于其间，又何以免其失哉。……文词不患其不华，而患于气格之不振；吏事不患其不工，而患于勤确之未至；志行不患其不逊，而患于见义之不为。三者皆吾所患于己也，吾子亦不可不勉焉。且"卿云""河汉"，光华虽烂，无补于天地之成功，词章陆离，非国之宝也。夫文者，贤圣不得已而后作，非若今之斗丽而夸富也。孔子不得志乃述六经，屈原忠愤始作《离骚》，马迁罹刑，乃辑《史记》，文岂古人之所好为哉！呜呼，今之文亦异于古矣，虽不作可也。子酷好文，吾又终之以是说。①

徐祯卿以"志节"为人生第一追求，以"政业"为次，反思南方文士作文好炫弄辞采、做官好因循自饰的习性，强调做人要重"气节"，诗文要尚"气格"，从天地国家角度反对"词章陆离"，全面否定了"斗丽夸富"的时下文风，认为其"虽不作可也"，表现出进取有为的精神风貌和崇古尚质的文学思想。在这样的精神状态下，其创作才能如赵鹤所言，"无颇僻局蹐之嫌，有和平温裕之美"。《朝正倡和集》中的诗作距此尚不到六年，其心态和诗文风格却发生了巨大转变。这肯定有多方面的原因，但归结起来，主要还在政治方面，那就是刘瑾乱政的影响。

三 《朝正倡和集》与弘正 "复古运动" 之非结盟性

明代诗文研究者都很重视李梦阳的《朝正倡和诗跋》，把文中提到的郎署倡和之繁荣视为"文学复古运动"发展兴盛的标志。但几乎所有研究

---

① 朱应登：《凌溪先生集》卷一八，《四库全书存目丛书》第 51 册，第 498 页。

者在讨论复古派的成员、文学活动、文学创作和文学理论时，都在围绕康海和王九思在嘉靖时期凭回忆"遴选"出来的"前七子"展开讨论，而并不理会李梦阳列出的这份名单。这实在很矛盾。究其原因，人们似乎觉得李梦阳名单中的十数人身份太杂——他们是储巏、赵鹤、钱荣、陈策、秦金、乔宇、杭淮、杭济、李永敷、何孟春、杨子器、王守仁、殷鏊、都穆。其中王守仁是心学宗师；储巏、乔宇、何孟春更近于李东阳影响下的"茶陵派"①；都穆则可以视为苏州文坛的代表；其他人则谈不上有什么文学成就；只有顾璘和朱应登名列"十才子"，被研究者视为"前七子"的羽翼。

但事实是，直到正德六年三月撰写该文时，李梦阳并未觉得这些人和自己属于不同"阵营"，也并未以文学创作的成就高下来衡量和甄别他们谁高谁低。当今研究者所区分的不同"阵营"都是从后来"被划分"的学术史视野看问题的。很多涉及前七子的论著说他们"结盟"，窃以为可以商榷。"结盟"的另一面便是排斥异己，在弘治时期的诗唱和活动中，似并无排斥所谓"茶陵派"或理学学者的倾向。储巏、乔宇、何孟春等人和李东阳有较为密切的关系，王守仁具有重道学的倾向，这都是事实，人们对此都应该是清楚的，但李梦阳作于正德六年三月的《朝正倡和诗跋》并未把他们视为"异己"。这说明当时的诗唱和是一种开放性的文学活动，称他们"结社"似乎并无不可，但他们的活动绝不像后七子那样建立在彼此"结盟"的基础上而拒绝"境外交流"。

唱和是一种文学活动，参与成员之间的关系存在多种可能；如果是成员比较稳定的唱和便可以称作广义的结社，不一定非要有成员间的相互认可和形式上的"社约"；而心意相通、相互结纳、趣味和主张高度一致的结社，才能称作结盟。三者相比，唱和活动随机性最大。新成员的临时加入如果不会让不熟悉他的旧成员感到不适，则说明参与者的心态是开放的。《朝正倡和集》正是一个很好的例子。顾璘、赵鹤等五人是唱和旧友，

① 参见周寅宾《李东阳与茶陵派》，湖南师范大学出版社，2008，第310页。但所谓"茶陵派"的说法，或者说将李东阳周围的人视为一个边界比较清楚的流派，也是后人描述的历史图景，已经不符合历史的原貌（参见何宗美《茶陵派非"派"试论——"茶陵派"命名由来及相关问题的考辨》，《文学遗产》2012年第6期）。

陈沂、景旸的加入并不需要"申请"，由"组织讨论"或者谁来"批准"。
陈沂是顾璘的好友，二人往日在南京已多有唱和。虽然后来他也被归入
"弘治十才子"之列，但正如上文所说，他到正德十二年才中进士，《明
史》等史料记载的他的事迹大都在嘉靖年间。徐祯卿与他相识，王廷相、
边贡嘉靖年间跟他有交往，"前七子"中的其他四人跟他似并无往来。且
按钱谦益的说法，他"能另出手眼，讼言一时学杜之敝"①，诗学倾向与李
梦阳有别。景旸字伯时，号前溪，仪真（一说金陵）人，正德三年殿试第
二人。欧大任说他与蒋山卿、赵鹤、朱应登并称"江北四子"，"为文多法
两汉，诗主盛唐"②，而焦竑则说他"为文以意胜，耻事钩棘。诗萧散有
致，尝曰：词贵其达，若以摹拟为工，按古人之迹，尺尺寸寸，务求肖
似，何以达吾意哉"③，看来他有一定复古倾向但不墨守成规。他在正德初
与康海、王九思共事于翰林院，但与李、何、边、王似并无交游。至于
《附录倡和》中的文徵明、谢承举、范邦彦，离所谓"前七子"派更远。
他们因为是顾璘的友人而有和诗，并得以刊入唱和诗集。

　　顾璘正德七年所作《关西纪行诗序》也谈到弘治间诗唱和之盛，所举
"导率于上"的"二三名公"，除乔宇、储巏外，还举了邵宝和王云凤，说
他们"为士林之领袖，砥砺乎节义，刮磨乎文章，学者师从焉"。而李梦
阳《朝正倡和集跋》并未提到邵、王二人。这颇易引人猜测。尤其是邵
宝，他可以被视为李东阳最亲厚的学生，诗风也颇能得其真传。顾璘是有
意补李梦阳之遗漏，还是他作为东吴文化圈的一分子与邵宝交游更多？如
果邵宝在弘治间诗唱和中确如乔宇、储巏一样具有重要的引领作用，李梦
阳不谈他是无意还是有意？如果是有意，是不满其诗风、诗学观念，还是
不满其在刘瑾乱政时期风节之不足？这就涉及"复古派"与李东阳交游圈
的关系问题。这个问题学界论述很多，但大都过于强调两个圈子的差异和
壁垒，似乎他们已经有清晰的"阵营"划分，各有自己的立场，这恐怕与

①　钱谦益：《列朝诗集小传》丙集"陈太仆沂"条，上海古籍出版社，1983，第344页。
②　欧大任：《广陵十先生传》，《殴虞部集》，《北京图书馆古籍珍本丛刊》，书目文献出版
　　社，1998，第81册，第274页。
③　焦竑：《献征录》卷一九《景中允旸传》，上海书店出版社，1987，第776页。朱彝尊
　　《明诗综》所引《与陈玉泉论诗》与此有个别字不同，并谓其"盖亦矫正北地之弊者"。

当时的实际情况不符。

邵宝跟李梦阳的唱和圈其实有很大重合。邵氏《重阳会诗序》谈的是同乡节日诗会，参与者便包括李梦阳《朝正倡和诗跋》中提到的陈策、秦金、钱荣、杭济。邵氏《世恩席上答诸公》诗列举一时唱和人物，提到"翰林四老儒之通"，为宜兴吴俨（字克温）、华亭顾清（字士廉）、太仓毛澄（字宪清）、姑苏吴一鹏（字南夫），这四位可以归入李梦阳说的"在翰林者以人众不叙"之列；另有乔宇、杭济"两考功"，又谓秦金"才思如冥鸿"，何孟春"平生怀至忠"，钱荣"从容授简钱南宫"，这些人也都被李梦阳列入了名单。就私人交往而言，李梦阳与邵宝相识很早，弘治十一年（1498）前后，李梦阳任户部员外郎时，邵宝恰任户部郎中。顾璘《重刻刘芦泉集序》说："余自弘治丙辰举进士，观政户部，获与二泉邵公国贤、空同李君献吉、芦泉刘君用熙友。"① 弘治十三年（1500）邵宝升江西提学副使，十一年后（正德六年）李梦阳也出任该职，对邵宝任职时诸多弘扬儒学、尊崇周敦颐和朱熹的举措十分推崇，所作《宗儒祠碑》《独对亭铭》对邵宝深致敬意，且谈到"追昔从邵公讲道许下，今廿余年矣……自顾品下诣浅，志难端而履弗力"②，语气很是诚挚。从"今廿余年"推测，两人相识是在弘治初，时邵宝任许州知州，李梦阳尚未中举。但检李梦阳与邵宝诗文集，并未发现相互酬赠之作。顾璘提到的"芦泉刘君用熙"名绩，邵宝有《送刘用熙》诗云："今之异人刘牧龙，绰有两汉先秦风。"③ 可知其也有复古倾向，而《空同集》中对此也无一言提及。从李梦阳和王云凤的文集中同样找不到二人交往的痕迹。这都说明当时参与唱和的人员众多，你来我往，却不很稳定。李梦阳不提邵宝和王云凤，存在最大可能性的是与他们交往不那么密切，不必有过多猜测。

李梦阳对李东阳在刘瑾乱政时期的软弱表现肯定不满。其实就连乔宇

---

① 顾璘：《凭几集续编》卷二，《景印文渊阁四库全书》第 1263 册，第 327 页。
② 李梦阳：《空同先生集》卷五九《独对亭铭》，第 7a～7b 页。
③ 邵宝：《容春堂前集》卷二，《景印文渊阁四库全书》第 1258 册，第 14 页。

等李东阳颇为亲厚的门人对他在此一时期的表现也有不满①，更不用提自请削门生籍的罗玘了。储巏、乔宇等人的诗学观与李东阳也不尽一致，对此学界已有人论及。但要想在当时划出两个分别属于李东阳和复古派的清晰阵营是不可能的。事实应该是，李梦阳、何景明、徐祯卿、顾璘等我们称作"复古派"的人并无清晰的阵营概念②。正因为没有划定清楚的阵营，所以一个人的朋友也就是其他人的朋友，都可以算是"同声相应，同气相求"。李梦阳《赠闫子序》谈到的诗唱和也是这样，被送的"闫子"，王公望先生认为是阎钦，未必对③。李梦阳在序文中借徐祯卿之言宣扬了"同声相应，同气相求"的交游与唱和原则，强调他们的唱和是"同声而因义"。顾璘《关西纪行诗序》强调弘治时期的诗唱和是"砥砺乎节义，刮磨乎文章"，"切切以艺业相窥，疑无猜嫌，虽古道德之世无以加也"。这里表现出来的相互认同、彼此信任、取友天下、比肩古人的开放心态，与李梦阳提到的原则是完全一致的。

虽然我们把弘治、正德间的复古思潮称作"文学复古"，但当时的文学观念属于"大文观"，本具有与"社会文化建设一体化的会通精神"④，人们追求的"复古"广泛指向政教、礼乐、学术、风俗、礼仪等社会文化的各个层面。从诗唱和看，人们的目标显然不在诗歌本身的繁荣。之前已

---

① 李东阳《再与乔希大宗伯书》说："近两得书，寒温外别无一语，岂有所惩，故为是默默者邪？计希大于仆不宜尔。"可见乔宇之态度（参见黄卓越《明永乐至嘉靖初诗文观研究》，第 108 页）。

② 黄卓越《明永乐至嘉靖初诗文观研究》认为："弘治文学振兴活动中实还包含两个层次上的人，即一是翰林人士，届时也有多人参与其中，甚至连复古派中最知名成员即有王九思、康海属翰林出身。二是一同倡和的还有所谓的'茶陵'派中人，或流派归属不甚清晰者，其中也含郎署成员。但当时并未有后来如此犁然清晰的流派界限。"他还认为复古派和茶陵派"多数情况下是处在一较为混沌不清的潮流中，只是到正德年间，才出现所谓茶陵与七子派的明显分裂"（第 94 页），是有见地的。徐朔方《论前七子》（《杭州大学学报》1991 年第 1 期）在谈到弘治十八年的《章园饯会诗引》时，也从李梦阳对朱应登、顾璘等人的批评中看出："这里一方面可以看出当时的文学流派是很松弛的，自由出入，门户不严，各个作家的创作同文学主张未可一概而论；另一方面从李梦阳对徐祯卿、边贡、朱应登、顾璘等人的批评可以看出他的积极领导作用。"

③ 参见王公望《李梦阳〈空同集〉人名笺证》，《甘肃社会科学》1996 年第 5 期。关于阎钦事，参见过庭训《明分省人物考》卷一○五"正德三年进士"条。而李梦阳文中说阎出任江南司务，时为弘治十八年。

④ 左东岭：《大文观与中国文论精神》，《文学遗产》2017 年第 1 期。

有学者强调了这一点，如廖可斌说，李、何等人"把远古盛世当作奋斗的目标，以远古圣贤自期……对古典审美理想的向往和追求，是以对封建主义的社会理想和人生理想的信仰和追求为基础、为根本的"①，黄卓越也强调："在七子看来，古代生活是一种符合人性的规范化、正常化的生活，从而也可以作为有效选择的价值标准。""'回到过去'也当属一种意识鲜明的前瞻性策略。"② 的确，考察弘治后期到正德前期人们的文学观念，虽然有复古的倾向，也推崇屈宋、班马或先秦两汉之文，推崇汉魏、盛唐之诗，但远未形成后来王九思概括的"文必先秦两汉，诗必汉魏盛唐"的旗帜鲜明的口号，《明史·李梦阳传》说的"文必秦汉，诗必盛唐"离事实更远。

四　诗唱和衰落与复古思潮之转向

正德二年"丁卯之变"之后，在阴森恐怖的政治气氛中，之前人们那种心存天下、慷慨绍复古昔的自信、开放的心态消失了。人与人之间的相互沟通与文学活动迅速减少，按李梦阳的说法，"士始以言为讳，重足累息，而前诸倡和者亦飘然萍梗散矣"。公开的、大规模的诗唱和活动迅速减少。但参与者仍然认为唱和活动对国家政教有重要意义。李梦阳《秦君饯送诗序》说：

> 无锡秦君为河南提学副使，而饯者为之赋《嵩山》，有赋《大河》《苏门》《梁园》《铜雀台》《五老堂》《德星亭》者。夫嵩山者，言其高也；大河者，渊而长也；苏门者，源泉有本也；梁园、铜雀、五老、德星，俯仰之旷也。而大景行，故称者物也，指者事也，高、长、源泉者，德业之经也；景行者，征也。斯非所谓"假物讽喻"者哉？且夫德以立政，业以广志，征以推信，是学校之要也。秦君一举饯而获斯三要，然而造始于诗，诗非感物造端者邪？③

---

① 廖可斌：《明代文学复古运动研究》，第60~61页。
② 黄卓越：《明永乐至嘉靖初诗文观研究》，第207页。
③ 李梦阳：《空同先生集》卷五一，第4a~4b页。

据《明实录》，正德三年二月秦金升河南按察司提学副使，李梦阳当时在开封，五月将被刘瑾逮捕入狱。此序盖系秦金在二月、三月间抵开封后请李梦阳作的。序中提到的诗作很难一一查考，故不论。此时正当刘瑾乱政时期，人们不可能再沉浸于期盼"盛世"的幻想，但李梦阳"因义抒情"，重视"德业""立政""广志"的唱和观念并没有变。体格、声调、章法、字句等诗艺问题，仍然不是人们关注的主要问题。

此一时期复古思潮在文学活动层面的主要表现，是与刘瑾势力的对抗与斗争，代表人物是李梦阳和康海。正德元年（1506）李梦阳代韩文草劾刘瑾疏，正德三年刘瑾矫旨逮捕其入狱，康海挺身营救，二人遂成为"赤心朋友"；康海在母亲谢世后，将自己和李梦阳、王九思、段炅为其父母合葬所撰写的状、传、碑、志刊印为《康长公世行叙述》，并且高调行事，分送台阁重臣，以此表达对首辅李东阳为人为政柔软懦弱的不满，这可以算作此一时期"运动"的高潮。这一时期仍然没有什么"七子"集团，但康海、李梦阳、王九思的关系加强了。康海和李梦阳更是因为与刘瑾的特殊关系而受到士林瞩目，气节文章之声望逐渐超过邵宝、王云凤等人，这是后来王九思把他们塑造为"七子"领袖的最主要原因。

刘瑾被诛后，人们回望弘治间诗唱和的繁荣，不禁感慨：那个士大夫慷慨议论时政、呼吁"危言危行"的时代实际就是盛世，但可惜已经走远。顾璘《关西纪行诗序》说"窃见诸公契谊笃厚，切切以艺业相窥，疑无猜嫌，虽古道德之世无以加也"。经历刘瑾乱政之后，他再次拜读乔宇和王云凤的唱和诗，感叹其"君臣师友之义发乎胸臆，而靡所不同，前辈风谊，宛然复见，盖不觉其羡慕之久而继之以唏也"，接下来他说："呜呼，文章与时运相盛衰，风俗之变自贤者始。淳浇同异之间，矫而复之，顾不在吾徒也邪？"可见正德中期由盛世激情冷静下来的人们已经把"矫而复古"的目标由遥远的"古道德之世"拉近到弘治时期，且认识到要兴复古学必须靠贤者的努力，而不是来自上层的凝聚力和感召力。如何做一个"贤者"，人与人的努力不同，比如王守仁最先觉而成为心学宗师，徐祯卿在生命最后阶段也欲随之求学。正德五年到正德七年，康海和王九思因被诬刘瑾党羽而罢职，正德九年（1514）李梦阳在江西提学副使任上与同僚相计入狱随后罢职，此后三人皆放浪

形骸，以气节文章自负一世。王廷相、顾璘经历宦海沉浮，也各有道学之探寻。人与人之间不再有"同声相应，同气相求"的开放心态和热烈气氛，正如顾璘所说："好修之士凛凛以言为讳，然浮靡之习既昌，而忌疾诋害之意起，人务自异，不相输款矣。"在诗文领域，李梦阳表述了重师承、尊法度、严守古人体调的观点，与何景明重"端委"与"款系"、主张"领会神情"的观点形成冲突，黄省曾、周祚致书李梦阳表仰慕之情，薛蕙则有"俊逸偏怜何大复，粗豪不解李空同"之论。这些都可以视为"人务自异"的表现，与弘治时期求同存异的诗唱和相比，实在是大相径庭了。人们不再热衷于政教风俗、道德学行之复古，而把目标折回到理学或收敛到诗文体调上，是人们盛世理想破灭、政治热情衰退的缘故。正德以后到嘉靖前期，是复古思潮由"古学复兴"转向"诗文复古"的关键阶段，李、何在诗文法度上的论争既是这一转变的集中体现，也促进了这一转变的迅速发展。

最后为弘治、正德间的复古思潮定性的，是嘉靖间崔铣和王九思分别为李梦阳和康海所撰写的神道碑和墓志铭。崔铣说："弘治中，空同子兴，陋痿文之习，慨然奋复古之志，自唐而后无师焉。"① 王九思《明翰林院修撰儒林郎康公神道之碑》说："公又尝为之言曰：本朝诗文自成化以来，在馆阁者倡为浮靡流丽之作，海内翕然宗之，文气大坏，不知其不可也。夫文必先秦两汉，诗必汉魏盛唐，庶几其复古耳。自公为此说，文章为之一变。"② 这是同辈友人为李、康两位古学复兴的领袖所下的"盖棺定论"。因为他们在立身、学行、政教、风俗等方面的理想都没有实现，只好把他们的人生价值定位于实现诗文复古、转变一代诗文风气。王廷相为李梦阳和何景明的诗文集作序，虽然没用"复古"这个词，却把诗文体调复古的意思表达得更明确，如称杜甫"自成己格"反不如李梦阳"规治古始，无所不极"；称何景明"稽述往古，式昭远模""侵谟匹雅，遐追周汉，俯视六朝"。这样，李、何、康等人在弘治时期、在诗唱和中所表现的政治热情和古学复兴的理想大部分被掩盖了。与此同时，一个把反对的目标对准

---

① 崔铣：《洹词》卷六《江西按察司副使空同李君墓志铭》，《景印文渊阁四库全书》第1267册，第515页。

② 王九思《渼陂续集》卷中，《四库全书存目丛书》集部第48册，第231页。

萎靡软懦的"台阁体"文风，主张"文必先秦两汉，诗必汉魏盛唐"的文学集团被勾勒出来，经过钱谦益、《明史》和四库馆臣的传播，最后被我们的文学史书写为"前七子复古运动"。

（本文第一、第二部分原刊于《苏州大学学报》2019年第2期，第三、第四部分未发表）

从观念到文本：唐顺之古文
与八股文的文体互渗

刘尊举*

内容提要　唐顺之古文与八股文之间的文体互渗建立在其观念会通的基础上。"真精神"是唐顺之论文的宗旨与命脉，是他对古文与八股文创作的核心要求。"法寓于无法之中"是唐顺之法度观的理想形态，包括"文之必有法"和"神明之变化"两端，是有常之体与无方之数的折中。共同的创作宗旨和衡文标准是文体会通的基本前提，严谨而通达的法度观则赋予其实践品格和无限的可能性。在"以古文为时文"和"以时文为古文"的创作实践中，唐顺之的古文和八股文实现了真正意义上的文体互渗。我们可以在此独特的文体现象中把握明代古文的细部变化及其变化动因与机制，并从中感知明代文章家探索文法的现实驱动力及用力之所在。

关键词　唐顺之　古文　八股文　时文

明清古文与八股文的关系，是近二十年来一个颇受关注但也十分棘手的问题。相关研究成绩显著，但也有两个突出的问题：一是大都侧重于外部研究或观念研究，或是探讨科举制度与八股文写作对明清文人创作心态、思维模式以及整体的文化生态的影响，或是论述明清文人关于古文与八股文关系的讨论、认知以及相应的创作主张，而基于文本分析的文章学或文体学的内部研究明显不足；二是关于"以古文为时文"的研究比较深

---

*　刘尊举，首都师范大学文学院副教授，曾发表论文《真我·破体·摆落姿态：徐渭散文的文体创格》等。

入，而对"以时文为古文"的研究则相对薄弱，且同样是以外部研究和理论层面的探讨为主①。

诚然，在文学史的研究中，有时候外围史料的阐释效力并不比文本自身弱，从科举制度、士人心态、理论批评等角度探讨古文与八股文的关系，当然是必要且十分有效的；而具体的文本分析与比照更不应该被忽略，否则就很难把文体之间相互影响的实际情形讲清楚。而建立在文本分析基础之上的研究同样面临着两个困境。其一，各种文体之间原本就有很多共通性，而八股文的形成和发展更是与古文有着错综复杂的关联，所以面对某种共同的创作特征，我们很难判定它是不是文体之间相互影响的结果，以及究竟是何者对何者的影响。这就要求我们务必避免平面化的文本对比，而是要尽可能地在大量个案研究的基础上，具体辨析两种文体功能、体制、语体、风格诸多层面的异同，并将其置于多维的历史语境中判断其内在关联与意义。比如，在任何时期，八股文呈现出某种古文特征都不足为奇，我们不能简单地将其视为"以古文为时文"的体现。我们要在准确地把握八股文文体发展历程的基础上，将其置于特定的历史时期加以分析和判断。成化以前，是八股文的生成与定型期，也恰恰是其逐渐摆脱

---

① 众多文学史、文学批评史、散文史（通史或断代史）都或多或少地论及古文与时文的关系问题，一些流派或作家研究也会涉及相关问题，选本与评点研究往往对古文评点与八股文的关系多有关注，八股文文体研究通常会讨论"以古文为时文"的问题。还有一些专著或论文以古文与时文关系为专门的研究对象，如黄强《八股文与明清文学论稿》（上海古籍出版社，2005）、孔庆茂《八股文与中国文学》（《江海学刊》1999 年第 3 期）、吴承学《简论八股文对文学创作与文人心态的影响》（《文艺理论研究》2000 年第 6 期）、蒋寅《科举阴影中的明清文学生态》（《文学遗产》2004 年第 1 期）、李光摩《八股文与古文谱系的嬗变》（《学术研究》2008 年第 4 期）、余来明《唐宋派与明中期科举文风》（《武汉大学学报》2009 年第 2 期）等，从不同角度深入探讨了这一问题。李柯《明代古文与时文之关系述评》（《科举学论丛》2011 年第 2 期）对 2011 年之前的研究状况做了详尽的梳理与总结。其后，又有一些新的研究成果，如拙文《以古文为时文的创作形态及文学史意义》（《文学评论》2012 年第 6 期）、李柯《明前中期古文与时文之关系研究》（博士学位论文，复旦大学，2013）、师雅惠《以古文为时文：桐城派早期作家的时文改良》（《安徽大学学报》[哲学社会科学版] 2014 年第 6 期）、陈水云《戴名世以古文论为时文论的批评特色》（《河南师范大学学报》2016 年第 1 期）、冯小禄、张欢《艾南英"以古文为时文"的理论体系》（《聊城大学学报》2016 年第 4 期）、王苑《论章学诚"以古文为时文"对宋代文章学的接榫与更革》（《江西社会科学》2016 年第 5 期）、程嫩生《清代书院"以古文为时文"教育论析》（《中州学刊》2018 年第 12 期），将此问题进一步推向深入，研究思路也有新突破，但理论探讨多、文本辨析少的整体格局依然没有根本性的变化。

古文和骈文的影响而形成独特文体特征的阶段①；正、嘉以降，则是其发展、演变期，其在文体特征业已稳定乃至日趋固化的基础上，转而援古文入时文，以提升其趣味和品格。因此，同样的文体特征，可能具有完全不同的文体意义，我们务必审慎地对待。其二，单一的文本分析，往往缺乏坚实的说服力，容易陷入六经注我、自说自话的泥淖中。理想的情况是文家有明确的论说，并在一定程度上体现于实际的创作中。然而，同时满足这两个条件的考察对象并不常见。因此，我们要在文本分析的基础上，尽可能地寻求文本之外的史料支撑，诸如制度、观念、创作背景等，进而做综合的分析和判断。

唐顺之在古文和八股文领域都有很大的影响，自然是我们做个案研究首先要考虑的研究对象。他与归有光被视为正、嘉时期"以古文为时文"最具代表性的人物，因而受到学界格外的关注②。相关研究现状一如整体格局，以外部研究、观念研究为主，落实到文本与文体自身的研究不足；"以古文为时文"探讨深入，"以时文为古文"较少涉及。本文针对以上问题，以唐顺之为典型个案，以其创作观念为主要考察背景，通过细致的文本分析，揭示其古文与八股文互相渗透的文体现象，并在它们各自的发展历程中审视它们的文体史意义。

一 "真精神"：宗旨与命脉

唐顺之并无直接讨论古文与八股文关系的文字，但从他分别的论述和创作实践中，我们可以清楚地发现两种文体相同或相近的创作观念。"真精神与千古不可磨灭之见"，作为"本色论"的最佳注脚，是唐顺之论文的宗旨与命脉，也是他会通古文与八股文的理论基础。

唐顺之主张书写"真精神"，似乎主要是从创作主体的角度，强调体

---

① 参见拙文《八股文文体形成考辨》，《文艺研究》2016 年第 10 期。

② 除上文注释中列举的部分著述涉及之外，另有王伟《唐顺之文学思想研究》（博士学位论文，北京语言大学，2008）、孙彦《以古文之法入于时文——论唐顺之的八股文创作》（《船山学刊》2013 年第 4 期）、蒲彦光《唐顺之四书文研究》（《教育与考试》2016 年第 2 期）等对唐顺之"以古文为时文"问题做了专门的探讨。

会之真切与识见之独特；而从其实际的创作情形来看，其思想实质实则不离乎儒家"文以明道"的文艺观。儒家思想的基本性质和文化品格，与作家个体真切而独特的思想形态，共同构成其"真精神"的完整内涵。

唐顺之的古文创作具有强烈的"明道"意识，与韩、柳以来重视道统，强调社会关怀的古文传统高度契合。唐宋派文论的主体内容包括"文以明道"、"师法唐宋"和"本色论"，其中"文以明道"与"师法唐宋"本是互为支撑的，"本色论"与"文以明道"则有着异构而同质的关系。"本色"虽然有鲜明的心学色彩，但并未脱离"道"的范畴。在理论层面及思想领域，"心"与"理"之间或有较大差异。而在文章学领域，尤其是在写作内容的层面，其间差异并不是十分显著。从唐顺之古文创作的实质内容来看，"文以明道"阶段与"本色论"阶段并无明显区别。要之，皆以书写"真精神与千古不可磨灭之见"为准的。

唐顺之的"明道"意识，首先体现为明确的儒家文化立场。事关士人之出处行藏，品行之高下优劣，世事之成败得失，一以儒家的忠孝节义观作为判断标准。虽论方外之学，亦必以辨明儒学为鹄的。如《赠张方士序》，虽是赠外方之人，却由其"无为""坐忘"之学论及儒家"无声无臭之密旨"，曰："然则为二氏学者，盖未尝无人也。吾圣人无声无臭之旨，倘亦可求乎？余以是赠之以言，使为老氏学者，其无疑于张君之说；而学圣人者，其尚求所谓不传之密旨，而毋徒安于名节文辞之学也。"① 再如《送第上人度海谒观音大士序》，虽然对拜谒观音必至普陀的行为提出质疑，却对其志行之虔诚深表敬意，并由之感慨儒士之不能笃于修身："以补陀之眇然大洋之外，绝不见踪影，至使其徒莫不翕然醉心焉，不惮惊波之险，飓母蛟鱼之毒，冀一至焉而后为快，盖其信之笃而趋之果如此。今儒者学于孔氏，孔氏之宫岿然可目量而趾援也，其醉心焉，与冀一至焉而后为快者，何其少欤？"② 唐顺之文集中虽不乏正面探讨儒家义理的文章，但更多的却是关注国计民瘼，有所为而发，吏治风俗、军情边务、财赋田亩、济难赈灾、兴学养士，无不详论而深究。其有补于世者，虽庶

① 唐顺之著，马美信、黄毅点校《唐顺之集》中册，浙江古籍出版社，2014，第500页。
② 唐顺之著，马美信、黄毅点校《唐顺之集》中册，第501页。

务吏事而必究，街谈巷语而不弃。如《赠竹屿吕通判还郡序》① 详尽探讨赈灾通例的弊端及解决办法；《裕州均田碑记》② 细致地记述安如石在裕州推行均田的缘由、实施及成效，并讨论其历史沿革及施行困难的社会原因；《笔畴序》则不嫌其思想驳杂、内容琐细，称："苟可以诱世而劝俗者，君子不废也。"③ 至其弊端深重之所在，虽愤世嫉俗而不辞，事关庙堂而不避。如《建陈渡石桥记》，由浮屠德山不辞艰辛、率众修桥之事迹，反视官府之庸碌无为，提出严正的批评："则彼长民者，固众之所跂而望以庇焉者，耽耽而居，饱禄以嬉，其于人之疾疹阽苦，则瞀瞀而莫知，盖先王一切所以捍灾备害生人之道，泯然尽矣，其所缺者，宁独一桥也哉！呜呼！此不为而彼或为之，其亦可以观世也已。"④ 至如《送柯金事之楚序》一文，则直接将矛头指向朝廷："显陵之工为费巨矣。去年楚大饥，流人聚而数于承天左右，僵者日几何人，丘墟之间，刳而市其骼，可谓凛凛。夫以杼轴既空之后，而敛之以日溢无限之费，以转徙罢弊之人，而率之以趣期就办之役，此在素沃土重厚之民亦难矣，况于呰窳剽悍之俗乎！"⑤

唐顺之古文多有独到见解，力避空洞、浮泛，极少有敷衍文字。如《送太平守江君序》⑥ 详论云南、两广用兵交南之法，措施明确，思路清晰，论述亦颇为周密，倘能施行，奏效与否固不可知，但观其言论似确有可行者。即使是应酬文字，亦不肯敷衍塞责，务必用心讲出一番道理来。如《送陆训导序》⑦，借陆文祥赴任海盐训导之机，详论《诗》教"独以声传"之特点及其"陶养性灵，风化邦国"之功用。《诗》教久废，陆文祥决无振起之力，唐顺之自然也是心知肚明，然其所论却不无意义；况且又退一步，希望陆文祥能辨识"艳词丽曲"，"以雅而易淫"，却不是完全不可完成的任务。再如《陈封君六十寿序》，以与另一篇同题赠序相商榷

① 唐顺之著，马美信、黄毅点校《唐顺之集》中册，第 477～479 页。
② 唐顺之著，马美信、黄毅点校《唐顺之集》中册，第 541～542 页。
③ 唐顺之著，马美信、黄毅点校《唐顺之集》中册，第 441 页。
④ 唐顺之著，马美信、黄毅点校《唐顺之集》中册，第 544 页。
⑤ 唐顺之著，马美信、黄毅点校《唐顺之集》中册，第 487 页。
⑥ 唐顺之著，马美信、黄毅点校《唐顺之集》中册，第 472～473 页。
⑦ 唐顺之著，马美信、黄毅点校《唐顺之集》中册，第 497～498 页。

的方式，深入讨论了老子之学究竟是"长生久视"，还是"持满守柔"，就赠序的写作而言不免有偷梁换柱之嫌，而就其问题探讨之深刻而言却不无暗度陈仓之妙。再者，若有不同见解，唐顺之决不肯苟同。如《石屋山志序》①，申述"凡情撄于物者，未有不累于中，而丧失其所乐者"之理，虽亦描绘、渲染石屋山图卷之传神，最终却是劝勉彭氏"不待山水而后为乐"。再如《郑君元化正典序》②，更是直接表示"余不能尽解其说也"，文末乃言"郑君倘得而见之乎？其归以语我"，委婉地表达了不肯置信之意。另有一些文章，如《重修瓜洲镇龙祠记》《常州新建关侯祠记》，不免强为之说，虽算不得好文章，却也体现了唐顺之"唯陈言之务去"、戛戛独造的强烈意愿。

以上是唐顺之古文创作所体现的其"真精神"的思想内涵：一方面是对儒家思想的坚守，以及贯彻推行其社会理想的强烈意愿；另一方面是力避陈词滥调、务求真知灼见的构思与写作要求。两者相辅相成，互为倚重，儒家的思想资源和社会理想为文人提供了阔大的情怀与深厚的文化底蕴，而文人的真切体验与独特见解则保证了儒学的实践品格和鲜活的生命力。从这个意义上讲，唐顺之的"本色论"并不背离"文以明道"的文学观，而是进一步的发展，并注入了新的思想因素。

对"真精神"的强调，同样体现于唐顺之八股文的创作观念与创作实践中。他在《与冯午山》一文中论道：

> 必秀才作文不论工拙，只要真精神透露。如有真精神，虽拙且滞，必是英俊奇伟之士。不然，虽其文烨然，断非君子。公考试看文，不必论奇论平，论浓论淡，但默默窥其真精神所向，如肯说理、肯用意，必是真实举子。如无理、无意，而但撷取浮华，以眩主司之目，必是作伪小人。③

---

① 唐顺之著，马美信、黄毅点校《唐顺之集》中册，第 468~469 页。
② 唐顺之著，马美信、黄毅点校《唐顺之集》中册，第 446~447 页。
③ 袁黄：《游艺塾续文规》卷一，《续修四库全书》第 1718 册，上海古籍出版社，1995，第166 页。

唐顺之对八股文创作同样要求透露"真精神"，所谓"说理""用意"是也。整体而言，八股制义原本就要阐发儒家义理，"说理""用意"乃是应有之义。唐顺之于此做特别强调，实则是要求八股文的写作要建立在对儒家义理有深刻的理解与切实的体会基础上。此所谓"如有真精神，虽拙且滞，必是英俊奇伟之士"，与其在《答茅鹿门知县二》中所论"虽其为术也驳，而莫不皆有一段千古不可磨灭之见……其所言者，其本色也，是以精光注焉，而其言遂不泯于世"[①]，思路如出一辙。而他本人在八股文创作中，虽不能背离朱传，却往往能找到独特角度，写出独到见解。比如，其《君子喻于义　一节》，即能不拘经传而别有发挥。限于篇幅，我们仅看其破题、承题和起讲部分：

> 圣人论君子小人之所喻，以示辨志之学也。（破题）
>
> 盖义利不容并立，而其几则微矣。是君子小人之异其所喻，而学者所以必辨其志也欤！（承题）
>
> 且天下之事无常形，而吾人之心有定向。凡其无所为而为之者皆义也，凡其有所为而为之者皆利也。（起讲）[②]

题目出自《论语·里仁》："子曰：'君子喻于义，小人喻于利。'"《集注》："喻，犹晓也。义者，天理之所宜；利者，人情之所欲。"唐顺之并没有拘泥于传注，将注意力放在"天理"与"人情"的区分上，而是把"辨志"作为论述的重心。承题强调"其几则微"，"微"必"辨"之。何以辨之？需视其"有所为"还是"无所为"，"有所为"就是利，"无所为"则是义。如此立论，既不离经背传，又能别具一格。其他文章，亦多如此。

可知，书写"真精神"，即书写对儒家思想及相关社会、人生问题的切实体会与独到见解，是唐顺之对文章创作的基本要求，既是创作宗旨，又是决定文章成败的关键。大抵古文功能多样而趣味丰富，故通过具有特

---

① 唐顺之著，马美信、黄毅点校《唐顺之集》上册，第295页。
② 方苞：《正嘉四书文》卷二，《景印文渊阁四库全书》第1451册，上海古籍出版社，2003，第97页。

定指向性的题材选择昭示其儒家本色。而八股文功能明确、单一，阐释儒家思想不容有异，于是就格外强调透彻领会与独特视角。要之，书写"真精神"，是唐顺之对古文与八股文共同的要求，也如实地贯彻于其创作实践中，这是两种文体得以会通的基本前提。

二 "法寓于无法之中"

唐顺之在法度层面对古文和八股文的写作要求也是高度一致的，概括地讲就是"法寓于无法之中"，拆解而言即"文之必有法"与"神明之变化"。

通常认为，唐顺之的"本色论"对法度构成颠覆性的影响。从其所谓"直摅胸臆，信手写出""陶彭泽未尝较声律、雕句文，但是信手写出，便是宇宙间第一等好诗"等表述来看，"本色论"似乎的确有颠覆法度的理论指向。然而，颠覆法度显然不是唐顺之的本意，无论在理论上还是在创作中，他对法度都表现出足够的重视。他在《文编序》中明确地指出："然则不能无文，而文不能无法。是编者，文之工匠，而法之至也。"[1] 他在具体的文章评点中也充分地表现出对文法的重视[2]。事实上，唐顺之拈出"本色"一说，只是把"真精神与千古不可磨灭之见"视为文章写作的第一义，而把法度视为相对次要的因素，绝非否定法度的作用。只不过，在"绳墨布置""首尾节奏"的基础上，他对法度有更高的要求。或曰"神解"，或曰"神明之变化"，都是强调文法的精熟与高妙。而"法寓于无法之中"的说法，大约最能体现他对法度的完整态度。

唐顺之在《董中峰侍郎文集序》中论道："汉以前之文，未尝无法而未尝有法，法寓于无法之中，故其为法也密而不可窥。唐与近代之文，不能无法，而能毫厘不失乎法，以有法为法，故其为法也严而不可犯。密则疑于无所谓法，严则疑于有法而可窥。然而文之必有法，出乎自然而不可

---

① 唐顺之著，马美信、黄毅点校《唐顺之集》中册，第 450 页。
② 参见姜云鹏《唐顺之古文评点初探——以〈文编〉为中心》，《文艺评论》2013 年第 6 期；孙彦《从〈文编〉看唐顺之的"文法"说》，《南京师范大学文学院学报》2013 年第 4 期。

易者，则不容异也。"① 汉以前之文"法寓于无法之中"，故其法"密而不可窥"；唐以来之文"以有法为法"，故其法"严而不可犯"。这"密而不可窥""寓于无法之中"的"法"到底是什么样的法？"无法之法"和"有法之法"，究竟哪一个才是理想的法？唐顺之于此并没有明确的说法，却在上文一段譬喻性的文字中做了生动的说明：

> 喉中以转气，管中以转声；气有湮而复畅，声有歇而复宣；阖之以助开，尾之以引首。此皆发于天机之自然，而凡为乐者莫不能然也。最善为乐者则不然，其妙常在于喉管之交，而其用常潜乎声气之表。气转于气之未湮，是以湮畅百变而常若一气。声转于声之未歇，是以歇宣万殊而常若一声。使喉管声气融而为一而莫可以窥，盖其机微矣。然而其声与气之必有所转，而所谓开阖首尾之节，凡为乐者莫不皆然者，则不容异也。使不转气与声，则何以为乐？使其转气与声而可以窥也，则乐何以为神？②

所谓"转气""转声""湮而复畅""歇而复宣""阖之以助开""尾之以引首"，对应的正是"开阖首尾""经纬错综"之文法。唐顺之认为声乐之法与文法都是自然法则，是不容置疑的。而"最善为乐者"则能在一定程度上超越这一法则，就技巧而言是"气转于气之未湮""声转于声之未歇"，就效果而言则是"湮畅百变而常若一气""歇宣万殊而常若一声""喉管声气融而莫可窥"。转而又强调"所谓开阖首尾之节""则不容异"。可知，唐顺之所谓"寓于无法之中"之法，"密而不可窥之法"，以至"神解""神明之变化"，并非突破乃至背离基本的创作法则，实则不离乎"开阖首尾""错综经纬"之法；只是要更加精熟、更加巧妙地运用这些法度，努力追求自然圆融、了无痕迹的运用效果。这一追求同时充分地体现于其古文和八股文的创作中。

唐顺之的文章与唐宋古文在文化精神上高度契合，他对"开阖首尾，

---

① 唐顺之著，马美信、黄毅点校《唐顺之集》中册，第 466 页。
② 唐顺之著，马美信、黄毅点校《唐顺之集》中册，第 465～466 页。

错综经纬"之法的精熟运用亦与唐宋古文殊无二致。正如在观念表达上决不肯虚与委蛇，他在行文布局上也从不会敷衍了事。法度的运用，如何算是得其"神解"，很难有一个明确的判断标准；但唐顺之的文章的确多有法度精严而行文高妙者。如《薛翁八十寿序》①，章法井然而转换自然。首段论古之人贵义而贱利，皆劝其子弟以趋于仁义道德；今之人贵利而贱义，则望其子弟以趋于富贵利达，故而叹曰："非有志之士，孰能自拔于此？"次段讲薛氏图南本亦汲汲乎功名利禄，后得闻仁义道德之说而幡然醒悟，其父亦鼎力支持，父子交相砥，遂"自拔于今之人"；三段论祝寿之旨，称若有闻于仁义道德，则寿命或修或短，礼仪周致与否，都无足轻重。四段论薛氏所居之夫椒山，民风浇薄，乃贵利贱义之尤甚者，进而论薛氏父子能"自拔于今之人"尚不为难，能"自拔于其所居"则难能可贵；继而以转移风气之任寄予于薛氏父子，曰"然则异日夫椒五湖之曲，有称乡先生能风其乡人者，必薛翁矣"，照应开篇"古者乡有耆父兄，则率其一乡子弟，恡恡然皆劝之于善"。最后以"是谓翁之能自寿，而图南能寿其亲也已"收结，回应主题。此文以祝寿和转移世风二事贯穿全文，二者密切关联又互为支撑，一以仁义道德为旨归，其间以"自拔"为关目，首尾照应，层次井然，夹叙夹议，不急不缓，深得欧、曾古文之致。

《钤山堂诗集序》②则别见其为文之用心。《钤山堂诗集》是严嵩的诗集，为严嵩的诗集作序，对唐顺之来说着实是一大难题。称颂不可，贬抑不可，敷衍亦不可。如何能做到既符合序体的规范，不回避诗人与诗作，又能同时避免谄谀与讥刺之嫌呢？唐顺之需要找到一个合适的话题，一个正面的、严肃的、跟诗歌相关而又不甚紧密的话题。于是，他找到了"知人论世"这样一个古老的诗学命题，用其原始义，由诗而知其人、知其世，且只是叙述性的，而非评价性的。曰："其人之进退隐显，往往自见于诗。""因其人之进退隐显，而时之休明衰替，变化而蕃，闭塞而隐，亦因可见。"此下论述皆沿此一线索展开。先是历陈严氏由隐居至显贵的生平经历及各时期诗歌之内容，从举进士、入翰林，到隐居钤山，再到任职

---

① 唐顺之著，马美信、黄毅点校《唐顺之集》中册，第 504~505 页。
② 唐顺之著，马美信、黄毅点校《唐顺之集》中册，第 463~465 页。

南都，再到入内阁、任首辅，其诗歌内容也从"多道岩壑幽居之趣"，到"多纪留都冠盖之盛"，再到"自为诗以纪其盛"。随后以杜少陵之"诗史"比拟严诗，称其堪称"时政纪"。论杜则称其"偃塞无所与于世，以其忠义所发为诗"，述严但云"况公诗所纪当世之国家大事，皆身所历而自为之者"，其间幽微，不难领会。其后则以对话的方式，引严氏语以论其诗。首先申明："公既以全诗授胡梅林总督使刻之，而属某为之序。某窃以文词受知于公，公颇谓可与言诗者。"表明其为严嵩作序，乃受其嘱托，非主动为之；其受知于严氏，亦因文词，而非其他。此下论其诗，一一引其自语。如其自谓："吾少于诗，务锻炼组织，求合古调，今则率吾意而为之耳。"则对曰："公南都以前之诗，犹烦绳削也，至此则不烦绳削而合矣。"是耶，非耶？逆耶，顺耶？皆据其自谓耳。又如，引其所称："吾不与后辈谈诗，恐以诗人目我，而敝精于无益语也。"则曰："夫公之诗雄深古雅，浑密天成，有商、周郊庙之遗，知音者自当得之。然公既不欲以此自著，而某又敢以此仰赞于公哉！特举公之诗，系于谈世故之大者，使论世者有考焉，遂书以为《钤山诗集序》。"虽赞其诗"雄深古雅，浑密天成"，却又引其自言一笔抹去，则其诗之意义全在于"使论世者有考焉"。所考者何？是非、成败、善恶、忠奸，其中亦有深意焉。篇末复补入一笔："公之诸稿隐显备矣，总而题之曰'钤山集'，盖处贵显而不忘隐约者，公之志。而读诗者，则以为公之诗，钤山深蓄之力也夫！"扑朔迷离之间，似亦有深味寓焉。"文章千古事，得失寸心知"，唐顺之此文，从立意到布局，从结构到语词，其用心之良苦，虽读者亦可知之。

唐顺之古文大都类此，立意独特，结构工稳，章法精严，层次细密，叙述详备，议论透彻，言辞或雅训含蓄，或平实晓畅，不一而论。我们可以从其古文创作中清晰地体会到其法度的精严与细密，正应了其"文之必有法"的主张。至于"神明之变化"，或曰"神解"，我们大约可以从两个层面来体会，一是精熟高妙，二是灵活变通。我们可以通过上述文章明确地感知唐顺之法度运用之精熟及构思之巧妙。同时，其创作手法又是灵活多变的。通读唐顺之文集，即便是同一文体，也很少有重复感，我们很难发现一种写作模式在不同文章中反复出现。不同话题，不同情形，会有不同的叙述策略和篇章布局。无定法而有活法，大概就是其所谓"法寓于

无法之中"吧。

八股文有明确的功令要求和相对固定的程式，"文之必有法"自不待言，唐顺之主要在"神明之变化"上下功夫。在正、嘉时期的八股名家中，唐顺之以立意新奇、结构精巧而独树一帜。他往往能在遵守八股文基本体制的基础上，摆脱题文限制，打破板块模式，别出机杼，另立框架结构，致力于寻求独特的立论角度与灵活多变的叙述方式。从上文例举的《君子喻于义　一节》①中，我们已经可以大致感知到这一特点。《亚饭干适楚　一节》①一文则更加充分地体现了这种创作特征。该文题目出自《论语·微子》："太师挚适齐，亚饭干适楚，三饭缭适蔡，四饭缺适秦，鼓方叔入于河，播鼗武入于汉，少师阳、击磬襄入于海。"朱熹《集注》引张载曰："周衰乐废，夫子自卫反鲁，一尝治之，其后伶人贱工识乐之正。及鲁益衰，三桓僭妄，自太师以下皆知散之四方，逾河蹈海以去乱。圣人俄顷之助，功化如此。"②由于题目仅取其中"亚饭干适楚，三饭缭适蔡，四饭缺适秦"一节，则破题与正文只能紧紧围绕这三句阐述，不得侵上犯下。承题、起讲与结题部分可以稍加拓展或引申，但也要严格遵循朱熹的注释。该文破题"鲁之以乐侑食者，而避乱各异其地焉"，是对"亚饭"三句的概括，前半句讲人物，后半句讲行为。承题点出"可以识圣人正乐之功矣"，是依据朱注"功化如此"揭示"避乱各异其地"所蕴含的义理。起讲依据经文的上下文对题目所涉事件的背景做出说明，并引出正文。题文本三句，若顺题成文，并置三大扇文字，是为正格。此文却揣度题情，别作生发，创制出逐层推进的三段文字。起二股讲三人不避险远去国离乡。以蔡与齐相比，则蔡远于齐，为能自洁其身，缭则不计远近，毅然适蔡；以楚、秦与蔡相比，蔡尚且是华夏之国，楚、秦则是夷、狄之邦，而干、缺二人宁可藏身于夷、狄之地，也不肯与乱臣贼子为伍。中二股论其必有不得已之情。鲁国备六代之乐，得雅、颂之传，而蔡仅具小国之风，楚、秦则只有夷、狄之音。作为乐工，三人岂能因向往异邦音乐而趋向之，则必有其不得已之情也。后二股讲寄居他邦的凄凉处境。昔日于

---

① 俞长城：《可仪堂一百二十名家制义》卷一〇，苏州小西山房珍藏本。
② 朱熹：《四书章句集注》，中华书局，1983，第186页。

公庭之上，饮食燕乐，各司其职，歌舞之余，欢聚一堂，何其欢愉！如今则纷纷奔走他邦，不唯无暇顾及家人，且忧国君之侧无乐相助；不唯失却官职，且才华技能无从施展。今昔对比，凄怆之情可见。每层文字，变换角度，却都极力烘托去国离乡之艰难，进而反衬出众乐官远离污浊、洁身自好的决心和毅力。最后以感慨收结："于此可见圣人过化之神，乐官见机之智。而鲁之为国，良可悲欤！"以乐工之卑微，犹且如此，既可见圣人正乐之功，更可知鲁国境况之令人悲叹。则此等寻常题目，一经唐顺之之手，化平淡成新奇，变枯索为丰腴，不唯细致入微地刻画出乐工的情绪心态，且通过种种反差极力渲染出一种悲凉气氛。虽是时文体制，却有古文意境，正得益于其对文法的精熟与灵活运用。这只是立意构思和篇章布置方面的体现，我们可借以了解唐顺之八股文写作中"神明之变化"的创作倾向。其具体的写作技法同样是灵活多变的，下文将有详尽论述。

可知，虽然"本色论"具有解构乃至颠覆法度的理论潜能，但在唐顺之本人的文章观念中，尽管法度较之"本色"是次一层级的创作因素，却同样是不可或缺的，故曰"文之必有法"。他对理想法度有种种玄秘化的表述，如"神明之变化""神解"等，但终究不离乎"开阖首尾""错综经纬"之法，只是要求精熟运用，追求圆融无迹、灵活多变的行文效果。刘勰在《通变》篇中讲"设文之体有常，变文之数无方"，唐顺之所谓"文之必有法"正是有常之体，"神明之变化"则是无方之数，常体与变数相结合，构成其既严谨又通达的法度观。正是在这种具体的法度观的影响下，唐顺之的古文与时文实现了真正意义的会通与互渗。

三　"以古文为时文"

唐顺之的古文务求书写"真精神与千古不可磨灭之见"，坚决反对空谈理道、蹈袭旧说。同时，他也不把八股文仅仅视为仕途的敲门砖，而是希望士子能够潜心研阅，独有心得，通过八股文的写作阐述儒家义理，因而同样把"真精神"作为判断八股文优劣的基本标准。在法度上，他主张"法寓于无法之中"，这是对有常之体和无方之数的折中与会通。因此，他并不质疑八股文的价值，也不将其与古文割裂开来，而是在功能、法度、

风格等各个方面寻求两者的会通、融合，从而使两者在他的笔下形成双向渗透的趋势。

以古文为时文，本是一种由来已久的创作现象和学术话题①，但其作为明代中期八股文创作的一种独特现象，则拥有了新的内涵。正、嘉时期，八股文创作兴起一股"以古文为时文"的潮流，而唐顺之正是这一潮流中最突出的代表人物。所谓"以古文为时文"，是指在八股文趋于成熟与完备后，有意识地借助古文改进八股文作法、提升八股文境界的文体创新。唐顺之"以古文为时文"的创作特点，大约体现为三个方面。首先是对八股文语词的丰富与改造，把经典文本和先秦时期的历史典故融入阐述经文的言辞中，这在一定程度上改变了单调枯燥的宋儒讲义的面貌，方苞称之为"溶液经史"②。其次是法度的突破与创新，具体表现为两方面：一是破，打破时文成规，突破"体用排偶"的语体限制和刻板、单调的叙述模式，寓骈于散，追求结构布局的新奇多变；二是立，引入古文法度，追求行文的细密、巧妙与灵动。最后是在思想的深刻与情感的厚重或细腻上下功夫，提升八股文的境界与趣味。关于正、嘉时期"以古文为时文"的创作现象，以及唐顺之的表现与作用，学界已有比较充分的探讨③，本文不再展开论述，仅分析一篇经典例文，借以体会唐顺之八股文写作中古文法度的运用与效果，并补充辨析一些相关的理论问题。

唐顺之《郑人使子濯孺子侵卫　一节》一文，广泛运用古文创作中的各种技法，夹叙夹议，极尽委曲周折之能事。其文如下：

> □士之能免于难者，由其善于取友也。（破题）
>
> 盖射虽一艺，而授受固有不可苟者。孺子以端人免难，羿以匪人召祸，是故君子辨之于早也。（承题）
>
> 今夫杀羿者蒙也，羿招之也。蒙之杀羿者射也，羿教之也。观乎子濯孺子，而羿之罪著矣。（起讲）

---

① 祝尚书《论宋代时文的"以古文为法"》（《四川大学学报》2007 年第 4 期）将其源头追溯到北宋徽宗时期，并讨论了它在南宋的流传与影响。

② 方苞：《钦定四书文》"凡例"，《景印文渊阁四库全书》第 1451 册，第 3 页。

③ 参见拙文《以古文为时文的创作形态及文学史意义》，《文学评论》2012 年第 6 期。

春秋之时，子濯孺子以射名于郑，庾公之斯以射鸣于卫。于是郑人使子濯孺子侵卫，而卫以庾公之斯追之。两技相角雌雄未可知也。（第一段）

孺子以疾作，而不能执弓也，曰："吾死矣。"是占之于我，而有感于天亡之数也。既而知其为庾公之斯也，曰："吾生矣。"是占之于人，而深幸其得朋之助也。（第二段）

其仆不知而疑焉。孺子解之曰："吾谓吾生者，非谓斯之技不足以杀我也，亦逆知其不忍杀我耳。何也？斯尝学射于尹公之他矣，他尝学射于我矣。他，端人也，非忍人也。其为他之友者，必端人也，非忍人也。焉有端人而肯背本以邀利者哉？"孺子所以能自信其不死也。（第三段）

未几而庾公之斯至焉，曰："夫子何为不执弓？"盖疑其能而示之以弗能也。孺子曰："吾疾作而不能执弓。"盖示以情也。（第四段）

夫攻其不备，出其不意，斯固可以必得志于孺子矣。彼则曰："小子之射学诸他，他之射学诸夫子。道传于夫子，而因以毙之，非仁人也，吾弗忍也。虽然，朝而受命，临敌而弃之，非忠也，吾弗敢也。"乃扣轮出镞，发乘矢而后反焉。出镞，以示不杀也；乘矢，以示有礼也。庶乎无害卫师而有辞于君矣。（第五段）

是则师以及师，庾斯报德之厚也。况亲授业如羿者，而忍杀之乎？友以及友，孺子料人之智也。况亲受业如蒙者，而不能察其好乎？以斯而律蒙，罪不容诛矣，而羿亦孺子之罪人也。（第六段）

抑有疑焉，斯幸而遇孺子之疾也，故得以两全而无害。且使孺子而无恙也，将战乎，将不战乎？使孺子无恙而必战也，斯将与之抗乎，不与之抗乎？曰：吾师之师也！任其横行而不与之抗乎？呜呼，卫其危矣！吾不知庾斯又何如处也。要之，屈恩以伸义，屈义以伸恩，无一可者也。为斯计者，宜何如辞于君而弗敢将焉可也。（结题）①

---

① 俞长城：《可仪堂一百二十名家制义》卷一〇。

　　题目出自《孟子·离娄》："郑人使子濯孺子侵卫，卫使庾公之斯追之。子濯孺子曰：'今日我疾作，不可以执弓，吾死矣夫！'问其仆曰：'追我者谁也？'其仆曰：'庾公之斯也。'曰：'吾生矣！'其仆曰：'庾公之斯，卫之善射者也，夫子曰吾生，何谓也？'曰：'庾公之斯学射于尹公之他，尹公之他学射于我。夫尹公之他，端人也，其取友必端矣。'庾公之斯至，曰：'夫子何为不执弓？'曰：'今日我疾作，不可以执弓。'曰：'小人学射于尹公之他，尹公之他学射于夫子，我不忍以夫子之道反害夫子。虽然，今日之事，君事也，我不敢废。'抽矢扣轮，去其金，发乘矢而后反。"仅就此节文字而言，纯粹是一段对话体的叙事文。然而，孟子叙述此事，目的在于将其与蒙杀后羿之事做对比，说明君子择友必慎的道理。唐文即依据题文顺序，逐段叙述，并将孟子意思透露出来。关于此文文法，俞长城引吕晚邨评语论之甚详："有排场，有事实，有言语，此题中之堆垛也。有真情，有驳辩，有比例，有判断，此题外之堆垛也。先案后断，则叙处呆板。夹案夹断，则忙乱支离。此却将题内题外堆垛，以一炉融铸而出之。或插入叙记中，或提出语句外，或增补闲情，或简省文法，可长可短，忽整忽散，看《左传》《国语》《公羊》《穀梁》及《史记》《汉书》，同叙此事，各见妙笔，此详彼略，东涨西坍，情事不殊，境界顿异。此之谓化工手也。唯荆川得其奥耳！"其所谓"题中之堆垛"，是指题文中包含的背景、事件和对话；"题外之堆垛"，是指事件本身又隐含着当事者的心理活动，不同人物、事件之间的对照，以及由此生成的判断，等等。文章内容着实丰富而驳杂。如果先叙述，先描写，最后再做出判断，即所谓"先案后断"，则文章显得呆板；如果叙述、议论交错进行，则容易流于支离、杂乱。此文却将所有这些内容融为一体，事件、对话交错进行，又时有议论穿插其间，而能够做到层次清晰，有条不紊。第一段简要地交代清楚事件背景，忽又插入一语："两技相角雌雄未可知也。"此即吕晚邨所谓"增补闲情"。经文之中，对话繁多，若一一落实于文章中，必然支离、烦琐。作者便从中挑出关键人物子濯孺子和庾公之斯，仅此二人具有"发言权"。对话过程中仆从的话语，或被简单地概述，或并入子濯孺子的话语中。如第二段，便将仆从的话一概简省，以子濯孺子自语的方式，讲述出其由"必死"到"必生"的心理变化。"占之于我""占之

于人"则是穿插议论，"幸其得朋之助也"则为下文埋下了伏笔。第三段则将仆从的疑虑化入子濯孺子的回答中，"非谓斯之技不足以杀我也"，其实正是以对答的方式补入仆从的疑问。段末插入"孺子所以能自信其不死也"一语，既是对孺子之语略加小结，又是对此后情节设置悬疑。第四段讲子濯孺子与庾公之斯的对话。"未几而庾公之斯至焉"是叙述事件的进展，"未几"二字犹能增强叙述的故事性。"盖疑其能而示之以弗能也""盖示以情也"，是判断，是对二人心理活动的揣度。第五段，讲述庾公之斯放过子濯孺子，是对前文子濯孺子"自信其不死"的印证。"夫攻其不备，出其不意，斯固可以必得志于孺子矣"，是作者对当时情形的判断，更能反衬出庾公之斯的仁义。此段文字，内容最为多样，既有言语，又有叙事，还有议论，却是依次推出，丝毫不乱。第六段纯是议论，将庾公之斯"抱德之厚"和子濯孺子"料人之智"，与蒙杀后羿之事做出对比，从而突出题旨。此段处处以二者作比，却总是以庾公之斯或子濯孺子为主，以蒙或后羿为宾，故不为侵上，亦可见唐顺之文法细密处。结语则跳出题面，另做发挥，却又是从题文中生发出来，故既觉新奇，又无偏离之弊。综观此文，事件与言语，叙述与议论，交错进行，或繁或简，详略得当，深得《左传》《史记》叙事之法。诚如吕晚邨所论，若能细细比较《左传》《国语》《史记》等书对相同事件的不同叙述，则最能体会唐顺之此文行文之妙，亦可知其创作技巧之所由来。从这篇例文中，我们几乎能感知唐顺之在各个层面借助古文对八股文的改造。包括语体的骈散相间、寓骈于散，结构的灵动变化，技法的精细、巧妙，刻画之传神，行文之周折，意趣之丰饶，无不体现了唐顺之"以古文为时文"的意图与成效。

　　然而，"以古文为时文"毕竟带有博弈的性质，因而需要格外谨慎地斟酌与拿捏。遵经守传是八股文写作的基本准则，但陈陈相因显然难以在科举考试中脱颖而出。如何在不背离经传的前提下推陈出新，就成为八股文构思的首要因素。从这一角度来看，唐顺之的八股文写作往往能够别出心裁、立意新奇，似乎是八股文发展到特定阶段的必然现象，我们很难断言这一定是受古文的影响。然而，这与其抒写"真精神与千古不可磨灭之见"的诗文创作主张是高度契合的，由此我们不难发现其间的密切关联。在八股文的传统作法中，语用排偶本是毫无争议的规则。然而，随着"以

古文为时文"创作风气的形成，骈与散却逐渐成为可供选择、有待权衡的形式因素。有些文章只是将骈句寓于散句之中，主要是为了达到流畅自然的表达效果；有些文章则试图跨越文体之间的界限，有意忽略或淡化八股文的骈偶化特征。唐顺之的八股文创作即接近于后者。散体化的创作倾向的确能给八股文创作带来一些崭新的气象，但这显然也是一个危险的信号：如果不能妥善地处理好骈与散之间的平衡关系，完全有可能导致八股文体的解散。更重要的是，稍有不慎可能就会导致创作者科举的失败。于是，他们把目光从语体转向了结构，看看在那里是不是有着更大的转化空间。在文章的结构布局上，唐顺之试图突破八股文机械化的结构方式，寻求更加新奇、富有变化的间架结构。无论在题文顺序的基础上略做调整，还是彻底变易题文的叙述顺序，都是要打破以往八股文的板块模式，寻求行文的流动感或层次感。细密的起承转合、跌宕顿挫之法，则是实现此一目标的技术性保障。理论上讲，灵活多变的结构方式，精巧高妙的行文法度，并非古文的专有特征，这种变化可以被视为八股文自身的精细化发展。而事实上，面对现成的创作经验，八股文作者不可能熟视无睹，势必从古文中多有借鉴。因此，这些改变均可视为"以古文为时文"的重要表现。

四 "以时文为古文"

在明代的文体价值序列中，古文显然是优先于八股文的。如果说"以古文为时文"尚且能够成为一种风尚，乃至一种标榜，那么"以时文为古文"却往往出现于批判性的话语中①。但无论有意为之，还是潜移默化，唐顺之的古文中的确有八股文的影子，既表现为结构的特征，又表现为语体的特征。

八股文的基本结构包括破题、承题、起讲、大讲、结题五个部分；大讲部分又包括两种基本的体式，一是扇体，另一是股体。其中，扇体八股

---

① 黄强《明清"以时文为古文"的理论指向》（《晋阳学刊》2005 年第 4 期）一文对"以时文为古文"微妙的理论内涵有深刻的剖析。

文，多为两大扇体或三大扇体，与古文结构较为接近，不易判断其间的相互影响。而股体八股文，最典型的是八股体，与古文结构差异明显，对古文文体的影响较为明显。唐顺之古文受八股文的影响，主要体现在三个方面：第一，开篇立意的形式，颇受八股文破题的影响；第二，层层推进，每层文意两两相对的结构模式，明显受到股体八股文的影响；第三，对仗散句的大量使用，无疑也受到八股文独特语体的影响。

古文的开篇方式千变万化、殊无定规。八股文开篇则必须以一句文字点破题旨，同时总括文章大意，此之谓破题。古文也可以开篇总括篇章大意，却并不频见。而唐顺之的古文，尤其是序、记体，则多用此法。如《季彭山春秋私考序》开篇云："《春秋》之难明也，其孰从而求之？曰求之圣人之心。圣人之心其孰从而求之？曰求之愚夫愚妇之心。"① 通篇即围绕此一句展开。再如《笔畴序》"苟可以诱世而劝俗者，君子不废也"，《石屋山志序》"凡情撄于物者，未有不累于中，而丧失其所乐者也"，《重修泾县儒学记》"先王本道德、礼乐、经术以造士"，《零陵县知县题名记》"名者，其起于古之所以励世乎"，等等皆是。② 还有一种情况是，虽然起句并不能涵盖全文大意，却与主旨密切相关，能起到总领全文的作用。如《明道语略序》开篇云："道致一而已矣，学者何其多歧也？"③ 此下即从"道致一而已"说开去，发明"吾心天机自然之妙"。再如《巽峰林侯口义序》以"有逐末之学，而后有反本之论"开篇，进而引发"即心而经""即经而心"的讨论。《送陆训导序》开篇云："六籍之教之废也久矣，而《诗》最为甚，何哉？六籍皆以文传，而诗独以声传也。"④ 通篇即围绕《诗》教论"陶养性灵，风化邦国"之旨，亦是此例。这一现象，固然与八股文破题的影响密切相关，亦与其好发议论、务求"真精神与千古不可磨灭之见"的古文思想有着不可忽视的关联。

股体八股文的正文，即大讲部分，通常由三到六个层次构成，其中以四层最为常见；每一层次包含一组大致对仗的句子，四层则构成八股，三

---

① 唐顺之著，马美信、黄毅点校《唐顺之集》中册，第436页。
② 唐顺之著，马美信、黄毅点校《唐顺之集》中册，第441、468、523、533页。
③ 唐顺之著，马美信、黄毅点校《唐顺之集》中册，第434页。
④ 唐顺之著，马美信、黄毅点校《唐顺之集》中册，第497页。

层则构成六股，不一而论。各个层次之间，往往具有清晰的逻辑关系，或并列，或总分，或步步推进，或逐层转换，或是更加复杂的组合关系，总之与唐顺之所谓"开阖首尾，错综经纬"的古文法度有着高度的契合。唐顺之古文的结构与语体，多有受此影响者。以《巽峰林侯口义序》中的一段文字为例：

> 试尝观之，心之不能离乎经，犹经之不能离乎心也。
>
> 自吾心之无所待，而忽然有兴，则《诗》之咏歌，《关雎》《猗那》之篇，已随吾心而森然形矣，是兴固不能离乎《诗》矣。
>
> 然自其读《诗》而有得也，未尝不恍然神游乎《关雎》《猗那》之间，相与倡和乎虞廷、周庙，而不知肤理血脉之融然以液也，则是学《诗》之时，固已兴矣，非既学《诗》而后反求所以兴也。
>
> 自吾心之无所待，而忽然有立，则《礼》之数度，《玉藻》《曲礼》之篇，已随吾心而森然形矣，是立固不能离乎《礼》矣。
>
> 然自其读《礼》而有得也，未尝不恍然神游乎《玉藻》《曲礼》之间，相与揖让乎虞廷、周庙，而不知肤理血脉之肃然以敛也，则是学《礼》之时，固已立矣，非既学《礼》而后反求所以立也。
>
> 安得以寓于篇者之为经，而随吾心森然形者之不为经耶？故即心而经是已。
>
> 安得以无所待者之为吾心，而有所待而融然以液，与有所待而肃然以敛者之不为吾心耶？故即经而心是已。
>
> 然则何末非本，而又何所逐耶？何本非末，而又何所反耶？①

这一段文字单独摘录下来，几乎可以视为一篇独立的八股文。首段和末段分别可以视为破题与结题。二、三两段是第一层，分别从"吾心"与"读《诗》"两端说明"心之不能离乎经，犹经之不能离乎心"，相对成文。四、五两段是第二层，分别从"吾心"与"学《礼》"两端说明"心之不能离乎经，犹经之不能离乎心"，亦相对成文。前两层是并列的关

---

① 唐顺之著，马美信、黄毅点校《唐顺之集》中册，第 439~440 页。

系，分别以《诗》与《礼》为例说明"心之不能离乎经，犹经之不能离乎心"。六、七两段是第三层，是对前两层的总结，从中揭示出"即心而经""即经而心"的结论。显然，无论从结构，还是从语体来看，唐顺之这篇序文都深受八股文的影响。

《巽峰林侯口义序》是一篇严肃的论学文字，与八股文之间具有很强的同质性，宜乎较多受其影响。而《声承集序》论交友之道，作文态度亦不似上文那般严肃，却同样受到八股文的深刻影响。其中一段文字如下：

> 渐斋子录其平生交游往复之书及诸赠言，名之曰《声承集》，凡若干卷。
>
> 渐斋子始居给舍，侃侃厉名节，故其时所与游，多慷慨奇节之士。已而谢事家居，蝉脱声利，晚乃刊落华叶，潜究精微，故其时所与游多山泽肥遁之流与讲学论道之朋。
>
> 且夫人之于世，固未有独立而无与者。缙绅相与以同心而共济，虽山泽与世不相涉，亦必有与焉，以同道而相益。此孤立一意之辈，所以不可行于朝，而狷狭枯槁、逃虚避人之行，要亦不可行于野也。
>
> 渐斋子以其真率苦淡之节，而使海内高士争慕与之游若不及；又能以其谦虚不自满之量，而使与之游者争献其所长者如注而一无所拒。
>
> 故其在朝，则相与秉公斥奸，以共忧天下之忧；在野则相与养志理性，以共其乐于山林泉石之间。

虽然这段文字结构上不似上文严整，文字的对仗也不如上文工整，其夹叙夹议的行文方式也更多地保留了古文自然、灵活的文体特征，但其层层推进、每层之内两两成文的结构模式显然也是在八股文的影响下形成的。

我们可以读一篇完整的例文，从整体上体验唐顺之古文创作中古文精神与时文风貌相结合的情形。其文如下：

> 《中庸辑略》，凡二卷。初，宋儒新昌石敦子重采两程先生语，与

其高第弟子游、杨、谢、侯诸家之说《中庸》者为《集解》，凡几卷。朱子因而芟之为《辑略》。其后朱子既自采两程先生语入《集注》中，其于诸家则又著为《或问》以辨之。自《集注》《或问》行，而《辑略》《集解》两书因以不著于世。友人御史新昌吕信卿，宿有志于古人之学，且谓子重其乡人也，因购求此两书，而余以所藏宋板《辑略》本授之。已而吕子巡按江南，则属武进李令板焉，而《集解》则不可复见矣。

序曰：盖古之乱吾道者，常在乎六经、孔氏之外，而后之乱吾道者，常在乎六经、孔氏之中。

昔者世教衰而方术竞出，阴阳、老、墨、名、法尝与儒并列而为六家为九流，其道不相为谋，而相与时为盛衰。佛最晚出，其说最盛，至与吾儒并立而为儒佛，然其不相谋而相盛衰也，则亦与六家九流同。夫彼之各驾其说，而其盛也，至与儒亢而六而九而二也，斯亦悖矣。虽然，其不相为谋也，则是不得相乱也。

鸣呼，六经、孔氏之教，所以别于六家、九流与佛，而岂知其后也，六家、九流与佛之说窜入于六经、孔氏之中而莫之辨也。说《易》者以阴阳，或以老、庄，是六经、孔氏中有阴阳家，有老家矣。说《春秋》者以法律，说《礼》者以刑名数度，是六经、孔氏中有名家，有法家矣。说《论语》者以尚同之与兼爱、尚贤、明鬼，是六经、孔氏中有墨家矣。性不可以善恶，言其作用是性之说乎？心不可以死生，言其真心常住之说乎？是六经、孔氏中有佛家矣。六家、九流与佛之与吾六经、孔氏并也，是门外之戈也；六家、九流与佛之说窜入于六经、孔氏之中而莫之辨也，是室中之戈也。

虽然，六家、九流之窜于吾六经、孔氏也，其为说也粗，而其为道也小，犹易辨也。佛之窜于吾六经、孔氏也，则其为道也宏以阔，而其为说也益精以密。儒者曰"体用一原"，佛者曰"体用一原"；儒者曰"显微无间"，佛者曰"显微无间"，其孰从而辨之？

嗟呼！六经、孔氏之旨，与伊、洛之所以讲于六经、孔氏之旨者，固具在也，苟有得乎其旨，而超然自信乎吾之所谓"一原""无间"者，自信乎吾之所谓"一原""无间"者，而后彼之所谓"一

原"“无间"者可识矣。儒者于喜怒哀乐之发，未尝不欲其顺而达之；其顺而达之也，至于天地万物皆吾喜怒哀乐之所融贯，而后“一原"“无间"者可识也。佛者于喜怒哀乐之发，未尝不欲其逆而销之；其逆而销之也，至于天地万物泊然无一喜怒哀乐之交，而后“一原"“无间"者可识也。其机常主于逆，故其所谓旋闻反见，与其不住声色香触，乃在于闻见色声香触之外。其机常主于顺，故其所谓不睹不闻，与其无声无臭者，乃即在于睹闻声臭之中。是以虽其求之于内者穷深极微，几与吾圣人不异，而其天机之顺与逆，有必不可得而强同者。

子程子曰："圣人本天，释氏本心。"又曰："善学者却于已发之际观之。"是中庸之旨，而百家之所不能驾其说，群儒之所不能乱其真也。彼游、杨、谢、侯之说，其未免于疵矣乎？吾弗敢知。然而醇者大矣，其未能不浸淫于老与佛乎？吾弗敢知。然而，师门之绪言盖多矣，学者精择之而已矣，则是书其遂可废乎？是信卿所为刻以待学者之意也。①

《中庸辑略》是由《中庸集解》删减而成，《集解》收录二程及其弟子游酢、杨时、谢良佐、侯仲良等人论《中庸》之语。唐顺之对游、杨、谢、侯诸子显然颇有微词，认为其学术思想中有佛家思想窜入。因此，他在《中庸辑略序》中详尽地讨论了六家、九流与佛家思想乱入儒学之危害，以及明辨儒、佛思想的方法与途径。此文鲜明地体现了唐顺之求其“真精神与千古不可磨灭之见"的创作思想，而其“开阖首尾，错综经纬"之文法及所受八股文之影响，同样清晰地呈现出来。首段详叙《辑略》来历及作序缘由，质朴翔实，简洁明了。次段“序曰：盖古之乱吾道者，常在乎六经、孔氏之外，而后之乱吾道者，常在乎六经、孔氏之中"，总领下文，犹八股文之破题。第三段论六家、九流及佛与儒不相为谋而不相乱。第四段论六家、九流及佛窜入儒学而莫之辨，曰："六家、九流与佛之与吾六经、孔氏并也，是门外之戈也；六家、九流与佛之说窜入于六

_____

① 唐顺之著，马美信、黄毅点校《唐顺之集》中册，第 432～434 页。

经、孔氏之中而莫之辨也，是室中之戈也。"较之第三段，是转折，也是推进一层。第五段从六家、九流与佛之中单独拈出佛家，称"其为道也宏以阔，而其为说也益精以密"，且与儒学多有相似之说，如"体用一原""显微无间"，故最难分辨。第六段则详辨儒、佛两家"一原""无间"之异同，是全文最见功夫处；下划线部分文字，则是典型的八股文语体。末段申明题意。此文观点明确，结构清晰，层次精严，照应严密，堪称古文典范。其立意、结构与语体所受八股文之影响亦昭昭俱在，不必赘言。

需要格外注意的是，八股文大部分的文法本来就源于古文，那么我们从古文中发现的八股文的特征，究竟是八股文的影子还是古文影子的影子呢？从逻辑上讲，这的确很难判断。然而，如果我们将其置于古文和八股文历时性的文本系统中加以辨析，还是可以分辨清楚的。首先，尽管八股文多受古文影响，但毕竟形成了其独特的文体特征。我们在此要重点关注的正是其独特之处对古文的影响，比如其散句对偶的语体特征，以及与这种语体相结合的层层推进、两两相对的行文方式等。其次，我们要关注八股文影响下的古文与之前古文的同中之异。比如，古文中并非没有开篇立意的行文方式，但唐顺之这样高频率的使用，我们就不能不归结为八股文的影响了。时文法度渗透到古文创作中，其影响究竟是积极的还是消极的呢？仅从唐顺之来看，其开篇立意的行文方式，对议论性的文章来说应该还是很有应用价值的；其层层推进、两两呼应的结构方式，如果运用得灵活，也不失为一种有效的文法；至于散句对偶的语体，如果大量使用，不免影响古文质朴自然的文风，但偶一为之也未尝不可。而要想得出全面、稳妥的判断，恐怕还要有更大范围、更大体量的文本分析才行。

结　语

唐顺之的古文与八股文间，显然是一种彼此会通、相互渗透的互动关系。两种文体融合、会通、互渗的基础则是唐顺之求其"真精神与千古不可磨灭之见"及"法寓于无法之中"的创作主张。在内容与功能的层面，古文的表现空间要比八股文广阔得多。八股文是应试文体，只能阐发"四书""五经"中的儒家思想。唐顺之于此强调的"真精神"也主要是指对

儒学典籍与思想的切实体会，"千古不可磨灭之见"则是在"真精神"的基础上指向立意之新奇。而在古文领域，唐顺之明确的儒家文化立场则保证了"真精神"的内涵与八股文相一致，只是在阐发理道的基础上，更加强调文章的社会功能，要求有所为而发，力避空言，务求有补于世。在法度层面，唐顺之倡言"法寓于无法之中""神明之变化""神解"，实则是强调对"开阖首尾""错综经纬"的精熟和灵活运用。古文法度本就丰富、灵活，故唐顺之似乎更重视结构之工稳、章法之精严与行文之细密。八股文程式相对固化，则他更强调求新求变，注重结构的新奇和独特，务求行文的层次感与流动感。潜移默化之中，唐顺之的古文与八股文又多有文体层面的相互渗透。无论立意方式、结构布局还是语体色彩，其古文创作时常有八股文的影子。而其八股文更是从古文的创作经验中多方汲取营养，努力实现结构的丰富多变与行文的灵动自然。

通过对唐顺之古文与八股文关系的探讨，我们可以发现两种文体之间的确有实质性的互动关系，而且这种互动是建立在作者明确的主观意愿基础之上的。从散文史的角度，我们可以借助这一视角，更加准确地把握古文文体的新变化及其变化的原因与机制。从文章学的角度，我们可以从具体的八股文创作形态中，感知当时文章家探索文法的现实驱动力及其用力之所在。当然，仅凭对唐顺之一人的研究，尚不足以做出太多的推论。但如果沿此思路，做更多具体的、落到实处的个案研究，或许我们会有更深入的、更具普遍性意义的发现。

（本文原刊于《西北大学学报》2021年第4期）

王世贞与吴中文坛之离合

何诗海*

内容提要 王世贞对吴中文坛并无天然的乡土认同，而是经历了从否定、排斥、背离到接受、认可、亲近，直至奉为正朔、推崇备至的曲折过程。究其原因，既有生活阅历加深、文学思想嬗变等因素，也与王世贞文坛地位的变化息息相关。从早年追随、依附复古派和李攀龙，到晚年独操文柄、号令天下，是王世贞与吴中文坛由"离"到"合"不可忽视的心理动力和逻辑依据。

关键词 王世贞 吴中文坛 复古派

陈田《明诗纪事》称王世贞一生"多历情变"①，这不仅指王氏生活经历的坎坷跌宕，更指其文学思想和创作实践的复杂多变。仅就与吴中文坛的关系而言，王氏虽为吴人，但对吴中文风并无天然的乡土认同，而是经历了从否定、背离到认可、推重的曲折过程，此可谓"多历情变"的生动案例。那么，促成王世贞与吴中文坛关系变化的因缘何在？这种变化，与王世贞文学思想、身份地位的发展变化，有何内在联系？本文拟就此展开探讨。

一 吴中派与北方复古派的冲突

吴中地区自古文风兴盛，才士辈出。尤其至明成化、弘治时期，"自

---

* 何诗海，中山大学中文系教授，曾出版过专著《汉魏六朝文体与文化研究》等。
① 陈田：《明诗纪事》第4册己签卷一，上海古籍出版社，1983，第1880页。

吴宽、王鏊以文章领袖馆阁，一时名士沈周、祝允明辈与并驰骋，文风极盛。徵明及蔡羽、黄省曾、袁袠、皇甫冲兄弟稍后出。而徵明主风雅数十年，与之游者王宠、陆师道、陈道复、王谷祥、彭年、周天球、钱谷之属，亦皆以词翰名于世"①。《明史·文苑传》所列这份文士名单并不完整，至少还可补朱存理、桑悦、都穆、杨循吉、俞弁、徐祯卿、陈淳、汤珍、文彭、文嘉等。这些才士络绎活跃于吴中文化圈，"声景比附，名实彰流，金玉相宣，黼黻并丽，吴下文献，于斯为盛，彬彬乎不可尚已"②，形成了一个被后世目为"吴中派"的地域文学群体，其声势一直延续到正德、嘉靖以后③。

吴中派的兴盛，与前七子的崛起大致同时而稍早。作为一个地方性文学群体，吴中文士尽管也有尊秦汉文、盛唐诗者，但就总体而言，他们自由率性，文风通脱，创作多"取适情达意而已"④，不为格调气骨所拘，与以李梦阳等为代表的北方复古派大异其趣。王穉登论述此差异曰：

> 盖李君之才，产于北郡，其地土厚水深，其民庄重质直，其诗发扬蹈厉。吾吴土风清嘉，民生韶俊，其诗亦冲和蕴藉。政自不能一律齐也。⑤

此论强调吴地与北郡在民风、文风上的天然之别，反对文学上的"大一统"，正体现了复古思潮席卷天下之际，吴人对自身文学传统的坚守。这种坚守，使吴中派在文学立场和观念上，注重转益多师，博采兼收，反

---

① 张廷玉：《明史》第 24 册卷二八七《文苑三·王世贞传》，中华书局，1974，第 7363 页。
② 陆师道：《袁永之集序》，载袁袠《衡藩重刻胥台先生集》，《四库全书存目丛书》集部第 86 册，齐鲁书社，1997，第 421 页。
③ "吴中"范围，历来所指不一。本文指明代苏州府所辖一州七县，即太仓州和吴县、吴江、长洲、昆山、常熟、嘉定、崇明等县。而所谓"吴中派"，借鉴了黄卓越的意见，主要是沿用已有概念来指称明中期活跃在苏州一带的地域性文学群体，并不意味着该群体成员具有明确的结派意识和社团组织（参见黄卓越《明中后期文学思想研究》，北京大学出版社，2005，第 84 页）。
④ 顾璘：《顾华玉集·凭几集》卷五《与后渠书》，《景印文渊阁四库全书》第 1263 册，台湾商务印书馆，1986，第 311 页。
⑤ 王穉登：《与方子服论诗》，载周子文《艺薮谈宗》卷六，《四库全书存目丛书》集部第 417 册，第 579 页。

对依门傍户，出奴入主，从而与七子派"文必曰先秦两汉，诗必曰汉魏盛唐"① 的偏执、专断形成紧张对立。《列朝诗集小传》称："吴中前辈，沿习元末国初风尚，枕藉诗书，以啖名干谒为耻。献吉唱为古学，吴人厌其抄袭，颇相訾謷。"② 可见李梦阳等煽起的复古之风在吴地遭遇了强力抵抗。杨循吉《朱先生诗序》：

> 予观诗不以格律体裁为论，惟求能直吐胸怀，实叙景象，读之可以谕妇人小子皆晓所谓者，斯定为好诗。其它饾饤攒簇，拘拘拾古人涕唾以欺新学生者，虽千篇百卷，粉饰备至，亦木偶之假线索以举动者耳，吾无取焉。大抵景物不穷，人事随变，位置迁易，在在成状。古人岂能道尽，不复可置语？清篇新句，目中竞列，特患吟哦不到耳。③

"格律体裁"是复古派"格调"说的重要内容，杨循吉对此深表不屑，讥讽"尺寸古法"④ 的复古派为"木偶"和"拾古人涕唾"者，饾饤剽窃，泪没性灵，而以"直吐胸怀，实叙景象"为诗之要务。俞弁则对七子派宗尊唐抑宋深表不满："古今诗人措语工拙不同，岂可以唐宋轻重论之。余讶诗人但知宗唐，于宋则弃不收。"⑤ 认为论诗不必强分唐宋，能工即可。都穆虽与李梦阳偶有交往，但并未入七子营垒，因其"于诗别具一识"，"雅意于宋"⑥，斥"诗盛于唐坏于宋"之说为陋见，认为"欧、梅、苏、黄、二陈至石湖、放翁诸公，其诗视唐未可便谓之过，然真无愧色者

---

① 王九思：《渼陂续集》卷下《刻太微后集序》，《四库全书存目丛书》集部第 48 册，第 237 页。
② 钱谦益：《列朝诗集小传》上册丙集"黄省曾"条，上海古籍出版社，1983，第 321 页。
③ 杨循吉：《灯窗末艺》，《四库全书存目丛书》集部第 43 册，第 327 页。
④ 李梦阳：《空同集》卷六二《驳何氏论文书》，《景印文渊阁四库全书》第 1262 册，第 566 页。
⑤ 俞弁：《逸老堂诗话》卷上，丁福保辑《历代诗话续编》下册，中华书局，1983，第 1300 页。
⑥ 文徵明：《南濠居士诗话序》，载都穆《南濠诗话》，丁福保辑《历代诗话续编》下册，第 1341 页。

也"①。锋芒所向，显然是以李、何为代表的复古论调。

综观吴中文坛的诗歌创作，虽有祝允明专主学唐，但其师法对象是诗风飘逸放达的李白，与步趋杜甫的李、何颇异其趣；徐祯卿也推崇盛唐，但主要学习李白的自然朗畅、清俊飘逸和孟浩然的冲澹平和、清超脱俗，与七子派崇尚气骨、追求格力的主体倾向迥然有别。祝、徐之外，吴中文士大多不主盛唐，不泥于一家一派之法、一时一代之格，其关注重心，往往在中唐之后。如吴中派第一代领袖沈周，"其诗初学唐人，雅意白傅，继而师眉山为长句，已又为放翁近律"②，诗风平易畅达，朱彝尊称之"不专仿一家，中晚唐、南北宋靡所不学，每于平衍中露新警语"③。这种兼收并蓄的诗学立场、平易流畅的审美旨趣以及对中唐白居易以下直至宋代苏轼、陆游等的推崇，直接影响了吴中后学，成为吴中派的重要传统。又如唐寅"少喜秾丽，学初唐，长好刘、白，多凄怨之词，晚益自放，不计工拙，兴寄烂漫，时复斐然"④；文徵明"诗兼法唐宋，而以温柔和平为主，或有以格律气骨为论者，公不为动"⑤，都体现了吴中诗人迥异于北地的学古倾向。至于文章写作，因地缘关系，吴中文士重视代表六朝文风的《文选》，对骈文情有独钟。这种旨趣，逸出了唐宋以来文章发展的主流。盖自经义取士后，长期被奉为辞章圭臬的《文选》遭受冷落；经唐宋古文运动的冲击，骈文一蹶不振，至明代跌至低谷，而"文必秦汉"观念的风行，对骈文而言更是雪上加霜。吴中派的兴起，使《文选》在吴地又流行开来，并对其创作产生了直接影响，如黄省曾"文学六朝"⑥，唐寅"尤工四六，藻思丽逸，翩翩有奇气"⑦，皇甫汸四六文"偶俪之中有翩翩自得之妙"⑧。这些创作尽管尚未形成声势，但标志着江左传统在吴地的复苏，也

---

① 都穆：《南濠诗话》，丁福保辑《历代诗话续编》下册，第 1344 页。

② 文徵明：《文徵明集》上册卷二五《沈先生行状》，上海古籍出版社，1987，第 596 页。

③ 朱彝尊：《明诗综》卷三〇，《景印文渊阁四库全书》第 1459 册，第 754 页。

④ 钱谦益：《列朝诗集小传》上册丙集"唐解元寅"条，第 297 页。

⑤ 文嘉：《先君行略》，文徵明《文徵明集》下册"附录"，第 1622 页。

⑥ 钱谦益：《列朝诗集小传》上册丙集"黄举人省曾"条，第 321 页。

⑦ 袁袠：《唐伯虎集序》，黄宗羲《明文海》第 3 册卷二四四，中华书局，1987，第 2542 页。

⑧ 胡应麟：《少室山房集》卷一〇五《题皇甫思勋集》，《景印文渊阁四库全书》第 1290 册，第 765 页。

是吴地文风与北方秦汉文统尖锐对立的重要表现①。

　　这种对立，甚至在倾心北学者如徐祯卿等身上仍有体现。徐氏早年学文于吴宽，诗法白居易、刘禹锡，并与许多吴人一样，推崇长洲陆龟蒙；登第后，慕北地复古之学而"深悔其吴歊"②，遂投李梦阳麾下，在七子中与李、何成鼎足之势。然而，在具体师法对象上，李、徐之间有激烈争论③，李刻意少陵而徐独宗太白；就创作风格言，徐诗仍保留着柔美清婉的吴音，而无北地雄浑贞刚之气，在以北人为主的前七子中别具一格，故祝允明誉之"遑遑访魏汉，北学中离群"④，李梦阳却讥之"守而未化，故蹊径存焉"⑤。其"离群""未化"处，正是吴人坚守的地域文学特色所在，也是徐诗卓然成家的原因所在。故长洲皇甫涍认为，李梦阳之讥暴露其"知君顾未尽"处，并盛推徐祯卿"并包众美，言务合矩，检而不隘，放而不逾，斯述藻之善经也"，"可以继轨二晋，标冠一代"。如此成就和地位，"奚取于守化，而暇诋其未至哉"⑥。对李氏讥徐深致不满。晚明钱谦益则对徐氏之"未化"大加赞赏，以为"标格清妍，摛词婉约，绝不染中原伧父槎牙鼻兀之习，江左风流，故自在也"⑦。可见，吴中派与复古派的对立，有显著的地域文化冲突因素。这种冲突，即使在复古阵营内部，也无法避免。

① 关于这种对立，参见周兴陆《钱谦益与吴中诗学传统》，《文学评论》2008 年第 2 期；李慈瑶《明代嘉万之际吴中文章观冲突之考论——以皇甫汸与王世贞、刘凤的对立为中心》，《文学遗产》2014 年第 4 期等。
② 王士禛：《居易录》卷三二，《景印文渊阁四库全书》第 869 册，第 715 页。
③ 关于徐祯卿、李梦阳复古之争，参见陈书录《明代诗文创作与理论批评的演变》，凤凰出版社，2013，第 238~254 页。
④ 祝允明：《怀星堂集》卷四《梦唐寅徐祯卿》，《景印文渊阁四库全书》第 1260 册，第 420 页。
⑤ 李梦阳：《空同集》卷五二《徐迪功集序》，《景印文渊阁四库全书》第 1262 册，第 476 页。
⑥ 皇甫涍：《皇甫少玄集》卷二三《徐迪功外集序》，《景印文渊阁四库全书》第 1276 册，第 649 页。
⑦ 钱谦益：《列朝诗集小传》上册丙集"徐博士祯卿"条，第 301 页。

二 王世贞的早期复古立场及其
对吴中文坛的批判

前七子掀起的复古高潮，至正德末、嘉靖初，随着李、何等相继去世，渐成强弩之末。尤其到了嘉靖中期，以王慎中、唐顺之为代表的唐宋派异军突起，独领风骚，"李、何文集几于遏而不行"。王世贞初入文坛，也受王、唐影响，"一时驰好若晋江、毗陵二三君子"①，但很快便产生了怀疑、动摇。嘉靖二十七年（1548），刚中进士不久的王世贞在京师结识了志同道合的李攀龙②，不久定交结盟，以绍续李、何自任，从而掀起了第二次复古高潮。

太仓王氏是吴中望族，与长洲文氏为世交。王世贞年轻时犹得交接比自己年长五十六岁的吴中耆宿文徵明，但其早期文学思想的形成，似乎很少受到以文徵明等为领袖的吴中派的影响。《艺苑卮言》卷七：

> 余十五时，受《易》山阴骆行简先生。一日，有鬻刀者。先生戏分韵教余诗，余得漢字，辄成句云："少年醉舞洛阳街，将军血战黄沙漠。"先生大奇之，曰："子异日必以文鸣世。"是时畏家严，未敢染指，然时时取司马班史、李杜诗窃读之，毋论尽解，意欣然自愉快也。③

这是目前能看到的王世贞开始文学创作的最早记录，尽管只是一次不太正规的私塾课业，但已透露出少年王世贞的文学天赋，偏向雄豪、激越，无江左柔靡之习；而所好之书，也是秦汉文、盛唐诗，与前七子所倡暗合。对于这种天性，成年以后的王世贞曾再三致意。《与海盐杨子书》：

---

① 王世贞《弇州续稿》卷一八八《寄敬美弟》，《景印文渊阁四库全书》第 1284 册，第 687 页。

② 关于王世贞的生平履历，参见郑利华《王世贞年谱》，复旦大学出版社，1993。下同，不一一出注。

③ 王世贞：《艺苑卮言》卷七，丁福保辑《历代诗话续编》中册，第 1068 页。

"仆自束发时操觚为辞章，雅已好先秦、西京言。"① 《冯祐山先生集序》：
"始余谢诸生学，即喜为古文辞，与一二友生信眉谈说西京、建安业，以
为后世亡当者。"② 这种喜好，尽管只是天性使然，并无理论自觉，但显然
是王世贞后来锐意于文学复古事业的秉性基础和深层动力。正因这种基
础，王世贞与高倡"文自西京、诗自天宝而下俱无足观，于本朝独推李梦
阳"的李攀龙一见倾心，携手创立文社，重振李、何旗鼓。随着梁有誉、
徐中行、宗臣、谢榛、吴国伦等次第加盟，遂得"后七子"之目。后七子
年轻气锐，高自标举，"相切磋为西京、建安、开元语"③，天下靡然向风。

嘉靖三十一年（1552），王世贞奉使南下，便道返乡。不久海盗猝发，
仓皇奉母避乱吴中。这是世贞释褐出仕后第一次返吴，结果他尴尬地发
现，吴中文士普遍不认可七子派的复古理论，甚至争相讥讽李梦阳：

> 吴下诸生，则人人好褒扬其前辈，燥发所见，此等便足衣食志满
> 矣，亡与语汉以上者。其人与晋江、毗陵固殊趣，然均之能大骂献
> 吉，云："献吉何能为？太史公、少陵氏为渠剽掠尽，一盗侠耳。"仆
> 恚甚，乃又笑之，不与辨。呜呼！使少有藻伟之见，可以饰其说，仆
> 安能无辨也。④

王世贞与李攀龙在结交之初就达成了"今之作者，论不与李献吉辈
者，知其无能为已"⑤ 的共识。吴下诸生讥骂李梦阳，对于心高气傲、踌
躇满志的王世贞来说，实是不小的打击。无奈当时乡风如此，自己文学见
识尚浅，且仅回乡小住，孤立无援，故虽内心恚甚而不与辨，只得写信给
远在京城的盟友李攀龙，以发泄其不满。此后，王世贞越来越清醒地意识

① 王世贞：《弇州四部稿》卷一二八，《景印文渊阁四库全书》第 1281 册，第 150 页。
② 王世贞：《弇州续稿》卷四五，《景印文渊阁四库全书》第 1282 册，第 591 页。
③ 王世贞：《弇州续稿》卷五一《吴峻伯先生集序》，《景印文渊阁四库全书》第 1282 册，
　　第 664 页。
④ 王世贞：《弇州四部稿》卷一一七《李于鳞》，《景印文渊阁四库全书》第 1281 册，第
　　2 页。
⑤ 李攀龙《沧溟集》卷一六《送王元美序》，《景印文渊阁四库全书》第 1278 册，第
　　369 页。

到，吴中文坛是抵抗七子派的强大堡垒，不冲击、摧毁这一堡垒，复古事业难以全面推进。有鉴于此，这位复古健将开始对吴中文坛展开猛烈攻击。《李氏山藏集序》："某吴人也，少尝从吴中人论诗，既而厌之。夫其巧倩妖睇，倚闾而望欢者，自视宁下南威、夷光哉？然亦亡奈乎客之浣其质而睨之也。思一遂遍观中原下上绝艺之士而不可得。"① 表明自己年少时即厌恶绮靡卑下的吴中旧习，歆慕浑厚质朴的中原文风。在《与陆先生书》中，王世贞甚至斥吴中学六朝者"如阛门小儿，闹肆器具，错丽万状，不过一泥水胎耳，不直一钱也"②，其武断、偏执令人惊讶。这种偏执，甚至使青年王世贞对吴中文坛产生了背离之心。多年后他回忆这段经历说：

> 记仆初游燕中，仅逾冠，与于鳞辈倡和，时妄意一策名艺苑，不至终作吴地白眼儿，足矣。③

"白眼儿"典出《世说新语》，是名士王衍对裴逸的鄙称，王世贞借以表达对吴士的鄙夷不屑，羞与为伍。确实，在青年王世贞看来，吴中前辈罕有能入其法眼者。如主持吴中风雅三十余年的文徵明，与王氏为世家通好，而据世贞自言，"少时与文待诏周旋，而意殊不满"④。这种不满，主要来自文学旨趣的冲突。又如，徐祯卿北从李梦阳游后，"融会折衷，备兹文质"⑤，成就卓著，足与李氏并驾齐驱。吴人从维护乡党的心态出发，往往扬徐而抑李。世贞驳斥曰："三吴轻隽，复为昌谷左祖。摘瑕攻颣，以模剽病李，不知李才大，固苞何孕徐，不掩瑜也。李所不足者，删之则精；二子所不足者，加我数年，亦未至矣。"⑥ 贬抑徐氏，维护李梦阳的权威，旨在削弱乃至消除吴中文学的影响，捍卫代表北方文化的复古派的文

---

① 王世贞：《弇州四部稿》卷六四，《景印文渊阁四库全书》第 1280 册，第 121～122 页。
② 王世贞：《凤洲笔记》卷七，《四库全书存目丛书》集部第 114 册，第 575 页。
③ 王世贞：《弇州续稿》卷二〇六《答胡元瑞》，《景印文渊阁四库全书》第 1284 册，第 894 页。
④ 钱谦益：《列朝诗集小传》下册丁集中"王较书稚登"条，第 482 页。
⑤ 钱谦益：《列朝诗集小传》上册丙集"徐博士祯卿"条，第 301 页。
⑥ 王世贞：《艺苑卮言》卷六，丁福保辑《历代诗话续编》中册，第 1045 页。

坛盟主和正统地位。唯其如此，当长洲袁尊尼刊印徐氏《迪功五集》时，王世贞立即致书斥责："此集殊多下乘恶趣，大抵六朝，时沿晚唐，以此标饰迪功，如出狐白之裘而益羊犉也。"① 吴中文士多习六朝、中晚唐乃至宋元者，与七子派格格不入。在王氏看来，此乃下乘恶趣，避之唯恐不及，岂可殃及梓人，传布谬种？言辞激切，毫不掩饰对吴中文风的轻蔑和否定。

除了对吴中文风的总体不满、否定外，王世贞还在《艺苑卮言》《明诗评选》等著作中，具体评价了吴地代表作家的创作得失，如张泰诗"如作劳人唱歌，滔滔中俗子耳"；陆钋诗"如吃人作雅语，多在咽喉间"；唐寅诗"如乞儿唱《莲花乐》"，多市井俚俗气；祝允明诗如"盲贾人张肆，颇有珍玩，位置总杂不堪"②，文如"吃人气迫，期期艾艾，又如拙工制锦，丝理多恨"；杨循吉文"如夜郎王小具君臣，不知汉大"；袁袠文"如王武子择有才兵家儿，命相不厚"。诸如此类，不一而足。相较于评七子派李梦阳"如樽彝锦绮，天下瑰宝，而不无追蚀丝理之病"，李攀龙"如商彝周鼎，海外瑰宝，身非三代人与波斯胡，可重不可议"③ 等，可明显体会到，王世贞对乡党不稍假借的裁量，虽有肯定，但重点在否定，令人感到号称"人文渊薮"的吴中文坛，实在乏善可陈。又，在《答陆汝陈》中，王世贞坦言对吴中士人"少所降服"，远如"杨仪部、祝京兆、徐迪功"等前贤，近如"黄勉之、王履吉、袁永之、皇甫伯仲"等名家，虽"咸彬彬有声"，"然或曼衍而绵力，或迫诘而艰思，或清微而类促，或铺缀而无经，或蹈袭而鲜致，或率意而乏情，或闲丽而近弱"，几乎都在否定之列。对于名列"嘉靖三大家"，有"今之欧阳子"之誉的归有光，王世贞也颇轻慢，批评其创作随意涣漫，边幅狭小，文意浅陋，远不如李攀龙"胸中无唐以后书，停蓄古始，无往不造"④。言外之意，吴中作家都比不上李攀龙，唯有李氏才是当今文坛盟主，唯有以李氏为首的复古派才

---

① 王世贞：《弇州四部稿》卷一二二《袁鲁望》，《景印文渊阁四库全书》第 1281 册，第 73~74 页。
② 王世贞：《艺苑卮言》卷五，丁福保辑《历代诗话续编》中册，第 1033~1034 页。
③ 王世贞：《艺苑卮言》卷五，丁福保辑《历代诗话续编》中册，第 1037~1038 页。
④ 王世贞：《弇州四部稿》卷一二八，《景印文渊阁四库全书》，第 1281 册，第 148 页。

是文之正统。这一方面体现了王世贞拥戴李攀龙、扬扢复古思想的坚定性；另一方面也贬低了吴中文坛的文学地位，消解了吴中士人反对七子派的有效性和说服力，从而推进复古思想对整个文坛的全面控制。

三　复古观念的调整及对吴中文风的受容

以复古思想统一吴中文坛，仅仅靠贬低、否定吴中作家的文学成就和地位，是远远不够的，因为这只是"破"而没有"立"。要使复古思想在吴地生根，必须深入吴中文坛，改造文学生态，培养复古作家，引导文学创作，方能取得实效。而长期的辞官里居生活，为王世贞深度介入吴中文坛提供了条件。

自嘉靖二十六年（1547）中进士至万历十八年（1590）致仕、去世，王世贞四十三年的官宦生涯，真正在外任官的时间只有一半，另一半则闲居吴中。二十多年的乡居生活，使王世贞有充足的时间和精力在吴中从事文学活动。一方面，他通过书信等方式，与复古阵营的原重要成员如李攀龙、徐中行、吴国伦等保持密切联系；另一方面，广交四方文友，扩大复古力量，先后有后五子、广五子、续五子、末五子等从其游。王世贞尤其重视接纳吴中士人，与俞允文、黄姬水、刘凤、袁尊尼、张凤翼、陈继儒等名士密切交往，或雅集酬唱，或携手同游，或商榷艺文，形成一个巨大的文学网络。在此网络中，王世贞充分利用自己的文学地位和声望，宣扬复古主张，作育文学新人，从而不断增强复古思潮在吴中地区的影响。吴中文坛也因此成为京师之外人才最多、规模最大的文学阵地。

尽管如此，要彻底涤荡吴中旧习，以源于北方的复古思想统一吴中文坛，依然困难重重。一方面，李梦阳、李攀龙等倡导的复古运动，理论上偏激、狭隘、专断，创作上"句摭字捃，行数墨寻，兴会索然，神明不属"①，不仅招致论敌攻讦，甚至在复古阵营内部，也时起争执。李何之争、王李之争固不必论，即以吴中复古阵营言，王世贞与俞允文"交最

---

① 　钱谦益：《列朝诗集小传》下册丁集"李按察攀龙"条，第429页。

善，列诸广五子之首"，然允文"于今诗不满李于鳞"①；胞弟世懋在关于李梦阳、徐祯卿文学地位的争论中，独推徐祯卿、高叔嗣二家，"雅不欲奉历下坛坫"②，与乃兄一心维护李攀龙迥然异辙。另一方面，吴中士子对七子派的排斥根深蒂固。如昆山王逢年，有诗集曰《海岱集》，世贞为之序，"盛相推挹"，逢年不但不感激，反而"时时指摘王、李诗，嗤为俗调"，以致"元美怒而排之"③。《列朝诗集小传》丙集"袁卜士景休"条记载了这样一则轶事：

> 刘子威以海内文章自负，吴人推服之无敢后，景休每向人扶摘其字句，钩棘文义纰缪者，以为姗笑。子威闻之，大怒，诉之于郡尉，摄而笞之。尉数之曰："若敢复姗笑刘侍御文章耶？"景休仰而对曰："民宁更受笞数十，不能改口沓舌，妄谀刘侍御也。"尉笑而遣之。吴人用是益嗤子威。④

刘子威即刘凤，长洲人，服膺七子之学，深得王世贞器重，然为文摹秦拟汉，诘屈晦涩，屡遭吴士讪笑，竟至讼之官府。而袁景休宁受官笞也不改初衷的固执，透露出吴人与外来复古思潮的冲突，随着王世贞的强势介入吴中文坛，已达白热化程度。王世贞本人对此有深切体会，故生出"一徐庾出而语语月露，一元白贵而人人长庆，沿好成格，沿格成俗，而不可挽也"⑤ 的无奈感慨。

复古阵营内部的分歧，吴中论敌对七子派的抵制，都促使王世贞冷静反思复古理论自身的缺陷，进而调整复古策略，改变与吴中文坛的对峙态度。首先，他突破了七子派"以时代论优劣"的局限，认为"代不能废

---

① 钱谦益：《列朝诗集小传》下册丁集"俞处士允文"条，第439页。
② 钱谦益：《列朝诗集小传》下册丁集"王少卿世懋"条，第438页。
③ 钱谦益：《列朝诗集小传》下册丁集"玄阳山人王逢年"条，第519页。
④ 钱谦益：《列朝诗集小传》下册，第526页。
⑤ 王世贞：《弇州四部稿》卷六八《潘润夫家存稿序》，《景印文渊阁四库全书》第1280册，第178页。

人，人不能废篇，篇不能废句”①，“未可以时代优劣也”②，故“取材宜广，定格宜宽”③，文不必秦汉，诗不必盛唐，六朝、初唐、中晚唐乃至宋元，各有其至者，皆可为师法对象。如此，则吴中文坛偏爱六朝文风，师法白居易、刘禹锡、陆龟蒙、苏轼、陆游等中晚唐乃至宋元名家，也就无可非议。其次，他强调审美风格的多样性，反对论甘而忌辛，好丹而非素。如前所述，吴中士人与复古派的对抗，带有显著的地域文化冲突色彩。前七子成员以中原、关中籍为主，浑厚雄伟、豪迈刚毅的地域文化特质是他们选择秦汉、盛唐诗文为典范的精神渊源。而吴中文人长期浸润于东南特有的人文历史、自然环境中，更欣赏烟月绮靡、才情艳发的江左风流。两种文化，两种审美旨趣，各有其魅力和价值，也各有不足，不妨并茂争荣，各吐其芳。七子派出于门户之见，必欲以北地习尚廓清江左文风，统一吴中文坛，实为文化入侵和专制，必然招致反击。王世贞早年因仰慕、追随复古派，故一马当先，竭力否定、攻击吴中文坛，后来逐渐认识到其偏激、狭隘，遂提出“相剂”之说。万历元年（1573），王世贞作《黄淳父集序》曰：

> 士业以操觚，无如吾吴者，而其习沿江左靡靡。或以为土风清淑而柔嘉，辞亦因之。北地、武功诸君起中原，自厉其格，以求合古，而不能尽释其豪疏之气。吾吴有徐迪功者，一遇之而交与之剂，亦既彬彬矣，而不幸以蚤殁。乃淳父能剂矣。夫辞不必尽废旧而能致新，格不必步趋古而能无下，因遇见象，因意见法，巧不累体，豪不病韵，乃可言剂也。今吴下之士与中原交相诋。吴习务轻俊，然不能不推淳父之精深；中原好为豪，亦不能以其粗而病淳父之细者。淳父真能剂矣。④

① 王世贞：《弇州续稿》卷四一《宋诗选序》，《景印文渊阁四库全书》第1282册，第549页。

② 王世贞：《艺苑卮言》卷四，丁福保辑《历代诗话续编》中册，第1007页。

③ 王世贞：《弇州续稿》卷二〇五《傅伯安》，《景印文渊阁四库全书》第1284册，第892页。

④ 王世贞：《弇州四部稿》卷六八，《景印文渊阁四库全书》第1280册，第179页。

他认为不同的地域特征、文化风习必然孕育不同的文学风格。每种风格各有其优劣，如吴音清嘉而失于柔靡，中原豪迈而失于粗粝，故不必以己之长攻人之短，交相诋毁，势如水火。只有取长补短，以北方之气骨剂吴地之绮靡、以江左之才情剂中原之格调，方能臻于理想境界。这种相剂思想，实际上是承认了吴中文风的合理性、合法性，有利于缓解、消弭吴中文坛与复古派的紧张对峙，同时也为明代文学如何继续发展指出向上一路。

复古观念的调整，使王世贞胸襟更为开阔，思想更为平和、包容，对吴中文坛的评价，也由早年以激烈的否定、抨击为主，转向以认可、接纳为主。《王世周诗集序》曰："明兴，弘、正、嘉、隆之际，作者林出，而自北地、济南居正始外，蛇珠昆玉，莫盛于吴中。"[1] 虽仍以李梦阳、李攀龙为正始，但又誉吴中文坛"蛇珠昆玉"，其兴盛远过其他地域文派，这与王氏早年对吴中派的蔑视、否定形成鲜明对比。又，王世贞暮年作《吴中往哲像赞》，表彰吴中先哲一百一十二人，"皆吾吴中贤懿炳炳，自明始者也"。其中有以功业显者，有以德行彰者，更多则是"含章韬锷""摅藻修辞"的"艺文之英"，包括曾被他尖刻批评过的杨循吉、唐寅、祝允明、文徵明、归有光等著名文士。作者借像赞抒发了对这些乡梓先贤"高山仰止，景行行止，仆虽不敏，窃有志焉"[2] 的追慕、爱戴之情，这与他早年羞为"吴地白眼儿"的决绝态度，也大相径庭。

除了对吴中文坛总体态度的改变，王世贞对许多具体作家的评价，也有显著变化。如早年论吴宽诗"如学究出身人，虽复娴雅，不脱酸习"[3]，文"如茅舍竹篱，粗堪坐起，别无伟丽之观"[4]，而晚年则赞美他"宏亮粹夷，为文章务典雅，不事诡僻"[5]，无一语贬抑。又，前文已述及少年王世贞对文徵明"意殊不满"，评其诗"如老病维摩，不能起坐，颇入玄言；

---

① 王世贞：《弇州续稿》卷四三，《景印文渊阁四库全书》第1282册，第568页。

② 王世贞：《弇州续稿》卷一四六，《景印文渊阁四库全书》第1284册，第126页。

③ 王世贞：《艺苑卮言》卷五，丁福保辑《历代诗话续编》中册，第1033页。

④ 王世贞：《艺苑卮言》卷五，丁福保辑《历代诗话续编》中册，第1037页。

⑤ 王世贞：《弇州续稿》卷一四七《吴中往哲像赞》，《景印文渊阁四库全书》第1284册，第141页。

又如衣素女子，洁白掩映，情致亲人，第亡丈夫气格"①。王维虽是盛唐诗人，但其清新澹远、自然灵动的诗风，与七子追求的格高调远、气壮声宏者凿枘不入，故王世贞曾有"杜子美不啻有十王摩诘"② 之论。以"老病维摩""衣素女子"为喻，讥其卑弱柔靡，无丈夫气格，是刻薄的嘲讪和否定。隆庆年间，王世贞为文徵明作传，却称赏其诗"傅情而发，娟秀妍雅，出入柳柳州、白香山、苏端明诸公，文取达意，时沿欧阳庐陵"③，早年的批判锋芒荡然无存。王世贞对此解释说："吾少年时不经事，意轻其诗文，虽与酬酢，而甚鲁莽。年来从其次孙请，为作传，亦足称忏悔文耳。"④ 他深为自己少年鲁莽而忏悔。由于文徵明是吴中派第二代领袖，人伦师表，德高望重，因此，王世贞的忏悔，实标志着他对吴中文坛态度的转变，即由早年的以否定、排斥、对立为主转到中晚年的以认同、接纳、亲近为主。而联系王世贞晚年"殊服膺摩诘，又极称香山、眉山"⑤ 的态度，不难领会，他对文徵明态度的改变，确实有文学自身的原因，而不仅仅出于"为逝者讳"的晚辈礼节或乡曲应酬的圆滑世故。

考察他对归有光态度的改变，有助于进一步认识这个问题。如前所论，青年王世贞对这位声名赫奕而科举落魄的前辈甚为轻慢。作为同乡，两人交往不多，却颇生龃龉，而晚年为之像赞，又褒赏有加，视归氏为韩、欧文学事业的继承人。赞文以"余岂异趋，久而始伤"⑥ 作结，充分表明晚年王世贞对归有光文学思想和创作追求的认同，以及对自己因年少轻狂而伤及吴中前辈的忏悔。钱谦益据此像赞及《书李西涯乐府后》等文，拈出"弇州晚年定论"说，引起当时及后世的热烈争议。笔者以为，"晚年定论"说并不意味着王世贞对早期复古思想的彻底颠覆，但其复古

① 王世贞：《明诗评·文待诏徵明》，《四库全书存目丛书》集部第 114 册，第 615 页。
② 李维桢：《大泌山房集》卷一三一《黄友上诗跋》，《四库全书存目丛书》集部第 153 册，第 681 页。
③ 王世贞：《弇州四部稿》卷八三《文先生传》，《景印文渊阁四库全书》第 1280 册，第 370 页。
④ 王世贞：《艺苑厄言》卷六，丁福保辑《历代诗话续编》中册，第 1044 页。
⑤ 李维桢：《大泌山房集》卷一三一《黄友上诗跋》，《四库全书存目丛书》集部第 153 册，第 681 页。
⑥ 王世贞：《弇州续稿》卷一五〇，《景印文渊阁四库全书》第 1284 册，第 179 页。

观念的调整以及对吴中文坛态度的根本转变，则殊无疑义。王世贞著作中多处流露的自悔之情，正是这种转变的有力证据。

四　盟主意识与"天下之文莫盛于吾吴"

王世贞晚年作《袁鲁望集序》，提出"今天下之文，莫盛于吾吴"①之说，对吴中文坛推崇备至。这种推重，并非偶尔兴到之语，而是王世贞后期文学生涯一以贯之的态度。《携李往哲列传序》："今天下称文献，独甲吾吴郡。"②《与殷无美书》："吴中称文献甲天下。"③《真逸集序》："今天下名能为诗，无若吾吴。"④ 大有奉吴中文坛为正朔所在之意，与年少时斥吴中之文"一钱不值"，如隔霄壤。那么，产生这种巨大反差的原因何在？用少年文士的目空一切、后期复古思想的变化或"矜其乡贤，美其邦族"⑤ 的乡梓情结等来解释，虽然都有一定道理，但难以尽惬人意。比如，复古观念的调整，固然促成王世贞对吴中文坛的接受，但这种接受，可以仅表现为不否定、不排斥，认可其存在价值等，而不必推举至"甲天下"的高度。要透彻理解这种推重，除上述原因外，还应充分考虑王世贞文坛地位的变化这一重要因素。

王世贞正式登上文坛，是从结识李攀龙，携手创立文社、鼓吹复古开始的。当时他二十岁出头，刚中进士，在京师文坛没有什么地位。李攀龙年长其十二岁，科名、仕宦和文学活动都早于王世贞，所以王世贞在晚年回忆中犹称"当时心服其能称说古昔，以牛耳归之"⑥。而李攀龙对这位才华横溢、锐意复古的文学新人也赞赏不已，从此开始了两人在文学事业上密切合作的历史。这是一场同声相应、同气相求的成功合作，一方面，李攀龙因"王元美以名家胜流，羽翼而鼓吹之，其声益大噪"⑦，成为后七子

---

① 王世贞：《弇州续稿》卷四〇，《景印文渊阁四库全书》第 1282 册，第 536 页。
② 王世贞：《弇州四部稿》卷六八，《景印文渊阁四库全书》第 1280 册，第 177 页。
③ 王世贞：《弇州四部稿》卷一二七，《景印文渊阁四库全书》第 1281 册，第 142 页。
④ 王世贞：《弇州续稿》卷四二，《景印文渊阁四库全书》第 1282 册，第 553 页。
⑤ 刘知几著，浦起龙注《史通》卷一〇，上海古籍出版社，2008，第 194 页。
⑥ 王世贞《读书后》卷四《书李于鳞集后》，《景印文渊阁四库全书》第 1285 册，第 55 页。
⑦ 钱谦益：《列朝诗集小传》下册丁集"李按察攀龙"条，第 428 页。

领袖；另一方面，王世贞也因得李氏器重而成为后七子中名位仅次于李氏的核心人物。在长期合作过程中，王世贞对李攀龙紧密追随，倾心拥戴，"王、李齐驱，王盛推李"①之语，准确概括了两人的文坛关系。

如前所述，李攀龙、王世贞携手，是以绍续前七子的复古事业相号召的。而吴中文坛在文学观念上与复古派有着尖锐冲突，是反对七子派的强大堡垒。面对如此局势，来自吴中而一心追随李攀龙的王世贞，便义无反顾地担当起冲击、涤荡吴中文坛的急先锋角色。这固然与其复古立场及年轻气盛的个性相关，但远非全部。徐祯卿、黄省曾、方子服等都有倾心北学而被吴人讥为邯郸学步的经历，但他们并没有像王世贞这样反戈一击，以近乎乡党叛逆者的身份对吴中文坛展开毫不留情的攻击。王世贞的选择，除文学观念外，显然还有门户立场和对自己文坛地位的考量等因素。明代文坛的一个重要特征是门户角立，标榜攻击，不容异己，有一种"法西斯式作风"②。谢榛因与李攀龙龃龉而遭削名即是鲜活例证。谢氏之被逐，主要因其年资、声望和文学影响等构成了对李攀龙盟主地位的威胁③。王世贞在此事件中，始终站在李氏一边，斥责谢诗"丑俗稚钝，一字不通"，"此等语何不以溺自照"④，甚至咒骂谢氏"六十老翁，何不速死，辱我五子哉"，"真负心汉，遇虬髯生，当更剜去左目耳"⑤等。其实，王、谢私交不恶，削名事件后，二人仍多有书信往来。所以，这种超出正常文学批评，充满侮辱和人身攻击的文字，绝非文学观念分歧所致，而是为清理门户、维护李攀龙的权威计，也是为自己的文学地位计。盖世贞初登文坛，年少位卑，而又"自命太高，求名太急"⑥，必须依附文社，尤其是依附盟主李攀龙，扫荡一切论敌，才能获得盟友认可，巩固和提高自己的文学地位。换言之，王世贞对吴中文坛的否定，与他对谢榛的攻击，其心理

---

① 朱彝尊：《明诗综》卷五一，《景印文渊阁四库全书》第 1460 册，第 243 页。

② 郭绍虞：《明代文学批评的特征》，《照隅室古典文学论集》上册，上海古籍出版社，1983，第 513 页。

③ 参见郑利华《王世贞研究》，学林出版社，2002，第 46~49 页。

④ 王世贞：《艺苑卮言》卷七，丁福保辑《历代诗话续编》中册，第 1066 页。

⑤ 王世贞：《弇州四部稿》卷一一七《李于鳞》，《景印文渊阁四库全书》第 1281 册，第 5 页。

⑥ 永瑢等《四库全书总目》下册卷一七二，中华书局，1965，第 1508 页。

动机是一致的。钱谦益评王氏"少年盛气，为于鳞辈捞笼推挽，门户既立，声价复重，譬之登峻坂、骑危墙，虽欲自下，势不能也"①，此诛心之论，对理解王世贞早年全面否定吴中文坛的深层动因颇有启迪意义。

嘉靖三十七年（1558），李攀龙辞山东按察司副使，还乡里居；两年后，王世贞因父丧而屏居田里，早期活跃于京师的七子文社至此实已解散，复古活动的中心也随着李、王乡居而移至济上和吴中，形成南北呼应的两个据点。里居期间，王世贞广交吴中士人，倾力文学活动，著作日丰，声誉日隆。尤其值得注意的是，他开始反省复古思想的局限，批评李攀龙诗三首而外，不耐雷同，认识到"其不能厌服众志，可戒也"②，遂自觉调整复古策略，扩大师法对象，提出南北相剂、兼容并蓄的文学观。这种开放、包容的思想，缓解了吴中文坛与复古派的紧张对峙。王世贞也因此获得越来越多吴中地区和其他南方士人的拥戴，文坛声望逐渐超越李攀龙。尤其是隆庆四年（1570）李氏去世后，王世贞一跃成为文坛盟主，"独操柄二十年，才最高，地望最显，声华意气笼盖海内"③，"于是天下咸望走其门，若玉帛职贡之会，莫敢后至"④。源于北方、高踞文坛主流的七子派作为文学流派的实际影响力，至此已经式微，而吴中文坛则随着王世贞文宗地位的确立逐渐上升为全国文学中心，正如李维桢所称："今言诗莫盛于吴，吴得一弇州先生名世，天下翕然宗之。"⑤ 登坛设坫、一呼百应的盟主地位与曾经孕育出无数英杰的吴中文化已浑然一体，不可分割。

在这种新局势下，仅仅接受、认可吴中文风已远远不够，追溯"才臻江左"的历史辉煌，彰显"文蔚吴中"⑥ 的今日盛况，建立吴中文坛文学中心和正统的地位，成为这位文坛新盟主的重要工作。法国文艺批评家丹纳曾经指出，任何一位伟大的艺术家，都非孤立的个别存在，而是"有一

① 钱谦益：《列朝诗集小传》下册丁集"王尚书世贞"条，第436页。
② 王世贞：《弇州续稿》卷二〇五《傅伯安》，《景印文渊阁四库全书》第1284册，第892页。
③ 张廷玉：《明史》第24册卷二八七《文苑三·王世贞传》，第7381页。
④ 钱谦益：《列朝诗集小传》下册丁集"王尚书世贞"条，第436页。
⑤ 李维桢：《大泌山房集》卷一三一《黄友上诗跋》，《四库全书存目丛书》集部第153册，第681页。
⑥ 皇甫汸：《皇甫司勋集》卷三八《〈祝氏集略〉序》，《景印文渊阁四库全书》第1275册，第756页。

个包括艺术家在内的总体，比艺术家更广大，就是他所隶属的同时同地的艺术宗派或艺术家族"，而伟大艺术家"只是这个艺术家庭中最显赫的一个代表"①。这一艺术规律，对于文学来说，也是相通的。生于吴中，长于吴中，登上文坛后仍长期活跃于故里，且与早期复古观念已渐行渐远的王世贞，"毕竟非历下一流人"②，其文化血脉与心灵归宿显然是隶属于吴中这个人文大家族的。尤其是其晚年诗文，"尽脱去角牙绳缚，而以恬澹自然为宗"③，吴音日益彰显，昭示着他对吴中传统的某种回归。而表彰吴中文采彬彬，盛极天下，既暗示自己学有渊源，底蕴深厚，也意味着吴人主持文盟的合理性和必然性。正因如此，王世贞才会不遗余力地鼓吹"今天下之文莫盛于吾吴""今天下称文献，独甲吾吴郡"等。言必称"吾吴"，是出于对吴中文化的高度认同，洋溢着地域优越感和自豪感。而反复强调"今"，显然指向以王世贞为盟主的当下文坛。引领这个文坛的，不再是裹挟着北地风沙的七子文统，也非缘情绮靡而气格卑弱的江左文风，而是淬砺南北菁华，格调与性灵并重、藻彩与气骨相剂的新文风。王世贞是这种新文风的倡导者和实践者，其理论与创作都显示出融汇古今、兼剂南北、包罗万象的博大、宏富之美，当时即得"集诗道之大成"④之誉，号令天下，势在必然。他曾致俞允文书曰："仆虽不才，跳梁翰墨间，自谓无让古人。"⑤这种目空千古的自许，与汪道昆称"元美崛起，庶几乎千古一人"⑥，胡应麟称"战国以来，一人而已"⑦等桴鼓相应，昭告着李梦阳、李攀龙时代的终结，尽显文坛新盟主的张扬和霸气。在《吴中往哲像赞》中，王世贞一方面赞赏前辈乡贤中独徐祯卿"能狎主中原盟"，另一方面

① 〔法〕丹纳（H. A. Taine）：《艺术哲学》，傅雷译，人民文学出版社，1963，第5页。
② 钱谦益：《列朝诗集小传》下册丁集"袁庶子宗道"条，第566页。
③ 王锡爵：《王文肃公全集·文草》卷一《弇州续稿序》，《四库全书存目丛书》集部第136册，第193页。
④ 李维桢：《大泌山房集》卷一三一《黄友上诗跋》，《四库全书存目丛书》集部第153册，第681页。
⑤ 王世贞：《弇州四部稿》卷一二七《俞仲蔚》，《景印文渊阁四库全书》第1281册，第134页。
⑥ 汪道昆：《太函集》卷二三《汪禹乂集序》，黄山书社，2004，第501页。
⑦ 胡应麟：《少室山房集》卷八一《弇州先生四部稿序》，《影印文渊阁四库全书》第1290册，第581页。

又"惜其蚤死,不获持牛耳"①。在为王世周诗集作序时,他对这位吴中后学寄予厚望:"狎主之盟,其在世周乎哉,其在世周乎哉?"② 可见,王世贞有着强烈的盟主情结,对吴人能否执文坛牛耳异常关注。这种情结,驱使他竭力鼓吹、渲染吴中文坛之云蒸霞蔚、隆盛无匹,从而不断增强自己作为文坛盟主的自信心和号召力,同时这也是对吴中后学的强力鞭策与殷切期待。

综上所述,王世贞与吴中文坛,经历了一个由"离"到"合"的漫长过程。由早年的否定、排斥、背离,到后来的认可、接受、亲近,直至奉为正统、推崇备至,这种戏剧性变化,既是王世贞阅历渐深、文学观念嬗变的结果,也与其文坛地位的变化息息相关。其中文学观念的嬗变、复古策略的调整是思想基础和过渡桥梁,是显性原因,而文坛地位的变化,则是重要催化剂,是不易为人察觉的隐性原因。从早年追随、依附七子派和李攀龙,到后来著述渐丰,声誉渐隆,直至独操文柄,号令天下的变化,是王世贞与吴中文坛由"离"而"合"不可忽视的心理动力和逻辑依据。

(本文原刊于《文学评论》2018 年第 4 期)

---

① 王世贞:《弇州续稿》卷一四八,《景印文渊阁四库全书》第 1284 册,第 159 页。
② 王世贞:《弇州续稿》卷四三《王世周诗集序》,《景印文渊阁四库全书》第 1282 册,第 568 页。

王世贞诗文集的文献学考察[*]

魏宏远^{**}

内容提要　王世贞著述宏富，明清以来对其诗文集多以碎片化的方式接受。随着《弇州山人四部稿》《弇州山人续稿》《弇山堂别集》被收入《四库全书》，王世贞诗文集的主体面目得以呈现，但一些目录学著述、传记文献或诗文集序跋对其诗文集或言之不详，或著录舛误；一些丛书及选本通过建构新"语境"对其诗文集予以重新理解和接受。王世贞少时意图以诗文"量多"来获得文化资本，作品不断衍生，却因文本"失控"、接受者及其本人对诗文集理解错位而造成多文本性和重复性，又有"削稿"、初稿和未定稿流传于世等，诗文集种类、卷数、版本以及作品间的关系极其复杂。目前王世贞存世诗文集约五百四十七卷，其选编、评点和整理的作品规模宏大，尚需进一步搜集和整理。

关键词　王世贞　诗文集　多文本性　语境性

王世贞被王锡爵誉为"古今著述之富""为第一"①，张燮也说："古今述作之富，未有如王司寇者，非惟篇什宏多，世间有二字粘带，都被弇州用尽。天下才共一石，公可谓得其八斗矣。"② 四库馆臣则称"自古文集

---

*　本文为教育部后期资助重大项目"王世贞诗文集文献学研究"（项目编号：19JHQ004）、江苏省社科基金项目"王世贞与中晚明文学流派关系研究"（项目编号：18ZWC002）、"兰州大学'一带一路'专项项目资助"（项目编号：2018ldbryb006）阶段性成果。

**　魏宏远，兰州大学文学院教授，曾出版专著《王世贞文学与文献研究》等。

①　王锡爵：《王文肃公文集》卷六《太子少保刑部尚书凤洲王公神道碑》，明刻本，第30b页。

②　张燮：《书弇园八记后》，黄宗羲编《明文海》卷三〇三，涵芬楼钞本，第7b页。

之富，未有过于世贞者"①。王世贞以诗文集量多而享有盛名，那么，其诗文集是如何被后世不断理解和接受的？其诗文集各文本之间存在什么样的关系？王世贞本人对其诗文集的理解与刊印者又有哪些错位？王世贞少时怀有"以文鸣世"之志，为实现这一夙愿，其笔耕不辍，创作出大量诗文作品。就体量而言，有人说"若干卷"，有人说"百余卷""百五十卷""四百余卷""五百余卷""千余卷"，还有人说"数十万言""几千万言""为言也兆亿靡量"②。科举中第后王世贞结交李攀龙，文学思想发生了转变，对早年作品进行了大规模删改和销毁，有些作品如《凤洲笔记》、明钞本《弇州山人续稿》（下文简称《续稿》）、《凤洲笔苑》等是在王世贞不知情或文本"失控"的情况下传世的，为此，对这些作品的使用应非常小心，尤其是王氏诗文集的多文本性、重复性、累积性和派生性更值得关注。

一　目录中的王世贞诗文集

章学诚说目录有"辨章学术，考镜源流"之功效，余嘉锡视之为"学术之史也"③。就王世贞诗文集的目录著录来看，"叙录"和"小序"缺失，且目录中存在失录、信息错误、版本、藏地不详、著录分散等问题，如果仅靠目录很难深入理解其诗文集的具体情况，尤其是不同文本之间的关系。

诗文集种类多，卷帙浩繁，重复率高，修改幅度大，作品间关系复杂，这些构成了王世贞诗文集研究的难点。目录书对王世贞诗文集的著录或言之不详，或信息有误，书目之作多以记载实际藏书或著录者经眼作品为主，对卷数、版本、藏地等内容多有缺漏，如《传是楼书目》《八千卷楼书目》《善本书室藏书志》等。有些书目的著录较为含混，理解起来有一定难度，如《国史经籍志》卷四著录"王氏札记二卷""短长二卷"

---

① 永瑢等：《四库全书总目》下册卷一七二，中华书局，1965，第 1508 页。
② 范淳隆《谡先生笔记后》称："先生著述几千万言，宝秘石室，尚未示人，笔记之刻，特沧海见余波耳，未足尽见先生也。"（王世贞《凤洲笔记》，明刻本，第 1a~1b 页）
③ 余嘉锡：《目录学发微》，商务印书馆，2011，第 34 页。

"宛委余编十九卷"，《澹生堂藏书目》著录"宛委余编十九卷"。这几部作品今天已难见到，但《弇州山人四部稿》（下文简称《四部稿》）却有收录，那么，这些单行本与《四部稿》是何种关系？是先有单行本，然后被编入《四部稿》，还是先有《四部稿》，后来这些单行本又被分离出来？仅靠目录书中的著录难以解答。与之相应，有些书目信息有误导性，只有见到实物印本才能纠正书目中的错误，如钱谦益《绛云楼书目》卷三著录："内阁首臣传原本"后注"王世贞"，再后接"凤洲笔苑""嘉靖阁臣志"，并注"李廷机纂"，再接"秋官景行志""讳志"①。这样的著录令人生疑，似乎"凤洲笔苑""嘉靖阁臣志"为李廷机编纂，且"秋官景行志""讳志"与《凤洲笔苑》同为独著，据《澹生堂藏书目》，李廷机著有"《皇明阁臣录》八卷，四册""《皇明名臣录》四卷，四册"②。最近我们发现了王世贞《凤洲笔苑》实物印本，才搞清"凤洲笔苑"与"嘉靖阁臣志""秋官景行志""讳志"并不是单行的专书，《凤洲笔苑》卷一、卷二为"嘉靖阁臣志"，卷三、卷四为"秋官景行志"，卷五至卷八为"讳志"。钱谦益应该是据实物印本来撰写《绛云楼书目》，从著录来看似乎其未见《凤洲笔苑》实物印本。因《凤洲笔苑》属稀见本，故《弇州史料》（后集）卷四〇《秋官景行志序》（上下篇）标题下小字注："此先生之刑法志也，惜有叙，缺稿。"说明董复表、陈继儒等也未见到《凤洲笔苑》一书。《嘉靖阁臣志》所纪为嘉靖朝阁臣传，《秋官景行志》为刑部官员立传，《讳志》包含权奸、狙恶、阴险、愎暴、贪婪、阿党、怀贰、叛逆、妖幻等内容，每一目下都有任职官员传记，如卷五"权奸"收录杨宪、万安、焦芳、张彩、刘宁、夏言、严嵩等传。《凤洲笔苑》有些篇目被《国朝献征录》选录，题下注"弇州别记"或"弇州别集"，如《国朝献征录》卷一六"张文忠公孚敬传"题下注"首辅传"，即源于《嘉靖以来首辅传》（以下简称《首辅传》），后接"又张孚敬传"，即源于《凤洲笔苑》，其实此二文是王世贞为张孚敬所作传的初稿和定稿。《国朝献征

---

① "内阁首臣传原本"，应指王世贞《嘉靖以来首辅传》，这里的"原本"或为王氏原稿。
② 黄虞稷《千顷堂书目》卷一〇、万斯同《明史》卷一三四、徐乾学《传是楼书目》也有著录。

录》卷一一"胡惟庸"题下注"弇州别集",即源于《凤洲笔苑》卷七"叛逆"①。说明《凤洲笔苑》又名"弇州别记"或"弇州别集",似乎与王世贞《弇山堂别集》有关联。王世贞将全集取名"四部稿""续稿""别集"有多种考虑,其间也有"弇州集""弇州正集"等名目。"正集"是指《四部稿》《续稿》,"别集"有与"正集"相对之意。《弇山堂别集》行世较晚,或以"别稿",或以"别集",或以"外集"称之,李贽《续藏书》卷二六《尚书王公》称"弇州别集",过庭训《本朝分省人物考》、傅维鳞《明书》、林之盛《皇明应谥名臣备考录》中的王世贞传也有"弇山堂别集"之说。王世贞有时也用"外集"称之:"仆《外集》百卷,多载国朝事。"② 王锡爵《神道碑》沿用了这一说法:"先是《四部》外,有《弇州外集》者,出贾人手,稍增损驳乱其间。"③ 可见"弇州外集"就是《弇山堂别集》。周中孚《郑堂读书记》云:"其称《别集》者,盖弇州诗文有《弇山堂正集》,而此则以朝廷典故比一代实录,故别于诗文之外而称之曰《别集》,盖不知诗文之当称'别集'也。"④ 文献学所言"别集"与"总集"相应,王世贞并非不知此意,而是另有寓意。

王世贞诗文集的目录著录很难起到"考镜源流"的作用,若不深入研究,很难察知文本的演变过程,如《国史经籍志》卷四称"《史乘考误》十一卷",《石匮书》卷三七也说"《史乘考误》十一卷"。《史乘考误》在一百八十卷本《四部稿》仅三卷,在一百九十卷本《四部稿》增至七卷,后来又从《四部稿》分离出来,在收入《弇山堂别集》时增至十一卷。在

---

① 《国朝献征录》卷一三"陈文""万安"题下注"弇州别记";"大学士陈公循传(附王文)"题下注"弇州别集",源自《凤洲笔苑》卷六"愎暴";卷一四"尹直""焦芳传""刘宇"题下注"弇州别记";卷一五"内阁大学士蒋公传(蒋冕)""席书""翟銮"题下注"弇州别记";卷一六"方公献夫传""李时"题下注"弇州别记";卷六三"左金都御史宁杲传(真定)"、卷六七"张龙"、卷六八"徐正传"题下皆注"弇州别记",即皆源于《凤洲笔苑》。

② 王世贞:《弇州山人续稿附》卷五《邹孚如》,明刻本,第 3b 页。

③ 王锡爵:《王文肃公文集》卷一《弇州山人续稿序》,第 12b 页。《太子少保刑部尚书凤洲王公神道碑》称:"《四部》有后集,未刻;有《别稿》未删定,藏于家。"(王锡爵:《王文肃公文集》卷六,第 30b 页)

④ 周中孚:《郑堂读书记》卷一九,民国间《吴兴丛书》本,第 24b 页。

与友人信函中王世贞称："《史乘考误》共续成十二卷，在《别集》百卷中。"① 在写给另一友人信函中又说："仆《外集》百卷，多载国朝事，其弹骘《史乘误》仅十三卷耳。"② 不过《弇山堂别集》所收十一卷《史乘考误》可能是书商为了凑足百卷而进行了整合③。然而《弇州史料》又将《史乘考误》十一卷压缩为十卷，《续通志》卷一五八、《续文献通考》卷一六七记载"《史乘考误》十卷"。王昶（嘉庆）《直隶太仓州志》卷五三说："《史乘考误》十卷……皆胪举讹传，一一考证，已载入《弇山堂别集》中，此其单行之本也。"④《澹生堂藏书目》云："《史乘考误》八卷，《家乘考误》二卷。"说明被压缩成十卷的《史乘考误》有单行本行世。王世贞诗文集在目录学著述中多无"叙录"或"解题"，考察一书之源流会有很多困难。

诗文集种类繁多，为了将之统摄在一起，王世贞颇费一番心力，自称运用了《七略》体例，分"赋""诗""文""说"四部，云："集所以名'四部'者，赋、诗、文、说为部四耳，亦《七略》遗例也。"⑤《七略》分六艺略、诸子略、诗赋略等六部，是书的分类而非文的分类⑥。在《七略》"六分法"后，郑默《魏中经簿》有了"四分法"，此后荀勖《晋中经簿》分甲部、乙部、丙部、丁部四部，后来李充《晋元帝四部书目》更换乙部和丙部位次，确立了经、史、子、集四分法，"四分法"是书的分类，《四部稿》并未遵循"《七略》遗例"，从作品性质来看《四部稿》应归入《七略》"诗赋略"，且《四部稿》中"赋、诗、文、说"四部关系并不稳定，经常有单行本分离出来。

现代学者也对王世贞诗文集有所著录，如姜公韬《王弇州的生平与著

---

① 王世贞：《弇州山人续稿附》卷四《孙太常》，第11b 页。

② 王世贞：《弇州山人续稿附》卷五《邹孚如》，第3b 页。

③ 今通行本《弇山堂别集》为百卷，王世贞《弇山堂别集小序》却称："编次成秩，凡九十余卷，携来金陵署中。"

④ 王昶：（嘉庆）《直隶太仓州志》卷五三，《续修四库全书》第697 册，上海古籍出版社，2002，第105 页。

⑤ 王世贞：《弇州山人续稿》卷一八二《徐孟孺》，明刻本，第20a 页。

⑥ 姚明达《中国目录学史》："'辑略'之为《七略》总目也无疑。"（商务印书馆，1957，第64 页）王世贞撰《弇州山人续稿》卷六八称胡应麟："筑室山中，后先购书四万余卷，分别部类，仿佛刘氏《七略》而加详密。"（明刻本，第18a 页）

述》一书有《弇州著述考》，卓福安博士学位论文《王世贞诗文研究》附有《王世贞著作版本》，两者误漏较多。孙卫国《王世贞史学研究》一书有《王世贞著作目录表》，郦波《王世贞文学研究》一书也有《王世贞作品年表》，这些著录虽对王世贞诗文集进行了穷尽式的搜集，但仍有遗漏，如胡应麟编选、陈继儒校订《王凤洲律诗选》十二卷、明钞本《弇州山人续稿》三十二卷、《卮言倪》八卷、《弇州山人题跋》七卷、《国朝纪要》十卷、《凤洲文钞注释》四卷等皆失录。此外，著录不详较为普遍，如《艺苑卮言》一书，韩国、日本藏有四卷本，陕西图书馆、国家图书馆藏有六卷本，日本大阪大学藏有隆庆元年八卷本，此外还有十二卷本、十六卷本、《卮言倪》八卷本，多种书目对《艺苑卮言》著录信息不全，若要获知详细版刻或藏地，需查阅多家图书馆书目或对实物印本进行目验。2012 年许建平编著《王世贞书目类纂》一书，序称："将世界二百零一家图书馆收藏的王世贞著述的版本目录汇集成书，内容五千余条，是全球王世贞著作目录、版本收辑的集大成。"① 书中利用现代网络技术，对全球各大图书馆进行了检索，注明馆藏，便于查找，但书中重复较多，使用起来仍有不便。许建平、郑利华主编《王世贞全集·前言》罗列王世贞各单行本一百余种，对单行本与全集的关系也有关注，然而是先有各单行本，后入全集，还是先有全集，后来单行本又从全集中分离出去？单行本与全集有哪些异同？这些仍是目前王世贞诗文集研究的难点。

二　传记文献中的王世贞诗文集

目录被誉为"书传"，却因"题录""小序"的缺失，书目中对王世贞诗文集的著录难以满足现代学术的需求。作为文章大家，王世贞以诗文影响一代世风，王锡爵称："一时士人风尚，大类王伯安讲学之际，而公（王世贞）之变俗有加焉。"② 王世贞著述等身，其行状、年谱、碑志等传记文献对其诗文集的种类、卷数以及文本间的关系多有著录，不过语焉不

---

① 许建平：《王世贞书目类纂·编纂说明》，凤凰出版社，2012，第 1 页。
② 王锡爵：《王文肃公文集》卷六《太子少保刑部尚书凤洲王公神道碑》，第 23b 页。

详，甚至著录错误。记录传主诗文集是碑传书写的一项内容，王士骐《明故资政大夫南京刑部尚书赠太子少保先府君凤洲王公行状》说王世贞"著有《弇州四部稿》行于世，《续稿》与前垺，外有《续琬琰录》、《觚不觚录》、《朝野异闻集》及《别稿》之未删定者藏于家"①。这里所列《皇明名臣琬琰录》二十四卷是王世贞编选之作，而《续琬琰录》《朝野异闻集》今已不见，不过钱谦益《绛云楼书目》卷三有"王世贞《续增琬琰录》"的著录。王锡爵《太子少保刑部尚书凤洲王公神道碑》云："《四部》有后集，未刻，有《别稿》，未删定，藏于家。"②"后集"就是《续稿》，其实《续稿》之后还另有《弇州山人续稿附》（下文简称《附集》），王士骐发现其父散佚《续稿》，于是补刻《附集》十一卷。陈继儒《王元美先生墓志铭》云："公集后有《弇州四部》《续稿》《琬琰录》《觚不觚录》藏于家。"李贽《续藏书》、过庭训《本朝分省人物考》、傅维鳞《明书》、查继佐《罪惟录》称王世贞"所著曰《弇州四部稿》《续稿》《弇州别集》《觚不觚录》若干卷"。《四部稿》《续稿》《别集》是王世贞三大诗文集，传记文献多有记载。吴士奇《皇明副书》称王世贞"所著有'弇州集'五百余卷。自国朝典故以及稗官野史，无不搜集，从古著作之士，未有若斯之富者"③。上海图书馆藏《弇州集》一百九十卷，这里所言"弇州集"或指王世贞全集。尹守衡《明史窃》称王世贞"所著诗、赋、文、说凡四部，百五十卷，可百余万言，《卮言》二十余卷"。这一数字源于王世贞《四部稿》卷一一八《徐子与》，王世贞说自己"全稿""百五十卷"时，《四部稿》尚未定稿，而"《卮言》二十余卷"是将《艺苑卮言》与"附录""别录"合在一起的数字。林之盛《皇明应谥名臣备考录》称王世贞"所集《琬琰录》《金虎集》《海岱集》《幽忧集》《弇山堂小录》《明野史汇》《少阳丛谈》《丁戊小识》诸书甚夥。其最传者《弇山四部稿》《弇山续稿》《弇山堂别集》"。所列除了《四部稿》《续稿》《别集》外，其他今已不见。赵宏恩（乾隆）《江南通志》称王世贞"所

---

① 王士骐：《明故资政大夫南京刑部尚书赠太子少保先府君凤洲王公行状》，《王凤洲先生行状》，明刻本，第47b页。

② 王锡爵：《王文肃公文集》卷六《太子少保刑部尚书凤洲王公神道碑》，第30b页。

③ 吴士奇：《皇明副书》卷八一《王世贞》，上海图书馆藏清钞本，第24b页。

著有《四部稿》《续稿》《明史料》等书",《明史料》或许是《弇州史料》。程穆衡《娄东耆旧》指出王世贞"所著书极富,世多有载邑志者:《纲鉴会纂》《首辅录》《国朝纪要》《琬琰录》《弇州四部稿》《弇州续稿》《弇山堂别集》《画苑》,后人又摘《四部稿》中入史者,曰《弇州史料》,共千余卷"。这里的《纲鉴会纂》较为复杂,或为托名之作①;《首辅录》应为《首辅传》,版本众多;《国朝纪要》十卷,序文云:"近《弇州堂别集》所载帝统与诸公侯百官表序,颠末颇详,如《盛事》《异政》所编,未尽关大政,而时亦有及世穆两庙事,前编所未及者,复为抄附之,凡十卷。"②《弇州史料》是摘选《四部稿》《续稿》《别集》《笔记》《觚不觚录》《国朝丛记》等而成一百卷;《画苑》为《王氏画苑》,共十卷,是王世贞选编画论的汇编。沈辰垣《历代诗余》中王世贞小传称其"有《弇州山人四部正续稿》百余卷",其实是由苏文韩所选编的《四部稿》《续稿》选本,共一百一十五卷。此外,在一些序跋中也载有王世贞著述情况,如陈文烛《弇山堂别集序》云:"余习元美,尝窃窥其青箱,则尚有《弇园识小录》《三朝首辅录》《觚不觚录》《权幸录》《朝野异闻》,此枕中之秘,尚不以示人也。"这里《三朝首辅录》就是《首辅传》,而《弇园识小录》即《弇山堂小识》。钱大昕《弇州山人年谱》称王世贞"(嘉靖)三十七年戊午三十三岁","在青州任……又撰次朝廷典故为《丁戊小识》,后更为《识小录》,即《弇山堂别集》之初稿也"。钱谦益《绛云楼书目》卷三记载:"《弇山堂别集》十六册","《王氏丁戊小识》十五册",说明《弇山堂别集》成书后仍有《丁戊小识》传世,其规模与《弇山堂别集》体量相当。王世贞《弇山堂识小录》序云:"余谬不自量,冀欲有所论著,成一家言……初起嘉靖丁未,至戊午凡十二年,得

① 万斯同《明史》卷一三四著录:王世贞《纲鉴会纂》六十九卷;《历朝纲鉴会纂》三十九卷,署"琅琊王世贞凤洲编";《凤洲纲鉴》二十二卷,署"琅琊王世贞元美父纂,吴郡陈仁锡明衡父订,吴郡吕一经非父校",又名《重订王凤洲先生会纂纲鉴》;《纲鉴标题纂要》十二卷,署"王世贞汇选,张艾重订";《袁王加批纲鉴汇纂》三十九卷,又名《袁王纲鉴合编》《袁王加批纲鉴汇纂》,前有两序,一为熊明遇《袁王纲鉴汇纂熊序》,一为王世贞《袁王纲鉴汇纂王序》;《新刻明朝通纪会要纂》七卷,首叶题"王凤洲会纂、钟惺编定、陈继儒批点、王政敏订正"。
② 王世贞:《国朝纪要》,明刻本,第1a页。

者曰《丁戊小识》，而最后有所增益，书成而藏之弇山堂，重题曰《弇山堂识小录》。"①"识小录""丁戊小识""别集"这些书名的变化反映出王世贞不同时期思想观念的转变，其《少阳丛谈序》云："余抱牒秋官郎，则以其燕有《丁戊小识》焉。"《丁戊小识》为《弇山堂别集》的"起源性文本"，《弇山堂别集》经历了一个漫长的成书过程。

　　整体来看，王世贞诗文集的种类、卷数，其本人、家人、亲友及同时代者都未厘清，尤其卷数更是模糊，胡应麟称"至《四部》二稿出，而古今著述尽废于我明矣。其为卷也四百有奇，其为言也兆亿靡量"②；陶望龄说"近世王元美氏所著复四百五十卷"③；俞安期说"弇州前、后、别集者，凡四百余卷，言几二百万"④。简单来说，《四部稿》一百八十卷（另有一百七十四卷和一百九十卷）、《续稿》二百零七卷、《弇山堂别集》一百卷（与《续稿》有两卷重复），仅此三书就四百八十五卷左右。此外，《凤洲笔记》二十四卷、续集四卷、后集四卷，《凤洲笔苑》八卷，《嘉靖以来首辅转》八卷，其中《凤洲笔记》续集四卷又被收入一百八十卷《四部稿》中，改名为《燕语》，后集四卷史论和策也被收录《四部稿》中，如此《凤洲笔记》只能算二十四卷，再加上《凤洲笔苑》八卷、《首辅传》八卷，这样共计四十卷；《附集》十一卷；明钞本《续稿》三十二卷，除去与刻本《续稿》《附集》重复的内容，大约有四卷⑤；《弇州史料》除去与其他著述重复内容，仅剩《国朝丛记》六卷、《觚不觚录》一卷，这样算来，王世贞诗文集总量在五百四十七卷左右，这虽不是其诗文集的全部，却成为其诗文集的主要内容⑥。

---

①　王世贞：《弇州山人四部稿》卷七一《弇山堂识小录》，明刻本，第 10b～11a 页。

②　胡应麟：《少室山房类稿》卷八一《弇州先生四部稿序》，文渊阁《四库全书》补配文津阁《四库全书》本，第 3b 页。

③　陶望龄：《陶文简公集》卷三《漱六斋集序》，《四库禁毁书丛刊》集部第 9 册，北京出版社，1997，第 249 页。

④　俞安期：《翏翏集》卷一《愍宗（有序）》，《四库全书存目丛书》集部第 143 册，齐鲁书社，1997，第 10 页。

⑤　参见张艳红《王世贞著作文本关系研究》，硕士学位论文，兰州大学，2018。

⑥　《王世贞诗文集文本关系研究》统计出王世贞诗文集总卷数为 536 卷。拙文《王世贞〈弇州山人续稿〉成书、版本考》（《上海大学学报》2014 年第 2 期）统计卷数为 446 卷左右，重复作品算一篇还是两篇，这是王世贞诗文集总卷数难以统计的重要原因。

记载传主诗文集是王世贞碑传书写的一项内容，不过多数情况下书写者对传主诗文集并未认真核查，记录较为模糊。王世贞年谱中也有其诗文集的记载，较之碑传、方志文献更为翔实，如清人王瑞国《琅琊凤麟两公年谱合编》、钱大昕《弇州山人年谱》，今人黄如文《弇州先生文学年表》、徐朔方《王世贞年谱》、郑利华《王世贞年谱》，这些年谱多以作品系年①，然而在诸多年谱中，王士骐等所编纂《王凤洲先生行状》一直未被利用，不能不说是一件憾事。2016 年周颖编著《王世贞年谱长编》，附"王世贞著作简目"，仍较为简略，缺乏版本考证。

三 丛书中的王世贞诗文集

同一作品表现形式不同，其所受关注的内容也会有变化。就王世贞而言，胡应麟提出要"尽参其集"，即从整体上理解和把握其诗文集："两王公（王世贞、王世懋）笔札间推毂济南不容口，其面论不同乃尔。盖两公于李交厚，董狐之评不无少曲，而其指往往寄寓他文中。初学不尽参其集，未易悟也。"② 在公共话语空间王世贞"推毂济南不容口"，私下对其却颇有微词，其真实"意图""往往寄寓他文中"，因此，要理解王世贞需"尽参其集"，然而王世贞诗文集体量大，藏本又不易得，后人在理解和接受时主要是通过选本和丛书，这种碎片化理解和接受容易造成以"部分王世贞"替代"整体王世贞"的现象。

王世贞诗文集的理解和接受有多个向度，编刊者新印本的推出使后印本成为前印本的最好阐释，同时系列丛书又建构出新的接受"语境"，对原文本产生新的表征意义。王世贞诗文集主要有三种接受方式：其一，单行本或全集本；其二，选本；其三，丛书本。王世贞各单行本有近百种，有的是先单行后入全集，有的是先入全集后又分离单行，前者如《艺苑卮

---

① 据《中国历代人物年谱考录》（中华书局，1992）记载：王元钧《王世贞先生年谱》、吕明《王世贞年谱订补》、徐鑫之《重订王世贞年谱》、吴晗《王世贞年谱》。经核查，这几部年谱都未见。

② 胡应麟：《少室山房集》卷一〇六《书二王评李于鳞文语》，文渊阁《四库全书》补配文津阁《四库全书》本，第 17a 页。

言》等，后者如《弇州山人题跋》《弇州山人续稿碑传》等。《四部稿》《续稿》又有多种选本，如沈一贯辑编《弇州山人四部稿选》十六卷、顾起元选编《续稿选》三十八卷、张汝瑚纂《王弇州集》二十卷、乔时敏辑《王元美先生文选》二十六卷、李维桢注《续刻凤洲王先生文抄注释》四卷、《重锲凤洲王先生文抄注释》四卷、陆弘祚阅《弇州山人文抄》十二卷等。选本是王世贞诗文集被接受情况的实物呈现，也是王世贞不断被"文人化"的展现，反映出的往往是选者的眼光和思想。

　　丛书与选本不同，丛书通过新"语境"的建构展现出对王世贞诗文集的重新理解和接受。在丛书中王世贞不断被建构成"文章家"，如《皇明茅鹿门王弇州二大家文抄》，序文云："辞达之旨畅极于鹿门，修辞之则大阐于弇园，真所谓斗局手也。"这一丛书是针对茅坤与王世贞被"衡文者至歧而二之，号为大家，而各立门户，则犹未能定于一也"，而将文学思想、宗法对象有别的二人放在一起，茅坤一卷，王世贞二卷，茅坤年长，排名靠前；王世贞影响大，选文居多。李衷纯辑王世贞、郭子章"论"而成《王郭两先生崇论》七卷，李之椿序称王世贞"执七子牛耳，宇内呼为王长公"，而郭子章地位才华与王世贞"不甚相远，其制作均高迈无敌。是论以两先生崇，非两先生以论崇也"。也有人将王世贞与李攀龙合在一起，选《南北二鸣编》二卷，朱孟震云："王中丞元美，名在海内称七子，又其最称李、王，谓于鳞与公视弘正间献吉、仲默也，今士大夫交口传诵其诗篇，如灵蛇夜光，洋溢中外。"① "李何"与"李王"齐名，于是《四杰诗选》辑李梦阳、何景明、李攀龙、王世贞四家，由李希禹梓行。与此相类的则有《皇明四大家诗选》《皇明四大家文选》等。邹元标选《皇明五先生文隽》二百零四卷，其中李梦阳八卷、李攀龙七卷、王世贞一百一十五卷、汪道昆三十二卷、屠隆四十二卷，书中未选何景明诗文，王世贞却占全书一半以上，五人影响之高下由此可见。此外，又有姚佺《嘉隆七才子诗选》、陈继儒《七才子诗集》（和刻本）、李攀龙选《明七子诗选注》。陆弘祚批选《皇明十大家文选》，李梦阳排名第一、王世贞排名第二，其中《空同文选》四卷、《凤洲文选》四卷，其后《阳明文选》三

---

① 朱孟震：《河上楮谈》卷二《王中丞》，明刻本，第8a页。

卷，茅坤、王维桢、董份、汪道昆、李攀龙、王慎中、唐顺之各二卷。此类"二大家""四大家""五先生""七才子""十大家"等丛书将王世贞放在七子派复古系统中予以理解和接受，而由碑传文献所塑造的王世贞"道德家""政治家"的传记形象逐步被丛书所塑造的"文章家"形象取代。当然，有些丛书是就某类专题选王世贞作品，如《学海类编》选王世贞《全唐诗说》《诗评》《文评》三种，也侧重文学方面。在王世贞不断被"文人化"的丛书中，《艺苑卮言》选本较多，如王启原编《谈艺珠丛》，序云："辑历代诗话之尤雅者，自梁钟记室仲伟至国朝黄县丞汉铺，凡二十四家，标其目曰《谈艺珠丛》。"《艺苑卮言》被选入其中，此后《和刻本汉籍随笔集》《历代诗话续编》《明诗话全编》《全明诗话》《明诗话新编》等也将《艺苑卮言》收入其中。新的接受形态彰显了丛书编刊者对原文本的新理解和新阐释，且这一阐释又不断被后世强化。日本、韩国一些丛书也收有王世贞选本，如长泽规矩也《和刻本汉诗集成》《和刻本汉籍文集》，收录《弇园咏物诗》一卷、《弇园摘芳》二卷、《弇州先生尺牍选》二卷、《弇园诗集》八卷；《日本所编明人诗文选集综录》收有《弇州先生尺牍解》二卷、《弇州尺牍纪要》二卷等①。

　　选本中的王世贞除了"文章家"形象外，还有"博学家"的一面，沈节甫以"务博好奇"编选《纪录汇编》，虽有"冗杂""好奇"之弊，但选王世贞诗文集却有六种之多，如《明诗评》四卷、《名卿绩纪》四卷、《张司马定浙二乱志》一卷、《安南传》二卷、《凤洲杂编》六卷、《锦衣志》一卷。《张司马定浙二乱志》《安南传》俱出自《四部稿》，其余出于《凤洲笔记》，作为"削稿"的《凤洲笔记》在丛书中获得了与《四部稿》等同的地位。《丛书集成初编》《丛书集成续编》《丛书集成三编》《丛书集成新编》收录王世贞诗文集十四种②，这些文本主要源自《四部稿》和《凤洲笔记》，而《首辅传》原为单行本。《丛书集成》以"实用"和"罕

---

① 参见陈广宏、侯荣川编著《日本所编明人诗文选集综录》，广西师范大学出版社，2018，第146~153页。
② 包括《锦衣志》一卷、《明诗评》四卷、《全唐诗说》一卷、《文评》一卷、《词评》一卷、《列朝盛事》一卷、《凤洲杂编》六卷、《觚不觚录》一卷、《安南传》一卷、《张司马定浙二乱志》一卷、《文章九命》一卷、《名卿绩纪》四卷、《嘉靖以来首辅传》八卷、《史记短长说》二卷。

见"为编选原则，将流传少、实用性和学术性强作为选择标准。收入丛书中的单行本就其内容而言并无太大变化，然而同样的作品放在不同的位置，形成了新的文本群，显示出编刊者对原文本的不同理解和接受，呈现出一种新的语境性存在。

选本是一种新的批评，被选入丛书的王氏诗文集通过新语境的建构被寄寓了编刊者对原文本的新理解，同时又与其他文本建立起新的连接。新文本群的建立也催生出新文本意义的生成。通过选本可推测出选者是从何角度来理解和接受王氏诗文集的。当然，《纪录汇编》《丛书集成》呈现出的是作为"博学家"的王世贞，而其他选本则多将王世贞定格为"文章家"。

四　王世贞诗文集的累积与派生

王世贞诗文集不断增删变动，反映出其在不同时期对自己作品的不同理解，且理解之间存在错位。从《凤洲笔记》《四部稿》《续稿》到《附集》，体量由少到多，不断扩展。王世贞早年诗集名为《王副使集》，俞宪序说："太仓王元美……今官山东按察副使，与予同乡同官，又同年子也。故所酬赠为多，裒集止此，盖特引其端尔。间有全刻数种藏于家，览者当并得之。"[1] 王世贞与俞宪酬唱之作被刊印时其"官山东按察副使"，为嘉靖三十五年（1556）[2]，此时已"有全刻数种藏于家"。后来王世贞又有多种单行本推出，如《丙辰奉使三郡稿》《阳羡诸游稿》《游太和杂稿》《伏阙稿》《入楚稿》等。再后来俞宪刻《续王凤洲集》，序文称："客岁尝刻其诗一卷，李于鳞道过予舍，其以所刻不多为歉。今年春阴，瞿山人来，忽得全集七册，各体咸备，盖其生平之所有，而予心亦始餍矣！是岁隆庆辛未三月既望，是堂山人无锡俞宪再识。"[3] 这里"全集七册"，虽未明具体卷数，但透露出隆庆辛未（1571）王世贞已有"全集"，且"各体咸备"，或为《四部稿》初稿。《四部稿》是王世贞自己编订的诗文集，整

---

① 俞宪：《盛明百家诗集·王副使集》，《四库全书存目丛书》集部第 306 册，第 466 页。
② 参见郑利华《王世贞年谱》，复旦大学出版社，1995，第 104 页。
③ 《盛明百家诗集·续王凤洲集》，《四库全书存目丛书》集部第 308 册，第 300 页。

合了若干单行本及《凤洲笔记》的大部分内容，经由"六十卷""八十余卷""百五十卷""百七十余卷"到"百八十卷"的扩展过程。在写给友人的信函中王世贞不断谈说自己的诗文集，"鄙作凡六十卷，《谈艺》四卷，记朝事两种，种各廿卷，尔时尽出之"。诗文集六十卷时《艺苑卮言》仅四卷，而"记朝事两种"或为"皇明盛事述""皇明异典述""皇明异事述"中的某两种。殷都《刻王先生笔记叙》说王世贞"笔记如干卷，盖王元美先生削稿也。……然不佞侍先生最久，间窥二酉之藏，其所撰著诗文合四部八十余卷"①。此序作于隆庆三年（1569）②，此时王世贞诗文集"合四部八十余卷"，已开始依据"四部"框架来整合编排。此前俞宪所见"全集七册"可能是六十卷或八十卷的《四部稿》。《四部稿》不断累积，后来增至"百五十卷"，在与友人信函中王世贞云："今已五十，前路足可知……了得全稿诗、赋、文、说凡四部，百五十卷，可百余万言。只《卮言》诸录亦二十余卷，不作旧郏莒赋也。"③"全稿"增至"百五十卷"时《艺苑卮言》"附录""别录"并未编入《四部稿》，"亦二十余卷"。后来王世贞又与友人多次谈说《四部稿》，云："弟校集凡赋、诗、文、说部，将百三十万言，得百七十余卷，异时更得玄晏一序，便足忘死矣。"④ 再后来王世贞提出："今年梓拙稿成，得百八十卷。"⑤ 此时"百八十卷"《四部稿》已定稿，汪道昆序文云："不佞三从元美问籍，元美犹然逡巡，及其茝四岳而籍始传，盖倍于鳞者六之五。其分部者四，其卷百八十，其策六十有奇。自昔成一家言，未有若此之富者也。"⑥ 综上，《四部稿》经历了由少到多的变化，其间有"全刻""全集""全稿"之称，先有各单行本，然后又不断累积成全集。

《四部稿》作为王世贞早年诗文集，完成后又不断调整，出现了一百八十卷本（另有一百八十卷《弇州正集》）、一百九十卷本、一百七十四卷本三种版本，在调整过程中有些内容被剔除，剔除内容又扩展出新的文

---

① 王世贞：《凤洲笔记》，第 1a~1b 页。
② 黄美中《凤洲笔记序》署"隆庆己巳（1569）春王正月十日"。
③ 王世贞：《弇州山人四部稿》卷一一八《徐子与》，明刻本，第 14a~14b 页。
④ 王世贞：《弇州山人四部稿》卷一二一《张助甫》，明刻本，第 23a~23b 页。
⑤ 王世贞：《弇州山人续稿》卷一八九《陈玉叔》，明刻本，第 1b 页。
⑥ 汪道昆：《太函集》卷二二《弇州山人四部稿序》，明刻本，第 18a 页。

本。"皇明盛事述""皇明异典述""皇明异事述"进入一百八十卷《四部稿》后又不断扩展，在一百八十卷《弇州正集》中，"皇明盛事述"三卷，"皇明异典述"三卷。后来在一百九十卷《四部稿》中，"皇明盛事述"三卷，"皇明异典述"五卷，"皇明异事述"一卷。再后来又有了"皇明盛事述"三卷，"皇明异典述"五卷，"皇明异事述"一卷单行本。此后"三述"仍不断扩展，在《弇山堂别集》中，"皇明盛事述"五卷，"皇明异典述"十卷，"皇明异事述"四卷。

《续稿》也经历不断扩展的过程①。在与友人信函中王世贞云："昨因病，检出数年来诗文一百余卷，掌故、杂事七十余卷。"这里的"掌故、杂事七十余卷"或为《弇山堂别集》。在与赵汝师信函中王世贞说："区区《续集》将二百卷，在肖甫处，鱼豕之讹，不胜雠校，将来不免求椽笔一叙之，亦名根未铲之证也。"②在与张肖甫信函中又云："以兄命，使吏人录弟《续稿》，并稗史之类，共二百三十卷。"③这里的"稗史"或为《弇山堂别集》。《续稿》卷数不断增加，至王世贞去世前其整理出的《续稿》超过了二百二十八卷，"检丙子（1576）至庚寅（1590）三月终，诗可二十八卷，文可二百余卷，录置箧笥，自今以往，便当兀坐茅斋，袖手卷舌，婆娑桑榆之日，以俟大期"④。《续稿》刻成时仅二百零七卷。后来王士骐在卖饧者担头发现其父文稿，遂刻成《附集》十一卷，这样《续稿》与《附集》合在一起共二百一十八卷。

王世贞诗文集各单行本与全集不断离合派生，这一点《艺苑卮言》与《宛委余编》尤为明显。《艺苑卮言》不断累积扩展，从四卷到六卷再到八卷，八卷本编入《四部稿》时，另有"附录"四卷，"附录"后又有"别卷"，即"宛委余编"。在《艺苑卮言》编入《四部稿》后，出现了《艺苑卮言》与《宛委余编》《燕语》名目混淆情况⑤。《宛委余编》为《艺苑卮言》派生文本，王世贞最初并无这一写作计划，因《艺苑卮言》涉及名

---

①　参见拙文《王世贞〈弇州山人续稿〉成书、版本考》，《上海大学学报》2014 年第 2 期。

②　王世贞：《弇州山人续稿》卷一九四《赵汝师》，明刻本，第 12a 页。

③　王世贞：《弇州山人续稿》卷三一《张肖甫》，上海图书馆藏明钞本，第 5b 页。

④　王世贞：《弇州山人续稿附》卷四《刘绍兴介黴》，第 15b~16a 页。

⑤　参见拙文《王世贞〈艺苑卮言〉实物印本考覈》，《兰州大学学报》2018 年第 6 期。

物太多，只好将这些内容分离出来。《宛委余编》也存在由四卷到六卷、再到十卷、再到十九卷的扩展过程。王世贞云："秋来校正拙集鱼豕之误八百余字，增入说部六卷，所谓'卮言别集'者，易之曰《宛委余编》，而斥《盛事》《异典》别行之，公家赐小珰宫姬事亦增录矣。"① 全集完成后又增入"说部"六卷"卮言别集"，后更名"宛委余编"，并将"盛事述""异典述"分离出来。在八卷单行本《艺苑卮言》卷七王世贞云："余故有《艺苑卮言》六卷……间于二藏遗编小有所沆瀣，或时绎腹笥之遗，合之别成二卷，曰'艺苑卮言附录'。"此序署"丁卯冬日世贞叙"，说明隆庆元年（1567）"艺苑卮言附录"仅二卷②。这篇序文收入《四部稿》本《艺苑卮言》时又有了较大改动，云："间于二藏遗编小有所沆瀣，或时绎腹笥之遗，合之别成四卷。晋游以后，复日有所笔，因更益之为十卷，最后里居复得六卷，名之曰'宛委余编'。"③《艺苑卮言》又派生出"附录"四卷，后更名为《宛委余编》。《宛委余编》由"二卷""四卷""十卷"再"复得六卷"，最后入《四部稿》为十九卷④，这显示出王世贞诗文集不断扩展的特性，也造成《艺苑卮言》与《宛委余编》纠缠不清。在与友人信函中王世贞云："拙集四月未可全就，今先寄《艺苑》二十五卷，《盛事》《异典述》六卷。"⑤ 这里二十五卷《艺苑卮言》颇令人费解，其实是《弇州正集》中十三卷"艺苑卮言别录"再加上八卷《艺苑卮言》及四卷附录的内容。此后《艺苑卮言》又从《四部稿》分离出来，衍生出十二卷、十六卷单行本。十二卷本是《艺苑卮言》八卷本再加上附录四卷；十六卷本是十二卷本再加上《宛委余编》前四卷。后来《艺苑卮言》又派生出若干摘选本，如《卮言倪》《国朝诗评》《全唐诗说》《文评》《曲藻》《词评》等。

---

① 王世贞：《弇州山人续稿》卷一八二《徐孟孺》，明刻本，第19b~20a页。
② 参见王世贞《艺苑卮言》卷七，明刻本，第1b页。
③ 王世贞：《弇州山人四部稿》卷一五六《宛委余编一》，明刻本，第1a~1b页。
④ 徐朔方《王世贞年谱》："'上书浮系招提'，指隆庆六年为父申冤，客居京郊得四卷，隆庆四年山西按察使任上增为十卷（原四卷在内），同年九月后丁母忧里居又得六卷，以上共十六卷。另三卷作于郧阳任，合计十九卷。"（徐朔方：《徐朔方集》第2卷《晚明曲家年谱》，浙江古籍出版社，1993，第635~636页）
⑤ 王世贞：《弇州山人四部稿》卷一九〇《徐子与方伯》，明刻本，第3a页。

　　王世贞意图以诗文量多来获得文化资源，强占文化资本，然而大量作品问世后其又不断对自我作品进行删改或销毁，其曾"以疾几死，乃稍稍删次所为诗若文"，于是"诸当得去者，庚戌而前三岁，可十之九；壬子而前二岁，可十之四；最后至丙辰，十乃不得二矣"①。对《少阳丛谈》的删次也是如此，其序文云："此书已削稿，或有散见他帙者，第存其名以见志云耳。"②《少阳丛谈》全部被删弃，仅少数诗文散见他集。科举中第后王世贞又自悔少作，云："世贞二十余，遂谬为五七言声律，从西曹见于鳞，大悔，悉烧弃之，因稍劙刬下上，久乃有所得也。"③嘉靖三十五年（1556）王世贞又"取先后稿大芟洗"④，在编成三十二卷《金虎集》后又"以俟他日删定"⑤。后来王世贞编次青州任所作诗文为十二卷，取名《海岱集》，后又"削稿"。一方面诗文集不断扩展，另一方面又不断删削，这一现象源于王世贞早年求名太急，晚年自悔少作，誓弃"笔研"，而作品却多于早年。除自我删削外，也有些作品意外亡佚，如《毁论》一书，谈迁《枣林杂俎》记载："《毁论》十本，系先生（王世贞）手书，无副刻，常熟钱牧斋乞于吏部者，秘不示人。辛卯九月书室灾，不存，惜哉！"⑥王世贞有些作品今已不存，如《朝野异闻集》《天言汇录》《明野史汇》《权幸录》等；当然，也有些作品转入其他诗文集，如《谥法通纪》三十卷，序文云："予尝有《谥法通纪》三十卷，列其凡而序之，所以标先王制谥之本旨与历代沿革轻重之变略备矣。"⑦三十卷的作品最后压缩保留下来仅六卷，即《弇山堂别集》卷七十"谥法一"至卷七五"谥法六"。

---

① 王世贞：《弇州山人四部稿》卷七一《王氏金虎别集序》，明刻本，第6a页。王圻《续文献通考》卷一八二记有《金虎集》。

② 王世贞：《弇州山人四部稿》卷七一《少阳丛谈序》，明刻本，第16a页。

③ 王世贞：《弇州山人四部稿》卷一二三《上御史大夫南充王公》，明刻本，第14b页。

④ 王世贞：《弇州山人四部稿》卷一一八《徐子与》，明刻本，第3a页。

⑤ 王世贞：《弇州山人四部稿》卷七一《王氏金虎集序》，明刻本，第5b页。

⑥ 谈迁：《枣林杂俎》科牍《王元美读书后·毁论》，《丛书集成三编》第73册，台湾新文丰出版公司，1997，第179页。查慎行《人海记》卷下"毁论一炬"也有类似记载（参见查慎行《人海记》，清咸丰间刻本，第5a页）。

⑦ 王世贞：《弇州山人续稿》卷四九《谥法考序》，明刻本，第19a页。嵇璜《续通志》卷一二〇："明王圻《谥法考》所载《明通用谥法》，大要本于王世贞《谥法通纪》，其有释义者皆阁籍也。"（清光绪二十七年［1901］上海图书集成铅印本，第5b页）

五 王世贞诗文集的讹误与重复

刊印者对王世贞诗文集的理解和接受呈现出矛盾性：一方面对其诗文集大量刊印，另一方面又校勘不精，错误较多。尤其是刊印者并不尊重著者原意，造成文本的"失控"。王世贞声名隆盛，殷都《刻王先生笔记叙》称："半辞只字，流传人间，至为纸贵。夫剖荆山之璞则片玉见，采合浦之珠则纤颗必撢，岂直连城照出，为世物宝已哉！此削稿所为梓尔！"①"半辞只字"为贵，王世贞"削稿""初稿"和"未定稿"得以传世。四库馆臣却认为《凤洲笔记》"盖当时摘选之本也，然命名诗文曰'笔记'，其称名可谓不伦"。《续文献通考》卷一九三也说："至黄美中编《凤洲笔记》二十四卷、续集四卷、后集四卷，沈一贯有《弇州稿选》十六卷，虽意主别裁，而弃取未能皆当。"其实《凤洲笔记》既非"笔记"，也非"摘选本"，而是殷都所言"王元美先生削稿也"。作为"削稿"的《凤洲笔记》刻本中存在诸多缺陷：脱、衍、倒、讹等，如卷一一《王侍制祎》后脱《刘布衣仔肩》《刘布衣绩》《唐应奉肃》《唐侍讲之淳》四则；卷十一叶四（右半）"张汀州宁"一则与叶三同，为衍文；卷一一叶一"曾少詹启"与叶三"评曰"同，为衍文；卷一一叶三"浦舍人源"之"评曰"后为倒文。据《纪录汇编》补《刘布衣仔肩》《刘布衣绩》《唐应奉肃》《唐侍讲之淳》阙文如下：

> 刘布衣仔肩，字汝弼，鄱阳人。刘布衣绩，字孟熙，山阴人。评曰：仔肩清丽，颇识选体；绩更煜煜妍雅，法长吉歌行，虽有时誉，终难名家。
>
> 唐应奉肃，字处敬，山阴人。高帝时为翰林应奉，以侍食不敬，谪役濠阳。唐侍讲之淳，字愚士，肃之子也。洪武末，方孝孺荐为翰林侍讲，所著有《平居稿》《文断》诸书。评曰：应奉和雅，侍讲清

---

① 王世贞：《凤洲笔记》，第 1a 页。

丽，足称奕世之美。若曰诗家正源，盖未挹也。①

续修四库全书本《凤洲笔记》是据北京大学图书馆藏明黄美中刻本影印，书中卷二二标注"原缺第十七、十八叶"，其实标注中所缺的两叶在卷二一第十七、十八叶，而真正缺失的是卷二一第十七、十八叶，为《武臣谥》后半内容及《谥及三代》全文与《父子得谥》一文标题，可据《纪录汇编》补。《凤洲笔记》虽为"削稿"，对了解和还原王世贞早年文学活动及学术思想却有重要意义，如卷一《读徐昌谷诗》有"大历固所友，建安乃吾师"一联，在《四部稿》卷一四《读李献吉何仲默徐昌谷三子诗》被删去，友"大历"而师"建安"与《明史》所言王世贞"诗必盛唐"有很大距离。

《凤洲笔记》的刊行未获得王世贞许可②，明钞本《续稿》的传世也不是王世贞本意，这一文本与明刻本《续稿》、《附集》有较多重复，作为明刻本《续稿》的"起源性文本"，明钞本《续稿》还未整理却保留了王世贞初稿原貌，不过存在诸多缺陷，如卷三《陈于韶先生卧雪楼摘稿序》与《胡元瑞绿萝馆诗集序》和《水竹居诗集序》三文错简，《陈于韶先生卧雪楼摘稿序》一文第四叶"护格者虞藻"至"余既用于韶"，被置于《胡元瑞绿萝馆诗集序》第二叶；而《水竹居诗集序》第三叶"之化而江汉之间"至"则居然大国之赋宜"的内容，被置于《胡元瑞绿萝馆诗集序》第四叶。此外，明钞本《续稿》、明刻本《续稿》与《附集》相同篇目存在诸多异文。《附集》本为《续稿》的一部分，因明刻本《续稿》部分文稿丢失，后补刻《附集》十一卷，而《附集》也出现脱、衍现象，如卷八《书苏子范曾论后》第"十三"叶"失义，法不足取天下"后阙文，至次文《书贾谊传及苏轼所著论后》第二叶"恶者在遣功臣列侯就国而已"才有文，缺两个半叶。《附集》卷一一《读大学》有"今天下家喻，

---

① 王兆云编《皇明词林人物考》卷二："刘公名仔肩，字汝弼，鄱阳人。""公名绩，字孟熙，山阴人。《凤洲笔记》云仔肩清丽，颇识选体；绩更煜煜妍雅，法长吉歌行。"（明万历间刻本，第29b页）朱彝尊《明诗综》卷一六："王元美云侍读清丽，足称奕世之美。"（清乾隆间刻本，第23a页）
② 参见拙文《王世贞〈凤洲笔记〉献疑》，《学术交流》2012年第5期。

人习若五经，而朱子独表章之"一句，为衍文；同样明刻本《续稿》卷一《静姬赋》"性而行见憎，后进以谗赐退"，也为衍文。

王世贞诗文集卷数难以统计的原因是存在"多文本"，这也是著者与编刊者对其诗文集理解错位，同一作品在多种文本收录所致，如《续王凤洲集》有《春日过李三于鳞小饭（饮）》一诗，《凤洲笔记》卷一亦有收录，此诗收入《四部稿》卷二三，题目被改为《春日过李三于鳞小饮适谢茂秦至有怀伯承明府》；《凤洲笔记》卷一《答伯承新喻》在《续王凤洲集》及《四部稿》中"柳条今已绿"一句被改为"柳条霜又绿"。《四部稿》卷一七有《坐有石季伦金谷图事因与于鳞共赋新体一章》，此诗在俞宪《王副使集》中的题目为《赋得金谷园》。《凤洲笔苑》卷三《秋官景行志序》（上下篇）在《凤洲笔记》卷六及《弇州史料》（后集）卷四〇中也有收录。同一作品在王世贞不同诗文集中收录时改动较大，有些甚至可视为两文，如《徐文贞公状略》在《续稿》题为《明特进光禄大夫柱国少师兼太子太师吏部尚书建极殿大学士赠太师谥文贞存斋徐公行状》，分上、中、下三卷，长达两万多字，收入《弇州史料》时被缩减为一卷，与前者相比，如同两文。另如"燕语"在《凤洲笔记》《四部稿》《弇山堂别集》《弇州史料》等中都有收录，在《弇山堂别集》《弇州史料》却有较多增删。

多文本意味着重复，王世贞诗文集重复情况又各不相同，值得关注的是《凤洲笔记》与《四部稿》的重复，《凤洲笔记》与《四部稿》相比可被视为初稿或前文本。《凤洲笔记》虽为王世贞"弃稿"，但大部分内容已收入《四部稿》，当然，也有一些作品收入《续稿》《弇山堂别集》《弇州史料》等。明钞本、明刻本《续稿》与《附集》及《读书后》《王弇州崇论》等重复情况也值得关注。《读书后》八卷、《王弇州崇论》七卷、《刻王弇州文部读史论辩》四卷是选本，陈继儒《新刊弇州读书后序》称："初刻《续稿》时，其间多所放失，偶有卖饧者，束残书置担头，取视之，则先生诗文数卷及'读书后'在焉。王冏伯得之惊喜，刻曰《附集》，藏于家，海内学士大夫不能数数见也。"① 王士骐发现其父诗文稿，于是挖补

① 王世贞：《弇州山人读书后》，明刻本，第1a页。

入明刻本《续稿》目录。《附集》目录补入明刻本《续稿》目录①，《续稿》却有目无文。明钞本《续稿》与《附集》有四卷重复，《附集》卷八、卷九"书后"及卷一一"读"与明钞本卷一九、卷二○、卷二一"书后"及卷一八"读"篇目同，排序也同。不过《附集》卷八在明钞本《续稿》中被分为两卷，即卷一九、卷二○。陈继儒等将《附集》四卷"读书后"摘出，同时"采《四部稿》中'书后'之文为一卷、《续稿》中'读佛经'之文为一卷、'读道经'之文为二卷，并为八卷重刻之"②。这样派生出《读书后》八卷，且编者对有些篇目及内容进行删节，如卷七《书李邺侯传后》一文删改较多；卷九《书西涯乐府后》也被删节。由《续稿》《附集》论辩文派生出《王弇州先生崇论》七卷、《刻王弇州文部读史论辩》四卷。李衷纯《王弇州先生崇论》序文称："悉取先生已刻《四部稿》中诸论及未刻读经、读史、读集之似论者，汇而成帙。"所选是《附集》中"读经、读史、读集"内容，《附集》与《王弇州先生崇论》相比，除了卷八《书张安世传后》、卷九《书曹世良书录山海经后》、《书改并五音篇后》、《书洹词后》四文外，其余"书后""读"皆被《王弇州先生崇论》收录。《王弇州先生崇论》收文151篇，其中95篇与《附集》同，同时删改《附集》篇名，如《李西涯》一文标题下附双行小字"集作《书李西涯乐府后》"，这里"集"即《附集》，后有评语："张成情曰：'王先生不自护短，而亟于见先达之长。'"《刻王弇州文部读史论辩》分"读""史论""论""辩"四卷，其中"读"25篇，除"读五代史""读元史"外，其余均见"读书后"卷五（《四部稿》卷一一二）；"史论"20篇，除《粘罕》（《凤洲笔记》后集卷二也有此篇）一篇与《四部稿》卷一一○"尼玛哈"有出入外，其余均合（此篇在《王弇州崇论》为《粘罕论》）。"论"4篇、"辩"5篇，见《四部稿》卷一一一"论四首""辩五首"。我们最新统计发现：钞本《续稿》共收录文部三十二卷，约640篇，其中有159篇近八卷内容刻本《续稿》未收录，未收录

---

① 参见拙文《王世贞〈弇州山人续稿附〉发覆》，《文献》2008年第2期。《弇州山人续稿附》卷二有"邹孚如临云楼藏稿序"，《弇州山人续稿》目录无此篇；《弇州山人续稿附》卷二无"陈玉叔"，《弇州山人续稿》目录《弇州山人续稿附》卷四存。

② 永瑢等：《四库全书总目》下册卷一七二，第1508页。

篇目主要为钞本卷七和卷一四的部分篇目，卷一八至卷二四的全部篇目以及数篇书牍。而刻本《续稿》未收录但《附集》收录的篇目有四卷，96篇，即钞本的卷一八至卷二一，仅钞本收录，刻本《续稿》及《附集》等著作均未收录的篇目有63篇，近四卷内容①。

《弇山堂别集》与《弇州史料》的重复尤为严重。因《弇州史料》中的《国朝丛记》《觚不觚录》未见他书，严格来说《弇州史料》并不是摘选之本。《四库全书总目〈弇山堂别集〉提要》云："其书专载明代典故，凡《盛事述》五卷，《异典述》十卷，《奇事述》四卷，《史乘考误》十一卷，《表》三十四卷，分六十七目，《考》三十六卷，分十二目。"② 董复表编撰《弇州史料》将王世贞诗文集中的史料收录在一起，《纂弇州史料引》云："因伏睹王弇州先生好言史……一二梓行之者，漫置诗文集中，卒为诗文所掩。海内拱璧先生之诗文，而莫举其史笔，其他传录又以避忌秘之，遂使先生一代大业若存若亡，一生苦心，几为乌有。爰不自揆，特揭而出之，与先生之诸秘录汇为此纂。"③《弇州史料》编刊者本想刊印王世贞未刊文稿，后发现所刻又被刊印，于是转以编纂当朝史料，取名"弇州史料"。《弇州史料》主要选自《弇山堂别集》《凤洲笔记》《四部稿》《续稿》《凤洲笔苑》等，少量选自《附集》《首辅传》。《弇州史料》一百卷，仅《国朝丛记》六卷、《觚不觚录》一卷未见他书。另有四篇（《台使监司失事之罚》《朝鲜安南封伐》《弘治二异》《万历二异》）目前还未能考察出具体出处。且《弇州史料》所收并非全为王世贞之作，卷六《贞靖周先生传》一文，见王世懋《王奉常集》卷一五文部（《明文海》此文不题作者），此文后附王世贞《周叔夜先生集序》④。《弇州史料》（后集）卷四〇《弇山堂别集小序》选自王世贞《续稿》卷四五，文后附《陈玉

---

① 参见《王世贞著作文本关系研究》。徐美洁《明钞本〈弇州山人续稿〉的辑佚与校勘》（《中国典籍与文化》2014年第3期）及拙文《上海图书馆藏明钞本〈弇州山人续稿〉考》（《图书馆杂志》2009年第5期）、《王世贞文学与文献研究》（上海古籍出版社，2017）统计数字不一。

② 《四库全书总目》卷五一，上册，第466页。

③ 董复表编撰《纂弇州史料引》，《弇州史料》，《四库禁毁书丛刊》，史部第48册，第429页。

④ 王世贞《弇州山人续稿》卷五〇末句为"掇而弁其集之首，学道纪言，别有叙"，《史料》末句为"掇而题其传之后"（后注：王世贞又题）。

叔序》一文，是陈文烛为《弇山堂别集》所撰序文，非王世贞之作，此后又附《弇州拟修史说》，每段之后小字注"见策""见汉书序""见疏稿"，即选自《四部稿》卷一一六《策四首·湖广第三问》，《续稿》卷四四《汉书评林序》、卷一六〇《题辩疏后》。

要之，唐宋时期以"孤篇压盛唐"、靠几首作品就可以获得文坛地位、甚至天下传名的情况在王世贞的时代已不可能，随着明清文化的不断累积，依靠大量诗文作品及丰富的文史知识才能获得文化资本。王世贞以诗文量"多"取胜，通过大量作品问世来建构个人文化形象，以便获得丰富的社会文化资源。近年来王世贞诗文研究不断升温，而著述量大，藏地分散，全集尚未整理等原因，增大了研究的难度。通过对王世贞诗文集累积性、派生性以及文本重复性关系的耙梳，可以为王世贞研究提供一份文献清单。尤其是对王世贞诗文集的使用应首先从整体上把握，否则就容易以偏概全，以"部分王世贞"替代"整体王世贞"。整理王世贞诗文集是一项艰巨的任务，其中较为困难的问题是各诗文集之间彼此纠缠的关系以及诗文重复、总卷数难以厘清等问题，从目前掌握的文献来看王氏诗文集大概有五百四十七卷。王世贞早年不断刊印诗文集，意图通过大量文本的经营和运作来获得文化领导权，其诗文集为其掌控文权、成为一代文宗起到了助推作用。

（本文原刊于《文学遗产》2020 年第 1 期）

禅宗"机锋"与锺惺诗的标新[*]

李　瑄[**]

内容提要　竟陵派诗歌虽一问世就备受恶评，但在当时诗坛却迅速流行。其之所以被广泛接受，善于推陈出新当为重要原因。考察锺惺诗的创新思路，可见禅宗"机锋"的影响。机锋即通过不符常规乃至不合逻辑的方式打破日常思维局限，刺激人们感知事物的"本来面目"。锺惺敢于改造主流文学价值标准、大胆地以俗为雅，应与此相关。他诗歌中种种令人瞠目的出格形式，如逻辑矛盾、主客倒置等，也充满借助佛教思维建立诗歌新貌的"机锋"。上述某些特征已在宋诗中有所表现，限于晚明诗坛扬唐抑宋的风气，竟陵派并未出面为宋诗正名，但在客观上其对宋诗接受应有所推动。晚明士林好佛习禅蔚然成风，因而佛教对诗学的影响方面尚有不少空间值得研究者开拓。

关键词　锺惺　"以禅说诗"　"险夷"　《楞严经》

竟陵派诗歌从明末清初以来备受恶评，钱锺书作《谈艺录》，虽然就锺、谭评诗成绩屡有发覆，却仍袭用高兆"伯敬诗集无一篇佳者，而论诗颇有合处"① 之说，谓"锺谭辈自作诗，多不能成语"，"取法乎上，并下

---

　　*　本文为国家社会科学基金重大项目"易代之际文学思想研究"（项目编号：14ZDB073）阶段性成果。

　**　李瑄，女，四川大学中国俗文化研究所教授，曾出版专著《明遗民群体心态与文学思想研究》等。

　　①　高兆：《与汪舟次》，载周亮工《尺牍新钞》二集卷九，《四库禁毁书丛刊》集部第36册，北京出版社，2000，第372页。

不得"①。然而与诗评家的指摘相左，锺、谭诗，尤其是锺惺诗一经问世即广为流行，却是不争的事实。天启二年（1622）沈春泽《刻隐秀轩集序》云："后进多有学为锺先生语者，大江以南更甚。"② 锺惺在世时已有"锺伯敬体"之目③，钱谦益也说："海内称诗者靡然从之，谓之锺、谭体。"④陈子龙云："汉体昔年称北地，楚风今日满南州。（原注：时多作竟陵体。）"⑤ 贺贻孙亦云："自锺、谭集出，而王、李集覆瓿矣。"⑥ 其风靡既如此迅速，对当时诗坛必然具有特别的吸引力，钱谦益概诋之为"承学之徒莫不喜其尖新、乐其率易，相与糊心眯目，拍肩而从之"⑦，恐不能服人。

考竟陵体迅速流行之故，应或有三。其一，偏向孤寒的情调契合了明末最后二十余年的社会心理氛围。其二，对拟古派与公安派流弊的反拨满足了当时诗坛的急切需求。其三，一种诗歌风貌且不论品格之高下，其流行的前提是提供新鲜特异的文字趣味。锺惺云："古人作诗文，于时地最近、口耳最熟者，必极力出脱一番。"⑧ 可见他对于创新是有强烈追求的。其文字的新鲜感应为吸引追随者的重要因素，称为"新警""生新"也好，"尖新"也罢，其新在何处，又从何出新？只有深入探讨其成因与底里，才能了解明末诗坛需求的实质，准确把握此期文学思潮的走向。

一　"以禅说诗"与"机锋"

陈广宏教授已从语词、结构、音律、修辞等方面细致分析过竟陵派诗

---

① 钱锺书：《谈艺录》（补订重排本），三联书店，2001，第 297 页。

② 锺惺撰，李先耕、崔重庆标校《隐秀轩集》"附录"，上海古籍出版社，1992，第 601 页。（本文《隐秀轩集》均为此版本，后文不再标注标校者。）

③ 参见锺惺撰《隐秀轩集》卷一七《潘稚恭诗序》，第 267 页。

④ 钱谦益：《列朝诗集》第 10 册丁集第十二，中华书局，2007，第 5360 页。

⑤ 陈子龙：《遇桐城方密之于湖上，归复நா访，赠之以诗》（其二），陈子龙著，王英志辑校《陈子龙全集》上册，人民文学出版社，2011，第 480 页。

⑥ 贺贻孙：《诗筏》，载郭绍虞编选《清诗话续编》第 1 册，上海古籍出版社，1983，第 198 页。

⑦ 钱谦益：《列朝诗集》第 10 册丁集第十二，第 5367 页。

⑧ 锺惺、谭元春：《唐诗归》卷三五，《四库全书存目丛书》集部第 338 册，齐鲁书社，1997，第 515 页。

文 "生涩奇拗" 风格的形成。语言形式背后总有思维方式的支持,钱锺书曾揭出竟陵派偏好 "以诗句作禅家接引话头参"①。锺惺的佛学修养尤其不弱,其论诗、作诗多掺入佛禅观念。考察禅宗语言观对锺惺诗学的影响,或可拓宽我们对其创新机制的认识。

锺惺是虔诚的佛教信徒。二十岁左右就 "讽贝典,修禅悦"②,后来念佛、长斋;临终前正式受菩萨戒,取法名断残,并发愿 "生生世世,愿作比丘、优婆塞"③。他声称 "读书不读内典,如乞丐食,终非自爨",涉猎《金刚》《楞严》《法华》及禅宗公案,精研《楞严》多年,"眠食藩溷皆执卷熟思"④。著《楞严如说》一书,自信 "有独诣,一扫从前注脚"⑤,在明清佛教界亦获认可⑥。

锺惺最常用的禅宗术语是 "机锋",可能受其座师雷思霈影响。他自称受教于雷思霈:"痛痒偶中,机锋相觑。"⑦ 雷氏过世后,他作悼亡诗云:"每于偶尔处,言下查其微。一往多寒色,将无近杀机。……理数寻常语,难参意外几。"⑧ 其所谓 "机锋" 大致包含三层意蕴。一是语言的非寻常化,即超出日常语言、逻辑语言之外,给接受者造成强烈的意义危机("杀机")。二是语言与意义的非直接对应("意外几")。妙理无法解释传达,只有抛弃对理性语言的执着,以变形扭曲的语言形式去刺激听者自己领悟。三是语言的随机性("偶尔"),认为非目的性言说比逻辑讲论更能开启微妙深邃之门。以上意蕴完全合乎禅宗 "机锋" 的用法。

"机锋" 是禅宗独特接引方式的比喻。机是弩机,锋为箭锋。弩机一触即发,迅捷无比,故无从把捉;箭锋犀利,触之即伤,故不可黏着。禅

---

① 钱锺书:《谈艺录》(补订重排本),第 311 页。
② 李维桢:《大泌山房集》卷二一,《四库全书存目丛书》集部第 150 册,第 755 页。
③ 锺惺撰《隐秀轩集》卷三〇《病中口授五弟快草告佛疏》,第 510 页。
④ 谭元春著,陈杏珍标校《谭元春集》下册卷二五《退谷先生墓志铭》,上海古籍出版社,1998,第 682 页。
⑤ 徐波:《遥祭竟陵锺伯敬先生文》,《锺伯敬先生遗稿》卷四附刻,明天启七年(1627)刻本。
⑥ 关于锺惺与佛教的关系,参见拙文《锺惺的佛教生活》,《中国诗歌研究》第 14 期,社会科学文献出版社,2017。
⑦ 锺惺撰《隐秀轩集》卷三四《告雷何思先生文》,第 548 页。
⑧ 锺惺撰《隐秀轩集》卷六《哭雷何思先生》,第 84 页。

宗以"不立文字、教外别传"为宗旨，否认语言可以传达佛法真谛，然而宗教传承又不可能彻底抛弃语言，于是他们采取否定达意性的言说形式——"机锋"来接引后学①。禅门机锋的基本特征如下。第一，不说破。汉月法藏云："禅以机锋快捷为事，而不究其所以为机锋之的旨。"② 能够说出的都不是第一义，越是努力用语言去描述，就越是受制于出语者自身的思维而陷入误解。大慧宗杲云："不爱说心说性者，只爱机锋俊快。"③机锋的功能不是告知答案，而是激发听者开悟。第二，峻利。机锋意在触动学人，故具有强烈冲击力，常被形容为"石火电光""奔雷""霹雳"。或因出人意料，刺激听者从思维定势中解脱出来；或由乖违常识，使听者惊骇之余觉悟到经验的不可靠；或由逻辑错乱，否定语言的表意性，打破依靠理性认识世界的局限。第三，快捷。《人天眼目》云："霹雳机锋着眼看，石火电光犹是钝。"④ 快捷是为了截断思维之流，不容许出语者思索拟议，避免理性建立的语意联系。简而言之，机锋是禅宗故意设置的语言变形，周裕锴教授谓之"有意识地将语言的荒谬性质推向顶点"⑤，以表面看来不着边际、颠三倒四、矛盾百出的荒谬语言，刺激学人从经验和理性建立的日常世界突围。

妙理不得自日常经验而得自机锋逗引的观念渗透到锺惺看待世界的方方面面。不但赠禅僧诗曰"地若曾来后，机县未到先"⑥，拜谒关帝祠也说"丘壑延神理，机锋豁怨衷"⑦。张良圯上受书被看作"行径顿殊，机锋相逗"⑧，观鱼联想到"禽鱼太无事，水石自为机"⑨。"机锋"意识亦渗入其文学语言观，《诗归》中以"机锋"评诗者不少，如评杜甫《两当县吴十

---

① 参见周裕锴《禅宗语言》，浙江人民出版社，1999，第 62~72 页。

② 汉月法藏：《弘戒法仪》卷下"进戒示语"第二十五，《卍续藏经》第 106 册，台湾新文丰出版公司，1993，第 1041 页。

③ 大慧普觉：《大慧普觉禅师普说》卷一五，《大慧普觉禅师语录》，《大正新修大藏经》第 47 册，台湾佛陀教育基金会，1990，第 872 页。

④ 慧岩智昭《人天眼目》卷三，《大正新修大藏经》，第 48 册，第 315 页。

⑤ 周裕锴：《禅宗语言》，第 66 页。

⑥ 锺惺撰《隐秀轩集》卷七《赠凡公》，106 页。

⑦ 锺惺撰《隐秀轩集》卷六《玉泉谒关祠》，第 79 页。

⑧ 锺惺撰《隐秀轩集》卷七《经下邳圯上受书处序》，第 102 页。

⑨ 锺惺撰《隐秀轩集》卷六《春日集韦氏郊园》，第 90 页。

侍御江上宅》“上官权许与”句云："权字画出老奸形神，许多机锋在内。"① 再如评常建《高楼夜弹筝》云："唐人作音乐诗，往往逗禅机。"② 此外以“禅机”“禅家妙语”“禅师机锋”等语为评者不一而足。

禅宗话语模式对锺惺诗歌评点有全方位影响。日本入矢义高教授认为，《诗归》在句间或句末插入评语，每人每首加总评的形式，与禅门语录的著语、评唱有深层相通的性质③。锺惺自称校订《诗归》是“何如日相对，心目发天机”④ 的过程，禅宗语言观决定了他对诗歌语言的基本看法，其评点语中引人注目的“说不出”“说不得”“不可说”“不说出”“不说破”“不说明”等语，组成一个“不说”系列，代表其凭借诗歌从体验的无限性与语言的有限性之间突围的意图。他认为最精深的体悟无法直接以语言表达，其评王维《酬张少府》云："透悟，说不出。" 评王维《汉江临泛》云："真境说不得。"⑤ 评杜甫《草阁》云："真境却说不出。"⑥ 评王昌龄《江上闻笛》云："所谓虚响之意、弦外之音，可想不可说。" 语言对应的是经过理性框定的有限世界，而人类心灵所能感知领悟的“真境”却在语言之外，是“说不出”的。由于语言无法直接对应“真境”和“透悟”，所以高明的诗人就选择了“不说出”“不说破”。古《捉搦歌》被认为“妙在不说出”⑦，杜荀鹤《出常山界使回有寄》被评为“妙在说不明”⑧，评王昌龄诗曰："龙标七言绝妙，在全不说出，读未毕而言外目前，可思可见矣。然终亦说不出。"⑨ 不说出则诗如机锋，只起触发逗引的作用，无尽的体验空间都留给读者，故曰："不说正意更深。"⑩ 锺

---

① 锺惺、谭元春：《唐诗归》卷一八，《四库全书存目丛书》集部第 338 册，第 299 页。
② 锺惺、谭元春：《唐诗归》卷一二，《四库全书存目丛书》集部第 338 册，第 228 页。
③ 参见〔日〕入矢义高《「詩帰」について》，《東方学報》1948 年总第 16 期。感谢郑妙苗博士帮忙查找日文资料。
④ 锺惺撰《隐秀轩集》卷一一《友夏见过与予检校〈诗归〉讫还家》，第 190 页。
⑤ 锺惺、谭元春：《唐诗归》卷九，《四库全书存目丛书》集部第 338 册，第 178、182 页。
⑥ 锺惺、谭元春：《唐诗归》卷二一，《四库全书存目丛书》集部第 338 册，第 340 页。
⑦ 锺惺、谭元春：《古诗归》卷一四，《四库全书存目丛书》集部第 338 册，第 50 页。
⑧ 锺惺、谭元春：《唐诗归》卷三四，《四库全书存目丛书》集部第 338 册，第 505 页。
⑨ 锺惺、谭元春：《唐诗归》卷一一，《四库全书存目丛书》集部第 338 册，第 210 页。
⑩ 锺惺、谭元春：《唐诗归》卷一九，《四库全书存目丛书》集部第 338 册，第 314 页。关于“不说”与“深”之间的关系，日本学者阿部兼也已经论及（参见〔日〕阿部兼也《「唐詩帰」詩評用語試探：「説不出」と「深」》，《集刊東洋学》1973 年总第 29 期）。

惺又云：

> 盖闻道之言，读者以为不可解，解则失之，而实有至理。语固有
> 不必解而至理存者，此类是也。知此乃可与言诗。①

"语固有不必解而至理存"即语言无法表达人类最深刻的体验，只有通过违背常规、逻辑的"不可解"之语将人们从日常经验中释放出来，才能给它显现的契机。禅宗机锋叩击真悟之门，诗的妙处在于引人入胜：二者领域虽不同，却基于同样的语言观。

锺惺的文字曾被尹嘉宾论为"大有机锋"，他只能承认"自知之而无可奈何"，又开解道："我辈文字，到极无烟火处，便是机锋。"②"极无烟火处"与"机锋"有何内在联系？锺惺曾说："就此机锋里，窥君静慧根。"③"极无烟火"与"静"语意相通，而"静寂"是锺惺心性修养论的核心④。他长期修习的《楞严经》把一切迷误归因于妄想："众生从无始来，生死相续，皆由不知常住真心、性净明体、用诸妄想。"⑤ 锺惺《楞严经如说》云："我因妄想，故久在轮回。佛因妄灭，故独妙真常。"⑥ 他把"永洁精神四字"⑦ 看作修养根本，反复强调"性情渊夷，神明恬寂"⑧，"精神久寂寞，盘薄见其天"⑨，"性灵渊然以洁，浩然以颐"⑩。精神虚静是领悟本体真如与感知万物真性的前提，由此看来，"机锋"与"极无烟火"和"静慧"的关联应当就是其扫除妄想、突破思维惯性的能力，即所谓"杀机"。

---

① 锺惺撰《隐秀轩集》卷七《赋得不贪夜识金银气序》，第 107 页。
② 锺惺撰《隐秀轩集》卷二八《答同年尹孔昭》，第 476 页。又见卷二八《与谭友夏》，第 473 页。
③ 锺惺撰《隐秀轩集》卷七《赠刘玄度孝廉为雷太史同年好友》，第 108 页。
④ 参见拙文《锺惺文学思想的佛学内核》，未刊稿。
⑤ 传般刺密谛译《楞严经》卷一，《大正新修大藏经》第 19 册，第 106 页。
⑥ 锺惺：《楞严经如说》卷四，《卍续藏经》第 20 册，第 835 页。
⑦ 锺惺、谭元春：《唐诗归》卷六，《四库全书存目丛书》集部第 338 册，第 151 页。
⑧ 锺惺撰《隐秀轩集》卷一七《简远堂近诗序》，第 249 页。
⑨ 锺惺撰《隐秀轩集》卷三《赠徐象一年丈并索其画》，第 29 页。
⑩ 谭元春：《谭元春集》下册卷二三《万茂先诗序》，第 623 页。

二 "杀机"：雅俗的突破

晚明文学思潮中公安、竟陵相承，皆立异于复古主流。公安如棒喝，以截断众流的力度涤荡复古风气；竟陵善机锋，破除旧习的同时建构新的语言方式。与公安派相比，锺、谭的文学主张表面看来更靠近传统，但仔细考察亦可见其破除旧习、改造传统的机巧。最突出的表现就是锺惺对雅俗关系的处理。

竟陵派所受訾议中，嘲笑其伧俗的意见很突出。陈子龙云其"居荐绅之位，而为乡鄙之音"①。冯班云："锺、谭如屠沽家儿，时有意黠，异乎雅流。""此君天资太俗，虽学亦无益，所谓性情，乃鄙夫鄙妇市井猥媟之谈耳。"② 王士禛评锺惺《早朝》诗为："如此措大寒乞相，乃欲周旋金华殿中，将易千门万户为茅茨土阶耶？"③ 锺惺一生宦途偃蹇，被讥为"措大寒乞相"尚不至诬；然而谓之"乡鄙""屠沽""市井猥媟"之"俗"，却关涉是否合乎中国古典诗歌的基本价值标准。雅俗之辨在晚明文苑十分敏感，严辨雅俗的主张占据批评界主流，而雅俗混同却在实际创作领域悄然流行。以竟陵派影响之巨，锺惺诗对雅俗关系的处理实有典型意义。

锺惺明确主张趋雅排俗。他以"真文雅、真风韵"④ 称颂邹迪光，以"精神堪警俗"⑤ 赞美刘芳节，以"神明恬寂，作比兴风雅之言"⑥ 规劝谭元春，以改变"牛鬼蛇神，打油定铰，遍满世界"⑦ 的诗坛风气自任。《诗归》标举"古人精神"⑧，高唱"进退古人，怡悦情性，鼓吹风雅"⑨，其以古为雅、回归风雅传统的取向是十分清楚的。

---

① 陈子龙：《答胡学博》，《陈子龙全集》下册，第 1408 页。
② 冯班：《钝吟杂录》卷三，清借月山房汇钞本，第 16a~16b 页。
③ 王士禛：《古夫于亭杂录》卷五，中华书局，1988，第 105 页。
④ 锺惺撰《隐秀轩集》卷一九《邹彦吉先生七十序》，第 305 页。
⑤ 锺惺撰《隐秀轩集》卷七《赠刘玄度孝廉为雷太史同年好友》，第 109 页。
⑥ 锺惺撰《隐秀轩集》卷一七《简远堂近诗序》，第 250 页。
⑦ 锺惺撰《隐秀轩集》卷二八《与王樨兄弟》，第 463 页。
⑧ 锺惺撰《隐秀轩集》卷一六《诗归序》，第 235 页。
⑨ 锺惺撰《隐秀轩集》卷二八《与井陉道朱无易兵备》，第 485 页。

　　然而"远近雅俗之间，有难言者"①，锺惺对雅俗关系的认识实不同于明代主流复古诗论。首先，他强调雅俗不可以形貌求之，唯得"古人精神"为真雅。东晋谢鲲放浪形骸，"肤者题之曰韵，曰不俗"，锺惺批评曰："不得古人所以不可夺，而漫然窃其任达之似，以求韵求不俗，岂不远哉？"② 意谓分别雅俗不可为形态所惑。其次，"雅"必须基于个体独立。俗语俚词入诗的袁宏道被看作"门风骚雅"③；袁宏道书法"不工"，在锺惺眼里却仍然"若千百年古物乍见于世"，具有雅的品格，因为"法古之伪者"不如"直写高趣人之意"④。最后，雅道与俗务并不必然冲突，"昔之趋向愈雅，而政治日以休明，世日以治，而其人未必不作高官；今之气分愈俗，而职务日以废坠，世日以乱，而其人未必尽登膴仕"⑤。决定雅俗的是人的精神取向。处理俗务心无挂碍反而有益于锻炼精神："簿书法令，本非粗事，且亦不能俗人，大人经世之实际，炼性之借资也。"⑥ 锺惺对雅俗关系的这些改造，尤其是"俗亦不必逃"⑦ 之论，是晚明士大夫生存状态的直接反映。由于士人阶层人数膨胀及职官制度的变化，仅凭门庭家世已很难保障社会地位和财富长久，晚明士人极少有能够远离俗务的优越环境。如何协调俗务与雅道，是以风雅自命者不得不面对的尴尬难题。锺惺基于晚明士人实际境遇，有意突破从形貌上分别雅俗的旧习，可谓当时文艺界的先锋。

　　这种对雅俗的突破在锺惺诗中有极鲜明的表现，例如刻意不回避生活中的俗态俗情，不惮以家事生计入诗：

　　　　我官已五载，田无数口余。于爵古中士，食愧上农夫。岂惟廉所致，治生术亦疏。则知不经济，理人将焉如？今年春不雨，有田尚可虞。金钱今虽涩，敢不为豫图？八月已涌贵，复如三月初。富儿利秋

---

① 锺惺撰《隐秀轩集》卷三五《题吴康虞逸初堂法帖后》，第570页。
② 锺惺撰《隐秀轩集》卷三五《又摘黄山谷题跋语记》，第566页。
③ 锺惺撰《隐秀轩集》卷九《又喜袁述之举孝廉》，第148页。
④ 锺惺撰《隐秀轩集》卷三五《跋袁中郎书》，第578页。
⑤ 锺惺撰《隐秀轩集》卷二八《寄答王半庵中丞》，第486页。
⑥ 锺惺撰《隐秀轩集》卷二八《报蔡敬夫大参》，第459页。
⑦ 锺惺撰《隐秀轩集》卷二《又蔡敬夫自澧州以诗见寄和之》，第15页。

旱，气骄色踟蹰。富者盗所寄，此辈壹何愚！俯仰犹缺然，宾仆尚我需。无仆身不逸，无宾心不娱。吾宁舍口腹，黾勉充尔虚。为备不暇远，明春多在都。余禄傥可接，举家半就餔。三党犹嗷嗷，临食独何吁！①

　　诗中非常细致地写到做官与家庭生计的关系，讨论理财和经济的具体细节，谈及春旱带来的额外困难，又解释仆役和宾客为什么是生活必需。一件件细细道来，锺惺为经营家计所花费之心力显然可见。这些金钱、劳逸的计较当然是俗的，但计较背后对家庭的担当却合乎儒道，此或其可以自解的"通人作俗事自有深意"②。他甚至毫不讳言仕宦的实际利害：

　　　　居官频道去，此语未为新。事小皆由我，情真岂告人。暗中营退步，久后信闲身。犹以贫而仕，无辞对老亲。③

　　此前恐怕没有谁在诗歌里权衡利害至于如此坦白。他说当官的人口谈辞官已成套路，其实有何不能自主？只是真情不可明言罢了。目前因为穷困仍徘徊仕途，可暗地里已经营退路。锺惺坦白得简直过分，似乎有意把世俗计较晾给人看，并不担心它会危及诗道之雅，此中何尝没有隐藏着挑战形貌之雅俗的心理动机呢？
　　再如，传统的自然风物书写多致力于表现高情雅趣，然而锺惺却把凡俗心态与超越精神有趣地并置在一起，以《天津早发》为例：

　　　　蠕蠕群动起，冉冉五更穷。去岸何由记，归帆不约同。舟行星影下，人梦水声中。计日从流上，朝朝仗顺风。④

　　诗中既写到宦游赶路、计算旅程"去岸何由记，归帆不约同"，祈愿

①　锺惺撰《隐秀轩集》卷二《籴谷》，第 22 页。
②　锺惺撰《隐秀轩集》卷二三《阮裕论》，第 432 页。
③　锺惺撰《隐秀轩集》卷九《又感归诗》，第 136 页。
④　锺惺撰《隐秀轩集》卷七，第 94 页。

路途顺利"计日从流上，朝朝仗顺风"，也有如幻如仙的"舟行星影下，人梦水声中"。现实生活中的小心谨慎与精神的渴望超越形成鲜明对照，反衬出世俗与心灵的双重状态。再如《九湾》：

> 若非蹈今涂，昨日险亦足。果然备层峻，蛇鬼犹踯躅。两崖穷登顿，相对不去瞩。稍焉历其巅，许身已平陆。俯仰前后视，乃知多岸谷。足迹信延袤，目境自蹙缩。鸿飞已青冥，背翮犹遭触。深薄警营魄，幽幻豁心目。①

起句从凡俗人涉险境的庸常计较开始，下二句在险怪气氛中透露着胆怯。五六句"相对不去瞩"似脱胎于王维"欲从人处宿，隔水问樵夫"，然而一仙一凡，情调迥异。"俯仰前后视，乃知多岸谷"写得过于笨拙，好像是故意凸显涉险者见识的局促；"鸿飞已青冥，背翮犹遭触"似乎在暗示现实中危机潜伏；直到最后才写到这次探险的震撼意义。锺惺有意传达凡夫俗子的感受，没有去夸张山水壮阔，而宁愿写出一个普通人遭遇险峻时的不适。这些诗在陈子龙、冯班等人看来不免带"乡鄙"之气，但恐怕更接近当时多数士人的实际体验。

此外，锺惺诗歌的语言明显有俗化倾向。他好用虚词使诗句意思流畅而明确②。一些流畅明快的句子非常接近口语，好像家常闲话：

> 南北路皆寒，之情非一端。同来有聚散，此别最悲欢。主反先宾去，君今送我难。叮咛弟与侄，看尔发江干。③

聚散之情以平易而直露的方式写出，絮絮叨叨的语感正好和别离时的伤感情调合拍。尾联更像朋友间说话，把送别的人情礼数都反映出来了。他有时甚至用家常说话写自然风物，如《雨后灵谷看梅花》：

---

① 锺惺撰《隐秀轩集》卷二，第 11 页。
② 参见陈广宏《竟陵派研究》，复旦大学出版社，2006，第 459～465 页。
③ 锺惺撰《隐秀轩集》卷六《之燕留别茂之，时孟和借予往，茂之南归》，第 87 页。

花时同所惜，各有看花情。念我三年客，于兹两度行。孤心多在雨，众意但言晴。水雪成香国，知从何树生？①

前三联都磨磨唧唧地自诉心曲，尾联突然提升到浑灏超逸的境界而贯通前面的絮叨，语言和境界的落差造成有趣的新奇感。

宋诗已有"以俗为雅"的作风。苏轼、黄庭坚的诗歌都有题材日常生活化和语言通俗化的尝试，并对雅俗互通的合理性有所论证。然而宋诗在明代极受排斥，锺惺本人也从未正面肯定过宋诗。《隐秀轩集》中多处言及苏、黄，其《摘黄山谷题跋语记》特意标出黄庭坚"视其平居无以异于俗人，临大节而不可夺，此不俗人也"②之论，则他的雅俗观有可能受到宋人影响。已有学者指出宋人的雅俗观源于佛禅思想③。锺惺长期的佛禅浸习早为其打下"平常心是道"的思想基础，所以对黄庭坚的议论一见倾心。他在刻意表现俗情方面比宋人走得更远；其语言之俗非如宋人对俗语词汇的"点铁成金"，未经修饰的俗情显示其审美观中容纳了更多非精英层士人的趣味。正如禅宗公案以"干屎橛""麻三斤"之类粗鄙事物对答"如何是佛法大意"的泼辣，把这些俗情俗语理解为锺惺故意设置来开发雅道的"杀机"亦无不可。俗化的题材和语言被锺惺纳入诗歌，反映了其文学思想中有意容纳世俗情态的取向，这与其标举精神之"雅"的理论主张并行。

三 "险夷"：经验的冲击

锺惺评布衣诗人陈昂诗云："一生穷老里，五字险夷中。眇矣至心眼，渊然具化工。"④ 主张通过险峻的语言打破人们的心理定式，在危机

---

① 锺惺撰《隐秀轩集》卷八《雨后灵谷看梅花》，第 119 页。
② 锺惺撰《隐秀轩集》卷三五《摘黄山谷题跋语记》，第 565~566 页。
③ 王水照认为，宋人的雅俗互通与佛教中观学派的"真俗二谛说"颇有相通之处（参见王水照主编《宋代文学通论》，河南教育出版社，1997，第 50~61 页）。周裕锴认为它是禅悦之风的产物（参见周裕锴《文字禅与宋代诗学》，高等教育出版社，1998，第 206~227 页）。
④ 锺惺撰《隐秀轩集》卷六《读林茂之所藏陈白云五言律七百首追赠》，第 87 页。

（"险"）与安定（"夷"）之间拉扯读者的心理感受，刺激其领悟自然妙理。他又说："宁生而奇，勿熟而庸。"① 《诗归》中以"奇"为评者不计其数，甚至评《陌上桑》云："奇调、奇思、奇语无所不有。"② 明显偏好破坏常规，刺激新鲜感受的诗。其自作诗也擅长拨弄机锋，激发读者探究的欲望。

锺惺诗常常有意设置理路不通的语言，如使用意义冲突的矛盾句：

> 山僧下山去，终亦不离山。客到县岩半，身如乱水间。轻裾云气共，孤杖涧声还。归路君当在，愁君闭竹关。③

此诗的首联、颔联和尾联均包含矛盾。这些句子要表达什么意图？从一般语言逻辑来看无从索解。矛盾再三出现，可见是诗人有意设置来冲击读者思维惯性的机锋。禅宗"第一义"被认为是不可言说的，逻辑语言只能表达常情俗见。要打破常情俗见对佛法的遮蔽，首先就要从破坏语言的逻辑性入手。因此禅宗公案中充满了信口掸扯、不知所云的问答。锺惺诗中的这些矛盾的性质、作用与此类禅宗公案类似，不向读者讲述自己的体悟，而是将其带入一个超离日常的世界，令其自去体悟理性经验之外的可能。

锺惺诗中有不少乖违日常生活经验的文字，如："波不在湖中，白非生雪上"；"潮响乱如一，渔灯远不无"；"天远雁无字，波闲鸥不群"；"曾在水边衣不湿，可知入火不能然"④。这些句子都有故意制造语义矛盾之嫌。水动生波，波不可能不在湖中；白为雪色，不在雪上又在何处？"潮响"之"乱"与"一"互相不容。"雁字""鸥群"被置于通常出现的背景中，却用了否定词。入水不湿、入火不燃，也不能以寻常物理视之。这些矛盾语和禅宗公案中那些乖谬的"颠倒语"一样，也有通过语言暴力来破坏经验理

---

① 锺惺撰《隐秀轩集》卷三五《跋林和靖秦淮海毛泽氏李端叔范文穆姜白石王济之释参寥诸帖》，第 575 页。

② 锺惺、谭元春：《古诗归》卷七，《四库全书存目丛书》，集部第 338 册，第 747 页。

③ 锺惺撰《隐秀轩集》卷七《迭浪岩寻伞山和尚不值遂登山顶》，第 106 页。

④ 锺惺撰《隐秀轩集》卷四《鸡鸣寺塔下看后湖雪》，第 47 页；卷七《射阳湖》，第 102 页；卷七《风止》，第 96 页；卷一四《桃花下见盆中水仙花开独妙》，第 218 页。

性的作用，意在使读者摆脱日常生活的限制而获得更自由的体验。

锺惺诗中比喻的奇特也很值得注意。有些文字本体和喻体性质差异很大，语义距离非常远，如："烟阁晴皆绮，山船晚似缝。"① 秦淮河晴霞烟阁明丽宜人，谁会从活泼往来的"山船"联想到缺乏美感的"缝"呢？这个奇怪的比喻突然把观察视角拉高拉远，把繁华热闹过滤成粗略线条，造成强烈的陌生感。再如："以此江中月，为君地下灯。"② 这个比喻意象非常奇特。中国古典诗歌中写水月的不计其数，或从其形态恍惚写虚幻之美，或从月映千江写超越之思。把视线往地下延伸，及于阴森幽冥的却几乎没有。此喻从当下观看贯通旷古生死，把时间由片刻拉伸至无穷；又上天入地，打通了阳界和阴界无边无际的空间；心理感受从可感可见的人间落入茫茫不可知的幽冥；地上与地下两个世界相互映照，其构思不能不说是出人意表而且非常大胆的。

这些比喻通过形象的冲突、语义的落差而获得新奇刺激的效果，和禅宗问答中的"活句"很像。宋诗中有"曲喻"一类，"喻依和喻旨之间分属两种迥异的经验领域"，与禅宗公案"违反常规语言的逻辑统一方面有相似之处"③。锺惺没有研习宋诗的记录，这样在异类之间寻找相似点，把无关之物强行并置的思路，恐怕还是来自他的禅悦熏习。

四 "转境"：主体的可能

禅宗注重对主体的开发，"机锋"的超乎寻常、变化莫测意在打破主体意识的禁锢，恢复其体悟的能力。锺惺沉醉《楞严经》多年，以如来藏信仰为其佛学基础，以"含吐十虚，弥纶万有，五目不能睹其形，四辩莫能谈其状"的"菩提涅盘元清净体如来藏心"④ 为修养目标，期望达到精神的自由无碍。他的诗中有一些特异的思路，亦以主体的精神自由为前提，如"居心转境"的物我关系。"居心转境"来自《楞严经》的"转

① 锺惺撰《隐秀轩集》卷六《五月三日秦淮即事》，第 74 页。
② 锺惺撰《隐秀轩集》卷七《郭景纯墓》，第 103 页。
③ 周裕锴：《文字禅与宋代诗学》，第 171、174 页。
④ 锺惺：《楞严经如说》卷一，《卍续藏经》第 20 册，第 765 页。

物"思想："一切众生，从无始来，迷己为物，失于本心，为物所转，故于是中，观大观小。若能转物，则同如来。"① "转物"意味着主体摆脱环境限制获得心灵独立，并由此驾驭外物。在传统的"感物起兴"诗论中，主体因受到自然的感染而发动情绪，是处于被动的②。锺惺对"同如来身心万物一体，圆而不偏，达物皆己，明而不昧，何物能迁动之"③ 的状态非常向往，由此产生"转境"意识，能够在连日苦雨中自称："以欣代厌，亦居心转境之一道。"④

"居心转境"在锺惺诗文中表现为主体精神强行驾驭客体事物。外在世界被主体心灵改变性状的例子随处可见，如虚实转换："曲岸川回翻似尽，遥天峰没却如空。"⑤ "曲岸川回"暗示自然的宛转多姿，"遥天峰没"暗示自然的隐约微妙，却收束于"尽"和"空"这两个理性到冷酷的抽象词汇。这时，自然在"道眼"观照之下，景物被摄入道心。更有意思的是锺惺题画诗对虚实关系的利用，如《秋日舟中题胡彭举秋江卷》：

> 澹远写秋江，秋意无起止。何曾见寸波，竟纸皆秋水。烟中过寒山，江净翻如纸。空色有无间，身在秋江里。⑥

首联、颔联写画中之景，颈联写景中之画，尾联似乎有意混淆画与景。以往题画诗多致力于描摹画中景，把画中景与景中画并置交替十分少见，此诗的虚实自由转换则制造出如幻如真的效果。

对立视角的反复转换在锺惺诗中十分常见。他喜欢从相反的角度去观察事物，如通过舟与阁的对看来写动静之辨，以《五月七日吴伯霖要集秦淮水榭是日雨》为例：

---

① 传般刺密谛译《楞严经》卷二，《大正新修大藏经》第19册，第111页。
② 周裕锴《法眼与诗心——宋代佛禅语境下的诗学话语建构》（中国社会科学出版社，2014）第三编第二章指出：宋人接受《楞严经》中的如来藏思想，强调"心"对"物"的支配地位，发展了"转物"型美学关系；但这一倾向在明代诗歌理论中没有多少回响，锺惺也没有特别留意到宋诗的这一特点。
③ 锺惺：《楞严经如说》卷二，《卍续藏经》第20册，第791页。
④ 锺惺撰《隐秀轩集》卷三《采雨诗》，第35页。
⑤ 锺惺撰《隐秀轩集》卷一〇《忠州雾泊》，第157页。
⑥ 锺惺撰《隐秀轩集》卷二，第9页。

　　五日棹秦淮，水阁曾未历。颇值风日晴，雨意殊未悉。我友越宿招，明朝宜小集。晨枕引檐声，微茫承溜滴。快兹烟雨趣，远山荡如涤。画舫如晨星，箫鼓非前日。鹢首晚偎倚，鸳鸯戢其翼。人情自寂嚣，景物胡欣戚？四座三方言，音殊旨或一。想昔舟行时，楼榭烟外积。远近阁中人，指视坐行立。轻舟疾于鸟，过眼云烟失。今兹坐绮阁，闲阅舟迟疾。从舟视阁中，延望当如昔。①

　　这首诗有两次舟岸视角对调，由"棹秦淮"到"集水阁"再到"想昔舟行"，一实一虚。第一次转换由于实际游观方式的变化，对立并不明显。第二次转换因"人情自寂嚣，景物胡欣戚？四座三方言，音殊旨或一"的感悟而发，特别突出舟与阁的视觉对立，并从对立的相互转换暗示对立本身的虚妄不真。

　　锺惺又曾利用山与云的关系来观察动与静：

　　吾闻山出云，岩则云之室。兹岩云所为，云与山为一。山云老亦坚，浮者化而实。初至怯空游，梯磴乃历历。下上于其间，步步可游息。石以云为神，云以石为质。石飞云或住，动定理难诘。草树过泉声，寻之莫可觅。②

　　云与山性质差异明确，一实一虚，一坚一浮，一动一静，诗人特别拈出这些差异，又试图打破其对立，使山与云混融一体，有意模糊虚实、坚浮、动静的界限。这一观照背后，是只有超越对立意识才能含摄万物本来面目，不至于为物所转的理念。

　　他在诗中亦写新故之辨如："远游接新知，新者难遽陈。乍归逢故识，故者番然新。"③ 先后之辨如："钟应山撞后，渠成水到时。此中机彀幻，未易使人思。"④ 荣衰之辨如："桃花没人事，青山又周之。花能红几日，

①　锺惺撰《隐秀轩集》卷二，第8页。
②　锺惺撰《隐秀轩集》卷三《飞云岩》，第25页。
③　锺惺撰《隐秀轩集》卷二《识谭友夏所寄书语》，第14页。
④　锺惺撰《隐秀轩集》卷七《见月得起句因而成篇》，第95页。

春山青无时。恒暂虽异数，幽艳理相宜。"① 多少之辨如："凉月白夏夜，意本贵孤疏。何为竹影之，反益其灵虚？物有时贵多，顾相得何如。"② 凉热之辨如："瞿瞿稼穑人，寒早实难结。此时山中士，引领望凉节。峨眉五台巅，盛夏积古雪。在地自为夏，高卑有燕粤。"③ 对立转换是佛教消除心体蔽障最常用的手段，《杂阿含经》云："世人颠倒依于二边，若有、若无，世人取诸境界，心便计着。……如来离于二边，说于中道，所谓此有故彼有，此生故彼生。……所谓此无故彼无，此灭故彼灭。"④ 只有超越观念的对立才能消除妄想。故《中论》云："不生亦不灭，不常亦不断。不一亦不异，不来亦不出。能说是因缘，善灭诸戏论。"⑤ 佛教中道观以打破对当下感受的执着、摆脱一己局限为目的。锺惺《楞严经如说》云："毛端含十方：小摄大，大入小；小中现大，大中现小；自在无碍，何舒缩大小之有？"⑥ 他的诗"句中对"尤其多，应该也和佛教思维相关：

> 苍翠与绀碧，绸缪以参差。往还阅凉燠，江山变秾凄。
> 戴实或履虚，置身有无际。欣慨交形神，俯仰失天地。
> 踊贵丝兼肉，争先步与轮。半帘亏蔽面，一舫去来身。⑦

在这些反复变幻的机锋背后，是诗人对万物间对待与转化的敏感，以及对生灭相续无常之理的领悟。

锺惺诗中还常见另一类字面意义不明的词汇。钱锺书先生注意到锺惺诗好用"声香"一词，"捋扯之汔再汔三"。"声香"一词不合常理，"声"表听觉而"香"表嗅觉，二者属于不同感官。钱锺书先生指出"声香"之

---

① 锺惺撰《隐秀轩集》卷三《牛首道中看人家桃花》，第33页。
② 锺惺撰《隐秀轩集》卷二《竹月》，第21页。
③ 锺惺撰《隐秀轩集》卷二《伏日颇热友夏寄近诗有雨甚寒甚不敢快幸语异而作此》，第22页。
④ 求那跋陀罗译《杂阿含经》卷一〇，《大正新修大藏经》第2册，第66~67页。
⑤ 传龙树菩萨造，鸠摩罗什译《中论》卷一，《大正新修大藏经》第30册，第1页。
⑥ 锺惺：《楞严经如说》卷二，《卍续藏经》第20册，第791页。
⑦ 锺惺撰《隐秀轩集》卷二《再过燕子矶作》，第8页；卷四《出山十里访水帘洞》，第51页；卷六《五月三日秦淮即事》，第74页。

成立，出于《楞严经》"六根互相为用"①。锺惺诗集中的确有不少"声香"用例，如："数步即花事，声香中外行。""数里声香中，人我在空绿。""人与花枝共明月，声香欲尽清辉发。"②佛教有"一入六净"的观念，即妙明真心与现象界交会，由眼、耳、鼻、舌、身、意六根，对应色、声、香、味、触、法六尘，产生眼、耳、鼻、舌、身、意六识。若能了悟心体本来清净，六根、六尘、六识皆由因缘合和而成，则心体犹如明镜映照万物，六根的差别就消失了。在心体元明的映射中，任何一根都能具六根之用，"阿那律陀无目而见，跋难陀龙无耳而听，殑伽神女非鼻闻香，骄梵钵提异舌知味，舜若多神无身有触……摩诃迦叶久灭意根，圆明了知，不因心念"③。此为《楞严经》"六根互相为用"说。在研习《楞严经》的过程中，锺惺对此一观念深有会心，其《楞严经如说》云：

> 外不由尘，内不循根，常光现前，即有鉴照。不过权托彼根，示有照明之相而已。虽不易耳目之用，而视听实不用耳目。则一根能作诸根用，此即入一无妄，彼六知根一时清净也。④

六根既可相互为用，则音与形自无阻隔，而声与香并置亦无障碍。锺惺还常用"声光""声容""香光"等词，也都是出于"六根互通"的思想："修廊界竹树，声光变远迩。""至梦反无喧，声光归一细。""是时宜月特不月，有意幻昧其声容。""雪月来谁识？香光借亦亲。""风雨半春留好日，香光二月出深寒。"⑤虽然"六根互通"的观念在宋代就进入了审美领域⑥，但像这样直接渗透到诗歌基本语素的例子还不多见。"竟陵之言既

---

① 钱锺书：《管锥编》，三联书店，2007，第 1700 页。

② 锺惺撰《隐秀轩集》卷三《三月三日新晴与客步看所在桃花》，第 32 页；卷四《城南古华严寺半就倾颓，奇为清崎，同一雨法师、徐元叹、陈盘生往访，诗纪冥游兼劝募复》，第 49 页；卷五《又见姬人临妆看镜中腊梅花》，第 64 页。

③ 传般刺密谛译《楞严经》卷四，《大正新修大藏经》第 19 册，第 123 页。

④ 锺惺：《楞严经如说》卷四，《卍续藏经》第 20 册，第 848 页。

⑤ 锺惺撰《隐秀轩集》卷四《游梅花墅》，第 41 页；卷四《出山十里访水帘洞》，第 51 页；卷五《吉祥寺松下夜歌和友夏》，第 58 页；卷九《瓶中梅影映壁上画梅影》，第 133 页；卷一〇《二月三日重过灵谷看梅》，第 173 页。

⑥ 参见周裕锴《法眼与诗心——宋代佛禅语境下的诗学话语建构》，第 141~162 页。

大行，明末篇什习用'声香'"①，这些初见之下不知所云的"六根互通"之词，给晚明诗歌带来了新的趣味。

结　语

以上考察了锺惺的"机锋"意识及其诗歌的种种出格之处，可以看到佛禅修养为锺惺的文学观塑造及写作提供了丰厚的思想资源。简而言之，"机锋"的功能有二。一是破坏，以捉摸不定的言辞破除既有诗学观念及写作范式的障蔽，恢复心灵的感知力。锺惺对晚明主流诗学雅俗关系模式的颠覆足见其锋芒犀利。其诗歌故意制造的矛盾、强行倒置的物我、恣意并行的根识，都刺激人们突破日常思维习惯和心理定势。二是出新，随机应变，不落言筌，制造出人意表的效果。"居心转境"的思路，使锺惺随心所欲地出入主客世界，其诗歌反复转换的视角、理路莫测的比喻，都造成强烈的陌生感，支撑起他"生而奇"的诗学追求。简而言之，受禅宗机锋影响的锺惺诗学，在致力于突破旧有规范限制的同时创造新的表现形式，对于厌弃了拟古浮词却一时无所适从的晚明诗坛来说，不能不富于新鲜的吸引力。

不可否认，由于锺惺有意借鉴佛教既有模式，其诗歌虽然富于出人意表的效果，却未免有刻意求新的痕迹。曹学佺批评其"清新而未免有痕"，锺惺亦不得不承认是"极深中微至之言"②。他被钱谦益讥刺为"思别出手眼，另立深幽孤峭之宗，以驱驾古人之上"③，不能算完全冤枉。然而，也许正是由于锺惺诗的新异并非出自天才式的随意挥洒，而是有痕迹可循、有套路可拟，他才能成为新的效法对象，迅速吸引大批追随者。

竟陵派诗歌中遍布的出格形式能被晚明诗坛接受，也是由于时代的选择。晚明被称为佛教"中兴"的时代，不仅佛教教门之内出现了不少有影响的僧侣，士大夫好佛习禅也蔚然成风。《四库全书总目》云："盖明季士

---

① 钱锺书：《管锥编》，第 1700 页。
② 锺惺撰《隐秀轩集》卷二八《又与谭友夏》，第 473 页。
③ 钱谦益：《列朝诗集》第 10 册丁集第十二，第 5360 页。

大夫流于禅者十之九也。"① 佛禅修习使士人熟悉机锋峻利的话语方式，也培养了他们接纳"格外句"和参悟"意外几"的兴趣与能力。另外值得注意的是，为锺惺带来新变灵感的不少佛禅观念都曾在宋代诗学中有鲜明体现，如"以俗为雅"、"活句"、"转物"和"六根互通"②。宋诗自明中叶以来一直受主流诗坛排斥，及至万历晚期，能为宋诗正名者仅有袁宏道。他力批当世"以不唐病宋"③，宣称宋诗"实有超秦、汉而绝盛唐者"④。锺惺无一语谈宋诗，评选《诗归》及唐而止，他的诗文集中也寻不见研习宋诗的蛛丝马迹；然而其佛禅修习之效，竟不能不与宋代诗学颇多暗合。宋诗潜行有明一代，至明清之际重受正视，原因相当复杂，士林佛禅之风的兴盛应该扮演了推动的角色。由此可见，锺惺诗的"机锋"是晚明佛教深入渗透到文艺领域的一个典型案例；如果能就佛教的影响做更多脉络肌理的梳证，或可对晚明文学有更全面和透彻的掌握。

（本文原刊于《中山大学学报》2018 年第 2 期）

---

① 永瑢等：《四库全书总目》下册卷一七九，中华书局，1965，第 1617 页。

② 锺惺与宋代诗学的相似性，经张剑教授提示，特此致谢。

③ 袁宏道撰，钱伯城笺校《袁宏道集笺校》上册卷六《丘长孺》，上海古籍出版社，1981，第 283 页。

④ 袁宏道撰，钱伯城笺校《袁宏道集笺校》下册卷二一《答陶石篑》，第 743 页。

论文书牍与明代文学论争的"境内"驱动

叶　晔*

内容提要　作为汉魏以来传统自在的文学批评方式之一，论文书牍在中国文学批评体系的自足成立中，起到相当重要的作用。据书信双方身份及写作姿态的不同，其可分为"投献型""示答型""对话型"三种情况。书牍体的论学属性及其往复关系所致的语境约制，既促成了深入的学术对话，也避免了后人强制阐释文本的可能。随着论文书牍的核心内容，从早期对创作经验的总结，文学史的回顾，文坛现状的评述，到后来对文学原理及概念诸问题的辨析，从以自我陈说为主的论文独白，到流派内部相互求异的论文辩难，它逐渐转变成一种基于文学共同体的文学批评方式。此发生于共同体内部的批评意识，肇端于中唐古文运动，至明代文学流派论争达到鼎盛。特例如《与友人论文书》之言说对象的虚化，亦需置于"境内"驱动的文学批评史视野中，方能得到更精准的认识。

关键词　论文书牍　"境内"与"境外"　《与友人论文书》

在明代文学批评史中，李梦阳、何景明的论文书事件，是考察弘治文学复古运动走向分裂的重要文献。论文书牍的写作，固然始于汉魏，兴于唐宋，但在明代诗文宗尚复古与文学总结的风气下，持续不断的流派更替及论争，让这一文论形式获得了蓬勃发展的生机与空间，呈现出与前代不同的一些新面貌。现今学界对明代论文书牍的考察，基本上处于散点研究的状态，更多是将之视为研究明代文学家思想及文学批评发展史的一种材

---

*　叶晔，北京大学中国语言文学系教授，曾出版专著《明代中央文官制度与文学》等。

料，很少关注论文书牍作为一种文学批评方法的演变历程及时代特征。本文的目的，是在提出并廓清几个基本概念的基础之上，观察明代文学流派的共同体意识是如何介入明人的论文书牍写作，并推动这一文论体式的主要批评领域，从经验书写、文学史总结转向更纯粹、深入的学理辨析的。我们亦可借此观察中国文学批评从近世向现代转型的一个侧影。

一　明以前的论文书牍传统及其写作姿态

论学书，一直是文人书札中引人关注的一种类型。其中的论文书，又因中国文学批评史学科的设立，在各类文论作品选之编纂活动的推动下，为学界重视。当然，论文书亦有名、实之别，有的径以"论文书""论诗书""论乐书"等命名；有的题名虽是"与□□书""答□□书"等常见形式，其内容却是专业性很强的文学批评。一方面，我们承认，实在定义下的"论文书牍"概念，更能反映古代文学批评的复杂面貌；另一方面，既然作者或编者将书信冠以"论文书"等专名，自然有其较自觉的编写意图，作为研究者，对其中蕴意进行深究，亦有必要。

自六朝隋唐至明清近代，论文书牍一直是中国文学批评的重要路径之一。郭绍虞主编的《中国历代文论选》四册①，收录论文书牍一百六十篇，其中三十六篇有释说，一百二十四篇以白文本形式附录；人民文学出版社的《中国历代文论选》七种九册②，收录论文书牍三百三十九篇，皆白文本，无释说；黄霖、蒋凡主编的《中国历代文论选新编》四册③，收录论文书牍六十五篇，皆有释说。另羊春秋编的《历代治学论文书信选》④，是至今唯一有关论文书牍的专门选本，收录论文书牍九十一篇，其文本阐释

①　郭绍虞主编《中国历代文论选》四册，上海古籍出版社，1979～1980。
②　包括张少康、卢永璘编选《先秦两汉文论选》（人民文学出版社，1996），郁沅、张明高编选《魏晋南北朝文论选》（人民文学出版社，1996），周祖譔编选《隋唐五代文论选》（人民文学出版社，1990），陶秋英编选《宋金元文论选》（人民文学出版社，1999），蔡景康编选《明代文论选》（人民文学出版社，1993），顾易生、王运熙编选《清代文论选》（人民文学出版社，1999），舒芜编选《近代文论选》（人民文学出版社，1999）。
③　黄霖、蒋凡主编《中国历代文论选新编》四册，上海教育出版社，2008。
④　羊春秋编《历代治学论文书信选》，岳麓书社，1983。

颇多可观，惜篇目多见于郭绍虞选本，在文献多样性上略显欠缺。总的来说，自 20 世纪 50 年代以来，古代论文书牍的整理，在文献发掘（郭绍虞本、人民文学出版社本）、文本阐释（羊春秋本、黄霖本）两个方向皆有较大的推进，经数代学人之努力，已达到相当的文献规模及研究深度。

当然，与之对应的缺憾，亦客观存在。郭绍虞、人民文学出版社、黄霖的三种历代文论选，都把论文书牍与其他类型的文论作品放在"整体文论"的框架内，这固然有打破文体壁垒的宏通优势，但也造成了我们对论文书牍之文本语境与文类机制的探究不足；专门的论文书牍选如《历代治学论文书信选》，相关文本阐释多停留在一些经典的名篇上，我们若能挖掘出更多的优秀作品，或有助于更全面地认识明清文学的批评网络。综上而言，文献发掘、文本阐释、体制考察三个维度，至今仍难较好地统合在一起，这在很大程度上阻碍了论文书牍研究的深入推进。如果说宋元以前的情况，因为名家别集与断代文章总集的整理已较成熟，相关研究可以循序展开，那么，明清的论文书牍，虽已整理出上百篇作品，甚至一些个案研究相当深入，但在总体上，仍处于一个只论"点"而难论"线""面"的分散状态。这个时候，经由六朝唐宋论文书牍总结而来的经验及学理认识，既可以明确明清论文书牍中一些复杂话题的历史源头，也可以归纳出文类内部相对稳定的体式规范与层级差异。它们作为论文书牍的基本批评观，既被后代创作者沿袭，也会发生一定的变化。这对我们深入讨论明清论文书牍的情况，无疑是很有帮助的。

现存最早的群体性论文书牍，出现在文学自觉的魏晋时代，以曹丕、曹植兄弟与其周边文人的书牍往来为代表。特别是曹丕《与吴质书》、曹植《与杨德祖书》等名篇，各论当世作家及诸友之文，为后世论文书牍的先驱。至于径以"论文书"为题的撰写体例，北宋姚铉所编《唐文粹》中的柳冕《与滑州卢大夫论文书》《与徐给事论文书》《答荆南裴尚书论文书》《答杨中丞论文书》《答衢州郑使君论文书》五篇，当为最早。当然，六朝隋唐的作品，多倚赖宋以后的实物文献存世，且以选本、类书为早期著录形态，其现存文题是否为原题尚难言确凿。但考虑到韩愈、柳宗元的宋刻文集中已有《与冯宿论文书》《与友人论为文书》《答贡士廖有方论文书》《报崔黯秀才论为文书》等用例，而柳冕又是古文运动在韩、柳之

前的先驱人物之一，那么，中唐古文运动及其思潮对论文书的自觉定名，可谓至关重要。

一般来说，无论在别集中还是在总集中，论文书牍均见于"书"卷中，这是常规的编录方式。而随着时代的发展，"书"的类型亦被不断细分。在构成中国文章正典序列的《唐文粹》《宋文鉴》《元文类》《明文海》等文章总集中，论文书牍逐渐被归并为一个相对独立的子类。这些总集中的论学、论文书牍，数量众多，覆盖面广，体现出编者对书信论学方式的着重关注之意。如《唐文粹》卷八四至卷八五，虽未定名，实论文书牍之属；与之同时代的《文苑英华》，卷六九〇专列"经史"一类，与"劝谕""交友""荐举"等书牍并称；《宋文鉴》中的九卷"书"以作者时代编次，未做二级分类，大致以论时务、学术为主；《元文类》篇幅较小，"书"仅一卷，收录的十一篇书牍，皆专题性议论文；至黄宗羲《明文海》，论文书牍终成大观，此书卷一五一至卷一五九标识"书·论文"，卷一六〇至卷一六二标识"书·论诗"，共十二卷的规模，实为清初文人对明代论文书牍的一次回顾与总结。在一定程度上，亦可视此为一部变相的明代文论史，只不过主事者没有直接发声，而是用编排削删的方式来表达自己的文论史观。明代甚至出现了论文书牍在别集中单独成卷的情况，方应祥撰、李际期编的《方孟旋先生合集》二十卷中，有十二卷为书牍，分类定卷，共十二类，"论文"为诸类之首。书中另有"经济""理学"等书牍类型，可见论文书牍作为论学书牍的一个子类，已经相当独立，成为文人思想的常规表现形式之一。

宋代以来论文书牍独立性的逐渐确立，亦与"书"和"尺牍"开始明确区分有关。浅见洋二指出，在宋代的文集编纂中，"尺牍"开始成为与"书"不同的独立文类①。一般来说，"书"多为长篇，所论为非日常的重要事务；而"尺牍"多为短篇，与日常的私人活动有关。显然，文学批评意识强、长于理论辨析的论文书牍，在文体类分之后，更明确地归属于"书"而不是"尺牍"。也就是说，随着"尺牍"的自立门庭，"书"中私

---

① 参见〔日〕浅见洋二《文本的"公"与"私"——苏轼尺牍与文集编纂》，《文学遗产》2019年第5期。

人性、日常性的内容逐渐流失，学理性、公共性的长篇开始占据"书"的主流，这为各类论文书牍走向专精提供了动力。

从体制特征来说，"书"的独特性在于其对话性质，即《文心雕龙·书记》概括的"辞若对面"①，写信人与收信人的文字如同面对面的交谈。因此，"书"往往有一个特定的预期读者，其语境受限于往还书信之内容，而不像论、说、原等正宗的议论之体那样，其预期读者为公共人群。虽然也有作家期待书信的读者不止寄赠对象，还有历史读者，但他在创作过程中，仍需考虑现实读者的阅读反应及实效。

依据书信双方身份、地位的差异，可将论文书牍大致分为地位不对等的"投献型"与"示答型"（以下简称"投书""答书"，统称"投答型"），以及地位大致平等的"对话型"三种。此分类法固然与书信双方的身份认知有关，但本质上还是身份的差异造成了使用者对书牍功能的理解有别。唐人的论文书牍，因其导夫先路的位置，多成经典。其中很多名篇，究其语境，多与后学问教有关，是具有指导后学性质的示答型书牍。如柳宗元的《答韦中立论师道书》，是他元和八年（813）在永州司马任上，指点"自京师来蛮夷"②拜师学文的韦中立之作；其《答贡士廖有方论文书》《报崔黯秀才论为文书》，及李翱《寄从弟正辞书》、皇甫湜《答李生书》、孙樵《与王霖秀才书》、司空图《与李生论诗书》等，观其题意及正文内容，收信人皆科场未第之士子，亦属于前辈教导后学之文③。

这些书牍集中出现在中晚唐，与当时进士科兴起、社会阶层流动加剧有关。越来越多的普通士子想借文学之阶梯进入政治之世界，却不得学习之法，便希求通过向文坛名家请教，获得一些经验上的指授④。李翱的

---

① 刘勰著，范文澜注《文心雕龙注》卷五《书记》，人民文学出版社，1958，第 456 页。
② 柳宗元：《柳宗元集》卷三四《答韦中立论师道书》，中华书局，1979，第 871 页。
③ 程千帆指出，中唐古文家发表自己文学见解的书信，往往是为了回答向他们行卷的举子而写的（参见程千帆《唐代进士行卷与文学》，《程千帆全集》第 8 卷，河北教育出版社，2001，第 72~73 页）。
④ 唐代的举子投书，亦带有一定的论文性质，但在保存数量上不及名家答书。而且唐人行卷风气极盛，投书的论文意义，在一定程度上被行卷的创作意义所掩盖（参见拙文《投书与示法：唐宋古文家论文书牍的发生语境》，《中华文史论丛》2020 年第 1 期）。

《寄从弟正辞书》，开篇即"知尔京兆府取解，不得如其所怀，念勿在意"①；皇甫湜的《答李生第二书》，亦有"近风偷薄，进士尤甚，乃至有一谦三十年之说，争为虚张，以相高自谩……生美才，勿似之也"② 的勖勉之句。甚至韩愈的《答李翊书》《答尉迟生书》，作于贞元十八年（802），即李翊、尉迟汾进士登第的前一年，二人投石问路之意甚明。作为文坛前辈的韩愈，也乐于承担起文学导师的角色，引导文学思潮之潜流，培植步趋自己学说的年轻后进。

宋元的情况亦大致如此，名篇如王禹偁《答张扶书》、欧阳修《答吴充秀才书》、苏轼《答谢民师书》、黄庭坚《答洪驹父书》等，皆指点后学，有授之以渔的姿态。著名的论文书长篇，元代郝经的《答友人论文法书》，开篇即"急来惠问作文法度利病"③ 云云，对方来信的初衷，已决定了信中话题的深度。在这一类书信中，授学一方固然地位较高，可以充分地表达文学见解，但其指点多在学文的门径与技法，以及有意扩大个人学说的社会影响。考虑到初学者的知识结构与层级，师者的解惑不涉太精深的文学话题。

与"示答型"相比，"投献型"书牍受身份、地位的约束更加明显。年龄、阶层、官职品阶、文坛地位等要素，都会影响投书者表达其文学观念的力度。总的来说，投书不具备展示文学批评新见的充裕空间，在观点的论辩力度上要弱于答书。当然，也有个别投书者因以鲜明的姿态引起高位者的共鸣而获取成功。如张籍在《上韩昌黎书》中指出韩愈不合圣人之道的缺点，"多尚驳杂无实之说，使人陈之于前以为欢""商论之际或不容人之短""为博塞之戏，与人竞财"，希望他能"绝博塞之好，弃无实之谈，弘广以接天下士，嗣孟轲、扬雄之作，辩杨、墨、老、释之说，使圣人之道复见于唐"④，言词直切。李商隐的《上崔华州书》同样立场鲜明，

① 李翱：《李文公集》卷八《寄从弟正辞书》，《四库提要著录丛书》集部第 85 册，北京出版社，2010，第 431 页。
② 皇甫湜：《答李生第二书》，载王定保《唐摭言》卷五，中华书局，1959，第 60 页。
③ 郝经：《郝文忠公陵川文集》卷二三《答友人论文法书》，《四库提要著录丛书》集部第 28 册，第 512 页。
④ 张籍：《与韩愈书》，徐礼节、余恕诚校注《张籍集系年校注》，中华书局，2011，第 993 页。

对中唐以来"学道必求古，为文必有师法"的文章风气表达了不满，提出"行道不系今古，直挥笔为文"①的文学主张。可以说，这些论文书牍之所以成为名篇，正是因为其中观点迥异时流，特出于一般的投书之外。

与上述两种类型不同，元稹《叙诗寄乐天书》、白居易《与元九书》则是双方地位较平等的"对话型"论文书牍的代表。等位对话的姿态，确保论者可以自由且自觉地对某一话题进行回顾与思考。当然，唐人尚未对"书"与"尺牍"的文体类分有明晰的认识，故论文书牍中承载了大量的私人和日常经验，其中的文学批评模式，更偏向基于经验的总结式，而非学理至上的专题式。如元稹以"稹九岁学赋诗"②开篇，总述自己近四十年的诗歌创作经历及所得；白居易亦"粗论歌诗大端，并自述为文之意"③。那么，他们的诗文得意之处到底是什么呢？我们或可将书牍中的常见内容，分为论文学原理、论文学史、论创作经验三类。由此反观白氏的"粗论歌诗大端，并自述为文之意"，其中"夫文，尚矣，三才各有文"至"言者无罪，闻者足戒，言者、闻者莫不两尽其心焉"，论文学原理；"洎周衰秦兴，采诗官废"至"杜尚如此，况不迨杜者乎"，论文学史；"仆常痛诗道崩坏"以后，总结自己的创作经历。一般来说，单篇书牍的言说范围越宽，其议论越平泛；驻足于某一话题，进行集中的讨论，更能推进学术的发展。唐宋的"示答型"论文书牍之所以在批评史中更受重视，就是因为其中内容多属创作论的范畴，介绍诗文的宗法对象，写作的经验、路径、法则等，带有较强的实用性与经验色彩；另一批被当代学人重视的作品，则是论文学史的书牍，如曹丕、曹植等人论当世作家及诸友之文，是典型的对当代文学实况的描述与评价。与以上两类具象化、经验主义的文论方式不同，中国古代文论不以概念辨析与理论建构著称，故专论文学原理的书信较少且晚出，如王廷相的《与郭价夫论诗书》，虽晚在明代，仍是关于文学意象论的一篇重要文献④。一旦明白了文学原理论、文学史论、

---

① 李商隐：《上崔华州书》，李商隐原著，刘学锴、余恕诚著《李商隐文编年校注》，中华书局，2002，第108页。
② 元稹：《元稹集》卷三〇《叙诗寄乐天书》，中华书局，1982，第351页。
③ 白居易：《白居易集》卷四五《与元九书》，中华书局，1979，第960页。
④ 参见陈书录《王廷相的诗歌意象论与嘉靖前期诗学演变》，《文学遗产》2009年第5期。

文学创作论三个类别在论文书牍中的大致关系，那么，在论文书牍的发展早期，像元、白这样的一流作家介入论文书牍的写作，并将之视为个人文学总结与理论思考的一种表达方式，而不仅是私淑教育、张大门庭之工具的做法，无疑是对论文书牍的一次功能升级。这也为日后论文书牍的发展，从文学史批评走向文学概念及原理的发微，创造了实在的可能。

因此可以说，"对话型"是一种较易推动话题深入的类型。不过，现存的宋以前文献中，构成等位对话的两篇论文书牍都被保存下来的情况并不多①。然而此类型在明代文献中却颇有数量，学界熟知的李梦阳《驳何氏论文书》《再与何氏书》与何景明《与李空同论诗书》，李梦阳《与徐氏论文书》与徐祯卿《与李献吉论文书》，茅坤《复唐荆川司谏书》与唐顺之《答茅鹿门知县》等，都是相当重要的作品。它们所造成的同一文学流派内部的论争张力，是前代论文书牍无法比拟的。笔者以为，构成直接往复关系的对话型论文书牍，是明清文论研究中有待深入挖掘的一个领域。

总的来说，唐代作为论文书牍发展的第一个质变期，其批评重创作之格局、眼界，以及学习、创作经验的具体传授。其中如经典学习、文学流变、文教关系等话题，大致基于历史性思考，较少涉及文学原理诸问题。宋代以来随着"书"体定位的日益明晰，论文书牍亦在这一过程中走向专精，立足于文学本位的思考与探讨渐趋密集。在思想内容上，其既有对唐人学说的借位与拓展，也有新学说、新议题的创立与探索。不管怎么说，明代以前的论文书牍，是研究明清文论必须面对的一个写作传统，只有整理好了前代遗产，才能更好地认识后人同类写作中的创新之处。

---

① 现存最早的往复论文书牍，为曹丕、曹植兄弟与其周边文人的书牍往来，相关研究成果，参见汪春泓《吴质〈答魏太子笺〉笺说》，《文学评论》2005 年第 4 期；刘跃进《同盟者的文学活动——读曹丕与吴质的往还书信》(上)、《同盟者的文学活动——读曹丕与吴质的往还书信》(下)、《文章之难，难在知音——读曹植与吴质的往还书信》、《诋诃文章，掎摭利病——读曹植与杨修往还书信》、《"文以气为主"的展示——读曹丕与繁钦的往来书信》，《文史知识》2016 年第 3、4、5、6、8 期。此外，陆厥《与沈约书》与沈约《答陆厥书》，元稹《叙诗寄乐天书》与白居易《与元九书》(元、白二书作于同年，但非直接往复)，亦为中国文学批评史中的名篇；张籍《上韩昌黎书》《上韩昌黎第二书》与韩愈《答张籍书》《重答张籍书》，虽是问学投答的书信，但在文学论点的深度及系统性上，已表现出文学流派早期形成中的某些内部张力。

二 从独白到辩难：明人论文书牍的
文本语境与内在张力

明代的文学论争，是中国文学批评史上的一个高峰。之前的唐宋，在论争的自觉深入上不如明代；之后的清代，在流派内部的批评张力上，亦有一定程度的减弱。这一时期的文学论争之所以如此激烈，文学流派的不断更替，以及流派内部的反思与分裂，制造出充裕的论争空间，是一个重要原因。相关研究，以冯小禄关于明代文学论争的两部专著最具代表性①。这些论争如何通过文本表现出来，则可以有多种文体形式，论文书只是其中一端而已，但李梦阳—何景明、唐顺之—茅坤、陈子龙—艾南英诸次论争的影响力，让书牍这一体式在中国文学批评史中声名大振，也是客观的事实。然而，如果我们回到文学批评的现场，仍存在不少疑问：这些在批评史上赫赫有名的论文书牍，其创作伊始的预期读者有多少？我们在对书牍进行阐读的过程中，是否应警惕无视论说语境而过度阐释的倾向？书信本私人物品，在结集传播之前，作家通过什么途径将其批评效应最大化？作为文学批评史之重要文献的论文书牍，其意义到底在于进入"过程"的批评现场，还是后代批评家（结集一般发生在作家晚年甚至去世以后）在前代作家经典光环下的一次重新考掘与群体认同？以上有关文类运作机制的问题，前辈学人在使用书牍讨论文学批评话题时，并没有太留意。

如前所言，唐宋的论文书牍中，双方地位有差别的投答型占据相当的比例。其中的投书受限于写作者的低位，难以全面、深入地对文学话题展开讨论。答书则体现年长者或高位者的谆谆教诲，在某种意义上，可视为文坛前辈对某一类学习话题的经验独白，至于他面对的是张生还是李生，并不会对书牍内容产生太大的影响。举子们的提问大同小异，相关回答难免有程式的痕迹，其内容不如学者间的讨论那么深入且有针对性。

与投答型论文书牍不同，在明代文学批评史中，对话型论文书牍拥有

---

① 参见冯小禄《明代诗文论争研究》，云南人民出版社，2006；冯小禄、张欢《流派论争：明代文学的生存根基与演化场域》，中国社会科学出版社，2015。

较大的空间。有的反映流派内部的分歧，如李梦阳与何景明；有的则是不同观点之间的辩难，如陈子龙与艾南英。类似的等位对话，唐宋亦有之，如元稹、白居易的论诗书牍，就是两位诗人就文学史观及创作经验的自觉对话。但元、白的对话重在表达个人的观点，在某种程度上，仍属于一种自足而论的学术独白。明人的论文书牍中，有不少往复书信俱在的情况，让我们足以了解具体的言说语境；其观点针锋相对，深剖细析，也更接近于严格意义上的学术辩难。这与明人文论的自觉程度有关，亦有赖于明代集部文献相对完好的保存度。

本文所谓的"境内"驱动，相对于"境外"而言。在明代文学复古运动中，有过禁止"境外交"的明确规定。如王世懋《与吴明卿》曰："于鳞狷介，曩实注情足下。以足下有境外交，遂使子与得跻而上。"① 吴国伦复信曰："于鳞评诗，时跻子与，时跻仆。仆皆安之，意于鳞无它心也。若曰仆有境外交，而于鳞心薄之，则于鳞大谬矣。"② 这一名词虽出现甚晚，却颇能反映明代文学流派自茶陵派以来，在阵营壁垒上的泾渭分明之态。当然，拒绝"境外"的力量，不等同于锁闭门户，反而让批评家之眼光及思考的着力点，放在"境内"的各种文学细节上，在无疑之处生出新的疑问来。这种对"境内"裂缝的发现与探讨，也在一定程度上，将明代文学批评中的精英化一路，引向专精而非广博的路径。与清代学术偏向实证不同，明代学术特别是理学，善于对抽象话题做细致入微的探讨，黄宗羲称明代"独于理学，前代之所不及也，牛毛茧丝，无不辨晰，真能发先儒之所未发"③，其言颇中肯綮。在这一学术风气影响下的文学批评，在某些局部用意于文学精微之处的探究与追问，亦在情理之中。

本文无意将"境内""境外"的概念，局限于带有强烈自觉意识的文学流派及其核心作家群。笔者认为，只要作家在文学身份及观点上，认同某一文学共同体的独立性，并具有一定的排他意识，那么，他在此共同体

---

① 王世懋：《王奉常集》卷三二《与吴明卿》其三，《四库全书存目丛书》集部第133册，齐鲁书社，1997，第527页。
② 吴国伦：《甔甀洞稿》卷五二《复王敬美书》，《四库全书存目丛书》集部第123册，第321页。
③ 黄宗羲：《明儒学案·发凡》，中华书局，1985，第17页。

范围内的文学活动，便是"境内"；对此共同体之外的文学群体及诸现象的批评或互动，便是"境外"。也就是说，"境内""境外"未必需要围绕文学本体（如复古文学，性灵文学）来讨论，也可以文学外围属性（如馆阁文学，地域文学）为讨论对象。较自觉的"境内"论文书，可追溯至韩愈、柳宗元、张籍等人的作品。由此，对话型论文书牍，可分为三种情况：第一种，不同共同体之间的批评，多意气之争，且难以调和；第二种，某一共同体内部的反思，多内部路线之争，论者的态度或有轻重缓急，深度颇为可观；第三种，无共同体意识的常规批评，可观者少，但有一种情况需留意，即针对性极强的批评，这类批评者于己无共同体的意识，但对其他共同体却表现出强烈的攻击性，如徐渭之于诗文复古派，汤显祖之于戏曲声律派等，他们未必建构学说，但对文坛的主流学说有很强的破坏力。通观明代文学论争的发展史，前中期流派林立，此消彼长，后期个体突出，解构性强，按理来说，第一种、第三种类型，应有较大的发展空间；但事实上，明人论文书牍以第二种类型尤为显眼。从这个角度来说，明人从内部发现问题并予以突破的意识，或许比常规文学史所呈现的更加自觉与复杂。

我们以"前七子"领袖李梦阳为例。最早收录李梦阳书信的《空同集》，将李氏书信分为两卷，前一卷为写给同辈的"对话型"书牍，后一卷则为写给师长的"投献型"书牍。这里违背常情未将写给师长的书信置于前，或出于文学价值的考量，因为李梦阳较具文学批评与理论建构意义的书信，均出自"对话型"书牍，其中就包括在明代引起强烈反响的致何景明、徐祯卿的书信，而他写给师长的书信则端正拘谨，未深入探讨文学话题。后一卷书信中，写给业师杨一清的《奉邃庵先生书》最多，其中六篇与李梦阳点评《石淙诗稿》有关。然而这些书信对文学话题并无深论，李梦阳对杨一清诗的批点可见于《石淙诗稿》刻本，颇有见地且未留情面，但在书信中限于语境，他对杨一清的作品只有几句简单的概括，全为浮泛的褒赞之辞，足见双方身份差异对论文书中批评话语的限制。

现存李梦阳的"对话型"论文书牍中，与徐祯卿、何景明、吾谨的三组具有较高的批评价值。三组书信分别作于弘治十八年（1505）、正德十

年（1515）前后、正德十二年（1517）后①。对于李、何作为文学复古运动的密友与领袖展开的深入对话，前人研究成果已多，此不赘言。而在李梦阳眼中，刚登进士的徐祯卿同样是一位颇具影响力的文学俊才，他在与其会面后寄上《与徐氏论文书》，亦见迫切、诚恳之意。由于徐祯卿在面谈中表达了"窃欲自附于下执事"②的愿望，李梦阳在信中直接向他提出了改六朝而趋两汉的建议。二人都视对方为"境内"之人，徐祯卿信古而欲从游空同左右，李梦阳则引导之以同声相求。李梦阳在信末要求"更一深论"，可见未将徐祯卿视为普通的后学之士，而是将他视为可与己进行深入对话的同道密友。

至于吾谨，在进士登第后上书乞归，"强项诸公间，与李、何谈文章，与王先生谈性理之学，率负气，矫矫雄辩"③，表现出相当自觉且深刻的论文能力④。作为收信人的李梦阳，其回信内容无法停留在偏实用性的经验之谈上。其回应虽较简短，聚焦在以"字象""笔精"⑤等书法概念论文法的狭小范围内，却反映出无论寄书者还是收信人，都必须在学习的普遍疑难之外，针对某一具体话题发表个人见解，这样方能得到对方的尊重。吾谨的"师意"观与李梦阳的"师辞"观有不小的差异，但总的来说，此时的吾谨仍主张复古，对以李梦阳为首的文学复古人士充满敬意，无论

① 李梦阳《与徐氏论文书》中有"闻足下来举进士"一句，可证作于弘治十八年；白润德《何景明丛考》（台湾学生书局，1997，第72页）据信中提到何景明三诗的作年，将李、何论争系于正德十年；屠隆《吾谨传》将"与李、何谈文章"诸事置于其落选庶吉士、乞归居西湖期间，则在正德十二年稍后。

② 李梦阳：《空同子集》卷六二《与徐氏论文书》，《四库提要著录丛书》集部第40册，第652页。

③ 屠隆：《由拳集》卷一九《吾谨传》，《续修四库全书》第1360册，上海古籍出版社，2002，第259页。

④ 吾谨首次投谒李梦阳的书牍，冯小禄认为已佚。但李梦阳回信中的"今人有左氏迁乎？而足下以左氏迁律人邪""足下谓迁不同左氏，左氏不同古经"诸论，与吾谨《与方思道论文书》中大幅谈论左、迁的文字，形成明显的对应；吾谨《与李空同论文书》中"故篇中曰舍其意而师其词，弃其词而摹其句，是绘真者不得其人之神俊而徒貌其体肤，又不得其体肤之完而徒貌其肢节，其于肖也终不得矣"一段，亦出自《与方思道论文书》。笔者认为，吾谨首次投书李梦阳时，附呈了自己的满意之作《与方思道论文书》，这不只是常规的致书行为，还带有专业性很强的贽文请益目的。吾谨既然愿意将与方豪的书信分享给他人，显然并没有将论文书视为私人之作，而是将其作为一种公共性的议论文体。

⑤ 李梦阳：《空同子集》卷六二《答吾谨书》，《四库提要著录丛书》集部第40册，第656页。

"师意"还是"师辞"，都是在"师古"理念下发明己意，仍可归为"境内"的分歧。在给郑善夫的《与郑继之地官书》中，吾谨明言"今之为诗者，仆尝推李献吉、何仲默、孙太初为善，追逐古昔"①，可见他不满的只是复古思潮下的逐流之辈而已。之所以将李、吾之争归为"境内"，还有一个原因，就是李梦阳在《驳何氏论文书》中，曾提到"故予尝曰作文如作字"②，故《答吾谨书》中的"字象""笔精"之譬喻，实可视为李、何之争的一种思想延续③。从这个角度来说，所谓"境内"，不只是用文学批评的核心概念来吸引同道，产生一种文学群体聚合上的内在驱动力；同样是辨章学术，深究并强化同一话语体系中的核心概念之异同及层级，在文学"关键词"的层面，推动明代文学批评的发展。

我们再来看戏曲界的情况。近年来，有关汤显祖的另一次文学论争，逐渐引起学界的重视，那就是汤显祖、刘凤之争④。学界主要关注的，是汤、刘二人在乐学上的不同观点，因为从整体文学史来说，二人归属于不同的文学立场。但我们须留意，刘凤写信给汤显祖的时间在万历十四年（1586），汤显祖时任南京太常寺博士，而太常寺官员的职责就是审音定乐。至少在刘凤看来，汤显祖具备与他深入对话的知识结构与文学观念，换句话说，其讨论需要相同的逻辑起点，否则容易偏离纯正的学术，而流于裹挟社会舆论的意气之争。带有舆论意图的文学批评，可以有很多呈现的途径，如集序撰写、诗话批评等，一般来说，会采用间接批评而非直接对话的方式，如汤显祖对沈璟改写《牡丹亭》的态度，就是通过给其他朋友的书信来表达和宣泄的。刘凤虽对汤显祖的戏曲取向未必认同，但既然他采用了论文书牍这样一种相对私人的对话方式，那么，其主观意愿仍是希望借汤显祖出任太常寺官员的契机，以乐律之学为桥梁，促成一次平和的"境内"辩论，而不是制造对立的舆论效果。

---

① 黄宗羲编《明文海》第 2 册卷一五六吾谨《与郑继之地官书》，中华书局，1987，第 1567 页。
② 李梦阳：《空同子集》卷六二《驳何氏论文书》，《四库提要著录丛书》集部第 40 册，第 655 页。
③ 参见冯小禄《明代诗文论争研究》，第 171、174 页。
④ 参见郑志良《论汤显祖和刘凤关于乐律之争》，《九州学林》2010 年秋冬卷；李舜华《试论刘凤与汤显祖的乐律之争——从隆万政治的复杂变局说起》，《文化遗产》2016 年第 6 期。

与之相比，清代的袁枚、沈德潜之争，表现出与前代截然不同的姿态。双方诗论观点水火难容，袁枚是心知肚明的。在这种情势下的论文书牍，与其说是一篇理性的商榷文章，不如说是一篇吹响战斗号角的檄文。从这个角度来说，《答沈大宗伯论诗书》《再与沈大宗伯书》两封书牍，较接近现代学术中的商榷式论文，名义上是与某位作者商榷，实则是两位作家在公共场域中发声。与其说袁枚的预期读者是沈德潜并且他期望说服对方，不如说他面对的是所有期待这场论战的观众，立论的平允与否，将让位于声音在公共场域中的传播、接受程度。他在《随园诗话》中旧事重提，不过是用诗话的传播途径，再一次发声："本朝王次回《疑雨集》，香奁绝调，惜其只成此一家数耳。沈归愚尚书选国朝诗，摈而不录，何所见之狭也！尝作书难之云：'关雎为国风之首，即言男女之情。孔子删诗，亦存郑、卫，公何独不选次回诗？'沈亦无以答也。"① 从"沈亦无以答"，可知此事基本上是袁枚一个人的独角戏，无论沈德潜作答还是无以答，恐怕都正中欲与诗坛领袖辩难的袁枚之下怀，使其借势扩大自己学说的社会影响。

综上所述，论文书牍的往复张力，与文学流派及其论辩的自觉性密切相关。从早期汲汲以求社会阶梯的"投答型"论文书牍，到后来逐渐增多的脱离外物、围绕文学自身展开的"对话型"论文书牍；从对创作经验的总结，文学史的回顾，文坛现状的评述，到对文学原理及概念诸问题的辨析；从以自我陈说为主的论文独白，到流派内部相互求异的论文辩难；从私人之间的沟通交流，到公共舆论中的批评之音。如果我们在探讨论文书牍之内容的同时，深究包括身份、地位、往复关系、传播途径等在内的书牍生成机制及由此形成的文本语境，那么，古代论文书牍的发展脉络，可以得到更丰实的梳理与呈现。

三　作为"境内"批评方式的《与友人论文书》

与"友人"论文，在唐宋书牍中并不多见。现存最早的与友人论文书

---

① 袁枚：《随园诗话》上册卷一，人民文学出版社，1982，第15页。

牍为柳宗元的《与友人论为文书》，稍后有孙樵的《与友人论文书》、陆龟蒙的《复友生论文书》。而整个宋元时代，仅陈长方《与友人论文书》、郝经《答友人论文法书》、刘壎《答友人论时文书》等数篇而已。因为可考察的样本偏少，学界尚无人讨论书牍中的"与友人"传统，其"友人"到底是一个虚构的言说对象，还是一位无法具名或日久遗忘的收信人。唐宋时期的样本不足以支撑我们讨论这个话题，但在明集文献中，"与友人论文"一类的书牍存世不少，虽然明代的情况未必等同于唐宋，但不失为我们观察唐宋人论文观念及论文书牍体式流变的一个窗口。

从古代书牍题名的生成机制来看，"与友人书"的存在，本是一个奇怪的现象。如果说唐代以前的书牍，尚存在流传过程中题名发生变异或丢失的情况，那么，宋元以后的书牍，主要依赖于作家别集流传，只要别集的早期版本尚在，我们基本上可以认定其原貌。而且，古人在收信答复时，一般会将原信奉还寄信人①。故从常理来说，作家生前或去世后不久编成的别集中题名"友人"的书信，不是无奈的失忆，而是一种特定的书写方式。

"与友人"作为一种观念，其言说对象的虚化与其对话性的消退、议论性的凸显之间是否存在直接的逻辑关系，尚难定说。明代以前，没有"论××"后缀、仅有"与友人书"四字的题法很少，如宋祁《景文集》中四篇，为寥寥数语的短札而已。没有任何证据表明，题曰"与友人"的书信，就必须在内容上偏于议论。即使在论文书牍丰富的明代，文人别集中题曰"与友人书"的日常书信同样众多。但是，至晚在元代，李存的《与友人书》已是长达千五百字的论文书牍了，"友人"观念虚化并伴随议论性的兴起，成为一种创作选择的现象，至少已在一部分文人中普及开来。

与前代文献少征不同，明集中的"与友人论文书"，就文题之生成而言，至少有三种情况。第一种，题曰"与友人论文"，而收信人清晰可考。

---

① 张尔岐《蒿庵闲话》卷一："古人往来书疏，例皆就题其末以答。唯遇佳书，心所爱玩，乃特藏之，别作柬为报耳。晋谢安轻献之书，献之尝作佳书与之，谓必доступ录，安辄题后答之，甚以为恨。观此，知汉人藏陈遵尺牍，爱其笔画，非取文义也。又，古人名刺既相见后，亦还之。魏野留富郑公名刺，作山家之宝，亦以郑公故，非通例也。"（《续修四库全书》第1136册，第102页）

顾璘的《答友人论文》中有"顷者获读《拘虚集》所载，才丽学侈，诚今闻人也"① 一句，则此信的寄赠对象为上元人陈沂。顾璘与陈沂、王韦并称"金陵三俊"，朱应登继起，合称"金陵四家"，可谓文坛密友。信中注曰"少作"，当作于弘治九年（1496）进士登第后。顾璘在陈沂墓志铭中，有"璘自登第后相结为文友，倾心四十余年，切劘契许，日益胶固，真如兄弟骨肉"② 之句，可知此时与陈沂结交未久。题中"答友人"的写法，或可理解为顾璘晚年编集时，对二人同道之谊的一种纪念。至少在他的观念中，"与友人论文书"是一种引为同道的姿态。他放弃了"答陈鲁南书"或"答陈鲁南论文书"的常用题法（同卷另有与陈沂书牍四通），而选择采用"答友人论文书"的题法，绝不是对陈沂的轻视，反而是对二人论文经历的高度认可。这种观念的形成，实为唐宋论文书传统与明中叶论文书风气的综合产物。

第二种，有的作品原为其他议论文体，后被改题曰"与友人论文书"。如袁宏道的《与友人论时文》，在早期的万历三十年（1602）吴郡书种堂刻《锦帆集》中，题作《诸大家时文序》；万历四十七年（1619），其弟袁中道编《袁中郎先生全集》时，尚存原貌；但至崇祯二年（1629）《袁中郎全集》四十卷本，编者改题曰"与友人论时文"，并将之从杂著卷移至尺牍卷，完成了从集序到论文书的变身过程。由于四十卷本流传最广，后来许学夷《诗源辩体》、贺复徵《文章辨体汇选》等引录此文时，皆题作"与友人论时文"，进一步巩固了其论文书的身份。袁宏道此文，主张在文学代胜的视野下，看待时文的"意则常新""调则无前"③。他高度评价瞿景淳、唐顺之等的制义文，批评对象直指当时的文学复古派，实有党同伐异的笔法在其中。但相同的文本，置于不同的文体语境中，其阅读感受有不小的差别。编者对题名的改动，应是考虑到在一般读者的眼中，集

---

① 顾璘：《息园存稿》文集卷九《答友人论文》，《原国立北平图书馆甲库善本丛书》第 733 册，国家图书馆出版社，2013，第 1272 页。
② 顾璘：《凭几集续编》卷二《石亭陈先生墓志铭》，《原国立北平图书馆甲库善本丛书》第 732 册，第 1002 页。
③ 袁宏道撰，钱伯诚笺校《袁宏道集笺校》上册卷四《诸大家时文序》，上海古籍出版社，1981，第 185 页；袁宏道：《袁中郎全集》卷二一《与友人论时文》，《四库全书存目丛书》集部第 174 册，第 615 页。

序文字多彰谀之嫌，论文书批评则带有强烈的共同体意识。而"与友人论文书"自带的对话性减弱、议论性加强的特征，正为文体上的改头换面提供了可能。

另外，明集中有不少"与友人论文书"，明确标曰"馆课"，属翰林院庶吉士的应题之作，题中"友人"，显为虚指。如正德十二年庶吉士汪思、陈沂，二人文集（《方塘汪先生文粹》《石亭文集》）中都有《入馆后与友人论文书》，那么，他们的同年状元舒芬，其《舒梓溪先生全集》卷九《与友人论文》，是馆课的可能性亦大；又如隆庆五年（1571）庶吉士吴中行，其《赐余堂集》卷四俱为"馆课"，中有《与友人论学书》一篇，而一旦明确了此文性质，同为隆庆五年庶吉士的刘虞夔，其《刘宫詹先生文集》卷五的《与友人论学书》，虽未标识"馆课"，实应为同时应题作品；再如万历十七年（1589）探花陶望龄，其《歇庵集》卷二〇俱为"馆课"，中有《拟与友人论文书》一篇，其同科庶吉士周如砥《青藜馆集》卷四《与友人论文》，冯从吾《冯少墟集》卷一五《与友人论文书》，亦注曰"馆课"，由此推断，当科状元焦竑《焦氏澹园集》卷一二《与友人论文》，是馆课的可能性亦大①。学界以前引用焦竑此文，并未留意其馆课性质，在某种程度上，实有脱离语境、孤立阐释文本的危险。另如王立道、亢思谦、曾朝节、杨于庭等庶吉士作家，他们文集中的《与友人论文书》，亦当留意。

在明代庶吉士的馆课语境中，所谓的"友人"，首先是对馆阁文学统序的认同，这是一种带有浓郁的精英主义色彩的"境内"驱动。隆庆二年（1568）庶吉士徐显卿，其《天远楼集》中有《与同年诸翰林论文书》一篇②，观其题旨，比泛言"友人"更直白。从论文书的发展来看，"与友人书"成为庶吉士教习的常规命题，说明其文学批评功能在国家体制内得到了极大的认同与提升。

---

① 王锡爵编《皇明馆课经世宏辞续集》卷一〇将陶望龄、焦竑二篇同置于"书"类，且皆有"万历己丑阁试"的题注（参见《四库禁毁书丛刊》集部第93册，北京出版社，1997，第230～231页）。

② 此文在《明文海》中被误作徐祯卿文，后世选本多袭其误，刘化兵《〈与同年诸翰林论文书〉作者辨误》（《古籍整理研究学刊》2007年第5期）已有考辨。

馆课论文书的出现，在一定程度上弱化了论文书的对话性。明代的庶吉士馆课，交由馆师（翰林院学士）、阁师（内阁大学士）来考核，因牵涉散馆后任职去向等事宜，除了一甲三人早授翰林院职可以高枕无忧外，其他人不敢有丝毫怠慢。他们很清楚，馆课作为庶吉士考核的重要环节，其预期读者的优先级，首先是作为考评者的馆师、阁师，其次是作为比较者的同科庶吉士（每次馆课有排名），最后是优秀馆课结集后，作为风评者的社会读者。在馆阁文学系统中，论文书是议论体的一种，而非书启的一种。陶望龄的馆课《拟与友人论文书》，在《歇庵集》中就与《比周骄泰和同辨》同列"辨"体；收录在《皇明馆课经世宏辞》及续编中的书牍，皆为专题性议论，如论诗文、论边事、论海防、论士习等，非泛泛的交谊书信。可以说，书牍本有的对话性，因为"友人"的虚化而被消解。故作为馆课的论文书，更像是"论"体的一种变异。从这个角度来说，馆课论文书要想在文学批评层面推陈出新，很难通过简单的"境内"对话来达成，但可以通过"境内"的精细化命题来达成。这个时候，我们就要进一步考察，那些同一次命题下的论文书，是只要"论文"即可，留给应试者较宽松的议论空间，还是馆师会提出一个更精细的议题，推动馆阁文学批评的深入发展？

我们以万历十七年馆课为例。现存四篇论文书的文本，关涉两位文学史上的重要作家。由于馆课是作家进入全国文坛之早期文本的典型，不失为观察作家早期文学思想与日后所倡流派学说之关系的绝佳个案。如公安派诗人陶望龄，其《拟与友人论文书》曰：

> 诗人之赋，外见而传诸情；文人之作，内见而阐诸理。由此言之，文生于见已，词乃决之耳。……凡文之组缀藻绣、矜饰乎外者，皆其中之无有者也。凡文有优劣，而无古今，非文之无古今，而其作者不可为古今。其善古者不必尊古，而善尊古者不必卑今。桓谭谓扬子云书过老聃，而柳宗元又以韩退之旷荡自恣，扬子云所不及，虽推奖已甚，然实有所契，非苟相诩已也。如三子者，其见精粗，自少悬隔，如以词虽雁行可也。仆稚昧无知，识溺流俗。所闻每见汉以后书，辄闭目不欲看。后稍知其非，就阅之，深自悔恨。乃知秦篇汉

制，不乏于后，独今所谓学秦汉者，乃刺谬耳。前代韩、柳以降诸名家，皆务去之者也而合焉。不为西京则已，为西京未有善于诸家者也。①

陶望龄虽从"情"与"理"的常见命题切入，但很快就偏离了理应的主线，进入文学宗尚"古"与"今"的话题。他结合深悔年少不读汉以后书的亲身经历，提出"善尊古者不必卑今"的观点，重审唐宋韩、柳诸家的创作事实，反对文宗秦汉的封闭式学习行为。一方面，这固然是对当时复古流俗的一次针对性批评；另一方面，这也是在唐宋文学变革的史实掩护下，思考当代文学革新之可能。一旦认识到作为翰苑新人的陶望龄，敢于发出与时不同的声音，就不难理解为什么他日后的文学选择，会走上偏于自由、性灵的公安派一路了。

我们再看焦竑的同题论文书，呈现出与陶文截然不同的论说走向：

窃谓君子之学，凡以致道也。道致矣，而性命之深窅，与事功之曲折，无不了然于中者，此岂待索之外哉。吾取其了然者，而抒写之文从生焉。故性命、事功，其实也，而文特所以文之而已。惟文以文之，则意不能无首尾，语不能无呼应，格不能无结构者，词与法也。而不能离实以为词与法也。②

焦竑此文，主要讨论文章之实、词、法三者的关系。认为文章的语言与结构，是其外在的表现形式；而文章的内容与思想，是其内在的根本。而所谓的"实"，指向儒家的性命、事功诸事，作为文章的"了然于中者"，正与"索之外"的"词""法"构成互为表里的关系。这样的文学观，与理学家的自我认同密切相关。陶、焦二人的论文书，皆以文与"理/道"的关系为议论起点，但由于二人的知识结构与文学旨趣有别，其论走向了不同的话题领域。由此可见，明代庶吉士的馆课教习，并不只是

---

① 陶望龄：《歇庵集》卷二〇《拟与友人论文书》，《续修四库全书》第 1365 册，第 650~651 页。
② 焦竑：《澹园集》卷一二《与友人论文》，中华书局，1999，第 92~93 页。

作为文体训练的"论文书"写作而已，馆师还会在更小范围内给出专业性的话题（如文理关系、文道关系等）。这也促成了馆课的两面性：一是在命题上严守馆阁文学之正统性，二是在解题上允许学生在正典之外做适度的发挥，给予较宽裕的阐释空间。这与科场考试的命题方式有相通之处，只不过庶吉士有更高的文学素养，具备在文学批评上进行创新性阐释的能力。

与陶望龄、焦竑在入仕之初已有较好的文学理论素养不同，更多的庶吉士，其课业从举业之学转移至文章之学时，难免出现思想上的困惑与阵痛。究其原因，既与文学知识的欠缺相系，亦与馆阁正典的无形压力有关。如冯从吾的论文书就保留了不少举业思想的痕迹：

> 夫六经，尚矣。下此谈文者，不曰《国》《策》，则曰秦汉；不曰佛、老，则曰《庄》《列》。建安而下，率置贬辞矣。然其间如昌黎、庐陵辈，犹或寓目焉。曰此词人之雄也。如濂、洛、关、闽，见谓迂远，而阔于事情，曰此宋头巾语耳，不翅瓦砾置之矣。夫宋之文，载于《性理》一书，其雕章琢句，焜耀耳目，不逮《国》《策》诸书，仆不敢强为左袒。但其析理阐义，羽翼圣经，亡论韩、欧，即秦汉有之乎？亡论秦汉，即《左》《国》有之乎？子舆氏以来，此为正印，奈何以瓦砾置之也？……救纵横虚无之弊者，在于明理，上而六经、孔、孟，下而濂、洛、关、闽。夫非理学之渊薮，而修词之标的……今人为文，其主意与古人异。古人为文，主意在发理而翼圣；今人为文，主意在炫辞而博名。主意在理，故读理学诸书，易入而易信；主意在辞，故不得不剿取《国》《策》《庄》《列》，以涂人耳目。①

冯从吾固然认为宗尚先秦六经、诸子及《左传》《战国策》之文，贬低建安而下文学，是一种失之偏颇的文学观，但他提出的改良方案，既不是将后来的韩愈、欧阳修等人文章发扬光大，也没有用革新的眼光去倡导

① 冯从吾：《冯少墟集》卷一五《与友人论文书》，《四库提要著录丛书》集部 127 册，第 547~548 页。

新时代之文学，而是将文章写作指向两宋以后的"五经"性理之路。将理学正典与文学正典直接画上等号，经学史、理学史在他眼中就是文学的发展史。如果说陶望龄、焦竑主张内理外文，保持了文学的相对独立性，只不过陶重论文，焦重论理，那么，冯从吾主张内外皆理、文即是理，基本上抹杀了文学的独立性。其文学思想只是举业思想的一种简单转化，但也形成了对"文""理"关系的另一种认知。

纵观中国文学史，馆阁无疑是古代最持久、最稳定的文学共同体。虽然时常被置于文学进步的对立面，但它有制度化的人才选拔、培养机制，将天下英才纳入彀中；又有儒家思想作为理论基石，继承"文道""诗教"等一系列正统学说。在广义上，只要身处"四书""五经"的教育体系中，大多数人都难以跳出儒家文学观的范畴；在狭义上，儒家文学理论要获得内在的学术驱动力，翰林院作家当仁不让。对于明代庶吉士馆课中的"与友人论文书"，只有将其置于这样的学术视角下，才能凸显这一写作样式作为"文学共同体"与"文学批评方式"的多层用意，从而挖掘出特定场域中特定文类的丰富内涵。

无论存世文献的数量，往复关系的大量确立，还是文学批评的自觉性，明人论文书牍的整理与研究，较之前代的同类研究对象，都有很大的开拓空间。笔者对论文书牍之写作模式与发展走势的梳理，未必精准，但优先考察并解决论文书牍的几个基本问题，如"论文书"的名、实定义，论文书牍的往复语境，论文书中的"友人"指代等，可以较好地打开局面，为接下来对论文书牍的专题研究，提供较扎实的文献及理论准备。我们须认识到，明人论文书牍在批评方式及议论话题上的推陈出新，实为唐宋论文书牍传统与明代文学论争风气的合力结果，对这两个方面的探索不可偏废。只有基于文学传统之上的时代新变，才具有更长久的生命力。

（本文原刊于《文艺理论研究》2020年第6期）

古代堪舆术与明清文学批评

龚宗杰*

内容提要 堪舆术及其代表的古代地理术数，既是古人认识舆地形势的重要手段，也是明清文人借以形象表述文学批评的知识资源。如以龙脉对应文脉，地理与文学在源流、结构等层面的相似性，是触发以相地比附论文这一取譬机制的动因。这种引譬连类的批评方式盛行于明清，并且主要沿着知识类比、逻辑对应和术语化用三条途径展开。从类比到化用，堪舆术的知识、话语渐被隐去，而由此脱胎的一类专门的批评术语逐渐定型。梳理堪舆术的知识源流及其对文学批评的影响，有助于我们从古人的思维和逻辑出发，更好地理解中国古典文学的某些重要原理，且不失为借助知识史进行文学批评研究的一次尝试。

关键词 堪舆术 文学批评 "急脉缓受"

作为中国古代地理学知识谱系的一支，堪舆术在注重丧葬礼仪与习俗的传统社会产生了深远的影响。其中的一些概念、用语，不仅成为人们日用而不知的知识表述，甚至通过一种引譬连类的方式被运用于文学、绘画的理论阐说。如人们常用的"来龙去脉"，本是堪舆用语，用来形容地理从发脉到结穴的联络过程。明人吾丘瑞所作传奇《运甓记》第三十出"牛眠指穴"，谓"来龙去脉，靠岭朝山，种种合格，乃大富贵之地"①，或是目前可见最早的一个用例。清初黄图珌谈论相地术，也说地理之妙在于

---

* 龚宗杰，复旦大学古籍整理研究所青年副研究员，曾发表论文《晚明文法汇编的编刊与文章学演进》等。

① 吾丘瑞：《运甓记》，载毛晋编《六十种曲》第 6 册，中华书局，1958，第 48 页。

"来龙去脉，远近相接"①。在文学批评中，钱谦益评价杜甫绝句时曾有类似的表述，所谓"敦厚隽永，来龙远而结脉深之若是也"②，是以地理比附诗法。至于后来刘熙载论律诗认为"中二联必分宽紧远近，人皆知之；惟不省其来龙去脉，则宽紧远近为妄施矣"③，周广业论文指出认题须"虚实轻重，不爽锱铢，来龙去脉，审之又审，然后有落笔处"④，此二处所用，实可视为一种具备了独立意涵指称的专用术语。这提示我们，在文学艺术甚至日常生活中习以为常的一类用语，往往隐含着易被忽视的知识背景以及特定的思维逻辑。

以地理类比文体，是古代文学批评中常见的一种表述手法，但以堪舆术所代表的地理术数知识为比照对象，则是元明以后才有的现象。如晚近学者林纾曾论文章筋脉云："鄙意不相连者，正其脉连也。水之沮洳，行于地者，其来也必有源。山之绵亘，初若断平地，然其起伏若宾主之朝揖，正所谓不连之连。故堪舆之家，恒别山脉之所自来，正不能以山之断处，遽指为脉断也。行文之道，亦不能不重筋脉。"⑤ 批评家正是抓住地理规律与行文法则之间的相似性来展开论述。基于这种相似性的引譬连类，不仅是古人认知世界的独特方式，也是古代文论的重要传统。堪舆学说正是以此为通道最初在元明之际浸入文章学，并在明清时期扩展至诗歌、戏曲与小说等众文体理论，同时促成诸如脱卸、急脉缓受、草蛇灰线等批评术语的定型。虽然已有学者对这种堪舆术语运用于文论的现象做了讨论，但集中于小说技法层面⑥，对于其中的知识流变及与文学批评的诸多关联

---

① 黄图珌：《看山阁集·闲笔》卷八"妙在天然"条，《清代诗文集汇编》第288册，上海古籍出版社，2010，第497页。

② 钱谦益著，钱曾笺注，钱仲联标校《牧斋初学集》下册卷一〇八《读杜小笺下》，上海古籍出版社，2009，第2180页。

③ 刘熙载：《艺概》卷二，上海古籍出版社，1978，第74页。

④ 周广业：《蓬庐文钞》卷八《复初书院条约》，《续修四库全书》第1449册，上海古籍出版社，2003，第605页。

⑤ 林纾：《春觉斋论文》，人民文学出版社，1959，第80页。

⑥ 杨志平《论堪舆理论对古代小说技法论之影响》（《海南大学学报》2009年第6期）一文，于此用力最多。谭帆《中国古代小说文体文法术语考释》（上海古籍出版社，2013）亦有涉及。陈才训《文章学视野下的明清小说评点》（《求是学刊》2010年第2期）虽指出"急脉缓受""草蛇灰线"等术语源自明清文章学，但所论仍侧重于小说技法。

还未予以足够重视。本文希望在梳理近世堪舆术知识化进程的基础上，考察它作为一种边缘知识而被文人用以批评书写的内在逻辑，进而揭示与此相关的古典文学的重要原理。

一　堪舆术的知识化进程及其
对文学批评的浸入

堪舆属中国古代术数之一，是一项通过分析地理形势来择定宅居和冢墓基址的选择术，因发展过程中引入祸福趋避、生克吉凶等因素，被附上了一层非理性的神秘主义色彩，而与历数、占候等共同构成古人处理天人与人地关系的认知系统。就古代文人的知识体系而言，若按传统四部分类，士人阶层的核心学识构成当以经史与辞章之学为主。尽管自宋代以来随着书籍文化的普及，文人能接触到的知识已相当广博，但子部的一些门类，如从属于术数的堪舆，仍是颇为边缘的一类学问。因此，针对堪舆术与文学批评二者的关联，至少有两个问题需要解答：一是堪舆术的寻龙点穴之说，为何会作为一种知识资源影响到文学批评的写作；二是这种影响从何时开始，又如何逐渐促成相关批评术语的定型。

目前所见最早明确以堪舆类比文章的，是元明之际的宋禧。但要说明的是，在宋禧之前，署元人范梈所撰诗法《木天禁语》，于"五言长古篇法"中就使用了"过脉"这样一个在明清诗文与小说评点中常见的用语。该词也被用于相地寻龙，如堪舆文献《管氏指蒙》第六十目专论"过脉散气"，《葬法倒杖》也有所谓"草蛇灰线，过脉分明"的说法①。只是《木天禁语》对过脉的解释，指出"过句名为血脉，引过此次段"②，尚不足以表明其直接受到堪舆术语的影响。而宋禧在撰于明洪武五年（1372）的《文章绪论》中，明确指出自己是以地理家之法来比附文章家之法：

> 文章变化之妙，固不易识，试以地理之法明之，则有吻合者。盖

---

① 旧题杨筠松《葬法倒杖》，《景印文渊阁四库全书》第 808 册，台湾商务印书馆，1986，第 79 页。
② 旧题范梈《木天禁语》，张健编著《元代诗法校考》，北京大学出版社，2001，第 156 页。

大地之结穴者，有发将，有来龙，有过峡，有脱卸，有到头，有护送，有朝乐，龙穴沙水，种种有情，然后为善地矣。文章家得此法者，方是作手。然地理家虽有法可言，而未尝有一定之法，是故其书有十二到头、三十六穴法之说。观其图书，甚有妙理存乎其间。作文者得此妙理，则千变万化，无不与之吻合也。再以地理言之，其中亦有起伏，有开阖，有转折，有照应，有聚精会神处，此即文章家之法。①

　　宋禧认为堪舆学说甚有妙理，可资作文，其中如结穴、脱卸、起伏、转折之类，既是地理家择取"善地"须考察的因素，也是文章家作文应留心的关捩。宋禧撰《文章绪论》是向门人讲授初学作文之门径，所论以明白晓畅为主，因此除援引地理外，他还以棋喻文。就譬喻机制而言，无论地理还是弈棋，其作为喻体通常是为人所熟知或习见的。因此其中暗含的背景，有必要深究的，一是堪舆术在近世的知识化和普及，二是文人对这类知识的理解，此二者构成了以地理喻文体的现实基础；三是相似性，即宋禧所说地理与文法"有吻合者"，这是触发批评家引譬连类的思维方式的根本原因。

　　首先看堪舆术的知识化进程。从历史上看，堪舆术的知识源流是由术到学，在自中古以来渐趋理论化的同时，其应用范围也从秦汉时期主要面向宫宅基址，演化为唐宋以后宅居和冢墓的选择并重。这种转变，顺应了古人墓葬荫泽后代的重要观念，也使相地术在近世社会的应用日益广泛，其中的一些理论、概念成为人们容易在日常生活中接触到的一类与地理学相关的知识。

　　堪舆之源起最早可追溯到秦汉时期，最初的相土之术当仅应用于相阳宅，针对相阴宅的葬法，一般认为流行于汉代以后。从书目著录来看，如《隋书·经籍志》"历数"著录《宅吉凶论》《相宅图》《五姓墓图》，《旧唐书》"经籍·五行类"著录《青乌子》《葬经》诸书，郑樵《通志》"艺

---

① 宋禧：《文章绪论》，陈广宏、龚宗杰编校《稀见明人文话二十种》上册，上海古籍出版社，2016，第6页。

文略·五行类"又有"宅经"与"葬书"两个小类，可见从汉代到隋唐，相墓渐已成为堪舆的重要内容。相墓之术在宋代以后得到了极大的发展。对此，元明之际的王祎曾有详论曰：

> 自近世大儒考亭朱子以及蔡氏莫不尊信其术，以谓夺神功、回天命，致力于人力之所不及，莫此为验，是固有不可废者矣。后世之为其术者，分为二宗。一曰宗庙之法……一曰江西之法，肇于赣人杨筠松、曾文迪，及赖大有、谢世南辈，尤精其学。其说主于形势，原其所起，即其所止，以定位向，专指龙、穴、沙、水之相配，而他拘忌，在所不论。其学盛行于今，大江南北，无不遵之者。①

王祎所称肇始于堪舆家杨筠松等人的以龙、穴、沙、水相配而主于形势的"江西之法"，在明清时期影响甚大。四库馆臣归置子部术数类时，曾分数学、占候和五行，五行一类下细分为相宅相墓、占卜以及命书相书三个小类，并指出除数学外，"其余则皆百伪一真，递相煽动。必谓古无是说，亦无是理，固儒者之迂谈；必谓今之术士能得其传，亦世俗之惑志，徒以冀福畏祸。今古同情，趋避之念一萌，方技者流遂各乘其隙以中之，故悠谬之谈，弥变弥夥耳。众志所趋，虽圣人有所弗能禁"②。这正是推动堪舆术在近世流衍不绝的社会文化因素。

王祎指出"大江南北，无不遵之"，也表明堪舆之说的盛行，是建立在普通大众所能接受甚至理解的基础之上的。一般而言，尽管相地一类的书籍内容多涉及带有神秘色彩的论说，但其表述往往并不玄奥难懂，如《四库全书总目》指出《葬书》"词意简质，犹术士通文义者所作"；《天玉经内传》的旧注"词意尚属明显"；《灵城精义》"诸语于彼法之中颇为近理，注文亦发挥条畅"；《催官篇》所论"实能言之成理"，注解"阐发颇为详尽"③。这些因素自然有助于堪舆术士的学习以及相关知识的传递。

---

① 王祎：《王忠文公文集》卷二〇，《北京图书馆古籍珍本丛刊》第 98 册，书目文献出版社，1998，第 366 页。
② 永瑢等：《四库全书总目》上册卷一〇八，中华书局，1965，第 914 页。
③ 永瑢等：《四库全书总目》上册卷一〇九，第 921～923 页。

另外，从明代类书来看，堪舆术往往与舆地学连在一起，共同构成当时人们认识自然地理的一类基本知识。如《群书摘要士民便用一事不求人》《四民便览万书萃锦》《天下四民便览三台万用正宗》等类书，除均设"地舆门"之外，分别列有"茔葬门""堪舆门""地理门"，内容包括对堪舆术的理论介绍与技术性描述。尽管这类书籍呈现的堪舆知识不一定具备权威性，但因其传播方式贴近日常生活，这些堪舆知识更易于人们了解和接受。

其次看文人士大夫对堪舆术的态度，这关乎精英阶层对这种边缘学说的理解与知识消化。这方面，四库馆臣撰写《葬书》提要所说的"遗体受荫之说，使后世惑于祸福，或稽留而不葬，或迁徙而不恒，已深为通儒所辟，然如乘生气一言，其义颇精"①，或许可代表宋代以来士人阶层对这种学说的一般看法。王袆提到大儒朱子也"尊信其术"，当指朱熹曾上《山陵议状》来讨论孝宗墓地的择址。宋代以降，文人士大夫也多有深信堪舆术者，即如明人季本曾说"近世士大夫多为所惑，以为有至理存焉"②，李开先则自称"余素喜堪舆之学"③，表明士人阶层对形法堪舆已有了一定的接受。

尽管也有不少文人对此存有非议，认为儒士不应涉足正统学术体系之外的风水之学，像唐顺之曾直言"支陇向背起伏、风气散聚，此堪舆家之事，儒生所不窥，故皆不书"④，汤宾尹也指出"所称堪舆家者，其说尤迂幻不经"⑤。但总体上看，中古时期用以预决吉凶的卜筮之法，在宋代以后势头减弱，而相土择地的学说则逐渐盛行，又与丧葬的社会习俗密切相关，所以文人士大夫对此所持的态度其实是较为宽容的。至少会像王樵那样，虽指出堪舆家论龙脉"缪悠荒诞而不足信"，但也肯定地势之说"高

---

① 永瑢等：《四库全书总目》上册卷一〇八，第 921 页。
② 季本：《说理会编》卷一五"风水"条，《续修四库全书》第 939 册，第 63 页。
③ 李开先：《李中麓闲居集》卷五，《四库全书存目丛书》集部第 92 册，齐鲁书社，1997，第 526 页。
④ 唐顺之：《荆川先生文集》卷一二《吴氏墓记》，《四部丛刊》，第 37a 页。
⑤ 汤宾尹：《睡庵稿》卷一八《九里山汪氏新阡志铭》，《四库禁毁书丛刊》集部第 63 册，北京出版社，1997，第 260 页。

下相因、脉络勾连，皆有自然之理"①。至于对这种"自然之理"的认知，他们往往会借助已掌握的既有知识进行类比。邹元标在《庐陵县学新建文塔记》中则将儒学与堪舆术进行类比，这对于我们了解古代文人如何看待这类知识，是颇具代表性的例子，他说：

> 邹子未习青乌家，然窥其术，于学有可取譬焉。曰龙，龙者，隆也，若隐若约，或见或伏，突然而一脉贯通，始可议基。吾儒自千圣至今，一脉相传流衍者，何异是？曰堂，必蔓衍宽平，四山环抱，而后可言止。吾儒学聚、问辨、宽居、仁行，括以知止一言，何异是？②

可以说，邹元标所说的"取譬"，正是那些未曾窥其门径的文人，借以了解堪舆及其相关论说的绝佳途径。实现这种取譬的关键因素，比如概念、逻辑、术语的关联性，也为堪舆浸入明清文学批评提供了某种通道。

厘清了上述两点，我们讨论的重点便可以落实到堪舆术与诗文理论的关联性上。就古典文学的自身发展来说，唐、宋以降，无论诗学还是文章学，它们所呈现的一大特征，便是在文体、文法学层面，探讨有关诗文体制、结构与技巧的格法类著作不断涌现。以诸如起承转合、首尾间架、开阖关键等文法论的出现为标志之一，文学在顺应科举与教育需求的同时，使其自身逐渐成为一门可供教学授受的专门学问，并越发呈现出一种知识化的特征。在具体的知识授受或理论表述中，古人常采用以物喻文的方式，将抽象的文学原理具体化。章学诚曾揭示古代塾师采用取譬手法来讲授时文法度，其中也提到了形法堪舆：

> 塾师讲授四书文义，谓之时文，必有法度以合程式。而法度难以空言，则往往取譬以示蒙学。拟于房室，则有所谓间架结构；拟

---

① 王樵：《尚书日记》卷五，《景印文渊阁四库全书》第 64 册，第 377 页。
② 邹元标：《愿学集》卷五《庐陵县学新建文塔记》，《景印文渊阁四库全书》第 1294 册，第 178~179 页。

于身体，则有所谓眉目筋节；拟于绘画，则有所谓点睛添毫；拟于形家，则有所谓来龙结穴。随时取譬，然为初学示法，亦自不得不然，无庸责也。①

堪舆学说之所以能够与文论形成这种关联，正是其中涉及地理空间结构的来龙结穴、地脉联络等说法，实与人们对于诗文技法中首尾贯通、起伏变化、语脉相连的要求互相吻合。如清人李绂《秋山论文》曰："相冢书有云：'山，静物也，欲其动；水，动物也，欲其静。'此语妙得文家之秘。凡题中板实者，当运化得飞舞；题中散漫者，当排比得整齐。"② 便是以山水的动静态势，来比照文章破题与行文的变化要求。借用山水自然之理来阐说诗文理论是古人常用的表述方式。李绂所言山水动静，本就是人们对地理的一般认识。宋人蔡元定《发微论》"动静篇"便是从自然常理出发来阐说堪舆术的动静理论：

> 动静者，言乎其变通也。夫概天下之理，欲向动中求静，静中求动。不欲静愈静，动愈动。古语云："水本动，欲其静；山本静，欲其动。"此达理之言也。故山以静为常，是谓无动，动则成龙矣。水以动为常，是为无静，静则结地矣。故成龙之山，必踊跃翔舞；结地之水，必湾环悠扬。若其僵硬侧勒、冲激牵射，则动不离动、静不离静，山水之不融结者也。③

但其中所说"成龙""结地""融结"，则是有别于一般地理常识的堪舆话语。作为一种特殊的现象，这类话语被运用于诗文理论，是在堪舆知识推广到一定程度时才会发生的，目前最早见于上揭元明之际的宋禧，此后又经董其昌、金圣叹等明清批评家的推演，在扩大影响的同时，也将这种手法由诗文而入小说、戏曲，并促成一类专门的批评术语的定型。对此稍做梳理，有助于我们更真切地体会古人文学批评的思维与逻辑。

---

① 章学诚著，叶瑛校注《文史通义校注》上册，中华书局，1985，第509页。
② 李绂：《穆堂别集》卷四四，《续修四库全书》第1422册，第615页。
③ 蔡元定：《发微论》，《景印文渊阁四库全书》第808册，第191页。

二 取譬：以龙脉喻文脉及对
"脉"的另面解读

"脉"是古代文论体系中的一个重要范畴，又以中医学中描述生命体特征的"筋脉""血脉"等作为主要参照，被文论家用来形容文学作品动态连续的内部特征①。在与脉相关的一系列衍生范畴中，"龙脉"并未引起研究者足够的关注。在明清时期，源于堪舆理论而用来指涉地理联络的龙脉，不仅是地理陈述的常用语，还被引入绘画理论②，甚至渗透到文学批评，是一个承载了丰富文化信息的特定概念。

如前所论，宋以来盛行的堪舆术，是主于形势的"江西之法"，认脉是这种辨形、原势的相地法之关键。《管氏指蒙》"三径释微"条即指出："世之寻龙，惟知辩〔辨〕形，不知原势。"至于"形"与"势"的差异，《管氏指蒙》"形势异相"条概括为"远近行止之不同"，"形者势之积，势者形之崇；形者势之结，势者形之从"③。简言之，即势远形近，势行形止，势融结为形，形发源于势，而联结二者的则是隐伏于其中的"脉"。因此，所谓辨形、原势、认脉，可以理解为对地理动态、静态及其连续性的认识。这种认识，同样被运用于艺术、文学等领域，又与明清文论的言说体系密切相关。其中最突出的例子，便是"龙脉"与"文脉"的对应关联。

需要说明的是，将生命体作为喻体，其实是古人认识与言说地理的重要方式。如《管子》所说，"地者，万物之本原，诸生之根菀也"，"水者，地之血气，如筋脉之通流者也"④。以"乘生气"为核心的堪舆术，同样注重对这种生命形态的表达，而以"指山为龙"为主要的陈述方式。比

① 熊湘对文论范畴"脉"的探讨颇见成效，参见熊湘《古代文论范畴"脉"之衍生模式探析》，《海南大学学报》2014 年第 6 期；熊湘《"势""脉"关系多维阐释与文论内涵》，《文学遗产》2016 年第 4 期。

② 清代画家王原祁曾论述画论中的龙脉说，如指出："龙脉为画中气势，源头有斜有正，有浑有碎，有断有续，有隐有现，谓之体也。"（王原祁：《雨窗漫笔》，《续修四库全书》第 1066 册，第 210 页）

③ 旧题管辂撰，王伋等注，汪尚赟补注《管氏指蒙》卷上，《续修四库全书》第 1052 册，第 390、389 页。

④ 黎翔凤撰，梁运华整理《管子校注》上册，中华书局，2004，第 386 页。

如集中以生命体来形容山势的敦煌文献《司马头陀地脉诀》（S. 5645），以龙体喻山形曰："凡山冈形势，高处为尾，傍枝长者，近为头，实者为角，曲外为背，内为腹胸，中出为脊背者，为乳足。"① 《管氏指蒙》"象物"一则也有详论："指山为龙兮，象形势之腾伏；犹《易》之'乾'兮，比刚健之阳德。虽潜见之有常，亦飞跃之可测。有脐有腹兮，以蟠以旋。有首有尾兮，以顺以逆。……神而隐迹兮，不易于露脉。"② 在宋以来堪舆术的知识构成中，"指山为龙"是一种重要的概念，由此派生出诸如干龙、支龙、来龙、去龙等术语，形成了一套以"寻龙"为核心的地理陈述体系。

在这一体系中，不易显露的、象征着生命体特征的龙脉，既是堪舆家寻龙点穴之要诀所在，也作为一种有意义的范畴而成为明清文人用以表述"文脉"的主要取譬对象。就"脉"这个广大的文论范畴而言，它所派生的术语不同，具体的指向性也有差异。如果说以中医学知识体系中的血脉来比附文脉，侧重的是用文学作品内部结构的连贯性来对应生命体的完整性的话，那么以堪舆中的龙脉作为知识类比，则更多的是基于它在地理形势中的特性，用以描述文脉的过程性和变动性。

具体来说，一是在文学历史观层面，龙脉被明清文人用以比附更开阔的时间意义上的"文脉"。如前揭邹元标将儒学"一脉相承"比作龙脉"一脉贯通"，这种取譬的焦点，在于厘清脉络的源流和发展。最突出的例子是唐顺之与茅坤曾就历代文章的评价问题，数次互通书信。作为一种议论的技巧，茅坤在《复唐荆川司谏书》中借助堪舆家所谓"龙法"和"祖龙"来展开论述：

> 古来文章家气轴所结，各自不同。譬如堪舆家所指"龙法"，均之荣折起伏，左回右顾，前拱后绕，不致冲射尖斜，斯合龙法。然其来龙之祖及其小大力量，当自有别。窃谓马迁譬之秦中也，韩愈譬之剑阁也，而欧、曾譬之金陵、吴会也。中间神授，迥自不同，有如古

---

① 金身佳：《敦煌写本宅经葬书校注》，民族出版社，2007，第 323 页。
② 旧题管辂撰，王伋等注，汪尚䂮补注《管氏指蒙》卷上，《续修四库全书》第 1052 册，第 384~385 页。

人所称百二十二之异。而至于六经，则昆仑也，所谓祖龙是已。故愚窃谓今之有志于为文者，当本之六经以求其祖龙。而至于马迁，则龙之出游，所谓太行、华阴而之秦中者也。故其气尚雄厚，其规制尚自宏远。若遽因欧、曾以为眼界，是犹入金陵而览吴会，得其江山逶迤之丽，浅风乐土之便，不复思履崤、函，以窥秦中者已。①

茅坤在此信中以龙脉源流的空间性变化为比喻，设置了一条时间性的古文价值序列。他把六经比作"祖龙"昆仑，将司马迁之文比作秦中，将韩愈之文比作剑阁，将欧、曾之文比作金陵、吴会。茅坤认为其中区别在于"来龙之祖"与"小大力量"，即秦汉之文祖于六经，犹如龙势自昆仑至太行、华阴、秦中，脉络贯通，气格厚重，而欧、曾文章，其格局只是金陵、吴会，不可作为师法的对象，并以此来质疑唐顺之所持的"唐之韩愈，即汉之马迁；宋之欧、曾，即唐之韩愈"的观点。对此，唐顺之同样以地理为喻做了回应，他在《答茅鹿门知县》（其一）指出茅坤所论，只是"以眉发相山川，而未以精神相山川"②。

就上述茅、唐论争的知识背景而言，须指出的是，提出堪舆"龙法"的茅坤，对于相地之术是略有研究的。在《祭亡兄少溪暨两嫂文》中，他不仅表达了对民间堪舆家"大较甲乙可否，人各异指"的不满，还提示曾自卜冢墓："即如予所自卜为寿藏者，几三十年，数以卜筑，则又数以徙，今仅获武康一区，抑自谓佳山水。"③ 另外便是"祖龙"的说法，认为天下之大龙脉，以昆仑为祖，这是当时舆地学的观点。如明人魏校"地理说"："大地脉咸祖昆仑，而南、北而络最大。大河出昆仑东北墟，屈而东南至积石，始入中国。此天下大界水也。"④ 因此，在文论家笔下，山脉源于昆仑的说法，也往往被比附为文脉之原始。如明人王文禄《文脉》："文之脉蕴于冲穆之密，行于法象之昭，根心之灵，宰气之机，先天无始，后天无

---

① 茅坤：《茅鹿门先生文集》卷一《复唐荆川司谏书》，《续修四库全书》第 1344 册，第 461~462 页。
② 唐顺之：《荆川先生文集》卷七《答茅鹿门知县》（其一），第 8b 页。
③ 茅坤：《茅鹿门先生文集》卷二七《祭亡兄少溪暨两嫂文》，《续修四库全书》第 1345 册，第 86 页。
④ 魏校：《庄渠遗书》卷五 "地理说" 条，《景印文渊阁四库全书》第 1267 册，第 802 页。

终。譬山水焉，发源于昆仑也。"① 清人王之绩亦云："昔人以赋为古诗之流，然其体不一，而必以古为归，犹之文必以散文为归也。顾均之为古赋，而正变分焉。大抵辞赋穷工，皆以诗之风雅颂、赋比兴之义为宗。此如山之祖昆仑，黄河之水天上来也。"② 同样是以众山祖于昆仑来论诗文之源流宗尚。

从茅坤的表述来看，以龙脉喻文脉的取譬机制，是地理家讲求龙脉的导源之正，与文章家追求的取法乎上相对应。此后如董其昌《画禅室随笔·评文》也曾以地理之"正龙"来比喻文章之"真血脉"："吾尝谓成、弘大家与王、唐诸公辈，假令今日而在，必不为当日之文。第其一种真血脉，如堪舆家所为'正龙'，有不随时受变者，其奇取之于机，其正取之于理，其致取之于情，其实取之于事，其藻取之于辞。"③ 并进一步指出文章之机、理、情、事、辞，本于六经及《文选》《左传》《史记》等典籍，以此表达他对诗文复古而流于模拟剽窃之风的反对。钱谦益在评价宗法七子派的王象春时，也用了类似的表述方式：

> 季木于诗文，傲睨辈流，无所推逊，独心折于文天瑞。两人学问皆以近代为宗。天瑞赐诗曰："元美吾兼爱，空同尔独师。"其大略也。岁庚申，以哭临集西阙门下，相与抵掌论文，余为极论近代诗文之流弊，因切规之曰："二兄读古人之书，而学今人之学，胸中安身立命，毕竟以今人为本根，以古人为枝叶，窠臼一成，藏识日固，并所读古人之书胥化为今人之俗学而已矣。譬之堪舆家，寻龙提穴，必有发脉处。二兄之论诗文，从古人何者发脉乎？抑亦但从空同、元美发脉乎？"④

钱谦益在这里提到的"发脉"，正是前引宋禧所称大地结穴之发将，

① 王文禄：《文脉》，王水照编《历代文话》第2册，复旦大学出版社，2007，第1690页。
② 王之绩：《铁立文起》卷九，《续修四库全书》第1714册，第319页。
③ 董其昌：《画禅室随笔》卷三，清康熙间长洲杨氏刊本，第18a页。
④ 钱谦益：《列朝诗集小传》下册丁集下"王考功象春"条，上海古籍出版社，1983，第653页。

即来龙之源。作为一种类比，堪舆术的发脉与诗文的宗尚，形成了某种可以契合的联系，这是龙脉之所以能够被用以比附文脉的因素之一。

二是在文学结构论层面，龙脉被用以比喻文学作品内部文本性的文脉。相对来说，这种取譬的类型较为常见。如钱谦益在《再答苍略书》就使用了"龙脉历然"来形容班、马文章的整体性和连贯性："读班、马之书，辨论其同异，当知其大段落、大关键，来龙何处，结局何处，手中有手，眼中有眼，一字一句，龙脉历然。"① 陈继儒也曾以"地脉"喻文："夫文章如地脉，大势飞跃，沙交水织，然其融结之极，妙在到头一窍。"② 借地脉融结来形容行文缴结之妙。前引宋禧所论，也是用千变万化的龙脉及其发将、来龙、过峡、脱卸等态势走向，比喻文章体势，认为行文须讲究起伏开阖、转折照应等变化，并最终达致结穴，也就是地理家所谓的善地。

与生命体的筋脉、血脉相比，龙脉更强调蕴于连贯性中的变动性，如茅坤所说的"荣折起伏，左回右顾，前拱后绕"，这种山脉地势的形态也符合古人对行文流转的要求。宋禧在讨论古文叙事时，便强调这种"宛转活动之妙"，并极力称赏韩愈的文章：

> 韩子《送廖道士序》极宜熟玩，其文不满三百字，而局量弘大，气脉深长。至其精神会聚处，又极周密、无阙漏。观此篇作法，正与地理家所说"大地"者相似。其起头一句，气势甚大，自此以往，节节有起伏，有开合，有脱卸，有统摄。及其龙尽结穴，其出面之地无多子，考其发端，则来历甚远，中间不知多少转折变化，然后至此极处会结，更无走作。然此序末后却有一二句转动打散，此又似地理所谓"余气"者是也。③

宋禧从局量、气脉的角度来评价韩愈《送廖道士序》，认为该文自起

① 钱谦益著，钱曾笺注，钱仲联标校《牧斋有学集》下册卷三八《再答苍略书》，上海古籍出版社，1998，第1040页。
② 陈继儒：《陈眉公集》卷七《盛明小题选序》，《续修四库全书》第1380册，第98页。
③ 宋禧：《文章绪论》，陈广宏、龚宗杰编校《稀见明人文话二十种》上册，第7页。

头至结穴，犹如龙脉运行，气脉深长，其间又有转折变化。正因为韩文具备这些行文特征，宋禧认为其"叙事之妙，超绝古今"。这种行文的变化之妙，正是文章家主张的为文须讲究布局之所在。万历间沈位讨论时文的写作，也强调文章须"常"中有"变"："文章最要相生次序，如先虚后实、先略后详，此其常也。亦有先实后虚、先详后略者，则其变也。知次布置，则文有起伏，有首尾，轻重徐疾，各得其所，观者不厌。"① 指出作文须做到虚实相生，详略结合。这些反映了古人辩证思维的概念，是古典文学结构论的重要内容。

三 辩证：从"急脉缓受" 看文论中的阴阳观念

在文学结构论层面，正如上文所论，古人在注重脉络连贯的同时，特别讲求章法的变化之妙。张秉直《文谈》也说："文章变化之妙，虽无定式，而可以一言括之，曰成章而已。无变化不言成章，强变化而失纪律，亦非所谓成章也。譬如群山东行，高下、偃仰、疾徐、纡直、停奔，极参差不齐之致，顾徐察其条理、脉络，井然不乱，斐然而可观也。惟水亦然。"② 所谓"井然不乱"与"参差不齐"，也正是前引沈位所说文脉的"常"与"变"。至于章法之变，文论家多认为需要通过如张秉直所提到的高下、偃仰、疾徐、纡直等辩证对立的二元范畴来实现。

这种辩证观又与堪舆学中的阴阳观存在一种逻辑上的对应关系。堪舆术的兴起，本身就与阴阳五行关系密切，《四库全书总目》子部术数类小序称："术数之兴，多在秦汉以后，要其旨不出乎阴阳五行、生克制化，实皆《易》之支流，傅以杂说耳。"③ 蔡元定《发微论》曾对堪舆术中的辩证之法多有发挥，即四库馆臣所说，此书"大旨主于地道一刚一柔，以明动静、观聚散、审向背、观雌雄、辨强弱、分顺逆、识生死、察微著、

---

① 袁黄：《游艺塾续文规》卷二，《续修四库全书》第 1718 册，第 177 页。
② 张秉直：《文谈》，王水照编《历代文话》第 5 册，第 5086 页。
③ 永瑢等：《四库全书总目》上册卷一〇八，第 914 页。

究分合、别浮沉、定浅深、正饶减、详趋避"①。古人往往通过一种朴素的辩证逻辑，对山川地理的认知加以审察，正如蔡氏所言："地理之要，莫尚于刚柔。刚柔者，言乎其体质也。"② 清人李兆洛《赵地山地学源流序》也指出："地据质而仪天，山川原隰，曲直起伏，有脉络条缕以绾贯于其中，如人之四肢百骸，浑然块然，而气之流行分布，自有径隧。即所见以求其理，而阴阳、向背、开合、行止、动静、盛衰、生死之变效焉。"③ 其中开合、行止、动静等正反对立的概念，实则共同构成了堪舆学中的阴阳系统。

明清文论对这种辩证逻辑的重视，当然与文法理论自宋元以来的深入发展密切相关，而另一个不可忽视的因素，就是在时文领域，人们对八股文股法的重视及细密研讨。对于股法，明人多强调以虚实相生、浅深相贯来实现错综成文，避免合掌之病。如晚明武之望论股法，即主张虚实、浅深相贯："文字两比相对，易于合掌，语意须有虚实、浅深相贯如一股为佳。"④ 由于这种辩证对立的逻辑与堪舆论说相合，明人便借用堪舆理论来作为一种表述策略，阐说八股文法。其中值得关注的是八股名家董其昌提出的"急脉缓受"之法。

董其昌《论文宗旨》又名《九字诀》，总结了时文写作技艺的"宾""转""反""斡"等九字法，在当时影响很大。就内容来说，贯串《论文宗旨》核心思路的正是一种阴阳辩证的文论观。如"宾"字诀即主张宾主互用："《诗》则赋为主，比、兴皆宾也；《易》则羲画为主，六爻皆宾也。以时文论，题目为主，文章为宾；实讲为主，虚讲为宾。两股中或一股宾，一股主；一股中或一句宾，一句主；一句中或一二字宾，一二字主。明暗相参，生杀互用，文之妙也。"⑤ 至于其余几种字诀，如"转""反"等也都强调文势的错综变化。在"脱"字诀中，董其昌援引堪舆学

---

① 永瑢等：《四库全书总目》上册卷一〇九，第923页。
② 蔡元定：《发微论》，《景印文渊阁四库全书》第808册，第190页。
③ 李兆洛：《养一斋文集》卷三《赵地山地学源流序》，《续修四库全书》第1495册，第45页。
④ 武之望：《重订举业卮言》卷下，明万历二十七年（1599）刻本，第34b页。
⑤ 董其昌：《论文宗旨》，清康熙二十年（1681）吴郡圣业堂书坊刻本，第1b~2a页。

说，提出了"急脉缓受"的文法论：

> 脱者，脱卸之意。凡山水融结，必于脱卸之后，谓分支擘脉，一
> 起一伏，于散乱节脉中，直脱至平夷藏聚处，乃是绝佳风水。故青乌
> 家专重脱卸，所谓急脉缓受，缓脉急受。文章亦然，势缓处须急做，
> 不令扯长冷淡；势急处须缓做，务令迂徐曲折。①

所谓"青乌家"，即古代相地者的别称，而作为堪舆术语的"脱卸"，
也与龙脉运行相关。对此，不妨引明代堪舆家徐善继与其弟徐善述所著
《图注地理人子须知》"论龙过峡"条来作为解说：

> 相地之法，固妙于观龙。观龙之术，尤切于审峡。峡者，龙之真
> 情发现处也。未有龙真而无美峡，未有峡美而不结吉地。审峡之美
> 恶，则龙脉之吉凶、融结之真伪，皆可预知也，真地理家不刊之秘诀
> 也。盖龙兴延长，必须多有跌断过峡，则气脉方真，脱卸方净，力量
> 方全。……过峡之脉，欲其逶迤嫩巧、活动悠扬，如梭带丝，如针引
> 线，如蜘蛛过水，如跃鱼上滩，如马迹过河，如藕断丝连，如草蛇灰
> 线之类为美。②

"峡"是指龙脉运行经过的地势交接处，古代堪舆家认为龙脉须于此
交接、跌断之处完成脱卸，方有融结，才可结得真穴，因此"审峡"也就
成了堪舆家观龙的重要手段。此文进一步补充说："又有一等凶龙，迢迢
而来，更不跌断，全无过峡，直至穴场，虽极屈曲奔走之势，然无峡则无
脱卸，杀气未除。"③ 由此可知，"脱卸"的要义之一便是卸去来龙的凶杀
之气。

---

① 董其昌：《论文宗旨》，第10b~11a页。
② 徐善继、徐善述：《绘图地理人子须知》卷二"论龙过峡"条，《故宫藏本术数丛刊》上
册，华龄出版社，2011，第47页。
③ 徐善继、徐善述：《绘图地理人子须知》卷二"论龙过峡"条，《故宫藏本术数丛刊》上
册，第48页。

　　回到董其昌的"脱卸"及其"急脉缓受"的论说，"急脉"正如徐善继所说，是凶龙具备的"屈曲奔走之势"，需要通过脱卸来减缓其气势，反过来对"缓脉"又须做好"迎送"和"夹护"，而不使其势太长、太阔。就行文而言，文章过接处的脱卸便是如果上文文势急切，那么下文则须用缓慢的文势来承接，在卸去上文急势的同时，实现行文的变换流转；反之亦然。有关行文之缓急相接，晚明庄元臣《论学须知》也曾谈道："何谓'缓急相合'？若前面文势来得缓散，则宜急截住之；前面文势来得猛急，则宜缓缓结果他。"① 所论实与董其昌并无二致，均强调文章行文过接处的接应和转换。刘熙载《艺概·经义概》在总结时文作法时，也主张运用缓急、曲直的技巧："题有题缝。题缝中笔法有四，曰：急脉缓受，缓脉急受，直脉曲受，曲脉直受。"② 可见董其昌的"急脉缓受"之说，实际上代表了晚明以来文论家对行文缓急合宜的技巧追求。

　　从譬喻机制来说，古人以地理喻文，是着眼于文脉、文势与山川运行态势的相似处。清人邓绎《藻川堂谭艺》说："天下之山必曲于野，天下之阜必曲于原，天下之水必曲于陆，天下之溪必曲于泽。文章之得山势者，其曲也必峻；得阜势者，其曲也必纡；得水势者，其曲也必夷；得溪势者，其曲也必幽。"③ 这里提到的"曲"，准确地点出了文章与地理特征的相似处，即曲折变动的态势。武之望论"势"也指出："文而得势，则能操能纵，能翕能张，颠倒纵横，任意挥霍，无不如意。行文不得势，则治理涣散，非上下不相连，即前后不相应，或能分而不能合，或能聚而不能散。"④ 正是在强调文势具备连贯性的同时，也带有上下接应、分合聚散的变转之妙，这与堪舆理论中"龙脉"一贯而至于结穴以及于过峡处脱卸交接的特征相合。

　　从历史上看，有关行文"缓""急"的说法，在宋代已经出现。魏天应辑《论学绳尺》，卷首《论诀》辑录宋人论文之语，其中"林图南论行文法"即列有"急文""缓文"，此外还有"扬文""抑文"和"死文"

---

① 庄元臣：《论学须知》，王水照编《历代文话》第3册，第2222页。
② 刘熙载：《艺概》卷六，第175页。
③ 邓绎：《藻川堂谭艺》，王水照编《历代文话》第7册，第6114页。
④ 武之望：《重订举业卮言》卷上，第32a页。

"生文"。其所云"凡欲扬，必先抑"，"凡欲抑，必先扬"①，强调的也是行文的曲折变化。吕祖谦《古文关键》卷首"论作文法"也说："文字一篇之中，须有数行齐整处，须有数行不齐整处，或缓或急，或显或晦，缓急显晦相间，使人不知其缓急显晦。常使经纬相通，有一脉过接乎其间然后可。"此后又附有行文"格制"三十一类，其中如上下、离合、聚散、前后、迟速、左右、彼我七格，同样是以一种辩证的逻辑来强调章法的"常中有变，正中有奇"②。明清的文法论述也承续着这种观点，除了上文已讨论的"急脉缓受"，另外如清代赵吉士认为文章之"机"在于"势"，要求缓急、抑扬、整散的相辅相成，他说："机者，文之势也。如急来缓受，缓来急受，或欲抑而先扬，或欲扬而先抑。或前整矣，惧其板重，作数散行以疏之；或前散矣，惧其慢衍，作数整语以束之。"以此为创作要求，赵吉士认为阅读文章也须留意行文的"起承开阖、分总收放、虚实劫解、紧缓详略、凌驾脱卸、跌顿过渡、顺走倒追、来龙结穴之类"③。

由此我们可以看到，伴随着宋代以来人们对章法的讲求，特别是对科考应试文技巧的探索，传统文学批评领域逐渐形成了一种阴阳对立而又相辅相成的行文逻辑，并衍生出众多意涵相反的组合范畴。这种文学创作的思维方式，又与古代基于阴阳观的辩证逻辑联系密切。比如方以智认为"《易》之参两错综，全以反对颠推而藏其不测"，借此可以领悟"文章之开阖、主宾、曲直、尽变，手眼之予夺、抑扬、敲唱双行"④。刘大櫆也强调"文贵参差"，认为"天之生物，无一无偶，而无一齐者"，此后又罗列了诸如巧拙、利钝、柔硬、肥瘦、浓淡、艳朴、松坚、轻重、秀令与苍莽、偶俪与参差等组合，来说明"虽排比之文，亦以随势曲注为佳"⑤。曹宫《文法心传》也提出了"由反而正"的文论观，并举语默、动静、行止、进退、疏密、久暂、离合、浅深、大小、精粗等类，认为："天下之

---

① 魏天应编选，林子长笺解《论学绳尺》卷首《论诀》，《景印文渊阁四库全书》第1358册，第79~80页。
② 吕祖谦：《古文关键·看古文要法》，王水照编《历代文话》第1册，第236~237页。
③ 赵吉士：《万青阁文训》，王水照编《历代文话》第4册，第3313、3316页。
④ 方以智：《文章薪火》，王水照编《历代文话》第4册，第3210页。
⑤ 刘大櫆：《论文偶记》，人民文学出版社，1959，第10页。

物无物无反正者，何独于文不然？凡文之开合、纵擒、离接、放收，皆由反而正者也。"① 所谓"无物无反正"，便是将文学中对立统一的规律与自然万物之理联系起来看待。系统考察这类组合范畴，当有助于我们更清楚地认识中国古典文学批评中的辩证传统。

四　融会：堪舆术语的化用与诸体文法的会通

明清时期，伴随着戏曲、小说新兴文体的崛起，以评点为主的戏曲、小说批评样式也渐成气候，其中存在许多与堪舆相关的诸如脱卸、结穴、急脉缓受、草蛇灰线等术语。学界其实已经从技法、理论等层面，对这些术语的运用情况做了有意义的探讨。但目前尚未予以足够关注的，一是从知识史的角度，考察堪舆用语从浸入文学批评到最终形成固定术语的过程；二是在跨文体的层面，揭示这类原本被用于描述诗文文本结构过程性和变动性的堪舆用语，如何也适用于戏曲、小说等多种文体的批评。借此可以让我们重新审视古典文学的各类文体在创作层面的某些共性，并尝试去考察明清时期才开始发展起来的戏曲、小说之文法理论，如何与诗文之法实现某些层面的融通。

具体而言，其一，与堪舆术相关的部分用语在清代已逐渐成为人们惯常使用的批评术语，这种化用，意味着术语具体批评指涉之定型及其原本所包含的堪舆学知识之隐去。比如在上文已做梳理的"脱卸"，与董其昌需要详细解说不同，清人在运用这一术语进行文章批评时，无须再交代其堪舆学的知识背景。康熙《古文评论》评曾巩《寄欧阳舍人书》曰："读此等文，当细观其转折脱卸之法。"② 《钦定四书文·隆万四书文》所收葛寅亮《饥者易为食　犹解倒悬也》墨卷，文末原评为："文以两头作主，运化中间，备极脱卸之妙。"③ 《启祯四书文》所收陈际泰《昔者禹抑洪水

---

① 曹宫：《文法心传》，王水照编《历代文话》第 6 册，第 5317 页。
② 康熙：《圣祖仁皇帝御制文集》第三集卷四一，《景印文渊阁四库全书》第 1299 册，第 314 页。
③ 方苞：《钦定四书文·隆万四书文》卷五，《景印文渊阁四库全书》第 1451 册，第 277 页。

而天下平　一节》一文，原评曰："一治一乱都已叙过，又一覆举，特为脱卸出'承三圣'句也。"① 以上三处评语均用脱卸来表述行文转接过换的重要性，这也反映出自晚明以来，随着诗文评点的勃兴，一类简要而精确表达的用语已逐渐固定下来。

与脱卸类似的还有急脉缓受，如前引刘熙载《艺概·经义概》所说的题缝中的四种笔法，便是一例。清末民初来裕恂《汉文典·文章典》讨论文法，在"承法"一章设有"正承""反承""顺承""逆承""急承""缓承"等十二节，其中急承、缓承就沿用了缓脉急受与急脉缓受的术语。在诗论中，如清人朱庭珍论律诗之法，指出："起笔既得势，首联陡拔警策，则三四宜展宽一步，稍放和平，以舒其气而养其度，所谓急脉缓受也。不然，恐太促太紧矣。"② 薛雪《一瓢诗话》比较温庭筠、李商隐二人诗歌："李有收束法，凡长篇必作一小束，然后再收，如山川跌换之势；温则一束便住，难免有急龙急脉之嫌。"③ 朱、薛二人都是基于对"势"的考虑，援引急脉的说法，来强调律诗结构的张弛有度，避免促迫。尽管薛氏诗话言及山川跌换、急龙急脉，但基本上看不到堪舆知识在其中的掺杂。

其二，就运用的范围而言，这些术语主要被用于文学结构论。古人论文极重视文章的谋篇布局，甚至要求在下笔为文之前，先确定文章的结构纲要。刘勰《文心雕龙·镕裁》曰："是以草创鸿笔，先标三准：履端正于始，则设情以位体；举正于中，则酌事以取类；归余于终，则撮辞以举要。然后舒华布实，献替节文，绳墨以外，美材既斫，故能首尾圆合，条贯统绪。"④ 所谓"三准"，便涵括了文章前、中、后三部分的大框架，框架既定，再以文辞修饰成文。对于文章的内部结构，元人陈绎曾《文说》"分间法"将其分为"头""腹""腰""尾"四部分，并指出：

---

① 方苞：《钦定四书文·启祯四书文》卷七，《景印文渊阁四库全书》第 1451 册，第 520 页。

② 朱庭珍：《筱园诗话》卷四，郭绍虞编选《清诗话续编》第 4 册，上海古籍出版社，1993，第 2399 页。

③ 薛雪：《一瓢诗话》，丁福保辑《清诗话》下册，上海古籍出版社，1963，第 713 页。

④ 王利器：《文心雕龙校证》，上海古籍出版社，1980，第 209 页。

凡文如长篇古律、诗骚、古辞、古碑、碑碣之类，长者腹中间架或至二三十段，然其腰不过作三节而已。其间小段间架极要分明，而不欲使人见间架之迹。盖意分而语串，意串而语分也。①

陈氏所谓的"分间法"，是划分文章结构层次并调配各部分内容含量的方法，追求文章结构的比例恰当、详略适度。他也指出，行文"间架"既要分明又要不着痕迹，可见"间架"作为文章结构的理论概念，强调的是文章结构整体性和层次性的统一。从这一层面来说，讲究行文转接无痕的"脱卸"，注重文势前后承接的"急脉缓受"，均可纳入文章结构论的范畴内。另外如陈氏强调的"结"，又与堪舆术语"结穴"相对应。"结穴"是指地势起伏行走而于某个地理位置停蓄并融结为穴，在文章学理论中被用来比喻行文缴结之处，即如前引陈继儒所谓"其融结之极，妙在到头一窍"。林纾谈"用收笔"也说："为人重晚节，行文看结穴。"②

在用来表述文章结构性的术语中，"草蛇灰线"最为常见。堪舆术中的草蛇灰线，是指地理一脉贯通而又若隐若现、若断若续的态势。如上文摘引《葬法倒杖》所言"草蛇灰线，过脉分明"，明人注《灵城精义》论"脉"也说"凡脉之行，必须敛而有脊，乃见草蛇灰线，行虽不甚露而未尝无形也"，"若有草蛇灰线，则脉络分明"③，清人吴元音注《葬经》"观支之法，隐隐隆隆，微妙玄通，吉在其中"四句曰："言其起处，高低起伏而来，如草蛇灰线，蛛丝马迹，藕断丝连，种种诸式，亦有转接，亦有剥换。"④ 这种若断若续的形态，非常符合陈绎曾所说的"间架极要分明，而不欲使人见间架之迹"的行文要求。明末清初贺贻孙评解《国风·周南·汉广》，就用了类似的口吻说："古诗妙境，如蛛丝马迹，草蛇灰线，若断若续，若离若合。"⑤ 另外如清人宋长白论汉魏乐府，也认为"强半近

① 陈绎曾：《文说》，王水照编《历代文话》第 2 册，第 1342 页。
② 林纾：《春觉斋论文》，第 126 页。
③ 旧题何溥《灵城精义》，《景印文渊阁四库全书》第 808 册，第 132、140 页。
④ 吴元音：《葬经笺注》，《续修四库全书》第 1054 册，第 217 页。
⑤ 贺贻孙：《诗触》卷一，《续修四库全书》第 61 册，第 496 页。

于歌谣，起伏断连，自有草蛇灰线之势"①，张谦宜评《战国策序》也说
"中间说圣教起灭，若断若续，是草蛇灰线法"②。方东树在谈到杜诗、韩
文之义法时，曾论及"气脉"，并指出："草蛇灰线，多即用之以为章法
者。"③ 准确地点出了草蛇灰线这一术语的运用范围。

其三，这类本用于诗文技法和理论的术语，至明末清初开始被广泛运
用于戏曲、小说等文类的批评。这提示我们，至明清才逐渐成熟的戏曲、
小说理论，在某些方面不可避免地受到已成体系的诗文理论之影响，并非
孤立发展。古典文学的众多文体之间存在某些可以互相借鉴的共性，尤其
是在文学作品的结构论层面，有相似的法度可循。前引陈绎曾"分间法"
指出长篇古律、诗骚、古辞、古碑等文类具备相似的体段和间架，已略可
说明。

至于诗文与小说、戏曲的文法共性，如上文已做讨论的草蛇灰线，其
被广泛运用于小说评点，早已为学界所认识。但事实上，在金圣叹评点
《水浒传》之前，明代的八股文批评就已从堪舆理论中引入了这一说法。
袁黄在撰于万历五年（1577）的《举业彀率》中，已运用类似的陈述来讲
解"大股"技法："两扇既立柱，其遣词造句各宜联络照应，然须如灰中
线路，草里蛇踪，默默相应可也。"并举瞿景淳《事君敬其事》一文，评
价其股中脉络"皆隐隐相承，移易不动"。须指出的是，"灰中线路，草里
蛇踪"之说本自相地术，见于旧题郭璞《葬书》内篇。袁黄也曾引堪舆理
论中"正龙正脉"的说法来强调八股文起讲入题的重要性："堪舆家有寻
龙提脉之说，圣贤立言之意，自有正龙正脉。"④ 可见袁黄所引草蛇灰线的
表述，当以堪舆术作为其知识来源。至于沈长卿在崇祯初年撰《吾他日未
尝学问好驰马试剑》，文后所附评语称"言言典则，其中脉理之妙，草蛇
灰线，隐跃无穷"⑤，则是草蛇灰线一词在时文评点中的直接用例。此后，

---

① 宋长白：《柳亭诗话》卷六，张寅彭选辑《清诗话三编》第 1 册，上海古籍出版社，
  2014，第 255 页。
② 张谦宜：《絸斋论文》卷五，《续修四库全书》第 1714 册，第 454 页。
③ 方东树：《昭昧詹言》卷八，人民文学出版社，1961，第 213 页。
④ 袁黄：《举业彀率》，陈广宏、龚宗杰编校《稀见明人文话二十种》上册，第 186、
  176 页。
⑤ 沈长卿：《沈氏日旦》卷一〇，《续修四库全书》第 1131 册，第 555 页。

金圣叹始将其推演至小说文法,《读第五才子书法》云:"有草蛇灰线法。如景阳冈勤叙许多'哨棒'字,紫石街连写若干'帘子'字等是也。骤看之,有如无物,及至细寻,其中便有一条线索,拽之通体俱动。"① 草蛇灰线之所以适用于戏曲、小说批评,关键在于它所指涉的若断若续的章法特征,正符合古典叙事艺术对"线索"的追求。如清人梁廷枏评价《紫钗记》,认为其"最得手处,在'观灯'时即出黄衫客,下文'剑合'自不觉突,而中'借马'折避却不出,便有草蛇灰线之妙"②,也是在叙事的时间维度中,强调情节线索的似断实续。除了草蛇灰线外,金圣叹还运用脱卸、急脉缓受等文章学术语来评点《水浒传》。这些术语也被普遍运用于诸如《金瓶梅》《三国演义》《红楼梦》等其他明清小说的评点,成为文人解读小说叙事艺术的重要准则。

综上所论,自宋元以来已发展成熟的诗文技法,与肇始于明清之际的戏曲、小说的技巧理论,实有共通的创作规则和法度可循。首先是在机械的结构论层面,无论诗歌的起、承、转、合,还是文章的头、腹、腰、尾,强调的都是作品文本结构的层次分明和调配妥当。这种对章法的讲求,同样适用于以叙事为主的戏曲、小说,如王骥德《曲律》论曲之章法:

> 作曲者,亦必先分段数,以何意起,何意接,何意作中段数衍,何意作后段收煞,整整在目,而后可施结撰。此法,从古之为文、为辞赋、为诗歌者皆然。③

已明确指出戏曲与古文、辞赋、诗歌在创作上均须段数分明。其次是在追求结构分明的同时,兼顾各个层次之间的转接。若以结构切割格外严格的八股文为例,便如武之望讨论股法时要求的"圆融":"大抵股法不出

---

① 金圣叹:《贯华堂第五才子书水浒传》,《金圣叹全集》第 1 册,江苏古籍出版社,1985,第 22 页。

② 梁廷枏:《曲话》卷三,《中国古典戏曲论著集成》第 8 册,中国戏剧出版社,1959,第 278 页。

③ 王骥德:《曲律》,《中国古典戏曲论著集成》第 4 册,第 123 页。

起承转合四者，然起与承势不容疏，转与合机不容断，其要只在圆融耳。尝观弄丸者，见其起伏应接之妙、转移收合之神，而因悟文之股法犹是也。不独股法，即篇法亦如此。是在善悟者得之。"① 强调起股、中股、后股和束股之间的前后衔接，脉络相贯，以及做到起承转合的章法圆融，不露痕迹。沈德潜也指出长律的写作标准，是在"气局严整，属对工切，段落分明"的同时，做到"开合相生，不露铺叙转折过接之迹"②。若结合堪舆术语来说，前者有如龙脉，讲求文本的连贯性，后者则有诸如脱卸、急脉缓受、草蛇灰线之类，注重统一于连贯性之中的变化、转换。二者共同构成了中国古典文学批评中有关文本结构的重要理论，也是近世以来人们创作和评价文学作品的基本准则。

结　语

堪舆术及其所代表的地理学知识，不仅是古代知识世界的组成部分，还作为一种具有渗透力的文化因子，在人们日常生活、艺术活动中均发挥着一定的功用。在文学领域，从最初作为引譬连类的对象被运用于文论的形象表达，到后来相关用语在批评表述中的逐渐定型，均可看出以地喻文实是明清时期一种普遍的批评现象，反映出古人认知世界和探讨文学的独特思维模式。比如从地理动静、行止的态势来强调文章参伍错综的行文逻辑，若稍做引申，或可追溯到中古以来人们基于天文、地文与人文关系对"文"的朴素认识，如刘勰《文心雕龙·原道》："夫玄黄色杂，方圆体分，日月叠璧，以垂丽天之象；山川焕绮，以铺理地之文。此盖道之文也。"③ 其所体现的，正是以一种阴阳统一的观念来理解"文"的内涵。又如王世贞也曾引《易·系辞下》对"文"的解释来强调文章的辞采和条理："'物相杂，故曰文'，文须五色错综，乃成华采；须经纬就绪，乃成条理。"④ 直至清代，这种两色相杂、奇偶相生而成文的观念，甚至成为阮

---

① 武之望：《重订举业卮言》卷下，第 36b 页。
② 沈德潜：《说诗晬语》卷上，丁福保辑《清诗话》，第 541 页。
③ 王利器：《文心雕龙校证》，第 1 页
④ 王世贞：《弇州山人四部稿》卷一四四《艺苑卮言一》，明万历间刻本，第 15b～16a 页。

元在《文言说》中推尊骈文文体的理论资源。对于近世文论家透过地理变化来认识文学创作规律的现象，同样可置于这种强大的思维传统中加以考量。在古代文学批评的譬喻体系中，相比于其他种类，如以兵为喻强调奇正变化，以房屋为喻阐述结构间架，以弈棋为喻讲求布局关键，以地喻文更注重前引林纾所说"不连之连"的行文特征，这正是急脉缓受、脱卸、草蛇灰线这些术语的批评要义所在。当然，由于堪舆术在近世不仅承载着地理知识，还附着了冢墓荫泽、祸福趋避的术数色彩，与今天我们所接受的现代科学理性大相径庭，在某种程度上造成了当下的文学研究对此种现象抱有距离感。故有必要对其知识源流、背景以及其对文学的影响做一番考察，或许有助于我们从古人的知识构成和思维逻辑出发，进一步理解古典文学的某些重要原理。

从另一方面来说，作为一种近似比兴的表述策略，至少从刘勰那个时代开始，人们就已将山川自然的要素引入文学批评。但以堪舆这类地理术数知识进行类比，却晚至元明之际始见其例，并且如上文所举茅坤、董其昌、陈继儒、钱谦益等事例，直到晚明才大量出现。这反映出在近世，尤其是明中叶以后，随着雕版印刷的广泛应用与书籍文化的大幅普及，文人的知识谱系呈现出更加开放的扩容状态。以此为思考前提，考察传统四部分类中集部以外各层次知识的内容、话语与概念，如何成为一种描述或表现文学的学术资源，或许可帮助我们观察到某些易被遮蔽的文学现象。其中包含着今天被我们忽略、低估甚至否定的一些知识门类，而在近世被视为可以"夺神功、回天命"的堪舆术，便是突出的例子。本文即试图回到古人的知识世界，努力阐述这类知识与文学批评之关联，并借此做一次将知识史作为方法来研究文学批评的尝试。

（本文原刊于《文学遗产》2019年第6期）

明代戏曲中词的变体与词曲的互动[*]

李　碧[**]

内容提要　所谓"词之变体"，是明代人在试图为词律构建秩序时，将词牌相同、调式相异的情形一一列出，为填词提供参照的依据。但戏曲填词没有死抱词的形式规则，而是借用改换声韵、改换平仄、单双调变化、摊破句法与改换衬字等词之变体的传统技法，加以曲体观念的渗透，形成了单首词鲜见或未见的填作样式，这在文本生成过程中使得词与曲的边界呈现模糊化样态，达到"曲白相生"的艺术效果。通过对明代戏曲填词的量化考察，归纳出具有代表性的变体形式及其来源，有助于进一步探讨明代词律的遵循与创作的出入、词曲边界的模糊化以及明词在戏曲中发挥的功能等词曲互动相关议题。

关键词　明词　戏曲　词曲互动

词体大量羼入戏曲当中时，戏曲正处于元杂剧式微、明传奇继起的发展过程中，因戏曲体式发生的变化，即戏曲文本篇幅的增加和角色的添置，自报家门、角色转换间的宾白都需要填充，加之文人曲家的介入，词体成为明代戏曲创作者的广泛选择，戏曲也因此给了词体融入的文本空间。从明代戏曲中词作的数量规模来看，现存的 219 种明杂剧中有 69 部运用了词作，加上曲谱中辑佚所得，明杂剧中约有三分之一的作品选用了词

---

　　*　本文为国家社会科学基金重大项目"《全明词》重编及文献研究"（项目编号：12&ZD158）阶段性成果。

　　**　李碧，女，浙江理工大学艺术与设计学院副教授，曾发表论文《观剧诗与明清之际文人的"自我认同"》等。

作；现存的 276 种明传奇及 178 种佚曲中有 235 部作品运用了词作，也就是说，五成以上的传奇文本中有词作出现，词作数目达到 1805 首，涉及曲家 110 位（不含无名氏），所用词牌 167 种。这些词作不是按部就班地依照词谱被创作出来的，有些词调在置于戏曲中填作时发生了在单首明词中鲜见的变化，这些变化在明词变体研究领域未见深入探讨。笔者通过对明代戏曲中填作最多的《鹧鸪天》《西江月》两词牌，以及其他一些少量填作的词牌进行讨论，从用韵、改换平仄、单双调变化、摊破句法及衬字改换切入，由对明代戏曲中词作变体情况的考察来对词曲互动研究进行重新思考。

一　明代戏曲中词作的量化考察

明代戏曲文献较多，笔者考察了现存明杂剧 219 种、明杂剧佚曲 19 种，共辑得明杂剧中的词作 146 首，其中宾白用词 111 首，开场词 35 首，涉及词牌 73 种、曲家 38 位。词曲同牌问题在文献梳理过程中较难处理，王国维《宋元戏曲考》据周德清《中原音韵》所记 335 调统计得出，"（北曲曲调）出于唐宋词者七十有五"；据沈璟《增订南九宫谱》统计，南曲曲调有 260 章出于古曲，其中唐宋词所出 190 章①。尽管唐宋词本为曲调的重要来源之一，但细加辨析，仍可厘清二者之别。在剧本结构中，词作出现的位置一般是卷首题词、开场词和宾白，戏曲文本的刊刻规则以大字曲文、小字宾白为主，偶有误刻造成曲白相混的现象，而如奎章阁本《五伦全备记》为大字宾白、小字曲文，是为特例。遇到曲白相混的文本，则需辅助对照词谱和曲谱来确定牌名的性质，对于《点绛唇》《南乡子》等少数词牌和曲牌在句式和结构上基本一致的情况，要结合文本的实际情况具体问题具体分析。

现存明杂剧中有 69 部运用了词作，加上曲谱中辑佚所得，可知明杂剧中约有三分之一的作品选用了词作，因此可以说，在杂剧中融入词体作品是曲家有意进行的一种尝试，并且得到了众多曲家的认同。在杂剧作品中

---

① 参见王国维《宋元戏曲考》，载《王国维戏曲论文集》，中国戏剧出版社，1984，第 58、93 页。

作词的曲家多为文人，其中不乏朱有燉、吕天成、汪道昆、叶宪祖这些在明代具有代表性的曲家，有些作家词、曲兼擅。在杂剧中运用词作最多的是傅一臣，他在十二部杂剧作品中创作了 32 首词，用到 29 个词牌，是在明杂剧中原创词作最多的曲家；刘兑的《新编金童玉女娇红记》据元代宋梅洞的《娇红传》改编，保留了一些原作中的词，也有据原作改编的词，因此在同一部作品中出现的词有 30 首之多，其中 15 首是据文言小说中的词改编而成，因此刘兑是明杂剧中改编词作最多的曲家。此外叶宪祖、许潮、凌濛初等人也在杂剧创作中多次用到词体作品，还有一些作家偶尔为之，进行了少量尝试。

明传奇的情况比杂剧复杂一些，笔者共检索了现存明传奇 276 部及佚曲 178 种，所得明代传奇中运用的词作 1805 首，涉及词牌 167 种，曲家一百余位。笔者将其分为明嘉靖以前、嘉靖至万历年间、万历以后三个阶段进行统计。明初至嘉靖之前（1368～1521），这一阶段共涉及曲家 18 位，传奇作品 28 部，词作 288 首。值得注意的是，《乐府遗音》产生之前的约一百二十年间，明传奇对词作的使用数量不多，涉及曲家仅有兰茂、邵燦、沈采、姚茂良、张瑀五位，其中邵燦和姚茂良在传奇中填词较多，分别为 20 首和 24 首，选用的词牌超过十种；而在《乐府遗音》产生之后，明传奇创作高峰来临之前的三十余年里，在传奇作品中填词的曲家增至十四位，词作数量达 226 首，这是词体大量羼入传奇作品的过渡时期。其中最具代表性的曲家是陆采，其传奇作品中运用词作共计 57 首，首度出现于《陆天池西厢记》中。明嘉靖至万历（1522～1619）是传奇创作的高峰，以词入曲的作家不下五十位，填词数目多达 673 首，其中最具代表性的曲家是汤显祖、沈璟和汪廷讷。汤显祖的五部传奇作品中填词共计 95 首，使用词牌 56 种；沈璟的六部传奇作品中填词共计 59 首，使用词牌 31 种；汪廷讷的七部传奇作品中填词共计 61 首，使用词牌 34 种。嘉靖以后，词在戏曲中的运用一度呈现出“主情”的回归，《小重山》《诉衷情》《春光好》等抒情小令的运用逐渐增多。这一时期词作中对前人进行化用的情况出现得也最多，其化用或引用的多为唐五代词或“花间”风格的词，引用频率最高的是毛熙震、和凝及温庭筠的词。明万历后至崇祯（1620～1644）以词入曲的作家共计 34 位，涉及的传奇作品 74 部，填词共计 490 首，其

中作词数目最多的是冯梦龙，他在创作及改编的十四部传奇中共填词 115 首，运用词牌 48 种，另有张琦、孟称舜、吴炳等人作词数目在 30 首左右，为填词较多者，但都远不及冯梦龙。冯梦龙是明代戏曲改本填词艺术成就最高的曲家，其在改编已有剧本过程中并未一味地援引原剧底本中的词作，而是努力创新，有意避免雷同，甚至不惜选用生僻词牌进行填词，以避免重复，如《东风齐着力》在宋词中仅有胡浩然填过一首，金元词中亦未见，明代戏曲中，冯梦龙首度创作《东风齐着力》见于《双雄记》，后在改本张凤翼《灌园记》及毕魏《三报恩》时反复运用该词牌，其后傅一臣在杂剧《买局笑金》中效仿冯梦龙填作《东风齐着力》。至此，《东风齐着力》在明代传奇和杂剧作品中普遍可见。

此外，明代传奇作品中还有一部分真正作者尚不可考的作品，包括笔名创作和未著撰者的作品，其词作暂不能列入上述统计之中，在此另做说明。以笔名创作的曲家、传奇剧目及词作数量分别为：青山高士《盐梅记》（3 首）、其沧《三社记》（7 首）、西泠长《芙蓉影》（3 首）、采芝客《鸳鸯梦》（3 首）、欣欣客《袁文正还魂记》（2 首）、清啸生《喜逢春》（4 首）、研雪子《翻西厢》（4 首）、秋郊子《飞丸记》（4 首）、硕园《还魂记》（6 首）、东山痴野《才貌缘》（12 首）、昭亭有情痴《花萼楼》（6 首）。还有未著撰者的传奇作品 36 部，填词共计 171 首，其中填词较多的有《西湖记》（17 首）、《连璧记》（12 首）、《霞笺记》（9 首）。

二　异部通押与平仄改换：
以《鹧鸪天》为中心

《鹧鸪天》是文人最常填作的词调之一，《全宋词》共收录《鹧鸪天》703 首，出现频率仅次于《浣溪沙》和《水调歌头》[①]。据笔者统计，《全明词》及《全明词补编》共收录《鹧鸪天》269 首，明代戏曲文本中收录《鹧鸪天》213 首，与《全明词》所收数量大致相当，同时其也是戏曲填词中运用频率最高的词牌。

---

① 参见刘尊明、王兆鹏《唐宋词的定量分析》，北京大学出版社，2012，第 122 页。

《鹧鸪天》的词体样式比较稳定：双调，五十五字，押平声韵。词谱中所列《鹧鸪天》的体式一般只定格一体，如万树《词律》只选秦观"枕上流莺和泪闻"一体：

> 枕[可平]上流莺和[可仄]泪闻[韵]。新[可仄]啼痕[可仄]间旧啼痕[叶]。一[可平]春鱼[可平]鸟无消息[句]，千[可仄]里关山劳[可仄]梦魂[叶]。　　无一语[句]，对芳樽[叶]。安[可仄]排肠[可仄]断到黄昏[叶]。甫[可平]能炙[可平]得灯儿了[句]，雨[可平]打梨花深[可仄]闭门[叶]。

《钦定词谱》则只选晏几道"彩袖殷勤捧玉钟"一体：

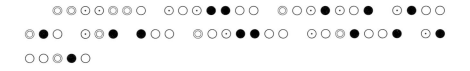

《鹧鸪天》在字数、句式上多以上述常体定格，而在用韵和平仄的细节处衍生出一些变化，主要体现为异部通押和结句第三字平仄的改换。

《鹧鸪天》上下阕各三平韵，上阕第三、四句与下阕三言两句多作对偶，整首词实由两首七绝合并而成，唯有下阕换头，将第一句改为三字两句。因词的韵部比诗韵要求略宽，《鹧鸪天》填词中出现了异部通押的情况。这种现象在宋代《鹧鸪天》词中偶有出现，至明代运用频率显著增加。异部通押可以有两个、三个或四个不同的韵部相押，明代戏曲中所填《鹧鸪天》主要为两部通押，偶见三部通押，未见四部通押的情况。两部通押体现在四组韵部通押，即青部与东部、微部与支部、真部与文部、萧部与尤部四种情况。例如：

> 布施芳名远近知。特来帘下谒慈悲。金刀落尽人间发，玉体全披上界衣。　　王母伴，太真仪。天风吹送下瑶池。人人有个成仙路，只在人人乐自为。①

---

① 郑之珍：《目连救母劝善记》卷上，古本戏曲丛刊编辑委员会辑《古本戏曲丛刊初集》第 8 册，第 10a 页。

词中"知""悲""仪""池""为"皆为支部字，上阕"衣"为微部字，如此两部通押的情况在明代戏曲填作的《鹧鸪天》中所占比例约为37%（79首）。其他韵部通押的例子不再一一赘述。《鹧鸪天》异部通押的情况在《全明词》及其补编中亦有所体现，青庚通押代表作家如高明、马朴等14位词人，作品18例；微支通押如瞿佑、朱有燉等8位词人，作品9例；真文通押如杨慎、马朴等8位词人，作品11例；萧尤通押如王九思、黄如兰等4人，作品6例。

值得注意的是，异部通押不是任意两种韵部皆可通押，如寒部、元部、鱼部等在《鹧鸪天》中常被采用的韵部则比较稳定，一般不会出现通押的情况。对于异部通押的原因，除填词的韵律要求比诗律稍宽以外，与填词者自身所持的方言发音位置也有一定关联。魏慧斌在《宋词用韵研究》中曾论及"萧尤通押"："萧豪部与尤侯部通押也是宋词韵的普遍特点，萧豪部与尤侯部主元音发音部位和高低相似，在现代汉语方言中多数音色相近。"① 据笔者统计，明代曲家青庚通押和微齐通押的主要为江浙词人，其中松江、昆山曲家较多；萧尤通押的主要为江西词人；真文通押的作品数目不多，涉及作家地域有安徽、江西、浙江等，未见明显倾向性。此外，明人填词主要依据平水韵，《啸余谱》《诗余图谱》等明人词谱存在诸种弊端，明人填词并不尽依照词谱，而是多继承唐宋词创作的标准，即以平水韵为参照。戏曲填词出现的通押现象，在一定程度上也受到曲韵的影响，据俞为民《曲体研究》考证，曲韵较《中原音韵》系统主要存在的通押现象有：先天、寒山、还欢通押；支思、微齐、鱼模通押；真文、庚青通押；歌戈、家麻、车遮通押。其中微齐、真文通押在南曲曲韵中也有体现②。清代戈载《词林正韵》中正式将真、文归为一部，推其归类来源，或因明代戏曲填词中多次出现的通押情况，已经体现出创作者的共识。

对于《鹧鸪天》平仄的改换，《钦定词谱》中认为是以入声代平声，曾言："（下阕结句）第三字从无用仄声者，此乃以入声字替平声，不可泛

---

① 魏慧斌：《宋词用韵研究》，陕西人民教育出版社，2009，第99页。魏氏还统计了不同方言韵例：江西词人31例，江浙词人29例，中原词人14例。
② 参见俞为民《曲体研究》，中华书局，2005，第216~217页。

用上、去声。"① 然而，万历十一年（1583）陈耀文所编《花草粹编》中收录了赵介之词"杜宇一声断肠人"和无名氏词"图得不知郎去时"，二者用"一""不"这样同时具备平声和仄声的字在《鹧鸪天》下阕第五句第三字的位置替代平声字。在《花草粹编》问世之前，明代戏曲中所填《鹧鸪天》尚未见到此处平仄不合词谱的情况，但在其问世之后，曲家受到了本书中《鹧鸪天》平仄改换的影响。欣欣客在《袁文正还魂记》中所填《鹧鸪天》：

> 映雪囊萤习圣经，胸藏星斗暂埋名。文林霭霭千机锦，□扫昂昂万镒金。　呈宝剑，抚瑶琴。子期去后少知音。试看功名如拾芥，管教一跃过龙门。
> 遇酒当樽酒满斟，一觞一曲乐天真。三杯五盏陶情性，对月临风自赏心。　摆列处，□□□。歌声嘹唳遏行云。春风满席知因乐。一曲教君侧耳听。②

下阕第五句第三字采用了兼具平、仄声的"一""教"来代平声，此外其他曲家还有用"和""几"等平仄兼具的字在《鹧鸪天》中代平声字的情况，不一一列举。杂剧中《鹧鸪天》平仄的变化运用首见于黄方胤的《倚门》《督妓》两部作品，亦在《花草粹编》产生之后。其后还有曲家索性在此处直接用仄声来填，此句格律变为⊙●●○◎●○，如"千载令人说太真"③ "惟愿吾王式九围"④ 等。在前文统计二百余首《鹧鸪天》中，在《花草粹编》出现之后填作的约130首，用平仄兼具代平声或直接改为仄声的词有16首，超出了一成。《花草粹编》为明代规模较大的一部词选，在清代词家眼中常被批判为"淆杂"，正因其选词来源广泛，也收

① 陈廷敬主编《康熙词谱》卷一一，岳麓书社，2000，第347页。
② 欣欣客：《袁文正还魂记》卷一，古本戏曲丛刊编辑委员会辑《古本戏曲丛刊二集》第1册，国家图书馆出版社，2016，第1a页。
③ 程士廉：《幸上苑帝妃春游》卷下，《古名家杂剧》，商务印书馆，1957，第1b页。
④ 陆华甫：《双凤齐鸣记》卷上，古本戏曲丛刊编辑委员会辑《古本戏曲丛刊二集》第12册，第39a页。

录了小说、戏曲中的填词，如《清平山堂话本·姚卞吊诸葛》中的《念奴娇》（小舟横楫）、《西厢记诸宫调》中的《哨遍》等，《蕙风词话》考证："董词（《哨遍》）仅见《花草粹编》，它书概未之载。"① 笔者认为，《花草粹编》因收录戏曲、小说中的填词而不同于其他词选，它也因此在流传过程中引起了戏曲创作者的注意。张仲谋曾言："（《花草粹编》）从其作品的选录与编排体例诸多方面，都可以看出编者对资料出处的重视，同时也可以看出他对词的技术与艺术细节的淡漠。"② 正因如此，陈耀文将平仄替代的情况也收入《花草粹编》之中是合情合理的，他没有预料到的是，这样的收录起到了无心插柳的效果，曲家在戏曲填词中有意识地运用了这种手法。清人在编纂词谱时只注意到《花草粹编》的收录，没有观察到这部作品对戏曲填词产生的影响，而仍旧认为《鹧鸪天》下阕第五句第三字"不可泛用上、去声"。事实上，在清人以前、明万历以后的戏曲填词中，此处上、去声已经泛化了。这一变化在戏曲中体现得较为明显，《全明词》及其补编中仅朱曾省"芦汀雁梦初翻覆"为直接用仄声来填词。可见，《花草粹编》的收录对戏曲中的《鹧鸪天》填词影响较大，而对明代单首词的创作影响甚微。

《乐府指迷》对词体用韵的要求是："押韵不必尽有出处，但绝不可杜撰。若只用出处押韵，却恐窒塞。"③ 明词在承袭唐宋词用韵方法的基础上，也进行了一定的拓展和变化，使填词的灵活性大大增强。和《鹧鸪天》一样，戏曲中其他填词出现异部通押和平仄改换的情况也比较多，主要特点是：第一，用韵不限于平声韵，除整首押平声韵或仄声韵外，有的先押平声再转仄声，也有一首词中平仄通叶韵的；第二，词中转韵多采用异部通押的形式，两部、三部、四部通押皆有，转韵或与词调有关，或与方言发音有关，甚至与词之声情相关；第三，同一韵摄内部通押的情况占多数，虽不在同一韵部，但韵尾相同或相近，常常从宽通押；第四，异部通押与平仄改换在小令与慢词中皆有所体现。此外，每一种词调用韵与平

---

① 况周颐：《蕙风词话》，唐圭璋编《词话丛编》第 5 册，中华书局，2012，第 4460 页。
② 张仲谋：《文献价值与选本价值的悖离——论陈耀文〈花草粹编〉》，《文学遗产》2012 年第 2 期。
③ 沈义父：《乐府指迷》，唐圭璋编《词话丛编》第 1 册，第 280 页。

仄发生变化的来源，还应根据词调的具体情况具体分析。

三　变双调为单调：以《西江月》为中心

明代戏曲中的词牌出现频率仅次于《鹧鸪天》的便是《西江月》，现存明杂剧和传奇中共收录了明代曲家填作《西江月》192 首。值得注意的是，《西江月》在词谱中均列为双调，《全明词》及其补编中所收明代的《西江月》亦为双调，而明代戏曲文本中则多处出现单调《西江月》，那么，变双调为单调还是不是《西江月》？曲家缘何会在创作中产生这样的变化呢？

从《西江月》的格律来看，《词律》以史达祖"裙折绿罗芳草"为正体，《钦定词谱》以柳永"凤额绣帘高卷"为正体，二者皆为 6676/6676 句式，双调五十字，两平韵，一叶韵；《词律》中另列吴文英"枝袅一痕雪在"、赵以仁"夜半沙痕依约"两变体，前者用韵发生变化，后者句式变为 66755/66755，《钦定词谱》中收四种变体，两种与《词律》同，另两种一为苏轼"点点楼头细雨"，用两叶韵，一为欧阳炯"月映长江秋水"，用两平韵、两仄韵。可见，已有的《西江月》变体主要集中在用韵及句式上，而句式在变化过程中依然保持上下阕同步的结构，也就是说，如果拆解掉其中的上阕或下阕，仍然可以体现出《西江月》填词句法结构的全貌。明代戏曲中的单调《西江月》句式结构主要有 6676 和 66755 两种，前者如谢天祐"昨夜灯花连爆，今朝喜鹊频喧。两般佳兆喜相传，吉梦何时得见"①，后者如《三元记》"搬演严州商辂，其父府学生员。嫡母秦氏守居孀，立志魁三榜，衣锦早还乡"②。此外，江楫所填单调《西江月》："误入空门披剃，一心望结弥陀。神女高唐有约，汉津织女抛梭。可怜芳态女娇娥，日守山房独坐。"③ 将句式更为 666676，有将《浣溪沙》

① 佚名著，谢天祐校《新刻出像音注增补刘智远白兔记》卷上，古本戏曲丛刊编辑委员会辑《古本戏曲丛刊初集》第 4 册，第 8a 页。本剧为谢天祐增订之作，此首《西江月》为谢天祐原创。

② 佚名：《新刻出像音注商辂三元记》卷上，古本戏曲丛刊编辑委员会辑《古本戏曲丛刊初集》第 1 册，第 1a 页。

③ 江楫：《芙蓉记》卷上，古本戏曲丛刊编辑委员会辑《古本戏曲丛刊五集》第 2 册，国家图书馆出版社，2016，第 9a 页。

和《西江月》结合的意味，属于个案。

《西江月》的格律与诗体十分接近，戏曲中的《西江月》填词还在一定程度上借鉴了联章体的创作范式。联章体主要以并列的方式来扩张内容，以一组诗或词写同一件事，可以同调次韵、同调异韵、同题异调，同时也可突破篇幅和字数的限制。明代戏曲中的联章体《西江月》将每一个单调作为联章的基本单位，单调与单调之间几近相同，系以同调不同词重复演奏。其将每一个单调作为填词意义的划分，根据剧情的需要，灵活填制，单、双调皆采，词与词之间不完全是相邻出现，中间偶尔穿插其他剧情或乐曲，而一组联章间所叙述和描绘的意境保持不变。如姚茂良《双忠记》中的一组填词：

西江月

凤髓龙肝鱼尾，豹胎熊掌驼蹄。猩唇美味鸫胸肥。此是诸般珍珠。

……

前　调

玉碗分来琥珀，小槽压出珍珠。松花竹叶两相宜。此时及时当醉。

……

前　调

金缕歌声高绕，红牙象板轻敲。银丝拨动紫檀箫。玉管银筝合调。　黄鸟白鸠对舞，彩鸾丹凤音娇。霓裳一曲羽衣飘。樱桃樊素口，杨柳小蛮腰。[①]

剧中在描写宴会场面时，对桌上山珍海味的描绘以一首单调《西江月》来展现，中间穿插觥筹交错的场景，再描写推杯换盏的情形时便是依照前调《西江月》又填了一首单调，最后在展现歌舞表演时填了一首双

---

① 姚茂良：《张巡许远双忠记》卷上，古本戏曲丛刊编辑委员会辑《古本戏曲丛刊初集》第6册，第17b页。

调，且与第一首《西江月》同调。后两首词均标有"前调"字样，而非"前腔"，证明仍是词体范畴内的《西江月》，而非曲中《西江月》。此类情况并非孤例，在《范雎绨袍记》《荔镜记》《二奇缘》等传奇作品及杂剧《三义成姻》中皆有参照上述创作手法填制的单调《西江月》。

由此，笔者认为，明代戏曲填词中出现的单调《西江月》在词律上基本遵从《西江月》，之所以将双调改为单调，是出于以下四方面的考量。一是词调风格。《西江月》所用宫调一为中吕宫，一为道调宫，前者属宫声七调的第三运，风格为"高下闪赚"，即高低起伏、变化多端；后者与道乐联系紧密，原为太常曲，飘逸清幽。单调《西江月》皆为中吕宫，风格欢快，通俗易懂，表演过程中不宜太过拖沓，单调更显简单利落。二是避免重复，减少审美疲劳。戏曲中的填词不似单首词创作，当词作为戏曲的一部分呈现给观众时，要充分考虑到受众的审美，同一宫调反复出现或相近的唱词反复吟唱，都会引起观者的审美疲劳，难以吸引观众，曲家变双调为单调的过程中有意识地将冗长的部分略去，使故事情节更为紧凑，能够吸引观众的注意力。三是《西江月》结构的稳定性。《西江月》上下阕为平行结构，多数双调词牌下阕需要换头，而《西江月》只需简单过片，即在意境上相连即可，无须在句式上做出变化，当其出现在戏曲故事中，尤其是起到单纯的叙事性作用，如自报家门或宾白叙事时，过片就显得不那么必要了，曲家用单调《西江月》便能将所述内容表达完整，不必再进行赘述，这样既保持了《西江月》句法上的基本面貌，又避免了词作冗长。四是部分单调《西江月》以联章体形式进行创作，填制规则灵活。曲家以同调不同词的方式创作一组《西江月》，单、双调皆采，整组联章展现的是连续性的故事情节或同一剧中的场景，起到铺排叙事的效果，形式也较为规整，节奏感强。

单调《西江月》的创作首见于姚茂良，其后相继效仿此种填法的明代曲家共计 11 位，填作单调《西江月》20 余首。从其创作技法及历史沿革来看，单调《西江月》应为《西江月》之又一体。双调变单调的创作以《西江月》最为典型，此外还有一些词牌出现双调变单调的情况，如《望云记》《明月环》等剧中填作的《临江仙》，《旗亭记》《诗赋盟》等剧中的《蝶恋花》，《彩舟记》《四贤记》等剧中的《踏莎行》，《樱桃梦》《鸳

鸳梦》等剧中的《卜算子》，等等。

从曲调对词调的继承来看，其来源主要是民间俗词，如唐教坊曲《四换头》《金钱花》《河传》《麻婆子》《迎仙客》等，《钦定词谱》载《西江月》亦源于唐教坊曲。不同于律化后的词调，民间俗词一般被看作唐代曲子词的延续与发展，在实际运用中灵活多变，对体式的要求也比较宽泛。同时，词调的变化本身又与词的音乐性密切相关。从《敦煌乐谱》（P.3808）中《西江月》的谱子来看，《西江月》亦可为慢词，双调、三叠或四叠，每阕后注一"重"字，即"重一章"之意，相当于南北曲中"本调"与"前腔"或"幺篇"。《西江月》中的每一"乐章"即一个"单调"，单调与单调之间几近相同，系以同调不同词重复演奏。宋金诸宫调文本中《刘知远诸宫调》所填《临江仙》（裂帛一声人叫唤）即为单调；《剔银灯》在《西厢记诸宫调》中有仙吕调两首，均为双调，到南戏《张协状元》中变为单调，元杂剧《张鼎智勘魔合罗》《霍光鬼谏》《萧何月下追韩信》《关大王单刀会》《汉高皇濯足气英布》中亦为单调。《张协状元》中变双调为单调的情况屡次出现，《浪淘沙》（迤逦离乡关）、《虞美人》（缉麻缉苎攻针指）、《卜算子》（百尺彩楼高）、《水调歌头》（读书破万卷）、《忆秦娥》（似哑子吃了黄柏）均为此类例证。以《张协状元》为转折点，《元刊杂剧三十种》中出现双调变单调情况较多的词牌有《点绛唇》、《鹊踏枝》（即《蝶恋花》）、《满庭芳》、《感皇恩》、《贺新郎》，这些词牌有的在明代曲本中依然以单调形式填作，有些则再未出现。同样，尽管在《敦煌乐谱》中《西江月》明确可以填作单调，但直到明代戏曲填词中作家们才有所尝试。也就是说，双调变单调并非明代曲家原创或任意发挥，而是一直以来的创作共识。

需要说明的是，有些词作虽然以单调出现，但在曲家眼中依然是半首词，如《蝶恋花前》即只填《蝶恋花》上阕，再如《木兰花半》《半个西江月》等，这些词作尚不能被归为双调变单调之作，亦暂不能列入变体的范畴。

四　摊破句法与衬字的改换

南北曲对唐宋词调继承的共同点是以俗词体系为主，以文人词为辅，而俗词与文人词同源异流，在关注到诸如《西江月》等俗词体系发展的同时，亦不能忽略南北曲对文人词的继承。南北曲的不同之处在于，南曲与文人词的关系比北曲更加紧密，北曲与文人词名同兼格律相同的情形均为习见词牌或曲牌；北曲多用新声，而南曲则更多地吸收了尚未消失的文人词乐，因此南曲与文人词句格完全相同或化用文人词句之处很多，如毛滂《烛影摇红》、柳永《二郎神》等，即王力《曲律学》所谓："北曲和词分别大，南曲和词分别小。"[1] 值得注意的是，曲体中增减字句已为变化之通例，而词体并无此通例。也就是说，即便是戏曲填词，仍不能率意增减，若要增减，则以摊破为主要技法，另成一变体。同时，戏曲中的词作在一定程度上又受到了曲体率意增减的影响，所体现出的摊破之变与单首词不尽相同，这主要体现在摊破句法和衬字的改换方面。

摊破句法又分为单句中增删字和词中删句两种情况，前者如来集之在《铁氏女》中运用《昭君怨》和《眼儿媚》两个词牌，均以添字的方式填之：

添字昭君怨

燕子瞥来何处。衔到落花飞絮。故园回首路茫茫。断柔肠。

挨过无情春色。漫道迷魂招得。风吹金锁夜凉多。欲如何。

添字眼儿媚

闲花寂寞锁庭幽。零落栖迟又几秋。不卷珠帘，怕添香篆，一任春休。　　花约露珠添我泪，柳遮月色替人羞。父是丈夫，姊为奇女，妾岂奴流。[2]

---

[1]　王力：《曲律学》，中国人民大学出版社，2004，第 2 页。

[2]　来集之：《铁氏女》，王文章主编《傅惜华藏古典戏曲珍本丛刊》，学苑出版社，2010，第 17 册，第 1a~1b 页。

　　《昭君怨》为双调四十字，上下阕各四句，两平、两仄韵，谱内可平可仄，以万俟咏《昭君怨》（春到南楼雪尽）为正体，蔡伸、周紫芝等人作又一体。在《昭君怨》的正体和变体填词中，上下阕第三句均为五字句，此处来集之将这两句都添为七字句。同样，《眼儿媚》为双调四十八字，上阕三平韵，下阕两平韵，以王雱的《眼儿媚》（杨柳丝丝弄轻柔）为正体，另有朱淑真等人作又一体。《眼儿媚》的正体和变体填词中，上、下阕第二句均为五字句，此处来集之亦将其添为七字句。戏曲中的词多有添字的情况，有的是曲家无意识增添，但如来集之这样，填词时已意识到不合词格，并在词牌上明确为"添字"所作，便另当别论了。

　　后者如徐渭《女状元辞凰得凤》中的《江城子》：

　　　　依稀犹记姬和翁。珠在掌，您怜侬。一自双榆、零落五更风。撇下海棠谁是主，杜鹃红。　　　生来错习女儿工。论才学，好攀龙。管取佳名、金榜领诸公。若问洞房花烛事，依旧在，可从容。①

　　这首词仿苏轼《江城子》（凤凰山下雨初晴）而作，苏词一体本为双调七十字，上下阕各七句五平韵，词谱为：

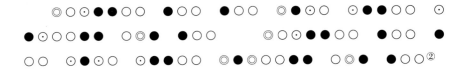

　　徐渭将上阕变为六句，苏词上阕最后两句为"如有意，慕娉婷"，徐词删减为"杜鹃红"一句，同时上阕也少了一个平韵句，徐渭又将下阕也改为四平韵，保持前后一致，但下阕并未删句。无独有偶，徐渭《歌代啸》中所填《临江仙》也是摊破句法而作，其词曰：

---

① 徐渭：《女状元辞凰得凤》卷八，沈泰辑《盛明杂剧初集》，诵芬堂，1928，第 1a～1b 页。
② 陈廷敬主编《康熙词谱》卷二，第 66 页。

谩说矫时励俗，休牵往圣前贤。屈伸何必问青天。未须磨慧剑，且去饮狂泉。　　世界原称缺陷，人情自古刁钻。探来俗语演新编。凭他颠倒事，直付等闲看。①

这一词牌以和凝的《临江仙》（海棠香老春江晚）为正体，双调五十四字，上下阕各四句三平韵。张泌将其添为五十八字，上下阕各五句三平韵，徐渭词较张词上下阕第一、二句减一字，使第一、二句均为六字句，上下阕结尾两句添一字，由四字、五字变为两个五字句。值得注意的是，清代有人并不认同添字作法为又一体，如《词律》云："《词统》等书收《添字昭君怨》，于第三句上添两字，乃出汤义仍《牡丹亭》传奇者。查唐、宋、金、元，未有此体，不宜载入。"② 由前文可知，《添字昭君怨》并非《牡丹亭》孤例，其他戏曲作品中在在有之，《词律》所言唐、宋、金、元未见，并不能代表明代未见，《全明词》及其补编中亦可见数例，如王夫之曾先后填过《添字昭君怨》两首：

添字昭君怨·秋怀
谁染千山乌桕。欺杀一株衰柳。微霜何似镜中霜。万丝长。
蜡屐从今几两。冰级当年屡上。夜阑星汉耿清空。挂残虹。

添字昭君怨
燕垒粉垣香坠。蜇馆蓼花红碎。行人莫唱水东流。水西流。
柳外画船箫鼓。帘外梅龙烟雨。当年原倩遣闲愁。惹闲愁。③

与戏曲中出现的《添字昭君怨》一样，都将词谱中《昭君怨》"6653/6653"句格改为"6673/6673"句格，还有徐士俊、石庞、葛筠等填作的《添字昭君怨》也都将上、下阕的第三句由五字增为七字。明代单首词中还多见《添字浣溪沙》，薛琼、曹元方、曾燦等均有作品传世，系将词谱中《浣溪沙》"777/777"句格增添一短句，形成"7773/7773"句格。由

---

① 徐渭：《歌代啸》，南京国学图书馆，1931，第1a页。
② 万树：《词律》卷三，上海古籍出版社，1984，第102页。
③ 饶宗颐初纂，张璋总纂《全明词》第4册，第2451、2473页。

此可见，无论明代单首词还是戏曲填词，都已将添字视作又一体。

词与曲的区别之一是衬字的使用，戏曲中大量使用衬字，如"不提防""则怕是"一类的连接词，或"呵""啊"一类的语气词等，词体则鲜少使用衬字。明代戏曲中的词受到曲体影响，多出于配合戏曲表演需求，常见以衬字入词。如杨景贤的《柳梢青》："天淡晓风明灭。白露点、苍苔败叶。端止翠园，黄云衰草，汉家陵阙。　　咸阳陌上行人，依旧名亲利切。改换朱颜，消磨今古，陇头残月。"①依照词谱来看，"依旧是、利亲名切"是合乎词格的，杨词将两句合为一句，取消了"是"字，原因是从曲家的视角来看，"是"作为仄声字，出现在停顿处，对于谱曲来讲是很难的，演唱出来也不好听。一般的处理方法是将这个衬字去掉或改换其他衬字，杨景贤此处选择了去掉衬字，合为流畅的一句。再如汤显祖所填《诉衷情》："卷帘呵手拂烟霜，病起怯残妆。一段梅花幽意，云和雪费商量。　　催短影，念余香，病成伤。寒鸦色敛，冻雁声凄，一寸柔肠。"②词中用"呵"字作衬，此类用法在明代戏曲填词中多次出现，不一一赘举。词与南北曲的共同之处便是乐句与词句相对应，主音落在韵脚上，而不同之处就在于，词基本上是一字一音，曲因其旋律繁复婉转，音多字少，因此常常引入衬字或在衬字上做出变化。这种创作技法在明代戏曲作品中逐渐渗透入词，因而词体中也出现衬字改换的情形，此类情况在明代单首词的创作中几乎未见。

综上所述，明词在戏曲中的变体主要涉及用韵与平仄改换、单双调变化、摊破句法与衬字改换三大类，其涉及的范围并非全部戏曲中的词作，因而戏曲中的词一直以来给人以"韵杂宫乱"的印象，人们将其归咎于一些平民曲家在创作时于填词上无意识的错填。值得注意的是，文人介入戏曲创作之后，填词更加规范化，其间许多词作是曲家有意识的变体创作，这些作品受到词体的音乐性、戏曲的创作需求等不同因素的影响，成为不同曲家创作的共识，由此形成变体之规，这种创作上的尝试既是明词变体的一部分，同时对明代词与戏曲间的融通都具有较高的研究价值。

---

① 杨景贤：《马丹阳度脱刘行首》，古本戏曲丛刊编辑委员会辑《古本戏曲丛刊四集》，国家图书馆出版社，2016，第13册，第3a~3b页。
② 汤显祖：《紫钗记》，毛晋编《六十种曲》，中华书局，1982，第115页。

五 词曲互动之反思

"体有万殊，物无一量"，在元杂剧式微、明传奇继起的过程中，词体大量羼入戏曲创作，其变体作品多考虑到剧本的文本需求或演出过程中的表演需求和观者感受，在写作手法上仍沿用词作变体的基本范式，久而久之，许多先前鲜见或未见的变体样式成为曲家创作的共识，被广泛使用，形成戏曲填词之变体的不同类型。这些破体之变因其材料驳杂、来源不一、创作背景不同等种种因素的影响，往往被认为是不合词律的杂乱之作，而通过本文对明代戏曲中词作的统计与梳理，加之对变体类型及其来源所做的分析，可知这些变体之作大部分是曲家有意识的创作。词与曲的关联众谋佥同，二者关系盘根错节，对传统研究启发甚巨。然而，以往的研究太强调二者的文体独立性，忽略了词体演变的动态轨迹。重新审视两种文体的关联，可以澄清文学传统上的一些问题。

一是对词律的遵循与创作的出入。姜夔《长亭怨慢》小序云："予颇喜自制曲，初率意为长短句，然后协以律，故前后阕多不同。"① 虽然说的是自度曲，但意在强调创作习惯上发生的改变。也就是说，从姜夔开始，文人已经出现了填词不依律的情况，并逐渐演化为一种创作习惯。南宋以后，词社渐盛，文人交游以词唱和，这些词落于案头，故文人更加注重词之文本本身，音乐性式微，填词的规范性就必然被打破。明人试图为词律构建秩序，《词学筌蹄》《诗余图谱》《啸余谱》等词谱相继出现，词谱中将词牌相同、调式相异的情形一一列出，以"第一体""第二体"……的次序编排，其调式相异多体现在平仄不同、字数参差等方面，词谱编纂者尽量罗列多种样式，为明人填词提供依据。清人有了明确的正、变体之分，词谱方以正体下列数种"又一体"的样式呈现，变体划分的标准依然是平仄、用韵、摊破句法、减字偷声等。明人作词时，词体本身规范较宽，变体样式多种多样，不遵从传统词律的情况较多。明代戏曲填词除以传统意义上的平仄、摊破等技法为变体的主要手段以外，又在一定程度上

---

① 夏承焘：《姜白石词编年笺校》，上海古籍出版社，1981，第36页。

受到曲体影响，所形成的变体样式与明代单首词中的变体多有不同，甚至有诸如《何陋子》（见于金怀玉《望云记》）、《鸳鸯阵》（见于冯梦龙《杀狗记》）等新创词牌，这些词牌在明代单首词中亦未见，可见明代戏曲填词中的变体与新创都极大地丰富了明词的创作。

二是词与乐的配合关系。词本为配乐而唱，词体的变化也在一定程度上受到音乐的影响。从宏观上看，在同一词调下，因段式、用韵、句法、字数参差而产生的变化，均可归入本调之变体。从微观上，词调自身的变化还需要具体情况具体分析：有些词调只是在段式上产生变化，单调、双调、三叠或四叠，一般对乐制影响不大，倾向于归为变体之列；有些词调则是对乐制发起了冲击，如《偷声木兰花》《转调踏莎行》等，有些词家将其归为变体，有些词谱则将其列为新调，尚存在争议。争议的根源在于音乐自身的抽象性和表演者的主观理解带来的不稳定性，不同的演唱者很难完全遵照同样的乐谱进行演唱，而是融入自身对唱词的理解，加上技术处理，有时甚至是再创作，呈现出同一词调下万紫千红的面貌。

三是词与曲的边界模糊化。戏曲填词并没有死抱词的形式规则，而是灵活借用词之变体的技法，加以戏曲观念的渗入，逐渐模糊了词与曲的边界。异部通押与平仄改换，归根到底涉及的都是用韵的问题，戏曲演唱过程中尤其注意曲韵，不合韵会直接影响到演唱效果，作为宾白的词，对韵脚的要求却极大限度地放宽，可见词的音乐性已然弱化，更多的是为了实现叙事的需求，在韵律上做出让步；双调与单调的变换，主要受到曲的影响，作为单调的曲可以以联章形式反复多次演唱，曲家在填写上下阕平行结构的词时，不自觉地参照了曲的生成方式，可以说，曲家笔端填写的是词，心中构思的标准是曲，着意于满足曲的需求；摊破句法和衬字的使用则使曲与词的关系更加贴近，原本词曲之间的一大区别便是衬字的使用，曲擅衬字，词则几乎无衬字，明代戏曲中的填词反而增添了衬字，填出来的词亦有几分像曲。创作者之所以能融通词曲，原因有二：一是词与曲的亲缘关系，"诗变为词，词变为曲"，词可以看作曲的前身，曲家既能够作曲，填词对他们来讲也比较容易，且许多词牌与曲牌相通，填作间曲家根据创作需求一并填写，有时也未必着意区分两种文体；二是杂剧成熟之初，便出现了以乐器伴奏演唱数首宋词，连缀成一个简单完整的故事的形

式，为传奇中引入词体提供了范本。

四是明词在戏曲中的功用。词体在戏曲创作中发生的多种变化，主要为戏曲文本的生成而服务。词体在戏曲文本中所处的位置主要是宾白部分，对白、独白、旁白、带白都有曲家以词填之，不仅可以用于叙事，还可以用作除主角外其他人物的抒情，对表现剧情和人物性格都有很重要的作用，因此戏曲中有"曲白相生"的说法，换句话说，在明代，词是使戏曲发展为雅俗共赏的文学样式的重要推手。在这一进程中需要反思的是，明代戏曲大部分都搬演于舞台，观者心中不会刻意分辨演出中的哪部分是曲，哪部分是词，而是将两种文体作为"戏曲"这一整体进行看待，文体界限并不构成欣赏者评判戏曲的审美标准。那么，词、曲在什么情况下产生分野，受到关注呢？在戏曲落于案头之时。只有在阅读文本的过程中，才可以直观分辨其中的曲与词，这已然是一种后设视角。而在文本生成之初，曲家在创作过程中考量的主要标准是演出的需求，如情节的连贯性、人物的复杂性等，词的生存是为了不断满足曲的需求，于是导致在创作者心目中曲与词的边界逐渐模糊化，甚至曲家填词与作曲并无明显分野。后世在研究戏曲的过程中，所能参照的皆为文本，直观看到的便是剧本中填作的曲与词，于是萌生了关于两种文体的诸多讨论。然而，回归到演出现场与最初的创作动机，加之词体为迎合戏曲产生的种种变化，可以推想，明代曲家在创作过程中并未做出如此多的文体体认。

（本文原刊于《文学遗产》2019 年第 6 期）

《聊斋志异》异名、异称的嬗递及其意义*

李小龙**

内容提要 《聊斋志异》有"异史"的异名，高珩序首句原文为"史而曰异"，可为此名的佐证，这一异名在作品中亦可找到依据，即《聊斋志异》中的"异史氏曰"，甚至在作者诗及赵起杲序中，也有《鬼狐传》或《鬼狐史》的异名，这也可能是《异史》的另一种称法。作者最后定名为《聊斋志异》，而从"异史"到"志异"，标示着蒲松龄从寄寓孤愤到搜奇记异的创作意图变化。这一变化也延伸到读者的接受中，其书名简称也以"聊斋"代替了"志异"，进一步掩盖了作者寓于其中的寄托。在"聊斋"成为鬼狐故事共名之后，接受者继续消解了隐含于"聊"字中的反讽，重建起消费性的"闲聊"之阐释。这一命名的潜移历程折射出《聊斋志异》在创作与接受之维意味深长的错位。

关键词 《聊斋志异》 异名 异称 异史

《聊斋志异》是由蒲松龄独立创作的文言小说集，相对于《三国演义》《水浒传》《西游记》等公认的世代累积型作品，它理应没有后者那种多重的社会话语投射以及主要作者、次要作者不同意图的叠加，然而，当我们试图将蒲松龄的作品视为一个整体来研究时，仍会感到困难重重，因为它

* 本文为国家社会科学基金青年项目"中国古典小说命名方式与叙事世界建构之关系研究"（项目编号：10CZW041）及北京市社会科学基金项目"中国散文评点史研究"（项目编号：16WXB005）阶段性成果。
** 李小龙，北京师范大学文学院教授，曾发表论文《"义激猴王"的校勘、义理与小说史语境》等。

其实有着纷繁复杂的另一面。

对研究者来说，要想从整体上把握《聊斋志异》，其实需要面对以下三个难点：一是作品的创作时间相当漫长，我们很难确定甚至很难想象，在这么长的创作历程中，作者自始至终都能坚持最初的创作姿态不变；二是我们要考虑的不仅仅是创作持续的时间——有不少章回小说的创作也贯穿了作者的一生，但那些作品毕竟有一组相对稳定的人物形象与故事架构在支撑或者说制约作者意图的表达，这种整体性制约当然不允许作品随着作者情感状态的改变而随时改弦更张，《聊斋志异》却并非如此，它包含了近五百篇作品，这些作品长短不一，主题各异，每篇作品都是一个独立的艺术世界，并不对其他篇目负责，也就是说，从某种意义而言，它们本来就没有整体性；三是这近五百篇作品之间的差异甚大，有相当一部分是道听途说或者从其他文献中沿袭而来，作者甚至没有对其做更充分的再创作，而研究者也很难做出清楚的界定以便将其剥离出来。在这三个难题的制约下，我们对于《聊斋志异》很多的整体性研究都会有过度诠释或削足适履的危险。

然而，若完全把《聊斋志异》当作一个拼凑起来的小说集，只对其中的单篇进行探讨而避开整体观照，或许又遗漏了这部作品集所能展现给我们更重要的信息，即作者创作的心理动因及历来读者对它的接受状态。

或许，我们可以暂时悬置起传统的研究路径，从作者的自述以及作品中推论、抽象其创作心态，从后世评论此书的各个维度综合、提炼读者的接受，试着把研究层面简化，从某个特定角度去探究这些重要的信息，反而可以看清脂肪堆积时无法辨认的经络。基于这一思考，本文便试图从这部小说集的命名来考察上述命题。

与中国人的姓、名、字、号相类，中国古代小说也有着非常复杂的异名和异称：我们把作者拟定的不同书名称为"异名"，从中可以看出作者对作品命名的举棋不定，并能进一步感受到作者在创作原则上的游移；把读者习惯使用的不同书名叫作"异称"，这属于后世流传过程中的因革附益，审视这些异称，也可以窥见作品在接受之维的境遇。就《聊斋志异》而言，其异名与异称虽不多，却可从中窥见作者创作态度的转移与读者接受的错位。

一　从高珩序的异文论"异史"
或为作者原拟之名

《聊斋志异》最有名的异名是《异史》，这部抄本是 20 世纪 60 年代发现的，由于特殊的原因①，直到二十余年后才影印出版。对于这个异名，学界的认识相差甚大。吴晓铃认为"《异史》是《聊斋志异》的最初命名"，并提及高珩序中"史而曰异"的异文与作品中"异史氏曰"的照应②，但并未深入论述；而最早对《异史》进行研究的袁世硕却倾向于否定，认为这是"被其抄主擅自更换了书名"，此后他又指出，"异史本、铸本、二十四卷本同出自某一现已不存的更早的抄本"③。也就是说他承认此本在版本意义上能体现作者早期的思考，又否认这一判断在异名问题上的有效性，这也许是值得商榷的。

（一）　高珩序文首句原文是"志而曰异"还是"史而曰异"

在对这个命名的探讨中，高珩序首句"史而曰异"四字成为关键证据。袁世硕自己也认可，文献资料均未见这一别名只"是从质疑的角度来说的，尚不足以证实题名'异史'绝非蒲松龄所为"，但他指出，两篇序文中的异文是"此抄本中露出的破绽"，"显示出了抄主的作伪行为"，并进而否定高珩序首句"史而曰异"四字对于此抄本书名的支持。他举出的问题有二：一是高凤翰跋文《异史》本作"余读《异史》终"，而铸雪斋抄本则作"余读《聊斋志异》竟"，参高氏诗集，有《题蒲柳泉〈聊斋志异〉》之诗，"可见他读到的是《聊斋志异》，并非题名'异史'的抄本"；另外，唐氏序中"今再得其一卷"一句，在此抄本中却成了"今再得其全集"，而这两个字并非事实，可知此为抄主擅自改动④。不过，要用

---

① 参见郑宝瑞编著《古旧书发行基础知识》，中国书店，2000，第 58 页。
② 参见吴晓铃《年关犹费买书钱》，《吴晓铃集》第 4 卷，河北教育出版社，2006，第 140 页。
③ 袁世硕：《〈异史〉：〈聊斋志异〉的易名抄本》，《山东大学学报》1991 年第 3 期；袁世硕：《谈〈聊斋志异〉黄炎熙抄本》，《福州大学学报》2002 年第 3 期。
④ 袁世硕：《〈异史〉：〈聊斋志异〉的易名抄本》，《山东大学学报》1991 年第 3 期。

这两点证成高珩序"史而曰异"句之伪，却还有两个问题要考虑。

第一，高凤翰跋文的称法与诗集中的题诗称法有没有原即不同的可能性，尤其是在蒲松龄对其书命名有过游移且高氏跋文并未收于高氏文集的情况下①。

第二，唐梦赉序被收入唐氏文集之中，比勘后发现唐氏原文确实是"一卷"而非"全集"②，但这是否就能证明是抄录者擅改而不是蒲松龄的改动——之所以这样说，是因为唐氏原文说"凡为余所习知者，十之三四"，而康熙抄本却作"十之二三"，对于这个康熙抄本，学界认为是最接近手稿本的抄本③，那么这个异文的存在也表明，唐氏别集所录序文文字与《聊斋志异》抄本之不同，并不能简单判断是后者擅自改易。

事实上，以上的两个问题都与一个总体的认识有关，即作者蒲松龄在定稿的不同阶段对相关材料有进行改动的可能性。更何况，即便以上两个问题都能确定，仍然只是考辨清楚了高凤翰跋语及唐梦赉序的文字，只能暗示高珩序也有可能被改动，但并不能直接断其为伪。所以，我们还要回到高珩序上来。

非常遗憾的是，高珩《栖云阁文集》并没有收录他为《聊斋志异》所作的序文，没有收录的原因也值得一提。陆燿于乾隆四十一年（1776）为其集所作的序云："或以公文涉及二氏，喜阐宗风，即齐谐、夷坚、传奇、乐府，亦复津津齿颊，疑止以跌宕文史自奇，而不知其意念所存，有如此也。"又说："公之文，未尝自定篇第，阅者易以文词之工而掩其蕴含之大。今略为差次，凡得如干篇，订为正集，其出入二氏与夫散碎零杂，近于小说者，则归诸别集，庶几树艾攸分，淄渑各别。而公之真面目为不泯矣。贻荣兄弟如力不足以全梓，先出其正集以传世可乎。"由此可以知道陆氏对高珩文集中涉及"齐谐、夷坚"的部分是不以为然的，所以他在将

---

① 前引高氏之诗收于其《南阜山人诗集类稿》，《清代诗文集汇编》第253册，上海古籍出版社，2010，第61页。笔者翻检了其所附《南阜山人敦文存稿》，并未发现《聊斋志异》的跋文。

② 参见唐梦赉《志壑堂文后集》，《四库全书存目丛书》集部第217册，齐鲁书社，1997，第643页。

③ 参见任笃行《一函不同寻常的〈聊斋志异〉旧抄》，《蒲松龄研究集刊》第1辑，齐鲁书社，1981；袁世硕《蒲松龄事迹著述新考》，齐鲁书社，1988，第353~374页。

高珩没有整理过的文集"略为差次"时，把"近于小说者"放到了别集中，并以为这样便可以"树艾攸分，淄渑各别"，还建议高氏后人可以"先出其正集以传世"。再据高珩五世孙高贻荣、高贻乐识语"恭依明教，先以正集付梓"也可以知道，他们确实按照陆氏之意刊行了正集，别集则散佚无存①，其为《聊斋志异》所作之序自然在"齐谐、夷坚"之列，因而也随别集之散佚而失传。

所以，我们仍只能借助《聊斋志异》各本之比勘来探讨高序。高、唐二人之序，在《聊斋志异》的传播史上起到了重要的作用，但一直以来，读者都未认真对待它们，而只是将其当作《聊斋志异》的附件，从迄今为止的注本均未注此二序即可知。所以，高序的首句"志而曰异"我们已经很熟悉，却并未认真去思考，其实此序开端四字便有问题。

我们知道，《聊斋志异》中的"志异"二字，志即"识（誌）"，《国语·鲁语下》："仲尼闻之曰：'弟子志之，季氏之妇不淫矣。'"韦昭注云"志，识也"②，即记录；"异"则代表奇异之事，"志异"即"记录异事"的意思。在"聊斋志异"书名的语境下，"志而曰异"四字是不通的：一者，说"志而曰异"显然是把"异"字放在"志"前作"志"的修饰语，这与此书命名的原序"志异"不合；更重要的是，"异"在原书名中为名词，无法修饰作为动词的"志"，因为这就等于在说"用'异事'来形容'纪录'"。相反，"史而曰异"四字既合于"异史"的词序，同时"异"为形容词，以之修饰名词"史"字，即"用'奇异'来形容'史'"，文通意顺，全无扞格。也就是说，就此而论，高珩序的原文可能就是"史而曰异"，序成之后，蒲松龄对书名又有新的想法，但已不可能请高珩重为制序，便将序文中涉及旧名的痕迹改去，高序有关者实仅开篇四字，于是他将"史"改为"志"，以就其新名。当然，我们也注意到高珩致蒲松龄信中有"《志异》四册"之语，但此信之作，据袁世硕考当在康熙三十年（1691）前后③，此时距前序之作已去十数载，作者早已更为

---

① 参见高珩《栖云阁文集》，《四库全书存目丛书》集部第 202 册，第 137~138、1 页。按：感谢李精一女史代为查阅国图所藏《栖云阁文》的清抄本。
② 徐元诰撰，王树民、沈长云点校《国语集解》，中华书局，2006，第 198 页。
③ 袁世硕：《蒲松龄事迹著述新考》，第 111 页。

今名了。

（二）《聊斋自志》或为配合"志异"之名而改

就"异史"之名及"史而曰异"之语而言，与《异史》抄本同为一个体系的二十四卷抄本及铸雪斋抄本（通过版本的研究，笔者将版本特征相似度非常高的这三个版本归为同一个"《异史》系抄本"，当然，此三本之间亦有微异，而《异史》本可能保存了更原初的面貌）都不能给《异史》本以支援，但并不意味着这两个抄本不能提供旁证，这个旁证就是蒲松龄的自序。这篇序文在《聊斋志异》的各版本中有两个名字，一是手稿本、康熙抄本以及青柯亭本的《聊斋自志》，而另一个名字即《异史》系抄本的《自序》。一般来说，我们会忽略这两个名字之间的差别，觉得不过是笔下之偶误或并不严谨的妄改而已，但其实可能没有那么简单。

首先，这两个题法绝非妄改或笔误，因为两个版本系统泾渭分明，所以一定来自其版本的分化，而这些版本的分化事实上正是蒲松龄在某些具体表达上游移不定的遗痕。

其次，一般来说，古人为自己的著述写序，用"自序"或"自叙"都可以，加上自己的号也符合惯例，但几乎没有用"自志"的。笔者以钱仲联主编《历代别集序跋综录》①为样本，其书所收有自序类序跋一百四十七篇，其中仅六篇题为"自叙"，三篇"自记"，"自题""自识"各一篇，余均为"自序"，并无"自志"。事实上，我们从更大范围里搜集以"自志"为名的文章的话，就会发现，此类命名在古代均指"自为墓志铭"这种特殊文体。比如在《中国基本古籍库》篇目中出现"自志"二字者，除去"自志局辞归"几例将"自"和"志"分开的篇目，只有零星几例属于元人方回《桐江续集》卷二一"老而健贫而诗自志其喜八首"这样的例子，此外都是"自为墓志铭"的意思，如周必大《文忠集》卷一六有《跋朱新仲自志墓》一文云："唐杜牧之以词章名，仕至中书舍人，尝典数郡。将终，自志其墓。近世同乡朱公一与之同，但寿过牧之耳。异哉！淳

---

① 钱仲联先生主编《历代别集序跋综录》，江苏教育出版社，2005。

熙己未二月六日，舟过豫章，公之子辅出示此轴，敬题其后。"① 其他如宋赵鼎《忠正德文集》卷一○有《自志笔录》；元刘壎《水云村稿》有《自志》，吴澄《吴文正集》卷五七有《题先月老人自志碑阴》，虞集《道园遗稿》卷三有《题静寿道人自志后》；明高攀龙《高子遗书》卷一二有《书成佑台先生自志后》，罗钦顺《困知记·续补》有《罗整庵自志》，钱穀编《吴都文粹续集》卷四一有《藻庵居士自志铭》，邵经邦《弘艺录》卷三二有《弘斋先生自志铭》，王行《半轩集》卷二有《沈学庵自志铭并序》，杨士奇《东里续集》卷三九有《东里老人自志》；清沈嘉客《西溪先生文集》卷八有《西溪生自志》，万寿祺《隰西草堂诗文集》文集卷三有《自志》，均用此义。即此可知，《聊斋志异》的序用"自志"二字是非常不妥当的——中山大学所藏《聊斋文集》抄本第二十八题即此文，题为《〈聊斋志异〉序》②，而非"自志"，亦可相证。

然而，《聊斋自志》的篇名不仅存于康熙抄本及青柯亭本中，也同样存于手稿本中，则其确为蒲松龄所题无疑。如何解决这个标题的矛盾呢？综上数端即可以推测，此序命名的改变，或与作品命名由原拟之《异史》改为《聊斋志异》有关——命名改变后，高珩序中的"史而曰异"便不妥当，作者将其改为"志而曰异"，以便呼应新名；同时，为了使对高序的改动不那样明显，作者同时把自序也改为"聊斋自志"，从而增强对新名的支持。

或许会有人指出，蒲松龄在给自己的文集写的序末也曾署为"柳泉氏自志"③，但这是文末之署名，这里"自志"即自题、自记之意，与前所引方回诗题中之用法相同，若用于文章篇名便有了新的含义。事实上，就是《聊斋志异》的这篇序言之末，虽然不同版本题署有差异，但或为"柳泉自题"，或为"聊斋自叙"，或用"柳泉居士题""柳泉氏题"④，却没有用

---

① 周必大：《文忠集》，《景印文渊阁四库全书》第 1147 册，台湾商务印书馆，1986，第 159 页。

② 蒲松龄撰，盛伟编《蒲松龄全集》第 2 册，学林出版社，1998，第 1035 页。

③ 蒲松龄撰，盛伟编《蒲松龄全集》第 2 册，第 1007 页。

④ 蒲松龄著，任笃行辑校《全校会注集评聊斋志异》第 1 册 "序言"，人民文学出版社，2016，第 12 页。

"自志"二字的。

当然，前论二序在手稿本中并无涂改之迹，但这并不难解释，因为完全可以用抽换的方式来解决这一问题。

二　"异史氏曰"及"鬼狐史"的两处援证

（一）"异史氏曰"的援证

以上还只是从序文的内证来论述，其实，在《聊斋志异》文本中，也有对此名的呼应。那就是很多学者都提及过的"异史氏曰"。

《聊斋志异》有一个非常有趣的体制特征，即在不少篇目之末都会有一段作者的评论，这段评论按一般逻辑应当是"聊斋先生曰"或"柳泉居士曰"之类，但正如我们看到的，这里竟然是"异史氏曰"。对于这种评论体制，学界也都承认当来自史官文化中史臣评论的传统，尤其是《史记》篇末的"太史公曰"[①]。我们暂且放下此"异史氏曰"的思想倾向与故事的对位关系以及表达的叙事策略等问题[②]，只考虑一个简单的问题，这里为什么会是"异史氏曰"呢？从蒲松龄所仿效的《史记》来看，其篇末为"太史公曰"，而《史记》原名便叫《太史公书》，那么，相对来说，《聊斋志异》的原名也当作《异史氏书》或者简化为《异史》。

这一推理若单独提出，或许会有武断之嫌，但考虑到《聊斋志异》的版本中，确实存在一种以"异史"为名的抄本，就不可遽断其为臆测。

（二）《鬼狐史》的援证

其实，对于"异史"这个拟名，我们还可以找到新的援证。

在青柯亭本前，主持刊刻的赵起杲有《刻〈聊斋志异〉例言》，中云："是编初稿名《鬼狐传》。后先生入棘闱，狐鬼群集，挥之不去。以意揣之，盖耻禹鼎之曲传，惧轩辕之毕照也。归乃增益他条，名之曰《志异》。

---

① 参见王秀亮《异史氏与太史公》，《蒲松龄研究》2007 年第 1 期。
② 参见拙文《趋实与向虚——〈崂山道士〉与〈魔术〉比较研究》，《云南大学学报》2015 年第 6 期。

有名《聊斋杂志》者，乃张此亭臆改，且多删汰，非原书矣。兹刻一仍其旧。"① 据此，似乎在《聊斋志异》以抄本流传的阶段，便有过几种异名。其中《聊斋杂志》一名，赵起杲已指出其为张此亭（即张自坤）"臆改"，知与蒲松龄或无关系。但对另外一个异名《鬼狐传》，赵文却并未言其来由，据赵起杲《聊斋志异弁言》可以知道，他于"丙寅冬"即乾隆十一年（1746）得其友周季和"手录淄川蒲留仙先生《聊斋志异》二册相贻"，丁丑春（1757）被王闰轩"攫去"，后在福建得郑荔芗藏本录副，然后将其本与王闰轩攫去之本及吴颖思藏钞本校对勘定，再到癸未（1763）受鲍廷博（1728~1814）怂恿而谋诸刊行，至丙戌（1766）刻成。其间便提及大量抄本，这些抄本用赵氏之语来说就是"诸家传抄，各有点窜"，"传抄既屡，别风淮雨，触处都有"，但他确定地说"是编初稿名《鬼狐传》"，并未像下文中指《聊斋杂志》为臆造那样来分辨，当有所因。

这一推测似乎还可从蒲松龄的作品中得到证实。袁世硕曾云"有人依据他在康熙十年（1671）写的《感愤》诗中有'新闻总入狐鬼史'一句，推测《聊斋志异》初名'狐鬼史'"，当然，袁世硕并不同意这一看法②。此诗在路大荒所辑《蒲松龄集》中为："漫向风尘试壮游，天涯浪迹一孤舟。新闻总入《夷坚志》，斗酒难消磊块愁。尚有孙阳怜瘦骨，欲从元石葬荒丘。北邙芳草年年绿，碧血青磷恨不休。"③ 而盛伟先生所辑《聊斋诗集》则作"狐鬼史"。盛氏在《编订后记》中说："该诗集，是依据路编《聊斋诗集》为底本，经校勘，有的诗篇直接采用路本，有的则另录他本。这些情况，在每首诗的校勘记，皆有说明。"然此诗在盛本中未注明"另录他本"，却与路本有较大不同，且正文用"狐鬼史"，校勘中仅云"路编《聊斋诗集》作《夷坚志》"，亦未说明所据何本④，校勘处理比较凌乱。不过综合推测，可知此诗底本当为《聊斋偶存草》，其为康熙间抄本，据袁世硕研究有坚实证据证明其书"确系照蒲氏原稿过录"⑤。然而，笔者颇

---

① 蒲松龄著，任笃行辑校《全校会注集评聊斋志异》第 4 册，第 2353 页。
② 参见袁世硕《〈异史〉：〈聊斋志异〉的易名抄本》，《山东大学学报》1991 年第 3 期。
③ 蒲松龄撰，路大荒整理《蒲松龄集》第 2 册，上海古籍出版社，1986，第 476 页。
④ 蒲松龄撰，盛伟编《蒲松龄全集》第 2 册，第 1605 页。
⑤ 袁世硕：《蒲松龄事迹著述新考》，第 312~331 页。

疑盛校有误，因若为"新闻总入狐鬼史"，则第六字当平而仄，赵蔚芝在
笺注蒲氏诗歌时说，他的"近体诗的数量接近全部诗作的四分之三。除了
五言绝句格律不甚严格外，其余的格律都很严格"，并称"他特别擅长七
律和七绝，尤其是七律，超过了全部诗歌的三分之一"，可知此处有误，
而赵蔚芝《聊斋诗集笺注》则校云"《聊斋偶存草》作'鬼狐史'"①，格
律上便没有问题了。当然，若吹毛求疵的话，此处仍有可议。即就全诗而
言，格律确极精严，全诗第六句之"欲""元"（即"玄"）与第七句之
"北""芳"二组均用拗救（其实一般来说，这两处均可不救），其余每字
之平仄均甚严格。此句若用"新闻总入鬼狐史"，第五字仍"拗"，依此诗
第六、七句之例则需救，或将本句的"总"字换为平声，或将下句相同位
置上的"磊"换为平声，但这两处均未"救"。而"夷坚志"三字则完全
没有问题。那么，很可能此三字是作者最后的定稿。这个定稿不只是在完
善格律，当然也不只是依例以典故代称，很可能是作者原本命名意图有变
化，此处便以"夷坚志"三字为典故而虚化命名之意了②。

这样一来，此之"鬼狐史"与前之"鬼狐传"相似度很高，似不能说
赵起杲无中生有。事实上，若把"鬼狐史"当作《聊斋志异》的书名，是
非常恰切的。其书所录均为鬼狐之事，孙宝瑄《忘山庐日记》光绪二十七
年（1901）十一月十三日条曾评价几部小说名著云："《石头记》，儿女史
也；《水浒》，英雄史也；《西游记》，妖怪史也；《聊斋》，狐鬼史也：四
史皆于小说中各开一境界。"③ 其以"狐鬼史"称《聊斋》，实可代表后世
对此书的总体接受。

当然，更重要的是，此名之末的文体标识用字（笔者将其称为"体
字"）用"史"字，从文化传统来看，颇合刘惔评干宝"卿可谓鬼之董
狐"④ 之意；而从蒲松龄的个人设计来看，"史"字又与篇末的"异史氏

---

① 蒲松龄撰，赵蔚芝笺注《聊斋诗集笺注》"前言"，山东大学出版社，1996，第 3、59 页。
② 此处用《夷坚志》并不仅在于用典，据蔡斌、王光福《〈考城隍〉考释——兼谈〈聊斋
志异〉之创作始期》（《蒲松龄研究》2015 年第 2 期）可知，蒲著首篇有明显模仿洪著首
篇之迹。
③ 孙宝瑄：《忘山庐日记》，《续修四库全书》第 580 册，上海古籍出版社，2002，第
225 页。
④ 刘义庆著，余嘉锡笺疏《世说新语笺疏》下册，中华书局，2007，第 937 页。

曰"相互呼应——这样一来，此名便又与《异史》之名潜脉相通了。《异史》本高序说"史而曰异，明其不同于常也"，以"不同于常"释"异"，显然来自《释名》"异者，异于常也"①。那么，这个"不同于常"的"异"是什么呢，细阅高序即可知，其所谓"异"，实即高序中所云之"佳狐佳鬼"——则《异史》亦即《鬼狐史》也。

三　从"异史"到"志异"：从孤愤之 "史"到录异之"志"

总括上文的论述，就是既要承认"聊斋志异"是作者最终的定名，这毫无疑问；也要理解"异史"之名应非"妄题书名"，它在蒲松龄的创作历程中亦可找到解释与依据。当然，我们虽然用了很大篇幅来讨论"异史"之名或为蒲氏早期所拟之名，但我们的目的并非要以此为"异史"正名，我们更需要思考与追问的是，为什么在蒲氏原作中可以找到解释与依据的书名并未成为最后的定名，并对此二名进行比较，以便探寻蒲松龄命名背后的考量。

从前文的探讨可以推测，蒲松龄最初或许有以"鬼狐史"为名的考虑——这种考虑未必有一种形式上的肯定来宣示，因为在没有定名前，众人的指称有可能是多样化的，甚至更有可能是简易化、通俗化的；其实，即使是在定名后，私下称呼时也未必全以定名为准，这也是事理之常。然无论如何，作者最后还是完全屏蔽了这个"谐于里耳"的称呼，将"鬼狐"这样具体的指称用一个抽象的代称来替换，就是"异"字，从而形成了"异史"之名。自古以来，"史传"并称，其为鬼狐作"史"，即为鬼狐作"传"，因此才有蒲氏诗"新闻总入鬼狐史"之句及赵起杲"初稿名《鬼狐传》"的记载。

当然，这个"鬼狐史"更可能就是"异史"这一最初拟名的通俗化称呼，总之，其最初的拟名是以"史"为体字的。古代文言小说集以"史"为体字者并不多，据袁行霈、侯忠义《中国文言小说书目》进行统计，将

① 任继昉：《释名汇校》，齐鲁书社，2006，第38页。

"史"与"史补"全部加起来也不过总数的百分之一，实在微不足道。如《太真全史》《孔氏野史》《笑史》《麈史》之类，以"史"为名者其实大多所叙并不真实，之所以名为"史"，或许恰是以此来征信于人。这一思维其实恰恰符合了那些想要以小说来补史之阙从而有所寄托的作者，比如与蒲松龄同时的钮琇，其小说集名为《觚剩》，虽无"史"字，但"觚"字即指史籍，且云"倘附他年野史，亦云稗以备官"①，亦可知其旨意所在。

《异史》之名，用高珩序的理解，即"史而曰异，明其不同于常也"，实际上可以理解为"另一种历史"，作者再以拟"太史公曰"的"异史氏曰"来表达自己在作品中隐藏的见解，是想把自己的孤愤寄托于"史"的写作——这其实在他于《聊斋志异》尚未完稿时所写《自序》中表达得很清楚，"浮白载笔，仅成孤愤之书"就直接点出"孤愤"二字。从整篇文章来看，可知这两字绝非随意用典，而是真实心声，所以其结尾才会说"寄托如此，亦足悲矣！嗟乎！惊霜寒雀，抱树无温；吊月秋虫，偎栏自热。知我者，其在青林黑塞间乎"。而且，检视有"异史氏曰"的篇章内容，再与"异氏史曰"对读，也可以看出这些作品及作者的议论大多与其《自序》所定位的"孤愤之书"相应。

然而，我们再细察《聊斋志异》全书，也当承认，虽然《聊斋自志》中贯穿着作者的孤愤郁勃之情，个别作品也显示出面向黑暗、面向不可知命运的锋芒；但并非所有作品都这样，应该说，搜奇话异、纪录笑柄甚至堕入恶趣的作品数量也不少，这其实已经改变了全书的面貌，也消解了《自序》中峻切的声音。

这种转变是如何发生的？现有文献无法清楚地描述。但我们似乎可以合理地推测：其间可能有作者对世俗的妥协，也不排除个人审美情趣的作用；另外，在作者的创作过程中，创作本身也舒缓了他的愤懑之情：于是，在寄意于花妖狐魅的写作中，他逐渐把孤愤之寄托让位于游戏性的好奇。

现在，我们再来反观前引赵起杲的话会颇有启发，或许，"先生入棘

---

① 钮琇撰，南炳文、傅贵久点校《觚剩》"自序"，上海古籍出版社，1986，第2页。

闻，狐鬼群集，挥之不去"只是蒲松龄在现实中遇到阻力的"聊斋"式表达，事实却很可能是被蒲氏以孤愤之情所描摹的人与事都"耻禹鼎之曲传，惧轩辕之毕照"，从而对蒲松龄造成诸多不利——《清稗类钞》便说"《聊斋志异》之不为《四库全书》说部所收者，盖以《罗刹海市》一则，含有讥讽满人、非刺时政之意。如云女子效男儿装，乃言旗俗"①。此记载是否真实暂且不谈，但可从中看到蒲氏此书在当时的境遇。所以，作者才"归乃增益他条"，以稀释原本抒写孤愤的冲击力度；并再改名"曰《志异》"，以改变原名对知其书者的固有印象，且回避对作品中"异史氏曰"的议论及其故事的强调。

事实上，作者的创作意图与作品的客观效果之间经常有作者所无法预设甚或不能接受的距离，尤其对于未进入精英文化阶层的作者来说，更是如此。我们通过蒲松龄与王士禛的交往就可以知道。康熙二十六年（1687），王士禛因故至淄川毕家，与时在毕家坐馆的蒲松龄相识，得阅其书，并有《戏题蒲生〈聊斋志异〉卷后》一诗，诗云："姑妄言之妄听之，豆棚瓜架雨如丝。料应厌作人间语，爱听秋坟鬼唱时。"② 王氏此时当已读过蒲松龄写于康熙十八年（1679）春的《自序》，其首句用苏轼典，末句用李贺典，亦是对蒲松龄《自序》中云"情类黄州，喜人谈鬼"与"长爪郎吟而成癖"的呼应，但是，蒲氏用此二典，看似要说"自鸣天籁，不择好音"，实际上却更着意于"有由然矣"，进而便自承"狂固难辞""痴且不讳"，甚至有"仅成孤愤之书"的表达；王氏复用此二典，却有意将蒲氏"有由然矣"之后的重点过滤，仅止于"自鸣天籁"的渲染。这种过滤自然有王士禛官高位显的社会身份与以神韵为宗的诗学追求的潜台词，但对蒲松龄来说，毕竟是一种误读，相信得此题诗的蒲松龄当既喜又憾，所以，他的次韵诗说："《志异》书成共笑之，布袍萧索鬓如丝。十年

---

① 徐珂编撰《清稗类钞》第 8 册，中华书局，2010，第 3763 页。

② 此诗在《聊斋志异》各本中颇有异文，研究者引用时亦复参差，此据王士禛《带经堂集·蚕尾集》，《续修四库全书》第 1414 册，第 457 页。按：《蚕尾集》刊于康熙三十五年（1696），距其题诗甚近，文字更可靠。另，《聊斋志异》各本除铸雪斋本外均将末字误为"诗"，其实，此句当从李贺"秋来鬼唱鲍家诗"化出，则用"诗"更当，然王士禛于格律诗用韵中，非常注意韵脚阴平与阳平的间错，此诗末字再用"诗"则三韵脚均阴平，故改用"时"字。

颇得黄州意，冷雨寒灯夜话时。"与王诗并不在一个"声部"中，蒲氏似乎在用隐微的方式强调被王忽略的寄托。然而，这种强调并不能改变阅读者的接受，此后王士禛寄回蒲氏原稿，并附上三十余则评语，蒲松龄虽然恭恭敬敬地将这些评语抄录在他的手稿本上，但这只是一个身居显位者对此书的宣扬，并不代表这些评语的理解会比题诗更深刻，冯镇峦就批其"评语亦只循常，未甚搔着痛痒处"①。

所以，在作者自己创作心态逐渐舒缓的状态下，同时也在周边接受环境的影响下，作者最后放弃了"异史"而选择了"志异"，或许有以下两个原因。

其一，如前所论，"史"字在古代小说中用于书名之例甚少，明末还将其专门用于艳情小说之名（笔者另文详论）。所以用此字颇显生僻，而且由于"史"字专用于史部，虽然小说一体颇有源于史传者，但以《史记》诸体之纪、传、书、志、录等为名均可，而直以"史"为名则颇有名实不符之感。尤其是"史"字毕竟有前后接续不断之意在，以"史"为章回小说之名尚可，文言小说集中各小说间并无联系，以其为名，确感枘凿。

其二，此书之改名《聊斋志异》，重点在"志异"二字，因为"聊斋"只是斋号，用"聊斋异史"也是可以的。而"志异"与"异史"最大的区别有二：一是以"志"换"史"，二是调换了词序。"志"字也是古代文言小说集命名常用的体字，其从正史诸体来，就来源而言，与"史"字实相仿佛，然新名中"志"字却并不在体字的位置上，传统书名最后一字往往是标定其书体例或编述方式之字，蒲氏的新名在这个位置上放了一个"异"字——而且，此字其实就是《异史》一名中原本即有的字，可见作者对此字的重视。

不过，名为"志异"，看似将"志"字从文体标识虚化为简单表示记录之意的字，实际上作者却仍以此字为其作品的文体标识。他在给王士禛信中说："前拙《志》蒙点志其目，未遑缮写。"② 知其以"志"简称其

---

① 蒲松龄著，任笃行辑校《全校会注集评聊斋志异》第 4 册，第 2383 页。
② 蒲松龄撰，盛伟编《蒲松龄全集》第 2 册，第 1134~1135 页。

书，也就是说，"志"成为此书最核心的要素。

由上所论可以知道，从《异史》到《志异》，就是从孤愤之"史"滑向了录异之"志"——仅就这两个字来说，即可看出其中重要的差别："史"字在中国传统文化中有着特殊的意义，它既表明了作者对历史发展的描述，更显示出描述者的别择与判断，这种双向互动加深了此字所蕴含的社会与个人的深刻关系，所以，此字的使用便使作品带有强烈的个人主观色彩，而且这种色彩是面向社会历史的；"志"字则不同，在中国纪传体正史的体制中，"志"的主要职能是纪录典章制度，因此，并不需要记录者有强烈的主观情感与判断，其更倾向于超然的、旁观的状态。

四 从"志异"到"聊斋"：《聊斋志异》异称的经典化

尽管上文探讨了"狐鬼史""异史""志异"的异名，实际上最为世人熟知的还是"聊斋志异"中的"聊斋"二字。此二字从最初的文人别号，变成了一个文言小说集命名的一部分，慢慢又进一步成为这部作品集的异称，最后经典化为鬼狐故事的共名。

如上所述，"聊斋志异"是作者手定之名。这个名字在历来的载录中已可看到一个趋势，即其简称逐渐从"志异"变成了"聊斋"，检视一下《聊斋志异资料汇编》所录便可看出这一变化过程。

高珩序因前有辨析，暂不论，橡村居士《题辞》（1706）云"不见先生志异书"，殿春亭主人跋（1723）云"余家旧有蒲聊斋先生《志异》抄本"，蒲立德跋（1740）云"《志异》十六卷"，余集（1738~1823）题辞（1766）云"丙戌之冬，《志异》刻成"，赵起杲《例言》（1766）云"名之曰《志异》"，又云"济南朱氏家藏《志异》数十卷"，鲍廷博《纪事》（1766）云"《志异》之刻"，冯喜赓题辞云"《志异》付梓时，去公将百年"①，可以看出：乾隆以前，此书简称均为"志异"二字。

---

① 朱一玄编《聊斋志异资料汇编》，南开大学出版社，2012，第471、475、312、476、491、313、314、315、493页。

到了嘉庆、道光年间便有所变化，冯镇峦（1760～1830）嘉庆二十三年（1818）《读聊斋杂说》先云："柳泉《志异》一书，风行天下"，后却反复用"《聊斋》"；段雪亭道光四年（1824）序云"留仙《志异》一书，脍炙人口久矣"，但《例言》却又说"所见《聊斋》刊本不一"；陈廷机道光四年序云"《志异》独无"，又云"非敢几《聊斋》万一"①。这算是一个过渡期，两种简称均有使用，甚至在同一文章中亦二名并举，可见其书简称此时尚未定型。

然至光绪以后，基本未见以"志异"作为简称的说法了，如《聊斋志异资料汇编》中所选刘瀛珍、何镛、广百宋斋、喻焜、谢鸿申、张新之、方玉润、潘德舆、采蘅子、刘玉书、俞樾等，一直到评论篇结束，均以"聊斋"二字为简称②。这一习惯性的简称直到现在依然如此。

而且，这一规律颇少例外，也就是说，在道光以后，基本没有再以"志异"相称者；道光以前，也很少以"聊斋"相称者。就《聊斋志异资料汇编》所录来看，道光以前，仅有一处例外，即高凤翰雍正元年（1723）所作《聊斋志异题辞》，其诗云"《聊斋》一卷破岑寂"，但这与此诗的格律有关，此句为"仄脚"，"仄脚"最常用的句式是"平平仄仄仄平仄"③，此句完全合律，所以这里只能使用"聊斋"两个平声而最好不用"志异"两个仄声。

这种影响还波及了《聊斋志异》的仿作。如清宋永岳撰于嘉庆十六年（1811）之小说集《亦复如是》，前有序云"其书大致仿《广记》《志异》诸书体"④，此后坊间便有以《志异续编》之名刊行者，然道光十年（1830）钱塘洪氏秋声馆刻本又改名《聊斋续编》了⑤。由于"聊斋"一

---

① 朱一玄编《聊斋志异资料汇编》，第479～486、317～318、320页。按：据此书引陈廷机序署为"阏逢阏滩"，当为"阏逢涒滩"（即甲申）之误（参见蒲松龄著，任笃行辑校《全校会注集评聊斋志异》第4册，第2363页）。

② 参见朱一玄编《聊斋志异资料汇编》，第322、323、324、498～500、501、502、503、504、505页。按：嘉庆以后，《聊斋文集》及《诗集》的序跋中提及《聊斋志异》时仍以"志异"称之（如孙乃瑶跋、孙济奎跋、耿士伟跋、皞皞子跋、张鹏展序、鉴堂氏跋，参见朱一玄编《聊斋志异资料汇编》，第294～299页），以与诗文集之名有所区别。

③ 参见王力《汉语诗律学》，中华书局，2015，第431页。

④ 青城子著，于志斌标点《亦复如是》"序"，重庆出版社，1999，第4页。

⑤ 参见《中国古籍总目·子部》第5册，上海古籍出版社，2010，第2129、2216页。

名的经典化，"志异"一名颇显陌生。民国所编《笔记小说大观》也收入此书，其前小序中说："书又颜曰'续编'，其初编安在，莫能考也。"[①]直到《中国古代小说总目·文言卷》，此词条撰者仍云："书名续编，未详所续'初编'为何，或即蒲松龄《聊斋志异》，亦未可知。"[②] 此后各种《聊斋志异》的仿作，凡在书名上表现承袭之迹者，或用四字全名，若要简称，便只用"聊斋"二字了，如《聊斋补遗》《聊斋志奇初编》《新聊斋》《女聊斋》之类皆是。

这一现象恰恰从命名的角度标出《聊斋志异》一书的经典化之迹。

"志"为文言小说集命名的体字之一，"异"则为文言小说命名常用字之一，二者的组合，其实仍然是文言小说集命名中的通用部分，以此二字构成简称作为原名的代称，表明对其的接受或者定位仍在文言小说的藩篱之中。但在嘉、道以后，《聊斋志异》风传士林，很快成为脍炙人口的经典作品，其名称已不需要"志""异"这样的共名为之接引，于是也不再以之自限，反而要用影响更大、辨识度更高的个性化名称。于是，其后直至现在，人们都改以"聊斋"简称原书，这等于用蒲松龄的斋号来笼括作品中花妖狐魅的艺术世界；同时，也表明作品为原本没有怪异内涵的"聊斋"二字注入了与小说内容相适应的意蕴——也就是说，"聊斋"一词被附加原本没有的含义，标志着《聊斋志异》一书经典化的完成。

当然，这一历程尚不止于此，因为它不但要挣脱原有神怪故事"异"的共名，更重要的是，它还要建立新的传统，所以，"聊斋"二字不仅用来指代《聊斋志异》一书，甚至更进一步地成为谈鬼说狐故事的新共名，后世读者提及"聊斋"，或者不会想到这是一个斋号，甚至还来不及想到《聊斋志异》之书，首先进入意念的，很可能是笼统的鬼神故事。由此可知，这一经典化历程并未在《聊斋志异》冲出同时代其他类似作品的森林、成为那个时代的经典与坐标后停步；它的艺术能量推动着它继续前

---

① 《笔记小说大观》第 27 册，广陵古籍刊行社，1984，第 346 页。

② 石昌渝主编《中国小说总目·文言卷》，山西教育出版社，2004，第 674 页。按：前引于志斌点校本前言据《笔记小说大观》所收之四卷为原本之二、四、六、八卷，故云："由此推断，一、三、五、七卷也曾被书商以《志异初编》刊印，但已失传。"实误，丁仁《八千卷书目》已著录有《志异续编》之八卷刊本，参见丁丙等著，曹海花点校《善本书室藏书志（外一种）》第 8 册，浙江古籍出版社，2016，第 2509 页。

进，从而冲出几乎所有时代类似作品的世界，成为古代所有类似题材故事的共名。

五 "聊"字阐释与接受的错位

既然"聊斋"一词已经成为对《聊斋志异》一书最为公认的简称，我们就还需要对此名进行更深入的探讨。

蒲松龄之孙蒲立德在雍正九年（1731）所写《呈览撰著恳恩护惜呈》云"自号'聊斋'，厥名《志异》"①，或许还不能清楚地判定此"自号"是蒲松龄自号还是他自为其书命名之意。但乾隆五年（1740）又写跋云："《志异》十六卷，先大父柳泉先生著也。先大父讳松龄，字留仙，别号柳泉。聊斋，其斋名也。"② 说得很清楚，即此"聊斋"二字为蒲松龄书斋之名，这也是此后的共识。

不过，近来也有一些反对意见，如有学者指出："其实，蒲松龄一生兴过几次土木，每次都给新房子取有名字，如'绿屏斋''面壁居'等，却始终没有'聊斋'之名。'聊斋'应该在他和张笃庆、李希梅等结为'郢中社'时的常聚之地淄川东郊李希梅的家中。"③ 此文以文献考查为基础，自有道理，却或失之于泥。古人之别号及斋号多颇随意，并非一定有正式的客观场所挂上匾额才可。从这个意义上说，蒲松龄究竟有没有"聊斋"的斋号，后人已经无从究诘，我们只能相信蒲松龄"似有根慧吾所欢"（蒲松龄《子笏》诗之句）的孙子蒲立德的说法，如果没有更强有力的反证，他的证词不可轻易否定。

相比于蒲氏究竟有没有此斋而言，更重要的是讨论"聊斋"此名的意义。

有资料曾认为，"'聊斋'意为谈天说地的闲聊之斋。聊斋既是蒲松龄邀人聊天，谈仙说鬼之地，也是他挑灯命笔，整理成书之所"④。前举王光

---

① 转引自袁世硕《蒲松龄事迹著述新考》，第256页。
② 朱一玄编《聊斋志异资料汇编》，第476页。
③ 王光福：《"聊斋"名实说》，《蒲松龄研究》2014年第1期。
④ 杜产明、朱亚夫编《中华名人书斋大观》，汉语大词典出版社，1997，第110页。

福《"聊斋"名实说》一文指出："'聊'是'姑且'的意思，上文我们明白'聊斋且莫竞谈空'的'聊'是'闲聊'的意思。结合二者的整体意义，'聊斋'就是'姑且闲聊'的意思。"则其文亦同意将"聊"释为"闲聊"之意。此种释意或许与《聊斋志异》多讲民间故事有关，此颇类街谈巷语，加之有传说云蒲松龄摆茶摊强人讲狐鬼故事之事，故以说故事为闲聊之资。但事实上，以"聊"字为"闲聊"恐怕并不合于此字历来的训释，据《汉语大词典》所载此字释义，第四项即"闲谈"之义，但语例却来自老舍（1899～1966）及秦牧（1919～1992）①；而《故训汇纂》中干脆没有这个义项②。

仔细考察蒲松龄的创作，即以《聊斋志异》而言，除"聊城"之外，用"聊"字共四十六次，其中用"姑且、勉强"之意者三十二次，如《王六郎》篇云"聊酬夙好"，《桓侯》篇云"聊设薄酌"；用"凭借，依靠"之意者十四次，如《长清僧》中说"我郁无聊赖"，《大男》篇云"恒不聊生"③ 等，全无以"聊"为"闲聊"之意的用法。因此"聊斋"之"聊"断非闲聊之意，或将此字释为"无聊"之"聊"更为近真，刘洪强即以此义释"聊斋"④，并以明人李日华"无不足之谓聊也"⑤ 来解释。清人丁葆和（1832～1899）曾"自称无聊居士"⑥，其著述亦名为《无聊斋稿》⑦，可知其或曾以"无聊"为斋号，以之与蒲氏相较，更可反证蒲松龄之"聊"亦当从此取义。

蒲松龄一生淹蹇，如高凤翰所云"聊斋少负艳才，牢落名场无所遇……向使聊斋早脱鞲去，奋笔石渠、天禄间，为一代史局大作手，岂暇作此郁郁语"⑧，相对于"奋笔石渠、天禄间"的自我期待，这种终老塾师的生活自然十分"无聊"，然其郁勃不平之气却不肯就此平歇，故偏要

① 参见罗竹风主编《汉语大词典》第 8 册，汉语大词典出版社，1991，第 660 页。
② 参见宗福邦、陈世铙、萧海波主编《故训汇纂》，商务印书馆，2003，第 1834～1835 页。
③ 蒲松龄著，任笃行辑校《全校会注集评聊斋志异》第 1 册，第 41 页；第 4 册，第 2301 页；第 1 册，第 62 页；第 4 册，第 2155 页。
④ 参见刘洪强《"聊斋"名义考》，《蒲松龄研究》2008 年第 4 期。
⑤ 李日华：《味水轩日记》，上海远东出版社，1996，第 517 页。
⑥ 潘衍桐辑《两浙輶轩续录》，《续修四库全书》第 1686 册，第 602 页。
⑦ 丁丙等著，曹海花点校《善本书室藏书志（外一种）》第 9 册，第 2775 页。
⑧ 蒲松龄著，任笃行辑校《全校会注集评聊斋志异》第 4 册，第 2358～2359 页。

"作此郁郁语"，其以"聊"名斋，正取对抗"无聊"之意。所以，《聊斋志异》的写作在某种程度上成了他的精神寄托，即其将全部的情感倾注于此书之中，以此书之创作，对抗命运的不公与他人的轻视，以此书来为自己的才能与价值寻一寄托。也就是说，虽然命运坎壈不得志，颇无聊赖，但有此一书，亦可"有聊"，这其实是蒲松龄机智的自嘲，更是他平衡自己倾侧的生命状态的策略。也正因如此，蒲松龄"聊斋"之号在其记述中并未得见，家中亦无此斋，以致引后世学者之疑，但其传世之作却以此为名，诗文集也当因此得名。

不过，随着"聊斋"之名越行越广，它逐渐取代"志异"成为此书通行的简称，甚至也成了鬼狐故事的共名。在此历程中，"聊"字在接受者那里的意义或许也发生着某些微妙的变化——其实，这种变化与前述《异史》到《志异》的变化理路相同，那就是慢慢消解了"聊"字中体现出的作者的"孤愤"以及隐含于其中的反讽，重建起消费性的"闲聊"之阐释，将寄托满腔悲愤、满肚皮不合时宜的鬼狐故事（巧合的是，铸雪斋抄本蒲氏《自序》之末有一方阳文印章，印文正是"满肚皮不合时宜"[①] 七字），因此字阐释的潜移而默化为酒足饭饱后"闲聊"之谈资。邹弢（1850~1931）《三借庐笔谈》载云："相传先生居乡里……作此书时，每临晨，携一大磁罂，中贮苦茗，具淡巴菰一包，置行人大道旁，下陈芦衬，坐于上，烟茗置身畔。见行道者过，必强执与语，搜奇说异，随人所知，渴则饮以茗，或奉以烟，必令畅谈乃已。"[②] 这种一望即知其伪的载录竟然流传甚广，亦可从另一侧面佐证前所云之变化，即作者或如赵起杲《例言》中所云"其义则窃取《春秋》微显志晦之旨，笔削予夺之权"，但接受者却更倾向于相信作者闲来无事，以茶、烟令行人向其"闲聊"奇异之事，这自然是接受者对蒲松龄创作心态的想象与重构，但之所以有这种接受心态，自然也是因为《聊斋志异》艺术面貌的映射。

或许，《聊斋志异》一书的不胫而走，广受欢迎，可能并不在于其对社会的批判如何深广，对制度的指责如何激愤，对个人的遭遇如何痛楚，

---

① 《古本小说集成》编委会编，蒲松龄著《聊斋志异》，《古本小说集成》上册，上海古籍出版社，1994，第25页。

② 朱一玄编《聊斋志异资料汇编》，第301页。

而在于鲁迅所谓"花妖狐魅，多具人情，和易可亲，忘为异类，而又偶见鹘突，知复非人"的欣赏愉悦。所以，把"聊"释为"闲谈"看上去仅仅是一个字的训释，其实也折射着《聊斋志异》创作与接受之维意味深长的错位。

总而言之，蒲松龄在创作之初，对其作品就有不同的拟名，虽然其创作并不完全是对孤愤之情的表达，但这是其创作早期的主流，因此，他很可能更倾向于《异史》这样更能表达其主观情绪的命名。而随着创作对其孤愤心情的宣泄以及周围人对其作品初步接受的态势，他放弃了这样命名，改用更温和也更少主观情绪表达的《聊斋志异》为名。这一更名所表达出的在接受上的趋势并未随此名的确立而停止，反而其简称由尚存作者寄托的《志异》进一步转变为《聊斋》，这就完全掩盖了原作中"异"的色彩，使其命名成为一个中性的符号，这一符号又由于其并无确指，所以更方便地乘着作品艺术魅力的东风，成为花妖狐魅故事的共名，甚至，这一历程还有意"曲解"了作者斋号的命意。

以上所述为《聊斋志异》的接受历程，更进一步来看，其实也隐喻了文学作品接受的普遍规律，即作者对于所处社会的激烈情绪在依附作品流传时，正如一支射向未来的火箭，时过境迁后，火焰总会熄灭，只有饱满的人物形象和展示此种形象的情节才会不朽。在当代读者的眼中，《聊斋志异》之所以是中国古代小说中的伟大经典，甚至像《席方平》或《促织》之所以是永不褪色的名篇，或许并不在于其揭露了那个时代的黑暗，而在于生气贯注的形象与翻新出奇的情节，也就是说，我们对《聊斋志异》的接受，主要并不在于对蒲松龄生活时代的认识论意义，而在于超越时空的文学性感发！

（本文原刊于《文学遗产》2018年第5期）

近藤元粹《萤雪轩丛书》及其诗学批评

侯荣川*

内容提要　《萤雪轩丛书》是近藤元粹诗学观最为集中的体现，其选目受何文焕《历代诗话》影响最多。其中所论及诗人自汉魏晋以至清人，相较而言，其对明人诗学的批评最为集中和强烈，这反映出近藤氏与明人诗学审美格格不入的立场。《萤雪轩丛书》不仅对池田胤编辑《日本诗话丛书》有所影响，也给丁福保编纂《历代诗话续编》以很大启发。这一中日诗学文献的"环流"现象，对我们更为深入真实地了解并建构中国近现代学术的图景，有着重要的意义。

关键词　近藤元粹　《萤雪轩丛书》　何文焕　丁福保

　　近藤元粹（1850~1922），字纯叔，号南州、萤雪轩，日本明治、大正时代汉学者。伊予松山（今日本爱媛县）人。其父近藤元良（平格），号名洲，别号安乐闲人、南松山人、州南处士，松山藩儒官。名洲师事藤森弘庵（1799~1862）和田中一如（1769~1846），弘庵精通唐宋文和汉诗，一如则为松山心学之祖，以朱子学为本，调和神佛老庄。受其影响，名洲自称松山儒士，欲"以儒立身""以儒为业"，所著有《名洲文草》。名洲次子元弘（1847~1896），字仲毅、寿人，号南崧、鹿州渔父、南国逸民。名洲没后，元弘继续执教六行舍，著《心学道话修行录》《心学要语集》。六行舍废止后，元弘成为县立松山中学教师，专心于汉学研究和汉诗创作，编选有《日本虞初新志》。

---

*　侯荣川，温州大学人文学院教授，曾出版专著《梅鼎祚戏曲研究》等。

　　近藤元粹少精敏，头角崭然，尝代父兄讲说，明辨详悉，声撼临壁，听者哗服。日本明治三年（1870），至东京昌平黉，受学于芳野金陵。岁余，学成归乡，为藩校明教馆助教。明治七年（1874），明教馆废止，赴大阪参加师范学校考试，开办书院，远近来学者填门，名声大振，与浪华汉学者藤泽南岳并称"二南"。明治二十九年（1896）赴京都，于皆川淇园隐栖之地从事著述。明治三十七年（1904），返大阪，成立风骚吟社，教授诸生。大正十一年（1922）一月四日卒，墓在今大阪市北灵园。友人松堂居士山田迪为其撰《墓志铭》，云："先生为人明直，有威容，人皆敬惮焉。其学以濂洛为宗，凡经史诸子百家之书，莫不淹贯，尤明《春秋左氏传》。"末铭曰："藏书万卷，著述等身。气宇清澈，能存天真。芳名不朽，光曜千春。"①

　　近藤元粹诗文书画兼善，今存《南州先生诗文钞》三卷，为其门下及侄子德相等就其遗稿中钞出，凡文一卷五十篇、诗二卷一千首。又著有《笺注十八史略》《增注小学纂要》《日本政记训纂》《日本外史讲义》《新战国史略》《笺注唐贤诗集》《明清八大家文读本》《萤雪轩丛书》《萤雪轩论画丛书》等。

　　关于近藤氏在日本汉学史的成就与地位，李庆有较为宏观的评价：

　　　　从时间顺序来看，他对中国的研究，先是从语言和经学的角度出发，逐步地发展到史学和文学，晚年主要是从事中国诗文和艺术的研究，他对中国著名大家诗文集的翻刻和整理，为日本 20 世纪的中国文学研究开拓了道路，从这样的角度来看，他可以说是江户时代，日本汉诗文研究向 20 世纪中国文学研究转换的过渡人物。②

　　李庆又认为："从整体的研究方法上来看，他实际上和江户时代传统汉学的方法差异不多，这也反映了那个时代的特点。"

---

①　以上所引，均出自大阪北灵园近藤元粹墓碑。关西大学西川芳树博士惠赐墓碑照片，谨此致谢！

②　李庆：《日本汉学史（第 1 部）·起源和确立（1868—1918）》，上海人民出版社，2010，第 453 页。

近藤元粹对于汉诗的研究，主要是通过评点的方式，如对陶渊明、李白、杜甫、白居易等的诗集均有评点，《萤雪轩丛书》则是近藤氏诗学观最为集中的体现。张伯伟教授曾指出"从《济北诗话》到《萤雪轩丛书》，对于中国诗话的批评形成了日本诗话的一个特色"，认为"大规模地批评中国诗话，实当数《侗庵非诗话》为最"，"《萤雪轩丛书》，专收中国诗话，其中亦多有批评，但只是读书时的批语，较为随意，可取者不多"①。但就形式而言，《萤雪轩丛书》是目前所知仅有的以评点方式展开诗话批评的作品。

《萤雪轩丛书》共十册，为近藤元粹编辑评品中国诗话之著作。《自序》云其性好读书，"每见一奇书，百方购之"，乃将其所好者净写抄录，编纂以便批阅，"其系诗话者，殆一百种，命曰《萤雪轩丛书》"②。每种诗话，近藤氏均详加批评，仅以所收十种明人诗话而言，即有评语近五百条。评语所涉及的多是近藤氏对中国及日本汉诗审美、技巧、风气等方面的观点，不论对中国诗学东传及日本汉诗学自身建构的研究，还是对中国诗学的研究，都有着重要的意义。

一 《萤雪轩丛书》的选目与版本

《萤雪轩丛书》计收五十六种诗话，其中锺嵘《诗品》三卷一种，唐人两种（即司空图《二十四诗品》一卷、释皎然《诗式》一卷），宋人三十三种，元人一种，明人十种（其中题"阙名"者两种），清人六种（其中李沂《秋星阁诗话》、冯班《沧浪诗话纠谬》题为明人，现一般作为清人）。其编排次序颇为混杂，近藤氏《例言》云"前人丛书《说郛》及《历代诗话》之类，以时代先后序之"，"今斯书不拘于时代先后，盖家藏本，本系余贫生计中所得，故随其得而编录之，不复暇次序时代先后

---

① 张伯伟：《论日本诗话的特色——兼谈中日韩诗话的关系》，《外国文学评论》2002 年第1 期。

② 近藤元粹：《萤雪轩丛书》卷首，日本明治二十五年（1892）青木嵩山堂本，第 1a～1b 页。

也"①。

《萤雪轩丛书》所收各代诗话，其选目及版本大致亦是来自《历代诗话》《说郛》《知不足斋丛书》等，其中对近藤元粹选目影响最大的当是何文焕《历代诗话》。

《历代诗话》共收锺嵘《诗品》以下至明顾元庆《夷白斋诗话》计二十七种，其中二十种为《萤雪轩丛书》所收：司空图《二十四诗品》一卷、释皎然《诗式》一卷、欧阳修《六一诗话》一卷附录一卷、司马光《温公诗话》一卷、严羽《沧浪诗话》一卷、锺嵘《诗品》三卷、刘攽《中山诗话》一卷、陈师道《后山诗话》一卷、魏泰《临汉隐居诗话》一卷、周必大《二老堂诗话》一卷、周紫芝《竹坡诗话》三卷、姜夔《白石道人诗说》一卷、叶梦得《石林诗话》二卷、张表臣《珊瑚钩诗话》三卷、吕本中《紫微诗话》一卷、蒋正子《山房随笔》一卷、徐祯卿《谈艺录》一卷、王世懋《艺圃撷余》一卷、朱承爵《存余堂诗话》一卷、顾元庆《夷白斋诗话》一卷。

虽然近藤氏《例言》自云"随其得而编录之，不复暇次序时代先后也"，实际其在编次上，还是有所选择的。以《萤雪轩丛书》卷一而言，基本是将《历代诗话》前六种删去《诗品》《全唐诗话》，另加《沧浪诗话》《对床夜语》构成。所删去的两种，《全唐诗话》仅在卷一〇预告"他日或编以为丛书第二编，或别为一部单行"的目录中列入，当是因其篇幅较其他诸诗话更为庞大。锺嵘《诗品》，近藤氏对其评价不高，故卷一未收。虽于卷二收录为第一种，而眉批则云："《诗品》三卷，平凡不足观。然其书尤古，故诸家之选无不载者，今亦仿颦载之，读者其谅焉。"②《历代诗话》以作者时代先后编次，《沧浪诗话》为第十九种，其前有《中山诗话》《后山诗话》（此二种收入《萤雪轩丛书》卷二）等。近藤氏将《沧浪诗话》置于卷一，当是因严羽诗学在明清之影响。近藤氏虽甚恶明人之说，而《沧浪诗话》又为明人诗学滥觞，但在具体评价时，其批语多云"确论不可动""又确论""正正之论，堂堂之言，后人宜奉为典型"

---

① 近藤元粹：《萤雪轩丛书》卷首，第 1a~1b 页。
② 近藤元粹：《萤雪轩丛书》卷二，第 1a 页。

"大然大然，未经人道之言""恳论如此，而方今天下有追慕清人生硬棘辣之语者，可谓至愚""公论""大然大然""确评""正论""又正论""李杜忠臣""大是""卓见""快论痛绝"等，显见于严羽之说亦颇钦服。《对床夜语》五卷，何文焕《历代诗话》未收，《说郛》所收则仅一卷。《知不足斋丛书》第三集收此书五卷本，《萤雪轩丛书》本此书卷末附有鲍廷博跋语，又卷三"崔豹《古今注》"条眉批："鲍廷博云：'殖战而死下似有脱文。'"① 则其所据当是《知不足斋丛书》本。近藤氏将其列入卷一，或是欣赏范晞文之见解，其眉批之语基本亦为肯定之言。因此，《萤雪轩丛书》的选目大致是以近藤氏对于诸诗话著作的价值评判为基础来施行的，并非全如《例言》所云"随其得而编录之"。

《萤雪轩丛书》所收诗话出自《说郛》《说郛续》的有十四种（全为宋人诗话）：唐庚《文录》一卷、严有翼《艺苑雌黄》一卷、阙名《谭苑醍醐》一卷、阙名《竹林诗评》一卷、阙名《谢氏诗源》一卷、许颛《许彦周诗话》一卷、陈岩肖《庚溪诗话》二卷、宋阙名《漫叟诗话》一卷、宋阙名《金玉诗话》一卷、苏轼《东坡诗话》一卷附补遗、《诗病五事》一卷、黄庭坚《杜诗笺》一卷、张戒《岁寒堂诗话》一卷、蔡绦《西清诗话》一卷。

出自《知不足斋丛书》的有九种：范晞文《对床夜语》五卷、吴可《藏海诗话》一卷、瞿佑《归田诗话》三卷、黄彻《䂬溪诗话》十卷、王若虚《滹南诗话》三卷、都穆《南濠诗话》二卷、李东阳《麓堂诗话》一卷、吴师道《吴礼部诗话》一卷、杭世骏《榕城诗话》三卷。

杨万里《诚斋诗话》一卷出自《四库全书》，王兆云《挥麈诗话》一卷出自《砚云甲乙编》。

李沂《秋星阁诗话》一卷、冯班《沧浪诗话纠谬》一卷附录一卷、陆游《老学庵诗话》一卷、徐增《徐而庵诗话》一卷、周密《弇阳诗话》一卷、赵令畤《侯鲭诗话》二卷、释惠洪《冷斋夜话》十卷、沈德潜《说诗晬语》二卷等八种，《萤雪轩丛书》之前已有和刻本，或即近藤氏所据。如周密《弇阳诗话》，前有《绪言》云："周弇阳诗话一卷，前辈梁

---

① 近藤元粹：《萤雪轩丛书》卷一，第71a页。

川星岩、菅老山二子，取之于《浩然斋雅谈》中，上木以问于世，题曰《浩然斋诗话》，卷中仍称《浩然斋雅谈》。余谓：或曰诗话，或曰雅谈，殊为错杂，故特改曰《弁阳诗话》，编入《丛书》中。"①

另有三种是由近藤氏摘辑而成。《苏诗纪事》三卷，此书卷首识语云："《东坡诗话》及《补遗》编辑既毕，而又自谓未足以厌饫人意也，乃就群书中搜录东坡遗事系于诗者，名曰《苏诗纪事》，以附诗话之后。……南州外史识。"② 赵吉士《寄园诗话》一卷，卷首眉批云："是在《寄园寄所寄·捻须寄》中，盖摘录前人诗话者，在诗话中别为一体。"③ 孙奕《履斋诗说》一卷，卷首眉批云："《履斋示儿编》第九卷、第十二卷系诗说，今抄出之，名曰《履斋诗说》。"④

从《萤雪轩丛书》的选目来看，此编受《说郛》《历代诗话》《知不足斋丛书》的影响较多，而近藤氏亦不止于将这些诗话汇辑成编，还做了相当多的搜辑补缀工作，其诗学观念亦在选目中有所体现。就其所使用之版本而言，其多数使用了这些丛书本。如《夷白斋诗话》今存顾元庆《明朝四十家小说》本，为作者自刻，其文本最为可靠；又有《说郛续》本、何文焕《历代诗话》本。何氏所据之本并未说明，其文字与《四十家小说》本颇有不同。如"拯人之危，大是好事"条，"有《寄周岐凤》诗云"，《历代诗话》本前多"钱经历允辉"五字；段末又多"江南人传诵之"。钱允辉名晔，《麓堂诗话》"维扬周岐凤多艺能"条述此事，末云："江南人至今传之。"钱谦益《列朝诗集》乙集卷七收此诗，诗下注引《麓堂诗话》此条。又如"怒气号声进海门"条"诗亦雄壮，所谓迈往凌云之气，盖可见矣"，《历代诗话》本无"所谓"。这些异文非有别本可据，或是出自何文焕的删润。《萤雪轩丛书》本与《历代诗话》本同，当是据此。也有一些诗话，近藤氏选择了更优的文本。如《二十四诗品》，卷末有毛晋跋语，并非《历代诗话》本，而此书《知不足斋丛书》未收，则《萤雪轩丛书》所用底本或是毛晋汲古阁所刻。又如卷三《碧溪诗话》

---

① 近藤元粹：《萤雪轩丛书》卷八，第32a页。
② 近藤元粹：《萤雪轩丛书》卷七，第22a页。
③ 近藤元粹：《萤雪轩丛书》卷一〇，第29a页。
④ 近藤元粹：《萤雪轩丛书》卷四，第46a页。

十卷，《历代诗话》未收，《说郛》本为一卷，则所用为《知不足斋丛书》本。

此外，近藤氏又对此前已流传有序的诗话做了补充。如《六一诗话》，卷末近藤氏云："余已订《六一诗话》，更就欧公《试笔》《归田录》二书中钞出其系诗话者，以为《六一诗话》附录。南州外史识。"① 所辑为："近世有九僧诗""谢希深尝诵哭僧诗云""唐之诗人类多穷士""往在洛时尝见谢希深诵'县古槐根出，官清马骨高'""余尝爱唐人诗云""作诗须多诵古今人诗"，以上六条出欧公《试笔》；"丁晋公之南迁也""晏元献公以文章名誉""孙何孙仅俱以能文驰名一时""真宗朝岁岁赏花钓鱼""晏元献公善评诗""寇莱公在中书""处士林逋居于杭州西湖之孤山""俚谚云赵老送灯台""王副枢畴之夫人""钱思公虽生长富贵""梅圣俞以诗知名三十年""嘉祐二年余与端明韩子华""今世俗言语之讹"，以上十三条出《归田录》。

二　《萤雪轩丛书》明人诗话之批评

就选目及版本而言，《萤雪轩丛书》基本继承了中国同类丛书的思路和方法，并无特别之处；然其大量的评语集中体现了近藤氏的诗学观念，尤其是他对于明人诗话的批评更有针对性。

《萤雪轩丛书》眉批的主要内容包括三个方面。

一是对于诗话作者生平及诗话版本信息的介绍。如《南濠诗话》《麓堂诗话》《存余堂诗话》《夷白斋诗话》均在卷首略述作者生平。其所据当是史传墓志铭一类资料。如《存余堂诗话》卷首眉批："朱承爵字子儋，号舜城漫士，又号左庵，江陵人。善画花鸟竹石，秀润合作。文徵明称其为文古雅，诗亦清丽。"② 文徵明撰有《朱子儋墓志铭》，近藤氏所据当出此。然"江陵人"之说误，朱承爵先世为婺源人，徙江阴（今属江苏）。又如《艺圃撷余》卷首眉批云："王世懋，字敬美，王世贞之弟也。嘉靖

---

① 近藤元粹：《萤雪轩丛书》卷一，第23a页。
② 近藤元粹：《萤雪轩丛书》卷一〇，第1a页。

三十八年成进士，后选南京礼部主事，历陕西、福建提学副使，再迁太常少卿。先世贞三年卒。好学，善诗文，名亚其兄。世贞力推引之，以为胜己。李攀龙、汪道昆辈因称为少美。"基本据万斯同《明史》卷三八八《文苑传》。

二是对诗话所叙事件、人物及作品的评价。诗话以叙事纪人、品评诗歌为主，而近藤氏对其中所叙之事、所纪之人、所引评之诗，多发表自己的观点，这些观点包括赞赏与纠驳两类。

表达赞赏之意的，如《归田诗话》"乡饮用古诗"，于"器用罍爵，执事择吏卒巾服洁净者。宾主欢醉，父老叹息称颂，俨然有古风"上眉批云："高致可想。"于"一不用世俗伎乐，识者是之"上眉批云："钦羡钦羡。""唐三体诗序"条有："按此序议论甚正，识见甚广，而于周伯弼所集《三体诗》，则深寓不满之意。"其上眉批云："余亦于三体诗常怀不满之意，今读是序，颇有快然之想。"① 又如《南濠诗话》"无锡浦源"条，眉批云："佳句佳话。"又"倪元镇本无锡大家"条眉批云："云林之诗，诗中自有烟霞情趣。"② 表达纠驳批评之意的，如《夷白斋诗话》"沈醉茶卿隐居许市"条，所引沈醉之诗，眉批云："鹤病与山碧有何关系？可谓不成语也。""多是平凡，不足观。"③

就诗人诗作而言，汉魏六朝诗人，尤其是谢灵运，是近藤氏批评最多、措辞最为严苛的。对于汉魏六朝诗的批评，如《谈艺录》"诗理宏渊，谈何容易"条眉批云："魏晋人之浮薄，安知诗中之妙！""汉魏之交，文人特茂"条眉批云："要之，当时之人大抵皆失之靡靡耳。"④ 又如《徐而庵诗话》："欲学诗，先学道。学道则性情正，性情正则原本得，而后加之《三百篇》、汉魏六朝、三唐之学问，则与古人并世矣。"其上眉批云："徐而庵不知魏六朝人之鄙秽乎？"⑤

对于谢灵运的批评，如《南濠诗话》"东坡诗云"条眉批云："谢灵

---

① 近藤元粹：《萤雪轩丛书》卷二，第 92a~93a 页。
② 近藤元粹：《萤雪轩丛书》卷五，第 85a、99b 页。
③ 近藤元粹：《萤雪轩丛书》卷一〇，第 14b 页。
④ 近藤元粹：《萤雪轩丛书》卷八，第 54b、59a 页。
⑤ 近藤元粹：《萤雪轩丛书》卷六，第 95a 页。

运焦躁小人，安知闲中妙味？"① 《艺圃撷余》"古人云秀色若可餐"条眉批云："余见曹、谢等则欲呕矣。"② 《挥麈诗话》"辛幼安词"条眉批云："以不入二谢俗（监）〔滥〕诗为清高，先获我心。已以陶令清节之士为伴侣，安屑二谢乎？"③ 其所以于谢灵运深表不满，大致是鄙薄其为人，如《徐而庵诗话》："诗乃清华之府，众妙之门，非鄙秽人可得而学。洗去名利二字，可得其半矣。"徐增此处所言仅是泛论，而近藤氏眉批云："先得我心之论，是余之所以不容谢灵运辈鄙秽人。"④ 历来诗论者，于谢灵运之经历固多批评，然并不以人废诗，能辨其得失，肯定其诗史之地位，如许学夷《诗源辩体》："五言至灵运，雕刻极矣，遂生转想，反乎自然。如'水宿淹晨暮'等句，皆转想所得也，观其以'池塘生春草'为佳句，则可知矣。然自然者十之一，而雕刻者十之九，沧浪谓灵运'透彻之悟'，则予未敢信也。"⑤ 近藤氏则人诗尽废。

三是对明人诗学观念的批评。这些评语既有肯定之处，尤多驳斥之言，最能清晰地反映出近藤氏的诗学思想。《萤雪轩丛书》所论及的诗人自汉魏晋以至清人，其中亦颇多以时代概括者，然相较而言，其对明人诗学的批评最为集中和强烈。这些批评，主要有三个方面。

首先，在论及诗话所涉及的纪事、评论时，近藤氏多将之归结为明人诗学总体上的特点而加以否定。

诗话多引前人之诗作或评诗论诗观点，其引述方式多为截取部分，虽有时不免有断章取义之嫌，但总体上是适应诗话这种体制的一种叙述策略。近藤氏以为此种引述方式不能完整了解诗作或观点，如《南濠诗话》"元杜清碧本集亡宋节士之诗"条眉批云："首首皆不载其全篇，故不足得其妙味。"⑥ 《麓堂诗话》"予尝作《渐台水》诗"条眉批云："不载全首不成话，是西涯辈不能文之所致。"⑦ 又"近时作古乐府者"条眉批："不载

---

① 近藤元粹：《萤雪轩丛书》卷五，第85b页。
② 近藤元粹：《萤雪轩丛书》卷八，第67b页。
③ 近藤元粹：《萤雪轩丛书》卷一〇，第23b页。
④ 近藤元粹：《萤雪轩丛书》卷六，第95a页。
⑤ 近藤元粹：《萤雪轩丛书》卷七。
⑥ 近藤元粹：《萤雪轩丛书》卷五，第90b页。
⑦ 近藤元粹：《萤雪轩丛书》卷六，第76b页。

其全首，未可判其巧拙。"① 《艺圃撷余》"一日偶诵贾岛《桑干》绝句"
条眉批云："谢注节载，损其本意，宜全载之。"② 《挥麈诗话》"杨判与诗
僧定交"条眉批云："不载全首，未足知其妙。"甚者将之归为明人通病，
颇示不满而大加批评，如《归田诗话》"示儿诗"条引韩诗，其上眉批云：
"检之昌黎集原作多十余句，盖宗吉隐括之也。明人常为这样事，可谓妄
诞之极。"③ 近藤氏诗学唐宋并重，明人尊唐抑宋，为近藤氏所不满，故在
诗话涉及汉魏唐宋人诗的评价时，近藤氏往往将之与明人诗学之弊相联
系。如《归田诗话》"鼓吹续音"条眉批云："宗唐弃宋，明人陋习，浅
学鄙见。"④ 《麓堂诗话》"柳子厚回看天际下中流"条眉批云："明人论诗
以议宋人之长短为主，故其论往往涉私意。如柳子厚'回看天际'二句实
画蛇足，东坡之论是天下公论也，而诽谤如此，矮人看场之语，盖夫子自
道也。""宋诗深却去唐远"条眉批云："僻论。未知宋诗，安知唐诗哉？"
"杜子美漫兴诸绝句"条眉批云："明人安得与杜、韩诸公比并乎？""李、
杜诗，唐以来无和者"条眉批云："学李、杜则可，添一'效'字则不可，
盖不免为明人之陋习也。""严沧浪空林木落长疑雨"条眉批云："苏、陆
集中此等佳句盖亦多多矣，苏、陆则谤伤之，沧浪则称扬之，明人僻论往
往如此。"⑤ 《艺圃撷余》"钱员外诗"条眉批云："四唐未必划然分别如
此，而明人区区论其别，可厌。"又"一日偶诵贾岛《桑干》绝句"条，
眉批云："谢注自明了，无所间然，王说附会可笑，是明人敌视宋人之弊
之所致。不然，王生不解诗之愚，未必如此太甚也。"⑥

若诗话中有赞赏六朝、中晚唐及宋人诗者，近藤氏则在肯定之余，亦
往往嘲之。如《麓堂诗话》："陶诗质厚近古，愈读而愈见其妙。"其上眉
批云："明人亦知陶诗之妙乎？"⑦ 又如都穆虽论诗亦受宗唐之说影响，但
并不否定宋诗，《南濠诗话》云："昔人谓诗盛于唐坏于宋，近亦有谓元诗

① 近藤元粹：《萤雪轩丛书》卷六，第81b页。
② 近藤元粹：《萤雪轩丛书》卷八，第67b页。
③ 近藤元粹：《萤雪轩丛书》卷二，第97a页。
④ 近藤元粹：《萤雪轩丛书》卷二，第102a页。
⑤ 近藤元粹：《萤雪轩丛书》卷六，第59a、60a、65a、67a、80a页。
⑥ 近藤元粹：《萤雪轩丛书》卷八，第67a~67b页。
⑦ 近藤元粹：《萤雪轩丛书》卷六，第67a页。

过宋诗者，陋哉见也。"近藤氏于其上眉批云："千古公论！不图明人而有是论也。"① 《艺圃撷余》"今人作诗，必入故事"条云："七言犹以闲雅为致，杜子美出而百家稗官，都作雅音，马浡牛溲，咸成郁致，于是诗之变极矣。子美之后，而欲令人毁靓妆，张空拳，以当市肆万人之观，必不能也。"其上眉批云："明人之陋，亦知推尊少陵乎？"② 这些评语均非就诗批评，而是基于近藤氏对明人诗学普遍性否定的率易之言。

其次，明人诗学以复古为核心，强调体制格调，常为后人（尤以清人为甚）讥为剽窃模拟，近藤氏于此亦大加掊击。如《麓堂诗话》"林子羽《鸣盛集》专学唐"条眉批云："极力模拟，是明人陋习，其不及唐宋，职此之由。""诗太拙则近于文"条眉批云："明人之作不文不词，依样画葫芦耳。""古雅乐不传"条眉批云："明人徒模仿，安得庶几一代之乐哉？"③《谈艺录》"诗不能受瑕"条眉批云："明人极力模拟古人，而不能得其影响，可悯笑。"④《艺圃撷余》"作古诗先须辨体"条眉批云："模仿二字是明人病根，有此大病根而犹喋喋辩论，不知自家之为羊质虎皮，岂不可悯笑乎？"又"李于鳞七言律"条眉批云："论明人之剽窃，宜以于鳞为罪魁。不罪于鳞为罪魁，而徒罪学于鳞者，未免为私论也。"⑤

最后，对于明人诗话中一些符合近藤氏诗学审美的议论，《萤雪轩丛书》亦能予以肯定。如《麓堂诗话》眉批有"议论入微""明解切论""论得中肯綮""精论""又精论""妙论先得我心""金言玉论，作诗三昧""确论""公论""精论，益于学者，不可少""精微之论，昧者不知""正论"，《谈艺录》眉批有"议论高尚""议论正"，《艺圃撷余》眉批有"确言至论""公论""以首句出韵为不可学，最为正论""是固正论""亦有道者之论"，《存余堂诗话》眉批有"确论""正论"，《夷白斋诗话》眉批有"奇论，有道理""大石善画，故有是论焉。虽然，亦自公论也"等。

综合以上所述，《萤雪轩丛书》眉批在涉及明人诗学时，虽亦有肯定

---

① 近藤元粹：《萤雪轩丛书》卷五，第85a页。
② 近藤元粹：《萤雪轩丛书》卷八，第65a页。
③ 近藤元粹：《萤雪轩丛书》卷六，第62b、67b、83a页。
④ 近藤元粹：《萤雪轩丛书》卷八，第58b页。
⑤ 近藤元粹：《萤雪轩丛书》卷八，第62a、65a页。

之处，但彻底否定式的批评是一以贯之的，这反映出近藤氏与明人诗学审美格格不入的立场，这一立场的形成，既有近藤氏个人受学背景的特殊因素，也与日本汉诗学发展的时代风气有着直接的关系。

三　《萤雪轩丛书》诗学评点的影响

中国本土的汉诗学文献，很早就已经传入日本，成为流行的诗学文本，如《文镜秘府论》等；至江户时代，以李攀龙、王世贞为代表的复古诗学借由更为便利的交通条件引入日本，日本汉诗的创作进入全面兴盛的时期。除大量《唐诗选》的注解、训读本的刊行外，明清诗学文献也有大量的日本刊刻，仅以明诗话而言，即有《冰川诗式》《艺苑卮言》等十二种和刻本。这些诗学文献在不同时期，以不同的方式影响着日本汉诗的创作与理论探究，显示出与中国本土相异的特点。相比而言，《萤雪轩丛书》以其文献的集中、规模的宏大，不仅对日本汉诗学的现代建构影响深远，而且对中国近代历史时期传统诗学的重新发现整理与研究也有着重要的影响。

就《萤雪轩丛书》对日本汉诗学的影响而言，最重要的应该是近藤元粹的学生池田胤。池田胤（1864～1933），字公承，号芦洲，通称池田四郎次郎。池田六岁起随阪本葵园学习汉学，明治十五年（1882）十九岁时进入近藤元粹开办的"修省书院"，师事熊谷氏，直到明治二十一年（1888）年十月修省书院关闭。《萤雪轩丛书》第一卷初版发行时间为明治二十五年，今知至少有五次印刷，其流行可见一斑。池田胤于大正己未（八年，1919）编辑刊行《日本诗话丛书》十卷，并以为"好书之漏于兹者不为少"，欲"自今更搜罗，作《续编》《续续编》，庶几乎于诗学有一助焉"①，其受近藤元粹之影响是显而易见的。

《萤雪轩丛书》在近现代亦传入中国，为中国文学批评研究者所使用。如罗根泽《中国文学批评史》附录二《两宋诗话年代存佚残辑表》所列二十七种宋人诗话使用了《萤雪轩丛书》；又《东坡诗话》引近藤氏评语：

---

① 池田胤：《日本诗话丛书引》。

"案其体例，非东坡自著，盖后人编辑其关系于诗者也。"① 郭绍虞《北宋诗话考》亦参考了《萤雪轩丛书》，如《六一诗话》条列《附录》一卷："日人近藤元粹辑。"又《石林诗话》条云："日人近藤元粹附和《提要》之言，于是书多肆讥弹，是真所谓随人以为是非者矣。"②

　　尤其值得注意的是，丁福保于1916年编辑刊行《历代诗话续编》，李详《历代诗话续编序》云："吾友无锡丁君仲祜，既取何书石印，复辑为《历代诗话续编》一书，意在继何而起。"实际就选目来看，丁福保应该是参考了《萤雪轩丛书》。

　　《历代诗话续编》共收唐孟棨《本事诗》一卷至明陆时雍《诗镜总论》一卷，计二十九种。其中《萤雪轩丛书》亦收的有十种：《诚斋诗话》一卷、《庚溪诗话》二卷、《藏海诗话》一卷、《碧溪诗话》十卷、《对床夜语》五卷、《岁寒堂诗话》二卷、《溪南诗话》三卷、《归田诗话》三卷、《南濠诗话》一卷、《麓堂诗话》一卷等。《萤雪轩丛书》未收，但见于卷一〇末预告的有十种：《本事诗》一卷、《乐府古题要解》二卷、《风骚旨格》一卷、《艇斋诗话》一卷、《岁寒堂诗话》二卷（第九册已收，又见于预告）、《江西诗派小序》一卷、《梅涧诗话》三卷、《诗谱》不分卷、《升庵诗话》十四卷、《四溟诗话》四卷等。其中《乐府古题要解》二卷、《诚斋诗话》一卷、《藏海诗话》一卷、《江西诗派小序》一卷、《溪南诗话》三卷、《梅涧诗话》三卷、《升庵诗话》十四卷、《四溟诗话》四卷等八种均不见于《说郛》《说郛续》。何文焕《历代诗话》与近藤元粹《萤雪轩丛书》在选目时均参考了《说郛》等历代丛书，丁氏选择各代诗话，其途径亦大致相似。丁福保于光绪二十五年（1899）赴上海从新阳赵静涵学医，兼学日本文字。宣统二年（1910），被两江总督端方聘为专员，赴日考察日本医学设施。其间，他在日本搜辑大量西方及中国古代文献，因而此后包括文艺学、文学、佛经等文献的编辑出版受到日本相关资源的影响，是非常正常的，如民国十一年（1922）由上海医学书局铅印的《六祖坛经笺注》，就有学者指出乃是参考了日本山田大应《增注

① 罗根泽：《中国文学批评史》（下），上海人民出版社，2015，第823页。
② 郭绍虞：《北宋诗话考》，《燕京学报》1937年第21期。

六祖坛经》（文光堂明治十八年［1885］初版）。

中国传统诗话，由《历代诗话》等的传入而影响到《萤雪轩丛书》的编辑，进而《萤雪轩丛书》又在近代输入中国，成为中国学术现代化进程中重新检视与评判传统诗学资源的诱因之一。这一中日诗学文献的"环流"现象事实上还有很多个案存在，对此加以梳理考察，对于学者更为深入真实地了解并建构中国近现代学术的图景，有着重要的意义。

（本文部分文字以《〈萤雪轩丛书〉与中日汉诗学的环流》为题发表于《光明日报·文学遗产》2020年7月13日）

图书在版编目（CIP）数据

明代文学论丛. 第二辑／叶晔，马昕主编. -- 北京：
社会科学文献出版社，2022.9
ISBN 978-7-5228-0596-2

Ⅰ.①明… Ⅱ.①叶… ②马… Ⅲ.①中国文学-古
典文学研究-明代-文集 Ⅳ.①I206.2-53

中国版本图书馆 CIP 数据核字（2022）第 154786 号

明代文学论丛（第二辑）

主　　编／叶　晔　马　昕

出 版 人／王利民
责任编辑／吴　超
文稿编辑／张静阳
责任印制／王京美

出　　版／社会科学文献出版社·人文分社（010）59367215
　　　　　　地址：北京市北三环中路甲 29 号院华龙大厦　邮编：100029
　　　　　　网址：www.ssap.com.cn
发　　行／社会科学文献出版社（010）59367028
印　　装／三河市龙林印务有限公司

规　　格／开　本：787mm × 1092mm　1/16
　　　　　　印　张：21　字　数：333 千字
版　　次／2022 年 9 月第 1 版　2022 年 9 月第 1 次印刷
书　　号／ISBN 978-7-5228-0596-2
定　　价／149.00 元

读者服务电话：4008918866